I0304902

HISTOIRE CRITIQUE DE MANICHEE ET DU MANICHEISME.

Par M. DE BEAUSOBRE.

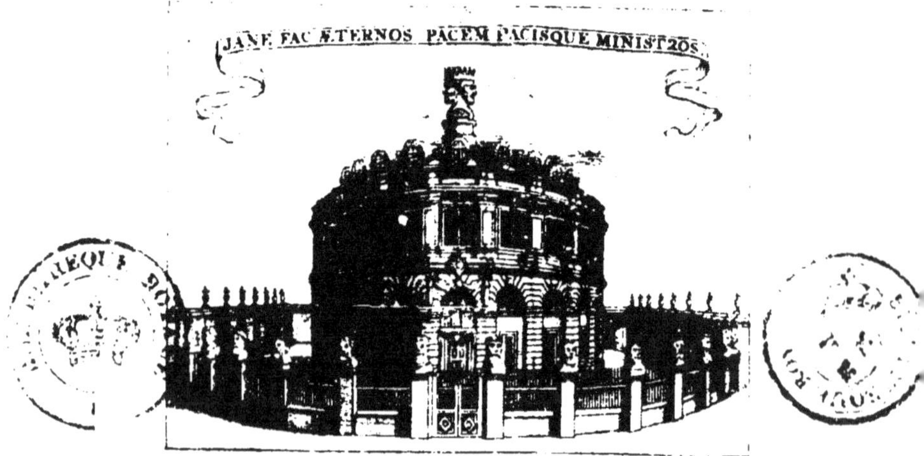

A AMSTERDAM,
Chez J. FREDERIC BERNARD.
MDCCXXXIV.

PREFACE.

Les Préliminaires, que j'ai mis à la tête de chaque Partie de cet Ouvrage, instruiront suffisamment le Lecteur des sources, où j'ai puisé, & du caractére des Auteurs, d'où j'ai tiré l'Histoire & les Dogmes de MANICHÉE. Il ne s'agit que de lui rendre compte de ce qui m'a engagé à traiter cette matiere, & de la méthode que j'ai suivie. J'y ajoûterai une idée générale de ce qui est contenu dans cet Ouvrage, l'Apologie de quelques endroits, qui pourroient paroître un peu trop libres à certains Lecteurs, & une espèce d'Introduction au Manicheïsme.

Je n'aurois jamais pensé à écrire l'*Histoire Critique de Manichée & de ses Erreurs*, sans l'occasion que je vai dire. Comme il est agréable de savoir l'origine des grands événemens, je voulus rechercher celle de la Réformation, dont on trouve des Essais dans quelques-unes de ces Societez Chrétiennes, qui se séparérent du Gros de l'Eglise Grecque, & de l'Eglise Latine, ou que la violence des Evêques en arracha. Il y en eut deux fameuses en Occident: l'une est celle des VAUDOIS, & l'autre celle des ALBIGEOIS.

L'origine des *Vaudois* est si cachée, qu'on ne sauroit en marquer surement l'Epoque. Le nom de

PIERRE DE WALDO (1) pourroit bien avoir été l'occaſion qui les fit nommer *Vaudois*, mais il ne fut point le Fondateur de leur Société. Il la trouva toute établie, & ne fit que l'étendre, & en porter la Foi dans les Pays, où elle étoit inconnue. A l'égard de leurs Dogmes, il y a longtems qu'ils ne ſont plus incertains. La Vérité s'eſt fait jour au travers de la calomnie. Entre tant de Monumens indubitables de leur Créance, nous avons la Rélation des Conférences, que *Claude de Seiſſel*, Archévêque de Turin, eut avec eux dans leurs Vallées, & qui fut imprimée à Paris après ſa mort. Mais il n'en eſt pas de même des *Albigeois*. Ils ſont peris, & les *Vaudois* ſubſiſtent encore: Ils ont écrit, mais l'on a ſupprimé leurs Livres: Presque tout ce que nous ſavons de leur Doctrine vient de leurs Perſécuteurs, qui la repréſentent comme la plus impie & la plus monſtrueuſe, que l'on puiſſe imaginer.

Les premiers de cette Societé, qui parurent en France, ſont ces quatorze Perſonnes de la Nobleſſe & du Clergé d'Orléans, contre lesquels le Roi *Robert* aſſembla une eſpèce de Concile, en l'année 1022. & qu'il fit brûler vifs ſous prétexte de *Manicheïsme*. Les Hiſtoriens conviennent, que les dix Chanoines, qui perirent dans cette exécution, paſſoient pour ce qu'il y avoit de plus ſanctifié & de

(1) Je dis *que cela ſe pourroit*, mais cela n'eſt pas certain. Si la *Noble Loiçon* eſt de l'année 1100. qui eſt la date du MS. le nom de *Vaudois* eſt plus ancien que *Pierre de Waldo*, qui ne parut que vers le milieu du XII Siecle. Car on trouve dans ce MS. le nom de *Valdeſe*, ou de *Vaudois*. D'autre côté le ſavant *Uſſer* témoigne dans ſon Livre *de ſucceſſione* &c. qu'il n'a trouvé ce nom que dans les Ecrits poſtérieurs à *Pierre de Waldo*. Cela viendroit-il de ce que les Vaudois, renfermez dans leurs Vallées, avoient été juſqu'alors inconnus à toute la Terre?

de plus ſavant dans le Clergé d'Orléans. Leur conſtance ne démentit point cet éloge. Ils ſouffrirent le ſupplice avec une eſperance & une joye, qui étonna leurs Perſécuteurs. J'en donnerai l'Hiſtoire Critique, s'il plait à Dieu, après celle des *Pauliciens* & des *Bogomiles*.

Peu d'années après, on découvrit aux environs d'*Arras* & de *Cambrai*, un grand nombre de Perſonnes, qui avoient la même Créance, mais qui, à ce qu'on dit, n'eurent pas la même fermeté. Dans le même tems il s'en trouve d'autres à *Toulouſe*, & dans les Villes voiſines: Et depuis le commencement du onziême ſiécle on en découvre de toutes parts en Occident, en Eſpagne, en France, en Angleterre, dans les Pays-Bas, en Allemagne, en Italie. Ce ne ſont que Gibets dreſſez, que Buchers allumez pour les faire périr; & la raiſon de tant de cruautez, c'eſt qu'ils ſont MANICHE'ENS.

Pour bien juger du fait, il falloit connoître d'un côté les Héréſies de *Manichée*; Et de l'autre, les Erreurs de cette nouvelle Secte, afin d'en faire la comparaiſon. Ce fut là ce qui m'engagea dans l'étude & dans l'examen du Manicheïſme: Entrepriſe, dont je me ſuis repenti plus d'une fois, quand j'ai vû la difficulté de bien connoître cette Héréſie. Cependant, ne pouvant me réſoudre d'abandonner un Deſſein, que j'avois commencé d'éxecuter, je m'opiniâtrai à le finir, & c'eſt ce qui a produit cet ESSAI *Critique ſur l'Hiſtoire & les Dogmes de Manichée*.

Ayant appris par ma propre expérience, que l'on ſait bien mal les choſes, quand on ne remonte pas juſqu'aux ſources, je laiſſai tous les Modernes, qui

 nous

nous ont donné des Descriptions de l'Hérésie Manichéenne, où je n'en pris qu'un seul, qui m'a toûjours paru l'un des plus exacts: Je veux parler de M. *de Tillemont*, Auteur excellent en matiére de Collections, mais qui le seroit bien davantage à tous égards, s'il étoit moins crédule, moins esclave de son Préjugé, & s'il avoit osé ou voulu se servir de tout son Discernement. Au fond les Modernes m'étoient assez inutiles, mon dessein n'étant pas d'entasser, sans choix & sans examen, tout ce que les Anciens nous disent de *Manichée*, & de ses Erreurs, mais de traiter cette matiere en Critique, ce que les autres n'avoient pas fait. Ainsi, sans m'arréter aux Compilations des Modernes, j'allai droit aux sources, & suivant toûjours en remontant le Ruisseau de la Tradition, j'arrivai bientôt aux ACTES *de la Dispute d'Archelaüs, Evêque de Cascar, avec Manichée.* C'est-là où tous les Grecs ont puisé.

Dès que j'eus lu cette Pièce, que feu M. *Zaccagni*, Bibliothéquaire du Vatican, publia le premier toute entiere, j'eus un grand soupçon, que la Dispute de *Cascar* n'étoit qu'une Fiction de quelque Grec, qui, ayant eu des mémoires touchant la Vie & les Dogmes de *Manichée*, voulut écrire son Histoire & réfuter ses Erreurs. L'Examen changea mes soupçons en certitude. La supposition me parut évidente, & j'ose me flatter qu'elle paroîtra telle à tous les Lecteurs, qui ont le goût & l'amour du Vrai, & dans qui le Préjugé ne sauroit tenir longtems contre la Raison. Pour les autres, ce seroit une folie de vouloir les persuader. Ils ne voyent que ce qu'ils veulent voir. Ils ne sont pas accessibles

à

à la Vérité dès qu'elle choque leurs Prejugez, & les maximes de leur Parti. Plus elle est évidente, & plus elle les irrite. Ils se mettent en colere contre ceux qui la montrent, & croyent que, pour renverser une Hypothese nouvelle quelque bien établie qu'elle soit, il suffit de crier, qu'il y a une audace & une présomption insupportable à contester aujourd'hui des Actes, que l'Eglise a reconnus pour authentiques depuis quinze cens ans: qui ont eu l'approbation générale de ce qu'il y a eu de plus saint, & de plus éclairé dans l'Antiquité Chrétienne, & dont aucun Critique moderne n'a douté jusqu'à présent.

A l'égard des Gens de ce caractére, je leur déclare, que ce n'est point pour eux que j'écris: Et, quoiqu'il n'y ait aucune esperance de les persuader, je veux bien leur répondre par avance, qu'il n'y a, ni audace, ni présomption, à examiner les Témoins & leurs témoignages, avant que de leur donner créance: Qu'une Pièce supposée ne peut devenir légitime en vieillissant: Que le Mensonge n'est point Vérité, pour avoir été crû: Que l'approbation des Anciens ne sauroit rendre authentiques des Actes, dans lesquels il y a des Preuves manifestes qu'ils ne le sont pas: Que toute approbation, qui n'est pas l'effet d'un mûr Examen, ne peut être d'aucun poids: Que la Critique des Anciens a été en général assez superficielle, comme on le voit par les fausses Pièces, & par les Histoires fabuleuses, qu'ils ont reçues: Que les Modernes, qui ont lû avec attention les Actes d'*Archelaüs*, ont bien senti qu'ils contiennent des Faits très-suspects, comme nous le

verrons

verrons dans son lieu: Que *Photius* les a attribuez non à *Archelaüs*, à qui ils appartiennent s'ils sont authentiques, mais à un certain *Hégémonius*, qui ne peut avoir écrit que plus de cinquante ans après la mort de *Manichée*, puis qu'*Eusébe*, qui publia son Histoire vers ce tems-là, n'a fait aucune mention de la Dispute de *Cascar*: Qu'en un mot les Actes de cette Dispute sont évidemment une Fiction pareille à celle de cet Imposteur, qui a pris le nom de *Clément* Romain, & qui a introduit S. *Pierre* disputant contre *Simon* le Magicien: Ou à celle d'un Philosophe Chrétien, nommé *Maxime*, qui a introduit de même *Origène* disputant contre un Marcionite, un Valentinien, un Bardesaniste, & je ne sai quels autres Sectaires. Je n'ai garde de blâmer d'habiles Ecrivains, qui supposent des Disputes entre des Catholiques & des Hérétiques, pourvû qu'ils ayent soin d'avertir de la supposition. On peut traiter utilement & agréablement des matieres importantes, en supposant des Dialogues entre des Personnes qui ont des sentimens contraires, & placer la scène de la Dispute, où l'on juge à propos: *Platon* & *Ciceron* l'ont si bien fait: *Méthodius* les a imitez. L'artifice est innocent: Mais il ne faut pas donner ces ingénieuses Fictions pour des Evénemens réels. Or c'est ce qu'a fait l'Auteur des *Actes d'Archelaüs*, qui en a imposé par-là à tous les Anciens, & à tous les Modernes, & qui m'en auroit imposé comme aux autres, si quelques endroits ne m'avoient donné de la défiance, & ne m'avoient obligé d'examiner cette Pièce, & de la fondre pour ainsi dire, afin de m'assurer si elle étoit de bon alloi.

J'AI

J'AI crû devoir commencer cette Préface par ces Réflexions. Je viens présentement à mon Ouvrage. Je l'ai divisé en deux Parties: la premiére Historique, & la seconde Dogmatique. Je présente d'abord au Lecteur, avec de courtes Notes marginales, l'Histoire de *Manichée*, & de l'origine du Manicheïsme, telle qu'elle est dans les Actes d'*Archelaüs*. J'en examine ensuite tous les Faits. Je distingue ce qui est faux de ce qui est vrai, ou qui peut l'être. J'explique ce qui a besoin d'éclaircissement, & suis toujours, ou Critique, ou Commentateur. Mais comme cette Histoire de notre Hérésiarque est très-différente de celle que nous en trouvons dans les Auteurs Persans & Arabes, j'ai cru les devoir donner l'une & l'autre à part. Au reste j'ai tâché de les rendre plus agréables & plus intéressantes, en y mêlant des Episodes, qui ne sont point amenez de trop loin, & que le sujet principal pouvoit souffrir. Tel est, par exemple, ce que je raconte de la Religion de *Zoroastre*, des Révolutions de cette Religion chez les Perses, des Chrétiens du *Turquestan*, où *Manichée* se retira pour se dérober à la poursuite de *Sapor*, & d'autres Faits de cette nature, qui varient la Narration, & qui servent à délasser le Lecteur, fatigué d'Observations Critiques. C'est tout ce que j'ai à dire sur la Partie Historique de cet Ouvrage.

LA seconde, qui est Dogmatique, est beaucoup plus ample, & demande aussi une plus longue Préface. J'y ai suivi la même méthode que dans la prémiere. Je commence par donner au Lecteur, avec de courtes observations, la Rélation, qu'un certain TYRBON, Mésopotamien, qui avoit été Disciple de *Manichée*, doit avoir faite à *Archelaüs* des Hérésies de son Maître. J'avoue qu'à la prémiere Lecture de cette Pièce je fus fort prévenu contre l'Auteur, mais j'en suis revenu dans la suite, & j'ai trouvé, qu'il y avoit plus de confusion & d'inexactitude, que de faux, dans le Récit du Mésopotamien. Je ne sai même, si l'on n'en a pas altéré le commencement; car on peut bien accuser *Manichée* d'avoir établi deux Dieux en admettant deux Princes, & deux Empires éternels: Mais il n'est pas vraisemblable qu'un Manichéen, qui auroit bien connu sa Doctrine, l'eût accusé de *servir deux Dieux*; ou, s'il l'a fait, cela suffit pour le convaincre d'être un insigne menteur.

La Rélation de *Tyrbon* me sert de Texte. Je l'explique, je la critique, je la corrige: Je limite certaines maximes générales, qui ne sont vrayes qu'en les rendant particulieres. Je supplée aux omissions. Je distingue les Erreurs véritables, ou les Dogmes, des conséquences que l'on en tiroit. Je tâche de découvrir l'origine de tant d'opinions, & de fictions absurdes. Je réduis toute la Théologie Manichéenne en Systême: J'en rapporte d'abord les Principes: On jugera bien que tout cela ne s'est pas fait sans peine, mais, l'ayant entrepris, j'ai voulu l'exécuter.

Le premier Principe du Manicheïsme est l'Autorité, dont notre Hérésiarque s'empara, d'APOTRE de J. Christ, & de Prophète éclairé immédiatement par *le Paraclet*, pour réformer toutes les Religions, & révéler au monde les Véritez, dont notre Seigneur n'avoit pas jugé à propos d'instruire ses

ſes premiers Diſciples. C'eſt-là ſon Impoſture, ou ſon Fanatiſme. Car, quoiqu'en diſent les Anciens, il y a des preuves évidentes, qu'il n'a jamais prétendu paſſer pour le *Paraclet*, ou le St. *Eſprit*.

En vertu de cette Miſſion Divine, *Manichée* oſa rejetter le Vieux Teſtament, & réformer le Nouveau. C'eſt ce que j'appelle ſon ſecond Principe. Je n'ai point diſſimulé ſes Objections contre le Vieux Teſtament; j'ai eu ſeulement la précaution de les réſoudre en peu de mots. Le Devoir d'un Hiſtorien exigeoit de moi, que je rapportaſſe les raiſons de l'Hérétique. Mais le Devoir d'un Chrétien n'en exigeoit pas moins, que je prévinſſe le ſcandale, qui en pourroit réſulter.

A l'égard du Nouveau Teſtament, l'Héréſiarque entreprit de le corriger, ſous le frivole prétexte, que les Evangiles n'étoient point des Apôtres, ni des Hommes Apoſtoliques, dont ils portent les noms: ou que, s'ils en étoient, ils avoient été falſifiez par des Chrétiens, qui étoient encore à demi Juifs. J'allegue ſes raiſons, telles qu'on les trouve dans le célèbre Manichéen *Fauſte*. Mais elles ſont ſi foibles, que je n'ai pas cru devoir m'arrêter longtems à les réfuter.

L'Impartialité, ſi eſſentielle à un Hiſtorien, m'a obligé de juſtifier les Manichéens de l'accuſation que les Catholiques leur ont intentée, d'avoir corrompu les Livres du Nouveau Teſtament, par des Additions, ou des Retranchemens ſacrileges. Je l'ai examinée, & l'ai trouvée ſans fondement. Mais je n'ai pû m'empêcher de remarquer à cette occaſion, qu'il y eut des Catholiques aſſez téméraires,

 pour

pour ôter quelques endroits des Evangiles. Un faux zèle coloroit ces attentats, qui furent corrigez par un zèle plus religieux & plus éclairé. Je n'ai point voulu dissimuler ces Entreprises, ni donner aux Libertins, qui pourront lire cet Ouvrage, un prétexte de me reprocher là-dessus un silence affecté.

Manichée, ayant nié l'Inspiration & l'Autorité des Prophètes des Hébreux, s'avisa de leur opposer d'autres Prophètes, dont les Orientaux prétendoient avoir les Livres ; c'est ce que j'appelle son troisiéme Principe. Il supposa donc, que *Seth*, *Enoch*, & d'autres Patriarches, ayant été instruits par les bons Anges, avoient transmis à tous leurs Descendans les Veritez qu'ils en avoient apprises. Que ces Instructions s'étoient conservées, soit dans des Livres qui subsistoient encore, soit dans les Ecoles des Philosophes Orientaux, de qui tous les autres avoient appris la Sagesse: *Manichée* supposa de plus que, la Raison Divine éclairant tous les Esprits, qui ne mettent point d'obstacles à ses lumieres, toutes les Nations avoient eu leurs Prophètes: Que l'Eglise Chrétienne, étant composée de Gentils, elle devoit écouter ses propres Prophètes, & non ceux des Hébreux qui n'avoient pas été envoyez pour elle. Par-là il transferoit à des Prophètes inconnus l'autorité, dont il dépouilloit les véritables Prophètes, & cela parce qu'il trouvoit dans les premiers de quoi confirmer ses fausses Hypotheses & ses Fables. J'examine ces trois Principes dans le 4. Livre de ma II. Partie.

Le quatriéme Principe des Manichéens consistoit en certains Apocryphes, qui furent composez dans le le II. Siecle, pour appuyer les Héréfies des *Docétes* & des *Encratites*, qui s'élevérent dans ce tems-là. Les *Docétes* foûtenoient, que le Verbe n'a pris que la Figure extérieure d'un homme : Et les *Encratites* condamnoient le mariage, & l'ufage des viandes. Ces deux Héréfies étoient des conféquences affez naturelles du faux Principe, que la Matiére, & par confequent la Chair qui en eft compofee, eft mauvaife en foi. Or les Manichéens, ayant adopté le Principe, & les conféquences, ne manquérent pas de profiter de ces Apocryphes, & de les oppofer aux Livres authentiques du Nouveau Teftament, fous prétexte que ceux-ci avoient été falfifiez. C'eft là le tort qu'ils eurent, & les Anciens devoient s'en tenir là. Mais quand ils les ont accufez d'avoir forgé ou corrompu toutes les fauffes Ecritures, ils fe font certainement trompez. Cela m'a engagé dans un Examen critique de ces Livres, qui, pour la plupart, furent faits par un certain *Leuce*, ou *Luc*, que l'on prétend avoir été Manichéen, mais qui précéda *Manichée* d'environ cent cinquante ans, comme je croi l'avoir montré.

J'ai donc traité de ces faux Actes, de leur Auteur, ou de leurs Auteurs, & du tems, où ils ont paru. J'ai fait des Remarques fur chacun. J'en ai donné quelques morceaux, afin de les faire connoître; mais je me fuis particulierement attaché à découvrir les motifs, qui les ont fait fuppofer. J'efpére que cette difcuffion ne déplaira pas au Lecteur. Il y verra l'origine de quantité de Traditions ou tout-à-fait fauffes, ou incertaines, qui fe font gliffées, non feulement dans l'Hiftoire Eccléfiaftique, mais jufque dans les

Lectionnaires de l'Eglise. On a proscrit les Livres, mais on a conservé plusieurs des Fables qu'ils contenoient: On a rejetté les Principes, parce qu'ils étoient manifestement Hérétiques, mais on en a gardé les conséquences. Cette matiére occupe presque tout le second Livre de ma II. Partie, qui finit par une énumération des Livres de *Manichée*, & de ses premiers Disciples, dont les noms sont parvenus jusqu'à nous.

Comme cette multitude de faux Ecrits, qui parurent dans le second siécle, fournit aux Libertins un prétexte spécieux de nier, ou de rendre douteuse, l'Authenticité des Livres du Nouveau Testament, j'ai crû devoir montrer combien leur prétention est mal fondée. C'est ce que j'ai fait dans un Discours à part. Il ne faut que lire ces Ecrits supposez, pour en connoître le mauvais caractére, & celui de leurs Auteurs. Ce n'est pas du clinquant, qu'on veut confondre avec de l'or: C'est du fer, & des plus vils métaux. Nos Livres sacrez se distinguent, par leur propre lumiere, de ce fatras de Livres obscurs & fabuleux. Après tout, ceux-ci ne sont point des tems Apostoliques, & bien loin que nos Incrédules puissent en tirer aucun avantage contre les Faits miraculeux de l'Evangile, ce qui est pourtant leur but, ils concourent à en établir la certitude.

APRE'S avoir traité des Principes du Manicheïsme, suivant le Plan que je me suis fait, je commence dans le III. Livre d'en examiner les Dogmes. J'y expose la Doctrine des Manichéens touchant la Nature & les Attributs de la Divinité. Leurs

Leurs Idées ne ſont pas tout-à-fait juſtes là-deſſus. Mais ce défaut ne leur eſt pas particulier. *Manichée* a crû la Nature Divine étendue & bornée. C'eſt une Erreur : mais dès qu'il ſuppoſe cette Nature étendue, il n'a pû la croire infinie. Après tout, il eſt de l'équité d'excuſer en lui une Erreur, que l'on trouve dans des Saints, & dans des Martyrs; & n'ayant pas borné les Perfections Divines, ſon Erreur ne fait dans le fond aucun tort à la Religion.

Manichée étoit Trinitaire; mais encore, ſur cet Article, ſes Idées n'étoient pas tout-à-fait juſtes. Il reconnoiſſoit la Conſubſtantialité des Perſonnes, mais il croyoit ces Perſonnes auſſi réellement diſtinctes que le ſont trois Hommes. Par-là il établiſſoit trois Dieux. Il nioit neanmoins cette conſéquence, qu'il ne faut pas lui imputer, toute juſte qu'elle eſt, parce qu'il faudroit l'imputer à pluſieurs des Péres les plus illuſtres, qui certainement ont penſé comme lui. C'eſt un fait certain, & avoué par les Théologiens, qui ont le mieux étudié l'ancienne Doctrine.

Les Ariens reprochoient perpetuellement aux Catholiques, que leur Dogme de la génération du Fils de Dieu introduiſoit dans la Religion, ou la *Probole Valentinienne*, c'eſt-à-dire, une extenſion, une diffuſion de la Nature Divine: ou la *Diviſion Manichéenne* de la même Nature. Cela m'engage à traiter des diverſes Héréſies, qui s'élevérent dans l'Egliſe, ſur la Divinité du Seigneur, & qui obligérent *Conſtantin* d'aſſembler le Concile de Nicée. Je fais quelques Remarques qui ne ſont pas indifferentes,

rentes, ſur ce Concile, ſur le nombre des Evêques qui le compoſerent: ſur les Sectes qui y parurent: & en particulier ſur les *Sabelliens*, dont on nous repréſente la Doctrine bien differente, à mon gré, de ce qu'elle étoit. Je juſtifie les Manichéens d'avoir diviſe la Nature Divine, & je fais voir en quoi conſiſtoit leur Erreur. Je finis ce troiſiéme Livre, par l'explication du Syſtême des *Eons*, matiere obſcure, & que je ne ſai ſi quelqu'autre a développée. Je propoſe en finiſſant l'ancien Syſtême des Emanations Divines, & je montre, que ce que *Manichée* a penſé là-deſſus ne differe point réellement de ce qu'ont penſé pluſieurs Péres.

Ce ſont là en général les matiéres, que je traite dans le I. Tome de mon Hiſtoire Critique des Manichéens: Il y en a un grand nombre d'incidentes, que je ne ſaurois indiquer dans cette Préface, mais que le Lecteur pourra voir d'un coup d'œil dans les Sommaires des Chapitres. Tout ce que je puis dire, c'eſt que cet Ouvrage eſt extrêmement varié, parce que le Manicheïsme eſt une Héréſie fort compliquée, qui attaque un grand nombre d'Articles de la Foi, ce qui m'oblige d'en parler hiſtoriquement. Il a ſa ſource dans l'ancienne Philoſophie, dont il faut développer les Hypotheſes. Il a enfin une grande affinité avec les Erreurs de ces anciennes Sectes, auxquelles on donne le nom commun de GNOSTIQUES, & dont il faut faire connoître les Opinions, un peu plus diſtinctement qu'on ne les connoît d'ordinaire. Ces Antiquitez Chrétiennes & Payennes me paroiſſent bien auſſi dignes de notre curioſité que tant d'autres, qui exercent les Savans.

Il ſera tems de rendre compte des matieres du II. Tome, lorsqu'il ſera achevé d'imprimer, étant actuellement ſous la Preſſe. J'avertirai ſeulement le Lecteur, que je donne dans le IV. Livre, qui eſt le premier de ce II. Tome, l'Hiſtoire Critique des trois Principaux Précurſeurs de *Manichée*, & de leurs Dogmes. Je veux parler de BASILIDE, de MARCION & de BARDESANES. Ce furent eux proprement, qui tâcherent d'introduire dans le Chriſtianisme l'Erreur des deux Principes. Je ne dis rien de VALENTIN, parce que l'on en fait un *Cabbaliſte*, & qu'on lui impute d'avoir enſeigné que la Matiére émane de la Nature Divine; ce qui eſt très-faux, comme je le montre dans ſon lieu. A l'égard de ces autres Hérétiques, j'écarte ce qu'il y a de faux dans leur Hiſtoire, & je tâche de donner de leur Syſtême une idée auſſi juſte qu'il eſt poſſible. *Baſilide* fut un Philoſophe Chrétien, dont les Erreurs eurent beaucoup de conformité avec celles de *Manichée*, quoiqu'il ne les ait pas portées ſi loin. Pour celui-là, je le peins bien différent de ce qu'on le repréſente. On en fait un monſtre, & pour moi je ſuis perſuadé que c'étoit un Homme de bien: car la qualité d'Homme de bien n'eſt point incompatible avec les Erreurs de l'Eſprit. Sa Morale étoit honnête: ſa prétendue Magie, s'il eſt vrai qu'il en ait exercé quelqu'une, étoit innocente: ſes trois cens ſoixante-cinq Cieux ſont une Fiction ridicule, dont un Aſtronome étoit incapable: ſon *Abraxas* n'eſt autre choſe que le Soleil, & non le Dieu ſuprême, quoiqu'en diſent quelques Péres. Les Figures monſtrueuſes que *Chifflet* a ramaſſées,

& qu'il attribue à lui & à sa Secte, sont la plûpart des Figures Egyptiennes: les autres appartiennent à des Gnostiques, qui ne furent jamais Chrétiens. Je croi avoir mis tout cela dans un si grand jour, qu'il sera difficile d'en douter.

L'Histoire de *Marcion* paroîtra aussi bien différente de celle que l'on en trouve dans les Auteurs *Hérésiologues*. J'en bannis des médisances avancées légérement, & sans preuves. Je marque assez distinctement ses Erreurs. Je donne la suite de son Systême, & je montre que les plus grossieres absurditez qu'on lui reproche sont fondées sur l'équivoque du mot d'Enfer. Je juge avec la même équité de l'illustre Syrien *Bardesanes*, qui n'eut pas à beaucoup près autant d'Erreurs que les deux autres, mais qui eut le malheur de donner dans celle des deux Principes, & que S. *Ephrem* associe ordinairement à cause de cela avec *Marcion* & *Manichée*. *Bardesanes* fut un grand Homme, qui signala son zèle pour la Foi du Sauveur.

C'est ainsi que je conduis mon Lecteur par degrez à l'Hérésie principale de *Manichée*. Je veux parler de son *Principe Materiel* qui fait le sujet de mon V. Livre. Je commence par montrer, que tout ce qu'il y a eu de Philosophes Payens, qui ont reconnu un Dieu réellement distinct de la Substance de l'Univers, ont reconnu aussi un Principe materiel, & se sont affermis dans cette Erreur par deux raisons, qui ne pouvoient être plus éblouïssantes: La premiere est cette maxime qui a passé pour une Vérité constante avant les Chrétiens, c'est que *Rien ne peut être fait*

de

de rien, & que par conſequent toutes les Subſtances ſont éternelles. La ſeconde fut la néceſſité d'expliquer autrement l'origine du mal. Ces Philoſophes, étant trop religieux pour l'attribuer à Dieu, qu'ils nommoient LE BON, ou LE BIEN par excellence, & croyant qu'il en ſeroit néceſſairement l'Auteur, s'il avoit tiré la Matiére du Néant, ſe perſuaderent, qu'elle étoit coéternelle à Dieu. C'étoit alors un Principe avoué généralement des Payens, des Juifs & des Chrétiens, que la Matiére eſt la Cauſe néceſſaire des maux : D'où il s'enſuivoit, que, ſi Dieu a créé la Matiére, il eſt la Cauſe libre de tous les maux.

Des Philoſophes Payens je paſſe aux Hébreux, & j'examine ſi les anciens Juifs ont connu la Création de la Matiére. J'allégue les raiſons de part & d'autre ſur une Queſtion de fait, qui me paroît au moins fort problématique. Je vai plus loin, & après avoir montré, 1. que l'unité de Principe eſt le ſeul ſentiment véritable : & 2. que, cette Vérité étant établie, il eſt juſte d'expliquer en conformité ce que l'Ecriture dit de la Création. Après ces deux Obſervations, dis-je, j'éxamine, ſi les Paſſages de l'Ecriture, que l'on allégue pour montrer que Dieu a fait toutes choſes de rien, ont une telle évidence qu'ils puiſſent forcer à l'acquieſcement un Homme prévenu de l'Erreur contraire. Je rapporte les réponſes qu'un tel Homme pourroit faire à ces paſſages. Je montre, qu'il n'eſt pas ſûr, que tous les anciens Péres ayent été unanimes ſur la Création de la Matiere. J'expoſe enfin le ſentiment de *Manichée*, ſur la nature du Principe materiel, & ſur l'origine des Démons.

Je traite dans les Livres ſuivans de l'ancienneté du *Monde Intelligible*, c'eſt-à-dire, du Monde des Eſprits immortels: de la Création du Monde matériel, & de ce qui en fut l'occaſion: de la Nature & de l'origine de l'Ame; de ſon envoi dans la Matiere: de la formation de l'Homme corporel, de ſes Attributs, de ſon Péché, de ſa Condamnation, de ſa Rédemption, & de la Perſonne du Rédempteur: du retour des Ames dans le Ciel: des Erreurs des Manichéens ſur tous ces Articles: & enfin de leur Morale & de leur Diſcipline. On verra dans tout cela des Imaginations fort bizarres, mais on verra en même tems qu'elles avoient leurs ſources dans une ancienne Philoſophie, qui regnoit en Orient.

Il faut à préſent juſtifier la Méthode, que j'ai ſuivie, & prévenir, autant qu'il eſt poſſible, les jugemens de certains Lecteurs, qui ont de l'amour & du zèle pour la Religion, & dont on trouvera peut-être que je ne ménage pas aſſez la délicateſſe, ou l'humeur. J'aurai pour eux toute la complaiſance poſſible, mais ils ne doivent pas exiger de moi, que je leur ſacrifie la juſtice & la ſincérité.

1. Ecrivant en Hiſtorien la Vie, les Actions, les Dogmes & la Morale d'un fameux Héréſiarque, je dois le faire avec une exacte Impartialité. Ainſi, je ne diſſimule point ſes raiſons. Seulement, quand elles ſont aſſez ſpecieuſes pour cauſer du ſcandale aux Perſonnes, qui n'ont pas beaucoup de

de lumieres, je tâche d'y remédier. Je le disculpe, lui & sa Secte, des accusations, qui me paroissent mal fondées. Je ne sai point blesser la Justice, sous prétexte de servir la Vérité. Je garde, autant que je le puis, un juste équilibre, pour ne condamner que ce qui doit l'être, & pour excuser ce qui peut être excusé: mais je ne le fais jamais aux dépens, ni au préjudice de la Vérité Catholique.

2. Comme on ne sauroit blâmer l'Impartialité dans un Historien, il faudra, pour condamner la mienne, lui donner un autre nom. On pourra la traiter d'Indulgence excessive pour les Hérétiques. Je conviens de l'Indulgence, mais j'en nie l'excès. Il est vrai que j'ai un grand penchant à excuser les Erreurs Humaines; mais c'est lorsqu'elles ne sont ni volontaires, ni malicieuses: lorsque les Preuves sont tellement balancées par les Difficultez, que l'Esprit le plus attentif ne sait presque à quoi se déterminer: lorsqu'elles ne touchent point les Fondemens de la Foi: lorsqu'elles ne sont point en contradiction manifeste avec les Décisions claires & formelles de l'Ecriture: Et enfin lorsqu'elles ne détruisent en aucune sorte le culte, l'obéissance, & la profonde veneration qui appartiennent à la Divinité. Cette Indulgence pour les Erreurs Humaines est, à mon gré, un Devoir essentiel du Chrétien; une des branches de la Charité, & le seul moyen de prévenir les Dissensions & les Schismes.

3. Il entre dans mon Histoire une infinité de matiéres incidentes. Il n'y a eu de ma part nulle affectation à les y amener. Elles se sont présentées à mon Esprit, à l'occasion des Erreurs Manichéen-

nes: Et comme elles m'ont paru propres à orner & à diversifier mon Livre, je n'ai pas crû devoir les rejetter. Un detail tout simple & tout sec des Hérésies, & quelquefois des Fictions extravagantes d'une Secte, ensevelie depuis plusieurs siecles en Occident, n'auroit pas fort intéressé mon Lecteur.

4. On trouvera peut-être, que je parle quelquefois des anciens Docteurs de l'Eglise d'une maniere, qui ne paroît pas assez respectueuse. Je ne disconviens pas, qu'il ne puisse m'être échappé quelques termes, que j'aurois pû adoucir. Des Rélations visiblement fausses, ou pleines d'éxagération; de mauvais raisonnemens; une aveugle Crédulité pour tous les Faits, qui pouvoient deshonorer les Hérétiques, une Passion visible de rendre leurs Personnes odieuses, tout cela irrite & souleve des Esprits équitables. Mais, ce qui fait perdre patience, c'est l'abus intéressé que font certaines Gens du Nom & des témoignages des Anciens. Il s'est introduit depuis long tems une sorte de faux Raisonnement, que j'appellerai *le Sophisme de l'Autorité*, & dont on fait encore aujourd'hui le plus pernicieux usage. La Raison & la Religion en sont opprimées. Pour défendre des Opinions évidemment fausses, & des Pratiques superstitieuses, on vous cite un mot des Anciens, en leur donnant les titres fastueux de SAINTS, & de GRANDS SAINTS. A l'ouïe de ces titres superbes, le Peuple séduit s'imagine entendre des Oracles, & croit, de bonne foi, que la justesse des pensées, l'exactitude de l'expression, la solidité du raisonnement & la certitude du témoignage,

gnage, sont nécessairement liées avec la *Sainteté*, & *la grande Sainteté*. Il se figure même qu'une Direction particuliere du S. Esprit en est inseparable. Alors la Raison honteuse & timide n'ose résister: ou, si elle est assez hardie pour le faire, les Adulateurs de l'Antiquité se récrient à la Présomption, à l'Orgueil, & enfin à l'Hérésie. J. Christ a eu beau dire, qu'il est lui *seul notre Maitre*: & S. *Paul*, *que nous ne devons pas nous rendre esclaves des Hommes*, on prétend enchainer ce qu'il y a de plus libre en nous, qui est la Raison & la Foi: Et cela sous prétexte d'un respect religieux pour les Péres, mais en effet pour maintenir des Erreurs & des abus manifestes, & pour regner sur les Consciences. Jamais *Constantin VI*. que de miserables Moines ont flétri du méprisable surnom de *Copronyme*, ne montra plus de prudence & de jugement, que lorsqu'il défendit de donner le titre de SAINT à qui que ce soit, excepté aux Apôtres. Il en vit l'abus, & voulut le corriger. J'estime & j'honore les Péres, mais je ne les croi point du tout infaillibles, ni du côté du témoignage, ni du côté du raisonnement: Et ceux-là même, qui ne cessent d'en exalter l'Autorité ne laissent pas de les critiquer dans l'occasion. Ils ont bien plus fait. Ils ont corrompu leurs Ouvrages en une infinité d'endroits, & cela s'appelle les *réformer*.

5. Une Histoire Critique ne pouvant être trop bien justifiée, j'ai eu soin de mettre en original, au bas des Pages, les Passages qui servent de preuve aux Faits que j'avance. C'est un ennuyeux travail, mais je l'ai cru nécessaire. Si l'on trouve les Ci-

ta-

tations trop amples & trop abondantes, c'eſt un ſuperflu qui n'a coûté qu'à moi, & le Lecteur peut bien m'en pardonner la dépenſe. Quant aux Paſſages mêmes, j'en ai rendu la ſubſtance dans le Texte, ſans m'aſtreindre à les traduire d'une maniére tout-à-fait literale, parce que ces ſortes de Traductions n'ont d'ordinaire, ni grace, ni clarté. Au reſte, je croi que le Lecteur peut compter ſur les témoignages que j'allégue: Je les ai preſque tous extraits des Originaux, & quand je ne l'ai pas fait, j'ai eu ſoin d'en avertir. Je me ſuis attaché ſcrupuleuſement à ne les citer que dans le ſens des Auteurs, dont j'ai tâché de bien connoitre les ſentimens. Les Livres ſont pleins de citations juſtes pour les termes, mais qui ne le ſont pas toûjours pour le ſens, & qui, détachées du reſte du Diſcours, préſentent des idées, qui ne furent jamais celles des Auteurs.

J'AI promis une eſpéce d'Introduction au Manicheïsme. J'en ai déja rapporté ce que j'appelle les *Principes*: Il faut achever, & en rapporter les principaux Dogmes. C'étoit proprement un Syſtême Théologique & Philoſophique, dont les Hypotheſes ſont priſes de la Théologie & de la Philoſophie des Orientaux. Et comme le Pythagorisme & le Platonisme viennent de la même ſource, il y a auſſi beaucoup d'affinité entre cette Théologie, & celle de *Manichée*. L'artifice de ce dernier fut de tâcher d'accommoder la ſienne avec l'Evangile.

L'Héréſiarque ne reconnoiſſoit qu'un ſeul Dieu, auquel il donnoit tous les Attributs, qui lui ſembloient convenir à l'Etre ſouverainement Parfait.

N'a-

N'ayant aucune idée d'une Subſtance, qui n'ait ni lieu, ni étendue, il croyoit la Divinité une Lumiere vivante & immaterielle, qui réſide de toute éternité dans le Ciel Suprême. Elle y fut toujours accompagnée de ces Intelligences pures & immortelles, auxquelles il donnoit le nom d'*Eons* qui déſigne leur Immortalité: Une durée toujours égale, ſans accroiſſement & ſans diminution, eſt l'idée que les Anciens attachoient au mot d'*Eons*. Ces Eſprits ſont autant d'Emanations de la Divinité. *Manichée* ne croyant pas que rien pût être fait de rien, & ne pouvant faire naître la Sainteté & l'Immortalité du ſein de la Matiére qui eſt la ſource des Vices, & de la Corruption, il fut obligé de ſuppoſer, que les *Eons* ſont formez de la Subſtance céleſte, ou qu'ils émanent de l'Eſſence Divine. Il préféra ce dernier ſentiment, qui fut celui de *Platon*. Cependant comme Dieu ne communique de ſes Perfections qu'autant qu'il le veut, ces Eſprits ſont toujours infiniment au deſſous de lui, & ne ſont point proprement des Dieux.

Le Ciel Suprême, & les Intelligences qui l'habitent, compoſent le *Monde Intelligible*, qui eſt éternel. La Subſtance lumineuſe dont le Ciel a été formé, a la même éternité que Dieu: Elle exiſte par elle-même, parce que rien ne peut être fait de rien. Mais le Ciel, & les *Eons* n'ont qu'une *Eternité Seconde*, parce qu'ils ont une Cauſe, qui eſt Dieu. Cependant cette Cauſe étant éternellement agiſſante, ils ont exiſté de toute éternité. Cela étoit encore Platonicien. *Platon* croyoit le Monde éternel d'une *Eternité Seconde*, parce que le BIEN ne peut être ſans ſe communiquer, ni l'*Ame*, ou l'*Eſprit*, ſans agir.

De l'Eſſence du Pére il eſt émané deux Perſonnes, qui ſont le Fils & le S. Eſprit. Ces deux Emanations ſont fort ſupérieures aux autres. Elles ſont proprement *Conſubſtantielles* au Pére, mais elles lui ſont ſubordonnées, & n'ont pas l'Indépendance abſolue, qui n'appartient qu'à lui. La premiere réſide dans le *Soleil* & dans la *Lune*, depuis la Création du Monde Matériel : dans le Soleil comme *Puiſſance* : dans la Lune, comme *Sageſſe*. La ſeconde réſide dans l'Air. C'eſt là qu'elles executent les Ordres du Pére, & qu'elles doivent demeurer juſqu'à la conſommation du ſiecle. On verra, qu'il y a là-dedans des Idées aſſez conformes à la Théologie des Hébreux, & à celle des Egyptiens.

Dans un coin de l'Eſpace immenſe réſidoit de toute éternité, une Puiſſance maligne, que *Manichée* appelloit la MATIERE en ſtile Philoſophique le DEMON, en ſtile vulgaire, & les TENEBRES, en ſtile myſtique. C'étoit auſſi celui des *Mages* : l'Empire de cette Puiſſance étoit partagé en cinq Régions, qui ſemblent être diſpoſées par étages, & dont la plus haute enveloppe les inferieures. On diroit que cet arrangement eſt une imitation de celui des Sphéres céleſtes. Chacune de ces Régions contenoit un des Elémens de la Matiere, avec des Animaux, qui en étoient formez, & qui par conſequent y pouvoient vivre. Par tout regnoit quelque Prince, mais ils étoient tous ſoumis au Grand Prince, l'unique Chef des Puiſſances malignes.

Ces deux Empires étoient ſeparez par je ne ſai quels

quels murs, & voisins par un certain côté. Dieu connoissoit bien les *Ténèbres*, mais les *Ténèbres* ne connoissoient point la *Lumiere*, & ne l'auroient jamais connue sans une sédition, qui s'éleva dans leur sein, & qui les fit sortir de leurs limites. Ce fut alors qu'ayant apperçu la *Lumiere*, elles voulurent faire une irruption dans son Royaume, afin de s'en emparer. Dieu leur opposa une Puissance, qui est appellée le PREMIER HOMME, lequel étoit armé des cinq Elémens de la Substance céleste. Entre ces Elémens étoit celui de la *Lumiére*, qui, si je ne me trompe, n'est autre chose que l'Ame Humaine. Mais, ce *Premier Homme* se trouvant le plus foible, Dieu envoya à son secours une seconde Puissance, qui est nommée l'ESPRIT VIVANT, & qui le délivra. Cependant, les Démons s'étant emparez d'une partie de la Substance céleste, la *Lumiere* & les *Ténèbres* se trouvérent mêlées ensemble.

Le but de toute cette Fable étoit de rendre raison, pourquoi un Dieu saint & bon a envoyé des Ames immortelles, qui étoient heureuses & innocentes, dans une *Matiére* qui est mauvaise en soi, qui les entraîne au Péché, & qui les assujettit à une infinité de miseres. L'Hérésiarque se proposoit aussi d'expliquer par-là, pourquoi Dieu a formé un Monde materiel, dans lequel il y a beaucoup de défauts, & qu'il a résolu de detruire.

L'*Esprit vivant*, ayant domté les Démons, les enchaîna dans les Airs, où il ne leur laissa de liberté, qu'autant qu'il le jugea à propos pour ses Desseins. C'est là que, dans leur colere, ils excitent les Tempêtes, les Tonnerres, les Eclairs, les maladies contagieuses, & enfin les pluyes.

 Les

Les deux Subſtances étant mêlées, l'*Eſprit vivant* jugea qu'il en pouvoit faire quelque choſe de grand & de beau. C'étoit auſſi l'intention du Dieu Suprême, en permettant ce mêlange. Il commença donc par ſeparer les Parties de la Subſtance céleſte, qui s'étoient préſervées de la contagion de la Matiére, & en forma le *Soleil* & la *Lune*. De celles, qui n'étoient que médiocrement gâtées, il en fit les autres Planètes, & notre Ciel inferieur. Le reſte demeura confondu avec la Subſtance materielle, & le Tout fut employé à former notre Monde Sublunaire, où les Biens & les Maux ſe trouvent mêlez enſemble.

Les Ames Humaines étant ce qu'il y avoit de plus excellent dans la Subſtance céleſte, dont les Princes des Ténèbres s'étoient emparez, ils penſerent à les garder. Pour cet effet le Grand Prince s'aviſa d'un artifice, qui lui réuſſit. Il forma donc deux Corps organizez, ſur le modèle du *Premier Homme* qu'il avoit vû. Il leur donna des ſexes differens, & y enferma les premieres Ames qu'il avoit priſes. Il voulut les charmer par les douces impreſſions des Sens, leur faire aimer leurs Priſons, & les porter, d'une maniere comme invincible, à perpetuer leur Captivité par les attraits de la Concupiſcence. Et comme la Génération continue de produire des Corps de la même figure, & avec les mêmes organes, que les deux premiers, les pauvres Ames, qui voltigent dans les Airs, ou qui ſont répandues dans la Nature, viennent imprudemment habiter les Priſons, que la Concupiſcence ne ceſſe point de leur préparer. Elles s'y lient enſuite,

&

& s'y attachent par les attraits qu'elles y trouvent.

Les Ames qui ſont d'une origine céleſte, ont naturellement la connoiſſance de la Vérité, & de leurs Devoirs: mais lorsqu'elles ſont unies à des Corps, elles boivent, dans la Coupe de l'Oubli, un pernicieux poiſon, qui leur en fait perdre la mémoire. Cela étoit Platonicien. Pour remédier à cet inconvenient, la Divine Providence ſe ſervit d'abord du miniſtère des bons Anges, qui enſeignerent aux premiers Patriarches les Véritez ſalutaires; Ceux-ci en transmirent la connoiſſance à leurs Deſcendans. Et pour empêcher, que cette lumiére ne s'éteignît entierement, Dieu n'a point ceſſé de ſuſciter, dans tous les tems & toutes les Nations des Sages & des Prophètes, juſqu'à ce qu'il lui plut enfin d'envoyer au Monde ſon Fils. Ce Miniſtre céleſte enſeigna parfaitement aux Ames leur véritable origine, les cauſes de leur Captivité, & les moyens de leur Délivrance. Après avoir opéré une infinité de Miracles pour confirmer ſa Doctrine, il leur montra, dans ſa *Crucifixion Myſtique*, comment elles doivent mortifier ſans ceſſe la Chair & ſes Paſſions. Il leur fit voir encore par ſa *Réſurrection Myſtique*, & par ſon *Aſcenſion* dans le Ciel, que la Mort ne détruit point l'Homme; qu'elle ne détruit que ſa Priſon, & qu'elle rend aux Ames purifiées la liberté de retourner dans leur céleſte Patrie.

La Chair étant compoſée de Matiére, & même de ce qu'il y a de plus vicieux dans la Matiére, il s'enſuivoit de là que le Fils de Dieu n'en a pû prendre que la Figure, & non la réalité. Cela fit que *Manichée* nia l'Incarnation. Il nia conſéquem-

 ment

ment que J. Christ fût né d'une Vierge, sous prétexte que ce seroit deshonorer la Majesté Divine de la faire descendre dans le sein d'une Femme, & de l'en faire sortir par la voye de l'Enfantement. Il nia de même, que le Seigneur eût usé des alimens nécessaires, pour conserver la Vie animale: qu'il eût une Ame susceptible des affections innocentes: qu'il eût souffert, qu'il soit mort, & ressuscité d'entre les morts. Il convint néanmoins, que tout cela s'étoit fait en apparence, mais il nia qu'il fût arrivé réellement. Il nia encore la Resurrection de la Chair, parce que c'eût été perpetuer les maux, dont elle est le Principe. Il desapprouva le Mariage, comme ayant été inventé par les Démons, afin de lier les Ames avec la Chair, & de retarder leur retour dans le Ciel. Il recommanda fortement toutes les austéritez, qui servent à mortifier le Corps, parce que plus il est foible, & moins il résiste à l'Esprit. *Manichée* desapprouva, par la même raison, l'usage du vin & des viandes, sous prétexte que tout cela nourrit & fortifie trop la Chair, & enflamme la Concupiscence. Il voulut que ses *Elus*, ou ses Parfaits, embrassassent la Pauvreté volontaire, qu'ils ne possedassent rien en propre, & qu'ils ne se mêlassent absolument d'aucunes affaires seculieres.

Je me suis servi exprès du mot *desapprouver*, plutôt que de celui de *condamner*. L'Héresiarque sentit bien, que la *Concupiscence* prend trop d'empire sur la Volonté, pour pouvoir interdire le mariage à tous ses Disciples. C'est pourquoi il le permit, ou le tolera dans les Laïques, aussi bien que l'ul'usâge des Viandes & du Vin, & la possession des Biens temporels. Tous n'étant pas assez forts pour s'élever à la Perfection Evangélique, il usa de condescendance envers les Foibles. Mais, pour les Parfaits, & en particulier pour les Ecclésiastiques, il voulut qu'ils imitassent la vie du Sauveur, qui ne fut jamais marié, & qui ne posséda rien dans ce Monde. Il ne leur permettoit que les plaisirs les plus spiritualisez, tels que sont, par exemple, ceux de la Musique & des Parfums. Son but étoit de détacher l'Ame des Sens, & de toutes les affections terrestres, parce qu'elle ne peut rentrer dans le Ciel sans une parfaite purification.

Comme il n'est pas possible que toutes les Ames acquierent une parfaite pureté, pendant le cours d'une vie mortelle, *Manichée* admit la transmigration des Ames, Dogme très-commun parmi les Nations, qui en ont reconnu l'Immortalité. Il enseigna donc, qu'elles passent d'un Corps dans un autre, mais que celles, qui ne sont pas purifiées par un certain nombre de révolutions, sont livrées aux Démons de l'Air, pour en être tourmentées & domtées: Qu'après cette rude pénitence, elles sont renvoyées en d'autres Corps, comme dans une nouvelle Ecole, jusqu'à ce qu'ayant acquis le degré de purification suffisante, elles traversent la Région de la Matiére, & passent dans la Lune. Lorsqu'elle en est remplie, ce qui arrive quand toute sa surface est illuminée, elle s'en décharge entre les bras du Soleil qui les remet à son tour dans ce lieu, que les Manichéens appelloient la *Colonne de la Gloire*. Nous verrons à peu près

près l'origine de la plupart de ces Imaginations, dont *Manichée* n'étoit point l'Inventeur.

Le St. Esprit, qui est dans l'Air, assiste continuellement les Ames de ses précieuses influences. Le *Soleil*, qui est composé d'un Feu pur & purifiant, facilite leur ascension dans le Ciel, & en détache, à mesure qu'elles s'élevent, les particules materielles, qui les appesantissent.

Lorsque toutes les Ames, & toutes les Parties de la Substance Céleste auront été séparées de la Matiére, alors arrivera la consommation du siecle. Le Feu malfaisant sortira des Cavernes, où le Créateur l'a enfermé. L'*Omophore*, c'est l'Ange, qui soutient la Terre dans sa situation, & dans son équilibre, la laissera tomber dans les Flammes, & jettera ensuite cette masse inutile hors de l'enceinte du Monde, dans ce lieu que l'Ecriture appelle les *Ténèbres exterieures*. C'est là que les Démons seront réléguez pour jamais. Les Ames les plus paresseuses, c'est-à-dire celles qui n'auront pas achevé leur purification lorsque cette Catastrophe arrivera, auront pour peine de leur négligence, la charge de tenir les Démons resserrez dans leurs Prisons, afin d'empêcher qu'ils n'attentent plus rien contre le Royaume de Dieu.

Voilà quel étoit en gros le Systême fabuleux de *Manichée*. Je laisse diverses particularitez, qui en sont des Dépendances, & que je rapporterai dans leur lieu. Mais je n'ose me flatter d'avoir, ni tout entendu, ni tout expliqué. Aussi ne donnai-je cet Ouvrage que comme un ESSAI, sur une Théologie, qui est très-obscure, & que les Anciens, qui la rapportent, & qui la réfutent n'ont pas toujours bien comprise.

A Berlin le 30. Janv. 1734.

SOM-

SOMMAIRES
DES LIVRES ET DES CHAPITRES
CONTENUS DANS CE VOLUME.

DISCOURS PRELIMINAIRE,

Où l'on donne le Plan de cet Ouvrage.

Dessein de l'Auteur. Pag. 1
Tillemont fort exact, très-peu Critique. 2
Partialité outrée des Anciens sur le sujet des Hérétiques & des Héréfies. *ibid.*
Toujours vicieuse & au fond nuisible. *ibid.*
Reflexion sur l'Article des Manichéens, dans *Bayle*. 3
Motifs de l'Auteur. Justification de son Dessein par S. *Augustin* même. *ibid.*
Reflexion judicieuse de l'Auteur des *Nouvelles de la Rep. des Lettres* sur le même sujet. 4
L'Ancienneté n'autorise point les Fables. 5
Origine de l'Histoire de Manichée. *ibid.*
Actes de sa Dispute avec *Archelaüs*. Original Syriaque. Traduction Grecque. Il n'en reste qu'une Version Latine. *ibid.*
C'est l'unique source d'où les Péres ont tiré l'Histoire de Manichée. 6
Plan de la I. Partie. *ibid.*
Livre I. Histoire de *Manichée* selon les Grecs & les Latins. *ibid.*
La même Histoire selon les Syriens, les Persans & les Arabes. 7
Idée de la II. Partie. *ibid.*
Necessité de la Critique dans la Lecture de l'Histoire Ecclesiastique. *ibid.*

HISTOIRE CRITIQUE DE MANICHÉE SELON LES GRECS ET LES LATINS.

LIVRE PREMIER.

CHAPITRE I.

Relation de la Vie, de l'Hérésie & de la Mort de Manichée, par ARCHELAUS *Evêque de Cascar en Mesopotamie.*

CHA-

CHAPITRE II.

Examen de l'Histoire de SCYTHIEN *& de l'origine du Manicheïsme.*

Diverses fautes d'*Archelaüs* Premiere Faute. *Scythien* est Arabe, non Scythe. 19
Origine du mot *Barbare*. Science & Politique des Arabes. *ibid.*
Leur Eloge par M. de *Boulainvilliers*. 20
L'Arabe, la plus belle des Langues Orientales. 21
L'Hébreu, Langue très-imparfaite. *ibid.*
Les Arabes ont conservé long-tems la vraye Religion. 22
Division de l'Arabie. *ibid.*
Mauvais parallèle entre *Scythien* & *Mahomet*. *ibid.*
L'Inde, où les Apôtres ont prêché, est l'Arabie Heureuse. 23
Scythien étoit de la *Saracene* proche de Chaldée. *ibid.*
Origine du mot de *Sarasin*. 24
Contradiction d'*Archelaüs*. Ce qui l'a causée. *ibid.*
Seconde Faute d'Archelaüs. *Scythien* n'a point vécu du tems des Apôtres. 25
Epiphane censuré par *Petau*: mal justifié par *Cave*. *ibid.*
Scythien & *Manichée* contemporains. Preuves de ce fait. Mauvaise défaite de M. de *Tillemont*. 26
Troisieme faute d'*Archelaüs* sur l'origine du Manichéisme, il ne vient point des Grecs. *ibid.*
Critique de *Cyrille* de Jérusalem. La Philosophie de *Manichée* très-différente de celle d'*Aristote*. Ce sont les *Sabéens* qui sont Aristoteliciens. 27
Critique de quelques Modernes: signification du mot Βίος. *ibid.*
Reflexion de *Tillemont* sur les causes de l'Hérésie de *Scythien*. Critique de cette Reflexion. 28
Mauvaise Methode de chercher les causes des Erreurs dans les défauts du cœur. *ibid.*

CHAPITRE III.

Où l'on continue d'examiner l'origine du Manichéisme.

Legére Contradiction de M. de *Tillemont* pour suivre trop les Anciens. 29
Si *Pythagore* a été Manichéen. *ibid.*
Il a pris ses idées & ses expressions des Chaldéens. Il eut pour Maître *Zabratus*. Si ce *Zabratus* est *Zoroastre*. On prouve qu'il peut l'être. 30
Pythagore & *Zoroastre* ont été contemporains. *ibid.*
Pythagore n'est qu'à demi Manichéen, s'il est Zoroastrien. 31
Comment M. *de Ramsai* justifie *Pythagore* de Manichéisme. Sa Remarque n'est pas certaine. 32
Idée du Systême de *Pythagore*: de celui d'*Empédocle*. *ibid.*
Quel a été le Manichéisme de *Pythagore*: selon le faux *Origène*. 33
Quel Hérétique a tâché de l'intro-

duire dans le Christianisme. 34
Quelques Modernes disent que ce fut *Simon* le Magicien. *ibid.*
Fable de l'*Helene* de *Simon*. Cette Fable developpée. 35
Simon ne s'est point dit le Dieu Suprême, ni le Fils de Dieu. *ibid.*
Helene est l'Ame émanée du Dieu Suprême, captive des mauvais Démons, &c. 36
Selon *Simon* le Créateur n'est pas le Dieu Suprême. 37
Question sur l'origine du Démon. 38
Le sentiment de *Simon* paroît être le pur Manichéisme. 39
Basilide est le premier qui l'introduisit dans l'Eglise. *ibid.*
Fragment de cet Hérétique. 40
Basilide l'apprend en Perse. *ibid.*
Le Manichéisme vient de Perse & des Indes. Témoignage de S. *Ephrem* & d'*Abulpharage*. 41
La guerre entre les deux Principes est une ancienne fiction des Mages. *ibid.*

CHAPITRE IV.

Suite de l'Histoire de SCYTHIEN, *ses Mœurs, son caractere, son Mariage, ses Livres, sa mort.*

EDucation de *Scythien*, son esprit son savoir, ses richesses. C'étoit un illustre Negociant. Les Sarasins l'étoient. 42
Il est accusé de Magie par S. *Epiphane*. Le Silence d'*Archelaüs* & de *Cyrille* l'en justifient. 43
Medisance de S. *Epiphane* contre la femme de *Scythien*. *ibid.*
Contradiction de l'Auteur. Fraude pieuse de *Petau*. *Scythien* étoit Chrétien. Erreur ou plûtôt exageration de *Cyrille*. 44
Livres de *Scythien*. Conjecture d'*Asseman* sur l'origine de ces Livres. 45
Elle n'est pas fondée. 46
Divers sentimens sur l'Auteur de ces Livres. *ibid.*
Le Livre des MYSTERES. *ibid.*
Photius l'a mal défini. C'est celui que *Tite de Bostres* a refuté. 47
S. *Epiphane* l'a cru mal à propos écrit en Persan. Ce Pere ne savoit pas le Syriaque. *ibid.*
Matiere de ce Livre. *ibid.*
Livre DES CHAPITRES. *ibid.*
Celui d'EVANGILE. Erreur de *Photius*. 48
Livre du THRESOR. *ibid.*
Scythien va en Judée avec *Térébinthe*. 49
Il y meurt de maladie. Faussetez manifestes de S. *Epiphane*. 50
Selon son Hypothese *Térébinthe* auroit vécu plus de deux cens ans. 51
La Relation de S. *Epiphane* est insoutenable. *ibid.*
Fable de la mort de *Scythien*. 52

CHA-

CHAPITRE V.

Examen de l'Histoire de TÉRÉBINTHE.

Térébinthe passe en Assyrie. Inexactitude de *Petau*. 53
Il prend le nom de BUDDAS. Fausses raisons de ce changement. ibid.
S. *Epiphane* & *Cyrille* dementis par *Archelaüs*. ibid.
Conjectures peu justes sur ce changement. 54
Térébinthe & *Buddas* sont le même nom; le premier Grec, le second Chaldaïque. ibid.
Comment les Grecs ont changé *Butema* en *Buddas*. 55
Nouvelle calomnie contre *Buddas* réfutée : Il ne s'est point dit Fils d'une Vierge. 56
Les Manichéens ont nié la possibilité du fait. ibid.
Origine ou prétexte de la calomnie. Les Peres ont attribué au *Buddas* Manichéen ce que les Indiens disoient de leur *Buddas*. 57
Faute de *Tollius*. ibid.
Simon le Magicien accusé de s'être dit Fils d'une Vierge. ibid.
Buddas dispute avec les Mages. Sur quoi. ibid.
Il n'est pas vraisemblable que ce fût sur les deux Principes, sentiment commun chez les Perses. 58
Relation de la mort de *Buddas*. Il fut précipité par le Démon. 59
Examen de cette Relation. Faussetez qu'on y trouve. ibid.
Buddas monte sur le toit pour prier. Les Manichéens assidus à la Priere. Prier sur le toit coutume des Orientaux. 60
Ignorances d'*Archelaüs*. Le nombre des Elus chez les Manichéens n'étoit point fixé. ibid.
Superstition innocente sur les Noms Divins. 61
Les Mages invoquoient les Anges comme des Médiateurs. ibid.
Les Noms des Anges n'étoient point un Secret chez les Manichéens. ibid.
Ils ne les invoquoient point; encore moins les Démons. *Tillemont* corrigé. 62.
Le merveilleux de la mort de *Buddas* est une Fable. ibid.
Il a survécu à *Scythien* & à *Manichée*, & fut un de ses Disciples. 63
Exception téméraire & ridicule. 64

CHAPITRE VI.

Examen de l'Histoire de Manichée, avant son Hérésie.

Manichée naquit l'an 240 de N. S. *Eutychius* semble le confirmer & ne le fait pas. 65
On n'a point de raison de rejetter le témoignage de la Chronique d'Edesse sur la naissance de *Manichée*. ibid.
Manichée étoit de la Province de Babylone ou de Chaldée. Ces Provinces

***** e

vinces se confondent souvent. 66
Suidas & *Cedrene* le font de la race des *Brachmanes*. ibid.
Noms de son Pére & de sa Mere. ibid.
Corbicus ou *Cubricus* fut son premier nom. On croit que ces noms sont une corruption de *Carcubius*. 67
Theodoret dit que son premier nom fut *Scythien*. Occasion de cette erreur. ibid.
Servitude de *Manichée*. Elle n'a nulle apparence. Les Grecs sujets à calomnier les Hérétiques. Ils reprochent la même chose & très-faussement à *Xenaias*, autrement *Philoxene*. 68
Illustres Esclaves, *Epictete*, *Zoroastre* &c. 69
L'Héresiarque prend le nom de MANES. Pensée froide des Péres là-dessus. ibid.
Origine des noms de *Manichée* & de *Manès*. S. *Epiphane* le derive de *Mana*, mot Chaldaïque qui veut dire *Vase*. 70
Reflexion peu juste de M. de *Tillemont*. ibid.
Manès, nom d'Esclave parmi les Grecs. ibid.
Erreur de *Cyrille* de Jerusalem sur la signification du mot de *Manès*; du savant *Pearson* sur le même sujet; inadvertance d'un savant Moderne. Conjecture d'*Usser*. *Manès* vient de *Manahem*, qui veut dire Consolateur. Preuves de cette Conjecture. 71
Manichée vient aussi de *Manahem* prononcé differemment. 72
Conjecture de *Gataker*. Cubricus prend le nom de *Manahem*, afin de passer pour le *Paraclet*. Elle ne paroît pas solide. 72,73
La Veuve qui l'acheta, peut lui avoir donné ce nom. On changeoit les noms aux Esclaves en les affranchissant. 73
Manès étoit un nom honorable, commun à plusieurs Rois d'Orient. ibid.
Origine du nom de *Manichée* selon S. *Augustin*, démentie par les Actes *Archelaus*. 73,74
Les Modernes, & *Tillemont* en particulier, n'ont pas laissé de la rapporter. 74
Arnold repris mal à propos à cette occasion par un savant Lutherien. ibid.
Autre Observation frivole copiée par les Modernes. ibid.

CHAPITRE VII.

Suite de l'Histoire de MANICHÉE *jusqu'à son arrivée à Cascar.*

ON croit que *Manichée* demeura à Seleucie. Cela n'est pas sûr. 75
Contradiction entre S. *Epiphane* & *Archelaüs*. On peut les concilier. ibid.
Manès très-savant dans les Sciences des Perses. Contradiction manifeste d'*Archelaüs*. 76
Premiers Disciples de *Manès*. Leur Mission. ibid.
Celle d'*Addas* en Scythie n'a point de difficulté. 77
Celle de *Thomas* en Egypte est vraye. Fausse conjecture de *Petau*. ibid.
Papus ou *Paapis* porta le premier le Ma-

Manichéisme en Egypte. *ibid.*
Si *Thomas* Manichéen est le *Thomas* Apôtre des Indes. 78
Ce qu'il y a de certain, c'est que *Manichée* envoya prêcher ses Erreurs aux *Indes* & à la *Chine*, c'est-à-dire dans le Turquestan. Témoignage d'*Abulpharage*. *ibid.*
Prison de l'Héréfiarque, sa cause. Critique du récit de *Cyrille* de Jerusalem, de *Photius*, du P. *Alexandre* & de *Tillemont*. 79
Incertitude de cette Histoire. Si elle est vraye, le Roi n'employa *Manès* que par estime pour lui, premierement à cause de sa sainteté apparente. 80
Secondement à cause de son savoir. Son habileté dans la Médecine. 81
Zoroastre y avoit excellé. *Manès* fut vraisemblablement Medecin de *Sapor*. *ibid.*
Scythien, *Hierax* &c. savans dans la Médecine. *ibid.*
Thomas & *Addas* rendent compte à *Manès* de leur Mission. 82
Grandeur d'Ame de l'Héréfiarque. S'il n'a connu le Christianisme que dans sa prison. *Archelaüs* le dit. *ibid.*
Fausseté manifeste, reconnue par S. *Epiphane*. Il est instruit dès sa jeunesse. 83
Abulpharage témoigne qu'il fut Prêtre, & zélé pour la Foi. Témoignage de D'*Herbelot* là-dessus. *ibid.*
Les Livres attribuez à *Scythien*, & qu'on dit avoir été traduits par *Manès* contenoient un Christianisme corrompu. *ibid.*
Ses Lettres rouloient sur des Matieres de la Religion Chrétienne: sur l'Incarnation: sur la corruption de l'Homme. 84
Sa Dispute avec *Archelaüs* montre qu'il possedoit les Livres du N. Testament. *ibid.*
Déclamation puerile de *Cyrille* de Jerusalem. 85
Nouvelle Mission d'*Addas* en Orient, d'*Hermas* en Egypte, de *Thomas* en Syrie. Texte d'*Epiphane* corrigé. *ibid.*
Le Roi veut faire mourir *Manès*, depuis qu'il s'est declaré Chrétien. 85. 86
Il en est averti en Songe & se sauve dans le Château d'Arabion. 86

CHAPITRE VIII.

MANICHÉE *va à Cascar. Occasion de ce Voyage.*

DIx ou douze mille Chrétiens massacrez ou faits prisonniers par des Soldats Romains. Difficultez de *Tillemont* contre cette Histoire. 87
C'est une Fable toute pure. *Tillemont* voudroit la rejetter sur le Traducteur; ce qui est absurde. Conjecture sur ce qui peut avoir servi de prétexte à cette Fable. 88
Marcel est vraisemblablement *Marcellin*, Gouverneur de Mesopotamie. Caractere de ce Capitaine. 89
Passage attribué faussement à S. *Chrysostome* par *Hyde*. Abus qu'il en a fait. 90
Tradition fabuleuse sur les Mages. *ibid.*
Lettre de *Manichée* à *Marcel*. 91
Il se qualifie *Apôtre* de J. C. *ibid.*
Il prend le caractere de Réformateur.

Rejette l'unité de Principe, & l'Incarnation. 92
Reflexions sur cette Lettre. Jugement de *Tillemont*. 93
Erreur de cet Auteur sur les Vierges qui accompagnent *Manès*. *ibid.*
Il traite les Evêques Orthodoxes de *Maîtres des simples*. 94
Les Hérétiques confondent la Crédulité avec la Foi. Les Manichéens se vantent de rendre raison de tout. L'Autorité imperieuse s'introduit dans l'Eglise. *ibid.*
On croit cette Lettre véritable, mais écrite en Grec. *ibid.*
Preuves que *Manès* a su le Grec. 95
Explication d'un passage de cette Lettre. *ibid.*
Marcel communique à *Archelaüs* la Lettre de *Manès*. Colere de l'Evêque. Moderation de *Marcel*. 96
Manès soupçonne des embuches & ne laisse pas d'aller à Cascar. *ibid.*
Son Portrait tracé par *Tillemont*, n'est pas juste. *ibid.*
C'étoit un homme vif & véhément. 97
Description de son habillement & de son air. Reflexion précipitée de *Tillemont* sur cette description. Le vêtement de *Manichée* paroît être d'un homme de qualité & d'un Prophète des Perses. La *Chaussure haute* à la mode chez les Perses & les Babyloniens. *ibid.*
Le *Manteau*, vêtement des Perses. La couleur *bleu-céleste* étoit honorable. 98
Toutes les couleurs vives étoient sacrées chez les Perses. Les Habits Pontificaux des Patriarches d'Orient sont de couleurs gaies. *ibid.*
Leurs Prophètes portoient des bâtons d'Ebène. 99
Chausses de deux couleurs. Remarque sur la Veste Royale de *Cyrus*. *ibid.*
Il y a du verd dans le vêtement de *Manès*. Mahomet choisit cette couleur. Remarque de M. *Asseman*. *ibid.*
Manès a l'air non d'un Artisan, mais d'un Philosophe. Faute du Traducteur Latin des *Actes*. Caractere d'*Archelaüs*. Il y a de l'apparence qu'*Epiphane* lui prête le sien. Les Actes le représentent plus moderé. 100

CHAPITRE IX.

Dispute de CASCAR.

PRemiere Dispute publique à Cascar. Les Juges sont Payens. Leurs Professions, leurs noms. La Scene fut dans la maison de *Marcel*. 101
Témérité de *Cyrille* de Jérusalem, qui met dans la bouche des deux Antagonistes ce que l'un ni l'autre n'ont point dit. *ibid.*
Zaccagni l'a reconnu. *Tillemont* & lui tâchent de justifier *Cyrille*. Refutation de leur Apologie. 102
Manès ouvre la Dispute. Les titres qu'il se donne d'*Apôtre* & de *Paraclet*. Il s'éleve au dessus de S. *Paul*. 103
Questions agitées dans la Dispute de Cascar. 1. Celle des deux Principes. 2. Celle de l'Autorité du V. Testament. *ibid.*

Ma-

Manichée croit les Ames des Emanations de Dieu. Raisons d'*Archelaüs* contre cette Erreur. 103, 104
Raison du même contre deux Principes. Comment il explique l'origine du Mal. 104
Explication ingénieuse de *Matth.* XII. 32. *ibid.*
Objection de *Manichée.* J. Christ établit deux Principes, *Jean* VIII. 44. quand il dit que le *Diable* a un *Pere* qui est *menteur.* Mauvaise solution d'*Archelaüs.* Autre mauvaise solution de S. *Epiphaae.* Ce Passage a été employé par tous les Hérétiques qui ont reconnu deux Principes. 105
Reflexion sur cette Dispute. *Archelaüs* y parle beaucoup, Manichée peu. Pourquoi? *ibid.*
L'Evêque outrage son Adversaire & le calomnie même. 106
Les Prêtres portoient de longs cheveux, & de grosses barbes. *ibid.*
Manichée n'adoroit point le Soleil. Les Persans eux-mêmes ne le faisoient pas. *ibid.*
Antres *Mithratiques*, ce que c'étoit. 107
Patience & modération de l'Hérésiarque. Elle détruit les portraits qu'on nous en a faits, en particulier celui qu'en a fait *Eusebe.* 107, 108
Les Juges donnent la victoire à *Archelaüs.* Cette circonstance rend toute l'Histoire suspecte. 108
La Conference de Cascar ne fut point écrite par des Notaires. Erreur de *Tillemont* là-dessus. Alterations & falsifications manifestes dans cette Pièce. 109
Observation de *Louïs de Dieu* sur la version Syriaque de *Jean* VIII. 44. Elle prouve que *Manès* a cité le Grec, ou que c'est un Grec qui le fait parler. 110
Etrange leçon de *Luc* IV. 34. La leçon de la Vulgate I. *Tim.* III. 16. confirmée par des MSS. Grecs du IV. Siecle. 111
Le titre de *Mere de Dieu* donné à la Vierge n'est point d'*Archelaüs.* Autre Addition au sujet de la Grace. Elle est du Traducteur Latin. *ibid.*
Tillemont s'est laissé surprendre à cette Addition. 112

CHAPITRE X.

Conference de DIODORIDE. *Sentimens d'*ARCHELAUS. *Tems des Disputes de Cascar & de Diodoride.*

LA Conference de Diodoride roule sur l'Incarnation. 112
Lettre d'*Archelaüs* à *Diodore.* 113
L'adresse a deux caracteres de supposition. 1. Il n'y avoit point au commencement d'Eglise sans Evêque. 2. Les Evêques qualifioient alors les Prêtres de *Freres*, & non de *Fils*. Le titre de *Fils* n'étoit donné qu'aux Diacres. *ibid.*
Archelaüs va à Diodoride, & y dispute de nouveau contre *Manichée.* *ibid.*
L'Auteur fait dire à cet Hérésiarque un mot qui n'est pas vraisemblable. 114
Raison de *Manichée*, pour prouver que J. Christ n'a été Homme qu'en appa-

apparence. *Archelaüs* l'a bien réfutée. Il a bien entendu la Descente de J. C. aux Enfers. *ibid.*
Erreurs de cet Evêque. Son Nestorianisme Il paroît Unitaire 115
Observation critique sur le Texte 116
Selon lui J. C. n'est le Fils de Dieu que depuis son Baptême. Etrange raison du Baptême du Seigneur. 117
Arianisme & Nestorianisme de *Méthodius* contemporain d'*Archelaüs.* 118
Photius, qui veut justifier *Méthodius* refuté par le P. *Combefis.* 118, 119
Sentimens particuliers d'*Archelaüs* sur la visibilité des Anges; sur le tems de la Chute du Diable; sur l'origine des Ténèbres, & sur ceux qui fondirent le Veau d'or. 119
La Dispute de Cascar est placée à l'an 277. *ibid.*
Variations de S. *Epiphane*, de M. *Asseman.* 120
Ce dernier croit les Actes d'*Archelaüs* fort alterez. 121
Si la Dispute de Cascar étoit véritable, elle seroit de l'an 277. *ibid.*
Deux Epoques de l'Heresie Manichéenne. Celle de sa naissance en Perse doit être mise vers l'an 267. Celle de sa manifestation dans l'Empire vers l'an 276 ou 277. 122
C'est par cette distinction qu'on doit concilier les Orientaux avec les Grecs & les Latins. 123

CHAPITRE XI.

Retraite & supplice de MANICHÉE.

ARchelaüs veut faire livrer *Manès* aux Perses & le faire périr. S. *Epiphane* a déguisé cet endroit. 124
Manès est pris & mené au Roi. Son supplice Critique de S. *Epiphane.* 125
La peau de *Manès* fut remplie d'air, & non de paille: de même celle de l'Empereur *Valerien.* *ibid.*
Pourquoi les *Elus* des Manichéens couchoient sur la paille ou sur des roseaux. Usage emprunté des Mages ou des Prêtres Egyptiens 125 126
Pourquoi la chair de *Manichée* fut donnée aux Oiseaux. Usage des Perses. 126
Cette Coûtume s'observe encore par les Persans des Indes Remarque sur Prov. XXX. 17. 128
Faute d'*Archelaüs.* Il met sous un même Roi une Tragédie qui commence sous l'Ayeul & finit sous le Petit-fils. *ibid.*
Tillemont reconnoit la difficulté & la resout mal. 129
Le Supplice de *Manichée* au mois de Mars 277. *ibid.*
La Fête des *Manichéens* appellée *Bema.* *ibid.*

CHA-

CHAPITRE XII.

Histoire des ACTES D'ARCHELAUS. *De l'Auteur, & de la fausseté de cette Piece.*

SI les Actes d'*Archelaüs* sont authentiques. 129
S. *Jerôme* est le premier qui les ait connus. *ibid.*
Et *Cyrille* le premier des Grecs de Jerusalem. 130
Quand cette Pièce fut traduite en Latin. Par qui elle a été publiée. *ibid.*
L'Original Grec ne se trouve point. 131
I. Question: Qui est l'Auteur de cette Pièce? S. *Jerôme* & *Heraclien* ne sont pas d'accord. Comment M. *Zaccagni* les concilie. *ibid.*
Ses conjectures ne paroissent pas fondées. 132
Hégémonius est le veritable Auteur des Disputes d'*Archelaüs*. Il n'a point eu des Memoires Syriaques, mais a été instruit, ou trompé par quelque Mesopotamien, deserteur de la Secte de *Manichée*. *ibid.*
2. Question: Si la Dispute de Cascar est réelle. 133
Exemple de Disputes entre S. *Pierre* & *Simon* le Magicien. *ibid.*
1. Preuve qu'elle est supposée. *Zaccagni* en met la Scène à *Carres*. ses raisons. 134
Asseman les réfute. *Cascar* n'est point *Carres*. *ibid.*
Nul Fleuve en Mesopotamie nommé *Stranga*; nul Château nommé *Arabion*. *ibid.*
Carres une Ville trop Idolatre pour avoir été la Scène de la Dispute. 135
Il n'y avoit point d'Evêque à *Carres* du tems de *Manichée*. 136
Cascar ou *Carcar* n'est point *Carca*. 137
Il y a eu des Chrétiens à *Cascar* dès le commencement. Mais la question est de savoir si elle appartenoit aux Romains. 138
Deux *Cascar*. La premiere en Syrie. La seconde proche de Seleucie. 139
Preuves que cette Ville appartenoit aux Perses. *ibid.*
Les Primats de Seleucie ordonnez du commencement par les Patriarches d'Antioche. *ibid.*
Quand cette Coutume changea & pourquoi. 140
Autres Preuves que l'Evêque de Cascar étoit sujet des Perses. 141
D'où il s'ensuit que les Actes d'*Archelaüs* ne sont point authentiques. 142
Réponse frivole qu'on peut faire à ces Objections *ibid.*
Cascar ne sauroit être *Kirkesium* de *Zozime*. Situation de cette Place. *ibid.*

CHAPITRE XIII

Où l'on continue de montre que la Dispute de CASCAR *est supposée.*

PReuve que la Dispute est supposée. Elle dût faire un grand bruit, & personne n'en parle dans l'Orient pendant 70 ans. 144
Silence d'*Eusebe* sur cette Dispute. Il ne parle pas même d'*Archelaüs*, ni de l'éruption de *Manichée* hors de la Perse. 145
Silence des autres Ecrivains Grecs jusqu'à *Cyrille*. Silence de S. *Ephrem*, qui a vécu en Mésopotamie, & a suivi de près *Manichée*. Silence de *Gregoire Abulpharage*, Primat des Jacobites d'Orient. 146
Silence d'*Eutychius* d'Alexandrie. Silence de D'*Herbelot* dans sa *Bibliotheque Orientale*. Silence de *Hyde* dans son Histoire de *Manichée*. Silence d'*Asseman* dans sa *Bibliotheque Orientale*. Silence d'*Ebedjesu* dans son Catalogue des Ecrivains Syriens. 147
L'Abbé *Renaudot* censuré par *Asseman*. 148
Relation de la Dispute d'*Archelaüs* par *Severe d'Asmonine*, plus simple & plus naturelle que celle des Actes à certains égards. ibid.
Très-fausse à d'autres. 149
La Lettre de *Manès* à *Marcel* est très-mal rapportée. ibid.
Sévére a mieux gardé le caractere d'*Archelaüs*. 150
Faute ou de *Sévére* ou de l'Abbé *Renaudot*. ibid.
Conference de *Manès* & d'*Archelaüs*, selon *Sévére*. ibid.
L'Evêque chasse l'Hérésiarque, qui se retire en Perse. 151
Contradiction entre la Rélation de *Sévére*, & celle des Actes d'*Archelaüs*. ibid.
Conclusion. Les Actes d'*Archelaüs* sont un Roman composé par un Grec. 152
Publié vers l'an 330 ou un peu plus tard. 153
La Mesopotamie demeure infectée du Manicheïsme. 154

HIS-

HISTOIRE DE MANICHÉE
SELON LES SYRIENS, LES PERSANS ET LES ARABES.

LIVRE SECOND.

CHAPITRE I.

Histoire de MANICHÉE *sous* SAPOR.

Histoire de *Manès* tirée des Orientaux. Elle est plus juste & plus sûre que celle des Grecs. 155
Fausse Reflexion de l'Abbé *Renaudot*. 156
Naissance de *Manichée* en l'année 240. *ibid.*
Il n'est point vraisemblable qu'il soit né dans la Servitude. Silence des *Orientaux*. 156, 157
Il étoit d'une famille de Mages. Autre Mage nommé *Manès*, qui fut Evêque. 157
Situation d'Hardaschir. *ibid.*
Etendue des connoissances de *Manès*. Il entendoit le Grec, la Musique, les Mathematiques. *ibid.*
Il savoit la Géographie, & croyoit la Terre de Figure Spherique. 158
Il entendoit l'Astronomie, & l'Astrologie, la Medecine & la Peinture. *ibid.*
Il fut excellent Peintre, & savant dans les Ecritures. 159
Il devient Hérétique, on lui impute faussement de s'être dit le Messie. 160
Exemple d'imputations ridicules. *ibid.*
Manès excommunié s'attache à *Sapor*. Caractere de ce Prince. 161
Digression sur l'ancienne Religion des Perses. Origine du nom de *Mages*. *ibid.*
Les Mages n'adoroient point le Feu. 162
Zoroastre Reformateur du Magisme. *ibid.*
Histoire de *Zoroastre*. Signification de son nom. D'où vient qu'il y a plusieurs *Zoroastres*. 163
Il presente son Livre à *Hystaspes*, qui embrasse sa Doctrine. *ibid.*
Idée de sa Religion & de sa Théologie. 164
Création du Monde des Esprits, du Monde des Astres, du Monde Sublunaire. *ibid.*
Culte de *Zoroastre*. *ibid.*
Cette Religion s'altere dans l'Empire des Grecs & des Parthes. Concile des Mages pour la réformer. 165
Les Incredules convertis par l'épreuve du Feu. Ancienneté de cette Epreuve. 166
Manès va à la Cour de *Sapor*, & y trouve encore des Esprits flottans sur la Résurrection qu'il nie. Il persuade son Erreur à ce Prince. *ibid.*

CHAPITRE II.

Origine du Manichéïsme. Systême des MAGES *sur les deux Principes.*

DEfinition des Principes. Deux Principes selon les uns : Dieu & la Matiere. Un seul Principe, selon d'autres : une seule Substance, savoir la Substance étenduë. 167
Le Systême des Mages infiniment contraire à ce dernier. *ibid.*
Ils concevoient la Matiere, comme un Etre, qui a le mouvement & la perception ; & de laquelle sont sorties les Puissances Mauvaises. Ils n'ont point cru le Mal un effet de la Liberté d'un Esprit muable. 168
La Systême des Mages a été bien représenté par les Grecs. *ibid.*
Ormizdas, ou plutôt *Hermizdas*, nom du bon Principe. Origine de ce nom. 169
Origine & signification du nom d'*Abriman.* 170
Créance des anciens Mages, selon quelques Auteurs Arabes. *Keiomarath* premier Mage. Le *Grand Zervan* second Mage. *ibid.*
Sharistani semble faire les Mages plus Orthodoxes qu'ils n'étoient. Systeme de *Zoroastre* selon M. *Prideaux.* 171
Cette idée du Systême de *Zoroastre* est plus belle que réelle. 172
Les Perses ne croyent point deux Dieux. *ibid.*
Origine du mot *Yezdan* ou *Dieu.* *ibid.*
Zoroastre ne reconnoît qu'un seul Principe *Suprême* & *Créateur.* 173
Témoignages des Arabes ; de *Theodore* de Mopsueste. *ibid.*
Texte de *Photius* corrigé. *ibid.*
Conformité entre le Systême de *Zoroastre* & celui de *Lactance.* 174
Zoroastre a cru les Ténèbres un Etre très-réel, & non une *Privation.* *ibid.*
Idée du Systême de *Zoroastre*, il n'a reconnu qu'un Principe Créateur, n'a attribué l'Eternité qu'à Dieu, non à l'exclusion de la Matiere. Il a cru Satan créé ; le Monde formé du mélange de la Lumiere avec les Ténèbres par le Bon-plaisir de Dieu. 175
Comment Dieu n'est point l'Auteur du Mal dont ce mélange a été l'occasion. 176
Avantage du Systême de *Zoroastre.* 177
Differentes Sectes entre les Mages. *ibid.*
Manès fut de la Secte des *Maguséens.* Opinions de cette Secte. 178
Difference principale du Systême de *Manès* à celui de *Zoroastre.* *ibid.*
Idée générale de son Hérésie, 179

CHAPITRE III.

Etablissement du CHRISTIANISME *en Perse. L'Etat de l'Eglise de Perse, lorsque* MANES *déclara son Héréfie. Continuation de son Histoire.*

LA Religion Chrétienne portée dans la Perse dès le prémier Siecle. S. *Thomas* prêche aux Parthes. 180
S *Pierre* à Babylone. Cette Babylone est celle d'Affyrie. 181
Mares & *Aghée* prêchent dans les Provinces des Parthes. 182
On n'y persécute point, ou fort peu, les Chrétiens durant les trois premiers fiecles. Pourquoi on les fit dans la suite. 183
Doute sur les Incestes attribuez aux Persans 184
Papas étoit Patriarche de Seleucie lorsque *Manes* publia son Héréfie. Il régle le rang des Metropolitains. C'est un homme superbe & profane. *ibid.*
Dieu le punit & le frappe de Paralysie. 185
Manes publie son Héréfie, & fonde sa vocation sur une Extafe 186
Il perd la protection de *Sapor*, lors qu'il s'érige en Apôtre de J. C. & veut réformer le Magisme. Cette cause de sa difgrace s'apperçoit dans les Actes d'*Archelaüs*. Il s'enfuit dans le Turquestan. 186, 187
L'Abbé *Renaudot* le nie sans raison. Mauvaises Conjectures de ce Savant. 188
Manès s'arrête à Tchighil, & y embellit un Temple de Figures, se cache dans un Antre & feint d'avoir été ravi au Ciel. 189
Il y écrit son Evangile & l'enrichit de Figures. *Manes* imite *Zoroastre*. 190
Digression sur l'Etat du Christianisme dans le Turquestan. La Scène de la Dispute y seroit mieux placée que dans la Mesopotamie. 191
Raison pourquoi *Manes* se retire dans le Turquestan. 192
Cascar Ville & Province du Turquestan. Le Christianisme y est dès le premier siecle. *ibid.*
Tersa, nom d'un petit Royaume, veut dire Chrétien. 193
Tribu Turque toute Chrétienne. *ibid.*
Histoire de *Ung Khan*. Origine de l'Empire des Mogols. 194
Conséquence des faits prouvez. *ibid.*
La Langue Syriaque est la Langue sacrée des Orientaux. 195

CHAPITRE IV.

MANES *retourne en Perse, y porte son Evangile;* HORMIZDAS *le protége;* VARANES I. *le fait mourir.*

M*Anès* retourne en Perse. 196
Presente son Evangile à *Hormizdas*. 197
Il n'en reste aucun fragment. *ibid.*
Comment les Persans distinguent cet Evangile de celui de J. Christ. 198
Usage de la *Ceinture* parmi les Persans & les Chrétiens d'Orient. *ibid.*

Les

Les Persans donnoient la Confirmation par la *Ceinture*. *ibid.*
Les Chrétiens d'Orient portoient la *Ceinture* par Religion. *ibid.*
Affectation des Moines. 199
La Cérémonie de l'Excommunication chez les Orientaux est de couper la *Ceinture*. *ibid.*
Les Turcs sa servent de la la même Cérémonie dans les abjurations des Chrétiens. *ibid.*
Ils les ont obligez de porter la Ceinture en public. 200
Hormizdas protege *Manichée* & se déclare pour sa Doctrine. Beau caractere d'*Hormizdas*. *ibid.*
Il fait bâtir un Château pour la sûreté de l'Hérésiarque. C'est vraisemblablement le Château qu'*Archelaüs* nomme *Arabion*. 201
Hormizdas ne regne au plus que deux ans. *ibid.*
Varanes I. qui lui succede embrasse d'abord le Manicheïsme. Il ordonne une Dispute entre *Manès* & les Mages. Elle a donné occasion de supposer celle d'*Archelaüs*. 202
Exemple d'une fraude toute semblable. On attribue à *Simon* & à S. *Pierre* un Evénement où ils n'ont eu aucune part. 203
Homme qui vole & qui tombe auprès de *Neron*. 204
Manès est condamné & puni comme *Sadducéen*, pour avoir nié, non l'existence des Esprits, mais la Resurrection. Les Mages croyoient la Resurrection. *ibid.*
Ils en avoient la même idée que les Juifs. 205
Supplice de *Manichée*: selon les uns il est crucifié, selon d'autres, écorché. *ibid.*
Selon d'autres coupé en deux. Il est fait mourir à *Gandi-Sapor*. 206
Grandeur des ruïnes de Persepolis. *ibid.*
Sapor bâtit cette Ville à l'imitation de Constantinople. Elle est le second Siege après Seleucie. 207
Quel Roi fit mourir *Manès*. Selon les uns, *Sapor*. Selon d'autres, *Varanes I.* 208
Selon *Eutychius*, *Varanes II.* *Tillemont* & *Pagi* sont de ce sentiment. Pourquoi? Ce peut-être *Varanes I.* Comment on peut l'accorder avec la Chronologie. 209
Persécution des Manichéens. Mot de *Varanes*. 210
Elle continue sous prétexte qu'ils sont ennemis du Mariage. *ibid.*
Entretien de *Papas* avec le Roi de Perse. *ibid.*
Critique de l'Abbé *Renaudot*. 211
Signification du titre de *Catholique*. *ibid.*
Les Metropolitains & les Evêques de Perse mariez jusqu'au IX siecle. 211, 212
Papas fait tort aux Manichéens. Ils n'ont défendu le Mariage qu'à leur Clergé. Innocence de leurs mœurs. 212
Auteurs qui ont écrit contre le Manicheïsme. 213

HISTOIRE CRITIQUE DES DOGMES DE MANICHÉE.

SECONDE PARTIE.

Des Dogmes de MANICHÉ'E, de sa Morale, de son Culte, & de son Gouvernement Ecclesiastique.

DISCOURS PRELIMINAIRE,

Difficulté de donner une idée juste & complette du Systême Manichéen. Critique des anciens Auteurs, qui en ont parlé.

DIfficulté de donner une idée de la Doctrine de *Manichée*. 217

I. Tous les Livres de la Secte ont été supprimez ou brûlez. *Ibid.*

Reflexion sur le Procedé de brûler les Livres. Les premiers Chrétiens l'ont fort blâmé. 218

II. Fragmens qui nous restent de *Manichée*. 1. De l'Epître du *Fondement*. 2. D'une Lettre à *Menoch*. 3. Lettre à *Marcel*. Fragmens d'autres Lettres. 220, 221

III. La Rélation des Dogmes de *Manichée*, qui est dans les Actes d'*Archelaüs*, est pleine de confusion & d'inexactitude. 221

IV. S. *Epiphane* paroît avoir vu le Livre des *Mystères*, sans l'avoir lu, parce qu'il n'entendoit pas le Syriaque. 221, 222

V. *Tite de Bostres*, bon Auteur, a refuté le Livre des *Mysteres*. Il a dédaigné d'en rapporter ce qu'il y avoit de plus mystique. 222, 223

VI. *Diodore* de Tarse a écrit XXV. Livres contre les Manichéens. Les Grecs

Grecs les ont laissé perir. Ils en ont fait autant des Ouvrages de *George* de Laodicée, & d'*Eusebe* d'Emese. 223

VII. Jugement de l'Ouvrage de *Fauste*. Caractere de cet Auteur. Il n'a traité qu'un petit nombre de Questions. 224

VIII. Jugement de divers Ecrits contre les Manichéens; de *Didyme*, de *Serapion*, de *Cyrille* de Jerusalem, de *Philastre*, de S. *Epiphane*, de *Leon I.* Son procedé & son caractere. De *Theodoret*. Son caractere. 225, 226

IX. Probleme. Si S. *Augustin* a bien connu le Manicheïsme. 227

Ou ce Pere l'a ignoré, ou il l'a mal representé. Exemple & Preuve de ces faits. 228

Autre exemple. 229

Horrible Opinion faussement imputée aux Manichéens par S. *Augustin*. 230

Disputes publiques de ce Pere avec *Felix* & *Fortunat*. Il se saisit adroitement de l'avantage d'attaquer. 231

X. Les Formules d'abjuration prescrites aux Manichéens ne contiennent point leur Doctrine. Formules Grecques. Formules Latines. ibid.

Dialogue de *Damascène* contre les Manichéens. 232

XI. *Constantin* semble se défier des Evêques : donne à un Laïque la commission de l'instruire des Hérésies. 235

XII. *Simplicius* écrit contre les Manichéens. Jugement de sa Réfutation. ibid.

XIII. *Alexandre* de Lycople le fait aussi. 1. Du tems où il a vécu. 2. De sa Religion. 3. Son Caractere. 4. Sa Methode. 235, 236, 237

XIV. *Avicenne* a refuté quelque Principe de Manichée. *Mohammed Ben Isaac* a écrit un Traité de son Histoire & de ses Dogmes. Plan de ce Livre. 238

XV. Pourquoi l'on ne cite point ou rarement les Auteurs Modernes. ibid.

On ne connoît qu'*Arnold* qui ait écrit des Hérésies en Critique. 239

LIVRE PREMIER.

CHAPITRE I.

Idée du Système de Manichée selon TYRBON, *& les Actes de la Dispute d'*ARCHELAUS.

I. SYstême de Manichée selon *Tyrbon* & les Actes d'Archelaüs. *Deux Dieux* éternels & contraires. 241

Guerre entre ces Dieux. Mélange de la *Lumiere* avec les *Ténèbres*. 242

Mere de la Vie. *Premier Homme* envoyé pour combattre les Ténèbres. *ibid.*

L'*Ame*, partie de son *Armure*, enlevée par les Puissances des Ténèbres. *ibid.*

L'*Esprit vivant* les domte & les crucifie. Création du Monde. *ibid.*

Omophore, Cause des Tremblemens de Terre. Création de l'Homme. Envoi du Fils de Dieu pour sauver l'*Ame*. Machine qu'il dresse pour cela. Le Soleil & la Lune, Vaisseaux. 243

Cause des accroissemens & du declin de la Lune. *Air parfait*, sejour des Ames purifiées. Causes de la Mort, de la Pluye & des Orages, de la Peste & de certains Tremblemens de Terre. 244

Transmigration des Ames. Noms de l'Ame Peines des Moissonneurs: de ceux qui font du pain, qui tuent des Animaux, qui sont riches: de celui qui plante un *Perseas*, qui bâtit une Maison, qui se baigne, qui n'assiste pas les *Elûs*. 245

Précautions des *Elûs* avant que de manger du pain. Maximes de *Manichée*. Pluralité des Mondes Antipodes. L'Air & la Terre blessez. Le Corps retourne dans les Ténèbres, d'où il est pris. Le Paradis & ses Arbres. Arbre de Science. Le Monde sublunaire sera dêtruit parce qu'il n'est point de Dieu. L'Ame seule sauvée. 246

Peines de l'Ame incrédule. Sentiment de *Manichée* sur les Prophètes. Sept *Elûs* de *Manichée*. Priere & Onction après le repas. Idée profane du nom de *Sabaoth*. Formation d'*Adam* & d'*Eve*. 247

Dieu ne prend aucun plaisir dans ce Monde. Le Dieu des Juifs, Prince des Ténèbres. Distinction du Monde. Les divers *Eons*. 248

Départemens des trois Disciples de *Manichée*. Reflexions sur la Relation de *Tyrbon*. Le Grec & le Latin en sont corrompus. Cette Rélation n'a point été faite de bouche. C'est un Memoire dressé par quelque Manichéen. 249

La Relation est infidele ou a été alterée. Contradiction sur l'origine de l'Ame. Mélange de faux & de vrai. 250

L'Auteur convertit en Préceptes généraux des Préceptes particuliers.

Il ne faut pas prendre à la lettre tout ce que disoit *Manichée*. Silence de l'Auteur sur le Mariage, sur les abominables Mysteres des Manichéens. 251

CHAPITRE II.

Principes du Manicheïsme. Examen du premier Principe. MANICHE'E *ne s'est dit ni J. Christ, ni le S.* ESPRIT. *Quelle autorité il s'est attribuée.*

I. PRincipes du Manicheisme. I. Principe : *Manichée* s'est dit Apôtre de J. Christ. II. Principe : Il rejette le V. Testament, pretend corriger le Nouveau. III. Principe : Il admet des Livres des Philosophes, & préfere la Science des Orientaux à celle des Hébreux. IV. Principe : Il oppose des Apocryphes aux Livres reçus par l'Eglise. 252, 253

Matiere & plan de ce Livre & du II. 253

I. Examen du I. Principe de *Manichée*. *ibid.*

Il a été Imposteur ou Fanatique. Peut-être l'un & l'autre, mais non tel que les Anciens l'ont dit. Fausseté de *Photius*, de *Pierre* de Sicile, de la Formule Grecque. Autre fausseté de la même Formule. 254

II. Raisonnement puérile d'*Archelaüs*, pour montrer que *Manichée* a usurpé la Divinité. Selon *Eusebe*, *Theodoret* & *Suidas*, il s'est dit le Christ & le S. Esprit. Prétexte frivole d'*Eusebe*. 255

III. Selon *Cyrille* & *Leon I*. Manichée ne s'est dit que le S. Esprit. Impertinent mot de *Leon*. 256

IV. Efforts violens de S. *Augustin*, pour convaincre *Manichée* de s'être dit le S. Esprit. *ibid.*

V. Affectation des Anciens à accuser les Hérétiques d'usurper la Divinité. *Simon* en est accusé. Contradiction sur son sujet. Erreurs capitales de *Simon*. Ses idées de Dieu le Pere. 257, 258

Elles montrent la fausseté du Blasphême qu'on lui attribue. Remarque de *Priceus*. Mauvais Commentaire de *Tillemont*. Mot de S. *Jerôme* peu croyable. 259

VI. *Montan* accusé par les uns de s'être dit Dieu le Pere, par les autres le S. Esprit. C'est une pure Calomnie 260

VII. La même accusation intentée à PAUL DE SAMOSATE. 261

VIII. Contre *Ibas*. *ibid.*

IX Contre un certain *Pierre* Chef des *Bogomiles*. Fable ridicule d'*Eutychius* touchant ce *Pierre*, imitée de celle du Démon d'*Apollonius* 262

X. *Manichée* profite de la promesse du *Paraclet*. 263

Il ne prétend être qu'un homme & un simple homme. 264

Ne se qualifie jamais qu'*Apôtre de J. C.*

C. Reconnoît J. C. pour son Seigneur & son Sauveur. 265
XI. Ses Disciples ne l'ont cru qu'un grand Saint, & un Prophète inspiré par le *Paraclet*. Temoignages de S. *Augustin*; d'une Formule d'abjuration du VI. Siecle. 266
XII. S. *Augustin* doute si *Manichée* s'est dit le *Paraclet* ou le Ministre du *Paraclet*. Reflexion sur ce doute. 267
XIII. Sentiment de quelques Mystiques Grecs sur l'union du S. Esprit avec l'Homme. 268

CHAPITRE III.

Second Principe des Manichéens : Ils rejettent le Vieux Testament. *Leurs Prétextes.*

I. LEs Manichéens rejettent le Vieux Testament. Les uns plus, les autres moins. 269
II. Leurs Objections contre ce Sacré Livre. 270
III. Premier Prétexte des Manichéens: Moïse & les Prophètes n'ont pas eu de justes idées de la Divinité. Le Dieu bon ne peut faire du mal. *ibid.*
Sentiment des Philosophes. Des Chrétiens justifient *Moïse* en disant qu'il n'a pas écrit la Loi. Leçon singuliere de *Marc* XII. 24. Reflexion sur la 1. Objection des Manichéens. 271
IV. Second Prétexte: La Morale du Vieux Testament. 272
Réponse à leurs Objections. 273
V. Troisieme Prétexte: Le Vieux Testament n'a que des Promesses temporelles. Pensée des Philosophes sur ce sujet. 274
Ce sont les Demons & non le Dieu Suprême, qui promettent aux hommes des richesses. Raisons des Manichéens contre ces promesses. 275
Reflexion sur cette Objection. 276
VI. Quatrieme Prétexte: Le Culte du Vieux Testament n'est pas digne de Dieu. *ibid.*
Les Manichéens rejettent les Sacrifices. Sentiment des Théologiens du Paganisme conforme au leur. 276, 277
Il n'y a que des Démons qui exigent des Sacrifices. Témoignage de *Porphyre*, d'*Alexandre* de Lycople. 277
VII. Les Manichéens censurent les Cérémonies Judaïques, en particulier la Circoncision. Ils traitent de même les Loix Mosaïques. 278
VIII. Reflexion sur ces Objections. Raison des Sacrifices. Raison de la Circoncision. Explication du Vers. 23. du Ch. XXI du *Deuteronome*. 279
IX. Cinquième Prétexte : Les Histoires de la Création, de la Tentation & de la Chûte de l'Homme. Objection des Manichéens 1. contre l'Histoire de la Création. Répon-

ponse. 280
2. Contre celle de la Tentation. Réponse. 281
X. Sixième Prétexte : Le Vieux Testament ne contient aucune Prophétie touchant J. C. Reflexion sur ce Prétexte. 282

CHAPITRE IV.

L'Ancien Testament mal défendu par la plûpart des Peres. Ce que les Manichéens ont pensé du salut de JEAN BAPTISTE *& des* JUIFS.

I. LEs Péres n'ont pas toujours bien défendu le Vieux Testament. Ils ont appliqué à J. C. des Oracles qui ne lui conviennent point. 283
II. Reflexion sur les Propheties. *ibid.*
III. Ils éludent les Objections par de frivoles Allégories, ou par de mauvaises solutions. Autres mauvaises Allégories. 284, 285
IV. Aveu dangereux de *St. Augustin* touchant les Histoires de la Création & de la Tentation. 285
V. Il suit *Origéne*, qui n'a pas bien défendu le V. Testament, 1. par rapport à l'Histoire de la Création. 2 Par rapport à l'Histoire de la Tentation. 3. Par rapport aux Perfections divines. 4 Par rapport aux Loix Mosaïques. 286, 287
VI. Les Réponses des Peres donnent l'avantage aux Hérétiques. Les Chrétiens se moquent les premiers des Allégories. 287
VII. Il est dangereux de critiquer ce que disent les Auteurs sacrez. Exemples. 288
VIII. Source des Erreurs Manichéennes sur la Morale de la Loi. *ibid.*
IX. Les Manichéens n'ont point condamné *J. Baptiste. Didyme* d'Alexandrie & *Photius* corrigez. 289
Ils n'ont point condamné non plus les Patriarches des Hebreux, leur salut possible par la grace du Rédempteur. 290
X. Ils ont cru les Ames des Morts retenuës dans le Tartare, mais délivrées par J. C. Ils veulent que le Seigneur ait fait la même grace aux Gentils qu'aux Juifs. *ibid.*

CHAPITRE V.

Suite du II Principe des Manichéens. Leurs Erreurs sur les Livres du NOUVEAU TESTAMENT.

I. LEs Manichéens reçoivent les Evangiles, & les Epîtres de *S. Paul.* 291
Doute sur l'Epître aux Hébreux. Ils reçoivent les Epîtres canoniques. 292
II. Ils rejettent les Actes des Apôtres. Leurs prétextes. Les Actes n'ont pas eu en Orient la même autorité que les Evangiles & les Epîtres. 293
III. L'Apocalypse, l'Epître de S. *Jude*, la II. de S. *Pierre*, la II & la III de *S. Jean* n'étoient point re-

reçues des Manichéens, parce qu'elles ne l'étoient point des Syriens Orientaux. 1. l'Apocalypse. 2 Les 4 Epîtres. Infidélité *d'Abraham Ecchellensis*. Témoignage de *Cosmas* qui confirme celui *d'Asseman*. 294, 295

IV. Reflexion sur le Monument Chinois trouvé en 1625. Il est évidemment supposé. 295

V. Les Manichéens nient que les Evangiles ayent été écrits par les Auteurs dont ils portent les noms, mais par des Auteurs posterieurs. Fausseté de cette assertion. 296

VI. Raisons de *Fauste* pour la soutenir. 1. *St. Matthieu* parleroit de lui-même en troisieme personne. Réponse. 2. *Evangile selon S. Matthieu*, ne veut pas dire écrit par *S. Matthieu*. Reponse. Remarque de M. *Simon* là-dessus. Critique de cette Remarque 297, 298

VII. *Fauste* explique bien le mot d'*Evangile*. 298

VIII. Les Manichéens s'érigent en Censeurs des Evangiles, se prévalent d'un mot attribué par les Peres à J. C. 299

Règles de leur Critique justes, mais mal appliquées. 1. Deux Propositions contradictoires ne sauroient être vrayes. 2. Règle. Tout ce qui blesse les Perfections divines ne sauroit être vrai. 300

Faits Historiques niez sous ce prétexte. Les Manichéens recevoient tous les *Divins Discours* du Seigneur. 301

IX. Reflexions impartiales sur leurs faux Principes. *ibid.*

Ils renversoient 1. la Religion Chrétienne. 2. le Manicheisme. 302

X. Erreur de *Tite de Bostres*. Il accuse les Manichéens 1. de n'avoir point l'Evangile. 2. D'en avoir composé un faux. *ibid.*

Le 1 Fait est faux. Examen du 2 fait. L'Evangile des Manichéens est le *Diatessaron* de *Tatien*, ou l'Evangile selon les Hebreux, autrement *selon les Syriens*. 303, 304.

XI. Les Manichéens croyent les Epîtres de *S. Paul* falsifiées. 304, 305.

CHAPITRE VI.

Des Livres des Manichéens, & premierement, des Livres des Philosophes, ou des Prophetes des Gentils. Leur idée sur la Prophetie. Religion de ZOROASTRE.

I. QUatre Especes de Livres propres aux Manichéens. 305

II. Premiere Espece. *Livres des Philosophes*. Principe des Manichéens pour admettre les Livres des Philosophes. Le Verbe divin éclaire tous les hommes. Les Stoïciens ont la même idée. 306

Sentiment des Peres conforme, de *Justin* Martyr. Reflexion de *S Augustin*. les Passions sont le seul obstacle aux Lumieres du S. Esprit Maxime de *Zabratus* ou de *Zoroastre* là-dessus. 307

III. Conclusion de ce Principe: les Nations ont eu leurs Sages & leurs Prophetes. C'est le sentiment des Manichéens, confirmé par tous les anciens Peres: par *Justin* Martyr, alléguant des Oracles des Poëtes; par *Constan-*

ſtantin le Grand, alléguant *Virgile.* 308, 309.

Ce Poëte doit avoir pris ſes idées des Oracles de la Sibylle de Cumes. 310

IV. Propheties des Philoſophes, de *Platon* parmi les Grecs, de *Confutius* parmi les Barbares. Tradition Chinoiſe ſur la venue d'un Rédempteur. 310, 311

V. Les Juifs reconnoiſſent un Eſprit de Prophetie parmi les Gentils. 311

VI. *Manichée* préfere la Philoſophie & la Théologie de ſon Pays à celle des Hebreux : ſes raiſons. 312

VII. *Zoroaſtre* honoré du don de Prophetie ſelon les Chrétiens & les Arabes. Critique peu juſte de M *Du Pin.* 313 mal marquée 393

VIII. Obſervations ſur *Zoroaſtre.* 1. ſa Patrie. 2. ſes *Revelations.* Les Gnoſtiques ſe vantoient de les avoir. Ce Livre n'eſt point ce que l'on nomme *les Oracles de Zoroaſtre.* 314 mal marquée 394

Inadvertance de *Hyde.* 3. Du *Zendaveſta* de *Zoroaſtre.* Explication de ce Titre. C'eſt la Bible des Perſans. 315 mal marquée 395

Il preſente ſon Livre à *Hyſtaſpes* & le declare Prophete. 316 mal marquée 396

IX. Idée de la Doctrine de Zoroaſtre, ſur le ſujet du Monde. *ibid.*

Abregé de ſa Religion, ſa Morale ou des Perſans & des Chaldéens ſoûmis aux Perſans. Elle roule ſur deux Maximes générales. 317 mal marquée 397

Les quatre Vertus Cardinales qui conſtituent le Sage. 318 mal marquée 398

Préceptes particuliers diviſez en trois Claſſes. I Claſſe. Devoirs des Laïques. II Claſſe. Devoirs des Prêtres. III Claſſe. Devoirs des Archi-Prêtres. 319 mal marquée 399

Obſervations ſur quelques-uns de ces Préceptes. 320 mal marquée 400

X. Magie de *Zoroaſtre.* Quels étoient les Enchantemens de *Zoroaſtre.* Fable ingenieuſe de *Platon.* 321

Les Mages avoient quelques Cérémonies ſuperſtitieuſes. Eſpéce de Baptême de Feu pratiqué par les Mages. 322

CHAPITRE VII.

Des PROPHETIES *attribuées par les Chrétiens à* ZOROASTRE. *De quelques autres* PROPHETES *reçus par les Manichéens. Des Livres des* PATRIARCHES.

I. Prophetie de *Zoroaſtre* touchant le Chriſt. Autre du même. 323, 324.

II. Tradition des Orientaux touchant les Mages. Impoſture des Moines d'Occident. 324, 325

III. Les Manichéens avoient des Livres des Prophètes des Gentils, de *Zoroaſtre*, d'*Hermès Triſmegiſte.* 325, 326

IV. Les Manichéens avoient auſſi la Prophetie de *Cham.* *Pherecyde* en avoit pris ſa Théologie. 326, 327

Pythagore tira la ſienne de *Pherecyde.* De là ſa Méthode énigmatique. La Theologie de *Pythagore* eſt celle des Pheniciens, de qui *Pherecyde* avoit pris la ſienne. 327

Ancienneté du Livre de *Cham.* Il contenoit une Doctrine fort ſemblable au

au Manicheïsme. 328
V. Explication de l'Emblême de *Pherecyde*. Pensée de *Sandius* rejettée. 329
Défaut de celle de *Fabricius*. 330
Conjecture de *Grabe* vraisemblable, mais fausse. Conjecture de l'Auteur. 331
VI. Propheties de *Barcabbas* & de *Parchor* ou *Barcoph*. 332
VII. Les Manichéens avoient des Livres des Patriarches. Les Syriens prétendent en avoir d'*Adam* & de *Seth*. 333
Réponse à une Objection de M. *Fabricius* touchant le Livre de ce dernier. Tradition des Orientaux sur le sujet de ce Patriarche. Sa Prophetie. Il introduit le premier la Continence. 334
Les Sabéens se vantent d'avoir ses Livres. Les Manichéens s'appuyoient sur leur autorité. 335

LIVRE SECOND.

Des APOCRYPHES, qu'on dit avoir été supposez, ou falsifiez par les Manichéens. Et des Livres de MANICHÉE & de ses premiers Disciples.

CHAPITRE I.

Les Manichéens n'ont point supposé une LETTRE *de J. C. Ils ne sont point Auteurs de quelques Additions aux* EVANGILES. *Ils ne le sont point des faux Evangiles de S.* THOMAS *& de S.* PHILIPPE.

I. J. C. n'a rien laissé par écrit. Objection des Payens à cette occasion. 337
Réponse de S. *Augustin*. Critique de cette Réponse. 338
II. Hérétiques accusez d'avoir supposé des Lettres de J. C. *Manichée* ne l'a point fait. 339
III. Les Catholiques l'ont fait plus d'une fois. Imposture de *Jerôme Xavier* Histoire de J. C. en Persan. *Petau* nie que cette Histoire soit de lui. Artifice de cet Auteur. 339, 340
Autre imposture du Jesuite *Villote*. 340
IV. Les Manichéens accusez d'avoir corrompu les Ecritures, & supposé des Livres aux Apôtres. les Catholiques ont fait l'un & l'autre. 341
V. Les Manichéens ne sont point Auteurs d'une Addition faite à S. *Luc*. VI. 5. 342
VI. Ils ne le sont point d'une autre Addition faite à S. *Marc* XVI, 14. 344
VII. Les Manichéens n'ont point supposé un Evangile sous le nom de *Thomas*. *ibid.*
Cette Pièce est plus ancienne que le Manicheïsme. L'Auteur de la Synopse croit qu'elle contenoit des choses vrayes & inspirées. 345
Fausse supposition de *Simon*. Il n'y a qu'un Evangile de *Thomas*. *ibid.*

VIII. De l'*Evangile selon Philippe*. Il n'est point des Manichéens. 346
Actes ou *Voyages de S. Philippe*. Fable scandaleuse. Origine du Carême de la Nativité. *ibid.*
Caractere d'*Anastase Sinaïte*. 347

CHAPITRE II.

De LEUCE *& de quelques-uns des faux Actes qu'on lui attribue. De* l'EVANGILE DE LA NATIVITÉ DE LA VIERGE *& du* PROTEVANGILE.

I. LEs Manichéens ont eu quelques Apocryphes. Conjecture de *Cave* mal fondée. *Turibius* les accuse de les avoir tous composez ou falsifiez. On attribue cette falsification à un certain *Leuce*, qu'on dit avoir été Manichéen. 348
Son nom corrompu par les Anciens. C'est le même que celui de *Luc*. 349
II. Il n'a point été Manichéen. *ibid.*
1 Il a été Disciple de *S. Jean*, selon S. *Epiphane*. 2 Et selon le faux *Meliton*, Disciple des Apôtres. 3 Témoignage de *Pacien*, qui justifie l'ancienneté & l'autorité de cet homme. Autres preuves tirées de son *Evangile de S. Pierre*. 5 & de ses *Actes des Apôtres*, & en particulier de ceux de *S. Jean*. 6 Temoignages de *Grabe* & de *Cave*. *Fabricius* croit *Leuce* Manichéen, ses raisons. Réponse. 350, 351
Il n'y a eu qu'un seul *Leuce*, qui est l'Hérétique de ce nom. 352
IV. *Evangile de la Nativité de Marie* attribué à *Leuce*. *ibid.*
Imposture d'un Latin inconnu. Matiere de ce Livre. Dessein de l'Auteur. 353
Il a voulu détruire l'opinion que la Vierge fût fille d'un Sacrificateur, ce que les Manichéens soutenoient. 354
V. Ancienneté de cette Opinion, elle semble être dans le Testament des XII. Patriarches. *ibid.*
On croit cette Pièce d'un *Ebionite*, mais elle a été falsifiée. L'opinion que la Vierge étoit fille d'un Sacrificateur, n'a pas été rejettée par *Marc Antoine de Dominis*. Comment on pourroit la justifier. Elle est contraire à *S. Paul*. 355
VI. Fausses pensées des Péres pour réunir l'Empire & le Sacerdoce dans la Personne de J. C. de S. *Augustin*, de *Gregoire* de Nazianze. 355, 356
Pièce supposée au tems de *Justinien* dans la même vue. Fausse conjecture de *R. Montaigu*, qui attribue cette Pièce aux Manichéens. 356, 357
VII. *L'Evangile de la Nativité* supposé pour en supplanter un autre qui paroissoit Hérétique. 357
VIII. Du *Protévangile de S. Jaques*, & 1 de l'Auteur. S. *Epiphane* paroît l'attribuer aux Ebionites. Ils n'en sont point les Auteurs. 358
Ce Livre seroit plutôt de *Leuce*. 359
IX. Vuës de cet Imposteur. Premiere vuë : de condamner le Mariage. *ibid.*
Pourquoi il a inventé un premier Mariage de *Joseph*. Mot peu juste de *Tillemont*. 360
Variation constante dans la Tradition. 2 Seconde vuë de l'Imposteur : confirmer son Hérésie sur la Personne de J. C. Fable inventée pour persuader que J. C. n'a point eu un véritable Corps Humain. 361

L'Opi-

L'Opinion de la Virginité de *Marie* après l'enfantement vient de cette Hérésie. Oracle d'*Ezechiel* supposé pour la confirmer. 361, 362
X. Toute la Legende de la Vierge tire son origine des Pièces supposées par les Herétiques. 363
Les Manichéens n'ont point supposé le *Protévangile*. 364

CHAPITRE III.

*Des Evangiles de l'*ENFANCE. *De ceux* NICODEME *& de S.* PIERRE. *D'une* APOCALYPSE *de S.* ETIENNE.

I. DES *Evangiles de l'Enfance.* 364
Le premier en Grec. Le second en Arabe, en Syrien & en Armenien. Conjecture de M. *La Croze.* Il croit ce Livre composé par un Nestorien. Usage propre aux Nestoriens. Reflexions sur cette Conjecture. 365
L'Evangile de l'Enfance est l'ancien Evangile de S. *Thomas*. 2. Il n'est point d'un Manichéen. 3 L'Auteur en est inconnu. Il donne à J. C un caractere cruel. 4. La Pièce en elle-même est un miserable Roman. 366
Exemple d'un homme changé en Mulet. Fable pareille dans l'*Armenie Chrétienne*. 5 Ancienneté de ces Fables. Jugemens opposez de S. *Epiphane* & de S. *Chrysostome*. 6. Origine de ces Fables. 367
Elles viennent des Chrétiens sortis du Judaïsme, & en particulier des *Marcosiens*. Fable de J. C. apprenant à lire. Explication de cette Fable Subtilité des Juifs sur leur Alphabeth. Declamation de S. *Jerôme* à cette ocasion. 368, 369
8. L'*Histoire de l'Enfance de J. C.* n'est pas aujourd'hui telle que les *Marcosiens* l'avoient. 369
II. De l'*Evangile de Nicodeme* attribué à *Lenthius* & à *Carinus*. 370
Ces deux noms ne peuvent designer que *Leuce Carin*. Quelle part il peut avoir à ce faux Evangile. 371
Observations sur deux endroits. Quand les Juifs ont commencé de calomnier la Naissance du Sauveur. 372
Reflexion d'*Origène* plus subtile que solide. Baptême des Morts que J. C. délivra des Enfers & qu'il ressuscita. Ancienneté de cette imagination. 373
Pensées ridicules que la nécessité du Baptême a fait naître. Plaisante scéne dans les Enfers, lorsque J. C y parut. Querelle entre le Prince du Tartare & le Démon, jugée par le Seigneur. 374
III. Autres *Evangiles* attribuez à *Leuce* Le premier n'est que l'*Evangile de l'Enfance*. Le second est l'*Evangile de S. Pierre*. Il est de *Leuce*, ce qui prouve qu'il n'a point été Manichéen *Tillemont* l'attribue mal à propos à l'Auteur des *Recognitions*. *Theodoret* l'a confondu avec l'*Evangile selon les Hebreux*. 375
On y trouvoit les deux Mariages de *Joseph*. La Doctrine en étoit saine sur

sur plusieurs Articles. 376

IV. *Apocalypse de S. Etienne* reçue par les Manichéens. *Sixte* de Sienne s'est trompé. *ibid.*

CHAPITRE IV.

De l'Hérésie de LEUCE; *& de ses* ACTES, *ou* VOYAGES *des Apôtres: en particulier de ceux de S.* JEAN.

I. ANcienneté des deux Sectes des *Ebionites*, & des *Docetes*. S. *Jean* les combat dans son Evangile. 377

L'Erreur des Ebionites regne parmi les Chrétiens sortis du Judaïsme. Celle des Docetes parmi les Chrétiens d'entre les Gentils. 378

II. Ces deux Sectes se multiplient en Asie. Auteurs de celle des Docetes. *ibid.*

Origine du Docetisme & cause de ses progrès en Asie. C'étoit l'Hérésie des Savans & des Nobles. 379

III. Raisons des Docetes. 380

Ce sont en partie les mêmes raisons dont on s'est servi depuis pour defendre la Présence réelle. Cette opinion fournit aux Docetes des preuves invincibles. Le Docetisme & la Presence réelle se prouvent reciproquement. 382

IV. *Leuce* écrit de faux *Actes des Apôtres*, pour autoriser ses Erreurs. Son Stile. Exaggeration de *Tillemont*. 383

Dogmes de *Leuce*. 384

V. Remarques sur l'Extrait de *Photius* & sur les Dogmes de *Leuce*. On doute s'il a cru que le Dieu des Juifs fût méchant. On ne sait comment il donnoit à J. C. les noms de *Pére* & de *Fils*. Les Docetes ne confondoient point les Personnes Divines. 385

3. Fables de *Leuce* pour persuader que J. C. n'a point eu un véritable Corps. Sentiment de *Clement* d'Alexandrie. Le Corps de J. C. veritable, mais impassible. 386

4. Idée Cabbalistique sur la Grandeur du Christ. *ibid.*

5. Erreur de *Photius*. Ce n'est point un autre homme, mais un fantôme que J. C. livra aux Juifs. 387

6. Erreur de *Leuce* sur le Mariage. 388

7. Autre Erreur de *Photius*. *Leuce* ni ses pareils n'ont point cru de Resurrection. *ibid.*

8. Dieu n'a point créé les Démons. Opinion commune à plusieurs anciens Hérétiques. *ibid.*

9. *Leuce* dogmatise contre les Images. *ibid.*

VI. Histoire de S. *Jean* & de *Lycomede* citée par le Concile de Constantinople. 388, 389

S. *Jean* desaprouve l'action d'un Chrétien qui a fait faire son Portrait. Reflexion sur cette Histoire. Les Evéques de Nicée conviennent que c'est une Idolatrie Payenne de couronner les Images 389

VII. Hymne & Danse de J. C. avec ses Apôtres. Apocryphe des Priscillianistes. Reflexions sur cette Danse des Apôtres. 390

Les Danses religieuses ont été en usage

sage parmi des Sectes sensées ; parmi les *Therapeutes* d'Egypte. 391
Celle de J. C. & des Apôtres imitée de celles qui se faisoient dans l'initiation aux Mystères des Dieux *Cabires*. 392

CHAPITRE V.

Suite des ACTES *ou* VOYAGES *des Apôtres par* LEUCE. *Des Actes de* S. PIERRE, *de* S. ANDRÉ, *&* *de* S. THOMAS.

I. LEs Fables de *Leuce* ont passé dans l'Histoire Apostolique. Le faux *Méliton* le copie, & les Modernes copient *Meliton*. 393
II. Des Actes de S. *Pierre* par *Leuce*. Fragmens de ce Livre. 394
III. Origine des combats de S. *Pierre* à Rome contre *Simon* le Magicien. Abregé de cette Fable tiré du faux *Hegesippe*. Additions nouvelles. 395
Foiblesse de *Tillemont* qui veut la croire. Cette Fable vient des *Actes de S. Pierre* par *Leuce*. Raisons qui le persuadent. 396
Reponse à quelques Objectious. *Grabe* suppose deux Livres sous le nom d'*Actes de S. Pierre*. Vanité de cette supposition. 397
Autre imagination de *Grabe* sans fondement. 398
Conclusion de cette Digression. *ibid.*
IV. Des *Actes de S. André*. Deux Editions de cette fausse Pièce. Observations sur ces Actes. Pourquoi des Catholiques les défendent. Aveu du P. *Alexandre*. 399, 400
Observ. II. Passage des *Actes de S. André* cité par *Euzale*. Il paroît très suspect de falsification. 401
Observ. III. Les Catholiques ont falsifié les *Actes de S. André*. *ibid.*
V. *Actes* ou *Voyages de S. Thomas* reçus par les Manichéens. Fable Tragi comique des *Actes de S. Thomas*. 402
VI. Examen de deux Questions. 1. Qui est l'Auteur de la Tradition du Voyage de S. *Thomas* aux Indes. Ce n'est point un Manichéen. 403
2. Quelles sont les Indes où S. *Thomas* a prêché. Trois Indes. La 1 semble être l'*Arabie Heureuse*. La 2. située proche des Medes. La 3. est la *Perse*. C'est celle où S. *Thomas* a prêché. Preuves de ce fait. 404
Reponse à une Objection. Autres Preuves que l'Inde où *Thomas* a prêché est la Perse. 405, 406
Le faux *Abdias* appelle la Perse l'*Inde citerieure*. 406

CHAPITRE VI.

*Reflexions sur l'*HISTOIRE APOSTOLIQUE D'ABDIAS. *Que les Manichéens n'ont point baptizé dans l'huile. Diverses Onctions usitées dans le Baptême. Des* ACTES DE S. PAUL *& de* THECLE *reçus par les Manichéens.*

I. DE l'*Histoire Apostolique d'Abdias.* 407
Reflexions sur cette Histoire. 1. Elle n'est point d'*Abdias.* 2. *Abdias* est *Thadée* nommé ordinairement *Addée* par les Actes. 3. *Jude* & *Thomas* sont la même Personne. 4. L'Histoire Apostolique est l'Ouvrage d'un Latin. 5. Elle n'a été composée que dans le VI. siecle ou à la fin du V. au plutôt. 1. L'Auteur copie les *Recognitions* de *Clement* traduites par *Ruffin.* 2. Il parle de la *Tonsure* Ecclesiastique, 3 de l'adoration de la Croix. 408, 409, 410

6. Remarque sur l'origine & sur la nature de cette Adoration. 410

7. Le prétendu *Abdias* a beaucoup pris de *Leuce.* Il en a pris en particulier l'Histoire de la mort de S. *Jean.* 411

II. Relation de cette mort avec des Reflexions. Maniere ancienne de célébrer l'Eucharistie. Cela paroît pris de *Leuce.* Autre particularité qui en paroît prise. Récit fabuleux de la Mort de S. *Jean.* 412

Faux Miracles qui y ont été ajoutez par *Leuce.* La Tradition de la Virginité de S. *Jean* vient vraisemblablement de lui. 413

3. Motif des Fables inventées sur sa mort. On a voulu établir l'Encratisme, recommander la Continence, avilir & décrier le Mariage. Les Péres adoptent les Fables des Hérétiques & du moins en partie de leurs Erreurs. 414

III. Les Manichéens accusez de baptiser dans l'huile. Fausseté de cette accusation. 415

2. Le Baptême dans l'huile n'est pas dans les Actes de S. *Thomas.* Il n'est point dans l'Histoire Apostolique qui en a été prise. 3. S. *Thomas* y baptize dans l'huile, & non dans l'eau. Les anciens Chrétiens ne baptizoient que dans des eaux vives. 416

4. Origine de ce qu'on nomme la Sanctification de l'Eau. Elle vient des Hérétiques. Réponse aux Objections. Initiation par l'Onction, par le Baptême & par l'Eucharistie. *Simon* a rendu mal le mot *σφράγις* par *Confirmation.* Jeûne avant le Baptême. 417, 418

IV. Quels prétextes on a eu de dire que l'Auteur des *Voyages de S. Thomas* attribuoit à cet Apôtre de baptizer dans l'huile. Onction des Proselytes. Prieres dont elle étoit accompagnée selon les *Actes de S. Thomas.* 418

V. Observations sur cette Onction & sur ces Prieres. 1. Cette Onction n'est point un Baptême. 2. L'Onction dans le Baptême commence chez les Hérétiques & vient vraisemblablement d'eux. 419

3. Deux Onctions des Proselytes, l'une avant & l'autre après le Baptême. 4. Elles differoient quant à la ma-

matiere & à la maniere 5. Mysteres de ces deux Onctions. 6. Les *Actes de S. Thomas* parlent de la premiere. 420
7. Justification des Prieres qui l'accompagnoient. Elles étoient originairement en Syriaque. Pourquoi le S. Esprit y est appellé la *Mere des Graces*. 8. Pourquoi il est nommé *Mere des sept Maisons*, c'est-à-dire, des sept Cieux des Planètes. 421
La *huitieme Maison* est le *Ciel suprême*. 422
9. Pourquoi les *Marcosiens* baptisoient quelquefois avec de l'huile & de l'eau mêlées. *ibid.*
Usage du *Myron* ou de l'*Opobalsame* chez les Marcosiens. 423
VI. *Actes de S. Paul & de Thècle* reçus par les Manichéens. Sermon qu'on y fait faire à S. *Paul*. *ibid.*
VII. Les Manichéens adoptent tous ces Apocryphes, parce qu'ils favorisent leur Erreur sur le Mariage. Combien cette Erreur fut contagieuse. Sa Source. Ses conséquences. 424

CHAPITRE VII.

Des Livres de MANICHÉE *& des principaux Auteurs de la Secte.*

I. Livres des Manichéens écrits en diverses Langues : en Persan, en Syriaque, en Grec, en Latin. 425, 426
II. Des Livres de *Manichée* : 1. Son *Evangile*. 2. *Grand & Petit Thresor*. 426
3. Son Livre des *Chapitres*. 4. Un Livre de la Foi attribué à *Manichée*, mais sans fondement. 5. Son Livre des *Mysteres*. Ce qu'il contenoit. 427
Il étoit écrit en Syriaque. La Création de notre Monde occasionnée. Sentiment d'*Origène* là-dessus. 428
6. Traité des *Géans*, autre Livre de Manichée. 7. Ses Livres d'Astronomie & d'Astrologie. 429
8. Recueil de ses Lettres. Son Epître du *Fondement*. 9. Ses *Dits & Faits memorables*. 430
II. Commentateurs de ses Livres. *Hierax*, son caractere, ses vertus, son savoir, ses sentimens sur le V. Testament, sur *Melchisedech*, sur la Trinité & sur la Consubstantialité ; ses Ouvrages, son Manicheïsme. 430, 431
III. *Aphthone*. Il étoit Evêque des Manichéens d'Alexandrie. Vaincu par *Aëtius*. 432
IV. Recueil de Prieres à l'usage des Manichéens. *ibid.*
V. Livre d'*Addas* intitulé *Modium*. 433
VI. Livre d'*Adimante*. Il fut l'Apôtre du Manicheïsme en Afrique. *ibid.*
VII. Ouvrages d'*Agapius*, autre Disciple de *Manichée*, sa Méthode, son Stile. 434
VIII. *Theosophie* d'un certain *Aristocrite*. But de cet Ouvrage. Confondre la Religion Chrétienne avec le Paganisme & le Judaïsme. *Fauste* s'est servi du même Argument contre les Orthodoxes. 435
IX. Livres des Manichéens en grand nombre. S. *Augustin* ne les avoit point lus. 436

DIS-

DISCOURS,

Où l'on fait voir que les Livres Apocryphes & Fabuleux, bien loin de donner atteinte à la certitude des Faits miraculeux, contenus dans les Evangiles, & par conséquent à la certitude de la Religion Chrétienne, concourent à les confirmer.

I. RAison pourquoi l'on insere ici ce Discours. 438

II. Objection du Juif *If. Orobio de Castro* contre les Evangiles. *ibid.*

III. Remarques sur cette Objection. Fausseté manifeste du Juif, son Erreur. Des contrarietez apparentes n'ont point fait exclurre de vrais Evangiles. 439

IV. Réponse directe à l'Objection. Cinq Propositions qui la refutent entierement. 440

V. Premiere Proposition: Règles, Caracteres par lesquels les Péres ont jugé de l'authenticité ou de la supposition des Livres 440, 441

1. Premiere Regle. La Doctrine écrite a du être conforme à la Doctrine prêchée. Il ne s'ensuit pas de là que la Tradition soit la Règle de la Foi. 441

2. Seconde Règle. Nul Livre n'a été reconnu au commencement pour authentique s'il n'a eu le témoignage constant & perpetuel de toutes les Eglises. 442

3. Troisieme Règle: On a jugé des Livres douteux ou supposez, en les comparant avec les Livres authentiques. 443

VI. Réponse à l'invective de M. *Simon* contre les Réformez de France. 444

Deux Questions, l'une de fait, & l'autre de foi. C'est sur la Question de foi, & non de fait, que les Réformez alléguent le témoignage du S. Esprit. Il est absurde de vouloir decider la Question de foi par le témoignage de l'Eglise. 445

Exemple de l'Alcoran. Explication du mot de S. *Augustin*: *Je ne croirois point à l'Evangile si je n'y étois porté par l'autorité de l'Eglise.* 446

Le Fanatisme reproché aux Reformez par M. *Simon* est un Dogme Catholique. 447

VII. Seconde Proposition: Circonspection & religion des Peres dans le jugement des Livres. Trois Classes de Livres. Les vrais, les douteux, les faux & supposez. *ibid.*

VIII. Exemple de cette Circonspection dans l'examen & le jugement de l'Apocalypse. 448

IX. Troisieme Proposition: Origine & cause des Apocryphes. 449

La Constitution de l'Eglise Chrétienne les rendoit inévitables. Reflexion de M *Simon*. Passage de S. *Ignace* mal rendu. Version paraphrasée de ce Passage. 450, 451

De quels Hérétiques S *Ignace* veut parler, & quel est le mot de l'Evangile qu'ils contestoient. 451

Témoignage rendu à l'Evangile des Nazaréens. 452

X. Quatrieme Proposition: le nombre des Evangiles Apocryphes beaucoup moins grand qu'on ne croit. Un même Evangile sous plusieurs noms. 453

Les Peres donnent le nom d'Evangile à des Livres Hérétiques, qui n'étoient point proprement Evangiles. 454

Au-

Autres Apocryphes qu'on a distinguez mal à propos. 455

XI. Deux Classes d'Apocryphes differens, 1 pour le tems, & 2 pour la matiere. 1 Classe. L'Evangile selon les Hébreux. Il est du tems des Apôtres, & ne contenoit point d'Héresie. On y lisoit l'Histoire de la Femme adultere. *ibid.*

L'Evangile selon les Egyptiens est de la même antiquité, & ne contenoit point d'Héresie. On conjecture qu'il a été écrit par des Esseniens. *ibid.*

Autres Apocryphes qui n'étoient pas mauvais, ni supposez par des Hérétiques. *Prédication* ou *Doctrine de S. Pierre.* 456, 457

2. Classe d'Apocryphes. Tems où ils parurent. Leur âge & leur obscurité en montre la supposition. 457

Exemple dans le faux Evangile de S. *Pierre* qui étoit inconnu aux Orthodoxes. 458

XII. Cinquieme Proposition: les Apocryphes confirment l'Autorité Divine de J. C. enseignent, comme les autres Livres, qu'il est Fils de Dieu, & certifient ses Miracles. *ibid.*

1. Temoignage de l'Eglise Chrétienne Judaïzante, & de son Evangile. 459

2. Des Chrétiens d'Egypte & de leur Evangile. 3 des faux Evangiles qui nous restent. 4 des plus anciennes Sectes, comme des Ebionites & des Docetes. 460

5. De l'Evangile de *Marcion.* 461

XIII. En quoi les Evangiles Apocryphes differoient des Veritables. 462

XIV. Conclusion de ce Discours. Les Livres supposez n'anéantissent point l'autorité des Livres sacrez du N T. Six caracteres certains qui distinguent les Livres Authentiques des Livres supposez. *ibid.*

XV. Réponse à l'Objection: L'Eglise a mis au rang des Livres certains, ceux que l'Antiquité a laissé au rang des Livres douteux. 464

LIVRE TROISIEME.

Systême de MANICHÉE sur la Nature & les Attributs de Dieu & sur les Personnes Divines.

CHAPITRE I.

De la Nature de Dieu selon les Manichéens.

I. IMpossibilité de connoître la Nature de Dieu. 465

II. *Manichée* a cru la Nature de Dieu une Lumiere pure. Les Valentiniens de même. Cette idée est très-générale. On la trouve chez les Mages. Mot de *Zoroastre.* 466

Chez les Philosophes des Indes. 467

Chez les Cabbalistes ou les Philosophes Juifs; chez les Grecs. 468

III. L'Ecriture & les Peres l'appuyent. Passages de *Gregoire* de Nazianze, de l'Auteur de l'Exposition de la Foi,

Foi, du Symbole de Nicée, du faux *Denys* l'Areopagite, de *Cyrille* de Jerusalem, de *Macaire*, d'*Eutychius*, du Livre de la *Sagesse*. 468, 469

IV. Les Manichéens n'ont point cru que Dieu fût une *Lumiere corporelle*. Ils l'ont cru néanmoins Lumiere véritable, & visible à des yeux fortifiez d'une vertu surnaturelle. 469

V. Leur sentiment est le même que celui des Peres Grecs. La Lumiere que les Apôtres virent sur J. C. dans sa Transfiguration n'est que l'éclat de sa Divinité ou sa Divinité même, selon les Peres Grecs. Passage de *Leon Allatius* sur ce sujet. 470

Confirmé par deux Passages de *Damascene* & de *Gregoire* de Nazianze. 471

VI. Conséquences, 1 Que les Peres n'ont point cru Dieu absolument incorporel. 2 Que leur sentiment est le même que celui de *Manichée* & des Valentiniens. Tout ce qui est visible est Corps. Rien de visible ne sauroit émaner d'un Esprit pur. 472

VII. L'Incorporel de *Manichée* n'exclud point le Corps pris dans un sens Philosophique. 473

VIII. Les Docteurs Chrétiens ne furent point unanimes au commencement sur la Nature de Dieu. Ils suivirent les Opinions de leurs Maîtres. *ibid.*

Plusieurs croyent Dieu corporel. *Maxime* Philosophe Chrétien raisonne sur ce Principe contre l'Eternité de la Matiere. Reflexions sur ses raisonnemens Ils excluent l'immensité substantielle de Dieu, & la Présence corporelle de J. C. dans l'Eucharistie. 474, 475, 476

La maniere dont les Peres expliquent l'Incarnation suppose que l'Essence Divine est corporelle. 476

CHAPITRE II.

L'Idée d'un Dieu corporel retient S. AUGUSTIN *dans le Manicheïsme. Comment il s'en défit. Particularitez sur les opinions de ce Pere avant sa Conversion. Ce qu'on doit juger raisonnablement de l'Erreur Manichéenne.*

I. Difficulté de se défaire de l'idée d'un Dieu corporel. Elle retient S. *Augustin* dans le Manicheïsme. 477

II. La lecture des Platoniciens le tire de plusieurs Erreurs sur la Nature du Fils de Dieu. *ibid.*

III. Observations sur l'aveu de S. *Augustin*. 1 Il n'a été Manichéen qu'en partie. 2 Les Manichéens ont cru J. C. Dieu & consubstantiel au Pere. 3. Les Platoniciens n'ont point cru l'égalité du Pere & du Fils. Témoignages d'*Eusebe*, de *Constantin*, de *Chalcidius*. 478

IV. Autres Observations. 1 S. *Augustin* se guérit du Manicheïsme par des Livres Platoniciens, quoi que le Platonisme & le Manicheïsme ayent de grandes conformitez. 2 Mot de S. *Augustin*, *Je ne croirois point à l'Evangile*

vangile &c. refuté par lui même. 480
V. Ce Pere croit que l'Essence Divine est la *Verité*. *ibid.*
Reflexion critique sur cette idée de S. *Augustin*. La *Verité* n'est point une Substance. Trois sortes de Véritez. *Manichée* a reconnu que la *Verité* est une Propriété de Dieu. L'Extension ne lui ôte point sa Vérité. 481
VI. Il est difficile de déterminer l'idée de l'*Incorporel* des Grecs. *ibid.*
Matiere corporelle, spirituelle selon S. *Augustin*. Sentiment de *Platon* là-dessus. Sa maniere d'expliquer la formation de l'Ame insinuë que *l'Indivisible* n'est point sans étendue. 482
VII. Si l'idée des Substances sans aucune Etenduë est nouvelle. Sentiment de *Bayle*, & de *Cudworth*. 482, 483
Difficulté sur l'Immatérialité du *Premier Moteur*. 483
Porphyre reconnoît des Substances sans grandeur. 484
VIII. Si c'est une Hérésie dangereuse de croire la Divinité une Substance étendue. Raisons d'en douter. Silence de l'Ecrirure. Notion du mot *Esprit* renferme l'idée du Corps. Nulle idée des substances spirituelles. La Religion ne souffre point de l'idée de la corporalité de Dieu. On ne peut parler de Dieu qu'en se servant d'expressions prises des Corps. 484, 485.
IX. Croire la Substance Divine étendue n'est point la croire composée ni divisible. 486
Manichée l'a conçue comme une parfaite unité. La *Monade* de *Pythagore* est Dieu, & la *Dualité* la Matiere. 487
X. Difficultez dans les differentes hypotheses. *ibid.*

CHAPITRE III.

De l'Unité de Dieu. Les Manichéens n'ont cru qu'un seul Dieu.

I. Les Manichéens accusez de croire & de servir deux Dieux. 488
II. Réponse de *Fauste* à la premiere accusation. 489
Instance de S. *Augustin* pour la soutenir. Examen de deux Questions. 1 Si les Manichéens ont cru deux Dieux. 2. S'ils en introduisoient deux par une conséquence nécessaire. 490
III. La 1 Question facile à décider: Les Manichéens n'ont jamais cru deux Dieux. La Matiere étoit, selon eux, le *Souverain Mal* & la *Souveraine Imperfection*. S. *Augustin* n'a point répondu à la solution de *Fauste*. 491
IV. Examen de la 2 Question: Si les Manichéens introduisoient effectivement deux Dieux. Les Anciens n'ont point connu de liaison nécessaire entre l'Existence par soi-même & les Perfections Divines. On ne connoît que *Denys* d'Alexandrie qui s'en soit apperçu. S. *Augustin* ne paroît pas l'avoir vûe. 492, 493

V. Instance de S. *Augustin*. C'est faire un Dieu du Démon de lui donner le pouvoir de former des Animaux. Remarques sur cette Instance. 1 Selon les Manichéens les Elemens sont éternels. 2 La formation des Corps n'est point l'Ouvrage de la Divinité. 493

Sentiment de *Platon*, de *Philon*. Le Corps humain étant le siége des Passions & de la Mort, ne peut avoir été formé par le vrai Dieu. 3 Les Peres reconnoissent que les Intelligences ont le pouvoir de former des Corps organisez. 4. Il n'y a que la Création qui soit propre à Dieu. Aveu de M. *Clarke* & de S. *Augustin*. Jugement de l'Erreur de *Manichée*: sa fausse hypothese. 494, 495

VI. Seconde accusation très-fausse *Manichée* n'a jamais servi qu'un seul Dieu. On lui a imputé ce que faisoient les Peuples, qui croyoient deux Principes. Reflexion sur le Bouc envoyé à *Azazel*. 496

VII. Aucun ancien Hérétique n'a cru plusieurs Dieux. *Marcion* n'en a cru qu'un seul. 497

Sentiment de *Marcion*. *Apellès* son Disciple ne croit qu'un seul Dieu. *Cave* corrigé. 498

VIII. Systême de *Ptolomée*. Il éclaircit celui d'*Apellès*. Temoignage d'*Hippolyte*, qui confirme que nul Hérétique n'a cru deux Dieux. 499

CHAPITRE IV.

Systême de MANICHÉE *sur les Attributs Divins.*

I. MAnichée ne fut point Anthropomorphite. Fautes de *L. Daneau* sur cette Erreur. 1 Elle ne vient point des Moines, elle est plus ancienne que leur Institution. On croit qu'elle tire son origine des Chrétiens sortis du Judaïsme. Le faux *Clement* la defend contre l'Héréfiarque *Simon*. *Origene* la combat, mais les Moines la soutiennent. 500, 501

2. Elle ne vient point des Manichéens qui la condamnent. Il y a lieu de croire qu'elle regnoit en Afrique, au moins parmi les simples, se maintenoit en Arabie, au X. siecle. 502

II. Les Manichéens n'ont pas cru l'*Immensité substantielle* de Dieu, leurs raisons. C'est une suite de leurs Principes. Si la Nature Divine est étenduë & corporelle, elle ne peut être immense. Raisonnemens de S. *Augustin* & de *Gregoire* de Nazianze incompatibles avec la Présence du Corps de Jesus-Christ dans l'Eucharistie. Nos Hérétiques donnent à Dieu toute l'Infinité possible selon leurs Principes. 502, 503

III. Terre lumineuse, lieu de Dieu le Pere. S. *Augustin* releve cette Expression. Elle est dans *Platon*, venoit de *Pythagore*, & apparemment des Orientaux. *Origene* la défend. Eternité de cette *Terre*. Consequence ce que S. *Augustin* en tire. Ce Pere & son Antagoniste raisonnent mal l'un & l'autre. 504, 505

IV. Les Manichéens conservent à Dieu l'immensité de Science & & de pouvoir. 505

Leur Erreur sur l'Immensité substantielle de Dieu ne détruit point la Religion. Axiome. de *Servet*, qui reconnoît l'Immensité Substantielle. Conséquence des Libertins. 506

Sentiment de *Philippe de Marnix*. Dieu n'est present par tout que d'une presence de Puissance & de Majesté. Les Théologiens qui sont de ce Sentiment, ne laissent pas d'attribuer à Dieu l'Infinité. 507

V. Les Manichéens donnent à Dieu un Empire très - vaste. *ibid.*

VI. Terre des Ténèbres, ou lieu de la *Matiere*. Quelques - uns le mettent au Midi. Sa vraye situation dans la Region la plus basse de l'Espace. 508

VII. Description de Dieu par *Manichée*. Explication des douze Membres de *Dieu*, dont il est parlé dans cette Description. On croit que c'est la même chose que les *Sephiroth* des *Cabbalistes*. 509, 510

VIII. *Manichée* reconnoit la Toute-puissance divine, est accusé de la nier. Pourquoi ? Conditions nécessaires pour fonder une telle accusation. 1. Definir l'idée de la *Toute-puissance*. Equivoque de ce mot. Elle donne lieu d'accuser les Orthodoxes de nier la Toute-puissance. 2. Déterminer ce qui est possible. Fausses accusations pour ne pas observer cette Règle. L'Erreur des Manichéens n'est pas d'avoir nié la Toute-puissance, mais d'avoir cru que la Création de rien est hors des choses possibles. 510, 511, 512

IX. La *Simplicité* essentielle à Dieu. Les Manichéens l'ont reconnuë. 512

X. Ils ont cru de même Dieu *indivisible*. 513

XI. Et *impassible*. Témoignages formels de *Fortunat* & de *Manichée*. Aveu de S. *Augustin*, & de S. *Ephrem*. L'Impassibilité de Dieu leur a fait nier l'Incarnation. 513, 514

XII. Les Manichéens reconnoissent les Perfections Morales de la Divinité, la *Bonté* Observation sur *Luc* XVIII. 19. Ils reconnoissoient la *Misericorde*, la *Sainteté* & la *Justice*. 515, 516

CHAPITRE V.

Les Manichéens confessoient la TRINITE', *& la* CONSUBSTANTIALITE' *des Personnes Divines.*

I. LEs Manichéens reconnoissent la *Trinité* & la *Consubstantialité*. Accusez par *Socrate* de nier la Personalité du Verbe, ce qui ne paroît pas juste. Confession de *Fauste*, Aveu de S. *Augustin*. Autres Témoignages du même, de *Photius*, de S. *Epiphane* touchant *Hierax*, de *Photius* touchant *Agapius*, de *Facundus d'Hermiane*. 517, 518

II. Les Manichéens conduits à la Consubstantialité par leurs Principes. 518

III. Critique de *Victor de Vite*, qui accuse les Manichéens d'avoir été Ariens. 519

IV. Il est incertain, si les Manichéens ont cru la Génération du Verbe éternelle. *ibid.*

Grand nombre des premiers Péres ont placé la Génération du Verbe immédiatement avent la Création du Monde. Témoignage de *Du Pin* confirmé par *Pétau* & par l'Evêque d'*Avranches*. Critique de la conjecture de *Petau* sur l'origine de ce sentiment. Critique de la Remarque de M. *Du Pin*. 520, 521, 522

V. La Génération du Verbe dans le tems fut la suite d'une autre Opinion, savoir que la Génération du Verbe est un acte de la volonté du Pere. C'étoit le sentiment des Eusebiens : leur raison. Critique de cette raison. 522, 523

VI. Les Manichéens ont cru J. C. le *Premier-né* du Pere, & ont bien expliqué ce terme. 523

VII. Eclaircissement d'une calomnie d'*Euthymius Zigabene* contre les *Bogomiles*. Origine & prétexte de cette calomnie. 524

VIII. Examen du Systéme de *Valentin* & de *Manichée* sur la Génération du Fils. Reflexions préalables. Les Chrétiens divisez sur la Question comment J. C. est Fils de Dieu. Pourquoi l'on entre dans une discussion Historique là-dessus. 1. Raison d'équité. 2. Raison. Cette Discussion renverse le Sophisme des *Variations* de l'Evêque de *Meaux*. Confirmation de cette preuve. 525, 526

CHA-

CHAPITRE VI.

Les Péres n'ont pu se dispenser d'expliquer comment J. C. est Fils de Dieu, *de là une prodigeuse varieté de Sentimens. Reflexions sur le nombre des Evêques du Concile de Nicée, & sur les differentes Sectes qui s'y trouverent.*

I. Il étoit impossible aux Péres de ne pas examiner *Comment J. C. est Fils de Dieu.* Raisons. 1. Il falloit éclairer la Foi. 2. Exclurre l'Erreur. 3. Répondre aux Payens. 4 Leur montrer que cette idée ne venoit point d'eux. 5. Les Docteurs se sont crus obligez d'approfondir les Mystères. Précepte de *Petau* sur ce sujet retracté par lui-même. 527, 528

II. Varieté surprenante d'Opinions sur la Question, *Comment J. C. est Fils de Dieu.* 529

III. Reflexions sur le nombre des Evêques au Concile de Nicée. Variation des plus anciens Ecrivains là-dessus. S. *Athanase* & *Eusebe* falsifiez. Pourquoi on a fixé là le nombre des Evêques du Concile de Nicée. Faux mystères trouvez dans ce nombre, par S. *Hilaire*, par S. *Ambroise*, par *Dorothée* de Monembase. 529, 530, 531

IV. *Eutychius* compte 2048. Evêques au Concile de Nicée. Reflexions qui peuvent confirmer ce nombre. Chorevêques au Concile. Evêques des Sectaires. Les Prêtres avoient séance dans les Conciles. Les Grecs n'ont compté que les Evêques Catholiques. 531, 532

V. Evêques Sectaires qui se trouverent au Concile, outre les Ariens. 1. Des *Mariamites* Secte imaginaire. C'étoient des Nazaréens qui appelloient le S. Esprit la *Mere* du Seigneur. 532

VI. *Sabelliens* au Concile. 533

VII. Digression sur le *Sabellianisme.* Sentiment attribué à *Praxeas* & à *Noët.* Dieu le Pere est né, il a souffert, il est mort. Raisons de douter que ce soit là le vrai sentiment. Extravagances attribuées à *Noët.* Dieu le Pere est né, il a souffert, il est mort. Raisons de douter que ce soit là leur vrai sentiment. Extravagances attribuées à *Noët.* La même accusation intentée aux Sabelliens, quoi qu'elle soit évidemment fausse. Témoignage de S. *Epiphane.* 533, 534, 535

VIII. L'origine du Sabellianisme fut la crainte de multiplier la Divinité. Temoignages de S. *Epiphane*, d'*Origène*, d'*Eusebe*, de *Tertullien.* 535

IX. Idée du Sabellianisme. Il n'y a qu'une Personne Divine, dont le *Verbe* & l'*Esprit* sont les Attributs & les Proprietez. L'union du Verbe avec Jesus n'est qu'une operation du Verbe dans Jesus. 537

X. D'où il s'ensuit que les Sabelliens n'étoient point *Patripassiens*, & ne pouvoient l'être. Les Monophysites accusez de même de croire que les

les trois Personnes Divines ont été crucifiées. 538, 539

XI. Autre absurdité faussement imputée aux Sabelliens, un Dieu qui est *Pere de lui-même*, & *Fils de lui-même*. Origine & prétexte de cette accusation. Dans le Systême Sabellien, le *Verbe* n'est pas *Fils de Dieu*. C'est J. C. Homme. La communication du *Verbe* à J. C. n'est qu'une Présence d'*assistance* & d'*operation* qui doit cesser. 539, 540

XII. Autres Hérétiques au Concile de Nicée, ils croyent que le Verbe entra par l'oreille de la Vierge, & en sortit par la voye de l'enfantement. 540

XIII. Paulianistes & Marcionites au Concile de Nicée. Pourquoi l'on n'y voit ni Valentiniens, ni Manichéens. 542

XIV. Dispute entre les Sectaires & les Catholiques. *Constantin* se déclare pour ces derniers. Pouvoir qu'il leur donne. Comment *Selden* concilie *Eutychius* avec les Grecs. 542, 543

CHAPITRE VII.

Sentiment des Ariens & leurs raisons. Raisons des Orthodoxes. Opinions de VALENTIN *& de* MANICHÉE *sur la Génération du Fils de Dieu.*

I. Les Ariens tâchent de confondre la Foi de l'Eglise avec les Opinions de *Valentin*, ou de *Manichée*. 544

II. Systême des Ariens. Ils croyent le Fils de Dieu Créature. Eloges qu'ils lui donnent. Ils rejettent la Génération & la Consubstantialité. Leurs raisons. 544, 545

III. Les Catholiques maintiennent l'une & l'autre. Leurs raisons. 545

IV. Les Philosophes ont conçu une Génération Divine qui n'a aucun des défauts des Générations animales. 546

V. Reflexions d'*Eusebe* sur celle du *Fils de Dieu*. 1. Il ne faut pas l'éclaircir par des comparaisons. 2. Elle n'a rien de plus incomprehensible que la Création. 3. Il est nécessaire au salut de croire que J. C. est Fils de Dieu, & non de savoir comment il l'est. 547

VI. Examen du sentiment de *Valentin* sur la Génération du Fils. Définition de la *Probole*. 548

VII. Les Auteurs Chrétiens s'en servent pour expliquer la Génération du Fils de Dieu. *Tertullien* la défend. Ses raisons. *Origène* rejette la Probole, ses raisons. 548, 549

VIII. Systême des Valentiniens sur la Nature Divine & sur la production du Fils. Ils ne reconnoissent point de Substance incorporelle : ils croyent Dieu une Lumiere étendue & figurée. Ils le marioient avec *Sigé*, ou le Silence. Explication de cette Enigme. Le Pére produit le Fils

Fils unique lors qu'il veut se faire connoître. Noms qu'ils donnoient au Fils. Comment ils concevoient sa Génération. Pourquoi ils le marioient avec la *Verité*. Ils l'appellent Dieu & le reconnoissent pour tel. Leçon particuliere du ℣. 18. de *Jean* I. En quoi le Fils differe du Verbe. Pourquoi ils marioient le Verbe avec la Vie. Le Fils instruit les Anges par la vuë, les hommes par la Parole. Il est descendu du Ciel sans quitter le Ciel, & sans se partager. Fait voir sa nature dans sa Transfiguration. Conformité du Sentiment des Valentiniens avec celui des Péres. Raisons de la Transfiguration. 550-553

IX. La Probole admise par les Orthodoxes. Les Manichéens l'admettoient aussi. Ils n'ont point cru le Fils une partie détachée de la Substance du Pere. Expression de *Tertullien*. 553, 554

X. Idée du Manichéen *Hierax* sur la Génération du Fils. Elle est semblable en partie à celle des Péres. 554

XI. Faute de S. *Hilaire*, qui n'a pas connu le Systéme Manichéen. 555

CHAPITRE VIII.

Les Manichéens ont cru un seul Dieu en trois Personnes, mais ils n'ont pas cru l'égalité des Personnes. Ils plaçoient le Fils *dans le Soleil & dans la Lune, & le* Saint Esprit *dans l'Air.*

I. Les Manichéens ont cru trois Personnes & non trois Principes. S. *Athanase* corrigé. a Comparaison de trois Soleils ne le prouve pas, Plusieurs Péres se sont servis de celle de trois hommes. 556, 557

II. Comment les Péres se sont défendus d'établir trois Dieux. 1. Raison. 2. Raison plus juste que la premiere. Il n'y a point plusieurs Dieux, ou il n'y a qu'un Principe & un Monarque. Témoignages de *Tertullien* & d'*Hippolyte*, de S. *Athanase*, de *Clarke*. 557, 558

III. Origine du Systême de *Manichée* sur la Trinité. Idée des Platoniciens là-dessus Ces Intelligences immortelles sont des Emanations de la Divinité suprême. Entre ces Emanations il y en a deux d'une excellence infiniment superieure. La premiere est appellée la *Providence*. C'est le Fils unique. La seconde répond au S. Esprit. C'est, selon *Platon*, l'*Ame de l'Univers*. Trois defauts dans ce Systême. Il n'y en a que deux qui conviennent à la Théologie Manichéenne. 559, 560

IV. Les Manichéens ne croyent pas l'égalité des Personnes Divines. Sentiment des Anciens là-dessus. Passage d'*Hippolyte*. 561

V. Sejour des trois Personnes Divines. Le Pere reside dans le Ciel suprème. Le Fils dans le Soleil. Origine de cette Opinion. Elle vient des Mages, est commune aux Egyp-

Egyptiens & aux Pythagoriciens. *Mithra* commun au Soleil & à la premiere des Intelligences. Pourquoi? 562, 563

VI. Erreur de M. *Huet*, qui veut que *Manichée* ait pris son opinion d'*Hermogene*. Le Soleil, selon quelques Anciens, sejour du Corps de J. C. & des Bienheureux. Les Persans y mettent le Paradis. Paralléle de l'imagination Manichéenne avec celle qui met J. C. dans le Pain 564, 565

VII. Les Manichéens mettoient la *Sagesse* de J. C. dans la Lune. Conjecture sur cette imagination. Purification des Ames, par la Sagesse & par la Vertu de J. C. 565

VIII. L'Air, sejour du S. Esprit. Rapport de cette Théologie Manichéenne avec celle des Hébreux, qui donnoient au S. Esprit l'intendance & le soin des Ames Humaines. Ils devoient le placer dans l'Air. L'Air, séjour des Ames selon quantité de Philosophes. 566, 567

IX. Le S. Esprit est l'*Entendement Actif* des Peripateticiens. Ils mettoient cet Entendement dans l'Air. 568

X. Explication d'un endroit de *Photius*. Ce que c'est que l'Air parfait des Manichéens. *ibid.*

CHAPITRE IX.

Des EONS *en general, & de ceux des* VALENTINIENS *en particulier.*

I. M*anichée* admet des *Eons*. 569

II. Idée du mot *Aion*. Définitions de *Damascene*, de *Clement* d'Alexandrie, du faux *Mercure Trismegiste*. Pourquoi ce nom fut donné aux Substances Spirituelles. 570

III. Autres Noms qu'on lui a donnez. Celui de *Nombres*, ceux d'*Idées*, & de *Verbes*. Explication du nom de Verbe donné au Fils de Dieu par S. *Jean*. 571, 572

IV. Fausse conjecture de *Croy* sur l'origine du nom d'*Eon*. *Arrien* s'en sert pour dire un Dieu. 572, 573

V. Innocence de cette Expression. Les Péres appellent *Eon* les Personnes Divines, & les Intelligences célestes, Passages des Péres Grecs, des Péres Latins, & vraisemblablement de S. *Paul*. Explication d'*Ephes*. II. 2. 573, 574, 575

VI. Les Hérétiques n'ont point pris leurs *Eons* d'*Hesiode*. La *Theogonie* d'*Hésiode* est la Création du Monde Corporel. 575, 576

VII. Les Philosophies de *Pythagore*, de *Platon* & de la Cabbale Judaïque sont l'origine des Eons. 576

VIII. Conformité des *Sephiroth* des Cabbalistes avec les Eons de *Basilide*. 577

IX.

IX. Syftême des Valentiniens fur les Eons. Explication du *Bythos*. Fauffe conjecture de *Crey*. Expreffion approuvée par *Clement* d'Alexandrie, ufitée par *Synefius*. Explication de la *Sigé*. 578, 579

X. Des *Eons Nous* & *Aletheïa*, l'Efprit pur & la Vérité. Propriétez de l'Efprit pur. Idée de la Verité qui l'accompagne. *Logos* & *Zoé*, la *Raifon* & la *Vie* font l'Ame univerfelle. 580, 581

XI. Cette Doctrine des Eons eft le pur Platonisme. Les quatre premiers Eons font la *Tetrade* de *Pythagore*. Explication de cette Tetrade. Serment des Pythagoriciens. 581, 582

XII. Mariage des Eons. Idée myftique & commune aux Platoniciens. Les Epoufes des Eons ne font que leurs attributs ou leurs facultez. Sentiment de *Ptolomée* expliqué. 582, 583

XIII. En quel fens les Valentiniens faifoient Dieu & leurs Eons des deux Sexes. *Synefius* les attribue à Dieu. Les deux Sexes de Dieu font la *Vie* & la *Lumiere*. C'eft par ces deux Puiffances qu'il a produit les Efprits. 584

XIV. En quel fens les Valentiniens appelloient leurs Eons des Dieux. *Synefius* leur donne ce titre. 585

CHAPITRE X.

Des EONS *de* MANICHÉE *&* *des* EMANATIONS DIVINES.

I. Manichée conçoit les Eons, comme des Perfonnes réelles. 586

II. Trois fentimens fur leur Origine. *Manichée* peut les avoir cru éternels fans les croire des Dieux. Principe de *Chalcidius* commun aux anciens Philofophes. 586, 587

III. Il peut les avoir cru formez de la Subftance célefte. C'eft le fentiment des Juifs fur les Anges. 587

IV. Il peut les avoir crus des Emanations Divines. 588

V. Doctrine des Emanations Divines reçue des anciens Peres. Etres qui émanent éternellement de Dieu, & qui ne font pas Dieux. 588, 589

VI. Cette Doctrine des Peres ne differe point dans le fond de celle qu'on attribue à *Manichée*, & s'explique de même. Comparaifon de la production des Idées employée par les Hérétiques & par les Catholiques. *Tatien* s'en fert pour expliquer la génération du Verbe. Difcipline du Secret inconnue au II. Siecle. 589, 590

VII. Dans les Subftances Spirituelles les Emanations fe font fans autre diminution de la Caufe. Paffages de *Porphyre*, des Oracles de *Zoroaftre*, de *Philon*, de *Tatien*. 590

VIII. Objection contre le Syftême des Emanations : La Nature Divine eft divifée. Réponfe tirée des Principes précedens, & reçus des Catholiques. 591

IX. Autre Objection : Les Eons font des

des Dieux, & Consubstantiels à Dieu. Les Manichéens le nient fondez sur l'ancienne Théologie. Cela n'est vrai que des Emanations immanentes. 592

X. En quel sens le Manichéen *Agapius* peut avoir dit, que l'Ame est consubstantielle à Dieu. *Origene* accuse & justifié de la même Erreur. Les Philosophes qui ont cru l'Ame Humaine une Emanation Divine, n'ont pas cru qu'elle fût Dieu. 592, 593

XI. Les Eons appellez *Lumieres*. Les *Sephiroth* des Cabbalistes sont des Splendeurs. 593

FIN DES SOMMAIRES.

ESSAI CRITIQUE SUR L'HISTOIRE ET LES DOGMES DE MANICHÉE.

DISCOURS PRÉLIMINAIRE,

Où l'on donne le Plan de cet Ouvrage.

JE N'ENTREPRENDROIS pas de donner une Hiſtoire de MANICHÉE, ni une idée de ſes Dogmes, ſi je n'avois deſſein que de rapporter ce que les Anciens en ont dit. Quantité de Modernes ſe ſont donné cette peine. Mais perſonne, à mon avis, n'y a mieux reüſſi que M. de TILLEMONT. Il a raſſemblé preſque tout ce que l'on trouve

DESSEIN DE L'AUTEUR.

Tillemont, fort exact, trop peu Critique.

dans les anciens Auteurs Ecclésiastiques, sur le sujet de *Manichée* & de ses Erreurs, & l'a rapporté avec beaucoup d'ordre & d'exactitude. Tout ce que j'aurois desiré d'un si habile homme, c'est qu'il eût voulu faire plus d'usage de son Discernement. Mais, prévenu en faveur des Historiens Ecclésiastiques & des Péres, il a supposé, avec trop de confiance, qu'ils ont été fidèles, exacts, & n'a fait, pour l'ordinaire, que recueillir ce qu'ils ont dit, & en composer ses Mémoires.

Partialité outrée des Anciens sur le sujet des Hérétiques & des Hérésies.

Il auroit pû néanmoins s'appercevoir aisément, qu'en matiére d'Hérétiques & d'Hérésies, l'Esprit général de l'Antiquité a été constamment d'admettre, sans examen, tout ce que la Renommée publioit à leur desavantage, quelque fabuleux qu'il fût : de grossir, d'exagérer les absurditez de leurs opinions : de leur en imputer qu'ils n'ont jamais euës : de mettre au rang des articles de leur Foi toutes les conséquences, qui pouvoient résulter de leurs Principes : En un mot, de charger d'une infinité de traits étrangers & monstrueux les Tableaux, qu'ils nous tracent, de la personne des Hérétiques, de leur Doctrine & de leurs mœurs. J'excuse néanmoins M. de *Tillemont*. Né & élevé dans l'Eglise Catholique Romaine qui ne trouve de défense & de ressource que dans la Tradition, il a craint de donner atteinte à un fondement, qu'on ne peut ébranler, sans ruïner tout l'édifice qu'il soutient.

Toujours vicieuse, & au fond nuisible.

J'avoue que je me suis toûjours senti une extrême aversion pour cette méthode de l'Antiquité. 1. Prémiérement elle est contraire à l'Equité naturelle, à laquelle tous les hommes sont obligez, qui doit être inviolable au Chrétien, & encore plus à l'Evêque, au Ministre de l'Evangile. Le Sophiste & le Docteur Chrétien sont des personnages, qui doivent être aussi opposez que le sont le Mensonge & la Vérité. 2. Secondement, cette methode ne flétrit pas seulement ceux qui la suivent : Elle deshonore la Religion même qu'ils professent. 3. En troisiéme lieu, elle inspire aux Orthodoxes, qui lisent les Histoires des Hérétiques, je ne dirai pas de l'aversion pour leurs Erreurs : elle est juste : mais une haine pour leurs personnes, qui étouffe, dans le cœur de ces mêmes Orthodoxes, tous les sentimens de Compassion, de Charité & d'Humanité même, & les convertit en de cruels Persécuteurs. 4. Enfin, bien loin que cette méthode ramène les Hérétiques à la communion de l'Eglise, elle les en éloigne infiniment. Comment rentreroient-ils dans le sein d'une Societé, qui les calomnie, qui les outrage, qui les hait, qui les persécute, & qui, pour autoriser ces persécutions, leur impute des Erreurs, qu'ils n'ont point, & des Pratiques qu'ils abhorrent? Je ne voi pas, que S. *Augustin* ait converti beaucoup de Manichéens, ni de Donatistes. Il auroit peut-être mieux réüssi, s'il s'y étoit pris autrement.

Feu

Feu M. BAYLE nous a donné, dans son Dictonnaire, un Article de *Manichée* & des *Manichéens* : mais il me semble, qu'il auroit mieux fait, ou de l'omettre, ou de le composer autrement. Il devoit traiter cette matiére en Critique; aller prendre l'Histoire de cet Hérésiarque, ses Dogmes, les Cérémonies de sa Secte &c. dans les prémiers Auteurs qui en ont parlé, & se servir de toute sa sagacité, pour y démêler le faux d'avec le vrai. N'est-ce pas ce qu'annonce au Public le titre de son grand Ouvrage, & ce qu'il a su fort bien exécuter sur d'autres sujets ? Mais c'est aussi ce qu'il a souvent négligé, &, si je l'ose dire, ce qu'il semble avoir négligé à dessein, quand il a parlé de plusieurs Sectes Chrétiennes. Je ne croi pas que ce fût sa pensée : mais on diroit presque qu'il étoit bien aise de trouver, dans le corps des Chrétiens, le Fanatisme le plus insensé, & les obscénitez les plus folles & les plus impudentes. Je croi donc, que feu M. *Bayle* auroit du nous donner une Histoire aussi exacte, qu'on peut l'avoir de l'Hérésiarque *Manichée*, & nous marquer précisément ses opinions, plûtôt que de s'amuser à pousser & à orner, comme il l'a fait, les argumens des Manichéens. Un DICTIONNAIRE HISTORIQUE ET CRITIQUE demandoit qu'il fit le premier, & le dispensoit certainement du second.

Reflexion sur l'Article des Manichéens, dans *Bayle*.

Mon dessein est d'*essaïer* ce que j'aurois exigé de feu M. *Bayle*. Voulant connoître les MANICHE'ENS MODERNES, avec lesquels on a confondu des Sectes beaucoup plus pures & plus Chrétiennes qu'on ne se l'imagine, j'ai été obligé de remonter jusqu'aux Anciens. Et trouvant beaucoup d'exageration, de contradictions, de fausses imputations, dans ce qu'on nous raconte de *Manichée*, de ses Dogmes, & de sa Morale; j'ai tâché de l'examiner en Critique. J'ai eu pitié d'une Secte, déja trop malheureuse pour avoir étrangement corrompu la Foi Chrétienne, & pour avoir été dès sa naissance l'objet des fureurs d'un zèle inhumain. Je la justifie, quand il me paroît qu'on l'a calomniée : je l'excuse, quand elle me paroît excusable, & je ne croi pas qu'on doive m'en savoir mauvais gré. Si je suis (1) dans l'erreur, c'est dans l'erreur du monde la plus innocente. Et S. *Augustin* lui-même, le Fleau des Manichéens d'Occident, fera mon apologie.

Motifs de l'Auteur. Justification de son Dessein par S. *Augustin* même.

„ Quelcun, (*a*) *dit ce Pere*, lit les Livres d'*Epicure*, & y remarque des endroits, où ce Philosophe louë la Tempérance. Là-dessus il se persuade, qu'*Epicure* a mis le Souverain Bien dans „ les

(*a*) *Aug. de Utilit. credn.* Cap. 4.

(1) *Hic error non solum humanus est, sed sape etiam homine dignissimus.* AUG. de Util. cred. Cap. 4.

„ les plaisirs de la Vertu ; & non dans les plaisirs des Sens. Il justifie „ *Epicure*, parce qu'il ne peut croire, qu'un tel Philosophe ait eu „ des opinions, qu'il ne devoit pas avoir. C'est ainsi, *poursuit S.* „ *Augustin*, que, quiconque jugera sainement des choses, ne fera „ pas difficulté d'approuver mon sentiment & mes intentions, par- „ ce qu'au fond je n'excuse, ni ne justifie qu'à cause que l'Inno- „ cence me plaît, & que, dans un fait douteux, il sied bien à un „ homme de juger favorablement d'un autre homme, quand mê- „ me il lui arriveroit de se tromper.

Réflexion judicieuse de l'Auteur de la République des Lettres sur le même sujet.

(a) Nouv. de la Rep. des Let. de M. Bern. Sept. 1705. p. 317.

J'approuve tout à fait cette maxime de S. *Augustin*, (1) sortant tout fraîchement du Manichéïsme, & lorsque les playes, que cette Hérésie avoit faites à son Ame, étoient à peine fermées. J'y ajoûterai la réflexion par laquelle le savant Auteur des *Nouvelles de la République des Lettres* commence l'Extrait du Livre de M. *Réland* touchant la Religion des Mahométans (a). *Il y a des gens*, dit cet Auteur, *qui ne peuvent souffrir, qu'on desabuse le Public des préjugez injustes, qu'il peut avoir contre des personnes, que ces gens n'aiment pas ; surtout si ces personnes sont dans un Parti opposé. A quoi bon, disent-ils, entreprendre l'Apologie des Hérétiques? Peut-on avoir trop de haine de leurs opinions? Quand on les croira un peu plus pernicieuses qu'elles ne sont en effet, cela servira à en éloigner davantage ceux qui en porteront ce jugement désavantageux. Je n'ai jamais été dans cette opinion. Le seul amour de la Vérité doit nous porter à rendre justice à tout le monde. D'ailleurs cette envie, de charger les Hérétiques d'erreurs qu'ils n'avoient pas, peut être quelquefois fort nuisible. Car si une fois des personnes, d'ailleurs peu instruites, viennent à découvrir, qu'on en impute aux Hérétiques sur certains Articles, elles seront tentées de croire, qu'il en est de même sur les autres Articles, & pourront facilement se laisser séduire.* La Réflexion est équitable & judicieuse. Quelle confiance peut prendre le Disciple dans un Maître qui ment, qui lui en impose? On n'y pense pas, mais les *Fraudes*, qu'on ose nommer *pieuses*, ne sont propres qu'à ébranler la certitude de la Religion Chrétienne.

Il

(1) Le Livre *de Utilitate credendi* est de l'année 391. Il est adressé à *Honorat*, ami de S. *Augustin*, & engagé encore dans le Manichéïsme.

(2) ACTA *Disputationis Archelai, Episcopi Mesopotamiæ, & Manetis Hæresiarchæ.* C'est sous ce titre que cette Piéce a été publiée par M. *Zaccagni*, Bibliothequaire du Vatican. Voyez ses MONUMENTA *Ecclesiæ Græcæ & Latinæ* imprimez à Rome en 1698. L'Ouvrage même est intitulé dans le Texte, THESAURUS *Verus, sive Disputatio habita in* CASCAR, *Civitate Mesopotamiæ*. Le titre de *Thrésor véritable* est une allusion & une opposition à celui de THRESOR DE VIE, que *Manichée* avoit donné à un de ses Livres.

(3) C'est-à-dire d'une Ville de Mesopotamie.

L'Ancienneté n'autorise point les Fables.

Il ne faut donc point en imposer aux Hérétiques, ni savoir mauvais gré à des gens, qui sans entreprendre leur défense, se contentent de les faire connoitre tels qu'ils ont été. C'est uniquement le but, que je me suis proposé dans cet Ouvrage. Les Fables aquiérent bien du crédit en vieillissant, mais elles n'en sont pas moins Fables. Et quel mal y a-t-il à leur arracher le masque de la Vérité, quoi qu'elles le portent depuis quatorze ou quinze cens ans? N'est-ce pas ce qu'ont fait dans notre siécle quantité d'habiles Critiques, qui, sans aucun scrupule, ont mis au rang des Fables l'Histoire de la *Légion Fulminante*, celle de la *Statue*, élevée par les Romains, à l'honneur de *Simon le Magicien* & quantité d'autres de la même sorte.

Origine de l'Histoire de Manichée.

Lorsque j'ai envisagé de près l'Histoire de *Manichée* & du *Manicheïsme*, elle m'a paru du même caractère que celles dont je viens de parler.

Actes de sa Dispute avec *Archelaüs*. Original Syriaque. Traduction Grecque.

Nous la tenons originairement d'une Piéce qui est ancienne, & qui a pour titre : (2) ACTES *de la Dispute entre* ARCHELAÜS, *Evêque de Mésopotamie* (3), *& l'Hérésiarque* MANES. On croit, que (4) l'Original de ces Actes fut écrit en Syriaque, & traduit en Grec par un certain HE'GEMONIUS. Quelques-uns s'imaginent même, que cette (5) Traduction suivit de fort près l'Original. Mais je suis persuadé, que cet Ouvrage n'a paru en Grec, que depuis qu'*Eusébe* eut composé & publié son Histoire Ecclésiastique ; c'est à dire dans l'espace de tems, qui s'écoula entre l'an (6) 326. ou 330. & l'an 348. ou 350. lorsque *Cyrille de Jérusalem* écrivoit ses *Catéchèses Mystagogiques*. La raison en est, que *Cyrille* parle amplement, dans sa VI. *Catéchèse*, & des Disputes d'*Archélaüs*, & de l'Histoire de *Manichée* ; au lieu qu'*Eusébe* n'en dit pas un mot dans son Histoire Ecclésiastique. Il paroit même par son silence, qu'il n'a pas ouï parler d'*Archélaüs*, & qu'il n'a su aucunes particularitez de la vie de notre Hérésiarque.

Cette Traduction n'a paru que depuis l'an 330. ou 340.

Il n'en reste qu'une Version Latine.

L'Original Syriaque, supposé qu'il ait jamais existé, & la Traduc-

(4) Les Questions, qui concernent cette Piéce, son Auteur, quand & comment elle peut avoir été composée, tout cela sera examiné, quand nous traiterons de l'Authenticité de ces Actes. Il ne s'agit à présent que de rapporter ce qu'on en dit.

(5) M. *Zaccagni*, comme on le verra dans la suite, croit qu'*Hegémonius* écrivit lui-même en Syriaque au moins la II. Dispute d'*Archelaüs*, & qu'il mit aussitôt en Grec l'Ouvrage tout entier.

(6) Le P. *Pagi* prétend qu'*Eusébe* publia son *Histoire Ecclesiastique* en 328. Voyez sa *Critique de Baronius* An. 328. §. 18. 19. Et M. *Cave*, in *Eusebio Cæsariensi*. D'autres habiles Modernes comme *Daillé* &c. jugent que l'Histoire d'*Eusébe* ne parut qu'en 330. Il mourut vers l'an 340.

faite vers la fin du V. ou dans le VI. Siécle.

duction Grecque des Actes d'*Archélaüs*, sont, ou perdus, ou cachez dans quelque Bibliothéque. Il ne nous en reste qu'une Version Latine, & assez barbare, dont on ne sait pas précisément le tems. On juge seulement qu'elle a été faite avant le VII. siécle; ce qu'il y a de sûr, c'est qu'elle est postérieure au tems de S. *Augustin*, & même à celui du Pape *Leon I.* qui mourut vers l'an 461. car on n'en voit aucune trace dans leurs Ouvrages contre les Manichéens.

C'est l'unique source d'où les Péres ont tiré l'Histoire de Manichée.

C'est dans cette Traduction Grecque, ou dans la Version Latine, que tous les Péres ont pris ce qu'ils nous racontent de l'Histoire de *Manichée*, & de l'Origine du Manicheïsme. *Cyrille de Jérusalem*, S. *Epiphane*, *Socrate*, les Grecs en général, ont tous puisé dans cette source, comme le reconnoissent le P. (1) *Petau*, & M. (2) *de Tillemont*. Les Latins n'en ont point eu d'autre non plus. Cependant, j'ose assurer que cette source n'est point du tout pure. Il y a quelques véritez, mais en petit nombre, & le peu qu'il y en a est altéré, confus, mélé de fables manifestes, comme on le verra par l'Examen, que j'en vai faire dans cet Ouvrage.

Plan de la I. Partie.

Il est partagé en deux Parties. La prémiere contient un EXAMEN CRITIQUE *de l'Histoire de Manichée, & de l'Origine du Manicheïsme :* mais ayant trouvé, que cette Histoire étoit rapportée fort différemment par les Grecs & par les Latins d'une part, & de l'autre par les Syriens, par les Persans & par les Arabes, je l'ai divisée en trois Livres.

Histoire de Manichée, selon les Grecs & les Latins.

Je donne dans les deux premiers l'Histoire de Manichée & du Manicheïsme, selon les Auteurs Grecs & Latins. C'est celle que tous nos Ecrivains Hérésiologues ont copiée : Je l'examine pié à pié, & je montre qu'elle est pleine d'ignorances, de mensonges & d'absurditez. Je rapporte en suite la substance des Disputes d'*Archelaüs* contre *Manès*, & je fais voir que tout en est supposé jusqu'à la scène, qu'il a plû à l'Auteur de mettre à *Cascar*, dans la Mésopotamie Romaine, où l'on ne sauroit trouver aucune Ville de ce nom. En général toute cette Piéce, qu'on nomme *les Actes de la Dispute d'Archelaüs*, n'est qu'un Roman fabriqué par un Grec & publié depuis l'an 330. soixante ans, ou environ après la mort de *Manichée*.

La même Histoire,

Dans le III. Livre je fais l'Histoire de l'Hérésiarque & de l'Ori-

(1) *Ex hac Archelai relatione cæteri deinceps hauserunt omnes, qui Hæretici illius historiam & dogmata scriptis tradiderunt.* Petav. *Animad. ad* Epiph. p. 289.

(2) *Les petites différences, qui se rencontrent entre eux*, (savoir Epiphane, Cyrille, Socrate) *n'empêchent pas qu'on ne voye, qu'ils ont tous puisé dans la même source.* Ce sont les paroles de *Tillemont*; Mem. Ec. T. IV. Part. II. Artic. XII. p. 794.

rigine de son Héréfie, selon les Syriens, les Persans & les Arabes. Celle-ci n'a presque rien de commun avec la premiére : On diroit que ce sont les Histoires de deux hommes tout différens : mais la derniére a l'avantage d'être beaucoup mieux prouvée, & de présenter au Lecteur une face, où il apperçoit des traits naturels, & qui, s'ils ne sont pas tout à fait ceux de la vérité, en approchent au moins extrémement. Au reste, quand j'en trouve l'occasion, je mêle par-ci par-là quelques Episodes, qui servent à varier une narration, toute entrelacée de Critique, & dont le sujet principal n'intéresse que des personnes, qui s'attachent à l'étude de l'Histoire Ecclésiastique, & qui voyent avec plaisir les nouvelles découvertes, qu'on y peut faire.

selon les Orientaux.

Voilà le Plan de la *Partie* HISTORIQUE de cet Ouvrage. La seconde, qui est DOGMATIQUE, sera beaucoup plus ample. J'y rapporterai les Principes de notre Héréfiarque, ses Opinions ou ses Erreurs, le Culte, les Mœurs, les Observances religieuses, le Gouvernement Ecclésiastique de la Secte. Je tâcherai de découvrir l'Origine de ses Erreurs, qui pour la plupart viennent de la Philosophie Orientale. Un (3) Savant Moderne semble s'en être apperçu, mais il ne s'est pas donné la peine de le rechercher.

Idée de la II. Partie.

Je traiterai mon sujet en Critique, suivant la Règle de S. Paul, (a) *Examinez toutes choses, & ne retenez que ce qui est bon.* L'Histoire en général, & l'Histoire Ecclésiastique en particulier, n'est bien souvent qu'un mêlange confus de faux & de vrai, entassé par des Ecrivains mal instruits, crédules ou passionnez. Cela convient surtout à l'Histoire des Hérétiques & des Héréfies. C'est au Lecteur attentif & judicieux d'en faire le discernement, à l'aide d'une Critique, qui ne soit ni trop timide, ni téméraire. Sans le secours de cet Art, on erre dans l'Histoire comme un Pilote sur les mers, lorsqu'il n'a ni boussole, ni carte marine. Je prie seulement le Lecteur de se souvenir, que je ne lui donne qu'un ESSAI SUR L'HISTOIRE ET LES DOGMES DE MANICHÉE. Souvent on sent, on apperçoit bien le faux, mais il n'est pas aussi facile de découvrir le vrai, parce que les monumens nous manquent, & que ceux que nous avons sont pleins de confusion, d'inexactitude, &, si on l'osoit dire, d'infidélité. Lors même que nous avons le bonheur de saisir le vrai

Necessité de la Critique dans la Lecture de l'Histoire Ecclésiastique.

(a) 1. Thess. V. 21.

(3) *In quibus* (Il s'agit des Dogmes de Manichée) *illud mihi animadversione singulari dignum videtur, multa, e veterum Græcorum Latinorumque superstitione, antiquioris esse quam censentur Originis, & ad Priscam Orientalium Disciplinam referenda.* TOLLIUS. *Insignia Itineris Italici.* p. 128.

vrai, nous manquons des preuves nécessaires pour lui donner l'évidence & la certitude. Il n'a, pour ainsi dire, que le témoignage, qu'il se rend à lui-même, & ce témoignage, qui persuade une sorte d'Esprits, n'est pas assez fort pour convaincre les autres.

HISTOIRE DE MANICHÉE ET DU MANICHEÏSME,

SELON LES GRECS ET LES LATINS.

LIVRE PREMIER.

CHAPITRE I.

Rélation de la Vie, de l'Hérésie & de la Mort de MANICHÉE *par* ARCHELAUS *Evêque de* Cascar *en Mesopotamie.*

I. ON DIT, que vers l'an 277. il y avoit à CASCAR, ou CARCAR, Ville de la Mésopotamie Romaine un Evêque Catholique nommé ARCHELAUS. On ajoûte, que *Manichée*, s'étant sauvé de prison, pour éviter le supplice dont il étoit menacé, se réfugia dans un Château, nommé ARABION, que les Perses tenoient sur cette Frontiére, éloigné de *Cascar* de trois

Archelaüs est Evêque de CASCAR.

Manichée fugitif y vient pour séduire *Marcel.*

trois ou quatre journées. L'Hérésiarque informé, qu'il y avoit dans cette Ville un riche Citoyen, nommé MARCEL, qui faisoit profession de la Foi Chrétienne, & qui s'étoit rendu célebre dans tout le Pays par ses vertus, & par ses bonnes œuvres, conçut le dessein de faire une si belle conquête. Il lui écrivit; il vint même à *Cascar*, où *Marcel* le reçut avec beaucoup de civilité. Pour lui montrer, qu'il ne tenoit point à l'Eglise Catholique par préjugé, par opiniâtreté, *Marcel* les pria, *Archelaüs* & lui, d'agiter, dans une Dispute publique, les Questions sur lesquelles ils n'étoient pas d'accord. L'Hérésiarque fut vaincu; mais, comme il s'en retournoit en Perse, il s'arrêta dans un Bourg de la dépendance de *Cascar*, appellé DIODORIDE. Ce fut là qu'il entra en dispute avec un Prêtre du lieu, qui est nommé DIODORE, dans la Version Latine, & TRYPHON dans S. *Epiphane*.

Sa dispute avec Archelaüs & il est vaincu. Va à Diodoride, où Archelaüs le suit.

Dès qu'*Archelaüs* eut appris que *Manichée* étoit à *Diodoride*, il écrivit à son Prêtre, & lui donna diverses instructions, afin de le mettre en état de résister à un si formidable Hérétique. Cependant, comme l'Evêque n'étoit pas tranquille, tant qu'une partie de son Troupeau lui paroissoit en danger, il court en diligence au secours de *Diodore*, confond de nouveau son Adversaire dans une Dispute publique: Et celui-ci s'étant retiré, par la crainte qu'un Peuple, animé contre lui, ne le prît & ne le livrât aux Persans; *Archélaüs* fit à la multitude le Discours, que je vai rapporter, & auquel j'ajoûterai de petites notes, qui commenceront à ouvrir les yeux au Lecteur, sur l'article de l'Authenticité des Actes d'*Archelaüs*.

Vaincu de nouveau il se retire. Archelaüs fait son discours au Peuple.

Discours d'Archelaüs au Peuple de DIODORIDE. Préambule.

(a) Act. Disp. p. 92. & seq.

(a) „ II. MES FRERES, nous portons tous le nom de Chrétiens, „ afin de témoigner l'amour, que nous avons pour notre Sauveur, „ comme tout le monde le fait. St. *Paul*, cet excellent Archi- „ tecte de J. Christ, a posé le fondement de nos Eglises, quand „ il a ordonné des Diacres, des Prêtres & des Evêques, & qu'il „ a marqué (1) distinctement les qualitez & les Devoirs de ces diffé-

(1) Je ne sai où l'Auteur a trouvé, que S. *Paul* ait distingué entre les Devoirs & les qualitez des *Prêtres*, & entre les Devoirs & les qualitez des *Evêques*. Cela n'est point dans S. *Paul*. Du reste on ne voit pas la raison de ce Préambule.

(2) *Sisinnius* succéda à *Manichée*, dans le Pontificat de la Secte, ce qui sera prouvé dans la suite. Comment l'Auteur peut-il dire, qu'il a embrassé la Foi Orthodoxe?

(3) C'est un homme, que *Manichée* avoit chargé de porter sa Lettre à *Marcel*. On ne le connoit que par cet endroit-ci.

(4) On prouvera que cet homme a été contemporain de *Manichée*.

(5) Il faut que l'Episcopat ait été bien funeste dès les commencemens, car si

„ différens Ordres. Les Ordonnances, qu'il nous a données là-
„ dessus, s'obsérvent encore religieusement parmi nous.

„ Je vai vous faire l'histoire de ce MANES, qui nous est venu de
„ *Perse*, & vous apprendre l'origine de sa Doctrine. Je tiens l'une &
„ l'autre de (2) SISINNIUS, qui a été un de ses Compagnons,
„ & qui, si vous le voulez, confirmera ce que je vai vous racon-
„ ter, car il n'a pas refusé de le dire en présence de *Manès* lui-
„ même. Ce *Sisinnius* a embrassé notre Doctrine, aussi-bien que
„ (3) *Tyrbon*, qui a été un des Disciples de cet Héréfiarque, &
„ qui est avec moi. Je n'ajoûterai à leur recit, que ce que j'ai
„ remarqué moi-même dans cet homme.

L'Histoire de *Manichée* & du Manicheïsme vient de *Tyrbon* & de *Sisinnius*.

„ *Manes* n'est ni le prémier, ni l'unique Auteur de sa Doctri-
„ ne. Celui qui l'inventa fut un certain (4) SCYTHIEN, ve-
„ nu de *Scythie*, qui vivoit au tems des Apôtres, & qui fut le
„ prémier Auteur & le Chef de cette Héréfie. Il y eut dès ce
„ tems-là quantité d'autres Apostats, qui (5) aspirant à l'Epis-
„ copat, & ne pouvant satisfaire leur ambition, publiérent des
„ mensonges, & pervertirent les Esprits des simples.

SCYTHIEN, Inventeur du Manicheïsme.

„ Ce fut donc ce *Scythien*, qui introduisit deux Principes con-
„ traires l'un à l'autre, Erreur, qu'il avoit prise de (6) *Pytha-*
„ *gore*, comme tous les autres Sectateurs du même Dogme, les-
„ quels s'écartent des voyes droites de la Vérité, mais qui ne fe-
„ ront jamais de grands progrès. Aucun néanmoins n'a porté
„ l'impudence plus loin que ce *Scythien*, car il a non seulement
„ reconnu deux Principes ennemis, & tous deux coéternels, mais
„ il a admis toutes les conséquences, qui résultent d'une telle
„ Erreur.

Il l'a pris de *Pythagore*.

„ Cet homme étoit (7) *de la race des Sarrasins*, & ayant é-
„ pousé une femme de la *Thébaïde superieure*, laquelle étoit cap-
„ tive, elle lui persuada de préférer le séjour de l'Egypte
„ à celui des Deserts d'Arabie. Plût à Dieu, que le mal-
„ heureux *Scythien* n'eût jamais mis le pié dans cette Province!
„ (8) Puisque ce fut là qu'il se perdit par l'étude (9) des Scien-
„ ces des Egyptiens. Car, il faut l'avoüer, cet homme étoit
„ riche

Son Histoire.

si nous en croyons les Péres, presque tous les Chefs de Sectes ne se sont séparez de l'Eglise que pour n'avoir pû parvenir à cette charge, ou à cette Dignité.

(6) Il paroitra par un passage de *Basilide*, que l'Auteur cite à la fin de son Ouvrage, que cette Erreur venoit originairement de la Philosophie Orientale. S. *Ephrem* l'appelle avec raison l'*Hérésie des Indes*.

(7) S'il étoit de la race des *Sarrasins*, comment pouvoit-il être *venu de Scythie*?

(8) Je suis dans cet endroit la leçon, que M. *Zaccagni* a mise en note, le texte étant défectueux.

(9) S'il avoit déja pris le Manicheïsme dans *Pythagore*, comment se *perdit-il par l'étude des Sciences des Egyptiens*? Ceux-ci, & les *Chaldéens* avoient été les Maîtres de *Pythagore*.

„ riche à tous égards, & du côté des dons de l'Esprit, & du cô-
„ té des biens temporels, comme nous l'ont témoigné des person-
„ nes, (1) *qui le connoissoient par tradition.*

Ses Livres.

„ *Scythien* eut pour Disciple un certain TE'RE'BINTHE, (2) *qui lui écrivit quatre Livres.* Il intitula le prémier DES MYSTERES, le second, (3) DES CHAPITRES. Il donna au troisiéme le titre d'EVANGILE, & au quatriéme celui de THRESOR. *Scythien* ne composa que ces Livres, & n'eut qu'un seul Disciple, savoir *Térébinthe.*

Son voyage en Judée: sa mort.

„ Ces deux hommes voulant être seuls, *Scythien* prit la résolution d'aller en Judée, afin de s'y (4) *entretenir* (ou, de *disputer*) avec ceux qui passoient pour les plus doctes. Mais à peine y fut-il arrivé, qu'il mourut sans pouvoir faire aucun progrès.

Histoire de *Térébinthe* son Disciple. Il s'enfuit en Assyrie.

Après sa mort *Térébinthe* s'enfuit dans la Province de *Babylone*, (5) qui est à présent sous la puissance des Perses, & qui est éloignée du lieu, où nous sommes, de six jours & six nuits de chemin.

Se fait appeller BUDDAS.

„ Lors que *Térébinthe* fut arrivé dans la Province de Babylone, il y fit courir le bruit, qu'il possedoit toutes les Sciences des Egyptiens. Il quitta son prémier nom, prit celui de BUDDAS, qu'il disoit lui avoir été imposé; se vanta d'être né d'une Vierge, & d'avoir été élevé dans les Montagnes par un Ange. Mais il fut convaincu de mensonge par un *Prophète* des Perses, nommé *Parcus*, & par *Labdacus*, (6) *fils de Mithra*, avec lesquels il avoit tous les jours des Disputes fort aigres sur cette matiére.

Ses Disputes avec des Mages.

Questions qu'ils agitent.

Et, quoiqu'il fût souvent confondu, il ne laissoit pas de leur parler des choses, qui avoient été avant le Monde; de la Sphére; des deux Luminaires; du lieu, où alloient les Ames; de la maniére, dont elles y étoient transportées; de leur transmigration en différens corps, & de diverses autres choses de cette nature, „ com-

(1) *Qui sciebant eum per traditionem.* Arch. sup. Cela veut dire, *qui le connoissoient pour en avoir ouï parler.* Peut-on dire cela d'un homme, qui devoit être mort deux cens auparavant?

(2) *Qui scripsit ei.* Cela veut dire, que *Scythien* dicta ces *Livres*, & que *Térébinthe* les écrivit.

(3) Je traduis *Des Chapitres*, comme les autres: mais le sens est assurément des *Fondemens*, des *Articles Capitaux.*

(4) *Congrederetur.* Ibid.

(5) *Qui est à présent sous la puissance des Perses.* Il veut parler sans doute de la conquête, que les Perses avoient faite de l'*Assyrie*, & du reste de l'Empire des *Parthes.* Il y avoit alors 50. ans que cette conquête étoit faite. *Varanes* I. &, selon M. de *Tillemont*, *Varanes* II. regnoit en Perse, & étoit le cinquiéme Roi depuis *Artaxare*, lors qu'*Archélaüs* fit ce discours. Est-il naturel, qu'il avertisse le Peuple de *Diodoride*, qui étoit sur les Frontiéres de l'Empire des Perses, que la Province de Babylone appartenoit alors aux Rois de Perse?

(6) *Filius Mithra.* Il y a dans S. *Epiphane*, qui a copié le Grec d'*Hégémonius*, καὶ τοῖς τοῦ Μίθρα ἱερεῦσι; ce qui fait voir, que l'Exemplaire Grec, sur lequel la

„ comme de la guerre, que les (7) *Principes* avoient faite à Dieu. „ Il leur parloit de tout cela dans la vuë de passer pour un Prophè- „ te : Mais, comme on lui résistoit toûjours, il se retira chez „ une Veuve, chez laquelle il porta ses quatre Livres, sans avoir „ fait, dans ce lieu-là, aucun autre Disciple que cette vieille „ femme.

Il est précipité par le Démon du sommet de la maison, où il demeure, & meurt.

„ *Térébinthe* étant dans la maison de cette femme, monta un „ jour de fort grand matin sur la platte-forme, où il commença „ d'invoquer certains noms, qui ne sont connus que des sept Elus „ de la Secte. Il étoit monté seul, dans le dessein de faire je ne „ sai quelles cérémonies, ou je ne sai quelles (8) opérations, qu'il „ ne vouloit pas que personne vît depeur d'en être accusé & con- „ vaincu ; mais qu'il n'osoit aussi négliger, dans la crainte d'en „ être puni par (9) *les vraïes Puissances.* Dans le tems qu'il se „ préparoit à faire ces opérations, (10) Dieu commanda à un „ Esprit de le précipiter, & à l'instant il fut jetté du sommet de „ la maison en bas. La vieille femme, qui eut pitié de lui, „ l'enterra dans les sépulchres ordinaires.

Histoire de *Manichée*. Il s'appelle *Cubricus* ou *Corbicius* : il est esclave, & affranchi aussi-tôt.

„ Cette femme, se trouvant héritiére de ce que *Térébinthe* avoit „ apporté d'Egypte, fut fort aise de sa mort, car, outre qu'elle „ profita du bien, qu'il faisoit, qu'elle ne voyoit pas de bon œil, „ (11) les cérémonies suspectes, qui se faisoient dans sa maison. „ Et comme elle se trouvoit seule, sans avoir personne qui la ser- „ vît, elle achetta un jeune Garçon (12) de sept ans, nommé „ (13) Corbicius, qu'elle affranchit, & qu'elle fit étudier. „ Il n'avoit que douze ans, lorsque sa Maîtresse mourut, & lui „ laissa, non seulement tous ses biens, mais aussi les quatre Li- „ vres, que *Scythien* avoit écrits. Ces Livres étoient courts, & „ ne contenoient chacun qu'un petit nombre de lignes.

„ Ce fut alors que *Cubricus*, usant du bien, dont il avoit hé- „ rité,

la Version Latine a été faite, étoit défectueux. Νεώκορος, qui signifie ordinairement *Æditus*, signifie aussi *Prêtre*.

(7) *Bellum Deo commotum a Principiis.* Il y a visiblement dans cet endroit une faute du Traducteur. Il a lû ἀρχαῖς, qu'il a rendu par *Principiis*, & qu'il falloit traduire *Principibus*. C'est la guerre, que les *Princes*, ou les *Puissances des Ténébres* avoient faite à Dieu.

(8) Il y a, *Artificii*, dans le Latin. Sans doute il y avoit dans le Grec, τεχνάσματα, ou τέχνη, termes, qui se prennent ordinairement en mauvaise part, & qui signifient une operation dans laquelle il y a de la fraude, de l'imposture.

(9) *Veris Principibus.* Il y a vraisemblablement quelque faute dans cet endroit, car la pensée de l'Auteur est que ces *Puissances* étoient des Démons.

(10) Le Lecteur le moins attentif demandera, comment *Archelaüs* a su, qu'un Esprit précipita cet homme par le commandement de Dieu.

(11) *Artes illius*, savoir *Térebinthe*.

(12) *Corbicius* n'a que *sept ans* quand *Térebinthe* meurt : Et l'on montrera dans la suite, que *Térebinthe* fut un des Disciples de ce *Corbicius*, qui est *Manichée*.

(13) Il y a dans S. Epiphane *Cubricus*.

„ rité, alla demeurer au milieu de la Ville, dans le quartier, où „ est le Palais du Roi de Perse, & prit le nom de MANÈS, qui „ est Persan. Il étudia beaucoup, & devint très-savant dans les „ Sciences du Pays, dans lesquelles il surpassoit tout le reste des „ hommes. Mais il s'attacha surtout à l'étude des quatre Livres „ de *Scythien*, & fit trois Disciples, savoir THOMAS, ADDAS, „ & HERMAS (1). *Il avoit près de soixante ans*, lorsqu'il (2) „ traduisit ces Livres. Il y mêla quantité de fables puériles, & en „ ôta le nom de l'Auteur pour y mettre le sien. Ce fut alors, „ qu'il résolut d'envoyer ses Disciples dans (3) *les Parties supe-* „ *rieures*, pour y prêcher sa Doctrine dans les Villes & dans les „ Villages. Il voulut que *Thomas* passât en *Egypte*, *Addas* en „ *Scythie*, & ne retint qu'*Hermas* auprès de lui.

Il prend le nom de Manès.

Ses trois premiers Disciples.

Il traduit les Livres de Scythien, les altere, & les publie sous son nom.

Mission de ses Disciples.

„ Pendant que ces Disciples de *Manès* étoient dans leur Mission, „ le fils du Roi tomba malade, ce qui obligea ce Prince à faire „ publier un Edit, par lequel il offroit une grande récompense à „ quiconque pourroit guérir son fils. Alors *Manès*, semblable „ aux animaux, qui se laissent prendre à l'appât, alla offrir ses „ services au Roi, & lui promit de guérir le Prince. Ses promes- „ ses furent très-agréables au Roi. Mais, pour ne vous pas en- „ nuyer par un trop long récit, je vous dirai, que le jeune Prin- „ ce mourut entre ses mains, ou plutôt (4) qu'il le tua. Sur „ quoi le Roi ordonna, que *Manès* fût mis en prison, & qu'on „ le (5) *chargeât de fers*. Il fit même chercher les Disciples de „ *Manès*, afin de les punir, mais ils se sauverent (6) par la fui- „ te, sans cesser néanmoins de planter dans tous les lieux, où ils „ passoient, cette Doctrine étrangére, qui avoit été inspirée par „ l'Antechrist.

Il offre de guerir le fils du Roi de Perse, & le tue.

Il est mis en prison & chargé de fers.

„ Quand ils furent de retour auprès de leur Maître, ils lui ra- „ contérent tous les maux qu'ils avoient soufferts, pendant le „ cours de leur Mission, & apprirent de lui ceux qui lui étoient „ arri-

Mauvais succès de ses Disciples.

(1) *Effectus puer ille annorum prope sexaginta.* M. *Zaccagni* croit qu'il y a faute dans ce nombre. Je ne sai pourquoi, car, si les Actes d'*Archélaüs* sont veritables, *Manichée* étoit vieux quand il vint à *Cascar*.

(2) *Archélaüs* lui reprocha dans la dispute, qu'il ne savoit que *le Caldaique*. Un homme, qui traduit des Livres, doit au moins savoir deux Langues.

(3) Il y a ici apparemment de la confusion. L'Auteur n'a pas distingué deux Missions des Disciples de *Manichée*. La *premiére*, dans ce qu'il nomme les *Parties superieures*, ou *le haut Pays* par rapport à Babylone. La *seconde*, dans l'*Egypte*, qui étoit à l'Occident de Babylone, & dans la *Scythie*. Cette *Scythie* est apparemment le *Turquestan*, comme on le verra dans la suite.

(4) *Mortuus est puer in manibus ejus, vel potius extinctus est.* Act. Disp. *ub. sup.*

(5) *Ferri talento onerari.* Si l'expression n'est pas figurée, cela veut dire des *fers* du poids d'environ quatre-vint Livres.

(6) Si *Thomas* étoit en *Egypte*, *Addas* en *Scythie*, je ne sai comment l'Auteur peut dire, qu'ils *se sauvérent par la fuite*.

(7) *Manichee* avoit bien lu ces Livres avant que d'être Héréfiarque, puisqu'il les

„ arrivez durant leur abſence. Et comme ils craignoient d'être „ enveloppez dans la Perſe, ils le conjurérent de penſer à ſon „ propre ſalut. Mais il leur dit de ne rien craindre, & ſe leva „ auſſi-tôt pour prier. Aprés quoi il leur commanda, dans la „ priſon, où il étoit retenu, de lui aller chercher (7) les Livres „ des Chrétiens. Car ces Diſciples lui avoient rapporté que dans „ toutes les Villes, où ils paſſoient, ils étoient en exécration à „ tout le monde, mais ſurtout à ceux, qui avoient de la vénéra- „ tion pour le nom Chrétien.

Il fait chercher les Livres ſacrez des Chrétiens.

„ Les Diſciples de *Manès*, ayant reçu cet ordre de leur Maî- „ tre, prirent avec eux une certaine quantité d'or, & allérent „ dans (8) les lieux, où les Chrétiens tranſcrivent leurs Livres. „ Là, faiſant ſemblant d'être envoyez par d'autres Chrétiens, ils „ priérent ceux qui les avoient, de leur en vendre quelques „ Exemplaires. Ils en eurent, & les portérent à leur Maître, qui „ étoit toûjours en priſon. Ce fut là qu'il étudia ces Livres, „ dans la vuë d'y trouver quelque fondement à ſon opinion tou- „ chant les deux Principes.

Les étudie en priſon.

„ Vous avez vû, dans la Diſpute que nous avons eue enſemble, „ quel uſage il fait de ces Livres, comment il en rejette une par- „ tie, pendant qu'il corrompt, altére l'autre. Tout ce que cela „ a produit, c'eſt qu'il a ajoûté à ſon Héréſie le nom de J. Chriſt, „ afin qu'à l'ouïe de ce nom Divin, dont il ſe pare, on n'ait plus „ (9) aucune horreur pour ſes Diſciples, dans les Villes où ils „ iront. Et, comme il a trouvé dans ces Livres ſacrez le nom de „ Paraclet, il s'eſt vanté d'être ce *Paraclet* promis par J. „ Chriſt, ne prenant pas garde que le *Paraclet* eſt venu il y a long- „ tems, lorſque les Apôtres étoient encore ſur la terre.

Donne à ſa Doctrine le nom de Doctrine Chrétienne.

Et ſe dit le Paraclet.

„ Ce ſcélérat ayant diſpoſé toutes choſes de la ſorte que je viens „ de dire, il envoya ſes Diſciples ſemer de toutes parts ſes „ Erreurs. Mais quand le Roi de Perſe en fut informé, (10) il „ réſolut

les expliquoit étant Prêtre dans une Ville fort conſidérable.

(8) S. *Epiphane* les fait aller à Jéruſalem, pour y acheter les Livres des Chrétiens. Ces Livres ſe trouvoient partout, où il y avoit des Egliſes Chrétiennes. En quelle Langue *Manichée* vouloit-il les avoir? Si c'eſt en Syriaque, on les avoit dans l'Orient: Et ſi c'eſt en Grec, qu'en auroit-il fait puiſqu'*Archélaüs* lui reproche de ne ſavoir que ſon Babylonien?

(9) Le monde étoit encore alors rempli de Payens. *Manichée* pouvoit prêcher & faire prêcher partout ſes deux Principes, ſans craindre aucune Perſécution. Les Mages, les Philoſophes Grecs, les Egyptiens étoient *Dualiſtes*, ou reconnoiſſoient deux Principes, Dieu & la Matiére. Ainſi en donnant à ſa Doctrine le nom de *Doctrine Chrétienne*, il ne faiſoit que ſoulever contre lui & les Payens, parce qu'ils rejettoient J. Chriſt; & les Chrétiens, parce qu'ils ne reconnoiſſoient qu'un Principe. On nous peint *Manichée* comme un fou.

(10) On verra que ce fut pour avoir condamné la Religion & le culte des Mages, & pour avoir voulu leur ſubſtituer la Religion Chrétienne quoique corrompuë

Le Roi veut le faire mourir : il se sauve, va à Cascar. Ce Prince le fait chercher.

„ résolut de lui faire souffrir le supplice qu'il méritoit. *Manès*, „ averti en songe de cette résolution, corrompit ses Gardes, se „ sauva, & se retira dans le Château (1) d'*Arabion*. C'est de là „ qu'il écrivit à *Marcel* la Lettre, qui lui fut apportée par *Tyrbon*, & dans laquelle il lui mandoit, qu'il viendroit à *Cascar*. Il „ y vint en effet : j'y ai eu avec lui une Dispute pareille à celle „ dont vous avez été témoins, & dans laquelle j'ai tâché de le „ convaincre d'être un faux Prophète.

„ Dès que le Roi eut appris l'évasion de *Manès*, il envoya partout des ordres de le chercher & de le prendre, & fit cependant „ mourir le Concierge de la Prison. Voilà ce que j'ai appris, & dont „ j'ai crû qu'il étoit nécessaire de vous informer, parce que le Roi „ de Perse fait encore actuellement chercher *Manès*.

Le Peuple veut se saisir de lui, & le livrer aux Barbares.

Il échappe.

Il est pris, son supplice.

„ Le Peuple, ayant ouï ce discours, voulut se saisir de l'Hérésiarque, & le livrer aux Barbares, qui étoient voisins, au delà „ du Fleuve *Stranga*. Car, quelque tems auparavant, il étoit „ venu des gens, qui le cherchoient, (2) & qui, ne l'ayant pû „ découvrir, s'en étoient retournez. Cependant *Manès*, instruit „ de ce qu'*Archélaüs* diroit au Peuple, se sauva sans que personne „ le poursuivît. Il y en eut pourtant quelques-uns qui le suivirent, „ mais qui ne purent l'atteindre. Il passa le Fleuve, & se retira „ au Château d'*Arabion*, où il fut pris & mené (3) au Roi, qui, „ pour venger la mort de son fils, & celle du Concierge, ordonna qu'on le fit mourir, (4) que son cadavre fût écorché, sa chair „ donnée aux Oiseaux de proye ; & que sa peau apprêtée, & remplie d'air, fût pendue à la porte de la Ville. L'Auteur dit dans „ cet endroit, qu'*Archélaüs*, *ayant appris dans la suite ces derniéres particularitez, il les ajoûta à la Relation de sa première Dispute*.

Auteurs de cette Histoire,

Voilà l'Histoire de *Manichée*, & de l'origine de son Hérésie, com-

(1) On ne connoît point ce Château, non plus que le Fleuve *Stranga*, dont l'Auteur parle dans la suite. Ce qu'il y a de remarquable, c'est 1. que *Manichée*, qui se sauve, se jette dans un Château du Roi de Perse, gardé par ses Troupes, puisqu'il étoit situé sur les Frontiéres des Romains. C'est 2. qu'il va dans ce Château, avec un grand nombre de ses Disciples. C'est 3. que le Roi le fait chercher partout, & ne le trouve point, quoiqu'au rapport d'*Archélaüs*, il ne fût qu'à trois ou quatre journées de la Capitale de l'Empire. Car l'Auteur a dit ci-dessus, p. 12. que *Cascar* étoit à six journées de la Province de Babylone, & il semble qu'*Arabion*, qui étoit à trois journées, fût sur le chemin.

(2) *Et qui ne l'ayant pû découvrir* &c. Cette Rélation se contredit. *Manichée* ne se cachoit point, puisqu'il avoit avec lui plusieurs de ses Disciples, & qu'il écrivit à *Marcel* par un *Exprès*, qui disoit en chemin, qu'*il étoit depêché par Manichée, Maître des Chrétiens*.

(3) C'est le même Roi, qui fait arrêter *Manichée* pour avoir laissé mourir son fils, qui le poursuit après son évasion, & qui enfin le fait *écorcher*. C'est ce que dit *Archélaüs*. Or on convient généralement, que c'est l'Ayeul, qui fit arrêter *Manichée* ; & le *petit-fils*, & même l'*arriére-*

comme fut racontée par *Archélaüs* au Peuple de *Diodoride*. L'Evêque cite deux Témoins, tous deux Disciples de l'Héréfiarque, l'un nommé Tyrbon, & l'autre Sisinnius. Ce sont deux hommes fort différens. *Tyrbon* est un homme obscur, un Disciple du plus bas ordre, un Esprit foible, & leger, s'il en fut jamais. Rebuté des difficultez, qu'il trouva en allant d'*Arabion* à *Cascar*, il resolut „ de ne plus retourner vers son Maître, & de n'avoir „ désormais aucune communion avec lui (5). Il renonça au Manicheïsme, & embrassa la Foi, mais sa conversion eut deux mauvais caractères : le premier, qu'elle fut trop précipitée : le second, qu'elle ne fut pas gratuïte, puisque (6) *Marcel le combla de présens*, & qu'*Archélaüs* l'éleva d'abord au Diaconat. *Tyrbon* prend le bon parti, mais il le prend trop tôt, & a plus l'air d'un Deserteur de l'Héréfie, que d'un bon Prosélyte de la Foi. Il devoit au moins attendre, que son Maître, vaincu dans une Dispute publique, lui donnât de justes raisons de l'abandonner.

Tyrbon & Sisinnius.

Tyrbon très suspect.

Tout cela rend le témoignage de *Tyrbon* très-suspect. Celui de *Sisinnius* seroit d'un plus grand poids, mais il est combattu par une difficulté, qu'il n'est pas aisé de resoudre, & qui me persuade, que c'est un témoin supposé, par l'Auteur de la Rélation, pour lui faire trouver creance dans l'esprit du Peuple, & que *Sisinnius* n'a jamais dit ce qu'on lui fait dire. Voici quelle est cette difficulté.

Sisinnius n'a point depose ce qu'on lui fait dire.

S. *Augustin* (7) témoigne, qu'à l'exemple de J. Christ, *Manichée* se choisit, parmi ses (8) Elus, douze Disciples, dont il étoit le Chef, & comme le souverain Pontife ; Qu'il voulut, que ce *Collège de douze* Maîtres subsistât toûjours, sous un Président fixe, qui tiendroit sa place.

Il succeda à *Manichée* dans le Pontificat de la Secte.

On ne sait, si, avant que de mourir, l'Héréfiarque désigna lui-même *Sisinnius* pour son Successeur ; ou si la Primauté lui fut déférée

riére-petit-fils, qui le fit mourir.

(4) Il y a dans le Latin, *jussit eum, ante portam civitatis, excoriatum suspendi, & pellem ejus, medicamentis infectam, inflari; carnes vero volucribus dari jussit.* Act. p. 100. Ce qui veut dire, *que le corps de* Manès, *après avoir été écorché, seroit pendu devant la Porte de la Ville, que sa peau seroit apprêtée, & enflée, & ses chairs données aux oiseaux.* La Version donne une idée plus distincte de la manière dont les choses se sont passées.

(5) Lorsque *Marcel* voulut le renvoyer à *Manichée* pour lui porter sa reponse, il le refusa, *Abnegans ultro sibi ad eum* (Manichæum) *rediturum, aut communionem cum eo aliquam facturum.* Act. p. 9.

(6) *Marcellus Turbonem muneribus explevit.* Ib. p. 23.

(7) *Ex Electis suis habent duodecim, quos appellant* Magistros, *& tertium decimum Principem ipsorum.* Aug. *de Hæresib.* Cap. XLVI.

(8) La Secte étoit composée des Elus, & des Auditeurs. Les *Elus* étoient proprement les *Ecclésiastiques* : & en géneral tous ceux qui faisoient profession d'observer les Conseils Evangéliques. C'est comme, si nous disions *le Clergé & les Moines*. Les *Auditeurs* étoient les *Seculiers*. On verra tout cela dans la II. Partie.

Il est impossible qu'elle ait choisi, pour Chef, un homme qui venoit de renoncer & de trahir *Manichée*.

térée par ses Collègues, mais il est constant qu'il succèda à *Manichée*, & fut, après sa mort, le Chef & le Prince de la nouvelle Hérésie. C'est ce que témoignent nos (1) Ecrivains Ecclésiastiques: d'où il s'ensuit premiérement, qu'il n'est point vrai, que *Sisinnius ait embrassé la Foi Orthodoxe*, comme (2) *Archélaüs* le dit; & secondement qu'il n'est point vrai, qu'il lui *ait raconté*, *& soûtenu* en *présence de son Maître*, l'Histoire scandaleuse de tous les Auteurs de la Secte. A qui persuadera-ton, que *Manichée* ait remis, en mourant, son autorité entre les mains d'un Apostat, qui venoit de renoncer sa Doctrine, & de le trahir? Ou que ses Disciples eussent élevé cet Apostat sur le Siége de leur Maître? Si M. de *Tillemont* y avoit bien pensé, je ne croi pas qu'il eût osé dire avec tant de confiance, (a) *Que l'Histoire de Manichée vient originairement de* SISINNIUS *son Disciple, lequel, s'étant converti, rapporta l'Histoire de cet Imposteur à Archélaüs, & la soutint en présence de Manichée même.*

(a) *Tillem.* ub. sup. Artic. VI. & XI.

Ce qui rend cette objection invincible, c'est qu'entre la conversion de *Sisinnius* à la Foi Catholique, & son élevation au Pontificat Manichéen, il ne peut s'être écoulé que quelques jours, un mois, peut-être deux tout au plus.

Manès va à Cascar; *Sisinnius* l'y accompagne: C'est-là qu'il l'abandonne, qu'il embrasse la Foi Catholique, qu'il révéle à *Archélaüs* tous les honteux secrets de la Secte, & les soutient en face à *Manichée* lui-même. Celui-ci, contraint de s'enfuir, est découvert, pris, mené au Roi, & livré au Bourreau. *Sisinnius* lui succéde. Après une si grande lâcheté, après un si grand scandale, lorsque le sang de *Manichée* fume encore, les Disciples de cet Hérésiarque ne laissent pas de le choisir pour leur Chef, & de l'élever sur sa chaire. Je croirois aussitôt, que les Apôtres auroient choisi Judas pour Successeur de J. Christ, si ce Traître avoit vêcu, & qu'ils l'auroient proclamé son Vicaire dans l'Eglise universelle.

Après ces réflexions sur les Témoins d'*Archélaüs*, examinons sa Rélation, & commençons par l'Histoire de *Scythien*.

CHA-

(1) Σισίννιος ὁ τούτου (*Manichaei*) διάδοχος. Petr. Sic. *Hist. Manich.* p. 30. Photius de même, *Cont. Manich. repullulant.* L. I. §. 14. p. 53. On lit encore dans la *Formule d'Abjuration des Manichéens.* Σισίννιον τὸν διάδοχον τῆς αὐτοῦ μανίας. *Ap. Coteler.* in not. ad Lib. IV. *Recog.* p. 539.

(2) *Sed ne ipse quidem dicere recusavit eadem, quæ nos dicimus, præsente Mane. Credidit enim Doctrinæ nostræ supradictus, nempe, Sisinnius.* Act. p. 94.

CH. II. (1) *Quidam, ex Scythia,* SCYTHIANUS *nomine, Apostolorum tempore, fuit Secta hujus Auctor & Princeps.* Act. p. 95.

CHAPITRE II.

Examen de l'Histoire de SCYTHIEN, *& de l'Origine du Manicheïsme.*

Diverses fautes d'*Archélaüs.*

I. ARCHELAÜS raconte, (1) „ qu'un certain SCYTHIEN, qui „ étoit originaire de Scythie, & qui vivoit au tems des Apô- „ tres, fut l'Auteur & le Chef de l'Hérésie Manichéenne. Ce debut ne prévient pas en faveur de l'Historien : *Scythien* n'est point Scythe de naissance : il est Arabe. Il n'a point vêcu au tems des Apôtres : il s'en faut deux Siècles entiers. Et enfin il n'est point le premier, qui ait voulu introduire dans la Religion Chrétienne l'opinion des deux Principes.

I. Faute. *Scythien* est Arabe, non *Scythe.*

1. Premiérement, *Scythien* n'étoit point de *Scythie* : il étoit Arabe, de cette contrée d'Arabie, qui est nommée *Saracene*, & descendoit des Peuples qui l'habitoient. C'est ce que témoignent (2) *Cyrille* de Jérusalem, S. *Epiphane*, *Photius* & *Archélaüs* luimême.

Origine du mot *Barbare.*

L'idée, qu'il a plu aux Grecs, & aux Peuples d'Occident, de se former des Arabes, prévient d'abord contre la Personne de *Scythien*, & contre sa Philosophie. On regarde cette Nation comme une Nation Barbare, & l'on n'auroit pas tort, si l'on n'entendoit par là qu'un Peuple, qui habite des Deserts : car c'est, selon quelques Savans, la vraye signification du mot (3) BARBARE, qu'on prétend tirer son Origine de deux mots Syriaques, qui signifient, FILS ou HABITANT DU DESERT. Mais si on entend, par un *Peuple Barbare*, une Nation, qui n'a ni Science, ni Politesse, ni Mœurs, on feroit grand tort aux Arabes de les qualifier de la sorte. Le voyage, que la Reine de *Séba* fit à Jerusalem, pour y entendre *Salomon*, fait voir que dans les plus anciens tems les Arabes aimoient les Sciences : Et, ce qui semble ne faire guéres

Science & Politesse des Arabes.

(2) *Ex genere Saracenorum. Archélaüs,* Act. p. 96. ἀπὸ τῆς Σαρακηνίας ὡρμωμένη. *Epiphan.* Hær. LXVI. 1. Σαρακηνὸς τὸ γένος *Cyril. Hier.* Catech. VI. 13. *Photius* témoigne, „ qu'il avoit choisi „ l'Egypte pour sa Patrie, pour son sé- „ jour ; mais qu'il descendoit des Sara- „ sins. Τὴν δὲ πατρίδα Αἰγύπτιος : τὸ δὲ ἐξ ἀνθρώπων γένος, Σαρακηνὸς, *Phot.* Cont. Manich. repul. p. in. 38.

(3) Les Arabes *Scenites*, qui habitent les Deserts, sont nommez par les Syriens *Bnai-Baro*, ou *Bar-Broje*, c'est-à-dire FILS DU DESERT. Cette observation est d'*Abraham Echellensis.*

res moins d'honneur à leur Nation, c'est que (1) *Pythagore* après avoir étudié les Sciences des Egyptiens, passa dans l'Arabie, pour connoître la Philosophie des Arabes, & l'apprendre de la bouche de leur Roi. Ces Peuples ont toûjours cultivé les Sciences: ils ont eu non seulement leurs Philosophes, leurs Legislateurs, mais d'excellens Poëtes; & leur Langue, au jugement des Connoisseurs, est la plus féconde, la plus élégante & la plus polie des Langues Orientales. Le Lecteur verra ici avec plaisir ce qu'en a dit de notre tems un des plus beaux Genies de France.

Leur Eloge par M. de *Boulainvilliers.*

(a) Vie de Mahomet. p. [illegible]. *Ed. d'Amst.* 1731.

„ Les Arabes, (a) *dit-il*, ont dans tous ses tems cultivé les Sciences les plus élevées, & les plus dignement choisies. Ils y ont „ fait de grands progrès, (2) sans y être aidez par les découvertes des autres Nations: la seule attention ayant produit chez „ eux ce que la longue Experience a procuré aux autres Peuples. „ Mais, en s'attachant aux hautes connoissances, ils n'ont point „ négligé celles qui pouvoient être d'un usage plus commun. „ Ils ont orné leur Langage des beautez les plus délicates & les „ plus fines de l'Eloquence & de la Poësie, ayant toûjours eu „ un goût extrême, & un talent admirable pour produire des „ pensées vives & ingénieuses, en vers & en prose, avec une „ précision, un choix de termes si exquis, & une dignité si singuliére que leur Eloquence n'est pas même à l'usage des autres „ Peuples. Encore ce talent si merveilleux n'est-il point chez eux „ le fruit de l'Etude: c'est celui d'une Education simple, prise „ dans leurs propres familles sous la direction du plus vieux, qui „ n'a puisé qu'auprès de ses Peres la Politesse, qu'il fait passer à „ ses Enfans.

(b) Ibid. p. 42.

L'Auteur parle ensuite des avantages que ses Arabes ont sû tirer d'une Vie Solitaire, & en conclud (b), „ qu'ils sont naturel- „ lement fort spirituels, puisque nous voyons par expérience, que „ la solitude ne produisant ordinairement parmi nos Moines, qui sont „ les seuls qui la pratiquent, que stupidité, ignorance, & sensua- „ lité, elle est chez eux le Principe de leurs plus recommandables „ qua-

(1) Ἀφίκετο καὶ πρὸς Αἰγυπτίους ὁ Πυθαγόρας, καὶ πρὸς Ἄραβας. Porphyr. de Vit. Pythag. p. m. 185. Et dans la suite, *En Arabie*, dit Porphyre, *Pythagore s'entretenoit avec le Roi; à Babylone, avec Zabratus.* Ce *Zabratus* est *Zoroastre.* Ἐν τε Ἀραβίᾳ τῷ βασιλεῖ συνῆν: ἔν τε Βαβυλῶνι ... πρὸς Ζάβρατον. Ibid.

(2) Je ne sai surquoi M. de *Boulainvilliers* fonde cette réflexion. Il regarde à la vérité les Arabes, comme un Peuple, que la situation de leur Pays separoit de tous les autres. Mais leurs Montagnes, ou leurs Deserts les garantissoient des invasions de leurs Voisins, elle ne les empêchoit pas de voyager de tous côtez dans l'Orient, & dans l'Egypte. *Eusebe* témoigne, que les *Sarasins* faisoient un grand commerce à Babylone. C'est ce qu'on voit dans son Commentaire sur *Esaïe*, publié par le P. de *Montfaucon*, Nouvelle Collection des Péres & des Ecrivains Grecs. T. II. p. 411. C'est sur ces mots d'*Esaïe* Chap. XIII. v. 20.

„ qualitez. Ils ne sont, ni honteux, ni timides, en conséquen„ce de ce qu'ils vivent seuls; comme pareillement ils ne sont, ni „ moins polis, ni moins adroits, dans l'insinuation & dans la con„ duite de leurs Affaires, parce qu'ils ont peu de societé. Au „ contraire, accoûtumez à se posséder toûjours eux-mêmes par„ faitement, ils font aussi peu d'usage du Mensonge, ou de l'In„ discrétion, que de la Colere, ou de la Joye immoderée.

L'ingénieux Auteur fait après cela l'éloge de la Modération des Arabes. Il remarque qu'avant le trépas de *Mahomet*, & lorsque l'Avarice & l'Ambition n'avoient pas encore corrompu leurs mœurs; ces Peuples étoient si peu touchez de l'Amour des richesses, que la prémiére Controverse, qui s'éleva parmi eux, roula sur cette généreuse Question, (*a*) *Si dans la distribution des richesses, il étoit aussi juste de recompenser la vertu, que de soulager la nécessité.*

(*a*) Ibid. p. 41.

Quoi que ce Portrait soit peut-être un peu flatté, il est certain néanmoins, que cette Nation n'étoit point du tout un Peuple Barbare. Ce qui paroît aussi par la fécondité, la beauté, la délicatesse de leur Langue. Une Prevention, que j'appellerai religieuse, a fait croire à la plûpart de nos Théologiens, que la Langue Hebraïque est une Langue Divine, qu'elle mérite la préférence sur toutes les autres, sous prétexte qu'elle fut celle d'*Adam* & d'*Eve*, & que Dieu en fut, pour ainsi dire, l'Inventeur. Mais les Orientaux en jugent bien autrement. Ils croyent que la Langue Syriaque fut celle des premiers hommes; mais ils ajoûtent, que si le Vieux Testament a été écrit en Hebreu, ce n'est pas à cause de l'excellence de la Langue Hebraïque, (3) *qui est très-pauvre, & qui de plus est altérée par le mélange de plusieurs Langues étrangeres, mais parce que le Peuple, à qui les Ecritures ont été confiées, n'en entendoit point d'autre.* Cependant, ni l'Hébreu (4), ni le Syriaque, que les Orientaux préférent à l'Hébreu, ne sauroient être mis en comparaison avec l'Arabe, qui l'emporte infiniment, tant pour l'abondance & pour la richesse, que pour la beauté de l'expression. Or cette

L'Arabe, la plus belle des Langues Orientales.

L'Hebreu, Langue tres-imparfaite.

20. *Les Arabes ne viendront plus à Babylone;* " Je croi, *dit Eusebe*, que le Pro„ phète parle des *Sarasins*, qui font un „ grand commerce; & qui alloient au„ trefois dresser leurs Tentes auprès de „ Babylone". οὕτω δηλώσειεν, ὡς οἶμαι τῶν παῤ ἡμῖν καλουμένων Σαρακηνῶν, οἱ τὰς πραγματείας ποιούμενοι, καὶ ἐπ' αὐτὰς Βαβυλῶνας τὸ παλαιὸν ἐσκηνοποιοῦντο.

(3) *Multum enim inops, & ex pluribus Linguis conflata &c. quia eam callebant, quibus Scriptura commissa sunt.* Barhebræus ap. *Assem.* T. III. p. 1. p. 314. *Asseman* ajoûte; *Ita & alii sentiunt, quos longum esset recensere.*

(4) *Linguam Syriacam Arabicæ præferendam esse, nemo profecto nisi utriusque imperitus dixerit. Constat enim meridianâ luce clarius A.* [illegible]*icam vocabulorum copiâ, non modo Syriacam, sed & Græcam antecellere, & Phrasis concinnitate omnibus Linguis esse anteponendam.* Assem. Ibid. p. 327. *Pocock* en avoit déja jugé de la sorte.

cette perfection de Langage d'un Peuple est une preuve manifeste de la superiorité de son Genie. Car c'est de la vivacité, du goût, & de la delicatesse de l'Esprit, de l'étendue des Connoissances, & de la fecondité de l'Imagination, que naissent l'abondance, la beauté, la justesse des expressions.

Les Arabes ont conservé long-tems la vraye Religion.

Quant à la Religion des Arabes, elle s'est conservée aussi long-tems, & peut-être plus long-tems parmi eux dans sa premiere pureté, que parmi les autres Nations. Les Israëlites avoient corrompu la leur en Egypte, lorsqu'elle se maintenoit encore en Arabie. C'est dans ce Pays-là, que l'illustre & l'incorruptible *Job* faisoit briller à la fois, les lumieres d'une Foi pure, & d'une éminente vertu. C'est dans le même Pays, que *Jethro*, Beaupére de *Moyse*, n'offroit des Sacrifices qu'au vrai Dieu. Si cette Religion fut dans la suite souillée d'Idolatrie, c'est un malheur, qui n'a été que trop général, & dont les Hébreux mêmes ne se sont pas garantis, nonobstant les Révélations de tant de Prophètes, & quoique leur République fût, pour ainsi dire, fondée sur la foi, & sur le culte d'un seul Dieu.

Mauvais parallele entre Scythien & *Mahomet*.

Comme *Scythien* descendoit des Arabes, & que le fameux Imposteur *Mahomet* a eu la même origine, des Auteurs Modernes n'ont pas manqué de les mettre en parallèle, & en ont même pris occasion de flétrir l'Arabie, comme si l'Hérésie étoit une production du terroir, ou qu'un mauvais Démon y soufflât l'Imposture & l'Erreur dans les Esprits. Je comprends bien que de telles Réflexions peuvent échapper à de bons Genies, mais elles sont & trop peu solides, & trop dangereuses, pour les adopter. Car enfin n'est-ce pas dans l'Arabie, que *Moyse* se forma au grand Ministére, auquel Dieu l'avoit destiné dès sa naissance? N'est-ce pas, lorsqu'il erroit dans les solitudes de Madian, que Dieu lui apparut, & lui donna la glorieuse commission de délivrer son Peuple & de l'oppression, & de l'Idolatrie des Egyptiens? Evitons des parallèles, qui fourniroient aux Libertins des prétextes d'en faire à leur tour de très-injurieux à la vraye Religion.

Division de l'Arabie.

Il y a long-tems que les Geographes ont partagé l'Arabie en trois Parties, qu'ils distinguent par la nature de leur Terroir, & qu'ils nomment à cause de cela, l'*Arabie Heureuse*, l'*Arabie Montagneuse* ou *Petrée*, & l'*Arabie Deserte*. Celle-ci confinoit à l'Assyrie; la seconde à l'Egypte & à l'Idumée; & la prémiére, qui étoit

(1) Voyez *Cellarius*, Not. Orb. Antiq. T. II. p. 691. & p. 706. Il met la *Saracene* tantôt proche de l'Egypte, & tantôt proche de la Chaldée.

(2) Μέλαινα ὄρη. Ap. Cellar. *ub. sup.* p. 686.

(3) Ἰστέον δὲ, ὅτι τὰ Σαρακηνῶν ἔθνη, καὶ μέχρις αὐτῆς διήκοντα τῆς Ἀσσυρίας, καὶ τὴν ἐνωτάτω νεμόμενα ἔρημον. Ἄραβας ὀνομάζει, (nempe *Esaias*) γείτονας γὰρ ἔχουσι τὴν Ἀράβων χώραν. *Euseb.* in *Esaiam*.

étoit séparée du reste du Continent par les deux autres, s'étendoit jusqu'à l'Ocean, le long de la Mer Rouge, & du Golfe Persique. On l'appelle aujourd'hui l'*Yemen*, ou l'*Yeman*. Elle a été connue autrefois sous le nom de l'*Inde*, & c'est-là vraisemblablement, & non (*a*) dans les Indes Orientales, que le Christianisme fut porté par quelcun des Apôtres, ou de leurs premiers Disciples.

L'Inde, où les Apôtres ont prêché, est l'Arabie Heureuse.

(*a*) *Tillem.* Mem. Eccl. St *Barthel*[illegible]. Artic. I. Note II.

Quand on consulte les Geographes (1), sur la situation de cette Contrée d'Arabie, qu'ils appellent la *Saracéne*, on trouve qu'ils la posent fort différemment. Cela pourroit venir, de ce qu'il y avoit deux *Saracénes*; l'une, dans l'*Arabie Montagneuse*, proche de la *Mer Rouge*, & séparée de l'Egypte, tant par cette *Mer*, que par des Montagnes, que (2) *Ptolomée* appelle, *Les Montagnes Noires*: L'autre dans l'*Arabie Heureuse*, mais tout proche de l'*Arabie Deserte*, & par consequent aussi de la *Chaldée*. Cependant *Eusébe* (3) témoigne, " que les *Sarasins* sont des Peuples, qui habi- „ tent le fonds des Solitudes d'Arabie, & qui s'étendent jusqu'aux „ confins de l'Assyrie. Il ajoute, que le Prophête *Esaïe* les appelle „ *Arabes*, parce que leur Pays étoit voisin de celui des *Arabes* ". Mais, comme les anciens Géographes semblent parler de deux *Saracénes*, dont j'ai marqué les positions, & que d'habiles (*b*) Modernes paroissent être de leur sentiment, c'est aussi celui que je suivrai.

Deux *Saracénes*.

J'avois crû d'abord, que *Scythien* étoit de l'*Arabie Montagneuse*, ou stérile; fondé sur ce que nous dit *Archélaüs*, & après lui S. *Epiphane*, que sa femme étant Egyptienne, lui persuada de préférer l'agreable séjour de l'Egypte, à celui des Deserts d'Arabie. Mais des raisons plus fortes, que le témoignage d'*Archélaüs*, m'ont fait changer de sentiment. J'ai consideré, qu'un commerce entre *Manichée* & *Scythien* suppose vraisemblablement, qu'ils n'étoient pas fort éloignez l'un de l'autre. Or la *Saracéne* de l'*Arabie Heureuse* étoit presque contigue à la *Chaldée*, & en particulier à la Province d'*Ahvaz* où *Manichée* avoit été Prêtre. J'ai consideré ensuite, qu'il avoit des amis, des Disciples, dans la *Saracéne*, comme on le voit par un fragment d'une Lettre qu'il écrivoit au (4) *Sarasin Condatus*. Or il est bien plus naturel, que son Erreur se communique d'abord à une Nation voisine, qu'à un Peuple fort éloigné qui demeuroit aux bords de la Mer Rouge, à l'extrémité intérieure de ce Golfe. Enfin j'ai consideré que ce qui favorisa la connoissance entre *Scythien* & *Manès*, & le commerce qu'ils eurent

(*b*) Voyez Allem. *ub. sup.* T. III. P. II. p. [illegible].

Scythien étoit de la *Saracéne* proche de *Chaldée*.

saiam. Ap. *Montfaucon*, *ub. sup.* p. 411. Je ne dissimulerai pas, que le Géographe *Stephanus de Urbibus*, ne parle que d'une Saracene, Σάρακα χώρα Ἀραβίας : οἱ οἰκοῦντες, Σαρακηνοί. Voyez le mot *Saraca*.

(4) Voyez ce fragment, dans la *Bibliotheque Grecque* de *J. A. Fabricius*, T. V. p. 285. La Lettre est addressée *Condato Saraceno*.

rent ensemble, c'est que de leur tems l'Arabie Heureuse étoit sous la Puissance des (1) Rois de Perse. Ils en avoient fait la conquête vers l'an 240. qui fut l'année de la naissance de notre Hérésiarque. Quoiqu'il en soit, la *Saracéne* confinoit à la *Chaldée*, comme *Eusébe* l'assure, & c'est vraisemblablement ce qui fit la liaison entre *Scythien* & *Manès*.

Origine du nom de *Sarasin*.

Voyez *Cellarius* Geogr. T. II. p. 691.

Dès qu'on parle de *Sarasins*, non seulement au Peuple, mais même à certains Savans, on ne conçoit que des Troupes de Voleurs, qui courent de toutes parts pour exercer leurs Brigandages. On s'est même imaginé que *Sarasin* & *Brigand* étoient des termes synonymes. On fait tort à cette Nation. Peut-être abusoit-elle de sa liberté; mais on sait en général, qu'elle avoit sa Police, ses Loix, ses Philosophes, qu'elle étoit fort adonnée (2) *au commerce* & que *Sarasin* veut dire (3) *Oriental*.

Contradiction d'*Archélaüs*.

(a) Tillem. Note II. sur les Manichéens.

Scythien fut donc un Philosophe Arabe: *Archélaüs* convient, qu'il étoit de *la race des Sarasins*, & ne laisse pas de dire en même tems, qu'il étoit *venu de Scythie*. Un *Scythe* & un *Sarasin* sont trop éloignez l'un de l'autre, pour pouvoir les confondre. M. de *Tillemont* s'est bien apperçû de cette contradiction, mais pour en justifier son *Archélaüs* (a), il en a accusé le Traducteur. Il croit que cet ignorant Interprête a exprimé deux fois le mot de *Scythien*, comme s'il désignoit & le nom propre, & la Patrie de notre Hérétique. Je ne blâme point le zèle de M. de *Tillemont*, mais j'ose dire qu'il n'est pas au fait, & que la faute vient non du Traducteur, mais de l'Auteur, qui a confondu deux hommes, qu'il falloit bien distinguer. Il y eut effectivement un *Scythien* de nom, qui étoit originaire de la *Saracéne*, & qui vraisemblablement n'avoit jamais vû la *Scythie*. C'est le Philosophe Arabe dont nous parlons. Mais il y eut dans le même tems un homme, qui *vint de Scythie*, & qui fut le véritable Auteur du Manicheïsme. Ce dernier est *Manès* lui-même, qui, pour se dérober à la persécution de *Sapor* (4), se sauva en *Scythie*, y passa quelques années, & n'en revint, que sous le regne d'*Hormizdas*, fils de *Sapor*. Voilà ce qui a produit ces deux *Scythiens*, l'un venu de *Scythie*, l'autre sorti de

Ce qui l'a causée.

(1) Voyez ce que dit le Comte de *Boulainvilliers*, après les Auteurs Arabes, sur la conquête de l'*Yemen* par les Perses. Vie de Mahom. p. 108. & *suiv.* Ed. d'*Amst.* 1731. Voyez *Procope*, de Bel. Persic. L. I. 18. Il distingue deux Peuples de *Sarasins*, les uns sujets des Perses, les autres Alliez des Romains, τοὺς ἐν Πέρσαις Σαρακηνοὺς & Σαρακηνοὺς τοὺς Ῥωμαίοις ἐνσπόνδους.

(2) *Eusébe* a dit ci-dessus Σαρακηνοί, οἱ τὰς πραγματείας ποιούμενοι. *ubi sup.* p. 411.

(3) On dérive vulgairement le nom de *Sarasins* du mot Arabe *Sarab*, ou *Sarak*, qui signifie effectivement voleur, & là-dessus on croit que ces Arabes ont été appellez *Sarasins*, à cause de leurs Brigandages. *Pocock*, entre autres, a corrigé cette Erreur, & a montré, que *Sarasin*

de la *Saracéne*. Il faut, que le voyage de *Manès* en *Scythie* lui ait fait donner le surnom de *Scythien*, car *Théodoret*, *Suïdas* & quelques autres, ont crû que c'etoit son prémier Nom, celui qu'il avoit porté dans la servitude.

II. La seconde faute d'*Archélaüs* est plus grossiére encore que la prémiére. Il dit que (5) *Scythien vivoit au tems des Apôtres*. St. *Epiphane* n'a pas manqué de copier cet endroit, mais il en a été bien châtié par le (6) P. *Pétau*, dont la Critique est, ce me semble, beaucoup plus juste, que l'Indulgence excessive du Docteur *Cave*, qui, pour justifier S. *Epiphane*, soutient que ces mots, *au tems des Apôtres*, peuvent fort bien signifier (7) le *Siécle*, *qui a suivi immédiatement celui des Apôtres*. La Chronologie seroit bien confuse, si l'on pouvoit dire de M. *Cave*, qu'*il vivoit au tems* de *Luther*, de *Calvin*, de *Cranmer*, ou plutôt de *Jean Hus*, de *Jerôme de Prague*, de *Gerson*, des Scholastiques du XV. Siécle (8).

2. Faute d'*Archelaüs*. *Scythien* n'a n'a point vecu du tems des Apôtres.

Epiphane censuré par *Pétau*, mal justifié par *Cave*.

Scythien

rasin veut dire *Oriental*. Parlant d'un Livre d'*Avicenne*, qui a pour titre, *Aphelsaphato Imasbrekia*, c'est-à-dire, la *Philosophie Saracene*, il fait cette réflexion, *non quod barbara, sed quod Orientalis*. Pocock. *Specim. Hist. Arab.* p. 33. 34. La *Saracéne* est appellée dans l'Ecriture *Masbreka*, ou *Masbrekia*. Voyez *Assem.* T. III. p. 567. 568.

(4) C'est ce qu'on verra dans l'Histoire de *Manichée* par les Persans & par les Arabes.

(5) *Apostolorum tempore*. Act. p. 95. περὶ τοὺς χρόνους τῶν ἀποστόλων. *Epiph. ub. sup.* p. 620.

(6) *Non sub Apostolorum tempora, ut Epiphanius oscitans scripsit*. Petav. Animad. ad loc. Epiph.

(7) *De seculo avum Apostolicum proxime secuto*. Cave in Add. Hist. Liter. T. II. p. 468.

(8) M. *Wolff* tâche aussi de justifier St. *Epiphane*, & à la faveur de je ne sai quelles suppositions il prétend montrer, qu'il est très-possible, que Scythien *ait vecu du tems des Apôtres*. Je ne m'arrêterai pas à examiner ses raisons : je le prierai seulement de consulter, sur la question, son savant ami, M. *Fabricius*, qui convient que *Scythien* & *Manès* ont été contemporains, d'où il s'ensuit que la Rélation d'*Archelaüs* & de S. *Epiphane*, n'est qu'une Fable. *Arnold*, que M. *Wolff*, qui d'ailleurs est un Ecrivain fort poli, traite de *très-menteur*, MENDACISSIMUS, ne meritoit pas une telle censure. Il a eu raison de relever S. *Epiphane*, qu'on trouve perpetuellement en faute, non parce qu'il se trompe, mais parce qu'il invente. Il seroit inutile de citer les Auteurs graves qui lui reprochent cette témérité. Où avoit-il pris tout ce qu'il dit de S. *Jaques*, Frére de nôtre Seigneur, „ qu'on lui permettoit de faire les fonctions de Souverain Pontife à Jérusalem, d'entrer dans le *Saint des Saints*, le grand jour des Propitiations, & de porter le *Diadéme*, ou, la *lame d'or* sur laquelle il y avoit cette inscription, la *Sainteté à l'Eternel*. Voyez *Heres.* XXIX. 4. p. 119. S. *Jerôme* a traité tout cela d'*extravagances* (*Deliramenta*) & M. *Fabricius* a fort bien dit, *Epiphanius pluribus* ORNAT *hanc fabulam*. Cod. Pseudep. N. Test. pag. 599.

Scythien & Manichée contemporains.

(a) Voyez la Bibliotheque des PP. Tom. IV. P. II. col. 857.

Scythien a fleuri environ deux Siécles après les Apôtres. M de *Tillemont* l'a placé vers le milieu du second Siécle, en quoi il a peut-être suivi (*a*) *Sérapion* de *Thmuïs* en Egypte, qui met *Scythien* après *Valentin* & *Marcion*. Mais le P. *Alexandre* qui a mieux jugé du tems de cet Hérésiarque, le place dans (1) le III. Siécle, sans marquer précisement, si ce fut au commencement, ou vers le milieu. Le savant Dominicain auroit pû dire, que *Scythien* fleurissoit en même tems que *Manichée*, comme on le prouve évidemment par une Lettre, que ce dernier lui avoit écrite, & dont *Photius* nous a conservé (2) un fragment. Je sai bien, que dans la *Bibliothéque Grecque* de M. *Fabricius* ce Fragment est attribué par les uns à *Valentin*, & par d'autres à *Manichée*. Mais il eût été facile de s'assurer du véritable Auteur, si on s'étoit donné la peine de recourir à l'Original, je veux dire à l'Extrait, que *Photius* nous a laissé de l'Ouvrage d'*Eulogius* d'Alexandrie. C'est-là que ce Patriarche cite en propres termes (3), MANICHE'E ECRIVANT A SCYTHIEN. Aussi M. de *Tillemont* n'a-t-il pas nié que la Lettre ne fût de *Manichée* : mais pour éviter la conséquence qui suit nécessairement de cet aveu, c'est que *Scythien* & *Manès* ont été contemporains, il lui a plû de supposer, sans aucun fondement dans l'Histoire, je ne sai quel autre *Scythien*, Manichéen comme le prémier, & postérieur de cent ans. C'est la derniére ressource de la Prévention & de l'Opiniâtreté. Aussi le docte M. *Fabricius* n'y a eu aucun égard, & a conclu fort justement du Fragment en question, que *Scythien* & *Manès* ont vécu dans le même tems, avec cette seule différence, que le prémier étoit plus âgé, & le second plus jeune.

Preuve de ce fait.

Mauvaise défaite de M. de *Tillemont*

3 Faute d'*Archélaüs* sur l'origine du Manicheïsme. Il ne vient point des Grecs.

(b) *Hist. Eccl. L.* I. 22.

III. *Archélaüs* n'est pas mieux informé de l'origine du Manicheïsme, que du tems de son Auteur. Il dit que (4) *Scythien fut le premier, qui introduisit la* DUALITE', ou, l'opinion des deux Principes, & *qu'il tenoit cette Erreur de Pythagore*. *Socrate* (*b*) a trouvé à propos d'ajouter à *Pythagore Empédocle* son Disciple : Et *Cyrille* de Jérusalem laissant ces deux Philosophes veut que *Scythien* ait

(1) *Post annum ducentesimum.* Nat. Alex. Sec. III. Artic. IX. p. m. 79.

(2) Voyez ce Fragment dans la *Bibliothéque Grecque* de M. *Fabricius*. T. V. p. 283. Il est parmi ceux que le P. *Lequien* avoit ramassez pour les communiquer à feu M. *Grabe*, qui avoit dessein de les insérer dans un III. Tome de son *Spicilége*.

(3) Καὶ μὲν ὁ Μανιχαῖος πρὸς Σκυθίανον ἐπιστέλλων. *Phot. Cod.* 230. col. 850. Il y a de l'apparence, que ce qui a fait dire à quelque Grec qui m'est inconnu, que le Fragment en question étoit de *Valentin*, c'est qu'*Eulogius* allégue au même endroit un Passage de ce dernier Hérésiarque, qui roule sur la même matiére. *Manichée* & lui s'accordoient sur l'article, que J. Christ n'a été homme qu'en apparence.

ait été Sectateur d'*Aristote*. (5) Il *imita*, dit *Cyrille*, la *Doctrine*, *la Discipline d'Aristote*. J'ai deux Observations à faire sur ce passage : la premiére, contre *Cyrille* même ; la seconde, contre des Modernes, qui n'ont pas entendu son expression.

Critique de *Cyrille* de Jerusalem.

La Philosophie de *Manichée* trés-différente de celle d'*Aristote*.

A l'égard de *Cyrille*, il n'y a nulle preuve que la Philosophie Manichéenne tirât son origine de celle d'*Aristote*. Car bien que ce Philosophe ait crû, comme *Platon*, que le Mal venoit de la Matiére, & de son imperfection éternelle & incorrigible, cependant il n'est pas encore decidé entre les Savans, s'il n'a pas enseigné l'éternité du Monde ; ou plutôt, s'il a reconnu deux Substances réellement distinctes, l'une pensante, libre, active, qui est Dieu ; l'autre qui a été le sujet de l'action de Dieu. Car s'il y a d'habiles gens, qui justifient *Aristote* d'Atheïsme, il y en a d'autres, qui l'en accusent, & qui soutiennent qu'il a été Spinosiste. On peut voir en particulier cette question traitée dans M. (a) *Wolff*.

(a) *Manichæism. ante Manichæos.* §. XXXV. p. 141. & seq.

Ce sont les Sabéens qui sont Aristoteliciens.

Si *Cyrille* avoit connu cette ancienne Secte Payenne, que les Arabes nomment les SABE'ENS ; je croirois qu'il l'auroit confondue avec celle de *Manichée*. Car il est vrai (b) que les prémiers sont tout-à-fait dans les sentimens d'*Aristote* sur *les Principes de toutes choses*, sur *les Elémens*, sur la nature du *Tems*, sur celle du *Ciel*, qu'ils disent être d'une *cinquiéme Essence*, laquelle étant exemte de toute sorte de mêlange est aussi incorruptible ; sur les *Météores*, sur l'*éternité* du *Monde*. *Manichée* avoit des sentimens bien différens sur presque toutes ces matiéres, & s'il s'accordoit en quelque chose avec les *Sabéens*, c'est sur une sorte de culte, qu'il rendoit au Soleil & à la Lune ; mais dont il n'avoit pas la même opinion que cette Secte Payenne.

(b) Voyez *Hotting.* Hist. Orient. L. I. c. p. 281. & conferez le *Specimen Hist. Arab.* de *Pocock*.

Critique de quelques Modernes : Signification du mot *Bios*.

A l'égard des Modernes, plusieurs ont mal entendu l'expression de *Cyrille*, & au lieu de traduire, que *Scythien imita la Doctrine d'Aristote*, ils ont traduit, qu'*il en imita la Vie*, les Mœurs. Ces habiles Gens n'ont pas pris garde, que le mot Grec *Bios*, βίος, ne signifie pas dans cet endroit le *genre de vie*, mais l'*Art*, *la Discipline*, comme l'a fort bien observé un (6) Savant d'Allemagne, dans ses Remarques sur le I. Livre de *Photius* contre les *Manichéens*.

Tels

(4) *Hic ergo Scythianus Dualitatem istam introduxit, quod ipse à Pythagora suscepit.* Act. p. 95. 96.

(5) Καὶ τὸν Ἀριστοτέλικον μιμησάμενος βίον. *Cyril. ub. sup* §. 13.

(6) Les Modernes dont je veux parler sont entre autres, M. de *Tillemont*, *ub. sup.* p. m. 765. & M. *Cave*, in Addendis, T. II. p. 478. Quant au *Savant d'Allemagne*, que je cite, c'est M. *Wolff*, Professeur à Hambourg. Voyez son Edition de *Photius*. p. 39. Je releverai ici avec moins de ménagement un Professeur de *Grypswald*, nommé COLBERGIUS, qui a censuré fort mal à propos le célébre Dominicain *Abraham Bzovius* pour avoir dit, *que Scythien faisoit profession de la Philosophie d'Aristote*. Voyez ce *Colbergius*, de Origine & progressu Hæresium, Cap. VI. §. 10. La raison du Professeur

Tels furent donc les Maîtres de *Scythien*, si nous en croyons les Péres, *Pythagore*, selon *Archélaüs*; *Empédocle*, selon *Socrate*; *Aristote* selon *Cyrille* de Jérusalem. St. *Epiphane* leur en associe un autre, que M. de *Tillemont* n'a pas oublié. Comme si ce n'étoit pas assez de trois Philosophes Payens, pour faire tourner la tête au Philosophe Arabe, l'habile Moderne appelle l'Esprit malin, à leur secours, & nous assure que le Démon vint aider *Scythien* à inventer & à former son Systéme des deux Principes. Comme cet endroit est fort travaillé, je croi que le Lecteur sera bien aise de le voir ici.

Réflexion de Tillemont sur les causes de l'Hérésie de Scythien.

Scythien, dit M. de Tillemont, *se trouvant dans l'abondance, dans l'oisiveté, & dans les délices, agité par cette mobilité & cette inquiétude, qui est une suite naturelle de la Volupté: Enflé par la Vanité, que son Esprit & sa Science lui donnoient, & poussé par le malheureux desir, qui en perdoit alors tant d'autres, de se voir à la tête d'un Parti, se mit à rêver, pour trouver quelque chose de nouveau. En effet raisonnant sur les Principes de Pythagore & d'Empédocle, &* ÉTANT AIDÉ PAR LE DÉMON, *il se mit dans l'Esprit, que, puisque le Monde étoit rempli de choses contraires, il falloit que cette opposition vint de deux Racines, de deux Principes ennemis.*

Critique de cette Réflexion.

M. de *Tillemont* nous fournit dans ces paroles un exemple des faux jugemens, dans lesquels un homme sage & judicieux se laisse entraîner, lorsqu'il veut être le servile imitateur des Anciens. On sent toute la peine, que cet Auteur s'est donnée, pour tracer ce Portrait, & pour y réünir tous les traits disproportionnez, & mal assortis, dont S. *Epiphane* l'avoit composé. Car enfin l'*Abondance & les Délices*, sont-elles propres à produire des Systêmes sur l'Origine du Mal? Est-ce à *rêver* là-dessus que des *Voluptueux* s'amusent? Leur généreuse Audace a bien d'autres objets. Elle cherche des raisons de douter de l'existence d'un Dieu, d'une Providence: Elle tâche non de découvrir la cause du Mal, mais de l'anéantir; de confondre les Vices & les Vertus, d'effacer dans la Conscience l'idée du Péché, & d'en arracher la crainte des Peines. Quant à cet Esprit *inquiet*, *léger*, à cet amour de la *Nouveauté*, à cette Ambition de devenir *Chef de Parti*, de quel droit les Anciens en ont-ils accusé *Scythien*, qu'ils connoissoient si peu, qu'ils ont ignoré jusqu'au tems, où il a vécu? Ne reviendra-t-on jamais de la maligne & téméraire habitude, de chercher toû-

Mauvaise Méthode de chercher les causes des Erreurs dans les défauts du cœur.

fesseur est qu'il ne connoît aucun des Anciens qui l'ait dit. Il n'avoit qu'à consulter *Cyrille* de Jérusalem, que *Beausobre* a suivi, & dont il a fort bien exprimé la pensée. Je n'aurois pas fait cette Remarque, si le Professeur de *Gryphswald* étoit médiocrement modéré sur le Chapitre des Hérétiques, vrais ou prétendus. Mais c'est un de ces hommes, qui trouvent le *Manichéisme* par tout hors-

toûjours, dans les déréglemens du cœur, l'origine des Erreurs, que l'on trouve d'une maniére plus naturelle & plus innocente, dans l'obscurité, où il a plû à Dieu de laisser certaines Véritez, & dans la foiblesse de l'Esprit Humain.

CHAPITRE III.

Où l'on continüe d'examiner l'Origine du Manicheïsme.

I. JE reprens la Narration d'*Archélaüs*. Ce qu'il dit sur l'origine du Manicheïsme de *Scythien* n'est pas sûr : il y a même bien de l'apparence qu'il se trompe, & que ce n'est point de *Pythagore* que notre Philosophe Arabe tira ses Erreurs. Ce qu'il ajoûte, que *Scythien* fut le prémier, qui tâcha d'introduire le Manicheïsme dans la Religion Chrétienne, est tout-à-fait faux. Il est faux aussi, que cet homme ait été l'Inventeur de la Guerre, qui s'alluma subitement entre les deux Principes, & qui fut l'occasion de la Création du Monde. Tout cela etoit connu dans l'Orient, où l'Esprit Humain avoit long-tems auparavant imaginé toutes ces ridicules chimeres.

Je viens de l'observer, mais qu'il me soit permis de le remarquer encore, l'imitation des Anciens gâte le jugement de M. de *Tillemont* que je critiquerois moins, si je ne l'estimois infiniment. Il nous a représenté Scythien *rêvant* profondement, pour *inventer quelque chose de nouveau* : pour créer, à force de Meditation, un *nouveau* Systême sur l'origine du Mal. Cependant, le même Auteur nous dit aprés *Archélaüs* & *Socrate*, que *Scythien* avoit pris son Hérésie de *Pythagore* & d'*Empedocle*, qui l'avoient enseignée a la Gréce plus de six cens ans avant qu'il vint au monde.

Legere Contradiction de M. de Tillemont pour suivre trop les Anciens.

La question, si *Pythagore* a été Manichéen, est devenuë Problématique. Elle l'est en effet à un égard, mais à l'autre elle ne l'est certainement pas. Il ne s'agit que du plus ou du moins de conformité entre les deux Systêmes. Si on juge de celui de *Pythagore* par la maniére, dont *Porphyre* & *Plutarque* le représentent, on le confondra facilement avec celui de *Manès*. „ (1) *Pythagore*, dit *Porphyre*, concevoit deux Puissances opposées : „ l'une BONNE, qu'il appelloit l'*Unité*, la *Lumiere*, la *Droite*, l'*Egal*,

Si P[illegible] Mani[illegible]

horsmis chez eux.

(1) Ἐκάλει γὰρ τῶν ἀντικειμένων Δυνάμεων, τὴν μὲν βελτίονα, Μονάδα, καὶ φῶς, καὶ δεξιὸν, καὶ ἴσον, καὶ μένον, καὶ εὐθύ· τὴν δὲ χείρονα, Δυάδα, καὶ σκότος, καὶ ἀριστερὸν, καὶ ἄνισον, καὶ περιφερὲς, καὶ φερόμενον. *Porphyr. De Vita Pythagoræ.* p. m. 197. Conferez ce que dit *Plutarque* dans *Isis & Osiris*.

„ l'*Egal*, le *Stable*, le *Droit*. L'autre MAUVAIS, qu'il nom-
„ moit le *Binaire*, les *Tenebres*, le *Gauche*, l'*Inégal*, l'*Instable*,
„ l'*Agité*, ou *celui qui est emporté de tout côtez*. Tout cela paroît fort Manichéen, & dans les choses, & dans les termes. Mais *Pythagore* n'avoit pas inventé ces idées, ni ces expressions ; il les tenoit des Chaldéens, qui furent ses Maîtres sur cet article, aussi-bien que ceux de *Scythien* & de *Manichée*.

Il a pris ses idées & ses expressions des *Chaldéens*.

Pythagore (1) étant encore fort jeune, *Mnésarque* son Pére, qui connut ses dispositions naturelles, pour toutes les Sciences, le mena à *Tyr*, & le recommanda à des *Chaldéens*, parce qu'il avoit une extrême passion de connoitre leur Philosophie. Ces Philosophes avoient apparemment une Ecole à *Tyr*. Dans la suite *Pythagore* alla à *Babylone*, où il demeura douze ans, & voyoit souvent un Mage, nommé *Zabratus* (2), qui l'instruisoit *de la nature &* DES PRINCIPES DE TOUTES CHOSES. C'est du même & des autres (3) Mages, qu'il apprit les Regles, les maximes, qu'il porta en Italie, sur tout ce qui concerne la Religion, les Purifications, les Mœurs, & les Abstinences, qui conviennent aux Sages.

Il eut pour Maître *Zabratus*.

Si ce *Zabratus* est *Zoroastre*. On prouve qu'il peut l'être.

(*a*) Hyd. ub. sup. Cap. XXIV. p. 309. Cap. XXXI. p. 379.

D'habiles gens ont (*a*) crû que le *Zabratus* de *Porphyre* étoit le célébre *Zoroastre*. Effectivement *Plutarque* l'appelle (4) *Zaratas*, & Théodoret, *Zaradas*, noms, qui paroissent tout-à-fait les mêmes que celui de *Zardasch*, ou *Zerdusht*. C'est le sentiment de M. *Hyde*, &, quoi qu'en disent (5) quelques Savans, la Chronologie n'y est pas contraire. *Eusébe* témoigne, que *Pythagore* mourut la troisiéme année de la soixante & dixiéme Olympiade (6), qui repond à l'année 495. & 496., avant la naissance de notre Seigneur. L'Anonyme, qui a écrit la Vie de *Pythagore* publiée par *Luc Holstenius*, rapporte, (7) sur la foi de la Renommée, qu'*il vécut cent quatre ans*, de sorte qu'il seroit né vers l'an 600. avant l'Ere Chrétienne. Il employa la plus grande partie de sa Vie

Pythagore & Zoroastre ont été contemporains.

(1) Πυθαγόραν δὲ ἐκ παίδων εἰς πᾶσαν μάθησιν ὄντος εὐφυῶς, τὸν Μνήσαρχον ἀπαγαγεῖν αὐτὸν εἰς Τύρον· ἐκεῖ δὲ τοῖς Χαλδαίοις συστάντα, μετασχεῖν τούτων ἐπιπλεῖον ποιῆσαι. Porphy. ub. sup. p. 180.

(2) Καὶ πρὸς Ζάβρατον ἀφίκετο... Γόν τε περὶ φύσεως λόγον ἤκουσε, καὶ τίνες αἱ τῶν ὅλων ἀρχαί. Ibid. p. m. 185.

(3) Περὶ τὰς τῶν θεῶν ἁγιστείας, καὶ τὰ λοιπὰ περὶ τὸν βίον ἐπιτηδεύματα παρὰ τῶν Μάγων διακοῦσαι καὶ λαβεῖν. Ib. p. m. 182.

(4) *De Procreat. Anim.* p. 1012. Avertissons, en passant le Lecteur que l'Interprete de *Plutarque* a mis, par inadvertance, dans sa version, *Pythagoræ Discipulus*, au lieu de *Magister*, ὁ Πυθαγόρου διδάσκαλος. Au reste il y a dans *Clément* d'Alexandrie *Nazaratus*, pour *Zaratus*, comme *Luc Holstenius* l'a observé (*Observat. ad Porphyr.* p. 74.) Mais *Tollius* croit qu'il faut lire *Mazaratus*, & que *Ma* est l'article. Voyez *Clem. Alex.* Strom. L. I. p. 304. *Tollii* Insig. Itin. Ital. p. 135.

(5) *Stanley* croit *Pythagore* postérieur à *Zoroastre* de quelques générations. *Aliquot ætatibus recentior.* Hist. Phil. in Pythag.

Vie dans ses Voyages en Egypte, en Judée, en Arabie, & enfin (8) en Chaldée, où il demeura douze ans à Babylone. Il n'en revint vraisemblablement que vers la soixante-troisiéme Olympiade (9), dans le tems que *Polycrate* venoit d'opprimer la liberté de *Samos* sa Patrie, ce qui l'empêcha d'y retourner, & l'obligea d'aller établir son Ecole en Italie. Cela est confirmé par *Eusébe*, qui assure (10), que *Pythagore* ne commença à faire du bruit dans le monde, que vers la seconde année de la soixante-cinquiéme Olympiade. Voilà le tems de ce Philosophe fort bien marqué. Quant à celui de Zoroastre, *Abulfarage* témoigne, qu'il a fleuri sous *Cambyse*, qui succéda à *Cyrus* la quatriéme année de la soixante-deuxiéme Olympiade; trois ou quatre ans avant la Tyrannie de *Polycrate*, & lorsque *Pythagore* pouvoit être encore à Babylone. *Zoroastre* ne s'éleva pas tout d'un coup à la qualité de Prophete, & eut sans doute, quelques années auparavant, une grande reputation parmi les Mages. Quoiqu'il en soit, il paroît, par ce calcul Chronologique, qui est assez bien prouvé, qu'il est très-possible, que le Philosophe Grec, & le Philosophe Persan, ayent eu de frequentes conversations ensemble *sur la Nature, & sur les Principes de toutes choses*, & par consequent, que le *Zabratus* de *Porphyre*, & le *Zaratas* de *Plutarque*, soient le même que le *Zardasch*, ou le *Zerdusht* des Persans.

Pour reprendre à présent la question du Manicheïsme de *Pythagore*, il est certain, que s'il adopta le Systême de *Zoroastre* il ne fut Manichéen qu'en partie. Car il est prouvé, que ce dernier Philosophe n'a reconnu qu'un seul Principe suprême, qui est Dieu, & qui a produit deux Principes subalternes, l'un Auteur du Bien, & l'autre du Mal. Or *Manichée* n'avoit garde d'avoüer, que Dieu fut le Créateur du Démon; cette Proposition lui faisoit horreur. Mais si l'on suppose, que *Pythagore* eut pour Maîtres des Mages *Dualistes*, il est très-possible qu'il adopta leurs sentimens; cependant il y a

Pythagore n'est qu'à demi Manichéen, s'il est Zoroastrien.

thag. p. 655. & p. 1159. *Stanley* a eu dans l'esprit un certain *Zoroastre*, qualifié le *Magicien*; & que *Calvisius* place à l'an 1078. avant N. S. M. *Hyde* soutient qu'il n'y a eu qu'un seul *Zoroastre*, qui passa pour Prophête au tems d'*Hystaspes*, qui fut, ou *Darius*, ou le *Pére de Darius*.

(6) Voyez la Chronique d'*Eusebe* sur cette Olympiade. *Pythagoras Philosophus moritur.* *Vossius* De Sect. Phil. Cap. VI. §. 1. dit, *anno ultimo Olympiadis LXX. ut Eusebius narrat.* C'est une faute.

(7) Ὅτι ἑκατὸν καὶ τεσσάρων ἐτῶν λέγεται ἐζηκέναι τὸν Πυθαγόραν. Ap. Luc. Holst. p. m. 211.

(8) On dit que *Cambyse* le trouva en Egypte, le fit prisonnier, & l'amena à Babylone. Si cela est, il ne pourroit y avoir demeuré douze ans.

(9) *Demum à Peregrinatione sua reversus in magna Græcia docuit, quia Polycrates Sami, ubi natus erat Pythagoras, jam Tyrannidem occupasset.* Vossi. ub. sup.

(10) Olymp. LXV. An. 2. *Pythagoras. Physicus Philosophus clarus habetur.* Euseb. in Chronico.

y a d'habiles gens qui prétendent le justifier absolument de Manicheïsme & en particulier l'ingenieux Auteur *des Voyages de Cyrus*. Voici comment il s'explique sur la Question, que nous examinons : „ Selon „ *Pythagore* (a) dit-il, Dieu est le PRINCIPE UNIQUE, *la* „ *lumiere du Ciel, le Pére de tous :* IL PRODUIT TOUT, *il arran-* „ *ge tout : il est la Raison, la Vie, & le mouvement de tous les E-* „ *tres.* Et dans la suite, *C'est là le vrai sens de cette expression* „ *fameuse attribuée aux Pythagoriciens*, Que l'Unité a été le Prin- „ cipe de toutes choses, & que de cette Unité étoit sortie une „ Dualité infinie. *On ne doit pas entendre par cette* Dualité *deux* „ *des Personnes de la Trinité Chrétienne ni les deux Principes de* „ *Manès*, (1), *mais un Monde d'Intelligences & de Corps, qui* „ *est l'effet dont l'Unité est la cause. C'est-là le sentiment de* Por- „ phyre. *Il doit être préféré à celui de* Plutarque, *qui veut attri-* „ *buer à* Pythagore, *le Systême Manichéen, sans en donner aucune* „ *preuve.*

(a) Discours sur la Mythol. p. 37. & suiv.

Sa Remarque n'est pas certaine.

Idée du Systeme de *Pythagore*.

Je suis pourtant en doute, si l'Auteur, que je cite, a tout-à-fait attrapé la pensée de *Pythagore*. Il est certain que ce Philosophe attribuoit la cause du Mal à la *Matiere*, qu'il regardoit comme une Substance imparfaite, combattuë en elle-même, agitée incessamment par la contrarieté des Parties, qui la composent. C'est, à mon avis, ce qu'il appelloit le *Binaire*, & l'*Infini*, à cause des variations, des modifications successives, qu'elle reçoit à l'infini. L'*Unité*, qui est (2) *Dieu*, qui est le Bien, n'admettant, ni composition, ni contrarieté, est *égale*, *stable*, *inalterable*, & éternellement heureuse. La *Dualité* au contraire est la cause du Mal, parce qu'elle est composée. C'est un amas de Parties separées, qui s'entrechoquent incessamment, & qui n'ont entre elles qu'une Paix apparente & peu durable, dont elles sont redevables à l'*Unité*, qui les a assemblées.

De celui d'*Empédocle*.

(a) Wind. De vit. funct. statu. p. 43.

Empédocle pensoit comme son Maître, mais il s'expliquoit un peu davantage (a). Outre les quatre Elemens, qui composent le Monde, il admettoit deux autres Principes : l'un qu'il nommoit νεῖκος,

(1) Le célèbre *Cudworth*, dans son *Systême Intellectuel*, a tâché d'expliquer, comme M. *Ramsai*, l'*Unité*, & la *Dualité* de *Pythagore* : selon lui, l'*Unité*, la *Monade* est *Dieu*, & *la Dualité* qui sort de l'*Unité* est le *Monde*. Voyez son Systême p. 372. mais la verité est que cette explication n'est pas solide.

(2) Μονάδα μὲν εἶναι ἀπεφήνατο τὸν Θεόν. Pseudo-Origenes in Φιλοσοφουμένοις p. 26.

(3) M. *Ramsai* cite à la marge la *Vie de Pythagore* par *Porphyre*. Voici ce que dit le Philosophe de *Tyr* à l'endroit, où il explique le *Binaire* de *Pythagore*. (De vit. Pyth. p. m. 203.) *Cum enim* (Pythagorei) *incorporeas formas ac prima Principia, verbis tradere non possent, ad demonstrationem per numeros confugerunt. Atque ita Unitatis quidem & identitatis atque æqualitatis rationem, causamque amicæ conspirationis, atque mutuæ affectionis & conservationis Universi, secundum idem atque eodem modo se habentis,* UNUM *appellabant.* UNUM *enim illud quod*

νεῖκος, ἔρις, c'est-à-dire, la *Discorde*, & l'autre Φιλία, ou l'*Amour*. La *Discorde* venoit de la *Matiére*; l'*Amour* venoit de Dieu; ou de l'Intelligence, qui a donné la forme & l'arrangement à la Matiére. C'étoit *le Fils premier-né de Dieu*. Cela vouloit dire, que la Matiére de ce Monde sublunaire, ayant en elle-même des qualitez opposées, ne s'unissoit qu'avec peine, & comme par force, pour former les divers Corps, dont il est composé; qu'elle tendoit continuellement à les dissoudre, & que l'Union de ces Elémens contraires étoit l'effet de l'*Amour*, ou de la Bonté de Dieu. Au reste, je ne me suis pas apperçû que le *Binaire* de *Pythagore* ait été expliqué par *Porphyre* des deux Mondes, qui sont les productions de l'*Unité*, c'est-à-dire, de Dieu du Monde des Intelligences, & du Monde des Corps. Je mets à la marge (2) la Version Latine, que *Luc Holstenius* nous a donnée, du passage de *Porphyre*, que M. *Ramsay* semble indiquer.

Quel a été le Manichéïsme de *Pythagore*.

Il n'y a point de doute; (3) *Pythagore* a été Manichéen. Ses expressions & ses sentimens le sont. *Plutarque* ne lui en a point imposé. La question est seulement de savoir, jusqu'où il poussa le Manicheïsme. Il est certain, qu'il a reconnu deux Principes éternels, *Dieu & la Matiére*, & dans cette *Matiere* les causes nécessaires du Mal. C'est-là son Manicheïsme: mais je ne voi point de preuve, qu'il ait donné à la Matiére la force de produire d'elle-même des Etres, qui ont le sentiment & la perception, & qui sont méchans par leur nature; c'est-à-dire, des Démons. L'Auteur d'un ancien (4) Livre, qu'on a attribué à *Origene*, & qui traite des Dogmes & des Sectes des Philosophes, n'impute à *Pythagore* que la premiére espèce de Manicheïsme: „ PYTHAGORE (5), *dit-* „ *il*, avoit appris de *Zaratas*, qu'il y a deux Principes de toutes „ choses: que l'un est le *Pere*, l'autre la *Mere*: Que le Pere est la „ *Lumiere*, & la Mere les *Tenèbres*: Que les Parties de la Lumiére „ sont le *chaud*, le *sec*, le *leger* & le *vite*; Et que les parties des Ténèbres sont le *froid*, l'*humide*, le *pesant*, le *tardif*, ou le *lent*: „ Que le Monde tient son existence de ces deux Principes com- „ me

Selon le Faux *Origène*.

quod in particularibus tale existit, partibus unitum & conspirans ob causæ primæ participationem. Diversitatis autem atque inæqualitatis, omnisque dividui, & in continua mutatione versantis, & modo hoc, modò illo modo se habentis biformem rationem BINARIUM *vocabant. Nam & Binarii in rebus particularibus talis natura est.*

(3) On en peut voir les Preuves dans le Traité Historique de M. *Wolfius*, intitulé *Manichaismus ante Manichæos*. p. 116. & suiv. Il y a une grande literature dans ce Livre.

(4) Ce Livre a pour titre, Ὠριγένους Φιλοσοφούμενα. M. *Huet* l'attribuë à S. *Epiphane* dans ses *Origeniana*.

(5) Τὸν δὲ (*Zaratam*) ἐκθέσθαι αὐτῷ (*Pythagoræ*,) δύο εἶναι ἀπ' ἀρχῆς τοῖς οὖσιν αἴτια, πατέρα καὶ μητέρα. Καὶ πατέρα μὲν ΦΩΣ, μητέρα δὲ ΣΚΟΤΟΣ. τοῦ δὲ φωτὸς μέρη, θερμὸν, ξηρὸν, κοῦφον, ταχύ: τοῦ δὲ σκότους, ψυχρὸν, ὑγρὸν, βαρὺ, βραδύ· ἐκ δὲ τούτων πάντων τὸν κόσμον συνεστάναι, ἐκ θηλείας καὶ ἄρρενος. Vid. *Pseudo-Origen. Philosophum.* Edit. Hamburg. p. 39.

„ me du *Mari* & de la *Femme*". Si c'est-là véritablement ce que *Zo-roastre* & *Pythagore* ont pensé sur les Principes, qui composent le Monde, on voit, que ce qu'ils ont appellé la *Lumiere*, sont les Parties *animantes*; & que ce qu'ils ont appellé les *Ténèbres*, sont les Parties *mortes*. Les premiéres, par leur *activité* & par leu *legéreté* se tenoient dans la Region de la Lune; les autres, par leur poids & leur immobilité, étoient dans la plus basse Region, où no-tre Terre est placée: Dieu fit le Monde sublunaire en les mêlant ensemble. Il y a là dedans une espèce de Manicheïsme, mais ce n'est pas celui de *Scythien*.

Quel Hérétique a tâché le premier de l'introduire dans le Christianisme.

II. Passons à la question, qui fut le premier qui tâcha d'introdui-re cette Erreur dans le Christianisme. L'Auteur des Actes d'*Arche-laüs* croit que c'est notre *Scythien*, parce qu'il s'est imaginé que cet homme a vécu du tems des Apôtres: mais comme il s'est trom-pé dans le Principe, il s'est aussi trompé dans la conséquence. D'ha-biles Modernes rapportent l'origine du Manicheïsme au fameux SIMON, surnommé le *Magicien*, que j'appellerois presque le HE-ROS *du Roman des Hérésies*. Jamais Histoire ne fut plus fabuleu-se que la sienne. Et à l'égard de ses Erreurs, ceux qui les rap-portent, y mêlent tant d'extravagances & de contradictions, qu'on ne sait à quoi se fixer.

Quelques Modernes disent que ce fut Simon le Magicien.

On dit (1) donc que *Simon* fut le premier, qui entreprit d'in-troduire le pur Manicheïsme dans la Foi Chrétienne. Si cela étoit vrai, il faudroit que cet homme eût au moins fait profession de re-connoître l'Autorité de Jesus-Christ, & sa mission Divine, au lieu qu'il la combattoit de toutes ses forces. Il ramassoit tout ce qu'il pouvoit trouver dans les Evangiles, de contradictions apparentes, afin de montrer, que Jesus-Christ n'a point été Prophète. Cet im-pie osoit même blasphemer le Seigneur, comme on le voit par ces horribles paroles, que l'Auteur des *Récognitions* lui fait dire en par-lant à S. *Pierre*: (2) Le MAGICIEN, *qui t'a envoyé*, *&* *qui n'a pû se garantir lui-même du supplice de la Croix*. Je ne sai pour-quoi on met un tel homme au rang des Hérétiques, à moins que l'on n'y mette aussi les Juifs & les Payens, qui se sont élevez contre Jesus-Christ & contre son Evangile.

Parlons un peu de ce Philosophe, que les uns disent être né dans la Province de *Samarie*: d'autres, dans l'Ile de *Chypre*, & qui fut, si je ne me trompe, un Apostat du Judaïsme. Il eut des Erreurs, qui ont

(1) SIMON *Magus* DUITARUM in-ter *Christianos auctor ac primipilus haben-dus est. His enim signa Hereticis* N. T. *præstulit, si Dositheum excipias, quod præ-ter alios copiosè demonstravit* Dodwellus *Dissertat.* IV. *ad Irenæum*, p. 306. &c. *Wolff.* ub. sup. *Manichaism. ante Manich.* p. 175.

(2) *Sicut ille, qui misit te Magus, qui nec se ipsum potuit liberare de Crucis pœ-na.* Recog. L. III. p. 527. Parlant du Seigneur il l'appelle toujours le *Maître* de

ont beaucoup d'affinité avec le Manicheïsme, mais je n'ai aucune raison de croire que *Manichée* ait pris les siennes dans une source si corrompuë.

Fable de l'Heléne de Simon.

Rien n'est plus curieux dans son Histoire que la Fable de son *Héléne*. Les Anciens nous racontent, que cet Imposteur trouva à *Tyr*, dans une maison de prostitution, une femme fort belle, nommée *Héléne*, & l'emmena avec lui: Qu'il disoit, que cette femme étoit le prémier fruit de son Entendement; le premier des *Eons* qui en étoient émanez; Que c'étoit par elle qu'il avoit formé les Anges, qui créérent le Monde: Que les Anges amoureux de sa beauté s'étoient fait la guerre pour l'amour d'elle; que les uns l'avoient retenuë prisonniere, pour l'empécher de retourner au Ciel, d'où elle étoit descenduë: Qu'alors elle avoit été obligée de se cacher, & de passer de corps en corps: Qu'elle étoit la même *Héléne*, qui avoit excité la guerre de *Troye*; Que, lui, *Simon*, étoit le *bon Pasteur*, qui étoit venu *chercher & sauver* cette *Brebis*, qui étoit perduë. Les Anciens ajoûtent, qu'il faisoit adorer à ses Disciples sa Statuë, sous le nom de *Jupiter*, celle d'*Héléne* sous le nom de *Minerve*. Si on me demande, qui sont les Auteurs, qui racontent cette belle Histoire, je répons que c'est (*a*) S. *Irenée*, S. *Epiphane*, *Cyrille de Jérusalem*, *Théodoret*, mais en particulier *Tertullien*, qui l'a embellie de tous les ornemens que lui fournissoit une Imagination vive & féconde.

(*a*) *Iren. L. I.* 20. *Epiph.* Hæref. XXI. *Cyril. Hierof.* Catech. VI. *Theod.* Hær. Fab. L. I. [illegible] *Tertul.* de Anima. Cap. XXXIV.

Cette Fable developpee.

Je ne sai si cet Imposteur *Simon*, qui étoit un Philosophe Platonicien, comme on le reconnoît à plusieurs de ses Dogmes, imitoit *Platon*, qui se plaisoit quelquefois à envelopper sa Doctrine de Fables allégoriques; mais, sans parler à présent du nom d'*Héléne*, parce que j'en dirai quelque chose dans la Seconde Partie de cet Ouvrage, je me contenterai de développer toute cette Mythologie. Il a plû d'abord aux Anciens de supposer, que *Simon* prétendoit être le Dieu suprême, dont le Créateur du Monde n'avoit été que le Ministre. Je leur laisse le soin d'accorder cette supposition avec les idées, que *Simon* avoit de la Divinité. Il la définissoit (3) „ une Lumiére pure, une Lumiére immense, une Lumiére intellectuelle, un Etre unique, souverainement parfait, „ infiniment plus excellent que tous les autres Etres, mais qui retiré dans une lumiere inaccessible ne se communiquoit qu'aux „ plus parfaites Intelligences, & n'agissoit au dehors que par le Ministère

Que Simon ne s'est point dit le Dieu supréme ni le Fils de Dieu.

de S. Pierre. τοῦ διδασκάλου αὐτοῦ, Clement. in Strom XVII. no. 4. Il l'accuse de s'être contredit, οὐδὲ αὐτὸς ἑαυτῷ συμφωνεῖ. *Ibid.* Voyez aussi *Recognit.* L. II. §. 32. p. 511. &c.

(3) *Virtutem aliquam immensæ Lucis, ineffabilis Lucis. &c.* Recognit. L. II. 45. p. 514. *Unum esse Deum, qui sit omnium melior &c.* §. 53.

„ nistère de ses Anges". Avec quel front, avec quelle impudence, un homme, visible, & vivant avec les autres hommes, pouvoit-il se dire ce Dieu Suprême, qu'il soûtenoit n'avoir jamais été vû, ni par le Créateur du Monde, ni par Jesus-Christ lui-même?

On dit encore, qu'il se vantoit d'être le *Fils de Dieu*, & l'Auteur des *Recognitions* a la hardiesse de lui mettre dans la bouche ces paroles (1) *Je suis le Fils de Dieu, qui subsiste éternellement*. Cependant le même Auteur l'introduit ailleurs disant à S. *Pierre*, (2) „ Souvenez-vous, que vous avez dit, que Dieu a un Fils, ce qui „ est faire injure à Dieu; car comment Dieu peut-il avoir un Fils, „ s'il n'éprouve des passions pareilles à celles des Hommes"? L'Auteur des *Homelies*, qu'on appelle les *Clementines*, fait aussi dire à *Simon*, (3) „ Je connois bien ceux qui sont dignes, qu'on leur „ révéle ces veritez, MAIS JE NE SUIS PAS LE FILS". Voilà des desaveux bien formels; & d'autant moins suspects, que je les tire des Auteurs Chrétiens, qui ont réfuté la Doctrine de *Simon*. Il a fallu faire ces observations avant que de développer la Fable d'*Héléne*; parce qu'elle est fondée sur la supposition que *Simon* s'est dit le Dieu Suprême.

Héléne est l'Ame, émanée du Dieu suprême, captive des mauvais Démons, &c.

La belle *Héléne* c'est l'*Ame*. *Simon*, qui étoit Platonicien, la faisoit sortir de l'Entendement de Dieu. C'est une (4) particule de l'Esprit infini, de la Lumiére infinie, ou une Emanation du Dieu Suprême. Il y a de l'apparence, qu'expliquant les Fables des Poëtes Payens, il disoit, que l'*Ame* étoit *Minerve*, que ces Poëtes faisoient sortir du *Cerveau*, ou de l'*Entendement de Jupiter*. Cette Ame avoit été surprise par les Anges, Créateurs des Corps, qui l'avoient liée avec la Matiére, & qui par ce moyen la retenoient captive, & l'empêchoient de retourner au Ciel. Pour retarder son retour ils la faisoient passer de corps en corps. C'est la metempsychose, Dogme de *Pythagore*, de *Platon*, & de tant d'autres; mais Dogme, qui avoit passé chez les Samaritains & chez les Juifs. Cette Captive avoit excité une guerre entre les Anges, parce que les mauvais Anges faisoient tous leurs efforts pour la retenir, & que les bons Anges de leur côté tâchoient de la délivrer. Elle étoit dans le Corps Humain, comme dans une maison de prostitution. C'est par la génération, que les hommes la lient avec la Matiére: Elle est la *Brebis* perdue: C'est de l'Ame, que les Valentiniens expliquoient la (a) Parabole du Seigneur, touchant *la Brebis égarée*:

(a) Matt. XVIII. 12.

Simon

(1) *Ego sum Filius Dei stans in aeternum.* Recog. L. III. §. 47. p. 527.

(2) *Tum Simon, memento inquit, quia Filium dixisti habere Deum, quod est injuria. Quomodo enim habere Filium potest, nisi similia hominibus patiatur.* Ub. sup. L. II. 49. p. 514.

(3) Οἶδα τοὺς ἀξίους καὶ υἱὸς οὐκ εἰμι. Clement. XVIII. §. 7. p. 739.

(4) *Tantum-ne erras*, PETRE, *ut nescias*,

Simon étoit venu la chercher, & la sauver, en lui faisant connoitre sa veritable Origine, & en lui enseignant les moyens de sortir de sa Captivité. C'étoit là l'imposture *Simonienne* : *Simon* prétendoit être envoyé de la part du Dieu suprême pour délivrer l'Ame de sa Prison & de la Tyrannie des mauvais Anges. Il rejettoit l'Evangile de notre Seigneur J. Christ, qu'il disoit n'être que *le Fils du Créateur* du Monde, si nous en croyons (*b*) l'Auteur des *Clémentines*, c'est-à-dire, son *Ministre*, & non celui du Dieu suprême. (*b*) Hom. XVIII. §. 4. p. 718.

Si on me demande des Autoritez, pour prouver que c'étoit là le sens mystique de la Fable d'*Héléne*, je repondrai franchement, que je n'en ai point d'autre, que celle du *Bon sens*, d'un côté, qui ne permet pas de croire, qu'un Philosophe, qui raisonnoit, ait pû dire dans le sens litéral, ce que les Péres lui font dire ; & de l'autre, que cette explication contient le Systême des Gnostiques sur la chûte & la délivrance de l'Ame : du reste je consens, que le Lecteur marche aveuglément sur les traces des Anciens, & qu'il croye toutes les sottises qu'ils nous ont racontées de *Simon*, jusqu'à ses Disputes avec S. *Pierre*, à sa folle & malheureuse Entreprise de monter au Ciel avec des ailes, à son apothéose par les Romains, & à la Statuë, qu'ils lui dresserent : & enfin jusqu'à l'institution du Jeûne du Samedi, qui fut, dit-on, établi à Rome par l'ordre de S. *Pierre*, pour être un monument perpetuel des Priéres, que l'Eglise fit ce jour-là, pour obtenir du Ciel la victoire, que l'Apôtre remporta le lendemain sur son présomptueux Rival.

Simon étant Philosophe Platonicien, il ne croyoit pas, que le Dieu souverain s'abbaissât jusqu'à former des corps. Sa maxime étoit celle de *Platon* : (5) L'Etre éternel ne fait que des Etres éternels comme lui : les Etres temporels sont les productions des Intelligences subalternes. Il concluoit de ce Principe, que le vrai Dieu n'est point le *Créateur* du Monde sublunaire, dont les Parties se produisent & se détruisent tous les jours ; Et comme il ne refusoit pas au Créateur le titre de *Dieu*, parce que l'Ecriture le donne aux Anges, on l'a accusé d'avoir introduit la *Dualité*, c'est-à-dire d'avoir cru deux Dieux. Cela n'est pas juste. Il proteste, qu'il ne reconnoit (6) qu'*un seul Dieu* ; qui est le plus excellent de tous les Etres, & le Dieu des Dieux. Si une Intelligence a présidé plusieurs autres, qui ont créé le Monde sublunaire ; elle ne l'a fait que (1) par

Selon lui le Créateur n'est pas le Dieu Suprême.

nescias, quia animæ nostræ, à Bono Deo fiunt, illo omnium præstantiore, sed captivæ deductæ sunt in hunc mundum. Recog. L. II. §. 57. p. 515.

(5) *Ab æterno æterna fiunt : a corruptibili temporalia & caduca.* Recognit. L. III. 29. p. 524.

(6) *Unum esse Deum qui sit omnium melior.* Recogn. L. II. 53.

(1) par son ordre. On ajoûte, que ce Dieu subalterne s'étoit érigé en Dieu souverain (2), & avoit voulu faire croire aux hommes, qu'il l'étoit : mais cela ne sauroit s'accorder avec l'*attribut* de *Juste*, que *Simon* donnoit au Créateur. Quoiqu'il en soit, comme c'est dans l'étendue de son Ouvrage, il étoit question d'en découvrir l'origine. *Simon* interroge S. *Pierre* là-dessus, lui propose toutes les maniéres possibles dont un Etre peut exister, & le prie de choisir, & de s'expliquer.

Question sur l'Origine du Démon.

„ Le Méchant (3), dit-il, le Prince du Mal, est-il éternel, ou a-t-il été produit ? S'il a été produit par le Dieu, qui „ a fait toutes choses, il faut, ou que ce Dieu l'ait tiré de lui- „ même, ou qu'il l'ait tiré d'ailleurs. Si c'est de lui-même, ou „ il l'a engendré, comme un Animal engendre un Animal, ou c'est „ une *Probole*, une Emanation de sa substance, qu'il a incorpo- „ rée. S'il l'a tiré d'ailleurs, il faut qu'il l'ait formé d'une ma- „ tiére animée, ou inanimée. Que s'il n'a pas été fait par le Créa- „ teur de toutes choses, il faut qu'il soit sorti de lui-même du sein „ de cette Matiére, qui a eu la force de le produire. Que si l'on „ dit (4) qu'il a été tiré du neant, ce n'est plus un Etre réel ; ce „ n'est qu'un Etre *rélatif*. Choisissez de ces maniéres d'exister „ celle qu'il vous plaira. Ou le Démon est éternel, ou il faut „ lui donner quelcune de ces différentes origines ". Le prétendu St. *Pierre* est un peu embarassé sur le parti, qu'il doit choisir. Il tâche de montrer, que quelque supposition que l'on fasse, le vrai Dieu ne peut être la Cause du mal, & dit enfin, que l'Ecriture n'a pas jugé à propos de s'expliquer sur la Question, de l'origine du Démon. *Je reconnois avec vous (5), dit-il, qu'il y a un Prince des Vices, sur l'origine duquel l'Ecriture n'a osé dire, ni ce qui est vrai, ni ce qui est faux.*

C'est

(1) *Ipse misit Creatorem Deum, qui conderet Mundum.* Ibid. n. 57. p. 520.

(2) *Sed ille mundo condito semetipsum pronunciavit Deum.* Ibid. p. 520.

(3) Voici l'Original. Καὶ ὁ Σίμων, οὐκοῦν εἰ γέννητός ἐστι, (nempe ὁ πόνηρος) ὑπ' αὐτοῦ τοῦ τὰ πάντα πεποιηκότος γέγονεν θεοῦ, ἢ ὡς ζῶον γεννηθεὶς, ἢ οὐσιωδῶς προβληθεὶς, καὶ ἔξω τῇ κράσει συμβεβηκὼς, ἢ ἐκτὸς ἐν αὐτοῦ ἡ ὕλη ἔμψυχος, ἢ ἄψυχος, ὅθεν γέγονεν, ἢ δὲ αὐτοῦ θεοῦ, ἢ ἀφ' ἑαυτοῦ; ἢ καὶ ἐξ οὐκ ὄντων συμβέβηκεν, τῶν πρός τι ἐστὶν, ἢ ἀεὶ ἦν. Homil Clem. XIX. §. 4. p. 744. M. *Cotelier* a rendu ces mots, ἢ οὐσιωδῶς προβληθεὶς, καὶ ἔξω τῇ κράσει συμβεβηκὼς, par ceux-ci, *vel secundum substantiam prolatus*, VEL *extra per temperationem evenit.* Il a substitué la *disjonctive* à la *copulative*, & par là il a fait éclipser le sens. L'Auteur considere cette Emanation, qui se fixe, & qui se mêle dans quelque substance corporelle.

(4) *Que si l'on dit* &c. Il y a dans l'original : *Que s'il est sorti du neant, il est des choses relatives*, ἢ καὶ ἐξ οὐκ ὄντων, τῶν πρός τι ἐστίν. J'ai tâché d'expliquer le sens. Ces Philosophes concevoient bien, que les accidens, comme les *relations*, sortent du neant, mais non des Etres réels, substantiels.

(5) Συνομολογῶ σοι εἶναί τινα κακίας ἡγεμόνα, οὗ τὴν γένεσιν γραφὴ, οὔτε ἀληθὲς, οὔτε ψευδὲς εἰπεῖν ἐτόλμησεν. Ibid. §. 8. p. 745.

(6) Καὶ ὁ Σίμων, τί δὲ εἰ ὕλη, αὐτῷ σύγχρονος οὖσα, καὶ ἰσοδύναμος, ὡς ἐχθρὰ προβάλλει αὐτῷ ἡγεμόνας, ἐμποδίζοντας

αὐτῷ

C'est dommage que cette *Clémentine* soit imparfaite, les Manuscrits étant défectueux : car on y auroit vû & le vrai sentiment de l'Auteur, qui n'étoit pas un mal-habile homme, & celui de *Simon*. Cependant il semble que ce dernier ait été dans l'opinion de *Manichée*, savoir que le Démon est une production de la Matiére. C'est ce qu'insinuent ces mots, qu'il dit enfin à son Adversaire, (6) *Mais si la Matiére est égale* à Dieu, *& pour la durée*, *& pour la force, comme elle est ennemie* de Dieu, *elle produit d'elle-même des Puissances, qui s'opposent à ses Volontez.* C'est là le pur Manicheïsme. Cependant je n'oserois assurer (7) que ce fût le sentiment de *Simon*; parce qu'il ne fait que le proposer sans l'affirmer, & que la conversation finit à cet endroit-là. Mais comme cet Imposteur, bien loin d'avoir été Chrétien, s'éleva contre J. Christ, & voulut fonder une Secte nouvelle, & opposée à l'Eglise Chrétienne, on ne peut dire, ce me semble, qu'il fut le prémier qui tâcha d'y introduire cette Hérésie. Il est d'ailleurs si peu connu en Orient, que je ne croi pas que *Manès* ait rien emprunté de lui, ni qu'on doive le regarder comme un de ses Precurseurs.

Le sentiment de Simon paroit être le pur Manicheïsme.

III. Je dirai la même chose de *Cerdon*, de *Ménandre* & de *Saturnin*, qu'on dit avoir été Disciples & Sectateurs de *Simon*, & dont je ne connois pas parfaitement les sentimens. C'est pourquoi, s'il faut se déterminer sur la question, qui fut le prémier Auteur du Manicheïsme parmi les Chrétiens, je croi que ce fut *Basilide*, qui, selon (8) les uns mourut sous *Adrien*, & selon d'autres, sous *Antonin*. Celui-ci fit profession de reconnoître J. Christ pour le Fils de Dieu, puisqu'il écrivit (9) un *Commentaire sur un de nos Evangiles*, ou peut-être *sur tous les Evangiles*. Nous avons l'obligation à *Hégémonius* de nous en avoir conservé un fragment considérable, dans lequel on trouve, & la véritable origine de l'Hérésie Manichéenne, & le tems, auquel elle commença de se glisser dans l'Eglise.

Basilide est le premier, qui l'introduisit dans l'Eglise.

„ Cessez

αὐτῷ τοῖς βουλήμασιν. Homil. XIX. in fine. p. 748.

(7) Un Savant d'Allemagne, Pére de feu M. *Thomasius*, qui pendant sa vie a illustré l'Université de *Hall*, où il étoit Professeur en Droit, un Savant, dis-je, affirme néanmoins, que tel fut le sentiment de Simon. *E Gentilium certe, sed imprimis tamen è Principis Magorum* Zoroastris *Schold*, *Magus ipse* (SIMON) *duos sibi adversantes Deos accepit, Bonum & Malum*, ἀγαθὸν θεὸν, & ἀριστερὰν δύναμιν. *Jacobus Thomasius*, ap. *Wolff.* ub. sup. 177.

(8) Voyez *Grabe.* Spicil. T. II. p. 36. 37. La diversité des sentimens vient de la differente leçon, qui se trouve dans les Mss. de S. Jerôme, *De Script. Eccl.* On lit dans les uns *mortuus est*; dans les autres *moratus est*.

(9) Ce Commentaire contenoit 24. Livres : φησὶν αὐτὸν, Basilidem, εἰς μὲν τὸ Εὐαγγέλιον τέσσαρα πρὸς τοῖς εἴκοσι συντάξαι βιβλία. *Euseb.* H. E. L. IV. 7. L'endroit, allégué par *Hegemonius*, est tiré du XIII. Livre. *Ex tertio decimo Tractatuum ejus*, Act. p. 131. *Clement d'Alexandrie* en a cité quelques autres passages *Strom.* L. IV. p. 506. Je dis au reste, que c'étoit un *Commentaire sur un Evangile*, ou, *sur nos Evangiles*, ἐξηγητικά, comme s'exprime *Clément* d'Alexandrie, & non pas sur un *Evangile* de la façon de *Basilide*. Voyez le docte M. *Fabricius*, Cod. Apocryph. N. T. T. I. p. 343.

Fragment de cet Heretique. (a) Act. Dup p. 101.

„ Cessez, *dit Basilide* (*a*), de vous amuser à la vaine & curieuse „ recherche des diverses opinions des hommes, sur la cause & l'o„ rigine du Bien & du Mal. Examinons plutôt ce que les Barba„ res ont pensé là-dessus. Car quelques-uns de ces Philosophes ont „ dit, qu'il y a deux Principes de toutes choses, & que c'est d'eux „ que procédent les biens & les maux: Principes, qu'ils disent être „ éternels, & sans commencement: qu'ils appellent *la Lumiére* & „ *les Ténèbres*, & qui existent par eux-mêmes. Ces deux Princi„ pes subsistoient à part, chacun d'eux menant la vie qu'il vouloit „ & qui lui convenoit. L'un & l'autre étoient contens de leur par„ tage, parce que chacun aime ce qui lui est propre, & que rien „ ne peut se persuader, qu'il soit le mal même. Mais enfin ces „ deux Principes étant venus à se connoître l'un & l'autre, les Te„ nèbres n'eurent pas plûtôt apperçu la Lumiére, qu'elles conçu„ rent de l'amour pour elle, comme pour une chose plus excel„ lente, & qu'elles commencérent à faire des efforts pour se „ mêler avec la Lumiére.

Basilide l'apprend en Perse.

Basilide étoit d'Alexandrie, où il érigea une Ecole, dans les prémiéres années du second Siécle, dans laquelle il enseignoit ses Erreurs. Il faut le considerer comme un Philosophe Théologien, qui mêloit avec la Religion les opinions Philosophiques. On pensoit alors avec plus de liberté qu'aujourdhui sur une infinité de choses; & après avoir posé les Dogmes de la Religion Chrétienne, que l'on regardoit comme fondamentaux, il étoit permis à un Savant de philosopher sur le reste. Plus on tâchoit de rapprocher la Religion des Principes établis, plus on la rendoit vraisemblable, & plus on avoit de succès. *Clément d'Alexandrie*, *Origène*, furent des Théologiens Philosophes, qui eurent leurs Ecoles à Alexandrie où des Philosophes Payens avoient les leurs. Quant à *Basilide* il voyagea en Perse. *Hegemonius* qui le témoigne, ajoûte (1), qu'il y alla prêcher son Hérésie. Il est plus naturel de dire, qu'il l'apprit dans ce Pays-là, puisqu'il assure lui-même que c'étoit le sentiment des Barbares. Les Philosophes voyageoient, pour savoir les diverses opinions des Peuples & de leurs Sages. *Bardesanes*, savant Mésopotamien, avoit été aux Indes, pour s'instruire des Mœurs & de la Philosophie des Brachmanes. Il en avoit écrit (2) une Rélation,

(1) *Fuisse Prædicatorem apud Persas etiam Basilidem quemdam*, &c. Act. p 101.

(2) Voyez le Fragment du Livre de Porphyre *de Stygo* publié par *Luc Holstenius* à la suite de la Vie de *Pythagore*. p. m. 282.

(3) Προφήτας δὲ ἑαυτῷ ὀνόματα Βαρκαββὰν καὶ Βαρκὼφ, καὶ ἄλλους ἀνυπάρκτους τινὰς ἑαυτῷ συστησάμενος. Euseb. ub. sup.

(4) *Fuerunt sane, qui cum* Danæo *ad Augustinum, cum* (Manichæismum) *ex Pythagoreorum* στοιχειώσει, *& Marcionitarum lacunis a* MANETE *haustum profitentur.*

tion, qui fut vuë par des gens de la suite de l'Empereur *Antonin*, lorsqu'il revenoit d'*Emese* en *Syrie*. On sait les voyages que fit *Apollonius* par la même raison, & l'on n'ignore pas ceux d'*Origéne*, curieux d'entendre tous les Philosophes de son tems, & de savoir les opinions de toutes les Sectes Chrétiennes. *Basilide* eut sans doute la même curiosité. Il alla en Perse, entendit discourir les Mages sur l'origine du mal, Question qui étoit alors extrémement agitée, & adopta leur Systéme, qu'il porta ensuite chez les Grecs. *Eusebe* avance (3) que pour autoriser ses Erreurs, il supposa certains Prophètes, qui n'existérent jamais, comme un *Barcabbas*, un *Barcoph*, & d'autres, auxquels il donnoit des noms Barbares. Il est plus naturel & plus vraisemblable de penser, qu'il trouva chez les Chaldéens, ou chez les Syriens Orientaux, des Livres attribuez à certains Prophètes de leur Nation, qui étoient inconnus aux Juifs & aux Chrétiens. Les noms de *Barcabbas* & de *Barcoph* sont évidemment des noms Syriaques. Telle fut donc l'origine du Manicheïsme. Il ne vient point (4) des Grecs : il a sa source dans la Philosophie Barbare, dans celle des Mages, & dans celle des Brachmanes. Aussi S. *Ephrem*, qui a vêcu tout proche du tems de *Manichée*, appelle son Hérésie (5) L'HE'RE'SIE DES INDES, non pour dire qu'il la tenoit des Indiens, mais parce qu'elle regnoit dans les Indes de tems immémorial : car elle étoit commune en Perse, & le savant *Abulpharage* témoigne, que *Manès* ne fit que polir (6) l'ancienne Erreur des Persans, & tâcher de la confirmer par des raisons probables.

Le *Manicheïsme* vient de Perse & des Indes.

Témoignages de S. *Ephrem* & d'*Abulpharage*.

Il n'est donc point vrai, que *Scythien* ait inventé le Systême des deux Principes : mais il n'est point vrai non plus, qu'il ait imaginé la guerre, qui s'éleva entre eux, & qui obligea Dieu à créer le Monde. L'Auteur des Actes d'*Archélaüs*, qui le (7) dit, n'a pas su l'ancienne Théologie des Mages. Quand nous en serons aux Dogmes de *Manichée*, nous verrons que cet Hérésiarque n'a fait que renouveller & tourner à sa maniére une ancienne fiction des Philosophes Persans, qui avoient précédé *Zoroastre*, fiction qui avoit encore la vogue dans la Secte des *Maguséens*.

La Guerre entre les deux Principes est une ancienne fiction des Mages.

CHA-

tentur. Sed altius omnino originem ejus repetendam esse puto, & ex Magorum quidem Scholis, ex qua ad plerorumque inter Græcos Philosophos Gymnasia dimanasse hic error videtur : Wolff. *Manichaism. ant. Manich.* p. 218.

(5) *Error Indicus Manetem tenuit.* Ephr. ap. *Assem.* Biblioth. Orient. T. I. p. 112.

(6) Voyez *Abulph.* Dynast. p. 82. Je parlerai plus amplement de ceci quand je rapporterai l'Histoire de *Manichée* selon les Persans & les Arabes.

(7) *Inimicitias inter duos Ingenitos introduxit Scythianus.* Act. p. 69.

CHAPITRE IV.

Suite de l'Histoire de SCYTHIEN, *ses Mœurs, son Caractére, son Mariage, ses Livres, sa mort.*

I. DEs Erreurs de *Scythien* passons à l'Histoire de sa Vie. Je n'aurai pas affaire ici avec *Archélaüs* c'est avec S. *Epiphane*, avec *Cyrille* de Jérusalem, dont je dois corriger les exagérations, les inexactitudes &, s'il m'est permis de le dire, les médisances.

Education de *Scythien*, son Esprit, son savoir, ses richesses.
(*a*) *Epiph.* Hær. LXVI. p. 618.

Scythien (*a*) sortit de bonne heure de la Saracéne, & fut élevé sur les frontiéres de la Palestine, où il apprit la Langue & les Sciences des Grecs. Il étudia en particulier les Livres d'*Aristote*, & (1) c'est en les lisant, qu'il aquit le stile, les façons de parler Grecques. Comme il avoit (2) un heureux Genie, il fit de grands progrès dans les Sciences. *Medecine*, *Philosophie*, *Mathématiques*, *Astronomie*, on dit qu'il excelloit en tout. *Archélaüs* & S. *Epiphane* sont d'accord là-dessus. Je remarquerai seulement, que ce dernier qui assure dans un endroit, que *Scythien* (3) *fut un prodige dans les vaines Sciences du Monde*, lui donne ailleurs (4) *un Esprit grossier & stupide.* Cela ne paroît pas aisé à concilier; je croi néanmoins que S. *Epiphane* a voulu dire, que cet homme, qui avoit tant de talens pour les Sciences Humaines, n'en avoit aucun pour la Science Divine de la Religion.

C'étoit un illustre Negociant.
Les *Sarasins* l'étoient.

A tous ces avantages *Scythien* avoit ajoûté des biens très-considerables, aquis par le commerce. *Eusébe* nous apprend (5) que les Peuples de la *Saracéne* étoient grands Négocians. Celui-ci naviguoit aux Indes Orientales, dont il transportoit les riches Marchandises en Egypte par la Mer Rouge. Ainsi c'étoit un de ces (6) illustres Navigateurs, qui joignent les beaux Arts,

(1) Οὗτος ἐκ τῶν Ἀριστοτελικῶν παρακυτμάτων ἐντριβὴς τὴν γλῶσσαν γεγονὼς &c. Phot. Cont. Manich. L. I.

(2) *Valde dives ingenio.* Act. p. 96.

(3) Δεινὸς γέγονε περὶ τὰ μάταια τοῦ κόσμου φρονήματα. Epiph. Ibid.

(4) Κατὰ τὸν ἰδιωτικὸν αὐτοῦ νοῦν. Ubi sup. p. 620.

(5) Τῶν παρ' ἡμῖν Σαρακηνῶν, οἱ τὰς πραγματείας ποιούμενοι. Euseb. Comment. in Esaiam. XIII. 19. 20. Voyez la Collection nouvelle du P. de *Montfaucon*. T. II. p. 411.

(6) Il faut le mettre en paralléle avec le célébre *Cosmas*, Egyptien de naissance, & surnommé l'*Indicopleustes*, ou le *Navigateur dans les Indes.* Il fut aussi un peu entaché d'Hérésie, car il étoit Nestorien,

Arts, & les belles connoissances aux travaux & à l'utilité du Commerce.

Un beau Genie, un vaste savoir, & de grandes richesses, sont des avantages, qu'on trouve rarement dans un seul homme. Quel dommage que l'Hérésie en ternisse l'éclat ! Encore s'il n'y avoit eu que l'Hérésie, qui n'est au fond qu'une foiblesse, un égarement involontaire de l'Esprit qui se laisse séduire aux apparences de la Vérité, on le plaindroit, on ne le haïroit pas. Mais c'est, dit St. *Epiphane*, un Magicien consommé. Il a étudié, pénétré tous les Secrets de la Magie, tout ce que les Egyptiens & les Indiens, Nations infames par leur commerce avec les Démons, ont jamais fait de découvertes dans cet Art Diabolique. Il est vrai que St. *Epiphane* n'a pas jugé à propos de nous nommer des Auteurs, & si ce sont les mêmes qui lui ont appris, que *Scythien* florissoit au tems des Apôtres, ce sont ou de grands Menteurs, ou de grands ignorans. Nous parlerons dans la II. Partie de la Magie Manichéenne : il suffira de remarquer à présent, que ni l'Auteur des Actes d'*Archélaüs*, ni *Cyrille* de Jérusalem, plus anciens que S. *Epiphane*, n'en ont point accusé *Scythien*, & que leur silence là-dessus balance pour le moins le témoignage d'un Auteur aussi crédule, & aussi violent, que l'a été S. *Epiphane*.

Est accusé de Magie par S. *Epiphane*.

Le silence d'*Archélaüs* & de *Cyrille* l'en justifient.

J'ai pensé ajoûter, aussi *médisant*, & je ne croi pas qu'on dût m'en blâmer, après le trait que je vai dire. *Archelaüs* avoit dit simplement, (7) *que Scythien épousa une femme de la Thebaïde Superieure, qui étoit captive*. *Socrate* (8) l'a repeté après *Archélaüs*. On sait qu'il y avoit des Arabes, qui faisoient sans cesse des courses, pour piller, & faire des Esclaves. *Scythien* voit une de ces Esclaves, & trouve en elle assez de beauté, & peut-être assez de vertu pour l'épouser. Rien n'est plus commun parmi les Orientaux. Mais ce recit a paru trop simple & trop équitable à S. *Epiphane* : *Scythien* n'auroit fait rien de lâche, rien de honteux, en épousant une fille, que son malheur auroit réduite à la servitude. Il faut donc convertir une belle & jeune Esclave en une infame Prostituée. *C'étoit* (9), dit-il, *la plus perduë de toutes les femmes. Scythien la prit*

Medisance de S. *Epiphane*, contre la femme de *Scythien*.

torien, comme l'a découvert M. de *la Croze*, dans son *Christianisme des Indes*. C'est lui qui nous apprend l'Ancienne Astronomie des Chrétiens, & qui nous découvre comment ils trouvoient le moyen d'expliquer le cours des Astres, & les Eclipses, en supposant la Terre plate. Le Pere de *Montfaucon* a publié son Ouvrage, ou sa *Topographie Chrétienne*, dans le Volume, qu'on vient de citer.

(7) *Captivam quandam accepit uxorem de superiore Thebaide*. Act. p. 96

(8) Γυναῖκα εἶχεν αἰχμάλωτον. *Socrat.* H. E. L. I. 22.

(9) Γυναῖκα ἐξωλεστάτην.... ἀπελάμενος δὲ τοῦτο ἀπὸ τοῦ στέγους: ἔστηκε γὰρ ἡ τοιαύτη ἐν τῷ πολυκοίνῳ ἀσεμνότητι. Epiph. ub. sup.

prit dans un lieu de débauche, où elle étoit abandonnée à l'Impudicité Publique.

Contradiction de l'Auteur.

Un Lecteur équitable, qui, sans être partisan de l'Hérésie, n'aime que la Justice & la Verité, peut-il lire de pareils endroits, sans concevoir de l'indignation contre l'Auteur? St. *Epiphane* ne nous dit point encore où il a pris ces Anecdotes scandaleuses, qui ne sont connues que de lui, & qui, s'il avoit bien placé le tems de *Scythien*, devoient être arrivées plus de trois cens ans avant qu'il écrivît contre les Hérésies. Pour moi je soupçonne beaucoup, que c'est son zèle violent, & sa passion, qui lui ont révélé ces médisances: car, après les avoir avancées comme un fait certain, il est contraint d'hesiter. *Certainement*, dit-il (1), Scythien *épousa cette femme*, OU DANS *la Prostitution*, OU DANS *la captivité*. Il faut que le P. *Petau* se soit apperçu de la contradiction de son Auteur, car il a tâché de la cacher dans sa Version, où il a mis, contre son Original, que *Scythien* tira cette femme, (2) ET DE LA PROSTITUTION, ET DE LA SERVITUDE. L'intention n'est pas mauvaise, mais ce n'en est pas moins (3) une fraude; & il ne faut jamais en imposer au Lecteur, sous quelque prétexte que ce soit.

Fraude pieuse de Petau.

Scythien étoit Chretien. Erreur, ou plûtôt exageration de *Cyrille*.

Passons à *Cyrille* de Jérusalem: Celui-ci est un Prédicateur, qui se jette dans la déclamation, & dans l'Hyperbole Si nous voulions l'en croire, *Scythien* étoit un Philosophe, de la Secte Aristotelicienne (4) qui *n'avoit rien de commun, ni avec le Judaïsme, ni avec le Christianisme*. Pour le Judaïsme, cela peut être: les *Manichéens* ne regardoient point *Moyse* comme un Prophète inspiré; & quoiqu'ils admissent une partie de son Histoire, ils n'ajoutoient aucune foi à celle, qu'il nous a donnée de la Création du Monde: Ils rejettoient hautement toutes ses Loix Cérémonielles, & nioient qu'il eût jamais prédit la venuë du Fils de Dieu. Mais pour le Christianisme, *Scythien* en faisoit profession, & il y en a des preuves évidentes.

1. Prémiérement (5) *Archélaüs* met *Scythien* au nombre de ces Apostats, qui aspirant à l'Episcopat, & ne pouvant y parvenir, tâcherent

(1) Τὸ γύναιον ΗΔΗ ἀπὸ πορνείας, ΗΤΟΙ αἰχμαλωσίας .... συνῴκησε. Ibid.

(2) *Quam* E MERETRICIO QUÆSTU AC *servitute* &c. Il a mis la conjonctive ET, au lieu de la disjonctive OU, ἤτοι, qui est dans l'Original. M. de *Tillemont* est un peu plus sincère. Manich. p. 765. *On dit* TANTOT *que cette femme étoit une Captive de la haute Thébaïde*: TANTOT, *que Scythien l'ayant trouvée à Hypsèle en Thébaïde abandonnée à l'Impudicité &c.* Il falloit ajouter que c'est le même Auteur, le même S. *Epiphane*, qui dit l'un & l'autre.

(3) Des Critiques, qui ne sont que de purs Sophistes, voudroient peut-être justifier la Version de *Petau*, en disant, que la *disjonctive* se met quelquefois pour la *copulative*. Ce sont de ces mauvaises defaites, qu'employent des gens, qui veulent défendre tout à tort & à tra-

cherent de s'en dédommager en devenant Chefs de Secte. Or je ne pense pas qu'un Philosophe, Payen de profession, se soit avisé d'aspirer à la Dignité Episcopale, ni qu'on puisse traiter d'*Apostat*, de Deserteur de la Foi, un homme qui ne l'a jamais embrassée. Remarquons en passant, qu'il faut que l'Episcopat eût de grands attraits, s'il est vrai, comme les Péres le disent, que la plupart des Hérétiques ne se précipitérent dans leurs erreurs, que par le desespoir de n'y pouvoir arriver. Je soupçonne, pourtant, que ceux qui parlent de la sorte considéroient l'Episcopat tel qu'il étoit de leur tems, & non tel qu'il avoit été du tems de *Marcion*, & de *Valentin*, par exemple. 2. Secondement, *Socrate* dit en propres termes, (6) que Scythien *introduisit dans la Religion Chrétienne l'opinion de Pythagore & d'Empédocle*. 3. En troisiéme lieu, le fragment de la Lettre, que *Manichée* écrivit à *Scythien*, & dont j'ai parlé ci-dessus, est une Démonstration, qu'il reconnoissoit Jesus-Christ pour le Fils de Dieu. (7) *Le Fils de la Lumiére éternelle*, lui dit l'Hérésiarque, *manifesta son Essence propre sur la Montagne. Il y fit voir qu'il n'a point deux Natures, mais une seule, soit dans le Monde visible, ou dans l'invisible*... *Manichée* veut parler de la Transfiguration. Il dit, que le Seigneur montra ce qu'il étoit véritablement, lors que dépouillant cette apparence de chair, ce voile, sous lequel il cachoit sa Divinité, il parut lumineux & resplendissant comme le Soleil: d'où il s'ensuit, que *Scythien* faisoit profession du Christianisme, qu'il recevoit nos Evangiles, & en particulier l'Histoire de la Transfiguration du Seigneur. S'il n'avoit rien de commun avec ces Chrétiens, qui croyoient Jesus-Christ un homme, & un simple homme: il avoit bien des choses communes avec ceux, qui le croyoient Dieu, émané de la Substance du Pere.

II. Nous pourrions juger de ses vrais sentimens, si nous avions les quatre Livres qu'on lui attribue. M *Asseman* (a) ayant lû dans S. *Ephrem*, que l'Hérésie des deux Principes étoit l'*Hérésie des Indes*, & sachant d'ailleurs, par le témoignage de S. *Epiphane*, que *Scythien* avoit navigué dans ce Païs-là, a crû, que ces Livres étoient ceux des *Brachmanes*, qu'il avoit copiez, & apportez en Egypte. Voici ce que c'est. Les Indiens, dit

Livres de Scythien.

(a) *Biblioth. Orient.* T. I. p. 122.

Conjecture d'Asseman sur l'origine de ces Livres.

travers.

(4) Οὐδὲν καινὸν, οὔτε πρὸς Ἰουδαϊσμὸν, οὔτε πρὸς Χριστιανισμὸν κεκτημένος. *Cyril.* ub. sup. p. 92.

(5) *Ut multi alii Apostatæ qui Primatus sibi vindicare cupientes.* &c. Act. p. 96.

(6) ... Ἐμπεδοκλέους καὶ Πυθαγόρου δόξαν ... τὸν Χριστιανισμὸν παρήγαγε. *Socrat.* ub. sup.

(7) Ὁ δὲ τοῦ ἀϊδίου φωτὸς υἱὸς &c. Voyez la Bibliothéque Grecque de M Fabricius, T. V. p. 284. & *Photius*, Cod. 230. col. 850. Au reste, il y a simplement dans le Grec, ἐν τῷ ὁρατῷ καὶ ἀοράτῳ, ce que je croi qu'il faut entendre du lieu. *Manichée* dit, que soit dans le Ciel, dans le Monde intelligible; ou sur la Terre, dans le Monde visible, le Fils de Dieu n'a jamais eu qu'une seule Nature. Cependant on peut l'entendre aussi des deux Etats de J. C. de son état de *visibilité*, & d'*invisibilité*.

(a) D'Herbel. ub sup. au mot BRAHMA.

dit M. *Dherbelot* (a) croyent que la prémiere des Intelligences, qui sont émanées de Dieu; celle par qui il a créé le Monde est BRAHAMA; nom, qui dans la Langue Indienne signifie, PE'NE'TRANT TOUTES CHOSES. Ils croyent encore que ce *Brabama* leur a laissé quatre Livres, qu'ils appellent BETH, ou BED, dans lesquels toutes leurs Sciences, & toutes les Cérémonies de leur Religion sont comprises. C'est à cause de ces quatre Livres, qu'on le représente ordinairement avec quatre têtes. Ce que M. *Dherbelot* dit des Livres des Indiens est vrai; le reste est fort douteux; & je préfererois l'opinion de M. *Hyde*, qui croit que le *Brabama* des Indes est *Abraham*, de qui les *Brachmanes*, ou *Bramines* tiennent leur nom, & prétendent tenir leur Religion & leurs Sciences.

Elle n'est pas fondée.

Quoiqu'il en soit, la conjecture de M. *Asseman* est non seulement sans preuves, mais contredite par la Relation d'*Archélaüs*, dont il reconnoit l'authenticité. Certainement les quatre Livres de *Scythien* n'étoient point ceux des *Brachmanes*, parce que sa Religion & sa Foi étoient très-différentes de la Foi & de la Religion de ces Philosophes.

Divers sentimens sur l'Auteur de ces Livres.

(b) Socrat. ub. sup. L. I. 22. Suidas in Voce Manes. Cedren. Comp. Histor. p. m. 211. Tollius Insignia. Itin. Ital. p. 126. Zaccag. in Not. Act. p. 96. (c) Ub. sup. p. 93. Epiphan. ub. sup. §. 2. (d) Act. p. 98.

Comme les (1) expressions d'*Archélaüs* sont équivoques, les uns ont attribué ces Livres à *Scythien*, les autres à *Térébinthe*. (b) *Socrate*, *Suïdas*, *Cédréne*, *Tollius*, *Zaccagni* les donnent à *Térébinthe*; (c) *Cyrille* de Jérusalem, S. *Epiphane*, & (d) *Archélaüs* dans un autre endroit, les donnent à *Scythien*.

Le docte M. *Fabricius* (2) les a suivis. Pour moi, qui n'ajoute presqu'aucune foi aux Actes d'*Archélaüs*, je les ôterois volontiers à l'un & à l'autre, pour les donner uniquement à *Manichée*. Car quelle apparence y a-t-il, que cet Hérésiarque ait été le Plagiaire de *Scythien*, qui vivoit en même tems que lui? qu'il ait traduit ses Livres, qu'il les ait interpolez, & publiez sous son nom? Quoiqu'il en soit, nous ne pouvons rien dire des prétendus Ouvrages de *Scythien*, dont il ne nous reste que les Titres; mais nous pouvons dire quelque chose de ceux, que *Manichée* donna au Public, bien que la pieuse Antiquité ait pris toutes les précautions possibles pour les faire perir.

Le Livre des MYSTE'RES.

III. Le premier (3) de ces Livres étoit donc intitulé DES MYSTE'RES, *Photius* (4) témoigne, que ce n'étoit qu'un tissu de medisances

(1) *Scripsit ei* (Scythiano) *Terebinthus.* Act. p. 96.

(2) *Scripsit ei* (Scythiano) hoc *est*, *ab eo dictatos.* Fabric. Bibliot. Græca. T. V. p. 281.

(3) Je suis l'ordre où S. *Epiphane* les a rangez. Voyez l'Hérésie LXVI. p. 619. *Photius* a mis le Livre *des Mysteres* le troisiéme.

(4) Καὶ τὴν τρίτην (Βίβλον) τῷ τῶν μυστηρίων ἐπίμυνιεν ὀνόματι; ἐν ᾗ, ὡς ἔοξιν αὐτῷ, τῶ νόμου καὶ τῶν προφητῶν ἀντιλέγει τινες, καὶ διαβολαὶ πραγματεύονται. Phot. Lib. I. Cont. Manich. p. 40.

(5) Ἡ θεὸς καὶ ὕλη, φῶς καὶ σκότος, Ἀγαθὸν καὶ κακὸν ἄκρως ἐναντία &c. Epiph ub. supr. p. 630. Il y a de même dans la Version Latine de *Tite de Bostres*,

ces & de calomnies contre la Loi & les Prophètes. Ce n'eſt pas définir tout à fait bien cet Ouvrage, dont le Titre ſeul annonce toute autre choſe qu'une Critique impie du Vieux Teſtament.

Il paroît en conférant *Tite de Boſtres* avec S. *Epiphane*, que le Livre *des Myſtères* commençoit par ces mots, (5) Dieu et la Matiere *exiſtoient*; *la Lumiere & les Ténèbres*, *le Bien & le Mal. Ils étoient entierement contraires en tout.* Cet Ouvrage étoit partagé en XXII. Sections (*a*) ſelon le nombre des Lettres de l'Alphabet des Syriens, & non de celui des *Perſans*, comme M. *Cave* (6) l'a dit. S. *Epiphane* témoigne, ou du moins il inſinuë, que ce même Livre étoit écrit en *Perſan*, quoique le caractère en fût Syriaque. *Les Perſans*, (7) dit-il, *ſe ſervent ſouvent du caractére Syriaque*, *quoiqu'ils ayent leur propre caractère*, *comme quantité de Nations ſe ſervent du caractère Grec*, *bien qu'elles en ayent un qui leur ſoit propre.* Mais S. *Epiphane* s'eſt trompé, & s'il a eu le Livre de *Manichée*, comme il veut le faire croire, il faut qu'il n'entendît point du tout le Syriaque, puis qu'il l'a pris pour du Perſan, écrit en caractères Syriens. Car *Tite de Boſtres*, qui a réfuté le Livre des Myſtères, & qui paroît l'avoir lû & examiné, témoigne (8) qu'il étoit écrit en Syriaque.

Photius l'a mal défini. C'eſt celui, que *Tite de Boſtres* a réfuté.

(*a*) *Epiph.* ub. ſup. p. 629.

St. *Epiphane* l'a crû mal à propos écrit en *Perſan*. Ce Pere ne ſavoit pas le Syriaque.

A l'égard de la Matiere de ce Livre, il eſt vrai que (*b*) *Manichée* y blaſphémoit le Vieux Teſtament, mais ce n'eſt pas là-deſſus que rouloit principalement ce pernicieux Ouvrage. C'eſt ſur le Dogme des deux Principes, que *Manès* tâchoit de prouver par une démonſtration à *poſteriori*, je veux dire par le mélange de Bien & de Mal, qui eſt dans le Monde. Tout ſon raiſonnement eſt fondé ſur cette maxime, que s'il n'y avoit qu'une ſeule Cauſe très-ſimple, très-parfaite & très-bonne, tous les effets répondroient à la nature & à la volonté de cette Cauſe. Tout ſe ſentiroit de ſa Simplicité, de ſa Perfection, de ſa Bonté; tout ſeroit immortel, heureux, & ſaint comme Elle. On peut juger ſurement de ce que contenoit le Livre *Des Myſtères*, par la réfutation, qu'en a faite *Tite de Boſtres*, qui paroît ſuivre ſon Adverſaire pié à pié, quoiqu'il ne daigne pas s'amuſer quelquefois à montrer tout le ridicule de ſes imaginations Philoſophiques.

Matiere de ce Livre.

(*b*) Vide Præfat. L. III. *Tit. Boſtrenſ.* Biblioth. PP. T. IV. P. II. col. 927.

IV. Le II. Livre attribué à *Scythien*, mais que je croi uniquement de

L[illegible] Des Chapitres.

tres, qui a été faite par *Turrien*, & publiée dans la *Biblioth. des PP.* T. IV. Part. II. col. 879. *Erat Deus & Materia, Lumen & Tenebræ, Bonum & Malum, ſumme contraria* &c.

(6) *Pro literarum quibus Perſæ utuntur numero.* Cav. *Hiſt. Lit.* T. I. p. 10. Ce Savant s'eſt trompé. Il y a dans St. *Epiphane* μίαν μὲν βίβλον ἰσάριθμον εἴκοσι δύο στοιχείων, τῶν κατὰ τὴν Σύρων στοιχείων *Alphabetico ordine*, *pro literarum*, *quibus Syri utuntur*, *numero.* Petav.

(7) Χρῶνται γὰρ οἱ πλεῖστοι τῶν Περσῶν, μετὰ Περσικὰ στοιχεῖα, καὶ τῷ Σύρῳ γράμματι &c. Ibid. Epiph. p. 629.

(8) *Scribit Manichæus Sermone Syriaco utens.* Tit. Boſtr. ub. ſup. col. 883.

de *Manichée*, eſt intitulé (1) DES CHAPITRES. On traduit ainſi, mais cette Traduction n'a point de ſens, κεφάλαια, *les Chapitres*, ne peut ſignifier raiſonnablement, que *les Articles importans*, (2) *Capitaux*, *les Fondemens du Manicheïſme*. *Pierre de Sicile* (*a*) appelle ce Livre κεφάλαιον, mot, qui ſignifie, l'*Abrégé le Sommaire*, mais auſſi le *Principal*, *l'Eſſentiel* d'une choſe. Ne ſeroit-ce point cette Epître de *Manichée*, que l'on liſoit dans les Aſſemblées de ſa Secte, & que S. *Auguſtin* appelle l'*Epître du Fondement?* Elle contenoit les *Principes*, & l'*Abrégé* de ſa Doctrine.

(*a*) *Pet. Sicul.* Hiſt. Manich. p. 20.

Celui d'EVANGILE. Erreur de *Photius*.

V. Le III. Livre s'appelloit EVANGILE. *Photius* dit (3), que c'étoit l'Ouvrage de quelques gens abominables, qui avoient composé une fauſſe Hiſtoire de faux Actes de J. Chriſt. Cet endroit eſt un exemple de la témerité de *Photius* à prononcer ſur ce qu'il ne ſait pas, & ſur ce qu'il n'a point vû. Auſſi eſt-il contredit par *Pierre de Sicile*, qui a écrit dans le même tems, que lui & ſur la même matiére. Ce dernier aſſure, (4) que cet *Evangile ne contenoit aucunes actions de J. Chriſt*, *& n'avoit d'un Evangile*, *que le nom tout ſeul*. Son témoignage eſt d'autant plus conſidérable, qu'il n'a fait que copier (*b*) *Cyrille* de Jéruſalem, plus ancien que lui de cinq cens ans. Je parlerai dans la ſuite de l'EVANGILE de *Manichée*, qu'il qualifioit (5) EVANGILE DE VIE, & qui n'étoit qu'un Recueil de ſes Méditations, ou de ſes prétenduës *Révélations*. Ce Livre fut écrit en Perſan, & ne fut pas apparemment traduit en Grec, car il me ſemble qu'on n'en voit aucune trace dans les Peres Grecs & Latins. *Evangile* ne ſignifie pas une Hiſtoire de la Vie & des Actions de notre Seigneur; mais ſa *Prédication*, ſa *Doctrine*: l'*Evangile de S. Paul* n'eſt que la Doctrine prêchée par S. Paul.

(*b*) *Cyril.* ub. ſup. §. 13.

Livre du THRÉSOR.

VI. Enfin le quatriéme Livre attribué à *Scythien*, & que je croi être uniquement de *Manichée*, eſt appellé (6), le THRÉSOR & même le THRÉSOR DE VIE. Le titre de *Thréſor* eſt aſſez commun aux Orientaux. M. *Aſſeman* (*a*) nous parle d'un Livre de *Jaques d'E-*

(*a*) *Ub. ſup.* T. I. p. 48.

(1) St. *Epiphane* dit, *Des Chapitres*, τῶν κεφαλαίων. ub. ſup. p. 619. De même *Timothée*, Prêtre de Conſtantinople, *de Receptione Hæreticor.* Ap. *Joan. Fabricium* Cod. Apocryph. N. T. p. 138.

(2) C'eſt en effet le ſens: *Tite de Boſtres*, dans l'argument de ſon premier Livre contre les *Manichéens*, ὁ πρῶτος περιέχει λόγος ἔλεγχον καὶ ἀνασκευὴν ΤΩΝ ΜΑΛΙΣΤΑ ΚΕΦΑΛΑΙΩΝ τοῦ δόγματος, &c. *Le prémier Livre contient la réfutation des* PRINCIPAUX ARTICLES, *des Articles* CAPITAUX *de la Doctrine des Manichéens*. *Tite de Boſtres* eſt en Grec, à Hambourg, dans la Bibliotheque de S. *Jean*. *Luc Holſtenius* fit préſent à cette ville de pluſieurs Mss.

(3) Ἐν ᾗ (Βίβλῳ) πράξεις Χριστοῦ τοῦ θεοῦ ἡμῶν, φθορόποιοί τινες, καὶ ἀποτρόπαιοι, θεομάχῳ γνώμῃ, διαπλάττονται. *Phot.* Ibid.

(4) Μίαν (Βίβλον) καλουμένην, ΤΟ ΑΓΙΟΝ ΕΥΑΓΓΕΛΙΟΝ, ἐν ᾗ Χριστοῦ πράξεις περιέχονται, ἀλλ' ὡς μόνον τὴν προσηγορί-

d'Edesse, intitulé, THRE'SOR, ou *Traité des choses Mystiques*, c'est-à-dire du *Baptême*, de l'*Eucharistie*, de la *Bénédiction de l'Eau* &c. Le même Auteur nous parle d'un Livre d'*Abulpharage*, qui a pour titre, (7) le THRE'SOR *des Mystéres*. A l'égard de celui de *Manichée Cyrille* témoigne (8), qu'il étoit de son tems entre les mains des Manichéens, mais sans nous dire rien de ce qu'il contenoit. Les Livres de *Manichée* étant écrits en Persan, ou en Syriaque, comme on vient de le remarquer, les Péres Grecs ne les ont guéres connus. L'Auteur (9) du Traité DE LA FOI *contre les Manichéens*, rapporte deux passages du *Thrésor de Manès*, lesquels il a empruntez de S. *Augustin*, & S. *Augustin* de quelque Auteur inconnu. Mais il y en a un, qui est certainement, ou supposé, ou entiérement falsifié, comme je le prouverai en son lieu. Je soupçonne au reste, que ce titre fastueux de *Thrésor*, ou *Thrésor de Vie*, n'étoit qu'une allusion au mot de J. Christ, qui compare sa Doctrine à un (*a*) *Thrésor caché dans un champ*. *Scythien*, ou *Manichée* se glorifioient d'avoir trouvé ce *Thrésor*, que J. Christ avoit laissé enseveli.

(*a*) *Matt.* XIII. 44.

Scythien. va en Judée avec *Térébinthe.*

VII. Il ne reste plus qu'à parler de la [illegible] du malheureux *Scythien*. Cet Evénement nous fournira un exemple surprenant de la hardiesse de S. *Epiphane* à falsifier l'Histoire des Hérétiques.

On dit que ce Philosophe Arabe fut sollicité par sa femme, de quitter sa Patrie, pour venir demeurer (10) en Egypte. *Cyrille* témoigne, que ce fut à *Alexandrie*, cela peut être. C'étoit là qu'il pouvoit s'entretenir avec des Savans, *Alexandrie* en ayant toûjours eu un grand nombre. Cependant S. *Epiphane* insinue, qu'il s'arrêta à *Hypsele*, ville Episcopale de la Thebaïde, & proche de la Mer Rouge, où il avoit épousé sa femme. Il avoit avec lui un homme nommé *Térébinthe*, que S. *Epiphane* dit avoir été (11) son *Esclave*, quoique, de l'aveu de ce Pere (12), ce fût un très-savant homme. *Après* (13) *un long sejour en Egypte*, (14) le Maître & l'Esclave résolurent de faire un voyage en Judée, pour y con-

γοεῖαν. *Petr. Sicul.* ub. sup.

(5) Τὸ ζῶν Εὐαγγέλιον. Ap. *Coteler.* PP. Apost. T. I. p. 537.

(6) Ὁ θησαυρὸς τῆς ζωῆς. Ap. *Coteler.* ub. sup. *Epiphan.* p. 629.

(7) Le Syriaque signifie à la lettre le GRENIER DES MYSTE'RES (*Horreum mysteriorum*) mais les Arabes l'appellent *le Thrésor des Mystéres*.

(8) ἦν νῦν πεφοιτηκὸς, θησαυρὸν, nempe βίβλον. *Cyril.* ub. sup.

(9) On l'attribue à *Euzale*, ami de St. *Augustin* & son Imitateur, ou plutôt son Copiste. Voyez les Chapp. V. & XIV. de ce Traité.

(10) Les Actes disent simplement *en Egypte* : mais *Cyrille* nomme *Alexandrie*. Cyril. *ub. sup.*

(11) Δοῦλος ὑπῆρχε Σκυθιανοῦ. *Epiph.* p. 620.

(12) ἦν γὰρ αὐτὸς ἐν γράμμασιν ἐπιμελέστατα παιδευόμενος. Ibid.

(13) Χρόνῳ δὲ πολλῷ. *Epiph.* p. 619.

(14) *Placuit* Scythiano, *discurrere in* Ju-

Et y meurt de maladie.

conférer de leurs opinions avec les Savans de cette Province, & tâcher de se faire des Sectateurs. Mais *à peine y furent-ils arrivez que Scythien mourut.* Les Actes d'*Archélaüs* ne disent rien du genre de sa mort, ce qui fait voir, qu'il n'y eut rien de surnaturel. *Cyrille* de Jérusalem s'explique assez modestement là-dessus. *Le Seigneur* (1), dit-il, *envoya à* Scythien *une maladie, qui arrêta tout d'un coup le cours de cette Peste. Photius* ajoûte seulement que cette (2) *maladie fut très-douloureuse.*

Fausseterz manifestes de S. Epiphane.

Voilà tout ce que je trouve dans les Auteurs, qui ont précédé St. *Epiphane*, & qui étant plus proches que lui des Evénemens, (j'en excepte pourtant *Photius*, qui copie *Cyrille*) doivent avoir été pour le moins aussi-bien instruits que lui. Ecoutons à présent cet Auteur, & voyons de quelles fictions il a orné tout ce recit. „ SCYTHIEN (3), *dit-il*, corrompu par les Délices *résolut de* „ *faire un voyage à* JÉRUSALEM, AU TEMS DES APÔ„ TRES, afin de disputer avec ceux, qui prêchoient, qu'il n'y „ a qu'un seul Principe, & que Dieu est le Créateur de toutes „ choses. Ainsi, dès qu'il fut arrivé dans cette Ville, il commença „ d'avoir des Conférences (4) avec *les Prêtres qui vivoient selon la Loi* „ *donnée par Moyse, & qui expliquoient la Doctrine des Prophètes.* „ Comment osez-vous affirmer, *leur disoit-il*, qu'un seul & même „ Dieu a créé le Jour & la Nuit; le Corps & l'Ame; le Sec & „ l'Humide; le Ciel & la Terre; les Ténèbres & la Lumiére? „ Quoiqu'ils lui montrassent, qu'un seul Dieu étoit l'Auteur de „ toutes ces choses, il avoit néanmoins l'impudence de les contre„ dire opiniâtrement. Enfin (5) *après plusieurs années de séjour* à „ Jérusalem, *Scythien* voyant, qu'il ne pouvoit ni convaincre ses „ adversaires, ni les persuader, voulut obtenir par des Prestiges „ ce qu'il ne pouvoit gagner par la voye du raisonnement. Car „ entre les choses qu'il avoit aquises par son commerce avec les In„ diens, les Egyptiens, & les autres Gentils; il y avoit surtout „ la Science de la Magie, qu'il possédoit à fond. Il médite donc, „ il consulte ses Livres, pour trouver dans les Prestiges de son Art „ une ressource à son Erreur; (6) Et, quand il eut tout préparé, „ il monte sur la platte-forme d'une maison, afin de donner à tou„ te la ville de Jérusalem, sur un Théatre élevé, le Spectacle „ d'un

Judæam ut ibi congrederetur, cum omnibus, quicunque ibi viderentur esse doctiores, & pervenit eum continuo vita fungi. Act. p. 96. *Pervenit* a été mis par un mauvais Traducteur pour *contigit.*

(1) Νόσῳ θανατώσας ὁ κύριος ἔπαυσε τὴν λοιμώδη κατάστασιν. *Cyril. ub. sup.* p. 93.

(2) Πικρῷ θανάτῳ. *Phot.* ub. sup. p. 40.

(3) Στέλλεσθαι τὴν πορείαν ἐπὶ τὰ Ἱεροσόλυμα περὶ τοὺς χρόνους τῶν Ἀποστόλων, &c. p. 620.

(4) Πρὸς τοὺς ἐκεῖσε πρεσβυτέρους, τοὺς κατὰ τὴν νομοθεσίαν θεοῦ τὴν τοῦ Μωϋσῆ ἐοδεῖσαι,.

„ d'un grand Prodige ; mais ſes Démons l'ayant abandonné, & „ ſes conjurations étant inutiles, il tomba du haut de la Maiſon, & „ ſe tua, ſans avoir pû rien opérer ".

Quelque indulgent que l'on ſoit pour S. *Epiphane*, il faut convenir, qu'il n'y a dans ſon récit, ni Jugement, ni Bonne-foi. Pour du Jugement, il n'y en a point. Cela ſe démontre. *Scythien* va à Jéruſalem lorſque le Temple ſubſiſte encore, qu'on y fait le Service, & que les Prêtres y enſeignent la Loi. Il y va donc, & y meurt, avant l'an ſoixante & dix de notre Seigneur. *Térébinthe* (7), ſon unique Diſciple, ſe retire dans la Province de Babylone, auſſi-tôt après la mort de ſon Maître : Il y meurt lorſque *Manichée* avoit ſept ans. Cet Héréſiarque étant né en 240. *Térébinthe* doit être mort vers l'an 247. Donnons-lui trente ans, lorſqu'il quitta Jéruſalem pour aller prêcher l'Héréſie aux Chaldéens, il ne pouvoit guere en avoir moins. Calculons à préſent, & nous trouverons, que, ſelon S. *Epiphane*, *Térébinthe* doit avoir vécu plus de deux cens ans : Encore fallut-il que le Démon le precipitât comme ſon Maître, du ſommet d'une Maiſon en bas. Selon ſon Hypotheſe *Térébinthe* auroit vecu plus de deux cens ans.

Mais changeons d'Epoque : plaçons le voyage de *Scythien* à Jéruſalem, & ſes Diſputes avec les Prêtres & les Docteurs de la Loi, ou dans l'intervalle, entre la ruïne de Jéruſalem par *Tite*, & la conſtruction d'*Elia*, en la place ou proche de l'ancienne Jéruſalem, par *Adrien* : c'eſt-à-dire depuis l'an LXX. juſques vers l'an (8) CXIX. Ou mettons ce voyage & ces Diſputes depuis qu'*Adrien* eut bâti *Elia*. Tout cela ſe pourroit faire, ſi le récit de S. *Epiphane* le permettoit. Mais premiérement, c'eſt ſortir du tems des Apôtres, dont aucun n'a ſurvécu à la ruïne de Jéruſalem, ſi ce n'eſt peut-être S. *Jean*, à qui le Seigneur ſemble avoir prédit, qu'il verroit ce terrible Evénement, lorſqu'il dit à S. *Pierre*, (a) *Si je veux qu'il demeure juſqu'à ce que je vienne, qu'en as-tu affaire?* La deſtruction de Jéruſalem eſt repréſentée comme l'effet d'un avenement de N. Seigneur. La Relation de S. *Epiphane* eſt inſoutenable.

(a) *Jean* XXI. 22.

Je dis en ſecond lieu, que ni depuis la deſtruction de Jéruſalem par *Tite*, qui fit paſſer la charrue ſur ſes ruïnes, ni depuis la conſtruction d'*Elia*, il n'y eut plus de Temple à Jéruſalem, ſi ce n'eſt celui qu'*Adrien* y fit bâtir en l'honneur de Jupiter : plus de Service

θεῖται, καὶ προφητικῇ ἑκάστῳ προφήτου διδασκαλίᾳ βιοῦντας. Ib.

(5) Ἦν διατρίψας ἐκεῖ ἱκανὰ ἔτη. Ibid.

(6) Φαντασίαν τινὰ ἐπὶ δώματος ἀνελθὼν, καὶ ἐπιτηδεύσας, ὅμως οὐδὲν ἰσχύσας, ἀλλὰ μεταπεσὼν ἐκ τοῦ δώματος, τέλει τοῦ βίου ἐχρήσατο. *Epiph.* Ibid.

(7) Tous les faits qui ſuivent ſont reconnus par S. *Epiphane*, excepté le tems de la naiſſance de *Manichée*, qu'on ne fait que par la Chronique d'Edeſſe.

(8) Il faut conſulter *Pagi*, Crit. *Baron.* An. 119. §. IV. & An. 132. §. II. où il montre qu'*Elia* fut bâtie par *Adrien* en l'année 119. de l'Ere Vulgaire.

vice selon la Loi, plus de Prêtres, plus de Collége de Docteurs, pour y enseigner la Doctrine des Prophètes. Afin de conserver tant soit peu de vraisemblance au récit de S. *Epiphane*, il faudroit mettre le voyage de *Scythien* à Jérusalem vers la fin du II. Siécle; mais bien loin qu'il y eût alors dans cette ville ni Prêtres, ni Ecole des Docteurs Juifs, il ne leur étoit pas même permis d'en approcher. Et pour me servir des termes d'*Eusébe* (1), „ cette malheureuse Nation fut réduite à une telle calamité, que „ les Loix des Empereurs ne leur permettoient pas seulement de „ contempler de loin les ruïnes & la désolation de leur Metropole.

Fable de la mort de Scythien.

Que dirons-nous à présent du Spectacle Magique, par lequel *Scythien* voulut étourdir & confondre ses Adversaires, surprendre la foi de toute Jérusalem? Et qu'en pouvons-nous dire, sinon que c'est un mensonge inventé pour noircir la mémoire d'un Philosophe Hérétique, & pour faire regarder les prémiers Predicateurs du Manicheïsme comme des Ministres des Démons, & en même tems comme des Victimes de leurs fureurs? Si St. *Epiphane* en est l'Auteur, il est fort coupable; & s'il l'a rapporté sur le récit de quelcun, quoiqu'il n'allégue aucun témoin, c'est un homme léger, & qui ne mérite aucune créance. *Archélaüs*, qui est au fond son Original, n'accuse point *Scythien* de Magie, & parle de sa mort comme d'une mort naturelle. *Cyrille* de Jérusalem, qui a écrit trente ans avant St. *Epiphane*, & qui devoit au moins savoir ce qui s'étoit passé dans la ville, dont il étoit Evêque, ne fait non plus aucune mention de la Magie de *Scythien*, ni du prodige, qu'il avoit eu dessein d'opérer, ni de sa fin tragique. Il MOURUT, dit *Cyrille*, *d'une* MALADIE, dont le *Seigneur* le frappa. *Photius* (a) & *Pierre de Sicile* s'en tiennent au récit de *Cyrille* de Jerusalem, quoiqu'ils ne negligent rien de ce qui peut flétrir la Secte *Manichéenne*. Le P. *Alexandre* (b), & d'autres Modernes, auroient mieux fait de les imiter, que d'insérer dans leurs Relations le faux merveilleux de la mort de *Scythien*.

(a) *Photius* ub. sup. p. 40. *Petr. Sicul.* ub. sup. p. 22.

(b) *Nat. Alex.* Secul. III. Art. IX.

CHAPI-

(1) Εἰς τοῦτο τὸ κακὸν περιέστησαν, ὡς νόμοις καὶ διατάγμασιν αὐτοκρατορικοῖς, μηδὲ ἐξ ἀπόπτου τὴν ἐρημίαν τῆς ἑαυτῶν μητροπόλεως θεωρεῖν ἐπιτρέπεσθαι. *Euseb.* in *Esaia* Cap. VI. p. 379. In Collect. Nov. *Bern. de Montfauc.* T. II.

CHAPITRE V.

Examen de l'Histoire de Térébinthe.

I. Archélaüs raconte, que Térébinthe, l'unique Disciple de *Scythien*, ayant rendu les derniers Devoirs à son Maître, se retira *dans la Province de Babylone* (1), S. *Epiphane* dit *dans le Pays des Perses* (2). Cela est juste, quoique moins précis : mais le P. *Pétau* ne devoit pas traduire, *dans la Perside*, terme, qui designe la Province particuliére, qui a donné son nom à la Nation, ou plutôt (a) qui l'a pris de la Nation même des Perses. Il est vrai, que *Cyrille* de Jérusalem a dit aussi (b) *dans la Perside*, mais le Pére *Pétau* est Traducteur, & non pas Auteur. D'ailleurs *Cyrille* s'est mal exprimé, les Provinces de Perse & de Babylone étant fort différentes.

Térébinthe passe en Assyrie. Inexactitude de Pétau.

(a) Voyez *Cellar.* Not. Orb. Antiq. T. II. p. 717. & seq.
(b) *Ubi. sup.* p. 93.

En changeant de séjour, *Térébinthe* changea aussi de nom, & prit celui de Buddas. La question est de savoir quelles furent les causes de ce double changement, & l'on peut bien croire que les Péres ne sont pas disposez à en imaginer d'innocentes. En effet S. *Epiphane* dit hardiment (c), „ Que s'étant saisi de l'or & de „ l'argent de son Maître, il n'osa retourner auprès de sa Veuve ". Mais *Cyrille* de Jérusalem, qui suit plus exactement les Actes d'*Archélaüs*, se contente de dire, (d) qu'*étant connu en Judée sur le pied d'un Hérétique*, il fut contraint de se réfugier chez les Perses. C'est ainsi que ces deux Auteurs différent & s'accordent. Ils différent sur la nature du motif, & s'accordent à en supposer un mauvais. Selon l'un, c'est un Voleur, qui fuit & se cache ; selon l'autre, c'est un Hérétique proscrit. Mais heureusement pour la reputation du malheureux *Térébinthe*, il est justifié par les Actes mêmes d'*Archélaüs*, qui témoignent, (3) „ Qu'arrivant dans la Province „ de Babylone, il publia, qu'il ne s'appelloit plus Térébin„ the, mais Buddas, & que ce nom lui avoit été imposé ". Ce n'est donc pas un Criminel fugitif, qui change de nom pour demeurer inconnu, pour se soustraire à la peine, ou à l'ignominie, puis qu'il déclare publiquement, qu'il est Térébinthe, mais

Prend le nom de Buddas. Fausses raisons de ce changement

(c) *Epiph.* ub. sup. § 3.

(d) *Cyril.* ub. sup. § 11.

St. Epiphane & Cyrille dementis par Archélaüs.

Ch. V. (1) *Babyloniam petiit.* Act. p. 96. Βαβυλωνίαν χώραν. *Socrat.* ub. sup.
(2) Εἰς τὴν τῶν Περσῶν χώραν. *Epiph.* p. 620.
(3) *Qui cum venisset talem de se famam promulgavit* Ipse Terebinthus, *dicens, se vocari, non jam* Terebinthum, *sed alium* Buddam *nomine, sibique hoc nomen impositum.* Act. p. 96.

mais que deſormais on doit l'appeller BUDDAS, parce qu'on lui a donné ce nom.

Un peu plus d'attention & d'équité, de la part des Anciens, leur auroit découvert la raiſon innocente, pourquoi cet homme, qui s'appelloit *Térébinthe* chez les Grecs, s'appella *Buddas* chez les Caldéens. Je la dirai tout à l'heure après que j'aurai rapporté les conjectures de quelques Savans ſur ce ſujet.

Conjectures peu juſtes ſur ce changement.

(a) Faoric. ub. ſup. T. V. p. 281.

M. *Fabricius* (a) remarque, après *André Muller de Greiffenbague*, que les Indiens appellent leurs Philoſophes du nom de *Buddas*. Cela vient peut-être de ce qu'il y a eu aux Indes, dans les anciens tems, un Philoſophe célèbre, que l'on y vénere encore comme une Divinité à cauſe de ſes grandes Vertus, & qui s'appelloit *Bouttas*. (1) *Clément* d'Alexandrie en parle. M. *Hyde* avouë qu'il ne ſait pas ſi celui, que les Indiens honorent, a été quelque Saint Philoſophe; mais il croit, que s'ils l'ont appellé (2) BOUTT (les Arabes diſent BUDD) c'eſt parce que ce mot ſignifie en Perſan une *Idole*. Cette conjecture n'eſt certainement pas heureuſe. Il eſt bien plus vrai-ſemblable, que le nom du Philoſophe Payen paſſa à ſon Image & que ce même nom, qui ne ſignifie originairement que l'*Image*, ou l'*Idole* du Philoſophe eſt devenu chez les Perſans, voiſins des Indiens, le nom général des Idoles.

Quoiqu'il en ſoit, M. *Fabricius* ſemble croire, que *Térébinthe* avoit pris, ou qu'on lui avoit donné le nom de *Buddas* à cauſe de ſa Science. Si cet habile homme y avoit bien penſé, il ſe ſeroit aiſément apperçû, que *Térébinthe* & *Buddas* ſont au fond le même nom, & qu'ils ne différent que comme le *Chriſt* & le *Meſſie*, comme *Pierre* & *Cephas*, comme *Dorcas* & *Tabitha*.

Térébinthe & *Buddas* ſont le même nom; le premier Grec, le ſecond Caldaïque.

TE'RE'BINTHE (Τερέβινθος) eſt un mot Grec, qui ſignifie une ſorte d'arbre. Les Savans ſont partagez ſur l'eſpèce: mais ils conviennent, que les Caldéens appellent *Boutema* ou *Butam*, l'ar-

(1) *Εἰσὶ δὲ τῶν Ἰνδῶν, οἱ τοῖς Βούττα πειθόμενοι παραγγέλμασι, ὃν, δι' ὑπερβολὴν σεμνότητος, εἰς θεὸν τετιμήκασι*, *Clem. Al.* Strom. L. I. p. m. 305.

(2) *Buddas*, *Bouttas*, eſt le mot de BOUTT, ou BUDD, avec une termi-naïion Grecque. J'ai vû dans l'Extrait d'une Relation de l'Ile de *Ceilan*, (*Europ. Sav.* Août 1719. p. 220. (que les Habitans de cette Ile appellent BUDA, ce qu'ils repréſentent comme le plus excellent de tous les Etres. Ils le repréſentent ſous la figure d'un homme, mais d'une taille Giganteſque, ayant plus de 32. pieds de haut. On peut voir dans un fragment du Livre de *Porphyre*, *De Styge*, (Ap. *Luc. Holſten.* poſt *Vit. Pythag.* p. m. 283.) la Deſcription que *Bardeſanes* avoit faite d'une Statuë myſterieuſe, qu'il avoit vuë aux Indes, dans un Antre très-profond, & qui avoit dix à douze coudées de hauteur. Cette Statuë ne tepréſentoit point la Divinité. Les *Brachmanes* diſoient, qu'elle étoit le modéle, que Dieu avoit donné à ſon Fils, quand il lui ordonna de créer le Monde.

(3) *Cœnobium Betbma*, *id eſt*, *Terebinthi*

l'arbre, que les Grecs nomment *Térébinthe*. Par exemple, il est dit dans la Genese (*a*) que *Jacob enterra sous un Chêne*, près de *Sichem*, les Dieux étrangers, qu'il avoit apportez de Mésopotamie. Les LXX. ont traduit, *sous un Térébinthe*, & la Paraphrase Caldaïque, sous un *Boutema*. Il est parlé dans *Esaïe* (*b*) de deux Arbres, que nos Traducteurs appellent le *Chêne* & le *Rouvre*. Pour exprimer le mot Hébreu, que nous avons rendu par un *Chêne*, les LXX. ont mis un *Térébinthe*, & la Paraphrase Caldaïque *Boutema*. Les Syriens Orientaux ont un Monastère, qui s'appelle (3) *le Monastère de Bethma*, *c'est-à-dire*, *du Térébinthe*.

(*a*) Chap. XXXV. 4.

(*b*) Chap. VI. 13.

Voilà donc tout le mystère de ce changement de nom. L'ami, le compagnon de *Scythien* s'appelloit *Térébinthe*, chez les Grecs, parce qu'il portoit le nom d'un Arbre, que les Grecs appelloient de la sorte. Passons chez les Babyloniens, qui nomment cet Arbre *Boutema*, ou *Boutam*, il prend ce dernier nom, ou, si l'on veut, les Babyloniens le lui donnent, parce qu'il a la même signification, que *Térébinthe* en Grece. J'avois deviné ce petit mystère, & je croyois être le premier, mais j'ai trouvé depuis, que M. *Hyde* (4) m'avoit prévenu, aussi-bien que le savant *Bochart* que je vai citer. Le Lecteur peut voir (5) au bas de la page ma pensée sur toute cette histoire.

Je ne croi pas, que quelque mauvais Grammairien s'avise de contester ce que j'avance, sous prétexte que *Boutema*, ou *Butema* & *Buddas* paroissent des noms fort différens. En tout cas je le renvoyerois à un homme, qui est un Oracle sur ces matiéres, & qui lui apprendroit (6), que les Grecs, n'ayant point de mots, qui se terminent en M, retranchent cette lettre finale, quand ils naturalisent un mot étranger. Il en allégue entre autres exemples, le nom de *Buddas*, qui a été formé de l'Assyrien *Boutam*. Cette observation de *Bochart* servira peut-être dans la suite, à nous faire connoître le vrai nom de *Manichée*.

Comment les Grecs ont changé *But ma* en *Buddas*.

II. Je

binthi. Assem. *Bibl. Orient*. T. III. P. I. p. 496.

(4) *Transtulit* (Terebinthus) *nomen suum in* BUDDAM, *rectius* BUTM, *seu* BUDM, TEREBINTHUM *significans*. Hyd. *ub. sup*. p. 280.

(5) Ma pensée est, que *Buddas* fut un des premiers Disciples de *Manichée*, comme on le prouve par le témoignage de *Cyrille* de Jérusalem; qu'il étoit *Assyrien*, qu'étant venu d'*Assyrie* en *Egypte*, ou en *Judée*, il y fut appellé *Terebinthe*, & reprit son nom de *Buddas* quand il retourna auprès de son Maître. *Bud* ou *Buddas* étoit un nom Assyrien On trouve dans *Asseman*. T. III. P. I. p. 219. *Bud Periodeutes*. Il vivoit vers l'an 570. C'étoit un Ecclesiastique, qui alloit visiter les Eglises Orientales du Patriarchat de Séleucie. Il avoit appris l'Indien

(6) *Graci quibus nulla vox in M. desinit*, M. finale *ademerunt*, *ut in* ABRA, MARIA, GEHENNA, & similibus... *Et in Veterum Scriptis* BUDDAS & BUDAS, *quomodo apud Persas*, *pro* Terebintho *appellatur Praeceptor impii* Manetis, *factum est ex Assyrio* BUTAM. Bochart. *Geogr. Sac*. P. II. Cap. 28. p. 527.

Nouvelle calomnie contre *Buddas* refutée. Il n'est point dit Fils d'une Vierge.

(*a*) Act. p. 96.

II. Je viens de justifier *Térébinthe* de l'accusation d'avôir changé de nom pour cacher sa honte & son crime. Justifions-le à présent d'une imposture beaucoup plus criminelle. *Archélaüs* dit (*a*), „ qu'aussi-tôt qu'il fut arrivé dans la Province de Babylone, il fit „ courir le bruit, qu'il étoit né d'une Vierge, & qu'il avoit été „ élevé dans les Montagnes par un Ange ". Pour le coup, le mensonge est grossier, non de la part de l'Accusé, qui n'en fut pas coupable; mais de la part de l'Accusateur, quel qu'il soit. Je ne parlerois pas sur un ton si ferme, si je n'avois une Démonstration toute prête, pour soûtenir ce que j'avance. Cette Démonstration est, qu'il est contradictoire, qu'un Manichéen se soit vanté d'être Fils d'une Vierge; parce qu'un des Principes du Manicheïsme étoit, qu'il est impossible qu'une femme mette un Fils au Monde sans le concours d'un homme. C'est ce que je vai prouver par un témoin irréprochable.

Les *Manichéens* ont nié la possibilité du fait.

On sait, que les Manichéens ont nié l'Incarnation. Ils ont soûtenu, que deux Natures aussi disproportionnées, que le sont celle du Verbe, & celle de l'Homme, ne sauroient être unies ensemble, ni composer une seule Personne. Ils ont de plus attaqué l'Histoire de la naissance du Seigneur, & nié l'Article du Symbole, *Il est né d'une Vierge*. C'est ce que S. *Ephrem* témoigne dans un Discours intitulé, LA PERLE. Les Manichéens (1) appelloient de la sorte *l'Ame Humaine*, cette *Particule de Lumiére*, qui est dans l'Homme, où elle se trouve engagée avec la *Matiére*. S. *Ephrem*, faisant allusion à cette opinion Manichéenne, & ayant pour sujet la Parabole de l'Evangile, *Matt.* XIII. 45. compare la Nature Humaine de Jesus-Christ à *une Perle*, & pousse fort loin ce paralléle. C'est dans ce Discours, qu'il parle en ces termes: (2) „ Les Manichéens soûtiennent, qu'un homme ne peut naître que de l'union des deux Sexes, ajoûtant, que, si Jesus-Christ avoit été „ formé comme Adam, il auroit bien l'hypostase d'un homme, „ c'est-à-dire une véritable Nature Humaine; mais que, s'il est „ né d'une Vierge, & sans le concours d'un homme, il ne peut „ avoir pris que la figure d'un homme ". Il n'y a point de milieu. *Térébinthe*, étant Manichéen, il faut, ou qu'il ait prétendu n'être

(1) *Particulam Luminis quam*, (Manichæi) *dicunt* MARGARITAM. C'est dans l'*Indiculus* attribué à S. *Jerôme*.

(2) Πρὸς Μανιχαίους διαλέγεται... Οἶδα τι λέγουσιν. Διὰ συμπλοκῆς, σώματος φύσιν γεννηθεὶς, οὐ δύναται εἶναι ἄνθρωπος. Εἰ μὲν γέγονεν ὡς Ἀδὰμ ἔσχε, φησὶν, ἀνθρώπου ὑπόστασιν: εἰ δὲ γεννήθη ἐκ παρθένου, ἐκτὸς συνουσίας ἀνδρὸς, σχῆμα ἀνείληφε. Ephr. *de Margarita*, Op. Gr. p. τπζ. Edit. Oxoniensis.

(3) *Apud Gymnosophistas Indiæ, quasi per manus hujus opinionis auctoritas traditur; quod* BUDDAM, *Principem dogmatis eorum, è latere suo Virgo generavit.* Hieron. adv. *Jovin.* L. I. p. m 345.

(4) *De nostro* (Budda) *loquitur Div. Hieronymus. L. I. adv. Jovin. ubi ait, quem è latere suo virgo dicitur generasse* Toll. *Insig. Itin. Ital.* p. 137. Ce Critique a con-

n'être homme qu'en apparence, ou qu'il n'ait jamais prétendu être né d'une Vierge. Ceux qui lui ont reproché cette Imposture ne connoissoient pas les Principes de sa Secte.

Oserai-je le dire, ou plûtôt le répéter, car cette réflexion se présente incessamment à mon Esprit. Les Anciens abusent avec un peu trop de licence de la crédulité du Vulgaire Catholique: Le moindre prétexte leur suffit pour attribuer aux Sectaires les opinions les plus folles, les impostures les plus hardies. Découvrons au Lecteur l'origine de celle-ci.

Je viens de parler d'un ancien Philosophe des Indes nommé *Buddas*. *Terebinthe* porte le même nom. Il n'en faut pas davantage, pour lui imputer de s'être vanté du Privilége fabuleux, que les Indiens donnoient à leur Philosophe. (3) „ C'est, *dit S. Jerôme*, une ancienne Tradition des Gymnosophistes, que Buddas, l'Auteur de leur Philosophie, nâquit d'une Vierge, qui „ l'enfanta par le côté". C'est-là l'origine du mauvais conte qu'on a fait de notre *Buddas*. S'il avoit gardé son nom Grec, on n'eût jamais pensé à lui reprocher la vanité ridicule de s'être dit Fils d'une Vierge. Il en est redevable à son nouveau nom. Je corrige au bas de la page une méprise de *Tollius* (4), qui a confondu le *Buddas* des Gymnosophistes avec celui des Manichéens, & j'avertis ici en passant le Lecteur curieux, qu'entre les extravagances, que les Anciens attribuent à *Simon le Magicien*, il y a aussi celle d'avoir voulu passer pour Fils d'une Vierge. L'Auteur des *Recognitions* lui a mis dans la bouche ces paroles, (5) *Avant que* Rachel *ma Mere eût aucun commerce avec mon Pere* Antoine, *elle me conçut étant encore Vierge*. Il n'y a point d'Hérétique, dont on nous ait fait des contes plus faux ni plus ridicules, que de ce *Simon*. Je ne m'arrêterai pas à refuter celui-ci.

Origine ou prétexte de la Calomnie.

Les Peres ont attribué au *Buddas* Manichéen, ce que les Indiens disoient de leur *Buddas*.

Faute de *Tollius*.

Simon le Magicien accusé de s'être dit Fils d'une Vierge.

III. *Buddas*, car il faut desormais l'appeller de la sorte, n'étoit pas oisif dans la Province de Babylone. On dit, (6) „ qu'il y „ disputoit sans cesse avec un Prophète des Perses, nommé *Parcus*, & avec *Labdacus*, *fils*, ou *Prêtre* de *Mithra*. Leurs „ Disputes rouloient sur ce qui étoit avant la création du Monde;

Buddas dispute avec des Mages. Sur quoi.

confondu le *Buddas* des Indes avec le Manichéen *Buddas*. C'est du premier qu'a parlé S. *Jerôme*. l. c. *Hyde* remarque aussi, qu'un Auteur, nommé *Beverlinck*, a dit de *Manichée* ce qui est dit ici de *Buddas*. Hyd. *ub. sup.* p. 284.

(5) *Ante enim quam mater mea Rachel conveniret cum eo, adhuc Virgo concepit me.* Recog. L. II. 14. p. 508.

(6) *Licet frequentius objurgaretur, nuntiabat eis, quæ ante seculum essent, & de Sphæra, & duobus luminaribus; sed & quo, & quomodo animæ discedant, & qualiter iterum revertantur in corpora; & alia multa ejusmodi, & horum nequiora, id est, bellum Deo commotum esse in Principiis, ut ipse Propheta crederetur.* Act. p. 97. Ces mots *in Principiis* expriment mal l'original, où il y avoit ἀρχαῖς, qu'il falloit rendre par *Principibus*. L'Auteur veut parler des Démons.

„ de ; sur la *Sphére* ; sur les deux Luminaires : sur le lieu, où „ vont les Ames des morts : sur la maniére dont elles y sont trans- „ portées : comment elles reviennent animer d'autres Corps, & „ enfin, sur la guerre que les Puissances avoient faite à Dieu ". Je ne sai pourquoi S. *Epiphane* quitte ici son Auteur *Archélaüs*, & réduit toutes les Disputes de *Buddas* avec le Prophéte & le *Prêtre* des Perses, à la seule Question, *s'il y a deux Principes de toutes choses.* (1) „ Buddas, *dit-il*, disputoit avec eux tou- „ chant les deux Principes, & ne pouvoit répondre aux argumens „ de ces deux Chefs de l'Idolatrie, qui le convainquoient d'erreur.

Il n'est pas [illegible] que [illegible] les deux Principe, [illegible] commun chez les Perses.

Nous verrons, dans la seconde Partie de cet Ouvrage, quels étoient les sentimens des *Manichéens* sur ces diverses Questions. Je m'étonne seulement, qu'il y eût de grandes disputes là-dessus entre *Buddas*, & les *Mages*, ou les Docteurs Persans. Car encore que *Zoroastre* & ses Disciples n'ayent reconnu qu'un seul Principe suprême, comme je l'ai montré, je croi néanmoins qu'on peut assurer, que ce Systême n'étoit pas le Systême general des Perses, le Systême le plus commun. Au moins *Plutarque* ne l'a pas crû. „ Les Perses enseignent (2), *dit-il*, qu'il y a deux Dieux „ opposez, & rivaux l'un de l'autre ; l'un, qu'ils appellent *le* „ *Dieu bon*, est l'Auteur des Biens, & l'autre, qu'ils nomment „ *le Démon*, est l'Auteur des maux ". *Agathias* a dit depuis, (3) „ que les Perses étoient dans la même erreur, que les *Manichéens*, „ en ce qu'ils reconnoissoient deux premiers Principes ; l'un, qui est „ bon, & qui produit tous les Biens ; l'autre, qui est mauvais, „ & qui produit tous les maux ". Il n'étoit donc pas naturel, que *Buddas* eût de grandes Disputes, avec des Docteurs Persans, sur une Question, sur laquelle les Doctes de la Nation étoient partagez : Et à moins que S *Epiphane* n'ait mieux connu le Systême de *Zoroastre* que n'ont fait tous les Grecs, il n'a pû croire, qu'il y eût, parmi les Persans, une Secte assez sage, pour ne reconnoître qu'un seul Principe souverain. Aussi *Archélaüs* ne dit point, que les Disputes roulassent sur la Question des deux Principes, mais sur *la guerre, que les Puissances avoient faite à Dieu.* Cette guerre étoit pourtant une ancienne fiction des Mages, inventée pour expliquer le mêlange du Bien & du Mal. *Manichée* l'avoit empruntée d'eux.

IV.

(1) Συζητήσας περὶ δύο ἀρχῶν, καὶ μὴ δυνηθεὶς πρὸς τοὺς τῆς εἰδωλολατρείας προστάτας διαλεχθῆναι, ἀλλ' ἐλέγχῳ κατασταθεὶς παρ' αὐτῶν &c. Epiph. ub. sup. §. 3.

(2) Θεοὺς εἶναι δύο καθάπερ ἀντιτέχνους, τὸν δὲ ἀγαθῶν, τὸν δὲ φαύλων δημιουργόν. Plutar. If. & Osir. p. 369.

(3) Νῦν δέ, ὡς τὰ πολλά, Μανιχαίοις κατὰ τοῦτο ξυμφέρονται (Persæ) ἐς δύο τὰς πρώτας ἡγεῖσθαι ἀρχὰς &c. *Agath.* Hist. Just. L. II.

(4) *Ad viduam quandam secessit ; nullo ibidem Discipulo acquisito præter unum solum. Tunc deinde, mane primo, ascendit solarium quoddam excelsum, ubi nomina quædam cœpit invocare, quæ nobis Turbo dixit, solos septem Electos didicisse. Cum ergo ascen-*

IV. „ *Buddas*, (4) ne pouvant faire aucun Disciple, se retira, „ *dit Archélaüs*, chez une veuve : ce fut là, qu'étant monté, de „ fort grand matin, sur la platte-forme de la Maison, pour y in- „ voquer certains Noms, qui ne sont connus que des sept Elus „ de la Secte, & pour y faire certaines opérations, Dieu com- „ manda à un Esprit de le précipiter ; ce qui fut executé à „ l'instant.

Relation de la mort de *Buddas*.

Il fut precipité par le Demon.

Il est rare que les Ecrivains, qui rapportent une Histoire, n'y ajoutent pas des circonstances nouvelles. *Archélaüs* a dit simplement, que *Buddas vouloit invoquer certains noms, qui ne sont connus que des Elûs* : *Cyrille* de Jerusalem, dit (5), qu'*il invoqua les Démons de l'air, ces Démons, que les Manichéens invoquoient encore de son tems dans leur detestable* (6) *Ischas*. *Archélaüs* avoüe, qu'il ne sait pas, *quelles operations, quelles ceremonies*, *Buddas* avoit dessein de faire. St. *Epiphane*, mieux instruit, dit, (7) „ qu'à „ l'aide de sa Magie il vouloit opérer quelque prodige, qui con- „ fondît ses Adversaires, & qui leur fermât la bouche ". *Archélaüs* dit, que Dieu commanda à un Esprit de le précipiter. St. *Epiphane* dit, que cet *Esprit* fut (8) un *Ange*. *Cédréne* de son côté veut que ce soit (9) *un Esprit impur* : Et l'Historien *Socrate*, comme s'il avoit vû cette Tragédie, représente l'Esprit (10) empoignant le malheureux *Térébinthe*, & le jettant du haut de la maison en bas. Mais ce qu'il y a de plus admirable dans tout ce recit, c'est que, de l'aveu du premier Auteur, de *Tyrbon*, qui l'avoit fait à *Archélaüs*, *Buddas* étoit *seul* (11) *parcequ'il craignoit d'être vû, & d'être convaincu*, de sorte qu'à moins d'une Révélation, personne n'a pû savoir, ni ce que *Buddas* avoit dessein de faire, ni ce qu'il fit, ni comment il tomba du haut de la Maison, & se tua.

Examen de cette Relation

Dépouillons-nous un peu de cette haine, si ancienne & si invétérée contre les Hérétiques, & ne nous livrons pas, sans réserve, à tous les soupçons, ou plutôt, à toutes les illusions, qu'elle nous cause. Il y a une maniére d'envisager le recit d'*Archélaüs*, qui est simple, naturelle, innocente : pourquoi ne le pas considérer sous cette face? *Buddas* n'en sera pas moins Hérétique : Quel intérêt avons-nous à le rendre méchant ?

Fausseté de cette Relation.

Il

cendisset, ritus nescio cujus, vel artificii gratiâ, justissimus Deus sub terras eum detrudi per Spiritum jussit &c. Act. p. 97.

(5) Τοὺς ἀερίους Δαίμονας προσκαλεσάμενος &c. *Cyril.* ub. sup. §. 13.

(6) C'est ainsi qu'il plait à *Cyrille* d'appeller l'Eucharistie des Manichéens. J'expliquerai dans la II. Partie de cet Ouvrage d'où vient qu'il l'appelle *Ischas*.

(7) Μαγεύειν τι θέλων, πρὸς τὸ μή τινα ἀντιλέγειν, ἐπιτηδεύοντας. *Epiph.* ub. sup. p 620.

(8) Ὑπ' ἀγγέλου. Ibid.

(9) Ὑπὸ πνεύματος ἀκαθάρτου. *Cedr.* Com. Hist. p. m. 213.

(10) Ἐδισκεύθη ὑπὸ πνεύματος. *Socr.* ub. sup. δισκεύειν signifie proprement *joüer au palet, jetter le palet.*

(11) *Solus ascendit, ne inde ab aliquo convinci posset.* Act. Ibid.

Buddas monte sur le toit pour prier.

(a) *Prima mane.*

Les Manichéens assidus à la Priere.

Il *monte seul (a) de grand matin, à la pointe du jour, sur la platte-forme de la Maison.* Qu'y va-t-il faire ? Il y va prier Dieu. Les Manichéens étoient fort assidus à la priére : c'étoit par là qu'ils commençoient le jour. Remarquons, à cette occasion, une différente leçon, qui se trouve dans la *Formule de Reception des Manichéens.* On lit, dans l'Edition de *Cotelier* : (1) J'anathématize ceux .... qui se tournent toûjours du côté du Soleil *dans ce nombre infini de priéres qu'ils font.* Mais, dans l'Edition de *Tollius*, on lit, (2) *dans leurs profanes priéres.* Je ne saurois décider quelle leçon est la véritable, mais il est certain, que les Manichéens prioient beaucoup.

Prier sur le toit, coûtume des Orientaux.

(a) *Prid. Hist. des Juifs. T. I. p. 392.*

(b) *Act. X. 9.*

(c) *Priceus in Act. X. 9.*

Je dis, que *Buddas monta seul dès la pointe du jour, sur la platte-forme de la Maison, afin d'y prier.* Rien de plus naturel que cette pensée. 1. La Priére demande la solitude. C'est le précepte de notre Seigneur. 2. Les Manichéens prioient Dieu, le visage tourné vers l'Orient, ou vers le Soleil. (a) ZOROASTRE *avoit enseigné à ses Sectateurs, que le Feu étoit le véritable* Schekinah, *ou Symbole de la présence Divine*; (3) *que le Soleil, étant le feu le plus parfait, Dieu y avoit établi son Thrône, y résidoit d'une maniére plus glorieuse qu'ailleurs. Il ordonna d'adorer Dieu, le visage tourné prémierement vers le Soleil, qu'ils appelloient Mithra. C'étoit l'ancien usage de la Secte des Mages.* Les Manichéens l'avoient conservé. 3. En troisiéme lieu, c'étoit la coutume des Orientaux de monter sur le toit de la maison, lorsqu'ils vouloient prier, comme on le voit par l'exemple de (b) S. *Pierre*, lorsqu'il étoit à *Joppé.* „ Quand les Anciens vouloient faire quelque chose en secret, dit „ (c) *Priceus* sur cet endroit des *Actes*, ils avoient accoûtumé „ de se retirer dans les appartemens les plus élevez de la Maison. „ Il est dit dans l'Histoire d'*Esther*, qu'elle se fit dresser une tente sur la platte-forme du Palais.

Ignorances d'*Archélaüs*. Le nombre des Elus chez les Manichéens n'étoit point fixe.

Archélaüs continue, & dit *que Buddas invoquoit certains Noms, qui ne sont connus que des sept Élus de la Secte.* Si *Tyrbon* lui a parlé de la sorte, *Tyrbon* est un franc ignorant. Le nombre des *Elûs* n'étoit point fixé dans la Secte Manichéenne. C'est le Collége des *Maîtres*, qui ne pouvoit être composé que de *douze*, sans compter le *Président.* On dit aussi, que le nombre des Evêques étoit fixé à *soixante & douze* : les Prêtres & les *Elûs* en

(1) Ἐν ταῖς μυρίαις αὐτῶν προσευχαῖς. PP. *Apost.* T. I. p. 538.

(2) Ἐν ταῖς [illegible] αὐτῶν προσευχαῖς. *Toll.* ub. sup. p. 135.

(3) On en a imposé aux Perses, quand on a dit, „ qu'ils croyoient, que le Ciel „ étoit Dieu, & qu'ils honoroient le „ Soleil, qu'ils appellent MITHRA, " à moins que par *honorer* on n'ait entendu une simple vénération, & non le souverain culte. *Persæ*, τὸν [illegible] ἡγούμενοι Δία ; [illegible] Ἥλιον, ὃν καλοῦσι Μίθραν. *Strab.* L. XV. p. m. 697.

(4) Voyez *Hyde* ub. sup. p. 346. *Angelos*

en général étoient sans nombre. Quiconque s'engageoit à observer ces Préceptes sublimes, que les Catholiques nomment *les Conseils Evangeliques*, étoit agrégé au nombre des *Elûs*, ce mot ne signifiant autre chose, que les *Parfaits*.

Superstition innocente sur les Noms Divins.

Quant à ces *Noms* secrets, je ne sai si c'étoient des *Noms Divins*, ou des *Noms des Anges*, ni si les Manichéens faisoient scrupule de les révéler à tout le monde. Ils pouvoient bien n'être pas exemts d'une Superstition, qui a été assez generale. On sait, que les (*a*) *Esseniens* s'obligeoient par serment de ne point révéler *les Noms des Anges*, & d'en bien conserver la mémoire par la seule voye de la Tradition. A l'égard des *Noms Divins*, on n'ignore pas non plus quelle étoit la Superstition (*b*) des *Cabbalistes*, ou des Théologiens Mystiques des Juifs, sur la vertu miraculeuse de ces Noms. Ce sentiment ne fut point rejetté de tous les anciens Chrétiens, comme on le voit dans l'Ouvrage (*c*) d'*Origéne* contre *Celse*. Ils n'étoient pourtant pas Magiciens, non plus que quelques (*d*) Savans Modernes, qui se sont laissé éblouïr à de si fausses clartez.

(*a*) *Joseph.* De Bel. Jud. L. II. §. 7.

(*b*) Voyez *Bartoloc.* Introd. ad Philosoph. Hebr. p. 2[illegible]4.

(*c*) L. I. p. 19. Voyez aussi la Traduction de *Bouhéreau*. p. 13. 14.

(*d*) Voyez le II. Liv. du savant *Reuchlin*. *De Verbo mirifico*.

Les Mages invoquoient les Anges comme des Mediateurs.

Buddas étant *Babylonien*, comme je le croi, il pouvoit être imbu de quelque Superstition des Mages. Car ces Philosophes invoquoient les Anges, non comme des Dieux, mais comme des Ministres de la Divinite, qui présidoient, par son ordre, *sur les Jours*, *sur les Mois*, sur les Elemens, sur les Evénemens de la Vie. Comme chaque jour a son Saint, chez nos Catholiques Modernes, & qu'on fait mention de ce Saint, qu'on l'invoque même dans la Messe du jour; de même chaque jour avoit son Ange parmi les Perses, & la Priére de ce jour-là contenoit un compliment pour l'Ange du jour. Les Mahométans appellent ces Priéres DES ENCHANTEMENS; mais M. (4) *Hyde* justifie les Mages là-dessus.

Les Noms des Anges n'étoient point un Secret chez les Manichéens.

Au reste, je doute beaucoup que les Noms des Anges, ou des Intelligences célestes, fussent un Secret que les Manichéens ne revelassent qu'aux *Elûs*. Car St. *Augustin*, qui n'avoit été qu'*Auditeur*, avoit connoissance d'un Hymne de la Secte, qu'il appelle un (*e*) CANTIQUE AMOUREUX, (*Canticum Amatorium*,) où les *Eons* sont décrits, & où l'on trouve les noms des Principaux. Quoiqu'il en soit, pourquoi interdire aux Manichéens (5) *la Discipline du Secret*, qu'on nous dit avoir été si religieusement observée par les anciens Chrétiens? Je

(*e*) Voyez *August.* cont. *Faust.* L. XV. §. 6.

gelos custodes ista murmuratione alloquuntur.

(5) *Disciplina arcani.* M. *Zaccagni* a cru la trouver dans les Actes d'*Archélaüs*. Voyez sa Note p. 99. C'est à l'occasion de ce que dit l'Auteur, „ Que *Manichée* envoya chercher les „ Livres Sacrez dans les lieux, où on „ les transcrivoit"; comme si les Chrétiens de Perse, ou d'Assyrie, n'avoient pas copié ces Livres pour leur usage. Mais c'est justement dans ces Actes, que l'on trouve une preuve, que les Chré-

Ils ne les invoquoient point; encore moins les Démons.

Je ne croi pas, & je n'en vois aucune preuve, que les Manichéens invoquassent les Anges; Ils les honoroient; ils les loüoient, à cause de leurs vertus, & des services, qu'ils rendent aux Saints. Mais est-il permis à *Cyrille* de confondre les Anges avec *les Démons*, & d'accuser ces Sectaires d'*invoquer les Demons de l'Air*? Ils croyoient les Démons enfermez dans l'espace, qui est au-dessous de la Lune: Là se bornoit l'Empire de la Matiére. Mais bien loin de les invoquer, ils les détestoient, & je n'en veux point d'autre preuve que ce que *Tyrbon* raconte, c'est (1) „ que *Manès* ordon„ noit à ses Elûs de prier après avoir mangé, & de se parfumer „ la tête avec une huile EXORCISE'E, en prononçant cer„ tains noms mystérieux, dont la connoissance étoit reservée aux „ seuls Elus ". Il a plû à M. de *Tillemont* de dire, (a) *Avec une huile* ENCHANTE'E; quoiqu'il y ait, & dans la Version Latine, & dans le Grec de S. *Epiphane*, *une huile exorcizée*. Si l'*Exorcisme* & l'*Enchantement* étoient la même chose, que deviendroient une infinité de cérémonies de l'Eglise Romaine? Celle d'*exorcizer l'huile*, avant que de s'en servir, est une preuve, que les Manichéens étoient prévenus de la ridicule opinion, qui n'a que trop prévalu dans l'Eglise, c'est que les Démons infestent les Elemens & les Corps, & qu'il faut les en chasser par la Priére & par l'Exorcisme. Mais c'est aussi une preuve invincible, qu'ils n'invoquoient pas les Démons dans leurs Mystères.

Tillemont corrigé.
(a) Ub. sup. p. 762.

Le merveilleux de la mort de *Buddas* est une Fable puerile.

V. Je laisse sans examen le merveilleux de la mort de *Buddas*. J'en croi les Ecrivains Sacrez quand ils disent, qu'un *Ange frappa Hérode*. Mais pour les autres Ecrivains, plus ils affectent le miraculeux, & moins j'ajoute de foi à leurs récits. Cependant quand je serois le plus crédule du monde, je ne saurois me persuader, qu'un Ange ait précipité un homme du sommet d'une maison, & l'ait tué, si je trouve que cet homme étoit vivant cinquante, ou soixante

Chrétiens ne cachoient point leurs Mystères. *Archelaüs* y dispute, en présence de *quatre Juges Payens*, & devant tout le Peuple de *Cascar*, & là il traite de plusieurs Véritez de la Foi. Dans la seconde Dispute, qui se tint à *Diodoride*, il traite de l'*Incarnation*, l'un des plus secrets & des plus grands Mystères du Christianisme, en présence de toute la multitude.

(1) *Praecepit Electis suis, cum desinerent manducantes, orarent, & mitterent oleum super caput* EXORCIZATUM *invocatis nominibus plurimis, ad confirmationem fidei hujus. Nomina autem mihi non manifestavit; soli enim illi septem utuntur his nominibus.* Act. p. 19. Le Grec de S. *Epiphane* est conforme. On y lit, Ἔλαιον ἐξορκισμένον.

(2) J'ai prévenu ci-dessus la chicane, qu'on pourroit me faire, en disant, que ce Fragment est attribué par quelques-uns à *Valentin*. Cela pourroit se soutenir, si on ne voyoit ce Fragment, que dans M. *Fabricius*, (Bibl. Gr. T. V. p. 280.) parce que celui, qui l'a fourni à M. *Fabricius*, l'a tiré d'un MS. de *Nicéphore*, qui est dans la Bibliotheque du Roi de France, & dans lequel le passage en question se trouve à la fin. Mais il faut le voir dans l'Extrait d'*Eulogius* par *Photius*. Il n'y a point là d'équivoque

te ans après. Le Lecteur pourra-t-il s'imaginer, que je veux parler de ce *Buddas* mort & enfeveli, lors que *Manichée* n'avoit que fept ans, & que je trouve vivant non feulement depuis que cet Héréfiarque eut publié fon Héréfie, mais depuis fon fupplice? On me demandera de l'évidence; je croi, qu'il y en a dans ma preuve autant qu'on en peut exiger en matiére de faits.

Il a furvécu à *Scythien* & à *Manichée*.

Je dis premiérement, que *Buddas* vivoit encore lors que *Manichée* publioit fon Héréfie. En voici la démonftration: 1. *Buddas* a furvécu à *Scythien*. Les Actes d'*Archélaüs* le témoignent: c'eft après la mort de *Scythien* que *Buddas* paffa dans la Province de Babylone. 2. Or *Scythien* vivoit encore, lors que *Manichée* publioit fon Héréfie; lors qu'il foûtenoit qu'il n'y a en Jefus-Chrift que la Nature Divine toute feule, cachée fous les apparences d'un homme. Ce fait eft prouvé par la Lettre, que (2) *Manichée* écrivoit à *Scythien*, & dont *Eulogius*, Patriarche d'Alexandrie, qui floriffoit vers l'an 580. nous a confervé un Fragment, qui eft dans *Photius*. Donc *Buddas* vivoit lors que *Manichée* enfeignoit fon Héréfie, & par conféquent il eft faux qu'il foit mort, lors que celui-ci n'avoit que fept ans.

Et fut un de fes Difciples.

Je dis en fecond lieu, que *Buddas* fut un des Difciples de *Manichée*, & qu'il lui a furvécu, bien loin d'avoir été fon Maître par les Livres qu'il laiffa, & d'être mort plus de foixante ans avant lui. En effet *Cyrille* de Jérufalem témoigne, (3) que les trois premiers Difciples de *Manichée* étoient Thomas, Buddas & Hermas. Il eft vrai qu'il y a (*b*) *Adas*, au lieu de *Buddas*, dans quelques (4) Manufcrits de *Cyrille*; mais c'eft évidemment une faute de Copifte. Car (*a*) *Photius* & (6) *Pierre de Sicile*, qui ont pris leur Hiftoire de *Manichée* dans *Cyrille* de Jérufalem, ont lû *Buddas*, ce qui montre qu'on lifoit ainfi dans les Manufcrits de *Cyrille*, il y a plus de huit cens ans. Cette leçon eft confirmée par la (7) *Formule de Reception des Manichéens*, où *Buddas* eft placé immédiatement après *Thomas*. Tous les Auteurs, que je fache, qui ont

(*a*) Voyez les Variantes de l'Edition de *Thomas Milles*.

voque. Auffi le favant M. *Fabricius* dit-il, l. c. *Hunc* Scythianum Manetis *adhuc ætate vixiffe non dubito, licet ætate ac fenio cum præceffit. Nec obftat, quod Apoftolorum temporibus priorem faciunt veteres quidam, aut cum* Manete *confundunt. Certe ex* Manetis *Epiftolâ ad* Scythianum *Fragmentum à me afferetur.*

(3) Τρεῖς μαθηταὶ, Θωμᾶς καὶ Βάδδας. *Cyril. Hierof.* Catech. VI. §. 18.

(4) *Cave*, in Addendis, p. 474. pretend qu'il faut lire *Adas* dans *Cyrille*, quoiqu'il y ait *Baddas* dans le Texte, & que *Pierre de Sicile* ait lû *Buddas*. Il n'avoit pas vû le Grec de *Photius* contre les Manichéens, & n'a pas remarqué que ces deux Ecrivains avoient tiré de *Cyrille* tout ce qu'ils difent de l'Hiftoire de *Manes*.

(5) Βούδας τε καὶ Ἑρμᾶς. *Phot. cont. Manich.* L. I. §. 14. p. 54.

(6) Βούδας τε καὶ Ἑρμᾶς. *Pet. Sic.* Hift. Manich. p. 30.

(7) Voyez *Cotel.* PP. Ap. p. 539. col. 1. *Toll.* ub. fup. p. 114. On y dit, *J'anathematize* Sisinnius, *Succeffeur des Fureurs de Manès*, Thomas, *qui a composé l'Evangile des Manichéens*, Buddas Βουδᾶν, après lequel viennent *Hermas*, *Adas*, *Adimante*, &c.

ont nommé les douze Disciples de *Manichée*, ceux qui lui survécurent, & qui furent les douze Apôtres de la Secte, ont mis *Buddas* dans ce nombre, sans quoi il ne seroit pas complet.

Exception temeraire & ridicule.

Je prévoi, que des gens, à qui un zèle excessif pour l'Antiquité ne laisse presque aucune liberté de penser, ni de juger, auront recours à créer un second (1) *Buddas*. Le premier aura été Prédecesseur de *Manichée*; le second, son Disciple. S'ils en avoient besoin, ils en créeroient bien d'autres; car ces créations ne coutent rien. Mais ces fantômes, qui n'ont d'existence que dans l'imagination de ceux, qui les forgent, s'évanouïssent devant un Esprit, qui n'est pas prévenu. Après tout, il suffit, que ces deux faits soient prouvez: le premier, que *Scythien* étoit vivant, lors que *Manichée* s'étoit declaré Héresiarque, jusqu'à nier l'Incarnation du Seigneur: le second, que *Buddas* a survécu à *Scythien*, cela suffit, dis-je, pour montrer que l'Histoire & la mort de *Buddas* sont des Fables, que la Relation d'*Archélaüs* est fausse, & que *Tyrbon* & *Sisinnius* ne peuvent lui avoir dit ce qu'il raconte sur leur témoignage.

CHAPITRE VI.

Examen de l'Histoire de MANICHÉE, *avant son Hérésie.*

I. J'AI examiné l'Histoire de ces Hérétiques, qu'on dit avoir été les Péres du Manicheïsme, les Prédecesseurs & les Maîtres de notre Héresiarque. Examinons à présent celle de l'Hérésiarque même.

(a) Act. p. 7.

Archélaüs raconte, (a) „ que la Veuve âgée, chez qui *Buddas* „ s'étoit retiré, se trouvant par sa mort, Héritiere de l'or, & de „ l'argent & des Livres de *Scythien*, achetta un jeune garçon de „ sept ans, qui s'appelloit *Corbicius* (autrement *Cubricus*). C'est lui, qui se nomma dans la suite, MANES ou MANICHÉE. Cet endroit a plus besoin de Commentaire que de Critique.

Je

(1) C'est aussi ce que fait M. *Asseman* T. III P. I. p. 219. *Tertius denique Buddas, seu Baddas*, vel *Addas*, *Manetis Discipulus* &c. Cela n'a aucun fondement, que dans la nécessité de maintenir une Histoire qui est évidemment fausse.

CH VI. (1) *Anno quingentesimo quinquagesimo primo natus est Manes.* Bibliot. Orient. T. I. p. 393. L'Ere des Grecs, commence, selon M. *Asseman*, 311. ans avant l'Ere Chrétienne & selon *Calvisius* au mois de Septembre de l'an 310. avant notre Seigneur.

(2) Voici le passage, selon la Version de *Pocock*. *Post quem*, (c'est *Varanes* I.) *regnavit* BAHRAM, Filius BAHRAM (c'est

Je ne sai qu'un Auteur, qui nous ait marqué l'année de la naissance de *Manichée*. C'est l'Auteur Syrien, ou Mesopotamien, de la Chronique d'*Edesse*, publiée par M. *Asséman*. Cet Auteur nous apprend, que notre Héréfiarque (1) vint au monde l'an cinq-cens-cinquante-un de l'Ere des Grecs, année, qui répond à la deux-cens trente-neuf, ou deux-cens quarante de l'Ere Chrétienne.

Manichée nait l'an 240. de N. S.

Ce témoignage de la Chronique d'Edesse semble être confirmé par celui d'*Eutychius*, qui dit, que *Manès* (a) *parut* sous *Gordien*. Or *Gordien* fut créé Empereur (b) l'an 238. & fut tué (c) en 244. Mais quand on examine de près (2) le passage du Patriarche d'Alexandrie, on voit bien qu'il ne parle pas de la naissance de *Manichée*. C'est évidemment du tems, où son Hérésie fit le plus d'éclat, & lui attira son supplice. D'ailleurs cet Auteur fait un étrange anachronisme. Car il place la mort de *Varanes I*, Fils d'*Hormizdas*, à (3) l'an 3. de *Gordien*, c'est-à-dire, vers l'an 241. ou 242. ce qui est évidemment faux. *Abulpharage* (d) met la premiere année du regne de *Varanes I.* qui regna *trois ans & trois mois*, à l'an premier de *Probus*, qui fut salué Empereur, en 276. Cette Chronologie ne s'accorde pas avec la nôtre, mais elle ne s'en éloigne pas beaucoup.

Eutychius semble le confirmer & ne le fait pas.

(a) *Eutych.* Annal. p. 387.

(b) *Pagi.* Crit. Bar. An. 238. §. 1.

(c) Id. An. 244. §. 2.

(d) Dynast. p. 83.

Je ne voi point de raison assez forte, pour rejetter le témoignage de la Chronique d'Edesse, sur le tems de la naissance de *Manès*. Il est vrai, que, selon la Relation d'*Archélaüs*, il avoit plus de (4) soixante ans, lors que *Sapor* le fit mettre en prison. Or ce Prince étant mort en (e) l'année 271, ou en (f) 272. il ne pouvoit avoir alors que trente-deux, ou trente-trois ans. Il est vrai encore, que l'on peut être surpris que *Manès* soit devenu Chef de Secte, étant encore si jeune. Mais ces raisons ne sauroient balancer le témoignage d'un Auteur Syrien, ou Mesopotamien, qui paroit bien instruit des faits, qui se sont passez en Orient. Car, pour les Actes d'*Archélaüs*, ils n'ont que très-peu d'autorité. Et pour les raisons de convenance, on ne peut les opposer à un témoignage si formel. Tout ce qu'on pourroit alleguer seroit quelque erreur dans les nombres, ce qu'on ne sauroit éclaircir que par le moyen des Manuscrits. Mais ce qui confirme qu'il n'y a point d'erreur, c'est que dans la Conference, que *Manès* eut avec *Archélaüs*, & que *Sévére d'Aschmonine* raconte en abregé dans son *Histoi-*

On n'a point de raison de rejetter le témoignage de la Chronique d'Edesse sur la naissance de Manichée.

(e) Voyez *Pag.* ub. sup. An. 271. §. 12.

(f) Voyez *Dherbel.* Bibl. Orient. p. 763.

(c'est *Varanes* II.) *Cujus tempore prodiens quidam, origine* PERSA, *nomine* MANI, *quem prehensum medium divisit* BAHRAM, BAHRAMI *Filius*. Ibid. p. 387. *Eutychius* le fait paroître, *prodiens*, au même tems qu'il le fait mourir.

(3) *Anno ejusdem* (Gordiani) *tertio mortuus est* BAHRAM, *Filius* HORMOZI. Ibid.

(4) Il y a *sexaginta* dans l'Edition de M. *Zaccagni*. Il remarque à la fin de ses *Monumenta* &c. p. 710. que dans le MS. de la Reine *Christine* on lisoit *septuaginta*.

Histoire des Patriarches d'Alexandrie, dans cette Conférence, dis-je, *Archélaüs* ayant demandé à *Manichée*, (1) *quel âge il avoit*. TRENTE-CINQ ANS, repondit-il. Or il y a effectivement trente-cinq ans depuis l'année 240. jusqu'à l'année 275. ou 276. qui est à peu près le tems, où nos Ecrivains mettent l'Epoque de l'Hérésie Manichéenne, & la Dispute de Cascar

Manichée étoit de la Province de Babylone ou de Caldée. Ces Provinces se confondent souvent.

Presque tous les Anciens disent, que *Manichée* étoit (2) PERSAN. Cela est certain, s'ils ont entendu par là, qu'il étoit né Sujet des Rois de Perse. Mais s'ils ont voulu dire, qu'il étoit de la Province de *Fars*, ou de *Perse*, cela est douteux. S. *Ephrem* (3) témoigne dans l'Hymne XIV. qu'il étoit *Babylonien*, c'est-à-dire, de la Province de *Babylone*, ou de celle de *Caldée*, qui est souvent (a) confonduë avec celle de *Babylone*. Cela paroît confirmé par les Actes d'*Archélaüs*, où cet Evêque reproche à *Manichée* (b) de ne savoir que son *Caldaïque*; ce qui suppose qu'il l'a cru Caldéen.

(a) Voyez *Cellar*. Not. Orb. Ant. T. II. p. 755.

(b) Act. p. 63.

Suidas & Cédrène le font de la race des Brachmanes.

Suïdas, & *Cedréne*, qui apparemment a copié *Suïdas*, ont une opinion, qui paroît bizarre, sur l'origine de notre Hérésiarque. Ils disent, (4) qu'*il étoit de la race des Brachmanes*. J'ai crû d'abord, que ces deux Auteurs vouloient dire, que *Manichée* faisoit profession de la Philosophie des *Brachmanes*, & qu'il croyoit comme eux deux Principes, en quoi ils s'accorderoient avec S. *Ephrem*, qui témoigne (5), qu'il avoit puisé son Hérésie dans la Doctrine des Indiens. Mais j'ai changé de sentiment, quand j'ai lû dans *Suïdas*, (6) „ Que BRACHMAN fut un Roi, qui donna son nom „ au Pays, où il regnoit; que ce Pays est une Ile de l'Océan, ha„ bitée par une Nation très-religieuse, qu'on appelle les BRACH„ MANES". Je renvoye le Lecteur à ce que (c) *Cellarius* en a dit après *Ptolomée*.

(c) *Ub. sup.* p. 533.

Noms de son Pere & de sa Mere.

La Tradition porte, que le Pére de *Manichée* s'appelloit (7) PATECIUS

(1) *Quot annos natus es? ait Archelaüs. Triginta quinque, respondit alter.* Ap. *Renaudot.* Hist. Patriarch. Alexand. In *Maximo* Patriarch. XV. p. 41.

(2) Manetem, *genere Persam, omnes Veteres faciunt.* Assem. ub. sup. T. I. p. 122. *Eutychius* dit, *genere Persa.* l. c. Les Manichéens eux-mêmes l'appelloient *Persan*. *Quis igitur tibi Patronus erit ante justum tribunal Judicis...? PERSA, quem incusasti, non aderit.* C'est-ce que *Secundinus* dit à S. *Augustin*. Le *Persan*, c'est *Manichée*.

(3) *Babylonium fuisse docet* (Ephræm) *infra Hymno XIV.* Assem. Ibid.

(4) Βραχμὰν τὸ γένος. *Suid.* in *Manes*. Βραχμὰν ἦν τὸ γένος. *Cedren.* ub. sup. p. 213.

(5) *Manichaeorum Haeresim ab Indorum Disciplina solus* Ephræm *affirmat*. Assem. *ub. sup.* p. 122.

(6) Βραχμὰν, Βασιλεὺς, ὁ καὶ τῇ χώρᾳ δοὺς προσηγορίαν. &c. Βραχμᾶνες, ἔθνος ἐστὶ εὐσεβέστατον &c. J'ai remarqué ci-dessus, que, selon M. *Hyde*, les *Brachmanes*, ou *Bramines* derivent leur nom d'*Abraham*, dont ils prétendent être Disciples; & que M. *Dherbelot* croit que *Brahma* est un mot *Indien*, qui veut dire, *Pénetrant toutes choses*. En ce cas-là ce seroit un nom de *Philosophes*.

(7) M. *Cave* in *Addend.* T. II. *Hist. Lit.* p. 469. *Patre Patricio.* Il faut lire, *Patecio*, ou *Phatecio*.

(8) *Cyrille* de Jerusalem & S. *Epipha.*

TECrUS, & sa Mére CAROSSA. Ce sont les noms, qu'on leur donne dans (a) la Formule d'abjuration des *Manichéens*. *Sharistani*, Auteur Arabe, mais moderne, dit, (b) que *Manès*, *homme docte* & *Philosophe*, *étoit Fils de* PHATEN. Je ne trouve point l'origine de cette Tradition.

(a) Ap. *Cotel.* ub. sup. p. 539.
(b) Ap. *Hyd.* ub. sup. p. 280.

Son premier nom fut CORBICIUS, selon les Actes Latins, mais on lit (8) *Cubricus* dans les Auteurs Grecs. Le seul S. *Augustin* a dit (c) URBICUS, ce qui est une (d) faute, ou de ce Pére même, ou de ses Copistes. Pour moi, je soupçonne que *Corbicius* & *Cubricus* sont également des fautes, & que ces mots sont une corruption de CARCUBIUS, qui désignoit *Manichée* par sa Patrie. Ni *Corbicius*, ni (9) *Cubricus* n'ont point un air Oriental; cependant, si ce sont des noms de notre Hérésiarque, ils doivent être *Caldéens*, *Babyloniens*, puis qu'il étoit de ce Pays-là.

Corbicus, ou *Cubricus*, fut son premier nom.
(c) *De Heresib.* Cap. 46.
(d) Vid. *Coteler.* T. I. Monument. Eccl.Gr. p. 779.

Voici donc quelle est ma conjecture là-dessus. *Manès* fut d'abord Prêtre (10) à *Ahvaz* ou *Ebvaz*, Capitale d'une petite Province, qui faisoit partie de la *Caldée*: or anciennement les Evêques & les Prêtres étoient originaires des Villes, ou du Territoire des Villes, dans lesquelles ils étoient Prêtres ou Evêques, parce qu'on vouloit connoître leurs familles, leur éducation & leurs mœurs. Cela m'a fait juger, que *Manichée* étoit, ou de la Ville, ou de la Province d'*Ahvaz*. Or comme il y avoit dans cette Province une Ville appellée (11) *Carcoub*, ou *Carcub*, j'ai pensé que l'Hérésiarque fut surnommé *Carcubius*, du lieu de sa naissance, & que c'est de ce nom-là, que les Grecs ont fait ceux de *Corbicius*, ou de *Cubricus*, dans lesquels ils ont conservé toutes les lettres radicales.

On croit que ces noms sont une corruption de *Carcubius*.
Carcub, Ville de la Province d'*Ahvaz* ou *Manichée* a été Prêtre.

Theodoret (e) est le premier, que je sache, qui ait dit, qu'il s'appelloit au commencement *Scythien*. (f) *Suïdas* & (g) *Cédréne* l'ont sui-

Theodoret dit que son premier nom fut *Scythien*: occasion de cette erreur.
(e) *Theod.* Hær. Fab. L. I. 26.
(f) *Suid.* ub. sup.
(g) *Cedren.* ub. sup.

ne disent Κούβρικος. Il y a de même, dans *Cédrene* & dans *Suidas*, παιδάριον ἔτη ἑπτὰ, τοὔνομα Κούβρικον. *ub. sup.*

(9) Le Lecteur peut voir les *Varia Sacra* de M. *le Moyne*, p. 634. où il tâche de trouver dans la Langue Caldaïque l'origine du nom de *Cubricus*, qu'il croit signifier un *vase vuide*, qui ne contient que du vent. M. *Wolf* dit fort bien, *quæ tamen Etymologia vereor ne ingeniosa magis quàm vera videatur*. ub. sup. p. 215.

(10) *Dherbelot* dit *Ahvaz*. *Pocock*, dans la Version d'*Abulpharage* a mis *Ehvazi*. Je trouve dans M. *Hyde*, de Relig. Vet. Persar. p. 415. Ahvaz *est* Elimays: Elam *est Regio* Ahvaz, *quæ in Persarum libris est* CHUZ. C'est de *Chuz* que l'on a formé le nom de *Chuzistan*. De *Chuz*, selon le même M. *Hyde*, la Prononciation a fait *Huz*, & *Ahvaz* est le pluriel de *Huz*. Conferez une Remarque du Chapitre suivant sur ce sujet, & vous verrez, que les plus habiles dans les Langues Orientales ne sont pas là-dessus du même sentiment. Voyez aussi *Asseman* Tom. III. P. II. *p.* 744.

(11) Voyez *Dherbelot* au mot *Carcoub*, & *Asseman*, Bibliot. Orient. T. III. P. II. p. 744. *Urbes autem tum* Hazitidis, *tum* Chusistanæ, *ab eodem* (Abulpheda) *hæ recensentur*, TIB, SUS, CARCUB. . . *Abavaz*, *alias*, SUK-AL-AHAVAZ. C'est-à-dire, *Bourg*, ou *la Ville des Huzites*.

suivi. Il semble même que *Theodoret* n'ait point connu d'autre *Scythien* que *Manès*. Cependant, comme il est certain que ce sont deux hommes, j'ai tâché de découvrir ce qui peut avoir causé l'erreur de *Theodoret*. Il faut donc savoir, comme je le rapporterai dans la suite, que *Manès*, étant poursuivi par *Sapor*, alla chercher une retraite en *Scythie*, & y demeura jusqu'à la mort de ce Prince. Or les Grecs n'ont ouï parler de son Hérésie, que depuis son retour, sous le régne d'*Hormizdas*, Fils de *Sapor*, & vrai-semblablement depuis que *Varanes* l'eut fait mourir. Car *Eusébe* a mis (1), dans sa Chronique, la naissance de l'Hérésie Manichéenne à la seconde année de *Probus*, qui est précisément le tems du supplice de *Manichée*; ce qui fait voir que son Hérésie ne fut connue des Grecs que depuis ce tems-là. Aussi *Archélaüs* n'en avoit point ouï parler, avant que *Tyrbon* vînt l'en instruire à *Cascar*. C'est donc apparemment ce voyage en *Scythie*, & le séjour qu'y fit *Manès*, qui a été l'occasion de l'erreur de *Theodoret*. Il aura trouvé quelque part l'épithéte de *Scythien* jointe au nom de *Manichée*, & cette épithéte, qui ne designoit que sa course & son séjour en *Scythie*, aura fait croire à ce savant Evêque que c'étoit un de ses noms. Combien les Anciens ont-ils fait de fautes dans l'Histoire sur des fondemens plus legers? Le Lecteur peut voir au bas de la page ce que d'autres ont pensé là-dessus (2).

Servitude de *Manichée*. Elle n'a nulle apparence. Les Grecs sont sujets à calomnier les Heretiques.

II. Tous nos Ecrivains n'ont eu garde d'omettre, dans celle de notre Hérésiarque, ce qu'*Archélaüs* a dit de sa servitude. Il y a beaucoup d'apparence qu'elle est fabuleuse, car les Grecs emploient indifféremment le faux & le vrai, dès qu'il s'agit de flétrir la mémoire des Hérétiques. On en a une bonne preuve dans la personne du célèbre (3) *Xenajas*, plus connu par les Grecs sous le nom de *Philoxene*. Il fut Auteur d'une Version Syriaque du Nouveau Testament, & l'un des plus illustres, & des plus savans Evêques, qu'ayent eu les Monophysites. *Theodore le Lecteur*, & après lui le II. Concile de Nicée, ont eu l'impudence de lui reprocher,

Ils reprochent la même chose, & très-faussement à *Xenajas* autrement *Philoxéne*.

(1) Voyez ce que remarque le P. *Pagi* sur le passage d'*Eusébe*. Crit. Baron. An. 277. §. 6. & seq.

(2) M *Wolff*, que j'ai cité plus d'une fois, a là-dessus une pensée, qui ne paroît pas assez naturelle. „ *Theodoret* a „ donné à *Scythien* le nom de *Manès*, „ parce que *Manès* fut le grand Sectateur de *Scythien*, le principal Predicateur de l'Hérésie, celui qui la repandit, qui la défendit le mieux. *Theodoretus, vel ideo* Scythianum Manetis *nomine appellasse videtur, quod hic pracipuus erroris ebuccinator & assertor extiterit &c.* ub. sup. p. 219. L'illustre *Peerson* a crû, que le vrai nom de l'Hérésiarque étoit *Scythien*, & qu'il avoit été surnommé MAN, ou MANES, c'est-à-dire, l'*Hérétique*. Cela suppose que *Scythien* n'a jamais existé que dans la personne de *Manès*. *Tenzelius* a imaginé une autre solution, qui ne vaut pas mieux. Celle que je propose est fondée dans l'Histoire.

(3) Voyez son Histoire dans le II. Tome de la *Bibliot. Orient.* de M. *Assemen.* p. 10. & suiv. Il florissoit vers la fin du V. Siecle & au commencement du VI.

cher, d'avoir été un esclave fugitif, qui avoit usurpé le Sacerdoce, sans avoir été ni baptizé, ni ordonné, & cela parce qu'il s'opposoit à l'introduction des Images dans les Temples, & à leur Culte. M. *Asseman* soutient que ce sont pures calomnies de la part des Grecs. Qui sait si la servitude de *Manichée* n'en est pas une autre? Ou plutôt, peut-on presque en douter, quand on voit que les Orientaux gardent un profond silence là-dessus? Il faut même que cela soit faux, s'il est vrai, comme le dit *Sharistani*, (4) qu'il sortoit d'une famille de Mages.

Illustres Esclaves, *Epictète*, *Zoroastre* &c.

Supposons néanmoins qu'il fût Esclave, il aura eu cela de commun avec un grand nombre d'excellens (5) Philosophes: avec le fameux *Zoroastre*, que des Auteurs Arabes disent avoir été (6) *Esclave d'Esdras*. Ainsi la servitude ne feroit aucun tort à *Manichée*, & *Cyrille de Jérusalem* a eu raison de dire, (7) qu'*elle ne deshonore personne*. Mais il n'a pas raison d'ajouter, que le *crime de Manès fut de vouloir passer pour un homme de condition libre, quoiqu'il fût Esclave*. Etoit-il donc Esclave, quand il vint à *Cascar*, lui, (8) qui dès l'âge de *sept ans avoit été affranchi & adopté*, par sa Maitresse.

L'Héréfiarque prend le nom de MANES.

III. Cette femme étant morte, il quitta le nom de *Corbicius*, & prit celui de MANES. Ce nom, qui est très-honorable en lui-même, ayant une grande affinité avec celui de MANEIS, qui signifie un *furieux*, a donné occasion aux Grecs de dire bien des *pauvretez*, si j'ose me servir de cette expression. *Tite de Bostres*, habile homme d'ailleurs, & sans comparaison plus judicieux que St. *Epiphane*, a eu la foiblesse de dire, que notre Hérésiarque (9) *prit son nom de la barbarie & de la fureur*. *Haïssez tous les Hérétiques*, dit (10) Cyrille, *mais surtout celui dont le nom est emprunté de la Fureur, de la Manie*. " Je croi pour moi, dit St. *Epiphane* (11), que „ la Providence a voulu qu'il prit un nom, qui servit aux Grecs „ de préservatif contre ses Erreurs, & qui leur annonçât la fureur, „ dont il étoit possédé ". Ce Pére n'y a pas bien pensé. Un Manichéen

Pensée froide des Peres là-dessus.

(4) *Sharistani* Manichæum *origine Magum fuisse perhibet*. Pocock. *Specim. Hist. Arab*. p. 149.

(5) Voyez *Aulu-Gel*. L. II. Chap. 18. L'incomparable *Epictète* fut Esclave, né dans la servitude, δοῦλος Ἐπίκτητος γενόμενος.

(6) *Servus Ozair, seu Ezra*. Ap. *Hyd*. ub. sup. p 313-314.

(7) Οὐχ ὅτι αἰσχύνη ἡ δουλεία, ἀλλ' ὅτι, τὸ δοῦλον ὄντα, ἐλευθερίαν πλάττεσθαι, κακόν. *Cyril*. ub. sup. §. 14.

(8) *Statim manu misit, literis erudivit*. Act. p. 97. Τοῦτον εἰς υἱοθεσίαν λαβοῦσα. *Cyril*. ub sup. §. 13.

(9) *Manichæus, qui a barbarie & furore nomen duxit*. Tit. Bost. L. I. *cont. Manich*. initio.

(10) Καὶ μίσει μὲν πάντας αἱρετικούς: ἐξαιρέτως δὲ τὸν τῆς μανίας ἐπώνυμον. *Cyril*. ub. sup. p. 91.

(11) Τάχα οἶμαι ἐκ τῆς τοῦ Θεοῦ οἰκονομίας τὸ μανιῶδες ἑαυτῷ ἐπισπασάμενος ὄνομα. *Epiph*. ub. sup. §. 1. Conf. *Euseb*. Hist. Eccl. L. VII. 31. On en pourroit citer une infinité d'autres.

nichéen lui auroit répondu, que la Providence avoit bien mal pris ses mesures ; car quantité de Grecs ne furent point frappez d'un tel épouvantail : & au fond ils avoient raison. Ces noms, qui paroissoient barbares, meprisables aux Grecs, étoient beaux, illustres, parmi les Peuples, chez lesquels ils étoient en usage.

Origine des noms de *Manichée* & de *Manès*. *St. Epiphane* le dérive de *Mana*, mot Chaldaïque, qui veut dire, VASE.

Manichée étant *Assyrien*, ou *Chaldéen*, on a cherché l'étymologie de son nom dans la Langue Chaldaïque. St. *Epiphane* (1) l'a dérivé de MAN, ou MANA, qui veut dire dans cette Langue un *Vase*, un *Instrument*, un *Habit*. Il semble, qu'*Archélaüs* fait allusion à cette signification du nom de *Manès*, lorsqu'il lui dit dans la Dispute de *Cascar* (2), *Vous êtes un* VASE, *un* INSTRUMENT *de l'Antechrist. Encore n'en êtes-vous pas un Instrument honorable, mais un sale, un indigne Instrument.* Il semble aussi que S. *Ephrem* ait eu cette idée dans l'esprit, lorsqu'il dit (3), „ que le Démon couvrit *Manès* de son propre VE'TEMENT, afin „ de se servir de lui comme d'UN INSTRUMENT, d'UN MINISTRE, qui lui appartenoit & de publier par sa bouche ses „ propres Oracles.

Reflexion peu juste de M. de *Tillemont*.

(a) *Tillem.* ub. sup. p. 770.

M. de *Tillemont* approuve cette Etymologie, & fait, à cette occasion, une de ces réflexions précipitées, qui échappent quelquefois aux Auteurs les plus judicieux. Il dit, (a) „ que, pour „ effacer davantage la mémoire & la honte de sa servitude, *Manès* quitta le nom de CUBRIQUE, & prit celui de *Manès*, qui „ signifie *Vase* en Babylonien ". Je suis bien persuadé, que *Manès* n'est point un nom d'Esclave parmi les Orientaux ; il s'en faut beaucoup ; mais il l'étoit (4) parmi les Grecs, & *Manichée* ne pouvoit mieux choisir, s'il vouloit perpetuer la mémoire de sa servitude dans cette derniére Nation. On sait ce mot de *Zénon*, qui, étant malade, dit à son Médecin, qui lui conseilloit de manger un Pigeon, *Traitez-moi*, lui dit-il, *comme vous traiteriez* MANES ; c'est-à-dire, comme vous traiteriez mon Esclave.

Manès nom d'Esclave parmi les Grecs.

Je

(1) Τὸ γὰρ ΜΑΝΗ, ἀπὸ τῆς Βαβυλωνίας εἰς τὴν Ἑλληνίδα μεταφερόμενον, ΣΚΕΥΟΣ ὑποφαίνει τοὔνομα. *Epiph.* ub. sup. p. 617.

(2) VAS *es Antichristi, neque bonum* VAS, *sed sordidum & indignum.* Act. p. 62.

(3) MANES, *Chaldaicum nomen*, VAS, VESTEM, INSRUMENTUM *quodlibet significat. Huc spectat, quod Sanctus* Ephræm *hoc loco scribit*, MANETEM *Diabolus, tanquam propria induit* VESTE, *ut eo, velut* INSTRUMENTO *suo abuteretur, suaque per ipsum promeret Oracula.* Assem. *ub. sup.* T. I. p. 119.

(4) On peut voir là-dessus les Observations de *Ménage* sur *Diogéne Laerce.* L. V. No. 55. & L. VI. No. 55. & la Remarque d'*Alb. Fabricius.* Bibl. Græc. T. V. p. 282.

(5) Ὅπερ (Μάνης) κατὰ τὴν Περσῶν διάλεκτον, τὴν ὁμιλίαν δηλοῖ. *Cyril.* ub. sup. §. 14.

(6) *Cum mihi non adsit eloquentia naturalis.* Act. p. 8. Il y a dans le Grec de S. *Epiphane*, οὐκ ἔχων τὰς φυσικὰς φράσεις. Je remarque ci-dessous dans le Chapitre VIII. que ces paroles peuvent avoir un autre sens. Je les prens ici dans le sens que *Petau* & l'ancien Traducteur Latin leur ont donné.

Je ne sai sur quel témoignage, ni sur quel fondement, *Cyrille* de Jérusalem s'est avisé de dire, que (5) *Manès* signifie *Discours* en Persan, & que l'Hérésiarque prit ce nom à cause de la haute opinion, qu'il avoit de son Eloquence. M. *Hyde* (*a*) a remarqué, que *Manès*, ou *Mani*, n'a point cette signification dans la Langue Persane, &, bien loin que *Manichée* se piquât d'Eloquence, il protesta lui-même, dans la Lettre, qu'il écrivit à *Marcel*, (6) que la Nature ne lui avoit point donné ce talent.

Erreur de Cyrille de Jérusalem, sur la signification du mot *Manès*.

(*a*) *Hyde* ub. sup. p. 280.

Le savant *Pearson* derive *Manès* de (7) *Min*, qui dans le stile des *Rabins*, veut dire *Hérétique*. Mais cet illustre Auteur ne s'est pas souvenu, que *Manichée* se donna lui-même ce nom, comme (*b*) les Anciens le témoignent. Or je ne croi pas, qu'il eût voulu paroître Hérétique jusque dans son nom. Aussi quelques *Rabins* disent-ils, que leur *Min* vient de *Manès*, bien loin que *Manès* vienne de *Min*.

Du savant *Pearson* sur le même sujet.

(*b*) Voyez *Aug.* de Hæres. Cap. 46. *Cyril.* ub. sup. §. 14.

C'est par mégarde, qu'un autre (8) Savant moderne attribue à M. *Hyde* d'avoir dit, que *Mani* est un mot Persan, qui signifie *Peintre*, & que les Perses appellérent de la sorte notre Hérétique, parcequ'il excelloit dans la Peinture. Cet habile homme n'a pas fait assez d'attention aux paroles de son Auteur, qui ne dit pas, que *Mani veut dire Peintre*, mais que (9) *Mani*, ou *Manès fut surnommé* LE PEINTRE *par les Persans*.

Inadvertance d'un Savant moderne.

IV. Je n'oserois assurer, que le célèbre Archévêque *Usser* ait rencontré juste; mais sa conjecture m'a paru si ingenieuse & si vraisemblable, que je me suis fait un plaisir de la développer & de la confirmer. (*a*) Ce savant Prelat, ayant remarqué, que (10) *Sulpice Sévére* appelle MANE un Roi d'Israël, qui est nommé MENAHEM, dans le (*b*) II. Livre des Rois, & MANAEM dans les LXX. a crû, que le nom de *Manès* n'est autre chose que celui de *Manaem*, qui veut dire, *Paraclet*, *Consolateur*.

Conjecture d'*Usser*. Manès vient de *Manahem*, qui veut dire *Consolateur*.

(*a*) *Usser* Annal. T. I. An. 3032. p. m. 82.

(*b*) II. Rois XV. 14. 16. Dans les LXX. *Manaem*.

Rien de plus simple, & de plus naturel que cette origine. Il est aise

Preuves de cette conjecture.

(7) Voyez *Pearson* sur le Symbole p. 116. Cet Auteur a crû, que *Manès* n'étoit pas le nom de l'Hérésiarque, mais une espéce de surnom, ou de titre, par lequel on le désignoit, *τὸ Manes primitus titulum, potius quam nomen aliquod fuisse* ab Hebræo MIN quod significat *Hæreticum*. La conjecture n'est pas heureuse.

(8) *Thomas Hyde probat significationem vocabuli Persici* MANI, *quo* PICTOR *denotatur*. *Alb. Fabric.* ub. sup. p. 281. M. *Wolf*, fort habile homme, & Pasteur à Hambourg a imité cet autre Savant de Hambourg *Nova est*, dit-il, *Thomæ Hydei Etymologia, quam Cap.* XXI. p. 280. De Relig. Vet. Pers. *affert ex Lingua Persica fundo, is enim rejecta Epiphanii Etymologia*, Manetem MANI *proprie dictum esse testatur, quod apud Persas*, PICTORIS *habeat rationem*. Wolff. *Manichaism. ante Manich.* p. 218

(9) Manes *Persa, in eorum Libris dictus* MANI PICTOR, *nam talis fuit professione sua*. Hyd. ibid.

(10) MANE *ereptum Sella imperium tenuit*. Sulp. Sever. *Hist. Sacr.* L. I. 49. *Sella Mana insidiis periit*. Ibid.

aisé de concevoir, que de *Manaem* on a formé *Manem*. On en a même des exemples ; car les Orientaux disent tantôt (1) *Beth-Manaem*, & tantôt *Beth-Manem*, ou *Manem* simplement : c'est le nom d'un Siége Episcopal. Or les Grecs n'admettant point de terminaison en *M*, comme je l'ai remarqué ci-dessus, ils ont converti *Manem* en *Manès*, comme *Buddam* en *Buddas*. Il y a d'ailleurs des preuves, que *Manès* doit venir de *Manem*, ou *Manen*.

(a) De Hæresib. Cap. 46.

(b) Theod. ub. sup. Cap. 26.

Premiérement S. *Augustin* témoigne, que notre Héréfiarque s'appelloit (a) MANIN, c'est-à-dire *Manen* ou Μάνην, parceque les Latins substituent souvent un *i* à l'*e* long des Grecs. C'est ainsi que St. *Augustin* dit *Adimante* pour (2) *Adémante*. Secondement *Theodoret* appelle l'Héréfiarque (b) MANENS, & non *Manès*. Il ajoûte une *s* à *Manen*, pour donner à ce nom une terminaison Grecque. En troisiéme lieu, *Suïdas* remarque, que (3) *Manès* fait au genitif *Manentos*, ce qui montre que le nominatif est proprement *Manens*.

Manichée vient aussi de *Manahem*, prononcé differemment.

Mais si c'est là l'origine du nom de *Manès*, où trouverons-nous celle de MANICHE'E? Car c'est ainsi que cet Héréfiarque est nommé, non seulement par ses Disciples, mais par quantité de Péres Grecs & Latins. Je réponds, que *Manichée* a la même origine que *Manès* : il vient aussi du mot Chaldaïque *Manahem*, mais prononcé un peu différemment. En effet de tres-savans hommes, dans les Langues Orientales, tels que (c) *Pagnin*, *Junius*, *Tremellius*, (4) *Pocock*, &c. écrivent & prononcent MENACHEM, MANACHEM, donnant à la lettre Chaldaïque ח, le son du CH, au lieu que d'autres ne lui donnent que celui de l'H. Or cela supposé, on voit comment de *Manachem* les Grecs ont formé *Manichaios*. Ils n'ont fait que retrancher la terminaison Chaldaïque, & lui substituer une terminaison Greeque. C'est donc là tout le mystère de ces deux noms, qui ont paru si différens, que d'habiles gens ont crû, qu'ils désignoient deux personnes. C'est le même nom dans le fond, parcequ'ils ont tous deux la même origine (5).

(c) Voyez les Bibles de Pagnin, de Junius & Tremellius.

(d) Ap. Fabric. Ibid.

Conjecture de Gataker Cubricus prend le nom de Ma-

Le savant (d) *Gataker* a crû, que *Cubricus* prit le nom de *Manahem*, afin de passer pour le PARACLET, que J. Christ avoit pro-

(1) Voyez la Dissertation de M. *Asseman* sur les *Monophysites*, aux mots *Beth-Manem* & *Manaem*. Elle est à la tête du II. Tome de sa *Bibliothéque Orientale*.

(2) Les Grecs disent Ἀδίμαντος. *Petr. Sicul*. Hist. Manich. p. 30. &c.

(3) Κλίνεται Μάνεντος *Suid.* ub. sup.

(4) *Pocock* dans la Traduction de l'Arabe d'*Eutychius*, *Menachem Gadi filius*. T. I p. 227. *Menachem, Israëlis Rex.* Ib. *p.* 228.

(5) On a donné quantité d'autres Etymologies au nom de *Manichée*. Les uns ont dit, qu'il étoit composé des deux mots Syriaques *Mana-Haie*, qui veulent dire, *Instrument de Vie* : D'autres des deux mots Hébreux *Man-Chaia*, *Manne de Vie*.

Tout

promis à son Eglise. Cette conjecture frappe d'abord, & peut surprendre l'approbation du Lecteur : Cependant elle ne me paroît pas solide. Le monde n'eût pas été la dupe d'un artifice si grossier. D'ailleurs, si l'on s'en rapporte aux Actes d'*Archélaüs*, *Cubricus* prit le nom de *Manès* aussi-tôt que sa Bienfaitrice fut morte. Or, n'ayant alors que *douze ans*, il n'y a pas d'apparence, qu'il eût déja formé le dessein de passer pour le Paraclet. Il seroit bien plus raisonnable de dire, que la Veuve, qui l'achetta, le nomma *Manahem* en l'affranchissant. Car c'étoit la coûtume de changer les noms des Esclaves, ou d'y ajoûter au moins quelques syllabes, quand on leur donnoit la liberté. Comme ils devenoient de nouveaux hommes, on leur donnoit aussi de nouveaux noms. Il seroit donc fort probable, que cette femme, qui affranchit & qui adopta *Cubricus*, lui donna le nom de *Manahem*, parce qu'elle le regarda comme sa *consolation*, étant seule & âgée. *Photius* m'a suggéré cette conjecture. *Elle achetta* (6), dit-il, *un jeune garçon*, *pour être sa* CONSOLATION *dans son veuvage.* Mais la servitude & la vente de *Manès* sont fort incertaines, & tout à fait inconnuës aux Orientaux.

nahem afin de passer pour le *Paraclet*.

Elle ne paroît pas solide.

La Veuve, qui l'achetta, peut lui avoir donné ce nom. On changeoit les noms des Esclaves en les affranchissant.

VI. Peut-être cherchons-nous du mystère, où il n'y en a point. Les Persans & les Arabes appellent notre Hérésiarque MANI, & ce nom pourroit bien être un diminutif de *Manaem*. Mais ce qu'il y a de certain, c'est que c'étoit un nom fort honorable, & que supposé qu'il signifiât quelque chose, comme on a lieu de le croire, ce ne peut être que des qualitez avantageuses. En effet plusieurs (*a*) Rois d'Edesse se sont appellez MANES, ou MAANES, & M. *Asseman* a remarqué, (7) *que c'est un nom commun aux Princes de Syrie & d'Arabie*. Les Arabes avoient une Idole, qu'ils nommoient (*b*) MANA, & l'on trouve entre les noms de leurs familles ceux d'ABEL-MANA, & d'ABEL-MANAHA, c'est-à-dire *Serviteur de Mana*. On trouve de même, dans l'Histoire Ecclesiastique d'Orient, des Patriarches & des Evêques, qui se nomment MAANA, MAANES. J'en renvoye la preuve (8) au bas de la page.

MANES étoit un nom honorable, commun à plusieurs Rois d'Orient.

(*a*) Voyez la Chronique d'Edesse. *Assem.* Bibliot. Orient. T. I. p. 418. 419. & suiv.

(*b*) *Pocock.* Spec. Hist. Arab. p. 49. 95.

VII. Mais ce nom tout illustre qu'il étoit parmi les Orientaux, étant devenu chez les Grecs un nom méprisable, un nom d'Esclave & ayant

Origine du nom de *Manichée*, selon S. *Augustin*, de-

Tout çela n'a rien de naturel. Voyez *Fuller*. Miscellan. Sacr. L. II. 18. & *Fabric*. Biblioth. Græc. T. V. p. 281.

(6) Παραμυθίαν τῆς ἐρημίας. *Phot.* cont. *Manich.* p. m. 44.

(7) MAANUS, *nomen tum Syris, tum Arabibus Regibus familiare*. Assem. Ibid.

(8) Il y avoit à *Edesse* un Collége célèbre fondé pour les Chrétiens de Perse. *Theodore le Lecteur* en parle L. II. p. 558. 566 *In illâ Scholâ*, dit Asseman, *complures è Persarum regione literis vacabant, quos inter* . . . MAANES *Hardascirensis*. Ub. sup. T. I. p 204 *Apud Nestorianos plures Antistites sede ejecti dicuntur, ut* MAANES. T. I in Præfat . . MAANA, *nomen Patriarcha Chaldaorum*. T. II. p. 388, MAANES, ex

mentie par les Actes d'*Archélaüs*.

ayant d'ailleurs une fâcheuse conformité avec celui de *Maneis*, qui, comme je l'ai dit, signifie un *Furieux*, les Grecs faisoient perpétuellement allusion à cette signification, & ne cessoient point d'en profiter pour insulter au Chef de la Secte. Ce fut là, si nous en croyons St. *Augustin* (*a*), ce qui obligea les Disciples à changer le nom de *Manès* en celui de *Manichée*, ou de *Mannichée*. Les Modernes n'ont pas manqué de copier cet endroit de St. *Augustin*. M. de *Tillemont* l'a (*b*) fait comme les autres, & un Savant d'Allemagne en a pris occasion de censurer avec trop d'aigreur le célèbre (1) GODEFROI ARNOLD. *Arnold* (2), dit-il, *suppose faussement, que* Manès *s'appella lui-même* MANICHE'E, *quoique ce ne soit pas lui, qui ait pris ce nom, & qu'il ne lui ait été donné que par ses Disciples.* Ou les Actes d'*Archélaüs* sont faux dans ce qui en doit être le moins suspect, ou l'Hérésiarque s'est appellé lui-même *Manichée*, & non *Manès*. Car c'est ainsi qu'il se nomme à la tête de (3) la Lettre, qu'il écrit à *Marcel*, & c'est ainsi, que *Marcel* le nomme à la tête de sa Réponse. Quand *Tyrbon*, son Disciple, parle de lui, il l'appelle *Manichée*.

(*a*) *Aug. cont. Faust.* L. XIX. 22.

Les Modernes, & *Tillemont* en particulier, n'ont pas laissé de la rapporter.

(*b*) *Tillem.* ub. sup. p. 770. 771.

Arnold repris mal à propos à cette occasion par un savant Lutherienn.

Autre Observation frivole copiée par les Modernes.

St. *Augustin* dit encore (4), " qu'il avoit appris de je ne sai quel „ Manichéen, que, pour mieux déguiser ce que le nom de *Ma*„ *nès* avoit de choquant, ses Disciples l'avoient changé en celui „ de *Manichée*, ou de MANNICHE'E, qui, dans la Langue „ Grecque, signifie une personne, *qui répand de la Manne*". C'est encore un endroit, que les Modernes ne manquent pas de copier, quoiqu'à dire le vrai il n'en vaille pas la peine. Je veux croire, que quelque ignorant de Manichéen a dit à St. *Augustin* ce qu'il nous rapporte: Je ne doute pas même que ce mauvais mot ne fût goûté des Latins, qui n'entendoient pas la Langue Grecque. Mais les habiles Manichéens n'avoient garde d'avancer une si ridicule étymologie, qui auroit été sifflée par les Grecs; car il eût fallu dire *Mannichoos*, & non pas *Manichaios*.

CHA-

ex Episcopo Persidis... Catholicus ordinatus. Ibid. p. 402. MAANA, *in Perside habitavit, ibique sepultus est.* Ib. p. 401.

(1) C'est un savant Luthérien, Auteur d'un gros Ouvrage en Allemand, intitulé *Histoire de l'Eglise & des Hérétiques*. Feu M. *Thomasius*, très-habile Jurisconsulte & Professeur célèbre dans l'Université de *Hall*, faisoit grand cas de cet Ouvrage, qui a rendu l'Auteur fort odieux à la plûpart des Théologiens Luthériens.

(2) *Fingit* (Arnoldus) *ipsum* Manetem *appellari voluisse* Manichæum. *Pertexam enim nominis bujus originem ipsi adscribit, quæ Discipulis debetur solis.* Ch. Wolff. *Manichaism. ante Manichæos.* p. 217.

(3) *Manichæus, Apostolus J. Christi.* Act. p. 6. Et dans S. *Epiphane*, Μανιχαῖος ἀπόστολος. De même, Act. p. 8. *Marcellus Manichæo.* Et *Epiphane*, Μάρκελλος Μανιχαίῳ. Dans l'*Epitre du Fondement* refutée par S. *Augustin* Cap. V. *Manichæus Apostolus*.

(4) *Sic enim quidam vestrûm exposuit, cur appellatus sit* Manichæus, *ut scilicet in Græca Lingua Manna fundere videretur.* Aug. *cont. Faust.* Ibid.

CHAPITRE VII.

Suite de l'Histoire de MANICHÉE *jusqu'à son arrivée à Cascar.*

JE crains d'avoir arrêté trop longtems le Lecteur à l'examen du nom de *Manichée*. La plûpart n'aiment pas ces discussions, mais ils auront bien la complaisance de les permettre en faveur de quelques autres, à qui elles ne sont pas indifferentes. Reprenons à présent l'Histoire de notre Héréſiarque.

On croit que *Manichée* demeure à *Séleucie*. Cela n'est pas sûr.

I. *Archélaüs* raconte, (*a*) „ Que se trouvant maître des grands biens, „ que sa Bienfaitrice lui avoit laissé, il alla loger au milieu de la „ Ville, tout proche du Palais du Roi de Perse ". Comme l'Auteur ne nomme point cette Ville, on juge que c'est ou (1) *Séleucie*, ou *Ctésiphonte*, Villes assises sur le bord du *Tigre*, & qui n'étoient separées que par ce Fleuve. Comme elles avoient été le séjour (*b*) des Rois des Parthes pendant l'hyver, elles l'étoient devenues des Rois Persans depuis la conquête. Les Arabes leur ont donné le nom de (2) *Modain* qui veut dire, *les Villes*, *les Citez*.

(*a*) Act. p. 98.

(*b*) Voyez *Strabon*. L. X. p. m. 502. L. XVI. p. 605. *Tillem*. T. VII. P. I. p. 168.

Contradiction entre S. *Epiphane* & *Archélaüs*. On peut les concilier.

S. *Epiphane* semble être ici en contradiction avec *Archélaüs*, car il assure, (3) „ que *Manichée* ne demeuroit pas dans la Ville „ Royale de Perse, mais dans une Ville fort éloignée de celle-là. On peut pourtant concilier ces deux Auteurs, en disant, que *Manichée* jeune fut élevé dans la Ville Royale, qui étoit le centre des Sciences, & la grande Ecole des Mages; mais que parvenu à un âge plus avancé il alla s'établir dans quelque Ville de Province. Effectivement il demeura dans la *Huzitide*, qui est une Province de l'*Irak* Babylonienne.

Les

Ch. VII. (1) *Dherbelot* ne convient pas, que la quatriéme Race des Rois de Perse, celle, dont *Artaxerxe*, ou *Ardezbir* fut la tige, ait fait au commencement sa résidence à *Séleucie*. Voyez sa *Bibliothéque Orientale*, au mot *Esfahan* p. 323. Il témoigne que ces nouveaux Conquerans transférérent d'abord le Siége de l'Empire à *Suze* : de là à *Istekar*, qui est l'ancienne *Persépolis*, & enfin à *Séleucie*. Nous verrons dans le dernier Chapitre de l'Histoire de *Manichée* selon les Orientaux, que la Ville Royale pourroit bien être celle de *Gandi-Sapor*, où l'on dit que *Manichée* souffrit la mort.

(2) MODAIN, ou MODAÏEN, qui veut dire VILLES, CITEZ au pluriel. Ce sont les Arabes, qui ont donné ce nom à *Séleucie* & à *Ctésiphonte*. Au reste j'avertirai ici le Lecteur, qu'il y a bien des fautes, dans *Baudrand*, au mot *Séleucie*. *Asseman* en a averti, & les corrige. *Bibliotb. Orient.* T. III. P. II. p. 623.

(3) Οὐ γὰρ ᾤκει (pempe ἐν τῇ βασιλευούσῃ Περσίδος πόλει) Μάνης διέτριβεν: ἀλλ' ἄλλῃ που ἀπὸ πόῤῥωθεν τοῦ βασιλέως, *Epiph.* ub. sup. § 4.

Manès très-savant dans les Sciences des Perses.

Les Grecs ne nous apprennent aucunes particularitez de sa vie depuis l'âge de douze ans jusqu'à celui de (1) *soixante*. Il ne faut pas s'en étonner : ils savoient fort peu ce qui se passoit hors des limites de l'Empire Romain. Ils se contentent donc de dire (2) „ Que *Manès* fut un des plus savans hommes de son Siecle dans „ les Sciences de son Pays, mais qu'il étudia sur toutes choses les „ quatre Livres de *Scythien*, & que (3), parvenu à l'âge, que „ je viens de marquer, il les traduisit & les altera, en y mêlant „ quantité de fables de son invention : Il en ôta même le nom de „ l'Auteur, & mit le sien à la place".

Contradiction manifeste d'*Archelaüs*.

Nôtre Historien ne s'est pas souvenu dans cet endroit, que dans la Dispute, qu'il venoit d'avoir avec *Manichée*, il lui avoit reproché en face (4) *de ne savoir que le Chaldaïque*, car pour traduire un Livre il faut au moins entendre deux Langues. M. de *Tillemont*, qui s'est apperçû de cette contradiction, a tâché de l'ôter en disant, (*a*) *que les Livres de* Scythien *étoient apparemment écrits en Grec*, *mais que* Térebinthe *pouvoit les avoir traduits en Chaldaïque, parce que c'étoit la seule Langue, que* Manichée *entendit*. Il y a plus de zéle, que de prudence & de sincérité dans une telle solution, *Archélaüs* ayant dit en propres termes, que *Manès prit les Livres de Scythien*, LES TRADUISIT, *les interpola & y mit son nom*.

(*a*) *Tillem.* ub. sup. p. 769.

Premiers Disciples de *Manès*.

II. Il n'eut d'abord que trois Disciples, savoir THOMAS, ADDAS, & HERMAS. *Cyrille* met *Buddas*, en la place d'*Addas*, comme je l'ai remarqué : & il est certain, que les Auteurs, qui nomment les douze Disciples de notre Hérésiarque, donnent ce second rang à *Buddas*. Après les avoir instruits de sa Doctrine, il les envoya la prêcher dans les Villes & dans les Bourgs de la Partie supérieure de la Province, où il faisoit son séjour. Mais, formant ensuite de plus grands desseins, il dépêcha *Thomas* en Egypte, *Addas* (5) en Scythie, & ne retint qu'*Hermas* auprès de lui.

Leur Mission.

Comme leur Maître n'avoit encore aucune connoissance du Christianis-

(1) Les Actes d'*Archélaüs* portent, p. 98. *Effectus puer ille annorum* prope *sexaginta*. Voilà un grand vuide dans la vie d'un homme. Aussi M. *Zaccagni* soupçonne-t-il, qu'il y a faute dans ce nombre, mais il ajoûte, qu'on lit constamment *soixante* dans le MS. du *Mont-Cassin*, & dans les Additions il avertit qu'on lit dans celui que la Reine de Suéde *Christine* donna à *Alexandre VII*, *Annorum prope septuaginta*. In Append. p. 710. M. *Asseman* dans sa *Biblioth. Orient.* T. III. P. II. p. 46. croit qu'il faut mettre *seize*, au lieu de *soixante* : mais il n'a rien pour appuyer sa conjecture. J'examinerai dans la suite son dernier sentiment sur le tems de la Dispute de Cascar, qui est, à mon avis, insoutenable.

(2) *Eruditus secundum omnem doctrinam, quæ in illis locis est, ac penè dixerim, super omnem hominem.* Act. Ibid.

(3) *Tunc autem assumit quatuor libellos* (Scythiani) *& transfert eos.* Ibid. Dans le MS. de la Reine *Christine*, *ut transferret eos*. In App. ub. sup.

(4) *Non ullius alterius Linguæ scientiam ha-*

tianisme, au moins si nous en croyons *Archélaus*, il faut que ses Missionnaires ne prêchassent alors (6), que des Hérésies Philosophiques, sur le Système des deux Principes, sur la Création du Monde, ne pouvant parler, ni de Jesus-Christ, ni de l'Evangile, puisqu'ils ne les connoissoient pas.

Je n'ai rien à dire contre la Mission d'*Addas en Scythie*. Elle est même assez vrai-semblable, pourvû qu'on entende par la *Scythie* les Provinces voisines de la Perse, au delà du Fleuve *Oxus*. Car outre qu'il y avoit des Chrétiens dans ce Pays-là, c'est que *Manès* y alla chercher un asyle contre la Persécution de *Sapor*. Or il étoit bien naturel, qu'il se retirât dans un lieu, où il avoit déja des amis & des Disciples.

Celle d'*Addas* en Scythie n'a point de difficulté.

Il y a quelque difficulté sur la Mission de *Thomas*. *Archélaüs* dit, qu'il fut envoyé *en Egypte*, & S. *Epiphane* (*b*) *en Judée*. Au fond, ils ne se connoissoient point, *Thomas* ayant pu commencer sa prédication par la Judée, qui étoit sur sa route, & passer de là en Egypte. Mais le P. *Pétau* (*c*) croit, qu'il y a faute dans S. *Epiphane*, & qu'il faut lire *les Indes*, au lieu de *la Judée*. Il se fonde sur le témoignage de (*d*) *Theodoret*, sans penser, que la faute peut aussi-bien être dans *Théodoret* que dans S. *Epiphane*. Car outre l'autorité (7) d'habiles Modernes, qui en jugent de la sorte, il y a de fort bonnes raisons de préférer la leçon commune dans S. *Epiphane*. Je ne dirai pas, qu'il ne falloit point porter le Manicheïsme dans les Indes, où il étoit déja, puisque S. *Ephrem* l'appelle (8) l'*Erreur des Indes*, & que c'est à cause de cela que *Suïdas* a crû, que *Manès* étoit de la race des *Brachmanes*. Je n'alléguerai pas non plus que S. *Epiphane* dit ailleurs, (*e*) que *Thomas fut envoyé en Syrie*, parce que ce Pére semble parler de deux Missions differentes. Mais j'insisterai sur le témoignage d'*Alexandre de Lycople*, Philosophe Egyptien, homme exact & habile, (9) qui tenoit des principaux Manichéens d'Egypte. (*f*) *que le premier, qui y prêcha le Manicheïsme, fut* Papus, *& le second* Thomas. On trouve ce *Papus* sous le nom de *Paapis* (*f*) dans les Anathêmes des Grecs contre les Manichéens.

Celle de *Thomas* en Egypte est vraye.

Fausse conjecture de *Pétau*.

(*b*) *Ub. sup.* §. 12.

(*c*) *Animad. ad hunc loc.*

(*d*) *Heretic. Fab.* L. I. 26.

(*e*) *Epiph. ub.* sup. §. 34.

Papus ou *Paapis* porta le premier le Manicheïsme en Egypte.

(*f*) Cotel. PP. Ap. T. I. p. 5?9.

Les

habere potuisti, sed Chaldæorum solum &c... Act. p. 63.

(5) Le Manuscrit de la Reine *Christine* porte *en Syrie*, au lieu de *Scythie*. C'est vrai-semblablement une faute.

(6) Je fais cette réflexion, non que je croye que les Disciples de *Manichée* ne prêchassent pas le Manicheïsme tout pur, qui est un Christianisme corrompu, mais pour faire sentir au Lecteur le faux de la Rélation d'*Archélaüs*.

(7) *Non est certum*, dit Asseman, *Thomam, Manetis Discipulum, in Indiam abiisse. Suspicor potius, in allato Theodoreti loco, mendum esse. Epiphanius certe pro India legit Judæam. Assem.* T. III. P. II. p. 28.

(8) *Error Indicus Manetem tenuit.* Epiph. *ub. sup. Assem.* T. I. p. 122.

(9) Πάπος τῆς τοῦ ἀνέρος (nempe Manichæi) ἐξηγητής: μετὰ δὲ τοῦτον, Θωμᾶς. *Alex. Lycop.* ap. *Combefis.* Auctuar. Noviss. P. II. p. 4.

St Thomas Manichéen est le Thomas Apôtre des Indes.

Quoique la pensée du P. *Pétau* ne soit pas juste, il y a pourtant des Critiques, qui, fondez comme lui, sur le témoignage de *Theodoret*, ont conjecturé, que *Thomas*, Apôtre de *Manichée*, pourroit-bien être le *Thomas*, que les Chrétiens des Indes vénérent comme un Apôtre de Jesus-Christ, & comme le Fondateur de leurs Eglises. M. de *Tillemont* ne s'éloigne pas de cette pensée. (*a*) Il combat l'opinion de ceux qui croyent, que le Corps de S. *Thomas* a été trouvé à *Méliapour*, sur la côte du *Malabar*, d'où les Portugais l'ont transporté depuis à *Goa*, & dit à cette occasion: „ Ce qui embarrasse encore, c'est que *Théodoret* témoigne, que *Thomas*, Disciple de *Manichée*, fut répandre dans les Indes les folies de son Maître, où il mêloit le nom de Jesus-Christ, pour tromper les simples; de sorte qu'il y a quelque sujet de craindre, qu'on n'ait confondu un Apôtre de *Manichée* avec un Apôtre de J. Christ". Le savant Auteur du *Christianisme des Indes* rapporte, (*b*) *que les anciens Monumens du Malabar font mention d'un Mage; c'est-à-dire, d'un Persan*, auquel ils donnent le titre *de* MANNACAVASSAR, *mot qui ne sauroit signifier que celui de* MANICHE'EN. *Ce Mage, selon eux, passa dans leur Pays, avant qu'ils fussent soumis au* (1) CATHOLIQUE, *ou Patriarche de Perse, y fit de faux Miracles, & enseigna sa Doctrine avec tant de succès, qu'il attira beaucoup de monde dans son Parti. Qui pourroit s'assurer, que cet Hérésiarque n'est pas le* THOMAS *mis à mort à* Meliapour, *où ses cendres sont également honorées des Indiens & des Portugais*? D'autres Savans (2) combattent ces conjectures, sans assurer néanmoins, que le *Thomas* des Indes soit le Disciple de *Manichée*.

(*a*) Tillem. T. I. p. m. 1105. Note IV.

Voyez Tollius Insig. Itin. Ital. p. 141.

(*b*) Christ. des Ind. par M. La Croze. L. I. p. 41.

Ce qu'il y a de certain c'est que *Manichée* envoya prêcher ses Erreurs aux Indes & à la *Chine*, c'est-à-dire, dans le Turquestan. Témoignage d'*Abulpharage*.

Il est certain, que les Peuples ont vénéré plus d'une fois des Reliques de Brigands, d'Hérétiques, de Gens infames, & qu'on a publié, que ces Reliques operoient des Miracles. Mais il faut avouër aussi que si l'on a rendu cette espèce d'honneur religieux aux cendres de quelque Manichéen, c'est malgré lui, & contre les Principes de sa Secte, qui a condamné hautement tout culte des Morts, & des Images. Mais comme les Monumens du Malabar, ne nomment point le Manichéen, qui pénétra dans ce Pays-là, ce peut être aussi-bien *Addas* que *Thomas*. Ce qui paroît certain, c'est qu'effectivement Manichée (3) *envoya quelques-uns de ses Disciples dans les Indes, & à la Chine, & qu'ils y semerent la Doctrine des Dua-*

(1) C'est le Patriarche des Nestoriens, qui fait sa résidence à *Mosul*. On explique, quelque part, pourquoi il s'appelle *Catholique*.

(2) Voyez entre-autres *Asseman* en deux endroits de sa *Bibliotheque Orientale*. Tom. III. P. II. p. 28. & 443.

(3) *Albulph*. Dynast. p. 82. La *Chine* désigne ici les Provinces, qui sont à l'Orient de la Mer Caspienne. C'est ainsi que le même Auteur dit p. 200 *Egressi Turca e Sina*. La Chine dans cet endroit est le Turquestan.

(4) Τινὰ εἶδον φαρμακευτικῆς τῷ παιδὶ νενηλευσμένον πεποίηκας. Epiph. ub. sup. §. 4.

Dualistes; c'est-à-dire, celle des deux Principes.

III. Ce fut pendant que ces deux premiers Apôtres du Manicheïsme étoient dans leurs Missions, qu'arriva la fatale aventure, qui fit perdre à leur Maître la protection de *Sapor*, & lui attira l'indignation de ce Prince. „ Le Fils du Roi étant tombé malade, (*a*) dit *Archélaüs*, *Manès* entreprit de le guérir, mais ce Prince mourut „ entre ses mains; ou plutôt il le tua, ce qui ayant irrité le Roi „ il le fit mettre en prison, & charger de fers ". S. *Epiphane* se contente d'ajouter à ce recit, que l'Héréfiarque *donna au malade* (4) *quelques remédes*, qui ne reüssirent pas. *Cyrille* retranche les remedes, & dit, (5) que *Manès*, voulant se donner les airs d'un Prophete, d'un Saint, *promet de guérir* le Prince *par la seule vertu de ses Priéres*.

Prison de l'Heresiarque. Sa cause.

(*a*) Act. p. 91.

On peut passer ce Commentaire à *Cyrille de Jérusalem*, bien qu'il donne à l'Heresiarque un air d'imposture, ou de Fanatisme, que les autres ne lui donnent pas. Mais qui peut excuser l'impertinente réflexion, dont *Photius* a voulu orner cette aventure? Meprisant jusqu'au vraisemblable, ce savant homme a osé dire, (6) *Ma*„ *nès* ETANT DEVENU FAMEUX PAR SES CRIMES, sa „ reputation parvint jusqu'aux oreilles du Roi, qui voyant son Fils „ malade, & apprenant qu'il promettoit de le guérir par ses priéres, „ employa cet homme présomtueux ". „ Depuis quand donc les Princes esperent-ils d'obtenir du Ciel des guérisons miraculeuses, par l'intercession des plus grands Scélérats? Enfin les Modernes, supposans que l'Héréfiarque avoit d'étroites intelligences avec les Démons, à la faveur desquelles il operoit de grands prodiges, avancent hardiment, (7) *qu'il n'entreprit de guérir* le Prince de Perse, *que par la confiance, qu'il avoit dans sa Magie*. Mais ces savans Modernes devroient au moins prendre garde, à ne pas contredire, si manifestement, *Archélaüs*, leur Auteur, qui, pour convaincre notre Héréfiarque de n'être pas le *Paraclet*, lui reproche (8) *de n'avoir jamais fait* AUCUN SIGNE *ni* AUCUN PRODIGE. Il le pousse même vigoureusement sur cet article. Le Paraclet promis par Jesus-Christ doit glorifier le Seigneur par une infinité de Miracles, & *Manichée*, qui touchoit à la fin de sa course, n'avoit pas fait encore le moindre prodige.

Critique du recit de *Cyrille de Jérusalem*, de *Photius*, du P. *Alexandre* & de *Tillemont*.

C'est avec cette exactitude & cette circonspection que des Ecrivains

(5) Ἐπηγγέλλετο διὰ προσευχῆς, ὡσανεὶ εὐσεβὴς κατορθώσειν. Cyril. ub. sup. §. 14. On peut conferer *Suidas* & *Cedrene* qui copient *Cyrille*.

(6) Τῷ κακῶς γεγονὼς περιβόητος. Phot. ub. sup. p. 48.

(7) *Magicis artibus & præstigiis confisus*, *curandum suscepit*. Nat. Alex. Sec. III. p. m. 80. *Tillemont* de même. ub. sup. p. 772.

(8) *Iste*, *nec signum quidem aliquod*, *aut prodigium ostendens &c.* Voyez *Act. Disput.* p. 61.

vains Ecclésiastiques osent trai er l'Histoire. Je ne veux pas nier, mais je n'oserois l'affirmer non plus, que *Sapor* voyant son fils malade, n'en ait confié la gué ison à *Manichée*: Que celui-ci ne s'en soit chargé, & que, le succès n'ayant pas répondu à son attente, il se soit attiré l'indignation du Roi. Tout ce qui me surprend, c'est qu'une cause si publique & si mémorable de sa Disgrace ait échappé aux Orientaux. Car il n'y a que le seul *Bar Hebræus*, que je sache, qui en ait fait mention. Encore n'en parle-t-il que comme d'un (1) *bruit incertain*, qu'il auroit apparemment ignoré, comme les autres, s'il n'avoit pas lû les Grecs. Cependant, si le fait est vrai, ce que je ne veux pas contester, il faut au moins convenir, que *Manès* n'entreprît de traiter le Prince qu'à la priére du Roi, qui avoit une haute estime pour son savoir, & pour sa vertu. Ce que j'avance est confirmé, premiérement, par le témoignage de *Socrate*, qui dit en propre termes, „ que le Roi de Perse, ayant „ oui parler très-avantageusement de *Manichée*, le fit venir (2) COM- „ ME IL AUROIT FAIT VENIR UN APÔTRE DE Jesus- „ Christ": Secondement, par le témoignage de tous les Orien- „ taux, qui assurent que *Manès* surprit d'abord (3) la confiance de *Sapor*, & lui persuada sa Doctrine.

Inc ertitude de cette Histoire.

Si elle est vraye, le Roi n'employe *Manès* que par estime pour lui.

Cet Hérésiarque réünissoit dans son caractère tout ce qui pouvoit lui acquerir l'estime du Roi. Premiérement il passoit pour un grand Saint. La Continence, les Abstinences, les Jeûnes, un air séduisant de dévotion, toutes ces apparences d'une sublime spiritualité, qui ont tant de fois concilié à des Hypocrites la vénération des Peuples, éclattoient dans sa personne. Il faut se le représenter austére, triste, pâle, décharné, assidu à la Priére, foulant aux pieds tout ce que le monde a de précieux ou d'agreable, & faisant profession d'une entiere pauvreté. Je ne le peins point d'imagination. S. *Ephrem*, qui a vécu en Orient peu d'années après lui, nous apprend que c'étoit un homme extenué par le Jeûne & par les macérations. *Le Démon* (4), dit-il, *avoit répandu la pâleur sur le visage de Manès, afin de séduire les simples.* A l'égard de la pauvreté, il faut bien que *Manichée* en fit profession, puisqu'il y assujettit ses Elûs, à qui il étoit défendu de posséder quoique ce soit au monde. Or l'Expérience nous apprend, que rien n'a plus enchanté les hommes, qu'un entier renoncement à tous les biens de ce monde. Ce char-

Premierement à cause de sa Sainteté apparente.

(1) *Fertur Saporem &c.* Abulph. Dynast. p. 82.

(2) Ὡς ἀπόστολον μεταπέμπεται Socrat. H. E. L. I. 22.

(3) C'est ce qu'on verra dans son Histoire par les Persans & par les Arabes.

(4) *Pallore Manetem diabolus tinxit, ut incautos falleret.* Ephrem, dans un Poëme contre les Hérétiques. Ap. *Assem.* ub. sup. T. I. p. 119.

(5) Ἀλλὰ καὶ τὸν ζωοποιὸν [illegible] τὰς δυνάμεις [illegible] &c. Xenoph. de Instit. Cyr. L. VIII.

charme conserve encore toute sa force en Orient, (a) „ où les Maho-
„ metans, aussi-bien que les Payens des Indes se moquent encore
„ aujourdhui de toute apparence de sainteté, si elle n'est accom-
„ pagnée de la Pauvreté volontaire ".

(a) Voyez le *Gazophylacium Ling. Persar.* du P. *Ange de S. Joseph.* p. 299.

Secondement *Manès* étoit très-savant, &, comme s'exprime *Archélaüs*, *c'étoit le premier homme de son tems dans les Sciences des Perses.* Or entre les Sciences, que cette Nation cultivoit, il n'y en avoit point de plus estimée que celle de la Médecine, parce qu'ils n'en connoissoient point de plus nécessaire. „ Les Perses, dit *Xénophon* (5) s'appliquent dès leur enfance à connoître les vertus des Simples, pour user de ceux qui sont sains, & se préserver de ceux qui sont nuisibles ".

Secondement à cause de son savoir.

Son habileté dans la Medecine.

Cette Science faisoit partie de la Philosophie des Mages.

Ille penes Persas Magus est, qui sidera novit,
Qui sciat herbarum vires, cultumque Deorum.

Zoroastre leur Prophète y avoit excellé (b), & l'on dit, qu'ayant rencontré un aveugle dans la Ville de *Dinavar*, il lui ordonna de faire chercher une plante, dont il lui fit la description, d'en exprimer le suc, & de s'en mettre dans les yeux, ce qui lui rendit la vuë.

Zoroastre y avoit excellé.

(b) Ap. *Hyd.* p. 300.

Manès étant donc Philosophe Persan, & aspirant d'ailleurs, comme *Zoroastre*, à la gloire de réformer la Religion, il ne pouvoit ignorer une Science très-estimée dans son Pays, & très-propre à lui concilier l'affection des Grands & des Peuples. Aussi *Alexandre de Lycople* (c) insinuë, qu'il avoit accompagné *Sapor* dans ses Armées, & il est bien vrai-semblable que c'étoit en qualité de Medecin. Il y en avoit toujours (6) dans les Armées des Perses, & l'on peut juger de l'estime, que l'on y avoit pour eux, par un mot de St. *Ephrem*, qui donnant sa benediction, avant que de mourir, à un certain *Simeon*, s'exprima en ces termes, „ Que votre Nom, (7) *lui dit-il*, soit aussi reveré, aussi chéri dans „ tout le Monde que l'est celui d'un Medecin dans une Armée ". C'est apparemment un *Adage* commun dans l'Orient, où il est certain, que la Médecine étoit extrémement (8) estimée, parce que cette Science a pour objet la conservation de l'homme. Je pourrois ajoû-

Manès fut vrai-semblablement Medecin de *Sapor.*

(c) *Alex. Lyc.* ub. sup. p. 4.

Scythien, Hieras &c. Savans dans la Medecine.

p. m. 189.

(6) *Xénophon* rapporte que *Cyrus* en établit huit dans son Armée. *καὶ ἰατροὺς κατέστησεν ὀκτώ.* Ub. sup. p. m. 244.

(7) *Tanquam Medicus in Castris, ita nomen tuum pervadat Orbem terrarum.* Ap. *Assem.* ub. sup. Tom. I. p. 143.

(8) *Strabon* l'a dit des Indes. *Μετὰ τοὺς Ὑλοβίους δευτερεύειν κατὰ τιμὴν τοὺς ἰατρικούς.* „ Après les solitaires, qui vivent „ dans les forêts, les Indiens honorent „ les Medécins plus que tous les autres „ hommes, parce que leur Philosophie „ a pour objet &c. *Strab.* L. XV. p. 677.

(a) Fabric. ub. sup. p. 281. (b) Ap. Epiph. Hær. LXVII. §. 2.

ajoûter, que *Scythien* (a), qui passe pour le Maître de *Manichée*, étoit savant dans la Medécine : Qu'*Hierax* (b), l'un de ses douze prémiers Disciples, l'étoit aussi : qu'on trouve, dans l'Histoire Ecclésiastique d'Orient, quantité d'Evêques & de Moines, qui étoient Médecins, & que c'est par là que des (1) Evêques se procuroient, & à leurs Troupeaux, la protection des Rois de Perse.

Il est donc à peu près certain, que *Manès* étant habile dans la Medécine, & ayant d'ailleurs la réputation de la plus sublime spiritualité, *Sapor* lui confia le soin de traiter son fils : Je ne doute pas même qu'en ce cas-là, l'Hérésiarque n'ait employé les remédes d'un côté, & la priére de l'autre ; & qu'il n'ait affecté d'agir autant en Prophete qu'en Médecin. Au moins tout cela est-il fort vraisemblable. Il n'est pas non plus impossible, que la mort du Prince ne lui ait attiré la disgrace du Roi. Mais il est certain, que les Orientaux attribuent cette disgrace à ses opinions sur la Religion, &, si je l'ose dire, à son Christianisme, ce qui paroît beaucoup mieux prouvé. Cependant écoutons *Archélaüs*, qui continue l'Histoire de l'Hérésiarque.

Thomas & *Addas* rendent compte à *Manès* de leur Mission. (c) Act. p. 99.

III. „ Il étoit encore prisonnier (c), lorsque ses deux Disciples, *Thomas* & *Addas*, vinrent lui rendre compte des travaux de leur „ Mission. Craignant d'être enveloppez dans sa perte, ils le conjurerent de penser à son propre salut. (2) *Mais lui, sans s'allarmer, les exhorta à ne rien craindre, & se leva pour prier.*

Grandeur d'ame de l'Hérésiarque.

Manichée paroît dans cet endroit plus grand que je ne voudrois. Qu'auroit pû faire de plus saint & de plus magnanime un fidéle Disciple de Jésus-Christ? Mais on devient difficilement Chef de Secte, sans avoir de grandes qualitez.

S'il n'a connu le Christianisme que dans sa Prison. *Archélaüs* le dit. (a) Act. Ibid.

„ Comme (a) ses Disciples lui racontérent, qu'ils avoient été „ l'exécration des Chrétiens, il lui prit envie de connoître la Religion Chrétienne, & de lire les Livres, où elle est contenue. „ Là-dessus il envoye ces mêmes Disciples dans les lieux, où les „ Chrétiens transcrivent leurs Livres. Ils reviennent ; ils les lui „ apportent dans sa Prison. Il les étudie : & commence à donner „ à sa Doctrine le nom de Doctrine Chrétienne ". Cela doit être arrivé peu de tems avant sa mort.

Il

(1) On en a un exemple entre autres dans *Boazanes*, qui étoit fort aimé de *Cavades* Roi de Perse, parce qu'il étoit excellent Medecin. *Ut Medicum optimum.* Hist. Miscel. L. XV. p. m. 103. On en trouvera beaucoup d'autres dans la Bibliothéque Orientale d'*Asseman*.

(2) *At ille suadens nihil vereri, ad orationem consurgit.* Act. p. 99.

(3) Πεὶν ἢ κατασχεθῆναι ἐν τῇ φυλακῇ. Epiph. ub. sup. p. 622.

(4) Βιβλίων, φημὶ δὲ τῶν Χριστιανῶν, Νόμου τε καὶ Προφητῶν, καὶ Εὐαγγελίων, καὶ Ἀποστολικῶν. Ibid.

(5) *Origine Magum fuisse perhibet Sharistani.* Pocock. *ub. sup.* p. 149.

(6) *A nulla secta recessit.* Aug. cont. Felic. L. I. 8.

(7) On peut voir son Histoire & son Elo-

Il n'y a point d'endroit, dans la Rélation d'*Archélaüs*, plus évidemment faux que celui-ci. Il faut l'examiner parce qu'il suffiroit seul, pour montrer que toute cette Rélation n'est qu'une fable.

Fausseté manifeste.

1. Aussi S. *Epiphane* s'en est-il bien apperçû, au moins en partie : Car, bien qu'il suive son Auteur assez exactement, il l'abandonne ici, & dit positivement que Manès (3) *avoit eu les Livres des Chrétiens avant que d'être mis en prison*, (4) *& que ces Livres sont, la Loi, les Prophètes, les Evangiles, & les Ecrits des Apôtres.*

Reconnue par S. *Epiphane.*

2. Je ne voudrois pas assurer que *Manichée* soit né Chrétien, parce que je ne me souviens pas d'en avoir vû aucune preuve certaine. S'il (5) sortoit d'une famille de Mages, comme le dit *Sharistani*, & s'il fut Mage lui-même, il n'aura été Chrétien, que parce qu'il embrassa la Foi Chrétienne, lorsqu'il fut parvenu à l'Adolescence. Ce qui paroît sûr, c'est qu'il ne fut jamais engagé dans aucune Secte Héterodoxe. Car le Manichéen *Felix* ayant dit à S. *Augustin*, que *Manichée* son Maître (6) *n'étoit sorti d'aucune Secte*, ce Pére ne repliqua rien, & son silence là-dessus paroît être un aveu.

Il est instruit du Christianisme dès sa Jeunesse.

3. *Gregoire Bar-Hebreus*, plus connu sous le nom d'*Abulpharage*, (7) qui fut *Primat d'Orient*, & le plus habile Ecrivain qu'ayent eu les *Monophysites*, témoigne, que *Manès* (8) *fut au commencement Prêtre à* EHVAZ, *qu'il y enseigna & expliqua* LES LIVRES Sacrez : *qu'il y disputa contre les Juifs, contre les Mages, & contre les Payens, mais qu'ensuite il abandonna la Foi.* Je ne sai si nous avons d'autres Auteurs Orientaux, qui témoignent la même chose, mais voici ce que dit sur ce sujet un des plus savans hommes de France dans les Langues Orientales. *Cet Imposteur*, il parle de Manès, *étoit Prêtre parmi les Chrétiens de la Province* (9) d'Ahovaz, *qui est un petit Pays, qui s'étend depuis* l'Arabie, *jusqu'aux embouchures de* l'Euphrate *& du* Tigre, *& fait une partie de la* Chaldée *des Anciens. Il disputoit fort souvent avec les Juifs & avec les Mages.*

Abulpharage témoigne qu'il fut Prêtre, & zelé pour la Foi.

Témoignage de *Dherbelot* là-dessus.

4. Il faut que la tête tournât à l'Auteur de cette Rélation, ou qu'il ne fît aucune réflexion sur ce qu'il disoit, pour avancer en même tems, que *Manichée* ne connut les Livres des Chrétiens, qu'après avoir été long tems en prison ; & qu'avant que d'être mis en prison, il *étudia les Livres de Scythien, les traduisit & les interpola.* Car

Les Livres attribuez à *Scythien*, & qu'on dit avoir été traduits par *Manès* contenoient un C[illegible] corrompu.

Eloge dans M. *Asseman*, Bibliotb. Orient: T. II. p. 245. *& suiv.*

(8) *Sacerdos factus est Ehvazi, & interpretatus est libros*, (sacros scilicet) *& cum Judais, Magis & Ethnicis disputavit. Deinde à fide desciscens* &c. Dynast. p. 82.

(9) M. *Dherbelot*, au mot *Ahvaz*, témoigne, que cette Ville *est considerable par sa grandeur, & par celle de son Territoire, qui fait une petite Province, qui porte son nom.* Il ajoûte, qu'*Ahvaz est une Ville du* Khurestan *ou* Khusistan, *qui est l'ancienne* Susiane. Et dans la suite, *On peut assurer, que les Arabes appellent* Ahvaz, *la même Province, que les Persans appellent* Khusistan. Ailleurs il met *Ahvaz* dans la *Chaldée*, mais cela n'est pas contraire. Les divisions des Provinces ont chan-

Car les sentimens de *Scythien* n'étoient qu'un Christianisme corrompu par le Manicheïsme. *Ces Livres*, dit Socrate (*a*), *contenoient en apparence les Véritez de la Réligion Chrétienne; mais quand on les examinoit de près, on trouvoit qu'ils étoient remplis de la superstition des Payens.* C'est ainsi que M. *Cousin* a traduit les paroles de *Socrate*, (1) qui veut dire proprement, " qu'à ne considérer que les „ expressions, les Livres de *Scythien* contenoient la Doctrine Chré„ tienne, mais qu'au fond c'étoit un Paganisme tout pur". Je renvoye le Lecteur à ce que j'ai dit ci-dessus des Livres attribuez à *Scythien*.

(*a*) Socrat. Hist. Eccl. L. I. 22. Je me sers de la traduction de *Cousin*.

Ses Lettres rouloient sur des Matieres de la Religion Chrétienne.

5. Les Disciples de cet Hérésiarque avoient ramassé (2) un Volume de ses Lettres, & c'est un de ses Ouvrages, dont je regrette le plus la perte, parce qu'on y trouveroit sans doute une partie de son Histoire, & ses vrais sentimens. Il paroît par les fragmens, qui nous en restent, qu'il y traitoit des Matiéres de la Religion Chrétienne. Ceux (3) que le P. *Lequien* avoit recueillis pour feu M. *Grabe* rouloient tous sur l'Incarnation. Mais *Julien*, Disciple de *Pélage*, en a rapporté un fort considérable, tiré d'une (4) *Lettre*, que *Manès* écrivoit à *Ménoch*, sa fille spirituelle. C'est là qu'il tâchoit de montrer, que la corruption de l'Homme vient du fond de la Nature; qu'elle est conçue avec lui; qu'elle naît avec lui. Il y allégue tous les Passages du N. Testament, que l'on cite d'ordinaire pour prouver le Péché Originel. Or certainement toutes ces Lettres n'avoient pas été écrites dans l'espace de quelques mois. Car, si nous en croyons la Rélation d'*Archélaüs*, il ne peut s'être écoulé que cinq ou six mois depuis le Christianisme de *Manichée* jusqu'à sa mort.

Sur l'Incarnation.

Sur la corruption de l'Homme.

Sa Dispute avec *Archélaüs* montre qu'il possédoit les Livres du N. Testament.

6. N'insistons pas davantage sur un fait qui est certain & prouvé. Si la Dispute, qu'*Archélaus* eut avec lui, étoit véritable, elle suffiroit seule pour dementir sa Rélation. Quoiqu'il y paroisse aussi foible, qu'il a plu à son Adversaire de le représenter, on voit bien qu'il n'est pas novice dans la lecture du N. Testament. Il le cite sou-

changé avec le tems. Ajoutons ce que M. *Asseman* dit sur ce sujet. *Bibl. Orient.* T. III. P. II. p. 758. Il n'est pas tout à fait du sentiment de M. *Dherbelot*, " *Huzia*, dit-il, est une Province contigue „ à la *Susiane*, & dont les Habitans sont „ nommez *Huzites*. Les Arabes les nom„ ment *Ahvaz*; les Grecs & les Latins, „ *Uxiens*, ou *Oxiens*, & leur Pays la „ *Uxie*, ou la *Uxiane*. La Metropole „ de cette Province, que les Syriens ap„ pellent *Lapeta*, ou *Beth-Lapet*, est nom„ mée par les Arabes, *Sukal-Ahvaz*, c'est„ à-dire, *le Bourg des Huzites*. Le Mé„ tropolitain d'*Ahvaz* étend sa jurisdic„ tion sur quatre Provinces". Il est le premier après le Patriarche Nestorien. Au reste M. *Asseman* distingue, comme on voit, la *Huzitide* du *Chusistan*, ou de la *Susiane*, aussi-bien que le Geographe Mahométan *Abulpheda*. Ailleurs M. *Asseman* attribue tout cela à *Gandisapor*, dont je parlerai ailleurs.

(1) Αἱ τῶν βίβλων τίνων ὑπόθεσεις χριστιανίζουσι μὲν τῇ φωνῇ, τοῖς δὲ δόγμασιν ἑλληνίζουσι. Ibid.

souvent pour établir ses Erreurs, & cela prouve évidemment, qu'encore qu'il n'eût pas pris son Systême dans l'Ecriture, il l'avoit étudiée assez long tems pour l'accommoder avec sa Philosophie.

Déclamation puérile de *Cyrille* de Jérusalem.

Ceci nous apprend, quel cas on doit faire du témoignage de *Cyrille* de Jérusalem. *Manès*, (5) dit-il, *ne fut jamais du nombre des Chrétiens. A Dieu ne plaise! Il n'a point été chassé de l'Eglise, comme Simon* le Magicien, *puisque, ni lui, ni ses Prédecesseurs, n'en ont jamais été*. Faisons-lui grace. C'est un Orateur qui parle; cependant si l'hyperbole lui est permise, il faut au moins que ce ne soit qu'hyperbole, & non pas mensonge tout pur.

Nouvelle Mission d'*Addas* en Orient, d'*Hermas* en Egypte, de *Thomas* en Syrie.

(a) Act. p. 99.

IV. Revenons à *Archélaüs*. " Il nous dit, (a) que depuis que *Manès* „ eut donné à sa Doctrine l'air & le nom de Doctrine de J. Christ, il „ ordonna à ses Disciples d'aller la prêcher avec intrépidité. Il „ envoya *Addas* en Orient, *Hermas* en Egypte, & *Thomas* en Syrie. Ils y étoient encore (6), lorsque leur Maitre vint à „ *Cascar*.

Texte d'*Epiphane* corrigé.

(b) Epiph. §. 12.

La Mission d'*Hermas* en Egypte est confirmée par St. *Epiphane*. (b) Il assure, qu'il avoit vû des Personnes, qui avoient connu cet *Hermas*, & qui lui avoient raconté des particularitez de sa vie. A l'égard d'*Addas*, il semble que S. *Epiphane* soit contraire à *Archélaüs*; car il dit, que celui-ci fut envoyé (7) *dans les Provinces supérieures*, paroles, qui désigneroient les Provinces Septentrionales. Mais je soupçonne, qu'il y a une faute de Copiste dans cet endroit, & qu'au lieu d'*anotérica Meré*, il faut lire, *anatoloïca Meré*, dans *les Provinces Orientales*. Car le même Auteur dit dans un autre endroit, qu'*Addas* fut envoyé (8) *en Orient*. A l'égard de *Thomas* il eut pour son partage (9) *la Syrie*, comme le témoignent *Archélaüs* & St. *Epiphane*. Il est vrai que, selon *Théodoret*, il alla prêcher *aux Indes*, mais il y a bien de l'apparence, que c'est une faute, ou de ce Pére, ou de ses Copistes. Le Lecteur a deja vû ce que je pense là-dessus.

Le Roi veut faire mourir *Manès*, depuis

(10) *Dès que le Roi de Perse eut été informé, que Manès avoit envo-*

(2) Ἐπιστόλων ὁμὰς, sive Βιβλίον. *Pet. Sic.* Hist. Manich. p. 30. *Formula Recept. Manich.* Ap *Toll.* p. 142.

(3) On peut le voir dans *Fabric.* Bib. Græc. T. V. dans l'Article de *Manès*.

(4) On peut le voir dans S. *Augustin.* Op. Imperf. L. III. Cap. 166. 172. & suiv.

(5) Οὐκ ἔστιν ἀπὸ Χριστιανῶν ὁ Μάνης, μὴ γένοιτο! οὐδὲ, κατὰ τὸν Σίμωνα, ἐξεβλήθη τῆς ἐκκλησίας, οὔτε αὐτὸς, οὔτε οἱ πρὸ αὐτοῦ διδάξαντες. *Cyril.* ub. sup. pag. 92.

(6) *Et usque in hodiernum diem ibi degunt, dogmatis hujus prædicandi gratiâ.* Act. p. 22. *Epiph.* ub. sup. §. 12.

(7) Ἀνωτέρικα μέρη. Ibid.

(8) Ἀνατολῆς μέρη. §. 31.

(9) Εἰς τὴν τῶν Σύρων γῆν. Ibid. §. 12.

(10) *Mittit Discipulos suos prædicaturos intrepide fictos simulatosque errores* &c. *Quod cùm Rex Persarum cognovisset, dignis eum suppliciis subdere parat.* Act. p. 99. Ces mots, *fictos simulatosque errores*, sont expliquez par ceux-ci, *Christi nomine adjecto*.

qu'il s'est déclaré Chrétien.

envoyé ses Disciples, avec ordre de prêcher hardiment ses Erreurs sous le nom de J. Christ, il résolut de lui faire souffrir le supplice qu'il méritoit.

On voit ici à découvert le vrai crime de *Manichée*, celui qui fut la cause de son supplice. Ce n'est pas pour n'avoir pû guerir le Fils du Roi : ce n'est pas pour soûtenir qu'il y a deux Principes éternels, ni pour tant d'autres Questions Philosophiques, qui composoient son Systême : C'est parcequ'il se déclare Chrétien, qu'il fait prêcher sa Doctrine sous le nom de J. Christ, dont il prétendoit être l'Apôtre. Et pour dire quelque chose de plus, c'est parcequ'il osa s'élever contre la Religion & le Culte des Mages. Cela sera confirmé dans la suite.

Il en est averti en songe & se sauve dans le Château d'Arabion.

La résolution du Roi (1) *lui fut révélée dans un songe*, que les *Manichéens* attribueront à un Ange de Lumiére ; & les Catholiques à un Ange de Ténébres. Alors il gagne ses Gardes, & se sauve dans un Château nommé Arabion (2), qui appartenoit aux Perses & qui n'étoit éloigné de *Cascar* que trois ou quatre journées. Entre ces deux Places il y avoit un Fleuve, qui est appellé (3) *Stranga*, & qui servoit de limite aux deux Empires. Quelques recherches que j'aye faites, je n'ai pû trouver dans la Mésopotamie, ni un Fleuve appellé *Stranga*, ni un Château nommé *Arabion*, ce qui, pour dire la vérité, rend toute cette Histoire fort suspecte. Elle le paroîtra bien davantage, quand on saura, qu'*Hormizdas*, Successeur de *Sapor*, & Protecteur de *Manès*, lui donna un Château pour lui servir de retraite, mais situé loin de la Mésopotamie, & des Frontiéres des Romains.

CHAPITRE VIII.

Maniche'e va à *Cascar*. *Occasion de ce Voyage.*

I. L'He're'siarque étant dans sa retraite entendit parler de la Charité & des Vertus d'un riche Citoyen de *Cascar*, qui étoit Chrétien, & qui se nommoit Marcel. Il forma le dessein de le séduire, mais avant que de raconter de quelle maniére il s'y prit, il faut parler d'un Evénement, qui fournit au genereux

(1) *Admonitus in somnis*. Act. Ibid.

(2) Dans le Manuscrit de la Reine *Christine*, Adrabion. C'est un Fragment des Actes d'*Archélaüs* que cette Princesse donna à *Alexandre VIII*. avec d'autres MSS. M. *Zaccagni* a pris la peine

néreux *Marcel* l'occasion d'exercer sa Libéralité, & de porter sa réputation jusques chez les Perses.

Archélaüs, ou celui qui a écrit sa Dispute, raconte (*a*), "qu'une „ Troupe de dix à douze mille Chrétiens, tant hommes que fem- „ mes & petits enfans, étoient sortis de leur Ville, pour aller paf- „ ser le jour & la nuit en jeûne, en priére dans la Campagne, afin „ de supplier *le seul vrai Dieu, qui est invisible* de répandre sa pluïe „ sur leurs semailles. C'étoit une ancienne Coûtume, que ces „ Chrétiens observoient tous les ans.

„ Des Soldats Romains, qui campoient à quelque distance de là, „ prenant cette innocente Troupe pour des Ennemis, vinrent fon- „ dre sur eux à minuit, les surprirent accablez de sommeil, en tué- „ rent treize cens, en blessérent cinq cens, & en emmenérent „ sept mille sept cens Prisonniers à *Cascar*, dans le dessein de les „ vendre pour esclaves. Il en périt outre cela un grand nombre „ de faim, de soif, de fatigue & des coups qu'ils reçurent pendant „ une marche de trois jours & trois nuits.

„ Dès qu'*Archélaüs* fut informé du malheur de ces pauvres Fi- „ deles, il va trouver *Marcel*, qui à l'instant ouvre ses thrésors, „ & offre aux Soldats de leur payer la rançon de tous leurs Prison- „ niers au prix qu'ils voudroient la taxer. Les Soldats sont char- „ mez de la générosité, de la charité de *Marcel*: une partie em- „ brasse la Foi Chrétienne, & renonce à la profession des Armes; „ le reste, ou se contente d'un quart de la rançon, ou ne demande „ qu'un *viatique* nécessaire pour retourner au Camp.

Dix ou douze mille Chrétiens massacrez ou faits prisonniers par des Soldats Romains.
(*a*) Act. p. 4.

Cette Histoire a si fort l'air de Légende, que M. de *Tillemont* (*a*) n'a pû dissimuler qu'elle lui étoit fort suspecte. *Où trouver*, dit-il, *dix ou douze mille Chrétiens, dans une seule Ville, durant le regne du Paganisme*? C'est peut-être (*b*) *dans l'Osrhoëne, qu'on dit avoir eu des Princes Chrétiens dès le commencement du Christianisme*. Mais, outre qu'on auroit eu bien de la peine à les trouver dans *Edesse* même, qui en étoit la Capitale, ces Soldats campoient assurément sur les frontiéres des Perses, dont *Edesse* étoit bien éloignée. M. de *Tillemont* est aussi fort surpris de voir parmi les Chrétiens un *jeûne ordinaire*, continué au moins jusqu'à minuit, puisqu'il n'y avoit que le Jeûne de Pâques, qui durât jusqu'à cette heure-là. *Est-il aisé de croire*, poursuit-il, *que, du tems du Paganisme, dix mille Chrétiens eussent accoûtumé de sortir d'une Ville, pour aller prier ensemble à la Campagne, toute une journée, & qu'en deux cens soixante & seize, au plus tard, ce fût déja une Tradition ancienne.* L'Auteur

Difficultez de *Tillemont* contre cette Histoire.
(*a*) Note IV. sur les *Manichéens*.
(*b*) Ibid. p. 779.

ne d'en recueillir quelques diverses le- çons. Voyez p. 721.

(3) Il est nommé *Siracus* dans le Manuscrit.

L'Auteur fait encore d'autres difficultez contre cette Histoire, quelque envie qu'il ait de la recevoir, & trouve enfin tout à-fait *inconcevable, que dix mille personnes, au lieu de s'en retourner le soir à la Ville, demeurent à la Campagne pour se laisser accabler par le sommeil.*

C'est une Fable toute pure.

M. de *Tillemont* ménage trop des Auteurs qui n'ont pas respecté la Vérité. Cette Narration n'est qu'une fable toute pure, & en porte tous les Caractéres. Si les Chrétiens sujets de l'Empire jouïssoient alors de la Paix, étoit-il permis à des Soldats Romains de les massacrer, de les ememener prisonniers, & de les vendre dans une Ville Romaine? Et s'ils étoient persécutez, étoit-il permis à ces mêmes Soldats de déserter la Milice, sous prétexte d'embrasser la Foi Chrétienne? A-t-on quelque exemple, que les prémiers Chrétiens eussent la coûtume, d'aller passer le jour & la nuit dans les champs, avec leurs petits Enfans & leurs femmes, pour demander à Dieu de bénir les fruits de la Terre?

Tillemont voudroit la rejetter sur le Traducteur; ce qui est absurde.

M. de *Tillemont* ne peut donc se résoudre à admettre une fable si impertinente: Mais s'il la rejette, que deviennent les Actes d'*Archélaüs*? Que devient toute l'Histoire de *Manichée*, & qui voudra ajoûter foi à un Auteur si hardi, & si fabuleux? Pour se tirer d'embarras, le savant Moderne prend le parti d'attribuer tout ce conte (a) au Traducteur, quoiqu'il n'y ait rien dans l'Ouvrage, qui appuye sa conjecture, & que ce morceau soit tout-à-fait, essentiel au Roman. Car ce fut la générosité, que *Marcel* exerça sur cette troupe de captifs, qui le fit connoître à *Manichée*, & qui fut l'occasion de la Lettre qu'il lui écrivit, & du voyage qu'il fit à *Cascar*. Sans cela ces deux hommes ne se seroient jamais vûs. Il n'y a donc pas moyen de détacher cette Piéce du reste de l'Histoire, ni de la donner par conséquent au Traducteur, à moins qu'on ne lui donne l'Ouvrage tout entier.

(a) *Tillemont* Note II. sur les *Manichéens.*

Cependant comme les fables ont d'ordinaire quelque fondement, j'ai voulu découvrir ce qui peut avoir donné lieu à celle-ci. Et j'avoüe ingenument, que, séduit par une citation tronquée de M. *Hyde*, je croyois presque l'avoir deviné: mais je me suis bientôt desabusé en consultant l'Original. Je ne laisserai pas de proposer ma conjecture au Lecteur, qui peut-être en fera quelque usage: du moins elle ne l'ennuyera pas.

Conjecture sur ce qui peut avoir servi de pretexte à cette Fable.

Croyant donc, que la Fable, dont il s'agit, devoit avoir au moins quelque fondement dans l'Histoire, j'avois supposé en premier lieu, que si *Marcel* étoit un Personnage véritable, ce ne pouvoit être qu'un Romain, non seulement fort riche, mais revêtu d'un grand pouvoir dans la Mésopotamie, & apparemment Gouverneur de la Province.

J'avois

J'avois ſuppoſé en ſecond lieu, que cette Troupe infortunée, ſur laquelle fondirent la nuit des Soldats Romains, & dont ils firent un grand carnage, & emmenérent ſept ou huit mille Priſonniers, ne pouvoit être qu'une Troupe de Perſans.

Enfin j'avois ſuppoſé, que s'ils étoient aſſemblez pour quelque Dévotion, il falloit que ce fût pour une Dévotion Perſanne, M. de *Tillement* convenant que ce n'eſt point une Pratique Chrétienne, d'aller paſſer le jour & la nuit, en jeûne & en priére dans la Campagne, pour implorer la bénédiction de Dieu ſur les fruits de la Terre. Voila mes trois ſuppoſitions.

Marcel eſt vrai-ſemblablement *Marcellin*, Gouverneur de Méſopotamie.

A l'égard de la premiére, je pouvois l'avancer comme une Propoſition certaine; *Marcel* étant effectivement Gouverneur de Méſopotamie. Il eſt vrai, que ce Gouverneur s'appelloit proprement *Marcellin*, mais, ſi c'eſt une faute que de confondre deux noms, qui ont tant de rapport, elle eſt des plus excuſables, & l'on en trouveroit bien des exemples. *Zozime* nous apprend, que ſous le regne d'*Aurélien*, vers l'an 273. & préciſement dans le tems, où il faudroit placer la tragique avanture dont nous parlons, la Méſopotamie étoit gouvernée par (1) *Marcellin*, Capitaine d'une integrité à l'épreuve de la Tentation la plus délicate, & à laquelle les plus grands hommes ſe ſont fait tant de fois une eſpéce d'honneur de ſuccomber. Les *Palmyreniens* au deſeſpoir des traitemens, qu'eux, leur Ville & *Zenobie* leur Reine, avoient ſoufferts de la part des Romains, firent tous leurs efforts pour ébranler ſa fidélité. Ils lui propoſerent de joindre leurs Forces aux ſiennes, s'il vouloit ſe ſaiſir de la Méſopotamie & de tout l'Orient. Mais il refuſa conſtamment leurs offres, & après avoir eſſayé inutilement de les diſſuader de la révolte, il en donna enfin avis à l'Empereur. Peut-être *Marcellin* avoit-il du panchant au Chriſtianiſme.

Caractére de ce Capitaine.

Ma ſeconde ſuppoſition me paroiſſoit évidemment vraye, par les raiſons, que j'ai déja alléguées. Quelque brutaux, que l'on ſuppoſe les Soldats Romains, on ne conçoit point, que leurs Chefs fuſſent aſſez barbares, pour faire main baſſe ſur une Troupe deſarmée, qu'ils ont ſurpriſe dans la Campagne, & qui eſt compoſée de femmes & d'enfans tous ſujets de la Republique. On conçoit encore moins, qu'ils euſſent le pouvoir de réduire à l'eſclavage des perſonnes innocentes & libres. Mais ſi ce ſont des Perſans, les Soldats peuvent croire, que c'eſt un Parti d'Ennemis, qui vient la nuit faire une invaſion ſur les Terres de l'Empire, en tuer une partie, & faire priſonnier le reſte. Il eſt naturel après cela, que, ces pauvres captifs ayant fait connoître leur innocence, au Gouverneur de la Province, il les faſſe mettre en liberté ſans rançon.

Reſte

(1) Μαρκελλίνῳ τῷ καθισταμένῳ τῆς μέσης τῶν Ποταμῶν. *Zozim.* Hiſt. L. I. p. m. 55.

Passage attribué faussement à St. *Chrysostôme* par *Hyde*.

Reste la troisiéme supposition, savoir qu'il s'agit d'une Devotion Persanne. M. *Hyde* me l'avoit fait croire, lorsque pour prouver, que les Mages avoient des Cérémonies approchantes de notre Eucharistie & de notre Baptême, il rapporte les paroles suivantes, sous le nom de S. *Chrysostôme*. „ (1) Les Mages, (ou ceux „ qui suivent leur Religion) avoient accoûtumé tous les ans, „ après avoir recueilli & battu leurs bleds, d'aller sur une mon„ tagne, qu'ils appellent dans leur langue, LE MONT DE LA „ VICTOIRE, & qui est très-agreable, à cause des Fon„ taines, qui l'arrosent, & des arbres qui le couvrent. Il y a aussi „ un antre creusé dans le roc, & c'est-là qu'après s'être lavez & „ purifiez, ils offroient des Sacrifices, & prioient Dieu en silence „ pendant trois jours". Voilà un Pelerinage, une Dévotion Persane: & une Devotion annuelle: Elle se fait tous les ans après la récolte des bleds, pour rendre graces à Dieu de ce qu'il a béni les fruits de la Terre. Là-dessus j'avois conjecturé, que ces pauvres Pélerins Persans passérent malheureusement proche des Soldats Romains, qui campoient sur la Frontiére, & qui, prenant ombrage de leur marche & de leur nombre, les traiterent en Ennemis.

Abus, qu'il en a fait.

L'Edifice n'étoit pas mal construit, mais le fondement ne valoit rien. Car quand j'ai verifié le passage, (ce qui étoit assez difficile, M. *Hyde* n'ayant cité ni le Traité, ni le Volume de S. *Chrysostôme*,) j'ai trouvé qu'il n'étoit pas de ce Pére, mais de l'Auteur de l'*Ouvrage imparfait sur S. Matthieu*, qu'il ne contenoit qu'une fable, & qu'il ne s'agissoit point du tout d'une Dévotion propre aux Mages, mais d'une Tradition assez généralement reçuë par les Chrétiens des Communions Orientales, & dont j'aurai occasion de parler, quand je traiterai des Apocryphes des Manichéens. Voici donc le passage tout entier.

Tradition fabuleuse sur les Mages.

„ On m'a raconté, dit le Prédicateur, sur le témoignage de „ je ne sai quelle Ecriture, qui n'est pas à la vérité authenti„ que, mais qui réjouït la Foi, bien loin de la détruire, qu'il y „ a aux bords de l'Ocean Oriental une Nation, qui possédoit „ un Livre, qui porte le nom de *Seth*, & dans lequel il est „ parlé de l'Etoile, qui devoit apparoître aux Mages, & des pré„ sens, que les Mages devoient offrir au Fils de Dieu. Cette „ Nation, instruite par ce Livre, choisit douze personnes des „ plus

(1) Voici le passage de Hyde tout entier. *De Relig. Vet Persar* Cap. IV. p. 113. *In suis etiam sacris habebant Mithriaci lavacra, quasi Regenerationes, in quibus tingit & ipse (scilicet Sacerdos) quosdam, utique credentes, & fideles suos, & expiatoria delictorum de lavacro repromittit, & sic adhuc initiat Mithræ. De hoc in Justino Martyre & Chrysostomo legitur;* (Ce qui suit est de S. Chrysostome) *Hi ex-*

„ plus religieuſes d'entre elles, & les chargea du ſoin d'obſerver „ quand l'Etoile apparoîtroit. Lorſque quelcun d'eux venoit à „ mourir, on lui ſubſtituoit un de ſes fils, ou de ſes proches. Ils „ s'appelloient MAGES dans leur Langue, parce qu'ils ſervoient „ Dieu dans le ſilence, & à voix baſſe. Ces Mages alloient donc „ tous les ans, après la récolte des bleds, ſur une Montagne qui „ eſt dans leur Pays, qu'ils nomment LE MONT DE LA VICTOIRE; & qui eſt très-agréable à cauſe des Fontaines, qui „ l'arroſent, & des arbres, qui le couvrent. Il y a auſſi un Antre „ creuſé dans le Roc: & c'eſt-là qu'après s'être lavez & purifiez „ ils offroient des Sacrifices, & prioient Dieu en ſilence pen„ dant trois jours.

„ Ils n'avoient point diſcontinué cette pieuſe pratique depuis un „ grand nombre de générations, lorſqu'enfin l'heureuſe Etoile „ vint deſcendre ſur leur Montagne. On voyoit en elle la figure „ d'un petit enfant, ſur lequel il y avoit celle d'une Croix. Elle „ leur parla, & leur dit d'aller en Judée: ils partirent à l'inſtant, „ l'Etoile marchant toûjours devant eux, & furent deux années „ en chemin". On voit bien que l'Auteur veut parler des Indiens, puiſqu'il les place ſur le bord de l'Océan Oriental, & qu'il ajoûte que S. *Thomas* alla enſuite leur prêcher l'Evangile, & les baptiza.

Tel eſt le paſſage, dont M. *Hyde* a copié une partie, pour prouver, par l'autorité de S. *Chryſoſtôme*, que les Mages avoient leur *Régénération*, leur *Batême* par lequel ils conféroient la remiſſion des péchez à leurs Croyans. Le Lecteur peut juger à préſent, ſi la preuve eſt juſte, & profitera, s'il le trouve à propos, de cet exemple, pour ne pas admettre ſans examen les citations des plus habiles Gens, qui n'ont aucun deſſein d'en impoſer. Retournons à préſent à *Marcel*.

II. L'Héréſiarque ayant appris, dans ſa Retraite, les Vertus de cet illuſtre Romain, forma le deſſein de faire une ſi belle Conquête, & lui écrivit la Lettre ſuivante. Lettre de *Manichee* à *Marcel*.

„ MANICHÉE (*a*), Apôtre de Jeſus-Chriſt & tous les Saints „ & Vierges, qui ſont avec moi, à MARCEL mon cher Fils. „ Que la Grace, la Miſéricorde & la Paix vous ſoient données „ de la part de Dieu le Pére, & de la part de Notre Seigneur J. „ Chriſt. Puiſſe auſſi la Droite de la Lumiére vous préſerver de „ ce

(*a*) Act. p. 6. Epiph. ub. ſup. §. 6. Il ſe qualifie Apôtre de Jeſus-Chriſt.

ergo, per ſingulos annos, poſt Meſſem trituratoriam, aſcendebant in montem aliquem, qui vocatur linguâ eorum, MONS VICTORIALIS, *habens ibi in ſe quandam ſpeluncam in ſaxo, fontibus, & electis arboribus amœniſſimus; in quem aſcendentes & lavantes ſe, offerebant, & orabant in ſilentio Deum tribus diebus.*

„ ce présent & méchant siécle, de la ruïne qui l'attend, & des „ Piéges de l'Esprit malin.

Prend le caractere de Reformateur.

„ J'ai appris avec beaucoup de joye votre extrême Charité, „ mais j'ai été affligé d'apprendre en même tems, que votre Foi „ n'est pas conforme à la saine Doctrine. C'est pourquoi, ayant „ été envoyé pour réformer le Genre Humain, & pour le déli- „ vrer des Erreurs, où il est plongé, j'ai cru que je devois vous „ écrire cette Lettre, & pour votre propre salut, & pour celui „ des Personnes qui vous appartiennent.

Rejette l'unité de Principe.

„ Je voudrois donc vous tirer de l'Erreur, où sont les Maîtres „ des Simples & des Ignorans. Comme ces gens-là n'ont aucun „ discernement, ils enseignent, que le Bien & le Mal viennent „ de la même Cause, n'admettent qu'un seul Principe de toutes „ choses, & ne mettent aucune différence entre la *Lumiére* & les „ *Ténèbres*, entre (1) l'*Homme Intérieur* & l'*Homme Extérieur* : au „ contraire, ils les confondent toujours.

„ Gardez-vous bien, mon cher Fils, d'admettre une confusion „ si déraisonnable, & si injurieuse à la Bonté de Dieu. Car ces „ gens-là, qui rejettent sur Dieu l'origine & la fin de tous les „ maux périront bientôt par la vengeance Divine, parce qu'ils „ n'ajoutent pas foi à cette Vérité, que Notre Seigneur & Sau- „ veur Jesus-Christ nous enseigne dans son Evangile, (a) *Qu'un* „ *mauvais arbre ne peut porter de bons fruits, ni un bon arbre de* „ *mauvais fruits.*

(a) Matth. VII. 18.

Et l'Incarnation.

„ J'avouë que je ne puis voir, sans un extrême étonnement, „ qu'il y ait des hommes capables de dire ; que Dieu est le „ Créateur de *Satan*, & l'Auteur de ses mauvaises actions. Ce- „ pendant plut à Dieu ! que, bornant là leurs attentats, ils „ n'eussent pas porté la témérité jusqu'à dire, que le Fils unique, „ qui est descendu du sein du Pére, que le Christ est Fils d'u- „ ne certaine femme, appellée *Marie* ; qu'il a été formé de la „ chair & du sang de cette femme, & qu'il est venu au Monde „ avec toutes les immondices, qui accompagnent l'enfantement.

„ Mais cela suffit. Je ne veux pas étendre davantage cette Let- „ tre, ni abuser de votre patience. Car outre que (2) la Na- „ ture ne m'a pas donné le talent de la Parole, je pourrai vous „ instruire de toutes ces choses, lorsque je serai auprès de vous, si „ toutefois vous avez à cœur votre salut. Pour moi je ne cher- „ che

(1) *L'Homme exterieur*, c'est le Corps ; l'*Homme Intérieur*, l'Ame. *Manichée* veut dire, que les Orthodoxes attribuent à Dieu, la formation du Corps, & la production de l'Ame.

(2) On suit ici la Version de l'ancien Traducteur Latin, & celle du P. *Pétau*, mais après avoir bien considéré l'expression Grecque, on lui a donné un autre sens. Voyez ci-dessous p. 95.

(3) *Certe & ipsi* (Manichæi) *legunt Apostolum Paulum*, *& laudant*, *& honorant.*

„ che à enlacer perſonne, & ne reſſemble point à cet égard à un „ grand nombre d'inſenſez. Vous comprenez bien de qui je veux „ parler, mon très-venerable Fils.

M. de *Tillemont* trouve, (a) *qu'il n'y a rien de ſi doux, ni de ſi attrayant que cette Lettre : qu'elle eſt toute compoſée d'un ſtile Apoſtolique, & pleine des expreſſions de S. Paul.* Effectivement, elle ne paroît pas être d'un Neophyte, qui n'a connu les Livres Sacrez que depuis fort peu de tems. On n'y reconnoît pas non plus cet homme barbare, feroce, impie, qu'on nous repréſente, quand on nous fait le portrait de notre Héréſiarque. Il y a de la douceur dans cette Lettre, un air de modeſtie, peut-être plus apparent que réel. On y remarque auſſi quelques expreſſions de S. *Paul.* (3) Les Manichéens avoient une grande vénération pour cet Apôtre, tant parce qu'ils croyoient trouver dans ſes Ecrits leur Doctrine ſur les deux Principes, ſur la corruption naturelle de l'Homme, que parce que de tous les Apôtres c'eſt celui, qui a le plus travaillé à délivrer l'Egliſe Chrétienne des Obſervances Moſaïques. La ſalutation, qui eſt à la tête de cette Lettre, eſt auſſi imitée de S. *Paul.* On en trouve une fort ſemblable dans la fameuſe Lettre, qu'on appelle (4) L'EPITRE DU FONDEMENT, *Que la Paix de Dieu inviſible, & la connoiſſance de la Vérité, ſoient données à tous nos Saints & très-chers Freres, qui croyent les Commandemens céleſtes, & qui les obſervent. Que la Droite de Dieu les protége, & les délivre de tous les Aſſauts du Démon, & des Piéges du Monde.*

Reflexions ſur cette Lettre. Jugement de *Tillemont.* (a) Ub. ſup. p. 782.

Manichée écrit à *Marcel* de la part (5) *des Saints & Vierges, qui ſont avec lui*, c'eſt-à-dire, des *Saints*, qui faiſoient profeſſion de CONTINENCE. M. de *Tillemont* a pris ces *Vierges* pour des *filles.* Manichée, dit-il (b), *arriva bientôt avec quelques jeunes hommes, & quelques jeunes filles de ſa Secte.* Je ne ſai ſi ceux de ſes Diſciples, qui l'accompagnoient, étoient de jeunes hommes ; mais je ſuis bien aſſuré qu'il n'y avoit point de *jeunes filles* avec eux. *Manès* n'avoit garde de s'aſſocier des femmes, ni des filles, ni de ſe rendre par là fort ſuſpect de ce qu'il regardoit comme le fonds & l'origine de toute la corruption humaine. Ces *Vierges* & ces *Saints* ſont les mêmes perſonnes. Auſſi trouve-t-on dans un endroit de la Verſion Latine, (c) *Virgines electos*, ce qui marque que ce ſont des hommes.

Erreur de *Tillemont* ſur le ſujet des *Vierges*, qui accompagnent *Manès.* (b) Ub. ſup. p. 785.

(c) Act. p. 3.

Quant

rant. Aug. *De Gen. cont. Manich.* L. I. 2.

(4) *Epiſt. Fundamenti.* Ap. *Aug.* Voyez le Chap. XI Cette Epitre contenoit les Principes du Manicheïſme, mais nous n'en avons que le commencement.

(5) *Omnes Sancti & Virgines.* Act. p. 6. Et dans S. *Epiphane*, πάντες ἅγιοι καὶ παρθένοι, paroles qui déſignent les mêmes perſonnes. Les hommes ſont appellez *Vierges*, Apoc. XIV. 4.

Il traite les Evêques Orthodoxes de *Maîtres des simples.*

Quant à *ces Maitres*, ou *Docteurs des simples & des ignorans*, ces *Insensez*, ou *imprudens*, ce sont les Docteurs Catholiques. Les anciens Sectaires, qui sortoient de l'Ecole des Philosophes, ne prétendoient pas se conduire par *la Foi*, qu'ils confondoient avec la *Crédulité*, mais par *la Science*. La *Crédulité* convient à l'Artisan, au Vulgaire; au lieu que l'Homme raisonnable, le Sage ne croit rien, dont il n'ait les preuves, & mesure sa persuasion au degré d'évidence & de force qu'ont ses preuves. Jusque là les Gnostiques ne raisonnoient pas mal. On leur feroit tort, si on croyoit qu'ils entendoient, par *la Foi*, la persuasion des véritez, qui ne peuvent se découvrir par les Sens. Ils n'ignoroient pas, qu'il y en a qui ne sont accessibles qu'à l'Entendement pur.

Les Hérétiques confondent la crédulité avec la Foi.

Les Manichéens se vantent de rendre raison de tout.

En quoi consistoit donc leur Erreur? Le voici. Ces Hérétiques étoient des Philosophes, qui ayant bâti certains Systêmes, y accommodoient la Révélation. Elle étoit la *Servante* de leur *Raison*, & non la *Maitresse*. *Manichée* se vantoit en particulier d'avoir la parfaite Science de toutes choses; d'avoir banni les Mystères, & de donner une idée juste de tout ce qui doit être. C'est ce que les Manichéens appelloient la connoissance (1) *du commencement, du milieu, & de la fin de toutes choses*. S. *Augustin* témoigne, que, ce qui l'avoit séduit dans sa Jeunesse (2), étoit l'esperance de savoir tout par démonstration, & d'arriver à Dieu par les seules lumiéres de la Raison, sans avoir besoin de la Foi. C'est ce que promettoient les Manichéens, & ce qu'ils tenoient fort mal, comme S. *Augustin* s'en apperçut. Mais on voit d'autre côté par les paroles de ce Pére, que l'on commençoit de son tems, ou plutôt, que l'on avoit déja commencé à (3) *faire valoir furieusement l'Autorité de l'Eglise*, ou des Evêques, & à imposer à la Raison & à la Foi un Joug, qu'elles ne peuvent ni ne doivent porter. De là les brêches, par lesquelles l'Ennemi est entré dans l'Eglise, & en a triomphé.

L'Autorité impérieuse s'introduit, dans l'Eglise.

On croit cette Lettre véritable, mais écrite en Grec.

III. Comme les Actes d'*Archélaüs* sont non seulement suspects, mais évidemment faux à plusieurs égards, le Lecteur me demandera peut-être, ce que je pense de cette Lettre. Je lui répondrai, que je n'ai aucune raison de la croire supposée. La question seroit de savoir, si elle a été adressée à un Romain nommé *Marcel*, qui demeurât dans quelque Ville frontiére de la Perse. Si cela est vrai, on doit juger, qu'elle fut écrite en Grec, car il étoit bien rare, qu'un

(1) *Unum quæro, qui me doceat de initio, de medio & fine.* Felix. ap. *Aug.* L. I. 6. &c.

(2) *Dicebant, terribili auctoritate separata, & mera & simplici ratione, eos, qui se audire vellent, introducturos ad Deum, & errore omni liberaturos.* Aug. ad Honorat. De util. creden. Cap. II.

(3) *Terribili Auctoritate.* Auguft. l. c.

(4) Οὐκ ἔχων τὰς φρενικὰς φρένας. Epiph.

Preuves que *Manès* a sû le Grec.

qu'un Romain entendît le Chaldaïque, ou le Syriaque. On a d'ailleurs de bonnes raisons de croire que *Manès* savoit la Langue Grecque. On trouve des Grecs parmi ses prémiers Disciples. *Sisinnius*, *Hiérax* étoient Grecs, comme on le reconnoît à leurs noms. *Térébinthe* savoit le Grec & le Babylonien. Les Livres de *Scythien*, que *Manès* avoit traduits & interpolez, étoient écrits en Grec, comme M. de *Tillemont* (a) l'a fort bien jugé, & comme (b) *Photius* le témoigne positivement.

(a) Ub. sup. p. ... (b) Cont. Manich. §. 12. initio.

Explication d'un passage de cette Lettre.

Il me semble même appercevoir dans la Lettre, que l'Hérésiarque adresse à *Marcel*, un indice qu'elle étoit écrite en Grec. C'est dans ces paroles (4), *Je n'ai pas les phrases, les expressions propres, naturelles.* L'ancien Interpréte Latin, & le P. *Pétau* ont crû, que cela vouloit dire (5), *je ne suis pas naturellement éloquent.* Je prie le Lecteur de comparer ma Traduction avec celle de ces deux Interpretes; &, si la mienne est juste, comme je le croi, *Manès* dit à *Marcel*, qu'il ne lui écrit pas une plus longue Lettre, & *pour ne pas abuser de sa patience*, & parce qu'il ne s'exprime pas assez bien en Grec, qui est une Langue étrangére pour lui. *Je n'ai pas*, dit-il, *les Phrases, les expressions propres, naturelles.* L'excuse est raisonnable, s'il écrit en Grec: ce n'est pas sa Langue: mais cette excuse seroit bien indigne de lui, s'il écrivoit en Syriaque, ou en Chaldaïque.

Voici un autre indice, que *Manès* entendoit la Langue Grecque. *Archélaüs* dit (6), qu'*il envoya ses Disciples dans les lieux, où l'on transcrivoit les Livres des Chrétiens.* S. *Epiphane* ajoûte, que ce fut à *Jérusalem*. Si *Manès* vouloit avoir les Livres du Nouveau Testament en Syriaque, on les trouvoit partout dans l'Orient. Les Eglises de Mésopotamie, d'Assyrie, de Perse n'avoient-elles donc point ces Livres? Personne n'osera le supposer. D'où il s'ensuit, que *Manès* voulut avoir les Livres du Nouveau Testament en Grec, pour les conférer avec la Version Syriaque, qui étoit en usage dans tout l'Orient. Il voulut voir, si cette Version s'accordoit avec l'Original Grec; car il est vrai qu'il exerçoit une Critique, je ne dirai pas raisonnable & judicieuse, mais insolente & téméraire, sur ces Livres, sous prétexte qu'ils avoient été corrompus par les *Galiléens*. Si ces Réflexions ne sont pas une démonstration, elles sont au moins une preuve bien forte, que notre Hérésiarque entendoit la Langue Grecque; d'où je conclus que la Lettre addressée à *Marcel*, fut écrite en cette Langue.

IV.

piph. p. 624.

(5) *Cum mihi non adsit eloquentia naturalis.* Act. p. 9. *Cum naturali eloquentia caream.* Petav.

(6) *Tunc deinde jubet, in carcere positus, Legis Christianorum libros comparari. . . . Sumpto ergo aliquantulo auri modo, abierunt ad loca, in quibus Christianorum libri conscribebantur.* Act. p. 99.

Marcel communique à *Archélaüs* la Lettre de *Manès*. Colére de l'Evêque.

IV. *Marcel* ne l'eut pas plutôt reçue qu'il la communiqua à *Archélaüs*. A cette lecture l'Evêque entra dans une si grande colére, (1) *qu'il grinçoit les dents comme un Lion, que l'on tient enfermé, desirant avec ardeur d'avoir en sa puissance l'Auteur d'une pareille Lettre*. Si le Lecteur veut savoir, comment S. *Epiphane* a paraphrasé cet endroit, je vai le satisfaire. " *Archélaüs* (2), dit-il, *grinçoit* „ *les dents comme un Lion qui rugit*, &, enflammé *d'un zèle divin*, „ il vouloit aller au devant de *Manichée*, & se saisir par force de „ cet homme comme d'un Ennemi, qui sortoit du Pays des Bar„ bares, pour venir infester les Terres de l'Empire, & perdre le „ Genre Humain. " Il faut avoüer, que S. *Epiphane* avoit d'étranges idées du *zèle Divin* : Et pour moi, j'avoüe, que si j'en croyois la description, qu'il en fait, je confondrois ce zèle avec la *fureur* d'une Bête farouche.

Modération de *Marcel*.

Archélaüs & *Marcel* étant les deux Héros de cette Pièce, l'Auteur leur partage les Vertus, qui conviennent à leurs différens caractéres. Il donne à *Archélaüs* le zèle Episcopal ; c'est un *Lion qui rugit* : à *Marcel*, la modération Laïque. Il se posséde, il tâche d'appaiser l'Evêque, & mande à l'Hérésiarque (*a*), que, n'ayant pas bien compris ce qu'il vouloit dire, il le prie de venir à *Cascar* lui exposer ses Sentimens. Et comme *Tyrbon* refusa de porter cette réponse, *Marcel* l'envoya par un de ses Domestiques.

(*a*) Act. p. 9. *Epiph.* p. 625.

Manès soupçonne des embuches ; & ne laisse pas d'aller à *Cascar*.

Manichée, surpris de ne pas voir revenir son Messager, soupçonna quelque mauvais dessein. Il étoit Persan ; *Marcel* & *Archélaüs* étoient Romains : mais de plus ils étoient Catholiques : & la haine des Catholiques contre les Hétérodoxes surpassoit peut-être celle des Romains contre les Persans. Il craignit donc, qu'on ne le livrât au Roi de Perse, & qu'on ne retînt *Tyrbon*, que pour lui cacher le Piége qu'on lui tendoit. Il ne se trompoit pas beaucoup, comme on le verra par la suite, cependant il se rendit à *Cascar* accompagné (3) de *vint-deux de ses Disciples*.

Son Portrait tracé par *Tillemont*, n'est pas juste.

A peine fut-il arrivé, qu'il alla saluer *Marcel*. (*a*) *Les actions de cet homme*, dit M. de Tillemont, *son parler*, *sa mine même*, *son extérieur*, *son geste*, *tout marquoit son Naturel ardent*, *violent*, *fier*, *plein d'em-*

(*a*) *Tillem. ub. sup.* p. 769.

(1) *Velut leo conclusus dentibus infrendebat, auctorem Epistolæ sibi desiderans dari.* Act. p. 8.

(2) Ἔβρυχε τοὺς ὀδόντας, ὥσπερ λέων ὠρυόμενος, καὶ χειρώσασθαι τὸν τοιοῦτον &c. *Epiph.* ub. sup. p. 614. M. de *Tillemont* a traduit χειρώσασθαι, par *combattre & chasser* : ce n'est pas le sens. Ce mot veut dire, *se saisir de quelcun, le prendre par force & l'opprimer.*

(3) Act. p. 23. Quelques Critiques croyent, qu'il faut lire 12. & non 22. Voyez *Fabric.* ub. sup. T. V. p. 287. M. de *Tillemont* les a suivis. *ub. sup.* p. 785. Il y a aussi *douze* dans *Théodoret*, & dans le Fragment de la Version Latine des Actes, que *Valois* a mise à la fin de *Socrate*. Pour moi je m'en tiens à S. *Epiphane*, & au Ms. du *Mont-Cassin*, publié par M. *Zaccagni*. Ceux, qui ont mis *douze*, ont eu égard à la Tradition, qui porte que *Manès* se choisit *douze Disciples*. Mais ils n'ont pas pris garde, que ses *douze* principaux *Disciples* ne pouvoient être alors avec

d'emportement & de fureur. Ce portrait n'est pas certainement d'après Nature, il ne l'est pas même d'après celui des Actes d'*Archélaüs*, puisque ces Actes portent simplement, que *Manès* étoit „ un (4) homme vif, & vehement, dans le Discours & dans l'ac- „ tion, & que cela paroissoit même à son visage & à son air. " On ne s'apperçoit pas néanmoins de cette véhémence, dans la Dispute qu'il eut avec *Archélaüs*, où il soûtint toûjours le caractére d'un homme doux, patient, & modeste. On le verra mieux (*b*) dans la suite.

C'étoit un homme vif & vehement.

(*b*) Ci-dessous p. 103. & *suiv.*

Voici dans quel équipage il se présenta. (5) „ Il avoit une chaus- „ sure fort haute, un manteau de couleur changeante, & approchant „ d'un bleu céleste. Il portoit à la main un gros bâton d'Ebéne, & sous „ le bras gauche un Livre écrit en Babylonien. Ses chausses étoient de „ deux couleurs, l'une rouge, & l'autre tirant sur le verd. Pour son vi- „ sage & sa mine on auroit cru voir un vieux (6) Philosophe Persan, „ ou un Général d'armée."

Description de son habillement & de son air.

Cette Description a fait dire à M. de *Tillemont* (*a*), *Que Manichée surprit tout le monde par son habit extraordinaire, qui étoit plus d'un Général d'armée que d'un Apôtre.* Je ne sai si cet habillement *surprit*, mais le savant Auteur, qui a fait cette réflexion, l'auroit peut-être supprimée, s'il avoit fait plus d'attention aux usages des Persans, ou des Assyriens. Pour moi, je m'imagine que *Manichée* parut à *Cascar*, dans l'habit d'un homme de qualité, & peut-être d'un Prophète des Perses. Je le croi trop habile pour s'être éloigné des bienséances de son Pays & de son Etat, ce qui n'auroit pû que le rendre méprisable aux Peuples. Examinons un peu cet habillement.

Reflexion précipitée de *Tillemont* sur cette Description.

(*a*) *Ub. sup.* p. 785.

D'abord la *chaussure haute* étoit à la mode chez les Persans, comme (7) *Strabon* le témoigne. A l'égard des Babyloniens le même Auteur dit, (8) *que leur chaussure ressembloit à celle des Acteurs de la Tragédie*, qui affectoient de paroître grands, afin de représenter la taille des Héros, dont ils faisoient le personnage. Il n'y avoit donc rien *d'extraordinaire* dans la chaussure de *Manès*, qui étoit Babylonien.

Le vêtement de *Manichée* paroit être d'un homme de qualité & d'un Prophete des Perses.

La chaussure haute à la mode chez les Perses & les Babyloniens.

Les

avec lui, puisque *Thomas*, *Addas* & *Hermas* étoient encore dans leur Mission.

(4) *Vir valde vehemens tam sermone quam opere, sed & aspectu ipso atque habitu apparet.* Act. p. 69.

(5) Je vai mettre ici le Latin afin que le Lecteur me corrige, si je l'ai mal rendu. *Habebat calciamenti genus, quod quadrisole.* (Cod. Pobiensis, *trisolium*) *vulgo solet appellari. Pallium autem varium, tamquam aeriná specie. In manu vero validissimum baculum tenebat, ex ligno Ebellino. Babylonium vero librum portabat sub sinistrá alá. Crura etiam obtexerat colore diverso, quarum una rufa, alia velut prasini coloris erat. Vultus vero ut senis Persæ artificis, & bellorum Ducis videbatur.* Act. p. 23.

(6) Je traduis *Philosophe*: on en verra la raison bientôt.

(7) Ὑπόδημα κοῖλον διπλοῦν. *Strab.* L. XV. p. m. 697.

(8) Ὑπόδημα ἐμβάδι ὅμοιον. Ibid. L. XVI. p. 708.

Le *Manteau*, vêtement des Perses.

La couleur *bleu celeste* étoit honorable.

(*b*) Hyde ub. sup. p. 370.

Les Perses portoient le *Manteau*. C'est un vêtement extérieur, qu'ils appelloient (*b*) *Sudra*, & qui descendoit jusqu'à la moitié de la jambe. Les Personnes de la premiére qualité le portoient couleur de pourpre. *Strabon* se sert d'un mot, qui signifie à la lettre (1) *couleur de fleurs*, mais qui veut dire dans l'usage *de couleur vive*, *éclatante*, & peut-être *variée*. Le *bleu* celeste étoit aussi une couleur honorable chez les Assyriens, car on voit dans l'Histoire d'*Esther* que (2) *Mardochée parut vêtu d'une Robe Royale, de couleur d'hyacinthe, & de bleu celeste*. Il faut même que ce soit une couleur modeste & bienseante à un homme religieux parmi les Perses, puisque (*a*) la robe de leurs *Derviches* ou de leurs Moines, est de cette couleur-là. Quoiqu'il en soit, *Manichée*, qui avoit été à la Cour de *Sapor*, où les Sciences donnoient un rang considérable, pouvoit être vêtu en homme de qualité, sans qu'on y dût trouver à redire. M. de *Tillemont*, qui sait comment les Papes & les Cardinaux sont vétus, dans les jours de cérémonie, ne devoit pas trouver le vêtement de *Manichée* si peu Apostolique.

(*a*) Dherbelot Biblior. Orient. au mot *Dervische*, p. 292.

Toutes les couleurs vives, étoient sacrées chez les Perses.

(*b*) *Dieg. Laert.* in Procemio. Conferez *Aelian.* Var. Hist. L. XII. 32.

Nous nous figurons qu'un Philosophe, un homme grave, doit être vêtu de brun, ou de noir : mais nos usages sont arbitraires, & ne prescrivent rien aux autres Peuples. Les *Mages* s'habilloient (*b*) *de blanc*, & portoient une *canne* à la main. Les Prêtres des Perses étoient vêtus de (3) *rouge*, ou de *couleur de feu*, parceque cette couleur, & en général toutes les couleurs éclatantes, étoient sacrées, en considération du Feu.

Les Habits Pontificaux des Patriarches d'Orient sont de couleurs gaïes.

A l'égard des Chrétiens, leurs Evêques, leurs Métropolitains, leurs Patriarches, ont choisi les couleurs qui leur ont plû, sans aucun égard au goût, qui regne en Occident. Le *rouge*, le *verd*, le *bleu*, &c. ont été indifferemment les couleurs de leurs habits Pontificaux. *Acacius* (4) qui fut sacré Patriarche de *Séleucie* en 485. prit le *Pallium verd* : (5) *Babeus*, & (6) *Ezéchiel* ses Successeurs en usérent de même ; (7) *Machica* preféra le *violet*, *Denha*, le *couleur de roses* : d'autres ont porté du *blanc*, du *rouge*, du *bleu*, du *jaune*, du *gris de fer*, du *citron*. En général, *Amnis* (8), Ecrivain de la Communion Nestorienne, témoigne, que les Patriarches ont usé, dans leurs vêtemens sacrez, de quinze sortes de couleurs.

Quant

(1) Ἀνθινον. Ibid.

(2) Il y a dans la Vulgate, *Vestibus Regiis, hyacinthinis videlicet, & aeriis.* Esth. VIII. 15.

(3) *Veste subrufa.* Hyd. *ub. sup.* p. 379. *Gratiâ ignis... quivis tam splendens quam rubeus color, in omnibus cujuscunque generis rebus, æstimatur sacer & habetur.* Ibid. p. 21.

(4) *Acacius.... viridi amictus pallio.* Assem. *Bibliot. Orient.* T. III. P. I. p. 379.

(5) *Pallio viridi tectus suscepit ordinationem.* Ibid. p. 428.

(6) *Ezechiel .... Pallium autem viride gestabat.* Ibid. p. 438.

Quant au *bâton d'Ebene*, que *Manichée* tenoit à la main, Mr. *Zaccagni* remarque (*a*) après *du Cange*, que les Prophètes des Perses en portoient de ce bois-là, & *Strabon* témoigne (9), que les Assyriens avoient accoûtumé d'avoir des bâtons fort propres, & enrichis de quelque fleur au sommet.

Leurs Prophètes portoient des bâtons d'Ebene.

(*a*) *Zaccag.* in Not. p. 23.

Jusqu'ici l'Equipage de *Manichée* n'a donc rien de fort étrange. Il n'y a que *ces chausses de deux couleurs*, qui pourroient choquer notre gout, mais qui peut-être ne choquoient pas celui des Perses. Car je voi dans *Xenophon* (10), que la *Tunique* ou la Veste Royale de *Cyrus* étoit mipartie, moitié couleur de pourpre, & moitié blanche; & que cette varieté étoit un privilège, une marque de sa Dignité.

Chausses de deux couleurs. Remarque sur la veste Royale de *Cyrus*.

Le verd n'est pas aujourd'hui une couleur modeste. Cependant elle a plû à un grand Imposteur, surquoi je rapporterai une Remarque de M. *Asseman*. (*b*) " On sait, *dit-il*, que *Mahomet* aimoit „ *le verd*, & que ceux, qui prétendent descendre de lui, affectent „ de porter le *Turban verd*, pour montrer qu'ils sont de sa race. „ Il est croyable, que les Arabes ont pris cet usage de *Manès*, comme quantité d'autres choses. Car la Secte des Manichéens prit „ naissance dans l'Arabie, & reçut sa perfection dans la Perse, & „ dans la Mésopotamie. C'est là ce que S. *Ephrem* semble insinuer dans ces mots, (11) *Le Diable teignit* Manès *en verd*, *pour* „ *tromper les simples*". L'Auteur a fort bien fait de ne pas insister sur une Observation, qui n'a rien de solide, & de la corriger lui-même en remarquant, que le mot Syriaque, qui signifie *verd*, peut signifier aussi *la Pâleur*. *Le Diable mit la pâleur sur le visage de Manès, afin de tromper les simples.*

Il y a du verd dans le vêtement de *Manès*. *Mahomet* choisit cette couleur. Remarque de M. *Asseman*.

(*b*) *Assem.* ub. sup. T. I. p. 119.

Rapportons à l'occasion de *Manichée* ce que *Diogéne Laerce* (*c*) nous raconte d'un Philosophe Grec, qui se vanta, comme le Philosophe Persan, d'avoir une Vocation Divine, pour réformer le monde. Je veux parler du Cynique *Menedeme*, qui attiroit les regards & l'attention des Peuples par la singularité de son habillement & de ses maniéres. Cet homme étoit vêtu de noir, ayant une large ceinture rouge, un chapeau d'une grandeur prodigieuse, sur lequel étoient marquez les douze signes du Zodiaque. Comme *Manès* il portoit une fort longue barbe, un grand bâton à la main, & des souliers d'une extrême hauteur. Dans cet équipage, il couroit parmi le Peuple, disant qu'il venoit des champs Elysées, qu'il étoit

(*c*) Diog. Laert. L. VI.

(7) Voyez pour ceux ci les p. 551. 585.

(8) *Ejusdem Pallii colores diligenter ab Amro notantur, videlicet, albus, viridis, rubeus, rosaceus, violaceus, cæruleus, flavus, ferrugineus, citrinus.* Voyez aussi T. III. P. II. p. 666.

(9) Φοςῶσι, σκῆπτςον, οὐ λιτὸν, ἀλλ' ἐπίσημον &c. *Strab. ub sup.* p. 708.

(10) Χιτῶνα πορφυροῦν μεσόλευκον· ἄλλῳ δὲ οὐκ ἔξεστι μεσόλευκον ἔχειν. *Xenoph.* De Instit.. Cyr. L. VIII. p. 169.

(11) *Viridi colore Manetem Diabolus tinxit, ut incautos falleret.* Ibid. p. 119.

étoit *une Furie* depêchée par les Dieux, pour s'informer des mauvaises Mœurs des hommes, & en faire le rapport dans l'autre Monde.

Manès a l'air non d'un *Artisan*, mais d'un Philosophe. Faute du Traducteur Latin des Actes.

Je viens de rapporter un exemple d'une mauvaise Version du Syriaque. En voici un d'une mauvaise Version du Grec. Nôtre Traducteur Latin fait dire à *Archélaüs*, que *Manichée* avoit (1) *le visage, ou la mine d'un* VIEUX ARTISAN *de Perse, & d'un Général d'armée.* Il y avoit sans doute dans le Grec (τεχνικὸς, ou τεχνίτης.) *Philo-Technicos*, ou *Technites*, qui signifient dans cet endroit, un (2) *Philosophe*, un homme savant dans les beaux *Arts*. Ce seroit une étrange disparate de comparer *la mine d'un Artisan* à celle d'un *Général*. Mais un Philosophe grave & serieux peut bien ressembler à un Général d'armée, à qui le sérieux & le grave ne siéent pas moins bien qu'à un Philosophe.

Caractére d'*Archélaüs*. Il y a de l'apparence qu'*Epiphane* lui prête le sien.

Lors qu'*Archélaüs* eut appris, que *Manichée* étoit arrivé à *Cascar*, son zèle redoubla, & (3) *s'il en eût eu le pouvoir*, dit S. Epiphane, *il seroit allé sur le champ fondre sur cet homme, & le tuer, comme on tue un loup, ou un leopard, tant il craignoit que cette Bête farouche ne devorât quelcune de ses brebis.* N'en croyons pourtant pas tout-à-fait S. *Epiphane*, car je soupçonne fort que c'est l'Evêque de *Salamine* qu'il décrit, plutôt que celui de *Cascar*. *Epiphane* ardent, colère, passionné, prête à *Archélaüs* son emportement, & emprunte de lui-même les fausses Vertus qu'il donne à son Héros.

Les Actes le representent plus moderé.

En effet, quoi qu'*Archélaüs* eût été bien aise que *Manichée* perît, il n'avoit garde pourtant, ni de le tuer de ses propres mains, ni de le faire tuer par le Peuple. Car lorsqu'il vit la Populace irritée prête à se jetter sur lui (4), *il éleva sa voix comme une trompette, & cria qu'on se moderât : Arrêtez, mes Fréres*, dit-il, *depeur qu'au jour du Jugement, nous ne soyons trouvez coupables d'avoir répandu le sang humain.* Il réprima de même (*a*), dans une autre occasion, la fureur du Peuple, qui vouloit se jetter sur *Manichée*. Aussi les Actes portent simplement, qu'*Archélaüs*, voyant *Manichée*, & sachant ce que *Tyrbon* lui avoit dit de ses Erreurs, (5) vouloit le *quereller, & lui dire des injures*, mais que *Marcel*,

(*a*) Act. p. 75.

(1) *Senis Persæ artificis, & bellorum Ducis.* Act. p. 23.

(2) C'est aussi ce que le mot *Artifex* signifie dans la suite, *oportet* ARTIFICEM, *rebus propositis diligenter aptata, manifesta omnibus ea, de quibus queritur, vel disputatur, ostendere.* Act. p. 91. Cela sent un peu le gallimatias, mais on voit bien qu'il s'agit d'un habile Dialecticien. Ailleurs *Manichée* dit, *Quoniam tibi Doctrinæ nostræ non placet ratio, tanquam* ARTIFEX BONUS, *etiam hanc mihi Quæstionem exsolve.* *Artifex bonus* est ici un habile, un savant homme. On lit dans *Xenophon* p. 169. *que dans ce qui concerne le culte des Dieux, plus qu'en toute autre chose, les Perses ont soin de n'employer que les Personnes les plus habiles*, μᾶλλον τεχνίταις. Il s'agit des *Mages*. Il me semble

cel, qui est toûjours le *Mentor* de son Evêque, l'obligea de se modérer.

CHAPITRE IX.

Dispute de Cascar.

I. MArcel fit un accueil honnête à *Manichée*, & résolut de les entendre, *Archélaüs* & lui, dans une Dispute publique. Comme ils faisoient tous deux profession de croire en J. Christ, & qu'il falloit des Juges neutres, *Marcel* choisit, entre les principaux Citoyens de *Cascar*, quatre personnes des plus célèbres par leur savoir, & par leur integrité, mais tous quatre Payens. Ces Juges furent, (1) *Manippe*, savant Grammairien, & entendant parfaitement bien la Rhétorique & les Belles Lettres, *Egialée*, très-habile Medecin, *Claude* & *Cleobule*, freres, & tous deux Rhéteurs célèbres. S. *Epiphane* (a) qualifie un peu autrement ces Juges. Selon lui *Manippe* étoit savant dans la Philosophie des Gentils, & l'enseignoit à *Cascar*: *Claude* étoit *Grammairien*, & *Cleobule* Rhéteur, ou *Sophiste*. Leurs noms montrent qu'ils étoient tous Grecs.

Première Dispute publique à *Cascar*.

Les Juges sont Payens. Leurs professions, leurs noms.

(a) *Epiph.* ub. sup. §. 10.

La Maison de *Marcel* fut ouverte à tout le monde, &, quoiqu'elle fût fort spacieuse, elle se trouva remplie de Spectateurs. Les Juges s'assirent sur une espèce d'estrade : les deux Antagonistes se placérent au milieu de la sale, &, quand on eut fait silence, *Manichée* parla le prémier.

La Scene fut dans la Maison de *Marcel*.

Avant que de rendre compte de cette Dispute, je dois avertir le Lecteur de la hardiesse de *Cyrille* de *Jérusalem*, qui met, dans la bouche des deux Antagonistes, des objections & des réponses, dont il n'y a pas la moindre trace dans les Actes. Voici, selon cet Evêque, comment la Conférence s'ouvrit.

Témérité de *Cyrille* de Jerusalem, qui met dans la bouche des deux Antagonistes ce que l'un ni l'autre n'ont point dit.

(b) „ *Archélaüs* dit à *Manès*, *Expliquez-nous votre Doctrine.* „ Alors, cet homme, dont la bouche étoit comme un sepulchre „ ouvert, commença par blasphémer le Créateur ; *Le Dieu du* „ *Vieux*

(b) *Cyril.* Catech. VI. §. 15.

---

ble que *Technicos* a la même signification que *Mechanicos* (μηχανικὸς) qui signifie un Philosophe, & en particulier un *Mathematicien*, un Astronome. Μηχανικοῦ ἀνδρὸς καὶ λογίου, καὶ ὑπὲρ πολλοὺς ἐμπείρου. *Viro, Mechanico & Docto, multos peritia rerum superante.* Cosmas. Topograph. Christ. L. VI. p. 284.

(3) Ἐβδελύξατο, εἰ δύνατον, ἐξ αὐτῆς, τὸν ἄνδρα, ὥσπερ παῖδα ἀλλ᾽ ... ἀγρίως, θανάτῳ παραδοῦναι. Epiph. *ub. sup.* §. 8.

(4) *Cessate, Fratres, ne forte rei sanguinis inveniamur in die Judicii* &c. Act. p. 67.

(5) *Invehi in eum animo urgebatur.* Act. p. 23.

Ch. IX. (1) Act. p. 22. S. *Epiphane* le nomme *Marsippe*.

Vieux Testament, dit-il, *est l'Inventeur des maux, puisqu'il s'appelle lui-même* UN FEU CONSUMANT. Le Sage *Archélaüs* réfuta ce blasphême en ces termes. *Le Dieu du V. Testament s'appelle* UN FEU: *vous le dites, & j'en conviens*; mais dites-moi de quel Dieu est Fils celui qui déclare *dans l'Evangile*, *qu'il* est venu apporter le feu sur la Terre. *Vous blâmez les Prophètes parce qu'ils disent*, *que* c'est le Seigneur qui fait mourir, & qui fait vivre. *Si cela est*, *d'où vient que vous honorez* Pierre? *Car, s'il a ressuscité* Tabitha, *il a fait mourir* Saphira. *Vous osez faire un crime au Dieu du Vieux Testament*, *d'avoir preparé le feu de la Gébenne. Pourquoi n'en faites-vous pas un au Seigneur d'y envoyer les Méchans*, *puis qu'il a dit dans l'Evangile.* Allez loin de moi au feu éternel? *Car enfin*, *si vous condamnez le Dieu*, *qui a dit*, c'est moi qui fais la Paix, & qui crée les maux, *comment vous dispenser de condamner le Seigneur qui proteste*, qu'il n'est point venu apporter la Paix à la Terre, mais l'epée. *Ils tiennent l'un & l'autre le même langage*, *& il faut que vous les condamniez tous deux comme méchans*, *ou que vous reconnoissiez*, *qu'ils sont tous deux bons. Car, si vous trouvez*, *que Jésus ne mérite aucun blâme*, *pour avoir dit les paroles que j'ai rapportées*, *de quel front osez-vous blâmer celui*, *qui n'a parlé dans le Vieux Testament, que comme Jésus parle dans le Nouveau?*

Zaccagni l'a reconnu.

Cyrille continue sur ce ton-là, & l'on ne peut nier, qu'il ne prête à *Archélaüs* des raisons, qui ont de la grace & de la force. Tout cela est juste, vif, éloquent. Mais on ne peut nier aussi, qu'elles ne soient toutes de l'invention de *Cyrille*, puisqu'on n'en trouve pas un seul mot dans les Actes. (*a*) M. *Zaccagni* est obligé d'en convenir. *Cyrille rapporte*, dit-il, *des argumens de Manichée*, *& des réponses d'Archélaüs*, *qui ne se trouvent nulle part dans notre Exemplaire.* (1) Et l'on ne sauroit alléguer " pour la défense de ce Pére, qu'il n'a pris que le sens d'*Archélaüs*, & non les termes; car, ni les termes, ni le sens, rien ne s'y trouve. D'ailleurs le tour qu'il prend, paroît être celui d'un Historien, qui cite les propres paroles de son Auteur. "

(*a*) *Zaccagni Præf.* §. 13.

Tillemont & lui tâchent de justifier *Cyrille*. Refutation de leur Apologie.

Cependant, pour sauver l'honneur & la bonne foi de *Cyrille*, M. (2) *Zaccagni*, & après lui M. de *Tillemont*, supposent, sans aucune preuve, que le Traducteur, ou le Copiste, ont omis l'endroit allégué par ce Pére. Mais cette Apologie ne vaut rien. Car, 1. s'il

(1) *Nec dici posse videtur*, *Cyrillum Archelai dictorum sensum, non vero ipsamet Archelai verba laudasse*, *cum simile quippiam in nullo nostræ Editionis loco legatur*; *ut præterea verba illa, quæ Cyrillus refert*, *ita concepta sint*, *ut ab ipsomet Archelao prolata fuisse videantur* Ibid. §. 13.

(2) C'est le remède que M. *Zaccagni* a imaginé. Voyez sa Préface §. 13. *Tillemont* l'a suivi. *Manich.* Artic. XII. p. 795.

s'il y a quelque Lacune dans les Actes, ce n'est point au commencement de la Conférence. Tout y est plein, tout y est entier & bien suivi. 2. Elle commença par la Question des deux Principes, & non par celle du V. Testament, qui ne fut agitée qu'après celle-là, de sorte qu'il est impossible que *Manès* & *Archélaüs* ayent dit, à l'ouverture de la Dispute, ce que *Cyrille* leur fait dire.

Manès ouvre la Dispute. Les titres qu'il se donne d'Apôtre & de Paraclet.

Manichée parla le prémier, & débuta par ces mots: (3) *Je suis Disciple du Christ, & Apôtre de Jesus.* Il distingue entre le *Christ* & *Jesus*, non qu'il ait crû que c'étoient deux Personnes, mais il semble qu'il ait donné au Fils de Dieu le titre de *Christ*, pour marquer sa Personne; & celui de *Jesus*, par rapport à son Oeconomie. On lui fait dire, quelques lignes après, qu'il est (4) *le Paraclet promis par Jesus.* C'est là un des endroits, qui montrent que cette Dispute est supposée, *Manès* n'ayant jamais prétendu être le *Paraclet*, comme on le verra dans la II. Partie de cet Ouvrage. Il y a même une contradiction manifeste dans les titres de *Paraclet*, & d'*Apôtre*, ou de *Disciple de J. Christ.* Ce sont des qualitez incompatibles. Le *Paraclet*, le S. Esprit, peut-il être un *Apôtre*, un *Disciple* du Seigneur?

Il s'élève au dessus de S. Paul.

(a) 1. Cor. IX. 10.

Manès continue, & fonde la nécessité de sa Mission sur ces paroles de S. *Paul.* (a) *Nous ne connoissons qu'imparfaitement: nous ne prophétisons qu'imparfaitement; mais, quand la perfection sera venue, tout ce qui est imparfait sera aboli.* L'Hérésiarque prétend, (5) que la *Perfection* prédite par S. *Paul*, est la Doctrine qu'il annonçoit. Pour cet endroit il n'a rien de suspect. Car le Manichéen *Félix* allégua ces mêmes paroles de S. *Paul*, dans la (6) Dispute qu'il eut avec S. *Augustin*, & en conclud, que *Manichée* son Maître avoit apporté au monde la *Perfection*, que S. *Paul* avoit ignorée.

Questions agitées dans la Dispute de Cascar. 1. Celle des deux Principes. 2. Celle de l'Autorité du V. Testament.

II. Après avoir tâché d'établir de la sorte sa Mission Divine, *Manichée* expose sommairement, ses sentimens, prémierement sur la Question des deux Principes; &, secondement, sur celle de l'autorité du V. Testament. Il soutient l'affirmative par rapport à la prémiére Question, & la negative par rapport à la seconde. *Archélaüs* attaque ces deux Erreurs, & le fait en homme, qui ne manque ni d'esprit ni de savoir. Mais, comme il y a des endroits où il est fort; il y en a aussi, où il est foible.

Manichée croit les Ames des Emanations.

Manichée supposant, que les Ames sont des Emanations de la Substan-

(3) *Ego Christi sum Discipulus, & Apostolus Jesu.* Act. p. 24.

(4) *Sum quidem ego Paraclitus, qui ab Jesu mitti prædictus sum.* Act. p. 24.

(5) *Sicut, qui ante me missus est Paulus, ex parte scire, & ex parte prophetare se dixit, mihi reservans quod perfectum est, ut hoc, quod ex parte, destruam.* Act. p. 24.

(6) Voyez le Chap. IX. de cette Dispute dans S. *Augustin.* Elle est de l'année 407.

de Dieu. Raison d'*Archélaüs* contre cette Erreur.

Substance Divine. *Archélaüs*, qui combat cette Erreur, insiste sur une raison, qui a été le grand argument de S. *Augustin*. C'est que, si les Ames sont émanées de Dieu, elles sont consubstantielles à Dieu; d'où il s'ensuit, prémierement, qu'elles ne peuvent ni pécher, ni être malheureuses, à moins qu'on ne dise, que la Substance Divine peut être sujette, & au Péché, & à la misére, ce qui est absurde. Secondement, que les Ames doivent être immuables, parce que la substance éternelle ne sauroit changer. Cependant il est clair, que les Ames changent, & passent du bien au mal, & du mal au bien. Il est étonnant, que *Manichée* ne réponde rien à ces difficultez, lui qu'on nous représente si habile, & à qui certainement elles n'étoient pas nouvelles. Il y auroit mal satisfait, je le croi, mais enfin il auroit tâché d'y satisfaire, & son silence là-dessus est un fort indice, que l'Auteur le fait répondre, ou le fait demeurer sans réponse, comme il le juge à propos.

Raison du même contre deux Principes.

Archélaüs prouve aussi que l'*Esprit* & la *Matiere*, le Corps & l'Ame, qui composent l'Homme, étant unis ensemble, & ayant une action réciproque, ils ne sauroient venir de deux Principes, independans l'un de l'autre, parceque, ces deux Principes étant contraires, ils ne peuvent s'être entendus pour former un seul composé. *Manichée* ne repond encore rien à cette difficulté, quoique son Systême pût lui fournir quelque solution, bonne ou mauvaise.

Comment il explique l'origine du mal.

L'Evêque rendant raison, pourquoi le Péché est dans le Monde, pose pour Principe, que toute Créature intelligente est nécessairement libre, parce qu'elle est intelligente, & muable parcequ'elle est Créature. Il fait d'autres raisonnemens, que je ne rapporterai pas, & employe quelquefois l'Ecriture assez à propos: mais il faut convenir aussi, qu'il en abuse très-souvent, & que ce n'est pas dans les Auteurs de ce tems-là qu'on doit chercher, les Explications les plus sûres & les plus solides des Livres sacrez.

Explication ingenieuse de *Matth.* XII. 32.

Celle du passage, que l'on allégue depuis long-tems pour prouver le Purgatoire, est assez ingenieuse, & assez naturelle. J. Christ a dit, que le *Péché* contre le S. Esprit *ne sera pardonné, ni dans ce Siécle, ni dans le Siécle à venir*. Cela veut dire, selon *Archélaüs*, que ce Péché sera puni dans ce Siécle, par la mort temporelle, & dans le Siécle à venir, par les peines de l'Eternité: Ou pour m'exprimer avec cet Evêque, (1) " que ce Péché sera sujet, & à la
„ malediction de la Loi Mosaïque dans ce Siécle, & à celle de J.
„ Christ, dans le jour du dernier Jugement.

Il

(1) *Si vero Spiritui Sancto* (intulerit injuriam) *duobus cum subdidit maledictis, id est, Moysi Legis, & sua; Moysi vero in praesenti, sua vero in die Judicii* &c. Act. p. 52.

Il s'en faut bien, que le même Evêque ne se tire aussi heureusement d'un passage de S. *Jean*, dont l'Hérésiarque abusoit, pour prouver son Principe du mal. Celui-ci insistoit sur ces mots de Nôtre Seigneur, *Comme la Vérité n'est point en lui*, (dans le Diable) *toutes les fois qu'il ment il parle de son propre fonds, parce qu'il est menteur aussi-bien que son Pére :* C'est ainsi que *Manichée* rendoit les Paroles du Seigneur, & *Archélaüs* n'en contestoit point la version. Là-dessus l'Hérésiarque lui demande. (a) *Qui est le Pére du Diable ? Ce n'est pas Dieu*, poursuit-il, *car Dieu n'est pas menteur : Qui est-ce donc ? Il n'y a que deux moyens d'être Pére de quelcun, la Génération, ou la Création. Si Dieu est le Pére du Diable par la voye de la Génération, le Diable sera consubstantiel à Dieu. Cette conséquence est impie. Et, si Dieu est le Pére du Diable par la voye de la Création, Dieu est menteur, ce qui est une autre impieté. Il faut donc que le Diable soit Fils, ou Créature de quelque Etre méchant, qui n'est point Dieu. Il y a donc un autre Principe que Dieu.*

Objection de *Manichée*. J. Christ établit deux Principes, *Jean* VIII 44. quand il dit que le *Diable* a un *Pére*, qui est *menteur*.

(a) Act. p. 56.

Archélaüs parle dans cet endroit avec beaucoup de confiance, mais il fait pitié. Il dit (2), que le premier Pére du Diable est le Serpent, dans lequel il entra lorsqu'il voulut tenter *Eve* ; qu'alors le Serpent se trouva tout gros, tout enflé, & qu'il enfanta le *Démon*. Il ajoûte, que *Caïn*, que *Pharaon*, que *Judas*, sont de même les Péres du Diable, & en général tous ceux, qui obeïssent à ses suggestions. On s'apperçoit assez que cette réponse laisse la victoire à *Manichée*. Cependant, ce dernier est un stupide, qui n'a point de replique, & qui demeure étourdi d'une reponse, dont il devoit triompher.

Mauvaise solution d'*Archélaüs*.

Au reste S. *Epiphane* ne s'est pas mieux tiré de cette objection. Il a répondu, (a) que le *Diable*, dont J. Christ parle dans le passage de S. *Jean*, est *Judas* ; que le Pére de *Judas* est *Caïn*, & qu'enfin le Pére de *Caïn* est le Diable même. Misérable ressource d'un homme, qui succombe sous le poids de la difficulté. Cependant cela fait voir, que ces Anciens ne croyoient pas, que le pronom αὐτῦ pût s'entendre, que d'une personne. Pour nous qui l'entendons d'une chose, ce passage ne nous fait aucun embarras. J. Christ a dit, que le *Diable est menteur, & qu'il est le Pére du Mensonge.*

Autre mauvaise solution de S. *Epiphane*.

(a, Voyez l'*Hérésie* XL §. 5. & 6. Ce passage a été employé par tous les Hérétiques qui ont reconnu deux Principes.

III. *Archélaüs* parle beaucoup dans cette Conférence, & *Manichée* fort peu. Le premier attaque assez bien, & le second se défend mal. Cependant il faut que *Manès* fût habile dans la Dispute, qu'il sût bien tourner un raisonnement, & serrer le nœud d'une difficulté, puis qu'un Auteur Syrien, qui avoit apparemment

Reflexion sur cette Dispute. *Archélaüs* y parle beaucoup, *Manichée* peu. Pourquoi ?

(2) *Efficitur ergo, prior Pater ejus (Diaboli) qui in utero concepit, & genuit, atque in lucem edidit Serpens.* Act. p. 56. 57.

ment vû quelcun de ses Livres lui donne le titre de (1) *Redoutable Disputeur*. Quelle raison plus naturelle peut-on en donner, sinon que ce n'est pas *Manichée*, mais *Archélaüs*, ou quelque Ecrivain Catholique qui en a fait la rélation.

L'Evêque outrage son Adversaire & le calomnie même.

L'Evêque de *Cascar* assaisonne souvent ses réponses de railleries piquantes. Cela peut être excusé ; mais il falloit bannir les injures. Est-il fort édifiant d'entendre *Archélaüs* traiter *Manès* de *Vase*, d'*Instrument sordide*, d'*indigne Instrument de l'Antechrist* ? Il ne falloit au moins en venir là, qu'après avoir tâché de le gagner par les attraits de la Vérité & de la Charité. Pardonnons toutefois des invectives, qui peuvent venir d'un zèle sincére ; mais comment excuser, pardonner des injures, qui sont de purs mensonges ? Telles sont celles qui suivent, „ (2) BARBARE DE PERSAN, GROSSE BARBE, *Prêtre* de *Mithra*, & compagnon des fourberies „ de ses Prêtres, tu n'adores que le Soleil. Imposteur que tu ès, tu „ crois *Mithra* présent, & portant sa lumiére dans ces lieux mysti- „ ques, où tu vas en imposer aux Peuples, & en habile Comédien „ célébrer les mystères de cette fausse Divinité". C'est ainsi que je tâche de rendre les paroles obscures de mon Auteur, qui certainement impute à *Manès* des superstitions, dont il étoit très-innocent.

Les Prêtres portoient de longs cheveux, & de grosses barbes.

1. Prémiérement, il se peut que l'Hérésiarque portât une *longue barbe*. C'étoit la coûtume des (3) Sacrificateurs des Perses : c'étoit celle des Philosophes Grecs, témoin ce mot de Plutarque (4), *Porter longue barbe, & se revêtir d'une grosse Cape, ne font pas un Philosophe*. Mais étoit-ce une raison d'accuser *Manichée* d'être un Prêtre Payen, un *Prêtre de Mithra* ?

Manichée n'adoroit point le *Soleil*. Les Persans eux-mêmes ne le faisoient pas.

2. *Tu n'adores que le Soleil*, poursuit *Archélaüs*. C'est une calomnie à tous égards. *Manès* (5) n'adoroit point le Soleil, bien loin de n'adorer que lui. Les Persans eux-mêmes ne le faisoient pas

(1) C'est *Ebedjesu*, qui le qualifie de la sorte dans son Catalogue. Il parle de *Tite de Bostres*, & dit, *Titus instituit Disputationem adversus* PUGNACEM *illum Manetem*. *Abrah. Echellensis* a traduit STULTUM ; mais *Asseman* corrige cette Version & dit, qu'il faut traduire *Pugnacem* (Bib. Orient. T. III. P. I. p. 41.)

(2) *Persa barbare, Barba, Sacerdos Mithræ, & collusor, Solem tantum colis. Mithram locorum mysticorum illuminatorem, ut opinaris, & conscium ; Hoc est, quod apud eos ludes, & tanquam elegans mimus perages Mysteria*. Act. p. 62. 63.

(3) *Promissa coma, latis barbis*. Hyd. *ub. sup*. p. 370. On peut voir, dans le *Gazophylacium Ling. Persar*. du P. *Ange de S. Joseph*, la description des bas Reliefs, qui subsistent encore dans les ruïnes de Persepolis. Il y a *des suites de gens à vestes larges, à longue Chevelure* &c. *p*. 283.

(4) *Plutarque*, dans *Isis & Osiris*, pag. 1015. Conferez *Agathias* dans l'Histoire de *Justinien*. L. II. 12. Au reste je me sers de la Version d'*Amiot*.

(5) Cette accusation sera examinée dans la seconde Partie.

(6) *Aedes ab igne Solis denominatæ, non autem pro cultu Solis ordinatæ, cum nulla templa pro cultu Solis babuerint* (Persæ) *nec Sacerdotes Solis*. Hyd. *ub. sup*. p. 102. & 108.

pas (6); leurs Temples n'étoient dédiez qu'au seul vrai Dieu, & leurs Prêtres n'offroient des Sacrifices & des priéres qu'à lui seul.

Antres *Mithratiques*. Ce que c'etoit.

3. Il n'est point vrai, que *Manichée*, que ses Disciples, allassent adorer le Soleil, ou *Mithra*, ni célébrer ses Mystères *dans* certains *lieux mystiques*, c'est-à-dire dans ces *Antres*, dont on peut voir la description dans M. (*a*) *Hyde*, & dont on dit que *Zoroastre* fut l'Inventeur. *Porphyre* rapporte, sur le témoignage d'*Eubulus*, (7) „ que *Zoroastre* fut le premier, qui trouvant, dans les Montagnes „ voisines de la Perse, un Antre agréable, arrosé de Fontaines, le „ consacra en l'honneur de (8) *Mithra*, *Pére & Createur de toutes choses*: Cet Antre représentoit le Monde créé par *Mithra*, „ & les diverses figures, que *Zoroastre* y avoit tracées, à des distances proportionnées les unes des autres, étoient les emblêmes „ des Elémens, & des différens climats du Monde: " Si les *Antres Mithratiques* étoient *consacrez*, comme *Porphyre* le dit, au *Créateur de toutes choses*, *Manichée* n'auroit pas eu tort de croire, que la Divinité y étoit présente. Mais au fond, je ne voi nulle preuve, aucun indice, que ni lui, ni ses Disciples, observassent les cérémonies des Payens, & en particulier celles des Perses. Je trouve au contraire (*b*), que *Sapor* voulut le faire punir, parce que lui & ses Disciples s'opposoient au Culte & aux cérémonies établies par *Zoroastre*.

(*a*) *Ub. sup.* p. 117. 118.

(*b*) *Dherbel.* Bib. Orient. dans *Mani.* p. 549.

Patience & modération de l'Héréfiarque. Elle detruit les portraits qu'on nous en a faits.

Il y a d'autres endroits, où *Archélaüs* maltraite beaucoup son Adversaire; il y en a même, où il le menace indirectement d'une mort prochaine. Mais cet homme garde un sang froid, & une modération, que je lui aurois enviée, si j'avois été en la place d'*Archélaüs*. (*a*) „ Vous me dites des injures très-offensantes, *lui* „ *repond-il*, je n'ai pourtant rien avancé, touchant Dieu & son „ Christ, qui soit indigne ni de l'un, ni de l'autre. Mais il con- „ vient aux Apôtres d'être toûjours patiens, & d'endurer tous les „ outra-

(*a*) Act. p. 83.

(7) Πρῶτα μὲν, ὡς ἔφη Ἔυβουλος, Ζωροάστρου αὐτοφυὲς σπήλαιον, ἐν τοῖς πλησίον ὄρεσι τῆς Περσίδος, ἀνθηρὸν καὶ πηγὰς ἔχον, ἀνιεράσαντος εἰς τιμὴν τοῦ πάντος ποιητοῦ καὶ πατρὸς Μίθρου; εἰκόνα φέροντος αὐτῷ τοῦ σπηλαίου τοῦ κόσμου, ὃν ὁ Μίθρας ἐδημιούργησε. τῶν δὲ ἐντὸς κατὰ συμμέτρους ἀποστάσεις φερόντων τῶν κοσμικῶν στοιχείων καὶ κλιμάτων. *Porphyr.* De Antro Nymphar. p. 253.

(8) Il est certain, que *Mithra* est un des noms que les Persans donnoient au *Soleil*; mais, si nous en croyons Porphyre, *Mithra* étoit aussi le nom de cette seconde *Intelligence*, par laquelle Dieu a créé le Monde; Et peut-être ne donnoient-ils le même nom au *Soleil*, que parce qu'ils le croyoient l'*Image* ou la *Résidence* de la Lumiere pure & *intellectuelle*, ou, si l'on veut, de l'*Intelligence* Creatrice. Cette Intelligence étoit le *Dieu Mediateur*, ou le *Dieu Mitoyen*, Μεσίτης Θεὸς, de Plutarque. *Ce n'étoit pas*, dit M de Ramsai, *un Etre coéternel avec la Divinité suprême, mais la première production de sa Puissance, qu'il avoit préposé pour être ce Chef des Intelligences.* Disc. sur la Mythol. p. 6.

„ outrages, qu'on leur fait. (1) Voulez-vous me perſécuter ? Je „ ſuis prêt à le ſouffrir. Voulez-vous me livrer au Supplice ? Je ne „ reculerai pas. Voulez-vous me tuer de vos propres mains ? Je „ ne crains point la mort, car j'ai appris du Seigneur à ne craindre „ que celui, qui peut jetter le Corps & l'Ame dans la G henne „ du feu ". Cet endroit eſt une preuve, qu'*Euſébe* a fait de *Manichée* un portrait fort peu reſſemblant, lorsqu'il a dit, (2) *que cet homme étoit farouche & intraitable de ſon naturel, barbare dans ſes actions & dans ſes diſcours.* Il y a de l'Impoſture dans *Manichée* : peut-être n'eſt-ce que du Fanatiſme; mais le Perſonnage, qu'il fait, eſt plus beau que celui d'un Evêque, *qui grince les dents, & qui rugit comme un Lion à l'aſpect d'un Hérétique.*

En particulier celui qu'en a fait *Euſébe.*

Les Juges donnent la victoire à *Archélaüs.* Cette circonſtance rend toute l'Hiſtoire ſuſpecte.

IV. Les Juges prononcérent en faveur d'*Archélaüs*; au moins les Actes le diſent; &, ſi cela eſt vrai, ils donnerent un Exemple de juſtice & de généroſité, que l'on auroit bien de la peine à trouver parmi des Chrétiens. Car étant Payens pouvoient-ils condamner *Manès* ſans condamner leur propre Religion. Si cet Héréſiarque *honore le Soleil*, comme *Archélaüs* le lui reproche, les Payens ne le faiſoient-ils pas, ſurtout dans la Méſopotamie ? S'il croit deux Principes, *Dieu & la Matiére*, que croit-il là-deſſus, que n'ayent crû tous les Philoſophes Payens ? N'eſt-ce pas à cette *Matiére*, qu'ils ont attribué, comme lui, la cauſe des imperfections & des maux, qui ſont dans le Monde ? *Manichée* rejette le V. Teſtament, l'inſpiration des Prophètes. Or des Payens ne pouvoient ajuger la victoire à *Archélaüs*, qui maintenoit l'inſpiration de ces Prophètes, ſans avouer que leurs Dieux étoient des Démons; que leurs Images & leurs Statues étoient des Idoles; & qu'ils étoient eux-mêmes des inſenſez, des Idolatres, des impies ? Certainement *Marcel* ne pouvoit mieux choiſir : & je ne ſai, ſi, dans le reſte de la Terre, il eût trouvé quatre ſavans Payens aſſez généreux, pour rendre juſtice à la Foi Orthodoxe, aux dépens de leur Philoſophie, de leur Réligion, & de leurs Dieux. Il eſt vrai qu'un ſi beau deſintéreſſement donne quelque ſoupçon au Lecteur, & je veux bien lui avouer, que je n'en ſuis pas exemt. Ces Juges Payens m'ont bien la mine d'être des Perſonnages inventez, pour embellir, ou l'Hiſtoire, ou le Roman, de la Diſpute de *Caſcar.* M.

(1) *Si perſequi volueris, paratus ſum : ſi inferre ſupplicia, non refugiam,* &c. Act. p. 83. 84.

(2) M. *Couſin* a exprimé de la ſorte ces paroles d'*Euſébe*, βάρβαρος ὤν τὸν βίον αὐτῷ λόγῳ καὶ τρόπῳ : τήν τε φύσιν δαιμόνιός τις ὤν, καὶ μανιώδης. *Euſeb.* H. E. L. VII. 31. Cet habile Traducteur n'a pas attrapé la penſée de ſon Auteur. *Manès* étant *Perſan*, ou *Babylonien*, & par conſequent d'une Nation, que les Grecs apelloient *Barbare*, Euſébe a dit, *que cet homme étoit auſſi barbare dans ſes mœurs que dans ſon langage, & que ſon naturel étoit celui d'un poſſédé, d'un furieux.* Voyez ci-deſſus, p. 93.

(3) *Quoniam vero placuit Marcello Diſputationem hanc excipi, atque deſcribi, contra-*

M. de *Tillemont* a crû, qu'elle fut écrite sur le champ par des Sécrétaires, que l'on avoit choisis pour cela. *Marcel*, (a) dit-il, *voulut que tout ce qui se passoit dans la Conférence fût écrit en même tems.* Il se fonde sur le mot *Excipi*, qui est dans la Version Latine, & qui confirmeroit effectivement la pensée de M. de *Tillemont*, si tout le reste n'y étoit contraire. L'Auteur, quel qu'il soit, s'exprime en ces termes (3) *Marcel ayant voulu* que cette Dispute fût rédigée par écrit, (*excipi atque describi*) *je n'ai pû m'en defendre, esperant, que le Lecteur aura assez d'indulgence, pour me pardonner les défauts de cet Ouvrage, mon dessein étant seulement, de faire connoître à ceux, qui le desirent, comment les choses se sont passées.* Ces mots, JE N'AI PÛ M'EN DE'FENDRE, (*contradicere non potui*) sont une preuve évidente, qu'il ne s'agit point de Sécrétaires; car, de quel front, *Archélaüs* auroit-il pu s'opposer à ce que des Sécrétaires exacts & fidéles écrivissent, sur le champ, tout ce qui seroit dit dans la Conférence. D'ailleurs, l'Auteur, qui nous avertit, que des *Juges Payens* présidérent à la Dispute, auroit-il manqué de nous dire, qu'elle fut écrite par des Sécrétaires, cette circonstance servant infiniment à confirmer son récit? Quant au mot (4) *Excipi*, sur lequel M. de *Tillemont* s'appuïe, il pouvoit penser, que c'est un mot du Traducteur, & non de l'Auteur, & que celui de l'Original pouvoit avoir d'autres significations.

La Conférence de *Cascar* ne fut point écrite par des Notaires. Erreur de *Tillemont* là-dessus. (a) *Ub. sup.* p. 736.

1. Il n'y a pas seulement des fautes dans nos Actes, il y a des additions, des falsifications manifestes, qu'on ne sait à qui imputer. Par exemple, *Archélaüs* reproche à l'Hérésiarque (5) „ de ne „ savoir ni le Grec, ni le Latin, ni l'Egyptien, ni aucune autre „ Langue que la Chaldaïque, *laquelle*, ajoute-t-il, *ne mérite pas* „ *même d'être mise au nombre des Langues*". On peut assurer hardiment, qu'*Archélaüs* n'a rien dit de pareil. Quelle impolitesse, ou plûtôt, quelle imprudence n'y auroit-il pas eu, à mepriser de la sorte la Langue d'un Pays, où *Archélaüs* étoit Evêque, dans laquelle il prêchoit lui-même l'Evangile, & de le faire devant tout un Peuple, qui n'en savoit point d'autre? Si l'Auteur confond le Syriaque avec le Chaldaïque, il dit une grande impertinence, car la Langue Syriaque étoit très-estimée dans tout l'Orient. On reconnoît un Grec dans ces paroles. Les Grecs meprisoient toutes les

Alterations & falsifications manifestes dans cette Piéce.

tradicere non potui &c. Il faut remarquer que ces paroles sont dans la Rélation immédiatement après la Conférence de *Cascar*, & avant celle de *Diodoride*, parce que cette observation réfute une exception de M. de *Tillemont*.

(4) Le mot *Excipi* a été mis apparemment pour exprimer *ἐκλαμβάνεσθαι*, qui a bien d'autres significations que celle d'*écrire ce qu'une personne dicte*. Aussi M. *Zaccagni* n'en a pas tiré la même conséquence que M. de *Tillemont*. Voyez sa Préface. p. 4.

(5) *Quæ nec in numerum quemdam* (Linguarum) *ducitur*.

les Langues, excepté la leur ; mais surtout ils meprisoient infiniment les Langues Orientales. Jamais un Evêque de Mésopotamie n'eût parlé des Langues Syriaque ou Caldaïque avec un si grand mépris.

Observation de *L. de Dieu* sur la Version Syriaque de *Jean* VIII. 44. Elle prouve que *Manès* a cite le Grec, ou que c'est un Grec qui le fait parler.

2. Je dis, que les paroles, que je viens de rapporter, ne peuvent avoir été proférées que par un Grec : mais j'ajoute, que la Dispute même est l'Ouvrage d'un Grec, ce que je vai prouver, d'une maniére invincible, par une observation de (1) *Louïs de Dieu* sur le vs. 44. du Chap. VIII. de S. *Jean*.

J'ai remarqué, que *Manichée* insistoit sur ce passage, pour montrer, que Dieu n'est point le Créateur du Démon. Cette Objection est très-spécieuse, si l'on allégue le Passage en Grec ; aussi les Péres Grecs ont ils été fort embarassez à la résoudre. Mais si l'on cite le même passage, selon la Version Syriaque, l'Objection n'a plus lieu. La raison en est, qu'elle est fondée sur une équivoque, qui est dans le Grec, mais qui n'est point dans le Syriaque, où le mot, qui signifie *Mensonge*, est féminin, & le pronom, qui dans le Grec peut être du genre masculin, ou du neutre, est féminin aussi. Il ne faut donc que savoir lire le Syriaque & en entendre les termes, pour juger que Jesus-Christ a dit, *que le Diable est menteur, & qu'il est le Pere du Mensonge*. Mettons *fausseté*, en la place de *mensonge*, le Syriaque porte à la lettre, *le Diable est menteur, & le Pere* D'ICELLE, c'est-à-dire de la *Fausseté*. Dans le Grec l'équivoque est entiére, car on lit, le *Diable est menteur, & le Pere* D'ICELUI, c'est-à-dire, ou du *Diable*, dont le nom précéde immédiatement, ou du *Mensonge*, mot qui est plus éloigné.

Cette Remarque prouve évidemment l'une ou l'autre de ces deux choses. La premiere, que c'est un Grec, qui a fabriqué cette Dispute, & qui a proposé l'objection, que les Marcionites, les Manichéens, & les autres Hérétiques, qui croyoient l'éternité de la Matiére, avoient accoutumé de faire aux Orthodoxes, pour montrer, que Dieu n'est point le *Pére*, ou le Créateur du Démon, puisque le *Pére* du Démon *est menteur* selon J. Christ. La seconde, c'est que, si la Dispute est véritable, *Manichée* a allégué l'original Grec de S. Jean, & non la Version Syriaque, & par consequent,

(1) Elle est dans le Nouveau Testament de *Valeus*. Voyez sur *Jean VIII.* 44.

(2) *Scimus te, qui sis sanctus Deus*. Act. p. 88.

(3) Εἶτα ἐπάγει τοῖς εἰρημένοις, ὅτι τὸ μυστήριον ἐν σαρκὶ ἐφανερώθη, καλῶς τοῦτο λέγων &c. Greg. Nyssen. in Antirrhetico. ad. Apollinar. §. 7. p. 138. Cet Ouvrage a été publié à Rome par M. *Zacagni* en 1698. à la suite des Actes d'*Archélaüs*.

(4) Voyez les pag. 126. & 149. ὁ θεὸς ἐφανερώθη ἐν σαρκί.

(5) *Qui de Maria* DEI GENITRICE *natus est*. Act. p. 59.

quent, il est faux, premiérement, qu'il n'entendît que le Chaldaïque; & secondement, qu'*Archélaüs* lui ait fait un tel reproche.

3. On trouve dans cette même Conférence une leçon bien extraordinaire, du vs. 34. du Chap. IV. de S. Luc. Car, au lieu que l'Esprit impur dit à Jesus, *Je sai qui vous êtes, Vous êtes le* SAINT DE DIEU, on lui fait dire, (2) *Nous savons, que vous êtes* LE SAINT DIEU. Si l'Editeur a regardé cette leçon comme une faute, je m'étonne, qu'il ne l'ait pas remarqué.

Etrange leçon de Luc IV. 34.

A propos de diverse leçon le Lecteur me saura-t-il mauvais gré, que je l'avertisse en passant, que dans un Ouvrage publié par M. *Zaccagni*, & qui suit immediatement les Actes d'*Archélaüs*, on trouve qu'*Apollinaire* lisoit au vs. 16. du Chap. III. de la I. Epître à *Timothée: Le mystére de Pieté est grand*, LEQUEL *a été manifesté dans la Chair.* (3) *Gregoire de Nysse*, qui le réfute, ne conteste point cette leçon, ce qui fait voir, qu'elle étoit encore dans quelques Exemplaires Grecs au IV. Siécle. Je dis *dans quelques Exemplaires :* car le même *Gregoire de Nysse*, qui cite ce passage en deux autres endroits, l'a allégué en ces termes, (4) *Dieu a été manifesté dans la Chair.*

La leçon de la Vulgate I. Tim. III. 16. confirmée par des MSS. Grecs du IV. Siecle.

4. Voici un mot, qui certainement n'a pas été dit par *Archelaüs*. Il parle de la Ste. Vierge, & la qualifie (5) MERE DE DIEU. Je sai bien, que l'on prétend, que des Auteurs contemporains ont donné ce Titre à la Vierge. *Socrate* (6) témoigne, qu'on le trouvoit dans le Commentaire d'*Origéne* sur l'Epître aux Romains. Il faudroit pourtant être assuré qu'il n'y avoit pas été mis par une main étrangére. Car, lors que les Chrétiens combattoient le Paganisme, & tournoient en ridicule ces Dieux nez de femmes, il falloit bien se garder d'imiter leur langage, & de donner lieu à la recrimination. Mais, sans insister là-dessus, l'Evêque de *Cascar*, quel qu'il soit, avoit des idées de l'Incarnation, qu'on ne sauroit concilier avec le titre de Mére de Dieu. Nous en parlerons dans le Chap. suivant.

Le titre de Mere de Dieu donné à la Vierge, n'est point d'*Archélaüs.*

5. L'Addition, que je vai remarquer vient certainement du Traducteur Latin. *Archélaüs* dit à *Manichée*, (7) „ Que Dieu „ a donné la liberté à tous les hommes, & qu'en conséquence de „ cela il a établi une Loi, selon laquelle il doit nous juger, *parce* „ *qu'il*

Autre Addition, au sujet de la Grace. Elle est du Traducteur Latin.

(6) Voyez Socrat. H. E. L. VII. 32. & les *Dogmes Theol. de Pétau*, De Incarnat. L. V. 15. §. 8. 9.

(7) *Liberi arbitrii sensum unicuique dedit* (Deus,) *qua ratione etiam legem judicii posuit*, (*peccare nostrum est, ut autem non peccemus Dei donum*) *ex eo quod in nostro sit arbitrio constitutum, vel peccare, vel non peccare.* Les mots, que j'ai mis en parenthese, font visiblement ajoutez, contre le but de l'Auteur. Ils n'ont aucune liaison avec son raisonnement, & y sont même directement contraires. Ils contiennent dans le fond une Vérité, mais toute Vérité qu'elle est, elle est hors de sa place.

„ *qu'il est dans nôtre pouvoir de pécher, ou de ne pécher pas. Archélaüs* prouve que l'Homme est *libre*, & maître de ses actions, parce qu'il y a un *Jugement*; car, selon lui, s'il n'y avoit point de *liberté*, il n'y auroit ni Jugement, ni peines, ni recompenses. Tel est le raisonnement d'*Archélaüs*, raisonnement, qu'on trouve dans tous les Péres, & dans S. *Augustin*, comme dans les autres. Mais, au milieu de ce raisonnement, on a mis en parenthése ces mots, qui non-seulement le partagent, & en coupent le fil, mais qui le limitent, & qui au fond le renversent: *Si nous péchons, c'est notre ouvrage, mais si nous ne péchons pas, c'est un don de Dieu.* On reconnoît cette sentence, qui étoit commune chez les Latins depuis le Siécle de S. *Augustin*.

Tillemont s'est laissé surprendre à cette Addition.

(a) Ub. sup. p. 796.

Cette Addition en a imposé à M. de *Tillemont* (a). Il a crû y trouver une preuve, qu'*Archélaüs* enseignoit, & la nécessité de la Grace, & la Liberté de l'homme. Je n'ai rien à dire sur le Dogme, mais je m'étonne, que ce Savant moderne n'ait pas apperçû, que c'est une Addition du Traducteur Latin, qui a trouvé la Proposition d'*Archélaüs* contraire au Systême de son Eglise. Ce que je dis est sensible. Les Grecs, & surtout les Grecs du tems d'*Archélaüs*, qui avoient affaire aux *Marcionites* & aux *Manichéens*, ont donné à l'Homme une entiere Liberté, un pouvoir égal, ou d'obéïr à la Loi Divine, ou de la violer. Les Latins, comme *Tertullien* & S. *Irenée*, ont défendu le même Principe dans toute sa généralité. *Archélaüs* l'a fait, & l'a dû faire. Car s'il avoit avancé que l'Homme a besoin d'une Grace surnaturelle pour ne pas pécher, *Manichée* en auroit conclu, bien ou mal, que la Nature est mauvaise en soi, & la Question n'auroit plus été que de savoir, si cette *vitiosité* vient du fond de la Nature même, ou si elle est accidentelle. Quiconque lit les Anciens ne sauroit être trop attentif à y découvrir les falsifications, qu'on y a faites. Passons à la Conférence de *Diodoride*.

CHAPITRE X.

Conférence de DIODORIDE. *Sentimens d'*ARCHÉLAÜS. *Tems des Disputes de Cascar & de Diodoride.*

La Conference de Diodoride roule sur l'Incarnation.

I. MANICHÉE ayant été vaincu à *Cascar*, & se retirant à *Arabion*, s'arrêta dans un *Bourg*, ou *Château* nommé *Diodoride*, où il trouva un Prêtre, qui est appellé *Diodore* dans les Actes Latins, & *Tryphon* dans S. *Epiphane*. L'Hérésiarrésiarque y prêcha ses Erreurs, & le Prêtre, ne se sentant pas assez fort pour lui résister, en donna avis à son Evêque, & lui demanda des Instructions & du secours. C'est ce qui obligea *Archélaüs* de lui écrire d'abord une longue Lettre (1), dont l'adresse est conçue en ces termes : Au Pretre Diodore, mon tres honorable Fils.

Lettre d'Archélaüs à Diodore.

Je trouve dans cette adresse deux choses qui me paroissent fort suspectes, & qui, si je ne me trompe, font voir qu'elle n'est point du tems d'*Archélaüs*. La prémiére est, qu'on y suppose une Eglise sans Evêque, & gouvernée par un simple Prêtre. Or je ne croi pas qu'on puisse trouver vers le milieu du III. Siécle, ni dans les Villes, ni dans les Bourgs, aucune Eglise, qui n'eût son Evêque. Lors que l'Eglise étoit peu nombreuse, l'Evêque n'avoit que des Diacres au dessous de lui; mais il n'en étoit pas moins Evêque: il en avoit le titre & en faisoit toutes les fonctions. Ce ne fut que long-tems depuis, que ces Evêques de Campagne, ou ces Chorévêques furent dépouillez de leur autorité, & contraints de descendre dans l'Ordre des Prêtres. *Diodoride* étoit un *Château*, (*Castellum*) ou un *Bourg*, car c'est la même chose. Or il y avoit alors, & il y a eu depuis des Evêques dans les *Bourgs*, comme on le peut voir dans la (2) Bibliotheque Orientale de M. *Asséman* & ailleurs.

L'adresse a deux caractéres de supposition.
1. Il n'y avoit point au commencement d'Eglise sans Evêque.

La seconde chose, qui me rend cette adresse suspecte, c'est qu'en supposant; que les Eglises de la Campagne n'avoient que de simples Prêtres, au moins est-il certain, que les Evêques leur donnoient le titre de Freres, & jamais celui de Fils. Ce dernier titre ne se donnoit qu'aux Diacres, qui étoient proprement les Ministres des Evêques dans le Service Divin. Je ne croi pas que l'on trouve dans les trois prémiers Siécles, quelque exemple bien certain d'un Evêque, qui ait traité un Prêtre de *Fils* en lui écrivant.

2. Les Evêques qualifioient alors les Prêtres de Fréres, & non de Fils. Le titre de Fils n'étoit donné qu'aux Diacres.

Le vigilant *Archélaüs* suivit de près la Lettre, qu'il avoit écrite à *Diodore*, & se présenta subitement devant son Adversaire, comme un vainqueur devant un ennemi battu. Il obligea *Diodore* à sortir de la Lice, & comme il vouloit y entrer lui-même, *Manichée* lui dit, (3) *Laissez-moi disputer avec* (4) *Tryphon, car pour vous,*

Archélaüs va à Diodoride, & y dispute de nouveau contre Manichée.

(1) On peut voir cette Lettre dans les Actes Latins p. 71. & suivantes. Elle ne m'a pas paru assez importante pour la traduire & la rapporter.

(2) Voyez sa Dissertation sur les *Monophysites* à la tête de son II Tome Voyez les mots de *Beth-Arsam*, de *Beth-Cudida*, &c. Au reste, M. *Asseman* a remarqué T. II. p. 10. qu'il y a dans le Latin du II. Concile de *Nicée*, Actio. V. *Castella excitare*, au lieu qu'il falloit dire, *Vicos evertere*.

(3) Ἔα με πρὸς Τρύφωνα διαλεγέσθαι· ὑπερβαίνει γάρ με τὸ σὸν ἀξίωμα διὰ τὸν ἐπίσκοπον. Ap. *Epiph.* ub. sup. Hær. LXVI. §. 11.

(4) Le Lecteur se souviendra de ce que j'ai déja observé, c'est que le Prêtre, qui est nommé *Diodore* dans les Actes Latins, est appellé *Tryphon* dans le Grec de S. *Epiphane*.

vous, qui êtes Evêque, vous avez une dignité trop supérieure à la mienne. Il est bien absurde de mettre ces paroles dans la bouche d'un Hérésiarque, qui non seulement a déja soutenu une Dispute publique contre *Archélaüs*, mais qui prétendoit être DISCIPLE DU CHRIST, APÔTRE DE JESUS, & le PARACLET promis par le Fils de Dieu. Un (1) Auteur moderne s'est imaginé, que ce compliment ne fut qu'une *raillerie* de la part de *Manichée*, & je n'en douterois pas, si je croyois les Actes authentiques, ou si j'y pouvois découvrir quelque indice, qui appuïât cette conjecture.

L'Auteur fait dire à cet Hérésiarque un mot, qui n'est pas vraisemblable.

Les deux Adversaires entrerent de nouveau en dispute, en présence du Peuple de Diodoride, & des Villages voisins. La Conférence roula sur l'*Incarnation*, *Manichée* prétendant, que Notre Seigneur n'a paru être homme que par dispensation, sans l'avoir été en effet. Il se fondoit (2) principalement sur ces mots de S. Paul, Jesus-Christ (a) a *pris la* FORME *d'un Serviteur*, ou, *il s'est fait* SEMBLABLE *aux hommes : il a paru dans l'*EXTERIEUR, ou, *dans* LA FIGURE *tel qu'un homme*. Et pour confirmer l'explication, qu'il donnoit à ces paroles de l'Apôtre, il alléguoit ce que dit S. Luc (b), *Le St. Esprit descendit sur* Jesus, *sous une forme corporelle*, SEMBLABLE A CELLE D'UNE COLOMBE. Comme le S. Esprit n'a point été uni au corps d'une Colombe, & qu'il n'a fait que paroître sous cette forme, *Manichée* soutenoit aussi, que le Fils de Dieu n'a pris que la *forme* & *l'apparence* d'un homme parce qu'il convenoit à son dessein non d'être homme réellement, mais de paroître tel. *Archélaüs* refute une Hérésie si grossiére & si insoûtenable, par des raisons solides, mais il avance en même tems des Propositions, qui certainement ne sont pas moins Hérétiques. J'en dois faire part au Lecteur, parce que ces observations lui feront connoître, s'il doit régler sa Foi sur celle de l'Antiquité, & la soumettre à l'autorité de la Tradition & des Péres du prémier âge, de cet *âge d'or*, qu'on dit avoir fini au Regne de *Constantin*, quoi qu'à dire le vrai il ait fini bien plutôt, au moins si les vertus Episcopales sont un des caractéres, un des Priviléges de cet âge.

Raisons de Manichée, pour prouver que J. Christ n'a été homme qu'en apparence.

(a) Phil. II. 7. 8.

(b) Luc III. 22.

Archélaüs l'a bien réfutée.

Cet Auteur paroît avoir bien entendu la Descente de J. Christ aux Enfers. (c) *Jesus*, dit-il, *ayant été attaché à la Croix*, & (3) *étant ensuite* RESSUSCITÉ DES ENFERS, *fut transporté au lieu*, *où regnoit le Christ*, *le Fils de Dieu*. Les *Enfers* ne sauroient être dans cet endroit que le *sepulchre*, puisque c'est le lieu, d'où

Il a bien entendu la Descente de J. Christ aux Enfers.

(c) Act. p. 93.

(1) C'est le célèbre *Godefroi Arnold*, dans son Histoire de l'Eglise & des Hérétiques. T. I. Liv. III. Chap. VII. §. 24. & suiv.

(2) Il appuïoit aussi sur ces mots de S. Paul, Rom. VIII. 3. *en forme de chair de péché*.

(3) *Cum resurrexisset ab Inferis*. Act. p. 93.

(4) *Est enim, qui de Mariâ natus est*

d'où Jesus-Christ est sorti par sa *Résurrection*. Cette explication est raisonnable; elle est même juste; mais en revanche elle est accompagnée de terribles Hérésies.

II. C'est s'exprimer d'une maniére fort suspecte, d'appeller la Nature Divine de Notre Seigneur du nom de CHRIST. Ce nom ne peut désigner qu'une Personne, qui a reçû des Graces, des Dons, des Perfections, une Dignité, qu'elle ne possédoit pas par elle-même. Aussi est-ce une expression familiére aux Hérétiques. Le P. *Pétau* (*a*) prétend néanmoins, que des Théologiens Catholiques s'en sont servis. Il allégue *Justin* Martyr, *Denys d'Alexandrie*, *Novatien*, ou l'Auteur du Livre de la *Trinité*, & S. *Ambroise*. Mais à l'exception de S. *Ambroise*, les autres sont plus que suspects d'Arianisme.

Erreurs de cet Evêque.

(*a*) *Petav.* Dogm. Theol. T. VI. *De Incarnat.* L. XI. Cap. VIII. §. 9. & seq.

Passons néanmoins cette expression à *Archélaüs*, mais nous ne saurions lui passer le Dogme même, quand il dit, *que* JESUS *étant ressuscité fut transporté au lieu, où regnoit le* CHRIST LE FILS DE DIEU. Ces paroles insinuent bien clairement, que *Jesus*, & le *Fils de Dieu*, sont deux Personnes separées, dont l'une va trouver l'autre. Mais ce qu'il ne fait qu'insinuer dans ces paroles, il l'enseigne formellement dans les suivantes: (4) *C'est le Fils de Marie*, savoir, JESUS, *qui a voulu soûtenir tout ce grand combat*; *Et c'est* LE CHRIST DE DIEU, *qui descendit sur celui qui est* NÉ DE MARIE. Certainement celui, qui *descendit sur Jesus*, après son Baptême, ne sauroit être la même Personne que *Jesus*: Et puisque *celui qui descendit sur Jesus* EST LE CHRIST, LE FILS DE DIEU, Jesus ne peut avoir été le Fils de Dieu, que depuis que le *Christ fut descendu sur lui*, c'est-à-dire, depuis son Baptême.

Nestorianisme de cet Evêque.

Tout cela ressemble fort à l'Hérésie, que l'on attribue à *Cérinthe*, à *Carpocrate*, à ces fameux Hérésiarques du prémier âge de l'Eglise, qui enseignoient, que (5) *le Christ descendit sur Jesus après son Baptême*. Telle étoit encore l'Hérésie attribuée aux *Ebionites*, & même aux plus pernicieux des *Ebionites*, à ceux que l'on a nommez ELCESEENS. Ces gens-là confondoient (*b*) le *Christ* & le S. *Esprit*, & ne reconnoissoient en *Jesus*, qu'une Vertu Divine, présente, assistante, laquelle il reçut dans son Baptême. Telle étoit enfin l'Hérésie de ces Sectaires, à qui l'on donna l'odieux nom d'OPHITES, ou de SERPENTINS, sous le faux &

Il paroît Unitaire.

(*b*) Voyez *Epiphane*, Hær. XXX. §. 16. p. 140.

Filius, qui totum hoc quo (fortè legendum, *quod*) *voluit perferre certamen, Jesus. Hic est* CHRISTUS *Dei, qui descendit super eum, qui de Mariâ est.* Ibid. Act. p. 93.

(5) Sans aller consulter S. *Irenée* & les autres Hérésiologues, on peut trouver les preuves de ceci dans le P. *Pétau*, ub. sup. L. I. *De Incarnat.* Cap. II. §. 4. & seq.

& le ridicule prétexte, *qu'ils adoroient le Serpent.* Leur Héréſie conſiſtoit en ce qu'ils enſeignoient, (1) *Qu'autre eſt Jeſus, & autre eſt le Chriſt; qu'à l'égard de Jéſus il eſt né de la Vierge, mais que le Chriſt eſt deſcendu du Ciel ſur la perſonne de Jeſus.* Il me ſemble qu'*Archélaüs* dit tout à fait la même choſe. *C'eſt le Fils de Marie, c'eſt Jeſus, qui a ſoutenu le combat de la Croix; & c'eſt le Chriſt de Dieu qui deſcendit ſur celui qui eſt né de Marie.*

Ainſi voilà notre SAINT ARCHÉLAÜS, cet illuſtre Evêque, qui le premier combattit *Manichée* & ſon Héréſie, le voilà aſſocié avec des Hérétiques, qui ne valent guére mieux que *Manichée*; au moins ſi l'on en juge, & par les anathêmes fulminez contre eux, & par les ſupplices auxquels on les a condamnez. C'eſt un Saint pour les *Unitaires*, & non pour les *Catholiques*. Ecoutons-le lui-même.

(a) Act. p. 90.

Il interroge ſon Antagoniſte, en ces termes: (a) „ Répondez-„ moi à ceci, *Manichée*; Si vous dites, que le *Chriſt* n'eſt pas né „ de *Marie*, mais qu'il a paru ſimplement être un homme, quoi-„ qu'il ne le fût pas en effet, & cela par le moyen de la Vertu, „ qui étoit en lui: dites-moi, ſur qui le S. Eſprit deſcendit com-„ me une Colombe? Dites-moi encore, qui eſt celui qui fut „ baptizé par *Jean*. Car (2) *s'il étoit déja* PARFAIT, *s'il étoit* „ *déja* LE FILS DE DIEU, *s'il étoit la Vertu, l'Eſprit ne pou-* „ *voit entrer en lui, comme un Royaume ne peut entrer dans un* „ *autre Royaume.*

Obſervation critique ſur le Texte.

Il faut remarquer d'abord, qu'il y a faute, ou falſification dans ces mots, *Si vous dites, que le* CHRIST *n'eſt pas né de Marie.* On a mis le *Chriſt* pour *Jeſus*. Car notre Auteur (3) diſtingue ſoigneuſement entre *Jeſus* & le *Chriſt*; l'un eſt le *Fils de Marie*, l'autre le *Fils de Dieu*. Et il n'a eu garde de dire, que le *Chriſt eſt né de Marie*, puiſque, ſelon lui, il n'eſt deſcendu ſur *Jeſus* qu'après ſon Baptême. Cette obſervation paroîtra évidente à quiconque voudra lire l'Auteur avec attention, & ſans prévention.

Voici

(1) *Ἰησοῦν ἄλλον λέγουσι παρὰ τὸν Χριστόν· καὶ τὸν μὲν Ἰησοῦν ἐκ τῆς παρθένου γεγενῆσθαι, τὸν δὲ Χριστὸν εἰς αὐτὸν κατελθεῖν.* Theodor. Hæret. Fab. L. I. 14.

(2) *Si perfectus erat, ſi* FILIUS *erat, ſi Virtus erat non poterat Spiritus ingredi, ſicut nec regnum poteſt ingredi intra regnum.* Act. p. 90. Le Lecteur doit ſe ſouvenir, que c'eſt ici une Traduction du Grec, & une Traduction barbare. Le mot Grec que l'Interprete a rendu par *Regnum*, ſignifie apparemment *Thrône*, *Domination*, *Puiſſance*, *Principauté*, termes qui dans l'Écriture déſignent des Intelligences celeſtes. *Manichée* ſoutenoit que le Fils de Dieu étoit Dieu tout pur, & nullement homme. Là-deſſus *Archélaüs* lui objecte, que ſi cela eſt le S. Eſprit ne pouvoit en-

Voici donc ce qu'*Archélaüs* veut dire. C'eſt que s'il n'y avoit dans *Jeſus* que la Nature Divine ſous la ſimple figure d'un homme, l'Eſprit ne pouvoit, ni deſcendre ſur lui, ni entrer en lui, parce que ce ſeroit une Vertu Divine, qui entreroit dans une Vertu Divine, un Eſprit qui entreroit dans un Eſprit. D'où il s'enſuit, qu'il falloit bien que J. Chriſt fût homme, afin que l'Eſprit pût entrer en lui. Mais, en faiſant ce raiſonnement, l'Auteur enſeigne, & poſe même pour Principe, que ce Jéſus, qui eſt né de Marie, n'eſt devenu le Fils de Dieu, que depuis qu'il a été baptizé, & qu'auparavant il n'étoit, ni *parfait*, ni *le Fils*, ni *la Vertu*, ce qui détruit toute la Doctrine de l'Incarnation.

Selon lui J. Chriſt n'eſt le le Fils de Dieu que depuis ſon Baptême.

Dans la ſuite, *Manichée* fait ce raiſonnement à *Archélaüs*: (4) Si vous dites, „ que *celui qui eſt né de Marie eſt ſimplement homme*, „ & qu'il a reçû l'Eſprit dans le Baptême, il s'enſuit, qu'il ſera „ devenu Fils de Dieu par progrès, par accroiſſement, & qu'il ne „ l'eſt point par Nature". *Archélaüs* répond, mais ſans nier aucunement la conſéquence.

L'Héréſiarque propoſe un autre argument, auquel ſon Adverſaire fait une étrange réponſe. *Manichée* nioit le Baptême de Jéſus-Chriſt par cette raiſon, que s'il avoit été baptizé, il faudroit qu'il eût été pécheur. (5) „ A Dieu ne plaiſe! répond *Archélaüs*: au „ contraire, il a été fait péché pour nous, en prenant nos pé- „ chez ſur lui. Mais, étant né d'une Femme, il a été baptizé, „ *afin de recevoir la purification de cette partie de lui-même*, & que „ le corps, qu'il avoit pris, pût porter l'Eſprit, qui deſcendit „ ſur lui en forme de colombe". L'Evêque reconnoît l'innocence parfaite de Jeſus. Il n'a point reçû le Baptême, afin d'être lavé de ſes péchez; cela eſt très-orthodoxe; mais quand l'Auteur ajoute, que Jeſus a été baptizé, afin de conférer, à cette partie de lui-même, qui eſt née d'une femme, un degré de ſainteté, qui la rendît capable de ſoûtenir l'Eſprit, qui deſcendit en elle, il s'éloigne infiniment des Principes de la Foi Catholique. Cette *Partie* de *Jeſus*, cette *Chair*, qui, depuis le moment de ſa conception étoit unie perſonnellement au Verbe, avoit-elle beſoin de recevoir

Etrange raiſon du Baptême du Seigneur.

entrer en lui, comme une Intelligence céleſte ne peut entrer dans une autre Intelligence.

(3) *Qui de Mariâ natus eſt Jeſus*. Act. p. 93. *Qui ex Mariâ natus eſt ſuper omnes Sanctos Jeſus*. Ibid.

(4) *Si enim hominem tantummodo ex Mariâ eſſe dicis, & in Baptiſmate Spiritum percepiſſe, ergo per profectum Filius videbitur, & non per naturam*. Act. p. 91.

(5) *Quin etiam pro nobis peccatum factus eſt, noſtra peccata ſuſcipiens, propter quod ex muliere natus eſt, & propter quod ad Baptiſmum venit, ut hujus partis ſuſciperet purificationem; ut Spiritum, qui deſcenderat in ſpecie columbæ, corpus, quod ſuſceperat, portare poſſit*. Act. p. 94.

voir une nouvelle purification dans le Baptême, pour soutenir la présence & l'habitation du S. Esprit ? Au reste, le Lecteur jugera, par tout ce que je viens de rapporter, si le titre de *Mére de Dieu*, qui est donné à la Vierge dans la Version Latine, n'est pas, comme je l'ai remarqué, une addition, ou de l'Auteur Grec, ou du Traducteur Latin.

Arianisme & Nestorianisme de *Méthodius* contemporain d'*Archélaüs*.

Tels paroissent avoir été les Sentimens d'*Archélaüs*, qui fut, à ce qu'on dit, Evêque de *Cascar* dans le III. Siècle. Il ne faut pas néanmoins que le Lecteur soit surpris, de trouver de pareilles opinions dans les Péres de ce tems-là. Nous avons un Evêque, un saint Martyr, appellé *Méthodius*, qui fut contemporain d'*Archélaüs* & de *Manichée*, & dont les Ouvrages sont parsemez, ou des mêmes Erreurs, ou d'Erreurs aussi proscrites que celles-là.

Par exemple, cet Auteur dit en propres termes, que le *Verbe* (1) n'est que le PLUS ANCIEN DES EONS, (c'est-à-dire, des Intelligences immortelles) & LE PREMIER DES ARCHANGES. Cela est furieusement Arien. Il ajoûte, „ que le Verbe s'unit au com„ mencement à la Personne d'Adam, ou plutôt, (2) *qu'il s'in„ carna dans Adam*, ou *se mêla* en lui avec la Nature Hu„ maine, mais qu'*Adam* en ayant bientôt perdu la présen„ ce par son Peché, le Verbe s'est uni de nouveau à l'Homme „ dans le Sein de la Vierge, afin de relever le Genre Humain de „ sa chute ". Je ne sai, si cette opinion se conserva dans l'Orient, mais on la trouve encore dans un Auteur Syrien du X. Siècle, nommé (3) *Moyse Bar-Cepha*. Quoiqu'il en soit, le paralléle, que je viens de rapporter, fait assez voir, que *Méthodius* n'avoit aucune idée de l'Union hypostatique du Verbe avec la Nature Humaine. Aussi regarde-t-il cette Nature comme l'Epouse du Verbe, laquelle *est placée* dans le Ciel *au côté* de son Epoux, *parée*, ornée de riches vêtemens. Car c'est d'elle, & non de l'Eglise, qu'il explique ce que dit le Prophète dans le *Ps.* XLV. 10. Tout cela est très-hétérodoxe. *Photius*, qui a voulu sauver la réputation du

Photius, qui veut justifier

(1) Voyez l'Ouvrage de *Methodius*, intitulé le *Banquet des Vierges*, (*Symposium Virginum*) publié en Grec par le P. *Combefis*. Auctuar. Nov. Bib. PP. Part. I. p. 79. & conferez les Notes de l'Editeur p. 143. 161.

(2) Voici les propres termes de l'Auteur là-dessus, ἥρμοζε γὰρ τὸ πρωτόγονον τοῦ Θεοῦ, καὶ μονογενὲς σοφίαν, τῷ πρωτοπλάστῳ, καὶ πρώτῳ, καὶ πρωτογόνῳ τῶν ἀνθρώπων ἀνθρώπῳ κερασθεῖσαν, ἐνανθρωπῆσαι. Method. p. 79. C'est-à-dire, selon la Version du Pere *Combefis*. *Decebat enim Primogenitum Dei, ac unigenitum germen, id est, sapientiam, primum formato, primoque hominum Generis Humani admixtam, hominem fieri.* Il y a de l'apparence que ces Anciens tenoient quelque chose des opinions Judaïques, sur les Revolutions des Ames, en vertu desquelles l'Ame d'*Adam* passa en *David*, & doit passer un jour dans le Messie le Mystére est renfermé dans le nom d'*Adam*, l'A désigne le premier homme, le D, *David*, & l'M, le Messie.

(3) *Moyses Bar-Cepha corpus Adæ, antequam*

du Martyr, a pris le parti de la mauvaise foi, en imputant aux Ariens d'avoir corrompu l'Ouvrage de *Méthodius*, mais le P. (4) *Combéfis*, qui l'a publié en Grec, a plus de candeur. J'allégue cet exemple, pour excuser *Archélaüs*, & pour faire connoitre au Lecteur, qu'à quelque endroit de son cours que l'on prenne la Tradition, elle n'est pas pure, & ne sauroit être la Régle de la Foi.

Méthodius excusé par le P. Combéfis.

III. *Archélaüs* a quelques autres sentimens, qui paroîtront fort singuliers aujourd'hui, qu'on a fixé par des Décisions quantité d'opinions Théologiques, sur lesquelles au commencement, on pouvoit penser avec liberté. Selon lui (5) il n'y a que la Substance Divine, qui soit invisible. Toutes les Créatures spirituelles, les Anges & les Archanges sont visibles, & le sont nécessairement. Il croit encore, que le Diable (*a*) n'est devenu méchant que depuis la création de l'Homme, opinion qui est à présent aussi commune qu'elle est incertaine. Mais en voici une fort singuliere. Il veut prouver, que les Ténèbres n'existent pas par elles-mêmes, mais qu'elles sont l'effet d'un corps opaque, qui intercepte la Lumiere. Pour cela il suppose, (6) " qu'avant la création du Ciel & de la „ Terre, & de toutes les Créatures corporelles, une Lumiére „ constante éclairoit tout l'espace, parcequ'il n'y avoit aucun „ corps épais, qui l'empêchât de se répandre partout ". Je ne sai comment il concilioit cette opinion avec l'Histoire de la Genese.

Sentimens particuliers d'*Archélaüs*.

Sur la visibilité des Anges.

Sur le tems de la chute du Diable.

(*a*) Act. p. 52.

Sur l'origine des Tenebres.

Il pense sur le sujet du *Veau d'or* d'une maniére à faire juger, qu'il avoit connoissance des sentimens des Juifs. Car il soutient, que ce ne furent pas les Israëlites, qui fondirent le *Veau d'or*; mais des Proselytes Egyptiens, qui les avoient suivis. Quelques Rabins l'ont dit pour excuser leur Nation.

Sur ceux qui fondirent le veau d'or.

IV. Je n'ai plus qu'un mot à dire sur le tems de ces Disputes. S. *Epiphane* varie beaucoup là-dessus. Il dit dans un endroit (7), que *Manès* vint de Perse en Mésopotamie *l'an neuf de Valérien & de Gallien*,

La Dispute de *Cascar* est placée à l'an 277.

quam is peccasset Dominum induisse testatur. Ap. *Assem.* Bib. Orient. T. II. p. 4.

(4) *Putem ego Methodium, pro ævi simplicitate, nonnulla a se inspersisse, non satis elimata: velut fere superiores Patres non prorsus accurati.* In Not. p. 143.

(5) *Sola Divina Substantia æterna, invisibilis: reliquæ omnes Creaturæ visibiles, sicut necesse est, Angeli, Archangeli &c.* Act. p. 54. 55.

(6) *Ante Cœlum enim & Terram, atq; omnes istas creaturas corporeas, indeficiens Lux manebat, cum nullum corpus existeret, quod umbram sui objectione generaret.* Act. p. 38.

(7) Ἐν τῷ ἐνάτῳ ἔτει τῆς τούτων βασιλείας ἀνέβη Μάνης ἀπὸ τῆς Περσίδος. *De Ponderib. & Mens.* §. XX. p. 176. Au reste j'avertirai en passant, qu'il y a une faute d'impression dans *Pagi*, Critic. Baron. An. 282. §. 4. *Anno nono Valeriani & Gallieni, scilicet Christi CCLXXII.* Il faut mettre CCLXII. *Valerien* avoit été pris par *Sapor* dès l'an 260 mais comme ce Prince vécut jusqu'à l'année 269 (*Chron. Alexand.* p. 639.) les Historiens le considérent

Variations de S. Epiphane. (a) Phot. ub. sup. cont. Manich. p. 57. (b) Pet. Sicul. Hist. Manich. p. 37.

Gallien, & qu'il eut alors une Dispute avec *Archélaüs*, dans laquelle il fut vaincu. (a) *Photius* & (b) *Pierre de Sicile* ont suivi cette date de S. *Epiphane*, & M. *Asséman* l'approuve dans sa *Bibliothéque Orientale*. Voici ce qu'il dit dans une Remarque sur *Manès*.

Variations de M. Asséman.

(1) „ S. *Epiphane* a marqué exactement la naissance de l'Hérésie „ Manichéenne, dans ces mots de son Livre, *des Poids & des Mesures. L'an 9. de Valérien & de Gallien*, dit S. Epiphane, *Manès* „ *vint de Perse en Mésopotamie où il eut une Dispute avec Archélaüs,* „ *dans laquelle il fut vaincu*. Le même St. *Epiphane* dit, dans „ l'Hérésie LXVI. que *les Manichéens parurent vers l'an quatre* „ *du Regne d'Aurélien*. Cette année repond à l'an 273. de nôtre „ Seigneur. Ainsi, *poursuit M. Asséman*, *Manès* étoit dans sa „ vint-uniéme année, quand il vint en Mésopotamie. Car selon „ notre Chronique (c'est la Chronique d'Edesse) il náquit l'an „ 551. de l'Ere des Grecs, qui est l'an 240. de notre Seigneur. „ C'est ce que personne n'a observé jusqu'à présent.

Le savant Maronite que j'allégue semble ne s'être pas souvenu de la Remarque, que je viens de rapporter, lorsque dans les *Additions*, qu'il a mises à la fin de son I. Tome, & dans lesquelles il réfute M. *Zaceagni*, qui a pris *Cascar* pour *Carrhes*, il dit en propres termes, (2) qu'*en l'année deux cens soixante & dix-sept Archélaüs reprima, par une savante Dispute, l'Hérésiarque Manès, qui étoit sorti de Perse*. C'est ainsi qu'il arrive aux plus habiles Gens de se contredire, ou de se retracter sans en avertir. La même chose lui est arrivée dans la II Partie de son III. Tome, où il revient à sa prémiére opinion, & tâche de la prouver. Il y soutient donc

(a) T. II. P. II. p. 44.

(a), que la Dispute de *Cascar* se passa en 261. l'an 9. de *Valérien & de Gallien*, lorsque *Manès* n'avoit que vint & un ans. Il convient, que le supplice de cet Hérésiarque suivit de fort près cette Dispute, de sorte qu'on ne sauroit le mettre plus tard qu'en 262. tout au plus en 263. Je comprends bien pourquoi M. *Asséman* prend ce parti; c'est que suivant la Rélation d'*Archélaüs*, la disgrace de *Manichée*, sa Prison, sa course en Mésopotamie, son supplice, tout se passe sous le même Roi. Mais comme il y a dans la Dispute même des Preuves évidentes qu'elle arriva sous l'Empire de *Probus*, qui ne commen-

dérent toûjours comme Empereur, quoiqu'il fût prisonnier.

(1) *Hujus Hereseos initium accuratè describitur a S. Epiphanio, Lib. de Pond. & Mens.* &c. *in hac verba*. In nono igitur horum (*Loquitur de Valeriano & Gallieno*) imperii anno, (*qui fuit Christianus* 261.) ascendit Manes &c. *Annum igitur agebat Manes vigesimum primum, cum e Perside in Mesopotamiam primum invasit.* &c. Assem. *ub. sup.* T. I. p. 393.

(2) Archélaüs, *anno Christi* 277 Manetem *Haresiarcham, ex Persidis finibus erumpentem, docta Disputatione coercuit*. Assem. In

mença à regner qu'en 276. M. *Asseman* s'inscrit en faux contre ces Actes, & ne fait pas difficulté de dire, (4) *qu'*Hégémonius, *qui a vécu quelque tems après* Archélaüs, *en a retranché certaines choses, & y en a ajoûté d'autres.* J'accepte cet aveu, qui fait voir, quel cas on doit faire de cette Piéce, car il ne s'agit pas simplement d'une date : il s'agit (*a*) d'un long raisonnement, que l'Auteur met dans la bouche d'*Archélaüs*, & d'une longue réponse, que lui fait *Manès*. Cependant je ne suis pas de l'avis de M. *Asseman*, car outre le témoignage des Actes, j'ai deux Difficultez à lui opposer. La premiére est, qu'en 261. la guerre étoit si violemment allumée entre les Persans & les Romains, qu'il n'est pas croyable, que, dans une telle conjoncture, *Manès* eût osé aller dans une Ville Romaine, avec une suite de vint ou de vint-deux de ses Disciples. La seconde, c'est que *Sévére*, Evêque d'*Asmonine*, dont je rapporterai tout à l'heure la Rélation, assure, que *Manès* avoit *trente-cinq ans*, lorsqu'il entra en conférence avec *Archélaüs*.

Il étoit les Actes d'*Archélaüs* fort alterez.

(*a*) Voyez les Actes p. 46-47.

De toutes les opinions, que l'on a eües sur le tems de ces Disputes, il n'y en a point de mieux fondée, que celle qui les place à l'année 277. Je ne m'explique point sur la Question, si elles sont vrayes, ou supposées ; je dirai dans la suite ce que j'en pense, & ce qui peut avoir donné occasion de les inventer. Mais si on les admet, elles doivent être de cette année-là. Ce qui me le persuade c'est 1. que S. *Epiphane* lui-même (*b*), dans l'*Hérésie Manichéenne*, a mis le voyage de *Manès* en Mésopotamie, sous l'Empire de *Probus*, qui succéda à *Tacite*, l'an 277. & par conséquent quinze à seize ans plus tard, qu'il ne l'avoit fait dans son Traité *des Poids & des Mesures*. 2. Je ne vois aucune raison de contester le témoignage de l'Auteur des Actes d'*Archélaüs*, quel qu'il soit, lorsqu'il reproche à *Manichée*, que, s'il étoit le Paraclet promis par J. Christ, il n'auroit pas attendu (5) jusqu'à l'Empire de *Probus* à se manifester au monde. 3. Il n'y a que cette Epoque qu'on puisse accorder avec l'Histoire de *Manichée* par les Syriens, par les Persans & par les Arabes, qui doivent être mieux instruits que les Grecs de la vie & de la mort d'un Héréfiarque, qui a paru en Orient. 4. Il n'y a enfin nulle vraisemblance que le Fondateur d'une Hérésie, qui a eu tant de cours dans le monde, qui avoit déja été prêchée par deux ou trois Missions différentes en Egypte, en Scythie, en Syrie, en Judée, soit mort à l'âge de vint & un, ou vint-deux ans. Puis-

Si la Dispute de *Caschar* étoit véritable, elle seroit de l'année 277.

(*b*) Voyez l'Hérésie LXVI. §. 19. 20. 21.

In *Addend.* ad T. I. *Biblioth. Orient.*

(3) *Id sub* Sapore *Rege factum colligitur ex Disputatione* Archelaï *& ex* Socrate, *qui* Manetis *fugam ex Perside in Mesopotamiam cum ejusdem cæde ita conjungit ut exiguum temporis spatium inter utramque intercessisse videatur.* Ibid. p. 45.

(4) Hegemonius, *qui aliquamdiu post* Archelaum *vixit*... *ab eodem* Hegemonio *videntur, quadam ex illis Actis mutilata, quadam addita.* Ib. p. 45.

(5) *Sub* Probo *demum Imperatore Romano.* Act. p. 46. Et dans la suite, *à Tyberio usque ad Probum.* Ibid.

Deux Epoques de l'Hérésie Manichéenne.

Puisque j'en suis sur cette matiére, je vai examiner deux Questions, qu'il faut bien distinguer : la premiére est l'Epoque du Manicheïsme même, la seconde, celle de son irruption dans l'Empire Romain, ou plutôt du tems, où cette Herésie commença d'y être connue & d'y faire du bruit.

Cellede sa naissance en Perse doit être mise vers l'an 267.

A l'égard de la premiére, je croi, que S. *Epiphane* l'avance trop, quand il la met (1) à l'an 261. En voici la preuve. *Manès* est né en 240. Cela est attesté par la Chronique d'Edesse. Il a été Prêtre à *Abvaz*, *Abulpharage* le témoigne. Il ne peut avoir reçu l'Ordre de Prêtrise que vers l'âge de vint-quatre ans & environ l'an 264. Le même *Abulpharage* assure qu'il fut au commencement fort zélé pour la Foi, & qu'il la défendit contre les Mages, contre les Juifs, & contre les Payens. Il faut donc qu'il ait demeuré dans la communion de l'Eglise au moins deux ou trois ans, jusques vers l'année 267. ou 268. Aussi le savant Monophysite, que je viens d'alléguer, met-il la naissance de l'Hérésie *Manichéenne* sous *Aurélien*, qui fut créé Empereur en 270. selon le P. *Pagi*; selon d'autres, en 269. Mais il faut remarquer qu'*Abulpharage* avance l'Empire d'*Aurélien* de quelques années, ce qui me fait juger, que *Manès* commença à découvrir son Hérésie vers l'an 268. & qu'alors il se retira vers *Sapor*, dont il gagna la faveur. Sa disgrace étant survenuë quelques années après il se sauva en *Scythie*, où il doit avoir demeuré jusqu'après la mort de *Sapor*, comme nous le verrons dans la suite.

Celle de sa manifestation dans l'Empire à l'an 276. ou 277.

Quant au tems, où son Hérésie commença d'être connuë dans l'Empire Romain, il y a trop d'accord entre nos Auteurs, pour nier que ce ne soit la premiére, ou la seconde année de *Probus*. Car outre que cette Epoque est confirmée par tous les témoignages, que je viens d'alléguer, elle l'est encore par (2) *Eusébe*, de la maniére la plus circonstantiée & la plus précise. Et ce que le Lecteur doit bien observer, c'est qu'*Eusébe* n'ayant point vû les Actes d'*Archélaüs*, on ne peut dire qu'il en ait emprunté la date. La même Epoque est confirmée par *Cyrille de Jérusalem*, qui témoigne

(1) Un des plus habiles, & des plus moderez Critiques de notre tems (je veux parler du P. *Pagi*.) rapporte, sur l'année 282. §. 4. ce que dit *Photius* après S. *Epiphane*, savoir, que *Manichée* vint à Cascar *l'an 9 de Valerien & de Gallien*: & comme il ne corrige point cette date, on croiroit qu'il l'approuve. Cependant le même Auteur montre ailleurs (An. 277. §. 6.) que l'Hérésie Manichéenne ne commença que la seconde année de *Probus*. Je ne veux pas l'accuser de contradiction; mais j'avertis le Lecteur de cette diversité, afin qu'on ne s'y trompe pas.

(2) *Secundo anno Probi, juxta Antiochenos* 325. *anno, juxta Tyrios* 402. *juxta Laodicenos* 324. *juxta Edessenos* 588. *juxta Ascalonitas* 380. *insana Manichaeorum Haeresis in commune humani generis malum exorta.* Voyez *Euseb. Chron.* p. 172. *Jos. Scalig.* Animadv. p. 240. Pagi, Crit. Baron An. 277. §. 6. & seq.

(3) Ἐπὶ Πρόβου βασιλέως .... πρὸ ὅλων ἑβδο-

moigne positivement, que l'Hérésie Manichéenne commença (3) *sous l'Empire de Probus, soixante & dix ans entiers, avant* qu'il prononçât le *Oraisons Mystagogiques*. Or on sait, *a*) qu'il prononça ces Discours entre l'année 347. & l'année 351. . *Leon I.* assure, dans son II. Sermon sur la Pentecôte, que *Manès* publia les Erreurs, sous les Consuls *Probus & Paulin*, c'est-à dire l'an 277. selon le P. *Pagi*. Enfin la Chronique d'Alexandrie porte, (*b*) „ qu'un certain *Cerdon* Manichéen, sema de nouveaux Dogmes, „ & fonda une nouvelle Secte sous les Consuls *Tacite & Emilien*, c'est l'an 276. selon le même P. *Pagi*. *Cerdon* est apparemment une faute: car on ne connoît point de Disciple de *Manichée*, qui ait eu ce nom; Et à l'égard de l'Hérétique *Cerdon*, de qui les Erreurs avoient du rapport avec celles de *Manès*, (*c*) il a précédé ce dernier de plus d'un Siécle.

(*a*) Voyez la Préface, que le Docteur *Milles* a mise à la tête de sa belle Edition de *Cyrille de Jérusalem*.

(*b*) *Chronic. Alex.* p. 628.

(*c*) Voyez *Pagi*. ub. sup. Ann. 144. §. 2.

C'est par cette distinction qu'on doit concilier les Orientaux avec les Grecs & les Latins.

J'explique tous ces Passages, non du tems de la naissance du Manicheïsme, qui avoit commencé en Perse environ dix ans auparavant, mais du tems, où cette Hérésie commença de faire du bruit dans l'Empire. Cette explication n'a rien que de naturel, & c'est l'unique (4) moyen de concilier les Ecrivains Orientaux avec les Grecs & les Latins. M. *Cave*, qui n'avoit consulté que ces derniers, a mis l'origine du Manicheïsme (5) à l'an 277. & la mort de l'Hérésiarque à la fin du III. Siécle. Ce qui m'a surpris, dans son sentiment, ce n'est pas tant qu'il soit contraire aux Rélations de toute l'Antiquité, qui placent la mort de *Manichée* au plus tard à l'an 278. Mais c'est qu'on ne sauroit l'accorder avec les Actes d'*Archélaüs*, dont il soûtient l'authenticité, & qu'il croit avoir été écrits (*a*) en Syriaque, par *Archélaüs* lui-même, en l'année deux cens soixante dix-huit. Car il est clair, comme M. *Asseman* l'a remarqué ci-dessus, que la mort de *Manichée* suivit de fort près les Disputes de Mésopotamie, qui en furent l'occasion.

(*a*) *Cav.* ub. sup. T. I. in *Archelao*. p. 100. & 101.

CHA-

ἑβδομήκοντα ἐτῶν ὁ πλάνη. *Cyril.* Hierosl. Orat. VI. §. 12.

(4) Je dis que c'est l'unique moyen de concilier les Grecs & les Latins avec les Orientaux Le P. *Pagi*, que j'ai allégué, tâche d'excuser, ou de justifier les contrariétez, qui se trouvent dans les Péres Latins, sur le tems de l'Hérésie Manichéenne, en distinguant diverses *éruptions* successives de cette Hérésie hors de la Perse. Assurément cela n'est pas fondé. J'aime mieux l'aveu de M. *Zaccagni*. *De tempore habita ab Archelao Disputationis consentanea sibi nequaquam tradit Epiphanius.* Il y a de la candeur dans cet aveu. Voyez *Zaccag.* Præfat. No. VIII.

(5) *Insania sua virus non ante annum 277. propinare cœpit Manes, & plures postea annos in vivis erat, ac proinde ad exitum vergente hoc seculo Agapium sibi Discipulum adscivit.* Cav. Hist. Lit. T. II. Dissert. I. p 3.

CHAPITRE XI.

Retraite & supplice de MANICHE'E.

Archélaüs veut faire livrer *Manès* aux Perses, & lui fait peur.

I. ARCHE'LAUS ayant remporté à Diodoride une seconde victoire sur son Adversaire, & l'ayant forcé à lui abandonner le champ de bataille: il fit à la Multitude l'Histoire de l'Héréfiarque, que j'ai rapportée, & la finit par ces mots: (1) *Etant informé de ces choses, je me trouve dans la nécessité de vous les apprendre, parceque le Roi de Perse fait chercher encore à présent Manès de toutes parts.*

Si l'Evêque s'étoit contenté de découvrir au Peuple les Erreurs de *Manès*, & de leur en montrer la source, il auroit fait le devoir d'un Pasteur. Mais pourquoi leur dire, que ce malheureux a fait mourir le Fils du Roi de Perse: Que, ce Prince l'ayant fait mettre en prison, il a corrompu ses Gardes, s'est sauvé &c. Et qu'enfin le Roi le fait chercher de tous côtez pour le punir? Il n'est pas mal aisé de deviner l'intention de l'Evêque de *Cascar*. Il veut engager le Peuple de Diodoride & des environs à se saisir de l'Héréfiarque, & à en faire un sacrifice aux Persans, dont ils n'étoient séparez que par le Fleuve *Stranga*, qui servoit de limite aux deux Empires. C'est aussi ce que ce Peuple comprit fort bien. (a) Car, *ayant ouï le Discours, de l'Evêque, ils voulurent prendre Manès pour le livrer aux Barbares leurs voisins.* Mais il s'enfuit en diligence, & regagna le Château d'*Arabion*.

(a) Ibid. p. 100.

S. *Epiphane* a deguisé cet endroit.

Il faut que S. *Epiphane* ait bien senti, qu'un tel procédé deshonoroit le caractere Episcopal, car, laissant dans cet endroit la Rélation d'*Archélaüs*, il en a substitué une autre toute différente, & qui certainement est de son invention. Il raconte donc (b), „que „ le Peuple étant transporté de zèle, & voulant lapider *Manichée*, „ *Archélaüs* s'y opposa, & le fit sauver". M. de *Tillemont* (c) reconnoit que ce fait n'est point dans la Rélation, d'où il s'ensuit, que S. *Epiphane* l'a supposé. Mais, quand le fait seroit vrai, tout ce qu'on en pourroit conclurre, c'est que l'Evêque de *Cascar* vouloit

(b) *Epiph.* ub. sup. §. 11.

(c) *Ub. sup.* p. 793.

(1) *Hac ego cum cognovissem, necessarium me etiam vobis indicare, quia requiritur ipse a Rege Persarum usque in hodiernum diem.* Act. p. 100.

(2) *Jussit eum ante portam civitatis excoriatum suspendi.* Act. p. 100.

(3) *Manetis interfecti pellem detractam.* Abulph. *ub. sup.*

(4) Αὐτὸ δὲ τὸ δέρμα, θυλάκου τρόπον, πλήσαντες πνεύματος. Cont. *Manich.* L. I. p. m. 54.

(5) Voyez les Notes de *Combefis* sur *Nicetas de Paphlagonie.* p. 446. On peut voir les *Fragmens* de l'Histoire Apostolique publiez par *Prétorius*. C'est-là qu'on dit,

loit faire perir *Manichée*, ſans qu'on pût lui reprocher d'être l'Auteur de ſa mort. Il ne vouloit pas qu'on le lapidât, mais il vouloit qu'on le livrât aux Perſans, ou qu'on les avertît, qu'il étoit ce criminel, que le Roi faiſoit chercher partout.

Cela ne manqua pas d'arriver. Le Roi fut bientôt informé du lieu, où *Manès* s'étoit retiré. Il le fit prendre & conduire dans ſa Capitale; & *commanda qu'il fût écorché*. Les termes de la Rélation (2) ne ſignifient pas nécesſairement, qu'il fut écorché vif. *Abulpharage* dit même, (3) que ce ne fut qu'après ſa mort. Sa chair fut donnée aux Oiſeaux de proye. On fit apprêter ſa peau, & après l'avoir remplie d'air, *comme un ſoufflet*, on la pendit à la porte de la Ville. J'ai quelques Obſervations à faire ſur cette Hiſtoire.

Manès eſt pris & mene au Roi. Son ſupplice.

Je remarque d'abord, que, ſelon ſa coûtume, S. *Epiphane* l'a ornée de quelques circonſtances nouvelles. Il dit premiérement, que *Manès* (*a*) fut *écorché avec la pointe d'un roſeau*. Cela n'eſt d'aucune conſéquence, mais on ne le trouve, ni dans les Actes, ni dans aucun ancien Auteur, que je ſache.

Critique de S. *Epiphane*.

(*a*) *Ub. ſup.* §. 12.

Il dit enſuite, que *ſa Peau fut remplie de paille*. Je trouve à la vérité la même choſe dans *Abulpharage*, qui ne parle néanmoins ni de ſon *écorchement*, ni de cette circonſtance, que comme d'un bruit, (*b*) FERTUR. Il y a bien de l'apparence, qu'il a copié dans cet endroit S. *Epiphane*, car il entendoit fort bien la Langue Grecque. Quoiqu'il en ſoit, *Photius*, qui avoit vû le Grec de la Rélation d'*Archélaüs*, témoigne, que *la peau* de l'Héréſiarque (4) *fut remplie d'air, ou de vent, comme un ſoufflet*. En effet c'eſt *d'air*, & non de *paille*, qu'on rempliſſoit la peau des malheureux, que l'on faiſoit écorcher. Lorſque l'Empereur *Valérien* fut mort, *Sapor* commanda qu'on l'écorchât, qu'on apprêtât ſa peau pour la conſerver, & qu'on la remplît d'air. C'eſt un monument, que les Perſans affectoient de montrer aux Ambasſadeurs des Romains. Au reſte, s'il en faut croire les Légendes Grecques, l'Apôtre (5) S. *Barthélemi* eut le ſort de *Manichée*, auſſi bien qu'un certain Moine (6) *Studite*.

La peau de *Manes* fut remplie d'air, & non de paille.

(*b*) *Abulph.* ub. ſup.

De même celle de l'Empereur *Valerien*.

Enfin S. *Epiphane* aſſure mal à propos, que les Manichéens (7) *couchoient ſur la paille*, ou ſur des *roſeaux*, en mémoire de ce que leur

Pourquoi les *Elus* des Manichéens couchoient ſur

dit, que S. *Barthélemi* portoit le *Pallium* blanc, *qu'il alloit orné de joyaux & de pierreries, qu'il fut enfin écorché par les Impies*, & qu'on fit de ſa peau comme un ſoufflet. *Ab impiis decoriatus eſt ad modum follis.* On voit ſa Statuë dans la grande Egliſe de Milan, où il eſt repréſenté portant ſa peau. Voyez les Remarques de *Fabricius* ſur le Livre VIII. de l'Hiſtoire Apoſtolique d'*Abdias* Cod. Apocryph. N. Teſt. T. I. p. 686.

(6) On l'appelle *Studite*, parce qu'il étoit Moine du célèbre Monaſtère, nommé *Studium*, du nom du Conſul *Studius*, qui l'avoit fondé à Conſtantinople.

(7) Διὸ καὶ οἱ Μανιχαῖοι καλάμοις τὰς κοίτας ποιοῦνται. Epiph. Ibid.

la paille ou sur des roseaux.

leur Patriarche avoit été écorché avec la pointe d'un roseau, & sa peau remplie de paille. C'est une pure Imagination de cet Evêque. Ecoutons là-dessus S. *Augustin.* (1) „ *Constance*, riche „ Citoyen de Rome, avoit rassemblé chez lui un grand nombre „ de Manichéens, pour leur faire observer les Préceptes de *Ma-* „ *nichée*. Les uns, trouvant ces Préceptes trop rudes pour eux, „ se dispersérent chacun de son côté: mais les autres, qui conti- „ nuoient à les observer, se séparerent du reste des Manichéens, „ & firent un Schisme, qui fut appellé des MATTARIENS, „ parce qu'ils couchoient sur des NATES.

Usage emprunté des Mages, ou des Prêtres Egyptiens.

(4) In Proœmio.

On voit dans ce passage la véritable raison de cette austérité Manichéenne. C'étoit une des Observances, que l'Hérésiarque avoit prescrites à ses *Parfaits*. Je dis à ses *Parfaits*, ou à ses Elûs, ce qu'il falloit bien remarquer; car pour les autres, ils n'y étoient point astraints. Apparemment *Manès* avoit emprunté cela des Mages, qui *couchoient à terre*, dit *Diogéne Laerce*, ou des Sacrificateurs Egyptiens, comme *Porphyre* le témoigne. Ces Prêtres (2) *couchoient sur des Nates, qu'ils nommoient Baïs, lesquelles étoient tissues de menues branches de Palmier, & n'avoient pour chevet qu'un demi-cylindre de bois bien poli.*

Pourquoi la chair de *Manichée* fut donnée aux oiseaux. Usage des Perses.

Comme c'est une extrême infamie, parmi plusieurs Nations, de donner aux Bêtes les cadavres des morts, le Lecteur croiroit facilement, qu'on en usa de la sorte envers celui de *Manichée*, pour augmenter l'ignominie de son supplice. Il faut donc l'avertir, que les anciens Persans n'enterroient point les morts, de peur de souiller la Terre. Car ils avoient une grande vénération pour les Elémens

(1) Je rapporte ce fait dans les termes de *Tillemont*. Voyez son Article XVI. de S. *Augustin*.

(2) Κοίτη δὲ αὐτοῖς στιβάδιον τοῦ φοίνικος, ἃς καλοῦσι Βαΐς, ἐπέπλεκτο. ξύλινον δὲ ἡμικυλίνδριον εὐλελειασμένον ὑπόθημα τῆς κεφαλῆς. Porph. *De Abstin.* L. IV. §. 7. p. m. 152.

(3) Voyez Porphyre, *De Abstin.* L. IV. §. 20. Il y parle des *Hyrcaniens*. Voyez encore *Ménage* sur *Diogene Laerce*, L. I. p. 6. *Cotelier*, sur les *Recognitions* L. IX. 39. p. 579. *Th. Hyd.* De Relig. Vet. Pers. Cap. XXXIV. p. 410. Joignez à ces Auteurs *Bardesanes*, qui dit, dans le Fragment rapporté par *Eusebe*, De Prep. Ev. L. VI. 10. *Que les Astres n'ont pû encore obliger les Médes à ne plus donner leurs corps à devorer aux Chiens.* [illegible]

(4) Οὓς δὲ Μάγους οὐ θάπτουσιν, ἀλλ' οἰωνοβρώτους ἐῶσι. Strab. L. XV. p. m. 697. Conferez *Hyde*, ub. sup. 74. Il faut pourtant remarquer, que c'étoit un privilege des Rois & des Grands d'avoir des tombeaux, où leurs corps étoient enfermez. *Ipse autem condendi in tumulo mos peculiaris fuit favor erga Reges & Magnates, atque tanquam privilegium concessum.* Ap. Hyd. Ibid. p. 410.

(5) *Ut Christianis potestas esset mortuos sepulchris condere, & illis ad morem nostrum justa persolvere.* Assem. T. III. P. i. pag. 409.

(6) Je mettrai ici la réflexion de M. Hyde, *Cum autem ignis sit sacratior* (quam Terra) *mirum est, cur Darius Hystaspes Poenis permiserit mortuos suos cremare potius quam humare. Poeni* sont ici les *Phéniciens*.

(7) *Quare vos vestrorum mortuorum ossa honoratis & magnificatis, neque ea, Magorum more, flammis traditis?* Assem. ub. sup. p. 429. Au reste il faut avertir le Lecteur, que ces *honneurs*, dont parle *Zamarpes*, ne sont pas les honneurs superfti-

mens. Un des préceptes de leur Religion étoit de les conserver purs. *Agathias* (*b*) raconte, que *Simplicius*, & ces autres Philosophes Payens, que les Loix rigoureuses des Empereurs obligérent à chercher un asyle chez les Barbares : que ces Philosophes, dis-je, retournant de Perse dans leur Patrie, & s'étant arrêtez dans un champ, pour s'y rafraîchir, y apperçurent un corps mort, jetté sur la terre sans sépulture, A LA FAÇON DU PAYS. J'indique (3) à la marge les Auteurs, qui attestent cette coutume des anciens Persans, & de quelques autres Peuples leurs Voisins. Si ce que *Strabon* rapporte étoit véritable, c'est un honneur, qu'on auroit fait à *Manichée*, de *donner sa chair aux Oiseaux* : car il dit, (4) que les Persans ne donnoient à manger aux oiseaux que les corps des Mages, & qu'ils enterroient les autres.

(b) Agath. Hist. Justin. L. II. 12.

Je ne sai néanmoins si le témoignage de *Strabon* est juste, par rapport à la sépulture. Car je trouve dans des Ecrivains Orientaux, que *Pierre*, Préfet des Cohortes Pretoriennes, qui négocia la Paix entre *Justinien* & *Chozroès*, obtint de ce dernier, (5) „que „ les Chrétiens auroient la liberté (6) d'enterrer leurs morts, selon „ la Coutume des Grecs". Or il n'est pas vraisemblable, que les Perses eussent interdit aux Chrétiens l'usage de la Sepulture, s'ils la pratiquoient eux-mêmes. J'apprends d'ailleurs, que le Roi *Zamaspes* s'entretenant avec le Patriarche Nestorien *Babeus*, lui dit, (7) „ Puisque les corps humains se corrompent, & retournent en „ poussiére, pourquoi en faites-vous tant de cas ? Pourquoi honorez-vous les Ossemens des morts, & ne les brûlez-vous „ pas à l'exemple des Mages" ? Cela fait voir, que les Perses brûloient les Ossemens des Corps, après que les Oiseaux, ou d'autres bêtes, en avoient mangé la chair.

Au

perstitieux, que les Occidentaux rendent aux Reliques des Saints. Car il s'agit de tous les Morts en général, MORTUORUM VESTRORUM, & des honneurs de la sépulture, & non d'un culte religieux. On peut lire dans M. *Asseman* l'Extrait du Livre de *George* d'*Arbele*, *touchant les Funérailles & la Commemoration des Morts*. ub. sup. p. 538. & l'on verra qu'il s'agit des honneurs, que les Chrétiens rendoient en général à tous leurs Morts. Voyez la Question, *Quare Defunctis magnum deferimus honorem* ? Quant aux Reliques des Saints, si l'on veut savoir quelle sorte d'honneur les Orientaux leur rendent, on l'apprendra par la réponse qu'ils firent à *Rasid*, Khalife de *Bagdad*. Son Medecin lui ayant rapporté, que les Chrétiens adoroient des Ossemens de morts, ce Prince, indigné d'une si profane superstition, ordonna que l'on démolît tous leurs Temples ; ce qui fut exécuté en partie : mais enfin ils lui firent représenter, qu'ils n'avoient garde de servir, ou d'adorer des Ossemens de morts ; qu'ils rendoient seulement aux corps des Martyrs & des Justes le même honneur, que les Mahométans eux-mêmes ne refusoient pas aux Tombeaux des Prophètes. *Christianos mortuorum ossa colere, aut adorare neutiquam consuevisse : sed martyrum & justorum corpora ea prorsus ratione, qua Prophetarum sepulchra, eorumque corpora honorare solent.* Cela se passa sous le Patriarche Nestorien *Timothée*, qui fut élu en 778. *Assem.* Biblioth. Orient. T. III. P. I. p. 158.

Cette Coûtume s'observe encore par les Persans des Indes.

Remarque sur *Prov.* XXX. 17.

Au reste cette Coutume, qui paroit si barbare, de donner à dévorer aux bêtes les corps des hommes, s'observe encore par les restes de ces anciens Persans, qui se retirérent aux Indes depuis l'Invasion des Arabes dans leur Patrie. Cela me donne occasion d'expliquer en passant cet endroit des Proverbes, *L'œil, qui se moque de son Pére, & qui méprise les Instructions de sa Mére, les Corbeaux des torrens l'arracheront, & les petits de l'Aigle le mangeront.* Cela veut dire, qu'un Fils, qui se révoltera contre son Pére, sera fait mourir, & que son corps sera privé de Sépulture. Mais la figure & l'expression de l'Auteur Sacré paroît prise de ce que les Corbeaux s'attachent d'abord (1) aux yeux des corps morts; c'est la premiere partie, qu'ils devorent.

Faute d'*Archélaüs*. Il met sous un même Roi une Tragédie, qui commence sous l'Ayeul, & finit sous le Petit-fils.

II. C'est une inexactitude, qui rend la Rélation d'*Archélaüs* bien suspecte, de n'avoir jamais nommé le Roi de Perse, qui fit emprisonner & mourir *Manichée*. Cependant, comme on peut rendre une raison plausible de cette omission, je ne la releverai pas. On peut dire, qu'un Historien, qui raconte un Evénement, qui vient d'arriver sous un Prince vivant & regnant encore, peut se dispenser de nommer ce Prince, parce qu'il suppose qu'on le connoît. Mais voici une ignorance, une erreur, qu'on ne sauroit excuser. C'est d'avoir mis sous un même Régne le cours entier d'une affaire, qui commença sous l'Ayeul, ou le Bisayeul, & qui ne s'acheva que sous le *Petit-Fils*, ou (2) l'*Arriere-Petit-Fils*. Le prémier Acte de la Tragédie se passe sous (3) *Sapor I.* La Scène change de face sous son Fils *Hormizdas*. Ce Regne est aussi favorable à *Manès*, que le précedent lui avoit été contraire. Les commencemens de *Varane I.* petit-Fils de *Sapor*, sont encore favorables à l'Héré-siarque, & la catastrophe n'arrive que vers la fin de son régne, & même, comme le croyent les plus habiles modernes, ce n'est que sous le régne de *Varanes II.* Cependant, selon la Rélation d'*Archélaüs*, c'est le même Roi, qui fait emprisonner l'Héré-siarque; qui le retient en prison plusieurs années, qui le fait prendre aprés son évasion, & qui enfin le fait mourir.

(a) Ub. sup. p. 771.

La faute est certaine M. de *Tillemont* n'en disconvient pas. Il reconnoit, (a) *qu'il n'y a pas moyen d'accorder la Rélation d'Archélaüs*

(1) M. *Hyde* remarque quelque part, (dans sa *Relig. des anc. Pers.*) que les Indiens de cette Religion-là observent, si le Corbeau s'attache d'abord à l'œil droit, ou au gauche, & qu'ils en tirent des augures du salut, ou de la condamnation du défunt.

(2) Nos Historiens témoignent que *Varanes II.* fut fils de *Varanes I.* Mais M. *Dherbelot* remarque aprés les Orientaux, qu'il ne fut que son fils adoptif. *Bib. Orient.* p. 171. Cela ne fait rien à la Question.

(3) Les Orientaux disent *Schavur*, *Shabur*. Dherbelot remarque que ce nom est le même que *Schah-pour*, ou *Schabpor*, qui veut dire *Fils de Roi*. Ub. sup. p. 763.

Au

laüs avec l'Histoire. Mais, pour sauver l'honneur de l'Evêque, il sacrifie celui du Traducteur, à qui il impute d'avoir confondu tous ces Rois. N'en déplaise à cet habile homme, il n'est pas assez impartial. Le Traducteur n'est que trop attaché à la lettre de son Auteur: c'est ce qui le rend barbare. D'ailleurs ce n'est pas là un de ces endroits où un Interprète mal-habile va broncher. La conjecture de M. de *Tillemont* n'a point d'autre fondement, qu'une envie excessive de maintenir l'authenticité d'une Pièce, où l'on trouve à chaque pas du faux & de la contradiction. *Tillemont* reconnoit la difficulté & la resout mal.

Ce fut au mois (4) de *Mars*, & vers la Fête de Pâques, de l'année 277. que notre Hérésiarque termina sa course & son Imposture. Car c'est dans ce temps-là que ses Sectateurs célébroient l'anniversaire de la mort de leur Patriarche, comme S. *Augustin* nous l'apprend. Cette Fête s'appelloit Bema par les Grecs, mot, que les Latins conservérent. Or *Bema* qui signifie un *Degré*, signifie aussi une Chaire, une Tribune, d'où un Prédicateur parle au Peuple, ou plutôt, où un Maître est assis lors qu'il enseigne. C'étoit donc la Fête de *la Chaire de Manès*, la Fête du Docteur. J'en dirai davantage dans la II. Partie de cet Ouvrage, quand je traiterai du Culte des Manichéens. Il s'agit à présent de savoir, quel jugement on doit porter des Actes d'Archelaüs. Le Supplice de *Manichée* au mois de Mars 277. Le Bema des Manichéens.

CHAPITRE XII.

Histoire des Actes d'Archélaüs. *De l'Auteur, & de la Fausseté de cette Pièce.*

I. Le premier Auteur Latin, qui ait fait mention des Disputes d'*Archélaüs* est S. *Jerôme* dans son Catalogue des Ecrivains Ecclésiastiques. Il paroît pourtant que *Philastrius*, qui étoit un peu plus vieux que S. *Jerôme*, & qui florissoit vers l'an 370. en a eu quelque connoissance, mais c'est plutôt par ouï dire, Si les Actes d'*Archélaüs* sont authentiques. S. *Jerôme* est le premier des Latins qui les ait connus.

Au reste on n'avance rien ici, qui ne soit prouvé par les Orientaux. Les habiles modernes n'en disconviennent pas. *Tillemont* (ub. sup. p. 763.) dit *que Sapor est apparemment le Roi, qui fit mettre Manichée en prison:* Cela est incontestable, vû le témoignage des Orientaux, & d'autres circonstances. Il ajoute, Sapor *mourut en* 271. Hormizdas *son Fils en* 272. Varanes I. *fils* d'Hormizdas *en* 276. *Ainsi ce sera* Varanes II. *Fils de celui-ci, qui fit mourir* Manichée *en* 277. La Tragédie se passe donc sous quatre Rois.

(4) *Illo enim mense* (Martio) Bema *cum magna festivitate celebratis.* August. *contr. Faust.* L. XVIII. 5. *Cont. Epist. Fund.* Cap. VIII.

dire, que pour avoir vû les Actes mêmes (1), puisqu'il confond *Manès* avec *Tyrbon* son Disciple. Quoiqu'il en soit, ces Actes étoient communs en Orient, lors que S. *Jerôme*, écrivit son Catalogue vers l'an 392.

Et *Cyrille* de Jérusalem le premier des Grecs.

A l'égard des Peres Grecs, dont nous avons les Monumens, *Cyrille* de Jérusalem est le prémier, qui en ait parlé. Il en a tiré l'Histoire de *Scythien*, de *Térébinthe* & de *Manichée*, qu'il raconte succinctement dans sa VI. Catéchése. Or, comme je l'ai remarqué, il écrivit ses Catécheses, entre l'année 348. & l'année 351. S. *Epiphane* insera depuis d'amples Extraits de ces Actes dans sa LXVI. Hérésie, qu'il écrivoit l'an 13. de l'Empereur *Valens*, c'est-à-dire, l'an 376.

Quand cette Pièce fut traduite en Latin.

On ne sauroit marquer précisément le tems où cette Pièce fut traduite du Grec en Latin. M. *Zaccagni* (2) juge, que c'est avant le VII. Siécle, parce que les passages du Nouveau Testament, qu'on y allégue, ne sont pas citez selon la Version Latine, qui fut reçue par tout l'Occident dans ce Siécle-là. Il faut néanmoins qu'elle soit postérieure à S. *Augustin*, & même au Pape *Leon I.* car il ne paroît pas qu'ils en ayent eu connoissance.

Par qui elle a été publiée.

M. *Bigot* ayant trouvé à Milan, dans la Bibliothéque Ambrosienne, un Fragment de cette Version Latine, le communiqua à *Henri de Valois*, qui le fit imprimer à la fin de son Edition de l'Historien *Socrate*, comme un précieux Monument de l'Antiquité Chrétienne. Feu M. (3) *Zaccagni*, Bibliothéquaire du Vatican, ayant découvert, parmi les Manuscrits du *Mont-Cassin*, un Exemplaire entier de cette Version, il la publia à Rome en 1698. avec des corrections & des Remarques, & mit à la tête une savante Préface. Ses *corrections* ne m'ont pas toujours paru justes, & ses Remarques pourroient être en plus grand nombre: mais cela n'empêche pas qu'on n'ait, & beaucoup d'obligation à ce savant Editeur, & beau-

(1) *Manichæi, de Perside ex* MANE *homine, sive* TYRBONE *dicto, surrexerunt.* Philastr. *de Hær.* T. IV. *Biblioth. PP.* I. Part. col. 15.

(2) *Vixisse* (Latinum Interpretem) *ante VII. Æra Christiana seculum vel inde colligitur, quod in laudandis S. Scripturæ locis, vulgatam Editionem, quæ eo seculo per Occidentem passim recepta fuit, non sequatur.* Zaccag. Præf. p. 5.

(3) Il s'appelle *Laurent Alexandre* ZACCAGNI, & sa Collection a pour titre, *Collectanea Monumentorum veterum Ecclesiæ Græcæ ac Latinæ.*

(4) Quand je parle d'*Original Grec*, je parle selon mon sentiment. Cette Pièce n'a jamais été en Syriaque.

(5) M. *Zaccagni* tâche de prouver l'authenticité de ces Actes (*Pref.* p. 11.) Ses preuves sont 1°. que S. *Epiphane* en a cité & copié une partie en l'an 376. 2. Que *Socrate*, qui a écrit l'an 439 en a tiré ce qu'il dit de *Manichée*. 3. Qu'*Heraclien*, dont il ne marque pas le tems, mais que M. *Cave* met à la fin du VI. Siécle, s'en est servi contre les Manichéens. 4. Qu'ils sont alléguez dans une ancienne *Chaîne Grecque* sur S. *Jean*. Tout cela prouve que ces Actes sont anciens: mais cela n'en prouve pas l'authen-

beaucoup de regret de ce que la mort l'a empêché de continuer ses travaux literaires.

L'Original Grec ne se trouve point

Quant à (4) l'Original Grec, sur lequel la Version Latine a été faite, il est perdu, ou caché dans quelque Bibliothéque; de sorte qu'il ne nous en reste que les Fragmens, que S. *Epiphane* nous a conservez. Les Anciens & les Modernes font grand cas de cette Piéce. C'est l'unique source d'où ils ont tiré l'Histoire de *Manichée*. Ils en parlent tous avec éloge, & personne, que je sache, n'en a jusqu'ici revoqué en doute l'authenticité. M. *Zaccagni* (5) a fait de beaux efforts pour l'établir. Ses Remarques sont judicieuses, mais la conclusion qu'il en tire a plus d'étendue que les *Prémisses*.

Je ne veux point me mettre en paralléle avec des hommes consommez dans l'étude de l'Histoire Ecclésiastique. J'estime infiniment leur savoir: je respecte leur jugement, mais ce n'est pas jusqu'au point d'y souscrire sans examen. Je me suis donc dépouillé de la Prévention, qui aveugle les meilleurs Esprits, & qui, s'ils avoient le courage, ou la hardiesse, d'ôter ce bandeau, verroient les choses tout autrement qu'ils ne les voyent.

I. Question qui est l'Auteur de cette Piéce? S. Jérôme & Héraclien ne sont pas d'accord.

Comment M Zaccagni les concilie.

(a) Zaccag. Præf. p. ..

II. C'est d'abord une Question, qu'il faut examiner, savoir qui est l'Auteur des *Actes d'Archélaüs*? Selon (6) S. *Jérôme*, *Hégémonius* n'a fait que traduire en Grec l'Ouvrage que cet Evêque avoit écrit en Syriaque. S. *Epiphane* confirme cette opinion. Mais selon *Photius*, qui cite *Héraclien* Evêque de *Calcédoine*, (7) *Hégémonius* est l'Auteur de cette Piéce, & non le Traducteur. M. *Zaccagni* qui tâche de concilier ces témoignages (*a*), suppose 1°. qu'*Archélaüs* a écrit lui-même sa premiére Dispute en Syriaque. 2. Qu'*Hégemnoius* a rédigé par écrit la seconde dans la même Langue. 3. Qu'il a composé des deux un Volume, auquel il a ajoûté l'Exorde, l'Epilogue, & d'autres morceaux. 4. Et qu'enfin le même *Hégemonius* traduisit aussitôt en Grec tout cet Ouvrage, afin qu'il parût dans

thenticité; & ne sauroit balancer les difficultez, que j'ai proposées-ci dessus, & qui sont prises des Actes mêmes.

(6) Archelaüs *librum Disputationis suæ, quam habuit adversus* Manichæum, *Syro sermone composuit, qui translatus in Græcum habetur à multis.* De Script. Eccl. Cap. 72. S. *Jerôme* ne nomme pas le Traducteur: c'est *Heraclien*, comme on le va voir.

(7) Ἡγεμόνιόν τε, τὰς τοῦ Ἀρχελάου πρὸς αὐτὸν (Manichæum) ἀντιλογίας, ἀναγράψαντα. Phot. Cod. 85. C'est-à-dire, qu'*Hegemonius a écrit*, (& non pas traduit) *les Disputes d'Archélaüs*. C'est aussi le sentiment d'un Savant de Rome. *Disputationis autem Scriptorem, non Archelaum nostrum, ut vulgo existimatur, sed Hegemonium fuisse affirmat Photius*, Assem. Bibl. Orient. T. I. p. 555. Il a dit à la p. 554. qu'il n'est pas sûr qu'*Archélaüs* soit l'Auteur de ces Disputes, & que des Savans en doutent, *Archelai Disputationem ejus nomine non posse certo inscribi*. Il convient dans un autre endroit, que j'ai rapporté ci-dessus, qu'*Hégémonius* a ajouté aux Disputes d'*Archélaüs*, & qu'il en a retranché ce qu'il a voulu,

dans une Langue plus généralement connue que la Langue Syriaque, & que tous les Fidèles en pussent être instruits. Ce sont-là les conjectures de ce savant Romain. Mais elles sont appuiées plutôt sur des soupçons que sur des Preuves; & combattues par une difficulté insurmontable; c'est que, si les Disputes d'*Archélaüs* avoient été écrites ou traduites en Grec dès l'année 277. ou 278. les Auteurs Grecs, que nous avons depuis ce tems-là jusqu'à *Cyrille de Jérusalem*, les auroient connuës, & en auroient parlé.

Ses conjectures ne paroissent pas fondées.

Hégémonius est le véritable Auteur des Disputes d'*Archélaüs*.

Il ne faut pas entreprendre de concilier *Héraclien* avec S. *Jérôme*. L'Auteur & le Traducteur d'un même Ouvrage sont des Personnages tous différens. Cependant il est naturel de préférer le témoignage d'*Héraclien*, qui s'est fait une étude du Manichéïsme, qui a écrit (*a*) *vint livres* contre cette Hérésie, & qui, étant Evêque de Calcedoine, a mieux connu que S. *Jérôme*, ce qui s'est passé dans l'Eglise Orientale. La Question seroit seulement de savoir, si *Hégémonius* a eu quelques Memoires Syriaques, qui lui ont fourni les matériaux de son Histoire. M. *Zaccagni* n'en doute pas, & allégue des raisons assez spécieuses. J'ai moi-même panché à le croire, quand j'ai considéré les opinions, que l'Auteur attribue à *Archélaüs* sur le *Christ*, & sur l'*Incarnation*. Elles ont un air d'antiquité, & semblent ne pas convenir à un homme, qui a vécu, & qui a écrit depuis le Concile de Nicée, vers l'an 330. D'ailleurs la description de l'habillement & de la mine de *Manichée* paroît avoir quelque chose d'original, & de si différent des maniéres des Grecs, qu'on ne peut soupçonner un Grec de l'avoir imaginée. Tout cela conclud en faveur de quelques Mémoires Syriaques; & je me déterminerois pour ce sentiment, si je n'étois arrêté par une difficulté, qu'il me semble impossible de résoudre; c'est que, quelques recherches, que j'aye faites, je n'ai trouvé aucun Auteur Syrien, qui ait fait mention, ni d'*Archélaüs* ni de ses Disputes avec *Manichée*. De sorte que je suis forcé de conclurre, ou qu'*Hégémonius* a inventé, & supposé toute cette Histoire; ou qu'il la tenoit de quelque *Mésopotamien*, apparemment de *Tyrbon*, qui avoit vû *Manichée*, qui avoit été de sa Secte, & qui lui a fait un conte, qu'il a ensuite embelli de quantité de circonstances de son invention. Au fond, ce sentiment, qui paroît d'abord extrême, ne différe de celui de quelques Savans modernes, que du plus & du moins. Car ils conviennent, les uns, que cette Piéce n'est point d'*Archelaüs*; les autres, qu'*Hégémonius* y a ajouté, & en a retranché ce qu'il a jugé à propos. Voilà le sentiment, auquel je me suis determiné, jusqu'à ce que j'aye de nouveaux éclaircissemens sur cette matiére.

(*a*) Voyez *Phot.* Cod. LXXXV.

Qu'il n'a point eu de Memoires Syriaques.

Mais a été instruit, ou trompé par quelque Mésopotamien, Déserteur de la Secte de *Manichée*.

Exa-

III. Examinons à présent une seconde Question; savoir, *Si la Dispute de Cascar* est réelle, ou supposée? Je dis la *Dispute de Cascar*. Car je ne veux, ni assurer que *Manichée* ait eu des Conférences sur ses erreurs avec un Evêque Orthodoxe, ni le nier. Je ne veux pas l'assurer, parce que nous avons des exemples très-anciens d'Auteurs, qui ont supposé des Disputes non-seulement entre des Evêques Orthodoxes & des Hérétiques, mais entre des Apôtres & des Hérésiarques. L'Imposteur, qui a fabriqué *les Recognitions*, sous le nom de *S. Clement*, n'a-t-il pas eu la hardiesse d'introduire *S. Pierre* disputant contre *Simon le Magicien?* N'a-t-il pas prêté à cet Apôtre ses propres pensées? N'a-t-il pas marqué les circonstances des jours, des lieux, nommé les Personnes, les témoins; en un mot, n'a-t-il pas orné sa Fable de tous les caractéres de l'Histoire? Si la conjecture de M. (a) *Cave* est juste, ce Roman nous est venu de *Syrie* ou de *Mesopotamie*, & a eu pour Auteur le célèbre *Bardesanes*, qui possédoit fort bien la Langue Grecque. Il ne seroit donc pas impossible, qu'un *Syrien* eût supposé une Dispute d'un Evêque Catholique contre *Manès*, pour avoir occasion de réfuter les principales erreurs de cet Hérésiarque. Il y a même dans ces Disputes un certain arrangement, qui paroit suspect. On ne traite dans la premiére que de la cause du mal, & de l'autorité du V. Testament. Ce sont les Questions, qui s'agitent devant les Juges Payens. Et comme celle de l'Incarnation est plus mystérieuse, l'Auteur la renvoye à une autre Dispute, publique à la vérité, mais qui n'a pour témoins & pour Juges que le Peuple Chrétien. Cependant comme il n'est pas impossible, & qu'il est même assez probable, que *Manichée* ait eu quelque Dispute contre un Evêque Orthodoxe, je ne veux pas nier absolument ce fait: Aussi n'est-ce pas de cela qu'il s'agit. Il s'agit d'une Dispute publique, qui se passe 1°. dans une Ville de Mésopotamie: 2. dans une Ville soumise aux Romains: 3. dans une Ville nommée *Cascar*, ou *Carcar* (1). Car la Scene de la Dispute d'*Archélaüs* reünit ces trois caractères. Si donc nous ne trouvons aucune Ville, où ils se rencontrent, que peut-on en conclurre, sinon que cette Dispute est supposée, puisque l'Auteur en place la Scène dans un lieu, qui ne se trouve point?

2. Question: Si la Dispute de Cascar est réelle.

Exemple de Disputes supposées entre S. Pierre & Simon le Magicien.

(a) Hist. Liter. Dans Clement Romain.

4. Feu

(1) C'est ainsi, que cette Ville est nommée dans les Actes d'Archélaüs *In Civitate* CARCHAR p. 1. excepté au Ch. III. où elle est appellée *Charra*: mais *Epiph.* Hær. LXVI. §. 5. 10. De Pond. & Mens. §. 20. *Socrat.* H. Ec. L. I. 22. *Petr. Sicul.* Hist. Manich. p. 36. *Phot.* cont. *Manich.* §. 13. disent constamment *Cascar*, ou *Carcar*. Les Modernes les suivent avec raison. Voyez *Nat. Alexand.* Sec. III. p. m. 80. Cave, in *Archelao*; *Tillem.* dans *les Manichéens* &c.

I. Preuve qu'elle est supposée.

Zaccagni en met la Scene à *Carres*.

(a) Praefat. p. 7.

4. Feu M. *Zaccagni*, qui certainement étoit un savant homme, & un bon Critique, cherchant une Ville, à laquelle tous ces caractéres pussent convenir, s'est determiné pour (a) CARRES, (1) Place fameuse par la défaite de *Crassus*, & qu'on dit avoir été l'ancienne demeure de (2) *Charan*. Cette Ville étoit (3) Colonie Romaine.

Ses raisons.

Les raisons de M. *Zaccagni* sont 1. que, dans un endroit de la Version Latine, elle est nommée *Charra*. 2. Qu'on ne trouve dans l'Histoire aucune Ville Romaine, située dans la Mésopotamie, qui soit appellée *Cascar*, ou *Carcar*. 3. Mais comme on pourroit croire, que la Ville dont il s'agit, est celle de *Carcha*, parce que ce nom approche beaucoup de celui de *Carcar*, cet Auteur répond, qu'il y a deux *Carcha*; l'une dans l'*Arabie heureuse*, dont l'*Anonyme de Ravenne* fait mention dans sa Géographie: l'autre, au delà du *Tigre*, hors de la Mésopotamie, & sous la domination des Perses. Or la Ville, dont *Archélaüs* étoit Evêque, étant située dans la Mésopotamie, & sujette aux Romains, elle ne peut être, ni l'une, ni l'autre. D'où M. *Zaccagni* conclut que cette Ville est *Carres*. Son opinion a été réfutée depuis par (a) M. *Asseman*, savant *Maronite*, & Secretaire du Pape, pour les Lettres Syriaques & Arabes. Je vai profiter de ses Remarques, & en ajouter quelques autres.

Asseman les refute.

(a) Biblioth. Orient. T. I. p. 555.

Cascar n'est point *Carres*.

Premiérement *Cascar* n'est point *Carres*. Si M. *Zaccagni* a trouvé *Charra*, dans un seul endroit de son Manuscrit, c'est évidemment une (4) faute de Copiste, ou une mauvaise correction, puisqu'à la tête de ce Manuscrit il y a *Carcar*, & que *Photius*, *Socrate*, *S. Epiphane*, qui avoient vû le Grec des Actes d'*Archélaüs*, ont lû constamment *Cascar*, ou *Carcar*. Ces habiles Ecrivains n'auroient jamais nommé de la sorte une Ville aussi connue que l'étoit celle de *Carres*.

Nul Fleuve en Mésopotamie nommé *Stranga*; nul Château nommé *Arabion*.

Secondement, la Ville, dont *Archélaüs* étoit Evêque, étoit proche d'un Fleuve, qui est appellé *Stranga*, & qui separoit les deux Empires. Or *Carres* étoit située sur une Riviére du même nom, & à quelque distance du Fleuve appellé *Chabora*, par les Syriens, Χάβα-

(1) *Antiquum Oppidum Crassorum*, & *Romani exercitus ærumnis insigne.* Ammian. Marcel. L. XXIII. 3. p. m. 354.

(2) Voyez *Bochart*, Geog. Sacr. P. I. L. II. 14. p. 107. Les Syriens l'appellent *Haran*. Cependant les Grecs disent, que *Carres* prend son nom du Fleuve *Carra*. Ἀπὸ Κάῤῥα, ποτάμου Συρίας. *Steph.* in Κάῤῥαι.

(3) *Carrenorum Colonia Aurelia*, dans une Médaille frappée sous *Verus*; Dans une autre sous *Marc Aurèle*, *Aureliorum Carrenorum Metropolis*. Ap. *Ezech. Spanh.* Not. in *Julian*. p. 170. Voyez dans *Cellarius* (Notit. Orb. Antiq.) T. II. p. 228. & seq. un ample Article sur *Carres*, & sur son origine.

(4) *Librariorum potius errore, in unico illo Actorum loco*, Carrha *scriptum dicendum est, quam* Cascar, *vel* Carcar, *initio Actorum*, & *apud clarissimos Scriptores, Epiphanem, Socratem, Photium, qui certe* Carrhas,

Χάβωρας par *Ptolomée*, *Aboras* par *Zozime*. Aucun Historien, ni Grec, ni Romain, ne fait mention de ce *Stranga*, qui devroit être fort connu, puisqu'il servoit de limites aux Romains & aux Perses. On ne trouve point non plus ce Château *Arabion*, où *Manichée* s'étoit retiré, & qui auroit été la première Place des Perses du côté de *Carres*, si *Carres* & *Cascar* étoient la même Ville. Cependant les Guerres continuelles, que les Romains eurent à soûtenir, tantôt contre les *Parthes*, & tantôt contre les *Perses*; ont donné occasion aux Historiens de décrire fort exactement la Mésopotamie, qui étoit ordinairement le Théatre de la Guerre.

Carres une Ville trop idolatre, pour avoir été la Scene de la Dispute.

En troisiéme lieu, si ce qu'on nous raconte dans les Actes d'*Archélaüs* est véritable, *Carres* ne sauroit être la Scène de sa Dispute avec *Manichée*. On nous dit, que cet Evêque y plaida la cause de la Foi Catholique, & la gagna devant des Juges Payens, & en présence d'un Peuple, qui, frappé de ses raisons, auroit lapidé l'Hérésiarque, si on l'avoit laissé faire. On nous dit encore, qu'*Archélaüs*, indigné contre *Manichée*, lui reprocha de n'être qu'un *Prêtre de Mithra*, c'est-à-dire, *du Soleil*, & de ne servir que cette fausse Divinité. Ce reproche auroit pû être applaudi dans une Ville Chrétienne, & sous des Empereurs Chrétiens; mais il ne pouvoit que révolter contre l'Evêque, tout le Peuple de *Carres*, *Ville*, (5) *qui étoit pleine de Payens & d'Idoles*, & où il y avoit un célebre (*a*) Temple dedié à *la Lune*, ou au Dieu *Lunus*. De là vient, que l'Empereur *Julien* l'Apostat, marchant à sa fatale Expédition de Perse, & voulant éviter *Edesse*, parce qu'il y avoit beaucoup de Chrétiens, (6) alla droit à *Carres*, pour y offrir des sacrifices à ses Dieux, & les consulter: Cette Ville étoit si Payenne dans ce tems-là, & si affectionnée à l'Idolatrie, (7) *que les Habitans lapidérent le malheureux, qui y porta la nouvelle de la mort de Julien*, & *l'ensevelirent sous un monceau de pierres.* Comment auroient-ils traité, près de cent ans auparavant, & sous des Empereurs Payens, un Evêque, qui auroit eu l'audace de blasphemer en public le Dieu *Mithra*, ou *le Soleil*, qui étoit une de leurs principales Divinitez?

(*a*) *Theodor.* Hist. Eccl. L. III. 2. *Amm. Marcel.* p. m. 245.

J'ai

rhas, *seu* Haram, *celeberrimam Mesopotamiæ Urbem*, Carcaram *vel* Cascaram *nunquam appellassent.* Assem. Ibid.

(5) *Oppidum Paganis frequentissimum, & simulacris refertum.* C'est ce qu'on dit de *Carres* dans une Vie de S. *Ephrem* écrite en Syriaque. Ap. *Assem.* T. I. p. 51. *Ibi* (à Carres) *cultus Idolorum frequentissimus usque ad Juliani Apostatæ tempora extitit.* Assem. T. III. P. II. p. 612.

(6) Voyez ce que *Tillemont* dit là-dessus dans *Julien* l'Apostat, Artic. XXII. *Empereurs.* T. IV. p. m. 966. Il remarque fort bien, que *Zozime* témoigne, que *Julien* alla à Edesse, & y donna certains ordres. L. III. p. m. 161. Mais *Theodoret* & d'autres témoignent, qu'il n'y entra pas.

(7) Ὥστε τὸν ἀπαγγείλαντα κατέλευσαν, τάφον τι λίθων μέγιστον ἐπ' αὐτῷ ἀνεγείραντες. *Zozim.* L. III. p. m. 196.

Point d'Evêque à *Carres* du tems de *Manichée*.

J'ai une raison plus forte encore de soûtenir, que *Carres* ne sauroit être le Théatre de la Dispute d'*Archélaüs*; c'est que vraisemblablement il n'y avoit point d'Evêque à *Carres* du tems de *Manichée*. J'avois même soupçonné, qu'il n'y en avoit point au tems de *Julien*: & ce qui me l'avoit fait croire, c'est qu'on lit dans une (*b*) Vie de S. *Ephrem*, que *Jovien*, qui accompagnoit l'Empereur en Perse, se détacha, pour aller à *Edesse* faire ses dévotions *dans le Temple de la Mére de Dieu, & devant son Image*. Cette *Image*, & cette *Priére devant l'Image de la Vierge*, sont de l'invention (1) du VI. ou du VII. Siècle. Mais pour le voyage de *Jovien* à *Edesse*, il peut être vrai, & s'il l'est, il insinue qu'il n'y avoit point d'Eglise Chrétienne à *Carres*, en l'année 363. puisque ce Chef des Romains voyant approcher (2) la solennité de la Pâque & se trouvant à la veille d'une Expédition fort périlleuse, alla faire ses dévotions à Edesse. J'ai vû depuis, que je m'étois trompé, & que tout ce qu'il falloit conclurre de ce fait, c'est que l'Eglise de *Carres* devoit être fort peu considerable: car on trouve, dans les listes des Evêques d'Orient, (3) un *Eusébe*, Evêque de *Carres*, qui avoit été Moine: un *Bitus*, qui fut aussi Evêque de la même Ville: un *Protogenes*, qui avoit été Moine, & qui succéda à *Bitus* sous l'Empire de *Valens*. Mais si cet *Eusébe*, qui avoit été Moine, fut le premier Evêque de *Carres* elle n'en avoit point du tems de *Manichée*. On sait, que S. *Antoine* institua le Monachisme en Egypte, à l'âge de cinquante-cinq ans, vers l'an trois cens cinq de nôtre Seigneur. On dit qu'*Hilarion* son Disciple le porta bientôt après en Syrie: & (*a*) *Aones* en Mésopotamie, assisté de deux de ses Compagnons, savoir, *Gaddanas* & *Azizus*. Cet *Aones* est un nom imaginaire. Le vrai nom de ce Moine est *Eugéne*: mais comme les Syriens l'ont surnommé par respect *Avun*, ou *Abun*, c'est-à-dire *Pére*, les Grecs, qui se sont imaginez que c'étoit son nom propre, l'ont converti en *Aones*. Si donc il n'y a point eu d'Evêque à *Carres*, avant les Moines, il n'y en avoit point au tems de *Manichée*. Je puis me tromper sur le fait, & je serai ravi de recevoir là-dessus des instructions de la part des Savans, qui connoissent mieux que moi l'Histoire Ecclésiastique d'Orient.

(*b*) Ap. *Assem.* ub. sup. p. 57.

(*a*) Sozom. L. VI. 33.

Remar-

(1) Cette Vie de S. *Ephrem* doit être de ce tems-là. *Asseman* convient qu'elle a été écrite depuis les *Stylites*. ub. sup. p. 54.

(2) *Tillemont* a remarqué, que *Julien* partit d'*Hiérapolis* le 13. Mars de l'année 363. & alla de là à *Batnes*, dans l'Osrhoëne. Il se rendit ensuite à *Carres*, où il fit quelque séjour, & d'où il partit le 25. Mars. *Tillem.* ub. sup.

(3) *Apud Carrhas Eusebius inclusus, & Protogenes, qui Episcopatum illius loci rexit post Bitum.* Assem. T. III. P. II. p. 48. 57. 58.

(4) Il regnoit en Perse vers la fin du V. Siécle. *Oblatam pecuniam à Carrhenis idcirco recusasse, propterea quod, ut aiebat, illi maximam partem non essent Christiani, sed*

Remarquons en passant, qu'il semble que l'Idolatrie & le Paganisme soient le péché originel de l'ancienne Ville de *Carres*. (4) *Cavades*, ravageant les Provinces Orientales de l'Empire, exigea de grosses sommes des Villes d'*Hierapolis*, de *Calcide*, d'*Edesse*, de *Constantine*, mais il n'en voulut point prendre des Citoyens de *Carres*, parce qu'ils étoient presque tous Payens, & qu'ils conservoient l'ancienne superstition des Gentils. Ils l'ont bien gardée depuis. Les Syriens nomment cette Ville (*a*) *Médina Hanphe*, c'est-à-dire, *Hellenopolis*, *la Ville des Gentils*. Elle est encore comme la Métropole de l'Idolatrie dans le Levant. C'est tout près de cette Ville qu'est le principal (5) Pélérinage des *Sabéens*, ou de la Secte, qui adore les Astres, quoi qu'elle ne reconnoisse qu'un seul Dieu suprême. C'est-là qu'est le plus venerable de ses Temples: il est bâti sur une Colline, & servi par dix-sept Prêtres. C'est pour cela qu'*Abulpheda* appelle *Carres*, la VILLE DES SABEENS, c'est-à-dire, des Idolatres. Elle fut aussi très-longtems infectée du Manicheïsme; les Historiens (6) Orientaux témoignent, que les *Manichéens* y étoient encore en grand nombre vers l'an sept cens soixante & dix de Nôtre Seigneur; mais ils ajoûtent un fait, que je croi très-faux, & que j'examinerai dans la seconde Partie de cet Ouvrage. C'est que sous le Calife *Rascid* ces malheureux sacrifiérent un homme, de quoi ils furent très-sévérement punis.

(a) [illegible] p. [illegible]

IV. Il faut donc pour toutes ces raisons abandonner *Carres*, où M. *Zaccagni* avoit été obligé de mettre la Scene de la Dispute d'*Archélaüs*. Cette opinion est insoûtenable; mais ne seroit-ce point (7) *Carca* dont *Ammien Marcellin* (*b*) parle en deux endroits? M. *Zaccagni* (*c*) ne le croit pas, parceque *Carca* étoit au delà du *Tigre*, hors de la Mésopotamie, & sous la domination des Perses. Cependant (*d*) *Théophylacte Simocatta* témoigne que *Carca* étoit située dans la Mésopotamie, & assez proche de *Nisibe*, mais je soupçonne beaucoup, que *Simocatta*, ou ses Copistes, ont mis *Carca* pour *Charta*, qui étoit effectivement près de *Nisibe*, comme on le peut voir dans la (*e*) Notice de l'Empire d'Orient. En effet les Savans, qui traitent de la Géographie Orientale, remarquent qu'il y a trois *Carca* dont aucune n'est en Mésopotamie. La première est

Cascar ou *Carcar* n'est point *Carca*.

(b) Hist. L. XVIII. 10. XXV. 6.

(c) *Zaccag.* Præfat. p. 5.

(d) Ap. *Hadrian.* Vales. in Not. ad *Ammian. Marcellin.* L. XVIII. 10.

(e) *Pancirol.* Notit. Imp. [illegible] p. 231.

sed priscam Gentilium superstitionem retinerent. Procop. de Bello Persico. L. II. Ap. *Assem.* ub. sup. p. 89.

(5) *Locum, quem præcipue Religionis ergo visunt* (Sabæi) *prope Urbem Harranum esse, quam & in Geographiâ suâ* (Abulpheda) *Urbem Sabiorum vocat, in qua XVII. Æditui illis sint, ubi & collis, super quem Oratorium, quod magno apud illos in honore sit.* Pocock. Specim. Hist. Arab. p. 144.

(6) *Secta Manichæorum, circa annum Christi 770. ibidem* (Carris) *vigebat, Dionysio & Amro testibus.* Assem. ub. sup. p. 612.

(7) J'écris *Carca*, quoi qu'en Latin on écrive *Carcha*, parcequ'il faut prononcer *Carka*.

est (1) en *Assyrie* tout proche de *Seleucie* & de *Ctesiphonte*. Les Syriens l'appellent à cause de cela ***Beth-Séleuciæ***, comme qui diroit (2) le *Bourg de Seleucie*. C'est celle que le Géographe Juif appelle (3) *Alcorcha*; ajoutant, que les Juifs ont *vint-huit Synagogues*, tant dans cette Ville que dans celle de *Bagdad*. Elle se nomme aussi *Mahuza*, & est au delà du *Tigre*.

(a) Asseman, ub. sup. T. III. P. II. p. 732. 733.

Il y a une seconde (a) *Carca*, qui est en *Caldée*, & assez proche de *Bagdad*; & une troisieme, sur les confins de la Syrie & de l'Arabie, qui est celle dont parlent les Historiens des Croisades. Il n'y a donc pas moyen de substituer *Carca* à *Cascar*, puisque celle-ci étoit en Mésopotamie, & que toutes les *Carca* d'Orient sont en d'autres Provinces.

Chrétiens à *Cascar* dès le commencement.

V. Venons au fait. Ce qui a obligé M. *Zaccagni* à dire que *Cascar* est *Carres*, c'est qu'il n'a trouvé, dans la Mésopotamie, aucune Ville, qui se nommât *Cascar*, & qui fût sujette aux Romains. M. *Asseman* réfute la première partie de cette raison, & soutient (4) qu'il y avoit, (5) *à l'extrémité de la Mésopotamie*, une Ville appelle *Cascar*, dans laquelle il y a eu des Chrétiens de tems immémorial. Les Syriens prétendent, (6) que *Mares*, Disciple d'*Adée*, ou *Thaddée*, après avoir prêché l'Evangile, & fondé une Eglise à *Séleucie*, en fonda une autre à *Cascar*, & y ordonna un Evêque: Qu'à cause de l'ancienneté de cette fondation l'Evêque de *Cascar* tient le prémier rang, après le *Catholique*, ou le Patriarche de *Séleucie*. Il est vrai, que cette Tradition des Syriens peut être douteuse. Mais il ne l'est point, qu'il y ait eu du tems de *Manichée*, & même avant lui, une Ville qui se nommât *Cascar*, & dans laquelle il y eût une Eglise & un Evêque.

Mais la Question est de savoir si elle appartenoit aux Romains.

VI. Quant à la seconde partie de la raison de M. *Zaccagni*, savoir, si, du tems de *Manichée*, *Cascar* étoit soumise aux Romains, M. *Asseman* n'y touche pas cependant, comme ce fait est decisif dans la Question de l'Authenticité des *Actes d'Archélaüs*, je vai l'examiner.

(a) Gré-

(1) *Carcha, Urbs apud Seleuciam & Ctesiphontem, in Assyria, quam pleno nomine Carcam, seu Beth Seleuciæ appellant. Assem.* ub. sup. T. III. P. I. p. 173.

(2) *Beth* veut dire *Maison*, mais il se prend ici dans le sens que je lui donne.

(3) MAHUZA, *quæ alias Carcha dicitur, apud Ctesiphontem, ex altera fluminis parte, eadem, quæ* Benjamino Tudelensi ALCORCHA *est, de qua ille apud Bo*chartum, *in* Phaleg. *Viginti octo sunt Synagogæ Judæorum, tam Bagdadi quam Alcorchæ, quæ trans* Tigrim *est*. Assem. *ub. sup.* T. III. P. II. p. 624.

(4) Cascar, *vel* Carcar, *indeclinabiliter, cum singulari, vel plurali numero,* Cascara & Carchara, *quæ Urbs in Mesopotamia finibus sita.* Cascar *malunt Syri antiquiores,* Carcar, *seu* Cascar, *vel* Carcha *recentiores.* Assem. ub. sup. p. 555.

(5) M. *Asseman*, tout habile qu'il est, suit ici son Préjugé, car nous verrons dans la suite, qu'il place *Cascar* hors de la Mésopotamie, entre *Cupha* & *Bassora*.

(6) *Mox Cascaræ Episcopum instituit, qui primus iis in regionibus ordinatus est; idcirco primas omnium tenet, estque Sedis Patriarchalis custos.* Ap. *Assem.* ub. sup. T. II. p. 394. Cela est tiré d'*Amrus Mat*thæ,

Deux *Cascar*. La premiere en Syrie. (*a*) Ap. *Asseman.* [illegible] Tom. [illegible] *De Monophysitis*, [illegible] *Gargar.*

(*a*) *Grégoire Barbebræus*, plus connu sous le nom d'*Abulpharage*, témoigne, que (7) *Gargar* est un (8) *Château* de la Province d'*Amide* (aujourd'hui *Caramid*) & l'un des sept Diocèses, qui dépendent de *Melitine* : *Abulpheda* l'appelle *Carcar*, & le place en Syrie, au coté occidental de l'*Euphrate*, non loin de *Cachta*, distante de *Melitine* de deux journées (9). Ce n'est point là la *Cascar* d'*Archélaüs*, puisque celle-ci étoit dans la Mésopotamie, proche les frontiéres des deux Empires, au lieu que l'autre est en Syrie, en deçà de l'Euphrate. C'est même aparemment quelque Bourg, ou Château moderne, puisqu'il ne se trouve point dans les anciennes Notices de l'Empire.

La seconde [illegible] de *Séleucie*. (*b*) Ap. *Assem.* [illegible] T. II. p. [illegible]

Quant à la seconde *Cascar*, elle apartenoit à la Province de *Séleucie*. Car, outre ce que je viens de rapporter, on trouve (*b*) dans la Notice des Evêchez d'Orient, par *Elie*, Métropolitain de *Damas*, que l'Evêque de *Cascar* est le prémier de la Province Patriarchale. Lorsque le Patriarche est mort, on fait venir l'Evêque de *Cascar* (10), *parce qu'il est le prémier de la Grande Province, de la Province Patriarchale, & qu'il a la droite du Patriarche.*

Preuves que cette Ville apartenoit aux Perses.

VII. Tout cela prouve que *Cascar* appartenoit aux Perses, & que l'Evêque étoit sujet des Perses. On sait l'ancienne inimitié, qui a regné entre les Parthes & les Perses d'un côté, & les Romains de l'autre. On ne sauroit supposer, que les prémiers eussent permis, qu'un Evêque, sujet des Romains, vint prendre le Gouvernement des Eglises Chrétiennes de leurs Etats pendant la vacance du Siége Patriarchal. L'Histoire, que je vai rapporter, fera voir jusqu'où alloit la défiance & la jalousie entre ces Nations.

Les Primats de *Séleucie* ordonnez du commencement par les Patriarches d'*Antioche*. (*c*) Ibid. T. II. p. 390.

(*c*) Les Primats, ou Métropolitains de *Séleucie* étoient ordonnez au commencement par les Patriarches d'*Antioche*. Conformément à cette coûtume, établie dans les Eglises Orientales, *Jaques*, Primat de *Séleucie*, envoya, peu de tems avant sa mort, (11) *Achadabues*,

thai, qui a écrit en Arabe, une Histoire des *Catholiques* de *Modain*. Voyez dans le même Auteur, T. II. p. 459. T. I. p. 555.

(7) Voyez la citation Not. 4. p. 138. *Gargar* ou *Cascar* ne sont que des prononciations différentes du même nom.

(8) *Castellum* : Ce mot signifie ordinairement & dans l'usage un *Bourg* : Dans son origine c'est un lieu fortifié, où il y a quelques Soldats.

(9) Mettons les paroles de M. *Asseman.* GARGAR, *Castrum ad Provinciam* AMIDÆ *spectans*, *teste* Barhebræo, *qui illud inter septem Diœceses enumerat* MELITINÆ *adjacentes.* CASCAR *appellatur* Abulphedæ, *qui ipsum affirmat, omnium ætate sua in* SYRIA *Castrorum munitissimum fuisse, ad Occidentalem Euphratis partem positum, apud* CACHTAM, *quam bidui iter à* MELITINA *distare supra affirmaverat.* Assem. Differt. *De Monoph.* au mot GARGAR.

(10) *Ipse enim est caput Episcoporum Provinciæ & Patriarchalis, ideoque dexteram Patriarchæ tenet.* Ap. Assem. Ibid.

(11) Ces deux Syriens sont nommez ailleurs *Jabacbues* & *Jab-Jesu*. Voyez *Assem.* ub. sup. T. III. P. I. p. 51. 57. 58. Les Orientaux produisent une Lettre, qu'ils

bues, & *Kam-Jesu*, à *Antioche*, & fit prier le Patriarche de sacrer, pour être son Coadjuteur & son Successeur, celui des deux qu'il en trouveroit le plus digne. Le Gouverneur d'Antioche, qui regarda ces gens-là comme des Espions des Perses, fit mettre en croix *Kam-Jesu*. *Achadabues* (1) eut le bonheur de se sauver à Jérusalem, où le Patriarche l'ordonna & le renvoya en Orient.

Quand cette coutume changea & pourquoi.

C'est depuis ce tems-là que les *Syriens Occidentaux*, c'est-à-dire, ceux du Patriarchat d'Antioche, permirent aux Orientaux de sacrer eux-mêmes leur Primat, lorsque le Siège deviendroit vacant. En conséquence de cette permission, (2) *Sciaglupha, qui étoit de la Ville de Cascar, est le prémier, qui fut établi par les Orientaux.* Il mourut à *Séleucie* l'an 4. de *Sapor I.* qui répond à l'année 244. ou 245. de Notre Seigneur. D'où je conclus, que *Cascar* appartenoit aux Perses. Car je ne pense pas que, dans de pareilles conjonctu-

qu'ils prétendent leur avoir été écrite par les Péres d'Occident, dans laquelle ceux-ci donnent au Primat de *Séleucie* le titre & les honneurs Patriarchaux, & le créent cinquiéme Patriarche, soumettant tout l'Orient à sa Jurisdiction. On peut voir cette Lettre dans *Asseman*, ub. sup. p. 54 Selon le Patriarche *Timothée*, elle fut écrite l'an 108. de Notre Seigneur: Selon *Barhebraeus*, l'an 140. & selon *Amrus*, vers l'an 220. C'est évidemment une Lettre supposée: aussi notre savant Auteur ne s'est-il fait aucun scrupule d'en montrer la supposition: ce qui fait voir en passant, que l'Ambition des Evêques & des Eglises a été partout la même, & qu'elle a usé du même artifice, savoir, celui de supposer & de fabriquer de faux titres.

Je ne sai, si c'est avec la même mauvaise foi, ou par ignorance, que des Nestoriens modernes, qui se sont reünis à l'Eglise Romaine, abusant de cette expression, *les Péres Occidentaux*, ont dit, que les Primats de *Séleucie* tenoient originairement leur Mission des Evêques de Rome: [illegible] ils venoient prendre l'ordination. Mais qu'en considération des dangers & des difficultez d'un long voyage, les Papes avoient accordé [illegible] Evêques d'Orient, le Privilége de sacrer eux-mêmes leurs Primats. Je croi, que les prémiers Nestoriens, qui ont débité cette fable, sont des Schismatiques, qui ayant élu *Salaka* pour leur Patriarche s'adressérent à Rome afin de le maintenir, & écrivirent sur ce sujet à *Jules* III. en l'année 1552. (Voyez *Asseman*. T. III. P. II. p. 371.) M. *Asseman* nous apprend, qu'il y a dans le Pontifical des Chaldéens, ou Nestoriens, que leurs *Catholiques*, ou leurs Patriarches, sont ordonnez, *Permissu Sanctissimorum Patrum Occidentalium*, PAR *la permission des très-saints Péres d'Occident*. Les Syriens *Latinizez* ont prétendu que ces *Péres d'Occident* sont les Papes. *Putant Romanum Pontificem, Latinamque Ecclesiam per ea [illegible] designari.* (Assem. ub. sup. T. III. p. 59.) Quoique M. *Asseman* soit au service du Pape, &, autant qu'on en peut juger par son Ouvrage, fort bon Catholique, il n'a pû s'empêcher de corriger cette Erreur, ou cette adulation. Il a dit, que les SS. Péres d'Occident sont les *Patriarches d'Antioche*, qui sont à l'*Occident* des Syriens de Mésopotamie, & de tous les autres Orientaux. *Quae nempe* [illegible], dit-il, *de Antiochenis Praesulibus* [illegible] *intelligenda sunt.* On voit, avec plaisir, dans l'Ouvrage de ce savant homme diverses marques de sa sincérité: Cela réussit mieux, & fait plus d'honneur à l'Eglise Romaine, que le zéle artificieux & passionné de certains Ecrivains, qui font usage de tout, dès que cela peut servir à relever l'Autorité du Siége de Rome. Les Syriens Orientaux disent que *Jérusalem est en Occident*. Tout ce qui est au deçà de l'*Euphrate* est Occidental pour eux & dans leur langage.

jonctures, on eût mis, à la tête du Clergé d'Orient, un Evêque sujet des Romains.

Il est presque inutile de s'étendre là-dessus. Quelle qu'ait été précisément la situation de *Cascar*, elle étoit proche de Séleucie, & appartenoit aux Perses. On trouve dans le Catalogue des Patriarches Nestoriens (3), *Mar Abraham*, (c'est-à-dire *Dom Abraham*) de CASCAR, *qui appaisa le Roi de Perse, & qui délivra son fils d'une maladie, que lui causoit le Diable.* On y trouve encore (4) un *Mares, quatriéme Patriarche des Nestoriens, qui établit un Evêque à* CASCAR. On dit ailleurs, qu'un autre (5) *Abraham de* CASCAR *fut le prémier, qui introduisit la Vie Monastique chez les Chaldéens.* Entre les Evêques, que *Sapor II.* fit mourir, pendant la longue Persécution qu'il fit aux Chrétiens, on nomme (6) *Abdas*, Evêque de CASCAR, & *Hebed-Jesu*, autre Evêque *de la Province des* CASCARIENS.

Autres preuves, que l'Evêque de *Cascar* étoit sujet des Perses.

Tems

(1) *Asseman* dit ailleurs T. III. P. I. p. 299. *Velut Exploratores delati fuere, & ambo in crucem acti.* Voilà ce que font plusieurs Auteurs. Ils rapportent des faits contradictoires, sans en avertir.

(2) *Sciaglupha, ex Cascara Urbe, primus fuit, quem Episcopi Orientales constituerunt.* Assem. Ibid. p. 397. Il tint le Siége de *Séleucie* vint ans, & mourut en 244. *Ibid.* p. 612. Il arrive au savant Auteur, ce qui n'arrive que trop à beaucoup d'autres Ecrivains dans le cours d'un long Ouvrage; c'est qu'ils ne font pas uniformes dans leurs Rélations. Ils les prennent de differens Auteurs, les rapportent telles qu'ils les trouvent, sans considérer qu'elles se contredisent. Dans la I. Partie de son III. Tome M. *Asseman* place, comme on le voit, l'élection de *Sciaglupha* vers l'an 224. puisqu'il tint le Siége de *Seleucie* vint ans, & mourut en 244. Dans la II Partie de ce même Tome il dit, que *Sciaglupha* fut élû & sacré par les Evêques d'Orient, après la mort d'*Achadabues*, parceque la Guerre, que *Lucius Verus* faisoit à *Vologese*, Roi des Parthes, l'empêcha d'aller se faire ordonner à Antioche, comme c'étoit la coûtume de ses Prédécesseurs. [illegible] *eletus, post Achadabuæ obitum,* [illegible], *Majorum exemplo, Antio*[illegible] *ordinationis causa pergere* [illegible], [illegible] *ab Orientalibus Episcopis* [illegible] T. III. P. II. p. 42. La Guerre de *L. Verus* contre les Parthes commença l'année 161. de Notre Seigneur, & finit en l'année 165. Voilà une différence d'environ 60. ans. Cependant le savant Auteur n'avertit point, qu'il se corrige, ou qu'il se rétracte. Ces Variations sont un peu embarassantes pour les Lecteurs. Pour moi, je m'en tiens au premier témoignage comme au plus vraisemblable. Au reste on peut consulter sur le tems de la Guerre, que *Lucius Verus* fit aux Parthes, la *Critique de Baronius* par le *P. Pagi.* An. 161. §. X. & An. 166. §. III.

(3) *Mar Abraham Cascarensis* &c. *Mar* a chez les Syriens le même [illegible] & la même signification que le *D*[illegible] chez les Espagnols &c. ibid. T. I[illegible] p. [illegible]

(4) *Mares Cascaræ Ep*[illegible] Ibid. p. 394.

(5) *Abrahamum ex Cr*[illegible], *Monasticam vitam* [illegible] *propagatie.* Ibid. pag. [illegible] *Zanalites*, qui commen[illegible] 496. Les Syr[illegible] nom de GRVAD. [illegible] 153.

(6) C'[illegible] 35. de [illegible] tion, ou le [illegible] de [illegible] M. *Asseman* pro[illegible] Persécution comme [illegible] non l'année [illegible] P. Pagi. Cri[illegible] *ves A*[illegible] 192. On [illegible] que [illegible] qu'on [illegible]

D'où il s'ensuit, que les Actes d'Archélaüs, ne sont pas authentiques.

Tous ces faits montrent évidemment, que *Cascar* étoit une Ville des Perses, & que l'Evêque de *Cascar* étoit sujet des Perses, puisqu'il étoit le premier Suffragant du *Primat* de *Séleucie*. Or il n'en faut pas davantage pour ruïner l'authenticité des Actes d'*Archélaüs*. Car, si *Cascar* n'est pas une Ville Romaine, cette Pièce si ancienne, si vantée, est, au moins dans ses principales circonstances, une Pièce supposée par quelque Grec, qui a mal placé la Scene de son pieux Roman; qui en a formé les Personnages, & leurs caractéres à sa fantaisie, & qui leur a donné les noms qu'il lui a plû.

VIII. On défendroit bien mal l'authenticité de ces Actes, si on prétendoit, que *Cascar*, qui appartenoit ordinairement aux Perses, avoit été prise par les Romains, lors qu'*Odenat*, Chef des *Palmyréniens* défit les Perses, & penetra jusqu'à (1) *Séleucie* & à *Ctésiphonte*, dont il s'empara. Mais cette invasion n'eut point de suite. Les Perses rentrérent bientôt dans leurs Provinces; au lieu que selon les Actes, *Cascar* est une Ville depuis long-tems assujettie aux Romains, où il y avoit des Ecoles, des Grammairiens Grecs, des Rhéteurs, où résidoit un Citoyen extrêmement riche, & dont le nom annonce qu'il étoit Romain. Il faut d'ailleurs se souvenir, que les Disputes de *Cascar* sont du commencement du régne de (2) *Probus*, & que l'invasion d'*Odénat* est plus ancienne de quinze ou seize ans.

Cascar ne sauroit être le Kirkesium de Zozime. Situation de cette Place.

(a) Benj. Tudel. ap. Cellar. ibid. p. 716.

IX. Je me tourne de tous côtez, pour trouver en Mésopotamie une *Cascar* Romaine; je ne saurois y reüssir. J'y ai bien trouvé un Château, que *Zozime* appelle (3) *Kirkesium*, & que quelques-uns croyent être celui, qu'un (*a*) Géographe appelle *Carkesia*. C'étoit un *Bourg*, ou Village, placé dans l'angle, que fait le *Chaboras* en se jettant dans l'*Euphrate*. Mais, bien loin d'être une Ville Episcopale, ce n'étoit, du tems de *Manichée*, (4) qu'un méchant *Bourg*, ou *Château*, que *Diocletien* fortifia dans la suite, à cause de l'avantage de sa situation. Ainsi, point de *Cascar* Romaine dans la Mésopotamie, & par consequent *Manichée* ne peut y

rensis.... Sedem Patriarchalem vicariâ potestate rexit, quum Episcopus Cascarensis esset. Il ne voulut pas demeurer à *Seleucie* à cause des mauvaises mœurs des Citoyens. Il se retira à *Cascar* sa Patrie, & fixa son séjour dans le Monastere de *Vasete*. Voyez dans le même Tome, p. 350. 612. & suiv.

(1) Ἐπεξελθὼν δὲ (Ὀδαίναθος) μέχρι Κτησιφῶντος αὐτῆς, οὐχ ἅπαξ, ἀλλὰ καὶ δεύτερον &c. Zozim. L. I. p. m. 36.

(2) Le commencement du régne de *Probus* est de l'an 276. & les Invasions d'*Odenat* sont de l'an 261, ou 262.

(3) Ἐπὶ τὸ Κιρκήσιον, Zozim. L. III. p. 162. Voyez *Cellar*. T. II p. 715.

(4) *Diocletianus, exiguum antehac & suspectum muris turribusque circumdedit celsis.* Am. Marcel. L. XXIII. 11.

(5) CASCARA, *urbs in* CHALDÆA, *seu* Babylonia, *cujus in territorio* Vaseta. *Assem.* ub. sup. T. III. P. II. p. 734.

6. Vasetæ *fundamenta* Hagiagius, *inter* Cupham & Basram *Anno Hegiræ* 84. *jecit*,

y avoir eu une Dispute publique, avec un Evêque sujet des Romains.

Ce sont-là les réflexions, que j'avois faites, avant que d'avoir vû la II. Partie du III. Tome de la *Bibliotheque Orientale* de M. *Asseman*, dans laquelle il traite amplement de la Secte Nestorienne. C'est-là que j'ai trouvé des preuves évidentes, que *Cascar* étoit une Ville des Perses, située non dans la *Mésopotamie*, mais en (5) *Caldée*, & au cœur de la *Province de Babylone*. Voici donc ce que dit nôtre savant *Maronite*, après le célébre Geographe *Abulpheda*. (6) Hagiagius *jetta les fondemens de* Valette *entre* Cupha & Basra, DANS LE TERRITOIRE DE CASCAR, *l'an* 84. *de l'Hégire*, & *l'acheva l'an* 86. *Basra*, (7) ou *Bassora*, est une Ville célèbre de l'*Erak Babylonienne*, située à l'Occident du *Tigre*, proche du Golphe Persique. *Cupha* (8) est dans la même Province, assise sur l'*Euphrate*, aux confins de l'*Arabie Déserte*. *Vaséte*, (9) mot Arabe, qui veut dire *au milieu*, fut *bâtie entre* ces deux Villes, *à une distance égale de l'une & de l'autre*, *dans le Territoire de Cascar* : *Cascar* étoit donc dans cette Province que les Arabes nomment l'*Erak*, ou l'*Irak Babylonienne*: Elle étoit dans la *Caldée*, entre *Cupha* & *Bassora*, & par conséquent bien loin de la Mésopotamie, où l'Auteur des Actes d'*Archélaüs* l'a placée, & où il falloit la mettre, afin qu'elle fût une Ville Romaine.

Après une telle démonstration sur la vraie situation de *Cascar*, peut-on assez s'étonner, que M. *Asseman*, qui nous en a instruits, ne se soit pas apperçû de la fausseté des Actes d'*Archélaüs*? Ces Actes portent, que *Cascar* étoit (10) *une Cité de Mesopotamie*, laquelle appartenoit aux Romains, distante des Frontiéres des Perses de deux à trois journées, c'est-à-dire, de vint à vint-cinq lieuës Françoises. Cependant la verité est, selon M. *Asseman* lui-même, qu'elle étoit au fond de la Caldée, & sous la puissance des Perses. Cela n'empêche pas le savant *Maronite*, de dire, au même endroit, où il en decrit la situation, (11) qu'*Archélaüs*

cit, *perfecitque anno* 86. Abulph. ap. *Assem.* Ibid.

(7) Basra, *seu* Bassora *Urbs* Arakæ, *seu* Babyloniæ, *ad* Tigrim, *versus occasum sita*, *prope Sinum Persicum.* Assem. ub. sup. p. 278.

(8) Akula, *seu* Acula, *Urbs ad* Euphratem *Fluvium*, *in confinio* Arabiæ Desertæ; *Arabibus* CUPHA, *in Chaldæa Provincia*, *seu* Erak. *Ibid.* p. 715.

(9) Basram *inter* & Cupham, *æquali intervallo*, *Urbs altera circiter Hegiræ* 83. condita. Vasetam, *hoc est*, Mediam, *Arabes dicunt.* Ibid. p. 716. L'*Hégire*, ou l'Ere des Mahometans, commence le 15. de Juillet de l'année 622.

(10) *Disputatio habita in Caschar, Civitate Mesopotamiæ.* Le Traducteur Latin a mis *Civitas*, parce que c'est le titre qu'on a donné aux Villes Episcopales depuis plusieurs Siécles. Dans la suite, *In qua Urbe Mesopotamiæ.* Ibid. p. 1.

(11) *Episcopi Cascarensis tunc*, Archelaüs, *qui* Manetem *Hæresiarcham*, *circa annum Christi* 261. *profligavit.* Assem. ub. sup. p. 735.

laüs en étoit Evêque en l'année 261., *& qu'il y triompha de l'Hérésiarque Manès.* Ne s'est-il donc pas souvenu, que la Scène de la Dispute devoit être en *Mesopotamie* où il l'a placée lui-même (*a*), & sur les Terres des Romains : & que si on la transporte dans la Province de Babylone, qui certainement n'appartenoit pas aux Romains en 261. lorsque *Valérien* étoit prisonnier de *Sapor*, les Actes d'*Archélaüs* sont faux dans les circonstances les plus essentielles ; & dans lesquelles il est impossible qu'il y ait erreur. L'Evêque d'une Ville peut-il ignorer dans quelle Province elle est située, & quel est le Souverain de qui il dépend ? Le Lecteur peut voir au bas de la page (1) un second exemple des contradictions des Auteurs les plus savans.

(*a*) Voyez ci-dessus p. 135.

CHAPITRE XIII.

Où l'on continuë de montrer que la Dispute de CASCAR *est supposée.*

Preuve que la Dispute est supposée. Elle doit faire un grand bruit, & personne n'en parle dans l'Orient pendant 30. ans.

JE viens de montrer, que le Théatre de la Dispute est mal placé : Elle ne peut avoir été à *Cascar*, Ville située au cœur de la Caldée, ou de l'Assyrie, & dépendante des Perses. Montrons à présent, que la Dispute même est supposée.

L'Auteur des Actes d'*Archélaüs* nous assure, qu'elle se fit dans une Ville Romaine, qui étoit Episcopale, & dans laquelle la Religion Chrétienne étoit florissante. Jamais Acte ne fut plus solemnel. Il se passe dans la sale d'un Romain illustre, qui vrai-semblablement étoit *Marcellin*, Gouverneur de Mésopotamie. Son nom de *Marcel*, ses richesses, son Autorité confirment cette pensée. Quatre Juges Payens y président : c'est l'élite de ce qu'il y a de plus savant dans la Ville. *Manichée* y paroît en personne avec ses principaux Disciples. Il a pour Antagoniste *Archélaüs*, un des plus savans Evêques de l'Orient. Tout le Peuple Chrétien, les Payens mêmes sont témoins de cette mémorable Action, & confirment, par

(1) M. *Dherbelot* parle de *Coupha*, dans sa *Bibliotheque Orientale*; Il en fait un Article, que le Lecteur peut voir à la p. 277. Il dit, qu'elle fut bâtie par *Saïd*, fils d'*Abou-Vacaz*, Général d'*Omar*, second Calife, l'an 17. de l'Hégire, & qu'elle fut nommée *Coupha*, parce qu'elle n'étoit construite que de joncs couverts de terre. Ce que dit *Abulpheda* paroit plus vrai-semblable. *Cupha dicta est ob orbicularem ejus constructionem:* M. *Dherbelot* continue, *elle est*, dit-il, *située sur la rive droite de l'Euphrate, au trente, ou trente & uniéme degré de latitude, à quatre journées, ou environ de Bagdad.* Ce même Auteur au mot *Khalifah* p. 985. met

par leurs applaudiſſemens, la Sentence que les Juges prononcent, en faveur de l'Evêque & de la Foi Chrétienne. La nouvelle d'un Evénement ſi public, ſi important, & ſi glorieux à l'Egliſe, dût ſe répandre en un inſtant dans toutes les Provinces Orientales de l'Empire. Car, outre que les Egliſes avoient une grande correſpondance, elles ne manquoient pas ſurtout de s'avertir des Schiſmes & des Héréſies, qui s'élevoient dans leur ſein. Auſſi M. (a) de *Tillemont* a-t-il jugé, *que les Diſputes d'Archélaüs doivent avoir fait un grand éclat, & que l'Hiſtoire qu'il en écrivit les rendit encore plus célébres.* M. *Zaccagni* n'a pas manqué de faire la même réflexion. *Il ſemble*, (1) dit-il, qu'Archélaüs, *après avoir confondu Manès devant les Juges, notifia ce qui s'étoit paſſé à tous les Evêques du Monde, afin qu'ils vinſſent au ſecours de la Foi Catholique, que cet Heréſiarque tâchoit d'ébranler.* Ces habiles Ecrivains ont raiſon. Si la Diſpute de *Caſcar* eſt veritable, le bruit dut s'en répandre auſſi-tôt dans toutes les Egliſes d'Orient & d'Occident. Il falloit ſurtout en inſtruire les Provinces, où l'on ſavoit que les Diſciples de *Manichée* avoient porté le venin de leurs Erreurs, & particuliérement l'Egypte, où elles jetterent d'abord de très-profondes racines. Cependant l'Orient n'en paroît informé que ſoixante & dix ans après, & l'Afrique l'ignoroit encore au V. Siécle, puiſque S. *Auguſtin* n'en a point parlé. L'objection eſt embarraſſante. Je vai la propoſer, mais je ne ſai pas qui la réſoudra.

(a) Tillem. *Manichéens.* p. 797. & Note V. p 957.

Euſebe publia ſon Hiſtoire Eccléſiaſtique environ cinquante ans après la mort de *Manès*. Il y parle de cet Héréſiarque, & de ſon Héréſie. Mais il n'y dit pas un mot, ni de ſa courſe dans la Méſopotamie Romaine, ni de ſes Diſputes avec *Archélaüs*. Il ne ſait rien de ſon Hiſtoire, puiſqu'il n'en dit rien. Or on ne peut ſuppoſer, ni qu'il eût ignoré un Evénement ſi public, qui étoit arrivé près d'un demi Siécle auparavant; ni qu'il eût négligé, ſupprimé un Evénement ſi mémorable. Je ne m'étends pas là-deſſus. La difficulté eſt ſenſible, & ſi je ne me trompe, elle eſt ſans réponſe.

Silence d'*Euſebe* ſur cette Diſpute. Il ne parle pas même d'*Archélaüs*, ni de l'éruption de *Manichée* hors de la Perſe.

On peut bien trouver des omiſſions dans *Euſébe*; il y en a quelquefois, qui ſont affectées. Il ſe taît par prudence, ou par intérêt

met *Coupha ſur le Tigre.* J'avertis le Lecteur, que ces Obſervations critiques ne tendent nullement à diminuer le mérite des Auteurs. Ils ſont dignes de notre eſtime & de notre reconnoiſſance; ce ſont d'habiles gens que j'honore, & des travaux deſquels je profite. Au reſte *Coupha* eſt effectivement ſur l'Euphrate, aux Confins de la Caldée & de l'Arabie Deſerte. Voyez *Aſſem.* T. III. Part. II. p. 715.

Ch. XII. (1) *Videtur enim Archelaüs, poſt confutatum coram Judicibus Manetem, rem totam cunctis per Orbem Epiſcopis notam feciſſe, ut labenti Catholicæ Fidei, quanta poſſent ſedulitate ſuccurrerent. Eoque pacto factum fuiſſe par eſt* &c. Zaccag. Præfat. p. 10.

térêt. Il se taît, parce qu'il s'agit d'événemens, qui ne méritent pas qu'on en parle. Il se taît enfin parce qu'il a ignoré. Or il n'a point supprimé les Disputes d'*Archélaüs*, par des raisons de prudence, ou d'intérêt. Il ne l'a point fait par mépris pour un Evénement, qu'on regarde, avec raison, comme un des plus mémorables de l'Histoire Ecclésiastique. Il faudroit donc dire qu'il l'a ignoré. Mais ni le caractére d'*Eusébe*, l'un des plus savans & des plus laborieux Evêques du monde; ni l'importance & la notoriété de l'Evenement, qui s'étoit passé en public, dans une Province, qui confinoit à la Syrie, 49. ans, selon les uns; cinquante & un ans, selon les autres, avant qu'il publiât son Histoire; ni le caractére d'*Eusebe*, dis-je, ni la nature de l'Evénement ne permettent pas de supposer, qu'il soit échappé à sa connoissance.

Silence des autres Ecrivains Grecs jusqu'à *Cyrille*.

Au silence d'*Eusébe*, il faut ajoûter celui de tous les Ecrivains Grecs, jusqu'à *Cyrille* de Jérusalem, quoi qu'ils ayent eu souvent occasion de parler de *Manichée* & de son Hérésie, & qu'ils en ayent parlé en effet.

Je n'ai d'autre litérature Orientale, que celle que j'emprunte des habiles gens, qui ont étudié les Langues & l'Histoire Ecclesiastique d'Orient. Je les ai consultez, ne doutant pas que je n'y trouvasse les Disputes & la Victoire d'*Archélaüs*. Mais toutes mes recherches ont été vaines.

Silence de S. *Ephrem* qui a vécu en Mésopotamie, & a suivi de près *Manichée*.

(a) *Assem.* ub. sup. T. I. p. 24.

S. *Ephrem* étoit de *Nisibe*, dans la Mésopotamie. Il nâquit sous (a) *Constantin* & tout proche du tems de *Manichée*, & mourut sous *Valens* vers l'an 373. Il passa la plus grande partie de sa Vie à *Edesse*, dans la même Province. Il y fut Diacre, après avoir été Moine. A l'exemple de *Bardésanes*, qui avoit été un excellent Poëte Syrien, il composa quantité d'Hymnes, pour apprendre à la Jeunesse, dès son enfance, les Dogmes de la Foi, les Devoirs de la Morale, les belles actions des Saints; les Erreurs, les mensonges des Hérétiques. Il parle de *Manès* dans plusieurs de ses (b) Hymnes: il invective contre lui, & contre son Héresie. Il en parle aussi dans ses autres Ouvrages. Mais, dans tout ce que j'ai lû de lui, je n'ai pû appercevoir aucune trace des Disputes de *Cascar* & de *Diodoride*, ni de la Victoire qu'*Archélaüs* remporta sur *Manès*. C'étoit pourtant un sujet bien susceptible des ornemens de la Poësie; un Evénement bien digne d'être chanté par un Poëte Chrétien.

(b) Voyez dans le même Auteur plusieurs Extraits de ces Hymnes.

Silence de *Grégoire Abulpharage*, Primat des Jacobites d'Orient.

J'ai consulté les Dynasties de *Grégoire Abulpharage*. Il y marque les principaux Héréſiarques; le tems où ils ont vécu; les Erreurs, qu'ils ont enseignées. Il y fait en peu de mots l'Histoire de *Manichée*, & nous en apprend des particularitez, que les Grecs n'ont pas sues. Comment est-ce qu'il a oublié de nous dire un mot en passant, du Voyage de cet Héréſiarque en Mésopotamie, &

& de sa honteuse défaite par *Archélaüs*; lui, qui étoit (1) né tout proche de cette Province, qui fut *Primat d'Orient*, & qui devoit s'interesser à la gloire de son Pays, & à celle de la Foi?

J'avois consulté auparavant les Annales d'*Eutychius* Patriarche d'Alexandrie. Il y a un article fort court de *Manichée*: mais il garde le même silence, que les autres sur les Disputes avec *Archélaüs*. Silence d'*Eutychius* d'Alexandrie.

Nous avons l'ample & riche Bibliothéque Orientale de M. *Dherbelot*. On y trouve un assez long Article de *Mani*, ou *Manès*: Il en rapporte l'Histoire, telle qu'elle est dans les Ecrivains Persans & Arabes. Mais là encore nulle mention, ni de cette fuite de *Manichée* en Mésopotamie, ni de ses Conférences avec *Archélaüs*. Silence de *Dherbelot*, dans sa *Bibliothéque Orientale*.

Quand on compare ce que M. *Hyde* raconte, touchant cet Hérésiarque, avec ce qu'en dit M. *Dherbelot*, on reconnoît, qu'ils ont puisé dans les mêmes sources. Ils s'accordent, & toute la différence, qu'il y a entre leurs rélations, c'est que l'un ajoûte des particularitez, que l'autre a omises. Pourquoi faut-il qu'ils s'accordent aussi à ne rien dire, ni de notre *Archélaüs*, ni de ses Disputes avec notre Hérésiarque? Silence de *Hyde* dans son Histoire de *Manichée*.

M. *Asseman* vient à la suite de ces Savans. J'ai vû, j'ai parcouru, j'ai même lû les quatre prémiers Volumes de sa riche *Bibliothéque Orientale*. Cet habile homme y relève une faute de M. *Zaccagni*, qui a pris la Ville de *Cascar* pour celle de *Carrhes*. Cela lui donne occasion de parler des Disputes d'*Archélaüs*: mais ce savant Syrien n'allégue aucun Ecrivain de sa Nation, qui ait rapporté ce mémorable Evénement. Silence d'*Asseman*, dans sa *Biblioth. Orient.*

Nous avons un ample Catalogue des Ecrivains Ecclésiastiques d'Orient, composé par *Ebedjesu*, Métropolitain de (2) *Sobe* & d'*Armenie*, publié par *Abraham Echellensis*, & depuis par M. *Asseman*, avec de savantes Notes. Cet Ecrivain commence par les Auteurs Sacrez, & continuë de siécle en siécle jusqu'à son tems, c'est-à-dire, jusqu'à l'année 1318. qui fut celle de sa mort. Il parle de (*a*) *Tite de Bostres*, de (*b*) *Diodore de Tarse*, & d'autres Péres, qui ont écrit contre *Manès*: mais il ne dit rien, ni d'*Archélaüs*, ni de ses Disputes. Cet Evêque, qui a rempli tout l'Occident du bruit de son nom, & de ses faits, est inconnu dans sa Patrie. Je trouve seulement, dans la liste des Manuscrits Arabes, que M. *Asseman* a apportez du Levant, (*c*) *Une Vie de S. Archélaüs*; mais je ne sai ni qui en est l'Auteur, ni de quel temps elle est, ni ce qu'elle contient, ni de quel (3) *Archélaüs* elle traite, car le savant *Maronite* n'en a rapporté que le titre. Silence d'*Ebedjesu* dans son Catalogue des Ecrivains Syriens.

(*a*) *Assem.* T. III. P. I. p. 31.
(*b*) Ibid. p. 29.
(*c*) *Ib. sup.* p. 287. T. I. p. 630.

Quoi-

(1) Il étoit de *Melitine* sur l'Euphrate, dans la petite Armenie.

(2) *Sobe*, c'est *Nisibe*. On appelle ordinairement *Ebedjesu* du nom de *Sobensis*, pour dire l'Evêque ou le Metropolitain de *Sobe*.

(3) Il y a un autre *Archélaüs* Evêque de Cesarée, de qui *Photius* parle Cod. CII.

T 2

L'Abbé *Renaudot* censuré par *Asseman*.

Quoique j'insiste sur le silence des Orientaux, je ne prétends pas néanmoins affirmer, qu'il n'y en ait aucun, qui ait fait mention des Disputes de notre *Archélaüs*. L'*assertion* seroit trop téméraire, & je mériterois bien un reproche que le Savant de Rome fait, en plus d'un endroit, à l'Abbé *Renaudot*, qui avoit beaucoup de Litérature Orientale, mais qui la gâte par sa présomption, & par la hauteur choquante, avec laquelle il ose traiter de grands hommes, qu'il ne devoit regarder qu'avec respect. *Il avoit*, dit M. Asseman (1), *la coûtume d'assurer avec une extrême hardiesse, qu'une chose n'étoit pas, dès qu'il ne l'avoit pas luë ou observée.* Tout ce que je veux dire, c'est que les Savans, que j'ai consultez, ne parlent d'aucun Auteur Oriental, qui ait rendu témoignage aux Disputes d'*Archélaüs* quoiqu'ils ayent eu occasion de le faire, & qu'ils dussent le faire naturellement.

Relation de la Dispute d'*Archélaüs* par *Sevère* d'*Asmonine*.

(*a*) Voyez *Cave* Hist. Lit. T. II. p. 320.

II. Il est vrai pourtant, que M. *Renaudot* cite un Auteur Egyptien, nommé *Sevére*, qui fut Evêque d'*Asmonine*, & qui florissoit vers (*a*) l'an neuf cens soixante & dix-huit. Celui-ci nous donne une Histoire de la Conférence d'*Archélaüs* avec *Manichée*: mais bien loin de confirmer la nôtre, il nous fournit des preuves évidentes qu'elle est remplie de fables.

Plus simple & plus naturelle que celle des Actes à certains égards.

„ *Manès* (2), dit l'Evêque Egyptien, avoit été instruit par un „ Mage. Une femme fort riche lui laissa de grands biens, & „ entre autres des Livres Magiques. Il se vanta d'être le PARACLET, promis dans les Ecritures, & séduisit beaucoup de „ monde par ses Prestiges, & par ses richesses. Il fut réfuté „ par *Archélaüs* Evêque d'une certaine Ville de Syrie ". M. *Renaudot* ajoûte, qu'on a sû depuis que cette Ville est *Cascar*, mais il devoit ajoûter, ce me semble, qu'on a sû aussi que *Cascar* étoit en *Mésopotamie* & non pas en *Syrie*. „ Il y avoit dans „ cette Ville, *poursuit l'Auteur*, un homme très-opulent, nommé *Marcel*, plus illustre par sa charité, que par ses richesses, „ qui signala sa libéralité en rachettant un grand nombre de Chrétiens, qui avoient été faits Prisonniers par les Perses, (3) & en „ *leur bâtissant des Hôtelleries & des Eglises* ". Ce recit est sans comparaison plus simple & plus naturel que celui d'*Hégémonius*. On n'y parle point de la servitude de *Manès*: on y voit dans quelle Ecole il prit ses Principes. Il eut pour Maîtres des Mages,

(1) *Nempe solenne est* Renaudotio, *quod ipse minime legit aut notavit, id nullibi locorum extare, & ex omnium memoria excidisse, praefidenter affirmare.* Assem. *ub. sup.* T. II. p. 236.

(2) *Manes ab Mago eruditus.* Ap. *Renaud.* Hist. Patriarchar. Alex. p. 40.

(3) *Eisque diversoria & Ecclesias aedificavit.* Ibid.

(4) Voyez Act. Disp. p. 5. & la Note de M. Zacagni, *Quod de Diversoriis & hospitiis, per regias vias in Persidem ducentes, à Marcello construct.* &c.

(5) *Vera autem prorsus de Christo Propheta*

ges, & des Livres de Mages : il employa ses richesses à se faire des Disciples : c'est-à-dire, qu'il les distribua aux Pauvres, car, selon sa Règle, les Elûs devoient observer une entiére pauvreté. Les captifs, que *Marcel* rachette, ne sont point des Romains, faits prisonniers par des Soldats Romains, mais par des Persans. Il est vrai, que dans les Actes (4) *Marcel* avoit fait bâtir des *Hôtelleries*, sur les grands chemins de Mésopotamie en Perse, pour la commodité des Voyageurs. Et cela paroît plus vrai-semblable que ce que dit l'Auteur Egyptien, qu'*il fit bâtir des Hôtelleries & des Eglises* aux Prisonniers qu'il rachetta.

Très-fausse à d'autres.

Manichée ayant ouï parler de *Marcel* lui écrivit une Lettre, qui est conçuë en ces termes, selon la Version de M. *Renaudot*. (a) „ MANES, LE PARACLET, A MARCEL. Le „ bruit de vos belles actions, qui est parvenu jusqu'à moi, m'a „ fait croire que j'aurois en vous un *Disciple Elu*, qui appren„ droit de moi la voye droite que J. Christ m'a envoyé prê„ cher aux hommes. Car certainement vos Docteurs vous trom„ pent, quand ils vous disent, que Dieu a été dans le sein d'u„ ne femme. (5) *Or les Prophétes ont prédit tout à fait la* „ *vérité touchant le Christ, savoir, que le Dieu du Vieux Testa*„ *ment est mauvais, ne voulant pas qu'on reçoive rien de lui* : au „ lieu que le Dieu du Nouveau Testament est bon : Il EST „ UNIQUE CE DIEU : il ne parle point, & n'est point pro„ duit par la Parole (6). Mais on a dit témérairement beau„ coup de choses, qui sont pleines de blasphêmes, & qu'il n'est „ pas permis de répéter, car Satan lui-même n'en profereroit „ pas de pareilles ".

(a) Renaud. Ibid.

La Lettre de Manès à Marcel est très-mal rapportée.

Le Lecteur peut comparer cette Lettre avec celle, dont je lui ai donné la Traduction, & qui est peut-être le seul monument véritable, qu'il y ait dans les Actes d'*Archélaüs*. Au moins n'a-t-elle rien, qui la rende suspecte de supposition, ou d'altération. On y voit le stile & les Dogmes de *Manichée*, au lieu qu'on ne voit ni l'un, ni l'autre dans celle-ci. Premierement, il ne se donnoit point dans ses Lettres le titre de PARACLET, mais de *Disciple*, d'*Apôtre* de J. Christ. Secondement il ne croioit point, que les Prophétes des Hébreux eussent prédit le Sauveur : au moins *Fauste* l'a-t-il nié dans S *Augustin*. En troisiéme lieu, il n'est pas possible, que *Manichée* ait jamais accusé les Prophétes d'avoir

pheta prænuntiaverunt, nempe quod Deus Veteris Testamenti malus sit, nolens ut ab eo quidquam accipiatur : Deus vero Novi Testamenti bonus est & UNUS &c. Ib. p. 41.

(6) M. de *la Croze* a marqué sur l'Exemplaire de *Renaudot* dont je me sers, que ces mots, *sed de eo multa temere dicta sunt* &c ne sont pas dans l'Arabe de *Sévére* : quoiqu'ils soient en Italique, & qu'ils paroissent être une partie de la Lettre de *Manichée*.

d'avoir enseigné, que *le Dieu du Vieux Testament est mauvais :* cela est trop absurde. Tout ce qu'il peut avoir dit, c'est qu'à en juger par ce que les Prophétes attribuent au Dieu du Vieux Testament, ce Dieu n'est pas le Dieu bon prêché par J. Christ. Du reste cette prétendue Lettre de *Manès* n'est qu'un miserable galimatias, tout à fait indigne d'un aussi habile homme que lui. Je ne sai à qui j'en dois attribuer la faute. Mais, ou *Sévére* n'a sû ce qu'il disoit, ou la Version de M. *Renaudot* ne vaut rien. C'est un point que je laisse à éclaircir à ceux qui ont le Manuscrit de *Sévére*, & qui entendent bien l'Arabe.

Sévére a mieux gardé le caractere d'Archélaüs.

Marcel n'eut pas plutôt lû la Lettre de *Manès*, qu'il la communiqua à *Archélaüs*. L'Evêque en fut si affligé, qu'il s'écria, (1) *Plût à Dieu que la mort m'eût épargné la douleur de lire de tels blasphêmes!* *Sévére* garde ici beaucoup mieux que S. *Epiphane* les bienséances de l'Episcopat. Il ne représente pas un Evêque Chrétien comme *un lion* renfermé, qui rugit à la vuë d'une proye, qu'il voudroit devorer, mais dont il ne peut se saisir. *Archélaüs* est un *Agneau*, qui ne connoit point les fureurs de la colére, & qui ne sent qu'une tristesse pareille à celle (a) qui rongeoit le cœur de S. *Paul*, à la vue de l'Idolatrie, qui regnoit dans *Athenes*.

(a) Act. XVII. 16.

Faute, ou de Sévére, ou de Renaudot.

Je laisse quelques menues circonstances, imitées en partie des Actes d'*Archélaüs*, mais qui sont évidemment pleines d'exagération. L'Exprès, que l'Héresiarque avoit chargé de sa Lettre, ayant refusé de lui porter la réponse, *Marcel* lui dépêcha un de ses Domestiques. (2) Il arriva *sept jours après vêtu d'un habit riche, & de couleurs éclatantes, suivi de treize jeunes garçons, & jeunes filles.* Je ne sai ce que porte l'Arabe. Mais je soupçonne fort, que le mot traduit par *Pueris*, ne signifie que des *Disciples*; & qu'à l'égard du mot *Puellabus*, ou c'est une ignorance grossiere de *Sévére*, ou M. *Renaudot* a mal entendu son Original. Les Elûs de *Manichée* faisoient profession d'être *Vierges*, & de perseverer dans cet état.

Conférence de Manès & d'Archélaüs, selon Sévére.

Archélaüs ayant appris que *Manès* étoit arrivé, alla chez *Marcel*, où il le trouva (3) *assis sur un Siége au milieu de la sale. Comment vous appellez-vous*, lui dit-il? *Je m'appelle le* PARACLET, répond *Manès*. L'Evêque dit. *Etes-vous donc le* PARACLET, *que J. Christ a promis d'envoyer à son Eglise?* Manès dit : *Je le suis. Mais quel âge avez-vous donc*, repliqua l'Evêque? *Trente-cinq ans*, dit l'Héresiarque. L'Evêque lui représenta ensuite, que, n'ayant que *trente-cinq ans*, il ne pouvoit avoir vû J. Christ : qu'il ne pouvoit être le *Paraclet* promis, puisque le Seigneur ordonna à ses Disciples de ne point partir de Jerusalem; qu'ils ne l'eussent reçû,

(1) *Utinam, inquit, prius obiissem, quam similes blasphemias vidissem!* Ibid. p. 41.

(2) *Manes ad Marcellum venit, veste pellucidâ & pretiosâ tectus, tredecim pueris & puellabus eum sequentibus.* Ibid. p. 41.

(3) *In sedili, in medio atrio.* Ibid.

çû, & qu'il y avoit près de trois cens ans, qu'ils en étoient sortis pour annoncer l'Evangile à toute la Terre. Le reste de la conversation ne vaut pas la peine qu'on s'y arrête. L'Evêque n'y paroît pas fort habile & l'Hérésiarque encore moins : on dit, qu'il entama la matiére des deux Principes, & qu'il tâcha (4) *de prouver, qu'il* Y A DEUX DIEUX, *l'un qui est la Lumiére, & l'autre, qui est les Ténèbres.* Cependant on lit en propres termes, dans sa Lettre à *Marcel*, (5) QU'IL N'Y A QU'UN SEUL DIEU, qui est celui, que J. Christ a annoncé dans le Nouveau Testament.

„ (*a*) Les Chrétiens, qui avoient été témoins de la Conférence, „ en furent si scandalizez, qu'ils auroient tué l'Hérésiarque, si „ l'Evêque ne les en avoit empêchez. Ce Prélat se contenta de „ le chasser de la Ville, & l'avertit de n'y pas retourner, par„ ce qu'il y courroit risque de la vie. Contraint alors de se retirer, „ il se réfugia chez un Prêtre qui le reçût, avec beaucoup de „ charité. Il y demeura un mois, sans dire un seul mot qui fit con„ noître ses Erreurs : Mais, lors qu'il commença à les découvrir „ le Prêtre surpris, protesta qu'il n'avoit jamais rien ouï de pa„ reil, & qu'il alloit en écrire à *Archélaüs*, pour savoir ce qu'il „ pensoit de cette Doctrine. Au seul nom d'*Archélaüs Manès*, „ saisi de frayeur, prit congé du Prêtre, & retourna en Perse, „ où il prêcha ses Hérésies avec plus de liberté, jusqu'à ce qu'en„ fin le Roi l'ayant fait prendre, il fut écorché, & son corps jetté „ aux Bêtes sauvages.

(*a*) Ibid. p. 42.

L'Evêque chasse l'Hérésiarque.

Qui se retire en Perse.

Contradictions entre la Relation de *Sévére*, & celle des Actes d'*Archélaüs*.

Je voudrois, que M. *Renaudot* eût eu l'exactitude de M. de *Tillemont*, qui distingue avec tant de soin ce qu'il emprunte de ses Auteurs, d'avec ce qu'il dit lui-même. Nous saurions positivement ce que l'Abbé a pris de SÉVÉRE, & ce qu'il y a ajoûté du sien. Cependant le Lecteur remarquera prémiérement, 1. que nos trois Historiens *Archélaüs*, ou *Hégémonius*, *Cyrille de Jérusalem*, & *Sévére d'Asmonine* font tenir aux deux Acteurs des discours très-différens, & qui n'ont aucun rapport, ce qui est tout à fait contradictoire. 2. Secondement on ne voit dans *Sévére* nulle trace de la fable, par laquelle l'Auteur des Actes commence son Roman. Pas un mot de ces dix ou douze mille Chrétiens, qui, suivant leur ancienne coûtume, vont passer le jour & la nuit dans la campagne, pour prier Dieu de benir leurs semailles, & qui sont ou massacrez, ou pris, par les Soldats Romains. Ces pauvres captifs, que *Marcel* rachette, sont à la verité des Chrétiens, mais ce sont des prisonniers de Guerre faits par les Persans. 3. En troisiéme lieu, l'*Archélaüs* des Actes, & celui de *Sévére*, sont

(4) *Multa effutire cœpit, ut ostenderet, duos esse Deos, quorum unus Lux esset, alter Tenebræ.* Ib. p. 42.

(5) *Deus vero Novi Testamenti bonus est & Unus.* Ib. p. 41.

sont deux hommes très-différens. Ils n'ont rien de commun que l'Episcopat : Discours, sentimens, situation, caractére, rien ne s'accorde. 4. En quatrième lieu, *Sévére* ne dit rien de ces quatre *Juges Payens*, dont l'Auteur des Actes nous marque les noms, & la profession, qui interviennent de tems en tems dans la Dispute, & qui ajugent enfin la victoire à l'Orthodoxe, aux dépens & de leur Philosophie & de leur Religion. 5. *Sévére* ne parle que d'une seule Dispute ; *Manès*, qui s'est retiré chez un Prêtre de la Campagne, s'enfuit en Perse dès qu'il a ouï nommer *Archélaüs*. Il n'est donc point vrai, selon *Sévére*, que ce Prêtre ait écrit à son Evêque la Lettre, qui est dans les Actes : Il n'est point vrai que cet Evêque lui ait fait la réponse, qu'on y trouve : Il n'est point vrai, qu'il soit accouru en diligence au secours de son Prêtre & de ses Brebis, ni qu'il ait eu une seconde Dispute avec l'Hérétique, en présence du Peuple de *Diodoride*, & des environs. 6. Dans *Sévére Manès* ne vient point en Mésopotamie comme un Criminel, qui fuit, qui se cache, & que *Sapor* fait chercher ; car il s'en retourne en Perse, où il enseigne son Hérésie avec plus de liberté, qu'il ne pouvoit le faire chez les Romains. Enfin cette longue Harangue, qu'*Archélaüs* fait aux Paysans de *Diodoride*, & dans laquelle il leur raconte l'Histoire de *Manès*, est une fiction de l'Auteur Grec, puisque l'Evêque ne vint pas même dans leur Bourg, où sa présence étoit inutile après la fuite de l'Hérésiarque.

Conclusion. Les Actes d'Archelaüs sont un Roman composé par un Grec.

III. Toutes les Réflexions, que je viens de faire, m'ont convaincu, que les Disputes d'*Archélaüs* avec *Manichée*, ne sont au fond qu'un Roman, composé par un Grec, dans la vuë de réfuter le *Manichéïsme*, & de donner à la Foi Orthodoxe l'avantage d'en avoir triomphé, en confondant le Chef de l'Hérésie, qui la défendoit en personne. Je dis, que c'est un Roman composé par un Grec, parceque s'il n'avoit fait que traduire, ou amplifier, des Mémoires Syriaques, ce qui paroît être l'opinion de M. *Asseman*, & même de M. *Zaccagni* ; il est inconcevable, que ces Mémoires fussent échappez aux Auteurs Syriens, & qu'on n'en trouvât aucune trace dans leurs Ouvrages. Il est vrai néanmoins, que la description de *Manichée*, de son habillement & de son air, a quelque chose d'original, qui ne paroît pas avoir été inventé, par un Grec. C'est ce qui me fait juger qu'*Hégémonius*, qui a écrit toute cette Histoire, s'étoit entretenu avec quel-

(1) Καὶ ἔτι μέχρι τοῦ νῦν ἄνθρωποι αὐτοῖς ἡ [illegible] ἐκείνου. Cyril. ub. sup. p. 91.

(2) *Papas* fut ordonné Evêque & Métropolitain de Séleucie en 247. selon *Amrus* & *Mares*, Auteurs Syriens de la Secte Nestorienne, & selon *Barbebraus* en 266. & tint le Siége jusqu'au tems que j'ai marqué. *Manes* manifesta son Hérésie sous son Episcopat, vers l'an 267. & fut fait mourir dix ans après. Voyez *Assem.* Biblioth. Orient. T. III. P. I. p. 612.

quelque Mésopotamien, qui pouvoit bien s'appeller TYRBON, qui avoit vû *Manichée*, qui avoit été de ses Disciples, & qui avoit ensuite abjuré ses Erreurs. Car il est certain, qu'il y avoit du tems d'*Hégémonius* des gens, qui avoient vû notre Hérésiarque, puisqu'il y en avoit encore du tems de (1) *Cyrille* de Jérusalem, qui est un peu plus moderne. *Papas*, (2) qui fut Primat de *Séleucie*, lors que *Manès* y publia ses Erreurs, & qu'il les expia par son supplice, ne mourut qu'en trois cens vint-six selon les uns, & selon d'autres qu'en trois cens trente-cinq, dix ans après le Concile de Nicée.

Il ne me reste à examiner que le tems, auquel ces Actes ont été écrits : surquoi je dirai, sans rapporter inutilement des opinions que le Lecteur pourra voir dans la savante Préface de M. *Zaccagni*, que ce fut entre les années 330. & 340. La preuve en est dans les Actes mêmes, &, si M. *Cave* y avoit pris garde, (3) il n'auroit pas dit, *qu'on ne sauroit trouver le tems*, *où* Hégémonius *a vécu*. Ce tems est marqué fort distinctement dans les paroles, que l'Auteur met dans la bouche d'*Archélaüs*, lorsque pour convaincre *Manès* de n'être pas le *Paraclet* il lui fait faire ce raisonnement : (4) „ En „ vous disant le *Paraclet*, vous ne pensez peut-être pas, que vous „ faites J. Christ menteur, parce qu'ayant promis de l'envoyer „ bientôt après sa resurrection, il ne l'auroit pourtant envoyé *que* „ PLUS DE TROIS CENS ANS DEPUIS". Ces trois cens ans tombent à l'année 333. ou 334. de notre Seigneur. M. *Zaccagni* (5) croit que cela est échappé à *Archélaüs* dans la chaleur de la Dispute, parce que, depuis la mort de J. Christ jusqu'à la Conférence de *Cascar*, il n'y a que *deux cens quarante neuf ans*. Pour moi j'en juge autrement. Rien n'est plus ordinaire à des fourbes, qui font parler quelcun, que de ne se pas souvenir de tout ce qui convient au Personnage, qu'ils empruntent & de substituer le leur, sans y penser. *Hégémonius*, qui vivoit effectivement plus de trois cens ans après la résurrection de Notre Seigneur, n'a songé, dans le moment qu'au tems où il écrivoit, & non à celui, où *Archélaüs* devoit avoir parlé. Car supposé, que, dans *la chaleur de la Dispute*, il fut échappé à cet Evêque une faute si grossiére contre la Chronologie, étoit-il encore *dans cette chaleur*, lorsque de sang froid il rédigea par écrit, ce qu'il avoit dit à l'Hérésiarque ? Une

Publié vers l'an 330. ou un peu plus tard.

(3) *Quo vero tempore vixerit* Hégémonius, *vel an ipsius Archelai æqualis*, *nullo indicio investigari potest* Cave. T. II. Diss. I. p. 15.

(4) *Dicens se esse Paraclitum*, *qui ab Jesu præsignatus est mitti, in quo mendacem ignorans fortasse asseret Jesum : qui enim dixerat se non multo post missurum esse Paraclitum*, *invenitur post trecentos*, *& eo amplius*, *annos misisse hunc* &c. Act p. 46.

(5) *Contentionis æstu actus videtur hoc dixisse Archelaüs*, *post trecentos &* [illegible] *annos a Christi morte Manetem* [illegible] &c. Ib. p. 46. in Not.

Une faute qui échappe dans le discours, se corrige quand on écrit. Il faut d'ailieurs se souvenir du sile. ce d'*Eusebe* qui n'a pas dit un mot ni d'*Archelaüs*, ni de ses Disputes dans son Histoire Ecclésiastique, silence, qui montre évidemment, que la Rélation en étoit inconnuë aux Grecs avant l'année trois cens trente.

La Mésopotamie demeure infectée du Manicheïsme.

Je n'ai qu'un mot à ajoûter, c'est que si *Archélaüs* eut la gloire de triompher de *Manès* & de ses Erreurs, dans la Mésopotamie, ce fut une de ces Victoires, dont le Vainqueur ne recueille d'autre fruit que l'honneur d'avoir vaincu. On peut dire même, que le champ de bataille demeura presque à l'Ennemi. S. *Ephrem* fut obligé d'écrire depuis contre (1) l'*Hérésie Manichéenne, parce qu'il n'y avoit point de Province, qui en fut plus infestée que la Mésopotamie.*

(1) *Manichaeorum Haeresis Mesopotamiam maxime infestabat.* Ap. *Assem.* ub. sup. T. I. p. 8.

Fin du Livre Prémier.

HISTOI-

HISTOIRE DE MANICHÉE ET DU MANICHEÏSME, SELON LES SYRIENS, LES PERSANS ET LES ARABES.

LIVRE SECOND.

CHAPITRE I.

Histoire de MANICHÉE *sous* SAPOR.

I. L'HISTOIRE de *Manichée*, est si différente dans les Ecrivains Grecs, de celle des Ecrivains Orientaux, que comme il y a eu des Savans, qui ont cru, que *Manès* & *Manichée* étoient deux hommes, on pourroit s'imaginer, avec autant de fondement, que le *Manès* des Orientaux & celui des Grecs, sont deux Héréfiarques, qui ont eu de la conformité dans leurs opinions, mais qui n'en ont presque point dans leur Histoire. Ce n'est pas qu'on doive tout-à-fait compter sur l'exactitude, & sur la fidélité des Syriens, des Persans & des Arabes. Ils sont tous Parties contre *Manichée*. Les Sectateurs de *Zoroastre* ne l'ont pas moins haï que l'ont fait les Orthodoxes. Les Mahometans, qui tolérent les Juifs & les Chrétiens, & qui croyent qu'ils ne seront pas exclus de la miséricorde Divine, ne

Histoire de *Manès* tirée des Orientaux.

Elle est plus juste & plus sûre que celle des Grecs.

ne font aucune grace aux *Manichéens*, qu'ils placent en Enfer immédiatement au-dessus des Athées. Cependant, puisqu'il s'agit de faits, qui se sont passez dans leur Pays, c'est proprement aux Orientaux, qu'il appartient de nous en instruire. D'ailleurs leur Rélation paroît bien plus naturelle que celle des Grecs, qui, comme je l'ai montré, est remplie de fautes & de fables manifestes.

Fausse Remarque de l'Abbé Renaudot.

Je ne suis donc pas du sentiment de l'Abbé *Renaudot*, qui, après avoir rapporté ce qu'il a lû dans les Orientaux touchant l'Histoire & les Dogmes de *Manichée*, prononce un jugement, que je croi plus fondé sur l'amour propre, sur une Partialité Nationale, que sur l'Equité, sur l'Experience & sur la Raison. " Quand on compare, *dit-il* (1), les Monumens certains des Anciens avec les „ Rélations imparfaites des Orientaux, on s'apperçoit d'abord, que „ si ces derniers ont quelque chose de vrai, c'est uniquement ce „ qu'ils empruntent des Grecs & des Latins. Car ils ne tirent „ de leur propre fonds que des fables ridicules & impertinentes ". Je laisse aux Savans, qui ont lû les meilleurs Auteurs Syriens & Arabes, à examiner le Jugement de cet Abbé, & à vanger tout l'Orient de son mépris. Je me contente de dire en général, qu'en matiére de faits, il est plus naturel de s'en rapporter au témoignage des Historiens, qui sont sur les lieux, qu'à des Ecrivains étrangers, qui ne savent pas même la Langue de ces Pays-là. J'ajoute, que si on faisoit le paralléle des Grecs & des Latins avec les Orientaux, je ne sai chez lesquels on trouveroit plus d'Histoires fabuleuses, & plus de mauvais raisonnemens.

Naissance de *Manichée* en l'année 240.
(*a*) Ci-dessus Liv. I. Ch. VI. p. 65.

II. J'ai eu occasion de remarquer (*a*), que la Chronique d'Edesse met la naissance de *Manichée* à l'année deux cens quarante de Nôtre Seigneur, mais sans nommer le lieu, où il vint au Monde. Son nom de *Corbicius*, que je ne trouve point dans les Orientaux, m'a fait conjecturer, qu'il pouvoit être né à CARCUB, Ville de la *Huzitide*, Province, où il y eut beaucoup de Chrétiens dès le commencement. Je n'ai pas crû, qu'on dût contester le témoignage de la Chronique d'Edesse, puisque je n'ai vû aucun Auteur, qui l'ait contredit; M. *Asseman* l'admet sans difficulté: & il est évidemment confirmé par la Rélation de *Sévére* d'*Asmonine*, qui doit avoir trouvé dans quelque Auteur Egyptien, Syrien, ou Arabe, que *Manès* n'avoit que *trente-cinq ans* lorsqu'il eut une Conférence avec *Archélaüs*.

Il n'est point vraisemblable

Je n'ai point remarqué dans les Orientaux qu'il soit né dans la servi-

(1) *Ubi enim comparantur certa antiquorum monumenta cum Orientalium imperfectis Commentariis, statim agnoscitur, si quid veri isti continent, id demum factum fuisse, cum ex Græcis aut Latinis aliquid transtulerunt: Ex se ipsis nihil ferme nisi nugas producere.* Renaud. Hist. Patriarch. Alex. p. 48.

servitude, quoi qu'un reproche, qui est au fond très-frivole, n'échappe guére aux Auteurs, quand ils font l'Histoire d'un homme, qu'ils n'aiment pas. *Sharistani*, qui a nommé le Pére de *Manès*, n'a point dit, qu'il fût esclave : il eut d'ailleurs l'éducation d'un homme riche; Car, pour ce qu'on avance dans les Actes d'*Archélaüs*, qu'il s'enrichit des dépouilles de *Scythien* & de *Térébinthe* j'ai montré que c'est une fable, quand j'ai fait voir que *Scythien* vivoit encore, lorsque *Manès* publioit son Hérésie. Tout ce qu'on peut croire sur ce sujet, c'est que *Scythien* étant de la Saracene Orientale (*a*), située dans l'Arabie Heureuse, & soumise aux Perses, étant d'ailleurs mort avant *Manichée*, il lui auroit laissé des biens considérables : Quoiqu'il en soit, l'Hérésiarque ne fut point esclave, s'il est vrai, comme *Sharistani* (2) le témoigne, *qu'il étoit d'une famille de Mages*, & peut-être Mage lui-même. Je ne sai s'il fut le prémier, mais au moins ne fut il pas le seul, de cette espéce de Philosophes, qui embrassa la Foi Chrétienne. N'en citons qu'un exemple, parce que le sujet étoit Persan comme lui, & qu'il portoit le même nom. Je veux dire (3) *Manès* ou *Maanès*, qui, après avoir été Mage, fut Métropolitain (*a*) d'*Hardashir*, Ville assise aux confins de l'Assyrie, & de la Grande Arménie, sur le rivage Oriental du Tigre. Il assista au Synode de Ctésiphonte, en l'année 420. sous le regne d'*Izdegerde*, & comparut devant lui avec d'autres Evêques, pour défendre la cause des Chrétiens. Comme il entendoit parfaitement le Persan & le Syriaque, il traduisit plusieurs Livres du Syriaque en Persan, pour faire connoître la Réligion Chrétienne à ses Compatriotes.

III. L'Auteur des Actes d'*Archelaüs* assure, que *Manichée* étoit le premier homme de son tems dans les Sciences des Perses & des Babyloniens. *Sharistani* confirme ce témoignage en lui donnant les titres de *Docte & de Philosophe*, qui sont les mêmes, que les Persans donnoient à *Zoroastre*. J'ai fait voir, qu'il entendoit la Langue Grecque, connoissance, qui n'étoit pas commune en Orient, & je ne doute point, que la plûpart de ses Lettres dont il y avoit un Volume, n'ayent été écrites en Grec. Il possédoit parfaitement la *Musique*, & l'aimoit beaucoup : aussi, dit-on, qu'il inventa un Instrument, nommé *Choelis*. Il savoit de même (4) les Mathématiques. Pour les opérations, *il avoit la main si juste*, dit M.

Qu'il fut né dans la servitude.
Science des Orientaux.
Voyez ci-dessus L. I. Chap. II. p. [illegible]
Il étoit d'une famille de Mages.
Autre Mage nommé *Manès*, qui fut Evêque.
Situation d'*Hardashir*.
(*a*) *Assem.* ub. sup. p. 522.
Etendue de ses connoissances.
Il entendoit le Grec.
La Musique.
Les Mathématiques.

(2) *Sharistani origine Magum fuisse perhibet*. Pocock. *ub. sup*. p. 149.

(3) Voyez ce qu'en dit *Asseman* dans sa *Bibliotheque Orientale*, T. III. P. II. p. 374. 377.

(4) *Pictor erat & Mathematicus*. Emir-Cond. ap. *Renaud*. Hist. Patriarch. Al p. 42. *Sub* Sapore *cognominato* Dul-Aclaf, *Pictorem fuisse & Mathematicum* &c. Leb Tarich, ap *Renaud*. Ib.

M. *Dherbelot* (1), *qu'il tiroit des lignes, & décrivoit des Cercles sans règle & sans compas.* Il *fit aussi un Globe terrestre avec tous ses Cercles & ses Divisions.* Le même Auteur assure (a) ailleurs, que les anciens Persans avoient une *Mappe-Monde* de sa façon, laquelle portoit le surnom de *Sourat-Robou-Meskoun*, c'est-à-dire, *la Figure, ou la Disposition des quatre Parties de la Terre Habitable.* L'Abbé *Renaudot* dit, après le *Leb-Tarich*, (2) „ qu'il tailla „ ou *dessina* sur une haute Montagne un Globe terrestre, où l'on „ reconnoissoit la situation de toutes les Provinces, des Mers, des „ Fleuves, des Montagnes & des Villes.

La Geographie. (a) Ibid. p. 551.

Il crut la Terre de figure Spherique.

Un si habile Mathematicien, un si bon Geographe, n'étoit pas capable de donner dans une Erreur générale, qui s'est soutenue très-long-temps parmi les Chrétiens, & avec une extrême opiniâtreté: c'est que la Terre est platte, & qu'il n'y a point d'Antipodes. Il comprit fort bien, que la Terre doit être d'une figure Spherique, aussi-bien que (3) le Ciel qui l'environne de tous côtez. C'est une des Hérésies, que l'on a reprochées à sa Secte, comme on le voit dans (4) *Cosmas*, surnommé l'*Indicopleustes*, & comme nous le verrons nous-mêmes dans la II. Partie, où nous examinerons ses Dogmes. Enfin il étoit savant dans l'Astronomie, & dans l'Astrologie. Il avoit même écrit sur ces Sciences, mais comme il ne nous reste rien de lui que le titre de son Ouvrage, nous ne pouvons instruire le Lecteur de sa capacité. On lui attribue à la vérité des opinions ridicules sur les Météores, & sur les Eclipses de Lune, dont j'aurai occasion de parler dans la II. Partie. Il faut joindre à toutes ces Sciences la *Médecine*, que les Persans en général avoient le soin d'étudier, & à laquelle les Mages en particulier s'attachoient beaucoup; & le bel Art de la Peinture, dans lequel il excelloit. Pour vanter son adresse, les Orientaux disent (b), *qu'il pouvoit tirer une ligne de vint aunes de longueur, sans le secours d'aucune Règle*

L'Astronomie & l'Astrologie.

La Medecine.

La Peinture.

(b) Ap. Hyd. ub. sup. p. 287.

(1) Dherbel. *Biblioth. Orient.* p. 549. *Adeo ut lineas & circulos perfectissime absque circino, aut alio instrumento duceret.* Renaud. Ibid.

(2) *Illum in excelso monte figuram Orbis terrarum designasse, ita ut omnium Provinciarum, marium, fluviorum, montium. Civitatum situs cognosceretur.* Renaud. ub. sup. p. 43.

(3) Je ne croi pas qu'on exige de *Manichée* les opinions des derniers Philosophes sur l'étendue infinie, ou indéfinie de l'espace du Monde.

(4) Μανιχαῖοι, παρὰ τοῖς Ἕλλησι φρονοῦντες, τόν τε οὐρανὸν καὶ αὐτοὶ σφαιροειδῆ νομίζοντες. &c. Cosm. Indicopl. Topographia Christiana Lib. VI. p. 271.

(5) *Parasse quoque sibi tunicam subtilissimam, qua amictus, quoties lubebat, invisibilis esset.* Leb-Tarich. Ap. *Renaud.* ub. sup. p. 43.

(6) *Sacerdos factus est* Ehvazi, *docuitque & interpretatus est libros, (sacros,* nempe) *& cum Judaeis Magis & Ethnicis disputavit.* Abulph. Dyn. p. 82. *Dherbel.* au mot, MANI.

(7) Voici ce que dit M. *Asseman* touchant cette Province. T. III P. II. p. 758. HUZIA, ou la HUZITIDE, est une Province contigue à la *Suziane* du côté de l'Orient. Les Peuples sont nommez

Régle, mais si droite & si juste, qu'il étoit impossible d'y remarquer la moindre obliquité. Aussi avoit-il orné le Livre, qui contenoit sa Religion, ou ses *Révélations*, de Peintures si delicates & si finies, qu'un Poëte Persan, voulant faire l'éloge de l'habileté d'un excellent Peintre, a dit, *que ses Ouvrages faisoient plier le Livre* d'Erteng, *& mépriser toutes les figures. L'Erteng* est l'Evangile de *Manès*. C'est aussi pour le distinguer des autres personnes, qui ont porté le même nom, que les Persans l'appellent Mani le Peintre. Si les anciens Péres Grecs, ou Latins avoient su cette derniere particularité, ils n'auroient pas manqué d'en profiter pour le rendre odieux aux Chrétiens. On sait comment *Tertullien* (*b*) a querellé à cette occasion un Philosophe Afriquain nommé *Hermogéne*; parce qu'il étoit Peintre aussi-bien que *Manès*, & qu'il soûtenoit, comme lui, l'éternité de la Matiére, quoiqu'il n'en eût pas les mêmes idées.

(*c*) Dherb. ub. sup. p. 17. *Manès* un excellent Peintre.

(*d*) Tertul. adv. *Hermogenem*.

J'oubliois une des plus belles & des plus curieuses Sciences de notre Hérésiarque. C'est celle de la Magie, qui est si décriée aujourdhui, qu'il y a presque autant de ridicule à la croire, que d'hérésie à la nier. L'Abbé *Renaudot* rapporte, sur la foi d'un Auteur Persan, (5) que *Manes* s'étoit fait une Tunique d'un tissu extrêmement fin, dont il se vêtoit toutes les fois qu'il vouloit se rendre invisible. Il faut, ou que sa Tunique fût usée, ou qu'il l'eût perdue, lors que le Roi de Perse le fit prendre & le fit mourir.

A tant de belles connoissances & de beaux Arts l'Hérésiarque joignoit la Science des Saintes Ecritures, & un grand zèle, pour la Foi. C'est ce qui le fit ordonner (6) Prêtre lorsqu'il étoit encore jeune dans une Ville très-considérable qu'*Abulpharage* nomme Ehvaz, *Dherbelot* Ahvaz, & Ahovaz, laquelle étoit Capitale de la (7) *Huzitide*. La Religion Chrétienne devoit y être bien

Savant dans les Ecritures.

mez Huzites: les Arabes les appellent Ahvaz: les Grecs & les Latins, *Uxiens*, ou *Oxiens*, & le Pays la *Uxie*, ou la *Uxiane*. La Métropole, que les Syriens nomment Lapeta, ou Beth-Lapeth, est appellée par les Arabes Suk-al Ahvaz, *le Bourg des Huzites*. Elle est distante d'Ispahan de 80. *Parasanges* (La Parasange est de 4000. Pas) Le Diocése du Métropolitain comprend quatre Provinces. Il étoit le premier après le Patriarche. (NB. Tout ce que M. *Asseman* dit ici convient à la Ville de Gandi-Sapor, qui fut bâtie par *Sapor I*; & dans laquelle *Manichée* mourut, comme on le verra à la fin du Chap. IV.) M. *Hyde* (ub sup. p. 415.) remarque qu'*Ahvaz* est Elymais, & qu'Elam est la Province d'*Ahvaz*, que ce dernier nom est le même que celui de Chuz, que l'on a prononcé, comme s'il y avoit simplement Huz, & que *Huz* forme *Ahvaz* au pluriel. M. *Asseman* n'est pas de ce sentiment. Il prétend que la *Huzitide*, & l'*Elymaïde* sont deux Provinces différentes Voyez *ub. sup.* p. 744. Notons ici en passant, que l'Abbé *Renaudot* place *Ahvaz* dans la Mésopotamie, Ahvazæ, *quæ est Urbs in Mesopotamia*. Hist. Patriarch. Al. p. 45. Cela n'est pas d'un habile Geographe. Je ne ferois pas ces petites Observations,

bien florissante, s'il est vrai, comme les Syriens le disent, que (1) le Christianisme fit, dès le commencement de très-grands progrès dans les Provinces d'*Elam*, de la *Susiane*, de la *Chusiane*, & de la *Huzitide*.

Manès se signala d'abord dans l'exercice de sa Charge par son zèle & par sa capacité. Il expliqua les Livres Sacrez, & défendit la Religion Chrétienne contre les Juifs, contre les Mages, & contre les Payens, jusqu'à ce qu'enfin séduit par les opinions Philosophiques, qu'il avoit apparemment reçuës dès son enfance, & auxquelles il voulut accommoder le Christianisme (2) il *renonça à la Foi Orthodoxe*, dit *Abulpharage*, *& prétendoit être le* MESSIE. Je suis fâché que le savant Monophysite, en disant une vérité, y ait mélé une fausseté manifeste. Mais, tout habile qu'il est, il lui arrive, comme à beaucoup d'autres, d'être la dupe d'un certain zèle anti-Hérétique; dont les Auteurs les plus modérez ont bien de la peine à se préserver. C'est par la même raison, qu'*Abulpharage* a eu la foiblesse d'écrire, (a) que le célèbre *Bardésanes* ne se contentoit pas d'appeller le *Soleil* le PE'RE DE LA VIE; & la *Lune*, LA ME'RE DE LA VIE, expressions qu'on pourroit souffrir. Il y ajoutoit encore la ridicule fiction qu'au déclin de la Lune, cette *Mére de la Vie* „ quittoit ses vêtemens : alloit trouver le Soleil son Epoux : & qu'alors ces deux Planétes „ couchoient ensemble, & produisoient des enfans, qui continuoient le Genre Humain ". J'ai vû, avec une sorte d'étonnement, mais pourtant avec plaisir, à cause des lumieres que j'en ai tirées, que la même extravagance a été reprochée, plus de mille ans depuis, à ces prétendus Manichéens, auxquels on a donné les noms ridicules de *Patarins*, de *Popelicains* de *Cathares*, ou *Cazares*, comme j'aurai lieu de le remarquer dans leur Histoire. Mais, pour revenir à *Abulpharage*, ou il s'en est laissé imposer par quelque Auteur Syrien, qui a accusé *Manichée* de s'être dit le *Messie*, ou, ce qui me paroît plus vrai-semblable, *Pocock*, qui a traduit l'Histoire d'*Abulpharage*, nous a donné, sans y penser, une fausse idée de ce que son Auteur a voulu dire. Le *Christ* & le *Messie* sont pour tous la même Personne : mais dans ces anciens Docteurs, qui ont précédé le Concile de Nicée, le *Christ* n'est quelquefois que le S. Esprit, ou la Divinité, qui descendit, sur Jesus dans son Baptême : C'est-là sans doute ce que l'Auteur Syrien a voulu dire, & ce que l'Interprête n'a pas compris. Si l'Abbé *Renaudot* avoit fait cette réflexion, il n'auroit pas repro-

Il devient Heretique.

On lui impute faussement de s'être dit le Messie.

(a) Dynast. [illegible] p. 79.

Exemple d'imputations ridicules.

tions, si cet *Abbé* n'étoit le plus superbe, & le plus rigoureux Censeur du monde.

(1) *Porro Christiani in Elymaïtica, Susianâ, Chusianâ, & Huzitide ab initio frequentissimi fuerunt.* Assem. ub. sup. T. III. P. II. p. 420.

(2) *Deinde à Fide desciscens se ipsum Messiam*

proché, au célèbre *Abulpharage*, (a) de contredire le témoignage général de tous les Chrétiens, & de tous les Mahometans. Il se seroit aussi épargné à lui-même une faute contre l'Histoire Ecclesiastique. Car nous verrons dans la II. Partie, que plusieurs Auteurs Chrétiens ont reproché à *Manès* de s'être dit le *Christ*.

(a) Renaud. ub. sup. p. 45.

IV. *Manichée* ayant manifesté ses Erreurs, il fut banni de la Communion de l'Eglise Catholique, & ce fut apparemment alors, qu'il alla demeurer dans la Ville Royale, & commença d'être connu de *Sapor I.* qui regnoit en Perse. *Alexandre de Lycople* (b) temoigne, qu'il *l'accompagna dans ses Armées*; & j'ai jugé que ce fut en qualité de Medecin. Il gagna bientôt la faveur & la confiance de ce Prince, si connu dans l'Histoire, par les Victoires qu'il remporta sur les Romains, & par les ravages, qu'il fit dans les Provinces Orientales de l'Empire.

Manès excommunié s'attache à Sapor.

(b) Ub. sup. p. 4.

Ardezhir, surnommé *Babecan* du nom d'un de ses Ayeuls, (c'est celui, que les Grecs nomment *Artaxare*, ou *Artaxerxes*) étant Persan d'origine, rendit à sa Nation l'Empire, qui lui avoit été enlevé par les Grecs; & qui des Grecs avoit passé aux Parthes. On place cette Révolution à l'année (3) 226. *Eutychius*, Patriarche d'Alexandrie, dit que ce Conquerant regna quatorze ans six mois, (4) *avec toute la justice possible*. Il laissa pour Successeur *Schabour*, ou *Sapor*, Prince formé pour affermir une Autorité, qui, ne faisant que de naître, avoit besoin d'être soutenue par la prudence, par la valeur & par la justice. Les Romains se plaignent extrémement de ses cruautez, mais les Orientaux le louent plus qu'ils ne le blâment.

Caractère de ce Prince.

La Religion des Perses avoit suivi le sort de leur Nation; abbaissée, quand cette Nation fut assujettie; elle se releva, lors que la même Nation remonta sur le Thrône. *Sapor* fut fort zèlé pour cette ancienne Religion de ses Prédecesseurs, qui, de la maniere qu'on nous la décrit, est la plus pure, que la Raison Humaine ait jamais imaginée. Faisons connoître aux Lecteurs, qui n'ont pas le loisir, ou la commodité de consulter les Auteurs, qui en ont traité, quelle étoit la Religion des Perses, de leurs Prêtres, de leurs Philosophes, & celle de *Zoroastre* en particulier, parce que tout cela est lié avec le Manicheïsme.

Digression sur l'ancienne Religion des Perses.

Les Prêtres & les Philosophes des Perses furent nommez MAGES, nom ancien, mais obscur, & auquel on donne différentes étymologies, & différentes significations. *Dherbelot* (c) cite un Livre intitulé le *Tarikh-Montekheb*, où l'Auteur enseigne, que le sur-

Origine du nom de Mages.

(c) Biblioth. Orient. p. 931.

Messiamnominavit. Ibid.

(3) *Pagi*, Critic. Baron. An. 226. *Abulpharage* met cette Revolution à l'année 13. d'*Alexandre* fils de *Mammée*, Dynast. p. 80. M. *Asseman* à l'an 4. de ce Prince, qui répond à l'année 227.

(4) *Quantâ fieri potuit cum justitiâ inter homines versatus*. Annal. T. I. p. 417.

furnom de *Megiousch*, qui fut donné à *Zoroastre*, est un nom corrompu par les Arabes du mot Persan *Meikhousch*, qui signifie, *Aigre-doux*, à cause qu'il établissoit deux Principes. Cette Etymologie paroît trop recherchée. Celle qui suit, & qui est rapportée par le même *Dherbelot*, ne vaut pas mieux; c'est que (a) *Meikhousch* est un abrégé de *Mikghousch* ou *Mije-gusch*, termes qui signifient, *Oreilles courtes*, comme si le nom de *Mage* avoit commencé avec *Smerdis*, qui se saisit de l'Empire après *Cambyse*, & qui avoit les *Oreilles coupées* : M. *Hyde* (b) soutient que *Migighusch* signifieroit plutôt de *grandes Oreilles* que des Oreilles courtes. D'autres Auteurs jugent, que le nom de *Mages* fut donné aux Prêtres des Perses, à cause de la maniére dont ils faisoient le service, *murmurant* plutôt, ou *marmottant* leurs priéres qu'ils ne les prononçoient, ce qui les fit appeller *Mages*, c'est-à-dire *Murmurateurs*, ou *Marmotteurs*, *Mussitatores*. Tout cela n'a rien de naturel. M. *Hyde* a mieux rencontré, si je ne me trompe, lorsqu'il a remarqué, que (c) MOG est un ancien nom des Sacrificateurs des Perses, dont on ne sait point l'origine, & *Pocock* observe, que l'idée attachée à ce terme, n'est autre chose que celle d'un *Adorateur du Feu*, ou d'un Prêtre, qui *fait le Service devant le Feu*.

(a) *Ub. sup.* p. 932. Voyez aussi p. 701. au mot *Pazend*: & conferez *Pocock*. Specim. Hist. Arab. p. 145.

(b) *Ub. sup.* p. 2[illegible].

(c) *Ub. sup.* p. 2[illegible]3.

Les Mages n'adoroient point le Feu.

Il ne faut pas s'imaginer, que les Persans, ni leurs Prêtres, adorassent le Feu terrestre, devant lequel ils faisoient le Service Divin, eux qui n'adoroient pas même *Mithra*, qui est le Feu pur, le Feu celeste, ou le *Soleil*. Ils ne rendoient le souverain Culte qu'au Dieu Suprême, qui est le Créateur & le Souverain Arbitre du Monde. Quand on a demandé à ces restes des anciens Persans, qui se sont retirez dans les Indes depuis la conquête des Arabes, quel culte ils rendent au Soleil (1); ils ont repondu qu'ils n'adorent point les Astres, ni le Soleil, ni la Lune, ni aucune des Planètes; qu'ils tournent seulement le visage du côté du Soleil lors qu'ils prient.

Zoroastre Reformateur du Magisme.

Les Anciens & les Modernes ne sont pas d'accord, sur la question, si la Religion des Mages étoit déja établie permi les Perses, lorsque ZOROASTRE vint au Monde, ou si le SABAÏSME & l'Idolatrie règnoit parmi ces Peuples : Dans le premier cas, il ne seroit que le *Restaurateur* ou le *Réformateur* du Magisme, au second il en seroit l'*Instituteur*. Ce n'est pas une Question, qui nous regar-

(1) *Quod nunquam adorabant Solem. Et mox addiderunt, se non exhibere aliquam adorationem Soli, aut Lunæ, aut Planetis, sed tantum erga Solem se convertere inter orandum.* Hyd. ub. sup. p. 5.

(2) Quand on lit la description de cet Oiseau dans M. *Hyde*, on croiroit presque que notre mot de *Dodu* viendroit du nom de cet Oiseau.

(3) M. *Hyde* a donné la Traduction de ce Livre à la fin de son Traité de la Religion des anciens Perses. Je ne sai sur

regarde: mais s'il falloit prendre parti, je croirois plutôt que *Zoroastre* ne fit que réformer la Religion des Mages, qui avoit été altérée, ou la purifier des fausses opinions, dont elle étoit corrompuë. Cet homme nâquit (*d*) au tems de *Cyrus* dans la Province d'*Aderbijan*, qui est la *Médie*. Son Pére, natif de la même Province, se nommoit Purshasp, & sa Mére, qui étoit de la Ville de *Rey*, s'appelloit (2) *Dogbdu*. On remarque que c'est le nom d'un gros oiseau fort laid & fort gras, qui n'est couvert que d'un petit duvet.

Son Histoire.

(*d*) *Hyd.* ub. sup. p. 298.

La Généalogie de *Zoroastre* paroit certaine, puis qu'elle se trouve dans un Livre Religieux des Persans, appellé (3) *Sad-Der*: & comme tous les noms de ses Ancêtres, jusqu'à *Espintaman*, son Trisayeul, sont des noms Persans, on ne sauroit douter qu'il ne fût d'origine Persane, de sorte que ceux, qui l'ont cru Juif, se sont trompez. Cela n'empêche pas qu'il n'ait pu être au service de quelque Prophète, ou de quelque homme illustre parmi les Juifs, sa famille étant pauvre. Je laisse des fables touchant la merveille de sa naissance, pour examiner en passant, si son nom de Zerdusht, ou Zardasch, étoit son nom propre, ou si c'est un surnom Religieux, qu'on lui a donné. Le dernier me paroît le plus vraisemblable. La raison en est, que *Zardasch*, en ancien Persan, signifie *Ami du Feu* (4), comme le témoignent encore aujourdhui ses Sectateurs, qui sont dans les Indes. Cette Remarque pourroit servir à concilier les Historiens, qui parlent de plusieurs *Zoroastres*, lesquels ils placent en divers tems. Mr. *Hyde* soutient, (*e*) qu'il n'y en a jamais eu qu'un seul, qu'on n'a multiplié, que pour n'avoir pas su ni le Siécle, ni la Patrie du véritable. Cette pluralité pourroit venir aussi, de ce que le nom de *Zoroastre*, n'étant point un nom propre, on l'a donné à tous ceux, qui ont autorisé la Religion du Feu. C'est ainsi qu'*Oxyartes*, Roi des Bactriens, aura été appellé *Zoroastre*, & que les Persans donnent le même nom à *Abraham*, parce qu'ils prétendent que ce Patriarche, approuva & pratiqua la même Religion.

Signification du nom de *Zerdusht*, ou *Zardasch* que les Grecs ont transformé en celui de *Zoroastre*.

(*e*) *Ub. sup.* p. 308.

D'où vient qu'il y a plusieurs *Zoroastres*.

Après avoir formé, dans la solitude, son Systême de Philosophie & de Religion, après l'avoir écrit dans un Livre, qui est nommé le Zend, *Zoroastre*, parvenu à l'âge de trente ans, alla trouver *Hystaspes*, que les Perses nomment *Gustasp*, dans la Ville de *Balk*. & lui présenta son Livre, on dit, qu'il se vanta de l'avoir reçu du Ciel:

Il présente son Livre à *Hystaspes*, qui embrasse sa Doctrine.

sur quel fondement l'Abbé *Renaudot* a decidé d'un ton magistral, que cet Ouvrage est tout nouveau, quoique M. *Hyde* le donne pour un Abrégé des Préceptes de *Zoroastre*.

(4) On tient cela du Docteur *Henri Lord*, qui avoit été Chapelain des Marchands Anglois aux Indes. *Dherbelot*, au mot *Zardasch*, confirme cette Etymologie, & M. *Hyde* n'en trouve point de plus vrai-semblable. *Hyd.* p. 310.

Ciel: mais il y a plus d'apparence, qu'il prétendit seulement, que le Ciel lui avoit révélé ce que ce Livre contenoit. Le Roi *Gustasp* le reçut, & *Zoroastre* en ayant confirmé la Doctrine par quelques prodiges, il l'embrassa, & la fit embrasser à ses Sujets. M. *Hyde* met la mort de ce Prince vers l'an 555. avant la naissance de Notre Seigneur: mais ces dates ne sont pas fort sures.

Idée de sa Religion & de sa Théologie.

La Religion de *Zoroastre* consistoit dans ces trois Articles capitaux; *dans la pureté de la Foi*; *dans la sincerité & l'honnêteté des paroles*, *dans la justice & la sainteté des actions*. Elle ne reconnoissoit qu'un seul Dieu, & défendoit l'adoration de tout autre que de lui. C'est ce qu'on voit par ces mots du *Sad-Der*: (a) Sachez *avant toutes choses*, *que vôtre Seigneur est* UNIQUE; *qu'il est* SAINT, *qu'il n'a point d'égal*: *qu'il est le Seigneur de la Puissance & de la Gloire*. Cet Article fondamental est confirmé par les témoignages des Auteurs Arabes, qui assurent que *Zoroastre* n'a ouï (1) *qu'un seul Dieu*, *sans compagnon*, *sans Associé*, *sans égal*. C'est ce même Dieu, qui existe par lui-même, & qui, avant tous les Siécles, forma le Monde des Esprits purs & bienheureux. Ce sont les mêmes, que *les Eons* des Manichéens, ou les *Intelligences* de *Platon*, les *Anges* des Juifs, & des Chrétiens. Trois mille ans après ce premier Ouvrage (2) *Dieu envoya* SA VOLONTE', *sous la forme d'une Lumiere toute brillante*; *elle parut sous la figure d'un Homme*. Elle étoit accompagnée de soixante & dix des plus honorables de ses Anges, & ce fut alors qu'elle forma *le Soleil*, *la Lune*, *les Etoiles & les Hommes*. Ce ne sont certainement, que les Ames Humaines, avec le corps lumineux, subtil, transparent, qu'elles ne quittent jamais, & qui est comme leur Enveloppe, & leur *vehicule*. Car pour le corps matériel & corruptible elles n'en ont été revétues, que lorsqu'elles sont descendues dans ce Monde sublunaire, qui n'étoit pas encore créé. On verra ailleurs, que *Manichée* garda plusieurs de ces idées.

(a) Ap. Hyd. ub. sup. p. 442.

Création du Monde des Esprits.

Du Monde des Astres.

Du Monde Sublunaire.

Jusqu'ici le Mal ne paroît point: Il ne se manifesta que trois mille ans après, lors que Dieu forma ce bas Monde (3), qui a pour limites le tourbillon de la Lune où finit l'Empire du Mal & de la Matiére. Au-dessus tout est heureux, immortel: mais avant que de parler de l'origine du Mal, achevons la Description de la Religion de *Zoroastre*. Fort pure à plusieurs égards dans ses Dogmes, elle

Culte de Zoroastre.

(1) *Unum esse Deum nec Socium habere.* *Abulphedа*, apud *Pocock.* ub. sup. p. 146. *Hyde* de même, *Sine Socio*, *sine pari.*

(2) *Transmisisse Voluntatem suam, in forma Lucis fulgentis*, *composita in figuram Humanam.* Sharist. ap. *Hyd.* Cap. XXII. p. 298.

(3) Cette idée de trois Mondes a été commune aux Egyptiens, & à d'autres Na-

elle l'étoit de même dans son culte. Point d'Images, ni de Statues, dans les Temples, qui n'étoient consacrez qu'à la Divinité. L'unique Symbole qu'on y avoit de sa présence étoit un feu continuel. Lors qu'on l'adoroit, on se tournoit vers l'Orient, parce que c'est de ce côté-là que vient la Lumiére; & que les Astres commencent à paroître. On ne rendoit aucun Culte Religieux aux Anges. On ne les consideroit que comme des Ministres de l'Etre Suprême, ayant chacun leur emploi, leur département dans le Gouvernement du Monde; faisant l'office de Médiateurs entre un Dieu invisible & inaccessible, & entre des hommes pécheurs & mortels. A l'égard de ce que les Payens nommoient les *Dieux visibles*, le Soleil & les Etoiles, ils n'étoient regardez que comme des Images de la Divinité : mais des Images animées, qui ayant été formées par elle-même, méritoient aussi une sorte de vénération. Du reste les Persans n'adressoient des prieres, & ne demandoient des graces, qu'à Dieu seul. Un Paradis, un Enfer, qu'ils appellent la *Gébenne*, l'Immortalité des Ames, la Résurrection des Corps, étoient les Dogmes constans de leur Foi. Ils prétendoient la tenir d'*Abraham*, qui l'avoit enseignée, & défendue contre les Idolatres, qui s'élevoient & se multiplioient dans l'Assyrie.

Cette Religion, dont *Zoroastre* avoit été le Restaurateur, ou l'Instituteur, ayant souffert de grandes altérations, pendant le cours de huit cens ans, qu'elle cessa d'être regnante, sous la Domination des Grecs, & ensuite des Parthes, elle avoit besoin d'une nouvelle reformation. C'est ce qui obligea *Artaxare* (a) d'assembler un Concile, composé des Principaux Mages de son Empire. On dit aussi que ce Prince voulut les consulter sur des doutes, qu'il avoit, touchant l'état des Morts, le Paradis & l'Enfer. Pour l'affermir dans l'ancienne Foi sur tous ces Articles, un Mage célebre par sa sainteté, nommé *Erdaviraph*, eut une Extase, qui dura sept jours & sept nuits, pendant laquelle son Ame transportée dans le Ciel vit ce qui se passe dans ce Monde inconnu. Revenu de ce ravissement, il rendit compte au Roi de ses Révélations, il attesta les veritez fondamentales, sur lesquelles la Foi de ce Prince avoit été ébranlée, & confirma son témoignage par quelques Prodiges. C'est ainsi que la Religion de *Zoroastre* fut rétablie dans tout son lustre, & reprit son ancien crédit. Il resta seulement un certain nombre d'Incrédules que l'on fait monter à quatre vint mille.

Cette Religion s'altere dans l'Empire des Grecs & des Parthes. Concile des Mages pour la reformer.

(a) *Ibid.* lib. sup. Cap. XXI.

Sapor

Nations, *Triplicem quippe Mundum*, dit un savant Moderne, *Intelligibilem, scilicet, Cœlestem, & Elementarem admiserunt.* L'Auteur ajoûte les figures hieroglyphiques, par lesquelles ils signifioient ces trois Mondes. Un *quarré parfait* étoit celle, qui representoit l'Univers entier. Voyez *Spizel.* De Re Liter. Sinens. *Sect.* VI. p. 81.

Les Incrédules convertis par l'épreuve du feu.
Ancienneté de cette Epreuve.

Sapor ayant succédé (1) à *Artaxare* son Pére en l'année 241. & voulant ramener les Incrédules à la Foi de leurs Ancêtres, ordonna aux Mages de chercher les moyens de les convaincre. Surquoi un de leurs Pontifes, ou Archévêques, (car la Hierarchie étoit établie parmi eux) nommé *Adurabâd Mahrasphand*, offrit de faire l'épreuve du feu. Cette épreuve est bien ancienne, puisqu'elle étoit en usage avant le tems de *Sophocle*, qui vivoit, aussi bien qu'*Euripide*, plus de quatre cens soixante ans avant notre Seigneur. Le Lecteur peut voir au bas de la page les vers (2) de *Sophocle*. Le Mage proposa donc, qu'on versât sur son corps nud dix-huit Livres de cuivre sortant de la fonte, & tout ardent, à condition, que s'il n'en étoit point blessé les Incrédules se rendroient à un si grand Prodige. On dit, que l'épreuve se fit avec tant de succès, qu'ils furent tous convertis.

Manichée va à la Cour de *Sapor* & y trouve encore des Esprits flottans sur la Résurrection qu'il nie.

Manichée n'étant né, que vers la fin du régne d'*Artaxare*, je ne saurois le mettre au nombre de ces Incrédules, qui étoient les restes de ceux que ce Prince n'avoit pû ramener à la Foi de leurs Péres. D'ailleurs il fut d'abord Chrétien & passa pour Orthodoxe, puisqu'il fut Prêtre. Ce n'est donc point à son occasion, que se fit le Prodige opéré par le Mage *Adurabâd Mahrasphand*, mais cette espéce d'Hérésie, qui attaque, ou l'immortalité de l'Ame, ou la résurrection des morts, n'a point de Fort, ni d'azile, où elle se defende avec plus de hardiesse & d'opiniâtreté, que les Cours des Princes, dans lesquelles des hommes fiers, emportez souffrent impatiemment, que la crainte d'une vie à venir gêne leurs Passions, & l'abus de leur pouvoir. Ainsi, quand *Manichée* vint à la Cour de *Sapor*, il y trouva sans doute beaucoup d'Esprits encore flottans, sur les Questions, qui avoient été agitées dès le tems d'*Artaxare*, & qui rouloient sur l'état des Morts. Je ne croi pas que ce soit donner trop témérairement l'essor à ses conjectures, de dire qu'une de ces Questions étoit celle de la Résurrection, Dogme affirmé par les Mages, mais nié absolument par *Manichée*.

Il persuade son Erreur à ce Prince.

Cet homme, qui étoit savant, & dont les mœurs étoient austères, gagna bientôt l'estime de *Sapor* & s'insinua si bien dans son esprit, (3) qu'il lui persuada au moins son Hérésie sur la Resurrection. Je suis fort trompé si ce ne fut pas par cet endroit-là, qu'il surprit ce Prince. Car outre que la Raison n'admet ce Dogme qu'avec répugnance, & par une grande soumission de Foi, c'est qu'on verra dans la suite, que ce fut le principal Chef d'accusation, pour lequel on le fit mourir.

CHAPI-

(1) *Pagi.* ub. sup. An. 241. Cet Auteur donne à *Artaxare* quinze ans de regne moins deux mois. *Eutychius* 14. & six mois.

(2) Ἤμεν δ' ἕτοιμοι καὶ μύδρους αἴρειν χεροῖν, Καὶ πῦρ διέρπειν, καὶ θεοὺς ὁρκωμοτεῖν. Τὸ μὴ δρᾶσαι. Soph. in Antigone. Cela veut dire, „ Nous étions „ prêts à empoigner un fer rouge & à „ mar-

CHAPITRE II.

Origine du Manicheïsme. *Systême des* Mages *sur les Deux Principes.*

I. Il y a deux opinions générales sur le sujet des Principes. J'entends par les *Principes* des Etres éternels, qui existent nécessairement, & qui n'ont aucune Cause étrangére, ni de leur existence, ni de leur maniere d'exister; mais qui sont au contraire les Causes de tout ce qui existe.

Definition des Principes.

La prémiére opinion est celle de ces Philosophes, qui ont reconnu dans le Monde deux Etres éternels, l'un *actif*, l'autre *passif*: l'Agent, & le Sujet sur lequel il déploye son action: En un mot, Dieu & la Matiere. Substances, à la vérité éternelles l'une & l'autre, mais essentiellement différentes, parceque l'une a des proprietez & des perfections, que l'autre n'a, ni ne peut avoir; & que tout ce qu'il y a de beauté, d'ornement, d'arrangement, de symmetrie dans les corps, vient de la Sagesse & de la Volonté de l'Esprit, qui a donné le mouvement à la Matiére, ou du moins qui l'a dirigé.

Deux Principes, selon les uns. Dieu & la Matiere.

Mais d'autres se sont imaginez, qu'il n'y a dans l'Univers qu'une seule Substance, qui réunit en elle-même tout ce qu'il y a de Perfections, & qui en vertu du Mouvement, qu'elle tient de la même Nécessité de qui elle tient son existence, se donne sans cesse à elle-même, & reçoit cette infinité de modifications différentes, qui forment les divers Corps, dont le Monde est composé.

Un seul Principe, selon d'autres; une seule Substance, savoir la Substance etendue.

Je ne croi pas, qu'avant les Chrétiens il y ait eu d'autre Systême que ces deux-là; Personne n'ayant jamais conçû, qu'il fût possible de faire quelque chose de rien. C'est une Question, que j'examinerai, lors que je traiterai du Systême de *Manichée*.

Celui des Philosophes Persans avoit l'avantage d'être infiniment éloigné du Systême, que j'ai proposé en second lieu, & qui est connu aujourd'hui sous le nom de Spinosisme, parceque le fameux Spinosa l'a remis en vogue, quoiqu'il soit tres-ancien. On le trouve effectivement, & dans les Philosophes Grecs, & dans les Philosophes Juifs, qu'on nomme *Cabbalistes*, desquels on

Le Systême des Mages infiniment contraire à ce dernier.

„ marcher au travers du feu, en jurant „ par les Dieux, que nous ne l'avions „ pas fait.

(3) *Antequam dictum Regem* Shabur *ad Haresim seduceret & pelliceret* Manes *Persa*. Ap. Hyd. p. 280. Mazhudi, *quem citat* Emir-Condus, *scribit* Saporem *primo ad* Manetis *Religionem accessisse*. Renaud. *Hist. Patriarch. Al.* p. 43.

on croit que *Spinosa* l'a tiré. D'autre côté le Systême des Mages ajoûtoit quelque chose au premier que j'ai décrit. Car en reconnoissant deux Etres éternels, comme tous les autres Philosophes de la même Classe, & par conséquent une Matiére éternelle aussi-bien que Dieu; ils ne croyoient pas neanmoins que cette Matiére fût d'elle-même une Masse morte, informe, destituée de mouvement, de sentiment, de perception. En un mot, ils la croyoient animée, & ayant la puissance de produire d'elle-même une infinité d'Etres revêtus des imperfections de la Cause qui les produiroit. Il semble même, qu'ils reconnussent, dans la Region de la *Matiére*, un *Chef*, un *Prince*, qui avoit dans son Empire un pouvoir à peu près égal à celui, que Dieu avoit dans le sien. Ces deux Empires étoient éternellement séparez. Dans l'un, le Bien tout pur; dans l'autre le Mal tout pur. Le prémier s'appelloit la LUMIE'RE; le second, les TE'NE'BRES: Mais quand il plût à Dieu de créer le Monde sublunaire, comme il le créa dans la Region de la Matiére, alors le Bien & le Mal, la Lumiére & les Ténèbres furent mêlez, ces deux Principes entrant également dans la composition de ce bas Monde, comme on le reconnoit par les effets.

Ils concevoient la Matiere, comme un Etre, qui a le mouvement & la perception; & de laquelle sont sorties les Puissances Mauvaises.

Selon ce Systême, le Mal est une Substance, ou une Propriété éternelle d'une Substance éternelle: Et le Bien est de même une Substance, ou une Propriété éternelle d'une Substance opposée. Le Mal n'est point un accident provenu des variations d'un Etre intelligent & libre, qui placé entre ce qui est permis & ce qui est défendu, entre la Vertu & le Vice, avec le pouvoir de choisir, peut s'éloigner, ou s'approcher à l'infini de l'un ou de l'autre. Le Mal Moral, & le Mal Physique, viennent de la même source.

Ils n'ont point crû le Mal un effet de la Liberté d'un Esprit muable.

Tous les Mages en général convenoient, qu'il y a deux Principes, l'un du Bien, & l'autre du Mal. Je n'ai vû aucune preuve que ces Philosophes ayent jamais regardé le Mal, comme l'effet de la détermination libre d'un Etre pensant, lequel étant créé ne peut être immuable: Car ce qui n'a pas dans sa nature même la cause nécessaire de son existence, ne peut avoir non plus la cause nécessaire de sa maniére d'exister & de penser.

Les Grecs n'ont pas mal représenté le Systême des Mages, lorsqu'ils ont dit, (1) que ces Philosophes reconnoissoient deux Puissances contraires, l'une Cause des biens, l'autre Cause des maux: &

Le Systême des Mages a été bien representé par les Grecs.

(1) Θεοὺς εἶναι δύο καθάπερ ἀντιτέχνους, τὸν μὲν ἀγαθῶν, τὸν δὲ φαύλων δημιουργὸν· τὸν μὲν ἀμείνονα, θεόν· τὸν δὲ ἕτερον δαίμονα καλοῦσι. *Plutarch.* Isid. & Osir. p. 389. J'ai mis dans le texte *deux Puissances*, & non pas *deux Dieux*, quoique *Plutarque* ait dit θεοὺς δύο, puis que lui-même convient, que les Perses ne donnent le nom de *Dieu* qu'à l'Auteur du bien.

(2) Νῦν δὲ, ὡς τὰ πολλὰ, τοῖς καλουμένοις Μανιχαίοις ξυμφέρονται &c. *Agath.* Hist. Just. L. II. Je me suis servi de la Traduc-

& qu'ils donnoient à la premiére le nom de *Dieu*, & à la seconde celui de *Démon*. " Les Perses, *dit Agathias* (2), sont dans la mê„ me erreur que les *Manichéens*, en ce qu'ils reconnoissent comme „ eux deux Principes : l'un, qui est bon, & qui produit tous les „ biens : l'autre, qui est mauvais, & qui produit tous les maux. „ Ils ont imposé à ces deux Divinitez deux noms barbares, tirez „ de leur Langue. Ils appellent ORMIZDAS le Dieu, qui est „ la source du bien : & ARIMANE, le Dieu, qui est la source „ du Mal ". Tout est juste dans ce recit, hormis l'attribut & le nom *de Dieu*, que les Mages ne donnoient point au mauvais Principe, parcequ'ils ont été trop sages pour le servir ; Ils se sont garantis de l'horrible Superstition d'un grand nombre de Peuples, qui offroient des sacrifices aux mauvais *Démons*, afin de prévenir les maux, qu'ils auroient pû leur faire.

Ormizdas nom du bon Principe. Origine de ce nom.

II. Je ne me suis pas apperçu, & peut-être est-ce ma faute, que M. *Hyde* nous ait donné la véritable signification du nom Persan, *Ormizdas*, ou plutôt *Hormizdas*. Il a bien remarqué quelque part que ce nom est attribué à la Planète de *Jupiter*, & que lorsqu'il désigne la Divinité, il est accompagné de quelque Epithéte, qui le caractérise, & qui en détermine la signification. Par exemple, les Perses disent (*a*), HORMIZDA CHODA, c'est-à-dire *ô souverain Dieu*. Un (3) habile Anglois croit, qu'*Oromazdes* étant composé de deux mots, dont l'un signifie *Lumiére*, & l'autre *conserver*, designe la SOURCE DE LA LUMIE'RE, LE RESERVOIR, pour ainsi dire DE LA LUMIE'RE. Un autre Savant, qui a cherché l'origine de ce nom dans la Langue Chaldaïque, croit qu'il veut dire (4) UN FEU ECLATANT, RESPLENDISSANT ; & il est vrai, que rien n'est plus commun chez les Chaldéens que d'appeller la Divinité UN FEU, un *Feu pur*, un *Feu intellectuel*.

(*a*) *Hyd.* ub. sup. p. 161.

Il y a de l'apparence que ces habiles Modernes se trompent, en cherchant, dans la Langue Chaldaïque, l'étymologie & la signification d'un nom, qui vient de l'ancienne Langue des Perses. C'est ce qu'un Savant, qui posséde parfaitement l'Arménien, aussi-bien que d'autres Langues Orientales, a montré dans une Remarque qu'il m'a communiquée, & que le Lecteur trouvera toute entiére

(1) au

Traduction de M. *Cousin*. Hist. Byzant. T. II. p. 421.

(3) *Windet*, De vitâ functorum statu. p. 36. On donne diverses autres origines à ce nom, surquoi l'on peut consulter le savant M. *Wolff*, dans son Livre intitulé : *Manichaismus ante Manichaeos.* p. 59. & seq.

(4) *Chaldais dictus est summus Deus* OROMAZE, *Chaldaicè significans* IGNEM SPLENDENTEM. *Jo. Cleric.* Ind. Philolog. ad Orac. *Zoroastr.*

(1) au bas de la page. Il prouve donc, qu'O R o, ou plutôt H o r o, avec une aspiration, signifie *Bon* dans l'ancien Persan, & que M a z d, dans la même Langue, veut dire D i v i n, & désigne un *Esprit*, une *Intelligence pure*, ce que nous appellons G e n i e, & ce que les Grecs appelloient *Démon*, de sorte qu'ils ont fort bien exprimé *Heromazdes*, Ὡρομάσδης par *ἀγαθὸς Δαίμων*, le B o n G e n i e, l'I n t e l l i g e n c e B o n n e.

Origine & signification du nom d'*Abriman*.
(a) *Hyd.* Ibid.

Quant au nom d'A h r i m a n, que les Persans donnent au mauvais Principe, M. *Hyde* (a) le dérive, avec beaucoup de vraisemblance, d'*Abar* & de *Riman*, qui signifient T r e s-i m p u r; ou d'*Abar* & de *Reiman*, qui veulent dire T r e s m e n t e u r, T r e s-S e d u c t e u r, caractéres, titres, qui conviennent parfaitement au *Démon*. Il observe aussi que lorsque les Persans écrivent *Abriman*, ils le font à rebours & renversent les lettres, en signe d'exécration, ce qui suffit pour montrer, qu'encore qu'ils reconnoissent deux Principes, ils ne reconnoissoient neanmoins & n'adoroient qu'un seul Dieu

Creance des anciens Mages, selon quelques Auteurs Arabes.

C'est ainsi, que les Grecs nous représentent la créance des Mages sur le sujet des deux Principes. Mais quelques Arabes Modernes prétendent, que les (2) M a g e s O r i g i n a u x, les prémiers Fondateurs du *Magisme* n'ont point reconnu proprement deux Principes, puisqu'ils n'ont attribué l'Eternité qu'à Dieu, ou à *la Lumiére*, soûtenant, que les *Ténebres* avoient été produites.

Keiomarath premier Mage.
(b) *Hyd.* Ibid.
(c) *Dherb.* au mot *Caiumarath* p. 243.

Le premier de ces *Mages Originaux* (b) est un certain *Keïomarath*, que les uns disent être *Adam*, les autres *Noé*. Il y a plus de vraisemblance dans ce que dit M. *Dherbelot* (c), que ce Mage fut *le Fondateur de cette premiére & grande Monarchie, que les Persans disent de Perse, & qui est plutôt, selon les Historiens Grecs & Latins, celle des Assyriens.*

Second Mage, le *Grand Zervan*.
(d) Ap. *Hyd.* ub. sup. p. 34.

Le second de ces Mages est appellé (d) *le Grand Zervan*, que les uns

(1) Je veux parler de M. *de la Croze*, dont voici la Remarque, que j'ai copiée sur l'Original écrit de sa main, & qu'il m'a fait l'honneur de me communiquer. „ Est sane Ὡρομάσδης idem ac ἀγαθὸς „ Δαίμων: quæ vox, ni fallor, accuratè „ scripta aspirari debet, cum, & Ara- „ bes, & Persæ ignicolæ eam aspirent. „ Sic enim eam hi scribunt passim apud „ *Hyde*, quem vide p. 177. p. 193. H o r- „ m u z d. Sic prima pars illius vocis, „ ὁρομάσδης, aspiratur apud *Relandum*, „ *De veteri Linguâ Persarum*, etsi legi- „ tur sine aspiratione in Editione *Herodoti Gronovianâ* L. VIII. 85. Signifi- „ cat autem illa vox τοὺς εὐεργέτας τοῦ „ βασιλέως, ubi Ὀρο BONI significationem habet. M a z d vero D e u m „ significabat veteribus Persis, cui rei „ testimonium præbet vox Persica *Mazdiyazenan*, S a c e r, D i v i n u s, ap. „ *Hyd.* p. 193. Ita Reges Persarum, quorum Epistolas profert *Moses Chorenensis*, Historicus Armenorum, se M a z- „ d e z a n t z appellant. Ita initium E- „ pistolæ *Saporis ad Tyranum*, Regem Ar- „ menorum, apud eundem *Mosen*, Cap. „ 17. L. III. " *Mazdezantz Chacsb en Barczakitz aregachan* S h a p u h: Id est, *Divinus, Strenuus, & [illegible] Solis*, S h a p u h: Quæ primæ voces optime redditæ leguntur in Eclogis *Menandri*, Editionis

uns prétendent être *Noé*, les autres, *Abraham*. *Zervan*, ou *Zarvan* (*c*), ζαρουαμ, est chez les Perses un des noms de la Divinité; *Tollius* croit que ce mot est Arabe, & qu'il signifie, *le Pére de toutes choses*. Ce titre conviendroit fort bien à Dieu, mais il pourroit bien aussi désigner *Noé*, qui a été la seconde tige du Genre Humain, & le Pére de tous les hommes depuis le Déluge. Peut-être aussi que le *Grand Zervan* n'est qu'une paraphrase du nom d'*Abraham*, qui veut dire le *Pére d'une grande multitude*.

(*c*) Voyez *Photius*. Bibliot. Cod. 81.

Le Lecteur jugera bien, que je ne fais que rapporter ces Traditions Persanes, sans prétendre les appuyer. Mais je croi devoir l'avertir, que tous les Arabes n'ont pas aussi bonne opinion, que *Sharistani*, de l'Orthodoxie de ces anciens Mages. M. *Hyde* cite lui-même un Arabe, nommé *Ibn Sabua*, qui témoigne, (*a*) que *Keïomorath*, le plus ancien des *Mages Originaux*, a été *Dualiste*, & que tous les Mages ses Successeurs furent dans la même Erreur, jusqu'à la venuë de *Zerdusht*, ou de *Zoroastre*: Aussi *Pocock* assure-t-il, après *Abulpheda*, (3) que tous les Mages convenoient, qu'il y a deux Principes, & qu'ils n'ont été partagez que sur la Question, si ces deux Principes sont coéternels, les uns soûtenant, qu'ils le sont en effet, & les autres, qu'il n'y a que la *Lumiére*, qui soit éternelle.

Sharistani semble faire les Mages plus Orthodoxes, qu'ils n'étoient.

(*a*) *Hyd.* ub. sup. p. 163.

III. M. *Prideaux* nous a donné, dans son *Histoire des Juifs*, une idée fort avantageuse du Systême de *Zoroastre*; Et comme il l'a tirée de *Pocock* & de *Hyde* il nous permettra bien, que nous l'examinions après lui. Voici comment son Traducteur le fait parler (*b*). " Le „ principal changement, que fit *Zoroastre* dans la Religion des „ Mages, c'est qu'au lieu que ceux-ci posoient pour Dogme fondamental, qu'il y a deux Principes suprêmes; l'un, Auteur du „ Bien, qu'ils appelloient la LUMIÉRE: l'autre, Auteur du „ Mal, qu'ils nommoient les TÉNÉBRES, & qu'étant toûjours

Systême de *Zoroastre*, selon M. *Prideaux*.

(*b*) *Hist. des Juifs*. Tom. I. L. IV. p. 388. J'en ai parlé ci-dessus. p. 60.

nis *Hoeschel'i* θεῖος ἀγαθός. κ. τ. λ. M. de la *Croze* remarque ensuite, qu'on trouve les mêmes paroles en deux autres Lettres du même *Sapor*, adressées, l'une aux Citoyens de *Tigrano-certa*: & l'autre, aux *Satrapes* d'Armenie. Elles sont dans le même Historien. L. III. 26, & 42. Quant au nom même d'*Oromazdes* cet Auteur écrit quelquefois, *Aramazd*, & d'autres fois *Oromazd*. L'Interpréte Armenien des Livres des *Machabées*, dont la Version, selon M. de la *Croze*, n'a été faite que dans le X. ou XI. Siécle, employe le mot d'*Oromazdes* pour celui de Δ ς, ou de *Jupiter*, qui est dans le Grec. Voyez II. *Machab.* VI. 2. XI. 21. XIV. 23. J'ajouterai à cette Remarque que le mot *Mazd* semble formé de *Yezdan*, qui signifie *Dieu* dans la Langue Persane, & qui vient de *Yezad*, *supplier*. Voyez ci-dessous p. 172.

(2) *Magi Originales non existimant expedire, ut ambo sint coaterna ab initio, sed quod Lux sit aterna ab initio, Tenebra vero producta*. Sharist. ap. *Hyd.* ub. sup. pag. 295.

(3) *Cum omnes in adstruendâ Althanavia, (i. e. Dualitate) scilicet duo esse rerum Principia, Lucem & Tenebras; in partes abiisse videntur, quod alii Principia ista coæva; alii, alterum altero posterius statuerint*. Pocock. ub. sup. p. 146.

„ jours en opposition, c'étoit de leur mélange, que toutes cho-
„ ses avoient été formées, il établit un Principe supérieur aux deux
„ autres, savoir un Dieu suprême, Auteur de la *Lumiére* & des
„ *Ténèbres*, & qui, par le mélange de ces deux Principes, faisoit
„ toutes choses, selon son bon-plaisir. Mais pour éviter de faire
„ Dieu Auteur du Mal, *Zoroastre* disoit, que Dieu n'avoit créé
„ que la *Lumiére* ou le *Bien*, & que les *Ténèbres*, ou le *Mal* sui-
„ voient, comme l'ombre suit le corps: qu'il n'y avoit que le
„ Bien, qui eût été réellement produit, & que le Mal en étoit
„ résulté, comme une privation du *Bien*.

Cette idée du Systême de *Zoroastre* est plus belle que réelle.

Rien de plus beau, rien de plus Orthodoxe, que ce Systême. Je crains seulement, qu'il ne le soit un peu trop pour ces tems-là: Faire consister *le Mal* dans une simple privation du Bien, est un rafinement de Metaphysique, qui, si je ne me trompe, est plus moderne, que le Prophète des Perses. Aussi y a-t-il des Auteurs, qui ne le font pas si orthodoxe, que M. *Prideaux* le représente. *Le Tarik Montékhebtémoigne*, dit (*a*) M. Dherbelot, *que Zoroastre, Auteur de la Secte des Megiousch, ou Mages est aussi le premier, qui a enseigné la Doctrine des deux Principes de toutes choses, & que le surnom de* Megiousch, *qu'on lui donne, est un nom corrompu par les Arabes, du mot Persien* Meikhoutch, *qui signifie* AIGRE-DOUX, *à cause des deux Principes, bon & mauvais, qu'il établissoit.* Le savant Auteur, que je cite, & qui avoit une vaste Litérature Orientale, témoigne partout, que *Zoroastre* a reconnu deux Principes.

(*a*) *Ub. sup.* p. 931.

Les Perses ne croyent point deux Dieux.

(*b*) Ap *Hyd.* p. 163.

L'Arabe, *Ibn Sabna*, allégué par M. *Hyde*, justifie bien *Zoroastre*, mais non pas jusqu'au point que l'a fait le Docteur Anglois. Il dit (*b*) " que la Religion des Perses est très-ancienne, qu'ils cro-
„ yent un Dieu éternel, qu'ils nomment YEZDAN, & un au-
„ tre Dieu, créé des *Ténèbres, qu'ils nomment* AHREMAN".

Origine du mot *Tezdan* ou *Jzdan*.

Tezdan vient du mot Persan *Tezad*, qui veut dire *supplier*. Les Perses consideroient la Divinité comme l'unique Objet de leurs Priéres, comme un Etre bienfaisant, placable, qui se laisse fléchir aux supplications des hommes; Mais quand l'Auteur Arabe ajoute, que les Persans croyent *un autre Dieu*, un Dieu *créé*, un Dieu créé *des Ténèbres*, il n'exprime pas la créance des Mages, mais les conséquences, que les Mahométans tiroient de leurs Principes. Jamais ces Philosophes n'ont été assez insensez, pour combiner ensemble des

(1) *Ipse* (Zoroastres) *Deum utrisque* (Principiis) *antiquiorem, eorumque conditorem docuerit; Unum eum esse, nec socium habere: Bonum autem & Malum. Probitatem & Nequitiam, a commixtura Lucis & Tenebrarum contigisse, quæ nisi mixta fuissent mundus nunquam extitisset, nec cessaturam mixtionem donec Lux Tenebras vincat. Deinde Lucem Mundum suum, Tenebras autem suum liberum & integrum habiturus.* Abulph. ap. *Pocock.* ub. sup. p. 143.

(2) Je donne sans façon le titre de Pére à *Theodore de Mopsueste*, qui est l'Oracle

des idées aussi incompatibles que le sont celles de la *Divinité*, d'une *Création* passive, & d'une Création, dont la Matiére & la Production, sont l'Imperfection & le Vice même. *Plutarque* a bien parlé comme *Ibn Sabna*, parcequ'il s'est conformé à l'usage des Grecs, qui avoient des *Dieux Bienfaisans*, & des *Dieux Malfaisans*, mais il a eu soin d'ajoûter aussi-tôt, qu'ils ne donnent le nom de DIEU qu'au Principe du Bien, & qu'ils appellent l'autre le *Démon*.

Zoroastre ne reconnoît qu'un seul Principe *suprême* & *Créateur*.

Temoignages des Arabes.

Ibn Sabna continue: " Tous les anciens Mages, *dit-il*, avoient „ été *Dualistes* (c'est-à-dire qu'ils avoient cru deux Principes coéternels, Pensans, Actifs, Formateurs) jusqu'à la venuë de *Zerdusth*, qui se vanta d'être Prophete. Celui-ci assura, qu'il n'y a qu'un Dieu Créateur, qui a formé la Lumiére & les Ténebres, qu'il est unique, qu'il n'a point de compagnon; Que le Bien & le Mal, le Vice & la Vertu, sont sortis du mêlange de la Lumiére avec les Ténebres, sans lequel le Monde n'auroit jamais existé; Que ce mêlange doit durer jusqu'à ce que le Bien & le Mal retournent à leurs Principes, & rentrent dans leurs Mondes. *Abulpheda* dévelope un peu davantage ce Systême. (1) „ *Zoroastre* enseigna, *dit-il*, que *Dieu est plus ancien que les deux Principes, & qu'il est le Créateur de l'un & de l'autre*: Que ce Dieu est unique & sans compagnon: Que le Bien & le Mal, la Justice & l'Injustice, sont nez du mêlange de la Lumiére & des Ténèbres, sans lequel le Monde n'existeroit point: Que ce Mêlange subsistera jusqu'à *ce que la Lumiére ait vaincu les Ténèbres*, après quoi elle rentrera toute pure, & toute entiere dans son Monde, & les Ténèbres retourneront de même dans le leur.

De *Théodore* de Mopsueste.

Ces témoignages des Auteurs Arabes peuvent être confirmez, par celui d'un des plus savans & des plus laborieux des anciens (2) Péres Grecs. Je veux parler de *Théodore* d'Antioche, Evêque de *Mopsueste* en Cilicie, qui, dans un Traité *de la Magie des Perses*, témoigne, que *Zarasdes* (c'est constamment le *Zerdasch*, ou *Zaradasch* des Perses) (3) ne concevoit *qu'un prémier Principe de toutes choses, auquel il donnoit le nom de* ZARVAM, *& celui de* FORTUNE. *Tollius* (a) a corrigé heureusement une faute, qui s'est glissée dans cet endroit de *Photius*, & a remarqué, qu'au lieu de *Fortune* (τύχην) il faut lire, *Lumiére*, *Splendeur*, (αὐγήν) car c'est ainsi que les Persans nommoient la Divinité. Quant au nom de *Zar-*

Texte de *Photius* corrigé. (a) *Insig. Itin. Ital.* p. 126.

racle des Nestoriens, & dont la Memoire & les Ecrits n'ont été condamnez que par ces Factions, qui se sont tant de fois élevées dans l'Eglise. Je croi qu'on doit regretter infiniment la perte de ses Ouvrages, que les Grecs ont supprimez, & qu'on ne sauroit avoir que par les Syriens, qui en ont traduit une partie dans leur Langue.

(3) Ζαρουάμ, ὃν ἀρχηγὸν πάντων εἰσάγει, ὃν καὶ τύχην καλεῖ. Ap. Phot. Cod. LXXX.

Zarvam, ce Critique derive avec beaucoup de vraisemblance du mot Arabe (*a*) ZARAHON, qui veut dire, *l'Auteur de toutes choses* (*Omnium Sator*) c'est ce Pére de toutes choses, qui, selon *Zoroastre*, a produit deux Intelligences, deux Principes subalternes, dont l'un est la Cause du Bien, & l'autre la Cause du Mal.

(*b*) Ibid. pag. 116.

Conformité entre le Systême de *Zoroastre* & celui de *Lactance*.

Ce Systême du Prophete des Perses a une grande conformité avec celui, que *Lactance* a exprimé en ces termes. „ (1) Dieu, „ voulant former ce Monde, qui devoit être composé de choses „ tout-à-fait contraires, commença par former deux sources de „ ces mêmes choses, lesquelles sont dans une opposition, dans une „ guerre continuelle; savoir deux Esprits, l'un bon, l'autre mé„ chant; dont le premier est comme la main droite de Dieu, & „ le second comme sa gauche. Ces deux Esprits sont le Fils de „ Dieu & Satan.

Zoroastre a crû les Tenèbres un Etre très-réel, & non une Privation.

Tout ce qu'on vient de dire fait voir que *Zoroastre* a été orthodoxe sur l'article d'un *seul Principe Créateur*. Ayant peut-être appris des Juifs, qu'un seul & même Dieu a *créé la Lumiére & les Ténébres*, la *Paix & la Guerre*, *la Prospérité*, *& l'Adversité*, *la Vie & la Mort*, il bannit du Systême des Mages, ces deux Principes coéternels, tous deux actifs, pensans, Formateurs, qui étoient reconnus par les *Dualistes*, ce qui les a fait accuser de croire deux Dieux. Mais quand M. *Prideaux* assure, que *Zoroastre* a fait consister le mal dans une pure *Privation du Bien*, il lui prête assurément des idées, qu'il n'a jamais euës. Il a crû que les Ténébres étoient un Etre réel, puis qu'elles entrent, comme la Lumiére, dans la composition des Etres de ce Monde sublunaire. Or le Neant, la Privation ne composent rien. Elles doivent demeurer mêlées avec la Lumiére, *jusqu'à ce que la Lumiére les ait vaincues*. Le Neant, la Privation, sont-ce des Ennemis, qui puissent être combattus? Lors que la Lumiere aura remporté la Victoire, les Ténèbres ne seront point anéanties; elles ne s'évanouïront point, comme l'*Ombre* s'évanouït dès que le Corps disparoît, elles *retourneront* à leur Principe, & *rentreront* pour jamais *dans leur Monde*. Elles existoient donc avant que d'être mêlées avec la Lumiere;

(1) *Fabricaturus Deus hunc Mundum, qui constaret in rebus contrariis atque discordibus, constituit ante diversa, fecitque ante omnia duos fontes rerum sibi adversantium, illos videlicet duos Spiritus, quorum alter est Deo tanquam Dextera, alter tanquam sinistra*, &c. Lactant. *Instit.* L. II. 9.

(2) *Quod Deus, qui creavit Lucem & Tenebras, utriusque Auctor unicus sit.* Hyd. ud. supra.

(3) *Nec ei referenda sit existentia Tenebrarum, ut dicunt Zervanitæ* Ibid.

(4) C'est ce qui a fait dire à un savant Moderne, *Auctorem hunc* (nempe *Sharestani* apud *Hyde*) *sibi non constare, dum Tenebras à Deo productas fatetur; Tenebrarum autem existentiam ad eum referendam esse negat. Multa alia male cohærentia, & prorsus absurda, in iisdem animadvertit solertissimus Balius.* Diction. T. III. p. 3081. *Wolff. Manichaism. ante Manichæos.* p. 5.

miere; elles avoient *leur Monde*, dans lequel elles seront renfermées, comme on force à rentrer dans ses limites un Ennemi, qui en est sorti pour faire des invasions, ou qu'on a jugé à propos d'en tirer, pour l'execution de quelque grand Dessein.

Idée du Systême de *Zoroastre.*

Je voudrois bien développer à présent le véritable Systême de *Zoroastre*; mais les Extraits, que M. *Hyde* nous a donnez de ses Auteurs Arabes, sont si obscurs, & si embarassez d'idées, qui paroissent contraires, que je n'ose presque me flatter d'avoir attrapé leur pensée. J'apperçois bien quelques lumieres assez distinctes, mais le reste est une énigme qu'il faut deviner.

Il n'a reconnu qu'un Principe Créateur.

I. Je voi donc premiérement, que *Zoroastre* n'a reconnu qu'un seul Dieu, Créateur immédiat du Monde des Esprits, mais Créateur médiat, tant du Monde des Etoiles & des Planètes, que du Monde inférieur, qui est notre Globe terrestre, qu'il a formé par l'intervention d'une Puissance, que *Zoroastre* appelle SA VOLONTE'. Cette idée approche fort de l'idée Chrétienne.

N'a attribué l'Eternité qu'à Dieu, non à l'exclusion de la Matiere.

II. Ce Philosophe n'a attribué l'Eternité qu'à Dieu : mais ce ne peut être qu'à l'exclusion de SATAN, ou d'AHRE'MAN, qui a été créé, & non à l'exclusion de la *Matiére*, dont il a été créé. Car aucun ancien Philosophe n'a jamais conçu qu'il fût possible de faire quelque chose de rien.

Satan créé.

III. Quand M. *Hyde* dit que, selon *Zoroastre*, (2) *Dieu a créé la Lumiere, & les Ténèbres, & qu'il en est l'unique Auteur*, il faut nécessairement entendre par *les Ténèbres*, non la *Matiére* même, mais *Satan*, que *Dieu a créé* de la *Matiére*. Sans cela comment pourroit-il ajouter (3), qu'*on ne doit pas rapporter à Dieu l'existence des Ténèbres ?* (4) La contradiction seroit manifeste. Il faut donc concevoir la Matiére existant de toute éternité dans le fonds de l'espace, où se trouve à présent la Terre. C'est dans ce fonds que résidoit la Matiére : Elle y étoit précipitée & retenue par sa pesanteur.

Le Monde formé du mélange de la Lumiere avec les Ténèbres par le Bon-plaisir de Dieu.

IV. Entre les Questions, qui s'agitoient dans les Ecoles des Mages, il y en avoit deux principales, sur lesquelles rouloient leurs gran-

p. 55. La Distinction que j'établis, ôte la contradiction. Il *ne faut pas rapporter à Dieu l'existence des Ténèbres*, c'est-à-dire, de la *Matiere*: les Ténèbres sont increées. Mais il faut rapporter à Dieu l'existence de *Satan*, parce qu'il l'a créé. *Zoroastre* n'a reconnu qu'un seul Principe *éternel*, *pensant*, *Créateur*. Il n'a point crû, que *Satan* fût éternel, ni qu'il eût de toute éternité l'Empire des Ténèbres, comme Dieu avoit celui de la Lumiere. Il n'a point cru, que la Matiére eût d'elle-même la force de produire les Puissances mauvaises. Voilà ce que je voi dans les Auteurs de M. *Hyde*, & je ne croi pas qu'on soit bien fondé à rejetter leur témoignage sur cet article. J'ai rapporté celui de *Theodore de Mopsueste*, qui étoit Grec, qui étoit très-habile, & qui a confirmé le témoignage des Arabes.

grandes Disputes (1). La premiére, *Quelle a été la Cause du mélange de la Lumiére avec les Ténebres.* Dieu a-t-il fait ce mêlange? Ou s'est il fait de lui-même? L'a-t-il voulu? L'a-t-il permis? Cette permission a-t-elle été libre, ou forcée? Toutes les réponses avoient leurs inconvéniens, & paroissoient blesser quelcune des Perfections Divines. La seconde Question rouloit sur *les Causes de la Delivrance de la Lumiére.* Les Mages recherchoient par quels moyens elle seroit enfin séparée des Ténèbres, & affranchie d'une si funeste association. Les Auteurs de M. *Hyde* nous expliquent en un mot le sentiment de *Zoroastre* sur la premiére de ces Questions. Il disoit, que Dieu mêla la Lumiere avec les Ténèbres PAR SON BON-PLAISIR (*a*) (PRO ARBITRIO). Par là *Zoroastre* maintenoit la Majesté Divine. Dieu n'est point forcé. Les Parties de Lumiére, qui sont dans notre Monde, ne sont point des Captives, que les Puissances des Ténèbres lui ont enlevées par force, ou qu'elles lui ont dérobées clandestinement. Dieu a voulu créer le Monde inférieur; il l'a fait SELON SON BON-PLAISIR.

(*a*) Ibid.

Comment Dieu n'est point l'Auteur du Mal dont ce mêlange a été l'occasion.

V. Ce sentiment de *Zoroastre* ouvroit une large brêche aux Objections, qui entroient en foule dans son Systême, pour attaquer la Bonté, la Sainteté, la Justice Divine, qui semblent desavouer également un mêlange, qui les offense toutes. Car si Dieu l'a fait, & s'il l'a fait librement, il est donc l'Auteur du Mal, qui en résulte. Sans ce mêlange il n'y auroit point de Mal, ou, s'il y en avoit, il seroit relégué dans le Monde, où il ne tourmenteroit que lui-même. Les Auteurs de M. *Hyde* nous indiquent les réponses, que *Zoroastre* faisoit à cette Difficulté. Mais soit que cela vienne, ou des Auteurs mêmes, ou de leur Traducteur, elles sont si obscures, qu'il est bien malaisé d'en donner une idée distincte & contraire. Voici néanmoins ce que j'y comprends.

1. Premierement, Dieu n'a point donné proprement l'existence aux Ténèbres: il n'a fait que s'en servir, pour former un Monde, dans la composition duquel elles entrent nécessairement, puis qu'elles en font partie.

2. Secondement si le Mal a résulté du mêlange de la Lumiere avec les Ténèbres, il ne faut pas s'en prendre à Dieu, parce qu'il n'a point voulu proprement, que le Mal existât: ce n'étoit point son

(1) *Primo, Declaratio causæ mixtionis Lucis & Tenebrarum Secundo Causæ liberationis Lucis à Tenebris.* ub. sup. p. 147. 148. Le Lecteur peut aussi consulter *Spizelius*, dans son petit Ouvrage, *De Re Literariâ Sinensium*, dans lequel il y a une grande Literature. Voyez p. 193. & seq. Sectione X.

(2) Le Lecteur peut voir ci-dessus le passage, que j'ai allégué des *Philosophoumena* du faux *Origéne*, dans lequel on trouve l'idée que *Zabratus*, Maitre de *Pythagore*, avoit de la Matiére.

(3) *Tun: instituit* (Deus) *Lucem, ut originale quoddam, & indixit existentiam ejus, ut existeret: Sed Tenebræ secutæ sunt, sicut*

son objet. Le Mal n'est venu que par accident. Comme celui, qui crée le Corps, n'a pas intention de créer l'Ombre; quoique l'Ombre soit une suite nécessaire de l'existence du Corps, placé dans une certaine situation, par rapport à la Lumiére, il en est de même du Mal. Il n'est point entré dans le Plan de Dieu créant le Monde.

3. En troisieme lieu, M. *Hyde* nous dit, *que Dieu voyoit, que les Ténébres existoient en quelque maniére, mais qu'elles n'existoient pas réellement.* Cela veut dire, si je ne me trompe, que la matiére existoit, mais qu'elle n'étoit qu'une masse morte & confuse, sans ordre & sans action. C'est *l'existence en quelque maniére.* Elle *aquit l'existence réelle*, lorsqu'en la mêlant avec la Lumiére, elle reçut la modification, l'arrangement, & l'action. La Lumiére l'anima (2). Enfin *Zoroastre* disoit que les Ténébres étoient une conséquence de la Lumiére, parce qu'un Contraire entraine l'existence de son Contraire; l'un ne peut être sans que l'autre soit. Le Lecteur peut voir (3) au bas de la page les paroles de M. *Hyde*, & les comparer avec l'explication, que j'en viens de donner.

Aventage du Systême de *Zoroastre.*

Il y auroit bien des Réflexions à faire sur ce Systême, qui n'est pas certainement à l'abri des difficultez. Mais y en a-t-il quelcun qui le soit? *Zoroastre* est toujours très-estimable, pour avoir maintenu l'Autorité souveraine de Dieu, & avoir exclus un autre Principe coéternel, pensant, actif, qui est la *Matiére*, ou le Prince de la Matiére. Si après cela il n'a pas satisfait suffisamment à toutes les difficultez, qu'on pouvoit lui opposer, il est bien juste d'excuser en lui, ce que nous voulons qu'on excuse en tous. Dieu a créé le Monde sublunaire. C'est un bien, puisqu'il l'a fait. Il n'a pû le faire qu'en mêlant la Lumiére avec les Ténébres, parce que ce sont les deux Elémens généraux, qui composent ce Monde. Le Mal, qui en a résulté, n'etoit point dans son intention. C'est une suite de la Creation du Monde, à laquelle Dieu ne devoit pas renoncer, à cause de cet inconvénient.

Differentes Sectes entre les Mages.

Quoique le Systême de *Zoroastre* fût le plus raisonnable, les autres ne laissérent pas d'avoir toujours leurs Sectateurs. Les Mages étoient partagez en différentes Sectes, mais trop sages & trop modérées, pour s'anathématizer les unes les autres, & pour se persécuter à feu & à sang. M. *Hyde* remarque (a), qu'il y en avoit plus de soixante & dix (4) qui s'accordoient toutes sur l'article, qu'il

(a) Hyd. ub. sup. p. 125.

sicut Umbra personam. Nam cùm videret Deus eas quodammodo existere, sed non realiter existere, tunc produxit Lucem, & acquisitæ sunt Tenebræ per consequentiam. Nam ex necessitate existit contrarium, quippe cujus existentia suis necessaria, scilicet ut contingens in creatione, non autem ex prima intentione secundum exemplum quod induximus, de Personâ & Umbrâ. Hyd. Ibid.

(4) *Cum omnes Magi in adstruendi Al-thanavid convenerint, scilicet duo esse rerum Principia, Lucem & Tenebras: in partes abiisse videntur, quod alii Principia illa coæva, alii alterum altero posterius statuerint.* Pocock. ub. sup. p. 147.

qu'il y a deux Principes : mais qui se divisoient entre autres sur la Question, si ces deux Principes sont coéternels, ou si le Principe du Bien, auquel elles ne refusoient pas la préeminence, étoit seul éternel, & l'autre créé.

Manès fut de la Secte des Maguséens.

Opinions de cette Secte.

IV. Entre ces différentes Sectes, il y avoit celle, que les Arabes appellent des MAGUSÉENS. *Maguséen* ne signifie dans nos Auteurs Grecs qu'un Sectateur des Mages. C'est dans ce sens que ce terme est employé par (1) S. *Epiphane*, par *Bardésanes*, par S. *Basile* & par d'autres. Mais les Arabes semblent appeller *Maguséens* une Secte Hérétique, qui avoit dégeneré de la créance de *Zoroastre*. *Manès*, dit Sharistani (*a*), *fut originairement* MAGUSÉEN, *& approuva les Sectes Populaires. Il reconnoissoit, que le Monde a été fait, & qu'il est composé de deux Principes coéternels, dont l'un est la Lumiere, & l'autre les Ténèbres. Que ces deux Principes ont une éternité antécedente à tous les Etres, & que ni l'un,* (2) *ni l'autre ne finira jamais. Il nioit aussi qu'aucune chose pût exister, à moins qu'elle n'eût un Principe éternel.* Cela veut dire, qu'il ne croyoit pas, qu'il y eût aucune Puissance, qui pût tirer l'Etre du néant : 2. Qu'il n'y a rien de contingent : que tout est l'effet d'une Cause, qui doit, ou exister par elle-même, ou être l'effet d'une autre Cause, qui existe par elle-même, parce que rien ne sort du néant.

(*a*) Ap. *Hyd.* p. 282.

Dans un autre endroit le même *Sharistani* décrit le *Magusaïsme* en ces termes : (*b*) *Les Maguséens*, dit-il, *croyoient une Dualité*, qui leur étoit particuliére. Ils établissoient *deux Conducteurs*, ou *Gouverneurs* éternels, qui sont le *Bien* & le *Mal*, *le Vice & la Vertu*, *l'Utile & le Pernicieux*. L'un s'appelle, *la Lumiére* : l'autre, *les Ténèbres*. L'un est YEZDAN, ou *Dieu* ; l'autre, *Abreman*, ou le *Diable*.

(*b*) Ap. *Hyd.* p. 295.

Difference principale du Systême de Manès à celui de Zoroastre.

Autant que j'en puis juger la principale différence, qui distinguoit le Systême Manichéen du Systême de *Zoroastre*, sur l'article des Principes, c'est que *Zoroastre* ne concevoit dans la Matiére aucune Puissance formatrice, & attribuoit par consequent à Dieu la création d'*Abréman*. Mais *Manichée*, & les Maguséens en général, ne manquoient pas de raison, pour combattre cette opinion. Nous verrons ailleurs, qu'ils croyoient que la Matiére

(1) Παρὰ Πέρσαις Μαγουσαῖοι. &c. Epiph. De Exposit. Fid. p. 1094. *Bardesanes* dit de même, ὅσοι αὐτῶν τῆς Περσίδος ἐξεδήμησαν, οἵτινες καλοῦνται Μαγουσαῖοι. Ap. *Euseb.* de Præp. Evang. L. VI. 10. Voyez aussi S. *Basile* Epit. 325. ce Pere dit dans cet endroit, que les Maguséens sont les Sectateurs de *Zarnouam*, Ζαρνουάμ. Il faut lire Ζαρουάμ.

(2) *Ni l'autre*, c'est-à-dire, ni le mauvais Principe, *ne finira jamais*. Il est vrai que la Raison ne conçoit pas, qu'un Etre, qui existe par lui-même, puisse perdre son existence : ni qu'aucune Substance puisse s'anéantir. Cependant on verra dans la II. Partie de cet Ouvrage, que

tiére a la perception & le sentiment, & que ce qui lui manque c'est l'*Esprit*, *Mens*, νοῦς, cette Perfection, qui est propre à la Lumiére. Quant au Démon, *Manichée* ne le croyoit pas proprement éternel, puisqu'il lui donnoit un *Pére*, ce qu'il fondoit sur les paroles de J. Christ, *Jean* VIII. 46. Selon lui le Pere du Démon étoit *la Matiére*. Il le concevoit comme un Monstre sorti du sein de la Matiére, agitée d'une maniere violente, irréguliere, & tumultueuse. C'est ce qu'avoient cru avant lui, & avant *Zoroastre* tous les anciens Mages, comme le rapporte *Pocock*. (3) „ Ils établissoient un Dieu premier, ou éternel, qui „ est la Lumiere, & qui est le Principe de toutes choses. A quoi „ ils ajoutoient un Dieu formé, qui est les Ténèbres, & qui ti„ re son origine des Ténèbres, auquel ils donnoient le nom „ d'*Abreman*". Cette description sera juste, si l'on en retranche l'attribut de *Dieu*, que les Persans ne donnoient point au *Diable*.

Idée générale de son Heréfie.

Telle fut la véritable origine de l'Erreur de *Manichée* sur le sujet des deux Principes. Quant à son Héréfie en général, c'étoit proprement un (4) Systême Philosophique, dont il avoit trouvé les fondemens dans la Philosophie des Mages, & qu'il accommodoit de son mieux avec la Révélation de J. Christ. Il ne fit rien en cela que ce qu'avoient fait avant lui quantité de Grecs, & ce que les Grecs & les Latins n'ont presque point cessé de faire après lui. On a vû, dans tous les tems, des Philosophes remplis des idées de *Platon*, ou d'*Aristote*, les mêler, sous de legers prétextes, avec les Veritez Chrétiennes, & les ériger en articles de Foi. Du reste l'artifice de *Manichée* fut 1. de garder les opinions Orientales, afin de faire goûter la Religion aux Perses. Et 2. de concilier, s'il étoit possible, ces mêmes opinions avec la Religion Chrétienne, afin de gagner les Chrétiens. Mais comme il trouvoit des obstacles dans les Livres des Evangélistes & des Apôtres, il supposa premiérement, que ces Livres n'avoient point été écrits par les Disciples du Seigneur, & que s'ils l'avoient été, des *Galiléens*, c'est-à-dire, des Chrétiens, imbus des superstitions Judaïques, les avoient falsifiez. Il supposa en second lieu, que, J. Christ ayant promis d'envoyer à son Eglise, un Ministre extraordinaire, éclairé des Lu-

que les plus habiles Manichéens soutenoient, que le Principe du Mal seroit détruit par le feu du dernier Jugement: qu'alors la Matiére seroit réduite en cendres, & jettée hors du Monde.

(3) *Lucem, Deum primum, seu aeternum, rerum omnium Principium statuunt. Tenebras autem Deum creatum, Tenebris ortum, cui nomen Abreman*. Pocock. ub. sup. p. 146.

(4) *Pocock* a fort bien dit, *Condidit Manes religionem inter eam quam Magi, & eam quam Christiani profitentur*. Pocock. ub. sup. p. 149.

Lumiéres du S. Esprit, il étoit ce Ministre-là. Qu'ainsi il avoit une vocation Divine, pour purger les Livres Sacrez des alterations, qu'on y avoit faites, pour retrancher de la Religion Chrétienne le Judaïsme, que les Galiléens y avoient mêlé, & pour donner enfin à la Révélation toute sa plénitude, en enseignant des Véritez secrettes, que J. Christ n'avoit pas jugé à propos de découvrir à ses Disciples. C'est-là l'idée generale, qu'on doit se former du Manicheïsme.

CHAPITRE III.

Etablissement du CHRISTIANISME *en Perse. L'Etat de l'Eglise de Perse, lorsque* MANES *déclara son Hérésie. Continuation de son Histoire.*

I. J'Espere, que bien loin d'ennuyer le Lecteur, je le délasserai, si avant que de continuer l'Histoire de *Manichée*, je lui raconte l'origine de la Religion Chrétienne en Perse, & l'état, où elle s'y trouvoit, lorsque l'Hérésiarque entreprit de la corrompre, en fondant, pour ainsi dire, le Magisme & le Christianisme ensemble, & en mêlant les vils métaux des opinions Orientales avec l'or tout pur de la Foi.

La Religion Chrétienne portée dans la Perse dès le premier Siécle. (2) Hist. Ec. L. II. c.

Sozoméne (2) a cru, que l'Evangile ne fut annoncé aux Perses que vers la fin du III. Siécle, par des Prédicateurs, qui leur furent envoyez d'*Edesse* & d'*Arménie*. Mais on a fort bien prouvé le contraire sans recourir à des Traditions douteuses, pour ne pas dire tout à fait fausses.

S. *Thomas* prêche aux Parthes.

On prétend que S. *Thomas* alla prêcher l'Evangile à *Edesse* dans la Mésopotamie, & de là dans le Pays des Parthes. Les Syriens Orientaux (c'est ainsi que se nomment ceux qui sont au-delà de l'Euphrate) assurent que S. *Thomas* fut leur Apôtre, & en font le Chef & la Tige de la Succession de tous leurs Evêques. On peut voir dans M. de *Tillemont*, qui ramasse toûjours avec un grand soin tout ce que les Grecs & les Latins ont dit sur un sujet, ce qu'il raconte de la Prédication de S. *Thomas*. Et pour les Syriens, on peut consulter la *Bibliothéque Orientale* de M. *Asseman*. Il n'y a point de Volume, où il n'en parle. (1) *Amrus*, *Marcs*, Historiens Ecclesiasti-

(1) On peut voir, sur l'origine du Christianisme dans la Perse, la I. Dissertation de M. *Asseman* touchant les Nestoriens, laquelle est à la tête de la II. Partie de son III. Tome. Voyez aussi la I. Partie. p. 611.

(2) *Cosmas Indico-Pleustes*, L. II. p. 147. Καὶ ἐνθάδε, πάλιν ἐν Περσίδι, ἐν Θαδ-

siastiques, mais attachez au Nestorianisme; *Barhebræus*, célèbre *Jacobite*, ou *Monophysite*, donnent la suite des Evêques d'Orient depuis S. *Thomas*.

Je fais plus de fonds encore sur le témoignage de St. *Pierre*, qui date sa I. Epitre de Babylone, comme on le voit par ces mots du Chap. V. (*b*): L'Eglise *qui est à Babylone*, cette Eglise, *qui a part comme vous à l'Election de Dieu*, & Marc *mon Fils*, *vous saluent* (2). Comme il étoit l'Apôtre des Juifs *dispersez* parmi les Payens, S. *Jaques* étant demeuré en Judée, il alla à Babylone, & dans les Provinces voisines, où il étoit resté un bon nombre d'Israëlites.

(*b*) [illegible] Epit. V. 13.

Il est vrai (3) que divers Interprétes, anciens & modernes, ont crû; les uns, que cette *Babylone* étoit *Rome*; les autres, que c'étoit *Babylone d'Egypte*; mais, quelque déference que j'aye pour leur discernement, & pour leur autorité, leurs raisons ne me paroissent pas assez fortes, pour substituer une *Babylone* fort peu connue à celle, qui portoit ce nom depuis tant de Siécles, ou pour me persuader, que S. *Pierre* ait affecté de cacher le nom de *Rome*, sous celui de *Babylone*. Les raisons qu'on invente là-dessus, sont trop recherchées, pour être véritables. C'est une imagination de *Papias*, que les Anciens ont adoptée avec trop de facilité, & que S. *Jerôme* auroit rejettée avec mépris, (4) si dans la mauvaise humeur, où il étoit contre Rome, il n'eût été bien-aise de la confondre avec Babylone. Cependant un Evêque (*c*) Protestant fort célèbre, qui a reconnu, que *Babylone* n'est point *Rome*, soutient que ce ne peut être aussi *Babylone* d'Assyrie, premierement parce que celle-ci n'étoit plus qu'un amas de ruines, une Ville toute dépeuplée, lorsque S. *Pierre* écrivit sa I. Epitre; Et secondement, parce qu'on y avoit fait, & dans la Province un grand massacre de Juifs, vers l'an quarante de notre Seigneur, de sorte qu'il ne pouvoit y en rester que fort peu, ou point du tout.

Cette Babylone est celle d'Assyrie.

(*c*) [illegible] *Pearson*. Oper. Posthum. p. 49. [illegible]

M. *Asseman* a dû naturellement s'en tenir à l'opinion que *Babylone* est *Rome*. Car outre que sans cela il n'y auroit dans l'Ecriture aucun témoignage, que S. *Pierre* ait jamais été dans cette Capitale de l'Empire, c'est qu'il ne sied pas bien à un Auteur, qui est au service du Pape, de contredire la Tradition sur cet article. Cependant ce savant homme ne laisse pas de soutenir, (*d*) que S. *Pierre* prêcha en Assyrie, & refute les raisons du Prélat Anglois. Il allégue le témoignage de *Joseph* (*e*), qui assure que les dix Tribus

(*d*) Voyez [illegible] T. III. p. 5. [illegible] de la II. Part.

(*e*) [illegible] L. XV. [illegible]

Χαλδαίῳ τῇ ἀποστολῇ ἀμέμπτει καὶ ἐν ταῖς καθολικαῖς γέγραπται, ἀσπάζεται ὑμᾶς ἡ ἐν Βαβυλῶνι, &c.

(3) Voyez entre autres sur ce sujet le P. *Alexandre* T. I. Sec. I. Diss. XII.

(4) [illegible] a fait cette remarque qui est très-[illegible]. Voyez les Annotations sur I. Pier. V.

bus d'Israël subsistoient encore au delà de l'Euphrate du tems d'*Auguste*, & qu'il y avoit dans ces Pays-là un nombre infini de personnes de cette Nation: Il cite M. *Basnage*, qui ne doute pas que S. *Pierre* n'ait ou fondé, ou visité l'Eglise de Babylone. Il ajoûte, qu'il falloit bien que cette Ville ne fut pas deserte, ni destituée de Juifs, puisque *Phraates* permit au souverain Pontife *Hircan* son prisonnier d'y demeurer en liberté. Cette derniere raison de M. *Assemani* a pourtant un défaut; c'est que le séjour d'*Hircan* à *Babylone* précéda (*a*) d'environ quarante ans la naissance de J. Christ, & que le massacre des Juifs en Assyrie n'arriva que sous le regne de *Caligula* environ quarante ans après. Cependant il ne faut pas s'imaginer, que ce massacre ait été si général, qu'il ne soit resté beaucoup de Juifs à Babylone, & aux environs. *Scaliger* a remarqué, (*b*) que jusqu'à l'an 700. de Nôtre Seigneur les Juifs y ont toûjours eu un Chef, descendu de la Race de *David*, qui étoit le Prince de la Nation Captive. Quand les Historiens représentent Babylone, comme un monceau de pierre, comme une Ville deserte de laquelle il ne restoit rien que le nom, ils parlent plus en Orateurs, qu'en Ecrivains tout à fait exacts. Ce qu'il y a de certain, c'est que le voisinage de *Séleucie* & de *Ctesiphonte*, qui devenoient tous les jours plus belles & plus florissantes, à cause de la résidence des Rois, y attiroit les Habitans de cette ancienne Ville, & la dépeuploit insensiblement (1).

(*a*) Voyez l'*Apparat Chronolog.* du P. *Pagi*. T. I. Crit. Baron. No. 77. 99.

(*b*) In *Euseb.* Chronic. pag. 105.

On n'est donc point fondé à nier, que S. *Pierre* n'ait prêché l'Evangile en Assyrie, & à Babylone en particulier. Son témoignage est trop précis là-dessus, & toute l'Eglise Orientale confirme une Tradition, qui paroît si bien appuyée.

Mares & *Aghée* prêchent dans les Provinces des Parthes.

L'Evangile annoncé d'abord aux Juifs passa bientôt aux Gentils & AGHE'E (*a*) Disciple d'*Adée*, ou *Thadée*, que les Orientaux disent avoir été *Ouvrier en Soie*, le porta dans la Perse, dans l'*Assyrie*, dans la *Médie*, dans l'*Arménie*, & chez les *Gheles*. Les Syriens appellent (2) *Gheles* les Peuples, qui habitent la côte méridionale de la Mer Caspienne, depuis *Derbent*, ou les *Portes Caspies*, jusqu'au Fleuve *Oxus*, ou jusqu'à *Gog* & *Magog*, c'est-à-dire, jusqu'à la Tartarie. *Mares*, (*b*) autre Disciple d'*Adée*, fonda des Eglises, premiérement à *Radan*, ensuite à (3) *Modain* (ce sont les deux Villes de *Séleucie* & de *Ctesiphonte*) après

(*a*) *Assem.* ab. sup. p. 16.

(*b*) Ibid. p. 20.

(1) Je mets ici ce qu'en a dit *Cellarius*, Not. Orb. Antiq. T. II. p. 747. *Exhausta fere* (Babylon) *ab illorum* (Macedonum) *Seleucia ad Tigrim condita*, , *uti ex Plinio supra vidimus*, *adeo ut Strabonis ætate* ἐρημος ἡ πολλη *meliorem partem deserta esset*, *aut ut Diodorus æqualis de suis temporibus tradit*. L. II. Cap. IX. βραχύ τι μέρος, *exigua pars ejus habitaretur*. *Pausanias autem*, Arcad. Cap. 33. *sub Antoninis scripsit*, Βαβυλῶνος [illegible] τεῖχος. *Babylon jam nihil præter muros habet reliquum*. Il y avoit pourtant des Juifs dans ce tems-là.

près à *Der-Kena* & à *Cascar*. Effectivement on trouve des Evêques à *Séleucie* dès le premier Siècle. *Abres* (c) en tint le Siége jusques vers l'an 98. de Nôtre Seigneur, & eut pour Successeur *Abraham*, natif de *Cascar*, qui fut ordonné à *Antioche*, & mourut l'an 120. J'ai remarqué ci-dessus, qu'il y eut dès le commencement beaucoup de Chrétiens, dans la Province d'*Elam*, que l'on confond souvent avec celle de *Perse*, dans la *Susiane*, dans la *Chuziane*, & dans la *Huzitide*, dont *Ahvaz* étoit Métropole.

(c) Ibid. p. 39.

Les Chrétiens furent assez tranquilles en *Perse* pendant les trois premiers Siecles, avant que les Empereurs Romains eussent embrassé la Foi: point de persécution alors, ou fort peu. Soit indifférence, ou équité naturelle, les Rois d'Orient traitoient les Chrétiens, avec humanité. Mais lorsque les Empereurs se furent déclarez pour le Christianisme, & que cette Religion, née dans les Terres de l'Empire, fut devenuë la Religion Dominante, alors les Chrétiens parurent suspects aux Perses, qui commencérent à se défier de leur fidélité, & à les regarder comme des Ennemis secrets de leur Etat. On s'apperçoit de cette cause des Persécutions dans la conduite de *Phérofes*. Le *Nestorianisme* s'étant élevé vers l'an quatre cens trente-un, & le *Monophysitisme* environ vint ans après, *Phérofes*, qui sut, que *Zénon* favorisoit cette derniére Secte, & persécutoit la premiére, poursuivit violemment les *Monophysites*, & protégea les *Nestoriens*. Dans la suite, plus ces deux Sectes furent persécutées par les Romains, & plus elles furent ou protégées, ou tolérées par les Persans, parce qu'ils ne pouvoient plus les soupçonner d'intelligence avec leurs Ennemis.

On n'y persécute point, ou fort peu, les Chretiens durant les trois premiers Siécles.

Pourquoi on le fit dans la suite.

La Haine, ou la Jalousie des Nations voisines portoient leur influence sur les Religions, qui naissoient dans leur sein. Le *Manichéïsme* fut d'abord odieux aux Romains, parcequ'il tiroit son origine des Persans, leurs irréconciliables ennemis. *Dioclétien*, ayant appris à Alexandrie, où il étoit, que cette Hérésie faisoit de grands progrès dans l'Afrique Proconsulaire, donna contre elle une sanglante Loi (4), fondée premiérement, sur ce qu'elle étoit née parmi les Perses, toûjours ennemis du Peuple Romain, & secondement, sur ce qu'il étoit à craindre, que les *Manichéens* venant sur les Terres de l'Empire, n'y portassent *les exécrables & inces-*

(2) Ghelas *vocat* Barhebræus, *maris Caspii incolas, usque ad Indos, & usque ad Gog & Magog*. Ap. *Assem.* Ib. p. 16. On appelle aujourd'hui quelcune de ces Provinces le *Ghilan*.

(3) J'ai remarqué ci-dessus, que ce mot signifie *Citez*, au pluriel.

(4) *Audivimus Manichæos nuperrimè, velut nova inopinata prodigia, in hunc Mundum de Persicâ & adversariâ nobis Gente, progressa vel orta esse.... Verendum est ne forte, ut fieri adsolet, accedente tempore, conentur, ad execrandas consuetudines, & inceslas Leges Persarum, innocentioris Natu-ra*

incestueuses coûtumes de leur Nation. *Dioclétien*, & ses Ministres connoissoient fort mal ces Hérétiques, s'ils les croyoient capables d'approuver les Incestes, eux qui toleroient à peine le mariage.

Doute sur les Incestes attribuez aux Perses.

Il m'est venu dans cet endroit une pensée, que je communiquerai au Lecteur. C'est un doute sur les Incestes, qu'on a tant reprochez aux Persans ; ce doute m'a été suggéré par des Réglemens, touchant les dégrez, où le mariage peut être permis, lesquels furent faits par *Timothée*, Patriarche des Nestoriens de *Perse* & de toute la Secte. L'Article XIX. est conçû en ces termes, (1) *le Pere & le Fils n'épouseront point les deux Sœurs, parceque les Payens & les Mages ont accoûtumé de le faire*. Il est aussi défendu, da s l'Article XXV. à l'*Oncle Paternel*, ou *Maternel*, d'épouser la femme du Fils de son Frére, ou la femme du Fils de sa Sœur, par la raison (2) *que c'est une autre coûtume des Mages*. Le Patriarche a parlé, dans les Articles précédens, des Mariages incestueux au premier & au second dégré, & n'a point dit, en les défendant, qu'ils étoient usitez parmi les Mages. Ce silence ne donne-t il pas lieu de penser, qu'effectivement ils ne l'étoient point au moins dans ce tems-là ?

Papas étoit Patriarche de Séleucie lorsque *Manès* publia son Hérésie.

Les Eglises de Perse étoient tranquilles, lorsque *Manichée* tâcha d'en corrompre la Foi. La conjoncture étoit assez favorable, pour y faire de pernicieux progrès, si l'on considére le caractére de celui, qui devoit s'y opposer avec le plus de vigueur & de succès, puisqu'il se trouvoit à la tête de tout le Clergé d'Orient. Je veux parler de *Papas*, fils d'*Agbée*, qui étoit alors Primat de *Séleucie*, & qui tint ce Siége très-long-tems. Ce qu'on lui attribuë de plus honorable (3) est d'avoir réglé le rang des Métropolitains, selon le tems de la fondation de leurs Siéges. Car d'ailleurs c'étoit un Prélat d'un faste insuportable, d'une ambition démesurée, traitant, avec la derniére indignité, non seulement les Prêtres & ses Diacres, mais les Evêques ses freres. Voici ce que les Syriens nous en racontent.

Il régle le rang des Métropolitains.
C'est un homme superbe & profane.

(a) *Assem.* ubi sup. T. III. P. II. p. [illegible]

(*a*) „ Il se tint à *Séleucie* un Concile des Eglises d'Orient, pour
„ réformer les abus, que *Papas* avoit introduits dans la Discipline,
„ pour examiner des accusations fort graves, qu'on avoit portées
„ contre lui, & entendre les plaintes des Evêques, justement
„ irritez de son insolence. *Miles* Evêque de *Suze* l'en censura avec

ræ homines, *Romanam Gentem* .... *venenis suis inficere*. C'est ainsi que cette Loi est rapportée & corrigée par *Cotelier* T. I. *Monum. Ec. Græc.* p. 778. in Not.

(1) *Assem.* ub. sup. T. III. P. II. p. 320. *Quia iste Ethnicorum & Magorum mos est.*

(2) *Magorum enim est hæc consuetudo.* Ibid.

(3) *Primatus sedium inter se ex prioritate temporum, quibus earum fundatores Patriarchæ vixerunt.* Le Métropolitain de l'*Elamytide* eut le premier rang : celui de *Nisibe*

„ vec beaucoup de liberté & de gravité. *D'où vous vient*, lui dit-„ il, cette fierté, *ce mépris pour vos Coévêques, qui sont vos mem-„ bres, qui n'ont rien fait, qui mérite que vous en usiez de la sorte „ avec eux? Regardez-vous donc comme des fables les préceptes de „ J. Christ, ou ignorez-vous qu'il ait dit :* Que celui qui tient le „ prémier rang parmi vous soit comme le Serviteur des autres.

N'ajoûtons rien, mais n'ôtons rien aussi à ce qu'il y a de grossier & de brutal dans la réponse de *Papas*. (4) *Grosse Bête*, repliqua-t-il, *c'est bien à toi à m'apprendre ce que je sai mieux que toi*. A ces mots *Milles* tira de sa poche les Evangiles, les mit sur un carreau, puis s'adressant à *Papas*, *Si vous avez honte*, lui dit-il, *d'apprendre vôtre Devoir de moi, qui ne suis qu'un homme mortel, apprenez-le au moins de cet Evangile, que vous voyez bien des yeux du corps, mais sur lequel les yeux de votre Esprit sont aveuglez.* " Alors *Papas* (5) „ comme un furieux, comme un possédé, frappant de la main „ le Livre Sacré, *Parle donc*, s'écria-t-il, *Evangile, parle*. A l'ouïe „ de ces paroles profanes, *Milles* prit le Livre, & se tournant „ vers le Peuple qui étoit présent en grand nombre il le porta à „ sa bouche, & sur ses yeux, puis élevant sa voix, *ô homme su-„ perbe*, dit-il à *Papas*, l'Ange du Seigneur va punir ton attentat, „ contre la Parole de la Vie éternelle. La moitié de ton corps „ sechera dans le moment, afin qu'une peine si subite soit une „ preuve éclatante de la juste sévérité de Dieu contre les super-„ bes & les profanes. Mais tu ne mourras pas si tôt : Dieu veut „ te conserver la vie quelques années, parce qu'il veut te faire ser-„ vir d'exemple à tes pareils ". A l'instant *Papas* fut frappé de Paralysie sur la moitié du corps & tomba par terre. Il vêcut encore douze ans. Cet événement arriva l'année trois cens quatorze. Les uns disent qu'il avoit été ordonné en 266, & qu'il mourut en 336; D'autres, qu'il fut ordonné en 247. & mourut en 326. un an après le Concile de Nicée, où il avoit envoyé *Simeon*, & *Saadost*, pour ses Legats. *Simeon*, qui lui succéda, fut son Coadjuteur pendant le cours de sa maladie.

Dieu le punit, & le frappe de Paralysie.

Voilà ce que les Syriens racontent de ce Primat de l'Orient. Notre Siécle n'a pas beaucoup de foi pour le merveilleux. Il aime mieux attribuer de pareils Evénemens à des Causes Naturelles. Ce n'est pas en effet la prémiére fois, qu'un accès violent de colére a causé des Paralysies. Mais il sera toûjours digne de la Providence, d'arran-

Nisibe, le second, &c. *Assem.* ub. sup. T. III. P. I. p. 346. M. *Asseman*, qui témoigne ce que je viens de dire, se rétracte dans la suite sans en avertir, comme on le verra à la fin de cette premiere Partie.

(4) *Tu me*, ait, *ista doces, insulsissimum caput, quasi non illa cognorim.* Ibid.

(5) *Hic vero* Papas, *diabolicis actus furiis, & sacrum Codicem impiâ manu contundens, Loquere*, ait, *loquere, Evangelium.* Ibid.

d'arranger tellement les Causes secondes, que la punition d'un Pécheur audacieux suive de si près son crime, que l'Incrédule même ne puisse s'assurer, qu'il n'y a rien de miraculeux.

Manès publie son Hérésie.

Ce fut pendant qu'un tel Prélat tenoit le prémier Siége d'Orient, que *Manès* commença à publier son Hérésie. J'en ai marqué le tems à l'année deux cens soixante sept, en quoi j'ai suivi *Abulpharage*, qui témoigne, qu'elle parut sous *Aurélien*. Quant à la maniére, dont l'Hérésiarque prétendit avoir reçu sa Vocation, je trouve dans l'Extrait, qu'*Hottinger* nous a donné d'un Manuscrit Arabe, (1) *que ce fut dans le sommeil*. Cet homme pouvoit bien se vanter d'avoir des Songes Divins, puisqu'au rapport d'*Archélaüs il fut averti en songe* du dessein, que *Sapor* avoit formé contre sa vie. Cependant je croirois plûtôt, qu'il se fonda sur une *Extase*. Les Mages en supposoient, comme on le voit par l'exemple d'*Erdaviraph*, que j'ai déja rapporté (*a*), & peut-être que ces Philosophes avoient entre leurs secrets, celui de se procurer des *Extases*. Le Pére *Ange de S. Joseph*, Carme & Missionnaire dans le Levant, raconte (2), " qu'une personne digne de foi ayant pris une pilule de „ l'Opiate de Perse, fut forcée, durant plusieurs heures, de rire „ & de dire malgré elle plusieurs sottises. Elle voyoit passer de„ vant ses yeux de petits fantômes, & Lutins fort grotesques, & „ sentit plusieurs autres effets extraordinaires, sans aucune mau„ vaise suite". Cet exemple fait voir ce que peuvent opérer sur l'Imagination & sur les Sens certaines compositions. Quoiqu'il en soit, *Manès* put bien se proposer de contrefaire S. *Paul*, qu'il regardoit comme le prémier des Apôtres, tant à cause de son zèle pour délivrer l'Eglise du Judaïsme, qu'à cause des preuves, qu'il croyoit trouver dans ses Ecrits, en faveur de la corruption inhérente dans la Nature. Tout cela put lui inspirer l'envie de supposer une *Extase* pareille à celle de S. *Paul*, & l'esperance de la persuader au monde. Il se vanta donc d'avoir reçu du Ciel immédiatement son Apostolat; & allégua, pour l'établir, non des Miracles, car je n'ai vû nulle part, qu'il se soit glorifié d'en avoir fait, mais prémiérement la perfection à la plénitude de ses connoissances, & secondement la promesse, que J. Christ avoit faite à l'Eglise, de lui envoyer le *Paraclet*.

Fonde sa vocation sur une Extase.

(*a*) Ci-dessus L. II. Chap. I. p. 165.

Il perd la protection de

Les Auteurs Persans nous apprennent que cet Imposteur, ou ce Fanati-

(1) *Per quietem*. Hotting. Hist. Ec. T. I. p. 147.

(2) C'est à la p. 260. de son *Gazophylacium Ling. Persica*. Ce Pere n'a pas voulu dire que cela lui étoit arrivé à lui-même. Mais *Chardin* le témoigne dans ses Voyages, T. IV. p. 204.

(3) *Misit Discipulos suos predicaturos intrepidè fictos simulatosque errores &c. quod cum Rex Persarum cognovisset, dignis eum suppliciis subdere parat.* Act. p. 99. Ces mots, *Fictos simulatosque errores*, sont expliquez par ceux-ci, *Christi nomine adjecto*. Ce sont les Erreurs de *Manès* prêchées

Fanatique surprit dans les commencemens la confiance de *Sapor*, mais il y a bien de l'apparence, qu'il ne lui découvrit pas d'abord tout le Mystère de sa Doctrine. Il se contenta de lui en montrer la face, qui ressembloit le plus au Magisme, de lui présenter ce qu'elle avoit de nouveau, de specieux & de Philosophique. Excommunié par les Chrétiens, & sortant de leur Société, le Roi de Perse ne le regarde, que comme un grand Philosophe. Mais dès-qu'il voulut donner à cette même Doctrine l'air & le nom de Doctrine de J. Christ; lorsque s'érigeant en Apôtre du Seigneur, il voulut réformer le Culte & les opinions des Mages, & introduire une nouvelle Religion, alors *Sapor* l'abandonna & résolut de le faire mourir. " *Manès*, dit M. *Dherbelot* (*a*), après s'être fait admirer pendant quelque tems, commença d'assembler des gens „ sous le nom de Disciples, QUI S'OPPOSOIENT AU CULTE ET AUX CE'RE'MONIES ZOROASTRIENNES, que „ les Persans professoient pour lors. Cette nouveauté, ayant excité des troubles, *Sapor* voulut le faire mourir".

Sapor, lorsqu'il s'érige en Apôtre de J. Christ & veut reformer le Magisme.

(a) Biblioth. Orient. p. 549

Cette Narration est évidemment confirmée par les Actes d'*Archélaüs*, malgré tout le soin que l'Auteur a pris de la déguiser, afin d'ôter à *Manichée* la gloire d'être mort en quelque sorte pour le Christianisme. Bien que cet Ecrivain affecte d'attribuer entiérement sa disgrace à la mort du fils du Roi, il convient néanmoins, (3) „ que ce Prince ne résolut son supplice qu'après qu'il eut envoyé ses Disciples de toutes parts, avec ordre de prêcher hardiment ses Erreurs SOUS LE NOM DE J. CHRIST". On voit à découvert dans ces paroles le vrai crime de *Manichée*. C'est sa Doctrine prêchée *sous le nom* du Fils de Dieu, dont il prétendoit être l'Apôtre. C'est d'avoir voulu réformer la croyance & le Culte des Mages, selon le plan & les idées, qu'il croyoit en trouver dans l'Evangile. Alors il eut le sort de la plûpart de ceux, qui entreprennent de changer les Religions établies: *Sapor*, dit (*b*) un Historien des Perses, *soit de son propre mouvement, ou à la sollicitation des Mages, résolut de le faire mourir.*

Cette cause de sa disgrace s'apperçoit dans les Actes d'Archélaüs.

(b) Chondemir. Ap. Hyd. pag. 282.

II. L'Hérésiarque, ayant été averti du dessein du Roi, (4) s'enfuit dans le *Turquestan*, où il séduisit beaucoup de monde. Le *Turquestan* comprend plusieurs Provinces, ou petits Royaumes. Il est situé à l'Orient de la Mer Caspienne, & confine (5) à la *Sogdiane*, qui est la derniére des Provinces, que les Perses possédoient autrefois

Il s'enfuit dans le Turquestan.

chées sous le nom de *Jesus-Christ*, déguisées, travesties en dogmes de Jesus-Christ.

(4) *Cumque* Shabur *eum interficere quæreret aufugit in* Turkistan, *ubi multos seduxit.* Chondem. Ibid. Voyez aussi *Dherbelot*, ub. sup. p. 549. *Renaud.* ub. sup. p. 424.

(5) *De Regno* Turkestan, *quod propius erat Regno Persarum.* Hait. Hist. Orient. Cap. XV. p. 19.

(a) De Regionib. Orient. L. I. 41.

fois de ce côté-là. *Marc Paul* (a) de Venise l'appelle *la Grande Turquie*. Ce fut donc là que *Manès* alla chercher un Asyle contre la persécution de *Sapor*, & je ne voi aucune raison d'en douter. Quel intérêt ont les Ecrivains Persans à supposer, que *Manichée* se sauva dans le *Turquestan* plutôt que dans la Mésopotamie ? Cependant cette seule circonstance détruit tout le Systême Historique d'*Archélaüs*.

L'Abbé *Renaudot* le nie sans raison.

Mauvaises Conjectures de ce Savant.

M. l'Abbé *Renaudot* ne laisse pas de s'élever contre ce fait, tout attesté qu'il est par les Persans & par les Arabes, d'une maniére fort unanime, & avec des circonstances, qui ne sentent point du tout la supposition. Ce n'est pas qu'il ait à leur opposer des témoignages d'autres Historiens mieux instruits, plus dignes de foi. Point du tout : il n'a que ses propres conjectures. Faisons-en part au Lecteur. " L'opinion des deux Principes (1), *dit-il*, celle de „ la Transmigration des Ames, & d'autres semblables étant extré„ mement repanduës dans les Indes & à la Chine, cela a donné lieu „ aux Persans & aux Arabes, qui cherchent toûjours l'incroyable, „ d'inventer, que *Manès* alla semer ses Erreurs dans le *Turquestan*, „ dans les Indes & à la Chine ". Que veut dire M. *Renaudot* ? Quelle espéce *d'incroyable* a-t-il trouvé dans le voyage de *Manès* au *Turquestan* ? L'Hérésiarque pouvoit-il mieux choisir sa retraite ? Que le Lecteur voye au bas de la page (2) ce que je rapporte de *Chozroès*. Quant à *la Chine*, l'Abbé croyoit-il que c'est cet Empire, que nous appellons aujourd'hui de la sorte ? Il savoit fort bien sans doute, que les Orientaux donnent ce nom aux Provinces de la Tartarie, ou de la Scythie, qui séparent la Chine proprement dite de la Perse. D'ailleurs il a fait tort aux Persans & aux Arabes, s'il les a cru assez ignorans, pour ne pas savoir, que l'opinion des deux Principes, & celle de la Transmigration des Ames, étoient aux Indes long-tems avant *Manichée*, de sorte qu'il seroit très-absurde de supposer un Voyage de l'Hérésiarque, dans ce Pays-là pour les y porter.

Il faut juger de même d'une autre conjecture de cet Abbé. " On „ ne peut presque douter, (3) *dit-il*, que la plus grande partie des „ Super-

(1) *Quia vero Manichæorum dogmata de duobus Principiis... Animarum quoque transmigratio, & similes quædam opiniones, apud Indos & Sinas mirum in modum propagatæ sunt, facile inde Arabes & Persæ, qui semper incredibilia sectantur, nacti occasionem fabulandi, Manem in Turquestaniâ, Indiâ, & Sinarum Regione, errores suos disseminasse.* Renaud. ub. sup. p. 44.

(2) De *Chozroès* : Ce Prince obligé de s'enfuïr, & deliberant s'il se retireroit chez les Romains, ou chez les Turcs, abandonna à l'instinct de son Cheval la decision de ce Probleme de Politique. *At vero* Chozroes *hæsitabat, quidnam agere debuisset, nonnullis sane consilium sibi ad Turcos secedere dantibus ; nonnullis autem ad Romanos.* Chozroes *equum ascendens, fræno laxato, equi motus omnibus sequi jubet. At vero Equus ad Romanas partes motus suos direxit.* Histor. Miscel. L. XVII. p. m. 116. col. 2.

(3) *Dubitari vix potest, maximam superstitionum partem, quæ Indos, Sinas, & vicinas*

„ Superstitions, qui aveuglent depuis plusieurs Siécles les Indiens, „ les Chinois & les Peuples voisins, ne tire son origine de la Doc- „ trine de *Manichée*, & des restes de la Secte de *Zoroastre* ". Je ne sai de quelle espéce de Superstitions, il a voulu parler. Les Indiens en ont beaucoup, que *Manichée* & *Zoroastre* auroient desavouées. Ils ne furent Idolatres ni l'un ni l'autre. A l'égard des *Chinois*, ces Peuples adorent des Idoles; Cela n'est point Manichéen. Les *Lettrez*, ou les *Doctes*, sont dans l'extrémité opposée au Manichéïsme. (4) *Ils donnent à la Puissance de la Matière tous les effets, que nous attribuons à la Nature Spirituelle, dont ils rejettent l'existence & la possibilité.* Ils ne reconnoissent qu'un Principe, & ce Principe est la *Matiére*. La verité est, (5) qu'il y a eu quantité de Manichéens dans le *Turquestan*, & dans le *Catbai*; & qu'il y en a encore. Il peut y en avoir aussi aux Indes. Les Disciples de *Manichée* persécutez en Perse se retirerent de tous côtez dans les Provinces Orientales. Mais l'Erreur fondamentale des deux Principes, & celle de la Metempsychose y étoient établies, reçuës, &, pour ainsi dire, canonisées tant de Siècles avant *Manichée*, qu'on seroit bien embarrassé à en marquer l'origine.

S'arrête à *Tchighil*, & y embellit un Temple de figures.

III. L'Imposteur s'arrêta dans une Ville, nommée TCHIGHIL, y prêcha sa Doctrine, & se fit beaucoup de Disciples. Pour se rendre agréable au Peuple, il y embellit de quantité de peintures un Temple, que les Persans appellent du même nom de (6) TCHIGHIL. Il en orna pareillement un autre qu'ils appellent GHALBITA. Enfin pour donner à ses Erreurs une Autorité Divine, il s'avisa d'un Expédient commun à quantité d'autres faux Prophètes. Ayant découvert, dans un lieu solitaire, un (a) Antre arrosé d'une excellente Fontaine, il y cache des provisions, avertit ses Disciples, qu'il va être élevé au Ciel, qu'il y demeurera pendant une année, au bout de laquelle il reviendra les trouver. Après avoir pris ces précautions, il s'enferme dans son Antre. C'est-là que, dans le silence de la solitude, il forme tout à fait son Systême de Philosophie & de Religion; qu'il en arran-

Se cache dans un Antre, & feint d'avoir été ravi au Ciel.

(a) *Dherbel.* ub. sup. *Renaud.* ub. sup.

cinos populos, a seculis multis occæcatos tenet, ex Manichæorum Doctrina, reliquiisque Sectæ Zoroastreæ originem ducere. Ibid.

(4) M. *de Boulainvilliers.* Vie de Mahomed. p. 188. Ed. d'Amst. 1731.

(5) Voyez ce que dit *Asseman*, T. III. P. II. pag. 478. Il parle de *Timothée* Patriarche Nestorien, qui tint le Siège de *Séleucie* depuis l'année 778. jusqu'à l'année 820. & d'un Moine nommé *Subchal-Jesu* qu'il envoya dans l'Orient. *Ipse ad extremos Orientis fines* (nempe ad Turcos Orientales & Chataienses) *penetravit, Christianæ Religionis Doctrinam longe lateque circumferens, inter Ethnicos, Marcionitas, & Manichæos.... Sectam enim Marcionitarum, atque Manichæorum in Indiâ, Chataiâ & Sinâ, plurimum viguisse, & adhuc etiam vigere, satis compertum est.*

(6) TCHIGHIL *est Picturarum Domus Chinensis, scilicet illud delubrum, quod in regno Chinæ Manes Magister pinxit.* Ap. *Hyd.* ub. sup. p. 28. *La Chine* dans cet endroit est le *Turquestan*.

arrange toutes les Parties; qu'il l'écrit dans un Livre, & l'enrichit de fort belles figures, afin de revêtir ses subtiles Imaginations d'une espéce de corps sensible & lumineux. Cet Ouvrage achevé, il sort de sa Retraite, & présente son Livre à ses Disciples, sous le nom de ses REVELATIONS, ou de son EVANGILE. C'est celui que les Persans appellent à cause de cela (1), ER-TENGH-MANI; c'est-à-dire, *le Livre des Peintures de Manes.*

Y écrit son EVANGILE & l'enrichit de figures.

Voici la description, que M. *Dherbelot* nous fait de ce Chef d'œuvre de *Manichée* (a). „ Ce Livre, *dit-il*, étoit rempli de „ figures Magiques, Astrologiques, & Prophétiques, que cet „ Héréfiarque & Imposteur disoit contenir toutes les merveilles, „ que Dieu lui avoit fait voir, les expliquant à ceux qu'il avoit „ séduit selon les Principes du Zoroastrisme ou du Manicheïsme. „ Ce Livre, que l'on disoit avoir été peint à la Chine, ou par des „ Chinois, étoit si célèbre dans toute la Perse, que *Kemal-Esfahani*, Poëte Persien, pour louër l'habileté d'un Peintre, dit, „ *que ses Ouvrages faisoient plier le Livre d'*ERTENG, *& mépriser toutes ses figures.*

(a) Ub. sup. p. 317.

Je ne connois point dans toute l'Antiquité Philosophique, & Hétérodoxe d'objet plus digne de la Curiosité, que ce bel Ouvrage de *Manès*. Les Tableaux, les Statuës des Grecs me paroissent bien moins intéressantes. On n'y pourroit voir que des figures parfaitement bien tracées : la nature imitée jusqu'au point d'en imposer aux yeux : mais dans les peintures de *Manès*, on découvriroit à la fois, & des merveilles de l'Art, & des représentations vives & originales d'un Systême, qui, tout bizarre qu'il pouvoit être, étoit néanmoins ingénieux.

Manès imite *Zoroastre*.

Le Récit des Persans peut bien être mêlé de circonstances fabuleuses. Les Orientaux ne sont ni moins habiles, ni moins hardis à inventer, que les Occidentaux & les Grecs. Cependant, s'il est vrai que l'Héréfiarque se soit retiré dans un Antre, pour le dérober, durant quelque tems, à la connoissance du Monde, & faire croire ensuite, qu'il avoit été ravi dans le Ciel, ou instruit par des Anges, il n'aura fait qu'imiter son Prédécesseur *Zoroastre*, qui, à ce qu'on dit, usa d'un pareil artifice. Retiré pendant quelques années, dans les lieux solitaires, il demeuroit dans une Caverne, où il tailla dans le roc des figures mystiques; & écrivit son Livre intitulé LE ZEND, c'est-à-dire, LE VIVANT, ou LE VIVIFIANT. Puis sortant de son obscurité,

(1) L'Abbé *Renaudot*, ub. sup. p. 44. dit que le mot *Erteng*, *Arzeng*, &c. car il est écrit differemment, signifie, *locum Picturis Sinensibus ornatum*, *vestes picturatas: tam singulariter* Manetis *Pictoris aulam aut Officinam; tandem figuras illas, quibus*

té, il s'érigea en Prophète, & publia ses prétendues Revelations.

Le Lecteur sera surpris de voir si peu d'harmonie entre la Rélation d'*Archélaüs*, ou d'*Hegemonius*, & celle des Orientaux. Elles ne s'accordent en rien. Là *Manès* ne connoit le Christianisme que vers la fin de sa vie : Ici il le connoît dès sa jeunesse, & le connoît si bien qu'il devient Prêtre; il l'enseigne, & le défend contre les Infidèles. Là il a pris ces deux Principes dans les Livres de *Scythien*, & *Scythien* dans la Philosophie de *Pythagore*. Ici il les a trouvez dans l'ancienne Theologie de son Pays, d'où *Pythagore* lui-même avoit tiré tout ce qu'il a pensé sur ce sujet. Là *Manes* encourt la disgrace de *Sapor*, pour n'avoir pû guerir son Fils : Ici l'on attribue sa chute à une cause toute différente. *Sapor* ne s'irrite contre lui, que parce qu'il veut fonder une nouvelle Secte sous le nom de *Jesus*, & qu'il desapprouve le Culte & la Foi des Persans. Là ce Roi le retient long-tems en Prison : Ici il prévient par sa fuite le dessein que ce Prince avoit formé de l'arrêter. Là enfin il se réfugie sur les Frontières de la Mésopotamie Romaine : ici c'est à l'extrémité toute opposée de l'Empire des Perses; c'est dans le Turquestan. Cependant c'est justement dans cette extrémité que nous trouverons le seul point, où ils peuvent s'accorder.

Digression sur l'etat du Christianisme dans le Turquestan. La Scene de la Dispute y seroit mieux placée que dans la Mésopotamie.

IV. Les Actes d'*Archélaüs* portent que *Manichée* fugitif se retira en Mésopotamie, & vint dans cette Ville des Romains, nommée Cascar, où il eut une Dispute avec l'Evêque du lieu. Nous n'avons pû trouver en Mésopotamie aucune Ville, qui portât ce nom, & il n'y en a point effectivement. *Cascar* est dans l'*Irak Babylonienne*, au cœur de l'Empire des Perses, où les Romains ne penétrérent point, ou, s'ils y pénétrérent, ils ne s'y arrêtérent pas. Delà j'ai conclu, que la Dispute de *Cascar* est supposée. Mais ma Conclusion a été peut-être plus générale que les Prémisses. J'ai bien prouvé que la Dispute n'a point été en Mésopotamie : mais, si nous la plaçons dans le *Turquestan*, elle pourra se soutenir. C'est-là que l'Hérésiarque se retire, selon les Orientaux; c'est-là qu'il y a une Cascar, qui n'est point soumise aux Perses, & où il pourra plaider sa Cause en toute sûreté : C'est-là qu'il y a des Chrétiens, des Evêques, qui ne peuvent manquer de s'élever contre un Hérétique, qui détruit les principaux Articles de la Foi Chrétienne. C'est-là qu'on parle *Syriaque*; cette Langue est la Langue Sacrée des Chrétiens, la Langue des Savans. Je n'y avois pas pensé : Il faut rétablir cette Dispute, que j'ai tant attaquée : il n'y a qu'à la bien

quibus Manes *Doctrinam suam per ænigmata significabat, & ipsum librum ejus mysteriorum*. La derniere signification paroit la plus naturelle.

bien placer. *Hégémonius* n'a fait qu'en transporter le Théatre, sur les Terres de l'Empire; au lieu qu'il falloit le mettre dans le *Turquestan* : ce seul changement relève tout l'Edifice, que j'ai pris tant de peine à abattre. Donnons au Lecteur, l'édification de voir, qu'une Histoire si ancienne est véritable dans le fond, & qu'elle n'a paru fausse, que parce qu'un Auteur ignorant l'a déplacée. Ne connoissant point la *Cascar* du *Turquestan*, il en a été chercher une dans la Mésopotamie Romaine, où il n'y en a point.

Raison pourquoi *Manes* se retire dans le Turquestan.

Manichée se réfugia dans les Provinces *Transoxanes*, & il faut avouer qu'il ne pouvoit mieux choisir sa Retraite. Il y étoit à l'abri des poursuites de *Sapor*, & chez un Peuple, qui n'étoit pas, comme les Romains, l'Ennemi irréconciliable des Persans. D'ailleurs il y étoit déja connu, & sa Doctrine y avoit fait quelques progrès. MANES, dit Abulpharage, *avoit envoyé quelques-uns de ses Disciples dans les Indes & à la Chine, où ils avoient semé la Doctrine des Dualistes*. J'ai déja remarqué, que *la Chine*, dans cet endroit, est le Pays des Turcs; celui d'où cette Nation tire son origine. Les Actes d'*Archélaüs* témoignent, que *Manichée* avoit envoyé *Adas en Scythie*, c'est-à-dire, dans les Provinces de *Scythie*, qui étoient voisines de la Perse, dans le *Turquestan*.

Cascar Ville & Province du Turquestan.

(a) *Assem.* ub. sup. T. III. P. II. p. 630.

Il y avoit là une ancienne Ville, que les Geographes nomment CASCAR, CASSAR, ou CASGAR, & qui donne son nom à une Province, ou à un petit Royaume. L'Evêque en est encore à présent (*a*) Métropolitain de tout le *Turquestan*, & le dixneuviéme en ordre de tous les Métropolitains, qui dépendent du *Catholique*, & du Patriarche Nestorien de *Mosul*. Je renvoye le reste au bas de la page (1).

Le Christianisme y est dès le premier Siecle.

(a) *Assem.* ub. sup. T. III. P. II. p. 16. 17.

L'Histoire des Eglises Orientales témoigne, que la Religion Chrétienne fut établie dès le premier Siécle, dans les Provinces *Transoxanes*, qui sont voisines de la Perse. On dit, qu'*Agbée* (*a*), Disciple de *Thaddée*, dont j'ai parlé, pénétra jusqu'aux Confins *des Indes*, & de GOG & MAGOG. Les Orientaux appellent de la sorte les deux Parties principales de la Scythie, ou de la Grande Tarta-

(1) CASCHGAR Ville du Turquestan, que quelques-uns mettent dans le *Cathai*. Dherbel. ub. sup. p. 261. CASGAR, inter *Cathayæ Indiæque confinia*: *Andr. Muller*. Disquisit. Geographica & Historica *De Cathaya*. p. 78. 79. Voyez aussi *Marc Paul* de Venise, ub. sup. L. I. Cap. 48. *De Provincia* CASSAR. Le même l'appelle CASCHAR, Cap. XLIII. Conferez *Cluver*. Geog. p. 442. *Samson*, Asie, p. 77. *Eutychius*, dans ses Annales, T. II. p. 111. temoigne, que *Philuz*, c'est *Pherozes*, bâtit deux Villes dans la Province de *Cascar*. *Duas in* Cascar *urbes condidit; deinde copias suas versus* Chorasanum *eduxit*. Les Provinces de *Cascar* & du *Chorazan* sont voisines. Ajoutons ce que dit *Asseman* T. III. P. II. p. 427. Turquestanæ, *Urbes præcipuæ*, BELENGIAR, KHORAN, CASGAR. *Hujus postremæ Urbis Metropolitæ* Joannes, & Sabar-Jesu *memorantur*, *ap.* Amrum, *in Vitâ* Barsumææ & Eliæ *Patriarcharum*. Il ajoûte, que cela confirme la

Tartarie, qui sont séparées par le Mont *Imaüs*. Si nous en croyons l'Arménien *Haiton* (b), qui a écrit il y a plus de quatre cens ans une *Histoire Orientale*, les Mages, qui vinrent adorer J. Christ, étoient des Princes du *Turquestan*. Il ajoûte, que dans le petit Royaume de *Tersa* (c), qui confine à cette grande Province, il y avoit encore de son tems dix Familles, qui descendoient de ces Mages, & qui avoient conservé la Religion Chrétienne.

(b) Hist. Orient. Cap XV. p. 19.

(c) Ibid. Cap. XXX. XXXI.

TERSA, nom d'un petit Royaume, veut dire Chrétien.

Ces Traditions Orientales ne sont pas fort certaines, au moins, si nous en jugeons par nos Traditions d'Occident, qui, pour en parler en termes modestes, sont l'Incertitude elle-même. Cependant elles prouvent, que le Christianisme pénétra de bonne heure, dans les Provinces de la Tartarie, qui confinent à l'Empire des Perses. J'apprends d'ailleurs de M. *Hyde* (d), que TERSA signifie CHRÉTIEN, ce qui est un grand indice, que le Christianisme est très-ancien dans cette Region. A l'égard de *Cascar*, le savant *André Muller*, qui avoit une grande Litérature Orientale, assure, que la Religion Chrétienne y pénétra de si bonne heure, qu'on ne sauroit marquer l'Epoque de son établissement dans ce Pays-là. Il ajoute, que les Chinois appellent (2) HOEY les Juifs, les Mahometans, & les Chrétiens: que *ce nom désigne en général les Tartares, mais en particulier ceux de* CASGAR, *& qu'enfin c'est par* CASGAR, *que les Chrétiens, les Juifs, & les Turcs ont pénétré dans la Chine*.

(d) Ub. sup. p. 370. 377.

Les Peuples du *Turquestan*, qui sont les anciens *Turcs*, étoient partagez en Tribus, comme les Juifs & les Arabes, & parmi ces Tribus, il y en avoit une, nommée CERRIT, laquelle faisoit profession du Christianisme. On lit dans l'*Histoire mêlangée*, que dans la bataille, que *Chozroës*, soûtenu par l'Empereur *Maurice*, gagna sur son Concurrent, on prit un grand nombre de Turcs, dont le Vainqueur fit présent à *Maurice*. On fut fort surpris à *Constantinople* (3) de voir, qu'ils portoient tous le Signe de la Croix imprimé sur le front. C'étoient apparemment des Turcs de la Tribu *Cerrit*, qui étoient venus au secours de *Bara*. Parlons d'Evé-

Tribu Turque toute Chrétienne.

la conjecture de *Dherbelot*, qui a jugé, que la Métropole du *Turquestan*, que le Geographe Persan appelle *Kariath-Hadita*, ou *Gedida*, c'est-à-dire, *Château-neuf*, est la même que *Casgar*. Le même rapporte, après *Abulpharage*, que deux Moines *Jagurites*, c'est-à-dire, *Turcs*, allant visiter les Lieux Saints, *Mar*-DENHA, qui étoit alors le *Catholique* des Nestoriens, en ordonna un Métropolitain de la *Chine*, c'est à-dire, du *Turquestan*, & des Provinces voisines. *Assem.* ub. sup. Tom. II. p. 257.

(2) *Significat autem* HOEY *Tartaros*, *&* CASGARENSES *maxime ;* CASGARA *autem & Christiani*, *& Judai*, *& Turca in Sinas penetrarunt.* Mull. *ub. sup.* p. 90. Voyez aussi ce que dit là-dessus *Trigault* L. I. II. ap. *Assem.* T. III. P. II. p. 509.

(1) *Sane cum Turci signum haberent in fronte ex Cruce* &c. Histor. Miscel. L. XVII. p. 117.

d'Evénemens plus modernes. (1) Vers l'an 1514. de l'Ere des Grecs, c'est-à-dire, vers l'an 1203. de Notre Seigneur, le Chef de toutes les Tribus Turques, étoit un Prince nommé UNG-KHAN, qui descendoit de la Tribu *Cerrit*, & qui par conséquent étoit Chrétien, comme son nom de JEAN le fait assez connoître. Il avoit toûjours eu auprès de lui un Officier de mérite & d'expérience nommé (2) TAMUJIN, qui l'avoit élevé, & très-bien servi. Mais ses Envieux ayant fait croire au Roi, que c'étoit un Traître, qui le vouloit perdre, ce Prince résolut de l'enlever la nuit dans sa tente. *Tamujin*, averti de la conspiration, par deux Domestiques du Roi, sort de sa tente le soir, & accompagné de ses amis & de ses Serviteurs, il va se mettre en embuscade, vient fondre subitement sur *Ung-Khan*, & sur sa Troupe, & les défait entierement. Il se donna depuis entre eux diverses batailles dans lesquelles il eut toûjours l'avantage. Dans ces entrefaites un des Princes des *Mogols*, ou *Tartares*, contrefait le Prophète : va par les Montagnes, & par les Deserts nuds pieds pendant l'hyver : revient, publie que Dieu lui a parlé, & lui a ordonné de dire à la Nation, qu'il a donné tout le Pays à *Tamujin* & à sa Posterité, & qu'il l'a nommé lui-même JINGIZ-KHAN. On écoute ce Prophète, on le croit, & *Tamujin* devient ainsi Roi des Mogols.) Je m'apperçoi bien, que je m'écarte de mon sujet, entraîné par une Réflexion, qui m'a frappé ; c'est que deux grands Empires, celui des Arabes, & celui des Mogols, ont eu pour fondement l'imposture de deux faux Prophètes. Je reviens à présent à celui dont j'écris l'Histoire.

Histoire de UNG KHAN. Origine de l'Empire des Mogols.

Manichée s'est donc retiré dans le *Turquestan* : *Cascar* est dans le *Turquestan* ; c'est la Capitale d'un petit Royaume : Il y a certainement un Evêque à *Cascar*, puisqu'il y a des Chrétiens. Les Chrétiens y sont avant le tems de *Manichée*. Leur établissement dans ce Pays-là est si ancien, qu'on ne sauroit en marquer le commencement :

Conséquence des faits prouvez.

(1) *Eo tempore Turcarum Orientalium Tribubus imperavit* UNG-KHAN, *qui Rex* JOANNES *appellatus est, è Tribu, quæ* CERRIT *vocatur, erantque Populus, qui Christianam Religionem profitebantur.* Abulph. Dynast. p. 255. CARIT, ou KERIT, dit Dherbelot, *Tribu des* MOGOLS, ou *Tartares Orientaux, qui faisoient profession de la Religion Chrétienne.* UNG-KHAN, *ou plutôt* AVENK KHAN, *étoit Prince de cette Tribu, & portoit le nom de* MALEK JUHANA, ou, DE ROI JEAN selon *Abulpharage*, dont je viens de citer les paroles. *Ung-Khan* devoit commander à toutes les Tribus, & non à la seule Tribu *Cerrit* ; & si cela est, il faut que le Royaume fût électif, ou plutôt que les Turcs n'eussent point de Rois, mais des *Ducs*, ou Commandans Généraux. Les Nations Septentrionales ont eu rarement des Rois, & surtout des Rois Héréditaires, établissement difficile à concilier avec leur Liberté, dont ces Nations étoient fort jalouses.

(2) TAMUJIN. *Pocock*, qui a traduit *Abulpharage*, remarque dans ses *Corrections* sur la p. 280, que selon une autre leçon *Tamujin* n'est pas le nom de l'Officier, mais de la Tribu, de laquelle il

ment; d'où je conclus que c'eſt là qu'il faut mettre la Conférence de *Caſcar*: On le peut ſans choquer, ni l'Hiſtoire, ni la Chronologie, ni le vraiſemblable. N'eſt-il pas naturel, que l'Héréſiarque prêchant ſon Héréſie aux Chrétiens du *Turqueſtan*, les Evêques s'y oppoſent ? Qu'il y ait à cette occaſion une Diſpute entre eux & lui ? Que cette Diſpute ſe paſſe en public ? Que les Antagoniſtes y parlent Syriaque, & que la Diſpute ayant tourné à l'avantage des Orthodoxes, l'Evêque en ait écrit la Rélation dans cette Langue ? Prouvons ce dernier point; c'eſt le ſeul qui puiſſe paroître douteux. Parloit-on Syriaque dans le *Turqueſtan ?*

La Langue Syriaque eſt la Langue Sacrée des Orientaux.

Je conviens, que le Syriaque n'étoit pas la Langue du Peuple; mais c'étoit la Langue des Evêques, des Prêtres, la Langue Sacrée : En effet la Religion Chrétienne fut portée dans les Regions Orientales des Syriens, par des Caldéens, & des Arméniens qui ſe ſervoient (3) de la Langue Syriaque, tres-eſtimée dans tout l'Orient. Le Monument (4) Chinois, qui fut découvert en 1625. dant la Province de *Xen-Si*, contient des Caractéres Syriaques. Et à l'égard de l'Inſcription Chinoiſe, M. *Aſſeman* a remarqué, que le Traducteur Latin a mis mal à propos au titre, que *les Soixante & dix Prédicateurs*, qui étoient allez annoncer l'Evangile aux Chinois, avoient été envoyez de Paleſtine, au lieu qu'il falloit mettre d'*Aſſyrie*, ou de *Caldée*. Les Chrétiens des Indes, que l'on nomme de S. *Thomas*, ont leur Liturgie (*a*) en Syriaque. Les Neſtoriens font le ſervice dans cette Langue, ſoit aux Indes, ou dans la Tartarie, & à la Chine. Ils liſent l'Evangile & l'Epître en Syriaque, mais ils l'expliquent enſuite au Peuple en Langue vulgaire. Ainſi toutes les difficultez diſparoiſſent. La Diſpute de *Manichée* devient réelle, dès qu'on la place dans le *Turqueſtan*. La grande Objection du ſilence d'*Euſébe*, dans ſon Hiſtoire Eccléſiaſtique, s'évanouït entiérement. Quelles nouvelles pourroit-il

(*a*) *Aſſem.* ub ſup. T. III. P. II. p. 177.

il ſortoit. *Juxta aliam Lectionem*, TAMUJIN, *Tribus illius, non viri, nomen eſt.*

(3) Le Syriaque eſt encore à préſent la Langue Savante parmi les Chrétiens d'Orient. Je ne parle pas de ceux, qui ont été *Chriſtianiſez* par les Miſſionnaires Catholiques Romains.

(4) Voyez ce qu'en dit le P. *le Comte* dans ſes *Mémoires de la Chine*. T. II. p. 241. Ce Monument eſt à la verité très ſuſpect à quantité de bons Critiques. M. *La Croze* en parle dans la ſuite de l'*Examen déſintereſſé de la Défenſe de l'Abbé Renaudot*. Europe Sav. T. XI. P. II. p. 539. Conſultez *Aſſeman* T. III. P. II. p. 539. où il parle au long de cette Piéce. *Athanaſe Kircher* la publia & la traduiſit, mais M. *Aſſeman* pretend que ſa Traduction contient beaucoup de fautes. Il remarque auſſi que le Chriſtianiſme avoit été prêché à la Chine dès l'an 636. Voyez ſa *Bibliotheq. Orient.* T. III. P. I. p. 156 *Spizelius*, De Re Literariâ Sinenſium Sect. IX. p. 160. parle de ce Monument en ces termes. *Plurima non obſcurè ſubindicant, Monumentum illud a recentiori quodam Semi-Chriſtiano, pariter ac Semi-Sinico Doctore fuiſſe adornatum.*

il avoit de ce qui se passoit chez des Peuples, avec lesquels les Grecs n'avoient aucune communication ? Mais *Hégémonius*, qui apparemment avoit été en Perse, du moins en Mésopotamie, eut le bonheur de trouver des Mémoires Syriaques d'une Action si digne d'être transmise à la Postérité. C'est aussi apparemment dans le *Turquestan*, que les Chrétiens avoient accoûtumé d'aller tous les ans passer le jour & la nuit dans la Campagne en veilles & en priéres, pour obtenir la Bénédiction du Ciel sur leurs semailles. *Hégémonius* n'est point au fond un menteur : il n'a fait qu'une faute ou deux : il s'est trompé sur le lieu : mais la Conférence est véritable, & s'est passée, comme il l'a dit.

Le Lecteur me demandera peut-être, si je parle sérieusement ; ma réponse est toute prête : & je suis persuadé qu'il l'aura déja devinée. Mon unique dessein a été de composer à mon tour un Roman Ecclésiastique, mais avec cette différence, qu'il est mieux fondé dans l'Histoire que celui d'*Hégémonius*, que le vraisemblable y est mieux observé, & que s'il avoit quatorze ou quinze cens ans d'ancienneté, je partagerois au moins les suffrages des Critiques. Je me flatte au reste, que le Lecteur ne me saura pas mauvais gré de lui avoir fait faire une petite course dans le *Turquestan*, où *Manichée* nous a conduits. Nous y avons vû des objets plus agréables & plus réels, que la plûpart de ceux, dont j'ai été obligé de l'entretenir.

CHAPITRE IV.

MANICHE'E *retourne en Perse, y porte son Evangile* ; HORMIZDAS *le protege* ; VARANES I. *le fait mourir.*

Manès retourne en Perse.

(a) Crit. Baron. An. 271. No. 12.

(b) Dherbelot. ub. sup. p. 763.

I. PENDANT que l'Hérésiarque étendoit sa Secte dans le *Turquestan*, & dans les Provinces voisines, SAPOR finit en 271. selon le P. *Pagi* (a), ou en 272. selon M. (b) *Dherbelot*, un Regne glorieux, qui avoit duré trente ans & un mois. Il laissa l'Empire à HORMIZDAS, son Fils, qui ne le tint (1) *qu'un an & dix jours*, dit le P. *Pagi*, en suivant *Agathias* : Mais les Orientaux le font regner au moins (2) *un an & dix mois*. Il ne faut

(1) *Post annum unum & decimum diem demortuus*. Pagi. Ibid.

(2) *Annum unum & Menses decem*. Eutychius. T. I. Annal. p. 384. *Dherbelot*. ub. sup. p. 457.

(3) C'est ainsi qu'un Savant du Siécle passé temoignoit ses justes regrets de la perte des Ecrits, où l'on trouvoit l'ancienne Philosophie de Pythagore. *Utinam vero, (sic cum eodem* (Vossio) *nos quoque optamus) exstarent, quæ de Pythagoreâ Philosophiâ scripsere* Aristoteles, Andro-

faut pas tout-à-fait juger de ces Princes par les portraits, que nous en font les Grecs & les Latins, qui les méprisoient comme des Barbares, & qui les haïssoient comme leurs Ennemis.

Sans doute *Hormizdas* avoit favorisé secrettement *Manichée*, tant que *Sapor* son Pére regna. Car, dès que l'Hérésiarque eut appris que ce Prince étoit monté sur le Thrône, il retourna en Perse, & présenta au Roi le Livre de ses RE'VE'LATIONS, enrichi, comme on l'a dit, de très-belles Peintures. C'est celui que l'on nomme, & qu'il nomma peut-être lui-même son EVANGILE. C'est-à-dire sa DOCTRINE, sa *Prédication*. Ainsi ce Livre ne contenoit pas une fausse Histoire de J. Christ, comme *Photius* se l'est imaginé. Présente son Evangile à *Hormizdas*.

Je ne sai s'il nous reste quelque morceau de cet Ouvrage. Je n'en ai point trouvé dans les anciens Auteurs Grecs ou Latins, que j'ai lûs; Et ce qui m'a fait croire, qu'il n'y en a point, c'est que les habiles Modernes, qui nous parlent des Livres de *Manichée*, & qui ne négligent pas de rapporter les fragmens, qu'ils en ont pû découvrir, ne nous en fournissent aucun. Je croi néanmoins qu'il s'en pourroit trouver en Orient, ou dans les Auteurs Chrétiens, qui réfutérent *Manès*, ou dans les Auteurs Persans & Arabes. Du reste j'avouë encore une fois que (3) je regrette la perte d'un Livre, qui fut le Chef-d'œuvre d'un beau Genie, & d'un des plus savans hommes de son tems, dans la Philosophie Orientale. Je ne doute pas, que, parmi des faits dignes de notre Curiosité, il ne se trouvât beaucoup de Visions & de mauvais raisonnemens. Mais, si l'on brûloit tous les Livres, où il y en a, bon Dieu! quels incendies, & quelle perte au fond pour la République des Lettres! Par exemple, quel dommage ne seroit-ce pas, si l'on s'avisoit d'ensevelir dans la poussiére, ou dans les flammes (4), l'Histoire d'une Sainte Moderne, qu'un Prélat, qui a beaucoup d'esprit & d'éloquence, a publié depuis peu! Il est vrai qu'il y a des François, qui regardent cet Ouvrage, comme un des plus grands affronts, que l'on pût faire, au Jugement & au Discernement de leur Nation & de leur Siécle. Cependant ils doivent convenir, que ce Livre a ses beautez, & qu'à moins de n'avoir aucun goût, on ne peut voir, sans plaisir, une infinité de petits riens, enchassez avec beaucoup d'art, dans l'or des plus belles paroles, & des expressions les mieux choisies. Il n'en reste aucun fragment.

Les

Androcydes, Antiphanes & Alexander! *Utinam superesset* Philolaüs, *qui Pythagoræ dogmata conscripsit*, *&* Didymus *quem de Philosophiâ Pythagoricâ librum composuisse auctor est* Clemens Alex. *Strom.* L. I. & Horc. *Spizel.* De Re Literar. Sinens. Sect. VI. p. 85.

(4) Le Lecteur reconnoitra bien à ce Portrait l'Histoire de la *Sœur Marguérite* ALACOQUE, que M. LANGUET, Evêque de *Soissons* & presentement Archévêque de *Sens*, a donnée au Public. L'Histoire Religieuse de *Theodoret*, supposé qu'elle soit de lui, n'a rien de comparable.

Comment les Persans distinguent cet Evangile de celui de J. Christ.

(a) *Hyd.* ub. sup. p. 282.

Les Auteurs Persans nous avertissent, (a) que, lorsqu'ils parlent de l'Evangile de Notre Seigneur, ils ajoutent, pour le distinguer, les mots de CHRIST, ou de CHRETIEN, ceux de CROIX, de SYRIEN, de *Ceinture* : mais que, lors qu'au mot d'Evangile, ils joignent celui de PEINTURE, ou de PEINTRE, ceux de ROSES, de TULIPPES, de VARIÉTÉ DE COULEURS, *il faut entendre* L'EVANGILE *de* Manichée, *ou le* LIVRE ORNÉ *de Peintures, dans lequel il avoit écrit ses Revelations & ses Dogmes.*

Usage de la *Ceinture* parmi les Persans & les Chrétiens d'Orient.

On entend bien pourquoi les Persans distinguent l'Evangile de Notre Seigneur par les mots de *Croix*, de *Chrétien*, de *Syrien*. *Jésus* est le *Christ*, il a été *crucifié*, il est né en *Syrie* : la Palestine faisoit partie de cette Province. Mais on n'entend pas de même pourquoi ils distinguent cet Evangile par ce mot de *Ceinture*. Cet endroit, qui mérite d'être éclairci ne nous arrêtera pas long tems, & ne déplaira pas au Lecteur.

Les *Persans* donnoient la Confirmation par la *Ceinture*.

Les *Persans* donnoient la *Ceinture* aux jeunes Personnes, lorsqu'elles étoient parvenuës à l'âge de raison. C'étoit, pour ainsi dire, le Sacrement de leur *Confirmation*. Elles renouvelloient alors, & ratifioient les engagemens, où la Naissance les avoit mises, d'observer fidélement les Loix de leur Créateur. On lit dans le Livre *Sad-Der*, qui contient un abrégé des Préceptes moraux de *Zoroastre* (a), *que Dieu a commandé de prendre la Ceinture, parce que c'est le signe de l'obéissance, qui est duë au Créateur.* Les Persans attribuent à cette *Ceinture* la même vertu, que les Catholiques Romains attribuent à leur *Signe de Croix*, & à leur *Eau-bénite*. Elle chasse les Démons, & délivre un homme de leur Puissance. Toutes les Religions superstitieuses sont marquées au même coin. Partout du merveilleux dans les Cérémonies.

(a) Ap. *Hyd.* ub. sup. p. 441. Voyez aussi le Chap. XXX. p. [illegible]. 371.

Les Chrétiens d'Orient portent la *Ceinture* par Religion.

Je ne sai, si les Chrétiens du Levant voulurent se conformer en partie à l'usage de la Religion Dominante, ou s'ils crurent effectivement, que c'étoit un Précepte de Notre Seigneur, mais il est certain qu'ils se croyoient obligez à porter la *Ceinture*. "Tous „ les Chrétiens du Levant (1), dit un savant Moderne, les Sy- „ riens,

(1) *Ex illa Christi Domini sententia, sint lumbi vestri praecincti* (Luc. XII. 35.) *Syri, Arabes, & Ægyptii Christiani, religioni ducunt, ad Ecclesiam absque Zona accedere.* Assem. *ub. sup.* T. III. P. I. pag. 359.

(2) *Duodecim nodis notantibus duodenarium numerum Apostolorum, quorum illi sunt sequaces.* Hyd. *ub. sup.* p. 371.

(3) Ce Prince fut assassiné étant yvre l'an 247. de l'Hegire, ou le 861. de Notre Seigneur.

(4) *Dherbelot* marque cette différence dans sa *Bibliothéque Orientale.* p. 307. Voici ses paroles. *Il faut remarquer ici, qu'*ABD *qui signifie* Serviteur, *a deux pluriers, dont le prémier, qui est* EBAD, *s'entend toûjours des* Serviteurs de Dieu; *& le second, qui est* ABID, *signifie* les Esclaves des hommes. L'Histoire, que je rap-

„ riens, les Arabes, les Egyptiens, ou les Cophtes, croiroient „ commettre un Péché, s'ils alloient à l'Eglise sans *Ceinture*. Ils „ se fondent sur cette parole de Nôtre Seigneur, *Portez une* „ *Ceinture sur vos reins*." Les Moines, qui enchérissent partout sur les usages établis, (2) ont des *Ceintures à douze nœuds*, pour montrer qu'ils sont les Sectateurs des douze Apôtres. C'est de là qu'est venuë la Cérémonie dont les Orientaux usent dans l'Excommunication. Lorsqu'ils retranchent quelcun du corps de l'Eglise, l'Evêque lui coupe, ou lui déchire sa *Ceinture*. On en voit un exemple dans l'Histoire que je vai rapporter.

Affectation des Moines.

(3) *Al-Motavacces* (*a*) Empereur des Arabes, avoit à son service un habile Médecin, nommé *Honaïn*. Celui-ci étoit de ces Arabes, qui faisoient profession du Christianisme, & que l'on nommoit (*b*), AL-EBAD, (4) mot, qui designe ceux, qui ne servent que le Créateur, au lieu que AL-ABID, marque ceux qui servent aussi les Créatures. *Honaïn*, ayant vû chez un Chrétien de *Bagdad*, un Tableau, où J. Christ étoit représenté avec ses Disciples, & devant lequel brûloit une Lampe, dit au Maître de la Maison, *Pourquoi prodiguer inutilement votre huile? Car ce n'est pas là J. Christ, ni ses Apôtres; ce ne sont que leurs Images*. Un autre Chrétien, nommé *Tiphurius*, étoit présent. Cet homme jaloux de la fortune du Médecin, lui dit, *si cette Image n'est pas digne de vénération, crachez dessus*. *Honaïn* le fit & *Tiphurius* l'ayant denoncé au *Catholique* de Perse, *ce Prélat* (5) *l'excommunia*, *&* LUI COUPA SA CEINTURE.

La Cérémonie de l'Excommunication chez les Orientaux est de couper la *Ceinture*.

(*a*) Abulph. Dyn. p. 173.

(*b*) Ibid.

La même Cérémonie a une toute autre signification, chez les Mahométans. Ils en usent, lorsqu'ils reçoivent un Chrétien, ou un Sectateur des Mages dans leur Communion. C'est le Sacrement de son abjuration, ou de son apostasie. " Couper la *Ceinture* (*c*), „ dit M. *Dherbelot*, signifie chez les Mahométans (6), *renoncer à* „ *son infidelité*. Et parmi les Chrétiens, cette façon de faire se „ prend pour *excommunier*."

Les Turcs se servent de la même Ceremonie dans les abjurations des Chretiens.

(*c*) *Dherbelot*, ub sup. p. 6[illegible]. Voyez aussi sur le mot *Zunnar*.

Il ajoûte, que les Chrétiens d'Asie furent obligez, sous les *Khalifes*, & autres Princes, de porter une *Ceinture* de cuir, aussibien que les Mages, ou Adorateurs du Feu, mais que ceux-ci la portoient beaucoup plus large. *Lorsqu'un Chrétien*, poursuit-il, *avoit*

je rapporte fait voir qu'il s'agit des *Adorateurs* des Saints & des Images. Cet habile homme n'a pas jugé à propos de faire appercevoir à son Lecteur que c'est-là le sujet de cette distinction.

(5) *Excommunicatus, & secta ipsi Zona*. Abulph. Ibid.

(6) La raison en est, que les Chrétiens, & ceux qui sont profession de l'ancienne Religion des Perses, portant la ceinture par un principe de conscience, & en vertu d'une Loi de leurs Legislateurs, comme on vient de le voir, les Mahométans leur coupent cette ceinture, lorsqu'ils embrassent la Foi *Musulmane*. C'est la cérémonie de leur abjuration, & le témoignage public qu'ils renoncent à leur premiére Religion.

avoit fait quelque action scandaleuse, l'Evêque lui coupoit en public sa Ceinture, & le chassoit hors de l'Eglise. L'on appelle aujourd'hui dans le Levant (1), CHRÉTIENS DE LA CEINTURE, *ceux qui sont, ou* Nestoriens, *ou* Jacobites, & *quelquefois aussi les* Maronites, *quoique ceux-ci soient Catholiques*, c'est-à-dire, quoiqu'ils soient réünis à l'Eglise Romaine.

Ils les ont obligez de porter la *Ceinture* en public.

J'ai une Remarque à faire sur ce que je viens de rapporter de M. *Dherbelot*. C'est que ce ne sont pas les *Khalyphes*, ou les Princes Arabes Successeurs de *Mahomet*, qui obligerent les Chrétiens leurs Sujets, à ne paroître jamais en public qu'avec la *Ceinture*. Ce sont les *Ottomans*. Ces Princes sortis de la Tartarie (*a*) favoriserent au commencement les Chrétiens. Lorsqu'ils s'emparerent de *Bagdad*, en l'année 1258. ils firent quartier à tous les Fidèles, le Patriarche ayant eu la précaution de les faire enfermer dans leurs Eglises, afin qu'ils fussent distinguez de Arabes. Mais *Kasan*, qui commença à regner en 1295. ayant pour Général un certain *Neuruzus*, qui étoit Mahométan, & grand ennemi des Chrétiens, celui-ci (2) leur fit défendre sous de grosses peines, de paroître en public qu'avec la Ceinture. Le Persécuteur souffrit bientôt la peine de son injuste haine. *Kasan*, qui s'en étoit servi utilement (*b*), s'en défit deux ans après, & lorsqu'il n'eut plus besoin de lui. Parce qu'il craignit, qu'un Mahometan, de la race des Arabes, ne fit un jour pour lui ôter la couronne, ce qu'il avoit fait pour la lui aquerir, ou pour la lui conserver.

(*a*) *Assem.* ub. sup. T. III. P. II. p. 123.

(*b*) Ibid. p. 127.

Hormizdas protege *Manichée* & se déclare pour sa Doctrine.

II. *Hormizdas* reçut très gracieusement le Livre, ou L'EVANGILE de *Manichée*, & en parut charmé. (3) Il embrassa la Doctrine de ce nouveau Prophète, & se déclara hautement pour lui. L'exemple & la protection du Prince rendit bientôt sa Secte fort nombreuse, d'autant plus qu'*Hermizdas* unissoit à l'autorité Royale, tous les agrémens d'un homme parfaitement bien fait, & toutes les Vertus d'un excellent Prince. (*c*) *Il étoit de très-bonne mine, robuste & de belle taille. Il s'adonna à l'étude, mais sa science lui nuisit, car elle le fit tomber dans les Erreurs de* Manès, *qui prétendoit avoir raffiné sur la Doctrine de* Zoroastre, *Legislateur des Mages, en la mêlant avec celle des Chrétiens.* L'Auteur ajoûte à ce Portrait un mot, qui donne une haute idée de la générosité, & du désintéressement de ce Prince. Un de ses Ministres croyant lui faire plaisir, achetta pour son compte une certaine quantité de Dia-

Beau Caractère d'*Hermizdas*.

(*c*) *Dherbelot*, au mot, *Hermouz*. p. 457.

(1) *Hyde* remarque que les Mahometans appellent les *Ceinturez*, *Zonati*, tant les Chrétiens, que les Sectateurs des anciens Mages. *ub. sup.* Cap. XXX. pag. 371.

(2) *Neuruzus*.... *cavitque ne ullus deinceps Christianus, sine cingulo in publicum prodiret.* Assem. T. III. P. II. p. 122.

(3) *Rex primo Manichaeismum amplexus est. Megiddi* Historien Persan, *apud* Hyd. p. 282.

(4) *Dinar* est une monnoye d'or, du poids d'un *Ducat* de Hongrie, ou d'un *Sequin* de Venise.

Diamans, pour la valeur *de cent mille Dinars*; le Roi refuſant de les prendre, le Miniſtre lui manda, qu'*il y avoit cent pour cent à gagner. Ni cent, ni mille de profit, ne me ſont rien*, repondit-il. *Car ſi je me mêle de faire le négoce, qui eſt-ce qui fera le métier de Roi? Et que deviendront les Marchands?* L'Avarice, partout pernicieuſe, l'eſt ſurtout dans les Princes. On l'excuſe dans ceux qui n'étant qu'Electifs, ſont plutôt les uſufruitiers que les Propriétaires d'un Etat. Mais elle eſt inexcuſable dans les Monarques Héréditaires.

Il fait bâtir un Château pour la ſureté de l'Héréſiarque.

La Protection du Roi ne ſuffiſoit pas néanmoins pour mettre tout-à-fait *Manichée* en ſureté. Objet de la haine de toutes les Religions, les Chrétiens & les Mages, le pourſuivoient comme un Hérétique, & un Apoſtat, les Juifs & les Payens, comme l'Ennemi juré de leurs Sectes. C'eſt ce qui obligea le Roi de (5) *lui faire bâtir* exprès une Place forte, *entre* Bagdad, *& la* Suſiane, *pour lui ſervir de retraite contre ceux, qui le pourſuivroient à cauſe de ſa Doctrine. Le Château fut appellé* Deskareh, *nom, qui eſt demeuré depuis ce tems-là à tous les Châteaux en général.* Cette Place étoit apparemment ſituée ſur quelque rocher, dans un lieu ſolitaire, car l'Auteur remarque, que *Daſcarah* ſe prend auſſi ſouvent dans les Hiſtoriens Arabes, pour un *Hermitage*.

C'eſt vraiſemblablement le Château qu'*Archélaüs* nomme *Arabion*.

Cet endroit m'a confirmé dans la penſée où je ſuis que l'Hiſtoire de *Manichée* par *Archélaüs*, n'eſt qu'un mêlange de faux & de vrai, dans lequel le faux domine, & le vrai eſt alteré. Cet Auteur raconte, que *Manès*, condamné par *Sapor*, ſe retira dans un Château nommé *Arabion*. Voilà vraiſemblablement le Château, qu'*Hormizdas* lui fit bâtir pour le mettre en ſureté. Mais l'Auteur, qui n'a pas ſu la ſituation de cette Place, ou qui ne pouvoit pas s'en accommoder pour la conſtruction de ſon Roman, l'a transportée dans la Méſopotamie, ſur les frontiéres des Romains; au lieu qu'elle étoit au cœur de la Monarchie des Perſes, entre *Bagdad* qui eſt dans la Province de Babylone, & *la Suſiane*, (6) qui eſt à l'Orient de cette Province. Si la ſituation des lieux pouvoit le permettre, je ſoupçonnerois qu'*Arabion* a été mis pour (7) *Hébræum*, qui eſt le nom d'un Château bâti ſur le Tigre, dans la Province de Ninive, au pied duquel il y eut depuis un Monaſtère.

Hormizdas ne regne au plus que deux ans.

Malheureuſement pour l'Héréſiarque le Regne d'*Hormizdas* fut fort

(5) Voyez *Dherbelot* au mot *Daſcarah*, p. 288. *Renaudot*, (Hiſt. Patriarch. Alex.) *Hormizdam arcem in Curiſtanâ ædificare... in qua* Manes *ſecure degeret*. Voyez ſur cette Province *Aſſem.* T. III. P. II. pag. 420.

(6) Voyez la Carte de *Cellarius*. T. II. p. 786. Il dit dans l'explication que la *Suſiane* eſt vers le Nord de l'*Aſſyrie*, mais elle eſt placée autrement dans la Carte.

(7) *Aſſeman* parle de ce Château, & de ce Monaſtere en trois ou quatre endroits. Voyez le T. III. P. I. pag. 485. 490. 491. 208.

(a) Dherbelot, ub. sup. p. 457.

fort court (a). *Ce Prince, du consentement de tous les Historiens, n'a régné que deux ans, au plus; car quelques-uns ne lui donnent qu'un an & dix mois, & marquent sa mort en la deuxieme année de l'Empire de Maximin.* Je croi, que M. *Dherbelot* copie, dans cet endroit, (1) *Eutychius*, & si cela est vrai il ne l'a pas fait exactement. Il devoit aussi corriger un *Synchronisme* vicieux, ou avertir du moins son Lecteur de ne s'y pas tromper.

Varanes I. qui lui succéde, embrasse d'abord le *Manichéisme.*

III. *Hormizdas* étant donc mort en 273, ou peut-être en 274. il laissa pour Successeur *Varanes I.* son fils, que les Persans nomment BAHARAM ou BEHRAM. Celui-ci marcha d'abord sur les traces de son Pére, & fut des (2) prémiers à se declarer pour la Doctrine de *Manès.* Mais plus la Secte devenoit nombreuse, plus les Mages allarmez de ses progrès faisoient d'efforts pour les arrêter. On ne nous dit point, s'il demanderent une Dispute publique, dans laquelle on discutât les sentimens du Novateur, ou si le Roi, ébranlé par leurs oppositions, & par leurs Remontrances, l'ordonna de son propre mouvement. Mais enfin il assembla (3) les plus savans des Mages, & leur commanda de disputer avec *Manichée.* Quelques uns (b) disent néanmoins, que ce ne fut qu'un artifice du Roi, qui vouloit le tirer de son Fort, & le faire périr. Peut-être ne jugent-ils de la sorte des intentions du Prince, que par le succès qu'eut cette Dispute. Elle fut fatale à *Manichée*, & soit qu'il se défendît mal, ou que le crédit de ses Adversaires l'emportât sur le sien, il fut condamné comme Hérétique.

Il ordonne une Dispute entre *Manès* & les Mages.

(b) Cond-Emir, Leb. Tarich Ap. *Renaud.* ub. sup.

Elle a donné occasion de supposer celle d'*Archélaüs.*

Ce Récit achéve de nous découvrir l'origine des prétenduës Disputes d'*Archélaüs* avec *Manichée.* La fable a été demontrée dans tout le cours de cet ESSAI. Il faut plus que de la prévention; il faut de l'opiniâtreté pour la défendre. Mais l'origine de la fable ne paroissoit pas encore. On voit à présent, qu'*Hégémonius*, ou plutôt ses Auteurs, ont profité d'une Dispute publique, que *Manès* soutint contre les Mages, & l'ont changée en une Dispute publique de *Manès* contre un Evêque Orthodoxe, & sujet des Romains. Toutes les circonstances s'accordent. La Dispute avec les Mages précède immédiatement le supplice de l'Héréśiarque. Il sort d'un *Château* fortifié, pour entrer en lice avec ses Adversaires. Il vient accom-

(1) *Eutych.* Annal. T. I. p. 384. *Secundo Imperii ejus* (Maximini) *mortuus est* Sapores, Ardazhiri *filius.* C'est la mort de *Sapor*, fils d'*Artaxare*, & non celle d'*Hormizdas*, fils de *Sapor*, que l'Auteur place à l'an 2. de *Maximin.* Au reste il faut avertir le Lecteur, que les Synchronismes d'*Eutychius* sont très-différens des nôtres. Il met, par exemple, le commencement du Regne de *Sapor I.* à l'an 12. de l'Empereur *Sévére*: c'est-à-dire vers l'an 205. Voyez T. I. p. 305. Au lieu que nos Chronologues le mettent à l'an 4. de *Gordien*, qui répond à l'an 241. Ce n'est pas que la Chronologie de ce Patriarche soit si défectueuse dans le fond: mais ses Synchronismes n'en valent rien le plus souvent.

accompagné d'un certain nombre de ses Disciples. Les Juges de la Dispute sont Payens, car ce fut sans doute le Roi, ses Ministres, ses Conseillers. L'Hérésiarque est condamné & périt. La Dispute se sera même faite à *Cascar*, si l'on veut : il n'y a plus d'inconvénient, puisque cette Ville étoit sujette aux Rois de Perse, & assez proche de leur résidence. Après cela tout s'explique. Le silence d'*Eusébe* n'a plus rien de surprenant. Il n'a point été instruit d'une Dispute de *Manès* contre les Mages, laquelle s'est passée au fond de la Perse, & qui n'appartient point à l'Histoire de l'Eglise. Par la même raison les Chrétiens Orientaux n'en parlent point. Mieux instruits que les Grecs de ce qui s'est passé chez eux, ils ne donnent point à un Evêque Orthodoxe l'honneur d'une Victoire, où il n'a eu aucune part.

S'il falloit à présent montrer par des exemples, comment des Auteurs très-anciens ont abusé de certains Evénemens, & les ont tournez à l'honneur de l'Eglise & à la confusion des Hérétiques, quoique, ni l'Eglise, ni les Hérétiques ne s'en fussent jamais mêlez, il seroit aisé de produire de tels exemples. Un Lecteur instruit & critique n'en a pas besoin. Il saisit le vrai, dès qu'il se présente, sans un tel secours. Cependant je veux bien en rapporter un seul, pour dissiper les scrupules des Esprits trop prévenus en faveur de la bonne foi de l'Antiquité.

Exemple d'une fraude toute semblable. On attribué à Simon & à St. *Pierre* un Evénement, où ils n'ont eu aucune part.

Tout le monde peut avoir ouï parler de la fin tragique de SIMON le *Magicien*, ce prétendu Rival de S. *Pierre*, qui, pour surprendre la foi des Romains, & triompher de l'Apôtre, qui le poursuivoit par tout, invita le Peuple de Rome à se trouver au Théatre, pour y être témoin d'un Prodige, qu'il devoit faire. Ce prodige étoit (4) *de voler dans les airs*. Il le fit effectivement : mais à la priére de S. *Pierre*, qui étoit présent, le Magicien tomba, (5) *se cassa la cuisse & les extrémitez des pieds*, ou, *les plantes des pieds*. Peu de gens aujourd'hui ajoûtent foi à une fable si impertinente, qui est rapportée fort différemment par les Anciens. Cependant tout n'est pas inventé. Ces hardis & fabuleux Auteurs n'ont fait qu'attribuer à la témérité, à l'imposture de *Simon*, & à la priére de St. *Pierre* un Evénement, que *Suétone* rapporte dans la Vie de *Néron*. Entre les spectacles, que ce Prince donna aux Romains il y eut celui d'un (6) *Icare*, qui entreprit de *voler*, mais qui réüssit mal,

(2) *Et quidem Rex fuit ex primis, qui ejus dictis fidem adhibuit*. Chondem. ap. *Hyd*. p. 283.

(3) *Et cum Asseclæ ejus multi evaderent, Magorum Doctoribus præcepit, ut cum eo disputarent*. Chondem. Ibid. Et ap. *Renaud*. Hist. Patriarch. Alex. p. 43.

(4) Ἐπηγγέλλετο πτῆναι δι᾽ ἀέρος. *Const. Apostol.* L. VI. 9. p. 337. 338.

(5) *Coxam & pedum extrema fregit*. Il y a dans le Grec, Συντρίβεται τὸ ἰσχίον, καὶ τῶν ποδῶν τὰς ταρσούς. Ibid.

(6) *Icarus primo statim conatu juxta cubiculum ejus* (Neronis) *decidit, ipsumque cruore respersit*. Sueton. in Neron. p. m. 132. Edit. Casauboni.

Homme qui vole & qui tombe auprès de *Néron*.

mal, & qui *tomba si près de la tente de* Néron, *que le sang* de ce malheureux *réjaillit sur lui*. Voilà l'origine de la fable. Il n'y a que cela de réel; tout le reste est imaginé. Jugeons de même de la Dispute de *Manès*. Elle est réelle: mais la Scène dans une Ville des Romains, le Personnage d'*Archélaüs* & tout ce qu'on lui fait dire, tout cela est de l'invention de l'Auteur, qui a voulu tourner à la gloire d'un Evêque Chrétien, & du Christianisme, un Evénement, où ils n'ont eu aucune part.

Manès est condamné & puni comme *Sadducéen*. (a) *Chardemir. ibn Schuna*. Ap. *Hyd*. p. 281. 282. (b) Hist. Orient. L. I. 8. p. 254. 255. Voyez aussi L. II. 7. pag. 579. & seq.

IV. L'Hérésie, qui fit perir *Manès*, n'est pas celle des deux Principes. Les Persans & les Arabes témoignent que ce fut le SADDUCEÏSME. M. *Hyde* assure que le mot de (*a*) *Zendik*, par lequel il est caracterisé, signifie SADDUCÉEN, & (*b*) *Hottinger* le confirme. A la verité ce terme a une signification plus générale, & se met pour (1) *Impie*. Mais il peut bien désigner proprement un *Sadducéen*, & avoir acquis par l'usage la signification générale d'un *Impie*, d'un homme sans Religion.

Pour avoir nié, non l'existence des Esprits, mais la Résurrection.

Le *Sadduceïsme de Manichée* ne consistoit pas certainement à nier l'existence des Esprits, leur immortalité, les Peines & les récompenses qui suivent la mort. Il en étoit si éloigné, que *Sharistani* met entre ses Dogmes, que, non seulement la Pensée, mais (2) *les Facultez sensitives de la Vuë & de l'Ouïe ne se perdent jamais*. Il faut donc que ce soit pour avoir nié la Résurrection des Corps. En effet les Mages croyoient la Résurrection, comme le témoigne (3) *Diogéne Laerce*. C'étoit un des Articles de la Religion de (*c*) *Zoroastre*.

(*c*) Voyez *Hyd*. p. 383. Les Mages croyoient la Résurrection. (*d*) *Cleric*. Ind. Philol. ad Philosoph. Chald. au mot, *Resurrectio*. (*e*) M. de *Ramsai* Voyages de *Cyrus*.

Un (*d*) savant Moderne a de la peine à se persuader, que les Mages ayent crû la Résurrection. Il soupçonne, que les Auteurs, qui leur ont attribué ce sentiment, ont pris pour un corps humain ce que les Mages disent du *Véhicule de l'Ame*, & de *l'Ombre*, du *Simulacre*, qui accompagne ce *Véhicule*, ou, comme l'appelle un ingenieux (*e*) Auteur de ce tems, *le char subtil de l'Ame*. Cependant Mr. *Hyde* ne doute pas que les Mages n'ayent enseigné la Résurrection des morts, & outre les témoignages des Anciens & des Modernes, qu'il allégue pour le confirmer, il cite une (4) Rélation, qui lui avoit été envoyée des Indes, dans laquelle l'ancienne Foi des Persans est exposée, & la Résurrection enseignée positivement.

Si

(1) *Dherbelot* doute, que le mot de *Zendik* signifie proprement *Sadducéen*. Voyez au mot *Zendik*. Il est certain que les Arabes designent par là un Epicurien, un Impie.

(2) *Opinatus est* Manes *nusquam abolendas facultates sensitivas audiendi & videndi*. Ap. *Hyd*. Ibid.

(3) Ἀναβιώσεσθαι, κατὰ τοὺς Μάγους, τοὺς ἀνθρώπους. *Diog. Laert*. in Proem.

(4) Voyez l'*Appendix* de son Livre, *de Relig. vet. Persar*. p 537. & la Rélation, dont je parle. p 203. On y lit ces mots; *Et tunc deinde expectanda est supremi Judicii dies, & Mundi dissolutio, quando* RESURRECTURI ESSENT OMNES MOR

Si on me demande, quelle idée les Perſans avoient de la Réſurrection, je répondrai, qu'ils en avoient apparemment la même idée que les Juifs. Des corps tout ſemblables à ceux d'à préſent, avec les mêmes organes, les mêmes fonctions animales (je ne ſai s'ils en exceptoient quelques-unes,) boire, manger, avoir des femmes, mener une vie tranquille & délicieuſe ſur une Terre purifiée par le Feu; c'étoit là l'eſpérance des Perſans, comme c'étoit celle (5) des Juifs, qui n'ont jamais parlé ſi clairement de la Réſurrection, que depuis qu'ils eurent été captifs chez les Aſſyriens. Auſſi n'eſt-ce que depuis ce tems-là qu'on vit parmi eux les Sectes oppoſées des *Phariſiens* & des *Sadducéens*. — Ils en avoient la même idée que les Juifs.

V. *Manès*, ayant été condamné comme *Sadducéen*, comme impie, le Roi *Behram* ordonna qu'on le fit mourir. Mais les Hiſtoriens paroiſſent n'être pas d'accord ſur le genre de ſon ſupplice. *Chondémir* (6) témoigne, ſelon M. *Hyde*, *qu'il fut crucifié à la porte de la Ville*. Si cela eſt, il y a de l'apparence, qu'on le condamna au ſupplice de Notre Sauveur, parce qu'il admettoit la Prophétie de J. Chriſt, & qu'il prétendoit être un Apôtre, un Envoyé de ſa part, pour réformer également & le Chriſtianiſme & le Magiſme. L'Abbé *Renaudot* cite *Emir-Cond*, & lui fait dire (7), " que „ *Manès* fut écorché vif, que ſa Peau fut remplie de foin, & pen- „ duë au Gibet, pour ſervir d'exemple aux autres". Il allégue encore l'Auteur d'un Abrégé de l'Hiſtoire de Perſe, intitulé *Mogemal Touarich*. *Abulpharage* parle auſſi de l'excoriation de l'Héréſiarque, mais la maniére, dont il s'exprime (8), dans la Verſion de *Pocock*, inſinue qu'elle ne ſe fit qu'après ſa mort. — Supplice de Manichée. — Selon les uns, il eſt crucifié. — Selon d'autres, écorché.

Je ne ſai, s'il y a quelque preuve, que l'*écorchement* fût un ſupplice uſité parmi les Perſans. Je voi ſeulement, que ne pouvant conſerver les corps, à cauſe de la corruption, & voulant néanmoins garder la figure des Perſonnes, ils en faiſoient enlever la peau, la faiſoient apprêter, & remplir d'air, ou de paille, c'eſt ainſi que *Sapor* en uſa envers *Valérien*. Il le garda neuf ans, & le traita avec aſſez d'humanité, car je ne croi pas qu'on doive ajouter foi à ce que diſent les Grecs, que toutes les fois qu'il montoit à cheval, il ſe ſervoit du dos de ce malheureux Prince comme d'un étrier. Quoiqu'il en ſoit, *Valerien* étant mort de mort natu-

MORTUI, & *judicio ſiſtendi. Et quod deinde ſtatim Juſti* RESURGENTES *beatificâ Dei viſione fruituri eſſent*, &c.

(5) Il faut peut-être en excepter l'opinion de l'incendie de la Terre, que ces Juifs ne croyoient pas. Au moins *Philon* a-t-il écrit un Traité de l'*Immortalité du Monde*, pour ainſi parler.

(6) *Rex Behram in porta Urbis crucifixit*. Chondem. ap. Hyd. p. 283.

(7) *Emir-Condus, pellem eidem vivo detractam fœnoque repletam, ſuſpenſam eſſe ad aliorum terrorem*. Renaud. *Hiſt. Patriarc. Alex.* p. 43.

(8) *Manetis* INTERFECTI *pellem detractam*. Abulph. *Dyn.* ub. ſup.

naturelle, le Roi de Perse le fit écorcher, & aprêter sa Peau, laquelle étant remplie d'air, présentoit aux yeux sa véritable Image. Ce ne fut point une action d'inhumanité de la part de *Sapor*. Il voulut seulement se vanger des Romains, & mortifier l'orgueil d'une Nation superbe, qui étaloit avec ostentation les dépouilles des Rois vaincus, & faisoit gloire de les traiter en esclaves.

Selon d'autres coupé en deux.

Il y a une troisiéme opinion touchant le supplice de *Manès*, c'est que son corps fut partagé en deux, & les deux Parties penduës aux deux portes de la Ville. C'est ce que témoigne le Patriarche (1) *Eutychius*, & après lui l'Arabe *Elmacin*. *Hottinger* cite un Auteur, nommé *Mohammed Ben Isaac*, dont il avoit le Manuscrit, & qui assure, (2) " que *Varanes*, fils de *Sapor*, fit mourir *Manichée* : que son corps fut partagé en deux, que chaque partie „ fut penduë à une des portes de la Ville de GHOND-SCHABUR, „ & qu'à cause de cela on nomme l'une de ces deux portes, le „ HAUT-MANES, & l'autre BAS-MANES". Ce témoignage est bien positif. Il a même d'autant plus de poids que l'Auteur paroît fort circonspect. Il n'ose assurer, si *Varanes* fit mourir *Manès*, ou si *Manès* mourut en prison. Il hésite sur ce prémier fait : mais il n'hésite point sur le second. (3) " Le corps de l'Hérésiarque fut „ certainement pendu après sa mort : il n'y a, *dit-il*, aucun doute „ là-dessus.

Manès est fait mourir à *Gandi-Sapor*.

(*a*) Voyez ci-dessus Liv. I. Chap. VII. p. 75.

(*b*) Au mot *Esfahan*, pag. 323.

Comme on a supposé qu'*Artaxare*, ayant usurpé l'Empire sur *Artaban*, dernier Roi des Parthes, avoit continué de tenir sa Cour à *Séleucie*, qui étoit le séjour des Rois (*a*), on a supposé aussi que ce fut à *Séleucie*, que *Manès* souffrit le dernier supplice. Mais M. *Dherbelot* (*b*), fort versé dans l'Histoire Orientale, témoigne, que les Nouveaux Conquérans, sortis de la Perse, transférérent d'abord le Siége de l'Empire à SUSE, Capitale de la *Susiane*, Province contiguë à celle de *Fars*, ou de *Perse*; de là à ISTEKAR, qui est l'ancienne PERSEPOLIS, dont le P. *Ange de S. Joseph* parle en ces termes. (*c*) " Les augustes restes de cette superbe Ville, „ qu'on appelle communément *Cichel Menar*, c'est-à-dire, *les* „ *Quarante Tours*, ou *Colomnes*, surpassent même en majesté le Co„ lisée de Rome. On y voit plusieurs inscriptions sur le Marbre, „ mais

(*c*) *Gazoph. Ling. Pers.* p. 283.

Grandeur des ruines de *Persepolis*.

(1) *Eutych.* Annal. Al. T. I. pag. 387. *Eumque in duas partes dilaceravit, unaquaque parte corporis in portis Urbis posita.* Elmac. ap. *Hotting.* Hist. Orient. L. I. 3. p. 167.

(2) *Interfectus est* Manes *in regno* Bahram, *filii* Schabur, *quem occisum suspendit; partem quidem ad unam, partem vero ad alteram Urbis* Ghond-Schabur *Portam.* Unde loca ista appellantur MANES SUPERIOR, & MANES INFERIOR. Ibid.

(3) *De suspensione ejus dubium non est.* Ibid.

(4) On peut voir cela discuté dans M. *Asseman.* T. III. P. II. p. 420 421. Les Provinces d'*Elam*, de la *Susiane*, de la *Huzitide*, ou d'*Ahvaz* & de la *Chuziane* sont

„ mais en Caractéres inconnus à tout l'Univers, ce qui montre „ une très-grande antiquité. Quantité de bas reliefs représentent „ des Divinitez, des Sacrifices, des Pompes funebres, des suites „ de gens à vestes larges, à longue chevelure, avec des bonnets „ en façon de mitre". Ce ne fut donc que dans la suite, & je ne sai sous quel Roi, que le Siége de l'Empire fut transféré à *Séleucie*, mais ce ne fut point apparemment pendant les huit ou neuf prémiers Regnes.

Sapor bâtit cette Ville à l'imitation de Constantinople.

Sapor, qui fut le second des Rois de la derniere race, fit de furieux ravages dans la Mésopotamie & dans la Syrie, en l'année deux cens cinquante-sept. Il continua les années suivantes, & fit *Valérien* prisonnier en deux cens cinquant-neuf. Il n'y avoit point dans l'Orient de Ville plus riche ni plus superbe qu'*Antioche*, qui avoit été le séjour des Rois de Syrie, & qui le fut ensuite des Gouverneurs Romains, & des Préfets d'Orient. *Sapor* prit cette Ville, & en emporta les riches dépouilles dans la Province (4) d'*Elam*, que l'on confond souvent avec celle de *Perse*, mais qui en est différente. *Elymais* en est la Capitale, & n'est éloignée de *Suse* que de six *Parasanges*, qui font vint-quatre mille pas. Ce fut là qu'il voulut ériger des Trophées durables de ses Victoires, employer les Thrésors, qu'il avoit amassez dans ses campagnes, & placer les riches ornemens, qu'il avoit enlevez d'*Antioche* (5). Il y bâtit une Ville (6) sur le modéle de celle de Constantinople, & y garda *Valérien* son prisonnier. Elle fut nommée *Ghond-Schabur*, ou, comme nos Ecrivains l'appellent, *Gandi-Sapor*, *Gendi-Sâpor*. On la trouve dans les anciens Anteurs Syriens sous les noms de *Lapeth*, de *Beth-Lapeth*, & d'*Elymais*. On dit, que *Papas*, qui tenoit alors le Siége de *Séleucie*, l'érigea en Métropole, & donna à son Evêque le prémier rang entre tous les Métropolitains d'Orient. M. *Asseman*, qui le témoigne après ses Historiens, assure néanmoins, que l'institution des Métropolitains n'est pas si ancienne dans la *Perse*. (7) Ils ne commenceerent, selon lui, que depuis que l'Evêque de *Séleucie* se fut érigé en Patriarche, & voulut avoir par conséquent des Métropolitains sous lui. Auparavant il étoit le seul à qui ce titre convînt, tous les autres n'étant que

Elle est le second Siége après Seleucie.

sont aujourd'hui comprises dans le *Chuzistan*.

(5) Manes & Amrus *à* Sapore *conditam Urbem Gandisaporensem scribunt, postquam is ingentem prædam ex Romana Ditione in Huzitidem egisset, ac præsertim ex Urbe Antiochena.* Assem. T. III. P. II. p. 43.

(6) Sapores *Civitatem in Perside ædificavit; Constantinopoli similem, quam Gandi-Sapor appellant, eumque (* id est *Valerianum) ibi collocavit.* Barhebr. ap. *Assem.* Ibid. p. 44.

(7) *Nemo juribus Metropoliticis, præter Seleuciensem, potiebatur, donec is, ut modo dicebam, Patriarchicam Dignitatem sibi vindicavit. Tunc enim Metropolitas creavit, iisque amplas Diœceses attribuit.* ub. sup. p. 417.

que simples Evêques, égaux entre eux, & distinguez seulement par le rang qu'ils tenoient, ou de la prééminence des Villes dont ils étoient Evêques, ou de l'ancienneté de leurs Eglises, ou enfin du Caractére, & de la Dignité de leurs Fondateurs. C'est par cette derniére raison, que le Métropolitain de Perse prétendoit être (1) *Autocéphale*, ou indépendant de tout autre Siége, & en particulier de *Séleucie*, disant (2), qu'il étoit le Successeur de l'Apôtre S. *Thomas*, au lieu que l'Evêque de *Séleucie* ne l'étoit que de *Mares*, Disciple d'*Adée*. Quoiqu'il en soit, le Siége de *Gandi-Sapor* étoit le prémier après celui de *Séleucie*. Son Evêque présidoit à l'Election du Patriarche, & avoit le privilége de le sacrer. Tout cela venoit de la prééminence, que la Ville avoit acquise depuis la Révolution.. *Sapor* voulut en faire une autre (3) *Constantinople*, une troisiéme *Rome*, la Rome de l'Orient : il y fixa son séjour, il y triompha de *Valerien*, il y mourut, ou du moins (4) son corps y fut inhumé. C'est ainsi que *Gandi-Sapor* fût la Métropole de l'Empire des Perses & celle de l'Hérésie *Manichéenne*, au moins si la Secte avoit consacré la Ville, où son Chef fut martyrisé. Mais, pour dire le vrai, quelques erreurs qu'elle eût, elle se garantit au moins de l'opinion si déraisonnable, que les cendres des morts donnent de la sainteté, de la majesté, de l'autorité, aux Villes, où elles reposent. Je ne sache pas que les *Manichéens* ayent jamais eu de *Pelérinage*.

Quel Roi le fit mourir. Selon les uns *Sapor*.
(*a*) Lexic. Caldai. Talmud. in voce *Manes*.
(*b*) *Dynast.* p. 82.

VI. Comme les Historiens ne sont pas unanimes sur le genre de supplice de *Manès*, ils ne le sont pas non plus sur le Roi, qui l'ordonna. *Buxtorffe* cite un Rabin, nommé (*a*) *Abraham*, qui témoigne, que ce fut *Sapor*. *Alexandre* de Lycople dit aussi, que (5) *Manichée ayant fait quelque chose, qui offensa* Sapor, *il le fit mourir*. (*b*) *Abulpharage* semble confirmer le même fait, mais sans l'assurer. (6) Cependant comme les Historiens Persans & Arabes déposent généralement, que *Manès* s'enfuit dans le *Turquestan*, & revint en Perse sous *Hormizdas*, qui le protégea, on ne peut s'arrêter à cette premiére opinion.

Selon d'autres *Varanes I.*

Il n'est pas si facile de se déterminer sur la question, si ce fut *Varanes I.* ou *Varanes II.* son fils adoptif, qui livra l'Hérésiarque

(1) Ils le furent pendant les huit prémiers Siécles.

(2) *Aichant enim: Nos Thomæ Apostoli Discipuli sumus & nihil nobis cum Sede Maris commune est.* Barhebræus, ap. *Asseman.* Ibid. p. 422.

(3) *Abulpharage* a dit, *Constantinopoli similem.* Un Lecteur, qui est attentif, & qui sait les dates des Evénemens, trouvera peut-être, que je m'exprime mal. En un sens il aura raison ; car *Byzance* ne devint *Constantinople* ni la *seconde Rome*, que sous *Constantin le Grand*, environ soixante ans après la fondation de *Gendi-Sapor*. Mais d'autre côté j'exprime la pensée de mon Auteur, qui regarde, non *Byzance* telle qu'elle étoit du tems de *Sapor*, mais telle que *Constantin* la rendit, ou plutôt telle qu'elle fut sous ses Successeurs.

(4) GENDISAPOR, *Chusistana urbs est in qua* Rex Sappharus *sepultus jacet.* *Ab*

que au Bourreau, (c) *Chondémir*, (7) *Elmacin*, le (8) *Mahomet Ben-Isaac* d'*Hottinger*, (d) *Dherbelot* &c. témoignent que ce fut *Varanes I.* qui succéda à *Hormizdas* son Pére. *Eutychius* est le seul, que je sache, qui attribue sa condamnation & son supplice à (9) *Varanes II.* Les plus (e) habiles Modernes suivent ce dernier sentiment. Voici ce qui les y oblige.

(c) Ap *Hyd.* p. 283.
(d) Biblioth. Orient. au mot *Manès*, & à celui de *Bahram I.*
Selon Eutychius *Varanes II.*
(e) *Tillem.* Note V. sur les *Manich.* *Pagi*, ub. sup. An. 277. §. 6. & seq.

1. Il paroît par les Actes d'*Archélaüs*, dont ils reconnoissent l'authenticité, que *Manès* vint à *Cascar* sous l'Empire de *Probus*. Or ce Prince succéda à *Tacite* (f) vers le mois de Mai, ou de Juin de l'année 276.

2. *Eusébe* place dans sa Chronique, la naissance du Manichéisme à la seconde année de *Probus* qui fut l'an 277. Or il n'a pu mettre la naissance de l'Hérésie après la mort de l'Hérésiarque.

3. Selon la Chronologie de ces Modernes, c'est *Varanes II.* qui regnoit en 277. " Sapor, dit M. de *Tillemont*, (g) mourut en „ 271. *Hormizdas* son fils en 272. *Varanes I.* fils d'*Hormizdas* „ en 276. Ainsi ce sera *Varanes II.* fils de celui-ci, qui aura fait „ mourir *Manichée* en 277." Ce calcul est confirmé par le (h) P. *Pagi*.

(f) *Pagi* An. 276. §. 6.
Tillemont. & *Pagi* sont de ce sentiment. Pourquoi?
(g) ub. sup. p. 773.
(h) An. 271. §. 12.

Je ne prétends pas examiner scrupuleusement cette Chronologie. Cela seroit trop difficile, & peut-être impossible, parce que les Historiens ne comptent pas toûjours fort juste les années. Mais je croi qu'il faut s'en tenir au témoignage des Orientaux, qui, à l'exception d'*Eutychius*, placent la mort de *Manès* sous le regne de *Varanes I.* Cela supposé, on peut l'accorder avec l'arrangement Chronologique des mêmes Historiens.

Si nous nous en rapportions à la Chronologie d'*Abulpharage*, il n'y auroit aucune difficulté. C'est *Varanes I.* qui auroit fait mourir *Manès* : car cet Historien met (i) la premiére année de ce Prince à la premiére année de *Probus*, & par conséquent à l'année 276.

Ce peut être *Varanes I.* Comment on peut l'accorder avec la Chronologie.
(i) *Abulph.* Dyn. 283.

Mais sans en venir là, je remarque, que les Orientaux ne mettent la mort de *Sapor* qu'en (k) 272. Ils donnent (l) deux ans de regne à *Hormizdas*, ou au moins (m) *un an & dix mois*. Ainsi ce

(k) *Dherbelot.* ub. sup. pag. 763.
(l) Idem dans l'Article d'*Hormizdas*, p. 457.
(m) *Eutych.* ub. sup. p. 384.

Ab ea autem ad Tolter *sunt octo Parasangæ, & ad* Susan *sex Parasangæ.* Abulpheda. ap. *Assem.* ub. sup. p. 746.

(5) Προσκρουσάντων δὲ τούτῳ (Sapori) ἀπολώλεται. *Al. Lycop.* ub. sup. p. 4.

(6) M. *Asseman* se déclare aussi pour cette opinion dans le IV. Volume de sa *Bibliotheq. Orientale* p. XLIV. XLV. & suivantes. J'ai fait voir ci-dessus la fausseté de son Hypothése, c'est que *Manès* vint en Mésopotamie en l'année 261.

(7) *Eum occidit Bahram, filius Hormoz.* Ap. *Hotting.* ub. sup. p. 167.

(8) *Interfectus est* Manes *in regno* Bahram, *filii* Schabur. Ibid. Cet Auteur qualifie *Varanes I.* de *fils de Sapor*. A-t-il voulu dire, qu'il étoit frére d'*Hormizdas*?

(9) *Quem prehensum medium divisit Behram filius Behram.* Eutych. T. I. p. 387.

(a) Dherbel. ub. sup. p. 172. Eutych. p. 384.

ce Prince ne sera mort qu'en 274. *Varanes I.* qui lui succéda, (a) *regna trois ans & trois mois*, & par conséquent il ne mourut qu'en 277. peut-être vers le milieu de cette année. Or le supplice de *Manès* arriva au mois de Mars, & vraisemblablement vers la fin du Regne de ce Prince; car bien loin d'être contraire à *Manichée* dans les commencemens, il protegea sa personne (b), & embrassa sa Doctrine, comme je l'ai rapporté ci-dessus. Ce ne fut que (c) *lorsque sa Secte devenant fort nombreuse*, & cette nouvelle Religion commençant à exciter des troubles, parce que les Disciples de *Manès* s'élevoient contre les *Cérémonies Zoroastriennes*, ce ne fut, dis-je, qu'à l'extrémité que *Varanes* ordonna la Dispute dont nous avons parlé, & dans laquelle *Manichée* succomba.

(b) Chond. ap. Hyd. pag. 283.

(c) Ibid.

Persecution des Manichéens.

VII. La colére, ou plutôt la violence du Roi animé par les Mages, & peut-être par toutes les Religions reçues en Perse, s'étendit sur toute la Secte. *Eutychius* rapporte, que *Varanes*, ayant fait prendre deux cens Manichéens les fit enterrer dans du limon la tête en bas, & les pieds en haut, après quoi il se vanta (1) *d'avoir fait un Jardin planté d'hommes au lieu d'arbres*. *Elmacin* (d) semble avoir copié cet endroit d'*Eutychius*. Mr. *Dherbelot* (e) ne peut se persuader un fait si inhumain, sans doute parce qu'il ne l'a pas trouvé dans les anciens Ecrivains Orientaux. Il se contente de dire, (f) qu'on fit une rude persécution aux Manichéens, que la plupart s'enfuirent aux Indes : quelques-uns même jusqu'à la *Chine*, c'est-à-dire *jusques* dans le *Turquestan*, & dans les Provinces voisines, où *Manes* s'étoit fait un grand nombre de Disciples. Tous ceux qui demeurérent en Perse, & qui ne purent échaper à la recherche des Persécuteurs, perdirent leur liberté, & furent réduits à la servitude.

Mot de Varanes.

(d) Ap. Hotting. ub. sup.

(e) Ub. sup. p. 549.

(f) Ibid.

Elle continuë sous pretexte qu'ils sont ennemis du Mariage.

Cet Orage continua sous prétexte, que les Manichéens condamnoient le Mariage, & que la multiplication de cette Secte empêcheroit celle du Genre Humain. " Le Roi (2) de Perse, „ dit un Historien (3), voyant que LES CATHOLIQUES leurs „ Evêques, & les Sectateurs de *Manichée*, s'abstenoient égale„ ment du Mariage, donna un Edit, par lequel il condamnoit „ les Manichéens à la mort. Quoique l'Edit fût donné propre„ ment contre les Sectaires, ceux qui l'executoient ne laisserent „ pas d'y comprendre les Chrétiens, ce qui causa beaucoup de „ peine

Entretien de Papas avec le Roi de Perse.

(1) *Dicens, Hortum, quem feci, hominibus plantavi, vice arborum.* ub. sup. p. 387.

(2) Ce Roi est nommé *Bebéram*, c'est-à-dire *Varanes*, & doit être *Varanes II.* ou *Varanes III.* mais M. *Asseman* remarque, que ce qui précéde & ce qui suit montre qu'il s'agit de *Sapor II.*

(3) C'est *Amrus* Ecrivain Nestorien. Voyez *Assem.* ub. sup. T. III. P. I. pag. 220.

(4) Voyez *Renaud.* Hist. Patriarch. Alex. p. 47. *Mares* florissoit vers l'an 1135.

(5) BIHROUZ, *quem alii* PEROZEM *vocant*.

„ peine & d'inquietudes à *Papas* qui tenoit alors le Siège de „ *Séleucie*. Obligé enfin de s'adresser au Roi, il le conjura de ne „ pas confondre des Chrétiens innocens aves des Hérétiques. *Quelle* „ *différence y a-t-il donc entre vous & eux*, répondit le Roi. *Les Ma-* „ *nichéens*, repliqua Papas, *croyent deux Dieux : ils croyent, que la Terre* „ *est animée, & que les Ames Humaines passent d'un corps dans un* „ *autre. Ils ont d'ailleurs de l'horreur pour le Mariage. Les Chré-* „ *tiens au contraire ne reconnoissent qu'un seul Dieu, & approuvent* „ *le Mariage, bien que leurs Evêques s'en abstiennent par Reli-* „ *gion, afin de vâquer sans distractions à la Priére, & aux fonc-* „ *tions de leurs Charges* ". L'Auteur ajoûte, que le Roi agréa cette Apologie, & défendit qu'on poursuivît davantage les Orthodoxes. J'ai quelques réflexions à faire sur cette Histoire.

1. La prémiére regarde M. l'Abbé *Renaudot*, qui la rapporte, après *Mares*, fils de *Salomon*, Ecrivain Nestorien (4) du XII. Siècle, & qui dit qu'elle arriva sous (5) *Bibrouz*, c'est-à-dire, sous *Pherozes*. Il faut que cet Abbé ait mal lû, & qu'il aît pris *Bibrouz* pour *Beheram*, ou qu'il y eût faute dans son Exemplaire. Cependant il devoit être assez attentif & assez habile, pour s'appercevoir, qu'un fait arrivé sous le Patriarche *Papas*, qui est mort, selon les uns en 325, & selon d'autres, en 336. ne pouvoit être arrivé sous *Pherozes*, qui ne commença à régner que vers le milieu du V. Siècle. Critique de *Renaudot*.

2. L'Abbé expliquant au même endroit ce que veut dire le CATHOLIQUE, dit que (6) *c'est l'Evêque de Ctésiphonte*. Cela est vrai dans le fond, parceque la Dignité de *Catholique* (7) étoit attachée au Siège de *Séleucie* & de *Ctésiphonte*, mais ce n'est pas ce que signifie ce titre. (8) Le CATHOLIQUE *est un Evêque Chrétien, qui* PRE'SIDE SEUL SUR TOUTE UNE RE'GION. Par la même raison les Evêques des grands Diocèses ont aussi été appellez CATHOLIQUES. Au reste il faut remarquer que ce titre est propre en quelque sorte au Patriarche des *Nestoriens*. Les *Jacobites*, ou *Monophysites* nomment le leur le MAPHRIANUS, mot dont on peut voir l'Etymologie & la signification dans l'endroit que je cite à la marge (*a*.) Signification du titre de CATHOLIQUE. (*a*) *Asseman*. ub. sup. T. III. P. I. p. 193.

3. Quant à la conversation de *Papas* avec le Roi de Perse, elle a tout l'air d'une fable. D'abord elle contient un fait, qui est entié- Les Metropolitains & Evê-

vocant, secundum Græcam pronunciationem. Ibid.

(6) *Mar Papbas* CATHOLICUS, hoc est, Ctesiphontis Episcopus. Ibid.

(7) Je dis *étoit*, parce que le Siège a été depuis transféré à *Mosul*.

(8) C'est ainsi que M. *Asseman* le définit fort bien après *Procope*. *Christianum Antistitem, Græco vocabulo* CATHOLICUM *idcirco appellant, quod* UNUS UNIVERSÆ PRÆSIT REGIONI. Voyez *Assem*. T. III. P. I. p. 60. *Procop*. De Bell. Persic. L. I. 25.

ques de Perse mariez jusqu'au IX. Siécle.

entiérement faux ; c'est que les Evêques de l'Empire des Perses faisoient profession du Célibat. Nous avons des preuves, que le Métropolitain & les Evêques de la Province de Perse étoient mariez. „ On dit, (1) (c'est le célebre *Barbébræus* qui parle,) que jusqu'au tems du CATHOLIQUE *Timothée*, les Evêques de la „ Région des Perses étoient habillez de blanc, comme les Prêtres „ séculiers ; qu'ils mangeoient de la viande, QU'ILS SE MARIOIENT, & qu'ils n'étoient point assujettis au Catholique de „ Séleucie ". Ce *Timothée* tint le Siége depuis l'an 778. jusqu'en l'année 820. Ce fut lui, qui, ayant trouvé le moyen de donner aux Perses un Métropolitain de son choix, nommé *Simeon* (2), *lui défendit de manger de la viande*, & DE SE MARIER, & *lui ordonna de ne porter que des habits de laine blanche*. Il n'y a nulle raison de supposer, que la liberté de se marier fût particuliére aux Evêques de Perse, dans le troisiéme Siécle, puis que tous les Evêques d'Orient l'avoient encore, non seulement au tems du Concile de Nicée, mais au tems du Concile de Constantinople, comme on le voit par (3) *les Poëmes de Grégoire* de Nazianze, qui ont été publiez par *Tollius*.

Papas fait tort aux Manichéens.

4. *Papas* ne rendoit pas justice aux Manichéens quand il les accusoit de croire DEUX DIEUX. Il y a bien de la différence entre *deux Dieux*, & *deux Principes*. Les Mages admettoient le dernier, aussi bien que les Manichéens, & non le prémier. A l'égard de *la Terre*, *Abulpharage* témoigne, qu'ils en parloient avec un trop grand mépris, & que c'est une des choses, que le fameux *Avicenne* avoit le plus condamné dans leur Systéme. Pour la Métempsychose, c'étoit une opinion commune dans tout l'Orient, & presque dans toute la Terre, de sorte que je ne saurois croire que le Roi de Perse pût la regarder, ou comme une Erreur, ou comme une Erreur dangereuse. Enfin on peut assurer, qu'encore que les Manichéens ne fissent pas l'éloge du Mariage, ils ne le défendoient pourtant qu'à leur Clergé, comme *Fauste* le soutient à S. *Augustin*, & comme nous aurons lieu de le montrer dans la seconde Partie ; de sorte que si *Amrus* & *Mares* ont dit la verité, les *Catholiques* & les *Manichéens* ne différoient point sur cet article quant à la pratique.

N'ont défendu le Mariage qu'à leur Clergé.

Innocence de leurs mœurs.

5. La derniére Réflexion que j'ai à faire sur l'Entretien de *Papas* avec le Roi de Perse, c'est qu'il justifie entiérement les Manichéens

(1) *Ferunt usque ad Timothei tempora Episcopos Regionis Persarum vestibus albis, instar Presbyterorum Secularium, usos fuisse, carnes comedisse, uxoresque duxisse, nec Catholico Seleuciæ subjectos fuisse.* Barheb. ap. *Assem.* T. III. P. II. p. 422.

(2) *Ne carnem comederet* SIMEON, *neve* UXOREM DUCERET, *atque albis laneis tantum uteretur.* Ibid.

(3) On peut voir les *Carmina inedita* de *Gregoire de Nazianze*, qui sont à la tête de ses *Insignia Itineris Italici.*

nichéens des abominations, qu'on leur a imputées. Il faut même qu'on ne les en accusât point dans ce tems-là; puisque ni le Prélat, ni ceux qui l'ont fait parler, n'en disent rien, & que d'ailleurs l'Edit, qui les condamnoit à la mort, n'étoit fondé, que sur leur aversion pour le Mariage.

Il est surprenant que dans tout le cours de cette Histoire nous n'ayons vu aucun Evêque des Eglises Orientales, combattre l'Hérésie Manichéenne. On dit néanmoins, qu'il y en eut plusieurs qui le firent. " Quantité de Docteurs (4), dit *Amrus*, écrivirent „ au tems de *Papas* contre les *Simoniens*, contre les *Marcionites*, „ & contre les *Manichéens* ". Mais leurs Ouvrages écrits en Persan, ou en Syriaque, ne sont pas venus à la connoissance des Grecs. Je ne sai ce qui s'en est conservé dans l'Orient. Auteurs qui ont écrit contre le Manichéisme.

Voila ce que j'ai pu découvrir jusqu'à présent de l'Histoire de *Manichée*, & de l'Origine du *Manichéisme*. Je vai rendre compte au Lecteur de ses Principes, de ses Dogmes, de sa Morale, de son Culte, & de son Gouvernement Ecclesiastique, autant que le peu de Monumens, qui nous restent, pourra le permettre.

(4) Voyez *Assem.* T. III. P. I. p. 220. On nomme S. *Ephrem*, *Paulonas*, *Daniel*, Evêque de *Rhesine*, *Nathanaël*, *Bud* ou *Buddas* le *Periodeute*. On appelle *Periodeute* un Ecclésiastique, qui est chargé par l'Evêque de la visite des Eglises éloignées. Les Auteurs, que je viens de nommer, sont dans le Catalogue d'*Ebedjésu*. Voyez *Assem.* Ibid. Mais ils sont tous posterieurs à *Papas*.

A Berlin le 30. Mai 1731.

FIN DE LA I. PARTIE.

HISTOIRE CRITIQUE DE MANICHÉE ET DE SES DOGMES.

SECONDE PARTIE

DES DOGMES DE MANICHÉE.

HISTOIRE CRITIQUE DE MANICHÉE ET DE SES DOGMES.

SECONDE PARTIE.

Des Dogmes de MANICHÉE, de sa Morale, de son Culte, & de son Gouvernement Ecclésiastique.

DISCOURS PRELIMINAIRE.

Difficulté de donner une idée juste & complette du Systême Manichéen. Critique des anciens Auteurs, qui en ont parlé.

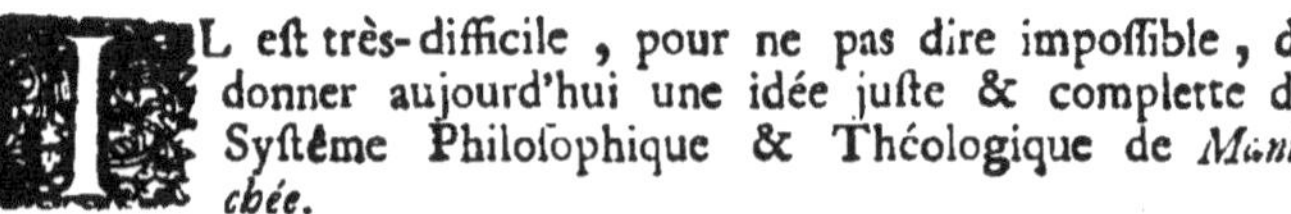

IL est très-difficile, pour ne pas dire impossible, de donner aujourd'hui une idée juste & complette du Systême Philosophique & Théologique de *Manichée*. Difficulté de donner une juste idée de la Doctrine de *Manichée*.

I. Pour connoître avec certitude les Sentimens des Hérétiques il faudroit les voir dans leurs Confessions de Foi, dans les Livres, I. Tous les Livres de la Secte ont été supprimez ou brûlez.

où ils les exposent eux-mêmes de sang froid, & avec précision. Or nous n'avons à présent aucun Livre de *Manichée*, ni de ses prémiers Disciples, à peine s'en est-il conservé quelques fragmens dans les Ecrits des Auteurs, qui les ont réfutez, & qui, selon la Méthode des Controversistes, saisissoient ordinairement ce qui leur paroissoit le moins raisonnable, & le plus susceptible d'un mauvais sens. D'ailleurs, on ne sauroit bien juger de la pensée d'un Auteur, par des morceaux détachez de ce qui précéde, & de ce qui suit. Quelle idée auroit-on de la Doctrine des Protestans sur la *Liberté*, sur la *Justification*, sur les *bonnes Oeuvres*, si l'on en jugeoit par les Propositions détachées, qui furent présentées au Concile de Trente? A l'égard des Livres mêmes, l'Antiquité se fit une religion de les brûler. Je ne sai si ce fut (*a*) *Leon I.* qui en donna l'exemple, mais il fut bien imité par ses Successeurs. *Gélase* (*b*) fit brûler devant l'Eglise de Ste. *Marie* tout ce qu'il put découvrir de Livres des Manichéens. *Symmaque* en usa de même peu de tems après: (1) *Il fit brûler*, dit Anastase, *tous leurs Simulacres, & tous leurs Livres devant la porte de la Basilique de Constantin.* Je ne sai quels pouvoient être ces *Simulacres*, car certainement les Manichéens n'en avoient point. St. *Epiphane*, qui reconnoît, (*c*) *que les Mages détestoient les Simulacres*, ajoûte, qu'*ils adoroient les Idoles du Feu, de la Lune & du Soleil.* Si ce sont là celles des Manichéens, il n'étoit pas possible de les faire brûler. Quoiqu'il en soit, (*d*) *Hormizdas* suivit l'exemple de ses Prédécesseurs, & l'on voit dans (2) S. *Augustin*, que, dès qu'on trouvoit des Livres de nos Hérétiques, les Magistrats s'en saisissoient, sans doute pour les jetter au feu.

(*a*) *Prosp.* in Chron. An. 448.
(*b*) *Anast.* in *Gelas.* p. m. 122.
(*c*) *Epiph.* cont. Hær. p. 1094.
(*d*) *Anast.* ub. sup. p. 125.

Réflexion sur le Procédé de brûler les Livres.

Il n'est pas aisé de qualifier au juste le zèle de ces anciens Evèques, qui les prémiers portérent les Empereurs Chrétiens à condamner au feu les Livres des Hérétiques, & (3) à décerner des peines de mort contre ceux qui les liroient, ou qui les garderoient dans leurs Maisons. Je veux croire que le motif en étoit bon, mais il faut avouer que l'exemple en étoit très-dangereux, & que les Chrétiens eux-mêmes l'auroient condamné comme la plus injuste violence.

Les prémiers Chrétiens l'ont fort blâmé.

Justin Martyr se plaint amérement de la rigueur des Loix Romaines, qui défendoient, à peine de la vie, la lecture des Livres des

(1) *Quorum omnia simulacra, vel codices, ante fores Basilicæ Constantinianæ, incendio cremavit.* Anast. in Symm. p. 123.

(2) Le Magistrat saisit tous les Livres du Manichéen *Felix*. *Codices tuos repetis*, lui dit St. Augustin, *qui sub sigillo publico custodiuntur.*

(3) Voyez *Socrat.* H. E. L. I. 19. La Loi, que *Constantin* donna contre ceux qui écriroient, ou qui garderoient, les Livres d'*Arius*, est d'une sévérité inexcusable. Tout ce qu'on peut dire, c'est qu'il ne paroît pas qu'elle ait été exécutée. Cependant on ne la révoqua point. Elle subsistoit encore du tems de Pl-

des *Sibylles*, & de celui d'*Hystaspes*, parce que les Chrétiens s'en servoient pour confirmer leurs Dogmes. (4) " Ce sont les Dé-„ *mons*, dit-il, qui ont suggéré une semblable Loi, pour retenir „ le Genre Humain dans leurs chaines, & pour l'empêcher de „ connoître la Vérité". Cependant, on ne sauroit disconvenir que les Romains n'eussent raison. Ces Livres, tout favorables qu'ils étoient à la Religion Chrétienne, méritoient d'être supprimez, parce qu'au fond ils avoient été supposez par des Imposteurs, & que celui, qui portoit le nom d'*Hystaspes*, (5) prédisoit la ruïne de l'Empire. Dans quel Etat laisse-t-on un libre cours à des Livres, qui annoncent aux Peuples, que les Destins ont résolu leur perte, & qu'on ne peut plus les défendre sans résister aux Decrets de la Divinité? Quand, dans la suite, les Empereurs Payens ordonnérent d'enlever partout, & de brûler, les Livres sacrez des Chrétiens, ceux-ci se récriérent contre des Ordres si injustes & si barbares. Ils ne pouvoient pourtant s'en plaindre, qu'en supposant, qu'il faut réfuter les Livres, qui contiennent des Mensonges & des Erreurs, & non les jetter au feu; car tout autre Principe n'auroit rien vallu devant des Princes Infidèles.

Je ne veux pourtant ni blâmer, ni louer une coûtume autorisée par tant de Loix. Il y a effectivement des Livres qui sont dignes du feu; Tels ceux qui corrompent les mœurs, ou qui sappent les fondemens de la Religion & en même tems ceux de la Société. Pour les autres, il me semble, qu'on auroit pu se contenter de les tenir cachez aux Peuples, sans les supprimer entiérement, comme on a soin de cacher les poisons à ceux qui ne sont pas assez prudens, pour s'en servir utilement. A l'égard des Livres des Manichéens, s'ils étoient tels qu'on nous les représente, j'ose dire qu'on a eu grand tort de les brûler. Que pouvoit-on faire de plus avantageux à la Foi, que d'exposer au mépris de toute la Terre, des Ecrits pleins de Fables, ou ridicules, ou obscènes? Dès qu'on y auroit lû, (6) " que *cueillir un fruit*, *défricher un champ*, *moissonner*, *faire moudre du bled*, *cuire du pain*, sont autant de cri-„ mes & d'homicides, & que ceux qui les commettent seront à „ leur tour *dechirez par le soc de la charruë*, *moissonnez*, *moulus*, „ *jettez dans un four ardent*", quel mépris n'auroit-on pas eu pour de tels Livres, pour leurs Auteurs, & pour la Secte, qui érigeoit en Articles de Foi de pareilles extravagances? II. On

Photius, au moins par rapport aux Livres des Manichéens, τοὺς τῶν Χριστιανῶν νόμους, τοὺς ὅσοι κέχρηνται ταῖς τῆς ἀποστασίας βίβλοις τῷ ξίφει παραδιδόντας καὶ αὐτὰς ἐκείνας πυρὸς δαπάνην ποιουμένους. *Phot.* cont. *Manich. repullulantes* L. I. p. 64. Je me sers de l'Edition de M. *Wolff*.

(4) Ἐνεργείαν τῶν Φαύλων Δαιμόνων. *Just.* M. Apol. II. p. m. 64.

(5) *Sublatum iri ex Orbe Imperium, nomenque Romanum.* Lactant. *Instit.* L. VII. 15. Ce Livre est cité dans l'Apocryphe intitulé *la Prédication de Pierre*. Clem. Al. *Strom.* L. VI. p. m. 636.

(6) C'est ce qu'on impute aux Manichéens dans les *Actes* d'*Archelaüs*. Voyez *Epiph.* Hær. LXVI. §. 28.

II. Fragmens qui nous restent de *Manichée*.
1. De l'*Epitre du Fondement*.

II. On avoit en Afrique une Version Latine d'une Lettre de *Manichée*, qui a pour titre, EPITRE DU FONDEMENT. Ce titre annonce une explication des Articles Capitaux du Manichéïsme, un Abrégé de cet impertinent Systême. L'Original en étoit, ou Grec, ou Syriaque. S. *Augustin* en entreprit la Réfutation, & se servit d'une excellente Méthode. C'est de rapporter le texte entier de son Adversaire avant que d'y repondre, mais je ne sai pourquoi ce savant Evêque s'est arrêté à l'endroit, où *Manichée* commence à expliquer son Systême des deux Principes, & de l'origine de toutes choses. (*a*) Il nous avertit à la vérité, qu'il avoit fait des Remarques, pour lui servir de Mémoires, lorsqu'il auroit le loisir de réfuter la Lettre entiere : mais ce loisir ne vint point, quoiqu'il ait vêcu plus (1) de trente ans depuis. Je soupçonne, que des raisons de prudence ont retenu la plume de S. *Augustin*, & qu'il avoit déjà jetté sur le papier tout ce qu'il avoit à dire de plus fort contre le Manichéïsme. Quoiqu'il en soit, je ne puis m'empêcher de regretter une Piéce de cette importance, bien que ce ne fût qu'une Traduction, & même assez barbare, comme le sont toutes celles de ce tems-là. Nous aurions du moins la satisfaction de savoir les sentimens de *Manichée* par *Manichée* lui-même, s'il est vrai, comme M. de *Tillemont* l'a crû avec beaucoup de raison, (*b*) *que cette Lettre contenoit tous les Articles de sa Créance.*

(*a*) Retract. L. II. 2.

(*b*) Tillem. S. Aug. T. XIII. Art. 112.

2. D'une Lettre à *Menoch*.

Les Disputes de S. *Augustin* contre les Pelagiens ont été cause, que l'on nous a conservé quelques fragmens d'une autre Lettre de *Manichée*, adressée à *Ménoch* une de ses Filles Spirituelles. *Julien*, prétendant convaincre S. *Augustin* de n'avoir pas tout-à-fait abjuré le Manichéïsme, découvrit cette Lettre à *Constantinople*, & en insera quelques morceaux dans un de ses Livres contre ce Pére. S. *Augustin* les a transcrits, avec les Réflexions de *Julien*, dans sa Reponse, qui a pour titre, OPUS IMPERFECTUM, parce qu'il ne l'acheva pas. On y voit en gros les Sentimens de l'Hérésiarque sur la corruption de la Nature, & sur l'amour reciproque, qu'elle inspire aux deux Sexes, amour que *Manichée* croyoit mauvais en soi, & tirer son origine de ce qu'il appelloit *la Matiére*.

3. Lettre à *Marcel*.

J'ai donné, dans la I. Partie de cet Ouvrage, la Traduction d'une Lettre, qu'il écrivit à *Marcel*, & qui contient en général deux Articles de sa Créance, l'un, qu'il y a deux Principes, que J. Christ a désignez par (*c*) *le bon* & le *mauvais Arbre* : l'autre, que le Fils de Dieu n'a revétu que les apparences de la Nature Humaine.

(*c*) Matt. VII. 17.

Feu

(1) Cette Réfutation paroît avoir été faite vers l'an 397. & S. *Augustin* ne mourut qu'en 430. Il y a bien de l'apparence que S. *Augustin* crut, qu'il étoit plus à propos de supprimer cette Piéce que de la faire connoître à toute l'Eglise

Fragmens d'autres Lettres.

Feu M. *Grabe* ramassoit de toutes parts les fragmens, qu'il pouvoit découvrir, soit des Péres, ou des Hérétiques, pour en composer l'Ouvrage, qu'il nomma son *Spicilége*. C'est dommage que sa mort, qui arriva en 1711. l'ait empêché de continuer un travail si utile. Non seulement il profitoit des Manuscrits d'Angleterre, mais les Correspondances, qu'il avoit au dehors, lui fournissoient des morceaux curieux. Le P. *Lequien* lui en avoit envoyé de quelques Lettres de *Manichée*. Ils sont heureusement tombez entre les mains du savant & laborieux M. *Fabricius*, qui les a inserez dans le V. Tome de sa *Bibliothéque Grecque*. Quoique tous ces fragmens roulent sur l'unite de Nature en J. Christ, je n'ai pas laissé d'y trouver des Principes, qui m'ont servi à connoître les vrais sentimens de notre Hérésiarque sur la Nature & les Attributs de la Divinité. C'est-là tout ce que j'ai pu découvrir jusqu'à présent des Ouvrages de *Manichée*. Je ne parle point d'un mot, que *Photius* lui attribuë, & que j'examinerai dans l'Histoire des *Pauliciens*.

III. La Rélation des *Dogmes* de *Manichée*, qui est dans les *Actes d'Archélaüs* est pleine de confusion, & d'inexactitude.

III. Nous avons dans les *Actes d'Archélaüs*, une Rélation de ses Dogmes, dont l'Auteur est un nommé *Tyrbon*. J'ai dit dans la premiere Partie ce que je pense de cette Piéce. J'ajoûterai seulement, que ce *Tyrbon*, qui n'étoit que dans la Classe des Auditeurs, a reconnu lui-même, qu'il ne savoit pas les Mystéres de la Secte. Effectivement, il y a tant de confusion dans son récit, qu'on voit bien que c'est un Ignorant qui parle. Appliquons-lui ce qu'*Origéne* a dit à l'occasion de *Celse*, qui se vantoit de connoître fort bien la Religion Chrétienne, (*a*) " En Egypte, dit *Origéne*, les „ Philosophes ont une science sublime & cachée sur la Nature de „ Dieu, qu'ils ne montrent au Peuple que sous l'enveloppe de fa- „ bles & d'allégories. *Celse*, (il faut dire ici *Tyrbon*) ressemble à „ un homme, qui ayant voyagé dans ce Pays-là, & *qui n'ayant* „ *jamais conversé qu'avec le Vulgaire grossier*, croiroit entendre la „ Religion des Egyptiens. Toutes les Nations Orientales, les „ *Perses*, les *Indiens*, les *Syriens*, cachent des Mystéres secrets „ sous des Fables religieuses: Le sage de toutes les Nations en „ pénétre le sens, tandis que le Vulgaire n'en voit que le Sym- „ bole extérieur & l'écorce ". *Tyrbon*, quelqu'il soit, n'a été qu'un homme du Vulgaire, qui n'entendoit pas les Mystéres de la Théologie Manichéenne, & qui les a aussi fort mal rapportez. C'est d'ailleurs (2) un Menteur, qui en impose à son maître dès le commencement de la Rélation.

(*a*) Orig. cont. Cels. L. I. p. 11.

IV. S. Epiphane paroit avoir vû le Livre des Mysteres, sans

IV. St. *Epiphane* paroit avoir vû un Livre de *Manichée*, intitulé DES MYSTERES: mais tout ce qu'il nous en apprend, c'est que

glise en la réfutant.

(2) Il commence par dire, que Manichée *honore deux Dieux éternels*, ce qui est très-faux.

l'avoir lû parce qu'il n'entendoit pas le Syriaque.
(a) Ub. sup. No. 13. & 14.

que ce Livre étoit partagé en XXII. Sections, selon le nombre des Lettres de l'Alphabeth Syriaque, & qu'il commençoit par ces mots, (a) DIEU & la MATIERE, *la Lumiére & les Ténèbres, le Bien & le Mal existoient. Ils étoient tellement opposez, qu'ils n'avoient aucune communication ensemble.* *Voilà*, poursuit St. Epiphane, *quel est le début de cet Imposteur, après quoi il explique son pernicieux Dogme : Ce Livre est diffus, & ne contient que des choses aussi mauvaises & aussi ridicules que celle-là : Il est d'ailleurs difficile, obscur, & rempli de contradictions.* Pour les *contradictions*, je les ignore, & je ne me suis pas apperçû, que *Tite* de Bostres y en ait trouvé. Le *diffus* est un défaut, dont S. *Epiphane* n'est pas exemt; & à l'égard de l'*obscur*, il peut venir de plusieurs causes. Le *Timée* de *Platon* passe pour *obscur*, quoique *Platon* eût toutes les graces du Discours : Mais on l'impute à la Matiére qu'il traite. L'obscurité du Livre de *Manichée* pouvoit venir de là, sans compter que la Phrase Syriaque, & les figures de cette Langue étoient fort barbares pour les Grecs. J'avoue que je me défie beaucoup de la Critique de S. *Epiphane*, qui, n'entendant pas (1) le Syriaque, n'a jamais lû le *Thrésor* de *Manichée*. Ce qui me le persuade, c'est qu'il semble en avoir pris la Langue pour du Persan, écrit en caractéres Syriaques, quoique ce fût véritablement du Syriaque, & apparemment la *Dialecte des Palmyréniens*, que ce Pére appelle (2) *très-profonde*, c'est-à-dire, *la plus difficile*, elle étoit aussi la plus élégante, & la plus estimée dans l'Orient.

V. *Tite de Bostres* bon Auteur, a réfuté le Livre *des* MYSTERES.

V. Ce qui fut un obstacle pour S. *Epiphane* n'en fut pas un pour *Tite de Bostres* en Phénicie. Cet Evêque avoit bien lû le Livre *des Mystéres*, puisqu'il en rapporte assez distinctement les Erreurs, & les refute avec solidité. Il est savant, judicieux, & ne s'évapore point en injures contre son Adversaire. Il ne l'accuse, ni de Magie, ni d'invoquer les *Démons*, ni d'user dans ces Mystéres de Cérémonies abominables. Il le représente comme un Philosophe, qui, persuadé que le Monde ne répond pas à l'idée, que nous avons des Perfections Divines, s'est mis dans l'esprit, qu'il y a un autre Principe que Dieu. Je me suis servi utilement de cet Auteur, sans comparaison plus exact & plus modéré que S. *Epiphane*. Cependant il paroît n'avoir pas connu le sentiment de *Manichée*

(1) Je sai bien qu'on dit qu'il l'entendoit, & que St. *Jerôme*, quand il a eu interêt de le louer, l'appelle *vir πεντάγλωττος*. Mais supposé qu'il entendit effectivement le Syriaque, c'est apparemment comme un Ecolier. Il falloit posséder à fond cette Langue pour entendre un Livre Philosophique.

(2) Τὴν βαθυτάτην τῶν Σύρων διάλεκτον. *Epiph.* ub. supra.

(3) On trouve la preuve de ce que je dis à la fin du III. Livre. Voyez *Bibliotb. des PP.* T. IV. Part. II. Col. 942. 943. Je n'ai eu que la Version Latine par *Turrien*. Ce Jésuite ne manquoit pas de savoir, mais il n'est pas Traduc-

teur

nichée sur (3) l'*Incarnation*, ce qui m'a fait juger, que cette Matiére n'étoit pas traitée dans le Livre *des Mystéres*, où il s'agissoit uniquement des deux Principes, de la Création du Monde, de la Providence, de la Loi Mosaïque, &c. Je remarque de plus, que *Tite* a dedaigné de rapporter & d'examiner ce qu'il y avoit peut-être de plus curieux dans le Systême de notre Héresiarque. (4) *J'ai passé sous silence*, dit-il, *les choses les plus mystiques, que Manichée ait inventées, quoiqu'elles soient en grand nombre.* Je ne sai si l'Auteur les a méprisées, ou si l'obscurité de ces Mystéres l'a rebuté. Il falloit être versé dans la Théologie Orientale pour les entendre.

A dédaigné d'en rapporter ce qu'il y avoit de plus mystique.

VI. On regrette avec raison l'Ouvrage, que *Diodore de Tarse* composa pour réfuter un Livre d'*Addus*, Disciple de *Manichée*, intitulé MODIUM. *Diodore* étoit fort savant & fort judicieux, bon Interpréte de l'Ecriture, voisin des tems & des lieux où le Manichéïsme a été le plus florissant. Nous trouverions vraisemblablement dans son Livre une idée distincte de cette Hérésie, mais les Grecs l'ont laissé périr: On dit néanmoins que les Nestoriens en ont une Traduction en Syriaque.

VI. *Diodore* de Tarse a écrit XXV. Livres contre les Manichéens. Les Grecs les ont laissés perir.

Nous avons perdu de même, & sans doute par l'envie des Grecs, deux Ouvrages contre les Manichéens, qui devoient être excellens, si on en juge par la capacité des Auteurs. Le prémier est de *George*, Evêque de *Laodicée*, que S. *Athanase* décrie comme le plus méchant de tous les hommes, parce qu'il fut un des principaux appuis de l'Arianisme, mais à qui *Théodoret* rend le témoignage d'avoir été un des plus grands Philosophes de son tems. C'est d'un Philosophe, plutôt que d'un Théologien, que je voudrois avoir la réfutation du Manichéïsme, parce que ce Systême tiroit principalement son origine de la Philosophie Orientale, que *Pythagore* porta chez les Grecs, & à laquelle *Platon* donna ensuite plus de graces, & une nouvelle forme.

En ont fait autant des Ouvrages de George de Laodicée.

Le second Livre, dont je veux parler, est d'*Eusébe* d'Emese, à qui *Théodoret* a donné le surnom de *Phœnix*, quoiqu'il eût favorisé l'Arianisme aussi-bien que *George de Laodicée*. Cet Evêque, étant né à *Edesse*, dans la *Mésopotamie*, entendoit le Syriaque, qui étoit la Langue vulgaire de cette Province, & pouvoit lire en original les Livres de *Manichée*. Il a vécu d'ailleurs dans un tems, où la mémoire de sa vie & de ses actions étoit encore toute recen-

Et d'Eusébe d'Emese.

teur clair, ni élegant. Peut-être cela vient-il de ce qu'il n'entendoit pas le Systême Manichéen, connoissance nécessaire pour traduire un Auteur, qui le réfute. Il y a certainement des endroits, où il s'est trompé, mais je n'ai pu le corriger n'ayant pas l'Original, qui est dans la Bibliothéque de Hambourg, entre les MSS. que *Luc Holstenius* a donnez à cette Ville.

(4) *Quæ autem a Manichæo magis mystica inventa sunt, quæ sunt complura, silentio prætereuntes.* Ub. sup. L. II. col. 899.

te, & dans des lieux, où il voyoit tous les jours un grand nombre de ses Sectateurs. Tout cela, joint à un savoir & à une éloquence extraordinaire, rendoit *Eusébe* l'homme du monde le plus propre à nous apprendre, & l'Histoire, & les Dogmes de notre Hérésiarque. Mais, encore une fois, l'Envie des Grecs, ou leur zele immodéré contre les Ariens, a fait périr tous les Livres d'un si excellent Personnage, les Syriens en ayant seulement conservé quelques débris.

VII. Jugement de l'Ouvrage de *Fauste*. Caractere de cet Auteur.

VII. Ce que nous avons de plus authentique & de plus complet sur le Systême de *Manichée*, est l'Ouvrage d'un Evêque Africain de sa Secte, nommé FAUSTE, dont S. *Augustin* a rapporté le texte avant que de le réfuter. L'Hérétique y brille par beaucoup d'esprit, par l'élégance de son stile, qui est fort beau pour son tems, & pour le Terroir, où il a été élevé, par le tour ingenieux, qu'il sait donner à ses difficultez, & à ses preuves. Il est vif, clair, concis, & n'a rien, ou fort peu de la rudesse Africaine. Il attaque avec assez de force, & se défend avec prudence, & avec adresse. On ne peut pas mieux pallier les défauts des Dogmes Manichéens. Quand je lis l'*Exposition* de la Doctrine Catholique par l'Evêque de *Meaux*, il me semble que *Fauste* a été son modele. Du reste, il ne dit point d'injures à son Adversaire, ce qui sied si bien, & ce qui est si rare à un Controversiste. S. *Augustin* est sans comparaison plus savant : *Fauste* ne l'étoit pas beaucoup : D'ailleurs ce Pére l'emporte sur lui, parce qu'il défend une meilleure cause, mais assurément il ne l'emporte pas du côté des graces du Discours. Il est diffus, souvent assez obscur : il revient sans cesse aux mêmes Objections & s'évapore trop en invectives. Cette Critique ne plaira pas aux Admirateurs de S. *Augustin*, mais elle est juste.

Il n'a traité qu'un petit nombre de Questions.

C'est donc dans cet Ouvrage de *Fauste*, qu'on devroit trouver le Manichéïsme assez pur. Mais, outre que la Secte Africaine étoit une des plus grossieres & des plus Hérétiques, *Fauste* n'a traité qu'un petit nombre de Questions. Il tourne toutes ses forces contre l'Autorité du V. Testament. Il croit le Nouveau altéré : il tâche de montrer, que les Catholiques ne pouvoient combattre les opinions de sa Secte sur le Mariage, sur l'usage & l'abstinence des Viandes, sans contredire leurs propres Principes, & leur propre pratique. Il nie l'Incarnation du Verbe, & prétend, que la Foi Evangélique ne consiste point à croire certaines Histoires, rapportées dans les Livres du Nouveau Testament, mais à croire la Doctri-

(1) Le Jésuite *Turrien* a publié une Version Latine de l'Ouvrage de *Sérapion*. Le MS. Grec dont il s'est servi est conforme à celui que *Luc Holstenius* a donné à la Ville de *Hambourg*. Cependant *Sixte* de Sienne a cité plusieurs passages de

Doctrine, que J. Christ a prêchée, & à faire ce qu'il commande. Du reste, il n'explique point le Systême de *Manichée* sur les deux Principes, sur le mélange de la *Lumiére* avec les *Ténébres*, sur la Création du Monde &c. Et ce qui mérite d'être bien observé, c'est que son Ouvrage étant une Apologie du Manichéïsme, dans laquelle il répond aux Objections, qu'on faisoit à sa Secte, il ne la justifie, ni des Fables puériles, ni des Cérémonies profanes, dont presque tous nos Auteurs l'accusent. Ce silence me paroît une forte présomption, que ce n'étoient que des bruits populaires, meprisez par les Personnes graves. Autrement *Fauste* auroit-il manqué d'y répondre, puis que c'est-là ce qui rendoit les Manichéens l'exécration du Genre Humain?

VIII. Jugement de divers Ecrits contre les Manichéens. De Didyme & de Sérapion.

VIII. On ne tirera pas de grandes lumiéres des petits Ouvrages de *Didyme* d'Alexandrie, & de (1) *Sérapion* de Thmuïs en Egypte, parce qu'ils ne combattent que l'Erreur capitale des deux Principes, & tâchent de montrer, que le Mal est une suite de l'abus, que l'Homme a fait de sa Liberté.

De Cyrille de Jerusalem.

La sixiéme Catéchèse de *Cyrille* de Jérusalem ne contient qu'une Déclamation contre les Manichéens, dans laquelle il ne fait que copier, étendre, exagérer, quelques endroits de la Rélation d'*Archélaüs*. Il l'a même évidemment falsifiée, comme je l'ai montré dans la premiére Partie. Au reste il a l'honneur d'avoir le prémier répandu le bruit des horribles Cérémonies, dont on a dit que nos Hérétiques profanoient le sacré repas de la Cêne du Seigneur. Instruit des Rites impurs d'une certaine Fête des Atheniens, il en a fait l'application à l'Eucharistie Manichéenne.

De Philastre.

Je ne dis rien de *Philastre*, Evêque de *Bresse*, contemporain de S. *Ambroise*. On ne peut faire aucun fond sur le témoignage de cet Auteur, qui forge des Hérésies imaginaires, & qui traite de celles qui ont existé d'une maniére si impertinente & si infidèle, qu'un savant Moderne appelle cela (2) *Philastriser*.

De St. Epiphane.

St. *Epiphane* a puisé dans les Actes d'*Archélaüs* tout ce qu'il nous a dit de la Doctrine des Manichéens. Il n'a point eu d'autre source, bien que quelques Savans se soient imaginez, qu'il avoit lû le Livre des *Mystéres*, ce qui certainement n'est pas vrai, comme je l'ai remarqué. On tirera peu de fruit du long, & s'il m'est permis de l'ajoûter, de l'ennuyeux Traité, qu'il a composé contre nos Hérétiques, & dans lequel il combat souvent des fantômes, plutôt que des Erreurs réelles.

Ces

de *Sérapion*, qui ne se trouvent, ni dans le MS. de *Luc Holstenius*, ni dans la Version de *Turrien*. Voyez les Remarques de *Fabricius*, Cod. Apocryp. Nov. Test. T. I. p. 3. & p. 996.

(2) Φιλαστριζειν. *Ulrich Caliste*.

De *Leon I.* Son procede & son caractere.

Ces misérables ayant été chassez par les *Vandales* de l'Afrique Proconsulaire, où il s'étoient multipliez presque dès la naissance de leur Secte, plusieurs se réfugiérent à Rome, esperant de s'y cacher, & d'y trouver du secours chez leurs Fréres. *Leon I.* en étant informé, se donna de grands mouvemens pour purger son Eglise d'un si pernicieux levain: mais il s'y prit d'une maniére plus propre à les irriter, & à les jetter dans le desespoir, qu'à les convertir. Il prétendit les avoir convaincus de Cérémonies abominables, & en donna avis à tous les Evêques d'Italie. Ce procédé produisit deux mauvais effets. Le prémier, d'inspirer aux Peuples une extrême horreur pour les Manichéens, & d'exciter les Magistrats à les punir selon la rigueur des Loix: Le second, de leur inspirer à eux-mêmes une extrême horreur pour l'Eglise Catholique, dont les Evêques étoient leurs Calomniateurs & leurs Persécuteurs. Car, quoiqu'on en puisse dire, ils n'étoient point coupables des crimes, qu'on leur imputoit. Quand aux Lettres, & aux Sermons de *Leon*, ils ne contiennent point une description de leur Doctrine. Ce n'est presque qu'invectives contre les *Priscillianistes* & contre les *Manichéens*, ce Pape affectant perpétuellement de confondre ces deux Sectes, afin de les envelopper dans les mêmes peines. Le zèle de *Leon* a quelque chose d'estimable, mais je souhaiterois lui plus de modération, & je ne voudrois pas surtout qu'il eût été un des premiers Evêques, qui ayent (1) approuvé le supplice des Hérétiques. Cependant, quand j'y ai fait réflexion, j'en ai trouvé la cause dans son caractére. Les Hommes ambitieux pensent moins à gagner les Esprits par la douceur, & par la persuasion, qu'à les domter par la force.

De *Théodoret*. Son caractere.

Théodoret est, à mon gré, l'un des plus estimables des anciens Péres. Il est savant: il raisonne bien, surtout dans ses *Dialogues* contre les Hérésies Grecques de son tems: il est bon Interpréte litéral de l'Ecriture. Je n'ai pû m'empêcher d'admirer sa prudence & sa modération, quand j'ai considéré, qu'il a fini son Histoire Ecclésiastique, à l'endroit, où commencent les querelles du Nestorianisme, dans lesquelles il fut si fort intéressé. Mais je crains, que son zèle contre les Hérétiques ne lui en ait imposé presqu'autant, que son admiration pour les Héros de la Vie *Ascetique*, dont il étoit enchanté. Il est sorti de grands Hommes des Monastéres, mais ils y prenoient des teintures de superstition qui s'effa-

(1) Voyez l'Epitre XV. de *Leon* à *Turibius*. Il y parle du supplice des Priscillianistes. *Quando etiam mundi Principes, ita hanc sacrilegam amentiam detestati sunt, ut auctorem ejus, cum plerisque Discipulis, Legum publicarum ense prosternerent*. Leon. Opp. Edit. *Quesn.* p. 449. La Note de *Quesnel* sur cet endroit mérite d'être rapportée: *Sed neque hic* (Sulp. Severus) *neque ille* (Hieronymus) *nec quisquam alius Sanctorum Patrum, qui illo Priscilliani ævo vixerunt, crude-*

s'effaçoient difficilement. Si l'Histoire, que *Théodoret* a écrite des Héréfies, n'est pas plus exacte, ni plus fidèle que son *Histoire Religieuse*, il a eu plus d'une raison de l'intituler, DES FABLES *des Hérétiques*. Il semble, que le défaut de cet habile homme ait été celui d'une extréme crédulité. A l'égard du Manichéïsme, il en décrit assez bien le Systême sur la Création du Monde, & sur ce qui l'occasionna. Il n'impute point à l'Héréfiarque d'avoir cru, que l'Ame est une Partie de la Substance Divine, qui se trouva prise dans les filets de la Matiére, où elle est liée, captive, souillée de tous les vices de la Corruption Humaine, & assujettie à toutes les miséres du Monde. C'est ce que S. *Augustin* répéte continuellement. *Théodoret* se contente de dire, que, selon *Manichée*, Dieu ne fit que jetter une *particule de Lumiére* aux Puissances des Ténèbres, comme on jette l'hameçon caché sous l'apas, au Poisson que l'on veut prendre. Or tout ce qui est *Lumiére* n'est pas l'Essence Divine, comme St. *Augustin* l'a cru. A cet égard le récit de *Théodoret* est assez juste. Mais après cela il raconte certaines fables, sur la production d'*Adam*, qui sont, ou mystérieuses, ou trop extravagantes pour avoir été cruës par des Philosophes. Ce qu'il ajoute des Cérémonies abominables des Manichéens est, à mon gré, pure calomnie; & l'empire, que ces Mystéres donnoient aux Démons, sur les personnes qui y participoient, n'est qu'un conte du Peuple. Je veux croire, que ces Hérétiques étoient difficiles à convertir, mais je ne croirai pas aisément, que la difficulté venoit de ce que les Démons, qui les initioient, tenoient leurs Ames enchaînées par des charmes. En un mot, le crédule *Théodoret* donne trop aveuglément dans les contes ridicules que l'on faisoit de son tems, sur le chapitre de cette Secte.

IX. *Leonce* de Byzance a remarqué, (2) *qu'on ne sauroit bien décrire l'Héréfie Manichéenne, si l'on n'a pas été Manichéen.* Si l'Observation est juste, comme elle paroit l'être, personne ne pouvoit mieux s'en aquitter que S. *Augustin*, qui fut engagé dans cette Secte depuis l'âge de dix-neuf ans jusqu'à celui de vint-huit, & qui en défendit les Erreurs avec avantage, dans plusieurs Conférences, qu'il eut là-dessus avec des Catholiques. La bonne cause succomboit sous la force de l'Eloquence & du bel Esprit. Cependant, tout habile qu'étoit S. *Augustin*, nos Hérétiques lui ont reproché, „ (3) de n'entendre rien aux Mystères de leur Maitre, de prendre „ le

IX. *Préjugés.* Si St. *Augustin* a bien connu le Manichéïsme.

cruenta hujusmodi consilia ita apprehenderunt: Nempe, ut *Leo.* Vid. *Not. & Observ. Quesnel.* p. 829. Ce fut vraisemblablement *Leon*, qui fit donner la Loi de *Valentinien III.* qu'on trouve dans *Quesnel.* p. 426. Il governoit ce Prince à baguette, si je puis me servir de cette expression. *Qui Valentinianum ad nutum movebat.* Id. in Not. p. 840.

(2) Περὶ τῆς αἱρέσεως οὐ δύναταί τις ἀκριβῶς εἰπεῖν, εἰ μὴ τῆς αὐτῆς γένηται πολιτείας. *Leont.* ub sup. in *Manich.*

(3) *Visus enim mihi es, & pro certo si*

„ le change dans les Ouvrages, qu'il écrivoit contre lui, & *de* „ *poursuivre un Annibal & un Mithridate sous le nom de Mani-* „ *chée.*

Ou ce Pére l'a ignoré, ou il l'a mal représenté.

Ce Paradoxe sera sujet à de grandes contradictions. Prémiérement, il vient des Hérétiques, ce qui le rend très-suspect: Et secondement, il choque le préjugé du monde le plus éblouïssant & le plus autorisé. Quoi! St. *Augustin*, le plus habile, le plus ingénieux des Péres Latins, l'Oracle de l'Eglise d'Occident, aura été neuf ans Manichéen, & n'aura pas connu le Manichéïsme? Peut-on rien avancer de plus téméraire & de plus absurde? Cependant, il n'y a que deux partis à prendre: Le prémier, de dire avec les Manichéens, que S. *Augustin* n'a pas bien connu leur Systême: Le second, qui passera presque pour une Hérésie chez certaines gens, c'est que S. *Augustin* l'a déguisé. J'estime autant qu'aucun autre les excellentes qualitez de ce Pére: J'admire son heureux génie & son savoir: J'honore sa mémoire: Je reconnois tout le mérite de ses pieux travaux: Mais les Régles de la bonne Logique, & l'Expérience, m'ont appris à ne marcher pas aveuglément sur ses traces. Les Anciens n'ont jamais aspiré à l'Infaillibilité, que la Postérité leur donne. Ils ont été hommes comme nous, & si nous le sommes plus qu'eux en certaines choses, il y en a d'autres, où ils l'ont été plus que nous. Je ne veux pourtant pas soûtenir, que S. *Augustin* ait déguisé le Systême Manichéen, afin d'en triompher. Ce seroit l'accuser de mauvaise foi: mais il est constant qu'il a employé contre eux des Sophismes: qu'il a souvent mal représenté leur Créance, & qu'il a donné du crédit à des fables, qui leur étoient desavantageuses: qu'il a érigé en Dogmes de la Secte des conséquences, qu'elle desavouoit; qu'il a donné un mauvais sens à des paroles évidemment innocentes, & qu'il a profité de certains passages, qui avoient été falsifiez. Alléguons-en quelques preuves, afin d'arrêter, ou de suspendre au moins, les jugemens d'un Lecteur prévenu.

Exemple & Preuve de ces faits.

Les Manichéens ne croyant pas, que le Fils de Dieu ait eu un véritable corps, ne croyoient pas non plus, qu'il eût été véritablement crucifié, ni qu'il fût mort. Ils ne nioient pas, que les Juifs ne l'eussent pris, qu'ils ne l'eussent attaché à la Croix autant que cela dépendoit d'eux, & qu'il n'eût paru mourir, mais ils nioient qu'il fût mort en effet. C'est ce qui avoit fait dire à *Manichée*, que le Diable, qui souleva les Juifs contre J. Christ, & qui les porta à le crucifier, fut crucifié lui-même, parce que la mort

sic est, te nunquam fuisse Manichæum, nec ejus te potuisse arcana incognita secreti cognoscere, atque sub Manichæi nomine persequi Annibalem, atque Mithridatem. Secund. Ep. ad Aug.

(1) *Inimicus quippe, qui eundem Salvatorem, Justorum Patrem, crucifixisse se speravit, ipse est crucifixus; quo tempore aliud actum est, atque aliud ostensum.* Manich. in Ep. Fund. ap. Aug. *De Fide.* Cap.

mort du Seigneur, quoiqu'elle ne fût qu'apparente, ne laissa pas d'être très fatale au Démon. (1) *L'ennemi*, dit Manichée, *se flatta d'avoir fait crucifier le Sauveur, le Pére des Justes; mais c'est lui-même qui a été crucifié. Dans un même tems une chose se fait réellement, & l'autre paroît se faire.* J. Christ, crucifié en apparence, crucifie réellement le Démon dans sa Croix. C'est-là certainement la pensée de l'Hérésiarque: mais, au lieu de prendre ses termes dans leur sens naturel, l'Auteur du Livre *de Fide*, suppose, que, selon *Manichée*, le Diable a été crucifié réellement en la place du Seigneur; & là-dessus il s'écrie, (*a*) " C'est donc „ le Prince des Ténèbres qui a été mis en Croix: c'est lui, qui, „ avec ses complices, a été couronné d'épines; qui a porté le „ manteau d'écarlatte; qui a été abruvé de fiel & de vinaigre: C'est „ lui dont les pieds & les mains ont été percez de cloux, dont le „ côté a été percé d'une Lance: (2) *En un mot Manichée a été „ contraint de dire, que c'est le Prince des Ténèbres & ses Compagnons, qui ont souffert toutes ces choses & non J. Christ*". Je laisse au Lecteur à juger d'une si froide déclamation, plus digne d'un Sophiste artificieux, que d'un Evêque.

(*a*) De Fid. Cap. XXXIII.

Manichée croyoit, que des (3) Parties de *Lumiére*, c'est-à-dire, de la Nature bonne, étoient mêlées, dans notre Monde inférieur, avec des Parties de *Ténèbres*, ou de la mauvaise Nature. Il croyoit aussi que toutes les Parties de *Lumiére*, ont essentiellement la Vie & la Pensée, & ne la perdent jamais. Cela fournit à l'Auteur, que je viens de citer, un prétexte de dire, " que, selon les Ma- „ nichéens, (*b*) *les Parties de la Divinité* (c'est ainsi qu'il les nom- „ me) lesquelles sont dans les fruits, dans les Plantes, dans les „ Animaux, conservent la Sagesse & la connoissance de la Vérité: „ mais que ces mêmes Parties, dès qu'elles sont mêlées avec la „ Chair, dans les Hommes qui mangent ces fruits, n'ont plus ni „ sagesse, ni connoissance". (4) *Que c'est à cause de cela, que le Maître a été envoyé prêcher aux Hommes, parce que la Partie de Dieu, qui est en eux, est devenuë folle: Et qu'il n'a pas été envoyé prêcher aux Melons, parce qu'ils ont une Ame sage & éclairée.* Là-dessus l'Auteur s'écrie. (*c*) *Qui pourroit se persuader, ou que des Hommes ayent jamais dit de telles extravagances, ou que l'on ait osé les dire devant des Hommes?* Si la Reflexion est juste, comme elle l'est en effet, elle ôte toute créance à l'accusation. Car enfin les Mani-

Autre Exemple.

(*b*) De Fid. ub. sup. Cap. XXXV. XXXVI.

(*c*) Ibid.

Cap. XXVIII.

(2) *Coactus est dicere Manichaus, quia non Christus, sed Princeps tenebrarum, cum suis sociis, illa omnia passus est.* Ibid.

(3) Les Manichéens appellent ainsi les Ames.

(4) *Propterea Magister hominibus missus sit, quia stulta in iis facta est pars Dei; Et propterea non sit missus Melonibus quia sapientem habent animam.* Ibid.

Manichéens étoient des Hommes. La vérité est que cette folie est une conséquence, que les Orthodoxes tiroient de leurs Principes, & non un de leurs Dogmes.

Horrible opinion faussement imputee aux Manichéens par S. *Augustin*.

Voilà des absurditez : voici des horreurs. Expliquons-nous le plus honnêtement que nous pourrons. Entre les opinions profanes, que S. *Augustin* attribuë aux Manichéens, il y a celle-ci. C'est que des Vertus, ou des Puissances célestes, qui se tiennent dans le Soleil, se transforment, tantôt en belles Filles, tantôt en beaux Garçons, pour exciter l'ardeur impure des Puissances des Ténèbres, qui les voyent, qui se tourmentent pour s'en saisir, & qui dans leur fureur laissent échapper des Parties de la Divinité : Que c'est par cet artifice que Dieu délivre ces Parties captives ; S. *Augustin* répéte, presque dans tous ses (*a*) Ouvrages, contre les Manichéens, cette sale imagination. Puis il s'écrie : (1) *Qui peut souffrir de telles choses ? Qui peut croire, non que cela soit vrai, mais que cela ait pu être avancé par quelcun ? Grand Dieu ! qui peut l'entendre sans frémir ? Qui peut être assez aveugle, pour ajoûter foi à de pareilles choses ?*

(*a*) *De Nat. Bon.* Cap. XLIV. cont. *Faust.* L. XX. 6. Cont. *Felic.* L. II. 7. *De Fid.* Cap. XIV.

St. *Augustin* a raison. Rien de plus affreux, que ces profanes extravagances. Mais j'ai une Question à lui faire. Je demande comment il a pu demeurer dans une Secte, où l'on enseignoit de telles abominations ? Comment il a pu défendre cette Secte contre les Catholiques ? Qu'on ne me réponde pas, qu'étant dans la Classe des *Auditeurs*, & non dans celle des *Elûs*, il a ignoré ces blasphêmes. Car il nous dit lui-même, qu'ils se trouvoient dans le VII. Livre du *Thrésor* de *Manichée*, Livre, qui étoit entre les mains de tous ses Sectateurs. (2) CES MALHEUREUX, ajoute-t-il, LISENT CES CHOSES, LES DISENT, LES ENTENDENT, & LES CROYENT. St. *Augustin* ne les ignoroit donc pas quand il étoit Manichéen : & de là il s'ensuit, ou que ce Pére a été depuis l'âge de XIX. ans jusqu'à XXVIII. un homme sans raison, sans conscience, sans discernement, capable d'entendre, de lire, de croire les blasphêmes les plus injurieux à la Divinité : Ou que ces blasphêmes ne s'entendoient point, ne se croyoient point parmi les Manichéens, & qu'ils ne se lisoient point dans le Livre du *Thrésor*, comme en effet ils n'y étoient pas. Je ferai voir dans la suite, que le Passage de *Manichée* a été horriblement falsifié.

Nous

(1) *Quis hoc ferat ? Quis hoc credat, non dico ita esse, sed vel dici potuisse ?* De Nat. Bon. Ibid. *Quis hac non exhorreat, rogo vos ? Quis tam cæcus est ut ista credat, rogo vos ?* De Fid. Cap. 18.

(2) *Hoc infelices legunt ; hoc dicunt, hoc audiunt, hoc credunt. Hoc in Libro VII. Thesauri eorum ; sic enim appellant scripturam quandam Manichæi, ubi ista blasphemia.* De Nat. Bon. Cap. XLIV.

(3) Voyez les Remarques de Cotelier sur Recog. L. IV. p. 537. Colle de Tol-

Disputes publiques de ce Pére, avec Felix & Fortunat.

Nous avons deux Disputes publiques de S. *Augustin* contre deux Prêtres Manichéens, l'un nommé *Félix*, & l'autre *Fortunat*. *Félix* est un ignorant, qui ne sait ce qu'il dit, comme *Erasme* l'a bien remarqué. *Fortunat* est plus habile : aussi trouve-t-on dans ses réponses quelques Eclaircissemens sur la Doctrine de sa Secte. On y voit en particulier, que les *Parties de Lumiére*, qui sont mêlées avec les Ténèbres, ne sauroient être des *Parties de la Divinité*, puisque *Fortunat* y soutient, que la Nature Divine est *inviolable*, & qu'elle est *inaccessible* à la *Matiére*, qui ne peut ni la saisir, ni la toucher. J'ai aussi observé dans ces Disputes, que S. *Augustin*, qui étoit habile *Rhéteur*, se saisit toûjours adroitement de l'attaque, & reduit son Adversaire à la défensive. *Fortunat* voulut bien au commencement, prendre le parti d'attaquer, mais St. *Augustin* ne lui céda pas long-tems cet avantage, & le reprit aussi-tôt. Dans de pareils combats c'est avoir le dessus du vent, qui porte sur l'Ennemi une fumée, qui l'étouffe & qui l'aveugle. Quand *Fortunat*, qui prétendoit, que l'Ame ne pouvoit venir, ni du Néant, ni de la Matiére, pressa St. *Augustin* de lui dire, d'où elle tire son origine, cet habile homme sentit bien, qu'il est plus aisé de faire des difficultez que de les résoudre, & qu'il y a des Questions, sur lesquelles, quelque parti que l'on prenne, les meilleurs Esprits sont forcez de plier sous le poids des Objections.

Il se saisit adroitement de l'avantage d'attaquer.

X. Les Formules d'abjuration prescrites aux Manichéens ne contiennent point leur Doctrine.

X. Ces Reflexions tendent à faire voir, que l'on se trompe, si l'on s'imagine trouver dans St. *Augustin* une juste idée du Manichéïsme. Mais on ne se trompe pas moins, si l'on se flatte de la trouver dans les *Formules d'abjuration*, que les Grecs & les Latins prescrivoient à nos Hérétiques. On y a inséré de tout tems beaucoup moins ce qu'ils croyoient, que ce qu'on les accusoit de croire. Dans la suite leurs propres Confessions, qui devroient être un témoignage authentique de leur Créance, ont été falsifiées, ou dictées par les Inquisiteurs, qui leur ont fait dire ce qu'ils ont voulu. Nous avons la Formule Grecque, qui a été publiée par (3) *Cotelier*, & depuis par *Tollius*. Elle n'est rien moins qu'exacte, & si l'on en juge par (4) celle, que les Grecs faisoient souscrire aux *Arméniens*, on n'en sauroit avoir trop mauvaise opinion.

Formules Grecques.

Formules Latines.

M. *Muratori* a trouvé dans la Bibliothéque Ambrosienne (5) un Frag-

Tollius, qui est dans ses *Insignia Itineris Italici*, est moins complette ; & commence par le mot [illegible], qu'il a traduit *Invocantes*. Il faut lire évidemment [illegible], comme il y a dans *Cotelier*, & traduire, *Infigentem*, comme il a fait.

(4) *Renunciatio Hæreticorum Armeniorum* : elle est aussi dans *Cotelier*. Not. ad *Constit. Apost.* L. V. 14.

(5) M. *Fabricius* l'a fait réimprimer avec les *Actes d'Archélaüs* de *Zaccagni*. Voyez son Edition des Oeuvres d'*Hippolyte*. Vol. II. p. 196. 197.

Fragment, qu'il croit avoir mille, ou neuf cens ans d'ancienneté, & qui contient XIII. Anathêmes contre les Manichéens. Cependant, il est certain que cette Secte n'eut jamais la plûpart des Erreurs, qui y sont condamnées. On a encore une Formule, sous le nom (1) d'*Articles de S. Augustin*, laquelle il n'a pas dressée, mais qu'on peut bien lui attribuer, parce qu'à fort peu de chose près, elle est extraite de ses Livres. On la faisoit lire & souscrire à ceux qui étoient suspects de Manichéïsme dans le VI. Siécle. J'ai deux Remarques à faire sur cette Piéce. La prémiére, que le Manichéïsme y est mêlé avec toutes les conséquences, que St. *Augustin* tiroit des Principes de *Manichée*, quoique ses Sectateurs les niassent formellement, & les détestassent. Par exemple, (a) " on y anathematize quiconque croit (*qui credit*) „ que des Parties de Dieu sont liées & polluées dans les Démons, „ & dans tous les Animaux ". Opinion monstrueuse, que les Manichéens ne pouvoient regarder qu'avec horreur, & directement opposée à leur Créance. Ce n'est donc qu'une conséquence, que St. *Augustin* tiroit de leurs Principes, & que nous examinerons dans son lieu. La seconde Remarque, c'est qu'il n'est fait aucune mention dans cette Formule de toutes les abominations, dont on chargeoit les Manichéens en Italie, depuis le tems de S. *Augustin* & de *Leon I.* ce qui est, à mon gré, une preuve bien forte qu'on ne les croyoit pas véritables, & qu'on n'avoit pas alors la hardiesse d'obliger ces Hérétiques à les confesser en les anathematizant. Qui croira, que l'on eût négligé d'insérer, dans une Abjuration solemnelle & publique, un Article si essentiel, & si propre à rendre la Secte odieuse à toute la Terre?

(a) Ap. *Fabric.* ub. sup. Art. III.

De *Damascéne* & de son Dialogue contre les Manichéens.

Nous avons un long Dialogue contre les Manichéens, que l'on croit être de *Jean de Damas*. (2) Le P. *Lequien*, qui nous a donné ses Oeuvres, avec d'excellens *Prolégoménes*, ne doute pas que cette Piéce ne soit de lui. C'est effectivement son Esprit, & sa maniére de raisonner. Mais je croi, que le savant Editeur se trompe, lorsqu'il dit, (b) que *Damascéne* composa cet Ouvrage contre les *Pauliciens*, qui se multiplioient en Syrie sous la protection des *Califes*. " *Theophane* raconte, *poursuit il*, que *Walid II.* „ fit couper la langue à *Pierre*, Evêque de *Damas*, pour avoir „ écrit contre les Arabes, & contre les Manichéens, ce qui ar- „ riva sous l'Empire de *Leon* l'Isaurique, sous lequel *Damascéne* „ a

(b) *Damasc.* Opp. T. I. p. 428.

(1) *Capitula S. Augustini*: c'est une Formule d'abjuration, qu'on fit lire & souscrire à un certain *Prosper* Manichéen, en l'année 526. Elle est aussi dans *Fabricius*, ub. sup. p. 202. On a remarqué dans une Note, que les MSS. ne sont pas conformes, celui de *St. Gervais* ne contenant que les XI. prémiers Articles, avec le XVIII. & le XIX. au lieu que celui qu'on a publié en contient XXI.

(2) Voyez l'*Avertissement*, qu'il a mis à la

„ a fleuri ". Ce témoignage de *Theophane* ne sauroit être vrai qu'en partie, puisque les Arabes n'étoient pas moins contraires aux Manichéens que les Catholiques. Si les *Califes* donnérent un asyle aux *Pauliciens*, que les Grecs avoient mis au desespoir par leurs barbaries, ce n'est pas qu'ils favorisassent le Manichéisme, dont je ne croi pas que les *Pauliciens* fussent infectez, mais par des raisons de Politique & d'Humanité. Certainement ce n'est point contre eux que *Damascéne* a écrit. Car, outre qu'on n'en aperçoit aucune marque dans son Dialogue, il est clair qu'il n'a eu en vuë que les anciens Manichéens, qui subsistoient encore en Orient, puisqu'il a pris de la Relation de *Tyrbon* tout ce qu'il a dit de leurs Erreurs.

Quelque estime que j'aye pour *Damascéne*, je ne laisserai pas de juger de son Ouvrage avec la même liberté, que je jugerois de celui d'un Théologien Moderne. Cet Auteur combat les deux Principes, mais il a plutôt pensé à multiplier & à entasser ses argumens, qu'à les bien choisir, & à leur donner de l'évidence. C'est ainsi, par exemple, qu'il prétend démontrer, qu'il n'y a qu'un seul Principe, par la raison que l'Unité est le Principe de tous les nombres, & que le *binaire en sort* comme de sa Cause. Il en est la *production* (3). Cela n'est point du tout juste. Le *binaire* n'est qu'un composé de deux Unitez, qui ont chacune leur existence à part, & dont l'une n'est point la production de l'autre.

Les Manichéens disoient, que les Puissances des Ténèbres ayant apperçu la Lumiére, la trouverent si belle qu'elles voulurent s'en saisir. Pour montrer l'absurdité de cette supposition, l'Orthodoxe demande au Manichéen, (*c*) *si les Ténèbres ne sont pas* (c) Ibid. p. 440.
aveugles? Et celui-ci ayant répondu, *qu'elles le sont*, l'Orthodoxe en conclut, *qu'elles n'ont donc pû voir la Lumiére.* Ce raisonnement est fondé sur une pure équivoque. Quoique les Manichéens donnassent aux Puissances malfaisantes le nom de *Ténèbres*, ils leur accordoient néanmoins la vie & la perception, & ne leur refusoient que ce qu'on appelle *Mens*, ou l'*Esprit.*

Quant au Systême de ces Herétiques, il n'est nullement expliqué, dans le Dialogue de *Damascéne*, qui ne s'attache qu'à faire voir l'absurdité de l'Hypothèse des deux Principes. Il attribuë même à nos Hérétiques des *Erreurs* qu'ils n'avoient point. Il dit, par

à la tête du Dialogue de *Damascéne.* Opp. T. I. p. 427 & suiv. L'Abbé de *Billy*, & le P. *Combéfis* doutent que cette Piéce soit de *Damascéne*, parce que l'Auteur y soutient, que le feu de l'Enfer n'est pas un feu corporel, & que Dieu ne punit les Démons & les Méchans qu'en leur laissant leurs Passions, & en leur ôtant les objets qui pourroient les satisfaire. Le P. *Lequien* a raison de ne faire aucune attention à cette difficulté.

(3) Δυὰς ἐκ μονάδος προέρχεται, ὡς μονάδος γέννημα. *ub. sup.* p. 437.

par exemple, qu'ils enſeignoient, que Dieu détacha quelque partie de ſa propre ſubſtance pour la jetter aux Démons, afin de les empêcher d'envahir ſon Royaume. Nous verrons dans le II. Livre, que les Manichéens ont ſoutenu, comme les Orthodoxes, que la Nature Divine eſt indiviſible, & qu'elle ne peut être ni priſe, ni touchée par la Matiére. Cependant, c'eſt cette prétenduë Erreur, qui fait dire à *Damaſcéne*: (1) *Quoi! Dieu eſt aſſailli, on lui fait la guerre, on le met en pièces? Qu'entends-je, malheureux que je ſuis? Et après cela* NOUS NE MASSACRERONS PAS de tels Hérétiques? NOUS NE LES FERONS PAS BRÛLER? Ce zèle n'eſt aſſurément pas Evangelique, mais il eſt encore moins prudent. Les Chrétiens de Syrie étoient ſous la puiſſance des Arabes, qui les accuſoient d'introduire la pluralité des Dieux, par le Dogme de la Trinité, & l'Idolatrie Payenne, en adorant les Images. Or ſi le Catholique eſt en droit de perſécuter par le fer & par le feu le Manichéen, ſous prétexte qu'il diviſe la Divinité, le Mahometan doit-il épargner le Catholique, qui, ſelon l'Hypothèſe Mahometane, eſt coupable & de Polythéïſme & d'Idolatrie? *Damaſcéne* ſe contredit même groſſiérement dans ſon Dialogue. Car, les Manichéens objectant aux Orthodoxes, qu'il étoit contre la Sainteté & la Bonté de Dieu d'avoir créé le Diable, puiſqu'il en prévoyoit l'Apoſtaſie, la malice incorrigible, & par conſéquent la punition inévitable, *Damaſcéne* (a) répond à cette objection, que Dieu n'a pas laiſſé de le créer, premiérement, pour montrer qu'il ne craignoit point ſa révolte: Et ſecondement, (2) POUR NOUS APPRENDRE A FAIRE DU BIEN AUX ME'CHANS. Etoit-ce donc imiter l'exemple de Dieu, & pratiquer ce qu'il a *voulu nous apprendre*, que de *maſſacrer & de faire brûler* les Manichéens?

(a) Ub. ſup. No. XXXI. p. 444.

Ce n'eſt donc point dans le Dialogue de *Damaſcéne* qu'on apprendra le Syſtême de *Manichée*. Il n'en dit rien que ce qu'en a dit *Tyrbon*, dont il copie quelques endroits. Mais il nous fournit une preuve bien évidente, à mon gré, que nos Hérétiques n'étoient point coupables des abominables Myſtéres, qu'on leur impute. S'ils en avoient ſeulement été ſuſpects, eſt-il croyable qu'un Auteur qui les réfute, & qui étoit furieuſement animé contre eux, n'en eût fait aucune mention, & n'eût pas même inſinué, qu'il y eût rien à reprendre dans leurs mœurs? XI.

(1) Πολεμεῖται ὁ Θεὸς; ἀποκόπτεται ὁ Θεὸς; οἴμοι! οἴμοι! Οὐκ ἀποκτενοῦμεν αὐτοὺς; οὐ πυρὶ καταναλώσομεν; *Ub. ſup.* p. 455.

(2) Ἵνα διδάξῃ ἡμᾶς, καὶ πρὸς τοὺς κακοὺς εὐεργετικῶς διακεῖσθαι. Ibid.

(3) Conſtantinus, *cum limatius ſuperſtitionum quæreret Sectas, nec interpres inveniretur idoneus, hunc ſibi commendatum elegit; quem officio functum perité* MUSONIANUM *voluit appellari.* Am. Marcel. L. XV. 13.

(4) Voyez la Note d'*Adrien de Valois* ſur cet endroit d'*Ammien.*

XI. Les Ecrivains Eccléſiaſtiques étant donc en général d'une partialité ſi évidente, il n'y auroit, ni prudence, ni équité à ſe fier à leurs Rélations. Je ne ſai ſi l'Expérience l'avoit appris à *Conſtantin* le Grand, mais je n'ai pû lire, ſans y faire reflexion, que ce Prince, voulant connoître les véritables ſentimens des Sectaires, donna la commiſſion de s'en informer & de l'en inſtruire à un Séculier, au lieu de la donner à des Evêques. C'eſt *Ammien Marcellin*, qui nous apprend cette particularité. (3) " CONSTANTIN, *dit-il*, voulant ſavoir exactement les opinions des „ Sectes, & n'ayant perſonne, qui fût propre à lui donner de „ juſtes éclairciſſemens là-deſſus, on lui recommanda STRATEGIUS, comme un homme, qui en étoit très-capable. L'Empereur le chargea de ce ſoin, & fut ſi content de ſon rapport, „ qu'il voulut qu'on l'appellât déſormais MUSONIANUS". Cet Officier, qui parvint à la Dignité de *Préfet* d'*Orient*, avoit beaucoup de ſavoir, & d'éloquence: Et, ce qui étoit encore plus néceſſaire pour bien s'acquitter de ſa commiſſion, (4) *il avoit beaucoup de modération & de douceur.* Au moins *Libanius* l'en a loué. Je voudrois que nous euſſions la Rélation, qu'il fit à *Conſtantin*, car j'avouë que j'y ajouterois plus de foi qu'à celles des Péres. XI. *Conſtantin* ſemble ſe défier des Evêques: Donne à un Laique la commiſſion de l'inſtruire des Hereſies.

XII. Les Chrétiens ne furent pas les ſeuls, qui combattirent le Manichéïſme. Il y eut auſſi des Philoſophes Payens qui s'en mêlérent. *Simplicius* le réfuta dans ſon (5) Commentaire ſur l'*Enchiridion d'Epictéte*, mais il ne le fit pas avec aſſez de modération & d'équité. Par exemple, il reproche aux Manichéens d'enſeigner, (6) " que le mauvais Principe eſt, non ſeulement égal, „ en Dignité & en puiſſance au Principe du Bien, mais qu'il eſt „ plus fort que lui: Que l'Homme n'eſt point libre, & qu'il „ n'eſt pas dans ſon pouvoir de ne pas pécher". J'oſe dire, que ces deux accuſations ſont fauſſes, comme je le ferai voir dans ſon lieu. XII. *Simplicius* écrit contre les Manichéens. Jugement de ſa Refutation.

XIII. Le Manichéïſme ayant jetté de profondes racines en Egypte, il y eut dans la Ville de *Lycos* en Thebaïde, un Philoſophe nommé (7) *Alexandre*, qui entreprit de le réfuter. J'ai quelques Obſervations à faire ſur le tems de cet Auteur, ſur ſa Religion, ſur ſon Caractére, & ſur ſa Méthode. XIII. *Alexandre* de Lycopole le fait auſſi.

1. A

(5) Voyez ſon Commentaire, Chap. XXXIV. p. 163. & ſuiv. *Simplicius* a vécu ſous *Juſtinien*. *Voſſius* dit après *Suidas*, qu'il étoit de *Phrygie* De Sect. Phil. Cap. XVII §. 18. Mais *Agathias* témoigne, qu'il étoit de *Cilicie*. Hiſt. Juſt. L. II. 2. p. 65. Voyez la Bibliot. Gr. de *Fabric.* Tom. VIII. p. 660.

(6) *Ἀρχὴν ὑπεστήσαντο ἰδίαν τοῦ κακοῦ ἰσότιμον αὐτῇ καὶ ἰσοσθενῆ τῷ Ἀγαθῷ, μᾶλλον δὲ ἰσχυροτέραν.* *Simp.* ub ſup p. 168.

(7) Son Ouvrage a pour titre, *Πρὸς τὰς Μανιχαίου δόξας.* *Contre les opinions de Manichée.* Le P. *Combefis* l'a publié en Grec. *Auctuar. Noviſſ. Bibliot. PP.* Part II.

Du tems où il a vécu.

(a) Hist. Lit. T. II. Diss. I. p. 4.

1. A l'égard du tems, où *Alexandre* a fleuri, il est assez difficile de le déterminer au juste. Le Docteur *Cave* a) rapporte, que *Sambucus* avoit marqué sur le Manuscrit, que le P. *Combefis* a fait imprimer, qu'il vivoit sous l'empire d'*Héraclius*, vers l'an 640. Le savant Anglois rejette cette opinion, & place *Alexandre* au IV. Siécle, avant *Cyrille* de Jérusalem & S. *Epiphane*, par la raison, qu'il n'a point cité ces deux Auteurs. Mais, cette raison étant appuyée sur la fausse supposition, qu'*Alexandre* étoit Chrétien, elle tombe aussi-tôt qu'on a prouvé le contraire. Tout ce qui paroît certain, c'est qu'il a vécu dans un tems, où des Philosophes Payens commençoient d'adopter quelques Hypothèses de la Philosophie Chrétienne. On sait qu'*Hiéroclès*, & d'autres Platoniciens, reconnoissoient, que la Matiére n'est pas éternelle, & prétendoient même, que *Platon* en avoit cru la création, quoique l'on ait des preuves évidentes du contraire. Le Philosophe Egyptien ne se déclare pas si positivement sur cette Question, mais il ne trouve aucune absurdité à dire, que Dieu ait tiré du néant la Matiére du Monde; opinion, que les Philosophes Payens n'ont commencé à goûter, que depuis que les Chrétiens eurent fait voir les absurditez, qui résultent de l'éternité de la Matiére.

2. De sa Religion.

(a) Ub. sup. p. 2.

2. Quant à la Religion d'*Alexandre*, le P. *Combéfis* s'est imaginé, qu'il faisoit profession du Christianisme, & l'a comparé, dans sa (a) Préface, à S. *Augustin*, qui, après avoir été infecté du Manichéïsme, rentra dans le sein de l'Eglise, & combattit les Erreurs qu'il avoit défenduës. *Photius* a plus fait encore, il l'a pris pour *un* (1) *Evêque* de *Lycos*, ou *Lycople*, & le Docteur (2) *Cave* les a suivis. J'excuse M. *Cave*, mais je ne sai comment excuser le P. *Combéfis*, qui a publié le Grec d'*Alexandre*. Il est surprenant que ce savant homme ne se soit pas apperçu, que c'étoit un Philosophe Payen. 1. Il n'allégue jamais l'Ecriture dans sa Dispute contre les Manichéens, ce qu'un Chrétien n'auroit pas manqué de faire, puis qu'après tout ils reconnoissoient l'Autorité des Livres du Nouveau Testament. 2. Il parle DES (b) AMES DES NYMPHES; cela n'est pas du stile Chrétien. 3. Il parle des Déluges de *Deucalion* & de *Phoronée*, sans faire aucune mention de celui de *Noé*. 4. Il s'exprime tout-à-fait en Payen, lorsqu'il dit,

(b) Al. Lycop. ub. sup. p. 16.

(1) Ὁ τῆς πόλεως Λύκων Ἀλέξανδρος, nempe Ἐπίσκοπος. *Phot.* Cont. Manich. repul. L. I. §. XI. p. 36.

(2) *Tandem ejurata Hæresi ad Catholicorum castra transiit.* Cav. Differt. I. ub. sup.

(3) Ἥλιος καὶ Σελήνη, οὓς μόνους θεοὺς αἰδεῖσθαι φασιν. Al. Lycop. ub. sup. p. 7.

(4) Ἀναμιμνήσκουσιν ἡμᾶς ἐκ τῶν εἰ-[illegible] ἐκ [illegible] τῶν τελετῶν &c. Ib. pag. 6. *Tillemont* s'est bien apperçu qu'*Alexandre* étoit Payen, & a fort bien remarqué, qu'il ne prit la plume contre les Manichéens, que parce que ceux-ci séduisoient ses Disciples. *Tillem. Manichéens.* Art. XVI. Au reste le docte *Fabricius* s'est apparemment laissé surprendre par le P. *Combéfis*, car il croit aussi qu'*Alexandre* a été Chrétien. Voyez

dit, que (3) de TOUS LES DIEUX *les Manichéens n'honorent que le* SOLEIL ET LA LUNE. 5. Enfin il se met lui même évidemment au nombre des Payens. Après avoir remarqué que nos Hérétiques tâchoient de confirmer leurs Erreurs par l'Histoire, ou la Fable, de *Bacchus*, par l'Entreprise des Géans &c. il ajoute (4) *Les plus savans d'entre eux, ceux qui ont quelque litérature Grecque*, NOUS ALLEGUENT NOS PROPRES CÉRÉMONIES ET NOS PROPRES MYSTÉRES. Il semble que ce qui en a imposé au P. *Combéfis*, c'est qu'*Alexandre* est un Payen modéré, qui juge équitablement de la Religion Chrétienne. Il l'appelle (5) UNE PHILOSOPHIE SIMPLE, pour dire, qu'elle est propre à former à la Vertu les *simples*, qui doivent être conduits par l'Autorité, parce qu'ils ne sont pas capables de connoître l'excellence de la Vertu, ni de sentir la force des Démonstrations, qui la prouvent. *Ammien Marcellin* (6) a pensé comme *Alexandre* sur le sujet de la Religion Chrétienne, & s'en est expliqué à peu près dans les mêmes termes.

3. Le caractére d'*Alexandre* est très-beau & très-estimable. Il se posséde partout, & n'outrage jamais ses Adversaires. Il ne va point chercher, dans les différentes Sectes Manichéennes, celle dont le Systême étoit le plus mal concerté, le plus défiguré de fictions insensées. Il attaque le Manichéïsme dans son Fort, & choisit, pour le combattre, la Secte (7) qui passoit pour la plus raisonnable, & la plus épurée. Je ne puis voir sans regret, qu'un Philosophe fasse la guerre à des Philosophes d'une maniére plus généreuse & plus magnanime, que les Orthodoxes n'ont coûtume de la faire aux Hérétiques. 3. Son Caractere.

4. La Méthode d'*Alexandre* est fort bonne. Il rapporte d'abord en abrégé le Systême des Manichéens, & le réfute ensuite pié à pié. Mais, outre qu'il s'est borné à ce qu'il nomme *leurs* (8) *Principaux Dogmes*, il ne les a pas suffisamment développez, apparemment parce qu'il écrivoit pour des Personnes, qui en étoient instruites. Il est d'ailleurs obscur; (9) son stile se sent beaucoup du Terroir Egyptien. La matiére n'est pas fort connuë, & il s'est glissé des fautes dans le Manuscrit qu'il est difficile de corriger. J'y ai remarqué, qu'il n'attribuë aux Manichéens, ni Mystéres profanes 4. Sa Methode.

yez *Biblioth. Gr.* T. V. p. 290.

(5) Χριστιανῶν φιλοσοφία ἁπλῆ καλεῖται. *Ub. sup.* initio.

(6) *Absolutam & simplicem*. Ce sont les titres, que cet Historien donne à la Religion Chrétienne. *Pierre Pithou*, & *Claude Chiflet* ont aussi cru qu'il a été Chrétien, ce qu'*Adrien de Valois* a réfuté dans la *Préface*, qui est à la tête de la seconde Edition d'*Ammien Marcellin*.

(7) Τὴν κατ' αὐτοὺς καλλίστην αἵρεσιν. *Ibid.* p. 19.

(8) Κεφαλαιωδέστερα. *Ibid.* p. 5.

(9) *Stilus ejus duriusculus, durior exscribentium vitio factus, nec parum difficilem reddit ipsius argumenti perplexitas*. Cave, *ub. sup.*

fanes, ni Morale corrompuë. Pas la moindre trace de tout cela, ni dans le Plan de leur Systême, ni dans la Réfutation.

XIV. *Avicenne* a refuté quelque Principe de *Manichée*.

XIV. Les Philosophes Arabes se sont aussi exercez contre nos Hérétiques; mais je n'ai pû avoir aucune communication de leurs Ouvrages. Je ne sai si l'on a en Occident celui qu'*Abu-Ali-Ebn-Sina*, plus connu sous le nom d'*Avicenne*, composa contre quelcune des Hypothèses de *Manichée*. Je sai seulement (1) qu'*Abulpharage*, qui avoit vû son Livre, en a parlé avec éloge.

Muhammed Ben Isaac a ecrit un Traité de son Histoire & de ses Dogmes. Plan de ce Livre.

J'aurois fort souhaité d'avoir un Extrait exact d'un Livre Arabe de *Muhammed Ben Isaac*, Auteur que le célèbre *Hottinger* cite fort souvent dans son *Histoire Orientale*, & qui a traité amplement de *Manichée* & de ses Dogmes. Mais le (2) Manuscrit n'étant plus dans la famille de l'illustre Professeur de Zurich, je ne puis offrir au Lecteur, que ce qu'il en a rapporté dans le I. Tome de son Histoire Ecclésiastique.

(a) Histor. Hist. Eccl. T. I. p. 149.

(a) " MUHAMMED, *Ben Isaac*, dit *Hottinger*, décrit l'origine & la naissance de *Manès*, & parle de ses Ancêtres, qui étoient (3) Idolatres. Il raconte, premiérement, comment l'Hérésiarque prétendit avoir reçu son Ministère, lorsqu'il étoit endormi. (*Per quietem*, ce qui veut dire peut-être *dans une Extase*.) Et ensuite, en quel tems il commença de répandre son Hérésie, qui n'est autre chose qu'un Christianisme corrompu, & mêlé du Magisme. Il explique fort au long, quels étoient ses Dogmes, & entre autres ce qu'il a pensé sur l'origine & la propagation du Genre Humain. Il rapporte après cela les conditions, que les Manichéens exigeoient de leurs Prosélytes, avant que de les initier: quel examen ceux-ci devoient faire d'eux-mêmes. Il marque combien de fois ils étoient obligez de prier chaque jour, & le tems de leur Jeûne. Il traite aussi des Livres de *Manichée* & des Manichéens; mais surtout de ceux qui sont écrits en Syriaque; & enfin des Principaux Chefs de cette Secte, & de la maniére, dont elle s'est répanduë dans le Monde ". C'est-là ce que nous dit le savant *Hottinger*, qui ne fait que piquer la curiosité du Lecteur, en lui donnant le plan du Livre de l'Auteur Arabe.

XV. Pourquoi l'on ne cite point ou rarement les Auteurs Modernes.

XV. On sera peut-être surpris de ce que je ne cite point, ou fort rarement, les Auteurs Modernes, qui ont écrit de l'Histoire &

(1) *Optimè autem hac in re respondit* DOCTOR PRINCEPS *Abu-Ali-Ebn-Sina* Abulph. Dyn. p. 83. *Manichée* avoit parlé de la Terre avec beaucoup de mépris, & louoit excessivement le Feu. Il tenoit cela de la Philosophie des *Caldéens*.

(2) C'est ce que LL. Exc. de *Zurich* mandérent à M. le Colonel *Froment*, Gouverneur de *Neufchatel*, & dont il me donna avis par une Lettre du 9. Avril 1729.

(3) L'Auteur Arabe parle apparemment selon son préjugé, & dans la supposi-

& des Dogmes de *Manichée*. Mais j'avouërai franchement, que je n'ai pas crû devoir m'amuser à en lire beaucoup. Je n'en connois qu'un, qui ait écrit sur cette Matiére en Critique tous les autres s'étant contentez de copier les Anciens dont j'ai parlé, & de les suivre sans examen. On ne fait, en lisant les Modernes, que prendre des préjugez, & c'est de quoi j'ai tâché de me garantir. Je les estime beaucoup, mais je n'ai pas besoin d'eux, quand je puis aller moi-même aux sources, où ils ont puisé.

L'Auteur Critique dont je veux parler est feu M. *Godfroid Arnold*, né en 1666. & mort en 1714 à *Perleberg*, dans les Etats du Roi de Prusse, où il étoit Pasteur & Inspecteur des Eglises Luthériennes, de cette petite Province. Il publia en Allemand, dès l'an 1699. une HISTOIRE *impartiale de l'Eglise & des Hérétiques* qui a fait beaucoup de bruit; Quelques (4) Savans en ont dit du bien, mais en général les (5) Théologiens Luthériens se sont élevez contre cet Ouvrage, & contre l'Auteur. Un de leurs principaux Griefs, c'est qu'*Arnold* n'a pas dissimulé les défauts de sa Communion, ni ceux de plusieurs Personnages, qu'on y éleve jusqu'au Ciel. Je ne prétends point juger de la querelle, qui est entre ces Savans, & les Partisans d'*Arnold*. Je ne puis même dire mon sentiment touchant son Histoire, parce que je n'entends pas assez la Langue Allemande. Je me contenterai de remarquer, en général, 1. Que son dessein mérite des louanges. Il est certain que l'Histoire de l'Eglise, & surtout celle des Hérétiques a été horriblement corrompuë, & qu'il est très-digne d'un Homme, qui aime la Vérité, de travailler à la corriger. Des Gens, qui ont osé refondre la Religion, & en réformer les abus, peuvent-ils trouver mauvais que d'autres entreprennent d'en réformer l'Histoire? 2. Si *Arnold* a fait des fautes dans la sienne, ce n'est pas une raison de la décrier, comme on fait. Il n'y a point d'Ouvrage de cette nature, où il n'y en ait plus ou moins. Il est bon de les remarquer, mais conclurre de ce défaut que l'Ouvrage ne vaut rien, c'est tirer d'un Principe vrai une conséquence très-fausse. 3. L'Article des *Manichéens*, qui est dans (*b*) *Arnold*, est peu de chose, l'Auteur n'ayant pas examiné avec assez d'attention l'Histoire & les Dogmes de *Manichée*. On voit bien que c'est un morceau fait à la hâte, & par un homme prévenu. Il a eu raison de dire, que *Manès* n'a jamais prétendu être le *Paraclet*; mais il n'a pas

On ne connoit qu'*Arnold*, qui ait écrit des Hérésies en Critique.

(*b*) Voyez le Tom. I. Liv. III. Chap. VIII. Sect. XXIV — XXXIX.

position, que les Mages étoient *Idolatres*, quoiqu'ils n'eussent point d'Idoles.

(4) Feu M. *Christian Thomasius*, célébre Jurisconsulte, & Professeur dans l'Université de *Hall*, a dit beaucoup de bien de cette Histoire. Quelques autres Savans de *Hall* en ont parlé de même.

(5) On peut voir leurs Jugemens dans l'Ecrit intitulé JO CHRISTOPH. COLERI *Historia Godofredi Arnoldi*, imprimé à *Wittenberg* en 1718. Sect. VI. Cet Ouvrage est à la vérité un peu violent.

pas eu raison de nier, que cet Imposteur n'ait voulu passer pour le Prophète du *Paraclet*, pour un homme envoyé extraordinairement, afin de révéler à l'Eglise Chrétienne des Véritez, que J. Christ n'avoit pas voulu confier à ses Disciples. Les Manichéens eux-mêmes ont eu cette opinion de leur Patriarche. En général *Arnold* a jugé plus favorablement, qu'il ne devoit des sentimens des Manichéens, & l'a fait sans aucunes preuves. 4. Quand j'ai considéré, qu'un homme de trente-trois ans a publié une Histoire Ecclésiastique, qui commence au Siècle des Apôtres, & qu'il l'a continuée jusqu'à notre tems, cette Entreprise m'a paru au dessus de ses forces, & je n'ai pu comprendre qu'il l'ait bien exécutée, surtout par rapport à l'Histoire ancienne. Car pour l'Histoire moderne il a eu des mémoires, & des secours qui l'ont guidé, & n'a pas été obligé de marcher à la lueur de ses conjectures. A l'égard de ses sentimens, je n'en dirai rien. Il me paroît seulement, qu'il a été fort entêté de la Théologie Mystique; qu'il a donné là-dessus dans les (1) visions de quelques Modernes; qu'il a eu trop d'indulgence pour des Hérésies fort réelles, & qu'à force de vouloir s'éloigner des Théologiens contentieux, qui font consister la Religion dans des opinions subtiles & très-indifférentes, il semble n'avoir pas fait assez de cas des Véritez, que l'Ecriture enseigne distinctement. Du reste il faut lui rendre justice. Savant, extrémement laborieux, ennemi du mensonge, il a fait tous ses efforts pour découvrir la Vérité, & pour la démêler parmi les Fables infinies, sous lesquelles elle est comme enterrée. Il a eu de plus le courage de la publier, quoiqu'il en pût couter à sa fortune & à son repos.

(1) Il a traduit en Allemand quelques Ecrits de Madame Guyon.

HISTOI-

HISTOIRE CRITIQUE DES DOGMES. DE MANICHÉE.

LIVRE PREMIER.

CHAPITRE PREMIER.

Idée du Systême de MANICHÉE *selon* TYRBON, *& les Actes de la Dispute* d'ARCHÉLAÜS.

Systême de *Manichée* selon *Tyrbon* & les *Actes* d'*Archélaüs*.

I. PENDANT qu'*Archélaüs* & *Marcel* attendoient *Manichée* à *Cascar*, ils voulurent savoir quelle étoit la Doctrine de cet Hérésiarque, & priérent *Tyrbon* son Disciple de les en instruire. Il le fit, & leur parla en ces termes.

Deux Dieux éternels & contraires.

„ Puisque vous voulez savoir (a), *leur dit-il*, quelle est la Doc-„ trine de *Manichée*, je vai vous en faire la description en peu „ de mots: (1) Il HONORE DEUX DIEUX, tous deux éternels, „ exis-

(a) Voyez *Act. Disput. Archel.* §. VII.

(1) Δύο σέβει Θεούς. *Epiph. Hær.* LXVI. 25. *Act. Disput. Archel.* §. VII. *Duos colit Deos.*

„ exiſtans par eux-mêmes, & contraires l'un à l'autre. Le pré-„ mier eſt BON, & le ſecond MÉCHANT. Il appelle le pré-„ mier LA LUMIÉRE, & le ſecond LES TÉNÉBRES. A l'é-„ gard de l'AME qui eſt dans l'Homme, il croit qu'elle eſt une „ Partie de *Lumiére*, & le CORPS une Partie des *Ténèbres*, & „ l'Ouvrage de la MATIÉRE.

Guerre entre ces Dieux. Mélange de la *Lumiére* avec les *Ténèbres*.

" Pour expliquer l'Union, ou le Mélange de la *Lumiére* avec „ les *Ténèbres*, il ſe ſert de la comparaiſon de deux Rois, ennemis „ de tout tems, & qui, ayant chacun leur Empire, viennent à „ ſe faire la guerre. Suivant cette idée il ſuppoſe que les *Ténèbres*, „ ſortant de leurs limites, allérent faire la guerre à la *Lumiére*. „ Le *Pére*, qui eſt *le Dieu Bon*, informé qu'elles s'étoient avan-„ cées juſqu'à ſes Terres, fit ſortir de lui une Vertu, que *Ma-„ nichée* appelle LA MÉRE DE LA VIE. Cette Vertu (1) „ produiſit à ſon tour LE PRÉMIER HOMME, & l'environ-„ na de cinq Elémens, qui ſont, (2) l'*Air*, LE VENT, LA LU-„ MIÉRE, L'EAU & LE FEU. Le *prémier Homme*, étant „ équippé de la ſorte, deſcendit, & vint combattre les *Ténèbres*. „ Mais les *Princes des Ténèbres* lui dévorerent une Partie de ſon „ Armure, & cette partie eſt l'*Ame*. Ce fut alors que le *Pré-„ mier Homme* ſe trouva dans une extrême peine. Il auroit même „ été en très-grand danger, ſi le PÉRE n'eût exaucé ſes Priéres, „ & n'eût envoyé à ſon ſecours une ſeconde Vertu, qui eſt éma-„ née de lui, & qui s'appelle l'ESPRIT VIVANT. Cet Eſprit „ deſcendit du Ciel, tendit la Main au Prémier Homme, & le „ tira des Mains des *Ténèbres*. C'eſt depuis ce tems-là que l'*A-„ me* eſt demeurée ici bas; & c'eſt auſſi en mémoire de cette dé-„ livrance, que les Manichéens toutes les fois qu'ils ſe rencon-„ trent, ſe donnent la main droite, pour marquer, qu'ils ſont „ délivrez des *Ténèbres*, dans leſquelles, diſent-ils, ſont toutes les „ autres Sectes.

Mére de la Vie. *Prémier Homme* envoye pour combattre les Tenebres.

L'*Ame*, partie de ſon *Armure*, enlevée par les Puiſſances des Tenebres.

L'*Eſprit vivant* les domte & les crucifie.

Création du Monde.

„ Ce fut alors que l'*Eſprit vivant* créa le Monde, & que revêtu „ de *trois autres Vertus*, il deſcendit, enleva *les Princes des Té-„ nèbres*

(1) Περιβεβληκέναι. Epiphane. *Circumdedit.* La Verſ. Lat. Il faut joindre ces deux idées.

(2) On lit dans le Grec de S. *Epiphane*, & dans la Verſion Latine, *la Matiére* au lieu de l'*Air*. Je m'étonne qu'aucun Auteur, que je ſache, ne ſe ſoit apperçu de l'abſurdité, qu'il y auroit à mettre *la Matiére* entre les Armes du *Prémier Homme*. Je n'aurois pas balancé à corriger cette faute ſans l'autorité d'aucun MS. parce qu'elle eſt viſible. Mais j'y ſuis autoriſé à préſent par *Damaſcéne* qui a mis l'*Air*, & non *la Matiére* dans ſon Dialogue contre les Manichéens. T. I. p. 441. No. 28. St. *Auguſtin*, de Hær. Cap. XLVI. met auſſi l'*Air* entre les bons Elemens, qui ſervent à vaincre les mauvais.

(3) *Son Corps, ou ſa Sphére.* C'eſt ainſi qu'on lit dans la Verſion Latine, & il y a de l'apparence que c'eſt la véritable leçon, au moins ſi l'*Eſprit vivant* eſt la même choſe que le *St. Eſprit*, qui réſi-de

„ nèbres & les crucifia dans le *Firmament*, *qui est* (3) *son Corps*, „ *ou sa Sphère*. Ensuite il créa les *deux Luminaires*, qui sont (4) „ les restes de l'Ame, & ordonna au Firmament de rouler. Il „ créa enfin la Terre, & cela fit le nombre (5) *de huit*.

„ Au dessous de la Terre est (6) l'Omophore, qui la porte „ sur ses Epaules. Et comme il tremble quelquefois, lorsqu'il est „ fatigué, c'est de là que viennent les Tremblemens de Terre, „ qui arrivent hors des termes marquez. Pour remédier à cet in„ convénient le *Pére* envoya dans le cœur de la Terre, & dans les „ Parties les plus basses, son Fils, qui étoit dans son sein, afin „ qu'il reprimât l'impatience de l'*Omophore*. Toutes les fois qu'il „ arrive des Tremblemens de Terre, c'est, ou parce que l'*Omo*„ *phore* lui-même tremble sous le poids, ou parce qu'il transporte „ son fardeau d'une épaule sur l'autre.

Omophore. Cause des Tremblemens de Terre.

„ La Terre étant créée, (7) la Matiére se forma d'elle-même „ des *Plantes*; & comme quelques-uns des Princes s'avisérent de les „ piller & de les dérober, elle convoqua tous les prémiers d'entre „ eux, prit de chacun une Vertu, & fit cet Homme que nous „ voyons, qu'elle forma à l'Image *du* Prémier Homme, „ & y joignit une *Ame*.

Création de l'Homme.

„ Lorsque le Pére vivant s'apperçut, que l'*Ame* étoit „ affligée & opprimée dans le Corps, comme il est plein de com„ passion & de miséricorde, il envoya son cher Fils, tant pour „ sauver l'*Ame* que pour corriger & tenir dans le devoir l'*Omophore*. „ Le Fils étant venu prit la figure d'un *Homme*, & parut „ comme un véritable Homme, quoiqu'il ne le fût point „ en effet, ce qui fit croire, qu'il étoit né. Il dressa u„ ne certaine Machine, afin de transporter les *Ames*. C'est une „ roue, à laquelle *douze seaux* sont attachez, & que la Sphére „ fait tourner. Elle sert à puiser les Ames des morts, que le Soleil „ prend avec ses rayons, qu'il purifie, & qu'il remet à *la Lune*. „ Ce sont ces Ames, qui remplissent ce que nous appellons le „ *Disque* de la *Lune*. Car *Manichée* dit, que le *Soleil* & la *Lune* „ sont des *Navires*, ou des *Vaisseaux*, qui transportent les Ames, „ &

Envoi du Fils de Dieu, pour sauver l'*Ame*.

Machine qu'il dresse pour cela.

Le Soleil & la Lune, Vaisseaux.

de dans l'Air, selon les Manichéens, comme on le verra dans le dernier Chapitre du III. Livre. Cependant, il y a dans S. *Epiphane*, *leur Corps*, *ou leur Sphére*, c'est-à-dire, la Sphére des Princes des Ténèbres. Mais cette leçon est apparemment une faute, les Copistes ayant mis αὐτῶν, pour αὐτοῦ.

(4) Cela est expliqué par *Alexandre de Lycople*, & le sera aussi dans la suite.

(5) J'abandonne encore ici S. *Epiphane*, ou plutôt ses Copistes, qui au lieu d'écrire, ἐπὶ δὲ, ou ἐπὶ δὴ ὀκτὼ, ont écrit εἰς ἤδη ὀκτὼ, *à huit faces*.

(6) On verra dans la suite ce que c'est que cet *Omophore*. *Manichée* n'est pas toujours aussi insensé que *Tyrbon* le croyoit, ou le vouloit faire croire.

(7) La Matiére signifie dans cet endroit le Chef des Princes des Ténèbres.

Cause des accroissemens & du Declin de la Lune.

„ & que lorsque la Lune en est toute remplie, elles passent à l'*Orient équinoctial.* Le départ successif des Ames est la cause du Déclin de la Lune, qui est dans son *Apocryse*, ou dans un entier obscurcissement, lorsqu'il n'y en reste plus aucune. Elle se remplit ensuite de nouvelles Ames, par le moyen des seaux, qui les puisent, & s'en decharge après cela de la maniére que j'ai dit. Au reste *Manichée* assure, que toutes les Ames, & en général celles de tous les Animaux, qui se meuvent, (1) participent de la substance du Pere.

Air parfait séjour des Ames purifiées.

„ Quand la Lune a remis toutes les Ames, dont elle est chargée aux EONS DU PÉRE, elles demeurent dans LA COLONNE DE LA GLOIRE, qui est appellée l'AIR PARFAIT. Cet *Air* est *une Colonne de Lumiére*, parce qu'elle est remplie d'Ames purifiées. Telle est la cause du salut des Ames : voici celle de la mort des Hommes.

Causes de la Mort.

„ Il y a UNE VIERGE, qui se fait voir aux Princes des deux Sexes, que l'*Esprit vivant* a enlevez, & crucifiez dans le Firmament. Aux uns elle paroît sous la figure d'une fille, magnifiquement parée, & d'une parfaite beauté : aux autres sous celle d'un jeune homme charmant, & tout plein de graces. A cette vuë, ces Puissances sont enflammées d'une Passion violente pour la belle Vierge : Mais ne pouvant l'atteindre parce qu'elle disparoît dès qu'ils en veulent approcher, l'ardeur qui les brûle les met en fureur. Alors LE GRAND PRINCE fait sortir de lui-même, dans sa colére, des nuages noirs qui obscurcissent tout le monde : Il s'agite, se tourmente, se met tout en eau, & c'est-là ce qui fait LA PLUYE, qui n'est autre chose que la SUEUR du *Grand Prince.* D'autre côté LE GRAND MOISSONNEUR, charmé comme le Grand Prince des apas de la belle Vierge, & ne pouvant la posséder, répand la PESTE sur la Terre, & fait mourir les hommes. (2) Il faut savoir, que ce *Corps* est appellé le *Petit Monde*, à cause de la ressemblance, qu'il a avec le *Grand Monde*, (3) & que tous les hommes, tant ceux qui sont au-dessous de la Terre, que ceux qui sont au-dessus, ont des racines, qui les tiennent liez ensemble. Ainsi, *le Prince de la Moisson*, irrité de se voir joué & moqué par la „ Vier-

De la Pluye & des Orages.

De la Peste, & de certains Tremblemens de Terre.

(1) *Participent de la substance.* Où il faut prendre le mot de *substance*, οὐσία, pour ce qui appartient au *Pére*, pour les biens de son Royaume. Ou cet endroit est contraire avec ce que l'Auteur a dit ci-dessus.

(2) *Il faut savoir* &c. On ne voit point à quoi tend cette Réflexion, ce qui feroit soupçonner quelque lacune, si la Version Latine & le Grec de St. *Epiphane* ne s'accordoient.

(3) Il y a dans le Latin : *Et omnes homines, qui sunt deorsum, radices habent sursum colligatas.* Et dans S. *Epiphane*, *Et omnes homines radices habent infra cum superioribus connexas.* Καὶ οἱ ἄνθρωποι πάντες ῥίζας ἔχουσι, κάτω συνδεδεμένας τοῖς ἄνω.

„ Vierge, se met à couper les racines des Hommes, & c'est-là ce „ qui produit *la Peste*, qui les fait mourir. Mais (4) si, par les grands „ efforts qu'il fait, il ébranle les racines les plus profondes, alors „ l'*Omophore* lui-même en est ebranlé, ce qui produit des Tremblemens de Terre. Voilà quelles sont les causes de la Mort.

Transmigration des Ames.

„ Je vai vous expliquer à présent le sentiment de *Manichée* sur „ les TRANSMIGRATIONS DES AMES. Elles ne font que „ se purifier un peu dans le Corps Humain. Après cela elles passent dans le Corps d'un Chien, dans celui d'un Chameau, ou „ dans celui de quelqu'autre Animal. Si une Ame a commis un „ homicide, elle est envoyée dans (5) *un Corps lépreux*: Et si „ elle a moissonné, dans un Corps muet.

Noms de l'Ame.

„ Les noms que *Manichée* donne à l'*Ame* sont (6) l'*Esprit*, *la* „ *Connoissance*, *l'Intelligence*, *la Pensée*, *la Raison*.

Peines des Moissonneurs: de ceux qui font du pain, qui tuent des Animaux, qui sont riches.

„ Comme ceux qui moissonnent ressemblent à ces *Princes*, qui, „ étant sortis de *la Matiére*, sont dans le Ténébres, & qui dévorerent quelque partie de l'armure du *Prémier Homme*, il faut aussi, „ que les Ames des *Moissonneurs* passent dans les *Herbages*, dans „ les *Faseoles*, dans l'*Orge*, dans les *Légumes*, afin qu'ils soient „ moissonnez; & coupez à leur tour. Il faut de même que ceux, „ qui mangent *du Pain*, deviennent *Pain*, & soient mangez. „ Qui tuera *un Poulet*, sera Poulet lui-même: Qui tuera un Rat deviendra Rat. L'Ame d'un homme, qui aura été riche dans ce „ monde, sera, apres sa mort, jettée dans le Corps d'un Pauvre, „ qui ira mendier de tous côtez, & sera enfin précipitée dans les „ peines éternelles.

De celui qui plante un *Perséas*, qui bâtit une Maison.

„ Comme ce Corps a été pris de *la Matiére*, & formé par les „ Puissances des Ténébres, il est nécessaire, que l'Ame de celui „ qui aura planté l'Arbre appellé (7) *Perseas*, essuïe plusieurs transmigrations, jusqu'à ce que l'Arbre, qu'il a planté, meure, ou soit „ coupé. L'Ame de celui qui se sera bâti une Maison, sera „ dechirée & dispersée dans tous les Corps. Si quelcun se lave

Qui se baigne, qui n'assiste pas les *Elûs*.

„ dans l'eau, il blesse son Ame. Celui qui n'aura pas fourni aux „ ELUS les alimens nécessaires, sera puni pendant plusieurs générations: Son Ame passera de (8) *Catéchuméne* en *Catéchuméne*, „ jus-

(4) C'est ainsi que je tâche d'exprimer ces paroles obscures, ἐὰν δὲ τὰ ἄνω τῆς ῥίζης σαλεύσῃ.

(5) *In Elephantiacorum corpora*. Il y a dans S. *Epiphane*, εἰς κελεφῶν σῶμα. *In corpus Celephorum*. Le Docte M. *Fabricius*. p. 140. de son Edition, a mis en Note, *Ignotum mihi animal*. Aussi n'est-ce pas un animal. Voyez la Note du *P. Pétau* sur *Hær*. LV. 9. p. 223. de ses Remarques.

(6) Νοῦς, ἔννοια, φρόνησις, ἐνθύμησις, λογισμός. *Epiph*. Hær. LXVI. p. 644.

(7) Petavius *vertit Persica Arbor*, dit M. *Fabricius*, p. 150. Mais le P. *Pétau* s'est trompé. Le *Perséas* est toute autre chose, comme on le verra dans son lieu.

(8) *Catechuméne*. Ce mot est un indice, qu'un Grec a dressé cette Relation, & non un Manichéen. Les *Au-*

„ jusqu'à ce qu'il ait fait un grand nombre d'aumônes. C'est par „ cette raison, que les Manichéens donnent à leurs *Elûs* tout ce „ qu'il y a de meilleur à manger.

Précautions des *Elûs* avant que de manger du pain.

„ Quand les *Elûs* veulent manger, ils commencent par prier, „ & disent au Pain: *Ce n'est pas moi, qui ai moissonné le bled, dont* „ *tu as été fait, ce n'est pas moi qui l'ai fait moudre; qui en ai pétri la* „ *farine, & qui l'ai mis au four. C'est un autre, qui a fait tout cela,* „ *& qui t'a apporté à moi, c'est pourquoi je te mange innocemment.* Après „ avoir proféré ces paroles en lui-même, il dit à celui qui lui a „ apporté le Pain, *j'ai prié pour vous*, & le renvoye de la sorte.

Maximes de *Manichée*.

„ Les maximes de *Manichée* sont donc, comme je vous l'ai dit, „ que, si quelcun moissonne, il sera moissonné: si quelcun fait „ moudre, il sera moulu: si quelcun pétrit, il sera pétri: si quel- „ cun fait cuire du Pain, il sera cuit lui-même. C'est pourquoi „ tout cela est illicite parmi les Manichéens.

Pluralité des Mondes Antipodes.

„ Ils disent aussi, qu'il y a d'autres Mondes que celui que nous vo- „ yons, & que, lorsque les Luminaires célestes se couchent pour nous, „ ils se lévent pour (1) ces Mondes-là. Ils disent encore, que „ celui qui marche sur la Terre, blesse la Terre: Que celui, „ qui remuë la main, blesse l'*Air*, parce que l'*Air* est (2) l'Ame „ des Hommes, des Animaux, des Poissons, des Reptiles, & „ de tout ce qui est au Monde. Pour le Corps, il n'est point de „ Dieu, comme je vous l'ai déja dit. Il tire son Origine de la „ Matiére, il est l'Ouvrage des Ténèbres, & par conséquent il „ (3) doit retourner dans les Ténèbres.

L'Air & la Terre blessez.

Le Corps retourne dans les Ténèbres, d'où il est pris.

„ A l'égard du (4) *Paradis*, les Manichéens disent que c'est le „ Monde, & que les *Arbres du Paradis* ne sont autre chose, que „ les Objets de la Convoitise, c'est tout ce qui séduit les hommes, „ & ce qui corrompt la Raison, mais pour l'*Arbre*, qui donne „ la connoissance du Bien, c'est *Jésus*, & la Science de *Jésus*. „ Celui qui connoit la Doctrine de Jésus, sait discerner le Bien & „ le Mal.

Le Paradis & ses Arbres.

Arbre de Science.

Le Monde n'est point de Dieu: il est composé d'une partie de la Matiére, c'est pourquoi tous les Etres de ce Monde seront détruits. " Mais à l'égard de ce que les Princes avoient enlevé au „ *Prémier Homme*, c'est ce qui remplit la Lune, ce qui se puri- „ fie tous les jours, & se détache du Monde.

Le Monde sublunaire sera detruit parce qu'il n'est point de Dieu. L'Ame seule sauvée.

„ Si

diteurs n'étoient point des *Catechuménes*, comme on le sera voir dans la suite.

(1) Ce sont les Antipodes, qui ont été crus par les Manichéens.

(2) Il faut apparemment traduire *la Vie*, l'*Ame* est souvent mise pour *la Vie*.

(3) C'est ainsi que je rends σκοτωθῆναι, qui seroit mal exprimé par *être obscurci*.

(4) C'est le *Paradis* terrestre. *Gen.* II. 8.

(5) Μετὰ τὴν παίδευσιν. Epiph. *Posteaquam correcta fuerit.* Vers. Lat.

(6) *Tyrbon* parle à *Marcel* & à *Archélaüs*.

„ Si une Ame sort de ce Monde sans avoir connu la Vérité, elle „ est livrée au Démon, afin de la domter dans la Gehenne du feu: „ Lorsqu'elle a été [illegible] châtiée & corrigée, elle est envoyée de nouveau dans des Corps, afin d'être domtée: Et c'est ainsi qu'elle „ est jettée dans un grand feu, jusqu'à la consommation du „ Siècle.

Peines de l'Ame incrédule.

„ Pour ce qui concerne (6) vos Prophètes, *Manichée* dit, qu'ils „ ont été animez par un Esprit d'impiété & d'iniquité: par l'Esprit des *Ténèbres*, qui montérent au commencement vers le Royaume de la Lumiére, & qu'ayant été séduits par cet Esprit-„ là, ce n'est point la Vérité, qu'ils ont annoncée. Le Prince de „ ce Siècle a aveuglé leurs Entendemens, & quiconque adhére à „ leur Prédication, mourra éternellement. Son Ame sera liée (7) „ au *Globe des Ténèbres*, parce qu'il n'a point reçu la Doctrine du „ *Paraclet*.

Sentiment de *Manichée* sur les Prophetes.

„ *Manichée* ordonne à ses Elus, qui ne sont qu'au nombre „ de Sept, de prier à la fin de leurs repas, & de se parfumer la „ tête avec *une huile exorcisée*, en invoquant plusieurs *Noms*, afin „ qu'ils soient affermis dans la Foi. Il ne m'a pas révélé ces Noms-„ là, parce qu'il n'y a que ses sept *Elus*, qui les sachent & qui „ s'en servent. Quant à celui de Sabaoth, qui est grand & vénérable parmi vous, c'est pour lui un nom de mépris: car il dit, „ que c'est (8) *la Nature* de l'Homme, & le Pére de la Concupiscence: De là vient que les *simples* adorent la Concupiscence, „ s'imaginant qu'elle est Dieu.

Sept Elus de *Manichée*. Priere & Onction apres le repas.

Idee profane du nom de *Sabaoth*.

„ Je vai vous dire à présent ce que *Manichée* pense de la formation de l'Homme. Il croit que celui qui dit (9) *Venez, Faisons* „ *l'Homme à notre image & à notre ressemblance, & selon la forme* „ *que nous voyons*, est le Prince des Ténèbres qui parla à ses Collégues „ en ces termes: *Venez*, leur dit-il, *donnez-moi de la Lumiére que* „ *nous avons prise, & faisons une Créature, qui soit à notre image* „ *de nous autres Princes, & à l'image de ce Prémier Homme, que* „ *nous voyons*. C'est ainsi qu'ils formérent *Adam*. Ils firent *Eve* „ de la même maniére, & lui donnérent de leur Concupiscence „ afin qu'elle séduisît *Adam*. Voilà comment (10) l'Homme „ fut formé par l'opération des Princes.

Formation d'*Adam* & d'*Eve*.

„ Dieu

(7) Εἰς τὴν βῶλον. St. Epiph. *Intra Massam*. Vers. Latine. Je paraphrase ces paroles, & me sers de l'expression de St. *Augustin*, qui étoit celle des Manichéens d'Afrique.

(8) Φύσις, Terme, qui signifie ici, & en d'autres Auteurs les Parties Naturelles des deux Sexes.

(9) *Gen.* I. 26. L'Auteur ajoûte ce mot *Venez*, & ceux-ci, *selon la forme que nous voyons*. Apparemment *Manichée* s'exprimoit de la sorte.

(10) *L'Homme*. Je me donne ici la liberté d'abandonner S. *Epiphane* & la Version Latine, qui portent le *Monde*. C'est

Dieu ne prend aucun plaisir dans ce Monde.

„ Dieu ne prend aucune part à ce Monde, & n'y trouve aucu-
„ ne satisfaction, à cause du larcin, que les Princes lui firent au
„ commencement, & de l'affliction que cela lui causa. Aussi en
„ retire-t-il tous les jours son Ame, par le moyen du Soleil & de
„ la Lune, par *lesquels* (1) *tout le Monde & toutes les Créatures sont*
„ *enlevées*.

Le Dieu des Juifs, Prince des Ténèbres.

„ Quant à celui, qui a parlé à *Moïse*, aux Juifs, & aux Sa-
„ crificateurs, *Manichée* dit, que c'est le Prince des Ténèbres.
„ C'est pourquoi il n'y a dans le fond, selon lui, aucune différence
„ entre les Chrétiens, les Juifs & les Payens. Tous servent le
„ même Dieu, parce qu'il les séduit en flattant leurs Passions, n'é-
„ tant pas le Dieu de la Vérité. Ainsi tous ceux qui espérent au
„ Dieu, qui a parlé à *Moïse*, & aux Prophètes, seront, comme
„ lui, chargez de chaînes, parce qu'ils n'ont pas mis leur espé-
„ rance dans le Dieu de la Vérité, mais dans un Dieu qui leur a
„ parlé d'une maniére conforme à leurs Passions.

Destruction du Monde.

„ Enfin *Manichée* enseigne, (& c'est aussi ce qu'il a écrit) que lors-
„ que (2) l'*Ancien* fera voir son Image, alors (3) l'*Omophore jettera*
„ *la Terre dehors*, & le grand Feu sera mis en liberté, & consumera
„ tout le monde. Après cela (4) il jettera encore cette masse, avec
„ le JEUNE EON, afin que toutes les Ames des Pécheurs y
„ soient éternellement liées. C'est ce qui arrivera (5) lorsqu'on
„ verra paroître l'*Image* de l'Ancien.

Les divers Eons.

„ Toutes les *Proboles* (ou Emanations) savoir, JESUS, qui
„ réside dans (6) le *petit Vaisseau*; la MERE DE LA VIE, les
„ DOUZE GOUVERNEURS, LA VIERGE DE LA LU-
„ MIERE, le TROISIEME ANCIEN, qui est dans (7)
„ *le grand Vaisseau*, l'*Esprit vivant*, le *Mur du grand Feu*, *celui*
„ *d'Air*, *celui d'Eau*, *& celui du Feu vivant interieur*: Toutes
„ ces Emanations, dis-je, résident dans le petit Luminaire jusqu'à ce
„ que le Feu ait consumé le Monde. Je ne sai pas dans combien
„ d'années tout cela doit arriver. On ne me l'a point appris. Mais
„ après cet Evenement les deux Natures seront rétablies dans leur
pré-

C'est certainement une faute. Car outre que *Tyrbon* ne parle pas de la formation du *Monde*, mais de celle de l'*Homme*, c'est que l'expression Grecque πλάσις, & le terme Latin *figmentum*, ne se disent point du *Monde*, mais de l'*Homme*. Καὶ ἔπλασεν ὁ Θεὸς τὸν ἄνθρωπον. LXX. Gen. II. 7.

(1) On voit ici un exemple de l'inexactitude de l'Auteur. Il ne s'agit que de l'*Ame*.

(2) Ὁ πρεσβύτης, Epiph. *Senior*. Vers. Lat.

(3) Il y a dans le Grec Ὠμοφόρος ἀφίησιν ἔξω τὴν γῆν, ce que l'Interpréte Latin a rendu par *Omophorus extra se Terram derelinquit*: Et le P. *Petau*, *Terram extra se dimittit*. Ils ont l'un & l'autre ajouté le pronom SE, qui n'est point nécessaire. La suite porte, καὶ οὕτως ἀπολύεται τὸ μέγα πῦρ, ce que le P. *Petau* a exprimé par ces mots, *Indeque vehemens ignis erumpens*. Le Grec ne signifie point cela

(4) On suit le Grec de S. *Epiphane*. La *masse*,

„ prémier état. Les Princes habiteront les plus basses Parties de „ leur Empire: le *Pére* dans les Parties supérieures, après avoir „ recouvré tout ce qui étoit à lui.

„ C'est là toute la Doctrine que *Manichée* a enseignée à ses trois „ Disciples, & qu'il leur a commandé de prêcher dans les trois „ Parties du Monde. Il leur a assigné à chacun son partage: „ *Addas* a eu l'Orient, *Thomas* la Syrie, & *Hermas* l'Egypte. Ils „ sont encore à présent, dans ces Pays-là, où ils tâchent d'établir „ les Dogmes de leur Maître.

Departemens des trois Disciples de *Manichée*.

Telle est la Rélation, que *Tyrbon* fit à *Archélaüs* & à *Marcel* du Systême Manichéen. Il faut à présent faire des Réflexions générales sur cette Pièce.

Reflexions sur la Relation de *Tyrbon*.

1. La Version Latine en a été fort corrompuë par les Copistes, & le Grec de St. *Epiphane* n'est pas non plus exemt de fautes, ce qui vient apparemment de ce que les Copistes Grecs & Latins n'ont rien entendu au Systême Manichéen. Il y a même (8) quelques endroits, où le Grec de St. *Epiphane*, & la Version Latine, n'ont presque rien de conforme.

Le Grec & le Latin en sont corrompus.

2. Comme je croi avoir démontré, que la Conférence de *Cascar* est supposée, il s'ensuit assez naturellement que la Rélation de *Tyrbon* l'est aussi. Le Systême de *Manichée* est fort obscur: Les *Eons* y sont désignez par des termes, qui n'en font point connoître la nature, ni les fonctions. *Marcel* & *Archélaüs* n'entendoient rien à une Théologie, qui devoit leur paroître si étrange & si nouvelle. Cependant ils ne font aucune question là-dessus à *Tyrbon*. Ils ne lui demandent aucun éclaircissement. C'est ce qui me confirme dans la pensée, que cette Rélation n'a point été faite de vive voix, comme on le dit. C'est vraisemblablement un Mémoire, qui a été dressé par quelque Manichéen, & fourni à l'Auteur des Actes

Cette Rélation n'a point été faite de bouche. C'est un Memoire dressé par quelque Manicheen.

masse, ὁ βῶλος, est assurément ce qui restera de la Terre, après qu'elle aura été brûlée. Le *Jeune Eon* est quelque Intelligence, qui aura la charge de lier les Ames criminelles à cette masse, pour les punir de leurs péchez & de leur incrédulité. La Version Latine porte, *Iterum dimittunt animam* (Al. *dimittitur anima*) *quæ objicitur inter medium novi sæculi*. Cette Version est si différente du Grec de S. *Epiphane*, qu'il faut que l'Interprête ait eu un Exemplaire Grec qui differoit de celui de ce Pére. Cependant cette Traduction s'accorde assez avec une opinion, que l'on attribuë à *Manichée*. C'est que les Ames criminelles seront placées entre la Lumiére, & les Ténébres, pour tenir les Ténébres dans leurs limites, & les empêcher de faire aucune invasion dans le Royaume de la Lumiére.

(5) ὅταν ἡ ἀνδριὰς ἔλθῃ. *Epiph.* ce qui se rapporte à l'*Image de l'Ancien*. Il y a dans la Version Latine, *Statuta Dies*. C'est assurément une faute de quelque Copiste Latin, qui aura mis *statuta*, au lieu de *Statua*, qui est ce que signifie ἀνδριάς. Un second Copiste, voyant que *statuta* ne signifie rien tout seul, aura ajoûté *dies*, ce qui faisoit un bon sens, quoique ce ne soit pas celui de l'Original.

(6) Dans la Lune.

(7) Dans le Soleil.

(8) Voyez le N°. XI. de l'Edit. de *Fabricius* p. 153. & le N°. 2. de ses Remarques.

Actes d'*Archélaüs*. Peut-être est-ce un Mésopotamien, nommé *Tyrbon*, qui le donna, ou l'envoya, à *Hégémonius*.

Elle est infidéle, ou elle a été altérée.

3. Quel que soit l Auteur de ce Memoire, il contient des Preuves évidentes de son ignorance, ou de son infidélité. Par exemple, il accuse *Manichée* DE SERVIR & D'HONORER DEUX DIEUX, *l'un bon, & l'autre méchant*. C'est une insigne calomnie, comme on le fera voir au commencement du II. Livre, ou bien c'est une Addition, qui a été faite dans la suite. Car j'ai de bonnes raisons de soupçonner, que cette Piéce a été altérée dès avant S. *Epiphane*, parce qu'on ne doit pas présumer, que, dans une Rélation si courte, l'Auteur se soit contredit manifestement sur l'origine de l'Ame. Il dit au commencement, que l'Ame faisoit partie de l'*armure du Prémier Homme*, laquelle étoit composée d'*Air*, *de Vent*, *de Lumiére*, *d'Eau & de Feu*, c'est-à-dire, *des cinq Elémens célestes*. Ce que les Puissances des Ténébres enlevérent de cette armure, c'est *la Lumiére*, & cette *Lumiére* est l'*Ame*. *La Mére de la Vie* émane du *Pére :* le *Prémier Homme* émane de *la Mére de la Vie*. Mais l'Armure du *Prémier Homme* n'en émane point, & ne sort point par conséquent de Dieu, ni médiatement, ni immédiatement. C'est une substance céleste à la vérité, mais ce n'est point la substance du Pére. Aussi quand l'Auteur fait l'énumération des Emanations Divines, l'Ame n'y est point comprise. Cependant on lui fait dire, (1) que l'*Ame est* UNE PARTIE PROPRE DE LA DIVINITÉ, & que TOUTE AME, *jusqu'à celle des Animaux*, *est* UNE PARTIE DE LA SUBSTANCE DU PÉRE. Certainement, ou ces derniéres paroles sont une addition, ou l'Auteur s'est évidemment contredit, ce qui ne paroit pas vraisemblable.

Contradiction sur l'origine de l'Ame.

Mélange de faux & de vrai.

4. Il y a du vrai dans cette Rélation, mais il y a aussi beaucoup de faux, & si la Doctrine de *Manichée* avoit été telle qu'on la représente, bien loin de faire de grands progrès, comme elle fit, elle auroit été le mépris de toute la Terre. A qui persuadera-t-on, que l'Agriculture, le plus nécessaire & le plus innocent de tous les Arts, soit un crime qui mérite des peines éternelles : qu'il en soit de même de *faire moudre du bled*, *de faire cuire du pain*, *de se bâtir une Maison?* A qui persuadera-t-on, que *l'on blesse l'Air*, *quand on remuë la main*, *& qu'on blesse la Terre*, *quand on marche?* De pareilles extravagances auroient révolté tout le Monde contre *Manichée*. Ainsi l'on peut assurer, que la Description du Manichéisme par *Tyrbon*, est remplie de fables, ou qu'on y a fourré, parmi

(1) Ἀχρὶς ἂν ΤΟ ΙΔΙΟΝ ΑΥΤΟΥ ΜΕΡΟΣ τῆς ψυχῆς. (Il faut lire, τὰς ψυχὰς) τῆς γὰρ τοῦ ΑΓΑΘΟΥ ΠΑΤΡΟΣ ΟΥΣΙΑΣ ΠΑΣΑΝ ΨΥΧΗΝ, καὶ πᾶν τὸ κινούμενον ζῶον μετέχειν λέγει, *Epiphan.* On lit de même dans

parmi ses Dogmes, les conséquences que l'on tiroit de son Principe, que tout est rempli d'Etres animez.

5. L'Auteur fait une faute manifeste, quand il rapporte les Maximes de *Manichée*. Il convertit des préceptes particuliers, qui ne regardoient que les *Elûs*, en des Préceptes généraux. C'est aux *Elûs* qu'il étoit défendu de *moissonner*, de *se bâtir des Maisons*, & *d'amasser des richesses*, leur profession ressemblant tout-à-fait à celle de nos Moines Mendians. Quelques Auteurs ont fait la même faute en rapportant les Préceptes de *Pythagore*.

L'Auteur convertit en Préceptes generaux des Préceptes particuliers.

6. Je ne doute presque point, qu'il n'y ait aussi dans la Rélation de *Tyrbon* des *Paraboles*, qu'il ne faut pas prendre à la lettre. *Manichée* a eu cela de commun avec les Orientaux & les Egyptiens, qu'il a enveloppé sa Doctrine d'emblêmes, dont la signification n'étoit bien connuë que des Maitres de la Secte.

Il ne faut pas prendre à la lettre tout ce que disoit *Manichée*.

7. Il est surprenant, que l'Auteur ne dise rien du sentiment de *Manichée* sur le Mariage. C'étoit pourtant une de ses grandes Hérésies.

Silence de l'Auteur sur le Mariage.

8. Enfin, & c'est ma derniére Réflexion, cet Auteur garde un profond silence sur les Mystéres abominables, que l'on attribuë à *Manichée* & à sa Secte, ce qui fait voir manifestement qu'ils sont faux. Il n'est pas concevable, qu'un Déserteur du Manicheïsme eût dissimulé ces horribles secrets, ni qu'*Hégémonius*, qui a composé les Actes de la Dispute d'*Archélaüs*, les eût supprimez. Il ne faut point m'objecter, que, *Tyrbon* n'étant que Catechuméne, il n'étoit pas initié aux Mystéres de sa Secte, & ne savoit par conséquent rien de ce qui s'y passoit secrettement. *Tyrbon* n'étoit à la vérité qu'*Auditeur*, mais les *Auditeurs* n'étoient point *Catéchuménes* comme plusieurs se le sont imaginez. Ils différoient des *Elûs*, comme les *Laïques* différent des Prêtres & des Moines. Du reste ils assistoient au Culte comme les autres. Les *Elûs* avoient des Régles qui leur étoient particuliéres, mais il ne paroît pas qu'ils eussent un Culte, qui leur fût propre. Tout ce que dit *Tyrbon*, c'est qu'ils *invoquoient certains Noms*, qui étoient inconnus aux *Auditeurs*, ce qui ne tire à aucune conséquence pour des Mystéres & des Cérémonies secrettes, & encore moins pour des Cérémonies abominables.

Silence du même sur les abominables Mystéres des Manichéens.

Voilà les Reflexions générales, que j'ai cru devoir faire sur cette Piéce avant que d'examiner en détail, les Principes, les Dogmes, la Morale, & la Discipline des Manichéens.

CHA-

dans la Version Latine. *Usque quo* PARTEM SUAM PROPRIAM *liberet animarum.* *De* SUBSTANTIA *autem* BONI PATRIS OMNEM ANIMAM, *atque omne animal quod movetur, partem trahere.*

CHAPITRE II.

Principes du Manichéïsme. Examen du prémier Principe. MANICHÉE *ne s'est dit ni* J. CHRIST, *ni le* St. ESPRIT. *Quelle Autorité il s'est attribuée.*

Principes du Manichéïsme.

POUR connoître autant qu'il est possible à présent le Systême Manichéen, il faut avant toutes choses en expliquer les PRINCIPES. J'appelle *Principes* certaines Propositions ou Maximes, qui sont comme les fondemens du Manichéïsme, & qui ont été en quelque sorte particuliéres à cette Hérésie.

I. Principe; *Manichée* s'est dit Apôtre de J. Christ.

I. MANICHÉE ne s'est pas contenté de se produire dans le Monde comme un grand Philosophe, & dans l'Eglise comme un Docteur Chrétien. S'il n'avoit pris que l'un ou l'autre de ces deux Caractéres, il auroit été soumis, ou à l'Ecriture Sainte, qui est la Régle commune des Chrétiens; ou à la Raison & à l'Experience, qui sont les Régles des Philosophes. Il auroit été obligé de prouver ses Dogmes, ou par des témoignages des Livres Sacrez, ou par des raisons évidentes. Mais, ne pouvant faire, ni l'un, ni l'autre, il a supposé une Mission Divine; il s'est emparé du caractére & de l'autorité d'APÔTRE DE J. CHRIST, mais d'un Apôtre supérieur par ses Lumiéres aux prémiers Apôtres,& instruit extraordinairement par le St. Esprit, afin de révéler au Monde des Véritez, qui avoient été inconnuës avant son Ministére, & de réformer toutes les Réligions établies. C'est-là son prémier Principe.

II. Principe. Il rejette le V. Testament, pretend corriger le Nouveau.

Le second, qu'on peut regarder comme une conséquence du prémier, c'est qu'encore qu'il reçût la plûpart des Ecrits du Nouveau Testament, ce n'étoit néanmoins qu'autant qu'ils s'accordoient avec ses prétenduës Révélations, & avec sa fausse Science. Autrement il s'inscrivoit en faux contre nos Evangiles, assurant qu'ils n'étoient point l'Ouvrage des Disciples de J. Christ, ou qu'ils avoient été corrompus. Pour le Vieux Testament, il le regardoit comme une compilation de Livres, composez par des Hébreux, & pour les Hébreux seulement, remplis d'Ordonnances qui n'étoient pas dignes de la Divinité, de fables & de superstitions Judaïques.

III. Principe. Il admet des Livres des Philosophes, & prefere la Science des Orientaux à celle des Hébreux.

Le troisiéme Principe de *Manichée*, c'est que tous les Peuples du Monde, & entre ces Peuples les Orientaux, avoient eu leurs Sages, leurs Philosophes, leurs Prophètes, qui à la faveur des Lumiéres, que la Raison Divine communique à tous ceux qui l'écoutent, avoient découvert des Véritez, que les Juifs ont ignorées: Que

ces

ces Sages & ces Prophètes étant les Péres des Gentils, dont l'Eglise Chrétienne est composée, il est plus naturel & plus raisonnable de les consulter, que les Prophètes des Juifs : Que le peu de Véritez Morales, qui se trouvoient encore dans la Religion Judaïque, ne venoient point originairement de ces Prophètes, mais des prémiers Péres du Genre Humain, qui avoient vêcu, & qui étoient morts en Orient ; qui en avoient été instruits par les bons Anges, & qui les avoient transmises à leurs descendans.

IV. Principe: Il oppose des Apocryphes aux Livres reçus par l'Eglise.

Enfin le quatriéme Principe de *Manichée*, c'est que les Livres Sacrez, reçus par les Orthodoxes, n'étant ni fidéles, ni authentiques, il falloit les corriger par d'autres Livres, que les Catholiques n'avoient rejettez, que parce qu'ils ne s'accordoient pas avec leurs Erreurs. De là divers Apocryphes, que les Manichéens opposoient aux Livres Canoniques, & qu'ils prétendoient contenir la Doctrine des Apôtres.

En général la Maxime fondamentale des Manichéens c'est qu'on ne doit reconnoître pour vrai aucun fait, ni aucun Dogme, sous quelque nom qu'on l'annonce, & dans quelque Livre qu'il soit contenu, à moins qu'il ne s'accorde avec la Doctrine de *Manichée*, qui est (a) *l'Homme spirituel, lequel juge de toutes choses, & ne peut être jugé de personne.* La raison en est qu'étant éclairé & dirigé immédiatement par le *Paraclet*, promis & envoyé par J. Christ, il a connu & manifesté toutes les Véritez, & corrigé toutes les Erreurs.

(a) I. Cor. II. 15.

Matiére & plan de ce I. Livre & du II.

Tels sont les Principes des Manichéens, que je vais examiner. Je rechercherai prémiérement, quelle est l'idée que l'Hérésiarque a voulu donner au Monde de sa Personne & de son Ministére : secondement, ce que lui, ou du moins ses Sectateurs, ont pensé du Vieux & du Nouveau Testament, & leurs principales Objections, soit contre *Moïse* & les Prophètes, ou contre les Ecrivains Apostoliques. J'examinerai en troisième lieu de quels Livres des Payens les Manichéens pouvoient se servir, & quelle autorité ils donnoient à ces Livres : En quatrième lieu, quels sont les Apocryphes, qu'on les accuse d'avoir supposez, ou corrompus, & par l'autorité desquels ils prétendoient justifier quelques-unes de leurs opinions, & de leurs observances. Je finirai ce quatrième Article par le dénombrement des Livres de *Manichée*, & de ses prémiers Disciples, dont la mémoire est venuë jusqu'à nous. C'est la Matiére du I. & du II. Livre, après quoi je traiterai de ses Dogmes particuliers.

I. EXAMEN du Principe de Manichée.

I. Je commence par le prémier Principe de *Manichée*, je veux dire, par l'idée qu'il a voulu donner au Monde de sa Personne, & de son Ministére. On ne peut nier, qu'il n'ait été un grand *Imposteur*, ou un grand *Fanatique*. Ceux qui disent, qu'il se retira

Il a été Imposteur, ou Fanatique. Peut-être l'un & l'autre, mais non tel que les Anciens l'ont dit.

dans un Antre, où il composa son *Evangile*, & qu'il se vanta ensuite de l'avoir apporté du Ciel, en font un Imposteur. Mais ceux qui nous racontent qu'il reçut la Mission dans un *Songe*, ou dans une *Extase*, semblent en faire plutot un Fanatique, au moins s'il est vrai, que le *Songe*, ou l'Extase n'ont pas été supposés. Je ne veux point décider cette Question, d'autant qu'il n'est pas impossible de réunir ces deux Caractéres. Un homme, qui commence par l'*Imposture*, peut bien finir par le *Fanatisme*, & se persuader qu'il est effectivement ce qu'il a voulu être : mais il s'en faut beaucoup, que notre Hérésiarque n'ait porté l'Imposture, ou le Fanatisme, jusqu'au point que les Anciens l'ont dit. Je suis fâché de trouver si peu de vérité & d'exactitude dans leurs récits ; mais je manquerois moi-même à l'une & à l'autre, si je ne découvrois pas leur Erreur.

Fausseté de *Photius*, de *Pierre* de Sicile, de la Formule Grecque.

(a) Ap. Coteler. PP. Ap. T. I. p. 539.
(b) In Addend. T. II. p. 4?0.

Photius, & *Pierre* de Sicile, Auteurs du IX. Siécle, ont avancé, (1) que SCYTHIEN *s'étoit dit Dieu le Pére*; TEREBINTHE (ou BUDDAS) *le Fils de Dieu*, & MANES, *le St. Esprit*. Les Grecs n'ont pas manqué d'insérer une si impertinente calomnie dans la (a) *Formule d'abjuration*, qu'ils prescrivoient aux Manichéens & le Docte M. (b) *Cave* a eu la foiblesse de la copier. Elle est si grossiére, & si visible, que je ne m'arrêterai pas à la réfuter, d'autant plus que ne l'ayant trouvée dans aucun ancien Auteur, elle n'est appuyée que sur le témoignage des Grecs du moyen âge, que je viens de citer, & qu'elle ne seroit pas échappée à leurs Prédecesseurs, si elle avoit eu quelque fondement.

Autre fausseté de la même Formule.

(c) Ibid. Ap. Cotel p. 537.

Ap. Toll. Insig. Itin. Ital. p. 135.

Je croi devoir traiter avec le même mépris un autre mensonge, que les Grecs faisoient abjurer aux Manichéens, comme si c'eût été un Article de leur Foi. (c) C'est que *Zarades* ou *Zoroastre*, *Buddas*, *le Christ*, *Manichée*, & *le Soleil*, (2) *ne sont qu'une seule & même Personne*. Voilà certainement une effroyable calomnie. Elle est réfutée par les dogmes incontestables des Manichéens, qui reconnoissoient J. CHRIST pour le Fils unique de Dieu : Qui, bien loin de déïfier *Zoroastre*, avoient réformé sa Religion : Qui ne doutoient pas que *Buddas* & *Manichée* n'eussent été des hommes, & que le *Soleil* ne fût une Créature, composée de l'assemblage des Parties de Lumiére, qui avoient conservé leur pureté. Nous verrons cela dans la suite.

II. Des

(1) Σκυθίανος πατέρα ἑαυτὸν, ὁ δὲ Τερέβινθος υἱὸν τοῦ Θεοῦ &c. *Phot.* Cont. Manich. repullul. L. I. p. m. 47. *Pet. Sicul.* Hist. Manich. p. 22.

(2) Ἓν καὶ τὸ αὐτὸ εἶναι. Ibid.

(3) *Nullus Hæreticorum ausus est* DEUM *se prædicare, aut* CHRISTUM, *vel* PARACLETUM, *sicut iste, qui aliquando quidem de Seculis disputat, aliquando de Sole, tanquam major sit eorum. Omnis enim, qui de aliquo exponit, quomodo factus sit, majorem se & antiquiorem ostendit esse, quam est ille de quo dixit.* Act. Disput. p. 66.

II. Des Grecs du moyen âge remontons aux Anciens, & commençons par *Archélaüs*. Ce fameux Evêque de *Cascar* voulant convaincre *Manichée* d'usurper la Divinité, disoit aux Juges, qui présidoient à la premiére Dispute, qu'ils eurent ensemble, (3) „ Aucun autre Hérétique n'a eu l'audace de se vanter d'être DIEU, „ ou le CHRIST, ou le PARACLET. C'est un orgueil propre à celui-ci, qui discourt tantôt des *Siècles* (c'est-à-dire des „ *Eons*) tantôt du Soleil, & de la maniére, dont ils ont été „ faits, comme s'il étoit plus grand qu'eux. Car quiconque explique comment un Etre a été formé, montre par là qu'il est „ plus grand & plus ancien, que l'Etre dont il parle". A ce compte *Moïse* vouloit montrer, qu'il étoit plus grand & plus ancien que le Monde, parce qu'il en raconte la Création.

II. Raisonnement puerile d'*Archélaüs*, pour montrer que *Manichée* a usurpé la Divinité.

Quoiqu'*Eusébe* n'eût vû aucun Ouvrage de *Manichée* il l'accuse (4) " d'avoir voulu *contrefaire le Christ*, & passer pour le „ Christ. Le même Auteur ajoûte, (5) qu'il se disoit quelquefois le PARACLET, & la Personne même du Saint Esprit". *Théodoret* confirme le témoignage d'*Eusébe*. (6) " Ce scelerat, dit- „ il, eut l'audace de se glorifier d'être, & le Christ, & le Saint „ Esprit". Ce qui a été fidélement copié par (*a*) *Suïdas*. Cependant comme le *Christ* & le S. *Esprit* sont deux Personnes fort distinctes, dans le Systême Manichéen, il faut absolument opter: car on ne peut accuser l'Hérésiarque d'avoir voulu passer pour l'un & pour l'autre. La vérité est que dans le stile de quelques anciens Docteurs Ecclesiastiques, qui ont vécu avant le Concile de Nicée, mais qui ne sont point taxez d'Hérésie, le Christ & le St. Esprit sont la même Personne: Et c'est-là ce qui a causé l'Erreur d'*Eusébe*, de *Théodoret*, de *Suïdas*, & d'*Abulpharage* même, qui a dit, (7) *que Manès s'est nommé le Messie*.

Selon *Eusébe*, *Théodoret* & *Suïdas*, il s'est dit le Christ & le S. Esprit.

(*a*) *Suid.* in voc. *Manes*.

Quand j'ai examiné, sous quel prétexte *Eusébe* a pu accuser *Manès d'avoir tâché de contrefaire le Christ*, je n'en ai point trouvé d'autre, sinon (8) *qu'à l'exemple de J. Christ* il se choisit douze Disciples, dont il étoit le Maître & le Chef. Mais si des imitations si innocentes suffisoient pour avancer une telle accusation, ne faudroit-il point aussi l'intenter à S. *Marc*, qu'on prétend avoir été le prémier Evêque d'Alexandrie, & dire que cet Evangeliste affecta de *contrefaire le Christ?* Car on assure, (*b*) qu'il se créa douze Prêtres,

Prétexte frivole d'*Eusébe*.

(*b*) *Selden.* De Origin. Ec. Alex.

(4) Χριστὸν αὐτὸν μορφάζεσθαι ἐπείρατο. *Euseb.* Hist. Ec. L. VII. 31.

(5) Τότε μὲν τὸν Παράκλητον, καὶ αὐτὸ τὸ Πνεῦμα ἅγιον, αὐτὸς, ἑαυτὸν ἀνακηρύττων. Ibid.

(6) Χριστὸν ἑαυτὸν καὶ Πνεῦμα ἅγιον φανταζόμενος. Theod. *Hær. Fab.* L. I. Cap. ult.

(7) *Se ipsum Messiam nominavit.* Abulph. *Dynast.* p. 82. J'ai remarqué dans la I. Partie, qu'*Archélaüs* a confondu le *Christ* avec le St. *Esprit*.

(8) C'est tout ce qu'*Eusébe* allegue, *loc. cit.* τότε δὲ ὡς Χριστὸς μαθητὰς δώδεκα &c. Ibid.

Prêtres, & qu'il ordonna, que l'Evêque d'Alexandrie en auroit toujours un pareil nombre, dont il seroit le Chef & le Président.

III. Selon *Cyrille* & *Leon I. Manichée* ne s'est dit que le S. Esprit.

III. *Cyrille* de Jérusalem semble un peu mieux fondé, quand il accuse *Manès* (1) d'*avoir blasphemé*, *en se disant le S. Esprit*. Au moins l'accusation est-elle plus spécieuse, & *Leon I.* auroit bien fait de le copier, plutôt que d'étendre & de paraphraser avec une liberté inexcusable ses paroles (2). " Les Manichéens, dit-il, „ ADORENT *Manichée* leur Maître, sous le nom du St. Esprit. „ Ils croyent, (3) dit-il ailleurs, que le St. Esprit est apparu dans „ *Manichée* leur Maître, en sorte QU'IL N'A ÉTÉ AUTRE „ CHOSE QUE LE S. ESPRIT MEME, qui, par le Ministé- „ re d'une Langue & d'une voix corporelle, conduisoit ses Dis- „ ciples dans la Vérité ". Si tout cela étoit vrai, notre Hérésiarque auroit porté l'orgueil, & le blasphême au plus haut degré. Mais, si *Leon* n'est pas plus fidèle dans son récit, qu'il est juste dans son raisonnement, on nous dispensera bien d'y ajouter foi.

Impertinent mot de *Leon*.

Car, pour réfuter en un mot les superbes prétentions de *Manichée*, l'Evêque de Rome allégue à son Peuple, (4) qu'*il est venu de cette Partie du Monde, qui ne peut recevoir l'Esprit de Vérité*. Voilà le S. Esprit bien borné, & les Peuples d'Orient bien disgraciez. Je n'aurois pas crû, qu'un Evêque à qui l'on donne le fastueux titre de GRAND, eût pû dire un si impertinent mot dans un Sermon, que l'on a fait passer à la Postérité. Avoit-il donc oublié, que les prémiers d'entre les Gentils, qui vinrent adorer le Messie, étoient des MAGES, des Philosophes (5) Persans, &, pour ainsi dire, les Ancêtres de *Manichée*? Avoit-il oublié ce qu'il a dit lui-même dans un autre endroit : c'est que les *Mages* ne connurent par l'apparition de l'Etoile que le Christ étoit né en Judée, que (5) *par une inspiration Divine*.

IV. Efforts violens de S. *Augustin*, pour convaincre *Manichée* de s'être dit le S. Esprit.

IV. J'ai pitié de S. *Augustin*, quand je voi l'embarras, où le jette son zèle contre *Manichée*. Il voudroit trouver quelque moyen de le convaincre de s'être dit le S. Esprit, ou du moins de s'être vanté (6), *que le S. Esprit a été uni à lui*, *comme nous disons*, *que Dieu*

(1) Ἐβλασφήμησε Πνεῦμα ἅγιον ἑαυτὸν εἰπών. Cyril. Catech. VI. No. 14.

(2) *Et, sub nomine Spiritus Sancti, ipsum talium impietatum Magistrum adorare Manichæum.* Leo, Serm. IV. in *Epiph.*

(3) *In Magistro suo Manichæo apparuisse Spiritum Sanctum crediderunt, ... ut non aliud fuerit Manichæus ipse quam Spiritus* &c. Id. Serm. II. in Pentec.

(4) *Quoniam & hic de illa mundi extitit parte, quæ non potest Spiritum veritatis recipere.* Leo ibid.

(5) Je sai bien qu'on n'est pas d'accord sur le Pays des Mages, mais je suis l'opinion la plus générale, οἱ ἀπὸ Περσίδος ἥκοντες προσκυνῆσαι αὐτῷ. Athan. L. II. adv. Gent. p m. 90. Voyez la Dissertat.

Dieu & l'Homme ont été unis en J. Christ. Mais ne trouvant pas cela dans ses Livres, ni dans ceux de ses Sectateurs, il tâche de l'en déduire par une conséquence bien forcée. Il observe donc, (a) que l'Hérésiarque s'appelle partout APÔTRE DE J. CHRIST, & jamais APÔTRE DU PARACLET: Il trouve du Mystére là-dessus, & il en conclut que *Manès* vouloit passer pour le *Paraclet* même. Contraint néanmoins de se défier d'une Preuve si frivole, il avouë, qu'il ne sait (7) *Si Manichée a affirmé, qu'il étoit* (8) ENVOYE' PAR LE PARACLET, ou, *que le* PARACLET ETOIT UNI A LUI D'UNE UNION PERSONNELLE. J'ai fait des Remarques sur ce doute affecté dans le Discours Préliminaire: J'ajouterai seulement ici, que *Manichée* imite le stile de S. *Paul*; qu'il se dit *Envoyé par J. Christ*, & non *par le S. Esprit*, parce que c'est J. Christ, qui est le *Seigneur*, qui envoye ses Ministres, & qui envoye le S. Esprit dans ses Ministres. La Phrase de *Manichée* n'a rien de suspect, ni d'embarassé. Quant à cette *Assomption*, il est absurde de l'attribuer à un homme, qui soutenoit opiniâtrement, que la Nature Divine & la Chair ne sauroient jamais être unies.

(a) *Cont. Ep. Fund.* Cap. VI.

V. Avant que de définir quelle opinion les Manichéens ont euë de leur Maître, je veux donner au Lecteur la satisfaction de voir, avec combien d'affectation, & sous quels prétextes, les Anciens ont accusé les Hérétiques, de s'être attribuez la Nature, & les Perfections Divines. Ce n'est pas fraude; j'y consens: mais c'est une Prévention aveugle, inspirée par la haine, & par un zèle mal réglé. Commençons par *Simon*, le Pére & le plus odieux de tous les Hérétiques.

V. Affectation des Anciens à accuser les Hérétiques d'usurper la Divinité.

St. *Epiphane* assure, qu'il fut assez impie & assez insensé pour dire, (9) qu'une femme débauchée, qu'il menoit avec lui, étoit le S. Esprit. Mais (b) St. *Irenée*, & après lui St. *Augustin* & *Théodoret*, témoignent, que *Simon* lui-même prétendoit être l'Esprit Divin. Quoique ces témoignages ne paroissent pas conformes, (c) le P. *Pétau* ne laisse pas de soutenir qu'ils le sont, peut-être par la raison, que comme le *Mari & la Femme ne sont qu'une seule chair, Simon*

Simon en est accusé. Contradictions sur son sujet.

(b) *Iren.* L. I. 20.

(c) *Dogm. Theol.* de Trin. L. I. 14. No. 7.

sertat. de *Cellerius*, de *Magis* & *Hyd.* De Vet. Rel. Persar. *Cap.* XXXI.

(6) *Agente sine dubio in eorum cordibus inspiratione Divina.* Leo. *Serm.* III in *Epiph.*

(7) Ce sont les termes de M. de *Tillemont* qui fait dire à S *Augustin*, que *Manichée a eu la témérité d'appeller le S. Esprit* SON GENIE, *uni à lui, comme nous disons que Dieu & l'Homme sont unis en J. Christ.* Manich. Artic. VIII. Cela est confirmé par l'Auteur du Livre, *De Fide.* Cap. XXIV. *Qui se, mirâ superbiâ, assumptum a* GEN[IO] SUO, *hoc est, a Spiritu Sancto, esse gloriatur.*

(8) *Se missum, sive susceptum a Paracleto, se Manichaus affirmet.* Cont. *Ep. Fund.* Cap. VII.

(9) Τὴν δὲ σύζυγον πορνίδα πνεῦμα ἅγιον τετόλμηκε λέγειν. Epiph. Hær. XXI. No.

Simon & sa *femme* n'étoient aussi qu'*un seul Esprit*. L'habile Jésuite ne trouve même aucune contradiction dans un autre témoignage de S. *Irénée*, où ce Pére assure, que *Simon* se vantoit d'être lui seul les trois Personnes Divines, (*a*) *le Pére à Samarie*, *le Fils en Judée*, & *le S. Esprit parmi les Gentils*. Si cela étoit vrai, ce fameux Hérésiarque auroit frayé le chemin aux Sabelliens. Mais je voudrois bien que le P. *Pétau*, qui a quelquefois l'esprit si flexible, & si conciliant, se fût donné la peine d'accorder le témoignage de S. *Irenée* avec celui de l'Auteur des *Recognitions*, & de ces *Homélies* qu'on nomme *Clémentines*; car pour moi je ne saurois réünir les idées, que *Simon* avoit de la Divinité, si nous en croyons le Faux *Clément*, avec les folles impiétez, que l'Evêque de *Lyon* lui attribue.

(*a*) *Iren.* ub. sup.

Erreur capitale de *Simon*. Ses Idees de Dieu le Pere. (*b*) Voyez *Recognit.* L. II. No. 38. p. 512. *Clement.* Hom. III. No. 2. p. 534.

Simon s'étoit mis dans l'esprit une opinion, dont il n'étoit pas l'Inventeur, & qui fut embrassée par plusieurs anciens Hérétiques, savoir (*b*), que ce n'est pas Dieu le Pére, qui a créé le Monde, mais des Intelligences, qui ont agi avec son consentement, & sous ses ordres. En quoi il ne s'éloignoit de la Théologie Chrétienne, qu'en ce qu'il attribuoit aux Anges, ce qu'elle attribuë au Fils de Dieu. Son sentiment paroîtra moins absurde, si l'on suppose avec lui, que la Matiére est éternelle. Comme il ne s'agit, dans cette supposition, que de donner l'arrangement à une Matiére, qui existe déja, la Création du Monde ne surpasse point l'idée, que l'on a, de la Puissance des Anges. *Simon* soutenoit encore, que ce n'est pas Dieu le Pére, qui a donné la Loi, & qui s'est manifesté à *Moïse* & aux Patriarches. Une de ses raisons étoit, que (1) LE DIEU SUPRÊME, qu'il qualifie le DIEU DES DIEUX, (2) *qui est* UNIQUE, *qui est* INCOMPRÉHENSIBLE, (3) QUI A DONNÉ LE COMMENCEMENT A TOUTES CHOSES, & *à qui* PAR CONSÉQUENT ELLES SONT NECESSAIREMENT ASSUJETTIES, *comme au* PRINCE DE TOUTES CHOSES, *comme à celui, qui a une éminente superiorité sur toutes choses*; que ce *Dieu suprême*, dis-je, ne se communique point. Il est (4) INCONNU, parce qu'il est retiré *dans une Lumiére* (5) INEFFABLE, & inaccessible; (6) *dans une* LUMIERE INFINIE & INCORPORELLE, qui émane de lui, & dont il remplit le sublime séjour, qu'il habite. *Simon* définit ce *Dieu Suprême*, une (7) IMMENSITÉ DE LUMIERE.

Ce

No. 2. J'ai expliqué dans la Premiére Partie la fable de cette Héléne.

(1) Ἀνώτατον Θεὸν... Θεὸν Θεῶν. *Clement.* Ibid.

(2) *Unam esse incomprehensibilem.* Recogn. *ub. sup.*

(3) *A quo omne quod est sumsit exordium; unde & necessario subjecta sunt ei omnia.... velut Principi omnium & eminentiori.*

(4) Ἀνώτατον καὶ ἄγνωστον. *Clement.* Ibid.

(5) Ὡς ἐν ἀπορρήτοις ὄντα. Ibid.

(6) *Incorporeum Lumen & infinitum.* Recogn.

Elles montrent la fausseté du Blasphême, qu'on lui attribue.

Ce sont là certainement les idées, que *Simon* avoit de Dieu le Pére. L'Auteur des *Récognitions* avoit lû ses Livres, & l'on n'a aucune raison de contester son témoignage. Or comment est-ce qu'un homme, qui a de telles idées du Dieu suprême, a pu se vanter d'être ce Dieu-là ? Je ne veux pas relever le sacrilége, & l'impiété d'une telle prétention : je suppose, que *Simon* n'a eu aucune crainte de Dieu. Je ne veux pas relever non plus l'absurdité de cette prétention : Elle ne peut venir que dans l'esprit d'un fou, & non dans celui d'un Philosophe. Je ne veux que la comparer avec ses Principes. Il soutient, que le Dieu suprême ne se communique point : qu'il est retiré dans une *Lumiére ineffable*, qui émane de lui. Que ce n'est point ce Dieu, qui est apparu quelquefois aux hommes : Qu'il n'agit au dehors que par ses Ministres. C'est-là le Systême général des anciens Gnostiques, qui ont soutenu, comme *Simon*, que le Dieu Suprême n'a point créé le Monde. Et l'on voudroit nous faire croire, que *Simon* s'est dit ce Dieu-là ? Il faut une bonne fois secouer le joug d'une sotte crédulité : Respectons les Péres, mais ne nous laissons pas conduire par eux comme de petits Enfans.

Remarque de Pricæus.

(c) Voyez la II. Part. de la Differt. sur les *Adamites*, au commencement.

Je suis persuadé, que l'Héréfiarque *Simon* n'est point le *Simon* des Actes. J'en ai dit les raisons (*c*) ailleurs. Mais, supposé que ce soit le même, S. *Luc* s'est contenté de nous dire, que ce Samaritain (8) *prétendoit être un grand Personnage*. Je croi, qu'il faut s'en tenir à cette déclaration, en quoi je suis l'exemple du savant *Pricæus*, qui donne indirectement un démenti à nos Historiens des Héréfies. (9) *Simon*, dit-il, *ne se vantoit pas d'être le* Dieu Souverain, *mais seulement un grand Personnage*. Il *ne se disoit pas même* la Vertu de Dieu : *c'est une Multitude insensée, qui lui donnoit cet éloge*. La Remarque est juste. Je ne saurois dire la même chose de celle de M. de *Tillemont*, qui me fournit un Exemple de ce que peut la Prévention sur un bon Esprit. Il trouve dans ces derniéres paroles de S. *Luc*, *la grande Vertu de Dieu*, une confirmation du Blasphême attribué à *Simon*, de s'être dit *Dieu le Pére*. (*d*) *Ils disoient*, ce sont les paroles de M. de *Tillemont*, *que Simon étoit la grande Vertu de Dieu*, c'est-à-dire, *le* Pere, *le* Dieu Souverain, *qui est au-dessus de toutes choses*. Quel Commentaire !

Mauvais Commentaire de Tillemont.

(*d*) Tillem. S. *Pierre* Artic. XXIII.

Mot de S. Jerôme peu croyable.

On peut m'opposer le témoignage de S. *Jerôme*, qui assure que *Simon* avoit dit dans ses Livres (10), *Je suis le* Verbe de Dieu

Recogn. L. II. No. 61.

(7) *Immensitas Lucis*. Ibid.

(8) *Λέγων εἶναί τινα ἑαυτὸν μέγαν*. Act. VIII. 9.

(9) *Non summum Numen se jactabat Simon, ἀλλὰ μέγαν τινα. Nec vero se, Θεοῦ δύναμιν, sed eum stolida multitudo prædicabat*. Pric. in *Act*. VIII. 9.

(10) *Ego sum Sermo Dei ; ego sum speciosus, ego Paracletus ; ego omnipotens, ego omnia Dei. Hæc inter cætera in suis voluminibus dimittens*. Hieron. in Matt. XXIV. p. m. 52.

Dieu; *je suis le* Beau; *je suis le* Paraclet; *je suis le* Tout-Puissant; *je suis* tout ce qu'est Dieu. Voilà une horrible Imposture, mais je voudrois qu'elle fût mieux attestée. Je ne comprends pas, qu'elle eût échappé à *Clément* d'Alexandrie, à *Origène*, & en particulier, à l'Auteur des *Récognitions* & des *Clémentines*, qui a tant parlé de cet homme-là, & qui témoigne seulement, (1) qu'il se disoit la *prémiére des Vertus du Dieu suprême*, qu'il se vantoit d'être immortel, assurant que sa chair étoit tellement pénétrée de sa Divinité, qu'elle ne pouvoit se corrompre, ni se dissoudre. Il y auroit bien d'autres objections à faire contre le témoignage de S. *Jerôme*. Par exemple, *Théodoret* assure (*a*), que *Simon* pretendoit savoir des choses, que l'Ecriture n'enseigne point, parce que Dieu les lui avoit révélées. Il ne se disoit donc pas le Dieu Suprême. Le même *Théodoret* assûre encore, que (*b*) *Simon* a nié l'Incarnation, & que ç'a été l'Hérésie générale de tous ceux qui descendoient de lui. On croit que (*c*) c'est à cause de cela que S. *Ignace* l'a qualifié le Prémier né du Diable, & que (*d*) *Polycarpe* lui a donné le même titre. Il ne pouvoit donc pas croire, ni enseigner l'Incarnation du Dieu Suprême, car il ne nioit pas qu'il ne fût homme, ni qu'il eût (2) de *la chair*. Je ne doute presque point, que S. *Jérôme* n'ait cité le Passage, que je viens d'alleguer, sur la foi de quelque Auteur Chrétien, sans l'avoir vû dans les Livres de *Simon*, dont la Secte périt bientôt avec (3) ses Ouvrages.

(*a*) Theodor. in I. Tim. I. vi. ult.

(*b*) In II. Tim. I. 8.

(*c*) Voyez les Epit. Interpolees. Epist. ad Trallian. No. 11.

(*d*) Polycarp. Ep. ad Phil. No. 7. Voyez Grab. Spicil. §. 1. p. 305.

VI. Montan accusé par les uns de s'être dit Dieu le Pére, par les autres le St. Esprit.

VI. Aprés *Simon* vient *Montan*, Hérésiarque de Phrygie, qui a fleuri vers le milieu du II. Siècle. Celui-ci s'est dit le Paraclet, si nous en croyons St. *Augustin*, St. *Jérôme*, *Théodoret*, & la foule des Péres. Mais, selon St. *Epiphane*, il a dit en propres termes, (4) *je ne suis, ni un Ange, ni un Envoyé de la part de Dieu*; *je suis le* Seigneur, *je suis* Dieu le Pere. Mr. de (*e*) *Tillemont* avouë, qu'une même Personne ne peut se dire à la fois *Dieu le Pére, & le St. Esprit*, mais il ajoûte, qu'*un fou, un Possédé, est capable de tout dire.* Cela est vrai, il faudroit seulement avoir bien prouvé, que *Montan* étoit un Fou, un homme possedé du Démon, lui qui eut parmi ses Sectateurs des gens pieux, savans

(*e*) Montan. Art. VII.

C'est une pure calomnie.

(1) *Se esse quemdam stantem, hoc est alio nomine, Christum, & Virtutem summam excelsi Dei.* Recog. L. I. No. 72. pag. 504. Voyez la Note de Cotelier, & les passages qu'il cite. *Stans* veut dire *immortel*.

(2) *Asserens carnem suam, ita Divinitatis suæ virtute compactam, ut possit in æternum durare.* Recog. L. II. No. 7. p. 506.

(3) C'est ma pensée. On pourroit m'objecter, que les Livres de *Simon* subsistoient quand le faux *Clement* composa ses *Récognitions*, & que des Savans croyent que ce dernier Livre n'a été supposé que vers la fin du IV. Siécle. Je réponds, que je le croi plus ancien, mais qu'il a été changé, & altéré en divers endroits. On peut m'objecter,

savans & très-raisonnables. Il se peut qu'il y eut du Fanatisme dans son fait, & il est vrai que le Fanatisme en impose quelquefois à des Gens de bien, à des Gens d'esprit, mais non pas une Impieté manifeste. D'ailleurs, si *Montan* s'etoit dit *Dieu le Pére & le St. Esprit*, comment les *Montanistes* pouvoient-ils être Orthodoxes sur l'Article de la Trinité? Cependant St. *Epiphane* témoigne (5), qu'ils pensoient comme l'Eglise Catholique sur le sujet des Personnes du Pére, du Fils & du S. Esprit. On peut être assuré, que toute la présomption de *Montan* se bornoit à dire, que le *Paraclet*, ou le St. Esprit avoit manifesté plus clairement, par son Ministére, certaines véritez, qui jusqu'alors n'avoient été révélées qu'obscurément. C'est aussi la pensee du (6) P. *Pétau*. En conscience, peut-on s'imaginer, que *Tertullien* eût donné dans une Secte, dont le Chef se vantoit d'être *Dieu le Pére*, d'être *le Seigneur?* Or si on a calomnié si indignement le Chef des Montanistes, que n'a-t-on point fait à l'égard des autres Sectes, & de leurs Chefs?

VII. On connoît *Paul de Samosate*, & son Héresie. Ceux qui le déposérent lui ont reproché d'avoir été trop superbe; & je ne sai, si c'est pour excuser ses défauts, ou pour reprendre indirectement ceux des Prélats de notre Siècle, que M. l'Abbé *du Pin* a dit (*f*), que les Evêques du Concile d'Antioche *l'accusérent de tous les vices ordinaires aux Evêques des grands Siéges:* Mais au moins ne l'accusérent-ils pas de s'être dit le *Christ*. C'est pourtant ce qu'a fait S. *Epiphane* cent ans après sa condamnation. (7) Il S'EST DONNÉ A LUI-MEME LE TITRE DE CHRIST, dit ce Pére. C'est une insigne calomnie. Car, outre que cette accusation est tout-à-fait incroyable, elle ne se trouve point dans la Lettre, que le Concile d'Antioche écrivit à toutes les Eglises, & que l'on peut voir dans (*g*) *Eusébe*.

VII. La même accusation intentée à *Paul de Samosate*.

(*f*) Bibliot. Ec. T. I. p. 214.

(*g*) Hist. Ec. L. VII. 30.

VIII. IBAS, Evêque d'Edesse, est fameux dans l'Histoire Ecclésiastique, pour avoir été condamné & justifié successivement par des Partis, qui se faisoient une guerre cruelle pour des opinions, & peut-être pour des malentendus. C'étoit un Evêque distingué par son savoir, & par ses vertus. Cependant *Grégoire Abulpharage*, Prélat très-savant, mais trop zélé Monophysite, a osé

VIII. Contre *Ibas*.

jecter encore, que *Barcepha*, Auteur Syrien du X. Siécle, doit avoir vû quelque Livre de *Simon*, puisqu'il le réfute, & allégue ses paroles en les réfutant. Je réponds, que *Barcepha* paroît avoir pris des *Recognitions* tout ce qu'il allégue de *Simon*. Voyez le *Spicil.* de *Grabe*, T. I. p. 306. & suiv.

(4) Ὅτι ἐγώ εἰμι Ἄγγελος, οὔτε Πρέσβυς, ἀλλὰ ἐγὼ Κύριος, ὁ Θεὸς πατὴρ ἦλθον. *Epiph.* Hær. XLVIII. N°. 11.

(5) Περὶ δὲ πατρὸς καὶ υἱοῦ, καὶ ἁγίου πνεύματος, ὁμοίως φρονοῦσι τῇ καθολικῇ ἐκκλησίᾳ. Epiph. *ub. sup.* N°. 1.

(6) *Plenius in illo locutum esse Paracletum.* ub sup.

(7) Χριστὸν μὲν ὀνομα ἐπιδιδόμενος. *Epiph.* Hær. LXV. p. 617.

osé écrire qu'*Ibas* avoit dit publiquement en chaire (1) JE N'ENVIE POINT A J. CHRIST SA DIVINITÉ. CAR IL N'Y A RIEN EN LUI QUI NE SOIT EN MOI. *Je suis en tout semblable à lui. Ibas* passoit pour favoriser *Nestorius*, quoiqu'il en ait été justifié par le Concile de *Calcédoine*, contre lequel les Monophysites se soulevérent. C'en est assez pour calomnier *Ibas*, & pour faire qu'un célèbre Auteur Jacobite insére cette calomnie dans son Histoire.

IX. Contre un certain *Pierre* Chef des *Bogomiles*.

IX. Passons à un Hérétique un peu plus moderne, mais dont je ne saurois marquer le tems. On dit, qu'il fut le Chef d'une prétenduë espéce de Manichéens, qu'on a nommez BOGOMILES, & dont j'écrirai l'Histoire après celle des *Pauliciens*. Cet homme qui se nommoit PIERRE, est aussi accusé (2) DE S'ETRE DIT LE CHRIST, par *Euthymius Zigabéne*, fameux Moine Grec, qui a traité des Hérésies à peu près comme St. *Epiphane*, & avec la même impartialité. Le Lecteur en jugera par la fable, que je vai rapporter.

Fable ridicule d'*Euthymius* touchant ce *Pierre*.

Euthymius raconte, que *Pierre*, se voyant condamné à être lapidé, avertit ses Disciples, qu'il ressusciteroit le troisiéme jour. Ceux-ci, pleins d'espérance de recouvrer bientôt leur Maître, demeurérent, pendant trois jours & trois nuits, auprès du Monceau de Pierres, sous lequel il étoit enseveli. Mais, quel fut leur étonnement & leur frayeur, lorsque les trois jours expirez (3) *ils en virent sortir* UN DÉMON SOUS LA FIGURE D'UN LOUP. De là vient que les Grecs appellent ce Pierre LYCO-PETROS, c'est-à-dire, PIERRE LE LOUP, & ses Disciples, LYCO-PETRIENS.

Voilà le beau morceau, que le savant (4) *Lambécius* communiqua, comme un fragment précieux, à feu M. *Cotelier*, pour en enrichir ses Remarques sur les Monumens de l'Eglise Grecque. Pour moi, si j'avois à illustrer cette fable, j'y joindrois celle que j'ai trouvée dans *Philostrate*, car je suis fort trompé, si elle n'est l'original qu'*Euthymius*, ou d'autres Moines avant lui, ont imité.

Imitée de celle du Démon d'*Apollonius*.
(a) *Phil.* Vie d'*Apoll.* Liv. IV. 3.

Philostrate raconte, (a) qu'*Apollonius* étant à Ephése, lorsque la Peste y faisoit de grands ravages, rencontra dans la ruë un Gueux, qui demandoit l'aumône, & ordonna aux Ephésiens de le lapider. „ Prenez, leur dit-il, cet ennemi de vous & des Dieux, & l'assommez à coups de pierres ". Etonnez d'un ordre, qui leur paroissoit

(1) *Non invideo Christo Deitatem suam, siquidem in omni, quod in eo fuit, ego illi similis sum.* Abulph. *Dyn.* p. 92.

(2) Τῷ Χριστὸν ἑαυτὸν ἀποκαλέσαντι. Voyez cela dans le petit Ouvrage d'*Euthymius Zigabene*, intitulé, *Victoria de Massalianis*, & publié par *Tollius*, Insig. Itin. Ital. p. 114.

(3) Ὡς λύκος, ἐν αὐτῷ Δαίμων ἐφάνη, τῆς σορῦ τῶν λίθων ἐξερχόμενος. Ibid.

(4) C'est ce que dit *Cotelier*, dans une Remarque. *Monum. Ec. Gr.* T. I. p. 737.

roiſſoit ſi barbare, ils balançoient à l'exécuter : mais enfin, quelcun ayant commencé à jetter des Pierres contre ce miſerable, on vit tout d'un coup ſes yeux étinceller, & devenir tout flamboyans. Les Ephéſiens reconnurent alors, qu'ils lapidoient un Démon. En effet, *Apollonius* ayant commandé, qu'on ôtât les pierres, qui couvroient ce Monſtre, ils ne trouvérent qu'*un gros mâtin, noir comme meure, grand à pair des plus grands Lions, jettant par la gueule une ſale & puante écume, comme ſont coutumiers de faire les chiens enragez.* J'eſpére que le Lecteur trouvera ces deux Hiſtoires bien aſſorties. Elles ont trop de conformité pour ne pas venir du même Eſprit, & je croi franchement, qu'*Apollonius* a fourni aux Moines Grecs l'idée de la fable qu'ils nous racontent.

X. Manichée profite de la promeſſe du Paraclet.

X. Tous ces Exemples confirment ce que j'ai eu deſſein de prouver : c'eſt que, ſous le moindre prétexte, les Anciens ont accuſé les Hérétiques d'uſurper la Divinité. On en a accuſé *Manichée*, comme les autres, quoiqu'il en fût très-innocent : c'eſt ce qu'il faut prouver.

Des Hiſtoriens Perſans aſſurent, que (5) *Zoroaſtre* découvrit, à la faveur de ſa ſcience dans l'Aſtrologie, que le tems étoit venu, où il devoit s'élever un Prophète du même ordre que *Moïſe*, & qui s'aquerroit dans le Monde une grande réputation, & une grande autorité par l'étenduë de ſes Lumiéres, & par l'uſage du feu dans le Service Divin. Ce témoignage de *Chondemir* ſemble ſuppoſer, que l'Impoſteur avoit connoiſſance de l'Oracle, où *Moïſe* a prédit la venuë d'un *Prophète tel que lui*, & qu'il ſe mit dans l'eſprit de paſſer pour ce Prophète-là. Je ne ſai ſi ce récit eſt tout-à-fait juſte, mais il eſt certain que *Manichée* voulut profiter à ſon tour de la promeſſe, que J. Chriſt fit à ſes Apôtres, de leur envoyer le *Paraclet*. Les Ecrivains Perſans & Arabes s'accordent là-deſſus avec les Chrétiens, & les Manichéens ſoutiennent, que leur Maître a reçu l'Eſprit promis par J. Chriſt. *Fauſte* diſoit à St. *Auguſtin* : (6) " Le *Paraclet*, qui nous a été promis dans le „ Nouveau Teſtament, nous enſeigne ce que nous devons rece- „ voir de ce Livre, & ce que nous en devons rejetter ". Or c'eſt par *Manichée* que ſes Sectateurs prétendoient avoir cette connoiſſance. Auſſi lorſque S. *Auguſtin* voulut montrer à *Felix*, que le *Paraclet* étoit venu peu de jours après l'Aſcenſion du Seigneur, l'Hérétique lui répondit, (b) " que l'Eſprit communiqué aux Apôtres ne „ pou-

(a) Act. cum Felic. L. I. 9. 10.

(5) *Ille aliquando ex ſtellarum ſcientiâ elicuit, oriturum aliquem ad inſtar Moſis, qui propter illuminationem, & ignis familiaritatem exaltatus eſſet in mundo.* Je détermine l'idée vague de ces mots, *Ignis familiaritatem.* Voyez *Chondemir.* Ap. *Hyd.* ub. ſup. p. 1317.

(6) *Et nobis Paracletus ex Novo Teſtamento promiſſus* &c. Fauſt. ap. *Aug.* L. XXXII. 6.

„ pouvoit être le *Paraclet* parce qu'il ne les avoit pas instruits de „ toutes les Véritez, conformément à la promesse du Seigneur :" (a) *Il vous conduira en toute Vérité*. De là *Félix* concluoit, que cette promesse n'avoit eu son entier accomplissement, que par la Prédication de *Manichée*, qui, ayant la plénitude de la Science avoit révélé à ses Disciples toutes les Véritez, soit Divines, naturelles, ou morales. (1) *Manichée est venu*, dit Felix, & *nous a enseigné, par sa prédication, le commencement, le milieu & la fin de toutes choses*; c'est-à-dire, *le présent*, *le passé* & *l'avenir*. C'est en cela que consistoit la perfection de la Science, comme on le voit par le passage de (2) *Clément* d'Alexandrie, que j'ai mis à la marge, & qui explique la pensée de *Félix*.

(a) Jean XIV. 26. XVII. 13.

Ne prétend être qu'un homme & un simple homme.

Bien que les Manichéens attribuassent à leur Patriarche la perfection de la Science Divine, ils n'ont pourtant jamais douté qu'il ne fût un homme, & un simple homme, né comme les autres, composé comme les autres de Corps & d'Ame, de Chair & d'Esprit. (3) St. *Augustin* en convient, & *Alexandre* de Lycople le confirme. (b) " Quand est-ce, leur dit-il, que *Manichée* vous a révelé „ tous ces prétendus Mystéres, & qu'il a eu les connoissances né- „ cessaires pour cela ? N'est-ce pas lorsqu'il étoit homme, mais hom- „ me composé, comme les autres, de cette MATIERE & de „ ces TENEBRES, qui sont le mal & le mensonge même. (4) *Car enfin*, poursuit-il, *les Manichéens eux-mêmes conviennent, qu'il n'a été qu'un mélange de la Matiére, & de la Vertu, qui* s'est *unie* en lui *avec la Matiére*. La *Matiére* est la Chair, qui vient du mauvais Principe. La *Vertu* est l'*Esprit*, qui émane du bon Principe. Ainsi *Manichée*, de l'aveu de ses Sectateurs, n'a été, du côté de sa Nature, qu'un homme tout semblable aux autres hommes, d'où il s'ensuit, qu'ils n'ont jamais cru, ni qu'il fût le St. Esprit, ni que le St. Esprit fût uni à lui d'une union hypostatique. Car reconnoissant, d'un côté, que le St. Esprit est une Personne Divine, &, de l'autre, que la Divinité ne peut jamais s'unir avec la Chair, il est contradictoire qu'ils ayent cru, ou que *Manichée* fût le St. Esprit, ou que le St. Esprit n'ait été qu'une seule Personne avec lui. Des Gens, qui soutenoient que l'Incarnation du Fils de Dieu est absurde, impossible, injurieuse à la

(b) Alex. Lycop. ub. sup. p. 14.

(1) *Venit* Manichæus, *qui, per suam prædicationem, docuit nos initium, medium, & finem*. Felix. *ub. sup.* Cap. IX.

(2) Σοφία ἂν εἴη ἡ γνῶσις, ἐπιστήμη οὖσα καὶ κατάληψις τῶν ὄντων, καὶ ἐσομένων, καὶ παρῳχηκότων βεβαία καὶ ἀσφαλής. Clem. Al. *Strom.* L. VI. pag. 642.

(3) *Cum vos eum, in quo Spiritum Sanctum venisse credatis, natum de femina viro mixta non horreatis.* Aug. *Cont. Ep. Fund.* Cap. VIII.

(4) Ὡς γὰρ μίγμα γίγνεται καὶ αὐτὸς τῆς ὕλης, καὶ τῆς ἐναπολειφθείσης αὐτῇ δυνάμεως συγχέμενος, nempe ipsi Manichæi. Al. *Lyc.* Ibid.

(5) OMNES tamen ejus *Epistolæ ita* exor-

la Divinité, pouvoient-ils croire l'Incarnation du St. Esprit, qui, selon eux, est la *Troisiéme Majesté*, ou la Troisiéme Personne Divine.

Cette Preuve, qui est, à mon gré, une Démonstration évidente, est confirmée par les déclarations réitérées de l'Hérésiarque. S'il avoit prétendu être le *Paraclet*, ou le *S. Esprit*, il se seroit qualifié de la sorte dans ses Lettres. Pourquoi auroit-il dissimulé à ses Disciples, ce qu'il vouloit faire croire à toute la Terre? Cependant, il ne prend jamais d'autre titre, que celui d'APÔTRE DE J. CHRIST. St. *Augustin* (5) témoigne en propres termes, *qu'il commençoit* TOUTES *ses Lettres par ces mots*, MANICHÉE, APÔTRE DE J. CHRIST. C'est en effet de la sorte, qu'il se qualifie dans sa fameuse (6) *Epitre du Fondement*: dans (c) celle, qu'il a écrite à *Ménoch*, sa Fille spirituelle: dans (d) celle qu'il écrivit à *Marcel*, lorsqu'il voulut aller à *Cascar*, & que j'ai rapportée dans la I. Partie. Ses Dévots, ses *Parfaits*, ne lui donnoient point d'autre titre que celui-là. *Victor* de Vite raconte, (7) qu'il se trouva parmi les Manichéens d'Afrique, qu'*Hunneric* punit du dernier supplice, un de leurs Moines, nommé CLEMENTIANUS, qui avoit écrit sur sa cuisse, MANICHÉE, DISCIPLE DE J. CHRIST. C'est donc la seule qualité, que l'Hérésiarque s'étoit arrogée: le seul éloge, que ses Sectateurs lui donnoient.

Ne se qualifie jamais qu'APÔTRE DE J. CHRIST.

(c) Ap. Aug. Op. Imp. L. III. p. 173.
(d) Act. Disp. p. 6.

Je n'aime pas à voir tant d'obstination à répéter & à défendre des mensonges évidens. On lit dans tous les Modernes, que *Manichée* avoit l'impudence de se dire le Christ: Et il paroît par tout ce qui nous reste de monumens, qu'il se qualifioit *Apôtre de J. Christ*. *J. Christ* & son *Apôtre* peuvent-ils être la même Personne? On lit dans tous les Modernes, que *Manichée* s'est dit le St. Esprit; pendant qu'on a des preuves incontestables du contraire, des preuves attestées par ses propres Accusateurs. Il ne faut que lire la Lettre qu'il a écrite à *Marcel*, & qu'on nous a conservée dans les Actes d'*Archélaüs*. Il la commence par souhaiter à *Marcel*, la Grace & la Misericorde de Dieu, (8) DE LA PART DE NOTRE SEIGNEUR, ET DE NOTRE SAUVEUR J. CHRIST. Ce Langage convient-il à un homme, qui croit & qui publie qu'il est le S. Es-

Reconnoit J. Christ pour *son Seigneur & son Sauveur*.

exordiuntur, MANICHÆUS, APOSTOLUS J. CHRISTI. Aug. *Cont. Faust.* L. XIII. 4.

(6) *Manichaus Apostolus J. Christi, Providentiâ Dei Patris.* Ap. Aug. *Cont. Ep. Fund.* Cap. V.

(7) *De quibus repertus est unus, nomine* CLEMENTIANUS, *Monachus illorum, qui scriptum habebat in fæmore*, MANICHÆUS, DISCIPULUS CHRISTI JESU. *Vict.* Vit. *De Pers. Vandal.* L. II. p. 21.

(8) Παρὰ αὐτοῦ τοῦ Σωτῆρος ἡμῶν, καὶ Κυρίου Ἰησοῦ Χριστοῦ. Act. p. 6. *Epiph.* ub. sup. N. V.

S. Esprit ? *J. Christ* est-il le SEIGNEUR du *S. Esprit*, qui est une Personne Divine aussi-bien que lui ? qui est une même Divinité avec lui ? *J. Christ* est-il LE SAUVEUR du S *Esprit ?* Cet Esprit Divin fut-il jamais sujet au Péche & à la condamnation?

XI. Ses Disciples ne l'ont cru qu'un grand Saint, & un Prophete inspiré par le *Paraclet*. Temoignages de St. *Augustin*.

XI. Quel étoit donc le Sentiment des Manichéens sur la Personne & sur le Ministére de leur Patriarche ? Je reponds, qu'à l'égard de sa Personne, ils l'ont cru un *Homme* & un *simple Homme*, mais un très-grand *Saint :* Aussi le qualifioient-ils ordinairement, NOTRE BIENHEUREUX PE'RE, comme les Moines qualifient les Instituteurs de leurs Ordres. Et qu'à l'égard de son Ministére ils l'ont cru un *Apôtre de J. Christ*, supérieur par ses Lumiéres aux prémiers Apôtres, parce que le St. Esprit lui avoit révélé des Véritez, que le Seigneur n'avoit pas jugé à propos de confier à ses Disciples. En un mot, ils l'ont cru un Prophète éclairé immédiatement du St. Esprit, qui a résidé en lui, & qui a parlé par sa bouche. Et St. *Augustin* lui-même sortant tout fraîchement du Manichéïsme, & écrivant à son ami *Honorat*, qui étoit encore Manichéen, n'en a osé dire davantage. (1) *Vous savez, lui dit-il, que les Manichéens voulant mettre au* NOMBRE DES APÔTRES Manichée *leur Maitre*, *disent*, *que le* St. ESPRIT EST VENU A NOUS PAR LUI. Ils n'en vouloient donc pas faire un DIEU, qu'ils *adorassent*, comme le dit le Pape *Leon I.* Ils n'en vouloient faire qu'un APÔTRE. Ils ne prétendoient pas non plus, qu'il fût le St. Esprit : mais seulement, *que le St. Esprit est venu à nous par lui.* Ailleurs, S. *Augustin* interrogeant nos Hérétiques, & leur demandant, comment ils savoient, que le Fils de Dieu n'est pas né d'une Vierge, il leur met dans la bouche cette reponse, (2) c'est *par le* S. ESPRIT, QUI ETOIT DANS MANICHE'E.

D'une Formule d'abjuration du VI. Siecle.

Nous avons une *Formule d'abjuration*, que les Latins faisoient lire & souscrire dans le VI. Siècle à tous ceux qui étoient suspects de Manichéïsme. On les y obligeoit d'anathématizer, non, *quiconque croit que* Manichée *est le Paraclet*, mais (3) *quiconque croit, que l'Esprit Paraclet* EST VENU DANS MANICHE'E. Et dans la suite, (4) *Anatheme à quiconque croit*, *que Manès ou Manichée a* EU LE SAINT ESPRIT: Et encore, (5) Anatheme, à *quiconque croit*, *que l'Esprit Paraclet* EST VENU PAR LUI. La vérité est donc, que *Manichée* a été frappé du même Fanatisme

(1) *Nosti enim, quod Auctoris sui Manichæi personam in* APOSTOLORUM NUMERUM *inducere volentes, dicunt* SPIRITUM SANCTUM PER EUM AD NOS VENISSE. *Aug.* De util. cred. Cap. III.

(2) *Hoc sciebat Spiritus Sanctus, qui erat in Manichæo.* Aug. *Cont. Faust.* L. VII. 2.

(3) *Quicunque adventum Spiritus Paracleti... in Mane venisse credit.* Voyez la Pièce intitulée, *Prosperi ex Manichæo conversi... Fidei Catholicæ Professio.* Elle a été publiée par M. *Muratori*, & inférée par M. *Fabricius* dans le II. Volume des Oeuvres d'*Hippolyte*. p. 202.

tisme que *Montan*, qui ne prétendoit pas être le *Paraclet*, mais le *Ministre* du *Paraclet* : & que les Manichéens n'ont point eu de leur Prophète d'autre opinion que celle que (6) *Tertullien* avoit de *Montan*, comme je l'ai déja remarqué.

XII. S. *Augustin* doute si *Manichée* s'est dit le *Paraclet* ou le Ministre du *Paraclet*. Reflexion sur ce doute.

XII. Après des Déclarations si formelles & si précises, je ne comprends pas comment S. *Augustin* peut avoir été dans l'incertitude, sur l'idée que les Manichéens avoient de la Personne de leur Maître. Il assure dans ses Livres contre *Fauste*, (7) "que la pro-„ messe de J. Christ a fourni aux Manichéens un prétexte de dire, „ OU QUE MANICHÉE A ÉTÉ LE PARACLET, OU QUE „ LE PARACLET A ÉTÉ DANS MANICHÉE. Ces deux Propositions sont aussi différentes que celles-ci, *le Paraclet a été dans S. Pierre*, ou, *St. Pierre a été le Paraclet* : Et ce qui revient à la même chose, *St. Pierre a été le St. Esprit*, ou, *le St. Esprit a été dans S. Pierre*. Or comment est ce que St. *Augustin*, après neuf ans de Manichéïsme, pouvoit être en doute, si nos Hérétiques croyoient leur Maître, une Personne Divine, ou un homme divinement inspiré? Peut-on s'imaginer, que ce Pére ignorât, quelle étoit leur véritable Créance sur un Article qui étoit la base de leur Hérésie? Un habile homme sera-t-il Chrétien neuf ans, sans savoir ce que les Chrétiens pensent de la Personne de J. Christ? S'ils le croyent un simple Homme, qui n'est Fils de Dieu que par les Dons miraculeux, que le St. Esprit lui a conférez : Ou s'ils le croyent une Personne Divine: qui a revêtu la Nature Humaine. Je ne saurois me tirer d'une Question si embarassante que par une solution, qui me fait de la peine. C'est qu'en changeant de Parti les hommes changent d'idées. Ils ne voyent plus les mêmes choses du même œil. On diroit qu'il en est de leur Esprit comme de nos yeux. Leur Esprit ne discerne plus les Erreurs du Parti, qu'ils ont quitté, à mesure qu'ils s'en éloignent. Tant que S. *Augustin* a été Manichéen, il n'a regardé *Manichée* que comme un *Apôtre de J. Christ*, éclairé extraordinairement des Lumiéres du St. Esprit. Pouvoit-il en avoir une autre idée lui qui, dans ce tems-là, n'avoit pû se persuader, que J. Christ fût autre chose qu'un simple Homme? Pouvoit-il alors mettre au dessus de J. Christ *Manichée*, qui ne prenoit que la qualité de son Disciple? Mais ce que ce Pére auroit regardé comme un mensonge, quand il étoit Manichéen, lui

(4) *Qui credit Manem, sive Manichaeum, Sanctum habuisse Paracletum.* Ibid. p. 203.

(5) *Qui in eum Spiritum Paracletum venisse credit.* Ibid.

(6) *Hoc unum significat Tertullianus, Paracletum Spiritum Sanctum per Montanum multa docuisse.* Petav. Dogm. Theol. De Incarn. L. I. Cap. XIV. n. 5.

(7) *Cum enim Christus promiserit suis missurum se Paracletum, per hanc promissionis occasionem, hunc Paracletum dicentes esse Manichaeum, vel in Manichaeo.* Aug. cont. Faust. L. XIII. 17.

lui parut un problême, quand il ne le fut plus. Il commença de douter alors, si les Manichéens disoient, que leur Prophète A ÉTÉ LE PARACLET, ou, QUE LE PARACLET A ÉTÉ EN LUI. Ces variations ne sont pas louables, mais malheureusement elles ne sont que trop communes. Bien loin de déroger au mérite d'un Auteur, qui réfute des Hérétiques, elles ne servent qu'à lui donner du relief, & si quelcun ose les relever, il y a des Communions, où il sera traité comme fauteur d'Hérétiques.

XIII. Sentiment de quelques Mystiques Grecs, sur l'union du St. Esprit avec l'Homme.

XIII. Je ne sai jusqu'à quel point l'Hérésiarque s'imagina, qu'il possedoit le S. Esprit : Mais quand il auroit cru que le *Paraclet*, & le PARACLET TOUT ENTIER, RÉSIDOIT EN LUI SUBSTANTIELLEMENT, il n'auroit rien cru, dans le fond, que ce que certains Mystiques ont été capables de croire & de dire, sur le sujet des Saints. Je veux parler d'un Moine célèbre, que les Grecs appellent le JEUNE THEOLOGIEN, pour le distinguer de l'ancien, qui est *Gregoire de Nazianze*. Ce Moine est (1) SIMEON, Abbé de St. *Mamas*, (*a*) qui soûtenoit non seulement, qu'un Homme peut être parfaitement purifié des Passions vicieuses, (Sentiment, qui lui auroit été commun avec plusieurs anciens Docteurs) mais qu'il peut de plus (2) *recevoir en lui-même, & posséder* SUBSTANTIELLEMENT LE PARACLET TOUT ENTIER. Ce même Mystique soûtenoit aussi, que, par la vertu de la Grace, l'Homme acquiert le Privilége de la Nature Divine ; savoir, celui (3) *de subsister en trois Hypostases*, *d'être* UN DIEU, *& un* SEUL DIEU *par adoption*, & de réunir en lui une Trinité composée *du Corps*, *de l'Ame*, & *de l'Esprit Divin qu'il a reçû*. Si le malheureux *Manichée* avoit porté le Fanatisme jusques là, on n'auroit pas eu tort de l'accuser de s'être vanté, que *le Paraclet étoit uni* à lui hypostatiquement.

(*a*) Ap. *Combef.* Auct. Noviss. Bibl. PP. P. II. p. 124.

(1) C'est un Auteur du XI. Siècle. St. *Mamas in Xylocerco*, ou dans le Cirque *de Bois*, est le nom d'un Monastére considérable de *Constantinople* Il y avoit autrefois des Moines, qu'on nomma HESYCHASTÆ, QUIETI, contre lesquels, *Barlaam*, Moine de *Calabre*, écrivit comme contre des Hérétiques & des Visionnaires.

(2) καὶ ὅλον οὐσιωδῶς δέξασθαι τὸν Παράκλητον. Combef. Ibid.

(3) Τρισυπόστατος.... εἷς Θεὸς θέσει ἐκ σώματος καὶ ψυχῆς, καὶ οὗπερ μετείληφε θείου πνεύματος. Ibid.

CHAPITRE III.

Second Principe des Manichéens : ILS REJETTENT LE VIEUX TESTAMENT. *Leurs Prétextes.*

I. MANICHÉE s'étant emparé du titre & de l'autorité d'Apôtre de J. Christ, mais d'un Apôtre supérieur par ses Lumiéres aux prémiers Apôtres, & à qui le St. Esprit avoit révélé des Véritez, qui leur étoient inconnuës, il ne se crut plus assujetti à aucune Règle. Il s'éleva au-dessus des Saintes Ecritures, & commença par rejetter le Vieux Testament. Je ne sai pas précisément ce qu'il pensoit de cette ancienne Révélation, mais quelques-uns de ses Sectateurs ont eu l'audace d'en parler avec mépris, & de traiter méme avec (1) la plus profane insolence le Dieu des Hébreux. I. Les Manichéens rejettent le Vieux Testament.

Comme les Manichéens étoient partagez en différentes Sectes, ils n'étoient pas unanimes sur le sujet du Vieux Testament. *Hiérax*, par exemple, que l'on compte parmi les Chefs de ces Hérétiques, (*b*) honoroit la mémoire d'*Abraham*, & des Patriarches des Hébreux, au lieu que les Manichéens d'Afrique se déchaînoient en invectives contre ces Saints Hommes. D'ailleurs cette Secte Africaine s'inscrivoit en faux (2) contre les trois prémiers Chapitres de la *Genése*, sans se mettre en peine, (3) si *Moïse* étoit l'Auteur de ce Livre ou non. Mais *Hiérax*, plus sage & plus modéré, expliquoit l'Histoire de la Création par Moïse, (*c*) *en y mélant, à la vérité*, dit St. Epiphane, *quantité de fables & de vaines Allegories*. Je ne sai de quelle espéce de Manichéens *Leonce de Byzance* a voulu parler, mais il assure, (4) qu'*ils ne rejettoient que quelques Livres du Vieux Testament*, & en particulier celui de l'*Exode*, sous prétexte qu'il ne convenoit pas à un Dieu bon de tirer les Israëlites d'Egypte, pour leur faire ensuite tant de maux dans le desert. Autant que j'en puis juger, nos Hérétiques croyoient, que les Livres du Vieux Testament étoient un mélange de Fables & de Véritez. Ils

Les uns plus, les autres moins.

(*b*) Epiph. Hær. LXVII. p. 710.

(*c*) Epiph. ib. p. 712.

Ch. III. (1) *Sane Judæo si credat*, ADONÆUS *debet videri defunctus*, *Gentili vero Idolum*. Faust. Ap. *Aug.* L. XV. 1. Au lieu de dire, comme S. *Paul*, que *nous sommes morts à la Loi, & qu'elle est morte pour nous*, Fauste ose dire, qu'ADONAI est mort pour le Chrétien. *Adonai* est un des noms que les Hébreux donnent au vrai Dieu, & que l'on traduit par celui de *Seigneur*.

(2) Voyez les Objections de *Fauste* contre ces trois Chapitres. Ap. *Aug.* L. XXII. 4. & les Livres de St. Augustin, *De Genesi contra Manichæos*.

(3) *Moyses sive quis alius Historia hujus conditor est, quæ dicitur Geneseos*. Faust. *ub. sup.* L. XXXIII. 1.

(4) Τὰ βιβλία τῆς παλαιᾶς γραφῆς. Leont. De Sectis in Manich.

Ils reconnoissoient qu'*Adam* a été le prémier Homme, & qu'il pécha. Ils mettoient au rang des Justes *Seth*, *Enoc*, *Noé*, *Sem*, & d'autres Patriarches : Mais à l'égard des Dogmes, du Culte & de la Morale enseignée dans ces Livres Sacrez, ils les désapprouvoient, & voici en général les Prétextes, dont ils coloroient leur Incrédulité.

II. Leurs Objections contre ce Sacré Livre

II. Le prémier, que les idées qu'on y trouvoit de la Divinité ne sont pas pures, & qu'il y en a même de fausses & d'injurieuses à Dieu. 2. Le second, que la Morale n'en est pas assez parfaite, & ne répond pas à la Sainteté de Dieu. 3. Le troisiéme, que ces Livres ne contiennent aucune promesse de la Vie éternelle, & que les promesses temporelles, dont ils sont remplis, ne sont propres qu'à nourrir les inclinations charnelles des hommes. 4. Le quatriéme, que le Culte Mosaïque, & ses Cérémonies religieuses, sont tout-à-fait indignes de la Divinité. 5. Le cinquiéme, que les Histoires de la Création & de la Tentation de l'Homme sont fausses & absurdes. 6. Le sixiéme, qu'il n'est point vrai, que les Prophètes des Hébreux ayent prédit l'avénement, la Prédication, la crucifixion, la resurrection, &c. du Sauveur.

Ce sont là en général les Objections, que les Manichéens faisoient contre le V. Testament. Ils ajoûtoient, que cette Révélation, & celle du Fils de Dieu, étoient trop contraires pour tirer leur origine du même Esprit. Je n'ai pas cru devoir dissimuler ces difficultez, puisque S. *Augustin* ne l'a pas fait, & qu'au fond il est aisé de les résoudre. Cependant, afin que le Lecteur le moins instruit ne soit pas obligé d'y réver, je ferai en passant quelques reflexions sur chacune.

III. Prémier Pretexte des Manicheens. *Moïse* & les Prophetes n'ont pas eu de justes idées de la Divinite.

Le Dieu bon ne peut faire du mal.

III. *Prémier Prétexte.* Les Manichéens ne prétendoient pas que la Divinité fût exemte de toute sorte d'*affections*. Ils lui donnoient (1) des *desirs*, des *inclinations*, parce qu'ils les croyoient inséparables de tout Etre intelligent. Mais concevant *la Bonté* comme la prémiére, & la plus essentielle Proprieté de Dieu, ils vouloient que tous ces Desirs tendissent au Bien, au Bonheur de tous les Etres, que Dieu a formez, & que la Divinité ne leur fit jamais de mal. Je dis, *les Etres*, que Dieu a formez ; car pour la *Matiére*, & les *Démons*, ils ne trouvoient pas étrange que Dieu les punît.

C'étoit

(1) Ὀρέξεις. *Alex. Lycop.* ub. sup. p. 4.

(2) Δεῖν ἐμπεδῶς πεπεῖσθαι, ὅτι οὔτε τὸ ἀγαθὸν βλάπτει ποτὲ, οὔτε τὸ κακὸν ὠφελεῖ. Οὐ γὰρ θερμότητος, ὥς φησὶ Πλάτων, τὸ ψύχειν, ἀλλὰ τοῦ ἐναντίου; οὕτως οὐδὲ τοῦ δικαίου βλάπτειν. Δικαιότατον δὲ ὄντως φύσει πάντων τὸ θεῖον, ἐπεὶ οὐδὲ ἂν θεῖον. Porph. *De Abst.* L. II. §. 41.

(3) C'est ainsi que l'Auteur des *Clémentines* lisoit dans S. *Marc* XII. 24. Μὴ εἰδότες τὰ ἀληθῆ τῶν γραφῶν, d'où il tiroit cette conséquence, "que si J. Chr. „ a dit

Sentiment des Philosophes.

C'étoit un Principe reconnu par d'excellens Philosophes (2), „ que ce qui est bon ne peut jamais faire de mal, ni ce qui est mauvais faire de bien : Qu'il est aussi impossible, que le Juste fasse „ du mal à qui que ce soit, qu'il est impossible que ce qui est *chaud* „ rafraichisse. Or Dieu est par sa Nature le plus juste de tous les „ Etres : autrement il ne seroit pas Dieu ". Prévenus en faveur de ce Principe, qui est vrai en soi, mais que nos Hérétiques poussoient trop loin, ou qu'ils entendoient mal, ils regardoient comme autant de blasphèmes ces paroles de *Moïse*, ou des Prophètes (*a*). *La Colere de l'Eternel s'est allumée comme un feu* &c. *L'Eternel est un Dieu jaloux, qui punit l'iniquité des Peres sur les enfans* &c. *Il s'est repenti d'avoir fait sacrer Saül pour Roi. Il n'y a point de mal dans la Ville, que le Seigneur n'ait fait.* Un *mauvais Esprit, envoyé de la part de Dieu, étouffoit Saül* &c. Ils jugeoient de même de l'ordre, que *Moïse* donne aux Israëlites d'emporter les Vases, les Vêtemens précieux des Egyptiens, & de massacrer les Peuples de Canaan, sans épargner ni âge, ni sexe. Ils concluoient de là, que le Dieu des Hébreux n'étoit pas le vrai Dieu, ou que leurs Prophètes n'étoient pas de véritables Prophètes, ou enfin que leurs Livres avoient été corrompus par les Juifs.

(*a*) Voyez la Prolegom. Cap. [illegible] D[illegible] [illegible] raus[illegible] ap. Aug. L. XV. [illegible] L. XXII. 4. & alibi.

Des Chrétiens justifient *Moïse* en disant qu'il n'a pas écrit la Loi.

Il y avoit des Chrétiens, qui ne tenoient rien du Manichéïsme, & qui, voulant défendre *Moïse*, & le vrai Dieu, contre les Objections des Hérétiques, prenoient le parti de dire, (*b*) que ce Legislateur n'avoit point écrit la Loi : qu'il l'avoit seulement enseignée de vive voix aux Sénateurs du Peuple : qu'elle ne fut écrite que depuis, & qu'ayant été perduë, ceux, qui l'avoient redigée par écrit, y avoient mêlé quantité de choses fausses : Que notre Seigneur avoit insinué cette corruption de la Loi, quand il avoit dit aux Sadducéens (3) : *Vous errez, parce que vous ne connoissez pas* CE QU'IL Y A DE VRAI *dans les Ecritures*. C'est ainsi que lisoit l'Auteur, qui a pris le nom de *Clément* Romain. D'où il concluoit, qu'il y a du Faux mêlé parmi le Vrai dans le Vieux Testament. Il ne faut donc pas s'étonner, si, entre les prémiers Hérétiques, il y en eut tant, qui ne voulurent recevoir cette Révélation qu'avec plusieurs restrictions. Ils prétendoient suivre en cela les ordres de J. Christ. (4)

(*b*) Voyez les *Clémentines*, Hom. II. §. 51. p. 633. Hom. III. §. 42. pag. 643. Ib. p. 645.

Leçon singuliere de *Marc*, XII. 24.

Réflexion sur la 1. Objection des Manichéens.

Les Manichéens n'auroient pas été scandalizez, de ce que les Prophètes attribuent à Dieu *la Colére*, *la Jalousie* &c. s'ils avoient consi-

„ a dit aux Sadducéens, qu'ils ne connoissoient pas ce qu'il y a de vrai dans „ les Ecritures, il faut qu'il y ait des „ choses fausses ". Ἐι δὲ τὰ ἀληθῆ τῶν γραφῶν ἀγνοεῖν αὐτοὺς ὑπέβαλεν, δῆλον, ὡς ὄντων ψευδῶν. Ibid. C'est ainsi qu'une mauvaise leçon entraînoit dans une dangereuse erreur.

(4) Voyez la Note de *Cotelier* sur *Constit. Apost.* L. II. 36. p. 247. J'aurai lieu de parler dans la suite d'un mot du Seigneur là-dessus.

considéré, que le Langage de ces Saints hommes est un Langage populaire, & qu'il devoit l'être. Les idées métaphysiques de la Divinité ne conviennent pas à des Prédicateurs, qui veulent instruire & corriger un Peuple. Secondement, quand les Prophètes attribuent à Dieu des Passions Humaines, ils ne lui en attribuent au fond que les effets légitimes. La *Colére* n'est que la juste punition du Péché : la *Jalousie*, qu'une juste aversion pour l'*Idolatrie*, que l'Ecriture appelle fort élégamment un *adultére* &c. En troisiéme lieu, la Souveraineté du Maître de l'Univers suffiroit seule pour justifier les ordres sévéres, que Dieu fit donner aux Israëlites, par rapport aux Cananéens, dont les crimes étoient montez à leur comble. Les Manichéens eux-mêmes n'osoient nier, que Dieu ne soit le (1) juste Vengeur des crimes. La *Bonté* même punit pour l'exemple, pour corriger les Pécheurs obstinez; pour garantir une Nation, dont les Mœurs sont honnêtes, de la *Contagion* des Nations corrompues. Enfin lorsque ces Hérétiques étoient pressez par les Orthodoxes, & qu'ils ne pouvoient rendre raison des Actions Divines, (2) ils savoient bien se retrancher dans la soumission, que la Créature doit au Créateur, & imposer silence aux murmures de l'Homme par ce mot de S. *Paul*: (*a*) *La chose formée dira-t-elle à celui qui l'a formée, Pourquoi m'avez-vous fait de la sorte ?*

(*a*) Rom. IX. 20.

IV. Second Pretexte. La Morale du V. Testament.

IV. *Second Prétexte* des Manichéens. *Photius* les accuse (3) d'attribuer *au mauvais Principe*, *à Satan*, TOUS LES FAITS, TOUTES LES PAROLES CONTENUES DANS L'ANCIEN TESTAMENT. Cela n'est point vrai, & s'il faut trancher le mot, c'est une pure calomnie. Voici leurs véritables sentimens.

Que les Préceptes (4) moraux, qui sont contenus dans la Loi, *Vous ne tuerez point* &c. n'avoient pas été révélez à *Moïse*, puisqu'ils étoient aussi (5) anciens que le Monde : Que les Anges de Lumiére en avoient instruit les Patriarches, & que ceux-ci les avoient transmis à tous leurs Descendans : Que c'étoit là la Loi éternelle, invariable, la *Loi de Vérité*. Que *Moïse* n'avoit fait qu'en profiter, & l'insérer dans son (6) *Diptychium Lapideum:* Qu'il avoit corrompu & défiguré cette Divine Loi, en y mêlant, d'un

(1) C'est ce que nous verrons, quand nous rapporterons leurs Sentimens sur les Attributs de Dieu.

(2) *Quæritur a nobis*, dit Fortunat, *si Deo malum nocere non possit, quare huc Anima missa fuerit, aut qua ratione mundo permixta sit? Quod in Deo manifestum est, quod ait Apostolus, nunquid dixit figmentum* &c. Ap. *August.* Disput. II. circa finem.

(3) Πάντα τὰ ἐν παλαιᾷ λελεγμένα τε καὶ πεπραγμένα, ἀντικειμένῃ τῷ Θεῷ ἀρχῇ. Phot. Cod. 179. col. 404.

(4) *Non occides* &c. *olim promulgata per Enoch, Seth, & cateros eorum similes Justos, quibus eadem* (præcepta) *illustres tradiderint Angeli.* Faust. ub. sup. L. XIX. 3.

(5) *Cui* (Legi) *olim diffamatæ in Gentibus, id est, ex quo mundi hujus creatura constitit.* Ibid. L. XXII. 1.

(6) *Faust. ub. sup.* L. XV. 1. Il appelle ainsi par mépris le *Décalogue*, parce qu'il étoit

d'un côté, le Sabbat Judaïque, &c, de l'autre, des Promesses & des Menaces, qui ne convenoient nullement au vrai Dieu : Que, J. Christ étant venu au monde, il avoit rendu à la Loi (7) la Perfection qui lui manquoit, soit en donnant à ses Préceptes leur juste étenduë, soit en la purifiant des Superstitions du Judaïsme. Nos Hérétiques censuroient ensuite, avec une liberté audacieuse & profane, diverses Loix Mosaïques : Par exemple, celle qui permettoit le Divorce, celle qui ordonnoit à un Frére d'épouser la Veuve de son Frére, s'il étoit mort sans laisser d'enfans, &c. Ils prétendoient, que des Loix de cette nature blessoient directement les Perfections Morales de la Divinité. Ils déclamoient (8) contre les plus illustres Patriarches, dont ils relévoient les défauts avec la malignité la plus insolente. Enfin, ils n'épargnoient pas même (9) le Dieu des Hébreux, & disoient, pour excuser leurs blasphêmes, (10) qu'ils n'en vouloient pas au vrai Dieu, mais à des Imposteurs, qui avoient corrompu ses Loix, & abusé de son sacré Nom, pour autoriser leurs fausses Religions.

Repense à leurs Objections.

Quoique cette Objection contre le Vieux Testament contienne plusieurs impietez, ne laissons pas d'en juger équitablement, & avec modération. 1. On doit convenir que les Préceptes Moraux étoient plus anciens que *Moïse*. Mais s'ensuit-il de là, que Dieu ne lui avoit pas donné le *Décalogue*, où ils sont contenus ? N'est-il pas très-digne d'un Etre souverainement sage, & souverainement saint, qui fonde une nouvelle République de renouveller en même tems des Loix mal observées, de les marquer de son Sceau, & de les munir de son Autorité ? 2. On veut bien convenir avec les Manichéens, que le Commandement du Sabbat étoit nouveau, & qu'il n'avoit point été observé par les Prédécesseurs des Hébreux. Mais pouvoient-ils nier à leur tour que l'institution n'en fût très-sage & très-juste ? C'étoit, d'un côté, la Fête, & le Mémorial de la Création du Monde, &, de l'autre, un Préservatif pour garantir les Israëlites contre l'Idolatrie des Gentils. 3. C'est une Question fort problématique, (*a*) si J. Christ n'a fait que développer le sens de la Loi Morale, ou s'il lui a donné une étenduë, & une perfection qu'elle n'avoit pas. Il y a bien de l'apparence, que St. *Augustin* ne prit le parti de soûtenir que J. Christ n'avoit rien ajoûté

(*a*) Il s'agit du Sermon de J. Christ. *Matt.* V. 21. & suiv.

étoit écrit sur deux Tables de pierre.

(7) *Quid enim dicit* Dominus ? *Audistis dictum esse Antiquis, non occides. Ego autem dico, ne irascimini quidem. Adimpletio est... In his enim, & priora roborat, & quod defuit adjicit.* Faust. Ib. L. XIX. 3.

(8) On peut voir au long les déclamations de *Fauste*, contre les Patriarches, & contre quelques-uns des Prophêtes, L. XXII. 5. XXXII. 4. *Et, quos maxime* ENTHEOS *credas, millenis & centenis volutari cum scortis, tanquam David & Salomon.*

(9) *Amator denique ille vester, & Pudoris corruptor Hebræorum Deus.* Faust. ub. sup. L. XV. initio.

(10) *Nec tangit convitium hoc Legem, nec Legis auctorem Deum, sed eos, qui hunc & illam nephariis suis religionibus inscripserunt.* Faust. ub. sup. L. XXII. 2.

joûté à la Loi, que parce qu'il se trouva obligé de la défendre contre les Manichéens. 4. Quand les Ecrivains sacrez rapportent les défauts des grands Hommes du Vieux Testament, ce ne sont pas des scandales, qu'ils donnent au monde, des exemples qu'ils proposent à l'imitation de leurs Successeurs. Ils condamnent les vices de ces hommes illustres par tant de hautes vertus, & nous fournissent, en les racontant, une preuve évidente de leur sincérité. *Fauste* abuse indignement de sa Rhétorique lorsqu'il étale les pechez des Patriarches. Ce qu'il dit sur l'inceste de *Loth* (1) a un tour ingénieux : mais, quelle conséquence en peut-il tirer contre *Moïse*, qui n'a ni approuvé, ni excusé une si mauvaise action, & qui ne l'a rapportée qu'en Historien, afin de marquer l'origine des Peuples, qui nâquirent de cet inceste. 5. La Polygamie des Patriarches & des Rois d'Israël n'est pas louable, mais elle n'est point contre le Droit naturel, qui tire son origine des perfections de Dieu. Un Dieu saint a pû la tolérer sans blesser ses Perfections. 6. La Sainteté du Dieu des Hébreux éclatte dans tout le Vieux Testament, & l'on a remarqué avec raison (a), qu'il n'y a que ce Dieu, qui se soit fait connoître & servir sous l'auguste titre d'un DIEU SAINT. Les Loix, que les Manichéens censuroient, blessent les idées de la Superstition, & non celles de l'Honnête.

(a) *Spencer.* De Leg. Rit. Hebr. L. I. Cap. V. Sect. II. p. 156. & ail.

V. Troisiéme Prétexte. Le Vieux Testament n'a que des Promesses temporelles.

IV. *Troisiéme Prétexte* des Manichéens. Les Promesses (2) temporelles du V. Testament ouvroient aux Hérétiques une vaste carriére de medisances contre ce Livre sacré, ou plutôt contre le Dieu des Israëlites. Le prétexte étoit spécieux. Il sembloit appuyé des maximes de J. Christ, & de celles de la plus pure Philosophie. En effet, des Philosophes ayant remarqué, que l'Envie, que les querelles & les Guerres qui s'élevent entre les hommes viennent pour la plûpart de l'amour des Richesses, des Plaisirs, des Honneurs, & de la Domination: Que tous ces avantages, loin de rendre les hommes meilleurs, ne servent qu'à enflammer & à nourrir les Passions les plus pernicieuses, ils en avoient conclu, prémiérement, que le *Dieu Suprême*, & les Intelligences justes & saintes ne pouvoient promettre aux hommes, comme des récompenses

Pensée des Philosophes sur ce sujet.

(1) *Nec quod Loth ipsius* Abrahæ *frater de Sodomo liberatus, cum duabus filiabus suis concubuit, qui honestius arsisset in Sodomo, quam in monte flagravit inconcessa flammâ libidinis.* Ap. Aug. L. XXII. 5.

(2) *Divitias promittit, & ventris saturitatem, & filios, & Nepotes, vitamque longam, & cum suis Chananitidis regnum.* Fauft. ub. sup. L. X. 1.

(3) Comme le passage est un peu long, je ne mettrai ici que la Version Latine de LUC HOLSTENIUS. *Omnibus enim* hominibus *ita dissentanee & inconcinne viventibus oblectantur* Dæmones, *ac velut induti aliorum Deorum personas, inconsultâ nostrâ temeritate fruuntur : multitudinem in Societatem suam adsciscentes, hominum hujusmodi cupiditates, amoribus, & desideriis divitiarum, Principatuum, voluptatum, & inanis gloriæ ambitione succendentes, unde seditiones, & bella, hisque consimilia.* Porphyr. De Abstin. L. II. §. 40. p. 84. Et dans la

pensées de la Vertu, des biens, qui sont si funestes à la Vertu même, & au bonheur des Societez. Et secondement, que ceux qui promettent de tels biens ne peuvent être que des Démons, qui prénant le nom & les attributs du vrai Dieu, abusent de la Folie & de la témérité des hommes. Trouvant dans leur cœur la Cupidité, l'Ambition, l'amour des voluptez, &c. ces malins Esprits s'assujettissent le Genre Humain, en flattant ces mauvaises inclinations de l'esperance de les satisfaire. C'est par là que ces Imposteurs se sont fait rendre des honneurs Divins. Le Lecteur peut voir au bas de la Page les paroles de *Porphyre* dont je viens d'exprimer la pensée (3).

Ce sont les Demons & non le Dieu suprême, qui promettent aux hommes des richesses.

Les Manichéens avoient pris beaucoup de choses des Philosophes & des Théologiens du Paganisme; ils avoient d'ailleurs devant les yeux les maximes de l'Evangile, & fondez sur ces deux autoritez, ils disoient: " Que promettre aux hommes une longue vie sur la „ Terre, de grandes richesses, un Pays délicieux, où *le lait „ & le miel* coulent en abondance, c'étoit nourrir en eux l'amour „ du Monde, que l'Evangile tâche d'y détruire. Qu'on ne sau- „ roit accorder ces Promesses mondaines avec la Doctrine du „ Seigneur, qui ne prêche que la Pauvreté, la Patience, la „ Croix, le renoncement aux richesses & aux honneurs: Que „ c'est (4) avilir la Vertu, & n'en connoître nullement l'excel- „ lence, de la recommander comme un moyen d'arriver aux ri- „ chesses, parce qu'alors ce n'est plus la Vertu, qui est l'objet „ de l'amour de l'homme; c'est une félicité toute sensuelle, & „ toute charnelle: Qu'on ne voyoit nulle part dans (5) le „ Vieux Testament ces promesses d'une Vie spirituelle & céleste, „ qui sont seules capables de purifier le cœur des affections de la „ Chair & du Monde. Le Vieux Testament, (*a*) *dit Fauste*, ne „ me regarde pas, parce que l'Héritage promis par ce Testament „ ne m'appartient point. C'est la Terre de Canaan, qui est pro- „ mise aux Israëlites, d'ailleurs je n'accomplis pas les condi- „ tions de ce Testament. Je n'observe point les Sabbats: je ne „ garde point la Circoncision. (6) Mais quand on voudroit me „ donner

Raisons des Manicheens contre ces promesses.

(*a*) Ub. sup. L. IV. 1.

la suite, p. 86. Πᾶσα γὰρ ἀκολασία καὶ πλούτου ἐλπὶς, καὶ δόξης, διὰ τούτων, nempe κακοδαιμόνων, καὶ μάλιστα ἡ ἀπάτη.

(4) Origéne a fait ce raisonnement en traitant la même matiére, fondé sur la maxime, ὅτι πᾶν τὸ διά τι ἔλαττόν ἐστι τοῦ δι' ὅ ἐστι: C'est-à-dire, que *la fin est toûjours plus excellente que les moyens*. Origen. in Ps. XLVII.

(5) C'est ce qu'on voit dans les paroles de *Fauste*, où il dit touchant les Patriarches, qu'il veut bien supposer être dans *le Royaume des Cieux*, *sunt in loco, quem nec crediderunt umquam, nec speraverunt, ut fere ex eorum libris liquido apparet*. Faust. ub. sup. L. XXXIII. 1.

(6) *Ut post beatam istam Novi Testamenti pollicitationem, quæ Cœlorum mihi regnum, & vitam perpetuam repromittit, etiamsi Testator gratis ingereret, fastidissem*. Ibid. L. IV. 1.

„ donner cet Héritage pour rien, je ne l'accepterois pas, après „ la bienheureuse promesse, que J. Christ me fait dans le Nouveau „ Testament, du Royaume des Cieux & de la Vie éternelle.

Réflexion sur cette Objection.

Voilà sans contredit une Secte bien détachée du monde, & dont les affections sont bien *spiritualisées*. Je veux bien supposer que tout ce discours est sincére, quoiqu'il y ait peut-être plus d'ostentation & d'hypocrisie que de réalité. Cependant il est aisé de défendre l'ancien Testament, & le vrai Dieu contre ces frivoles objections, auxquelles *Spencer* a fait une réponse très-solide dans son (*a*) excellent Ouvrage *des Loix cérémonielles des Hebreux*. Les Hérétiques osent faire un crime à Dieu, de la condescendance qu'il a euë pour un Peuple charnel, qui se trouvoit environné de Nations Idolatres, à qui leurs faux Dieux faisoient de semblables promesses. Il veut prévenir par cette condescendance la défection de ce Peuple. C'est la réponse de *Spencer*. Elle a l'avantage de la solidité. Elle satisfait un Esprit raisonnable : au lieu que les Peres, qui se jettent dans l'Allégorie & dans le Mystique, ne font qu'effleurer la difficulté, & ne peuvent satisfaire que des Esprits, heureusement prévenus en faveur de la Foi. Au reste il est vrai, comme *Spencer* l'a reconnu, que les Livres de *Moïse* ne contiennent aucune promesse *claire* de la Vie éternelle. Il est vrai encore que cette vie n'étoit point la recompense de l'observation de l'Alliance Mosaïque, comme S. *Paul* l'a montré. Mais il n'est pas moins vrai, que les anciens Péres ont esperé une Vie immortelle, comme l'Auteur Divin de l'Epître aux Hébreux l'enseigne dans le Chap. XI. & le montre en particulier par l'exemple d'*Enoch*, qui fut transporté dans le Ciel. Il faut pourtant avertir le Lecteur que les Manichéens ne croyoient pas, (1) qu'*Enoch*, ni *Elie* eussent été transportez tout vivans dans le sejour de la félicité. J'ajoute, que, si nous en croyons *Fauste*, (2) les Catholiques soutenoient de son tems, que *Moïse* avoit eu le même privilége, ce qui n'est point fondé dans l'Ecriture.

(*a*) L. I. Cap. III. p. 45. & seq.

V. Quatriême Pretexte. Le Culte du V. Testament n'est pas digne de Dieu.

V. *Quatriême Prétexte* des Manichéens. Ces Hérétiques n'avoient que de l'horreur pour les Sacrifices, & du mépris pour toutes les Cérémonies Judaïques, soutenant, qu'il étoit impossible, que le vrai Dieu eût jamais ordonné un tel Culte. Leur Erreur sur ce sujet avoit, si je ne me trompe, la même origine, que leur Erreur sur les promesses de la Loi.

Les Manichéens rejettent les Sacrifices. Senti-

C'est une ancienne opinion des plus habiles Théologiens du Paganisme, que le DIEU SUPRÊME, celui, qu'ils nomment aussi bien

(1) *Nobis, nec Jesus mortuus est, nec est immortalis Elias.* Fauft. ub. sup. L. XXVI. 2.

(2) *Præsertim cum etiam hoc, non solum de Helia credatis, sed & de Moyse atque Enocho, quod sint immortales, & ipsi rapti cum corporibus in cælum.* Ibid. Cap. I.

(3) Θεῷ μὲν τῷ ἐπὶ πᾶσι. Porphyr. ub. sup. §. 34.

(4) Ὁ μὲν πρῶτος Θεὸς, ἀσώματος τε ὢν καὶ ἀκίνητος. Ib. §. 37. Et §. 34. p. 78. Θύσομεν τοίνυν καὶ ἡμεῖς· Θεῷ μὲν τῷ ἐπὶ πᾶσιν, ὥς τις ἀνὴρ σοφὸς ἔφη, μηδὲν τῶν αἰσθητῶν, μήτε θυμιῶντες, μήτε ἐπονομάζοντες· οὐδὲν γάρ ἐστιν ἔνυλον ὃ μὴ τῷ ἀΰλῳ εὐθύς ἐστιν ἀκάθαρτον. &c.

(5) Τοῖς δὲ αὐτοῦ ἐκγόνοις, νοητοῖς δὲ Θεοῖς. Ibid.

bien que S. *Paul*, (3) LE DIEU QUI EST AU DESSUS DE TOUTES CHOSES, ne peut, ni ne doit être honoré par des Sacrifices sanglans. Comme il est parfaitement (4) " *incorporel*, *immatériel*, tout ce qui est Matiére, tout ce qui est sensible, est impur à ses yeux. Il ne faut pas même lui offrir des parfums, ni le louer dans des hymnes. Le seul Culte qui lui convient, est celui d'une Ame purifiée des Passions vicieuses, qui l'honore dans le silence, par la seule contemplation, par l'admiration de ses Vertus ".

ment des Theologiens du Paganisme conforme au leur.

A l'égard des (5) *Dieux intelligibles*, c'est-à-dire des bons Anges, qui sont les *enfans du Dieu suprême*, on peut les honorer par des hymnes, mais il faut que ces hymnes soient dictez par (6) la *Raison*, par la Sagesse. Les Philosophes n'approuvoient pas ces louanges insensées, que les Poëtes donnoient aux Dieux, & dont un homme de bien se seroit offensé.

C'est-là tout ce que ces anciens Théologiens croyoient qu'on devoit offrir au vrai Dieu, & aux bons Esprits, aux Intelligences pures : Mais pour les Sacrifices sanglans, ils étoient persuadez, (7) qu'il n'y avoit que les Démons, qui les exigeassent, parce qu'étant matériels, & revêtus de Corps subtils ils se nourrissoient de la vapeur du sang des Victimes, & de la fumée qu'exhaloit leur chair brûlée sur les autels. De là ces Théologiens concluoient (8) qu'un homme religieux & prudent se gardera bien d'offrir de tels Sacrifices, parce qu'ils ne seroient propres qu'à lui concilier la faveur des Démons. C'est pourquoi toute son étude sera de purifier son Ame, parce que c'est l'unique victime, qui soit agréable au vrai Dieu.

Il n'y a que des Demons qui exigent des Sacrifices. Temoignage de *Porphyre*.

Alexandre de Lycople pensoit sur cette matiére comme *Porphyre*, & les anciens Théologiens, que *Porphyre* allégue. Croyant (*b*) que les Démons sont des animaux sensuels, il croyoit aussi, qu'ils aiment les Sacrifices, & qu'ils se mettent en colére quand on ne leur en offre pas, mais que pour le vrai Dieu, il n'en veut point, il les méprise, ou plutôt il les abhorre. Si le Lecteur veut en savoir davantage, il peut consulter (*c*) *Spencer*, qui a traité cette matiére, & qui remarque, qu'il y a eu des Péres, qui ont pensé là-dessus comme les Philosophes, que je viens de citer. Les Manichéens avoient les mêmes idées : ils détestoient les Sacrifices, tant parce

D'*Alexandre de Lycople*.

(*b*) *Al. Lycop.* ub. sup. p. 1[illegible].

(*c*) *Spencer.* Dissert. in Act. XV. 20. §. 3.

(6) Ἐκ τοῦ λόγου. Ibid.

(7) Ὅτι οὐδὲ Θεοῖς, ἀλλὰ Δαίμοσι, τὰς θυσίας, τὰς διὰ τῶν αἱμάτων, προσήγαγον &c. Καὶ τοῦτο πεπίστωται παρ' αὐτῶν τῶν Θεολόγων. Ibid. L. II. §. 58. Et ailleurs. Οὗτοι (Δαίμονες) οἱ χαίροντες λοιβῇ τε, κνίσῃ τε. &c. Ib. § 42.

(8) Διὸ συνετὸς ἀνὴρ καὶ σώφρων εὐλαβηθήσεται τοιαύταις χρῆσθαι θυσίαις, δι' ὧν ἐπισπάσεται πρὸς ἑαυτὸν τὰς τοιούτους σπουδάσει δὲ καθαίρειν τὴν ψυχὴν παντοίως. Ib. §. 43. p. 86.

parce qu'ils trouvoient de l'inhumanité (1) à égorger des animaux utiles & innocens, que parce que de telles victimes ne leur paroissoient propres qu'à contenter la sensualité & la cruauté des Démons. Ainsi *Moïse* les ayant ordonnées comme un moyen d'appaiser la Divinité, ces Hérétiques lui reprochoient d'avoir travesti le vrai Dieu en un (2) Dieu *insatiable de chair & de sang*.

VI Les Manicheens censurent les Céremonies judaiques.

VI. Ils traitoient avec la même insolence quantité de Cérémonies Mosaïques, & si quelque chose peut excuser leur erreur, c'est qu'on trouve des Auteurs (*a*) Orthodoxes, qui en ont parlé quelquefois avec très-peu de révérence : du reste ils protestoient, qu'ils n'en vouloient point à la Loi Divine. " Rendez-lui sa dignité, (3) „ disoient-ils ; retranchez-en les *turpitudes Judaïques*, qui la défigurent, & vous verrez, que nous ne sommes ennemis que du „ Judaïsme, & non pas de la Loi.

(*a*) Voyez les Prolegomenes de *Spencer*. Cap. III. p. 12. 13.

En particulier la Circoncision.

Entre ces *turpitudes* Judaïques, il n'y en avoit point qui les choquât davantage que la Circoncision. " Quelle Cérémonie, (4) „ disoient-ils, pour en faire la marque de la Justice obtenuë par „ la Foi ? N'y avoit-il donc point d'autre endroit dans l'Homme, „ pour y placer le signe de cette grace ? Et qui peut s'imaginer, „ que Dieu se plaise à de tels Sacremens ? " Personne n'ignore combien les Gentils se sont moquez de la Circoncision, qui est pourtant si ancienne chez les Nations les plus vantées par les Payens, que des Savans (*b*) sont en doute, si elle n'étoit pas en usage parmi ces Nations-là, avant que Dieu l'eût ordonnée à *Abraham*.

(*b*) Voyez les raisons pour & contre dans *Spencer*. ub. sup. L. I. 4. p. 70. & seq.

Traitent de même les Loix Mosaïques.

A l'égard des Loix Mosaïques, les Manichéens séduits par de faux Principes, en trouvoient plusieurs injustes, cruelles, quelques-unes impies : Mais surtout celle qui dénonce (*c*) *malédiction de la* PART DE DIEU *contre quiconque pend au bois*, leur fournissoit un prétexte bien specieux de déclamer furieusement contre *Moïse* : „ Il n'a épargné, (5) disoient ces audacieux Hérétiques, ni Dieu, „ ni les hommes : il a tout blasphémé : mais ce qui nous donne „ le plus d'horreur pour lui, c'est l'outrage, qu'il a fait, & au „ Fils de Dieu, qui a été pendu à la Croix pour notre salut, & „ aux Saints Martyrs, qui sont morts du même supplice, comme „ *S. Pier-*

(*c*) *Deut.* XXI. 23.

(1) *Sed in eis* (Sacrificiis) *videlicet interfectio vos movet animalium.* August. Cont. Faust. L. VI. 20.

(2) *Devoratorem carnis & sanguinis.* Faust. ub. sup. L. IV. 1.

(3) *Reddite Legi propriam dignitatem : Israëliticas ab ea turpitudines, tanquam verrucas, incidite. Deformationis ejus crimen Scriptoribus imputate, & statim videbitis nos Judaïsmi inimicos fuisse, & non Legis.* Faust. ub. sup. L. XX. 2.

(4) *Ergone deerat ubi Deus præfiguraret signaculum justitiæ fidei nisi in illo membro?* Faust. L. VI. 3. *Placet circumcidi, id est pudendis insignire pudenda, & Deum credere Sacramentis talibus delectari.* Id. L. XVIII. 2.

(5) *Humanorum nulli unquam Divinorumque pepercit blasphemando. Plus tamen hunc execramur, quod Christum Filium Dei, qui*

„ *S. Pierre & S. André.* Encore s'il s'étoit contenté de dire, que „ les Personnes qui sont crucifiées, sont l'objet de l'exécration des „ Peuples, il seroit excusable, mais il leur *dénonce malédiction de* „ LA PART DE DIEU".

VII. Reflexion sur ces Objections. Raison des Sacrifices.

VII. Telles étoient en général les Objections, que les Manichéens faisoient contre le Culte & les Loix Mosaïques. Mais 1. s'ils avoient été plus modestes & plus éclairez, ils auroient compris aisément ce que les Juifs eux-mêmes ont bien apperçu; c'est que Dieu n'avoit pas commandé les Sacrifices, comme un Culte, qui lui fût agréable, par lui-même, mais pour empêcher les Israëlites accoutumez à ce Culte, de sacrifier aux faux Dieux; *S. Augustin* (6) l'a fort bien remarqué. 2. Quant à la Circoncision, s'il est vrai comme des Savans le prétendent, que cette Cérémonie fût déja usitée chez les Egyptiens, ne pourroit-on pas dire, que Dieu l'ordonna à *Abraham*, afin que sa Postérité, qui devoit un jour trouver une retraite en Egypte, fût plus agréable aux Egyptiens, qui en effet firent du bien aux Israëlites? D'ailleurs, Dieu promettant une nombreuse Postérité, qui naîtroit de lui, veut qu'il porte la marque de sa promesse, &c. (7) Du reste il n'y a rien de honteux dans le Corps humain, si ce n'est, selon le Systême insensé des Fanatiques, sur la production des hommes.

Raison de la Circoncision.

Explication du vers. 23. du Chap. XXI. du Deuteronome.

3. Pour ce qui regarde l'Ordonnance du Chap. XXI. du *Deuteronome* ℣. 23. les Hérétiques ne montroient en l'attaquant, que la vaine subtilité des plus malicieux Sophistes. *Moïse* commande, que les Criminels, que la Justice a fait mourir, & dont les corps étoient pendus aux Gibets, en soient ôtez & enterrez le même jour, *parce que quiconque pend au bois est un objet de Malédiction devant Dieu, ou de la part de Dieu.* Le sens est, que Dieu hait le crime, & que le corps du criminel, tout mort qu'il est, doit être ôté de devant ses yeux, parce que c'est un Objet d'horreur pour lui. Cela est figuré: on sait bien qu'un corps caché sous la terre, n'est pas moins présent à Dieu, que lorsqu'il est exposé à la clarté du Soleil. Mais on sait aussi, que les hommes, quand ils détestent quelque chose, ordonnent qu'on l'ôte de devant leurs yeux, & que l'Ecriture use de

qui nostra salutis causâ pependit in ligno, &ro devotionis convitio laceravit, ... Non apud homines tantum, sed MALEDICTOS DEO. Faust. ub. sup. L. XIV. 1.

(6) *De Sacrificiis autem animalium, quis nostrûm nesciat, magis ea perverso populo congruenter imposita, quam Deo desideranti oblata.* Aug. cont. Faust. L. XVIII. 6. Voyez S. *Jerôme* sur *Jéremie*, VII. 2. Les *Constit. Apostol.* L. VI. 2. p. 350. & la Note de *Cotelier* sur la Version de l'Epit. de S. *Barnabé*, PP. Apost. T. I. pag. 57. *Clementin.* Homil. III. §. 45. Ὁ δὲ τὴν ἀρχὴν &c. & enfin *Spencer.* De Leg. Hebr. L. I. Cap. IV. Sect. II. & seqq.

(7) *Nam Deus, fœdus cum Abrahamo faciens, fidem suam de illius semine multiplicando, & terræ Gentibus in eo benedicendis, oppigneravit. Consentaneum itaque fuit, ut fœderis illius signum ipsis generationis instrumentis imprimeretur* &c. Spencer. ub. sup. L. I. Cap. IV. Sect. III. p. m. 68. 69.

de semblables metaphores, lorsqu'elle parle de la Divinité. C'est-là le sens, c'est la raison de la Loi. *Moïse* n'a jamais pensé, il ne peut même avoir voulu dire, qu'une Personne innocente, une Personne sainte, qui se sacrifie volontairement pour la gloire de Dieu, afin de rendre témoignage à la Vérité, devienne l'objet de la Malédiction Divine, parce qu'*elle est pendue au bois*. Aussi ne s'agit-il pas de ces Personnes-là dans la Loi; il s'agit des criminels, ce qui fait voir, que c'est une grossiere ignorance, une ridicule malignité de la part des Hérétiques, d'avoir voulu en conclurre, que *Moïse* a maudit le Fils de Dieu & les Saints Martyrs, qui ont été crucifiez, comme lui, & pour son nom. Cependant je m'étonne, qu'ils se soient élevez avec tant de fureur contre *Moïse*: Car il semble qu'ils reconnoissoient, comme un mot véritablement de *S. Paul*, ce que cet Apôtre dit Galat. III. 13. 14. *J. Christ nous a rachetez de la malédiction de la Loi, quand il a été fait malédiction pour nous, selon qu'il est écrit, maudit quiconque pend au bois.* En effet je remarque que quelques Orthodoxes ignorans, voulant justifier *Moïse*, & répondre apparemment à l'Objection des Manichéens, s'avisoient de distinguer entre *pendu au bois*, & *cloué au bois*, ou *crucifié*. *Fauste* (a) réfute cette frivole exception par les paroles de *S. Paul*, que je viens d'alléguer.

Ap. *Aug.* L. XV. 1.

Je ne dirai rien sur les Loix, qui appartiennent au Gouvernement, ou à la République d'Israël. Comme elles étoient particulieres à ce Peuple, ce ne sont point des Loix immuables, mais je croi que les plus habiles Politiques y reconnoitront toûjours une profonde sagesse, & un temperament de clémence & de séverité très-digne d'un excellent Législateur.

VIII. Cinquiéme Prétexte. Les Histoires de la Création, de la Tentation & de la chute de l'Homme.

VIII. *Cinquiéme Prétexte* des Manichéens. Ces Hérétiques s'étant fait un Systême de la Création du Monde, de la tentation & de la chute d'*Adam*, très-différent de celui de *Moïse*, ils exerçoient leur Critique sur les trois prémiers Chapitres de la *Genése*, dans lesquels ils prétendoient trouver quantité d'absurditez. Cependant leurs Objections sont évidemment frivoles. Ils disoient,

Objection des Manichéens. 1. Contre l'Histoire de la Création. Reponse.

(1) que si la Lumiére n'avoit commencé d'exister que le prémier jour de la Création du Monde, il s'ensuivroit, que la Divinité avoit été jusqu'alors dans d'éternelles ténèbres, comme si une Lumiére corporelle & visible étoit nécessaire à Dieu, *pour qui les Ténèbres sont comme la Lumiére.* Ils disoient encore que *Moïse* représen-

(1) *Et sane fieri potuit, ut quemadmodum de Deo impudenter iidem* (Scriptores) *tanta finxerunt, nunc cum in tenebris ex aeterno versatum dicentes*, &c. Faust. ap. *Aug.* L. XXII. 4.

(2) *Et postea miratum cum vidisset lucem.* Faust. Ibid.

(3) *Quanquam etiam & plurimum interfit, utrum videat aliquis quia bonum est, an etiam miretur.* August. ub. sup. Cap. 13.

(4) *Neque enim aliquid invitus facere cogitur, ut quod ei non placet faciat, aut* in

présente Dieu (2) surpris de la beauté imprévuë de la Lumiére, & saisi d'admiration lorsqu'il la vit, ce qui marque de l'ignorance dans le Createur: mais il y a bien (3) de la différence entre l'approbation, que Dieu donne à son Ouvrage, & entre l'admiration. (b) *Dieu vit*, dit Moïse, *que la Lumiere étoit bonne*, & par là il veut insinuer, (4) que Dieu est un Agent libre, qui ne fait rien que ce qui lui plaît, & un Agent sage, qui ne fait point imprudemment une chose, qui lui deplaît quand elle est faite.

(b) *Gen.* I. 4.

2. Contre celle de la Tentation.

Les objections des Hérétiques contre l'Histoire de la Tentation paroissent plus spécieuses. Ils disoient que *Moïse* ôtoit à Dieu (5) la Préscience, puisqu'il lui faisoit donner à l'Homme un commandement, que l'Homme viola; qu'il lui ôtoit la connoissance du présent, quand il l'introduit criant dans le Jardin, (c) *Adam, où es-tu?* Qu'il lui attribuoit de l'envie, ou de la crainte lorsqu'il lui fait prendre la résolution de chasser *Adam* du Jardin d'Eden, (d) depeur qu'il ne devint immortel en mangeant du fruit de l'arbre de vie. Ces Objections étoient beaucoup plus anciennes, que les Manichéens: L'Hérésiarque *Simon* (e) les avoit faites, pour montrer, que le Créateur, ou les Créateurs du Monde, n'étoient que des Anges; & que le Dieu des Juifs en particulier étoit ou le Chef, ou un des Chefs de ces Anges. L'Auteur des *Recognitions* & des *Clémentines*, pressé par les difficultez de *Simon*, répond imprudemment, (f) qu'on a fourré dans les Livres de *Moïse* des choses fausses & injurieuses à Dieu. Ce n'étoit pas pourtant un mal habile homme, au moins si on le compare avec plusieurs des prémiers Ecrivains du Christianisme. Mais il est dans cet endroit, & fort mal habile, & fort téméraire, puisqu'il pouvoit facilement dénouer un nœud, qu'il a l'imprudence de couper.

(c) *Gen.* III. 9.

(d) Ibid. 22.

(e) Voyez *Recognit.* L. II. 39. p. 512. *Clement.* Hom. III. 39 p. 642. 643. Voyez aussi les fragmens du Livre de *Simon*, conservez dans *Moïse Barcepha*. Ap. *Grab.* Spicil. T. I. p. 308.

(f) Ibid. p. 644. 645.

Reponse.

On répond donc sur la prémiére difficulté, que le Législateur commande ce qui est juste, quoiqu'il prévoye que son commandement ne sera pas observé: Qu'il règle ses Loix sur la Justice, & non sur l'usage qu'en fera le Sujet; que tout ce qu'on peut exiger de lui, c'est qu'il ne commande rien que d'équitable, & que le Sujet ne puisse observer. On répond à la seconde, que ces paroles, *Adam, où ès-tu?* ne sont pas une Preuve, que Dieu, qui savoit déja la prévarication d'*Adam*, ignorât le lieu, où il s'étoit caché; mais que c'est un reproche tacite de son crime & de son ingratitude, qui l'oblige à fuir la présence de son Bienfaiteur: un reproche de son illusion & de sa folie qui lui fait croire qu'il peut se dérober aux yeux

in aliquid faciendum imprudens labitur, factum esse displiceat. Aug. Ibid.

(5) *Nunc ignarum futuri, ut praeceptum illud, quod non esset servaturus Adam, ei mandaret: Nunc & improvidum, ut cum latentem in angulo Paradisi, post nuditatem cognitam, videre non posset: Nunc & invidum ac timentem, ne, si gustaret homo fructus de Ligno vitæ, in æternum viveret.* Faust. ub. sup. L. XXII. 4.

yeux de son Juge, & enfin un ordre de comparoitre devant lui. On répond à la troisiéme qu'en supposant, que le fruit de l'Arbre de vie étoit un moyen de préserver de la mort l'Homme innocent, rien n'est plus juste que de lui ôter ce Préservatif, depuis qu'il s'est rendu indigne de la vie. Peut-on soupçonner seulement, que le Créateur porte de l'envie à sa Créature, & qu'il en craigne les entreprises? Peut-on même soupçonner, que *Moïse*, qui a représenté si dignement la Puissance & la Majesté du Créateur, l'abaisse ensuite jusqu'à lui attribuer les passions si lâches de la Crainte & de l'Envie? Cela suffit pour satisfaire aux frivoles Objections des Hérétiques.

IX. Sixiéme Prétexte. Le Vieux Testament ne contient aucune Prophetie touchant J. Christ.

(a) Ap. *Aug.* L. XII. 1.

IX. *Sixiéme Prétexte* des Manichéens. Ils demandoient à *S. Augustin*, (a) pourquoi les Catholiques s'intéressoient si fort au Vieux Testament, puisqu'ils avouoient avoir été aboli par le Nouveau? Ce Pére leur répond, que les Prophètes du Vieux Testament ont rendu témoignage à J. Christ. Cette réponse est fondée sur les Déclarations formelles de J. Christ & de ses Apôtres. Cependant ces Hérétiques osoient soûtenir, 1. qu'il n'y a (1) dans les Prophètes des Hébreux aucun Oracle, qui concerne le Fils de Dieu. 2. Qu'à la vérité ces Prophètes (2) promettoient aux Juifs un Roi, un Liberateur: mais qu'il ne paroissoit pas que ce Roi fût J. Christ. 3. Que quand il seroit vrai, que *Moïse*, & les Prophètes des Juifs auroient prédit le Seigneur; leur témoignage ne pouvoit servir qu'à la conversion des Juifs, qui reconnoissoient leur autorité. 4. Qu'à l'égard des Gentils, si l'on vouloit les convaincre par des Oracles, il falloit leur citer ceux de leurs propres Prophètes, (b) ceux de la *Sibylle* par exemple; ceux de *Mercure Trismegiste*, ceux d'*Orphée* &c. 5. Et qu'enfin la Foi Chrétienne n'a pas besoin de ces Oracles incertains, équivoques, parce qu'elle est appuyée, d'un côté, sur le témoignage infaillible du Pére, qui a reconnu J. Christ pour son Fils unique: & de l'autre, sur une Démonstration certaine, évidente, qui sont les Miracles operez par J. Christ.

(b) *Faust.* ub. sup. L. XIII. 1. Je parlerai dans la suite de ces pretendus Oracles.

Reflexion sur ce Pretexte.

(c) Voyez seulement Luc, XXIV. 44. & les Paralleles.

(d) Voyez *Faust.* ap. *Aug.* L. XVI. 3.

C'est une hardiesse étonnante, de la part des Manichéens, d'avoir osé nier, que les Prophètes des Hébreux ayent rendu témoignage au Fils de Dieu, puisque Notre Seigneur & ses Apôtres le disent (c) si positivement, & en tant d'endroits. N'osant donc, & ne pouvant s'inscrire en faux, ni contre J. Christ, ni contre ses Apôtres, nos Hérétiques supposérent, (d) que des *Demi-Chrétiens*, sortis du Judaïsme, avoient falsifié les Ecrits Apostoliques, & fait dire au Seigneur, dans les Evangiles, ce qu'il n'avoit jamais dit. Puis examinant les Oracles de l'ancien Testament, & sui-

(1) *Nihil eos de Christo prophetasse jam Parentum nostrorum Libris ostensum est.* Faust. ap. *Aug.* L. XII. 1. XVI. 1.

(2) *Prophetias, quæ Regem Judæis venturum significabant, quem ipsum putatis Jesum.* Ibid. L. XXXII. 1.

suivant la Méthode des Juifs, ils prétendoient, qu'il n'y en avoit aucun, qui convînt néceſſairement au Fils de Dieu. Rien ne marque davantage la témérité, l'aveuglement & l'opiniâtreté de ces Hérétiques. Mais, s'il m'eſt permis de le dire, la plûpart des Péres ſe ſervirent à leur tour d'une Méthode plus propre à les affermir dans leur Erreur qu'à les en tirer.

CHAPITRE IV.

L'ANCIEN TESTAMENT *mal défendu par la plûpart des Péres. Ce que les Manichéens ont penſé du ſalut de* JEAN BAPTISTE *& des* JUIFS.

I. Les Péres n'ont pas toûjours bien defendu le V. Teſtament.

I. JE viens de rapporter les principales Objections des Manichéens contre le Vieux Teſtament. Les Péres tâcherent d'y répondre, mais, ſi je l'oſe dire, ils n'y ont pas toûjours bien réüſſi. Gênez par de faux Principes, ils ont nié quelquefois ce qu'il falloit avouer, avoué ce qu'il falloit nier: Et alors, ne pouvant ſe tirer des difficultez, qu'en tordant les Ecritures, & en recourant à de miſérables Allégories, ils trahiſſoient, pour ainſi dire, la Cauſe qu'ils vouloient défendre. Donnons-en quelques exemples.

Ils ont appliqué à J. Chriſt des Oracles, qui ne lui conviennent pas.

Moïſe dit, que les Iſraëlites (*a*) *verront leur vie pendante, & qu'ils ne croiront point*. Les Catholiques inſiſtoient (1) ſur ces paroles, prétendant qu'elles contenoient une prédiction claire & préciſe de la crucifixion du Sauveur, & de l'Incrédulité des Juifs. Quelques-uns même eurent la hardieſſe d'ajoûter ces mots, (2) AU BOIS, & de faire dire à *Moïſe*; *Ils verront leur vie pendante* AU BOIS, quoique ces paroles ne fuſſent ni dans l'Hébreu, ni dans les LXX. comme *Fauſte* le reproche avec raiſon à *S. Auguſtin*. Bien qu'il ſoit évident qu'il ne s'agiſſe ni de J. Chriſt, ni de ſa mort, dans l'Oracle de *Moïſe*, ce Pére ne laiſſe pas de s'opiniâtrer à ſoutenir (*b*), „ qu'on ne peut nier, que cet Oracle ne puiſſe être expliqué de „ J. Chriſt, ſans nier en même tems, que le Seigneur ne ſoit *la* „ *vie* du Monde; que les Juifs ne l'ayent vu pendant à la Croix, & „ qu'ils ne ſoient demeurez infidéles.

(*a*) *Deut.* XXVIII. 6.

(*b*) *Ub. ſup.* L. XVI. 22.

II. Reflexion ſur les Prophéties.

II. Je conviens, que *S. Auguſtin* a raiſon, ſi, par expliquer une Prophétie de l'ancien Teſtament, il n'entend autre choſe qu'en appli-

(1) Ce paſſage eſt cité par *Archélaüs*, (Act. Diſp. p. 79.) par *Juſtin Martyr* & par *S. Auguſtin*.

(2) *Cui vos adjicitis* IN LIGNO, *nam non habet*. Ap. *Aug.* L. XVI. 5.

pliquer les paroles à un Evénement du Nouveau. Il eſt permis alors de ne faire aucune attention, ni à ce qui ſuit, ni au but de l'Auteur, ni à la penſée qu'il a voulu exprimer. La raiſon en eſt que ces ſortes d'applications ne ſont au fond que des alluſions, des *accommodations* ingénieuſes, & non des Preuves. Elles ornent une Propoſition, & ne la confirment pas. Mais quand il s'agit de montrer, qu'un Prophéte a prédit un Evénement, il ne ſuffit pas de pouvoir accommoder à cet Evénement les termes du Prophete. Il faut de plus qu'il paroiſſe, que ſon intention a été de le prédire, & que le ſens, qu'on donne à ſes termes, eſt celui qu'il a eu dans l'eſprit; du moins que c'eſt celui, que l'Eſprit qui l'anime, a eu deſſein d'annoncer. Il eſt vrai, que les Ecrivains ſacrez du Nouveau Teſtament ne paroiſſent pas toûjours s'être aſſujettis à cette Regle de Critique. Mais il faut convenir auſſi, que dans ces cas-là les explications, qu'ils donnent aux Oracles du V. Teſtament, tiroient toute leur force & toute leur évidence de l'autorité Divine, dont ces Interprêtes étoient revêtus. Ce ſont des Interprêtes divinement inſpirez, dont la Doctrine a été atteſtée par les Dons & par les Miracles du S. Eſprit.

III. Ils éludent les Objections par de frivoles Allégories.

III. Les Loix de *Moïſe* ſont certainement très-ſages, & plus on en approfondit les motifs, plus on eſtime la prudence du Législateur. Il avoit ordonné qu'un Frére épouſât la Veuve de ſon Frére, lorsque celui-ci mouroit ſans laiſſer d'enfans, & que quiconque refuſeroit de ſe ſoumettre à cette Loi fût couvert d'opprobre. Cela donne occaſion à *Fauſte*, de dire à *S. Auguſtin*, (a) " Si de telles „ Loix ſont bonnes, pourquoi ne les obſervez-vous pas? Et ſi elles „ ſont mauvaiſes, pourquoi n'en condamnez-vous pas l'Auteur?" Rien de plus foible que cette Objection, ſi elle n'étoit appuyée ſur de faux Principes. Mais quand on a ſuppoſé, que les ſecondes Nôces ſont tout au plus tolérées, comme Dieu toléroit le Divorce, & que le Mariage d'un Frére avec la Veuve de ſon Frére a quelque choſe d'inceſtueux, quel moyen reſte-t-il de juſtifier un Légiſlateur, qui non ſeulement tolére, mais qui commande l'un & l'autre. Il faut donc le ſauver dans l'Allegorie. (1) Le Frére mort eſt J. Chriſt; la Veuve eſt ſon Egliſe; le Frére vivant eſt le Prédicateur de l'Evangile, qui doit procurer des enfans à J. Chriſt mort. Si on vouloit pouſſer *S. Auguſtin* là-deſſus, combien d'abſurditez naîtroient d'une ſi mauvaiſe explication?

On

(a) Ap. *Aug.* L. XXXII. 4.

(1) *Quid aliud in præfigurâ præmonſtrat, niſi unusquisque Evangelii Prædicator ita debet in Eccleſiâ laborare, ut defuncto fratri, id eſt Chriſto, ſuſcitet ſemen, qui pro nobis mortuus eſt, & quod ſuſcitatum fuerit ejus nomen accipiat?* Aug. *ub. ſup.* L. XXXII. 10.

(2) *Non ergo Dominus, per linguam Moyſi, ſed mors ipſa meruit maledictum, quam Dominus noſter ſuſcipiendo evacuavit. Mors itaque*

On a vû avec quel emportement *Fauste* a traité *Moïse*, à cause de la Loi, qui dénonce *Malédiction de la part de Dieu, ou devant Dieu, contre quiconque pend au bois.* Il accuse le Prophete d'avoir maudit le Fils de Dieu. Que répond S. *Augustin?* Il répond, (2) que cette Malédiction frappe, non J. Christ, mais le vieilhomme, que J. Christ a crucifié, & la Mort, qu'il a penduë au bois.

Ou par de mauvaises solutions.

Les Manichéens trouvoient, que c'est une félicité bien charnelle, que celle qui est promise au Juste dans le Ps. CXXVIII. *Heureux l'homme, qui craint l'Eternel, & qui marche dans ses voyes: sa femme sera comme une vigne fertile; il verra autour de sa table un grand nombre d'enfans semblables à de jeunes oliviers.* Cette objection si vaine en elle-même, si foible contre un Théologien, qui a de justes idées du Mariage, & qui sait, que la préférence, que J. Christ & les Apôtres donnent au Celibat, est fondée, non sur la nature même de ces deux Etats, mais sur des circonstances sujettes à varier; cette objection, dis-je, embarrasse tellement *S. Augustin*, qu'il ne peut y répondre, qu'en disant que cette Femme est l'Eglise, que son Mari est J. Christ, & que le Prophète a prédit dans ce Pseaume la fécondité de l'Eglise Chrétienne. Il ne manque à ces ingénieuses découvertes, que d'expliquer aussi de J. Christ ce que le même Prophete a dit du Juste. *Il vivra du travail de ses mains.* Les mains du Seigneur n'ont-elles pas été percées de cloux?

Autres mauvaises Allegories.

Ces mêmes Hérétiques attaquoient l'Histoire de la Création; mais tout habile qu'est ce Pére, il ne la défend pas, il la livre à son Adversaire. S'il faut l'en croire, *la verdure des champs* désigne les *Ames*, & quand *Moïse* dit, (*b*) *qu'il n'y avoit point encore de verdure sur la terre*, cela veut dire, (*c*) que les *Ames* n'avoient point encore conçu d'affections terrestres. Les Manichéens lui objectoient, comment un Dieu sage & bon a créé des plantes, ou venimeuses, ou infructueuses. Il se débarrasse en disant, qu'elles n'ont été créées que depuis le péché de l'Homme, c'est-à-dire, qu'il résoud une légére difficulté par une plus grande.

(*b*) *Genes.* II. 5.
(*c*) *De Genes. cont. Manich.* L. II. 3. *Retract.* L. I. 10.

IV. N'arrêtons pas davantage le Lecteur sur des Observations particuliéres. St. *Augustin* céde visiblement la victoire aux Manichéens: il leur abandonne *Moïse* & le Vieux Testament lorsqu'il avouë, (3) qu'il n'y a pas moyen de conserver le sens littéral des trois prémiers Chapitres de la *Genése*, sans blesser la Piété, sans attri-

IV. Aveu dangereux de S. *Augustin* touchant les Histoires de la Creation & de la Tentation.

itaque ille pependit in ligno. August. cont. *Adim.* Cap. XXI. cont *Faust* L. XIV. 3. 4.

(3) *Si autem nullus exitus datur, ut pie & digne de Deo quæ scripta sunt intelligantur, nisi figurate & in ænigmate proposita credamus, habentes auctoritatem Apostolicam,* &c. De Genes. cont. Manich. L. II. 2.

attribuer à Dieu des choses indignes de lui ; Qu'il faut absolument, pour sauver *Moïse* & son Histoire, recourir à l'Allégorie. On passe les Allégories, qui laissent subsister le sens littéral, mais on ne souffre point celles qui le détruisent, à moins qu'il ne s'agisse de Paraboles, & non d'Histoires.

V. Il suit *Origène*, qui n'a pas bien défendu le V. Testament. 1. par rapport à l'Histoire de la Création.
(a) Philocal. p. 12.

V. Il faut pourtant excuser *S. Augustin*; il ne fait que suivre l'exemple d'*Origène*, qui fut le Docteur de l'Orient, & le Fleau des Hérétiques : mais tout habile qu'il étoit, il n'a pas bien défendu le Vieux Testament. D'abord, il convient, que (a) si l'on prend l'Histoire de la Création dans le sens littéral, elle est absurde, contradictoire. " Quel homme de bon sens, *poursuit-il*, se persuadera „ jamais, qu'il y ait eu un prémier, un second, un troisiéme jour, „ & que ces jours-là ayent eu chacun leur soir, & leur matin, sans „ qu'il y eût encore, ni Soleil, ni Lune, ni Etoiles ? Quel hom„ me assez simple pour croire, que Dieu, faisant le personnage „ de Jardinier, ait planté un Jardin en Orient ? Que l'Arbre de „ vie fût un arbre véritable, sensible, dont le fruit eût la vertu „ de conserver la vie ? " Le Lecteur peut voir lui-même les reflexions, que fait *Origène* contre le sens littéral de l'Histoire de la Création. Elles sont dans un Recueil, auquel on a donné le beau nom de *Philocalie*, parce qu'il est composé des pensées choisies, des plus heureuses, des plus ingénieuses découvertes d'*Origène*. *S. Basile* & *Grégoire de Nysse* son Frere en sont les Auteurs, & l'on peut juger par là de leurs sentimens.

2. Par rapport à l'Histoire de la Tentation.

(b) Cont. *Cels.* L. IV. p. 189. 190. *Origeniana.* L. II. Quæst. 13.

Moïse raconte en Historien la Tentation & la chute du prémier Homme. Rien n'insinue que c'est une Parabole. Je ne prends point parti là-dessus ; mais *Origène*, ne pouvant l'expliquer dans le sens littéral, (b) suppose d'abord, qu'il y a dans le V. Testament plusieurs Histoires, qui ne sauroient s'être passées comme l'Auteur Sacré les rapporte, & qui ne sont que des fictions, sous lesquelles il a enveloppé des Véritez secrettes. Là-dessus il compare l'Histoire de la Tentation à la fable mysterieuse de la naissance de l'Amour, qui eut pour Pére PORUS, Dieu de l'abondance, & pour Mére la PAUVRETÉ. Il soupçonne même, à la faveur de quelques conformitez, que *Platon*, Auteur de cette fable, a tiré de *Moïse* une partie de ses idées. Selon lui l'Histoire de la Tentation n'est qu'un Apologue.

3. Par rapport aux Perfections Divines.

Les Marcionites & les Manichéens trouvoient, que *Moïse* & les Prophètes avoient eu de fausses idées des Perfections Divines : qu'ils avoient

(1) Τοιαῦτα δὲ ὑπολαμβάνουσι περὶ αὐτοῦ, ὁποῖα οὐ περὶ ὠμοτάτου καὶ ἀδικωτάτου ἀνθρώπου. Philoc. Ibid.

(2) Πολλοὶ τῶν νόμων... τὸ ἄλογον ἐμφαίνουσι, ἕτεροι δὲ τὸ ἀδύνατον. Ib. p. 13.

(3) *Prius Ethnici*, *Tertulliano observante, cum fabularum puderet, quas de Diis commenti essent, ad interpretationem rerum naturalium confugerunt, & dedecus suum ingenio obumbrarunt.* Spencer. *ub. sup.* Proleg.

avoient attribué à Dieu des passions très-indignes de lui, la Colére, la Vengeance, la Jalousie, le Repentir. *Origene* témoigne, que c'étoit la Pierre de scandale, contre laquelle les Hérétiques alloient heurter, & le prétexte, ou la raison, qui leur faisoit rejetter le Vieux Testament; puis il ajoûte (a) " qu'il y a des per-„ sonnes simples, qui se glorifient d'être Membres de l'Eglise, & „ qui reconnoissent le vrai Dieu, pour le Créateur du Monde, en „ quoi elles ont raison, mais qui, seduites par la Lettre des Ecri-„ tures (1), lui attribuent des sentimens & des actions, qu'on ne „ voudroit pas attribuer au plus injuste & au plus barbare de tous „ les hommes.

(a) *Philocal.* Ch. I. p. 6. 7.

Quant aux Loix Mosaïques, voici ce qu'en dit le même Auteur dans l'Homelie VII. sur le Levitique. " Si nous nous attachons à „ la lettre, & que nous expliquions les choses, qui sont écrites „ dans la Loi, selon les pensées des Juifs, ou selon ce qu'en pense le „ Vulgaire, je ne saurois avouer sans rougir, que Dieu ait donné de „ telles Loix, parce que celles des Romains, par exemple, & celles „ des Atheniens seroient incomparablement plus équitables". *Origène* s'échappe même jusqu'à dire, (2) *que parmi ces Loix, il y en a dont l'observation paroit impossible ou déraisonnable.*

4. Par rapport aux Loix Mosaïques.

VI. Il faut en convenir: ces aveux des Péres sont très-desavantageux à l'Ancien Testament. Des Hérétiques, qui n'étoient pas prévenus en faveur de la Révélation des Hébreux, savoient bien en profiter, & n'avoient pas assez de docilité pour soumettre leur Raison & leur Foi à des Explications allégoriques. Et en effet, quelle autorité, quelle évidence peuvent avoir les Allégories, que la nécessité seule fait inventer; qui ne sont qu'un jeu de l'Imagination, que des Méteores formez, pour ainsi dire, des vapeurs qu'exhale un Esprit pressé par les difficultez. Aussi les Chrétiens se moquoient-ils des Gentils, (3) lorsque, pour cacher la honte de leurs Fables religieuses, ils prétendoient, que ce n'étoient que des voiles destinez à envelopper les Véritez naturelles. Il ne faut donc pas s'étonner, si non seulement les Payens, mais les Hérétiques, se moquoient à leur tour des Orthodoxes, quand pour défendre l'Histoire & les Loix de *Moïse*, ils employoient des armes, qu'ils avoient été les prémiers à briser. C'est (d) l'Esprit Judaïque d'un coté, & l'Ignorance de l'autre, qui ont introduit les explications allégoriens. Un (e) Savant moderne a fait voir qu'on n'en avoit pas besoin, & que toutes ces Loix, qui paroissent, les unes bizarres, les

VI Les réponses des Peres donnent l'avantage aux Hérétiques.

Les Chrétiens se moquent les premiers des Allegories.

(d) Voyez *Sim.* Hist. Crit du N. Test. Part. III. Preface & Chap. I.

(e) Voyez *Spencer.* ub. sup. L. I. Cap. I. Sect. V. p. 289. & seq. L. II. Cap. IX. Sect. I. p. 460. L. III. Dissert. VIII. Cap. IX. p. 1470. & alibi passim.

leg. Cap. III. p. 13. On peut voir dans la VI. Homelie *Clementine*, p. 604. comment *Appion* y allégorise les fables Payennes. Il est d'ailleurs certain, qu'effectivement les Poëtes ornoient de leurs fictions des Systêmes Philosophiques. Mais les fictions étoient folles, & souvent obscenes, malhonnêtes.

les autres superstitieuses, ou peu raisonnables, à ceux qui n'en connoissent pas les véritables motifs, n'avoient été introduites, que pour être un Préservatif contre l'Idolatrie. Je ne sai si *Théodore de Mopsveste*, & *Diodore de Tarse*, deux des plus savans Evêques de l'Antiquité, découvrirent cette vuë des Loix Mosaïques; mais (1) ils bannirent l'un & l'autre, de leurs Commentaires sur le V. Testament, tout ce fatras d'Allégories, s'attachant uniquement à bien expliquer le sens littéral. Quelle perte pour l'Eglise que celle de leurs excellens Ouvrages, que les Grecs ont sacrifié à leur haine & à leur envie, parce que ces savans hommes avoient été les Maîtres de *Nestorius*.

VII. Il est dangereux de critiquer ce que disent les Auteurs sacrez. Exemples.

VII. Remarquons en passant un exemple mémorable des fautes, que l'Ignorance & la Présomption ont fait faire aux plus grands hommes, quand ils ont eu la témérité de porter leur Critique jusques sur les Livres sacrez. *Origène* a eu la hardiesse de reprocher à *Moïse* d'avoir parlé de deux animaux, qui n'existèrent jamais. Le prémier est celui, que les LXX. nomment *Tragelaphos*, terme, qui signifie un animal composé du *Cerf* & du *Bouc*. Et le second est celui, qu'ils appellent *Gryps*, mot qu'on n'a pu rendre par aucun autre que par celui de *Gryphon*. *Bochart* (a) a fait voir la vanité de cette Critique d'*Origène*, en prouvant que ces deux espéces d'animaux existent dans la Nature. Si les *Marcionites* & les *Manichéens* avoient eu affaire à nos Savans Modernes, leurs Hérésies n'auroient pas fait tant de progrès. Sans employer contre eux le Bras séculier, sans faire brûler leurs Livres, sans recourir à des Allégories arbitraires, & très-souvent pleines de contradictions, nos habiles Modernes auroient défendu *Moïse* & les Prophètes, & montré à ces superbes Hérétiques, (b) *que la Folie de Dieu est plus sage que la Sagesse des hommes*. Cependant les Anciens avoient sur nous l'avantage de posséder quantité d'excellens Livres, dont il nous reste à peine quelques fragmens.

(a) *Hierozoic.* P. II. L. VI. Cap. I. 11.

(b) I. *Cor.* I. 23.

VIII. Source des Erreurs Manichéennes sur la Morale de la Loi.

VIII. Ce qui a trompé les Manichéens, les Marcionites & leurs pareils, ce qui leur a fait croire & fait dire, que la Morale de J. Christ ne pouvoit venir du même Dieu que la Morale de *Moïse*, c'est principalement que J. Christ prêche partout la Patience, la Douceur, le pardon des injures, au lieu que *Moïse* ordonne des peines très-sévéres contre les coupables. *Oeil pour Oeil*, *Dent pour Dent*,

(1) *Theodore* Evêque de *Mopsveste* en *Cilicie* écrivit contre les *Allégoristes*. Voyez le Catalogue d'*Ebedjesu*, dans *Assem.* Bibl. Orient. T. III. P. I. p. 19. Les Nestoriens ont conservé une Partie de ses Oeuvres en Syriaque, Pour *Diodore* de Tarse, voici ce qu'en dit le Docteur Cave, Hist. Lit. T. I. p. 217. *In indagando Sacræ Scripturæ sensu, repudiatis allegoriis, simplicem dumtaxat atque obviam verborum intelligentiam sectatus est.* Socrate, Hist. Ec. L. V. 8 remarque qu'entre les Ouvrages de *Diodore* il y en avoit un, *De la différence entre la Contemplation & l'Allégorie.* On peut voir dans les *Questions & les Réponses aux Orthodoxes*, qui sont parmi les Oeuvres de *Justin Martyr*, & que de Savans hommes croyent

Dent, &c. Mais ces Hérétiques n'ont pas pensé, que *Moïse* & J. Christ sont des Législateurs très-differens. Ils sont bien l'un & l'autre des Législateurs Divins : mais *Moyse* est un Législateur *Politique*, aussi-bien que *Religieux*. Il établit une Religion, mais il fonde en même tems une République, qui ne peut subsister sans des Loix *penales*. Il faut même considérer que *Moïse* gouverne un Peuple composé de Gens, qui se croyent tous égaux, qui ne sont point accoûtumez à obeïr à des Chefs de leur Nation ; toûjours prêts à murmurer, à se soulever contre eux. De là les exemples de rigueur, qu'on voit dans les Livres de *Moïse* & contre lesquels les Manichéens se récrioient. Mais J. Christ n'est pas un Législateur Politique : il ne fonde point une République, une Monarchie : il donne des Préceptes aux particuliers, il veut, pour ainsi dire, former de vrais Philosophes, élever les hommes aux plus sublimes vertus. Le Magistrat Chrétien pardonne les injures comme Chrétien ; & les punit comme Magistrat. Là il suit les préceptes de J. Christ ; ici il se conforme à ceux de *Moïse*. Ces deux caractéres ne sont point incompatibles.

IX. Les Manicheens n'ont point condamné *Jean Baptiste*. *Didyme* d'Alexandrie & *Photius* corrigez.

IX. Avant que de quitter l'Article du Vieux Testament je dois dire ce que les Manichéens pensoient de *Jean Baptiste*, & du salut des Patriarches des Juifs.

Didyme d'Alexandrie accuse les Manichéens d'avoir condamné *Jean Baptiste*, (2) comme un homme *qui appartenoit à la Loi*, & *Photius* ajoûte, (3) qu'ils *blasphémoient le Précurseur*. Mais l'Auteur des *Actes d'Archélaüs* justifie *Manichée* de cette accusation. Il fait dire à cet Hérésiarque, (4) " que *Jean Baptiste* avoit prêché „ le Royaume des Cieux, & qu'il avoit voulu montrer par le genre „ de son supplice, (il eut la tête tranchée) que tout ce qui „ l'avoit précédé, savoir la Loi de *Moïse*, étoit desormais aboli, „ & qu'il ne falloit garder, que la Doctrine qui fut annoncée a- „ près lui ". Cette explication Mystique du supplice de S. *Jean* vaut bien la plûpart des Allégories des Péres, & fait voir, qu'il étoit Orthodoxe sur l'Article du Précurseur. Il pouvoit bien blâmer avec justice la (c) foiblesse de ce saint Homme, qui, voyant que le Seigneur ne le délivroit pas de prison, entra dans quelque doute qu'il fût le Christ : mais du reste il le regardoit comme un témoin de la Mission Divine du Sauveur. A

(c) Voyez *Matth.* XI. 2. & suiv. & ce que dit *Fauste*. Ap *Aug.* L. I. 2.

yent avec raison être de *Diodore de Tarse*, qui avoit effectivement composé un Ouvrage de la même nature, adressé à *Euphronius* ; on peut voir, dis-je, la Question & la Réponse X.

(2) Τεταγμένον ἵνα τῆς παλαιᾶς γραφῆς. *Didym.* cont. Manich. Ap. *Combef.* Auct Noviss. Biblioth. PP. P. II. p. 30.

(3) Καὶ δὴ καὶ τὸν Πρόδρομον δυσφημοῦν. *Phot.* Cod. CLXXIX. In *Agapio.*

(4) *Aiebat autem Joannem regnum cœlorum prædicasse ; nam per abscissionem capitis ejus hoc esse indicatum, quod, omnibus prioribus & superioribus ejus dimissis, posteriora sola servanda sint.* Act. p. 70.

N'ont point condamné non plus les Patriarches des Hebreux. Leur faut possible par la grace du Redempteur.

(a) Act. Disp. ... 25. 26.

A l'égard des Saints, qui ont gardé la Loi, *Manichée* ne les excluoit pas du salut. (*a*) " La Loi & les Prophètes, *disoit-il*, ont „ regné jusqu'à *Jean Baptiste*, mais depuis *Jean Baptiste*, c'est la „ Loi de la Vérité, la Loi des promesses, la Loi du Royaume „ des Cieux. Quand vous n'aviez personne, qui vous enseignât la vé- „ ritable Science de Notre Seigneur JESUS, vous n'aviez point „ de péché; mais à présent vous serez très-coupables, si vous „ suivez encore une Loi, qui a été abolie ". Rien de plus orthodoxe que ces sentimens. C'est précisément ce que les Chrétiens disoient aux Juifs, qui s'opiniâtroient à garder la Loi, & cela me fait soupçonner, que *Manichée* étoit plus raisonnable qu'on ne le dit sur l'Article du Vieux Téstament.

X. Ils ont crû les Ames des morts retenues dans le Tartare, mais delivrées par J. Christ.

X. Quoiqu'il en soit, voici ce que pensoit la Secte Afriquaine, sur le sujet des Péres, qui ont vécu sous la Loi. 1. " Qu'ils étoient „ tous indignes du salut, à cause de leurs péchez : qu'en consé- „ quence de cela leurs Ames avoient été enfermées *dans les prisons* „ *du Tartare*, ou de l'*Enfer*, jusqu'à la venue du Rédempteur. „ *Fauste* pose en fait, (1) que c'est-là le sentiment des Catholi- „ ques, & que St. *Augustin* ne sauroit le nier. 2. Ces Sectaires di- „ soient encore, que ces Ames ne pouvoient avoir été delivrées de „ leurs prisons, ni introduites dans le Ciel, que par la grace (2) du „ *Seigneur*, qui les a purifiez de leurs péchez, & par la vertu de „ sa *crucifixion mystique*. 3. Qu'il est très-digne d'un Dieu, *qui* „ *fait lever son Soleil sur les Bons & sur les Méchans*, de déployer „ sa Clémence sur des Ames, qui ont été criminelles, mais qu'on „ ne doit, ni justifier, ni excuser l'irrégularité de leurs mœurs, „ sous prétexte de l'indulgence du Seigneur. Il faudroit être bien „ inhumain, (*b*) *dit encore Fauste*, pour être fâché de la grace „ que le Seigneur fait à un Brigand; de celle, qu'il accorde à une „ femme surprise en adultére; mais il ne s'ensuit pas de là, qu'on „ doive approuver les adultéres, ni les brigandages, comme on „ ne doit pas approuver les mœurs des Publicains, ni des femmes „ de mauvaise vie, sous prétexte que J. Christ a dit, que des Per- „ sonnes de ce caractére précederont des hommes superbes dans „ le Royaume des Cieux.

(b) Ibid. Cap. I.

Ils veulent que le Seigneur ait fait la même grace aux Gentils qu'aux Juifs.

Tout cela n'a pas l'air fort hétérodoxe. Le Manichéen n'approuve pas la Loi Mosaïque, mais (3) il n'exclud pas du salut " ceux „ qui

(1) *Quod nec ipsis vobis negare licet, ante Domini nostri adventum Patriarchas omnes Israël, & Prophetas tartareis tenebris jacuisse pro meritis suis.* Fauft. ap. *Aug.* L. XXXIII. 3. Et encore, *vobis etiam confitentibus, longo intervallo, de tetrâ ac pœnali inferorum custodiâ, ubi se vita merito coercebant,* (nempe, Patriarchæ & Prophetæ.) Ibid. Cap. 1.

(2) *A Christo Domino nostro liberatos, & per ejus scilicet mysticam crucifixionem,* Ib. Cap 1.

(3) *Sed Judæis consentiam, ut inquam hactenus in cœlum reductos eos : non quia merc-* *rentur*

„ qui l'ont gardée, pourvû que l'on convienne qu'ils ne sont sauvez que par la miséricorde de Dieu, dont la grandeur surpasse „ celle de leurs péchez ". Ce que *Fauste* trouve étrange dans le Systême Catholique, c'est que des Chrétiens, qui sortoient d'entre les Gentils, accordassent la Vie éternelle aux Péres des Hébreux, & la refusassent à leurs propres Ancêtres. (4) " Ce qui „ me choque dans votre sentiment, *dit encore ce Manichéen*, ce „ n'est pas que notre Liberateur ait déployé sa grace sur les Péres des Juifs; mais c'est qu'il ne l'ait déployée que sur eux, & „ non sur les Péres des Gentils, quoique la plus grande partie de „ l'Eglise Chrétienne descende de ces derniers, & non d'*Abraham*, „ d'*Isaac* & de *Jacob* ". Cela fait voir, que nos Hérétiques croyoient, que les Gentils avoient été délivrez par J. Christ, des *Prisons du Tartare*, où ils étoient retenus, aussi bien que les Juifs. Nous en parlerons dans la suite.

CHAPITRE V.

Suite du II. Principe des Manichéens. Leurs Erreurs sur les Livres du Nouveau Testament.

J'Ai cru devoir joindre à l'idée, que les Manichéens avoient du Vieux Testament, leur opinion touchant *Jean Baptiste*, & touchant le salut des Patriarches & des Prophètes des Hébreux. Leur erreur, sur le sujet des Livres sacrez des Juifs, auroit été moins funeste, s'ils n'avoient soumis à leur audacieuse Critique ceux du Nouveau Testament, qu'ils faisoient profession de recevoir, mais avec des exceptions, qui les rendoient inutiles, par rapport à plusieurs Articles de la Foi Chrétienne.

I. Les Manichéens reçoivent les Evangiles.

I. Nos Hérétiques recevoient prémiérement les *IV. Evangiles*. (1) " *Recevez vous l'Evangile?* dit S. *Augustin*. *Sans doute*, repond *Fauste*, „ *je le reçois* ". Par l'*Evangile* on entend le Volume, qui contenoit les quatre Evangiles. C'est le stile des Grecs & des Latins.

Les Epîtres de S. Paul.

Ils recevoient en second lieu (2) les *Epîtres de S. Paul*, & avoient d'autant plus de vénération pour cet Apôtre, qu'il s'étoit le plus oppo-

rentur, sed quia vincat divina Clementia vim peccatorum. Ibid.

(4) *Sed hoc tamen mihi unum in opinione hac vestrûm molestum est, cur id de Judæorum tantum Patribus sentiatis, ac non de cæteris quoque Patriarchis Gentium, quod & ipsi senserint aliquando nostri Liberatoris hanc gratiam*, &c. Ibid.

Ch. V. (1) *Accipis Evangelium? Et maxime.* Aug. cont. Faust. L. II. 1.

(2) *Apostolum accipis? Et maxime.* Aug. ub. sup. L. XI. 1.

opposé à l'introduction du Judaïsme dans la Religion Chrétienne. Je suis pourtant en doute, s'ils admettoient l'*Epître aux Hébreux*. Les raisons, qui pourroient le faire croire, sont, 1. qu'au rapport de (*a*) M. *Simon* les Ariens furent les prémiers, qui la rejettérent dans l'Orient. Or *Manichée* est plus ancien qu'*Arius*: 2. Qu'*Hierax*, qui fut un des douze prémiers Disciples de notre Hérésiarque, recevoit l'Epître aux Hébreux, puisqu'il prétendoit, (*b*) que *Melchisedec*, dont l'Apôtre fait la description dans le Chap. VII. étoit le *S. Esprit*: 3. Que les Manichéens (1) recevoient une *quinziéme Epitre* de *S. Paul* addressée (2) *aux Laodicéens*. Or l'Epître aux Hébreux est nécessaire pour faire le nombre de quinze. Cependant ces raisons ne me paroissent pas convaincantes. M. *Simon* peut bien se tromper: *Hiérax* étoit un Manichéen mitigé, dont les sentimens, sur l'Article du V. Testament, étoient bien plus modérez que ceux des Manichéens d'Afrique. A l'égard de ceux qui recevoient une quinziéme Epître de *S. Paul*, je ne doute point que ce ne soient les *Pauliciens*, que les Grecs ont confondu avec les Sectateurs de *Manichée*. Quoiqu'il en soit, j'ai peine à croire, que ces derniers reçussent l'*Epître aux Hébreux*, parce qu'il ne paroît pas possible de la reconnoître, sans reconnoître en même tems, que le Sacerdoce & le Culte Lévitiques, tout abrogez qu'ils sont, étoient néanmoins d'institution Divine. Or c'est ce que les Manichéens ont nié. Cependant *S. Augustin* ne leur reproche point de la rejetter, ce qui pourroit bien venir (*c*) de ce qu'elle n'avoit point d'autorité, ou très-peu en Occident du tems de ce Pére.

Doute sur l'Epitre aux Hebreux.

(*a*) *Hist Crit. du N. Test.* I. Part. p. 172.

(*b*) *Epiph. Hær.* LXVII. 1.

(*c*) *Simon.* ub. sup. p. 171. & suiv.

Quant aux Epitres Canoniques, il y a lieu de croire qu'ils les admettoient: Car *S. Augustin*, ayant allégué contre eux les ℣. 17. & 18. du Chap. IV. de la I. *Epit. de S. Pierre*, il assure, (3) "que, „ si les Payens vouloient en contester la vérité, les Manichéens „ eux-mêmes en entreprendroient sa défense": Et dans la suite (4), „ Tout ce qu'ils trouvent dans les Evangiles & dans les EPITRES „ CANONIQUES, qui peut favoriser leurs Erreurs, ils soûtien- „ nent que cela a été dit par J. Christ, ou par ses Apôtres". Cela

Ils reçoivent les Epitres Canoniques.

(1) Ἡ πεντεκαιδεκάτη πρὸς Λαοδικεῖς ἐπιστολή. *Timoth.* Presbyter. Ap. *Meurs.* in Variis Div. p. 117.

(2) Nous avons cette prétenduë Epître de S. *Paul* en Grec. Elle ne contient que vint versets, & n'est qu'une espéce d'abrégé de l'*Ep. aux Ephésiens.* Du reste on n'y découvre aucune Hérésie, ce qui est une preuve manifeste, qu'elle n'a point été supposée par les Manichéens. *Tillemont* conjecture à cause de cela, que ce n'est pas celle dont parle *Theodoret*, sur l'*Epit. aux Colossiens*, Chap. IV. 16. Voyez *Mem. Ec.* T. I. p. 861. Mais cette conjecture n'est appuyée d'aucune preuve. Les Marcionites avoient une *Epitre aux Ephésiens*, dont on avoit changé seulement le titre.

(3) *Nonne & ipsi Manichæi ea defendenda susciperent*: Cont. Faust. L. XXXII. 14.

(4) *Quod quidem in Evangelio, vel in Episto-*

la insinue qu'ils admettoient des Epîtres Canoniques, mais avec l'exception, dont je parlerai tout à l'heure.

II. Rejettent les Actes des Apôtres.

(d) Aug. cont. Adim. Cap. XVII. & alib.

Leurs prétextes.

(e) Act. V. 5. 10.

(f) Act. X. 11. & suiv.

II. De tous les Livres du Nouveau Testament approuvez par l'Eglise universelle ils ne rejettoient (5) que celui des *Actes des Apôtres*. Pour soutenir leur erreur, (*d*) ils alléguoient premiérement la (*e*) mort subite, dont *S. Pierre* punit *Ananias* & *Sapphira*, pour avoir menti au S. Esprit, disant, qu'il étoit impossible qu'un Apôtre du Seigneur eût usé d'une si grande sévérité pour un simple mensonge. Ils alléguoient encore (*f*) la vision, que *S. Pierre* eut à *Joppé*, d'un vase plein de toute sorte d'animaux, purs & impurs, & l'ordre, qu'il reçut du Ciel de les tuer, & d'en manger (6). Un Apôtre égorger des animaux : manger jusqu'aux *reptiles*, aux Serpens : Un Oracle du Ciel, qui l'ordonne : c'est une fable de l'Auteur, disoient ces profanes Critiques. Au fond ce n'étoient là que des prétextes. La véritable (7) raison, qui leur faisoit rejetter les *Actes des Apôtres*, c'est que, *Manichée* prétendant avoir reçu *le Paraclet* promis par J. Christ, il étoit convaincu d'imposture par l'Histoire rapportée au Chap. II. le Seigneur ayant accompli sa promesse à la face de toute la Terre. Cependant *S. Augustin* (*g*) a fort bien remarqué, que les Manichéens auroient pû recevoir le Livre des Actes, & se tirer ensuite des difficultez, qu'on leur opposoit, en usant des mêmes exceptions, dont ils se servoient pour éluder les témoignages des Evangiles. C'est ce qui m'a fait penser, que la vraye cause pourquoi ils excluoient du Canon l'Histoire Apostolique, c'est qu'elle n'eut pas au commencement, dans les Eglises Orientales, la même autorité que les Evangiles & les Epîtres. *S. Chrysostome*, dit M. Simon, (*h*) *se plaint, que ce peu que nous avons de l'Histoire des Apôtres étoit si négligé de son tems, que plusieurs n'en ignoroient pas seulement l'Auteur, mais qu'ils ne savoient pas même, s'il avoit été écrit. Il semble, que l'on ne tenoit compte alors, pour ce qui est du Nouveau Testament, que des Evangiles & des Epîtres de S. Paul. Peut-être ne lisoit-on, dans les premiers Siècles, que ces deux Ouvrages dans les Eglises. Nous voyons même que*

(g) De util. cred. Ib. Cap. III.

(h) Ub. sup. Part. I. p. 154.

Les Actes n'ont pas eu en Orient la même autorité que les Evangiles & les Epîtres.

Epistolis Canonicis, quo adjuvari Hæresim suam putent, id esse a Christo & Apostolis dictum teneant. Ibid. Cap. 15.

(5) *Hoc enim de illo libro fecerunt, qui Actus Apostolorum inscribitur*; c'est-à-dire, qu'ils disoient que ce Livre avoit été écrit par un Menteur. *Aug.* De util. cred. Cap. III.

(6) *Quemadmodum & illud, quod de Petro soletis afferre &c. Petre, quidquid in vase vides macta & manduca.* Et comme les Catholiques citoient cet endroit, pour montrer que l'usage des viandes étoit permis, *Fauste* leur dit, *Vescamini igitur necesse est passim belluis omnibus, & colubris, & colubris, ac reliquo omni genere serpentino juxta horama Petri.* Ap. *Aug.* L. XXXI 3.

(7) *Nosti enim, quod Auctoris sui Manichæi personam in numerum Apostolorum inducere molientes, dicant Spiritum Sanctum, quem Dominus Discipulis se missurum esse promi-*

que les Livres, qui sont consacrez aux usages des Eglises Grecques, ne portent que ces deux titres, Ἐυαγγέλιον, EVANGILE, & Ἀπόστολος, L'APÔTRE.

III. L'Apocalypse, l'Ep. de S. *Jude*, la II. de S. *Pierre*. la II. & la III. de S. *Jean* n'etoient point reçues des Manicheens, parce qu'elles ne l'etoient point des Syriens Orientaux.

1. L'Apocalypse.

III. Il n'y a pas d'apparence, que les Manichéens eussent parmi leurs Livres sacrez ni la II. Epître de *S. Pierre*, ni celle de *S. Jude*, ni la II. & la III. de *St. Jean*, ni l'*Apocalypse* de cet Apôtre. La raison en est, que tous ces Livres n'étoient point reconnus par les Eglises Orientales, au tems de la naissance du Manichéïsme, & qu'ils ne l'ont pas même été plusieurs Siècles après.

„ A l'égard de l'*Apocalypse*, M. *Asseman* (1) témoigne que ni *Ebedjesu*, Métropolitain de (2) *Sobe* & d'*Arménie*, ni *Grégoire Barbebræus*, ni *Jaques d'Edesse*, ne l'ont expliquée, soit parce „ qu'ils ne la reconnoissoient pas pour un Livre Canonique, ou „ parce qu'elle ne se trouve point dans l'ancienne Version Syriaque du Nouveau Testament, que les Syriens appellent *simple*". L'Auteur juge, que cette seconde raison est la plus vraisemblable, mais au fond elle confirme la prémiére. Car, si les Syriens avoient reconnu l'authenticité de l'*Apocalypse*, pourquoi ne l'auroient-ils pas traduite dans leur Langue, aussi-bien que les autres Livres du Nouveau Testament? Aussi le même Auteur convient-il (*a*) dans la suite, que les Eglises Orientales du Rit Syrien n'ont point admis l'*Apocalypse* dans leur Canon; *Barbebræus* (3) l'a rejettée absolument, comme un Ouvrage, ou de *Cérinthe*, ou de quelqu'Auteur, qui a porté le nom de *Jean*. Une preuve certaine, que les Syriens Orientaux n'ont point reconnu l'*Apocalypse* pour un Livre Divin, c'est que (4) les deux Sectes des Nestoriens & des Monophysites, d'ailleurs si opposées, n'ont dans leurs Rituels aucune leçon prise de ce Livre-là. Il ne se trouve point non plus dans les Manuscrits Syriaques du Nouveau Testament. Il n'étoit point dans celui, que (5) *Moïse Mardenus*, Député du Patriarche *Ignace*, communiqua à *Jean Albert de Widmanstad*, & qui fut imprimé à Vienne en 1555.

(*a*) Ibid. p. 15.

Quant

promisit, per ipsum ad nos venisse. Itaque si illos Actus Apostolorum reciperent, in quibus evidenter adventus Spiritus Sancti prædicatur, non invenirent, quomodo id immissum esse dicerent. C'est ce que S. *Augustin* dit à *Honorat* son ami, qui étois encore Manichéen. *De util. creden.* Cap. III.

(1) *Apocalypsin Joannis nec Sobensis, nec Barbebræus, nec Jacobus Edessenus, exposuere, duabus de causis; vel quia ab ipsis inter Libros Canonicos minime admissa fuit; vel, quod verosimilius censeo, quia ea in Syriaca* SIMPLICI, *quam vocant, Scriptura Versione haud extabat.* Assem. Bibliot. Orient. T. III. Part. I. p. 8.

(2) *Sobe* est *Nisibe*.

(3) *Barbebræus* se fonde sur le témoignage de *Denys* d'*Alexandrie*. Voyez *Eusébe*, Hist. Ec. L. VII. 25. p. 272. 273. Cet ancien Evêque n'adopte pas le sentiment, qu'on a exprimé dans le texte, savoir, *que l'Apocalypse soit l'Ouvrage de Cérinthe*. Il dit seulement que *quelques-uns des Evêques ses Prédécesseurs*

l'ont

Quant aux Epîtres Canoniques M. *Asseman* (*b*) reconnoit après *Pocock* & *Fabricius*, qu'il allégue, que les Syriens n'en reçoivent que trois, savoir celle *de S. Jaques*, *la I. de S. Pierre*, *& la I. de S. Jean.* Aussi *Ebedjesu* n'a-t-il mis dans son Catalogue, ni les quatre autres Epîtres, ni l'*Apocalypse*: Mais *Abraham Echellensis*, qui avoit publié ce Catalogue avant M. *Asseman*, n'a pas fait difficulté d'y ajoûter (6) l'Epître de *S. Jude*, & de mettre, après l'Article des Epîtres de *S. Paul*, LA RÉVÉLATION *de St. Jean a été écrite en Grec dans l'Ile de Patmos.* C'est un échantillon remarquable de la mauvaise foi de ce Maronite. Dans le stile de M. *Simon*, cela s'appelle *réformer les Ecrits des Anciens sur la foi des Modernes*, mais dans le stile de M. *Arnaud*, cela s'appelle *falsifier* les Ecrits des Anciens, & je croi qu'il a raison.

2. Les IV. Epitres. (*b*) *Ub. sup.* p. 9.

Infidélité d'*Abraham Echellensis*.

Ce que M. *Asseman* dit du sentiment des Syriens, touchant les Epitres Canoniques, est confirmé par *Cosmas*, surnommé INDICOPLEUSTES, à cause de sa Navigation dans les Indes. Cet Auteur qui étoit Egyptien, & qui florissoit dans le VI. Siècle, assure, (7) que les Syriens n'ont que la I. Epître de *S. Jean*, la I. de *S. Pierre*, & celle de *S. Jaques*, qu'à l'égard des quatre autres, elles ne se trouvent pas même dans leurs Eglises.

Témoignage de *Cosmas*, qui confirme celui d'*Asseman*.

IV. Le Manichéïsme étant donc né dans l'Orient lorsque les Chrétiens n'avoient que cette ancienne Version vulgate du N. Testament, qu'on appelle SIMPLE, il n'y a nulle apparence, que la Secte reçût ni l'*Apocalypse*, ni aucune de ces derniéres Epîtres. Et c'est, pour le dire en passant, une preuve invincible de la supposition du Monument Chinois, que les Jésuites disent avoir trouvé sous terre en 1625. proche de la Ville de *Siganfu*, Métropole de la Province de *Xen-Si*. L'Inscription, qu'on lit sur ce Monument, porte entre autres choses (8) que J. Christ, *montant au Ciel, vers l'heure de midi*, LAISSA VINT-SEPT LIVRES, qui contiennent sa Doctrine. Les Livres du Nouveau Testament, reçus à présent par les Grecs & par les Latins, sont effectivement au nombre de XXVII. Evangiles, IV. Actes des Apôtres, I. Epîtres

IV. Reflexion sur le Monument Chinois trouvé en 1625. Il est évidemment supposé.

l'ont cru. Τινὲς μὲν οὖν τῶν πρὸ ἡμῶν &c. Mais il témoigne qu'il ne la croit point de l'Apôtre S. *Jean*, pour les raisons qu'il allégue avec une grande modestie. Voyez *Eusébe*. Ibid. Et *Assem*. Ibid.

(4) *Certe Syri, tum Jacobitæ, tum Nestoriani, nullam ex Apocalypsi in Ecclesia lectionem recitant.* Assem. Ibid.

(5) Voyez sur cet homme, sur sa Patrie, sur ce qu'il fit en Europe, la Dissertation d'*André Muller*, publiée à Berlin en 1673.

(6) *Ubi nomen Judæ, ut mihi videtur, de suo adjiciens.* Assem. *ub. sup.* p. 9.

(7) Σύροις δὲ εἰ μὴ αἱ τρεῖς μόναι, αἱ προγεγραμμέναι, οὐχ εὑρίσκονται: αἱ ἄλλαι γὰρ οὔτε κεῖνται παρ' αὐτοῖς. Cosm. Topograph. Christ. L. VIII. p. 292.

(8) *Animabus Spiritualibus in illo tempore eum jam succurrisset; potentiâ negotia hic consummasset, se ipso elevatus, medio die ascendit in cœlum. Scripturarum remanserunt* BIS DECEM SEPTEM TOMI: *aperta est Originalis conversio* (c'est la Version

tres de *S. Paul*, XIV. Epîtres Canoniques, VII. *Apocalypse* I. Tout cela fait *vint-sept Livres* : mais en l'année (1) 782. qui est la date de l'Inscription, les Syriens ne recevoient que XXII. Livres du Nouveau Testament. Or ce sont des (2) Syriens, envoyez de la Province de Babylone qui doivent avoir gravé, ou fait graver les deux Inscriptions, l'une en Syriaque, & l'autre en Chinois, lesquelles se lisent sur le Monument dont il s'agit.

V. Les Manichéens nient que les Evangiles ayent été écrits par les Auteurs, dont ils portent les noms, mais par des Auteurs postérieurs.

V. L'Erreur des Manichéens sur l'exclusion de certains Livres du Nouveau Testament seroit peut-être supportable, si en faisant semblant d'admettre les autres, ils n'en avoient pas anéanti l'autorité par des exceptions arbitraires, & par des mensonges évidens. Prémiérement ils nioient, que les Evangiles ayent été écrits par les Auteurs sacrez, dont ils portent les noms, & le nioient avec une hardiesse, & une témérité surprenante. (3) " IL EST CONSTANT, *dit Fauste, que les Evangiles* n'ont point été écrits „ par J. Christ, ni par ses Apôtres, mais longtems après eux, „ par des hommes inconnus, qui, jugeant bien qu'on ne les en „ croiroit pas, puisqu'ils racontoient des choses, qu'ils ne savoient „ point, mirent à la tête de leurs Livres, les uns, des noms de „ quelques Apôtres : les autres, des noms de quelques hommes „ Apostoliques, assurant, que ce qu'ils avoient écrit, ils l'avoient „ écrit sur leur témoignage.

Fausseté manifeste de cette assertion.

L'Authenticité des Evangiles est appuyée sur deux preuves générales. La premiére est le témoignage constant & universel de l'Eglise, témoignage, qui, sur un fait de cette nature, a toute la force d'une démonstration. La seconde se tire du corps même des Evangiles : Quand on les examine avec toute la rigueur de la Critique la plus sévére, on n'y trouve aucun indice, qu'ils ayent été écrits depuis la ruïne de Jérusalem. Au contraire, on y apperçoit des preuves, qu'ils sont anterieurs à cet Evénement. L'Evangile selon *S. Luc*, par exemple, a été écrit avant les Actes, comme

sion Syriaque) *ut possent homines rationales ingredi.* Voyez *Athan. Kircher*, in Prodromo Copto. Cap. III. J'avertis ici le Lecteur, que M. *de la Crose* a fait des Observations sur ce Monument, qui convaincront toute personne équitable & impartiale, qu'il a été supposé par les Jésuites. Au reste, j'ai pris le passage ci dessus dans *André Muller*, qui a donné les Inscriptions du Monument Chinois, qui y a ajouté des Notes, & qui en a fait l'Histoire.

(1) *Muller* dit néanmoins, *Auctorem Scripturæ hujus annum Christi* 780. *designare voluisse.* In Commentar. pag. 22. Je croi qu'il faut dire 781.

(2) Cela est évident: 1. Par l'Inscription *Syriaque* : 2 Par la date *de l'an* 1092. *de l'Ere des Grecs* : Les Syriens Orientaux se servoient de cette Ere, & non ceux qui étoient Sujets des Romains. 3. Par le nom du *Patriarche*, qui avoit envoyé ceux, qu'on pretend avoir érigé le Monument. *In diebus Patriarchæ* HANANJESU, CATHOLICI *Patriarchæ*. C'est aussi le Sentiment du Jésuite Polonois MICHEL BOIM. *Sacerdotes illos*, (savoir ceux qui ont érigé le Monument) *ex Ecclesiâ Sancti Thomæ*, *vel* BABYLONIÆ .... *missos fuisse*... *Cum vel*

comme on le voit par (*a*) la Préface de ce dernier Livre. Or pourquoi *S. Luc* auroit-il fini son Histoire Apostolique à la premiére prison de *S. Paul*, s'il avoit écrit depuis le Martyre de cet Apôtre? Voyons néanmoins ce que *Fauste* allégue pour soutenir, que les Evangiles sont l'Ouvrage de quelques inconnus, qui n'ont écrit que longtems aprés la mort des Apôtres. Ses preuves sont aussi foibles, que son assertion est témeraire.

(*a*) *Act.* I. 1.

VI. Il dit donc premiérement, que l'Evangile *selon S. Matthieu* ne peut avoir été écrit par *S. Matthieu*, puisque l'Auteur parle de cet Apotre en troisiéme Personne. Il dit, par exemple, au Chap. IX. ℣. 9. que *Jésus* vit *en passant* UN HOMME *assis dans le Bureau du Peage, nommé* MATTHIEU, *& lui dit, suivez moi; que cet* HOMME *se leva aussi-tôt & le suivit.* " Cette Narration, *dit Fauste* (4), ne " peut-etre de *Matthieu* même, car un Auteur, qui écriroit sa " propre Histoire, ne diroit pas, *il vit un homme, il l'appella, cet hom-* " *me le suivit*, mais il diroit, *Jésus me vit, il m'appella, je le suivis.*" Rien de plus foible que cette objection, comme (*b*) *S. Augustin* l'a fait voir, par un grand nombre d'exemples pris du Vieux & du Nouveau Testament.

VI. Raisons de *Fauste* pour la soutenir. 1. *S. Matthieu* parleroit de lui-meme en troisiéme Personne.

Reponse. (*b*) Ibid. Cap. IV.

La seconde Objection est tirée des titres des Evangiles. *Fauste* (5) prétend, que cette expression, *Evangile* SELON *Matthieu*, SELON *Luc*, ne veut pas dire *écrit par S. Matthieu*, *par S. Luc*, mais recueilli de la Prédication de *S. Matthieu*, de *S. Luc*; de sorte que, si nous en croyons cet Hérétique, les titres seuls des Evangiles montrent, que *S. Matthieu*, que *S. Luc* &c. n'en sont point les Auteurs. Il semble que M. *Simon* ait trouvé cette objection plus solide qu'elle n'est. Il reproche à *Béze* de s'être emporté mal à propos contre *Chateillon*, qui avoit rendu ces mots ΚΑΤΑ ΜΑΤΘΑΙΟΝ, SELON MATTHIEU, par ceux-ci *Auctore Matthæo*, comme si cet Interpréte avoit voulu dire, que *S. Matthieu* étoit l'Auteur, & non simplement l'Historien de l'Evangi-

2. *Evangile selon Matthieu*, ne veut pas dire *écrit par S. Matthieu*.

Reponse.

vel ipsa Lingua SYRIACA ANTIQUA ESTRANGELA, *quæ in illa Ecclesiâ retinetur*, *& olim in* BABYLONE *atque* SYRIA *in usu fuerat*, *verosimiliter testetur* .... *Crediderim autem Prædicatores illos, non ex* JUDÆA *venisse*, *nam* SYROS *fuisse Syriaca Lingua*, *& nomina testantur.* Ap. *Muller.* Histor. Monum. Sinici. Vid. *Assem.* Bibliot. Oriént. T. II. p. 255.

(3) *Quod* (Evangelium *nec ab ipso Christo scriptum constat, nec ab ejus Apostolis, sed a quibusdam nominis incerti viris, qui, ne sibi adhiberetur fides scribentibus ea quæ nescirent, partim Apostolorum nomina, partim eorum, qui Apostolos sequi viderentur, scriptorum suorum frontibus indiderunt, asseverantes secundum eos se scripsisse quæ scripserint.* Faust. Ap. *Aug.* L. XXXII. 2. XXXIII. 3 Voyez aussi *Secundinus*, in Ep. ad *August.*

(4) *Et quis ergo de se scribens dicat, vidit hominem, & vocavit eum, & secutus est eum? Ac non potius dicat, vidit me, vocavit me, secutus sum*, &c. Ap. *Aug.* L. XVI. 1.

(5) *Asseverantes se* SECUNDUM EOS *scripsisse.* L. XXXII. 2. *Et* SECUNDUM EOS *scribere se profiterentur Evangelia.* L. XVII. 2. *Errores ac mendacia sua* SECUNDUM EOS *se scripsisse mentitos.* Ib. Cap. 3.

Remarque de M. *Simon* là-dessus.

(*a*) *Simon.* H. Cr. du N. Test. P. I. p. 21.

Elle vient des Manichéens.

Critique de cette Remarque.

vangile. *Béze* a eu tort, & s'est livré imprudemment à des soupçons légers & mal fondez. M. *Simon* a raison de le critiquer, mais je doute qu'il ait raison d'ajoûter la Remarque suivante, (*a*) *Béze devoit bien plutôt craindre ceux qui pourroient dire, que cette expression*, κατὰ Ματθαῖον, *semble marquer, que* S. Matthieu, *& les autres Evangelistes, n'avoient pas écrit eux-mêmes leurs Evangiles, mais que c'étoient seulement des Recueils, que leurs Disciples avoient faits des prédications de leurs Maitres.* M. *Simon* n'a pas jugé à propos de dire, que cette Observation venoit des Manichéens, quoiqu'il les attaque fort souvent dans les prémiers Chapitres de son *Histoire Critique*, & que ce soit eux vraisemblablement, qu'il avoit en vuë. Quant à sa Remarque elle ne me paroît pas fort solide, & *Béze* y auroit aisément repondu. Je n'examine pas si le titre d'*Evangile selon Matthieu*, a été mis par l'Historien même, ou s'il est d'une autre main. J'avouë après cela, qu'il peut signifier *Prédication*, ou, *Doctrine de J. Christ, telle qu'elle a été annoncée par Matthieu*, mais il peut signifier aussi, *telle qu'elle a été écrite par Matthieu.* En voici la preuve. Il est évident, que *S. Jean* a écrit l'Evangile, qui porte son nom, comme on le voit par le ŷ. 24. du Chap. XXI. Les Manichéens eux-mêmes n'en disconvenoient pas. *Fauste* dit, en parlant de *Pierre*, d'*André*, de *Jaques* & de *Jean* (1) *que de ces quatre Apôtres il n'y a que S. Jean*, QUI AIT ÉCRIT *un Evangile.* Or on a mis le même titre à l'Evangile de *S. Jean* qu'aux autres Evangiles; d'ou il s'ensuit que ce titre, EVANGILE SELON MATTHIEU, a été mis pour signifier, EVANGILE ÉCRIT par MATTHIEU. Il y a des preuves évidentes que *S. Luc* est l'Auteur des *Actes.* Or l'Auteur des Actes témoigne, *Act.* I. 1. qu'il est l'Auteur de l'*Evangile.* Donc le titre d'*Evangile selon St. Luc* veut dire, *Evangile* écrit par *S. Luc.*

VII. *Fauste* explique bien le mot d'*Evangile.*

VII. Ce sont là les seules Objections, que j'ai trouvées dans les Livres des Manichéens, contre l'Authenticité des Evangiles. Cependant je dois rendre justice à *Fauste.* Il n'explique pas mal, &, si je l'ose dire, il explique mieux que *S. Augustin*, ce que veut dire le mot d'*Evangile.* Il entend par là, non l'Histoire de la naissance, & des actions de J. Christ, mais la Doctrine, que J. Christ a prêchée. *L'Evangile*, (2) dit-il, *soit qu'on regarde le nom, ou la chose même*

(1) *Ex his quatuor unus, id est, Joannes, Evangelium scripsit.* Ap. *Aug.* L. XVII. 1.

(2) *Evangelium quidem a Prædicatione Christi, & esse cœpit, & nominari.* Ap. *Aug.* L. II. 1.

(3) *Etenim Evangelium nihil aliud quam Prædicatio & Mandata Christi.* ub. sup. L. V. 1. C'est ce que *Fauste* confirmoit par *Marc* I. 1. 14. 15. & par d'autres endroits de l'Ecriture.

(4) *Nescio quibus semi-Judæis.* Faust. ap. *Aug.* L. XXXIII. 3.

(5) ΓΙΝΕΣΘΕ ΔΟΚΙΜΟΙ ΤΡΑΠΕΖΙΤΑΙ. Voyez la Remarque de *Cotélier* sur ce mot, (*Constit. Apost.* L. II. 26.) Les Péres l'ont attribué fort unanimement

même, a commencé à la prédication de J. Christ. Et encore, (3) *l'Evangile n'est autre chose, que la Doctrine & les Commandemens de J. Christ*. C'est le vrai sens de cette expression, comme M. *Simon* (b) l'a bien remarqué : Et quoique *S. Augustin* eût raison dans le fond, il n'en avoit pas néanmoins de soûtenir, comme il faisoit, que l'Histoire de la naissance de J. Christ, est comprise dans l'idée de ces mots, *Evangile de J. Christ*, qui ne signifient autre chose, que *la Doctrine prêchée par J. Christ*.

(b) Ub. sup. p. 20.

VIII. Les *Manichéens* s'érigent en Censeurs des Evangiles.

VIII. Nos Hérétiques ayant supposé, que les Evangiles n'avoient point été écrits par des Apôtres, ni par des Disciples des Apôtres, mais (4) *par des inconnus à demi-Juifs*, ils s'érigerent en Censeurs des Livres sacrez, admirent ce qui s'accommodoit avec leur Systême, & rejettérent le reste. Pour colorer une entreprise si téméraire, ils alléguoient, que J. Christ, ayant prevû que sa Doctrine seroit bientôt altérée, en avoit averti dans la (c) Parabole de l'*Yvraye*, que le méchant devoit semer parmi le bon grain, pendant que le Pére de famille dormiroit, c'est-à-dire, lorsque le Seigneur auroit été élevé dans le Ciel : Qu'en conséquence de cela il avoit donné à son Eglise cette instruction mystérieuse, (5) SOYEZ D'HABILES BANQUIERS, c'est-à-dire, Discernez bien la bonne Doctrine de la mauvaise, les Ecritures authentiques des Actes supposez, ou falsifiez, comme un *Banquier habile* sait discerner la bonne monnoye de celle qui est fausse ou contrefaite. C'est sous ce prétexte, que le Faux *Clément* soûtenoit, (d) que les Livres de *Moïse* ayant été falsifiez, il falloit, selon le précepte du Seigneur, distinguer le faux d'avec le vrai : ce qui étoit de *Moïse*, & ce qui n'en étoit pas. C'est sous le même prétexte, que *Marcion*, *Appellès*, & d'autres Hérétiques, oserent toucher aux Livres sacrez. (6) *Le Seigneur a dit dans l'Evangile*, ce sont les paroles d'*Appellès*, SOYEZ D'HABILES BANQUIERS. *Servez-vous de toutes les Ecritures, mais en choisissant les choses, qui sont utiles*. Or, pour faire un choix de cette importance avec certitude & avec autorité, il falloit être éclairé des Lumiéres du S. Esprit, & avoir une Mission Divine. C'est pourquoi *Manichée* prétendit, qu'il étoit le Prophète du *Paraclet* promis par le Seigneur, & envoyé dans le Monde tout exprès, pour purifier sa Doctrine de tout ce que des hommes téméraires y avoient mêlé. Ce

(c) Matt. XIII. 25. & suiv.

(d) Voyez Homil. III. §. 47. & suiv. p. 645.

Se prévalent d'un mot attribué par les Péres à J. Christ.

ment à Notre Seigneur, & l'ont allégué pour justifier le choix qu'ils faisoient des Evangiles. Οἱ δόκιμοι τραπεζῖται, dit Origène, οὐ πάντα ἔκρινον ἀλλὰ τινὰ ἀντῶν ἐξελέξαντο. Ap Sim. Hist. Crit. du N. T. P. III. p. 81. Comme M. *Simon* cite un Ouvrage Ms. je ne puis assurer s'il cite un Ouvrage d'*Origene*, ou les paroles d'un Scholiaste.

(6) Οὕτως γὰρ φησίν : ἔφη ἐν τῷ εὐαγγελίῳ, ΓΙΝΕΣΘΕ ΔΟΚΙΜΟΙ ΤΡΑΠΕΖΙΤΑΙ· Χρῶ γὰρ, φησίν, ἀπὸ πάσης γραφῆς, ἀναλέγων τὰ χρήσιμα. Apel. ap. Epiphan. Hær. XLIV. §. 2. p. 382.

Ce faux Principe étant ſuppoſé, nos Hérétiques diſoient que (1) " ſi „ J. CHRIST, qui a été prédit dans le Vieux Teſtament, a bien „ fait la ſéparation de la Doctrine contenuë dans ce Livre : s'il „ en a retranché la plus grande partie, & n'en a conſervé dans ſa „ Religion que fort peu de choſe ; de même le PARACLET, qui „ nous a été promis dans le Nouveau Teſtament, nous a en- „ ſeigné ce que nous devons rejetter, J. Chriſt ayant dit, *il vous* „ *dirigera en toute vérité.*

Règles de leur Critique juſtes mais mal appliquées.

1. Deux Propoſitions contradictoires ne ſauroient être vrayes.

Je ne m'arrêterai pas à refuter un raiſonnement, qui eſt fondé ſur des hypothéſes évidemment fauſſes. Il vaut mieux éxaminer les Règles de la Critique des Manichéens. Car comme il ſeroit très-abſurde, & très-ſuſpect d'impoſture, qu'un homme procédât à réformer des Livres autoriſez par toute l'Egliſe Chrétienne, ſans en alléguer d'autre raiſon qu'une Inſpiration prétenduë, nos Hérétiques tâchoient de juſtifier leur Critique, & poſoient pour cela deux Règles générales. La prémiére, " que deux Propoſitions, „ ou deux Préceptes contradictoires, ne pouvant être tous deux „ véritables ; & les Livres du Nouveau Teſtament contenant de „ tels Préceptes, & de telles Propoſitions, il falloit néceſſaire- „ ment, que les unes ou les autres y euſſent été ajoutées par des „ hommes infidéles, & par conſéquent les retrancher ". La Règle eſt excellente, mais l'application n'en valloit rien, les Evangiles ne renfermant point de pareilles contradictions. On y peut trouver quelques contrarietez apparentes ; quelques circonſtances difficiles à concilier avec d'autres ; mais outre que cela regarde l'Hiſtoire & non les Dogmes, c'eſt qu'au fond la conciliation n'en eſt pas impoſſible. Cependant nos Hérétiques profitoient de ce vain (2) prétexte, pour retrancher des Ecritures tout ce qu'ils ne pouvoient accorder avec leurs Erreurs.

2. Règle. Tout ce qui bleſſe les Perfections Divines ne ſauroit être vrai.

Leur ſeconde Règle étoit, " que tout ce qui paroît déroger à „ la Grandeur & à la Majeſté de Dieu, quoique cela ſoit dans les „ Ecritures, ne ſauroit être vrai ". C'eſt ſous ce prétexte qu'ils rejettoient pluſieurs faits clairement rapportez dans les Evangiles. „ Nous ne recevons du Nouveau Teſtament, (a) dit *Fauſte*, QUE „ CE QUI EST HONORABLE AU FILS DE LA MAJES- „ TÉ ;

(a) *Ub. ſup.* L. XXXII. 7.

(1) *Si* JESUS, *per Teſtamentum vetus promiſſus, nunc dijudicat & carminat, docetque pauca ejus accipienda eſſe, repudianda quam plurima ; & nobis* PARACLETUS, *ex Novo Teſtamento promiſſus, perinde docet, quid accipere ex eodem debeamus, quid repudiare, de quo ultro Jeſus... Ipſe vos inducet in omnem veritatem.* Fauſt. *ub. ſup.* L. XXXII. 6.

(2) *Evangelia, quæ tantis referta erroribus, tantis contrarietatibus, narrationum ſimul ac ſententiarum, ut nec ipſi prorſus, nec inter ſe ipſa conveniant ... Quæ quia nos legentes, animadvertimus, cordis obtutu ſaniſſimo, æquiſſimum judicavimus, utilibus acceptis ex iiſdem, ... cætera repudiare.* Fauſt. *ub. ſup.* L. XXXII. 3.

(3) *Natum ex fœmina turpiter : circumciſum Judaicè : ſacrificaſſe Gentiliter : baptizatum humiliter : circumductum a Diabolo*

„ TE'; ce que nous savons qu'il a dit lui-même, ou ce que ses „ Apôtres ont dit depuis qu'ils furent devenus parfaits & fidèles. „ Nous laissons tout le reste : non seulement, ce que les Disci- „ ples ont avancé, lorsqu'ils étoient encore dans l'ignorance, mais „ aussi ce que les Ecrivains des Evangiles ont imprudemment in- „ séré dans les Ecritures, & transmis à la Postérité. Ainsi, nous „ ne croyons point ce qu'ils nous racontent, (3) que le Fils de „ Dieu est né honteusement d'une femme; qu'il a été circoncis „ à la Judaïque; (4) qu'il a sacrifié à la Payenne; qu'il s'est in- „ dignement abbaissé jusqu'à recevoir le Baptême; qu'il a été „ promené de tous côtez dans le Desert, & tenté miserablement „ par le Diable. Nous rejettons tout cela, aussi bien que ce qui „ a été pris du Vieux Testament, & inséré faussement dans le „ Nouveau. Mais nous croyons tout le reste, & surtout la *Cru-* „ *cifixion mystique* du Seigneur, par laquelle il nous découvre les „ playes de notre Ame; ses Paraboles, ses Préceptes, en général „ tous ses (5) *Divins Discours*, & en particulier les endroits, où „ il enseigne évidemment qu'il y a deux Natures.

Faits historiques niez sous ce prétexte.

Les Manichéens reçoivent tous les Divins Discours du Seigneur.

Ainsi ce que les Manichéens retranchoient des Evangiles se réduisoit principalement à quelques faits historiques, & aux passages du Vieux Testament, qui y sont alléguez. Ils admettoient les Instructions, & les Commandemens du Seigneur, comme *S.* (6) *Augustin* le témoigne après *Fauste*. Cependant, quand on leur opposoit quelque mot du Fils de Dieu, qui paroissoit contraire à leur Systême, ils commençoient par l'expliquer dans un sens, qui leur fût favorable, mais à toute extrémité, ils recouroient, dit *S. Augustin*, (*b*) au *Privilége Diabolique*, dont ils s'étoient emparez, & disoient, que ce mot avoit été fourré dans l'Evangile.

(*b*) Cont. *Faust.* L. XXII. 15.

IX. J'ai trois Reflexions à faire ici. L'impartialité les exige d'un Historien. La prémiére est, que les Manichéens n'étoient pas mal fondez, à reprocher aux Orthodoxes d'avoir altéré les Evangiles en quelques endroits. Ils l'avoient fait effectivement, comme nous le verrons dans la suite, mais ces endroits n'étoient pas ceux que nos Hérétiques rejettoient. La seconde Reflexion est, qu'ils conservoient dans leur entier les *Divines instructions*, & *les saints commandemens* du Seigneur : Ils les regardoient avec une pro-

IX. Reflexions impartiales sur leurs faux Principes.

bolo per Deserta, & *ab eo tentatum quam miserrime*. Ibid. Cap. VI.

(4) Il s'agit du sacrifice offert par *Joseph* & par *Marie*, après la naissance du Seigneur. *Luc*, II 22. & suiv. *Faust.* ap. *Aug.* L. XXXI. XXXII. 13.

(5) *Deificum Sermonem*. Ibid. Les Manichéens donnoient ce titre à la Parole du Seigneur. *Felix* dit de même à S. Augustin; *Deificas Scripturas*. Act. cum *Fel.* L. I. 13.

(6) *His autem exceptis* (ce sont les faits historiques que l'on a rapportez) & *testimoniis ex Veteri Testamento, quæ illis inserta sunt Literis, cætera vos, secundum id quod Faustus loquitur, fatemini accipere*. Aug. cont. Faust. L. XXXII. 1[illegible].

profonde vénération, & les observoient peut-être mieux que les Catholiques. Il est vrai qu'ils y méloient quelques Observances superstitieuses; mais ceux-ci n'en avoient-ils pas? La troisiéme Réflexion est, qu'encore qu'ils eussent tort de rejetter, comme ils faisoient, les passages du Vieux Testament citez dans le Nouveau, cependant ces passages n'étant alléguez que pour montrer aux Juifs, que J. Christ est le Messie, & les Manichéens le reconnoissant pour le Fils de Dieu sans avoir besoin de ces preuves, leur Foi n'en souffroit pas.

Ils renversoient 1. La Religion Chrétienne.

Il n'y a rien en quoi S. *Augustin* ait mieux réussi qu'à montrer, que les Principes de nos Hérétiques renversoient de fond en comble, & toute la Religion Chrétienne, & le Manichéïsme même. Car, s'il étoit vrai, que les Evangelistes fussent (1) des *inconnus, qui ne savoient rien* de l'Histoire & de la Doctrine de J. Christ, *que par des bruits de la Renommée, & qui ne s'accordoient pas même entre eux*, ils ne mériteroient plus aucune créance, ce qui détruit la Religion Chrétienne. Mais cette Supposition ne détruit pas moins le Manichéïsme: car l'Apostolat de *Manichée* étant appuyé sur la Promesse du *Paraclet*, & la certitude de cette Promesse dépendant de la fidélité des Evangelistes, qui la rapportent, elle tombe avec leur autorité. C'est ce que S. *Augustin* a fort bien montré. " Sur quel fondement, (2) dit-il aux Manichéens, établissez-vous la Mission & l'Apostolat de votre Fondateur, ou „ plutôt de votre Séducteur? Vous repondez, que c'est sur l'E„ vangile. Mais, sur quel Evangile? Sur un Evangile, que vous „ ne recevez qu'en partie, & que vous dites avoir été falsifié. „ Quel procédé plus absurde que le vôtre? Vous commencez „ par accuser vos Témoins de faux, & vous alléguez ensuite leur „ témoignage.

2. Le Manichéïsme.

X. Erreur de *Tite de Bostres*. Il accuse les Manichéens 1. De n'avoir point l'Evangile. 2. D'en avoir composé un faux.

X. Ce que je viens de rapporter fait voir, que *Tite* de Bostres s'est trompé, lorsqu'il a dit, (3) " que les Manichéens n'ont point „ les Evangiles; qu'ils n'en ont ni les propres termes, ni le sens; „ qu'ils ne le lisent point, & que leur Langue même ne les a pas: „ mais qu'ayant retranché des Evangiles, & y ayant ajoûté ce „ qu'ils ont voulu, ils ont composé un Livre, auquel ils ont „ donné

(1) *A nescio quibus, & ipsis inter se non concordantibus, semi-Judæis, per famas opinionesque comperta.* Fauste parle des Evangélistes. *ub. sup.* L. XXXIII. 3.

(2) *Unde asseritis Personam vestri Auctoris, vel potius seductoris? Respondetis, Ex Evangelio. Ex quo Evangelio? Quod non totum accipitis, quod falsatum esse vos dicitis? Quis ergo testem suum prius ipse dicat falsitate esse corruptum, & hinc producat ad testimonium?* Aug. *ub. sup.* L. XXXII. 16.

(3) Comme je n'ai pas le Grec de *Tite de Bostres*, je ne saurois présenter au Lecteur que la Version de *Turrien*, laquelle est fort embarrassée. *Neque verbis & propriâ sententiâ Evangelia adscribere; Nec enim eorum Lingua Evangelia habet, & eorum lectionem prætermittunt. Adscripserunt itaque quæcunque voluerunt*, &

„ donné le nom d'Evangile, quoique ce soit un Livre tout „ différent". J'ai deux Remarques à faire sur ce passage.

Le prémier fait est faux.

1. Il n'est pas vrai, que les Manichéens n'eussent point les Evangiles, & qu'ils ne les lussent point. Le contraire est évident, par le peu qui nous reste de leurs Ouvrages, & par cette réponse, que S. *Augustin* met dans la bouche de *Fauste* (4). Les Fidèles doivent lire les Evangiles, *pour ne pas oublier ce qu'ils ont cru:* Il n'y a d'ailleurs nulle exactitude à dire, que nos Hérétiques *n'avoient pas l'Evangile dans leur Langue*. Y avoit-il donc une Langue Manichéenne? Une Langue qui fût propre à la Secte, dans laquelle elle fit le Service Divin, & lût les Livres sacrez? Cet usage de ne lire l'Ecriture & de ne faire le service que dans une certaine Langue, est beaucoup plus moderne que le Manichéïsme. Nos Hérétiques parloient Grec en Gréce, Syriaque en Syrie, Caldéen en Caldée &c. Ils avoient beaucoup de Livres en *Syriaque*, & si c'est-là ce que *Tite* de *Bostres* appelle *leur Langue*, comment a-t-il pû dire qu'ils n'avoient pas *les Evangiles dans leur Langue*, puisque la Version Syriaque, que l'on appelle simple, fut faite longtems, avant que *Manichée* vînt au Monde. L'Auteur veut parler peut-être de la *Langue Persane*, parce que *Manès* étoit Persan. Mais qui lui a dit, que les Persans n'avoient pas *l'Evangile dans leur Langue?* (5) S. *Chrysostome* & *Théodoret* témoignent le contraire. Il est d'ailleurs certain que, dans les prémiers Siècles, par tout où la Religion Chrétienne fut établie, on eut bientôt (6) des Versions du Nouveau Testament en Langue vulgaire.

2. Examen du second fait. L'Evangile des Manichéens, est, ou le Diatessaron de *Tatien*,

2. A l'égard de *l'Evangile*, que *Tite de Bostres* prétend avoir été composé par les Manichéens, c'est, si je ne me trompe, ou le Diatessaron *de Tatien*, ou l'Evangile *selon les Syriens*. *Tatien*, Philosophe aussi bien que *Justin* Martyr son Maître, très-savant d'ailleurs, rassembla dans un seul corps les Rélations des quatre Evangélistes, & fut le prémier, qui inventa ces *Harmonies*, ou *Concordes*, qui ont paru dans la suite d'une très-grande utilité. Son Ouvrage fut nommé le Diatessaron: Quelques

& detraxerunt quæcunque judicaverunt & postea, nomine appellant Evangelii, qui corpus Evangelii non servaverunt: sed potius aliud corpus literarum, quod ad nomen Evangelii pertingit, propria voluntate fecerunt. Voilà une Traduction assez barbare. *Tit. Bostr.* L. III. initio Voyez *Bibliot.* PP. T. IV. P. II. col 229.

(4) *Sed Evangelium legere debet jam Fidelis, ne obliviscatur quod credidit.* Ap. Aug. *ub. sup.* L. XIII. 18.

(5) Σύροι... καὶ Πέρσαι... εἰς τὴν αὐτῶν μεταβαλλόντες γλῶτταν. Il s'agit de l'Evangile selon S. *Jean. Chrysost.* Hom. I. in *Joan.* Voyez aussi Theodor. *De curand. Græcor. affectibus.* Serm. V. T IV. p. 555.

(6) Le Lecteur peut consulter l'Ouvrage Historique d'Usserius, *De Scripturis & Sacris vernaculis.*

ques Savans croyent même, qu'un l'appella le (1) DIAPENTE', parce que l'Auteur joignit à nos quatre Evangiles, celui des HEBREUX, qui avoit alors cours & autorité en Syrie, non seulement parmi les Chrétiens de la Circoncision, mais parmi ceux qui sortoient du Paganisme, comme on le verra par un passage, que (2) S. *Ignace* en a cité. Si ma conjecture est vraye, il s'ensuit 1. Que les Manichéens n'étoient point les Auteurs d'un *Evangile*, qui avoit été composé par *Tatien* plus de cent ans avant *Manichée*. 2. Qu'ils pouvoient s'en servir tres-innocemment, puisque S. *Ephrem* avoit écrit un Commentaire sur cet Evangile, comme le temoignent (3) *Basilabee* & *Barhébræus*. En effet ce Livre étoit *si estimé* parmi les Chrétiens de la Langue Syriaque, (je dis parmi les Orthodoxes) que *Théodoret* (4) *en trouva plus de deux cens Exemplaires dans les Eglises de son Diocèse*, qui n'en lisoient presque point d'autre. Il est vrai pourtant, que les Manichéens pouvoient avoir des raisons particuliéres de le préférer à d'autres. Car outre que *Tatien* étoit à peu près dans les mêmes Principes qu'eux, sur les Articles du Mariage & du Célibat, & sur celui de l'abstinence des Viandes, c'est, qu'on ne trouvoit dans son *Diatessaron*, (5) *ni les Généalogies de J. Christ, ni aucuns des témoignages, par lesquels il paroît, que le Seigneur est sorti de la Race de David selon la chair.*

Ou l'Evangile [selon] les He[breux], autrement selon les Syriens.

Je m'arrête principalement à cette pensée, qui me semble la plus véritable. Cependant il y avoit aussi en Syrie un *Evangile*, appellé tantôt (6) *selon les Hébreux*, tantôt *selon les Syriens*, car je ne doute pas que ce ne fût le même dans le fond; or cet Evangile n'avoit point non plus (a) la Généalogie de J. Christ. Il commençoit au Ministére de S *Jean*, & contenoit d'ailleurs quelques Particularitez, qui ne sont pas dans le nôtre. De sorte, que *Tite de Bostres*, qui l'a attribué aux Manichéens a pû dire avec quelque fondement, *qu'ils avoient retranché des Evangiles, & qu'ils y avoient ajoûté.* Du reste je n'ai vû nulle part, que nos Hérétiques eussent composé (7) un Evangile, qui fût propre à leur Secte.

(a) Epiph. Hær. XXX 13.

XI. Les Manichéens croyent les Epîtres de S. *Paul* falsifiées.

XI. Je n'ai qu'un mot à dire sur les Epîtres de S. *Paul*. Nos Hérétiques ne nioient pas qu'il n'en fût l'Auteur : mais quand on

(1) On peut voir la Note du savant M. *Fabricius*. Cod. Apocryph. N. Test. T. I. p. 379.

(2) C'est ce qu'on verra dans un Discours, que j'ai inséré à la fin du II. Livre.

(3) *Syriacum Tatiani* DIATESSARON *Commentariis illustravit S. Ephrem*. Assem. Bibliot Orient. T. III. P. I. p. 12.

(4) Εὗρον δὲ κἀγὼ πλείους ἢ διακοσίας βίβλους τοιαύτας ἐν ταῖς παρ' ἡμῖν ἐκκλησίαις τετιμημένας. Theod. Hær Fabul. L. I 20.

(5) Τὰς δὲ γενεαλογίας περικόψας, καὶ τὰ ἄλλα ὅσα ἐκ σπέρματος Δαβὶδ κατὰ σάρκα γεγεννημένον τὸν Κύριον δείκνυσι. *Theodor.* Ibid.

(6) 'Ex

on leur en opposoit des passages, qu'ils ne pouvoient concilier avec leurs erreurs, ils ne faisoient aucune difficulté de dire, (8) que ces Ecrits de l'Apôtre avoient été falsifiez. C'est-là ce qu'ils pensoient sur les Livres du Nouveau Testament. Ils faisoient profession de les reconnoître, mais avec les exceptions, que j'ai rapportées, & se reservant la liberté de n'en recevoir, que ce qui leur paroissoit (9) *vrai*, *sain*, & *n'avoir point été corrompu* : de sorte que S. *Augustin* avoit raison de leur reprocher, (10) " qu'au lieu de „ soumettre leur Foi aux Saintes Ecritures, ils soumettoient les „ Saintes Ecritures à leur Foi, ou plutôt à leurs Erreurs.

CHAPITRE VI.

Des Livres des Manichéens, & prémiérement, des Livres des Philosophes, ou des Prophetes des Gentils. Leur idée sur la Prophetie. Réligion de ZOROASTRE.

I. ALEXANDRE *de Lycople* (a) témoigne, que ce qui rendoit la réfutation du Manichéisme plus difficile, c'est que ces Hérétiques ne suivoient pas la Méthode des Philosophes qui posent des Principes, & en déduisent les conséquences. Ils se fondoient sur certains Livres, les uns anciens, les autres modernes, de sorte qu'il n'y avoit aucun moyen de les réfuter, qu'en montrant l'opposition de leur Doctrine avec leurs Livres, ou en faisant voir, que, ces Livres ayant été supposez par des Imposteurs, ils ne méritoient aucune creance. Ce Philosophe avoit raison dans un sens, mais il ne faisoit pas réflexion, qu'on ne peut combattre autrement une Réligion, qui est appuyée sur l'autorité.

I. Quatre Especes de Livres propres aux Manichéens.

(a) *Ub. sup.* p. 6.

Comme il ne nous dit point quels étoient ces Livres, il faut tacher de le découvrir. Il y en avoit de plusieurs espéces. I. Les uns étoient des anciens Poëtes ou Philosophes : II. D'autres portoient les noms des Patriarches : III. D'autres passoient pour être des Apôtres, ou des hommes Apostoliques. IV. Les derniers étoient les Livres, ou de Manichée lui-même, ou de quelques uns de ses principaux Disciples. Je vai parler de tous ces Livres, puisque je traite

(6) Ἐκ τοῦ καθ' ἰδιώτης, ἢ τῶ συριακῶ, &c. *Euseb.* Hist. Eccl. L. IV. 22.

(7) Je parle ainsi parce que j'ai montré dans la I. Partie, que l'Evangile de *Thomas* n'étoit point du Manichéen *Thomas*, & je montrerai dans la suite que celui de S. *Pierre* étoit de *Leuce*, qui a vecu cent ans avant *Manichée*.

(8) *Aliquid in Apostolo cauponatum.* Faust. *ub. sup.* L. XI. I. L. XXXIII. 6.

(9) *Probare si sint vera, si sana, si incorrupta.* Faust. ap. Aug. L. XVIII. 3.

(10) *Ut non autoritati Scripturarum subjiciatur ad fidem, sed sibi Scripturas ipse subjiciat.* Aug. *ub. sup.* L. XXII. 19.

traite des Principes du Manichéïsme, & que les Livres d'une Secte sont les fondemens de sa Créance. Commençons par ceux des Poëtes & des Philosophes, & dévelopons avant toutes choses ce que les Maniehéens pensoient sur une sorte d'illumination générale, que la Divinité accorde à tous les Esprits, qui ne mettent point d'obstacle à sa Grace.

II. Premiére ESPECE. *Livres des Philosophes.* Principe des Manichéens pour admettre les Livres des Philosophes. Le verbe Divin éclaire tous ces hommes.

II. *Manichée*, ayant examiné à sa maniere les Livres des Hébreux, ne les croyoit point du tout inspirés. Il les consideroit tout au plus comme des Livres écrits par les Sages de cette Nation, & pour cette Nation seulement, & n'avoit garde de se persuader, que la Religion & la Sagesse fussent un dépôt, que Dieu n'avoit confié qu'à elle. Selon lui le Législateur des Hébreux ne fit que mêler des Cérémonies Payennes, & quelques Histoires, les unes vrayes, les autres fabuleuses, aux Véritez, & aux Loix, que les bons Anges avoient enseignées aux prémiers Patriarches. Mais ces Véritez & ces Loix n'étoient point inconnuës aux autres Nations, qui les ténoient de la même source, & qui ont eu leurs Sages & leurs Prophétes aussi bien que les Juifs. *Manichée* se fondoit sur ce que la Sagesse Divine ne cesse point de répandre ses Lumiéres de toutes parts, & dans tous les Esprits, à mesure, qu'ils sont plus epurez de l'amour des biens & des plaisirs sensibles. Il n'y a que les nuages des affections terrestres, qui empêchent les clartez de ce Soleil spirituel de pénétrer dans toutes les Ames.

Les Stoïciens ont la même idée.

(a) Ramsai, Disc. sur la Mytholog. p. 34.

Un ingenieux Auteur de notre tems rapporte sur ce sujet un beau Passage de *Lucain*, qui fait parler Caton en ces termes, (*a*) „ Nous sommes tous unis à la Divinité : Elle n'a pas besoin de „ paroles pour se faire entendre. Elle nous a dit en naissant tout „ ce que nous avons besoin de savoir : Elle n'a pas choisi les sables „ arides de la Lybie (l'Auteur veut parler de l'Oracle de *Jupiter* „ *Hammon*) pour y ensevelir la Vérité, afin qu'elle ne soit con„ nuë que d'un petit nombre de Personnes. Elle se fait connoître „ à tous. Elle remplit tous les lieux, la Terre, la Mer, l'Air, „ le Ciel. Elle habite surtout l'Ame des Justes. Pourquoi la chercher „ plus loin ". Cela paroît fort beau ; mais les Principes du Stoïcisme sont enveloppez là-dessous. Les Stoïciens croyoient, que la Divinité est une substance très-subtile, qui pénétre toute la Nature & dont l'Ame Humaine est une partie.

Plu-

(1) Χριστῷ δὲ τῷ καὶ ὑπὸ Σωκράτους ἀπὸ μέρους γνωσθέντι, λόγος γὰρ ἦν καὶ ἐστὶν, ὁ ἐν παντὶ ὤν. *Just.* Mart. Apol. I. p. m. 38. *Langus* a traduit ces mots, ὁ ἐν παντὶ ὤν, par ceux ci, *In universitate rerum existens*, mais *Casaubon* a corrigé cette Version. Il faut traduire, *in omni homine existens.* Voyez Casaub. Exercit. I. p. 4. & vous y trouverez ce que d'autres Péres ont pensé sur le même sujet.

(2) Τὸν Χριστὸν .... προεμηνύσαμεν λόγον ὄντα, οὗ πᾶν γένος ἀνθρώπων μετέσχε. Καὶ οἱ μετὰ λόγου βιώσαντες Χριστιανοί εἰσι ... Οἷον ἐν Ἕλλησι, μὲν Σωκράτης καὶ Ἡράκλειτος. Id. Ap. II. p. m. 85.

(3) Si le Lecteur veut voir cette Question

Sentiment des Peres conforme. De Justin Martyr.

Plusieurs des Péres ont pensé à peu près comme les Philosophes sur cette illumination universelle : mais ils avoient des idées plus justes de la Divinité. Ils consideroient l'*Esprit*, la Raison Humaine, comme un Rayon, comme une Lumiére, qui sort du VERBE, ou de la Raison Divine, & qui (*b*) *éclaire* généralement *tous les hommes*. C'est ce qui a fait dire à *Justin Martyr*, (1) *que le Christ a été connu en partie de Socrate, parce que le Christ est le* VERBE, & QUE LE VERBE EST DANS TOUS LES HOMMES. Et ailleurs, (2) *Nous avons dit ci devant, que le Christ étant le* VERBE, *tous* LE GENRE HUMAIN Y PARTICIPE. *Car tous ceux, qui vivent selon la Raison, sont Chrétiens. Tels ont été parmi les Grecs Socrate, Héraclite* &c. *Justin* concevoit, que toutes les Lumiéres viennent de Dieu, qui en est la source, mais qu'elles en viennent par le VERBE, qui émane du Pére, & qui éclaire immédiatement les Esprits, pourvû qu'ils ne se laissent pas aveugler par les Passions charnelles.

(*b*) *Jean* I. 9.

Reflexion de S. Augustin. Les Passions sont le seul obstacle aux Lumiéres du S. Esprit.

St. *Augustin* (*c*) examinant, (3) pourquoi *Socrate* abandonna l'étude des Véritez naturelles pour s'appliquer tout entier à celle des mœurs, en rend deux raisons. La prémiére, que ce Philosophe, rebuté de l'obscurité, qui enveloppe la Nature, & de l'incertitude de nos découvertes, tourna toutes les forces de son heureux Génie du côté des Véritez Morales, auxquelles l'Esprit acquiesce agreablement, à cause de leur évidence & de leur certitude. La seconde (4), " c'est que *Socrate* reconnut, que les causes de toutes „ choses ne pouvant être apperçuës que par un Esprit épuré, il „ falloit commencer par le purifier des Passions terrestres, le dé„ charger, pour ainsi dire, de leur poids, afin qu'ayant recouvré „ toute sa vigueur naturelle il pût s'élever à la contem„ plation de Dieu, de cette Lumiére incorporelle & immua„ ble, dans laquelle subsistent & vivent les Causes des Na„ tures créées ". St. *Augustin* ne prête rien à *Socrate* dans cette occasion. Cette belle maxime, que, pour parvenir à la connoissance des Vérités Divines, il faut avant toutes choses sanctifier le cœur, étoit commune parmi les plus anciens Philosophes. Lorsque Pythagore voulut apprendre la Philosophie des Caldéens (5), *Zabratus* son Maître commença par le purifier des taches de sa Vie passée, & lui enseigner la Sainteté qui convient aux Sages, aux hommes

(*c*) *De Civit. Dei*. L. I. 3.

Maxime de Zabratus, ou de Zoroastre là-dessus.

tion traitée à fond, il n'a qu'à lire ce que **Platon** & **Xenophon** disent là-dessus dans le Chap. IX. du I. Livre de la *Préparation Evangelique* par *Eusébe*.

(4) *Ut, deprimentibus libidinibus exoneratus animus, naturali vigore in æterna se attolleret, naturamque incorporeæ, & incommutabilis Luminis, ubi causæ omnium factarum Naturarum stabiliter vivunt, intelligentiæ puritate conspiceret.* Aug. Ibid.

(5) Παρ' οὗ (nempe *Zabrato*) καὶ ἐκαθάρθη τὰ τοῦ προτέρου βίου λύματα, καὶ ἐδιδάχθη ἀφ' ὧν ἁγνεύειν προσήκει τοὺς σπουδαίους. *Porphyr.* De vit. Pythag. p. m. 185.

mes vertueux. Pythagore préparoit de même ses Disciples, avant que de leur confier ses instructions.

III. Conclusion de ce Principe les Nations ont eu leurs Sages & leurs Prophetes.

IV. De ce Principe, que la Raison Divine éclaire tous les Esprits, qui ne mettent point d'obstacle à ses Lumiéres, les Anciens en ont conclu prémiérement, que (1) toutes les Nations ont eu des *Justes*, qui ont été agreables à Dieu. Et secondement, qu'elles ont eu des Sages & des Prophétes à qui Dieu s'est manifesté. C'est ce que *Clément d'Alexandrie* a dit en ces termes; (2) " Comme „ Dieu, voulant sauver les Juifs, leur donna des Prophétes, il suscita de même les plus excellens hommes d'entre les Grecs, ceux „ qui étoient les plus propres à recevoir ses graces. Il les sépara „ des hommes du Vulgaire, afin d'être les Prophétes des Grecs, „ & de les instruire dans leur propre langue". Cet ancien Auteur confirme ce qu'il avance par un passage d'un Livre Apocryphe intitulé, la PREDICATION *de Pierre*, Livre que l'on trouve encore (*a*) en Orient, où il est lû par les Nestoriens comme un Livre sacré. C'est-là que l'Auteur fait dire à S. *Paul* (3); " Prenez les Livres des Grecs: „ Voyez y comment la *Sybille* y enseigne un seul Dieu, comment „ elle y prédit les choses futures. Prenez aussi le Livre d'*Hystaspes*, lisez le, & vous y verrez le Fils de Dieu decrit d'une maniere encore plus claire & plus précise". Quoi que la *Prédication de Pierre* soit un Livre Apocryphe, & que ceux de la *Sybille* & d'*Hystaspes*, soyent supposez, on ne laisse pas d'y voir, quels ont été les sentimens des anciens Chrétiens sur le sujet des Prophétes du Paganisme.

(*a*) Assem. *Bibliot. Orient.* T. III. P. I. p. 282.

C'est le sentiment des Manichéens, confirmé par tous les anciens Péres.

Les Manichéens en avoient la même opinion. Ils ont supposé, 1. que les Gentils ont eu leurs Prophétes. Et 2. que c'est par le témoignage de ces derniers, & non par celui des Prophétes Hébreux, qu'il falloit les convaincre. *Fauste* (4) tâche de prouver ces deux Propositions, dans ses Disputes contre S. *Augustin*. Elles sont incontestables si on les decide par l'autorité des Péres, & par la méthode qu'ils ont suivie dans les *Exhortations*, qu'ils adressent aux Gentils. Prouvons cela par quelques exemples.

Justin

(1) *Etiam per alias Gentes esse potuisse, qui secundum Deum vixerunt, eique placuerunt, eosque pertinere ad cœlestem Hierusalem.* Aug. ub. sup. L. XVIII. 47. *Nec ipsos Judæos existimo audere contendere neminem pertinuisse ad Deum præter Israelitas.* Ibid.

(2) Ὅτι καθάπερ Ἰουδαίους σώζεσθαι ἐβούλετο ὁ Θεὸς τοὺς προφήτας διδούς· Οὕτως καὶ Ἑλλήνων τοὺς δοκιμωτάτους, οἰκείους αὐτῶν τῇ διαλέκτῳ προφήτας ἀναστήσας, ὡς οἷοί τε ἦσαν δέχεσθαι τὴν παρὰ Θεοῦ εὐεργεσίαν. Clem. Al. Strom. L. VI. p. 638.

(3) Λάβετε καὶ τὰς ἑλληνικὰς βίβλους, ἐπιγνῶτε Σίβυλλαν, ὡς δηλοῖ ἕνα Θεὸν, καὶ τὰ μέλλοντα ἔσεσθαι· καὶ τὸν Ὑστάσπην λαβόντες ἀνάγνωτε, καὶ εὑρήσετε πολλῷ τηλαυγέστερον καὶ σαφέστερον γεγραμμένον τὸν υἱὸν τοῦ Θεοῦ. Clem. Ibid. Voyez sur ce passage la Remarque de Grabe, Spicil. T. I. p. 66.

(4) *Porrò nos naturâ sumus Gentiles sub alia Lege nati, & PRÆFATORIBUS, aliis, quos Gentilitas* VATES *appellat, atque ex iis postea sumus ad Christianismum conversi.* Ap. *Aug.* L. XIII. 1. Il parle ensuite de la SIBYLLE, d'HERMES, d'OR-

Justin Martyr (a) allégue aux Payens (5) des vers d'*Orphée*, où cet ancien Poëte décrit la Divinité d'une maniére si noble & si juste, qu'elle ne sauroit être mieux représentée par les Auteurs sacrez. Il chante, dans ses Hymnes, la Création du Monde, produit par la PAROLE DU PERE, & exhorte toute la Terre à écouter cette PAROLE *Divine*, à s'attacher à elle, & à lui obeïr.

Par *Justin Martyr*: alléguant des Oracles des Poëtes.

(a) *Cohort. ad Gent.* p. m. 14. 15.

Εἰς δὲ λόγον θεῖον βλέψας, τούτῳ προσέδρευε.

Tout le monde sait la belle (6) Eglogue, que *Virgile* composa, à l'occasion de la naissance du Fils de *Pollion*. Les Chrétiens, enchantez de la conformité des merveilles, que le Poëte prédit, avec les principaux Mystéres de l'Evangile, n'ont pas douté, que cette Piéce ne fût une Prophétie de la naissance du Fils de Dieu; une description juste, & magnifique de sa Personne, de son Regne, de ses Vertus, de ses Bienfaits. On y a crû voir le miracle de sa naissance:

Par *Constantin le Grand* alléguant *Virgile*.

Jam redit & VIRGO, *redeunt saturnia Regna.*
Jam NOVA PROGENIES *cœlo demittitur alto.*

On y a crû voir l'abolition du PECHÉ par la Prédication de l'Evangile, l'abolition de LA PEINE par la grace du Rédempteur:

TE DUCE, *si qua manent sceleris vestigia nostri,*
IRRITA, *perpetuâ solvent formidine Terras.*

On y a crû voir L'ANCIEN SERPENT terrassé, & le venin mortel, dont il a empoisonné la Nature Humaine, entiérement amorti:

Occidit & SERPENS, *& fallax herba veneni.*

On y a crû voir, que la GRACE du Seigneur, quelque puissante qu'elle soit, laisseroit neanmoins subsister dans les Fideles des restes & des *Vestiges* du Péché.

PAUCA *tamen suberunt priscæ* VESTIGIA *fraudis* &c.

On

d'ORPHÉE, *& d'autres Prophétes des Gentils*: Et ailleurs, *De Gentium verò Prophetis si quis ambigit, audiat Paulum, qui, scribens ad Titum de Cretensibus, dixit, Quidam eorum proprius Propheta... Ac per hoc dubitandum non est, & Gentes suos habere Prophetas.*

(5) Voyez aussi ces Vers d'*Orphée*, dans *Eusebe*. De Præp. Ev. L. XIII. 13. p.m. 685. Ce Pére y entasse un grand nombre de passages des Poëtes Grecs sur le sujet de l'Unité de Dieu, sur ses Attributs &c.

(6) *Virg.* Egl. IV. Le Lecteur, qui voudra savoir ce qu'on doit juger raisonnablement de cette prétendue Prophétie de *Virgile*, ou de la *Sibylle*, peut consulter le Docte *Fabricius*, Bibliot. Græc. T. I. p. 182. & suiv.

On y a crû voir J. Christ annoncé sous le grand Caractére de Fils de Dieu:

Cara Deûm Soboles, *magnum* Jovis Incrementum.

Qui doit avoir pris ses idées des Oracles de la Sybille de Cumes.

(*a*) *Orat. ad Cœtum Sanctor.* Cap. *XVIII. XIX.* & seq.

Il y a dans cette Eglogue quantité d'autres traits, qu'on diroit avoir été copiez d'aprés les Prophétes, & qui s'appliquent d'eux mêmes à J. Christ. C'est ce que *Constantin le Grand* (*a*) tâcha de faire voir dans le beaux Discours, qu'il prononça devant l'*Assemblée des Saints*. Il y montre que tout le Poëme de *Virgile* n'est qu'une Description Prophétique du Sauveur, & que s'il n'a pas été l'objet immédiat du Poëte, il l'a été de la Sybille, de qui le Poëte a imprunté ses idées. C'est le (1) sentiment général des Chrétiens. Ils ont crû, que toute l'Eglogue de *Virgile* n'est qu'une imitation d'un Poëme de la *Sybille de Cumes*, (2) laquelle, etant remplie de l'Esprit de Dieu, avoit annoncé la naissance du Rédempteur. St. *Augustin* en a été persuadé comme les autres, & a soûtenu (3) qu'on ne peut appliquer qu'à J. Christ les Vers de *Virgile*: Il y a (*b*) d'habiles Modernes, qui sont du même sentiment.

(*b*) *Nat. Alex.* Secul *I.* p. m. 169.

IV. Prophéties des Philosophes.

De *Platon* parmi les Grecs.

IV. Des Poëtes passons aux Philosophes: Grecs, Barbares, tous ont eu leurs lumiéres, leurs inspirations. Les Anciens & les Modernes se sont exercez à faire des Paralléles si justes, ou du moins si éblouïssans, de la Doctrine de Platon, avec celle de l'Evangile, qu'on n'y remarque que très peu de différence. Il est vrai qu'on apperçoit dans ces Paralléles un zèle excessif de donner à la Philosophie de Platon une face toute Chrétienne Cependant que peut on dire de plus divin, que cette Sentence (4), le Sage est celui qui connoît Dieu, qui l'aime, et qui l'imite? Je n'examine point dans quel endroit des Oeuvres de ce Philosophe un savant moderne à trouvé l'Oracle, qu'il rapporte en ces termes. (5) " On écoutera encore quelque „ tems mes instructions & mes exhortations, jusqu'à ce qu'une „ Per-

(1) *Porrò quod spectat ad totum hoc Virgilii carmen, Christiani illud ex Sybillinis versibus translatum esse, & de Christi ortu intelligi debere constanter affirmarunt.* Vales. *Animadv.* ad *Euseb.* H. Ec. p. 267.

(2) Θείας ἐπιπνοίας γενομένη μεστή. Const. *ub. sup.*

(3) Nam omnino non est *cui alteri*, præter Dominum nostrum, *dicat Genus Humanum*, Te Duce, *si qua* &c. *Aug.* Ep. CLV. ad *Marcian.*

(4) *Plato Dei hujus imitatorem, cognitorem, & amatorem dixit esse Sapientem, cujus participatione sit beatus.* Aug. De Civit. Dei. L. VIII. 5.

(5) *Tantisper, inquit Divinus Plato, meis acquiescendum Doctrinis, Cohortationibusque, donec homine augustior, quispiam Sanctiorque sese in terrarum Orbe ostendat, veniatque adyta, fontesque arcanos reclusurus, quem sicut Ducem ineffabilem sequantur omnes.* Cœl. Rhodig. *Antiq. Lect.* L. ult. Cap. ult.

(6) οὐχὶ

„ PERSONNE, *plus auguste* & PLUS SACRÉE QU'UN HOM-
„ ME, vienne se montrer au monde. C'est elle qui ouvrira le
„ SANCTUAIRE DE LA VÉRITÉ; & qui révélera les sour-
„ ces secrettes. Que l'UNIVERS L'ÉCOUTE ET LE SUIVE,
„ comme un Guide infaillible, dont on ne sauroit exprimer la Sa-
„ gesse & la Grandeur". *Clement d'Alexandrie* croit avoir découvert dans le même Philosophe une Prédication très formelle de la crucifixion de J.Christ. (6) " *Platon*, dit-il, n'a-t-il pas prédit
„ en quelque maniere l'Oeconomie salutaire, lorsque dans son se-
„ cond Livre de la République il a imité cette Parole de l'E-
„ criture, *Défaisons nous du Juste, car il nous incommode*, & s'est
„ exprimé en ces termes? LE JUSTE SERA BATTU DE VER-
„ GES; IL SERA TOURMENTÉ, *On lui crevera les yeux*, &
„ *après avoir souffert toute sorte de maux*, IL SERA *enfin* CRU-
„ CIFIÉ; A la Lettre *suspendetur*, il *sera pendu*.

De *Confutius* parmi les Barbares.

Voilà des Prophéties d'un Philosophe Grec. En voici d'un Philosophe Barbare. Je veux parler du célébre CONFUTIUS, qui non seulement a prédit l'avénement du Sauveur, mais l'a caractérisé, comme *Jean Baptiste*, par le titre d'AGNEAU DE DIEU. On nous raconte, (*c*) que l'an 39. du Regne de *Kingi*, Empereur de la Chine, des Chasseurs tuérent, hors des portes de la Ville, un animal rare, que les Chinois appellent (7) KILIN, terme, qui dans leur Langue veut dire, AGNEAU DE DIEU. A l'ouïe de cette nouvelle (8) *Confutius* frappa sa poitrine, jetta de profonds soupirs, & s'écria plus d'une fois, KILIN, *qui est ce qui a dit, que vous étiez venu?* Il ajoûta, *ma Doctrine tend à sa fin; elle ne sera plus d'aucun usage dès que vous paroitrés au monde.* C'étoit, à ce qu'on dit, une Tradition constante à la Chine, qu'il devoit venir un Héros, tout brillant de vertus, qui enseigneroit aux hommes le vrai bonheur, & qui feroit les délices de toute la Terre. Le Lecteur peut voir ce qu'a dit là-dessus (9) M. *Ramsai*.

(*c*) Martini. *Hist. Sin.* p. 11. Ap Spizeli. *De Re Litter. Sinens.* Sect. VI. p. 52.

Tradition Chinoise sur la venuë d'un Redempteur.

V. C'est donc l'opinion générale des Chrétiens, que les Gentils ont

V. Les Juifs reconnoissent un Esprit de Prophetie parmi les Gentils.

(6) Οὐχὶ παραπλήσιον τῇ λεγούσῃ γραφῇ, Ἄρωμεν ἀφ' ἡμῶν τὸν δίκαιον, ὅτι δύσχρηστος ἡμῖν ἐστὶ, ὁ Πλάτων μόνον οὐχὶ προφητεύων τὴν σωτήριον οἰκονομίαν ἐν τῷ δευτέρῳ τῆς Πολιτείας, ὧδέ φησιν, Οὕτω δὲ διακείμενος ὁ δίκαιος μαστιγωθήσεται &c. τελευτῶν, πάντα κακὰ παθὼν, ἀνασχινδυλευθήσεται. Clem. Alexandr. *Strom.* L. V. p. 601. Le passage est effectivement dans *Platon*, De Rep. L. II. p. m. 423. Je ne dis point mon sentiment sur cette Prophétie, parce que cela ne sert de rien à mon sujet.

(7) KILIN, *quod Sinico idiomate Agnum Dei significat.* Spizel. Ibid.

(8) *Ingenti suspirio pectus concutiens Confutius, quis te advenisse* KILIN, *dixit? Jam Doctrina mea extremum spectat; jam finem habet cum tu adveneris.* Ibid.

(9) Voyez son Discours sur la Mythologie. p. 135. Il y parle du rétablissement de toutes choses par un Héros, qui devoit venir, & qui s'appelleroit *Kiunze*, mot, qui signifie *Pasteur & Prince*. Les Chinois le qualifient le TRES SAINT, le DOCTEUR UNIVERSEL, la VÉRITÉ SOUVERAINE.

ont eu l'Esprit de Prophétie, & les Juifs eux-mêmes ne l'ont pas nié. Ils comptent entre autres (a) sept anciens Prophétes des Gentils, savoir *Job*, *Eliphaz*, *Baidad*, *Sophar*, *Eliu*, *Balaam*, & *Beor*. Quelques uns croyent même, que *Balaam* avoit écrit un Livre, qui contenoit ses Prophéties, & dont *Moïse* a transcrit une Section dans le Chap. XXXIV. des *Nombres* ỳ. 17. Tout ce que les Juifs prétendent, c'est que Dieu ne se révéloit pas à ces Prophétes étrangers, de la même maniére qu'à ceux d'Israël. Finissons cet Article par une fable des Mahométans (b). Ils comptent cent-vint-quatre mille Prophétes depuis la Création du Monde, & croyent que chacun d'eux a été envoyé à une Nation particuliére; au lieu que *Mahomet* est le Prophete Occonomique, sa Mission & son Autorité n'ayant point d'autres bornes que l'étenduë & la durée du Monde. Selon ces Arabes *Moïse* fut le Prophéte des Juifs; *Bosor*, ou *Beor*, Pére de *Balaam*, & Fils de *Job*, fut celui des Syriens &c.

(a) Voyez *Scip. Sgambati*. Neapolitani Archiv. Vet. Testam. Ap. Fabric. Cod. Pseudep. V. T. T. I. pag. 8[illegible]8-812.

(b) *Abrah. Ecchellensis* Hist. Arab. Cap. XX. fol. 254.

VI. *Manichée* préfere la Philosophie & la Théologie de son Pays à celle des Hébreux. Ses raisons.

VI. *Manichée*, étant né en Caldée, reçut dès son enfance un Préjugé, qui non seulement favorisoit l'opinion, dont je viens de parler, mais qui l'engageoit naturellement à donner la préférence aux Philosophes & aux Prophetes de sa Nation sur les Philosophes & sur les Prophétes des Hébreux. C'étoit un sentiment fort général, que la SAGESSE, c'est-à-dire, la *science des Véritez Divines & des Véritez naturelles*, avoit la même origine que le Genre Humain; qu'elle étoit née en Orient, où les prémiers Patriarches l'enseignérent à leurs Descendans, & d'où elle passa (1) chez les Egyptiens, qui la communiquerent aux Grecs. L'Ecriture elle même confirme la possession, dans laquelle étoient les Orientaux, d'être estimez les plus Savans de tous les Peuples, lorsque, pour exalter la *Sagesse de Salomon*, elle dit, (c) *qu'il surpassoit à cet égard les* ORIENTAUX *& les* EGYPTIENS, *& qu'il étoit même plus sage, que* GE'THA L'ORIENTAL.

(c) I. Rois. IV. 30. 31.

(1) Voyez là-dessus la savante Dissertation de M. *Brucker*, qui a pour titre, *Convenientia numerorum Pythagoræ cum Ideis Platonis*. Elle est dans le VII. Tome de la curieuse Collection de M. *Schelhorn*, intitulée *Amoenitates Litterariæ*.

(2) C'est une Question entre les Savans, si les Egytiens furent les maîtres des Caldéens, ou si les Caldéens furent les maîtres des Egyptiens. Je préfére la derniére opinion. Surquoi je renvoye le Lecteur à la Dissertation du savant *Christian Kortholt*, *De Origine, Progressu* &c. *Philosophæ Barbaricæ*. p. 15. & suiv.

(3) On apprend bien dans l'Histoire, qu'*Orphée* fut initié aux Mystéres des Egyptiens. *Diodore* de Sicile le dit. L. I. 23. On sait aussi, que *Pythagore* & *Platon* voyagérent en Egypte: que l'un fut instruit des Sciences de ce Pays là par un *Sechnaphides*, Prêtre d'*Hierapolis*: & l'autre par un Archiprêtre, nommé *Sachnedes*. *Clement d'Alexandrie* le dit: Il est vrai, que *Porphire* temoigne, que *Pythagore* alla aussi *chez les Hébreux & chez les Arabes*, *pour apprendre d'eux la Science d'interpréter les songes*. De Vit. Pythag. p. m. 185. Voyez la Remarque de *Luc Holstenius* sur cet endroit. pag. 73. Mais *Porphyre* ne dit pas que *Pythagore* aprit des Juifs ni sa Théologie, ni sa Philosophie.

(4) Voyez la *Dissert. Prélimin.* qui est à la tête du I. Tome de sa *Bibliot. Ec.* p. 64.

TEL. Si on remonte à l'Origine de cette Philosophie des Grecs, qui passe pour la plus sage & la plus religieuse, on verra qu'elle venoit des Caldéens. *Pythagore* l'apprit de *Zoroastre*, & *Platon* voyagea exprès en Italie, pour s'en instruire auprès des Disciples de Pythagore. Il en garda tous les Principes, & ne fit que (2) substituer *ses Idées* aux *Nombres* abstraits & mystérieux des Pythagoriciens. C'est au fond le même Systême, ils ne different l'un de l'autre que dans ces expressions. Je sai bien, que les Péres ont crû, & ont dit, qu'*Orphée*, *Pythagore*, *Platon*, avoient emprunté des Hébreux les Véritez, dont ils ont enrichi leurs Ouvrages. Mais ce sentiment n'est il point plutot fondé sur la prévention que sur un juste examen du fait? Quoi qu'il en soit, les Caldéens passant pour avoir inventé les Sciences, ou pour les avoir recuës des prémiers Patriarches leurs Ancêtres, il ne faut pas s'étonner, si *Manichée* préféra la Théologie & la Philosophie de son Pays à celle des Hébreux.

VII. *Zoroastre* honoré du don de Prophétie selon les Chrétiens & les Arabes.

VII. Entre les Grands Hommes, qui étoient sortis de ce Pays-là, personne ne s'étoit aquis une plus grande Réputation que ZOROASTRE. *Eusébe* en a cité un Passage, qui contient une Description de la Divinité, que M. *Du Pin* a trouvée si belle, qu'il a crû devoir (3) l'oter au Prophéte des Perses, pour la donner à je ne sai quel Auteur Chrétien. Je m'étonne de cette Critique, puisque le Passage commence par ces mots, (4) OR DIEU A LA TETE D'UN EPERVIER. Il est vrai, que *cette tête d'Epervier* est (*d*) Symbolique, mais un tel Symbole n'auroit jamais été employé par un Chrétien: D'ailleurs *Zoroastre* a fort bien connu le vrai Dieu: Car, outre qu'il ne faut pour cela que consulter la Raison, & étudier la Nature, il y a des preuves, qu'il étoit bien instruit de la Réligion des Juifs. La Tradition générale des Chrétiens d'Orient est, qu'il fut Disciple ou (5) d'*Élie*, ou de *Jéré-*

Critique peu juste de M. *Du Pin*.

(*d*) Voyez *Eusébe* de Præp. Ev. L. I. p. 41.

64. 1. Il cite le Chap. VII. de la *Prepar. Evang.* d'*Eusébe*. Il faut citer le Chap. X. 2. Il traduit ces mots d'*Eusébe*, ἐν τῇ ἱερᾷ συναγωγῇ τῶν περσικῶν, par l'*Histoire Sacrée des Perses*. Et M. *Ramsai*, par *Recueil Sacré des Monumens Persans*. Disc. sur la Mythol. p. 6. Je croi qu'il faut traduire, *Recueil des Rites, des Cérémonies, de la Réligion des Perses*. J'avois fait cette Remarque lorsque j'ai trouvé dans M. *Fabritius* Bibliot. Græc. T. I. p. 65 *Vigerus reddidit*, sacrum Persicorum rituum Commentarium; *G J Vossius*, Historiam Sacram de ritibus Persarum. Il faut avertir les jeunes Gens, qui lisent le savant Ouvrage de M. *Du Pin*, qu'il y a une faute considérable d'impression dans sa Note, p. 64. Col. 2. où l'on a mis *Platon* pour *Plethon*. C'est *Plethon*, Moine Grec, & non *Platon*, qui a commenté les *Oracles de Zoroastre*.

(4) Ὁ δὲ θεός ἐστι κεφαλὴν ἔχων ἱέρακος. Ap. *Euséb.* ub sup. L. I. in fine. M. *Ramsai*, qui a traduit la Description de la Divinité, dont il s'agit, a jugé à propos d'en retrancher ces paroles. Il a bien senti que ce Symbole la défiguroit.

(5) Voyez ce qu'en a dit Mr *Prideaux* dans le I Tome de son Histoire des Juifs. Il a suivi *Hyde* & *Pocock*. Voyez aussi la *Bibliot. Orient.* d'*Assemau*. T. III. P. I. 316.

Jérémie, ou de *Daniel*, ou d'*Ezdras*. La derniére opinion est la plus vraisemblable.

VIII. Observation sur *Zoroastre*.

VIII. Avant que de rapporter les Prophéties de *Zoroastre*, qu'il me soit permis d'ajouter à ce que j'en ai-dit dans la I Partie, quelques particularitez, qui concernent son Histoire, ses Ouvrages, sa Magie, & sa Religion.

1. Sa Patrie.

(a) Hyd. ub. sup. Cap. XXXIV. p. 314.

(b) Ibid. p. 311.

Quelques uns (a) ont dit, qu'il étoit Juif de naissance, & originaire de *Palestine*. Mais il vaut mieux en croire les Persans & les Arabes, qui le font naître dans cette Partie du Pays des *Médes*, qu'on nomme aujourd'hui (1) L'ADERBIJAN. *Abulphéda* (b) ajoûte, qu'il vit le jour à *Urmi*, Ville située dans les Monts *Gordiens*, & la plus Occidentale de la Province. Effectivement, les (2) noms de ses Ancêtres font voir, qu'il étoit Persan, & non Phénicien. Cependant, il est certain qu'il emprunta beaucoup de choses de la Religion des Juifs, & qu'on trouve encore dans ses Livres quantité de passages, qui paroissent pris (3) des Pseaumes de *David*, soit qu'il les eût lûs dans l'Original, ou qu'il les eût appris d'*Esdras*.

2. Ses *Révélations*. Les Gnostiques se vantoient de les avoir.

Porphyre (4) témoigne, que les *Gnostiques* se vantoient d'avoir *ses Révélations*, ou *son Apocalypse*: Et comme on a donné le nom de Gnostiques à plusieurs Sectes, (5) *Clément* d'Alexandrie nous apprend, que ceux-ci étoient les Sectateurs de *Prodicus*. *Porphyre* assûre, que ces Revelations étoient supposées, & prétend l'avoir prouvé. Cependant il ne seroit pas impossible, que les Gnostiques eussent eu les Livres de *Zoroastre*, qui subsistent encore parmi les restes des anciens Persans. La Doctrine des Gnostiques étoit un composé de la Philosophie de *Platon*, de la Philosophie Orientale, & de la Doctrine Chrétienne.

Ce Livre n'est point ce que l'on nomme *les* ORACLES *de Zoroastre*.

D'habiles Modernes ont confondu les *Revelations de Zoroastre* avec un Poëme Grec, dont les fragmens, epars en divers Auteurs, ont été rassemblez, & publiez sous le nom de ses (6) ORACLES. Mais (7) d'autres soutiennent avec raison que ce n'est point le même Ouvrage. Car, outre que le Philosophe Persan n'a écrit, ni en

(1) E regione *Aderbayajan fuit Pater ejus* Sharist. *ub. sub.* ap. *Hyd.* p. 298. On peut voir dans la *Bibliotheque Grecque de* M. *Fabricius* un abrégé exact & judicieux de ce qu'on a dit de *Zoroastre*. T. I. p. 243. & suiv.

(2) Son Pére se nommoit *Purshasp*, son Grand-Pére *Piterhasp* &c. Ce sont des noms Persans. On peut voir sa Généalogie dans le Livre intitulé: SADDER. Ap. *Hyd.* ub. sup. p. 312.

(3) Voyez *Pocock*, Specim. Hist. Arab. p. 148. *Hyde* cite aussi un Arabe, nommé *Abu-Mohammed Mustapha*, qui dit, en parlant d'un Livre de *Zoroastre*, qu'il étoit rempli de paroles prises de David. *Librum istum intertexebat verbis Davidis Prophetæ, quæ audiverat ab Ozaïr*, c'est-à-dire, d'*Esdras*. Hyd. p. 314.

(4) [illegible] *Porph.* in Vit. *Plotini*.

(5) [illegible] *Clem. Al.* L. I. p. m. 304.

(6) Si on veut savoir l'Histoire de cette Piéce, on n'a qu'à lire ce qu'en a dit

en vers, ni en Grec; outre que le titre d'ORACLES, (λόγια) & celui de RE'VE'LATIONS (ἀποκαλύψεις) sont différens, c'est que ce dernier Livre doit-être évidemment celui qui est appellé LE ZEND, & qui contient la Religion & la Philosophie de *Zoroastre*.

Inadvertance de *Hyde*.

Corrigeons en passant une petite inadvertance de M. *Hyde*, à qui il est échappé de dire, (8) *que les faux Oracles de* Zoroastre *ont été supposez par* Psellus, *ou par quelqu'autre Moine Grec*. Ce savant homme ne s'est pas souvenu de deux choses, qu'il avoit dites (c) ailleurs. La prémiére, que ces Oracles ont été recueillis de *Proclus*, de *Damascius* & d'autres Auteurs, qui sont plus anciens que PSELLUS de plusieurs Siécles: La seconde, que *Porphyre* en avoit démontré la fausseté. Or *Porphyre* est mort (9) vers le tems de la naissance du Monachisme. Mais ce sont là des fautes, qui échappent aux meilleurs Auteurs, & qu'on ne doit remarquer qu'avec une sorte de respect.

(c) Hyd. ub. sup. p. 341.

3. Du ZENDAVESTA de *Zoroastre*.

(d) *Hyd.* Cap. XXV.

Explication de ce Titre. C'est la Bible des Persans.

Tous les Ouvrages du fameux *Zoroastre* sont compris sous le nom de ZENDAVESTA, mot composé, & qui signifie (d) *un Instrument à allumer du feu*, à la Lettre L'ALLUME-FEU. Les Persans appellant *Zenda* deux petits roseaux, qu'ils frottent l'un contre l'autre jusqu'à ce qu'ils en tirent du feu, qui est nommé ESTA dans leur Langue. Il y a de l'apparence, qu'ils ont donné ce titre au Recueil de leurs Livres Sacrez, à cause du *feu*, qu'ils entretiennent continuellement dans leurs Temples, & parce qu'ils font le service divin devant le feu. L'Auteur, de qui je tire ces Remarques, nous apprend que la Collection des Livres de *Zoroastre*; qui sont au nombre de XXI. ou de XXII. contient prémiérement le *Zend*, qui est comme le Texte, ou la Misna des Rabins. C'est là qu'il explique ses Dogmes, sa Philosophie, sa Religion, son Culte; & il n'y a pas de doute, que ce ne soit proprement le Livre, qu'on a nommé ses RE'VE'LATIONS. Tous les autres sont comme la *Gémare*, & servent à expliquer, ou à confirmer le prémier. De là vient que le second Traité, celui qui suit immédiatement le *Zend*, est nommé le PAZEND, c'est-à-dire, le

dit *Spizelius*, *De Re literaria Sinensium*. Sect. VI. p. 88. Le célébre *Jean Pic de la Mirandole* a crû, que les ORACLES étoient originairement en Caldéen, & qu'ils avoient été traduits en Grec, ou par *Berose*, ou par *Julien* le Philosophe, ou par *Hermippe*. Cettte conjecture n'est pas fort suivie. Le P. *Kircher* les a commentez. *Stanley* les a mis à la fin de son Histoire de la Philosophie, avec des Remarques de *Psellus* & de *Plethon*, & M. le *Clerc*, qui les a fait imprimer à la fin de sa Philosophie, y a joint un *Index Philologique* fort utile.

(7) Le Lecteur, qui voudra s'instruire là-dessus n'a qu'à consulter *Fabritius*, Bibliot. *Gr.* T. I. L. I. Cap. ult.

(8) *Pseudo-Oracula carmine Græco conscripta, quæ tamen, proh dolor! vel a* Psello, *vel ab aliquo Græco Monacho conficta sunt*. Hyd. *ub. sup.* Cap. XXXII. p. 386.

(9) *Suidas* témoigne, que *Porphyre* vecut sous *Aurelien*, & parvint jusqu'au tems de *Diocletien*. Voyez sa Vie par *Luc Holstenius*.

le PIE, ou l'APPUI [illegible] *Zend*. Auresse d'*Herbelot* temoigne dans sa Bibliotheque Orientale que ZEND signifie VIVANT. Si cela est, Manichee auroit imité *Zoroastre*, lorsqu'il donna au Livre de ses Revelations le titre [illegible] D'EVANGILE VIVANT. *Zoroastre* ayant composé dans sa retraite l'Ouvrage, qui contenoit sa Doctrine, il alla trouver (2) *Hystaspes*, & lui tint ce langage, (3) [illegible] PROPHETE, [illegible] DIEU TRES-HAUT *vous envoye*, [illegible] *apporte le Livre du Paradis*. On dit qu'à la réquisition de ce Prince il confirma sa Religion par des prodiges, & [illegible] l'ayant embrassée, elle devint regnante parmi les Perses, où son Livre passe pour une Loi Divine. Il est ecrit dans l'ancienne Langue, & dans l'ancien caractere de cette Nation. Il n'y a point de *Pyrée*, c'est-à-dire, de Temple dans lequel on conserve le feu sacré, point d'Oratoire, ou l'on n'en ait un Exemplaire. Les Prêtres sont obligez de le savoir par cœur, & l'un des Articles fondamentaux de leur Religion est de n'y rien ajouter, & de n'en rien retrancher.

IX. Idée de la Doctrine de Zoroastre.

IX. Sans doute le Lecteur seroit bien aise de savoir ce que contenoient les anciens Livres d'un Imposteur si célébre, & dont au fond les intentions n'étoient pas mauvaises, puisqu'il bannit les simulacres, ramena les Peuples de l'Idolatrie au Culte d'un seul Dieu, & s'appliqua à regler leurs mœurs. L'imposture est toujours vicieuse; mais je voudrois bien savoir, laquelle est la plus tolerable, ou celle qui suppose une Vocation Divine, afin d'abbattre les Idoles & d'abolir la pluralité des Dieux, ou celle qui a supposé une infinité de faux miracles, afin de rétablir en quelque maniére les Idoles, & de ramener dans l'Eglise Chretienne le Culte des Anges & des Héros. On voudroit donc savoir quelle étoit la Doctrine de *Zoroastre*, mais l'ingratitude de notre Siecle nous empêche de pouvoir satisfaire une curiosité si raisonnable. Des Gens qui n'épargnent rien pour contenter leur luxe & leurs voluptez, refuserent à feu M. *Hyde* les secours necessaires, pour travailler à une Traduction des Ouvrages de *Zoroastre*, & pour la donner au Public. C'est ce qui fait que nous ne savons presque rien de ce qu'ils contiennent. On nous dit seulement (4) que l'Auteur y traitoit de la *Création du Mon-*

Sur le sujet du monde. (4) [illegible] Hyd. [illegible] XXII [illegible]

(1) [illegible]

(2) [illegible] relation de Hyde, qui [illegible] Perses [illegible] Hystaspes. On croit que [illegible] Voici ce [illegible] ce Mage. Biblior. [illegible]

(3) [illegible] Des ex- [illegible] ZEND AVESTA [illegible] C'est un Auteur de la Secte Zoroastrienne, qui le fait parler de la sorte. Ap. Hyd. Cap. XXIV. p. 320.

(4) [illegible]

(5) L'[illegible] punissoit tres sévérement chez les Perses. S'il se trouvoit un hom-

Mixte, c'est-à-dire, de notre monde materiel, dans lequel les substances spirituelles sont mêlées ou unies avec les Corps : Qu'il y distinguoit deux choses, l'une, qu'il appelloit *la Puissance*, et l'autre l'*Acte*; ce qui veut dire, ce me semble, *les Causes & leurs effets*. A l'égard de la Religion, elle se reduisoit (4) A SERVIR UN SEUL DIEU, A RENONCER AU DIABLE, (5) A RECONNOITRE LES BIENFAITS, A FUIR TOUTE SORTE DE VICES ET D'IMPURETEZ. En general elle avoit trois Parties. (6) La prémiére traitoit DE LA FOI, ou des Veritez qu'il faut croire : La seconde, de L'HONNETETÉ & de la SINCERITÉ *dans les Paroles* : La troisieme, *des* REGLES *qu'on doit suivre dans les* ACTIONS. Un tel Ouvrage dut paroitre, non seulement nouveau, mais admirable aux Persans, s'il est vrai, comme (b) *Abulphéda* le temoigne, qu'avant *Zoroastre* ils n'avoient aucun Livre de Morale.

Un habile (7) Moderne a remarqué, qu'il ne faut pas confondre la Philosophie des *Caldéens* avec celle des *Mages*. Les *Caldéens* étoient Idolatres, & c'est d'eux que descend cette Secte, qui subsiste encore en Orient, & qu'on nomme des *Sabéens* : Mais les *Mages* n'avoient point d'Idoles. De là vient que *Xerxes* détruisoit les Temples des Grecs, parce qu'il y trouvoit partout des Images & des Statuës. Cependant, bien que ces deux Philosophies fussent différentes à quelques égards, elles avoient beaucoup d'affinité. Je croi d'ailleurs, que ce que les Grecs nous disent de la Philosophie des *Caldéens* appartient proprement aux Caldéens Modernes. J'appelle ainsi ces Philosophes depuis qu'ils eurent eté soumis aux Perses, & que la Religion de ces derniers devint regnante. Cela supposé je ne distinguerai point ces deux Philosophies, dont je vai representer la Morale.

Elle etoit, pour ainsi dire, toute contenuë dans ces deux Maximes. La prémiére est (c) D'AVOIR UNE VÉNÉRATION INFINIE POUR LA LUMIÉRE, & UNE AVERSION INFINIE POUR LES TENEBRES, c'est-à-dire, d'aimer Dieu souverainement, & de célébrer sans cesse ses louanges, de detester au contraire le Diable & ses Oeuvres. La seconde, (d) c'est que pour

Ouvrage de [illegible] [illegible].

(b) Ap. Po[illegible] [illegible] p. [illegible].

Morale des [illegible], ou des Persans, & des Caldéens [illegible] aux Persans.

Elle route sur deux Maximes generales. [illegible] [illegible].

(d) Ibid. p. 22.

homme qui pouvant reconnoître un Bienfait, ne le faisoit pas, il etoit puni. [illegible] Xenoph. De Instit. Cyr. L. I. p. 4.

(6) CREDENDA, ses Fidei DICENDA, ses Sermones, & FACIENDA, ses Praxes. Ap. Hyd. Ibid.

(7) [illegible] [illegible], Professeur dans l'Université de K[illegible] en Histoire Sainte & Profane. Voyez sa Dissertation *De* [illegible] *Barba*[illegible], Cap. [illegible] que St. *Jerome*, *Greg* [illegible] remonter plus haut l'Eve[illegible] confondu la Philosophie des Caldéens avec celle des Mages. [illegible] [illegible]

[illegible], & [illegible] du Bien, le sage doit tra- vailler [illegible] le Corps & les Passions du [illegible] de l'Homme; & à fortifier [illegible] la *Raison* ou l'*Esprit*. Les Mages, [illegible] pour Symbole de cet état mysté- rieux, [illegible] la *Matiere par le Feu Di- vin*. [illegible] prétendoient que l'Homme montoit [illegible] des Puissances Celestes, & [illegible], & une espece d'union.

[illegible] Vertus [illegible] eminente, c'étoit, selon ces Philosophes, LA SAGESSE, c'est-à-dire, la connoissance & le Culte de Dieu, [illegible] JUSTICE, la TEMPERANCE, & la V[illegible]. Ce sont ces Vertus, que [illegible] Principaux [illegible], qui doivent être les Modeles, [illegible] des Peuples. On nous a con- servé un [illegible] de *Zoroastre* [illegible] au rapport à ce sujet. (2) " *Les*

" *C*[illegible], que [illegible] *des ailes*, [illegible] que, lorsqu'elle " en a [illegible] les plumes, elle tombe dans les Corps: mais qu'elle " retourne dans son premier séjour, lorsque les ailes lui sont re- " venues. Cela donna lieu aux Disciples de *Zoroastre* de lui de- " mander, par quel moyen on pouvoit faire croître les ailes de " l'Ame. *E*[illegible], leur dit-il, *les arrosant des eaux de la Vie. Mais*, " [illegible] *ces Eaux*, repliquerent les Disciples? Il leur " répondit par cette Parabole. Le *Paradis* de Dieu est arrosé de " quatre Fleuves, où vous pouvez puiser ces Eaux salutaires. Le " premier [illegible] l'Aquilon, & son Nom désigne ce qui est " DROIT, JUSTE, HONNETE. Le nom du second, qui vient " de l'Occident, marque les EXPIATIONS. Le nom du troi- " siéme, [illegible] de l'Orient, veut dire LA LUMIE'RE. Et " pour le nom du quatriéme qui coule du midi, nous l'expliquons " par la PIETE' ". On voit bien que ces idées sont prises de Moïse. Apparemment *Zoroastre* entendoit dans un sens mystique ce que le Prophete avoit dit du *Paradis*, ou du *Jardin d'Eden*, & des quatre Fleuves, qui l'arrosoient.

Un

(1) [illegible] *H*[illegible] Greg Gyrald in [illegible] interpret. [illegible] Je me [illegible] de [illegible] 1655.

(2) [illegible] *Fr.* Greg. G[illegible] Passage [illegible] *S*[illegible] *Pythagoreis.* [illegible] 1654.) En *Grec* [illegible] [illegible]. Il y a bien des fautes dans cette citation. 1. Le Passage n'est point dans *H*[illegible]. 2. L'Ouvrage de ce Philo- sophe, imprimé à *Londres* en 1651. est un Commentaire sur les *Carmina aurea Pythagorae*, & non une Explication des *Symboles de Pythagore*. 3. Cette Expli- cation est de *Li. Greg. Gyraldus*, [illegible] à la suite du Traité d'*Hierocles*, *De Fato*, imprimé à *Londres* en 1655.

4. Quant

Un [illegible] Voyageur François, qui a eu soin de s'informer des Preceptes de ce Legislateur, les a inserez dans [illegible], & certainement il y en a de fort beaux. Ils sont divisez en [illegible] Classes, dont la premiére concerne les Laïques. [illegible] 1. „ De s'attacher à la *Chasteté*, à [illegible], & [illegible] „ [illegible] *Voluptez*, *le Vol*, [illegible] „ 2. D'[illegible] *Crainte*, [illegible] „ [illegible] *La Crainte de Dieu* est [illegible] „ [illegible], le premier fondement, ou le Principe de [illegible]. 3. De „ consulter *la Prudence* dans toutes les Actions, afin d'éviter cel„ les qui sont vitieuses, & de ne faire que ce qui est honnête. 4. „ De commencer le jour par penser à Dieu, & par faire des Ac„ tes d'amour de Dieu, cet être souverain étant le veritable ob„ jet de nos connoissances & de nos affections. 5. De prier Dieu „ le visage tourné vers le Soleil, pendant le jour, & vers la Lune „ pendant la nuit, parce que ces deux Planétes sont [illegible] *les té„ moins de la Lumiére Divine*, *contre les Démons*, *qui se plaisent „ dans les Ténébres* ". Cette pratique fut observée par les Manichéens, qui la tenoient de *Zoroastre*.

La seconde Classe comprend les Devoirs des Prêtres: C'est 1. de ne rien changer au Culte, ni aux Priéres. 2. De ne desirer le bien de personne. 3. D'éviter le Mensonge. 4. D'[illegible] de leur Esprit les pensées impures. 5. De [illegible] *Zoroastre*. 6. De se préserver de pollutions. 7. D'[illegible]. 8. D'apprendre au Peuple les Priéres, & les Cérémonies des Sacrifices. 9. De presider sur les Mariages. 10. De fréquenter les Temples. 11. Et enfin d'être bien persuadez, qu'il n'y a point d'autre Loi Divine que la leur, & de n'y rien changer [illegible] peine du feu éternel.

La troisiéme Classe regarde les Arch-Prêtres ou les *Archi-Mages*, dont la Sainteté doit augmenter à proportion de leur Dignité. Voici quels sont leurs Devoirs particuliers. Le 1. de se laver, s'il leur est arrivé de toucher une chose, ou une personne impure: Le 2. de vivre du travail de leurs mains, de planter, de [illegible], de moisson-

Préceptes prescrits [illegible]
[illegible]
1. Classe. Devoirs des Laïques.

2. Classe. Devoirs des Prêtres.

3. Classe Devoirs des Arch-Prêtres.

4. Quant au passage [illegible] [illegible] Voici les Priéres [illegible] [illegible] [illegible] *Zoroastre* [illegible] [illegible] & [illegible] [illegible] en Grec. [illegible] la cite sur la foi de [illegible].

2 *Col. Religions*, Lect. [illegible]

XVI. [illegible] [illegible] [illegible] [illegible] les Manichéens.

moissonner eux mêmes : Le 3. de prendre les Dixmes des Laïques, comme une reconoissance qui leur est duë : Le 4. de fuir l'orgueil & la vaine gloire, & d'employer leurs biens à des Oeuvres de misericorde : Le 5. d'avoir leurs Maisons proche ces Temples, afin d'y entrer sans que personne le voye : Le 6. d'user de fréquentes ablutions & purifications, d'être propres dans leur manger, & de s'abstenir de leurs femmes lorsqu'ils doivent faire le service divin : Le 7. de surpasser tous les autres dans la connoissance de l'Astrologie judiciaire, & dans les sciences naturelles : Le 8. de ne craindre personne que Dieu : Le 9. de reprendre hardiment & indifferemment les pecheurs, de quelque condition qu'ils soyent : Le 10. de bien discerner les fausses revelations des véritables. Le 11. d'admirer sans cesse la misericorde de Dieu, & de se procurer des manifestations de la Gloire Divine : Le 12. d'entretenir soigneusement le feu qui est tombé du Ciel, jusqu'à ce que la Terre soit absorbée par les flammes.

Observations sur quelques uns de ces Préceptes.

Faisons quelques observations sur ces Préceptes. Le sixiéme ordonne aux Archi-Prêtres *d'être propres dans leur manger*. Ce Précepte s'explique par un autre, qui est tout à fait parallele, & qu'on trouve dans le *Poëme d'Or*, attribué à *Pythagore*, parce qu'il en contient la Philosophie. (1) *Gardez la propreté & la modestie dans votre nourriture, & évitez les delices.*

Ce même Précepte enjoint aux *Archi-Prêtres*, *de s'abstenir de leurs femmes, lorsqu'ils doivent faire le service divin*. Si ces *Archi-Prêtres* sont des *Mages*, il faut que *Clément d'Alexandrie* se soit trompé, lorsqu'il a dit de ces derniers, (2) *qu'ils vivoient dans une entiére continence*. Au moins est il certain, que ce Pere n'est pas d'accord avec lui-même, puisqu'il dit dans le Livre que je cite, & dix pages plus haut, (3) *que les Mages epousoient leurs Méres & leurs Filles*. Comment cela peut il être vrai, s'ils gardoient une perpetuelle continence? Au reste ces incestes des Mages me sont très suspects. J'en ai dit quelque chose dans la prémiére Partie. Rien ne peut me faire résoudre à les admettre qu'une certaine politique, dont on voit l'exemple dans les Rois du Pérou. Ces Princes ne voulant pas mêler leur Sang, ou le Sang des Dieux, avec celui des Hommes, ou de leurs sujets, epousoient leurs propres Sœurs.

Le

(1) [illegible] Voyez les *Carm. Aur. Pythag.* & le Commentaire d'*Hiéroclès* sur cet endroit. p. 193.

(2) [illegible] *Strom.* L. III. p. 446.

(3) [illegible] Ib. p. 435. *Clement* cite *Xantus*.

(4) [illegible] *Diog. Laert.* in Proem.

(5) *Platon* parle des divers Précepteurs, que les Rois de Perse donnoient à leurs Fils, & dit, selon moi, *que l'un d'eux leur apprenoit la* MAGIE *d'Oromaze*, *que je dis être enseignée par Zoroastre*, c'est-à-dire LE CULTE DES DIEUX. [illegible] *Plat. Alcibiad.*

Le 11. Précepte ordonne aux *Archi-Prêtres* de *se premier des Manifestations de la Gloire Divine*. Cela s'accorde fort bien avec ce que témoigne *Diogène Laërce*. (4) *Les Mages assurent, que les Dieux leur apparoissent.*

X. L'idée populaire, que l'on a de *Zoroastre*, & même celle qu'en ont eu les Peres, c'est que ce Philosophe fut un Magicien consommé, qu'il excella dans l'Art d'évoquer les Démons, & de se servir de leur Ministere: qu'il en apprit des secrets pour opérer des Prodiges, & en imposer aux Hommes. Rien n'est plus faux que cette imagination. La Magie de *Zoroastre* consistoit dans la connoissance & le Culte de la Divinité. C'est ainsi que *Platon* (5) l'a definie. Je corrige au bas de la page la Version de *Marsile Ficin*, qui est assez literale, mais qui donne certainement une fausse idée.

X. Magie de Zoroastre.

Zoroastre & les Mages usoient d'*Enchantemens*. A l'ouïe de ce mot on se figure des ceremonies profanes, des invocations des mauvais Démons. Prévention toute pure. Le Philosophe *Persan* n'avoit pas moins d'aversion pour les malins Esprits, qu'en ont toujours eu les Juifs & les Chretiens, & n'avoit garde de les invoquer, lorsqu'il s'agissoit de charmer les Passions vicieuses, & de les amortir. Ce n'est pas à cela que les Démons concourent. Il y a dans *Platon* une ingenieuse Fable sur ce sujet. Un Homme ayant mal à la tête, parce qu'il avoit fait la débauche, on lui disoit, que la feuille d'une certaine Plante avoit la vertu de guerir son mal. (6) „ Cela est vrai, *dit Platon*, mais il faut y joindre les ENCHANTEMENS: sans cela *la feuille* sera inutile. Les *Enchantemens* (7) „ *poursuit-il*, sont les remédes de l'Ame; mais ils consistent dans „ de bonnes raisons, qui persuadent l'Esprit, & qui operent la „ Temperance. Or en procurant cette vertu, on procure la santé „ de la tête & de tout le Corps". Les *Enchantemens* des Mages etoient de même nature. Des Hymnes à la louange de la Divinité: des Prieres, par lesquelles on imploroit son assistance: des Discours sur l'excellence de la Vertu, & sur la difformité, & les suites funestes des Vices: l'art d'unir autant qu'il est possible les forces d'un Esprit Divin avec celles de la Raison; c'est en cela que consistoient les *Enchantemens de Zoroastre*". (8) Afin qu'un Discours puisse

Quels étoient les Enchantemens des Mages.

Fable de Platon.

[illegible] p. m. 32. *Quorum primus Magiam Zoroastres, Oromazis,* [illegible] Il est certain, que *Zoroastre* n'étoit point fils d'Oromaze, qui est le nom de la Divinité, ou tout au moins de la premiere Intelligence après le Dieu suprême. Il faut assurément qu'on lise [illegible] *la Science, le Culte d'Oromaze*. Il peut y avoir quelque omission dans le texte de *Platon*.

(6) [illegible] Platon in Charm. p. m. 236.

(7) [illegible] Plat. ibid. p. 237.

(8) [illegible]

„ puisse persuader la Temperance, & l'opérer dans ceux qui l'é- „ coutent, il faut unir à une Vertu Divine, qui agisse sur l'Es- „ prit les raisons & les motifs, que fournit la Philosophie. Or „ ce sont des Discours de cette sorte, que *Platon* appelle DES EN- „ CHANTEMENS MAGIQUES". Cette explication de *Marsile Ficin* me paroit très raisonnable.

Les Mages avoient quelques Cérémonies superstitieuses.

Je ne prétends pas neanmoins, que *Zoroastre* (1) & les Mages n'a- yent eu des Cérémonies superstitieuses, qu'ils regardoient comme un Culte agréable à la Divinité, ou comme un moyen de concilier aux Hommes la faveur & l'affection des Puissances celestes. On dit, par exemple, que (a) *Julien* le Philosophe, & Pere de celui, qui fut surnommé le THEURGE, avoit composé un Livre touchant le *Kyphi*. C'est un Parfum, (2) dont les Caldéens & les Egyptiens se servoient dans leurs initiations, & dont *Plutarque* nous a donné la description à la fin de son Traité d'*Isis* & d'*Osiris*. Des superstitieux s'imaginoient, que ce Parfum étoit un excellent preservatif contre la Puissance des Démons, & qu'il conferoit à l'Ame une vertu surnaturelle. Ce n'est point Magie: c'est superstition; & la superstition ne se glisse-t-elle pas dans presque toutes les Religions? Les Chrétiens eux-mêmes n'ont-ils pas eu la foiblesse d'attribuer à des Cérémonies, & à certaines compositions une espece de vertu Divine? Un savant Moderne (b) a dit, avec beaucoup de vraisemblance, que le *Myron* des Grecs, ou *le Chrême* des Latins, n'est qu'une imitation du *Kyphi* des Caldéens & des Egyptiens. Les Cérémonies deviennent odieuses & criminelles, lorsqu'on y invoque les Démons, & qu'elles font partie de leur culte. Mais on ne prouvera jamais, par des témoignages certains, que ni *Zoroastre*, ni les Mages, invoquassent les mauvais Esprits, pour lesquels ils n'avoient pas moins d'horreur que nous.

(a) Suidas in [illegible]

(b) [illegible] Cérém. [illegible] des Indes [illegible]

Espece de Baptême de feu pratiqué par les Mages.

Entre leurs Cérémonies il y en avoit une qu'on pourroit nommer en termes Chretiens un *Baptême de feu*. Elle ne tenoit rien de cette coutume barbare, usitée autrefois parmi les Habitans de la Palestine, qui faisoient brûler leurs Enfans à l'honneur de *Moloch*: Les Persans (3) se contentoient de faire passer les leurs à travers les flammes, sans qu'ils en souffrissent aucun mal. En vertu de cette expiation, si ces Enfans, parvenus à l'âge de raison,

[illegible] *Ficin* [illegible] *Orationem* [illegible] *Deum* [illegible] *Plato* [illegible] M. [illegible] *Arg.* [illegible]

(2) [illegible] Biblioth. Græc. T. I. p. 252.)

(1) [illegible] remarque, que l'Auteur des *Recognitions*, témoigne L. IV. [illegible] qu'il y avoit plusieurs Livres sous le nom de *Zoroastre*, dans lesquels on traitoit de la *Magie*. Mais il [illegible] les avoir vû pour en [illegible]. Savoir s'ils étoient de *Zoroastre*. Les Anciens [illegible] de Magie Diabolique de simples Superstitions, où les Démons n'avoient

son, gardoient religieusement les Preceptes Divins, ils etoient assurez d'une vie heureuse, par la protection de Dieu, & des Puissances celestes, qui sont les Anges, ou les Ministres. Les Orientaux croyoient que les Anges sont des Esprits [illegible], opinion, qui passa depuis chez les Chretiens, & qui, si je ne me trompe, s'etoit communiquee aux Juifs long-tems auparavant.

CHAPITRE VII.

Des PROPHETIES *attribuées par les Chrétiens à* ZOROASTRE. *De quelques autres* PROPHETES *reçus par les Manichéens.* *Des* LIVRES DES PATRIARCHES.

I. JE voudrois, que les Prophéties, que l'on attribue à *Zoroastre*, fussent aussi réelles, que sa Magie l'est peu. Je ne sai dans quel Livre de ce Philosophe, *Sharistani* a trouvé un Oracle, qu'il ne fait pas difficulté, tout Mahometan qu'il est, d'appliquer à J. Christ, & que Mr *Hyde* n'avoit garde d'oublier. L'Oracle porte (1), " qu'il apparoitroit dans les derniers tems un homme „ appellé OSHANDERBEGHA, c'est-à-dire, L'HOMME DU „ MONDE, parce qu'il y retabliroit la Justice & la Religion: „ Que PETYARA, c'est-à-dire, le *Diable*, le suivroit de pres, „ & feroit tous ses efforts, pendant vingt ans, pour arrêter le „ cours de la Doctrine d'*Oshanderbegha*, & pour ruiner entierement son Ouvrage: mais qu'il apparoitroit enfin un autre „ homme, nommé OSIDERBEGHA, qui feroit revivre la Justice, & retabliroit les bonnes & anciennes Mœurs, qui avoient „ eté alterées: Que les Rois obeiroient a celui-ci, parce qu'il „ maintiendroit la vraye Religion, & feroit fleurir la Paix & la „ prosperité ". Mr. *Hyde* n'en rapporte pas davantage, mais je soupçonne extrêmement, que *Sharistani*, qui a bien voulu qu'*Oshanderbegha* fut J. Christ, n'a eu cette complaisance, que pour trouver *Mahomed* dans *Osiderbegha*, qui est le principal Personnage de cette Prophetie. Mr. *Hyde* donnoit trop facilement créance à ces fables. — I. Prophéties [illegible]

n'avoient aucune part.

2) Voyez [illegible] ubi sup. & *Kircher*. [illegible] *Oed*. T. II. P. [illegible] p. 5[illegible].

[illegible] Voyez [illegible] le Juif *Benjamin* le *Tud*. dans son *Itineraire* P. 1[illegible] & [illegible] Remarques, pag. 2[illegible]6. [illegible], comme l'Auteur Juif n'est pas fort exact, on peut être en doute, si la Cérémonie, dont je parle, n'est point une pratique des Idolatres des Indes, plutôt que des Persans, qui s'y sont refugiez, quand les Mahometans ont ruiné leur Empire.

Ch. VII. (1) *Totam itaque de Messia prophetiam, referente Sharistani*, ZERDUSHT *in Operibus suis scriptam reliquit*, [illegible]

En

En voici une autre, qui ne vaut pas mieux, quoiqu'elle soit attestée par des témoins plus venerables. Je veux parler de (1) *Salomon*, Metropolitain de *Bassora*, & du fameux *Grégoire Abulpharage*, qui nous ont rapporte une Prophétie de *Zoroastre*, touchant J. Christ, beaucoup plus claire & plus precise, que la précédente. Voici comment *Abulpharage* la raconte (a): " *Zoroastre*, le „ Maitre des *Maguséens*, instruisit les Perses de la Manifestation future de Notre Seigneur J. Christ, & leur commanda de lui „ offrir des presens lorsqu'il seroit ne. Il les avertit, que, dans „ les derniers tems, *une Vierge* concevroit sans l'operation d'aucun homme, & que, lorsqu'elle mettroit au monde son Fils, „ il apparoitroit une Etoile qui luiroit en plein jour, au milieu „ de laquelle ils verroient la figure d'une jeune Fille. *Ce sera vous*, „ MES ENFANS, ajoûta ZOROASTRE, *qui l'appercevrez avant* „ *toutes les Nations. Lors donc que vous verrez paroitre cette Etoile*, „ *allez, où elle vous conduira.* ADOREZ *cet Enfant naissant*; *offrez-lui vos présens*, *car c'est le* VERBE QUI A CRÉÉ LE „ CIEL". Ce que je trouve dans l'Extrait de *Salomon* de *Bassora* n'est pas tout à fait si précis. *Zoroastre* y prédit bien la naissance du Redempteur, mais il en confie le secret à un certain (2) *Gusmazaphe*, & a deux autres Mages Persans, nommez, *Sasanes*, & *Mihamades*. Il leur ordonne de le transmettre à leurs descendans, & de les avertir de bien observer l'Etoile extraordinaire, qui devoit marquer la naissance du Sauveur, & de l'aller adorer dans l'endroit, qui leur seroit indique par l'Étoile. Au reste, cette Prophétie de *Zoroastre* a été alleguée par plusieurs Anciens, & inserée dans (3) *l'Evangile de l'Enfance*, traduit de l'Arabe par *Henri Sike*.

II. Puisque j'en suis sur ces Oracles, qui ont encore la vogue parmi les Chretiens d'Orient, soit *Jacobites*, ou *Nestoriens*, le Lecteur ne me saura pas mauvais gré, si je lui raconte la Tradition de ces Peuples sur le sujet des *Mages*. Ils (b) disent, comme les Occidentaux, que c'étoient des Rois; mais, au lieu de *trois*, ils en comptent *douze*, & les nomment; le premier (4), ZERVANDADES, fils d'*Artaban*; le second *Hormizdas*, fils de *Sitrachi*, & ainsi des autres. Les Manuscrits Arabes & Syriaques portent, qu'ils furent envoyez de la part de (5) MAHIR-SAPOR, qui regnoit alors en Perse: Qu'ils avoient une suite de sept mille chevaux,

[illegible] *Prophetia*. Hyd. ub. sup. Cap. XXXI. p. 382.

(1) Voyez *Assem*. Bibliot. Orient. T. III. P. I. p. [illegible]. Il y parle du Livre de *Salomon de Bassora*, intitule *Apis*, ou l'*Abeille*, dans lequel il y a un Chap. *De [illegible] Zeradustæ, seu Zoroastris, de Domino nostro*.

(2) Il en est parle dans *Hyde*, où il est nommé *Gusnasaphe*. Il y a des Persans & des Arabes, qui le disent fils de *Daniel*, ou du moins fils d'un Prophete. Ce fut un très-grand Astrologue, & l'un des Conseillers d'*Hystaspes*.

(3) *Cette Mag[i] venerant ex Oriente Hierosolymam, quemadmodum prædixerat Zeradusht.*

vaux, mais qu'ils en laissérent six mille au bord de l'Euphrate: Que quatre de ces Rois subalternes présentérent de l'or au Fils de Dieu: quatre de la *Myrrhe*, & les quatre autres de l'*Encens*. Ce qu'il y a de plus merveilleux, c'est qu'*Adam* avoit caché ces richesses dans un Antre, & en avoit fait confidence à *Seth*, afin que celui-ci en instruisit à son tour un de ses Enfans, & que ce secret passât ainsi de Pere en Fils jusqu'à l'avénement de Notre Seigneur.

Imposture des Moines d'Occident.

A ces impostures Orientales, ajoûtons-en une autre, qui n'est pas moins hardie, & dont nous sommes redevables à nos Moines d'Occident. Cette Race de Gens barbares s'avisa de vouloir imiter *Ovide*, & de faire, sous le nom de cet ingenieux Poëte, des vers, où ils racontent, que la *Sibylle* de *Tibur*, (c'est à présent *Tivoli*), fit voir à *Auguste* l'Image de la Vierge & de l'Enfant Jesus (c). Ce bel Ouvrage fut imprimé à *Lubec* en 1474. & se trouve encore dans la Bibliotheque de cette Ville-là: On (d) y lit les vers suivans:

(c) Ap. Trev. [illegible] pag. 42.
(d) Dans le III. Livre.

Et jam præcessit de quadam Virgine, per quam
In mundum veniet: nobis erit hæc adeunda:
Hanc MEDIATRICEM *dabit Humano Generi Rex*
Largitor veniæ, nostræque salutis amator.
O Virgo felix! O Virgo significata
Per Stellas ubi Spica nitet! &c...

III. Les Manichéens [illegible] des Gentils.

III. Il est donc clair à présent, que, de l'aveu des Catholiques, toutes les Nations ont eu leurs Prophetes: Et, ce Principe étant admis, les Manichéens en concluoient: 1. Qu'il n'y avoit aucune raison de préférer les Prophetes des Hebreux à ceux des autres Peuples: 2. Que, si ces derniers avoient eu leurs Erreurs, ceux des Hebreux avoient eu aussi les leurs, en appuyant le Judaïsme: 3. Que comme J. Christ avoit réformé la Loi & le Culte Mosaïque, *Manichée* avoit aussi corrigé ce qu'il y a de défectueux dans la Doctrine & dans les Cerémonies des Gentils. 4. Que ces derniers ayant eu de fort belles connoissances, soit des veritez divines, ou des veritez naturelles, il falloit les recevoir, mais avec la limitation

(3) Evang. Inf. Cap. VIII. *Hemmus* a cru, que *Zoroastre* étoit *Balaam*, mais il s'est trompé.

(4) Les noms ne sont pas les mêmes dans *Arnoldus* & dans *Hyde*.

(5) C'est *Phraate*, qui étoit alors Roi des Parthes & des Perses, & [illegible] qui fut obligé de rendre les Drapeaux pris sur les Romains. Cela ne laisse pourtant pas une difficulté, parce qu'on pourroit supposer, que ce *Magosbar* étoit le Prince des Perses, ou un Prince vassal du Roi des Parthes.

Ss 3

tion que je viens de dire, *en examinant toutes choses, & ne retenant que ce qui est bon.* Ces maximes, qui, toutes fausses qu'elles sont, ne laissent pas d'avoir quelque chose d'éblouissant, les Manichéens recevoient des Livres des Gentils, & en particulier de *Zoroastre*, qui avoit été le Prophéte des Perses. De là cette conformité du Manicheïsme avec plusieurs Articles de la Foi des Mages, & avec plusieurs de leurs Ceremonies. Certainement si la Prédiction, que j'ai rapportée sur le témoignage de *Shahrestani*, étoit effectivement dans les Livres de *Zoroastre*, *Manichée* ne pouvoit manquer de se saisir du Personnage d'*Oshederbegha*, qui est le second Prophéte, celui qui devoit succeder à J. Christ, & reparer son Royaume ruïné en partie par le Diable. Quel avantage n'étoit-ce point pour notre Heresiarque, de pouvoir alleguer aux Perses en sa faveur un Oracle de leur grand Prophéte, au même tems, qu'il alleguoit aux Chrétiens celui de J. Christ, qui avoit predit & promis le Paraclet? Par-là il se présentoit au monde muni d'une double Lettre de Créance; l'une de *Zoroastre* veneré dans l'Empire des Perses, & l'autre, du propre Fils de Dieu.

De Zoroastre.

D'Hermès Trismégiste.

Aux Livres du fameux *Zoroastre* il faut joindre ceux d'*Hermès* surnommé *Trismégiste*, ou *trois fois très-grand*. Le *Pœmandre*, que l'on attribue à ce Philosophe Egyptien, a eu autrefois une grande autorité parmi les Chrétiens: Il ne l'a pas même encore perdue en Orient, où la Critique n'a pas fait les mêmes progrès, qu'elle a fait en Occident depuis le retablissement des Lettres. *Fauste* (a) met cet *Hermes*, au rang des Prophétes des Gentils, ce qui insinue que les Manichéens en avoient les Livres, & les croyoient authentiques. Les Syriens (b) ont encore aujourd'hui des ENTRETIENS d'*Hermes avec Tatien son Disciple*, lesquels sont écrits en Langue Babylonienne. Ils ont de plus une Lettre intitulée, EPITRE *du sage Hermès*, qui passe pour une espece d'Ecriture inspirée, parmi les Sectes du Levant. Il est vrai que ces sortes de Livres, dont les Chrétiens se sont servis au commencement dans leurs Disputes contre les Gentils, contiennent une Theologie, qui n'est Orthodoxe qu'en apparence. Tout y est plein d'idées Platoniciennes: mais c'est par cela même, qu'ils accommodoient mieux les Manichéens.

(a) Ap. Aug. L. XIII. [illegible]

(b) [illegible] Bibl. Or. T. [illegible] p. [illegible]

IV. Les Manichéens avoient aussi la Prophétie de CHAM.

IV. Comme *Basilide* (1) est proprement le prémier ou du moins un

(1) J'ai remarqué ailleurs, que *Basilide* a fleuri sous *Trajan* & sous *Adrien*. Voyez *Grabe*, Spicil. T. II. p. 36. Et *Pearson*, cité au même endroit. *Vindic. Ep. Ignat.* P. II. Cap. VII.

(2) Il y a dans *Eusébe Barcoph* H. E. L. IV. 7. Et *Parchor* dans *Clement d'Alex.* p. 641.

[illegible] *Clem. Al.* ub. sup. Je suis ici le

un des prémiers, qui tâchérent d'introduire dans la Religion Chrétienne, la Foi des deux Principes, il est fort probable, que les Manicheens se servoient, aussi bien que lui, de la *Prophetie de* CHAM, & de celles de BARCABBAS, & de PARCHOR, ou BARCOF. (2)

A l'égard de la *Prophétie de Cham*, *Isidore*, Fils de *Basilide*, en parle dans un fragment, que *Clement d'Alexandrie* nous a conservé *c*). *Il me semble*, dit Isidore, *que ceux, qui se mêlent de philosopher, doivent apprendre ce que veut dire* (3) *le* CHENE AILE, *& le* MANTEAU DE DIVERSES COULEURS, *qui le couvre. Tout ce que* Phérecyde *a enseigné d'une maniere allégorique dans sa Théologie, il l'a pris de la Prophétie de Cham.* Faisons quelques observations sur ce passage, qui ne peut qu'exciter la curiosité du Lecteur.

Pherécyde en avoit pris sa Théologie. *c*) Clem. Al. Strom. L. VI. p. 641.

1. On y voit d'abord l'origine de la Théologie de *Phérécyde*, & par conséquent de celle des Grecs. On sait qu'il fut le Maître de *Pythagore*, & que *Pythagore* le fut de *Platon*. *Tatien*, que le savant *Daniel Heinsius* qualifie, (*d*) *Gravissimus Scriptor*, appelloit la Philosophie Pythagoricienne, l'*Heritage de Phérécyde*, & celle de *Platon*, *une imitation de Phérécyde*.

Pythagore tire la sienne de Phérécyde.

(*d*) Not. ad Maxim. Tyr. ibid.

2. Ce dernier avoit affecté d'envelopper d'allegories l'ancienne Théologie des *Phéniciens*, (*e*) *Clement* d'Alexandrie le compare à cause de cela à *Héraclite*, dont les Ouvrages étoient si difficiles à entendre, qu'on lui donna le surnom de *Scoteinos*, ou d'*Obscur*: C'est là vraisemblablement l'origine de la méthode de *Pythagore*, & des énigmes, sous lesquelles il cachoit sa Philosophie.

De sa méthode énigmatique.

(*e*) Ub. sup. p. 17.

3. On croit ordinairement, & c'est le sentiment des Péres, que *Pythagore* & *Platon* avoient emprunté des Hebreux tout ce qu'il y a de meilleur dans leur Théologie. Mais quand on considére, que *Pythagore* fut Disciple de *Phérécyde*, & que *Pherécyde* avoit pris *toute sa Théologie de la Prophétie de Cham*, on est en droit d'en conclurre, que celle de *Pythagore* venoit de la même source, & qu'au fond c'étoit la même que celle des Pheniciens.

La Théologie de Pythagore est celle des Pheniciens.

4. Ce qui m'a suggéré cette pensée c'est une conformité d'idées, sur le sujet des Principes, entre la Théologie Phenicienne, & celle de *Phérécyde*. Ce dernier donnoit à l'Univers trois Principes, (4) *Jupiter*, ou Dieu, la *Terre*, ou la Matiere, & l'*Amour*, qui unit

De ceux Pherécyde [illegible]

le Passage d'*Isidore*, quoique de très-savans hommes y soignent quelques paroles [illegible]. Voyez *Suidas* [illegible] p. 812. *Dan. Heins.* Not. in *Maxim. Tyr.* Dissert. XXIX. ad p. 171. je préfére la distinction, qu'a suivie l'Auteur de la Version de *Clement*.

(4) [illegible] *Maxim. Tyr.* Dissert. XXIX. p. 171. Edit. *Heins.*

unit ces deux Principes, & qui fut la cause de la Création du Monde. Les Phéniciens posoient de même trois Principes (1), le *Chaos*, ou la Matiere; un *Esprit*, qui est Dieu, & l'*Amour* que cet *Esprit* conçut pour la Matiére. Cet *Amour* unit les deux Principes, & fut la cause de leur fecondité. C'est-là l'origine de la fable d'*Hésiode* (2), qui met le *Chaos* & l'*Amour* au rang des Principes aussi-bien que *Jupiter*. Cela vient des Phéniciens, & se trouvoit peut-être aussi dans la *Prophétie de Cham*.

Ancienneté du Livre de Cham. [illegible] *Diog.* [illegible] L. I. in [illegible]. [illegible] B[illegible] L. II. p. [illegible]

5. Quoi que je ne doute pas que ce Livre ne fût supposé, il faut pourtant qu'il soit bien ancien, puisque *Phérécyde*, *qui florissoit vers la cinquante-neuvième Olympiade*, plus de cinq-cens quarante ans avant notre Seigneur, en avoit tiré toute sa Théologie. On ne doit pas assurément le confondre avec je ne sai quel Livre, auquel on donne le titre [illegible] d'*Ecriture de Cham*, *& qu'on dit contenir les Elémens & la pratique de la Necromantie*.

Il contenoit une Doctrine fort semblable au Manichéisme.

6. J'ai jugé, que les Manichéens, qui étoient dans les mêmes Principes que *Basilide*, & son fils *Isidore*, s'appuyoient sur la *Prophétie de Cham*, parce que *Phérécyde*, qui en avoit pris la Théologie, enseignoit des Erreurs, qui sont les mêmes que celles des Manichéens, ou qui ont un grand rapport avec leur Hérésie. *Diogéne Laerce* témoigne, qu'on avoit encore de son tems un Livre de ce Philosophe, qui commençoit par ces mots, (3) JUPITER, ou Dieu, LE TEMS ET LA MATIERE ont *toûjours existé*, *la* MATIERE *fut appellée* TERRE, *depuis que Jupiter lui eut donné la forme & sa beauté.* Voila le prémier Principe du Manichéisme, l'Eternité de la Matiére. *Phérécyde* parloit ensuite (4) *de la naissance d'*OPHIONÉE. *Eusébe* dit quelque chose de plus (5) *Phérécyde*, dit-il, *traitant dans sa Théologie de cette Divinité, qu'il appelle* OPHIONÉE, *& des* OPHIONIDES, *en avoit pris le sujet des Phéniciens.* *Ophionée* & les *Ophionides* sont le *Serpent*, ou le *Diable*, avec toutes les Puissances des Ténébres. Les Manichéens

(1) Voyez la Prepar. Ev. d'Eusébe, L. I. [illegible] p. 33. [illegible]

(2) Voyez la *Théogonie d'Hésiode*. v. 116-122.

(3) [illegible] *Diog. Laert.* L. I. in fine. Dans les Imprimez on lit [illegible]. Ce qui voudroit dire que *Jupiter*, *le Tems & la Matiere*, *étoient de toute éternité la même chose*. Mais comme ce sentiment paroit fort étrange, je croi qu'il faut lire [illegible], & c'est ainsi qu'a lû *Saumaise*. in Sol. p. 841. Au reste je rends χθονη, qui signifie proprement la Terre, mais la Terre destituée de forme, & lorsqu'elle étoit dans le *Chaos*, par la *Matiere*, afin de rendre le sens de l'Auteur, [illegible] dit *Clément d'Alexandrie*, [illegible] est *terra ea quæ in magna* [illegible] Strom. L. V. p. 569. Χθονη est donc proprement *la Terre* [illegible] mais [illegible]me, telle qu'elle est représentée par *Moïse*. Gen. I. 2. Et [illegible], c'est *la Terre* avec la forme que le Créateur lui donna. Gen. I. [illegible] Ce que [illegible] *Phérécyde* paroit tout à fait [illegible] de la Genése.

(4) [illegible] *Maxim. Tyr.* ub. sup. p. 171.

nichéens ne croyoient pas le Diable éternel, mais une production de la *Matiére*. Après cela *Phérécyde* traitoit aussi (6) *de la Guerre des Dieux*. *Marsile Ficin* a remarqué, (7) „ que *Platon* avoit appris des Egyptiens, que *Jupiter* précipita dans les Enfers, les „ Démons impurs: Et de *Phérécyde*, que plusieurs Démons s'étoient revoltez contre *Jupiter*, & qu'*Ophionée* étoit le Chef de „ leurs Armées ". Tout cela sont des Imaginations Manichéennes. Ces Réflexions tendent à faire voir les sources & l'ancienneté de cette Hérésie. Quoique l'erreur fût grande & réelle, cependant les Nations, qui descendoient de *Cham*, comme les Perses, les Arabes, les Phéniciens, & les Egyptiens, ne pouvoient qu'avoir de la vénération pour lui, & pour des Oracles supposez sous son nom.

V. Je ne doute point que le Lecteur n'ait la curiosité de savoir, quel étoit le Mystère, que *Pherecyde* avoit caché sous l'emblème d'un CHE'NE AILE', *& couvert d'un* VOILE, *ou d'un* MANTEAU DE DIVERSES COULEURS. Quelques Savans ont tâché de le decouvrir. Je vai rapporter leurs conjectures, & j'y ajoûterai la mienne. V. F[illegible] Emblème de [illegible]

Phérécyde, surnommé le SYRIEN, parce qu'il étoit de l'Ile de *Syros*, dans la Mer d'*Ionie*, fut (8) le prémier Philosophe Grec, qui écrivit de *la Nature & des Dieux*, & qui enseigna aux Grecs (9) l'immortalité de l'Ame. J'ai déja dit, qu'il avoit tiré ses idées de l'ancien Livre de *Cham*, & que ce Livre contenoit la Theologie des *Phéniciens*. Le passage d'*Eusébe*, que je viens de citer, le confirme. Mais comme les Anciens ne vouloient pas communiquer à tout le monde leurs connoissances, celui-ci suivit la Méthode des Egyptiens, & des Orientaux. Il enveloppa tous ses Dogmes d'Enigmes. (10) *Sandius* a tâché d'expliquer celle du *Chêne ailé* dans son Traité de *l'Origine* de *l'Ame*. Il croit donc

(5) [illegible] *Euséb.* De Præp. Ev. L. I. 10. p. m. 41.

(6) [illegible] *Max. Tyr.* Ibid.

(7) *Ab ipsis Ægyptiorum Mysteriis acceperat Plato, Jovem &c. Et à Pherecyde Syro, multos ab Jove Dæmones rebellasse, quorum exercitus Ophioneus duxerit Serpentinus.* Marf. Ficin. in argum. in Apolog. Socrat. p. m. 797. col. 2.

(8) [illegible] *Diog.* ub. sup. On peut voir sur ce Philosophe ce qu'ont dit *Saumaise*, in Sol. p. 840. & seq. Et *Fabric.* Biblioth. Gr. T. I. p. 821.

(9) *In eadem sententia fuit etiam Pythagoras antea, ejusque Præceptor Pherecydes, quem Cicero tradit primum de æternitate animarum disputasse.* Lactant. Instit. L. VII. 8.

(10) Sandius, (*Christophorus*) *De Orig. Animæ.* p. 99. & seq. Platon a employé la fiction des *Ailes de l'Ame* in Phædr. p. m. 254. Il la tenoit des Pythagoriciens. *Les Ailes de l'Ame* sont les vertus. [illegible] Hierocles, in Carm. Aur. Pythag. p. 257. 258. *Les Hommes s'élevent au par[illegible] des biens par le moyen des vertus, qui [illegible] comme* DES AILES *pour monter au Ciel.*

donc que le *Chêne* eſt l'emblême de l'Ame, & ſe fonde ſur ce que les Anciens croyoient, que les Hommes ſont nez des *Chênes*. Cela ſupoſé, il conjecture, que *les Ailes du Chêne* ſont *les Ailes de l'Ame*, fiction, que *Platon* a employée aprés *Pythagore*, & qui, comme on l'a vû, tiroit ſon origine de *Zoroaſtre*, ou des *Caldéens*. Il ajoûte, que *le Manteau de diverſes couleurs*, dont le *Chêne* ſe couvre, ſignifie les différens Corps, que l'Ame revêt & dépouille ſucceſſivement. La conjecture de ce Savant eſt ingenieuſe. Mais elle eſt fondée ſur une ſuppoſition évidemment fauſſe. Jamais les Anciens, & beaucoup moins *Phérécyde*, & ſes pareils, n'ont crû que les Hommes étoient *nez des Chênes*. Les paſſages alleguez par *Sandius* ne le prouvent pas. Il a pris une expreſſion proverbiale pour une expreſſion propre. Le Lecteur en peut voir la preuve au bas de la page (1).

Défaut de celle de Fabricius.

(a) Fabric. Cod. Pſeudepig. V. Teſt. T. I. p. 298. 294.

Un autre (a) Savant moderne a conjecturé, que le *Chêne* étant un Arbre, qui ſubſiſte long-tems, il eſt l'image de la *Nature*. Que l'Epithéte d'*ailé* lui eſt donnée par *Phérécyde*, à cauſe de ſes branches, qu'il étend au long & au large, & que le *Manteau de diverſes couleurs*, *qui le couvre*, ſignifie cette varieté infinie de Plantes & d'Animaux, que *la Nature* produit ; cette admirable broderie, qui embellit la ſurface de la Terre, & qui ſe diverſifie inceſſamment. Cette Explication ſemble confirmée par la fiction des Egyptiens, qui repréſentoient la Nature ſous la figure d'une Femme couverte d'un voile, avec ces mots, (2) *je ſuis tout ce qui a été, tout ce qui eſt, & tout ce qui ſera, & jamais aucun mortel n'a pû lever le voile, qui me cache*. Tout va bien dans cette Explication, horsmis les *ailes* du *Chêne*, qu'il faut prendre pour ſes *branches*. On ne donne des *ailes* à quelque choſe que pour en exprimer le mouvement. Les Poëtes, comme *Héſiode* par exemple, appellent les *rames* & les *voiles* d'un Vaiſſeau les *ailes*, mais c'eſt parce que les *voiles* & les *rames* ſervent à le faire voguer. Il n'en eſt pas de même des branches d'un Arbre : elles le laiſſent immobile : Pour le *Manteau bigarré*, il convient fort bien à la *Nature*, ou à la *Matiére*, ce qui me rappelle un Apologue des Gentils des Indes (b). Ils ont une Idole, qu'ils nomment *Calangani*, & diſent, *que c'eſt une Femme, qui ſe proſtitue à tout le monde, & qui* ...

(b) Gazoph. Ling. Perſ. p. 151.

même

(1) *Quercus antiquis eſt hominum genitrix*, dit *Sandius*, loc. cit. Il appuye ſon opinion ſur ce vers d'*Homere*, où *Penelope* dit à *Ulyſſe* :

Οὐ γὰρ ἀπὸ δρυός ἐσσι παλαιφάτου, οὐδ' ἀπὸ πέτρης.

Odyſſ. L. XIX. v. 163.

Vous n'êtes pas né d'un antique Chêne, ni d'un rocher.

C'eſt évidemment une Expreſſion proverbiale, pour dire, *vous n'êtes pas un homme ſans éducation, ſans mœurs, un Barbare*, comme on le voit dans ces vers de *Virgile*, où il fait dire à *Evandre*, parlant des Latins :

Gensque virûm truncis, & duro robore nata,
Queis neque mos, neque cultus erat.

Æneid. L. VIII. v. 315. Le Lecteur peut voir la Note de *Servius*, & les A[illegible] d'E[illegible]

meure toûjours vierge. Ils désignent par là ce qu'on appelle *la Matière première*, qui change perpetuellement de forme, & qui retourne toujours à sa simplicité.

Feu M. *Grabe* (c) a eu une pensée, qui m'a d'abord ébloui. Il a crû, qu'il y avoit faute dans *Clément* d'Alexandrie, & qu au lieu de lire *Drys*, qui veut dire *Chêne*, il falloit lire *Dryops*, qui est une sorte d'Oiseau, dont il est fait mention dans (d) *Aristophane*. Mais comme l'Epithète d'*ailé* seroit bien froide, si on la prenoit dans le sens propre, parcequ'il n'y a point d'Oiseau qui n'ait des ailes, je l'ai prise dans le sens figuré, pour dire, (3) *vite*, *rapide*, *leger*. Quant au *Manteau de diverses couleurs*, il conviendroit fort bien à un *Oiseau*, dont le plumage seroit varié. La correction de M. *Grabe* n'explique pas l'emblême, mais elle lui donne un air fort naturel, & c'est ce qui m'a d'abord frappé; elle m'auroit même seduit, si *Maxime de Tyr*, que j'ai cite, ne m'avoit appris que l'Emblême de *Phérécyde* étoit un *Arbre* & non un *Oiseau*. (4) *Considerez*, dit-il, *ces fictions du Syrien; Jupiter*, *la Terre*, (*ou la Matière*) *& l'Amour*, *qui est dans l'un & l'autre; la naissance d'Ophionée*, *le combat des Dieux*, L'ARBRE ET LE VOILE. Il est donc certain, que le Symbole de *Phérécyde* étoit un *Arbre*, ou un *Chêne*, & qu'il n'y a rien à changer a la leçon de *Clément* d'Alexandrie. Mais la question est d'expliquer le Symbole: Je croi cela très-difficile, & ce que je vai dire là-dessus, n'est qu'une conjecture, que je hazarde, mais qui fournira peut-être à quelqu'autre l'occasion de deviner.

Conjecture de Grabe vraisemblable, mais fausse.

(c) Spicil. T. II. p. 65.

(d) In Avib. p. 555. Edit. Bipen. C'est à la p. 380. de mon Edition Grecque de Froben.

Je soupçonne que le *Chêne* est l'Emblême de la Divinité. On sait la coûtume des Anciens de faire le Service Divin dans les Bois, & la vénération, que les *Druïdes* avoient pour les *Chênes*. Les *ailes du Chêne* sont la figure du *Tems*, dont elles représentent le cours continuel & rapide. *Phérécyde* mettoit (e) le *Tems*, ou *Saturne* au rang des Principes, & l'associoit a cet égard avec *Zeus*, ou *Zas*, c'est-à-dire, avec *Dieu*. Quoique les Poëtes ayent rendu ce nom de *Zeus* odieux, il est pourtant en lui-même très-propre à exprimer la Divinité; l'idée qu'il en donne, est non seulement celle d'un Etre *vivant*, mais d'un Etre, qui a la vie par lui-même, & qui

Conjecture de l'Auteur.

(e) Diog. Laert. ub. sup.

d'*Erasme*, Chil. I. Cent. VIII. Prov. 87. Le vers d'*Homère* prouveroit que les Anciens ont crû, que les Hommes étoient nez *des Rochers*, aussi-bien que des Chênes.

(2) Ἐγώ εἰμι τὸ τὸ γέγονος, καὶ ὂν, καὶ ἐσόμενον, καὶ τὸν ἐμὸν πέπλον οὐδείς πω θνητὸς ἀπεκάλυψεν. *Fabric* Ibid.

(3) C'est dans ce sens, que *Pindare*, a dit [illegible], *Novis alata; Hoc est* ταχείαις. *Nam* [illegible] *proprie est* ALATUS, *sed metaphorice* VELOX. Joan Benedict. in Pindar. Ode IX. Olympion. p. 107.

(4) Ἀλλὰ καὶ τοῦ Συρίου τὴν ποίησιν σκόπει, καὶ τὸν Ζῆνα, καὶ τὴν Χθονίην, καὶ τὸν ἐν τούτοις Ἔρωτα, καὶ τὴν Ὀφιονέως γένεσιν, καὶ τὴν θεῶν μάχην, καὶ τὸ ΔΕΝΔΡΟΝ, ΚΑΙ ΤΟΝ ΠΕΠΛΟΝ *Maxim. Tyr.* Dissert. XXIX. p. 171. Edit. *Heinsii*.

Tt 2

qui la communique à tout ce qui vit. (1) Les *Pythagoriciens*, dit Hiéroclès, *avoient accoûtumé de vénérer le Créateur & le Pére de l'Univers sous le nom de* ZEUS. *Car il est bien raisonnable de designer celui qui a donné* L'ETRE ET LA VIE *à tout ce qui les possede, par un nom qui exprime sa puissante operation.* Quant à *Saturne*, ou au *Tems*, les Phéniciens le representoient avec des *ailes*, les *unes étendues*, parcequ'il *vole* toujours : les autres *pliées*, parce que son mouvement est insensible, & comme s'exprime *Philon de Biblos*, (2) *parce qu'il se repose sans cesser de voler, & qu'il vole sans cesser de se reposer.* *Le Manteau de broderie, ou de diverses couleurs, dont le Chêne se couvre*, c'est effectivement la Nature, la Terre, & les Mers, qui sont comme le vêtement, sous lequel la Divinité se cache, & se montre tout ensemble. (3) *Jupiter*, dit Phérécyde, dans un autre passage, rapporté par *Clément* d'Alexandrie, *Jupiter* FAIT UN GRAND ET BEAU MANTEAU, *sur lequel il brode* LA TERRE, OGENUS, *& les maisons d'Ogenus.* On sait qu'*Ogenus* est l'ancien nom de l'*Ocean*. (4) *Clément* remarque, que l'idee de *Phérécyde* est une imitation d'*Homére*, décrivant le *Bouclier d'Achille*. Cela peut être : mais il me semble que ce dernier Passage peut servir à expliquer l'énigme du premier. Pour qui *Jupiter* fait-il *ce vaste & beau manteau brodé de diverses couleurs*, si ce n'est pour lui même ?

VI. Prophéties de Barcabbas & de Barcoph ou Barcor. (a) Clément Al. Strom L. VI. p. 641. (b) H. E. L. IV. 7. p. 120.

VI. Apres cette digression, que j'ai donnée à la curiosité du Lecteur, & à la mienne, je passe aux *Prophéties* de *Barcabbas*, & de *Barcoph*, ou *Parchor*, sur lesquelles *Basilide* & son Fils *Isidore*, appuyoient leurs erreurs. Ce dernier avoit écrit un (a) Commentaire sur *Parchor*, dont il nous reste deux fragmens dans *Clément* d'Alexandrie, mais qui ne contiennent rien de mémorable, que ce que je viens de rapporter touchant *Phérécyde*. *Eusébe* (b) avance, sans aucunes preuves, " que *Basilide* avoit supposé ces deux „ Prophétes, avec quelques autres, auxquels il donnoit des noms „ barbares, pour étonner & surprendre le monde". C'est une conjecture d'*Eusébe*, qui ne connoissant ni les noms, ni les Livres de *Barcabbas* & de *Barcoph*, s'imagina que c'étoit une imposture de *Basilide*. Mais s'il avoit voulu tromper les Chretiens par de fausses

(1) Τὸν ποιητὴν καὶ πατέρα τῶδε τῦ παντὸς ... Πυθαγόρειοι ... ΔΙΟΣ καὶ Ζῆνα ... ΤΟ ΕΙΝΑΙ ΚΑΙ ΤΟ ΖΗΝ ... *Hieroc.* in Carm. Pyth. p. 273. Cependant le savant *Cluvier*, (De Germania Antiq. L. I. c.) donne une autre origine au mot de ZEUS. Il croit que c'est le même nom que celui de THOYTH, ou de THEUTH, & de TEUTATES. *Graecis idem vocabulum*, THEUTH *dictis Deus*, *nostratibus* ZEUS & DEUS.

(2) ... Ap. *Euseb.* Præp. Ev. L. I. 10 p. 39.

(3) ... *Clem.* Al. *Strom.* L. VI. p. 621.

(4) Ibid.

fauſſes Ecritures, il les auroit produites ſous des Noms vénérez par toute l'Egliſe, & non ſous des noms barbares: car c'eſt ainſi qu'en ont uſé les Impoſteurs. Je croirois donc plutôt, que ces prétendus Prophètes étoient des Apocryphes des Juifs, leſquels ne laiſſoient pas d'avoir de l'autorité, bien qu'ils ne fuſſent pas compris dans le Canon des Ecritures. Telle étoit, par exemple, la *Prophetie d'Enoch*, citée par *S. Jude:* Telles encore celles d'*Heldam* & de *Modad*, alléguées par (5) *Hermas* dans ſon *Paſteur*. Les Juifs avoient des (c) Livres Prophétiques, qu'on fait monter au nombre de LXX. ou de LXII., qui n'avoient pas la même autorité que les Livres ſacrez, mais qu'on ne laiſſoit pas de reſpecter, comme on le voit par les citations, que l'on en trouve dans le Nouveau Teſtament. Cependant *Barcabbas* & *Barcoph* pouvoient être auſſi des Prophètes Syriens, ou Caldéens, que l'on vénéroit dans l'Orient, & que *Baſilide*, qui y avoit voyagé, en avoit apportez à *Alexandrie*, parce qu'ils favoriſoient ſes Erreurs.

(c) Voyez la Note de Cote-lier [illegible] p. 295.

VII. Si nous avions la Bibliothéque des Manichéens nous en pourrions dire davantage; cependant je ne doute pas qu'outre leurs Livres ſacrez, ils n'euſſent des Apocryphes des anciens Patriarches, quand je conſidére que les Communions Orientales en ont pluſieurs, qui conſervent encore aujourd'hui l'autorité, qu'une vieille ſuperſtition, & un zéle ignorant leur ont acquis. Les Syriens (d) ſe vantent d'avoir des INSTRUCTIONS *d'Adam:* UN TESTAMENT de ce Pére du Genre Humain: UNE PREDICTION du même touchant la venuë du Meſſie: un TESTAMENT DE SETH, dans lequel le Patriarche explique la Théologie des Anges, & leurs différens Ordres, Science, qui faiſoit partie de celle des Manichéens, & de celle des Mages, d'où elle paſſa enſuite, chez les (6) Grecs. On peut voir dans M. *Hyde* (e) les fonctions particuliéres, que les Mages aſſignoient à chaque Ange. Les Juifs (f) n'étoient gueres plus ſobres là-deſſus. Il y a bien de l'apparence, qu'une bonne partie de leur Théologie ſur les Anges venoit des Caldéens. Ce fut un mauvais butin, qu'ils emportérent d'Aſſyrie, & dont les Chrétiens n'ont pas dédaigné de ſe charger.

VII. Les Manichéens avoient des Livres des Patriarches.

(d) *Aſſem.* ub. ſup. T. III. p. 282.

Les Syriens prétendent en avoir d'Adam & de Seth.

(e) *Hyde* ub. ſup. Cap. XIX. & XX.

(f) Ibid. p. 27.

J'ai

(4) Ibid. Il cite deux vers du XVIII. Livre de l'Iliade, dont le prémier eſt,

Ἐν μὲν γαῖαν ἔτευξ᾽, &c.

Et le ſecond,

Ἐν δ᾽ ἐτίθει ποταμοῖο, &c.

Mais ces deux vers ſont bien éloignez l'un de l'autre, quoiqu'à en juger par la citation de *Clément* on les croiroit tout proches.

(5) Voyez le *Paſteur d'Hermas*. L. I. Vis. II. Cap. 5. & conſultez la Note de *Cotelier* ſur ces anciens Prophètes. No. 19. p. 77.

(6) Le Lecteur peut voir là-deſſus le Commentaire d'*Hierocles* ſur les *Vers* de *Pythagore*. Il y trouvera la ſacrée Hiérarchie des Anges, ou des *Dieux* immortels,

Réponse à une Objection de M. Fabricius touchant le Livre de ce dernier.

J'ai dit, après M. *Asseman*, que les Syriens se vantent d'avoir un Livre de *Seth* : Cependant le Docte M. *Fabricius* assure, (1) qu'ils rejettent ce Livre, & se fonde sur une Lettre d'*Etienne Pierre*, Patriarche des *Maronites*, qui prend, comme on sait, le titre fastueux de (2) *Patriarche d'Antioche*, quoique son Diocese soit borné au Monastere de *Canubin*, & à quelques Villages du mont *Liban* & des Environs. Cet *Etienne* mande donc à *Huntington*, 3 *que le Livre de Seth est certainement entre les Livres défendus parmi les Syriens.* Je ne doute pas de la vérité de ce témoignage. Je croi seulement, qu'il faut le restreindre aux seuls *Maronites*, à qui le *P. de St. Joseph* a donné cet Eloge, 4 *Qu'ils sont* LA FLEUR DE LA CATHOLICITE *dans tout le Levant, & qu'ils* JURENT PAR LA TETE DU PAPE. Mais pour les autres Communions Orientales, qui n'ont pas été *romanisées*, elles reçoivent encore le *Livre de Seth*, avec quantité d'autres de la même espèce, dont on peut voir la liste dans M. *Asseman*, dans l'endroit que j'ai cité. Quant aux Manichéens il n'y a pas lieu de douter qu'ils n'eussent cet Apocryphe, mais, avant que de le prouver, rapportons l'Histoire, que les Syriens nous font du Patriarche *Seth*.

Tradition des Orientaux sur le sujet de ce Patriarche.

C'est une 5) Tradition constante parmi les Orientaux, & qui d'eux a passé chez (6) les Grecs, " que les Anges enlevérent *Seth*, „ & l'instruisirent des Evénemens futurs, mais en particulier de

Sa Prophétie.

„ (7) la naissance du Sauveur qui devoit arriver vers l'an 5500. „ du Monde : Qu'ils lui enseignérent l'Art d'écrire & l'Astronomie : Qu'ils lui donnérent, de la part de Dieu, des Loix concernant la Religion & la Justice : Qu'il communiqua toutes ces „ connoissances à ses Enfans, & leur inspira un tel amour pour la „ Vertu, & une telle (8) ardeur de recouvrer la Vie bienheureuse, „ dont *Adam* & *Eve* avoient joui dans le Paradis, que, ne pouvant plus rentrer dans ce séjour de la Félicité, ils se retirérent

Introduit le premier la continence.

„ sur la Montagne d'*Hermon*. Ce fut là qu'ils vécurent dans une „ parfai-

tels, avec les degrez d'honneur qui leur sont dus à proportion de leurs Perfections & de leurs Dignitez. C'est par là que ce Commentaire commence.

(1) *Liber Sethi apud Syros prohibitus.* Fabric. Pseudepig. V. Test. T. I. p. 156.

(2) Ce prétendu Patriarche étoit autrefois un simple Abbé.

(3) *Il libro di Seth .... non è possibile che ci lo mostrino, essendo ciò appresso di loro prohibito.* Ap. Fabric. Ibid.

(4) Voyez son *Gazophyl.* Ling. Perf. p. 216. *Giurano per la testa del Papa.*

(5) La même Tradition est aussi reçuë par les Arabes, par les Samaritains, & par les Ethiopiens. Voyez *Fabric.* ub. sup. p. 155.

(6) Voyez les Passages recueillis par *George Syncelle* ; ceux de *Michel Glycas*, de *Suidas*, de *Theodoret*, que M. *Fabricius* a ramassez. ub. sup. p. 142. Voyez aussi *Rich. Simon*, H. Crit. du V. Test. L. I. 7. p. 47.

(7) La Prophétie de *Seth* touchant la naissance du Sauveur est alléguée par l'Auteur de l'*Op. Imperfectum* sur *St. Matthieu*, Hom. II. & dans l'Evangile de *Nic-*

„ parfaite innocence, gardant une continence perpetuelle, & n'ap-
„ prochant jamais d'aucune femme, par où ils meritérent le glo-
„ rieux titre d'ENFANS DE DIEU". La Tradition veut encore, que *Seth* ait écrit plusieurs Livres concernant la Religion, les Sciences, & particuliérement la Morale. Les SABEENS, ou SABI, qui sont la plus ancienne Secte du Monde, se vantent de tenir leur Religion de *Seth* & d'*Edris*, c'est-à-dire, d'*Enoch*. Ils gardent aussi les prétendus Livres du prémier, entre lesquels il y en a un, qui n'est qu'une excellente Collection de Préceptes pour les Mœurs. (a) *Les Sabéens*, dit Dherbelot, *qui prétendent tenir leur Religion de* Seth *& d'*Edris, *se glorifient d'en avoir encore aujourd'hui des Livres, qui sont pleins d'instructions morales, pour fuir les vices, & pratiquer les vertus.* Ces *Sabéens* ne reconnoissent (b) qu'un seul Dieu, qu'ils qualifient LE SEIGNEUR DES SEIGNEURS, mais ils honorent les Anges, comme des Médiateurs d'intercession.

Les Sabéens se vantent d'avoir les Livres.

(a) Dherbel. au mot Sabi. Pocock. ub. sup. p. 138.

(b) Pocock. ub. sup. p. 143

A l'égard des Manichéens, j'ai jugé qu'ils avoient des Livres de *Seth*, & qu'ils s'appuyoient sur leur autorité. Les raisons, qui me le font croire, sont 1. que ces Apocryphes sont si anciens, que l'on n'en sauroit marquer l'origine. 2. Que les *Gnostiques* (9) s'en servoient, & en particulier cette Secte, a laquelle S. *Epiphane* donne le nom de (10) *Sethiens*. Or les Manichéens avoient beaucoup d'affinité & avec les *Séthiens*, & avec les *Sabéens*, rendant, comme ces derniers, une sorte de vénération au Soleil & à la Lune. 3. Ils reconnoissoient, que *Seth* avoit été le Docteur & le Pére de toutes les Vertus. Ces *Préceptes*, (11) dit *Fauste*, en parlant de ceux de la Loi Morale, *ont été publiez il y a long-tems entre les Nations, par* Enoch, *par* Seth, *& par les autres Justes, qui en avoient été instruits par les Anges de lumiére, ce qui seroit facile à prouver.* La preuve en étoit sans doute dans le Livre même de *Seth*, qui contenoit d'excellens Preceptes touchant les Mœurs. 4. *Abulpharage* témoigne, dans le Passage, que je viens de citer, que *Seth* fut le prémier, qui

Les Manichéens s'appuyoient sur leur autorité.

Nicodeme. Voyez l'Edit. de *Fabric.* Cod. Ap. N. Test. T. I. p. 197. C'est l'Archange *Michel*, qui revela tous ces Mystéres à Seth.

(8) *Fertur ille* SETH *[illegible] vita beatæ, qua parentibus suis in Paradyso fuerat, desiderium [illegible], adeo ut in montem Hermon secesserint, cultui Dei, Pietati & continentiæ dediti, neutiquam ad mulieres accedentes, unde vocati sunt Filii Dei.* Abulph. Dyn. p. 5.

(9) [illegible] Epiph. Hær. XXVI. 8. St. Epiphane dit, que les Gnostiques les avoient supposez. Cela se dit légérement, se copie avec confiance: mais où en sont les preuves?

(10) [illegible] Hær. XXXIX. 5.

(11) *Hæc autem præcepta erant antiquitus in Nationibus, ut est in promptu probare, olim promulgata per* ENOCH *&* SETH, *& ceteros eorum Justos, quibus eadem tradiderunt illustres Angeli.* Faust. ap. Aug. L. IX. 2.

qui exhorta ses Enfans à vivre dans une perpetuelle continence, Etat, ou Vertu, que les *Manichéens* exaltoient infiniment. Or que pouvoient-ils alleguer de plus fort pour leur opinion là-dessus, que le temoignage & les Instructions d'un des plus illustres Patriarches? Car, si nous en croyons de savans Interprètes de l'Ecriture, ses connoissances & ses hautes Vertus inspirerent, à sa sainte Posterité, tant de veneration pour lui, qu'elle l'honora du titre de DIEU. (1)

(1) Voyez *Fabricius* Cod. Pseudep. V. Test. T. I p. 143. & suiv. où il traite la Question, *Pourquoi* SETH *a été appellé Dieu*. Voici ce que *Theodoret* a dit là-dessus Quest. XLVII. sur la Genése. Après avoir cité le v. 26. du Chap. IV. selon la Version des LXX. & selon celle d'*Aquila*, il ajoûte, SETH *fut le premier, qui, à cause de sa Pieté*, MERITA LE TITRE DE DIEU, *& fut appellé* DIEU *par ses Parens*. [illegible] On voit là un exemple des fautes, que font faire des Versions équivoques, & l'ignorance du Stile des Hébreux.

FIN DU LIVRE PREMIER.

HIS-

HISTOIRE CRITIQUE DES DOGMES DE MANICHÉE.

LIVRE SECOND.

Des APOCRYPHES, qu'on dit avoir été supposez, ou falsifiez par les MANICHÉENS. Et des Livres de MANICHÉE & de ses prémiers Disciples.

CHAPITRE PREMIER.

Les Manichéens n'ont point supposé une Lettre de J. CHRIST: Ils ne sont point Auteurs de quelques Additions aux EVANGILES: *Ils ne le sont point des faux Evangiles de St.* THOMAS, *& de St.* PHILIPPE.

I. IL est certain (1) que Notre Seigneur n'a rien laissé par écrit. Il se contenta de confier sa Doctrine à ses Disciples, & leur envoya le S. Esprit pour leur rappeller la memoire de ses Instructions, & les diriger, d'une manière infaillible, dans la Prédication des Véritez, qu'ils

I. Jesus n'a rien laissé par écrit. Objection des Payens à cette occasion.

CH. I. (1) *Unde & Servator nullum volumen Doctrinæ suæ proprium reliquit.* Hieron. in Ezech. XLIV. 29.

Reponse de S. Augustin. Critique de cette Reponse.

qu'ils devoient annoncer au monde. St. *Augustin* nous apprend, que les plus sages & les plus moderez des Payens avouoient, que J. Christ méritoit leur estime & leur vénération, à cause de ses eminentes Vertus, & de ses excellens Preceptes: mais (1) qu'ils refusoient d'ajoûter foi aux Evangiles, sous prétexte, qu'il ne les avoit pas ecrits lui-même, & que ses Disciples, au lieu de le representer comme un homme d'une haute sagesse, tel qu'il étoit, en avoient fait un Dieu. Ce Pere repond, (2) qu'encore que *Pythagore* & *Socrate*, (il auroit pû ajoûter *Apollonius* & *Epictète*) n'eussent laissé par ecrit aucun monument de leur Doctrine, la posterité ne laissoit pas de reconnoitre, qu'elle avoit été fidélement rapportée par leurs Disciples. La reponse de *S. Augustin* est specieuse, mais, quoiqu'en dise M. *Simon* (3), elle n'est nullement suffisante: La disparité est trop grande & trop visible. Il n'importe point au salut de savoir avec certitude, quelle a été la Doctrine de *Socrate* & de *Pythagore*: Personne n'est obligé de la croire, sous peine d'être privé de la Vie éternelle. Il n'en est pas de même de l'Evangile: La Foi des Véritez qu'il contient, & l'observation de ses Preceptes, sont les conditions du salut. Si les Témoins qui nous certifient, que c'est la Doctrine de J. Christ, n'avoient pas eté dirigez par un Esprit infaillible, & si leur Predication n'avoit éte confirmée par leurs Miracles, nous serions obligez, malgré nous, de flotter dans l'incertitude, & la Foi seroit bien chancelante.

(3) Hist. Crit. du N. Test. ch. ... 25.

Les Heretiques accusez d'avoir supposé des Ecrits de J. Christ.

II. On dit que, dès le commencement du Christianisme, il se trouva des Imposteurs, qui eurent l'audace de supposer des Livres sous le nom de J. Christ. St. *Jerôme* le (3) témoigne & l'Auteur des *Constitutions Apostoliques* en accuse (4) *les Disciples de Simon* & de *Cleobius*. C'est un grand Menteur, qui en dénonce d'autres. Il y a, dans St. *Augustin*, un endroit, qui pourroit faire soupçonner, que les Manichéens se vantoient d'avoir je ne sai quelle Lettre du Seigneur. " Si l'on produit, *dit St. Augustin* (5), quelques Lettres sous le nom de J. Christ, & que per- „ sonne

(1) *Ideo nolunt Evangelio credere, quia non ab ipso conscriptum, sed ab eius Discipulis, quod existimant ei divinitatem, qua crederetur Deus, ei tribuisse.* Aug. Retract. L. II. 16. De Consens. Evang. L. I. 7.

(2) *A quibus quaero, cur de quibusdam nobilissimis Philosophis suis hoc crediderunt, quod de illis eorum Discipuli reliquerunt, cum de se ipsis nihil scripsissent:* Nam Pythagoras &c. Ibid. *De consensu Evang.* Avertissons en passant, que c'est une Question, sur laquelle les Anciens & les Modernes sont partagez, savoir, si *Pythagore* n'a laissé aucuns Ecrits. On cite *Lucien*, *Josephe*, *St. Jerôme*, pour l'affirmative: Mais on cite pour la négative, *Pline*, *Proclus*, & *Diogéne Laërce*, qui traite la premiére opinion de ridicule. *C'est se moquer*, dit-il, [illegible]. Voyez les Remarques de *Theodore Marcilius*, sur *Hierocles*, Comment. in *Carm. Aur. Pythag.* p. 337. Le Lecteur, qui voudra voir cette Question traitée peut consulter *Fabric.* Biblioth. Gr. L. II. Cap. 12.

„ sonne n'en ait oui parler auparavant, il faut que ces Lettres „ soient fausses, parceque, si elles etoient veritables, elles au- „ roient été reçues par l'Eglise: On les liroit dans l'Eglise, où „ elles auroient la principale autorité. Qui peut être assez in- „ sensé, *poursuit-il*, pour croire aujourdhui, qu'une Lettre, que „ *Manichée* auroit produit sous le nom de J. Christ, seroit effecti- „ vement de lui, & refuser, en même tems, d'ajouter foi a ce „ que S. *Matthieu* a ecrit de ses Discours, & de ses Actions"? Cet endroit semble insinuer, que *Manichée* avoit suppose quelque Lettre de J. Christ. Mais, aucun ancien Auteur ne l'en ayant jamais accusé, & personne n'ayant vû cette pretenduë Lettre, il faut regarder ce que St. *Augustin* a dit là-dessus comme une supposition, qui fait partie d'un raisonnement, d'ailleurs fort embarrassé. Un savant Moderne (6) en a jugé à peu prés comme moi. *Fauste* (7) reconnoit, *que J. Christ n'a point écrit le Nouveau Testament*, & si sa Secte avoit eu quelque Lettre de Notre Seigneur, il en auroit parlé lui-même, ou St. *Augustin* l'auroit dit en le réfutant.

Manichée ne l'a point fait.

III. Il faut donc absoudre les Manichéens de l'attentat en question, mais il n'est pas possible d'en absoudre les Catholiques. (8) On publia, vers la fin du VI. Siécle, qu'il etoit tombé du Ciel à Rome, dans la Basilique de St. *Pierre*, & sur l'autel de J. Christ, une Lettre de Notre Seigneur, qui défendoit aux Fidéles de travailler le Dimanche, d'apprêter à manger, & de voyager. On en supposa une autre vers le milieu du VIII. Siécle, qu'on disoit aussi être venuë du Ciel à Jerusalem, & avoir été apportée par *Michel* l'Archange. L'Imposteur y ordonnoit entre autres de bien payer les Dixmes, & d'aller à l'Eglise avec de bonnes offrandes. Une des plus memorables de ces Lettres celestes, fut celle, qu'un certain *Pierre l'Hermite* portoit de toutes parts en 1095. pour exciter les Chrétiens à la Croisade. Cet Esprit d'Imposture ne cesse point. *Jerôme Xavier*, Cousin du grand Apôtre *François Xavier*, a inseré, dans son Histoire de J. Christ, écrite en Persan, deux Lettres; l'une de *Lentulus*, & l'autre de *Pilu-*

III. Les Catholiques l'ont fait plus d'une fois.

Imposture de Jerôme Xavier dans son Histoire de J. Christ en Persan.

(3) *Quod in plerisque Apocryphorum deliramenta conjungunt.* Hieron. ub. sup.

(4) [illegible] Constit. Ap. L. VI. 16.

(5) *Si enim prolatae fuerint aliquae Literae, quae, nullo narrante, ipsius proprie Christi esse dicuntur, unde fieri potuerat, ut, si vere ipsius essent, non legerentur, non acciperentur* &c. *Quis est ergo tam demens, qui hodie credat esse Epistolam Christi, quam protulerit Manichaeus, & non credat facta, vel dicta esse Christi, quae scripsit Matthaeus.* Aug. cont. Faust. L. XXVIII. 4.

(6) *Ex hoc loco non satis aperte probatur, Manichaeos revera Epistolam quandam singularem sub Christi nomine jactasse.* Fabric. Cod. Apocryp. N. Test. T. I. p. 306.

(7) *Praeterea, quod nec ab ipso Christo scriptum Testamentum ejus.* Ap. Aug L. XXXII. 1.

(8) Voyez, sur ces *Lettres*, Fabric. ubi sup. p. 305. & suiv.

Pilate, toutes deux écrites à *Tibére*. Dans la premiére l'Auteur fait le portrait de J. Christ, comme les Peintres le représentent depuis long-tems dans ses Images, & raconte quelques-uns de ses Miracles: dans la seconde, il parle aussi des Miracles de J. Christ, & de son Ascension dans le Ciel: mais il n'y est fait aucune mention de sa mort, & moins encore de sa Résurrection. Comme la Lettre est fort courte, le Lecteur ne sera peut-etre pas fâche de la trouver ici.

(a) „ *Pilate*, dit Jerome Xavier, *écrivit à l'Empereur en ces termes.* „ *Il y a eu ces jours passez dans ce Pays un Homme, que* „ *les Disciples appelloient* DIEU, *& qui faisoit divers Miracles.* „ *Il a été vû d'un grand nombre de personnes, & est monté* AU „ CIEL TOUT VIVANT. *Ses Disciples font à présent de gran-* „ *des choses en son Nom, & attestent qu'il est* DIEU, *& qu'il a* „ *enseigné la veritable voye du salut*". Le célèbre *Louis de Dieu*, si savant dans les Langues Orientales, ayant eu un Exemplaire de cette *Histoire de J. Christ*, & de celle *de St. Pierre*, ecrite par le même Auteur, les traduisit en Latin, avec des Remarques. Je ne suis point surpris, que le P. *Pétau* lui ait dit a cette occasion des injures tres-grossieres. En matiére d'injures, il ne l'a cédé a aucun Ecrivain de son Siécle. Mais qui ne s'étonneroit pas, qu'il ait eu la hardiesse (b) de nier, que ces deux Piéces fussent du Jésuite *Jerôme Xavier*? Je soupçonne pourtant, par (1) le tour qu'il a pris, qu'il y a beaucoup d'artifice, & d'équivoque dans son fait. Mr. *Simon* (c) reconnoit, que ces deux Piéces sont de *Xavier*, & la Société ne le nie plus.

Autre Imposture du Jésuite *Villote*.

J'ai vû une Imposture plus nouvelle, qui vient aussi d'un Membre de la Societe. Elle est dans un petit Livre, où je ne l'aurois pas apperçuë, si un (2) Savant, qui l'a traduit en Latin, ne m'en avoit communiqué une Version manuscrite. Le Jésuite *Villote* a publié, en Armenien, un Abrégé Historique & Chronologique des Rois & des Patriarches d'Arménie. Il est intitulé ARMENIE CHRETIENNE, & a été imprimé à *Venise* en 1713. ABGAR, (d) dit l'Auteur, ou AVAGAIR, *Fils d'*Arsace, *Roi d'Arménie*,

(d) Armen. Chret. p. 32.

(1) Voici les paroles de *Pétau*, par lesquelles le Lecteur jugera, si mon soupçon est juste. Il y verra aussi l'esprit de ce Jésuite. *Schedas manu cujusdam exaratas nactus ille* A[illegible] (c'est une belle allusion au nom de *Louis* DE DIEU) *sub* XAVERII *nomine* [illegible] *lucem* [illegible] [illegible] *quod vere* [illegible] *quod est libri,* [illegible] *Quid, si* [illegible] *cujusdam* [illegible], *& illius Societati inimici? Vides profecto, Lector, quam non sit absurda suspicio. Sic enim sese res habet. Qui sunt illi, a quibus schedæ illæ descriptæ, & ex Oriente ultimo in Europam asportatæ sunt?* BATAVI. *Quis eas in scriniis suis conservavit?* HOMO BATAVUS. *Quis in publicum edidit?* BATAVUS. Petav. De Incarnat. loc. citat.

(2) Mr. de *la Croze* a pris la peine de traduire ce livret du Jésuite *Jaques Villotte*.

nie, *bâtit* (3) Edesse, *qui est Rhoa*, *où il établit son Thrône Royal. Il depêcha des Envoyez à J. Christ*, *& le pria de le venir trouver*, *& de lui rendre la santé*, (4) COMME S. JEAN L'ECRIT AU CHAP. XII. ℣. 10. DE SON EVANGILE. Abgar *écrivit aussi à l'Empereur Tibere*, *& à* Artatchetes, *Roi de Perse*, *pour les exhorter à embrasser la Foi de J. Christ.* Je ne saurois dire, si le P. *Vilote* est l'Auteur de la citation de St. *Jean*, ou s'il l'a copiée de quelque Imposteur Armenien. Je laisse seulement au Lecteur à juger, s'il faut moins de hardiesse, pour copier & imprimer un tel mensonge, sans aucun correctif, que pour l'inventer. J'ai presque soupçonné, que l'Auteur a voulu appliquer à *Abgar* l'Histoire de *Lazare*, qui est au Chap. XI. de S. *Jean*.

IV. Les Manichéens accusez d'avoir corrompu les Ecritures, & supposé des Livres aux Apôtres.

IV. Le Pape *Leon I.* accuse les Manichéens (5) „ d'avoir violé la „ sainteté des Ecritures, par des retranchemens, ou par des additions sacrileges; & d'avoir composé sous le nom des Apotres, „ quantité de faux Livres, dans lesquels ils faisoient parler J. „ Christ ". *Leon* l'a dit; c'est assez: Tous ceux qui écrivent après lui le copient, sans se mettre en peine si *Leon* a dit la verité. Les Manichéens soûtenoient, que les Livres du Nouveau Testament avoient été alterez, mais ils ne les alteroient pas, & nous verrons dans la suite, qu'ils ne sont point les Auteurs des faux Evangiles, ni des autres Actes Apocryphes, qu'on leur attribue légérement. Ce que j'avance paroîtra peut-être nouveau, mais il n'en est pas moins certain.

Les Catholiques [illegible]

Depuis long-tems les Catholiques sont en possession d'accuser les Hérétiques d'un attentat, dont ils sont coupables eux-mêmes. Si la Providence n'avoit pas veillé à la conservation des Livres sacrez, ces sources de la Vérité n'auroient pas coulé toutes pures jusqu'à nous. On y ajoûtoit en quelques endroits, en d'autres on en retranchoit ce qui paroissoit choquer les préjugez populaires, ou les sentimens reçus. Par exemple, des Gens trouvent, qu'il est indigne du Sauveur de verser des larmes. Ils retranchent de *S. Luc* ces paroles, (*c*) *Jesus pleura*, & (6) *ceux qui les retranchent sont des Ortho-*

(*c*) Luc XIX 41.

lotte. Il a remarqué que tout y est pris de *Galanus* & de *Vincent de Beauvais*, dont l'Auteur a copié jusqu'aux fautes.

(3) Il est très-faux, que cet *Abgar* ait bâti *Edesse*, qui subsistoit long-tems avant lui, comme on le peut voir dans la Chronique de cette Ville, publiée par Mr. *Asseman*, dans le I. Tome de sa *Bibliothéque Orientale*. Supposé que *Vilote* ait trouvé cela dans quelque Auteur, il a dû le corriger, ou en avertir.

(4) Ut *scribit Joannes* Cap. XII. v. 10. Ibid.

(5) *Apostolicas paginas*, *quædam auferendo*, *quædam inferendo*, *violaverant Manichæi ipsi*, *confingentes*, *sub Apostolorum nominibus*, *& sub verbis Salvatoris ipsius*, *multa volumina falsitatis*. Leo, Serm. IV. in Epiphan. p. 190.

(6) [illegible] Epiph. in Anchor. No. XXXI. Voyez ce que *Simon* a dit là-dessus, Dissertat. cont. *Arnaud*. p. 23.

(a) Marc. XIII. 32.

(b) Simon Hist. Crit. [illegible] p. 574. 575. [illegible]

[illegible] Luc. VI. 5.

Orthodoxes. Les Ariens profitent de ces mots, (a) *le Fils de l'Homme ne sait pas lui-même quand sera ce jour-là :* On les ôte de S. *Marc.* On ôta de même de son Evangile (1) les douze derniers Versets du Chap. XVI. Et personne, que je sache n'en a jamais accusé les Hérétiques, qui n'y avoient aucun intérêt. Ce ne sont point eux non plus, qui ôterent le mot de DIEU, du ℣. 16. du Chap. III. de la I. Epitre à *Timothée*, pour substituer le Pronom LEQUEL. Car il y a des Historiens qui attestent, (2) que l'Empereur *Anastase* chassa *Macédonius* de Constantinople, sous prétexte qu'il avoit falsifié l'Ecriture, parce qu'il prétendoit, qu'il falloit lire DIEU *a été manifesté en chair*, & non pas LEQUEL *a été manifesté par la chair.* Rien ne paroit plus hardi, que l'entreprise de ces Orthodoxes, qui, ne pouvant concilier les Généalogies de J. Christ, s'aviserent de mettre dans (b) S. *Luc* celle qui est rapportée par S. *Matthieu*, en y faisant quelques changemens, pour cacher leur fraude. Au reste, ce seroit en vain que des Libertins voudroient se prévaloir de ces altérations. Car si elles prouvent la témerité de quelques faux zélez, le rétablissement de ces passages est un témoignage authentique de la bonne foi de l'Eglise Chrétienne. Elle n'a point eu de part à la fraude, & l'a corrigée dès qu'elle s'en est apperçuë.

V. Mais comme la Justice veut qu'on défende l'Eglise des attentats, auxquels elle n'a point de part, la Justice & la Vérité veulent aussi qu'on en défende les Hérétiques, quand ils sont innocens. On lit dans un des Manuscrits d'*Etienne*, & dans l'ancien Manuscrit de *Béze*, au Chap. VI. de S. *Luc*, l'Histoire suivante (3). *Jésus*, voyant un Homme, *qui travailloit un jour de Sabbat, lui dit, ô Homme, vous étes bienheureux, si vous savez ce que vous faites : Mais, si vous ne le savez pas, vous étes sous la malédiction,* comme

(1) S. *Jerôme* a remarqué, que ces douze versets n'étoient point de son tems dans presque tous les Manuscrits Grecs. *Omnibus Græcis libris pene hoc capitulum in fine non habentibus.* Ep. 149. ad Hedib. *Hesychius* a même ajouté, qu'ils ne se trouvoient point dans les Exemplaires les plus exacts. Voyez *Simon.* ub. sup. T. I. p. 114. *Grotius* les a maintenus, mais il conjecture, que quelques Esprits temeraires les avoient ôtez, à cause de la difficulté de les concilier avec la rélation des autres Evangélistes.

(2) Je vai copier la Remarque du Docteur *Bentley*, traduite de l'Anglois par Mr. *Fabricius* Cod. Apocryp. N. Test. T. II. p. 539. *Richardus Bentleyus, vir doctissimus, recte explicat, ex Liberato Diacono, in cujus Breviario, Cap. XIX. ex* Jo. *Ægetæ Rhetoris Historia Ecclesiastica, & autoritate vitæ* Severi, *traditur*, Macedonium, C. P. *Episcopum, ab Imperatore* Anastasio *dici expulsum, tanquam Evangelia falsasset, & maxime illud Apostoli dictum*, QUI APPARUIT IN CARNE &c. *Hunc enim immutasse, ubi habet* ΟΣ, *id est.* QUI, *Monosyllabum Græcum, mutata* Ο *in* Θ *vertisse & fecisse* ΘΣ, *id est, ut esset* DEUS APPARUIT PER CARNEM. *Tanquam Nestorianus ergo expellitur per* Severum *Monachum* &c. Vide plura loc. cit. J'avertirai à cette occasion le Lecteur, que dans l'Edition de *Liberat*, Paris 1657. p. 134. il y a une faute

comme un violateur de la Loi. Grotius attribuë cette addition à quelque Marcionite, & Mr. *Arnaud* semble avoir eu la même pensée (c), parce que si J. Christ avoit dit ce qu'on vient de rapporter, il auroit approuvé la Doctrine, que les Marcionites, les Manichéens & les autres ennemis de la Loi, lui attribuoient faussement. Ces conjectures ne sont point fondées. L'addition, dont il s'agit, ne vient point de *Marcion*, car elle ne se trouve point dans le Recueil des changemens, que *Marcion* avoit faits à l'Evangile selon S. *Luc*. Et à l'égard des Manichéens, ils ne sauroient être les Auteurs d'une Histoire, qui se trouvoit dans (4) l'ancienne Version Italique, avant que le Manichéïsme fût né. (d) *Il se peut faire*, dit Mr. Simon, *que cette Histoire ait été prise de quelque ancien Livre Apocryphe, où elle étoit commune dans les prémiers Siécles de Christianisme, & peut-être croyoit-on, qu'elle venoit des Apôtres, ou de leurs Disciples. C'est pourquoi ceux,* QUI ONT OSÉ RETOUCHER EN TANT D'ENDROITS, *les prémiers Exemplaires du Nouveau Testament, dans la seule vuë de le rendre intelligible à tout le monde, n'auront fait aucune difficulté d'y ajoûter ces sortes d'Histoires, qu'ils croyoient être véritables.* Je mets au bas de la page le jugement d'un autre (5) savant Moderne, me contentant de remarquer, que si les Hérétiques ôtent un mot du Texte Sacré, ou s'ils en ajoutent un, (6) *ce sont de* SACRILÉGES VIOLATEURS *de la Sainteté des Ecritures.* Mais, si les Catholiques le font, cela s'appelle RETOUCHER *les prémiers Exemplaires, les* REFORMER POUR LES RENDRE PLUS INTELLIGIBLES. M. *Simon* (7) fait l'honneur aux *Bénédictins* d'avoir RÉFORMÉ de même LES OUVRAGES DES PERES, afin de les accommoder à la Foi de l'Eglise.

(c) Ap. *Sim.* Dissert. p. 20.

(d) Ibid.

VI.

faute grossiére, on y lit, *Litera mutata* O *in* Θ, *vertisse & fecisse*, ΘΣ. Au reste le P. *Garnier*, qui a donné l'Edition de *Libérat*, rejette cette Histoire dans ses Remarques. Ib. p. 137 Mais *Hincmar* n'en a pas jugé de même. *Quidam nimirum plus Scripturas verbis illicitis imposturaverunt, sicut* Macedonius, *C. P. Episcopus, qui ab* Anastasio *Imperatore, ideo est civitate expulsus, quoniam falsavit Evangelia, & illum Apostoli locum, ubi dicit,* quod apparuit in carne *per cognationem Græcarum literarum*, O *in* Θ, *hoc modo mutando falsavit, ubi enim habuit,* QUI, *id est,* ΟΣ. *Monosyllabum Græcum, literâ mutatâ,* O *in* Θ, vertit & fecit ΘΣ, *id est,* ut esset DEUS *apparuit per carnem*, &c. Hincm. Opuscul. LV. Cap. 18.

(3) Τῇ αὐτῇ ἡμέρᾳ θεασάμενός τινα ἐργαζόμενον τῷ σαββάτῳ, εἶπεν αὐτῷ, Ἄνθρωπε, εἰ μὲν οἶδας τί ποιεῖς, μακάριος εἶ· εἰ δὲ μὴ οἶδας, ἐπικατάρατος, καὶ παραβάτης τοῦ νόμου. Luc. VI. après le mot σαββάτου du v. 5.

(4) C'est ce que *Simon* a remarqué, *Dissert. cont. Arn.* p. 20. & 22. *Hist. Cr.* P. I. p. 376.

(5) *Certum est illam narrationem proficisci potuisse ab aliquo, qui à Manichæi, pariter ac Marcionis, Hæresi esset alienissimus*.... Joan. Saubert. ap. Fabric. *ub. sup.* p. 325.

(6) Ce sont les expressions de Mr. *Simon*. Ibid.

(7) Mettons le passage de Mr. *Simon*. Dissert. p. 51. *Nous lisons dans la Vie de* Lanfranc, *Moine Bénédictin, & ensuite Archevêque de Cantorberi, qui a été publiée* par

VI. S. *Jérôme*, dans son II. Dialogue contre les Pelagiens, leur allegue un passage, qui se trouvoit dans quelques Exemplaires de St. *Marc*, mais surtout dans les Exemplaires Grecs, immediatement après le v. 14. du Chap. XVI. On y fait parler les Disciples du Seigneur en ces termes: (1) *Ce Siécle est* LA SUBSTANCE *de l'Iniquité, & de l'Incrédulité: C'est elle, qui par le moyen des Esprits immondes, empêche que nous ne connoissions la véritable Vertu de Dieu. C'est pourquoi, Seigneur, manifestez à present votre Justice.* Comme ce Passage ne se trouvoit pas dans tous les Exemplaires, St. *Jérôme* ajoûte en s'adressant toujours aux Pelagiens, *Si vous ne recevez pas ce témoignage, au moins ne devez-vous pas rejetter celui ci,* (2) *Le Monde entier est sous la Puissance du méchant.* Comme cette expression, *le Siécle est* LA SUBSTANCE *de l'Iniquité*, a du rapport à l'Erreur des Manichéens, un (a) habile Moderne a crû, qu'elle étoit prise de quelcun de leurs faux Evangiles, de celui de *Thomas*, par exemple, ou de celui de *Philippe*. Cette conjecture donneroit une fort mauvaise idée du Jugement de S. *Jérôme*. Car, s'il avoit allegué, contre les Pelagiens, un passage suspect d'avoir été fourré dans S. *Marc*, ou par *Manichée*, ou par ses Disciples, il auroit préparé un beau triomphe à ses Adversaires, qui ne cessoient point de reprocher aux Orthodoxes, que leur Sentiment sur la corruption de l'Homme, étoit le pur Manicheïsme. La Vérité est, que ces mots, *le Siécle présent est* LA SUBSTANCE *de l'Iniquité*, ne sont qu'une expression fort belle & fort vive, qui représente bien l'extrême corruption du Monde.

VII. Passons à ces faux Evangiles, qu'on accuse les Manichéens d'avoir supposez sous des noms Apostoliques. Le prémier porte le nom de S. *Thomas*. "Que personne, *s'écrie Cyrille* (3) *de Jérusalem*, ne lise l'Evangile selon *Thomas*; car il n'est point d'un „ des douze, mais d'un des trois méchans Disciples de *Manès*". C'est-

[illegible] par les *Benedictins de la Congrégation de* S. Maur, *avec les Ouvrages de cet Archevêque, qu'ayant trouvé les* LIVRES DE L'ECRITURE BEAUCOUP *corrompus, par ceux qui les avoient copiez, il s'étoit appliqué à les* CORRIGER AUSSI-BIEN QUE LES LIVRES DES SAINTS PERES SELON LA FOI ORTHODOXE. SECUNDUM FIDEM ORTHODOXAM.

(1) Et illi (Discipuli) *satisfaciebant, dicentes. seculum istud iniquitatis & incredulitatis substantia est, quæ non sinit per immundos spiritus, verum Dei apprehendi virtutem: idcirco nunc revela Justitiam tuam.* Hieron. cont. Pelag. L. II. p. 193. Edit. Francof.

(2) Je paraphrase ainsi ces mots de S. *Jean*, [illegible]. Le mot πονηρὸς designe le *Demon*, comme on le voit par le v. précedent. I. *Jean*. V. 18. 19. C'est même la signification de ce mot dans toute cette Epitre.

(3) Μηδεὶς ἀναγινωσκέτω τὸ κατὰ Θωμᾶν Εὐαγγέλιον· οὐ γάρ ἐστιν ἑνὸς τῶν δώδεκα ἀποστόλων, ἀλλ' ἑνὸς τῶν κακῶν τριῶν τοῦ Μανοῦ μαθητῶν. Cyril. Hier. Catech. VI. §. 12.

(4) [illegible] Cyril. Ibid. Cave adopte aussi la pensée

C'est-à-dire, de *Thomas*, qui est ordinairement nommé le prémier entre ses Disciples.

Quoique *Cyrille* ait avancé ce fait fort légérement, les Anciens & les Modernes ne se lassent point de le repeter. Mr. *Simon* (b) pretend même le confirmer par la raison, que *Cyrille* a vécu peu de tems après la naissance du Manichéisme. (c) *L'Evangile, qui porte le nom de S. Thomas*, dit Mr. de Tillemont, *a été composé par* Thomas, *Disciple de* Manichée, *pour corrompre les Ames des simples, par l'odeur agréable d'un nom, aussi respecté des Chrétiens, que l'est celui d'Evangile.* Ce savant Auteur traduit (4) les paroles de *Cyrille*, qu'il auroit mieux fait de critiquer. Car il n'est point vrai, que ce faux Evangile ait été forgé par le Manichéen *Thomas*, puis qu'il existoit avant la naissance du Manichéisme, *Origène* (5) en ayant parlé dans la Préface de son Commentaire sur S. *Luc.* L'Auteur de la *Synopse* qui est parmi les Oeuvres de S. *Athanase*, met bien l'*Evangile de Thomas* au rang des Apocryphes, mais il ne dit point que ce soit l'Ouvrage du Manichéen *Thomas*. Au contraire, il reconnoit, (6) qu'il y a dans ce Livre, comme dans les autres Apocryphes, dont il fait mention, DES CHOSES TRES-VE'RITABLES, ET INSPIRE'ES DE DIEU, *lesquelles en ont été choisies & extraites pour les faire lire aux Fidèles.* Que le Lecteur note bien cet endroit. Il prouve ce que j'établirai dans la suite: c'est que les vénérables Traditions de l'Eglise tirent leur origine de ces Livres fabuleux. *Gélase* (7) parle aussi de l'*Evangile de Thomas*, mais il se contente de dire, que *les Manichéens s'en servoient*, ce qui n'est pas fort sûr.

Mr. *Simon*, (8) qui n'a pas ignoré, qu'il y a un Evangile selon *Thomas* plus ancien que le Manichéisme, s'est imaginé, qu'il y a eu deux Apocryphes du même nom, l'un composé par les Gnostiques, l'autre par les Manichéens. Mais, l'Antiquité n'ayant jamais

[Marginal notes: (b) Hist. Crit. du N. T. ... (c) Tillem. ... p. 559. — Cette Pièce est plus ancienne que le Manichéisme. — L'Auteur de la Synopse convient qu'elle contient des choses vraies & inspirées. — Fausse supposition de Simon, qu'il y a eu un Evangile de Thomas.]

pensée de *Cyrille*. In Addend. p. 470. & Diss. I. p. 4.

(5) *Scio Evangelium, quod appellatur secundum Thomam, & juxta Matthiam.* Origen. in Proem. in *Luc.* *Simon* cite aussi un Prologue, qui est à la tête des *Scholies* Grecques sur S. *Luc*, lesquelles paroissent prises des Commentaires d'*Origène*. On y lit ces mots, [Greek illegible] Hist. Cr. P. III. p. 82. *Origène* mourut en 254. lorsque *Manichée* n'avoit que quatorze ans.

(6) [Greek illegible] Synop. Script. VII. Op. Athan. T. II p. m. 154.

(7) *Evangelium, nomine Thomae Apostoli, quo Manichaei utuntur.* Gelas. in Decret. Dist. XV 3

(8) *Il est certain, que les Gnostiques ont eu un Evangile, qu'ils attribuoient à St. Thomas, où ils débitoient bien des fables sur la naissance de J. Christ.* C'est l'Evangile de l'Enfance, dont je parlerai dans la suite. *J'en ai même vû un fragment manuscrit qui est dans la Bibliothèque du Roi.* C'est celui qu'il a publié dans ses *nouvelles Observations*, p. 7. *Les Manichéens ont aussi un Evangile sous le nom de Thomas,* qu'on

mais parlé que d'un seul, cette conjecture n'est pas même vraisemblable. Aussi Mr. *Fabricius* l'a-t-il rejettée, ne doutant pas que Mr. *Simon* n'ait pris *les Voyages de Thomas* pour un second Evangile.

VIII. De l'Evangile de Philippe ... VIII. A l'égard de celui, qui porte le nom de PHILIPPE, ceux qui l'attribuent aux Manichéens sont des Grecs du VI. & du VII. Siécle, un (1) *Leonce*, Moine de Constantinople, un Prêtre de la même Ville nommé (2) *Timothée*. Car, pour (*a*) S. *Epiphane* qui est plus ancien, il témoigne, que cette fausse Pièce venoit des *Gnostiques*. Il est vrai, que le fragment, qu'il en rapporte, ayant de la conformité avec l'Hérésie des Manichéens, sur l'article du Mariage, il est vraisemblable, qu'ils s'appuyoient de l'autorité de cet Apocryphe: mais au fond ils n'ont rien fait à cet égard, que ce qu'ont fait les plus habiles Grecs du VI. Siécle; que ce qu'a fait *Anastase*, celébre Moine du Mont *Sina*, & ensuite Patriarche d'Antioche.

Il y a un ancien Apocryphe, qui a pour titre, ACTES, ou VOYAGES *de* S. *Philippe*. Il a été proscrit avec raison dans le Decret de *Gélase*, mais il ne l'étoit pas en Orient, comme on va le voir par une Histoire, qu'*Anastase* en a tirée. Je veux en régaler le Lecteur, afin qu'il y voye l'esprit de ces anciens Faussaires, qui forgeoient des Apocryphes; & le goût des Moines Grecs pour toutes les Fables, qui pouvoient autoriser leurs Pratiques, ou leurs superstitions.

(*b*) St. *Philippe* accompagné de St. *Barthélémi*, & de *Marianne* sa Sœur, arriva à (3) *Hiérapolis*, où l'on adoroit une vipére. Ils y prêchérent l'Evangile, mais avec si peu de fruit, qu'ils ne convertirent que leur hôte, & la femme du Proconsul. Le Peuple endurci se souleva contre les Apôtres: (4) *Philippe* eut les talons percez, & fut crucifié de la sorte la tête en bas: *Barthélemi* fut pendu, & *Marianne* gardée en Prison. Dans ces entrefaites St. *Jean* vint à *Hiérapolis*. *Philippe* lui proposa d'unir leurs Priéres

(*a*) Epiph. Hær. XXVI. ...

(*b*) Histoire ... Anastas. De ... Quæst. ... Coteler. Mon. Eccl. Gr. T. III. p. 428.

qu'on trouve encore présentement dans la même Bibliothéque. Sim. H. Cr. du Nouv. Test. P. III. p. 194. Le docte & judicieux *Fabricius* a dit là-dessus, *Donec proferatur in lucem, fas erit interim addubitare, num extet in Bibliotheca Regis Christianissimi, vel quacunque alia, duplex hujusmodi Evangelium sub Thomæ nomine, quorum alterum Gnosticos, alterum Manichæos auctores habeat* &c. Fabric. Not. in Cod. Apocryph. N. Test. T. I. p. 152.

(1) Οὗτοι (Manichæi) καὶ βιβλία τινὰ ἐξευ... ... &c. Leont. De Sect. in Manich. p. m. 432.

(2) Voyez le Livre de *Timothée* dans *Meursius*, de Variis Divinis, pag. 117. Il paroit que l'Auteur a copié *Leonce*. Ce passage au reste n'est point dans l'Edition de *Cotelier*. Voyez ses *Monum. Ec. Gr.* T. III. pag. 377. & suiv.

(3) C'est à *Hiérapolis* de *Phrygie*. Il y en avoit une autre en *Syrie*.

(4) *Polycrate* d'Ephese ne fait aucune mention du Martyre de *Philippe*, dans un

res, pour demander à Dieu de foudroyer la Ville, & d'en consumer tous les Habitans par le feu du Ciel : mais St. *Jean* le refusa. Trois jours après le depart de cet Apotre, la colére de *Philippe* ne pouvant se calmer, il pria Dieu de faire ouvrir la Terre, & de précipiter vifs dans l'Enfer tous les Idolatres d'*Hierapolis*. A peine le prodige fut-il executé, que le Seigneur apparoit à *Philippe*, & lui reproche son Esprit de vengeance. *Est-ce donc ainsi*, lui dit-il, *que vous gardez les commandemens, que je vous ai donné, de ne rendre jamais à personne le mal pour le mal?* Le Seigneur ajouta, que l'Apôtre mourroit à *Hierapolis*; que les Saints Anges le conduiroient jusqu'à l'entrée du Ciel, mais qu'un glaive flamboyant lui en fermeroit la porte pendant quarante jours, après quoi elle lui seroit ouverte, & il iroit occuper la place, qui lui étoit destinée. *Philippe* affligé manda à S. *Barthelemi* & à *Mariamne* de conjurer S. *Jaques*, & les autres Apotres de jeûner & de prier pour lui durant quarante jours. Telle est l'origine du jeûne de quarante jours, qui s'observe parmi les Grecs, avant la fête de la Nativité, *& qui*, dit Anastase, *a été gardé inviolablement par les Saints Péres, & par les* (5) *sept Conciles généraux.*

Je ne m'arrêterai pas à relever le faux & le ridicule de cette Narration : M. (6) *Cotelier* l'a fait. Mais, comme je l'ai dit, elle sert infiniment à nous faire connoitre le Caractere & l'Esprit des plus célébres Grecs, du VI. Siécle, & en particulier de cet *Anastase*, qui fut proprement le Maitre de *Paschase Ratbert*, & qui lui fournit, sans y penser, les idées que l'on trouve dans son Traité, *Du Corps & du Sang de J. Christ.*

CHA-

un endroit, où il en devoit parler. *Tillem.* Note II. sur *Philip.* p. m. 1155. *Clement d'Alexandrie* témoigne, aprés *Heracleon*, Auteur Hérétique à la vérité, mais fort ancien, *que Matthieu*, *Philippe*, *Thomas*, *Levi*, & PLUSIEURS AUTRES, n'ont point souffert le Martyre. Ἐξ ὧν Ματθαῖος, Φίλιππος, Θωμᾶς, Λευίς, καὶ ἄλλοι πολλοί. *Strom.* L. IV. p. 502. J'ai ici une petite Remarque à faire. En conférant Marc II. 14. & Luc, v. 27. avec Matthieu IX. 9. on juge, que *Levi* est *S. Matthieu* Mais *Heracleon* distingue *Levi* de *Matthieu*. Je ne doute point que *Levi*, dans *Heracleon*, ne soit *Jaques* fils d'*Alphée*: Aussi y a-t-il *Jaques* dans plusieurs MSS. de S. Marc. Ce seroit une raison pour confirmer l'opinion des Grecs, que *Jaques* Evêque de Jérusalem, & Frere de N. Seigneur, n'est point l'Apôtre S. *Jaques*.

(5) Il y a là une faute, ou c'est une addition faite après coup. *Anastase* mourut en 599. Or il n'y avoit eu alors que cinq Conciles Géneraux. Peut-être *Anastase* en comptoit-il davantage.

(6) *Apocrypha sequuntur talia, fabulosa, impia, haeretica, indigna plane ore ab Anastasio proferantur.* Cotelier. in Not. p. 652.

CHAPITRE II.

De LEUCE *& de quelques-uns des faux Actes, qu'on lui attribue. De* L'EVANGILE *de la Nativité de la Vierge & du* PROT-EVANGILE.

I. Les Manichéens ont eu quelques Apocryphes.

I. IL paroit par la Formule d'abjuration, que les Grecs prescrivoient aux Manichéens, que ceux-ci avoient quelques Apocryphes, auxquels on les faisoit renoncer en ces termes: (1) J'ANATHEMATIZE LE LIVRE DES APOCRYPHES. Le Docteur *Cave* (2) s'est imaginé, que cet Anathème regardoit le Rituel de la Secte, c'est-à-dire, ce Livre secret, dans lequel étoient décrits leurs abominables Mystères, & en particulier ceux de leur BEMA. Mais c'est le préjugé tout pur, qui a fait inventer une explication si peu naturelle. Personne, que je sache, n'a seulement oui parler de ce *Rituel* des Manichéens; & à l'égard de leur *Béma*, c'est-à-dire de la Fète anniversaire de la mort de *Manichée*, St. *Augustin*, qui avoit assisté à cette solennité, & qui en a fait la description, n'a pû leur reprocher aucune Cerémonie, ni obscène, ni idolatre. Il s'agit donc d'*un Livre, ou d'un Recueil d'Apocryphes*, qui étoient à l'usage de sa Secte.

Si nous étions d'humeur à nous en rapporter au témoignage de *Turibius*, Evêque d'*Astorga*, dans le V. Siécle, nous croirions, (3) QU'IL N'Y A POINT D'APOCRYPHE, QUI N'AIT ETE' COMPOSE, OU CORROMPU *par Manichée, ou par ses Disciples*. Nous verrons dans la suite, que cette accusation est non seulement fausse, mais absurde. Cependant il faut avant toutes choses découvrir, qui est le Personnage, qu'on dit avoir été le grand Auteur de la supposition, ou de la falsification de tant de Livres. C'est un certain LEUCE, qui est nommé par les Anciens LUCIUS, LEICIUS, LEUTICIUS, LEONTIUS, LENTITIUS,

Ch. II. (1) Τὴν βίβλον τῶν Ἀποκρύφων. Ap. Cotel. in Not. ad PP. Ap. p. 538. col. 2.

(2) *Recondi[illegible] ritus, execranda Mysteria, quale [illegible]*. Cav. in Addend. p. 482. M. *Fabricius* conjecture, qu'il s'agit dans cet endroit *de faux Memoires*, & que le mot [illegible] est l'adjectif d'[illegible], qui suit. Mais il est clair, que la Formule parle de deux Livres, [illegible] il faut encore répéter [illegible] τῶν ἀπομνημονευμάτων. Nous parlerons dans la suite de ce dernier Livre. Voyez *Fabric.* ub. sup. p. 354.

(3) *Per cujus*, (Hæreseos) *vel per maximum Principem Manem, ac Discipulos ejus*, OMNES APOCRYPHOS, *vel compositos, vel* INFECTOS ESSE, MANIFESTUM *est*. Turib. in Ep. ad Idac. & C[illegible] ap. *Ambros. Morales*, Chronic. Hispan. L. XI. 22. Si l'on veut savoir, qui est ce *Turibius* on peut consulter feu le P. *Quesnel* Prêtre de l'Oratoire, dans

TIUS, LENTIUS, & enfin SELEUCUS: Car *Baronius*, (4) & d'autres Savans ne doutent pas, que *Seleucus*, & *Leucius* ne soient au fond la même Personne. Les Anciens sont assez accoûtumez à défigurer les noms. *Gélase* (a) l'appelle *Lenticius*, (b) & *lui donne l'eloge de* DISCIPLE DU DIABLE, *que meritent si bien*, dit M de Tillemont, *les Auteurs des Piéces fausses & supposées, & tous les Amateurs du Mensonge.* La Réflexion est tres-juste, mais elle porte sur des Gens, que M. de *Tillemont* eût été contraint de respecter. Depuis les Apôtres tous les Siécles ont eu de ces *Faussaires*, dont on défend encore les Ecrits & la mémoire, parce qu'on profite de leur fraude.

Son nom corrompu par les Anciens.

[illegible]

On dit donc que LEUCE, ou LUC, car c'est son (5) véritable nom, a été *Manichéen*, & que c'est lui qui a écrit, ou falsifié presque tous les anciens Apocryphes; ce qui m'engage necessairement à parler d'un grand nombre de ces Piéces. La matiére est assez curieuse, & je tâcherai de la traiter de maniere qu'elle n'ennuye pas le Lecteur. Je ne suis pas même fâché d'avoir occasion de lui faire remarquer la différence, qu'il y a, entre les vrais Ecrits des Apôtres, & ceux qu'on leur a supposez. Rien n'est plus propre à faire sentir le foible de l'objection des Libertins, Anciens & Modernes, qui tâchent de confondre les productions d'un Esprit léger, fanatique, ou imposteur, avec celles de la Sagesse & de la Vérité même. On trouvera d'ailleurs dans ces Apocryphes l'origine de quantité d'Histoires fabuleuses, qui composent les Légendes de la Sainte Vierge & des Apotres. Pendant que l'on condamne & que l'on proscrit les Auteurs & leurs Livres, on canonise leurs récits, & on les fait entrer dans les Leçonnaires, dans les Offices de l'Eglise, & dans les Prédications.

[illegible]

II. Comme la plûpart des Anciens & des Modernes assurent que *Leuce* a été Manichéen, c'est une espece de Paradoxe de soutenir le contraire. Cependant, à moins qu'on n'entende par Manichéen, un Hérétique, qui a eu des Erreurs semblables à celles de *Manichée*, il est certain que *Leuce* n'a point été Manichéen, ayant vécu

[illegible]

dans ses Remarques sur [illegible] T. [illegible] II. p. 324. [illegible] pagnol y est un peu [illegible] du passage, que [illegible] est une preuve [illegible] que les Anciens [illegible] cent des faits très faux.

(a) [illegible] p. 415. [illegible] Seleucus [illegible] Seleucus [illegible]

[illegible] V. [illegible] [illegible] Ex. [illegible] LEUCE CHARIN, [illegible]

ou plus de cent ans avant que notre Heresiarque vint au monde.

1. St. *Epiphane* témoigne, „que (1) *Leuce fut un de ces Disciples* „ *de S. Jean*, qui, après la mort de l'Apotre, defendirent la Di- „ vinité du Seigneur contre les *Ebionites*. Cela convient tres-bien à notre *Leuce*, dont l'Heresie etoit directement opposée à celle d'*Ebion*, comme nous le verrons dans la suite.

2. Nous avons, dans le II. Tome de la *Bibliotheque des Péres*, une Relation du PASSAGE *de la Bienheureuse Vierge*, c'est-à-dire, de sa mort. L'Imposteur, qui a pris le nom de *Meliton*, Evêque de *Sardes*, adresse son Histoire aux Fideles de *Laodicée*, & leur marde, (2) qu'*il se souvient de leur avoir souvent parlé dans ses Lettres d'un certain* LEUCE, AVEC LEQUEL IL A CONVERSÉ A LA SUITE DES APOTRES. Il est vrai, que cette Piece n'a été faite, que dans le V. Siécle; mais, outre que l'Auteur Latin a tiré de quelques Grecs fabuleux le fond de son Roman, il faut que *Leuce* passât pour un Disciple des Apôtres, puisque l'Auteur, voulant se donner la même ancienneté, s'associe avec cet Heretique, dont il condamne d'ailleurs les Erreurs.

3. *Pacien*, Evêque de *B*[illegible] dans le quatriéme Siécle, témoigne, dans une de ses Lettres, que (3) *les plus nobles des Phrygiens*, c'est-à-dire, des Montanistes, *se vantoient faussement d'avoir été animez, & instruits par Leuce*. Effectivement il avoit les mêmes Erreurs que les Montanistes sur le sujet du mariage, comme on le voit par ses faux Actes des Apôtres. Or s'il est vrai, que ces Sectaires se glorifiassent d'avoir été *animez* & *éclairez* par *Leuce*, il faut prémierement, qu'il se fût acquis une grande autorité en Asie, ce qui conviendroit bien à un homme, qui avoit vû & ouï les Apôtres : Et secondement, qu'il ait vécu du moins à la naissance du Montanisme, qui s'éleva vers l'an (4) 156. de notre Seigneur.

4. *Eusebe* nous apprend, que *Serapion*, qui fut Evêque d'*Antioche* vers la fin du (5) II. Siécle, trouva dans des Eglises d'Asie un *Evangile de S. Pierre*, qui contenoit les Heresies des Docetes. Or ce faux Evangile etant un Ouvrage de *Leuce*, comme nous le verrons dans la suite, il faut que cet Hérétique ait vécu dans le commencement de ce Siécle-là.

5. Il

(1) [illegible] Epiph. Hær. LI. n. 6. p. 427.

(2) *Sape persuasisse me memini* [illegible] LEUCIO, *qui nobiscum cum Apostolis conversatus est*. Biblioth. PP. T. II. P. II p. 212. Il faut noter que cet Imposteur a copié les Actes de *Leuce*.

(3) *Phryges nobiliores*, [illegible] *animatos a Leucio* [illegible]. Pacian. Ep. I. §. 6. Voyez Tillem. *Mem.* [illegible] T. II. p. 445. Je traduis le passage de *Pacien* comme lui.

(4) S. *Epiphane* a mis la naissance du Montanisme à l'an 19. d'*Antonin Pie*. Hær. XLVIII. n. 1. *Eusebe* l'a mise dans sa Chronique à l'an 172. de notre Seigneur. *Petau* préfere cette date, mais *Pearson* défend celle de S. *Epiphane*. Cave, in Add. T. II. initio. Ce Docteur Anglois place l'Hérétique *Leuce* à l'an 1[illegible]. *Circa annum* CLXXX. [illegible] *dicitur*. *Certe, post excitam* Montani *Hæresim*,

5. Il a écrit des Actes ou *Voyages* de S. *Pierre*, de S. *André*, de S. *Thomas*, & en particulier de S. *Jean*. L'Imposteur y parle en homme, qui a appris de S. *Jean* même les Fables, qu'il raconte. Certainement, s'il avoit été Disciple de *Manichée*, comme des Savans le croyent, & par conséquent postérieur aux Apôtres de plus de deux cens ans, il n'auroit pu écrire leur Histoire, qu'en prenant (6) un faux nom, ce qu'il n'a point fait: ou en citant des Auteurs contemporains, ce qu'il n'a pas fait non plus.

6. Enfin feu M. *Grabe*, qui avoit fait une étude particulière des Erreurs & des Ouvrages de cet homme, & qui, s'il avoit vécu, nous en auroit donné des Ecrits entiers, & des Fragmens curieux, qui n'ont point encore été publiez, M. *Grabe* (7), dis-je, assure & le répète en plusieurs endroits, que *Leuce* fleurissoit dans le II. Siècle, & qu'il fut Disciple & Successeur de *Marcion*. Or *Marcion* a été contemporain des Disciples des Apôtres.

III. Cependant le docte M. *Fabricius*, si célèbre par ses excellens Ouvrages, n'est pas de mon sentiment. Il aime mieux supposer deux *Leuces*, l'un Disciple de S. *Jean*: c'est celui dont parlent *Epiphane* & *Pacien*: l'autre, Disciple de *Manichée*: Il se fonde (b) 1. sur ce que *Leuce*, Auteur des Apocryphes, est constamment qualifié *Manichéen*. Je réponds, que feu M. *Grabe*, qui a lû & examiné les manuscrits, qui nous restent de *Leuce*, l'a crû *Marcionite*, ce qui paroit bien plus vrai: Que si les Anciens en ont fait un Manichéen, c'est, d'un coté, parce que nos Hérétiques se servoient de ses *Actes*: Et, de l'autre, parce qu'il a eu des sentimens conformes à ceux de *Manichée*.

M. *Fabricius* (c) se fonde en second lieu, sur ce que le *Leuce* de *Pacien* doit avoir été Orthodoxe, puisque cet Evêque Espagnol reproche aux *Phrygiens*, qui s'appuyoient de son Autorité, d'être des *Menteurs*. La raison paroit plausible, mais elle prouve seulement, que *Pacien* a crû *Leuce* Orthodoxe. Et pourquoi ne l'auroit-il pas crû, puisque S. *Epiphane* le croyoit bien? Il suffit que *Leuce* eût défendu la Divinité de Notre Seigneur, pour lui donner la réputation d'Orthodoxe parmi des Gens, qui n'avoient pas lû ses Ouvrages. Un Evêque d'Espagne pouvoit bien n'être pas

(a) Et de [illegible]

(b) [illegible]

(c) [illegible]

restim, si modo Cataphrygum Antesignanus fuit. Je croi, que M. *Cave* se trompe. *Leuce* n'a point été Montaniste. Il a seulement enseigné certaines Erreurs, qui favorisoient le Montanisme, & que les Sectaires adoptérent.

(5) St. *Jerôme* témoigne qu'il fut élu Evêque d'Antioche l'an [illegible] de *Commode*, qui répond à l'an 191. de N. S. *Hier.* Catal. Cap. 41.

(6) On pourroit m'objecter, qu'étant l'Auteur de l'*Evangile de St. Pierre*, il faut qu'il ait usurpé le nom de cet Apôtre: mais la conséquence n'est nullement nécessaire. Ayant vécu tout proche des Apôtres, il a bien pu composer un Livre sous le nom d'*Evangile*, c'est-à-dire de *Doctrine prêchée par S. Pierre*.

(7) *Leucii Heretici [illegible]* [illegible] Grab. Spicil. T. [illegible] p. 58. [illegible] p. 77. [illegible] *Heret.* [illegible]

pas fort savant, dans l'Histoire de l'Eglise Grecque, dont il n'entendoit peut-être pas la Langue: Et d'ailleurs, s'il avoit pû seulement soupçonner, qu'il y eût deux *Leuces*, auroit-il manqué de dire, que celui qui favorisoit les Erreurs des Montanistes étoit Manichéen? M. [illegible] fait trop d'honneur à *Pacien*. Il y a bien de l'apparence, que les *plus* [illegible] *des Phrygiens* étoient *Docetes*. *Socrate* a remarqué, (1) que *les Montanistes anéantissoient la Personnalité du Verbe*. Cela ne peut convenir qu'à quelque branche de cette Secte. Or nous verrons dans l'Extrait, que *Photius* nous a laissé *des Actes de S. Jean par Leuce*, quelque chose de semblable: Et nous apprenons de S. *Ignace*, que *a*) les plus nobles, & les plus distinguez des Chretiens d'*Asie*, étoient de la Secte des *Docetes*, dont *Leuce* fut un des Chefs.

Je ne croi pas qu'on m'objecte, qu'*un Disciple de S. Jean* ne peut avoir été Hérétique. (*b*) *Hymenée* & *Philete*, qui *se détournerent de la voie de la Foi*, n'étoient-ils pas Disciples des Apôtres? Les Chefs des *Nazaréens* & des *Ebionites*, ne prétendoient-ils pas l'être de J. Christ? N'est-ce pas sur l'Evangile de S. *Jean* en particulier, que se fondoient les *Valentiniens*, comme on le voit dans *la Doctrine Orientale*, rapportée par *Clément* d'Alexandrie? C'est dans les prémiers Versets de cet Evangile, que ces Gens-là croyoient trouver leurs *Eons*. C'est dans ce même Evangile, que les Hérétiques, qui admettoient deux Principes, prétendoient avoir des preuves invincibles de leur Erreur. Je conclurrai donc, 1. que *Leuce* est un Hérétique du II. Siécle, & qui par conséquent n'a point été Manichéen: 2. Que l'on ne doit point supposer deux *Leuces*, l'un Hérétique, & l'autre Orthodoxe, l'Antiquité n'ayant jamais fait mention que d'un seul. 3. Que celui, qui s'est rendu fameux par les faux Actes qu'il a faits, est le même, dont St. *Epiphane* dit, qu'il *fut Disciple de S. Jean, & qu'il defendit la Divinité du Seigneur contre les Ebionites*. Je soupçonne pourtant, que St. *Epiphane* pourroit bien avoir pris *Jean*, qualifié le *Prêtre*, ou l'*Ancien*, pour St. *Jean* l'*Apôtre*, & que *Leuce* fut Disciple du prémier. St. *Irénée* a fait la même faute à l'égard de (2) *Papias*.

IV. Ce fait étant établi de la sorte, je passe aux Apocryphes, qu'on attribuë à *Leuce*. Le prémier est un (3) EVANGILE *de la Nativité de Marie*. Un Imposteur, dont on ne sait, ni le tems, ni

(1) [illegible] (Il s'agit d'anéantir la Personnalité du Verbe, [illegible]. *Socrat*. H. E. L. VI. 32. p. 375.

(2) La Question, *Si Papias a été Disciple de l'Apôtre S. Jean*, ou de *Jean* qualifié *le Prêtre* a été traitée entre autres par *Grabe* Spicil T. I. p. 27. *St. Irénée* dit, que c'est de l'*Apôtre* : *Eusebe*, que c'est du *Prêtre*. Quoique *S. Irénée* soit plus ancien qu'*Eusebe*, je préfererois le témoignage de ce dernier, parce qu'il est meilleur Critique, & qu'au fond il n'a pas avancé le fait en question, sans en

ni le nom, s'avisa de supposer une [illegible]ettre de *Chromatius* & d'*Heliodore* a St. *Jerôme*, pour le prier de traduire en [L]atin un Livre, que St. *Matthieu* avoit composé [e]n Hebreu, qu'il avoit cacheté ensuite, & confié a des Personnes discretes & pieuses, avec defense de le publier. L'Imposteur ajoûte, qu'un certain (4) *Seleucus*, Disciple de *Manichée*, ayant trouve le moyen d'avoir ce Livre, en fit une Version si infidele, que, bien loin d'edifier, elle n'étoit propre qu'a donner du scandale. St. *Jerôme* ne manqua pas de faire la Traduction, qu'on lui demandoit, & c'est ce que l'on nomme l'EVANGILE *de la Nativité de Marie*. On y fait l'Histoire de sa famille, de sa naissance, de son Education dans le Temple, & parmi les Sacrificateurs: du vœu qu'elle fit de demeurer Vierge toute sa vie: & enfin de son Mariage avec *Joseph*, a qui les Sacrificateurs ne la confierent, qu'à condition qu'il seroit le Gardien de sa Virginité.

Imposture d'un Latin inconnu.

[illegible]

Quoique tout cela ne soit qu'un tissu de fables, on n'a pas laissé de leur donner creance. Mon intention n'est pas de les refuter: le Lecteur ne m'en sauroit aucun gré. Mais je croi lui faire plaisir, si je lui découvre ce qui a fait inventer tant de mensonges. *Seleucus*, ou *Leuce*, qui en est le premier Auteur, s'est proposé d'avilir, ou de condamner le Mariage; d'élever, ou de recommander la Continence & le Celibat. Cet esprit regne dans tous ses Ouvrages, & c'est ce qui le faisoit approuver des Montanistes. L'Auteur Latin, qui a prétendu le corriger, & qui vraisemblablement fut quelque Moine du V. ou du VI. Siecle, avoit les mêmes vues, & à cet égard il a copié fidelement les fables de son Original. Mais il y avoit dans cet Original un fait scandaleux, que les Manichéens soutenoient, & qui l'engagea à supposer la Lettre d'*Heliodore*, & de *Chromatien*, & la nouvelle Traduction du Livre de St. *Matthieu* par St. *Jerôme*. C'est que selon *Seleucus* la Sainte Vierge etoit de la Tribu de *Lévi*, & d'une famille Sacerdotale; & non de la Tribu de *Juda*, & de la famille de *David*. L'Auteur découvre son but dès le commencement de son Livre, par ces paroles, (5) *la Bienheureuse & glorieuse* MARIE, *toujours Vierge*, ISSUE DE LA RACE ROYALE, ET DE LA FAMILLE DE DAVID.

Dessein de l'Auteur.

Fausse

en avoir de bonnes raisons. Voyez *Nat. Alex.* Sec. II. p. m. 52.

(3) Cette Piéce, qui est dans plusieurs Recueils, se trouve en particulier dans le *Cod. Apocryph.* N. T. de Mr. *Fabric.* T. I. p. 1[illegible] avec tous les Jugemens des Savans, qui en ont parlé, & avec de bonnes Remarques.

(4) *Sed [illegible] Manichæi Discipulus, nomine Seleucus [illegible] Apostolorum gesta [illegible] Liber [illegible]* &c. Hieron. Op. T. IX. p. 233.

(5) *Beata [illegible] Virgo* MARIA, *[illegible] David [illegible]* Evang. De Nat. Mar. initio. Surquoi

Ils vouloient que la Vierge étoit fille d'un Sacrificateur, ce que les Manichéens soutenoient.

Fauste avoit avancé, dans son Livre contre St. *Augustin*, (1) „ que, quand même le Seigneur se seroit fait homme, il ne seroit point „ Fils de *David*, s'il n'étoit Fils que de Marie, parce que cette „ Sainte Femme étoit issue de la Tribu de *Lévi*, étant fille d'un „ Sacrificateur, nommé *Joachim*". *Fauste* ajoute même, que „ c'est *un fait constant & notoire*. Cela se trouvoit sans doute, avec d'autres Erreurs, dans le Livre de *Seleucus*, qui avoit écrit l'Histoire de la Vierge. St. *Augustin* répond, (2) que, le fait en question n'étant pas attesté par un Ecrivain Canonique, il n'est pas obligé d'y ajouter foi : qu'il n'y a que des Apocryphes qui témoignent, que le Pere de *Marie* s'appelloit *Joachim*.

V. Ancienneté de cette opinion.

(3) Luc I. 36.

V. On ne sait point l'origine de cette opinion, que la Vierge étoit fille d'un Sacrificateur. Peut-être est-elle fondée sur ce que dit S. *Luc*, (3) qu'*Elizabeth étoit de la famille d'Aaron*, & que MARIE étoit (3) sa PARENTE. Quoiqu'il en soit, elle est ancienne, & semble apuyée sur un autre Apocryphe, intitulé, LE TESTAMENT DES XII. PATRIARCHES, Ouvrage, qui fut supposé sur la fin du I. Siècle, ou au commencement du II. par quelque Chretien sorti du Judaïsme. On lit dans le (4) Testament de *Simeon* ces paroles : (5) *Maintenant, très-chers Freres, obeïssez à* LEVI, *& vous serez délivrez par* JUDA. *Ne vous élevez point au dessus de ces deux Tribus, (5) parce que c'est d'elles que sortira le salut de Dieu. Car Dieu suscitera de la Race de* LEVI LE SOUVERAIN SACRIFICATEUR, *& de celle* DE JUDA LE ROI, *qui est Dieu & homme.* On trouve encore dans le Testament de *Levi* ces autres paroles, qui lui sont dites par un Ange : (6) *C'est* PAR VOUS, & PAR JUDA, *que le Seigneur paroîtra entre les hommes.* *Joseph* étoit constamment de la Tribu de *Juda*, comme cela est prouvé par (7) les Genealogies de Notre Seigneur, & par le témoignage de S. *Luc*. C'est donc la Sainte Vierge, qui passoit

Elle semble être dans le Testament des XII. Patriarches.

(5) Test. Sim. [illegible]

quoi Fabricius in Notis. *In aliis scriptis Apocryphis, Maria ferebatur natæ de Tribu Levi.* Ibid.

(1) *Quod [illegible] natum est, [illegible] eadem Patrem [illegible] Sacerdotem quemdam, nomine* Joachim [illegible] Ap. *Aug.* L. XXIII. 4.

(2) *Quia Canonicum non est, non me constringit . . . libris Apocryphæ Scripturæ,* [illegible] Joachim *Pater Mariæ dicitur*. Ibid. Cap. IX.

(3) Συγγενὴς. *Luc* I. 36. Les Anciens qui ont voulu expliquer cette Parenté, sans déroger au Principe Catholique, savoir que la Vierge étoit issuë de la famille de *David*, ont prétendu que *Joachim* son Père épousa *Anne*, fille de *Mathan*, qu'ils supposent avoir été Sacrificateur. Voyez entre autres *Cotel.* Not. in *Const. Ap.* L. III. 6. pag. 278, 279 *Casaub.* Exercit. I. No 13.

(4) Cet Ouvrage est en Grec & en Latin dans le I. Tome du *Spicilege* de *Grabe*, & dans le I. Tome du *Cod. Apocryph. V. Test.* de M. *Fabricius*. *Grabe* a mis à la tête de son Edition une assez longue Préface, où il traite du tems dans lequel ce Livre a été fait. Ce qu'il y a de certain, c'est qu'il a été fort interpolé.

(5) Ὅτι ἐξ αὐτῶν ἀνατελεῖ [illegible]

ſoit pour être de la Tribu de *Lévi*, & fille d'un Sacrificateur. Je ſoupçonne, que l'Auteur de ces Teſtamens étoit *Ebionite*, & qu'il croyoit Jeſus fils de *Joſeph* & de *Marie*, ce qui étoit neceſſaire pour lui donner quelque titre à la ſucceſſion du Royaume & du Sacerdoce. Il eſt vrai, que les attributs de DIEU, & de GRAND DIEU, qui ſont donnez à J. Chriſt dans ce Livre, ne ſont ni du Stile, ni de la Créance des *Ebionites*. Mais on ne peut guere douter qu'ils n'ayent été ajoutez par le Traducteur Grec, car on a de juſtes raiſons de croire, que l'Original étoit (8) Hébreu.

On croit cette Piéce d'un [illegible], mais [illegible] été [illegible].

Je n'ai garde de vouloir appuyer l'opinion, que la Ste. Vierge fût fille d'un Sacrificateur, mais je puis bien remarquer, qu'elle n'a pas été rejettée par un ſavant Theologien du Siecle paſſé. Je veux parler de *Marc Antoine de Dominis*, Archevêque de *Spalatro*. Le Lecteur peut voir ce qu'il dit là-deſſus dans ſes Livres (a) *de la République Eccleſiaſtique*, où il tâche de montrer qu'au fond ce ſentiment n'eſt ſujet à aucun inconvenient, & qu'il a d'ailleurs l'avantage (9) de tirer les Theologiens de pluſieurs difficultez inexplicables. Il eſt certain, que J. Chriſt ſeroit toujours *Fils de David*, quand la Vierge ſa Mére n'en deſcendroit pas. L'Auteur *des Queſtions & des Réponſes aux Orthodoxes* fait voir, qu'un Enfant, qui eſt né d'une femme ſans adultere, de quelque maniére qu'il ait été conçu, eſt toujours Fils legitime du Mari; d'où il s'enſuit que Notre Seigneur ſeroit auſſi toujours Fils de *David*, étant Fils de *Joſeph*, bien que *Marie* ne deſcendit pas de *David*. Le Lecteur peut voir (10) au bas de la Page le raiſonnement de l'ancien Ecrivain, que je cite. Tout cela pourroit paſſer, ſi S. *Paul* n'avoit pas dit en propres termes, que J. Chriſt *eſt* (b) *iſſu du* SANG DE DAVID, ce qui ne ſauroit être vrai, ſi la Sainte Vierge n'en deſcendoit pas.

L'Opinion que la Ste. Vierge étoit fille d'un Sacrificateur, n'a pas été rejettée par *Marc Antoine de Dominis*.

Comment on pourroit la juſtifier.

(a) Lib. VI. Cap. I. §. [illegible]

Elle eſt contraire à S. *Paul*.

(b) Rom. I. 3.

VI. Nous avons vû, que l'Auteur Apocryphe, & apparemment Heretique, du *Teſtament des XII. Patriarches*, a voulu réunir en J. Chriſt l'Empire & le Sacerdoce, en le faiſant deſcendre des Rois

VI. Fauſſes penſées des Peres, pour réunir l'Empire & le Sacerdoce dans la Perſonne de J. Chriſt.

[illegible] Ibid.

(6) [illegible] Teſt. Lev. No. 2. p. 159.

(7) Les Généalogies, rapportées par S. *Matthieu* & par S. *Luc*, ſont certainement l'une & l'autre de *Joſeph*, que S. *Luc* aſſûre auſſi être de la Maiſon de David. Luc I. 27.

(8) Il y a quelques Manuſcrits, qui portent, que *St. Chryſoſtome* traduiſit cette Piéce d'Hébreu en Grec. Grabe [illegible] de rendre ce ſentiment probable. Mais j'aurois de la peine à y ſouſcrire. Voyez ſa Preface.

(9) *Et per hoc liberamur ab omnibus inexplicabilibus nodis & irretrabilibus, ſi per Mariam vel [illegible] Chriſti humanam generationem, ab Evangeliis poſitam explicare, [illegible] literam Evangelii planam & [illegible] ad verbum retinemus.* Ib. §. 9.

(10) *Quæſt. & Reſp. ad Orthod.* Int. Op. Juſt. p. m. 337. Quæſt. CXXXIII. *Quemadmodum namque* Joſeph vocatus eſt Eli *filius* [illegible] *genitus; quia Divina lex* [illegible] Eli *dare* [illegible] Eli [illegible] *Deo* [illegible], *ex conjuge* Joſephi [illegible] *dare* [illegible] Joſepho, *naturaliter* [illegible] *genitum* &c. L'Auteur ajoute [illegible].

Rois d'Israël par *Joseph*, & des souverains Pontifes par *Marie*. Quelque vaine que fût cette pensée, elle avoit quelque chose de trop ebloüissant pour n'être pas adoptée par les Péres. *Baronius* recherchant les raisons des différences, qui se trouvent entre les deux Généalogies de J. Christ, a dit, apres S. *Augustin*, (1) que les Evangelistes *voulant représenter une diverse Personne en Notre Seigneur, à savoir*, St. Matthieu *celle de Roi*, & St. Luc *celle de Prêtre*, St. Matthieu *a commencé sa Généalogie par* Salomon, & *l'a continuée par les Rois des Juifs :* & S. Luc, *par* Nathan, *fils de* David, & *par les adoptions de Notre Seigneur : afin que par ce moyen le Mystére de l'une & de l'autre onction, du Sacerdoce & de la Royauté, fût conjoint en la Personne de Notre Seigneur, qui institua le Sacerdoce Royal.*

De St. Augustin.

Ce n'est pas S. *Augustin* seul qui a pensé de la sorte. *Grégoire* de Naziance avoit dit avant lui, " (2) que J. Christ a tiré de *Salomon* ,, le sang des Rois ; & de *Nathan*, celui des souverains Ponti- ,, fes ". Mais, comme *David* n'a pû transmettre à aucun de ses Fils, ni l'onction, ni la Dignité Pontificale, quelques Péres se sont avisez de dire, que (*a*) le *Nathan* de S. *Luc* n'étoit pas le Fils de *David*, mais le Prophéte *Nathan*; erreur aussi grossiére qu'elle est hardie. Cependant on ne s'en est pas tenu là : cette passion de donner à J. Christ l'Empire & le Sacerdoce par droit de Succession, a fait supposer une Piéce, dont je dois parler, parce qu'un (3) savant Moderne accuse les Manichéens d'en être les Auteurs.

De Grégoire de Naziance.

(a) Ap. Casaub. ub. sup.

On trouve dans (4) *Suidas* une assez longue Histoire, qu'on dit avoir été faite à un Chrétien, nommé *Philippe*, par un Juif de ses amis, appellé *Théodose*, & Chef de sa Nation au tems de *Justinien*. On y raconte, qu'une Société de XXII. Sacrificateurs, qui avoient une charge particuliére dans le Temple, ayant perdu un de leurs Collégues, proposérent d'élire Notre Seigneur : mais, comme on opposoit à cette élection, qu'il étoit de la *Tribu* de *Juda*

Piéce supposée au tems de Justinien mais la même ...

maxime, τί γὰρ εἰ γυναικὸς τινὸς χωρὶς σπορᾶς τεχθέντος, υἱός ἐστιν ἐξ ἀνάγκης τοῦ ἀνδρὸς καὶ τῆς γυναικός. Il ne traite pas la Question que je traite, mais sa maxime s'y applique parfaitement bien.

(1) Je me sers de la Traduction Françoise, que *Choppin* a fait de l'Abrégé de *Baronius* par *Sponde*. On peut voir le Latin de *Baronius*, Apparat. No. XXX.

(2) [illegible]

[illegible] μεγάλου [illegible] αἷμα,

Αὐτὰρ ὅγ' [illegible]

Greg. Nazian. ap. Casaub. Exercit. I. p. 71.

(3) *Ex Officinis Hæreticorum Manichæorum, vel Gnosticorum prodiisse videtur.* Rich. Montac. Apparat. ad Orig. Eccl. p. 308.

(4) *Suid.* au mot. *Jesus.* La même Piéce se trouve MS. dans la Bibliothéque de Vienne où elle a pour titre Κατάθεσις &c. *Deposition*, ou, *Déclaration d'un Juif, qui confesse que Notre Seigneur J. Christ est Fils du Dieu vivant, & de la Sainte Vierge Marie, Mere de Dieu, qui est demeurée Vierge apres l'Enfantement.* S'il en faut croire l'Imposteur, l'Acte, qui contenoit tout cela, fut fait par les Prê-

Juda, puisque *Joseph*, qui passoit pour son Pere, descendoit de ce Patriarche, quelqu'un représenta, (5) que les Tribus de *Juda* & de *Lévi* s'étoient autrefois mêlées, & que *Joseph* étoit né d'une branche de la Famille de *David*, dans laquelle le mélange s'étoit fait. Sur cette réponse, J. Christ fut élu Prêtre , & fit les fonctions du Sacerdoce Lévitique. Voilà une étrange fable. Cependant elle fut reçuë avec applaudissement, lorsqu'elle parut, parce qu'elle servoit à prouver, que le Seigneur, en qualité de Fils & d'Héritier legitime de *Joseph*, avoit réuni le Sacerdoce & la Royauté, sans avoir recours à l'opinion, que la Ste. Vierge étoit fille d'un Sacrificateur. A l'égard de l'Auteur de la Fable, elle est venuë trop tard, pour tirer son origine d'un Manichéen : & quand elle seroit plus ancienne, ils ne sauroient être soupçonnez raisonnablement d'avoir supposé une Pièce directement opposée à leurs Principes. Car, outre qu'ils ne croyoient pas que J. Christ fût fils de *Marie*, ils n'avoient garde de s'imaginer qu'il eût fait les fonctions du Sacerdoce Lévitique, eux qui condamnoient absolument, & ce Sacerdoce & les Sacrifices. Je fais une autre Observation, que le Lecteur peut voir au bas de la Page Note (6).

Fausse conjecture de *R. Montacu*, qui attribue cette Piece aux Manicheens.

VII. Je n'ai point perdu de vuë l'*Evangile de la Nativité de la Vierge*, quoique je m'en sois un peu écarté. Ce Livre fut supposé pour en supplanter un autre, mais plus ancien, parce qu'on y disoit, que la Sainte Vierge étoit *Fille d'un Sacrificateur, nommé Joachim*. Les Manichéens se prevalant de ce témoignage, un Imposteur supposa le prétendu Livre de S. *Matthieu*, & la Traduction de S. *Jerôme*. Il se servit de la fausse Histoire de *Séleucus*, mais il en ôta ce qui étoit contraire à la Doctrine de l'Eglise, & du reste il en conserva les Fables. Il y a même bien de l'apparence qu'il en ajoûta de nouvelles ; c'étoit le goût de son Siécle : & c'est en général celui des Menteurs. D'ailleurs Mr. l'Abbé *Du Pin*

VII. L'Evangile de la Nativité supposée pour en supplanter un autre, qui paroissoit Heretique.

Principaux des Juifs, apres la resurrection de Notre Seigneur, & gardé à Jérusalem dans les Archives du Temple, jusqu'au tems du Siége. Alors il fut transporté à *Tybériade*, ou on le trouva. M. *Fabricius* témoigne, que les Lettres MSS. de *Glycas*, en font aussi mention.

(5) [illegible] Ap. *Suid.* ub. sup. S. *Epiphane* a dit, sur le même fondement que S. *Jaques*, Frére de Notre Seigneur, & selon lui, Fils de *Joseph*, faisoit les fonctions propres au Souverain Pontife, & portoit sur le front la Lame d'or. C'est une fable des plus hardies, qui ayent jamais été inventées. *Epiphane* n'en étoit pas l'Auteur. Voyez Hær. XXIX. No. 4. pag. 119. & ailleurs. Notez encore, que c'est sur le même fondement, qu'on dit dans l'Apocryphe, intitulé *Histoire de Joseph le Charpentier* (laquelle a été traduite de l'Arabe par *George Wallinus*) que *Joseph* avoit fait les fonctions Sacerdotales. *Hic ipse Doctrina & scientiis instructus, Sacerdos factus est in Templo Domini.* Hist. Joseph. Fabr. Lig. Cap. II.

(6) M. *Fabricius* remarque, T. I. pag 10.

Pin (1) a remarqué, que la Narration de *Grégoire* de Nysse, qui a cité quelque ancien Livre *de la Nativité de la Vierge*, est plus simple, & moins chargée d'incidens, que celle que nous avons aujourd'hui. La raison en est bien claire. Les Fables ne vont jamais en diminuant.

VIII. Du *Prot*[illegible] [illegible] de l'Auteur.

VIII. Le second Apocryphe attribué à *Leuce* est, à peu près, du même caractére que le premier, & roule sur la naissance & l'éducation de la Vierge, & sur la naissance du Sauveur. On lui a donné le nom de (2) PROTEVANGILE, parce qu'on y raconte des Evénemens, qui ont précédé la Prédication de l'Évangile. L'Auteur y prend le nom de (a) S. *Jaques*, *Frére de Notre Seigneur*. Personne, que je sache, ne doute à présent que ce ne soit un Imposteur; on ne doute pas même que ce ne soit un Hérétique, mais la Question est de savoir de quelle Secte il a été, & quelles ont été ses intentions. C'est à cela que je m'attache, parce que c'est justement ce qu'il importe de savoir, & ce qui a été negligé par ceux qui en parlent.

St. *Epiphane* [illegible] aux *Ebionites*.

St. *Epiphane* accuse les *Ebionites* (3), " d'avoir supposé des Livres sous les noms de St. *Jaques*, de St. *Matthieu*, & de quelques autres Apôtres ". Et comme on ne connoit que le *Protévangile*, qui porte le nom de S. *Jaques*, & qui soit assez ancien pour pouvoir être attribué aux *Ebionites*, on croit que S. *Epiphane* a voulu parler de cet Apocryphe. Je ne saurois dire quelle a été sa pensée, mais je puis bien assurer, qu'à moins que ce Livre n'ait été entiérement changé, il ne sauroit être l'ouvrage d'un *Ebionite*.

1. Les *Ebionites* (4) n'approuvoient point du tout ces professions de Continence, qui eurent bientot la vogue dans l'Eglise Chrétienne: & le *Protévangile* paroit avoir été fait en partie pour les recommander. 2. Les *Ebionites* croyoient J. Christ fils (b) de *Joseph*

(a) Epiph. Hær. XXX. §. 14.

19. que cette Pièce fut cause, que le Pape *Paul IV*. mit le Dictionaire de *Suidas* au rang des Livres défendus. C'est porter le ressentiment bien loin. Le même Auteur ajoûte, " qu'on disoit dans „ d'autres Apocryphes, que la Vierge „ étoit de la Tribu de *Levi*, *comme cela paroît*, poursuit il, *par une ancienne Narration, qui est dans Suidas au mot* JESUS. Je ne sai, si j'ai omis quelque chose en lisant cette Narration, mais je n'y ai pas trouvé un mot, qui tende à faire voir, que la Vierge fût de la Race de *Levi*. Il ne s'agit que de *Joseph*.

(1) Dissert. Prelim. P. II. p. 91. Cet habile homme a jugé, que le Livre *de la Nativité* écrit par *Seleucus*, étoit différent de celui, qu'on dit avoir été traduit par St. *Jérôme*, & de celui que *Grégoire* de Nysse a cité. Il se fonde sur ce que, dans ces deux derniers, *Joachim*, Pére de la Vierge, est dit descendre de *Juda*, au lieu que dans le prémier on le disoit de la famille Sacerdotale. La raison n'est pas convaincante. C'est le même Ouvrage dans le fond, mais on en a ôté ce qui blessoit *les oreilles pieuses*, & l'on y a ajoûté ce qu'on a voulu.

(2) Si on veut savoir ce qu'on a pensé sur cette Pièce, & les Jugemens qu'en ont porté les Savans, on ne peut mieux

seph & de *Marie* : Et il est clair que le *Protévangile* a été supposé pour détruire cette Erreur. 3. On y raconte, que *Marie* fut élevée, dès son enfance, dans le Temple, & par les Sacrificateurs, mensonge grossier, & qu'un *Ebionite*, instruit des Coûtumes des Juifs, n'auroit jamais imaginé. 4. On copie en plusieurs endroits les deux prémiers Chapitres de S. *Matthieu* & de S. *Luc*. Or les *Ebionites* ne recevoient point l'Evangile selon S. *Luc*, & retranchoient les deux prémiers Chapitres de S. *Matthieu*. Du moins n'étoient-ils pas dans l'Evangile de cet Apôtre, qui étoit à l'usage des *Ebionites*. Certainement le *Protévangile* n'est point d'un Auteur de cette Secte, & S. *Epiphane* s'est trompé, ou il a voulu parler de quelqu'autre Livre attribué à S. *Jaques*, lequel nous est inconnu.

Si nous en croyons (5) *Innocent I. Leuce* est le véritable Auteur du Livre, qui porte le nom de S. *Jaques*. Ce Pape pourroit bien avoir raison. 1. Premiérement on lit dans le *Protévangile* certaine Tradition touchant un prémier Mariage de *Joseph*, laquelle se trouvoit aussi dans l'*Evangile de St. Pierre*, que feu Mr. *Grabe* assure être une Production de *Leuce*. 2. Le *Protévangile* est un Ouvrage du (6) II. Siécle, & j'ai montré que *Leuce* a vécu dans ce tems-là. 3. Il y a des indices très-forts, que ce Livre a été composé par quelcun de ces Sectaires, qui nioient que J. Christ fût veritablement Homme, & qui condamnoient le Mariage. Or tout cela convient à *Leuce*, & il est bien vraisemblable que l'*Evangile de la Nativité de la Vierge*, & le *Protévangile*, qui ont tant de rapport ensemble, furent supposez dans la vue de confirmer ces deux Hérésies.

Ce Livre seroit plutôt de *Leuce*.

IX. Les *Docétes*, c'est-à-dire ceux qui nioient que J. Christ fût véritablement Homme, condamnoient généralement le Mariage. Les simples *Encratites* en parloient comme d'un Etat d'imperfection ; les autres, comme d'un Etat mauvais en soi. C'étoit une suite de leur sentiment sur la Cause du mal, qu'ils

IX. Vues de [illegible] sur le Mariage.

mieux faire que de consulter M. *Fabricius*, dont les Collections sont toujours fort exactes, & fort complettes.

(3) [illegible] Epiph. Hær. XXX. N°. 2[illegible].

(4) [illegible] Epiph. pag. 1[illegible].

(5) *Cetera quæ sub nomine* MATTHIÆI, c'est l'Evangile de la Nativité de la Vierge, *sive* [illegible] *sub nomine* JACOBI [illegible] *non solum repudianda, verum etiam noveris esse damnanda*. Innocent. I. Exup. Ep. III. Cap. 3. Ces Lettres d'Innocent sont à la verité fort suspectes de supposition.

(6) Origène, qui a écrit au commencement, & au milieu du III Siécle, a parlé d'un Livre de *Jaques*, dans lequel on lisoit, que *Joseph* avoit eu des Enfans d'une premiére femme, [illegible] Origen. in Matt. XIII. v. 55. p. 22[illegible]. Or cette même Tradition se trouve dans le *Protévangile* de S. *Jaques*. Voyez le §. XII. p. 1[illegible]. Ces Enfans sont nommez *Joses*, ou *Joseph*, & *Simon*.

qu'ils attribuoient à la Matiére. Le Mariage venoit de cette mauvaise source. Parmi les Orthodoxes qui le défendoient, il y en eut apparemment qui alleguérent l'exemple de *Joseph* & *de Marie*, lesquels n'avoient fait aucun scrupule d'avoir des enfans, depuis que le Sauveur fut né.

Je ne prétends, ni approuver, ni appuyer ce sentiment; mais je ne suis pas assez superstitieux, pour le regarder comme une Hérésie, encore moins comme un Blasphême. Et s'il m'est permis d'en dire ma pensée, je suis persuadé que l'opinion, qui a prevalu dans l'Eglise, est plutôt fondée sur des Probabilitez, que sur des Preuves certaines. Quoiqu'il en soit, ce ne fut point une Heresie au commencement de croire, que *Joseph* & *Marie* avoient eu des Enfans, comme on le voit par l'exemple de (1) *Tertullien*, qui ne met pas *Marie* dans la classe des Vierges, mais dans celle des Femmes, qui n'ont eu qu'un seul Mari. *Helvidius* ayant allegué ce temoignage, St. *Jerôme* se contenta de le rejetter, en disant, que (2) *Tertullien n'étoit pas un homme de l'Eglise*: reponse violente, & frivole s'il en fut jamais. Corrigeons en passant un mot de M. de *Tillemont*, qui merite neanmoins plus d'indulgence, que le motif qui le lui a fait dire. Il avance (3) que *l'origine de cette imagination*, savoir, que *Marie* a eu des enfans de Joseph, *vient des Eunomiens* & *des Apollinaristes*. *Tertullien* est bien plus ancien qu'*Eunome* & qu'*Apollinaire*, & il y a beaucoup d'apparence, que son sentiment, ou son Erreur, étoit l'Erreur des Occidentaux, qui ne connoissoient pas encore les nouveaux Apocryphes, qui avoient cours en Orient, ou qui n'ajoutoient aucune foi à des Auteurs fabuleux & au moins suspects d'heresie.

L'Opinion de *Tertullien* & d'autres (4) sembloit appuyée sur quelques endroits de l'Evangile, mais en particulier sur ceux, où il est parlé *des Fréres* de notre Seigneur. On ne s'avisa pas d'abord de la (5) solution, qui a eu la préference dans la suite, savoir, que les *Cousins germains* de notre Seigneur sont appellez ses *Freres*. On inventa donc un premier mariage de *Joseph*, duquel ces derniers etoient sortis. C'est ce qu'on trouve dans le *Protévangile de S. Jaques*, dans l'*Evangile de S. Pierre*, & dans une *Histoire de Joseph*, traduite de l'Arabe. Tous les Péres (6) avant S. *Jerôme*, embras-

(1) *Et Christum quidem Virgo enixa est, semel nuptura post partum*, Tertul. *de Monog.* Cap. VIII.

(2) *De Tertulliano nihil amplius dico, quam Ecclesiae hominem non fuisse.* Hieron. ad Helvid. Cap. IX.

(3) Tillem. *La Vierge*. T. I. p. m. 122. S'il avoit dit, que les *Anti-Dicomarianites* tenoient cette *imagination* d'*Apollinaire*, surnommé *le Vieux*, pour le distinguer de son fils, il auroit son autorité. Voyez *Epiph.* p. 1033. mais il n'est pas vrai que *cette imagination tirât son origine d'Apollinaire*.

(4) *Helvidius* avoit cité aussi *Victorin* de *Petavion*, ville de l'ancienne *Pannonie*.

braſſerent avec ardeur cette fabuleuſe decouverte, ſans examiner fort ſcrupuleuſement d'où elle venoit, ſi elle étoit bien fondée, & ſi elle s'accordoit avec l'Evangile. Ce qu'il y a de merveilleux, c'eſt que dans le IV. Siecle la Tradition changea du blanc au noir. Juſqu'alors *Joſeph* avoit eu deux femmes, en y comprenant la Sainte Vierge: mais, depuis S. *Jerome* l'Egliſe d'Occident a voulu croire, que *Joſeph* paſſa toute ſa vie dans la Continence (7), *&c. que Jeſus vierge ſortit d'un Mariage vierge.* Je laiſſe au Lecteur à juger de ces Variations dans la Tradition, & à en tirer les conſequences, qui en naiſſent.

On m'objectera peut-être, que ce que j'avance ſur la premiere cauſe de la ſuppoſition du *Protévangile* n'eſt qu'une conjecture. J'en conviens, & ſuis tout prêt de l'abandonner, dès qu'on en trouvera une plus probable. Mais il n'en eſt pas de même de la ſeconde; je la maintiens véritable. Le *Protévangile* a été écrit pour confirmer l'Erreur de quelqu'une de ces anciennes Sectes qui ſoûtenoient que J. Chriſt n'a point eu un véritable corps humain. Cette hypotheſe étant admiſe ils ſoutenoient auſſi, que le Seigneur étoit ſorti du ſein de la Vierge ſa Mére, ſans avoir briſé les Sceaux de ſa Virginité. Afin de perſuader aux Peuples un fait ſi incroyable, ils inventerent la fable ridicule & immodeſte, qu'on lit dans le *Protévangile*, & la publiérent ſous le nom de S. *Jaques*, parce qu'étant Frére de notre Seigneur, il devoit ſavoir mieux qu'aucun autre ce qui s'étoit paſſé dans ſa famille. Voici la ſubſtance de cette fable.

La ſage-femme, qui avoit été mandée pour aſſiſter la Vierge dans ſon accouchement, n'étant venue qu'après qu'elle eut été délivrée, ne laiſſa pas de la toucher. Mais trouvant qu'elle étoit encore fille, elle s'écria, en s'adreſſant à *Salomé*: *Quelle merveille inouïe! Cette femme vient de mettre un fils au monde, & a encore toutes les marques de la Virginité! Salomé* répondit, qu'elle n'en croiroit rien, si elle n'en étoit convaincue par le témoignage de ſes Sens: elle viſita la Sainte Vierge, & reconnut le miracle, mais elle fut punie à l'inſtant de ſon incredulité, par je ne ſai quel feu ſecret qui devoroit ſa main profane.

Telle eſt l'impertinente Fable, qui ſe trouve dans le *Protévangile*: & qui ſe débitoit dans le ſecond Siécle, comme on le voit par

[Marginal notes: Variation de la Tradition. — 2. Seconde cauſe de la ſuppoſition du Protévangile, n'eſt ... que J. Chriſt n'a pas eu de corps ... — Fable inventée pour perſuader, que J. Chriſt n'a point eu un véritable Corps Humain. — L'opinion de la Virginité de Marie après ...]

(4) St. *Jerome* répond à ſon temoignage d'une maniere fort vague.

(5) S. *Jerome* eſt, ou le premier, ou un des premiers qui s'en eſt ſervi.

(6) Le Lecteur peut voir la III. Note de *Tillemont* ſur *Jaques le Mineur*, T. I. & il y trouvera, qu'en général les Péres, qui ont precedé St. *Jerome*, ont adopté cette fable.

(7) *Hieron. adv. Helvid.* Cap. 9. Voyez là-deſſus *Tillem.* Note III. ſur S. *Joſeph*.

(8) [illegible] Protév. §. 19. p. m. 119. On ſait ce que veut dire [illegible] dans cet endroit. L'expreſſion n'eſt nullement modeſte & l'action encore moins.

[illegible] de cette [illegible]. par ces paroles de *Clément d'Alexandrie* : (1) " PLUSIEURS ont
„ été dans cette opinion, & Y SONT ENCORE, que *Marie* est
„ accouchée d'un Fils, sans que son accouchement ait produit
„ aucun changement dans sa Personne. CAR QUELQUES-UNS
„ disent, qu'une Sage-Femme l'ayant visitée après son enfante-
„ ment, elle lui trouva toutes les marques de la Virginité ". *Clé-
ment* ne cite pas le *Protévangile*; mais comme ce Livre existoit de son tems, on ne peut douter, que cette fable ne fût prise de là.

Oracle d'Ezéchiel supposé pour la confirmer. Cependant l'imposture ne s'arrêta pas en si beau chemin. On crut devoir faire parler les Prophetes, & l'on assura, que le merveilleux accouchement de *Marie* avoit été prédit par *Ezéchiel* en ces termes : (2) UNE JEUNE VACHE A ENFANTÉ, ET N'A PAS ENFANTÉ. Les Orthodoxes convenoient avec les Hérétiques, que la Prophétie est réelle : que *la jeune vache* est la Vierge; mais ils ne convenoient pas du sens de ces mots, *Elle a enfanté, & n'a point enfanté.* Les Hérétiques disoient, *elle a enfanté*, parce qu'elle a mis au monde un fils : mais *elle n'a point enfanté*, soit parce qu'elle est demeurée Vierge dans l'enfantement, & après l'enfantement; soit parce que le fils, qu'elle a mis au monde, n'a point été formé de son sang. C'est ce qu'on apprend de *Tertullien*, refutant l'Hérésie des *Valentiniens*, & d'autres Hérétiques sur le sujet du Corps de J. Christ. " Nous reconnoissons donc, *dit cet an-*
(a) L. II. „ *cien Docteur*, que la conception & l'enfantement de la Vierge
„ *Marie*, a été (*a*) *ce signe*, qui devoit être exposé à la contra-
„ diction. C'est aussi de cet enfantement que nos *Académiciens*
„ disent, *Elle a enfanté, & n'a point enfanté*". Ces *Académi-
ciens* sont les *Valentiniens*, que *Tertullien* appelle de la sorte, parce qu'ils avoient tiré leur Théologie de *Platon*. Ce sont eux qui soûtenoient, que, le Corps de J. Christ étant un *Corps spirituel*, il étoit sorti du sein de la Vierge sans y faire aucune ouverture, parce qu'un Corps spirituel pénetre un autre Corps, & ne le divise point. *Tertullien* réfute ce sentiment, montre que l'accouchement

(1) [illegible] Clem. Alex. Strom. L. VII. p. [illegible].

(2) *Legimus apud Ezechielem, de vacca illa, quæ peperit, & non peperit.* Tertul. De Carn. Christ. Cap. XXIII. *Clément* d'Alexandrie cite l'*Ecriture* en général. [illegible] *Ecriture*, [illegible] Clem. Al. ub. sup. St. *Epiphane* [illegible] croire, que le passage en question étoit pris d'*Esaïe*. Car après avoir cité le v. 14 du Chap. VI. [illegible] continué en ces termes, [illegible] ... *La jeune vache enfantera, & [illegible] diront qu'elle n'a point enfanté.* S. *Epiphane* ajoute ces mots, *ils diront*, & sur ce fondement il croit, que le Prophète a prédit l'incrédulité des *Manichéens* & des *Marcionites*, qui nioient, que J. Christ fut fils de la Vierge. Au reste on peut voir sur ce prétendu passage d'*Ezéchiel* les Notes de *Junius* sur *Tertullien*, p. [illegible] 212. Et les [illegible] T. II. p. [illegible].

chement de la Vierge s'est fait comme celui des autres femmes, & explique le pretendu passage d'*Ezechiel*. (3) " La Vierge *a enfanté*, dit-il, parce qu'elle a mis au monde un fils formé de sa „ substance. Mais *elle n'a point enfanté*, parce que ce fils n'a été formé de la substance d'aucun homme. *Elle est Vierge*, pour[suit] *Tertullien* (4), *par rapport au Mari : Elle ne l'est point par rapport „ à l'enfantement*.

X. Ce sont là les Reflexions, que j'ai faites en lisant le *Protévangile*. Elles sont appuyées, premierement, sur le Caractere de l'Auteur, ou des Auteurs de cette Piece, & de quelques autres „ de même nature. " (5) On suppose, *dit Sixte de Sienne*, que „ St *Matthieu* a écrit deux Livres, dont l'un est intitulé, *De la „ naissance & de la famille de Marie*, & l'autre, *De l'enfance du „ Sauveur*. Ce sont des Inventions des Valentiniens & des Gnos„ tiques ". Ces Reflexions sont appuyées, en second lieu, sur les opinions de ces Gens-là. Ils nioient, que J. Christ ait eu un veritable Corps humain, formé du Sang de la Sainte Vierge. Les uns disoient (a), que le Corps du Seigneur n'a été qu'un *Phantôme*, une pure apparence de Corps. C'étoit l'opinion de *Marcion*. D'autres, (b) que ce Corps avoit été formé d'une substance Ethérienne & celeste. C'étoit l'Hérésie d'*Apelles*. D'autres, que ce même Corps étoit de la Nature de (6) l'Ame. *Tertullien* ne nomme pas les Sectateurs de cette opinion. D'autres enfin, comme les *Valentiniens*, que c'étoit (d) *un Corps spirituel*. Tous ces Gens-là supposoient, & devoient supposer conformément à leurs Principes, que le Corps du Seigneur etoit sorti du Sein de la Vierge, comme la Lumiere passe au travers du Crystal : & ce fut pour appuyer cette Erreur, que l'on inventa la fable de la *Sage-Femme*, visitant *Marie*, & la trouvant Vierge après son enfantement. Ainsi, de tout ce beau Systême, que les Prédicateurs modernes étalent pompeusement dans les Chaires, " VIERGE AVANT L'ENFANTEMENT; VIERGE DANS L'ENFANTEMENT, VIERGE APRES L'ENFANTEMENT, il ne reste rien de vrai, ni d'orthodoxe que la premiére Proposition. Les deux autres ont été avan-

Toutes les [illegible] Vierge [illegible] les Pieces [illegible] Heretiques.

(a) Tertul. De carne Ch. Cap. V.

(b) Ibid. Cap. VI.

(d) Ibid. Cap. XV.

(3) Peperit enim, quia ex carne sua; & non peperit, quia non ex viri semine. Tertul. Ibid. *Clément* d'Alexandrie l'a entendu de même [illegible] Clem. Al. ub. sup. Voyez aussi Epiph. p. 156.

(4) Virgo, quantum a Viro; non Virgo, quantum a partu. Ibid.

(5) Matthæus Evangelista [illegible] duorum Librorum, quorum alter, De ortu & stirpe Mariæ: alter De infantia Salvatoris, [illegible] Valentinianis [illegible] Sixt. Sen. Biblioth. L. II. p. [illegible]

(6) Carnem Animalem. Tertul. Ibid. Cap. X.

(7) L'Imposteur, qui a supposé l'Evangile de la Nativité de la Vierge, met dans la bouche de l'Ange G[abriel] ces paroles, [illegible] VIRGO CONCIPIES, VIRGO PARIES, VIRGO NUTRIES. Ev. de Nat. Mar. §. IX. p. 35.

avancées par les Hérétiques, comme une conséquence de leurs faux Principes, & ne sont appuyées que sur des Relations, dont ils sont les Auteurs. Disons plus : tout ce que nous avons de l'Histoire de la Vierge, si l'on en excepte ce qui est tiré de l'Ecriture, n'a point d'autre Source. Dans quels Livres plus anciens que ce fatras d'Apocryphes trouve-t-on, que le Pére de *Marie* s'appelloit *Joachim*, & sa Mere *Anne*? Que leur Mariage étant stérile un Ange apparut à *Anne*, & lui dit qu'elle auroit un enfant, dont le nom seroit célèbre dans toute la Terre : Qu'*Anne* ayant mis au monde *Marie*, elle fut consacrée à Dieu dès sa naissance, & élevée depuis l'âge de trois ans dans le Temple, sous la Discipline des Sacrificateurs : Qu'étant parvenue à l'âge de dix ou douze ans, & les Prêtres craignant que le Temple ne fût profané par les accidens, qui surviennent aux Filles de cet âge, la donnérent à *Joseph*, non pour être sa femme, mais afin qu'il fût le Gardien de sa Virginité : Que *Joseph* étoit alors un vieillard de quatre vints ans &c. Tout cela, & d'autres Fables puériles, qui composent la Légende de la Vierge, se trouve dans le *Protévangile*, qui, de quelqu'Auteur qu'il soit, est certainement d'un insigne Imposteur. Je dois dire, en finissant ce Chapitre, qu'on feroit grand tort aux Manichéens, si on les soupçonnoit d'avoir supposé ce Livre. Car, outre qu'il est plus ancien que leur Secte; outre qu'ils n'ont jamais cru, que la Divinité du Seigneur soit entrée dans le Sein d'une Femme; c'est qu'ils n'ont reconnu aucun Evangile de S. *Jaques*, comme on le voit par le témoignage de *Fauste*, que j'ai mis au bas de la Page. (1)

Les Manichéens n'ont point supposé le Protévangile.

CHAPITRE III.

Des EVANGILES *de* L'ENFANCE. *De ceux de* NICODEME *& de* ST. PIERRE *D'une* APOCALYPSE *de* ST. ETIENNE.

Des Evangiles de l'Enfance.

I. DES EVANGILES de la Vierge passons à ceux de L'ENFANCE de Notre Seigneur. Il y en a deux qui portent ce titre. Le prémier, dont nous avons une partie en Grec,

(1) *Petro, Andrea, Jacobo & Joanne. ... Ex his quatuor unus, id est, Joannes, Evangelium scripsit.* Ap. Aug. L. XVI. 1. 1.

CH. III. (1) Voyez cette Piéce dans Cotelier, Not. ad Const. Ap. L. VI. 16. Le MS. de la Bibliothéque du Roi de France, & celui de la Bibliothéque de l'Empereur, sont imparfaits.

(2) [illegible] Ap. Meurs. Var. Div. p. 117. Ce Passage ne se trouve point dans l'Edition, que Cote-

Grec, commence par ces mots: (1) Moi Thomas, *Israëlite, j'ai crû qu'il étoit nécessaire de faire connoitre à mes Fréres les merveilles, que J. Christ a faites dans son enfance. Timothée* (2), Prêtre de Constantinople, accuse les Manichéens d'avoir forgé cette fausse Rélation de l'Enfance de J. Christ, afin de faire croire qu'il n'a été homme qu'en apparence. Cependant on ne voit aucune trace de cette Erreur, dans le Fragment publié par *Cotelier*.

Le premier en Grec.

La seconde Pièce, qui porte le nom d'*Evangile de l'Enfance*, nous est venuë du (3) Levant, où elle a encore la vogue parmi les (4) Communions Chrétiennes. Elle commence par ces mots: (a) *Nous avons trouvé dans un Livre du Souverain Sacrificateur* (5) Joseph, *qui a vécu du tems de J. Christ, & que quelques-uns disent être le même que* Caïphe, *que Jésus parla, lorsqu'il étoit encore au berceau, & dit à* Marie *sa Mére, Je suis* Jesus, *le Fils de Dieu, le Verbe que vous avez enfanté, comme l'Ange* Gabriel *vous l'annonça: Mon Pére m'a envoyé pour le salut du monde.* Ce début est, comme on voit, tout different du prémier. Quoique je distingue deux *Evangiles de l'Enfance*, je ne prétends pas dire, que ce soient deux Pieces absolument différentes. Ma pensée est seulement, que la prémiére & la plus ancienne, qui est en Grec, a été l'Original, dont quelques Ecrivains postérieurs se sont servis, pour en composer une plus ample, en y ajoûtant ce qu'ils ont voulu. Je considére ces deux Apocryphes comme les Epitres de S. *Ignace*, dont les unes, qui sont plus anciennes, passent pour authentiques dans l'esprit de plusieurs Savans; & les autres sont interpolées & augmentées.

Le second est en Arabe, [illegible] & en Arménien.
(a) Ap. Fabric. Cod. Apocr. N. Test. T. I. p. 1[illegible]8.

Un habile Moderne, qui a fait d'heureuses découvertes sur le sujet des Nestoriens, conjecture, (b) que l'*Evangile de l'Enfance* a été composé par quelcun de cette Secte, & le fonde sur deux raisons. La prémiére, qu'il paroit par les Actes du Synode de *Diamper*, tenu en 1599. qu'elle étoit entre les Livres sacrez des Chrétiens du *Malabar*, qui étoient alors (6) Nestoriens. La seconde, c'est que, par-tout où le nom de *Christ* est seul, on y joint le titre de Maitre: &, par-tout où le nom de *Jesus* se trouve seul, on y ajoûte celui de Seigneur, usage qui est propre aux Nestoriens, & constant parmi eux. Cette Observation est très-utile pour discerner les Ouvrages des *Nestoriens* de ceux des autres Communions Orientales. Mais comme

Conjecture de M. *La Croze*. [illegible] ce Livre composé par un Nestorien.
(b) Voyez sa Lettre, Ap. *Fabric*. [illegible] T. II. p. 4[illegible].
Usage propre aux Nestoriens [illegible]

lier nous a donnée de l'Ouvrage de *Timothée*. Monum. Ec. Gr. T. III.

(2) *Henri Sike*, savant Professeur des Langues Orientales à *Cambridge*, a traduit cette Piece de l'Arabe. *Fabricius* l'a insérée dans sa Collection des Apocryphes, & y a joint de très-bonnes Notes.

(3) Voyez la *Bibliothéque Orientale* d'*Asseman*. T. III. p. 282. Et *Cuper*, T. X. p. [illegible]

(5) *Joseph* Antiq. L. XVIII. 3. p. 619. [illegible]

(6) Les Portugais les ont *ramenez* dans la suite, & les ont soumis aux Papes.

me cette fausse Pièce est plus ancienne en tout, ou en partie, que le Nestorianisme, & que d'ailleurs elle n'est pas moins estimée des *Monophysites* que des *Nestoriens*, je croi que ces derniers n'ont fait que l'accommoder à leur usage en la copiant. Voici donc, ce me semble, ce que l'on en peut dire avec assez de certitude.

1. L'Evangile de l'Enfance est l'ancien Evangile de S. Thomas.

1. *L'Evangile de l'Enfance* est l'ancien *Evangile de S. Thomas*, dont *Origene* a parle en ces termes: (1) *Je connois un* Evangile selon Thomas, & *un autre* selon Matthias. *J'en ai aussi lû plusieurs autres, afin que ces Gens, qui se piquent de savoir quelque chose, parce qu'ils ont lû ces sortes de Livres, ne puissent pas nous reprocher de les ignorer.* La preuve de ce que j'avance est dans la Piece même, ou l'Auteur se qualifie THOMAS ISRAELITE. (2)

2. Ce Thomas n'est point le Manichéen.

2. Ce *Thomas* n'est point certainement le Manichéen *Thomas*. Il n'y a rien, dans tout ce faux Evangile, qui sente l'Esprit de la Secte. Ces profanes Heretiques tournoient en ridicule la naissance de Notre Seigneur, sa Circoncision, & d'autres veritez Chrétiennes, qui sont racontées dans ce Livre. Le témoignage du Prêtre *Timothée*, ou de ceux, qui ont interpolé son Ouvrage, n'est d'aucun poids; je soupçonne aussi, que par les *Manichéens* il faut entendre les *Monophysites*, à qui les Grecs donnent fort injustement un nom si odieux & qui recevoient, & reçoivent encore l'*Evangile de l'Enfance*.

3. L'Auteur en est inconnu.

Il donne à J. C. un caractere cruel.

3. Le véritable Auteur d'un si mauvais Livre est tout-à-fait inconnu, mais son caractére ne l'est pas. Il s'est peint apparemment lui-meme en representant le Fils de Dieu. Il décrit un jeune Enfant violent & vindicatif, qui punit de mort soudaine les moindres injures, qu'on lui fait, jusque là (3) "que *Joseph* & *Marie*, *dit* „ *l'Imposteur*, furent obligez de prendre la resolution de ne le plus „ laisser sortir, tant il faisoit de mal". Je ne m'étonne pas, que *Mahomed*, (4) qui vouloit établir sa Religion par la force, ait inseré dans son *Alcoran* divers morceaux de cet Apocryphe.

4. La Piece en elle-même est un miserable Roman.

4. Quant à l'Histoire même, c'est un tissu de faux prodiges, ou l'on n'a gardé aucunes Règles, ni du vraisemblable, ni des bien-

(1) *Origen.* Procm. in *Lucam.* Notez que St. *Ambroise* (Procm. in Luc. T. III. p. 6. & St. *Jerôme* (Procm. in *Matth.* T. VI. initio) ont copié le Passage d'Origène sans en rien dire, ni l'un, ni l'autre. St. *Ambroise* n'a presque fait autre chose que piller *Origene*.

(2) *Sixte de Sienne* ci-dessus p. 363. Not. 5. Il donne ce Livre à S. *Matthieu*. *Cotelier* dit aussi. (*In Not. ad Conft. Ap.* L. VI. 17.) *Extat liber tanquam Matthæi, de infantia Salvatoris.* Cela prouve seulement, qu'il y a eu des gens, qui ont donné ce Livre à S. *Matthieu*, ce qui n'est pas surprenant, puisque c'est la suite de l'*Evangile de la Nativité de Marie*, que l'Imposteur dit avoir été écrit par St. *Matthieu*. On pourroit m'objecter aussi, que *Gelase* dans son Decret, & le Prêtre *Timothée*, dans sa liste des Livres des *Manichéens*, ont distingué l'*Evangile de Thomas* de l'*Evangile de l'Enfance*. Je réponds, qu'il y a des Exemplaires du Decret de *Gelase*, où il n'est parlé que de l'Evangile de *Thomas* & non de l'Histoire de l'Enfance. Voyez la Note de *Fabricius* T. I. p. 137. Le passage du Prêtre *Timothée* n'est point dans l'Edition

bienséances. N'en rapportons qu'un exemple. *a*) *Joseph* & *Marie* se refugiant en Egypte avec l'Enfant Jesus, allérent loger dans la Maison d'un jeune Homme, qu'une Magicienne avoit changé en *Mulet*. Ses Sœurs priérent *Marie* de rendre à leur Frere sa premiére forme. Elle le fit en mettant Jesus sur le dos du Mulet. Je ne saurois mieux comparer un si impertinent conte, qu'à celui que le Jésuite *Vilote* nous fait dans son *Arménie Chrétienne*. Il ose y raconter, *b*) que *Tiridate*, qui regnoit en Arménie dans le IV. Siécle, fut changé en *Pourceau*, pour avoir fait mettre *Gregoire*, surnommé l'*Illuminateur*, dans une basse fosse, où il demeura quatorze ans. Le Saint, en ayant été retiré au bout de ce tems-là, (5) rendit à *Tiridate* la forme humaine.

Exemple d'un homme changé en Mulet. [illegible] Inf. [illegible]

[illegible] dans [illegible] Chrétienne. [illegible] Armen. Chret. p. [illegible]

5. Il paroit, que du tems de St. *Epiphane* il y avoit (6) des Gens, qu'on ne nomme point, mais qu'on n'accuse point aussi d'Herésie, qui racontoient certains Miracles, que J. Christ devoit avoir faits dans son Enfance. Chacun en jugeoit alors selon son goût, & selon ses Lumiéres. St. *Epiphane*, naturellement simple & crédule, les approuve, & se fonde sur une raison Théologique: *c*) C'est que, si J. Christ n'avoit fait aucun Miracle avant son Baptême, les Héretiques auroient un prétexte spécieux de dire, qu'il ne devint Fils de Dieu que par l'effusion du St. Esprit, qui descendit sur lui dans son Baptême. St. *Chrysostome*, plus judicieux & plus habile sans comparaison que St. *Epiphane*, soûtient au contraire, (7) que J. Christ n'a fait aucun Miracle avant son Baptême, que ceux qu'on lui attribue sont de *purs mensonges*. Il ajoute que la sagesse du Seigneur ne lui permettoit pas de faire des Miracles dans son enfance, parce qu'on les auroit regardez comme des (8) *Prestiges*. On pourroit confirmer ce sentiment par plusieurs autres raisons.

[illegible] de [illegible]

[illegible] S. Epiphane [illegible] S. [illegible] (c) Ibid.

6. M. *Simon*, *d*) qui a crû *que ces Histoires, qui regardent l'Enfance de J. Christ, sont tres-anciennes*, croit aussi *que la plûpart viennent des Gnostiques*. Ce nom de *Gnostiques* est fort vague: on

[illegible] de [illegible] Crit. [illegible] III. p. [illegible]

tion de C[illegible] Le Decret de *Gelase*, & la *Formule de Timothée*, ont été fort interpolez.

(3) *Tunc dicebat Joseph Divæ Mariæ, ab hoc tempore [illegible] exire, [illegible] quosque ipsi [illegible] plecteretur*. Evang. Infant. § 49. p. 2[illegible]. C'est celui, qui a été traduit de l'Arabe.

(4) *[illegible], Acoluthos [illegible] Evangelia [illegible] Notis [illegible]*. Henr. Sike in Præf. *[illegible]*. [illegible] a fait la même Observation dans sa Preface [illegible]

l'*Alcoran*. Ap. Fabric. ubi sup. p. [illegible]

(5) *Tiridatem [illegible] garam [illegible]*. Vilote. Ibid.

(6) [illegible] Comme disent quelques-uns. Ce sont les termes de S. Epiphane en parlant des Miracles du Seigneur enfant. Her. LI. N. 2[illegible].

(7) [illegible] &c. Chrysostom Hom. XX. in Joan. p. 1[illegible]. Et dans l'Homelie XVI. pag. 1[illegible]. [illegible]

(8) [illegible] Chrysost. p. 12[illegible]

on l'a donné à plusieurs Sectes très-différentes. Pour moi, je suis persuadé que ces Histoires tirent leur origine de quelques Chretiens sortis du Judaïsme, & qui ramassoient sans choix, & avec un zéle sans science, tous les bruits, que des Esprits légers & menteurs faisoient courir touchant les actions de notre Seigneur, pendant les premiéres années de sa vie. En effet nous allons voir que l'*Evangile* de l'Enfance fut apparemment une production des *Marcosiens*, qui n'étoient, si je ne me trompe, qu'une branche de Chretiens Judaïzans, quoiqu'on les mette dans la Classe des *Gnostiques*. St. *Irenée* temoigne, qu'ils se servoient de *certaines* (1) *Ecritures Apocryphes & supposées*, dans lesquelles on trouvoit un petit Conte, qui se lit encore aujourd'hui dans l'*Evangile de l'Enfance*; ce qui fait voir que ce Livre vient originairement de ces gens-là. Rapportons cette fable, afin d'en expliquer le mystère.

" Jesus (a) apprenant à lire, & son Maitre lui ayant dit, selon la coutume, Prononcez ALPHA, Jesus dit, ALPHA. Le Maitre lui ayant commandé ensuite de dire BETA, Jesus lui répondit, *Dites-moi premiérement ce que veut dire* ALPHA, *& je vous dirai à mon tour ce que veut dire* BETA. Comme notre Seigneur n'apprenoit pas à lire en Grec, mais en Hebreu, St. *Irenée* ne devoit pas substituer (2) l'Alphabeth Grec à l'Alphabeth Hebreu, d'autant plus qu'il aneantit par ce changement tout le mystere de la Fable. Car les noms des Lettres de l'Alphabeth Grec (3) ne signifient rien, au lieu que les noms des Lettres de l'Alphabeth Hebreu contiennent de grands secrets. Ecoutons *Eusébe*, qui va nous développer ces frivoles Mystères, & nous fournir l'explication de ce que les *Marcosiens* vouloient dire.

Eusébe nous apprend donc (b) qu'ALEPH veut dire *Discipline*; BETH, *Maison*; GHIMEL, *Plenitude*; DALETH, *des Livres*, & que HE est le Pronom *Elle*. Il combine ensuite les significations de ces cinq prémiéres Lettres de l'Alphabeth Hébreu, & en compose cette Sentence : LA DISCIPLINE D'UNE MAISON CONSISTE EN CE QU'ELLE SOIT PLEINE DE LIVRES. *Eusébe* continuë à expliquer, selon la même méthode, les noms des autres

(1) 'Αμύθητον πλῆθος ... γραφῶν. Iren. L. I. 17. Epiph Hær. XXXIV. N°. 18.

(2) Il paroit néanmoins par *Tertullien*, De Præscript. Cap. L. que les *Marcosiens* donnoient beaucoup dans les Mystères des Nombres, & des Lettres de l'Alphabeth Grec. Mais il s'agit ici de la signification des Lettres Hébraïques, notre Seigneur apprenant à lire en Hebreu, & non pas en Grec.

(3) *Eusébe* le dit, de Præp. Ev. L. X. c. p. 474. Après avoir rapporté la signification des Lettres Hebraïques, il ajoûte, [illegible]: Il n'en est pas de même, dit-il, des Lettres Grecques. Je ferai pourtant deux petites Remarques sur cet endroit d'*Eusébe*. Premiérement on lit dans *Hesychius*, [illegible], *Alpha veut dire la tête d'un Bœuf*. C'est une faute. Il faut lire, [illegible], *Alpha* désigne, ou signifie le *Bœuf* qui marche à la

Notes marginales : Histoires des Chretiens Judaïzans ... par les Marcosiens. — Conte ... Enfance ... Alpha & Beta. — Explication de cette Fable. Stupidité des Juifs sur leur Alphabeth. (a) ... (b) Eusèb. loc. cit.

autres Lettres, & à former des Sentences de leur signification. Il paroît faire cas de ce Mystique Grammatical : mais ce n'est rien en comparaison de S. *Jérome*, qui en étoit enchanté, ou qui faisoit semblant de l'être. L'endroit est curieux, & c'est un de ceux qui nous font connoitre le caractere de ce savant homme.

Declamation de S. Jerôme à cette occasion. Ad Paul. Urbic. Tom. III. p. [illegible]

S. *Jerôme* écrit à *Paule*, & lui explique l'Alphabeth Hébreu tout comme *Eusébe* l'a fait. Apparemment ils avoient puisé tous deux dans la même source. Apres avoir contenté la curiosité de *Paule*, il s'écrie, ravi d'admiration, „ Qu'y a t-il, je vous „ prie, de plus sacré que ces Mystéres? Quelles delices comparables „ à celles-ci? Quel miel plus doux, que de connoître & de goûter la sagesse de Dieu, d'entrer dans ses secrets, de pénétrer les „ Pensées du Créateur &c. N'envions point aux Grands de la „ Terre leurs Thresors & leurs voluptez : Qu'ils boivent les liqueurs „ les plus exquises dans des vases d'or, enrichis de Pierreries „ &c. Pour nous, nos richesses & nos délices sont de méditer jour „ & nuit dans la Loi de Dieu. &c. J'abrége extrémement le passage, pour ne pas ennuyer le Lecteur : mais j'avoue que cet endroit m'étonne. St. *Jérôme* admire-t-il en effet des mystéres si vains? Peut-il prendre pour de l'or un si faux clinquant? Ou bien use-t-il de ce qu'il appelle *Dispensations?* L'un feroit tort à son Jugement; l'autre ne feroit pas honneur à sa sincerité. Que le Lecteur le détermine : Pour moi, je n'ose prononcer : Et tout ce que je puis dire, c'est que S. *Jerôme* a fait imprudemment l'éloge des plus vaines Traditions Judaïques, & des Réveries des *Marcosiens*. S'étonnera-t-on après cela si ces Sectaires, voulant représenter J. Christ comme un grand Docteur en sortant du berceau, lui ont fait dire ce que St. *Jerôme* a tant admiré?

L'Histoire de l'Enfance de J. Christ n'est pas aujourd'hui telle que les *Marcosiens* l'avoient.

8. Quoique les *Marcosiens* eussent une Histoire de l'Enfance de J. Christ, il ne faut pas s'imaginer, qu'elle fût tout à fait telle, que nous l'avons aujourd'hui. Le même Esprit qui l'a fait écrire, l'a fait augmenter. Elle fut assez simple dans les commencemens, & les *miracles enfantins* du Seigneur (je me sers de (5) l'expression de S. *Epiphane*,) ne furent pas en grand nombre. Mais dans la

la tête du Troupeau. *Bochart* l'a remarqué. Secondement, le Lecteur peut consulter *Clement* d'Alexandrie, Strom. L. V. p. 569. & 570. καὶ μὴν ἡ στοιχειωτικὴ τῶν παίδων διδασκαλία, τὴν τῶν τεττάρων στοιχείων περιείληφεν ἑρμηνείαν : c'est-a-dire, qu'il y a des Lettres de l'Alphabeth dont les noms signifient les quatre Elémens. Ainsi *Beth*, ou *Bedy* signifie l'eau chez les Phrygiens &c.

(4) δέλτα, ὃ σημαίνει δέλτος· L'Interprete a traduit *des Livres*. Fort bien selon le sens : mais le mot Grec signifie des *Tablettes*, *Pugillares*. Aussi St. *Jérôme* a-t-il traduit *Tabularum*, dans le passage que je vai citer.

(5) S. *Epiphane* les appelle παιδαριώδη, mot que *Petau* a rendu par *ludicra*. Cette traduction donne du ridicule aux pretendus Miracles du Seigneur, ce qui n'est pas certainement l'intention de *S. Epiphane*.

la suite on changea, on ajoûta, on embellit. Le petit Conte, dont je viens de donner le commentaire, nous en fournit une preuve. Il se trouve dans les différens Exemplaires de l'*Evangile de l'Enfance*: dans le Grec publié par M. (a) *Cotelier*, dans (1) l'Arabe traduit par *Sike*, & dans l'Armenien. Dans le Grec l'Histoire est fort simple. Dans l'Arabe elle est bien plus ample; car aprés avoir copié la rélation de S. *Irenée*, on représente J. Christ faisant à son Maitre une admirable leçon de Grammaire, dans laquelle il lui expliqua la signification des Lettres, & lui rendit raison de leur ordre, de leurs différentes figures &c. Tout cela est accompagné de faits, qui feroient croire, que le petit *Jesus* étoit un Enfant très-impatient & très-vindicatif. Je ne sai s'il est aussi farouche dans l'Exemplaire Armenien: mais on lui préte une Réflexion Grammaticale & Théologique, qui ne peut être plus subtile. Car, son Précepteur lui ayant demandé ce que signifie la Lettre A, le Seigneur lui répondit, (2) *La prémiere Lettre de l'Alphabeth est formée de trois lignes perpendiculaires sur une ligne diamétrale, pour nous apprendre, que le commencement de toutes choses est une Essence en trois Personnes.* Si notre Seigneur avoit appris à lire en Armenien, on pardonneroit à l'Auteur cette imagination, quelque impertinente qu'elle soit. Car on pardonne bien aux Grecs d'avoir cherché dans leur lettre Pi (3), qui est composée de trois lignes, deux perpendiculaires & une horizontale, une image de la Trinité & de la Consubstantialité des Personnes. Mais J. Christ apprenant à lire en Hébreu où l'A est tout autrement figuré que dans l'Armenien, la fiction est trop hardie, ou plûtôt trop (4) impudente.

(a) [illegible]

II. De l'Evangile de Nicodéme, attribué à Leucius & à Carinus.

(a) Tertull. Apol. Cap. V & XXI.

(b) [illegible] H.E. L. II. 2.

II. Je ne parlerois pas de (5) l'Evangile *de Nicodéme*, que l'on soupçonne n'être au fond que les anciens (6) *Actes de Pilate*, citez par (7) *Justin* Martyr, par (a) *Tertullien*, par (b) *Eusebe*, si l'on n'avoit lieu de croire, que *Leuce* y a quelque part. On y raconte en particulier la Descente de J. Christ aux Enfers, & la Delivrance des Justes, que le *Prince du Tartare* y retenoit prisonniers. Comme l'Histoire de l'Expédition de notre Seigneur, dans ce

(1) L'Arabe est une Version faite sur le Syriaque, ou sur le Grec. *Sike* a jugé que cette Version est postérieure à *Mahomet* de quelques Siécles. Voyez sa Preface.

(2) Voyez *Chardin*. Voyage de Perse, T. X. p. 26. La figure de l'A Arménien est telle, m. c'est une m. renversée.

(3) Le Pi des Grecs est composé de trois I. en cette sorte. π. Voyez les *Questions & les Réponses aux Orthodoxes*, parmi les Oeuvres de *Justin* Martyr, Quest. 129. p. 37[illegible] & 371.

(4) C'est principalement sur les faussetez manifestes, qui se trouvent dans ce mauvais Livre, que le Juif *Isaac Orobio de Castro* fonda l'objection, qu'il fit à feu M. de *Limborch* contre les Evangiles, & que j'examinerai dans le Discours, que j'ai mis à la fin de ce Livre.

(5) Le docte *Fabricius* conjecture, que ce sont les *Anglo-Saxons*, qui ont donné à cette Piéce le nom d'*Evangile de Nicodeme*, parce que *Nicodeme*, qui y est nommé, étoit leur Patron. Il est im-

ce séjour de Ténèbres, ne pouvoit être mieux racontée que par quelcun de ces Justes, on en suppose deux à qui l'Archange *Michel* donna la permission de l'écrire. Ces deux hommes sont nommez (8) Lenthius & Carinus. Ce sont précisément les deux noms de notre Héretique, qui est appellé Lentius ou *Lentitius* dans le Decret de *Gélase*, & surnommé Carin, dans *Photius*. Il n'est presque pas possible, que le hazard ait fait donner à ces deux hommes les deux noms de *Leuce Carin*. Mais il est très-possible; que des Imposteurs, qui composent des Livres, ou qui les falsifient; & de mauvais Traducteurs, ou de mauvais Copistes, ayent fait deux hommes d'un seul homme, parce qu'il avoit deux noms. On en trouve un exemple dans la Decrétale d'*Innocent* I. à *Exupere*, où le Pape proscrit (9) *les Actes de S. André composez par* les Philosophes Nexocharide et Leonide. Il y a là presqu'autant de fautes que de paroles. L'Auteur des *Actes de S. André* est un seul homme: Il s'appelloit *Leuce Carin*, & non *Nexocharide* & *Leonide*: Ce fut un fameux Hérétique, & non un *Philosophe*.

Ces deux noms ne peuvent désigner que Leuce Carin.

On pourroit m'objecter, que les deux hommes, dont il est fait mention dans l'*Evangile* de *Nicodeme*, ne peuvent être *Leuce Carin*, puis que ceux-là étoient morts avant J. Christ, qui les trouva aux Enfers, & que celui-ci n'a fleuri que cent ans après la mort du Seigneur. Effectivement l'objection seroit invincible, si l'Auteur de cette mauvaise Pièce étoit habile & sincere. Mais un Menteur insigne & mal instruit de l'Histoire, fait bien d'autres fautes. Il ne s'agit que de deviner ce qui peut lui avoir fourni l'occasion de fourrer *Leuce Carin* dans son Roman. On en peut imaginer plusieurs causes. 1. *Leuce* ne seroit-il point l'Auteur des *Actes* de *Pilate*, qui furent supposez dans le II. Siécle, & d'où l'Imposteur a tiré le fonds de sa narration? 2. S'il n'en est pas l'Auteur, n'en seroit-il point le Traducteur? (10) *Dans le Catalogue des Manuscrits d'Angleterre, il est fait mention d'une partie de l'Evangile de Nicodéme, de la Traduction de* Leuthius *& de* Carinus. 3. Je ne m'arrête pour-

Quelle part il peut avoir à ce faux Evangile.

imprimé dans la Langue de ces Peuples, qui le lisoient comme un Livre sacré & Canonique. *Fabric.* ubi sup. p. 214. &c.

(6) C'est la Remarque du Savant que je viens de citer. *Omnia, quæ in Actis Pilati lecta esse veteres referunt, hodie leguntur in Evangelio, quod hic damus Pseudo-Nicodemi: Unde Acta Pilati commentitia hoc ipsum, vel plane simile fuisse scriptum, non absurde colligimus.* Fabric. Ibid.

(7) Ὅτι τε ταῦτα γέγονεν (Christus) καὶ ἐκ τῶν ἐπὶ Ποντίου Πιλάτου γενομένων ἄκτων μαθεῖν δύνασθε. Just. M. Ap. II. p. m. 66.

(8) *Ego* Lenthius *&* Carinus *amplius non sumus permissi enarrare cætera mysteria Dei, sicut contestans Michaël Archangelus dixit nobis.* Evang. *Nicod.* §. 37. p. 293. & dans la suite.

(9) *Vel sub nomine Andreæ, quæ à Nexocharide & Leonide Philosophis.* Innoc. Ep. III. ad Exup. Can. 7.

(10) *In Catalogo MSS. Angliæ*, T. I. p. 98. No. 1963. *memoratur pars Evangelii Nicodemi ex versione Carini & Leuthii.* Ap. *Fabric.* ubi sup. T. II. p. 538. L'Auteur ajoute avec raison, *Lege Carini & Leucii.*

pourtant pas à ces deux conjectures, parce que je ne trouve pas dans cet Evangile la Theologie de *Leuce*. Je soupçonne donc, que l'Auteur aura copié quelque endroit des *Actes de S. Jean*, ou de l'*Evangile de S. Pierre*, par *Leuce*, & que cet endroit est l'Histoire de la Descente de J. Christ aux Enfers, & de la Délivrance des Justes C'est le morceau qu'il a pris de *Leuce Carin*. Comme il n'a pas su qui étoit cet homme, il a crû que ces deux noms désignoient deux personnes, & pour donner créance à sa rélation, il a supposé que ces deux hommes étoient revenus des Enfers avec J. Christ victorieux. Que ne peut-on pas attendre d'un Ecrivain assez hardi, pour dire, que son Histoire (a) *fut trouvée à Jerusalem*, par *Théodose le Grand*, dans le *Prétoire*, c'est-à-dire, dans le Palais de *Pilate*?

(a) Evang. Nicod. in fine.

Observations sur deux endroits.

Après ces réflexions, qui concernent *Leuce*, j'ai deux Observations à faire sur ce faux *Evangile*. On y raconte (1), que, les Juifs ayant reproché à *J. Christ d'être né de fornication*, douze témoins le défendirent de cette infame calomnie. Mais, au lieu d'alléguer qu'il étoit fils d'une Vierge, & de confirmer ce fait par (b) l'Oracle d'*Esaie*, ils se contentérent de dire, que le Seigneur étoit né d'un Mariage légitime, (2) *& qu'ils avoient eux-mêmes assisté aux fiançailles*. M. *Fabricius* remarque à cette ocasion, (c) " qu'aucun Témoin digne de foi n'a attesté, que la calomnie, dont il s'agit, ait été avancée contre J. Christ, ni pendant sa vie, ni pendant tout le Ministére de ses Apôtres, ce qui fait voir la malice des Juifs, qui l'ont insérée dans leur *Toledoth-Jésu*, & dans d'autres Livres pleins de blasphêmes ". Je ne desapprouve pas la Remarque du savant Auteur, mais je croi qu'il lui a donné trop d'étenduë. Tant que les Chrétiens ne prêchérent point, que J. Christ étoit né d'une Vierge, les Juifs ne trouvérent rien à redire à sa Naissance: ils le reconnurent pour Fils de *Joseph* & de *Marie*. Mais (3) lorsque les Apôtres jugérent à propos de publier le Mystere

(b) Esai. VII. 14.

(c) In Not. ad Ev. Nicod. p. 243.

Quand les Juifs ont commencé de calomnier la Naissance du Sauveur.

(1) *Nos primum de te vidimus, quod ex fornicatione natus es.* Ev. Nicod. §. 2. p. 243.

(2) *Veritatem loquimur, & in desponsatione Mariæ interfuimus.* Ibid. Quoique je ne doute pas que *Desponsatio* ne signifie proprement *Mariage*, *Tillemont* a fait une réflexion fort juste sur ce mot. (T. I Not. VII. sur la *Vierge*, pag. 276.) Il dit, *que les termes de l'Ecriture portent à croire, que la Vierge n'étoit que fiancée lorsque l'Ange la vint trouver, & beaucoup d'Anciens l'ont dit. Néanmoins nous voyons, que* S. Luc *se sert du terme de* DESPONSATA *immédiatement avant la naissance de J. Christ, lorsqu'on ne peut douter que la Vierge ne fût mariée, autant qu'elle pouvoit l'être sans intéresser sa Virginité.*

(3) C'est ma pensée. Le Miracle de la conception de Notre Seigneur n'étant pas susceptible de preuves, je croi que ce fut un secret pendant le cours de sa vie; & qu'il ne fut manifesté, & prêché publiquement qu'après son Exaltation. Ce n'est pas ici le lieu de dire les raisons de mon sentiment, lesquelles, si je ne me trompe, sont très-fortes.

(4) [illegible Greek] Origen. in Joan. Tom. XXII. p. 303.

tère de sa conception miraculeuse, Mystere, que la Prudence ne permit pas de révéler dans les commencemens, pour ne pas donner de prétexte à la calomnie, alors des Incrédules eurent recours au blasphême. Il est vrai qu'*Origène*, faisant réflexion sur ces mots des Juifs (d) *Nous ne sommes point nez de fornication : nous avons un Pére, qui est Dieu*, s'est imaginé, que ces Blasphémateurs (4) reprochoient indirectement à J. Christ le prétendu défaut de sa Naissance. Mais je suis persuadé, que c'est une subtilité d'*Origène*, qui, ayant dans l'esprit ce que disoient les Juifs de son tems, a supposé légérement qu'ils le pensoient dès avant la mort & la résurrection du Sauveur.

Réflexion d'Origène plus subtile que solide.

(d) Jean VIII. 41.

Ma seconde Observation roule sur un endroit de l'*Evangile de Nicodeme*, qui, tout absurde qu'il est, ne laisse pas d'étre une preuve, que le fond de ce Livre est ancien. L'Auteur y raconte, que J. Christ ayant ramené des Enfers tous les Justes, qui y étoient prisonniers (5), *les baptiza*, ou, *les fit baptizer dans le saint Fleuve du Jourdain*, préalable nécessaire pour entrer dans le Paradis. Voilà une étrange imagination, mais elle est aussi ancienne qu'elle est étrange : on la trouve dans le *Pasteur* d'*Hermas*, Livre qui fut lû dans quelques (e) Eglises comme un Livre Canonique, & qui le seroit effectivement, si l'Auteur n'étoit pas ou un (6) Fanatique, ou un Imposteur. Il a la hardiesse de mettre dans la BOUCHE DU SEIGNEUR, ou de son Ange, ces paroles: (7) IL EST NE'CESSAIRE *que* les Morts *passent par l'eau pour entrer dans le repos, parce qu'ils ne peuvent étre admis dans le Royaume de Dieu, qu'après avoir dépouillé la mortalité de leur première vie. C'est pourquoi ces* MORTS ONT ETE' MARQUEZ DU SCEAU DE DIEU, *& sont entrez dans le Royaume de Dieu. Or ce sceau est l'eau.* Mr. *Cotelier* (8) veut que l'Auteur parle d'un Baptême métaphorique, parce qu'on ne baptize pas des Ames. Il voudroit donner de la raison à un homme qui n'en a pas toûjours. Mais outre

Baptême des Morts que J. Christ délivra des Enfers, & qu'il ressuscita.

Ancienneté de cette imagination.

(e) *Euseb.* H. E. L. III. 3.

(5) *Et baptizati sumus in sancto Jordanis flumine.* Ce sont les Morts délivrez par J. Christ, qui parlent. *Ev. Nicod.* p. 294.

(6) Des Gens, qui ont un respect aveugle pour l'Antiquité, ne manqueront pas de se formaliser, que je traite de *Fanatique*, ou d'*Imposteur*, un Auteur, qui a été regardé dans quelques Eglises comme un Ecrivain sacré du second ordre. Mais je leur demanderai à mon tour comment on doit qualifier un homme, qui suppose des Révélations qu'il n'a point, ou qui débite ses songes comme des Oracles du Fils de Dieu. Il n'y a point à balancer; il est, ou *Fanatique*, ou *Imposteur*, & l'endroit, que je rapporte, suffiroit seul pour prouver, qu'il a été l'un, ou l'autre.

(7) *Necesse est*, INQUIT DOMINUS, *ut per aquam habeant ascendere, ut requiescant. Non poterant enim aliter in regnum Dei intrare, quam ut deponerent mortalitatem prioris vitæ. Illi igitur Defuncti sigillo Dei signati sunt, & intraverunt in regnum Dei. Et illud sigillum aqua est.* Herm. Past. L. III. 16.

(8) *Quandoquidem lavatio corporibus competit, non animis, nescio necessario intelligit Baptismum metaphoricum, nescio [illegible]*

 [illegible]

outre qu'*Hermas* parle évidemment du Baptéme dans l'eau, il peut avoir eu dans l'esprit les Morts, qui ressusciterent lorsque le Seigneur expira. Aussi l'Auteur de notre faux *Evangile* ne fait pas donner le Baptéme à des Ames, toutes pures, mais à des Ames reunies avec leurs Corps par la Resurrection.

[illegible] Il faut avouer, que cette opinion de l'absolue necessité du Baptême a donné lieu à des imaginations bien extravagantes. *Theodore Abucara* (1) Auteur Grec du commencement du IX. Siecle, supposant que personne ne peut être sauvé sans le Baptême, & recherchant ensuite, comment les Morts, que J. Christ delivra des Enfers lorsqu'il y descendit, avoient été baptizez, inventa deux moyens de satisfaire à cette difficulté. (2) Le premier, que J. Christ avoit reçu le Baptême pour les Morts, qui crurent en lui, lorsqu'il leur prêcha dans les Enfers. Le second, que l'Eau, qui sortit de son coté, étant retournée dans ses prémiers Elemens par la resolution qui s'en fit, alla arroser les cendres de ces Morts, rentrez comme elle dans leurs premiers Elemens, & leur communiquer la vertu sanctifiante & vivifiante du Baptême.

Plaisante Scene dans les Enfers, lorsque J. Christ y parut.

Finissons l'Article de l'*Evangile de Nicodéme* par un petit conte, qui est un des plus jolis & des plus agreables de tout le Roman. Je le croi une fiction de *Leuce*. C'est une querelle entre SATAN & le PRINCE DU TARTARE. Ces deux Puissances, qui jusqu'alors avoient été fort unies, se brouillérent ensemble, lorsque Notre Seigneur parut aux Enfers. (*a*) Le prémier surpris de voir forcer les barrieres de son Empire; la lumiére penetrer subitement dans le séjour des Ténébres; un grand nombre de Prisonniers rompre leurs fers, & faire retentir des Abymes de cris de joye, s'informe d'où vient une révolution si imprévuë. Il apprend, que la mort du Seigneur en est la cause, & que cette mort est l'effet de l'imprudence de *Satan*, qui, pour contenter la haine qu'il portoit à Jésus, & ruiner son Royaume naissant, avoit animé les Juifs à le crucifier. Alors il s'évapore en reproches, & en injures contre le *Démon*. C'est le plus bel endroit de la Piéce. L'Orateur y prête

(a) Evang. Nicod. §. 23.

Querelle entre le Prince du Tartare & le Demon jugée par le Seigneur.

videlicet, quæ in Baptismate à Deo conceduntur. Cotel. in Not. p. 117. Cependant la suite de cette Remarque semble contredire le commencement.

(1) Voyez sur cet Auteur la *Bibliotheq. Grec.* de *Fabric.* T. IX. p. 176.

(2) *Respondet* (Abucara) *& Christum pro illis tinctum, & ipsos corporale baptisma accepisse, quoniam quæ ex latere Divino profluxit aqua, dum in elementa resolvitur, Sanctos, Salvatori ad Inferos advenienti credentes, ac in elementa quoque resolutos, baptizavit.* Theod. Abuc. in XVII. Opuscul. Ap. *Coteler.* ub. sup. p. 118.

(3) *Erit Satan*, PRINCEPS, *sub potestate tua in perpetua secula, substitutus in locum Adæ, & filiorum ejus Justorum meorum.* Ub. sup. p. 288.

(4) M. *Fabricius* en a jugé de la sorte, & je souscris à son jugement. *Ub. sup.* T. I. p. 353.

(5) Origéne parle de cet *Evangile*, In Matth. p. 223. *Eusébe* H. E. L. III. 25.

VI.

prête au Prince du Tartare toute son Eloquence. Il lui prête même des sentimens, qui feroient croire, qu'il y a encore quelques Principes de Justice aux Enfers. Notre Seigneur, qui entend toute cette querelle, la termine en Juge équitable, & dit au Monarque irrité, (3) Prince, *Satan sera éternellement sous votre puissance, & tiendra la place d'Adam & de ses Fils, qui sont mes Justes.*

III. Il y a encore deux Evangiles, qu'on attribue à *Leuce*. Je ne sai quel est le titre du prémier; mais feu Mr. *Grabe* (b) dit, dans ses Notes sur S. *Irenée*, qu'il est à *Oxford*, dans la Bibliothéque du Collége du Corps de Christ. Il y a bien de l'apparence, que cette Piece n'est autre chose que (4) l'*Evangile de l'Enfance*, puisqu'on y trouve la Fable de Notre Seigneur apprenant à lire.

III. Autres Evangiles supposés à *Leuce*.
(b) In Iren. L. I. [illegible]
Le premier n'est que l'Evangile de l'*Enfance*.

Le second de ces *Evangiles* porte le nom de (5) Pierre. Mr. *Grabe* (c) assure que c'est un Ouvrage de *Leuce*, & promet de le prouver, lorsqu'il publiera des Ecrits entiers, & des Fragmens nouveaux de cet ancien Imposteur. Je ne sai pas ses raisons, la mort l'ayant empêché de tenir parole. Mais comme il avoit travaillé sur cette matiére, & consulté les Manuscrits d'Angleterre, on doit présumer qu'elles étoient solides. Il est certain d'ailleurs que cette fausse Piéce contenoit l'Hérésie des *Docétes*, dont *Leuce* étoit infecté. Et de là je conclus: 1. Que cet Hérétique ne fut jamais Manichéen, l'*Evangile de S. Pierre* (6) ayant été connu en Asie long-tems avant la naissance de *Manichée*. 2. Que Mr. de *Tillemont* (7) a mal à propos attribué cet Apocryphe à l'Auteur des *Recognitions*, qui a été dans une Hérésie toute contraire à celle des *Docétes*. 3. Que *Théodoret* s'est trompé, lorsqu'il a dit, (8) *Que les Nazaréens sont des Juifs, lesquels vénérent J. Christ comme un homme juste, & qui se servent de* l'Evangile selon S. Pierre. Ces deux Propositions paroissent contradictoires. Les Sectes, qui croyoient J. Christ un simple homme, ne pouvoient se servir d'un Evangile, où l'on enseignoit, qu'il

Le second est l'Evangile de S. *Pierre*.
(c) Spicil. [illegible]
[illegible] de *Leuce*, ce qui prouve qu'il n'a point été Manichéen.
Tillemont l'attribue mal à propos à l'Auteur des *Recognitions*.
Theodoret l'a confondu avec l'Evangile des [illegible]

VI. 12. St. *Jerôme*, dans son Catalogue, Chap. I. & XLI. *Theodor.* Hær. Fabul. L. II. 2. Je ne croi pas que *Leuce* ait supposé un Livre, sous le nom de St. *Pierre*. Il a seulement écrit une Histoire de St. *Pierre*, qui contenoit son *Evangile*, c'est-à-dire la Doctrine que St. *Pierre* prêchoit.

(6) *Serapion* fut créé Evêque d'Antioche l'an 191. de N.S. *Hieron.* in Catal. Cap. XLI. Or le faux *Evangile* de S. *Pierre* couroit en Asie avant ce tems-là. Voyez *Euséb.* H. E. L. VI. 12.

(7) *On croit*, dit-il, *que tous ces Livres*, entre lesquels est l'Evangile de St. Pierre, *peuvent avoir été composez dans le II. Siecle par le même Imposteur, dont nous avons encore une grande Histoire* de St. Pierre, *attribuée à* St. Clément *sous le nom de Recognitions.* Dans St. *Pierre.* T. I. p. m. 494.

(8) Οἱ δὲ Ναζωραῖοι Ἰουδαῖοί εἰσι, τὸν Χριστὸν τιμῶντες ὡς ἄνθρωπον δίκαιον, καὶ τῷ καλουμένῳ κατὰ Πέτρον εὐαγγελίῳ κεχρημένοι. Hær. Fabul. L. II. 2.

qu'il est Dieu tout pur, n'ayant eu que les apparences de l'Homme. Il faut que *Théodoret* ait confondu l'*Evangile selon les Hébreux* avec celui de St. *Pierre*.

On y trouvoit les deux Mariages de *Joseph*.
(a) *Origen. in Matt.* T. XI. p. 223.

Il n'y a que deux Remarques à faire sur cet Apocryphe. La prémière est, qu'on y trouvoit les deux (a) Mariages de *Joseph*, ce qui servoit à expliquer, comment Notre Seigneur avoit des fréres, quoi qu'il fût fils unique de la Vierge. La seconde, qu'encore que ce Livre fût corrompu, il ne laissoit pas de contenir en général la Doctrine du Fils de Dieu. (1) " Nous avons trouvé, *dit* „ *Sérapion d'Antioche*, que LA PLÛPART des choses contenuës „ dans ce Livre SONT CONFORMES A LA SAINE DOC„ TRINE de notre Sauveur, bien qu'il y en ait QUELQUES„ UNES qui s'en éloignent, lesquelles je vous ai marquées dans „ le Mémoire, que je vous envoye ". Il est fâcheux qu'*Eusebe* se soit arrêté là, car ce Mémoire contenoit les véritables Erreurs de *Leuce*, & c'est ce que l'on voudroit savoir.

La Doctrine en etoit saine sur plusieurs Articles.

IV. Apocalypse de St. *Etienne* reçuë par les Manichéens.
(b) *Fabric.* ub. sup. T. I. pag. 965.

IV. Je finirai l'Article de ces faux Evangiles, attribuez à *Leuce*, & aux Manichéens, par une Observation de Mr *Fabricius*, touchant une Apocalypse de S. *Etienne*, prémier Martyr. (b) " *Sixte* „ *de Sienne* témoigne, *dit-il*, au II. Livre de sa Bibliothéque, p. „ 142., que les Manichéens avoient tant de vénération pour l'*A*„ *pocalypse de S. Etienne*, qu'ils se faisoient une incision à la cuisse, „ & l'enfermoient entre la chair & la peau: Particularité, qu'il „ dit avoir tirée du Livre de *Sérapion* (de *Thmuis* en Egypte) „ contre les Manichéens. Mais ni ce fait, ni plusieurs autres „ choses, qu'il prétend avoir prises de cet Auteur, ne se trou„ vent ni dans la Version, que *Canisius* en a publiée, ni dans (2) „ ce Manuscrit Grec, que l'on garde à Hambourg: de sorte qu'il „ faut, ou que *Sixte* ait voulu parler d'un autre Livre, ou „ qu'il ait eu un Exemplaire de *Sérapion* beaucoup plus ample, „ que les Manuscrits, qui s'en trouvent ailleurs ". C'est ce que dit Mr. *Fabricius*, à quoi j'ajoûterai, que le fait n'est nullement vraisemblable. Peut-on enfermer un Livre, quelque petit qu'il soit, entre le cuir & la chair, sans qu'il s'y forme bientôt un abcès? Je soupçonne que *Sixte de Sienne* s'est trompé, ou a été trompé par quelqu'autre, qui a substitué une Histoire fausse & impossible à une Histoire très-possible & véritable. Je veux parler de celle du Manichéen *Clémentianus*, qui avoit tant de vénération pour *Manichée*, qu'il en portoit le nom imprimé sur sa cuisse.

Sixte de Sienne s'est trompé.

CHA-

(1) Καὶ εὕρομεν τὰ μὲν πλείονα τοῦ ὀρθοῦ λόγου τοῦ Σωτῆρος, τινὰ δὲ προσδιεσταλμένα, ἃ καὶ ὑπετάξαμεν ὑμῖν. Serap. Ap *Euseb.* p. 214.

(2) C'est un Manuscrit Grec, dont *Luc Holstenius* fit présent à la Ville de Hambourg, avec plusieurs autres, que l'on garde dans la Bibliothéque de l'Eglise de S. *Jean*.

(1) CH. IV. Je dis des *simples Judaïzans*, pour les distinguer des *Ebionites*, qui *judaïzoient* aussi, mais qui avoient de plus d'autres Erreurs.

CHAPITRE IV.

De l'Hérésie de LEUCE, *& de ses* ACTES *ou* VOYAGES *des Apôtres : en particulier de ceux de* S. JEAN.

AVant que de parler des Ouvrages, qui sont incontestablement de *Leuce*, il faut faire connoitre au Lecteur la Secte pernicieuse, dont cet Imposteur fut un des principaux appuis, & dont il voulut avancer les Hérésies en supposant de faux *Actes des Apôtres*.

I. Après la Secte des (1) *simples Judaïzans*, c'est-à-dire, de ces Chrétiens, qui, sortis de la Synagogue, maintenoient la nécessité de garder les Cérémonies de la Loi, il n'y en a point de plus ancienne, que les Sectes opposées des EBIONITES & des DOCETES. Elles s'éleverent l'une & l'autre dès le prémier Siécle, sous les yeux & malgré l'opposition de quelques-uns des Apôtres. St. *Jérôme* témoigne, (2) " que St. *Jean* écrivit son Evangile à „ la priére des Evêques d'Asie, dans la vuë de combattre les Er- „ reurs de *Cérinthe*, & en particulier le Dogme naissant des *E-* „ *bionites*, qui soutenoient que J. Christ n'existoit point avant „ que de naitre de *Marie*". Le même Auteur assure, (3) "que le „ Sang de J. Christ fumoit encore dans la Judée, lorsque l'on „ commença d'enseigner, que son Corps n'avoit été qu'un Phan- „ tôme". Le témoignage de ce Pére paroit confirmé par le I. Chap. de S. *Jean*, où l'Apôtre établit d'abord, contre l'*Ebionite*, (a) que la *Parole est Dieu*, & que c'est par elle que Dieu a créé le Monde : Et, contre le *Docéte*, que (b) la *Parole a été faite chair*. C'est à cause de l'ancienneté de ces deux Hérésies, que *Théodoret*, qui suit l'ordre des tems, dans ses Livres touchant les *Fables des Hérétiques*, employe le prémier à réfuter les diverses Espéces de *Docétes* : Et le second, à combattre les différentes Sectes d'*Unitaires*, ou d'*Ebionites*, qui avoient paru jusqu'au V. Siécle.

I. Ancienneté des deux Sectes des *Ebionites*, & des *Docetes*.

St. Jean les combat dans son Evangile.

(a) *Jean* I. 1.

(b) Ib. v. 14.

Les

(2) *Joannes Apostolus scripsit Evangelium rogatus ab Asiæ Episcopis adversus Cerinthum, aliosque Hæreticos, & maxime tunc* EBIONITARUM *dogma consurgens, qui asserunt Christum ante Mariam non fuisse.* Hieronym. in Catal. in *Joanne.*

(3) *Apostolis adhuc in seculo superstitibus, apud Judæam Christi sanguine recenti,* PHANTASMA *Domini Corpus asserebatur* Hieron. adv. Lucif. Cap. VIII. C'est ce qui a fait dire à M. Cotelier, *solem negare meridie lucere, qui*

DOCE-

Les *Ebionites* nioient donc la Divinité de J. Christ: les *Docétes* son Humanité. Selon les premiers, le Seigneur n'est qu'un simple homme, qui est devenu Fils de Dieu dans son Baptême, par la pleine communication des Dons du S. Esprit. Selon les seconds, J. Christ n'est point homme: Il n'en a eu que les apparences: Il est Dieu tout pur, & ne s'est revêtu d'une figure Humaine, que pour exercer son Ministere sur la Terre, & paroître souffrir, mourir, & ressusciter, quoiqu'il fut impassible & immortel. Le *Docetisme* regna principalement parmi les Gentils, qui avoient embrassé la Foi Chrétienne. Ils ne firent aucune difficulte de reconnoître la Divinite du Seigneur. Mais ne pouvant, ou ne voulant pas comprendre, comment une Personne Divine peut s'unir à une Nature Humaine, & croyant d'ailleurs, que le Corps est formé d'une matiére qui est mauvaise en elle-même, ils s'imaginerent que le Seigneur n'avoit pris que les apparences de la chair, sans en avoir la realité. A l'égard de (1) l'*Ebionisme*, il eut principalement la vogue parmi les Chretiens, qui sortoient du Judaïsme: & qui, elevez dans la Foi de l'Unité de Dieu, en abusoient pour nier la Divinité du Fils, sous prétexte que la pluralité des Personnes Divines est incompatible avec l'Unité. C'est ainsi que l'Erreur du Gentil le preparoit à la Foi, & que la Vérite au contraire étoit dans l'Esprit du Juif un obstacle a la Vérité.

II. L'Evangile ayant fait de grands progres (2) en Asie, où la plûpart des Apôtres s'arréterent, ce fut aussi-là que ces deux Sectes jetterent de profondes racines. De là vient, comme on l'a fort bien remarqué, que ce sont les seules, que (3) St. *Ignace*, Evêque d'Antioche, ait combattuës, dans les Lettres, qu'il écrivit avant son Martyre, vers l'an 107. de Notre Seigneur. Je ne parlerai à présent que des *Docétes*. Si nous en croyons *Théodoret*, (4) *Simon* fut le prémier Maître de cette Secte. *Cerdon* le suivit. *Marcion* vint ensuite; je mets *Leuce* après *Marcion*, & avant *Jules Cassien*, que *Clement* d'Alexandrie appelle (5) *le Chef & le Prince de*

DOCETAS & PHANTASIASTAS *Hæreticos, temporibus Apostolorum militaretur* [illegible]. In Not. ad Ep. Ign. ad Rom. pag. 24.

(1) J'appelle ainsi en général l'Hérésie, qui nie la Divinité du Seigneur, quoique ce nom designe proprement l'Erreur d'une Secte Chrétienne sortie du Judaïsme, & à laquelle on donne pour Chef un certain *Ebion*, Juif de naissance.

(2) On voit, par exemple, dans la Lettre de Pline à Trajan, touchant les Chrétiens, que la *Bithynie* en étoit pleine, & que les Temples des Idoles étoient presque deserts.

(3) Je ne veux, ni defendre, ni combattre l'authenticité des *Lettres de St. Ignace*. Si elles ne sont pas veritables, elles ne laissent pas d'être fort anciennes: & l'opinion, qui me paroît la plus raisonnable est que les plus pures ont eté interpolées.

(4) [illegible Greek] Χρισον, [illegible] ...

au Docétisme, quoiqu'il soit postérieur aux autres. Ce que l'on dit de *Simon* est fort incertain ; mais ce qu'il y a de bien sûr, c'est que (a) *les faux Docteurs*, qui nioient que *J. Christ fût venu en chair*, dogmatisoient en Asie dès le tems de S. *Jean*, & que le Saint Apôtre eut la douleur de voir, que (b) LE MONDE LES ECOUTOIT. Ce mot d'Apôtre m'a frappé, & m'a engagé à rechercher l'origine du *Docétisme*, & la cause de ses progrès. Voici ce que j'ai pensé là-dessus.

(a) I. Jean IV. 1. 2. 3.

(b) Ibid. v. 5.

Origine du Docétisme, & cause de ses progrès en Asie.

Des Esprits élevez dans l'Ecole de (6) *Platon*, dont la Philosophie étoit fort estimée en Asie, croyoient, que du DIEU SUPREME il est émané une INTELLIGENCE PARFAITE qui est un SECOND DIEU, & qu'ils appelloient ESPRIT, Νοῦς; ou VERBE, λόγος. Persuadez de ce Principe, ils n'avoient pas de peine à concevoir, que cet ESPRIT ait voulu se révéler aux hommes, & leur enseigner les moyens du salut. Mais ils ne pouvoient croire, qu'une si sublime Intelligence se fût unie à une portion de matiére, & beaucoup moins, qu'elle eût revetu la Nature Humaine avec toutes ses infirmitez. Cela ne pouvoit convenir qu'à l'Ame, qui est une Substance spirituelle, mais mixte; composée, selon les Platoniciens, d'une Substance céleste, & de ce qu'il y a de plus spiritueux dans la Matiére. Telle fut, si je ne me trompe, l'origine de l'Erreur des *Docétes*. Elle fut inventée, reçue, applaudie, par des Esprits Philosophiques, qui s'élevoient au-dessus de la simplicité du Peuple fidéle: Et comme les Emplois & l'Autorité appartiennent naturellement aux Personnes, qui en sont dignes par leur savoir & par leur capacité, cette Hérésie eut principalement la vogue parmi les Savans & les Nobles des Chretiens d'Asie. C'est ce que l'on voit dans la Lettre de St. *Ignace* aux *Smyrnéens*, où il parle des *Docétes* en ces termes: (7) " Que personne ne se fasse illusion. „ Les Puissances célestes, les glorieux Anges, les Princes, soit visibles, „ ou invisibles, ne demeureront point impunis s'ils ne croyent au „ Sang de J. Christ. (8) Qu'on fasse bien attention à ce que je dis. „ Qui

C'est l'Hérésie des Savans & des Nobles.

καὶ Μανιχαῖος. &c. Theod. in Proem. Dialog. I.

(5) Ὁ τῆς δοκήσεως ἐξάρχων. Strom. L. III. p. 465.

(6) On donnera dans le III. Livre l'idée de la Trinité Platonicienne.

(7) Μηδεὶς πλανάσθω· Καὶ τὰ ἐπουράνια, καὶ ἡ δόξα τῶν Ἀγγέλων, καὶ οἱ ἄρχοντες, ὁρατοί τε καὶ ἀόρατοι, ἐὰν μὴ πιστεύσωσιν εἰς τὸ αἷμα Χριστοῦ, κἀκείνοις κρίσις ἐστίν. Ὁ χωρῶν χωρείτω, τόπος μηδένα φυσιούτω. Ignat. Ep. ad Smyrn. N°. 6. p. 36.

(8) *Qu'on fasse bien attention.* C'est, à mon avis, le sens de ces mots, ὁ χωρῶν χωρείτω. *Qui capit capiat.* Remarquons en passant, que l'Auteur de cette Epître, quel qu'il soit, enseigne que la Foi en J. Christ crucifié est une condition du salut des Anges. Il ne veut point parler des *Demons*, car il ne les appelleroit pas ἡ δόξα τῶν Ἀγγέλων.

„ Qui que ce soit ne doit se flatter, ni s'enorgueillir à cause du Poste „ qu'il occupe ". L'Auteur, qui a interpolé les Epîtres de St. *Ignace*, & que (1) des Savans croyent être le même, qui a retouché les *Constitutions Apostoliques*, a paraphrasé ce Passage en ces termes: (2) „ Quand ce seroit un Roi, ou un Sacrificateur, (c'est-„ à-dire, un Evêque) un Prince, ou un Particulier; un Maitre „ ou un Esclave . . . il s'appuyera vainement sur son rang, sur „ sa Dignité, ou sur ses richesses ". Il paroit par-là, que les *Docétes* faisoient figure en Asie & qu'ils y occupoient des Postes considérables dans l'Eglise, & dans le Gouvernement (3).

III. Raisons des *Docétes*.

III. Bien que le Systême de ces Hérétiques fût evidemment contraire à toute l'Ecriture, & à la Prédication des Apôtres attestée par toutes les Eglises, il ne laissa pas de s'introduire, & de trouver un grand nombre d'Approbateurs. Il faut même convenir, qu'il avoit quelque chose d'éblouïssant.

1. Il avoit l'avantage d'abolir *le scandale & la folie de la Croix*, & de rendre la Religion Chrétienne plus plausible. J. Christ n'avoit livré à ses Bourreaux qu'un Phantôme, qui lui ressembloit, pendant que, toûjours impassible & immortel, il regardoit avec mépris leur aveugle & leur impuissante fureur.

2. Ce Systeme paroissoit plus Philosophique, plus conforme aux lumiéres de la Raison, que celui des Orthodoxes. Qu'un Esprit prenne pour quelque tems la figure d'un Homme, la Raison le conçoit très-possible. Ces Transformations apparentes n'ont rien, qui surpasse l'idée, que l'on a du pouvoir des Intelligences Célestes. Les Juifs les croyoient, appuyez sur l'expérience de leurs Péres; & les Payens, sur leurs Fables religieuses. Il n'en est pas de même de l'Incarnation, qui ne fait de la Nature Divine, & de la Nature Humaine qu'une seule Personne. C'est un Mystère, que la Foi adore, mais que la Raison ne comprend point. J'ajoûte, que mal entendu (4) par les anciens Hérétiques, & peut-être mal expliqué par

(1) C'est ce que le savant *Usser* paroit avoir prouvé dans sa Dissertation, *De Ignatii Martyris Epistolis.*

(2) Voiez Ep. Interp. *Ignat.* p. 89. [illegible] On a fort bien remarqué, que dans ces Epitres de S. *Ignace*, qui passent pour authentiques, l'*Evêque* n'est jamais appellé ni SACRIFICATEUR, ni PONTIFE, ni Ἱερεὺς, ni Ἀρχιερεὺς, cet usage n'ayant commencé qu'assez long tems après le martyre du Saint.

(3) *Le Moine* a fait aussi cette Observation dans ses *Varia Sacra* T. II. p. 420. *Maxima vero quædam fuisse nomina, & in Republica, & in Ecclesia, ea videntur innuere.* Il parle des *Docetes.*

(4) Ce que je dis là n'est pas sans fondement. On voit par les fragmens de quelques Lettres de *Manichée*, qu'il supposoit, que, selon le Systême Orthodoxe, la *Lumiére*, ou *la Nature Divine*, avoit été exposée aux injures, que la Nature Humaine a souffertes. Je ne croi pas d'ailleurs, que l'on puisse nier, que les Péres Grecs n'ayent mal expliqué l'Incarnation, qu'ils représentent comme un mélange des deux Natures, & comme l'union du fer & du feu dans un fer rouge.

par plusieurs Péres, il sembloit exposer la Divinité aux défauts & aux foiblesses de la Nature Humaine.

3. Quoique les *Docétes* rejettassent en général le Vieux Testament, parce qu'ils ne croyoient pas que le Dieu suprême eût créé le Monde sublunaire, ni donné la Loi, ils ne négligeoient pas néanmoins l'avantage, que leur donnoient les fréquentes apparitions de la Divinité, qui sont rapportées dans les Livres de *Moyse*. Ils ne manquoient pas d'alléguer, que le *Verbe*, ou le Fils de Dieu, selon l'explication des (5) Péres, apparut à (a) *Abraham*, sous *une forme humaine*, *dans la plaine de Mamré*, & qu'il ne dédaigna pas de se mettre à table & de manger en apparence des viandes, que le Patriarche lui présenta. Ils profitoient de même des apparitions des (6) Anges, qui sembloient être de véritables Hommes, bien qu'ils n'en eussent que la figure, laquelle ils dépouilloient aussitôt que leur commission étoit finie.

(a) Gen. XVIII. 1. 2. &c. Voyez aussi Gen. XXXII. 24. &c.

4. Les *Docétes* s'appuyoient encore sur divers endroits des Evangiles, & des Epitres de St. *Paul*, qui leur paroissoient favoriser leur Erreur. Ils disoient, qu'un Corps Humain est toûjours visible, toûjours palpable, qu'il a une pesanteur proportionnée à la quantité de matiére, qui le compose : qu'il ne peut ni pénétrer d'autres Corps, ni en être pénétré; or, ajoûtoient-ils, le Corps de J. Christ n'a eu aucune de ces Proprietez. Il n'étoit *visible* que par dispensation, & non par sa nature, puisqu'il devenoit *invisible* toutes les fois que le Seigneur le vouloit. C'est ainsi qu'il passa (b) sans être apperçû, au milieu d'une multitude, qui avoit formé le dessein (7) de le précipiter du sommet d'une montagne. C'est encore ainsi qu'il (c) disparut tout d'un coup aux yeux des deux Disciples, qui le reconnurent à *Emmaüs*. Ce même Corps de J. Christ n'avoit point de pesanteur, puis qu'il (d) marchoit sur la superficie de l'eau sans enfoncer. Il n'avoit point de solidité, puis qu'il pénétroit les autres corps, comme on le vit, lors que les Disciples étant assemblez & (e) les *portes* de la maison *étant fermées*, il entra & parut tout d'un coup au milieu d'eux.

(b) Luc IV. 30.

(c) Luc XXIV. 31.

(d) Marc VI. 48. 49.

(e) Jean XX. 26.

Tel-

(5) Οὗτος καὶ Ἄγγελος, καὶ Θεός, καὶ Κύριος, καὶ ἐν ἰδέᾳ ἀνδρὸς τῷ Ἀβραὰμ φανείς, καὶ ἐν ἰδέᾳ ἀνθρώπου αὐτῷ τῷ Ἰακὼβ παλαίσας. *Just.* Mart. Dial p. m. 219. Je me contente de cette seule citation sur un sujet si connu

(6) *Cum multoties, ut jam probatum vestris est, Angeli, & visi hominibus, & locuti esse monstrentur.* Faust. ap. *Aug.* L. XXIX. 1.

(7) Je soupçonne, & cela est bien vraisemblable, qu'il y avoit en Afrique, du tems de St. *Augustin*, une Version Latine, dans laquelle on lisoit *Luc* IV. 30. que les Habitans de Nazareth précipiterent effectivement J. Christ du sommet de leur [illegible] C'est ainsi que *Fauste* a cité ce passage. *Legimus id quoque, quod, de supercilio montis praecipitatus aliquando a Judaeis, illaesus abierit.* Ap. *Aug.* L. XXVI. 2. St. *Augustin* n'a point relevé cette fausse citation.

Ce sont en partie les mêmes raisons dont on s'est servi depuis pour défendre la Présence réelle.

Telles étoient en général les raisons des Docétes. Je ne fais aucune difficulté de les rapporter, à l'exemple des Anciens, qui ne les ont pas dissimulées, & d'un savant (1) Theologien moderne qui les représente dans ses Observations sur la Lettre de S. *Polycarpe* aux *Philippiens*. Quant à *Manichée*, il alléguoit quelques autres Passages du Nouveau Testament, que nous examinerons, quand j'exposerai son Systême. Remarquons seulement ici, que tous ces anciens Herétiques défendoient leur Erreur, par les mêmes témoignages de l'Ecriture, & par les mêmes raisons, dont on s'est servi dans les Siécles suivans, pour défendre la présence réelle du Corps de J. Christ dans l'Eucharistie. Ces deux opinions ont cela de commun, qu'elles dépouillent le Corps du Seigneur de toutes les Proprietez du Corps. Si elles différent, c'est que, dans le Systême des *Docétes*, tout ce qui n'a pas les Proprietez du Corps Humain n'est pas Corps Humain. Au lieu que, dans celui de la Présence réelle, un Corps Humain ne laisse pas d'être un vrai Corps Humain, quoiqu'il n'ait aucune des Propriétez du Corps, ni visibilité, ni étendue, ni pesanteur, ni impénétrabilité. Je laisse au Lecteur à juger, lequel de ces deux Principes est le plus raisonnable.

Cette opinion fournit aux Docétes des Preuves invincibles.

Il y a une autre Observation, que je ne puis me résoudre à omettre. C'est que si l'on avoit crû, du tems des *Docétes*, que le Corps de notre Seigneur, le même Corps qui est né de la Vierge, & qui a été crucifié, est tout entier dans le Pain de l'Eucharistie, & dans chaque particule de ce Pain; il n'eût pas été possible de défendre la Foi Orthodoxe contre leurs Objections. Ils auroient dit aux Catholiques: Tout ce qui subsiste sans aucune Propriété du Corps Humain ne sauroit être Corps Humain. Or vous convenez, que le Corps de J. Christ subsiste sans aucune Propriété du Corps Humain: Donc vous convenez, que le Corps de J. Christ n'est point un Corps Humain.

Le Docétisme & la Présence réelle se prouvent réciproquement.

Les *Docétes* soutenoient encore, que J. Christ avoit paru avoir un Corps Humain, quoi qu'il ne l'eût point en effet. C'étoit Dispensation, c'étoit miracle de la part du Seigneur: or de quel droit, & sous quel prétexte, des Gens, qui auroient crû la présence réelle du Corps de J. Christ dans l'Eucharistie, auroient-ils pu rejetter un miracle, qui se perpetuoit sans cesse dans l'Eglise, & dont la preuve & l'exemple étoient à tout moment devant les yeux des Fidèles? Car quelle absurdité y avoit-il à dire, que J. Christ pendant le

(1) Voyez *Le Moine*, dans ses *Varia Sacra*. T. II. p. 415.

(2) Τῶν Ἀποστόλων περιόδοις. Phot. Bibl. Cod 114.

(3) *Fertur in* TRADITIONIBUS, *quoniam Joannes Evangelista ipsum corpus Christi, quod erat extrinsecus, tangens, manum suam in profundum* [illegible]*it, & ei duritia*

le cours de son Ministère, eût parû être ce qu'il n'étoit pas, lui qui, depuis son Ascension dans le Ciel, n'a pas cessé de paroître ce qu'il n'est point? Comme il a toutes les apparences du Pain & du Vin, sans être ni l'un ni l'autre, il a eu de même toutes les apparences d'un vrai Corps, quoiqu'il fût une Substance purement spirituelle, & qu'il n'y eût en lui rien de materiel. Ce sont deux miracles, qui se succedent, & qui se prouvent reciproquement. J. Christ est véritablement & réellement dans l'Eucharistie, dépouillé de toutes les apparences du Corps. Est-il donc plus incroyable & plus absurde de les revêtir, quand on le juge necessaire, que de les dépouiller lors qu'on le trouve à propos? C'est toujours le même Jésus exerçant sa Puissance & sa Bonté, soit qu'il paroisse ce qu'il n'est point, ou qu'il ne paroisse pas ce qu'il est. Lors qu'il a voulu se montrer sur la Terre, il a pris la ressemblance de l'Homme, quoiqu'il ne fût rien moins qu'Homme. Depuis qu'il est retourné dans le Ciel, il prend la ressemblance du Pain & du Vin, bien qu'il ne soit ni l'un ni l'autre. C'est ainsi que les *Docétes* auroient raisonné contre les Catholiques, en supposant l'hypothése de la Présence réelle. A quoi pensoient les Péres? Ils alloient chercher dans l'Eucharistie un argument contre les *Docétes*. Peut-on imaginer une plus étrange disparate? C'est justement le Proverbe Grec: *Ils se jettoient dans le feu, pour éviter la fumée.* J'espère que le Lecteur me pardonnera cette Digression. Je profite de l'Erreur, pour lui mettre devant les yeux la Vérité.

IV. Comme on opposoit aux *Docétes* la Prédication & les Ecrits des Apôtres, il y en eut d'assez hardis pour composer de faux Actes de ces Saints Hommes, où ils les faisoient parler conformément à leurs Erreurs. C'est ce que fit en particulier *Leuce Carin*, dans un Livre, qu'il intitula (2) les VOYAGES DES APÔTRES. *Clément* d'Alexandrie l'a cité sous le nom de (3) TRADITIONS, dans un petit Commentaire sur la I. Ep. de S. *Jean*. *On raconte*, dit-il, *dans les* TRADITIONS, *que S. Jean ayant voulu toucher J. Christ, sa main s'enfonça dans le Corps du Seigneur, sa chair ne faisant aucune résistance.* Nous verrons tout à l'heure, que cette fable se trouvoit dans les *Voyages de S. Jean par Leuce*, ce qui confirme ce que j'ai dit du tems de cet homme. Je regrette la perte de ce mauvais Livre, parce qu'on y trouveroit, & l'origine de quantité de fables, qui ont passé dans l'Histoire de l'Eglise, & des faits, qui pourroient servir à l'eclaircir. *Photius*, qui l'avoit lû, nous en a donné un Extrait, dans lequel il rapporte les Herésies de l'Au-

IV. *Leuce* fit de faux Actes [illegible], pour autoriser ses Erreurs.

Son stile. Exactitude de *Photius*.

[illegible] (2) [illegible] (3) *In Commentariorum* [illegible]. Ce passage [illegible] *Clemens Alexandrinus* [illegible] par *Cotelier* (Not. in Ep. *Ignat.* ad [illegible]

l'Auteur, & juge de son stile d'une maniere plus équitable que M. *Tillemont* ne l'a dit. *Photius*, dit-il (*a*), *décrit le stile de Leuce comme rempli de tous les vices, qu'on peut imaginer, & sa Doctrine comme encore plus corrompue que son stile.* *Photius* est plus modéré; il s'est contenté de dire (1) „ que le stile de *Leuce* est inégal; qu'il „ se sert quelquefois d'expressions, qui n'ont rien de bas, mais „ qu'en general il employe des termes & des façons de parler du „ Peuple: Qu'au reste sa Narration n'a rien d'aisé, rien qui paroisse „ couler de source, & que par conséquent elle manque de ces „ graces naturelles, qu'on remarque dans le stile des Evangelistes „ & des Apôtres „. C'est le sens des paroles de *Photius*, & je croi qu'il faut s'en tenir à son jugement, d'autant plus qu'on peut être assuré qu'il n'a fait aucune grace à l'Auteur. Le Fragment du Livre de *Leuce*, que je rapporterai dans la suite, montre que son stile n'étoit pas aussi vicieux, que M. de *Tillemont* nous le feroit croire. Après tout il ne faut pas juger avec tant de rigueur du stile des Hérétiques, nous avons un grand nombre d'Auteurs Orthodoxes, qui ont besoin de beaucoup d'indulgence à cet égard: La noblesse, l'élegance, & la pureté de la Diction ne brillent pas dans la plûpart de nos Ecrivains Ecclésiastiques. Il n'en faut point d'autre témoin que *Photius*.

(*a*) Tom. II. Part. III. p. 71.

Ses Dogmes.

Quant aux Dogmes de *Leuce*, les voici tels que ce Patriarche de Constantinople les a rapportez. Il enseignoit (*b*) „ Que le Dieu „ des Juifs, dont *Simon* le Magicien a été le Ministre, est *méchant*; „ (2) mais que le Dieu prêché par J. Christ est *bon*. Il donnoit au „ *Dieu bon les noms* (3) *de Pere & de Fils.* Il disoit, que le Fils „ n'a point été homme, mais qu'il a seulement paru l'être: Qu'il „ se montroit à ses Disciples, tantôt jeune, tantôt vieux: tantôt „ enfant, & ensuite vieillard: tantot grand, tantôt petit, & quelquefois si grand, qu'il touchoit le Ciel de sa tête: Que le Fils „ de Dieu n'a point été crucifié, mais qu'une autre Personne l'a „ été en sa place, pendant qu'il se moquoit des Juifs, qui s'ap„ plau-

(*b*) Phot. Ibid.

(1) Je vai mettre ici le Grec de *Photius*, afin que le Lecteur puisse juger, si la Critique que je fais de *Tillemont* est juste. Ἡ δὲ φράσις εἰς τὸ παντελὲς ἀνώμαλος, καὶ παρηλλαγμένη. Καὶ συντάξεσι γάρ, καὶ λέξεσι κέχρηται, ἐνίοτε μὲν οὐκ ἠμελημέναις, κατὰ δὲ τὸ πλεῖστον ἀγοραίοις καὶ πεπατημέναις. Καὶ οὐδὲν ὁμαλῆς καὶ αὐτοσχεδίου φράσεως, καὶ τῆς ἐμφύτου χάριτος, καθ' ἣν ὁ εὐαγγελικός τε καὶ ἀποστολικὸς διαμεμόρφωται λόγος. *Phot.* Ibid. Ajoûtons la Version Latine en faveur des Lecteurs qui n'entendent pas l'Original. *Dictio ejus omnino inaequalis atque varia est: Constructione vocibusque utitur interdum non abjectis, ut plurimum tamen plebeis, ac vulgo protritis. Nullum in eo vestigium Dictionis aequalis, extemporalis, & nativa, quae hinc nasci solet, gratia, quomodo Evangelicus & Apostolicus sermo est efformatus.*

(2) Il y a dans le Grec de *Photius*, ἄλλον δὲ τὸν Χριστόν, ὃν φησιν, (ὁ Λεύκιος) ἀγαθόν. Cela veut dire, *mais que le Christ est un autre Dieu, que Leuce dit être bon.* Mr. *Fabricius* a fort bien observé, qu'il y a faute dans le Grec, où il faut lire τοῦ Χριστοῦ & non, τὸν Χριστόν. Cod. Apocryph.

„ plaudissoient de l'avoir attaché à la Croix. Que le mariage est „ mauvais en soi, la Génération venant du Demon. Que les „ Animaux, comme les Bœufs & les Bêtes de charge, ressusciteront „ aussi-bien que les Hommes: que Dieu n'a point créé les Demons. *Photius* ajoûte, " que, dans les Actes de S. Jean, *Leuce* dogma„ tizoit contre les Images, comme les *Iconoclastes* l'ont fait dans „ la suite.

V. Examinons cet Extrait, & le conférons avec un fragment considérable du Livre de *Leuce*, qui se trouve dans la V. *Action* du II. Concile de Nicée, & qui nous servira à en éclaircir quelques Articles.

Remarques sur l'Extrait de *Photius* & sur les Dogmes de *Leuce*.

On doute, s'il a cru que le Dieu des Juifs fût méchant.

1. Je ne saurois dire exactement ce qu'il pensoit du Dieu des Juifs, mais, s'il a été *Marcionite*, comme des (4) Savans l'ont jugé, il n'a pas cru que ce Dieu fût *méchant*; les *Marcionites* lui donnoient l'attribut de *Juste*. On ajoute dans les Actes Grecs du Concile de Nicée, que *Leuce* portoit le blasphême jusqu'à dire, (5) que le Dieu des Juifs, *celui qui leur a donné la Loi*, *est le Serpent*. Mais comme ces mots, qui se trouvent à présent dans le Grec, ne sont point dans l'ancienne Version Latine, il y a grand sujet de soupçonner, qu'ils ont été ajoûtez par les Grecs, en haine des *Iconoclastes*. Il n'est pas vraisemblable, que l'Auteur de cette Version les eût omis, s'ils avoient été dans son Exemplaire.

On ne sait comment il donnoit à J. Christ les noms de *Pére* & de *Fils*.

Les Docetes ne confondoient point les Personnes Divines.

2. *Photius* témoigne, que *Leuce* donnoit au *Dieu bon les noms de* PERE ET DE FILS. Cela semble confirmé par le fragment du Concile de Nicée, où l'Imposteur introduit J. Christ disant à St. *Jean*. " Je parlerai par votre bouche, & je m'appellerai quel„ quefois le *Verbe*, quelquefois l'*Intelligence* (Νοῦς), quelquefois le „ *Christ*, la *Porte*, la *Voye*, la *Paix*, la *Semence*, la *Résurrection*, „ *Jesus*, (6) le *Fils*, le *Pére*, l'*Esprit*, la *Vie*, la *Vérité*, la *Foi*, la *Grace*. On voit bien ce que l'Imposteur veut dire. Tous ces termes (7) se trouvant dans S. *Jean*, il introduit J. Christ, qui en détermine la signification. Mais je ne sai dans quel sens il lui donnoit les titres

cryph. N. Test. T. I. p. 771.

(3) Καὶ τὸ αὐτὸν πατέρα καὶ υἱόν. Ibid.

(4) Feu Mr. *Grabe* l'a cru, & avoit promis de le prouver.

(5) Τὸν τὸν ἄνομον καὶ ὑπὸ νόμου ἔφησε νομοθετήσαντα Ἰουδαίοις. Concil. II. *Nic.* Act. V. col. 359. Edit. Labb. T. VII. Il est bien certain, qu'il y a eu des Hérétiques assez furieux, pour dire, que le *Démon* avoit donné la Loi. Ὑπὸ τοῦ ἀντικειμένου φθοροποιοῦ διαβόλου τεθεῖσθαι τοῦτον ἰσχυρίζονται. *Ptolom.* Ep. ad Flor. ap. *Epiphan.* Hær. XXXIII. N. 3.

(6) Le *Fils* est dans la Version Latine, mais dans le Grec il y a simplement τὸν πατέρα. C'est apparemment une omission.

(7) Je dis *tous ces termes*. Il n'y a que celui de *semence*, qui n'est que trois fois dans l'Evangile selon S. *Jean*. Chap. VII. 42. VIII. 33. & 37. Or l'Herétique ne peut avoir eu en vue aucun de ces trois Passages. Il est donc fort vraisemblable, qu'il fait allusion au v. 9. du Chap. III. de la I. Ep. de S. *Jean*, & qu'il a voulu dire, que la *semence de Dieu*, qui demeure dans le Fidéle, c'est J. Christ.

tres de *Pére* & de *Fils*. Car je ne croi pas que les *Docétes* confondissent les Personnes Divines.

[illegible] que J. Christ n'a [illegible] eu un [illegible] Corps. [illegible] Concil. [illegible]

3. Il est indubitable que *Leuce* ait nié l'Incarnation. Cet Imposteur fait dire à St. *Jean*, (*a*) " Qu'ayant touché J. Christ il lui avoit trouvé quelquefois (1) *un Corps materiel & solide*, mais que „ d'autres fois il l'avoit trouvé tout à fait *incorporel*, & *immatériel*, „ de sorte qu'il étoit comme un pur neant : Qu'ayant observé le „ Seigneur, lorsqu'il marchoit sur la Terre, il n'avoit jamais pû „ découvrir aucune trace de ses pas : Que quand il étoit invité „ chez quelque Pharisien, on lui donnoit sa portion de pain, comme aux autres ; mais qu'au lieu de la manger, il la distribuoit „ à ses Disciples, qui en étoient suffisamment nourris, par la vertu qu'il donnoit à ce pain en le benissant.

[illegible] Corps [illegible]

Ce sont des fables, mais elles ne me surprennent point. On sait que des Auteurs Ecclesiastiques, très-habiles, mais très-anciens, ont eu les mêmes idées sur le Corps de Notre Seigneur, quoiqu'ils ne doutassent pas, qu'il n'eût eu un veritable Corps humain. " Il „ seroit bien RIDICULE de s'imaginer, (2 dit *Clément* d'Alexandrie, que le corps du Sauveur eût besoin pour sa conservation des „ alimens & des soins nécessaires à l'entretien des autres Corps. Par „ exemple, IL MANGEOIT, non pour nourrir son Corps, „ qu'une sainte Vertu conservoit dans son entier, mais pour empêcher ceux qui conversoient avec lui de penser, qu'il n'avoit „ que l'ombre & l'apparence d'un Corps. Car au reste il étoit „ absolument impassible, exemt de tout sentiment, soit de plaisir, „ ou de douleur ". La Réflexion est triste, mais elle n'est que trop veritable : le Mystere de l'Incarnation a été l'occasion d'une infinité d'opinions bizarres ; &, ce qu'on ne sauroit trop déplorer, de Schismes lamentables, & de cruelles persécutions, qui ont entrainé à la fin la ruine de l'Eglise Chrétienne dans l'Orient.

4. Voilà des Erreurs : voici des fictions extravagantes. *Leuce* disoit, " que J. Christ se transformoit, tantôt en enfant, & tantôt „ en vieillard, & qu'il paroissoit quelquefois si grand, que sa tête „ touchoit le Ciel ". Si cet Hérétique avoit été *Marcosien* (3), comme je l'ai soupçonné, on trouveroit l'occasion ou l'origine de cette ridicule fiction sur la *Grandeur prodigieuse*, qu'il attribuë à J. Christ. Les *Marcosiens* sortant du Judaïsme, leur Theologie devoit

(1) [illegible] καὶ πραγματικῶ[illegible] ... [illegible] καὶ ὡς μηδὲ [illegible]

(2) [illegible] Σωτῆρος τὸ σῶμα ἀπαιτεῖν [illegible] ἀλλ' ὡς μη &c. αὐτὸς γὰρ ἁπλῶς ἀπαθὴς ἦν, &c. *Clem. Al.* Strom. L. VI. p. 649. 650. Voilà ce que l'on enseignoit alors dans l'Ecole d'Alexandrie. On a vû ci dessus (p. 352. Not. 3.) le Passage, que *Clement* d'Alexandrie a cité des *Traditions*.

(3) Nous verrons dans la suite, quand nous

devoit tenir beaucoup des Mystéres de la Cabbale, de ceux des *Ebionites* & des *Esseniens*, qui étoient des Sectes ou Judaïques, ou Judaïzantes. Or St. *Epiphane* témoigne, (4) que ces Sectaires, concevoient le Christ comme une CERTAINE VERTU, *qui avoit quatre-vint seize milles de hauteur, vint-quatre de largeur*, & de l'épaisseur à proportion. (5) Ils donnoient les mêmes dimensions au St. Esprit. Il ne faut pourtant pas prendre tout cela à la lettre. Ce sont des idées mystérieuses, qui tiroient apparemment leur origine de la Cabbale.

5. Je crois que *Photius* s'est trompé, lorsqu'il rapporte l'opinion de *Leuce* sur la crucifixion du Seigneur. L'Hérétique ne disoit pas, qu'il substitua une autre Personne en sa place, c'est le sentiment qu'on attribue à *Basilide*. Ecoutons-le parler dans les Actes de St. *Jean*. (a) "Voyant souffrir le Seigneur, & ne pouvant soûtenir la vuë de sa Passion, je m'enfuis à la Montagne des Oliviers. Ce fut là qu'il se présenta à moi dans la Caverne, où je m'étois retiré. Il la remplit de lumiére, & me parla en ces termes: *Les Juifs me crucifient : ils me percent de lances : ils m'abbreuvent de vinaigre : cependant c'est moi qui vous parle :* Ecoutez bien ce que je vous dis, afin que vous sachiez ce que le Maitre veut apprendre à son Disciple, & Dieu à l'Homme. Alors il me fit voir une Croix de lumiére toute dressée, & un Peuple de différente figure, qui l'environnoit. (6) *Une forme toute semblable à la sienne étoit attachée à cette Croix. Au dessus je voyois le Seigneur, mais sans aucune figure.* Ce n'étoit qu'une simple Voix, différente à la vérité de celle dont il avoit accoûtumé de nous parler : une Voix douce, agréable, & véritablement de Dieu. JEAN, me dit-il, *j'ai une chose à vous dire, mais dont il faut que vous conserviez bien la mémoire. Je parlerai par votre bouche, & j'appellerai cette Croix de lumiére, tantôt* L'INTELLIGENCE (Νοῦν), *tantôt le* VERBE" &c. Tout cela fait voir, si je ne me trompe, que l'opinion de *Leuce* étoit, que J. Christ avoit livré aux Juifs pour le crucifier, non quelqu'autre Homme, cela auroit paru violent & injuste, mais un Phantome, auquel il avoit prêté sa figure, & qu'ils prirent pour lui. Peut-être aussi est-ce J. Christ même, qui, sans se multiplier, pa-

Erreur de *Photius*. Ce n'est point un autre Personne, mais un Phantome que J. Christ livra aux Juifs.

(a) *Act. Conc. II. Nicæn.* col. 362.

nous parlerons des *Actes* ou *Voyages de S. Thomas*, qu'on attribue à *Leuce*, des Priéres adressées au St. Esprit, lesquelles sont d'origine Judaïque, & que M. *Simon* croit venir aussi des *Marcosiens*.

(4) Διηγοῦνται Χριστόν τινα εἶναι δύναμιν, ὧν καὶ τὰ μέτρα σημαίνει. &c. *Epiph.* Hær. XIX. §. 42. Hær. XXX. [illegible]

(5) Καὶ τὸ ἅγιον [illegible] [illegible]. Ibid.

(6) Καὶ ἐν αὐτῷ [illegible] [illegible]. La Version Latine est conforme au Grec.

paroissoit en plusieurs endroits à la fois, & que les Juifs crucifioient, mais sans lui faire aucun mal.

[illegible] de [illegible] Mariage.

6. Je ne doute point, que *Leuce* ne fût hétérodoxe sur l'Article du Mariage. Jamais Heresie ne fut plus contagieuse que celle-là; mais elle avoit ses degrez, & il n'est pas possible de savoir precisément jusqu'où *Leuce* portoit la sienne. Nous avons vu ci-dessus, que *les plus nobles des Montanistes se glorifioient de son suffrage.*

Autre Erreur [illegible] Photius [illegible] Resurrection.

7. Voici un Article, sur lequel *Photius* s'est assurément trompé. Il accuse *Leuce* d'enseigner *la Resurrection de certaines especes d'Animaux, aussi-bien que celle des Hommes.* Le mot de Resurrection lui en a imposé, car les *Marcionites* (1) appelloient de la sorte la délivrance des Ames. Ils les considéroient comme mortes, tant qu'elles sont dans les Corps, parce qu'elles y sont assujetties aux Passions corporelles. La mort du Corps étoit leur Resurrection & leur Vie. C'est une Pensée des anciens Philosophes: & cet endroit pourroit confirmer que *Leuce* a été *Marcionite*, ou du moins dans les sentimens de *Marcion*, comme Mr. *Grabe* l'a conjecturé. Tous les Hérétiques, qui ont nié que J. Christ ait eu un véritable Corps, ont nié par conséquent la *Résurrection* des *Corps*. C'étoit une suite de leur Hypothese: il ne faut pas m'opposer, que notre Hérétique enseignoit aussi la *Résurrection de certains Animaux:* Il devoit la croire comme il croyoit celle des Hommes, car c'est un Dogme de *Marcion*, que les (2) *Ames Humaines* & celles des *Bêtes* sont consubstantielles. (*a*) *Justin* Martyr avoit été dans le même sentiment, avant que d'embrasser la Foi.

(*a*) In Dial. [illegible]

Dieu n'a point créé les Demons. Opinion commune à plusieurs anciens Heretiques.

8. „ *Leuce* ne croyoit pas, *dit Photius*, que Dieu soit le Créa-„ teur des *Démons* ". C'est apparemment une des Erreurs, qui l'ont fait passer pour Manichéen. Il ne faut pourtant pas s'imaginer, qu'il crût le *Démon* éternel. Sans doute il le faisoit naître du mouvement déréglé de la Matiére, comme d'anciens Philosophes croyoient, que les Animaux étoient nez de la corruption de la Terre. C'étoit le sentiment des Manichéens, qu'on attribuë aussi aux (3) *Priscillianistes.*

[illegible] contre les Images.

9. Enfin *Photius* témoigne, (4) que *dans les Actes de St. Jean*, Leuce *dogmatizoit contre les Images*, *comme les Iconoclastes* l'ont fait dans la suite. Cela est vrai, & c'est ce que nous allons éclaircir par le fragment des *Actes de St. Jean*, que le II. Concile de *Nicée* nous a conservé.

Histoire de S. [illegible] le Concile

V. Le Concile de *Constantinople*, assemblé par l'Empereur *Constantin*

(1) [illegible] ΑΝΑΣΤΑΣΙΝ [illegible] καὶ ζωὴν, καὶ σωτηρίαν μόνην. *Epiph.* Hær. p. 364.

(2) Ὅτι μία ψυχή ἐστιν, ἡ ἐν ζώοις, καὶ ἡ ἐν ἀνθρώποις Epiph. [illegible]

(3) *Nec Natura ejus* (Diaboli) *opificium Dei sit, sed eum ex chao & tenebris emersisse.* Leo I. *Ep.* XV. N. 5. pag. 232.

tantin, que les *Iconolatres* ont indignement surnommé *Copronyme*, avoit condamné les Images, & allégué entre autres un Passage de l'Histoire de St. *Jean* par *Leuce*, dont voici la substance.

de Constantinople.

(*a*) Un Chrétien, nommé *Lycoméde*, avoit fait peindre cet Apotre, qui, voyant un Portrait dans la Maison de son Disciple, & ne sachant pas que ce fût le sien, dit à Lycoméde, *Que signifie cette Image, & duquel de vos Dieux est-elle? Je voi bien, que vous n'avez pas tout-à-fait dépouillé les coutumes des Gentils.* Lycoméde répondit, *Je ne reconnois qu'un seul Dieu, & c'est celui qui nous a rendu la vie, à ma femme & à moi. Mais, si après ce Dieu-là, on peut appeller* DIEUX *ces hommes, qui sont nos Bienfaiteurs, vous êtes le Dieu, que cette Image représente. C'est vous que je* COURONNE; *c'est vous que* J'AIME, *& que* J'HONORE *comme le Guide fidèle, qui m'a conduit à la source de tous les biens. Vous vous moquez,* MON FILS, dit St. Jean; *vous ne me ferez pas croire que ce soit là mon Portrait.* Alors *Lycoméde* ayant fait apporter un Miroir, & S. *Jean* ayant reconnu son visage, LE SEIGNEUR J. CHRIST EST VIVANT, dit-il, *il est vrai, que cette Image me ressemble.* (5) MAIS VOUS AVEZ FORT MAL FAIT.

(*a*) Concil. II. Nic. Act. V. Græc. col. 357. Vers. Lat. col. 798.

St. *Jean* desapprouve l'action d'un Chretien, qui a fait faire son Portrait.

Les Evêques du Concile de *Nicée* s'emportent, comme on peut croire, & contre l'Auteur de cette Rélation, & contre ceux, qui avoient osé s'en servir. Effectivement le *Témoin* ne valloit rien: c'est un Auteur rempli d'Héréfies, & évidemment imposteur: mais pour l'Histoire en elle-même, elle n'a rien, qui démente l'Esprit Apostolique, ni la Pratique & la Foi de l'ancienne Eglise. Si elle n'est pas vraye, elle est très-vraisemblable, & rien ne la rend suspecte que son Auteur. Il n'en est pas de même d'une infinité d'autoritez & de témoignages alleguez par les Evêques de *Nicée*; les faits sont évidemment faux: les Livres, qui les contiennent, supposez: & les Auteurs, qui les ont écrits, les plus hardis & les plus effrontez Menteurs, qu'il y ait peut-être jamais eu. Ce que je dis paroitra vif, mais il n'est que trop vrai, & l'on ne doit point ménager des Gens de si mauvaise foi. A l'égard des Péres de *Constantinople* il y avoit de l'imprudence à alléguer le témoignage de *Leuce*, mais nous ne savons pas aussi avec quelles limitations ils l'ont fait.

Réflexion sur cette Histoire.

Bien que les Evêques de *Nicée* rejettassent l'Histoire de *Lycoméde*, comme venant d'un Auteur Hérétique, ils reconnoissoient pourtant, que St. *Jean* auroit eu raison de condamner une *Image couronnée*. Avoir des *Images des Saints*, & les venerer, est, selon eux,

Les Evêques de Nicée conviennent que c'est une Idolatrie P[illegible]ne de couronner les Images.

(4) Δοκεῖ δὲ κατ' ἰδίαν τοῖς [illegible] ἐν ταῖς Ἰωάννου πράξεσι δογματίζειν. *Phot.* ub. sup.

(5) *Male vero hanc rem fecisti.* Vet. Vers. col. 798. Κακῶς δὲ, τοῦτο ἐποίησας, Gr. col. 358.

eux, une Dévotion très-pure & très-Chrétienne. Mais avoir des *Images couronnées*, c'est le pur Paganisme. (1) *L'Auteur*, disent-ils, *introduit* Lycomede, COURONNANT L'IMAGE *de l'Apotre*, COMME LES GENTILS COURONNENT LEURS IDOLES. C'étoit donc là l'Idolatrie Payenne. Et, si cela est vrai, il faut que le St. Esprit ait abandonné dans cet endroit le sacré Concile à son Esprit particulier; car, depuis ce tems-là, rien n'a été plus Catholique que la coûtume de couronner les Images.

VI. Hymne & Danse de J. Christ avec ses Apôtres.

Apocryphe des Priscillianistes.

(a) Voyez Epit. de l'Aug. ... Ap. ... Morat. ... Ciron. Hisp. L. XI. 26.

(b) Ep. 237. ad Ceret.

(c) Act. Conc. II. Nic. col. 358.

VI. Il y a encore, dans le fragment des *Actes de St. Jean par Leuce*, un morceau curieux, qui confirme ce qu'on a dit que les (a) *Priscillianistes* s'en servoient, & qui nous apprend quel est cet Hymne que J. Christ chanta la veille de sa mort, & dont St. *Augustin* (b) nous rapporte quelques paroles. Le Lecteur sera bien aise de le voir tout entier. C'est S. *Jean* qui parle (c) " Avant
„ que le Seigneur fût pris par les Juifs, il nous assembla tous &
„ nous dit, *Chantons un Hymne à l'honneur du Pére, après quoi nous*
„ *executerons le dessein, que nous avons formé.* Il nous ordonna donc
„ de faire un Cercle, & de nous tenir tous par la main; puis, s'é-
„ tant mis au milieu du Cercle, il nous dit, (2) AMEN, SUIVEZ-
„ MOI. Alors il commença le Cantique, & dit, *Gloire vous soit*
„ *donnée*, ô PERE! Nous repondimes tous, AMEN. J. Christ
„ continuant à dire, *Gloire au* VERBE &c. *Gloire à* L'ESPRIT
„ &c. *Gloire à la* GRACE, les Apôtres répétoient toûjours
„ AMEN. Après quelques autres *Doxologies* Jesus dit: (3) *Je veux*
„ *être sauvé, & je veux sauver:* AMEN. *Je veux être délié, & je*
„ *veux délier:* AMEN. *Je veux être blessé, & je veux blesser;*
„ AMEN. *Je veux naitre, & je veux engendrer:* AMEN. *Je*
„ *veux manger, & je veux être consumé;* AMEN. *Je veux être é-*
„ *couté, & je veux écouter:* AMEN. *Je veux* (4) *être compris de*
„ *l'Esprit, étant tout Esprit, tout Intelligence:* AMEN. *Je veux*
„ *être lavé, & je veux laver:* AMEN. (5) *La Grace mene la*
„ *Danse, je veux jouer de la flute; dansez tous.* AMEN. *Je veux*
„ *chanter des airs lugubres.* (6) *Lamentez-vous tous.* AMEN.

Reflexions sur cette Danse des Apôtres.

Quelques Mystères que les Hérétiques pussent trouver dans toutes ces *Antithèses*, il faut avouer que la Scène a en elle-même une face bien extravagante. Des Disciples de J. Christ, qui dansent autour de lui, la veille de son supplice, soit apparent, ou reel, sont une imagination si bizarre, qu'il semble qu'elle ne pouvoit venir que dans l'esprit d'un insensé. Cependant, il faut qu'elle ne cho-

(1) [illegible] *Ib. sup.* col. 361. Ajoutons l'ancienne Version Latine. *Inducit Lycomedem* CORONANTEM *Imaginem Apostoli, quemadmodum Græci suæ Idola.* col. 360.

(2) C'est-à-dire, que J. Christ chantoit, & que les Apotres repondoient, AMEN.

choquât pas tout-à-fait les bienséances du tems, & du lieu, où *Leuce* écrivoit. C'est un menteur, mais il n'y a nulle raison de suppoſer, que ce soit un fou. Recherchons ſeulement quelle peut avoir été l'occaſion & l'origine d'une ſemblable fiction.

Ce qui a rendu criminelles les Danſes des Payens dans leurs Fêtes, & dans leurs Sacrifices, c'eſt, d'un côté, qu'elles faiſoient partie du Culte des Idoles; &, de l'autre, qu'elles étoient impures & laſcives. Car au reſte quand la modeſtie y a préſidé, & qu'elles n'ont été que des témoignages de la reconnoiſſance & de la joye, que les hommes ſentoient des bienfaits de Dieu, elles ont été regardées comme des Exercices ſacrez. Telles étoient les Danſes des *Thérapeutes* d'Egypte, que *Philon* décrit & juſtifie dans ſon Traité *De la Vie contemplative*. Voici ce qu'il en dit, ſelon la Traduction de *Morel*, que je vai copier, quoiqu'elle ait l'air un peu antique. Les Danſes religieuſes ont été en uſage parmi des Sectes [illegible].

(a) „ Après le ſouper les *Thérapeutes* célébrent la ſainte Vigile, „ & veillent toute la nuit en cette ſorte. Tous enſemble ſe levent, „ &, au milieu de la ſale où s'eſt fait le banquet, on dreſſe deux „ Danſes, l'une d'hommes, & l'autre de femmes, à chacune deſquelles on choiſit pour Chef la plus apparente Perſonne, & qui „ chante le mieux. Ainſi ils chantent des Hymnes faits à la louange de Dieu, de pluſieurs meſures & chants, chantant maintenant tous enſemble, maintenant déchantant, & repondant par „ accords contraires les uns aux autres, non ſans geſtes & remuemens honnêtes & dévots: tantôt s'arrêtant, tantôt s'avançant, „ tantôt reculant, & tournant deçà, delà, comme il en eſt beſoin. Avant chacune Danſe pris à part ſon ébat, ils viennent „ tous, après avoir, comme en la fête de *Bacchus*, avalé force „ vin céleſte, à s'entremêler tellement qu'ils ne font des deux „ Danſes qu'une, à l'exemple de celle qui fut dreſſée près la Mer „ rouge pour les Miracles, qui y furent faits &c." *Philon* raconte enſuite, comment *Moïſe*, & *Marie* ſa Sœur: lui, à la tête des hommes, elle, à la tête des femmes, danſérent en chantant des Cantiques d'actions de graces, pour leur Délivrance. Cet exemple fait voir, que la Danſe n'eſt mauvaiſe, que lorſqu'elle eſt profane & immodeſte, & qu'elle n'eſt mépriſable que lorſqu'elle bleſſe la gravité. Il n'eſt donc pas ſi ſurprenant, ni ſi abſurde, qu'on pourroit ſe l'imaginer, que *Leuce* ait introduit J. Chriſt danſant, & chantant des Hymnes avec ſes Diſciples, la veille de ſa mort

Parmi les Thérapeutes d'Egypte.

(a) Traduct. de Philon p. 845. Voyez le Grec, *De Vit. contem.* p. m. 902.

(3) C'eſt ceci, & une partie de ce qui ſuit, qu'on trouve dans l'Epitre 237. de S. *Auguſtin* à *Ceretius*.

(4) [illegible], Nec [illegible] C[illegible] Necem. Ibid.

[illegible] Ibid. Ce que l'Ancien [illegible]

mort apparente. Il va achever son Ministère, reprendre possession de sa gloire, & consommer la Rédemption du Monde. C'est une Fête digne d'être célébrée par les plus grands témoignages de joie. Les mêmes choses ont différentes faces : il est juste de les envisager par le coté le plus raisonnable.

Cercle de J. Christ & des Apôtres, imitée de celles qui se faisoient dans l'initiation aux Mystères des Dieux Cabires.

Quant a la manière de danser, J. Christ étant au milieu, & ses Disciples se tenant par la main, & faisant un Cercle autour de lui, c'est, à mon gré, une imitation manifeste des Danses sacrées des *Corybantes*. Il y avoit dans la Grece, dans les Iles de la *Mer Egée*, en Asie, & dans la Phénicie, une Cérémonie Payenne, que *Leuce*, qui étoit Asiatique, a eu en vuë. On y honoroit des Dieux appellez (1) CABIRES, c'est-à-dire, LES FORTS. C'est un nom que l'Ecriture donne aux *Anges*. Lorsqu'on initioit quelcun à leurs Mystères, on le couronnoit d'une branche d'olivier, on lui donnoit une *Ceinture* de pourpre, on le plaçoit sur une espéce de Thrône : Et tous les INITIEZ, SE TENANT PAR LA MAIN, FAISOIENT UN CERCLE AUTOUR DE LUI, & DANSOIENT EN CHANTANT DES HYMNES, à l'honneur de leurs Dieux. Cette Cérémonie s'appelloit (2) INTHRONIZATION. Les Initiations Payennes, figuroient une espéce d'association des Hommes avec les Dieux. Ils entroient, pour ainsi dire, dans leur famille, & dans leur plus intime faveur. On ne peut pas dire, que les Apôtres initient J. Christ aux Mystères de la Divinité, mais comme il va rentrer dans sa Gloire, & reprendre possession de son Thrône, il est bien vraisemblable, que *Leuce*, qui connoissoit la Cérémonie Payenne, que je viens de décrire aît voulu l'adopter, & représenter les Apôtres, qui étoient alors les *Initiez* aux Mystères du Sauveur, célebrant son *Inthronization* par des Danses & par des Hymnes.

CHAP.

(1) Voyez *Eusébe*; *De Prap. Evang.* Lib. III. 3. p. m. 65. Et *Tertullien* dans son Livre, *De spectaculis*, *Diis magnis*, *potentibus*, *valentibus*. Varron, DII CABIRIM, id est, *Dii Potentes*, Θεοὶ δυνατοί. Ce sont apparemment les *Anges*, quoique les Payens ayent imaginé, sur le sujet de ces Dieux, des choses qui ne conviennent qu'à des Hommes. Elles sont trop obscénes pour les rapporter.

(2) ΘΡΟΝΩΣΙΣ, καταρχή τις τῆς μυήσεως. Hesych. Καθάπερ εἰώθασιν, ἐν τῷ καλουμένῳ ΘΡΟΝΙΣΜΩ, καθίσαντες τὸν μυούμενον οἱ τελοῦντες, κύκλῳ περιχορεύειν. Dio Chrysost. Orat. XII. Le Lecteur peut consulter les *Varia Sacra* de *Le Moyne*. T. II. p. 380. 381.

CHAPITRE V.

Suite des Actes, *ou* Voyages *des Apotres* par Leuce. *Des Actes de* St. Pierre, *de* St. André, & *de* St. Thomas.

I. ON peut juger de l'*Histoire* des Apôtres, que *Leuce* avoit composée, par les fragmens, que je viens d'en rapporter, & qui confirment assez bien le jugement de *Photius*. C'est qu'elle contenoit (1) *une infinité de choses puériles, incroyables, mal imaginées, fausses, & tout-à-fait impertinentes.* Cependant ces fables grossiéres n'ont pas laissé d'entrer dans l'Histoire Apostolique, la Superstition ayant embrassé avec ardeur ce qui avoit été inventé par l'Imposture. Je l'ai déjà montré dans les Chapitres précédens, & je vai en donner de nouvelles preuves dans celui-ci. Qui l'auroit crû, que l'Imposteur *Leuce*, le Manichéen *Leuce*, puisque c'est ainsi qu'on l'appelle, auroit infecté de ses Fables toute la Tradition Apostolique? I. Les Fables de *Leu*[illegible] [illegible] l'Histoire Apostolique.

François Marie Florentinius, Auteur moderne, cité très-souvent par Mr. de *Tillemont*, a publié avec des Remarques un ancien Martyrologe, faussement attribué à St. *Jérôme*, & y a joint une Histoire de *la Passion de St. Jean*, écrite par un certain *Mellitus*, ou *Méliton*, qui se dit Evêque de *Laodicée*. Cet autre Imposteur assure, que (2) *Leuce a écrit des Actes de St. Jean, de St. André & de St. Thomas*, dans lesquels il *raconte assez fidélement une partie des Miracles, que le Seigneur a faits par leur Ministere, quoi qu'à l'égard de la Doctrine il ait été dans l'Erreur des deux Principes*, &c. L'Auteur rend le même témoignage à *Leuce* dans un Livre intitulé, (3) Du Passage, ou, de la Mort *de la Vierge*, ce qui fait voir, qu'il a copié les fables, que *Leuce* avoit inventées, avec la seule précaution d'en retrancher les plus grossiéres Heréfies. Je dis *les plus grossiéres*, car il en adopte les plus délicates. Ce qu'il a fait a été imité par une infinité d'autres. On a puisé dans une si mauvaise source presque toute l'Histoire Apostolique, & ces Con- Le faux *Méli*[illegible] [illegible] & [illegible] *Méli*[illegible].

Ch. V. (1) Μυρία παιδαριώδη, καὶ ἀπίθανα, καὶ κακόπλαστα, καὶ ψευδῆ, καὶ μωρά. *Phot.* ub sup. Cod. 114.

(2) *De* Leucio *quodam, qui scripsit Apostolorum Acta.... Quædam de virtutibus quidem, quas per eos Dominus fecit, vera dixit .. De Doctrina vero multa mentitus* &c. Voyez cette Pièce dans *Fabric.* Cod. Apocryph. N. Test. T. II. p. 604.

(3) Voyez cette fausse Pièce, *Biblioth. PP.* Edit. Lugd. T. II. Part. II. p. 212. Là le faux *Méliton* se met avec *Leuce* au nombre des Disciples des Apôtres.

Contes, dont *Photius* parle avec tant de mépris, n'ont pas laissé d'être reçus comme des Véritez par les Grecs, par les Latins, & par (1) les Syriens, & font encore aujourd'hui les délices de la Superstition.

II. Des *Actes* de *S. Pierre* par *Leuce*.
(*a*) Tom. XXI. in Joan. p. 298.
(*b*) *Euseb.* H. E. L. III. 3.
(*c*) *Hieron.* in Catal. Cap. I.

II. Entre les Ouvrages de *Leuce*, il y avoit des (2) ACTES *de S. Pierre*, dont (*a*) *Origène*, (*b*) *Eusébe*, (*c*) St. *Jerôme*, & d'autres font mention, mais dont il ne nous reste qu'un petit nombre de fragmens. Feu Mr. *Grabe* (3) en avoit recueilli plusieurs, qui n'ont jamais été publiez, & qui demeurent jusqu'à présent ensevelis avec lui. Voici tous ceux, que j'ai pû trouver.

Fragmens de ce Livre.
(*d*) Cont. *Adim.* Cap. XVII.
(*e*) *Clem.* Al. Strom. L. VII. p. 736.

Le prémier est dans S. *Augustin*. (*d*) Ce Pére raconte, " qu'on „ lisoit, dans un Apocryphe des Manichéens, que St. *Pierre* a„ yant demandé à Dieu la guérison de sa propre fille, & la mort „ de celle d'un Jardinier, il avoit obtenu l'une & l'autre ". Cet exemple servoit à fermer la bouche à nos Hérétiques, qui abusoient de l'Histoire d'*Ananias* & de *Saphira*, pour rejetter le Livre *des Actes*. Le second fragment est rapporté par *Clément* d'Alexandrie en ces termes, (*e*) ON DIT, *que le bienheureux Pierre, voyant conduire sa femme au supplice, & ravi de joye de ce que Dieu la rappelloit dans sa Patrie, lui cria, en la nommant par son nom*, (4) SOUVENEZ-VOUS DU SEIGNEUR. *Origène* nous a conservé le troisiéme fragment. *Si quelcun* (5), dit-il, *veut bien recevoir cette parole, qui est écrite dans les Actes de St. Pierre, & qui est attribuée au Sauveur*, JE DOIS ETRE, (OU, JE VIENS POUR ETRE) CRUCIFIÉ UNE SECONDE FOIS. Le quatriéme enfin est dans *Isidore de Péluse*, où l'on fait dire à S. *Pierre*, (6) „ Nous n'avons écrit que ce que nous avons appris, mais le Mon„ de n'a pas voulu recevoir ce que nous avons écrit. L'Avare n'a „ pas voulu recevoir les Préceptes d'une pauvreté volontaire : „ le Voluptueux ceux de la Chasteté : le Ravisseur du bien d'au„ trui, ceux de la Justice : le cruel, ceux de l'Humanité, ni le „ Colére enfin ceux de la Douceur ".

III.

(1) Les Légendes Grecques & Latines sont pleines de ces fables, & à l'égard des Syriens voici ce qu'en dit *Asseman* : *Etsi ex confictis a* Luca, *seu* Leucio Carino *ejus* (Thomæ) *Periodis, nonnullas fabulas in suos Libros transtulere Syri* Bibliot. Or. T. III. Part. II. p. 30.

(2) Ἀνεγνώσθη βιβλίον, αἱ λεγόμεναι τῶν Ἀποστόλων περίοδοι, ἐν αἷς περιείχοντο πράξεις Πέτρου... γράφει δὲ αὐτάς, ὡς δηλοῖ τὸ αὐτὸ βιβλίον, Λεύκιος Χαρῖνος. *Phot.* ub. sup.

(3) *Ego vero suo loco fragmenta eorum* (Actuum Petri) *hactenus inedita, Orbi erudito offeram.* Spicil. T. I. p. 78.

(4) Μέμνησο, ὦ αὕτη, τοῦ Κυρίου. *Clem.* Ibid. *Grabe* a corrigé le texte de *Clément* où l'on lit dans les Imp[illegible], Μέμνησθε αὕτη τοῦ Κυρίου. Spicil. T. I. p. 80. Au reste on juge que ce mot étoit dans [illegible] *Actes de St. Pierre*, car *Clément* ne [illegible] pas positivement.

(5) Εἰ τῷ δὲ φίλον παραδέξασθαι ἐν ταῖς Πέτρου πράξεσιν ἀναγεγραμμένον, ὡς ὑπὸ τοῦ Σωτῆρος εἰρημένον, Ἄνωθεν μέλλω σταυροῦσθαι. Origen. in Joan. T. XXI. p. 298. *Perionius* a jugé qu'il falloit lire Πέτρου, & non Παύλου. Voyez la Note de *Huet*, p. 118. col. 2. qui n'approuve pourtant pas la correction.

de

III. C'est tout ce que je trouve des *Actes de S. Pierre* dans les Auteurs, qui se sont donnez la peine d'en recueillir les fragmens. Je ne m'arrêterai qu'à celui qu'*Origène* nous a conservé, parce qu'il m'a conduit à la source d'une longue fable, qui, depuis le quatriéme Siecle, a été reçue en Occident comme une Tradition Apostolique. La raison en est, qu'elle sert à confirmer l'opinion du séjour & du Martyre de St. *Pierre* à Rome. J'ai souvent souhaité de savoir, qui pouvoit en être l'Auteur, & il me semble l'avoir trouvé. C'est apparemment *Leuce*, le menteur *Leuce*, qui a inventé la longue fable des combats de St. *Pierre* à Rome contre *Simon* le Magicien, & tout le reste de ce ridicule Roman, qu'un autre Imposteur du IV. Siecle, qui a pris, ou à qui l'on a donné le nom (7) d'*Hégésippe*, a inseré dans une fausse *Histoire de la ruine de Jérusalem*. L'endroit me paroit digne de la curiosité du Lecteur, & je ne saurois croire qu'il me sache mauvais gré de l'y arrêter.

III. Origine des combats de S. Pierre à Rome contre Simon le Magicien.

Le faux *Hégésippe* raconte donc là (a) le voyage de St. *Pierre* à Rome, pour y poursuivre *Simon:* les Disputes qu'ils eurent ensemble: les miracles de S. Pierre: les prodiges de Simon: l'Entreprise de l'Imposteur, qui, soutenu par ses Démons, voulut monter au Ciel en présence du Peuple Romain, & enfin sa mort tragique, lorsque, ses Démons l'ayant abandonné à la priere de St. Pierre, il tomba, & fut écrasé, ou blessé mortellement par sa chute. L'Auteur ajoûte, que *Néron*, irrité de la mort du Magicien, voulut s'en vanger sur l'Apôtre: que les Fidèles de Rome, voyant le péril, où il étoit exposé, le conjurérent de sortir de la Ville; qu'il se rendit à leurs priéres, mais qu'étant arrivé à la porte il y rencontra J. Christ, l'adora, & lui dit, SEIGNEUR, *où allez-vous?* (8) *Je viens à Rome*, lui répondit J. Christ, *pour y être crucifié une seconde fois.* St. Pierre comprit bien ce que cela vouloit dire. Il retourna sur ses pas, fut pris & fut crucifié.

Abregé de cette Histoire du faux Hégésippe. (a) De Exc. Hier. L. III. 2.

A ces vieilles Traditions on en a ajoûté de nouvelles. On montre à Rome, dans la Voye *Appienne*, le lieu où l'Ap-

de *Périonius.* Il se peut faire, que les Actes portassent le nom de *Paul & de Pierre*, car on voit dans le faux *Hegésippe*, qui en a tiré sa Rélation, que St. *Pierre* & St. *Paul* étoient tous deux à Rome, & qu'ils souffrirent le Martyre en même tems.

(6) Α ἰχνηλατῆσαι [illegible] &c. Isid. Pelus. L. II. Ep. 99. Remarquons qu'un savant Moderne, qui rapporte ce passage, semble avoir cru que ces mots, [illegible], vouloient dire, *que le Monde ne contiendroit pas les Livres des Actes.* Ce n'est assurément pas le sens. *Fabr.* Cod. Apocryp. N. Test. T. I. p. [illegible]

(7) Il faut consulter le Docteur *Cave*, Hist. Liter. T. I. p. 116. & les Observations de *Colomiés*, qu'il cite. Ce faux *Hegésippe* a écrit *cinq Livres* sous le titre d'*Histoire de la ruine de Jérusalem.* C'est dans le III. qu'est celle des Combats de S. *Pierre* avec *Simon.* On croit que St. *Ambroise* est le Traducteur de ce fabuleux Livre.

(8) *Iterum venio crucifigi.* Hegesip. de Exc. Hier. L. III. 2.

l'Apôtre rencontra J. Christ, & la Pierre, où le Seigneur s'arrêta, & sur laquelle il imprima la trace & la figure de son pié. On appelle ce lieu, QUO VADIS, en mémoire des paroles de *Pierre*, QUO VADIS DOMINE? OÙ ALLEZ-VOUS, SEIGNEUR?

Foiblesse de *Tillemont* qui veut la croire.

(a) Tillem. St. *Pierre* Art. XXXIV. p. in. 479.

Il ne s'agit pas de faire voir la fausseté de ce Roman (1). Jamais fable ne montra plus ce qu'elle est : Cependant elle est défenduë par de savans Modernes, & entre autres par M. de *Tillemont*, qui nous dit franchement, (a) *qu'il* AIMEROIT MIEUX SE TROMPER, *avec Arnobe*, *Cyrille de Jérusalem*, *les Légats du Pape Libére* &c. *que d'accuser d'*UNE CREDULITE' INDISCRETE *un grand nombre des plus illustres & des plus graves Maîtres de l'Eglise Latine & Grecque*. Laissons a M. de *Tillemont* ses scrupules. N'examinons pas même, s'ils ne viennent point plutôt d'une *prudence charnelle*, que d'une juste vénération pour l'Antiquité; ne nous arrêtons qu'à cette seule considération : *Arnobe*, *Cyrille* de Jérusalem, les *Légats de Libére*, &c. sont les *Maîtres* de M. de *Tillemont*. Mais ces Auteurs ont eu leurs *Maîtres*, car le plus ancien, qui est *Arnobe*, est postérieur à l'évenement de près de deux cens cinquante ans. Or ce sont ces *Maîtres*, ou ce *Maître* que je cherche; &, si je ne l'ai pas trouvé, je n'en suis pas fort loin. C'est l'Imposteur *Leuce*. Il faut lui laisser la gloire de l'invention. Les autres n'ont fait qu'augmenter & embellir. Le Lecteur voudra savoir ce qui m'a fait naitre cette pensée. Je vais le lui dire.

Cette fable vient des *Actes de Pierre par Leuce*. Raisons qui le persuadent.

Le mot attribué à Notre Seigneur, JE VIENS à Rome POUR Y ETRE CRUCIFIE' UNE SECONDE FOIS, est pris des *Actes de S. Pierre*. *Origène* le témoigne. *Les Actes de S. Pierre* sont de *Leuce*. *Photius* l'assure. Ce mot est une dépendance de toute la fabuleuse Histoire de S. Pierre, dont il fait partie. Les combats de St. Pierre contre *Simon* sont liez avec sa victoire : sa victoire l'est avec sa fuite, parce que sa victoire irrita *Néron*: sa fuite est liée avec l'apparition de J. Christ, qu'il rencontre à la porte de Rome, & avec le mot que lui dit le Seigneur: Et ce mot est lié avec le Martyre de S. Pierre, dont il fut la cause. Tous ces Evenemens sont enchainez. Le premier est la cause du second; le second du troisiéme, & ainsi des autres. D'où je tire cette conséquence, qui est au moins très-vraisemblable, que toute la fable vient de la même source : or le mot de J. Christ est pris des Actes de St. Pierre, dont *Leuce* étoit l'Auteur; il faut donc que tout le reste de l'histoire ait la même origine, sauf à en retrancher les ornemens que des Auteurs

(1) Voyez ce qu'en a dit *Cotelier* avec tout le menagement possible, depeur d'offenser une Autorité toûjours redoutable. *Not. ad Constit. Ap.* p. 338.

(2) *Neque Sancti Patres famosi hujus Impostoris commentaria, aperte ab omnibus rejecta, ita citare dignati fuissent, ut Actus Petri allegasse leguntur.* Grab. ubi sup.

teurs poſtérieurs y ont ajouté. Car les Fables ont cela de commun avec la *Renommée* leur mére, qu'elles vont toûjours en augmentant.

On ne peut, ce me ſemble, m'oppoſer que deux Objections. La prémiére eſt que le faux *Hégéſippe*, *Arnobe*, *Cyrille de Jéruſalem* &c. n'ont pris des *Actes de S. Pierre*, que la fuite de cet Apôtre & le mot que le Seigneur lui dit : qu'à l'egard du reſte ils l'ont tiré d'Ecrits authentiques. Mais quelles preuves a-t-on de cette aſſertion? C'eſt une ſeule & même Hiſtoire, dont toutes les parties ſont liées enſemble. Tout y indique la même origine; tout y eſt marqué au même coin du fabuleux. Reponſe à quelques Objections.

La ſeconde Objection eſt, qu'il y a eu deux Livres, ſous le nom d'*Actes de S. Pierre*. C'eſt effectivement la reſſource de feu M. *Grabe*, qui a eu le même défaut que M. de *Tillemont*, une déférence aveugle & ſervile pour l'Antiquité. Mais où a-t-il trouvé deux eſpèces d'*Actes de S. Pierre*; les uns légitimes, les autres ſuppoſez : les uns Ouvrage d'un Orthodoxe; les autres, Ouvrage d'un Hérétique? *Origène* parle *des Actes de S. Pierre* : En a-t-il diſtingué de deux ſortes? *Euſébe*, S. *Jerôme*, *Innocent I. Gélaſe*, en parlent. Quelcun d'eux en a-t-il diſtingué de deux ſortes? Je fais la même queſtion ſur tous les anciens Auteurs, qui ont fait mention de ces *Actes*, & l'on n'a rien à me répondre, ſinon qu'il y a des *Actes de* S. *Pierre* (2), qui ont été citez par des Orthodoxes, d'où l'on conclud, qu'il doit y en avoir eu de légitimes : miſerable raiſon, & contre laquelle il y auroit mille Objections à faire. Il eſt vrai, des Péres ont cité ces Actes, mais comment les ont-ils citez? *Origène*, qui les allégue, montre aſſez, qu'il n'en fait pas grand cas : (3) si QUELCUN, dit-il, VEUT BIEN RECEVOIR CETTE PAROLE; ſi CELA LUI FAIT PLAISIR. *Clément* d'Alexandrie les allégue : au moins on le conjecture; mais il en parle comme d'Actes ſans autorité. Il ſe ſert de ces mots, (4) QUELQUES-UNS DISENT. D'ailleurs ce Docteur n'a-t-il pas cité (b) les *Actes de S. Jean* par *Leuce* ſous le nom de *Traditions*; & cela dans un endroit manifeſtement hérétique? Les Anciens n'étoient pas ſcrupuleux en fait de citations. Ils choiſiſſoient dans de fauſſes Pieces, ce qui étoit honorable à la Religion Chrétienne, ou ce qui s'accommodoit avec leurs ſentimens. Les plus prudens le donnoient ſans le garantir. En un mot, qu'on me prouve, qu'il y a eu deux Livres, ſous le nom d'*Actes de S. Pierre*, qui étoient de différens caractéres, & de différens Auteurs, ou qu'on me laiſſe paſſer ma concluſion, c'eſt que toute la fable

Grabe ſuppoſe deux Livres ſous le nom d'*Actes de S. Pierre*.

Vanité de cette ſuppoſition.

(b) Cideſſus p. 343. Not. 1. Ap. Cotel. p. 15. 16. T. II.

ſup. Tom. I. p. 78.

(3) Εἰ τῳ δὲ φίλον παραδέξασθαι Orig. 736. ubi ſup.

(4) φασί τινες. Clem. Al. ubi ſup. p.

fable des combats de S. *Pierre* & de *Simon* à Rome vient de *Leuce*, puis qu'une partie essentielle en vient certainement. Combien de ruisseaux impurs ont coulé de cette mauvaise source dans l'Histoire des Apôtres & en ont corrompu les eaux? Si nous remontions à l'origine de tant de Fables sacrées, qui ont passé jusques dans les Liturgies, nous rougirions de notre crédulité.

[illegible] Examinons encore une petite raison de M. *Grabe*. Pour montrer, qu'il y a eu des *Actes de S. Pierre*, qui n'étoient pas de *Leuce*, il allegue le témoignage de *Gélase* (1), qui, après avoir condamné les *Actes de S. Pierre*, condamne *tous les Livres*, *qu'a faits* LEUCE, *Disciple du Diable*. Et de là Mr. *Grabe* conclud, qu'il y avoit des *Actes de S. Pierre*, qui n'étoient pas de cet Imposteur. Cette conclusion est appuyée sur l'exactitude de *Gélase* & de son Decret, c'est-à-dire, sur un fondement qui ne vaut rien du tout. Mais, quand il seroit bon, on répondroit à M. *Grabe*, 1. que *Gélase* n'a pas su, que les *Actes de S. Pierre* fussent de *Leuce*. Effectivement nous ne le savons, que par *Photius*, qui est postérieur à *Gélase*. 2. On lui répondroit, que *Gélase*, après avoir condamné les Ouvrages de *Leuce* en particulier, les condamne tous en général. 3. Enfin, si ce savant homme vivoit encore, on lui montreroit la fausseté de son raisonnement, par une objection, à laquelle il n'y a point de réponse. *Gélase* ne condamne pas seulement en particulier les *Actes de S. Pierre*. Il condamne de même (a) *ceux de S. André* & *de S. Thomas*. Or il est de notorieté publique, & M. *Grabe* en convient, que les *Actes de S. André* & *de S. Thomas* étoient l'Ouvrage de *Leuce*. Au reste, nous avons bien un Livre, qui est appellé quelquefois les *Actes de S. Pierre*. Ce sont *les Recognitions* de *S. Clément*, mais ce n'est pas celui qu'*Origène* a cité. Car on n'y trouve, ni le voyage de S. *Pierre* à Rome; ni le mot que J. Christ dit à S. *Pierre* sortant de Rome. La Scène des Disputes entre S. *Pierre* & *Simon* est en Asie, & non pas à Rome.

(a) In Decreto [illegible]

Conclusion de cette digression.

Je conclurrai donc à présent, que toute l'histoire des combats, que S. *Pierre* soûtint contre le Magicien *Simon*, sur le plus grand Théatre de l'Univers, quelque attestée qu'elle soit par *Arnobe*, qui a écrit vers l'an 303. par un Imposteur plus nouveau, qui a pris le nom d'*Hégésippe*, par un faux *Marcel*, par *Cyrille* de Jerusalem, par les Légats de *Libere* &c. je conclurrai, dis-je, que cette histoire vient

(1) *Quippe in Gelasii Decreto*, T. IV. *Concil. col.* 1264. *distincte recensentur Actus nomine Petri*, &, *pluribus aliis inter rejectis*, *libri*, *quos fecit Leucius Discipulus Diaboli*. Grab. ubi sup. Voyez le Decret, Dist. XV. 3. On cite *Gelase*, parce qu'on lui attribuë le Decret touchant les Apocryphes. Cependant d'habiles gens soûtiennent qu'il n'en est point l'Auteur. Voyez entre autres *Pearson*. Vind. Ignat. Part. I. Cap. IV. p. 276. & seq.

(2) Les anciens *Actes de S. André* avoient pour titre, ACTUS, *quos fecit* ANDREAS, *veniens de Ponto in Græciam*

vient originairement de *Leuce* & de ses faux Actes de St. *Pierre*. Mais comme les Menteurs, qui en copient d'autres, ne manquent jamais d'enchérir sur le merveilleux de leurs Originaux, je soupçonne, avec beaucoup de raison, qu'elle étoit plus simple dans *Leuce* qu'elle n'est dans le faux *Hégésippe*. De là les variations, que l'on trouve dans les Ecrivains, qui la racontent. De là cette *Pierre*, que l'on montre à Rome, & dans laquelle on dit, que le Seigneur imprima la forme de son pié. Ni *Leuce*, ni *Hégésippe* même, n'avoient pas porté l'impudence jusque là.

IV. Passons aux *Actes de S. André*, qui sont aussi un Ouvrage de l'Imposteur *Leuce*. Il y a aujourd'hui (2) deux Pièces, auxquelles on donne ce nom; ou plutôt il y a (3) deux Editions d'une même Pièce, dont la plus ancienne est universellement rejettée, & l'autre est défenduë par les Catholiques Modernes; celle qui est ancienne, se trouve encore en Grec dans la Bibliothéque d'*Oxford*. *Sandius* (*b*), qui l'avoit luë, témoigne, „ que c'est la même chose, que le Livre intitulé la PASSION *de S. André*, *écrite par les* „ *Prêtres d'Achaïe*, & qu'au reste ce n'est qu'un tissu de fables „ ridicules, dans lequel il n'a rien trouvé qui sente le Manicheïsme, si ce n'est dans les Articles, sur lesquels les Manichéens „ convenoient avec les Montanistes ". Ce témoignage confirme ce que j'ai dit, que les nouveaux *Actes de S. André* ne sont que les anciens retouchez. M. de *Tillemont* le soupçonne aussi. *Il est bien à craindre* (*c*), dit-il, *que ce ne soit une Pièce composée dans les Siécles postérieurs*, *ou sur ce que la Tradition avoit conservé de la mort de S. André*, OU MEME SUR LES ACTES DE LEUCE, DONT ON N'AURA TIRE QUE CE QUI Y PAROISSOIT DE MEILLEUR. *Philastre*, qui n'avoit vû que les anciens Actes, croyoit y avoir trouvé le Manicheïsme, parce qu'on y faisoit parler des chiens & d'autres Animaux, „ à dessein, *dit-il*, de persuader au monde, que les Ames des Hommes, & celles des Bêtes sont de même espèce ". Ce bon Evêque ne pensoit pas apparemment, que *Moyse* ayant fait parler un *Serpent* & une *Anesse*, on pouvoit lui attribuer la même intention.

IV. Des ACTES de *St. André*.
Deux Editions de cette fausse Piece.

(*b*) *Sand.* Nuci. Hist. Eccl. p. 11.

(*c*) Not. sur St. *André* T. I. p. m. 1062. 1063.

(*c*) Philast. ubi sup.

J'ai quelques observations à faire sur les *Actes de S. André* retouchez par des Auteurs inconnus. Premiérement les Catholiques sont par-

Observations sur les *Actes de St. André*

tiam, quos scripserunt tunc Discipuli sequentes Apostolum. Philastr. Hær. LXXXVII. & la XL. depuis les Apôtres. Les nouveaux *Actes* de S. *André* sont intitulez, *Histoire de la Passion de S. André*, *écrite par les Prêtres & les Diacres d'Achaïe.*

(3) Voici ce qu'en dit *Sandius*, qui les a luës. *Legi quidem Oxonii MS. Græcum* ACTORUM ANDREÆ; *sunt autem eadem cum Libro, qui dicitur* PASSIO ANDREÆ, *quæ à Presbyteris Achaiæ conscripta fertur.* Sand. Nuc. Hist. Eccl. p. 11.

partagez sur l'authenticité de ce mauvais Livre. Elle est fortement contestée par M. l'Abbé (a) *du Pin*, & par M. de (b) *Tillemont*, mais elle est défendue par (c) *Bellarmin*, & par le gros des Catholiques, à la tête desquels il faut mettre le P. *Alexandre*, soit à cause de son savoir, ou à cause de son ingenuité. Car l'habile Dominicain avoue assez franchement, qu'il ne s'interesse à ces *Actes*, que parce qu'on y trouve un Passage, qui établit la présence réelle du Corps & du Sang de J.Christ dans l'Eucharistie. (1) *Il y a*, dit-il, *des* CRITIQUES HETERODOXES, *qui tâchent de nous enlever ce monument de l'[illegible], parce qu'il dépose évidemment en faveur de la présence réelle du Corps de J. Christ dans l'Eucharistie. Mais* NOUS NE SOUFFRIRONS JAMAIS, QUE LES ENNEMIS DE LA VERITE NOUS FASSENT CETTE INJUSTICE.

Le zele du P. *Alexandre* est très-Catholique dans un sens, mais très-peu dans un autre. Pourquoi ne s'interesse-t-il pas autant à la [illegible] *la Trinité & de la Consubstantialité qu'à celle de la Présence réelle?* Car la prémiere est établie dans les *Actes de St. André* aussi-bien que la seconde. *On y lit*, dit M. de Tillemont, (d) *une confession très-expresse des trois Personnes Divines, avec le propre terme de la* TRINITE, *& la* CONSUBSTANTIALITE *du Pére avec le Fils y est très-bien marquée.* CELA PAROIT BIEN NET POUR LE PREMIER SIECLE. Ne pourroit-on pas faire la même Reflexion sur le Passage, qui établit la Présence réelle, & le sacrifice de la Messe? CELA PAROIT BIEN NET POUR LE PREMIER SIECLE. Les Apôtres, ni leurs prémiers Disciples ne pensoient pas, ou du moins ne s'exprimoient pas, comme on le fait dans *les Actes de St. André*. On y fait dire à l'Apôtre (2) J'IMMOLE TOUS LES JOURS SUR L'AUTEL *du seul vrai Dieu, non la chair des Taureaux, ni le sang des Boucs, mais l'Agneau immaculé, qui demeure toûjours entier & vivant, bien qu'il soit sacrifié, & que le Peuple fidèle en mange la chair.* Encore une fois, CELA PAROIT BIEN NET POUR LE PREMIER SIECLE, lors que la DISCIPLINE DU SECRET étoit religieusement observée. Ce qui persuade au *Pére Alexandre* l'authenticité des *Actes de S. André*, est peut-être une des meilleures preuves, qu'ils sont

(1) *Hoc [illegible] monumentum no- [illegible] Heterodoxi Critici, [illegible] presentiam [illegible] Eucharistia diserte tes- [illegible] nobis [illegible] non [illegible] Hostibus veritatis.* Nat. Alex. [illegible] p. 109. 110.

(2) *[illegible] omnipotenti Deo, qui unus & [illegible] quotidie. non Taurorum [illegible] sanguinem, sed im- maculatum Agnum in Altari, cujus carnem, posteaquam omnis populus credentium manducaverit, Agnus, qui sacrificatus est, integer perseverat & vivus.* Ap. Natal. Alex. ubi sup. p. 109. 110.

(3) Voici les paroles de l'Auteur, qui [illegible] de la part de Ste. *Maximilla* [illegible] malhonnête conspiration contre [illegible] innocence de son mari. *Exornans illam* (ancillam) *adversariis lenociniis & fucationi.*

font fuppofez & modernes. Je fuis fâché que cet habile homme, qui penfe fouvent avec une liberté, qui n'eft nullement monachale, facrifie ici fon Jugement à l'intérêt de fa Caufe. Comment s'imaginer, qu'une Piece écrite vers le milieu du I. Siecle & qui contient l'Hiftoire du Martyre d'un Apôtre, n'ait été citée que depuis environ (e) *neuf cens ans* ? Car quelques recherches qu'ait pu faire le P. *Alexandre*, il n'a trouvé perfonne, qui en ait parlé avant la fin du VIII. Siécle. Le prémier témoin qu'il cite eft *Etbérius* Evêque d'*Ofme* en Efpagne, qui écrivit contre *Elipand* en 788. Le fecond eft *Rémi*, Moine d'Auxerre, qui a écrit vers la fin du IX. Siecle.

(e) *Nat. Al.* Ibid. p. 1.5.

Seconde Obfervation. J'aurois bien fouhaité que *Sandius*, qui avoit lû le Manufcrit d'*Oxford*, nous eût éclairci un fait, qui me paroît fort fufpect, quoiqu'il ait été avancé dans un Livre, que l'on attribuë à *Euzale*, ami & imitateur de S. *Auguftin*. Cet Auteur témoigne (*f*) qu'on lifoit, dans les *Actes de S. André*, approuvez par les Manichéens, que *Maximilla*, femme d'*Egeas*, ou *Egetes*, Proconful d'Achaïe, ayant embraffé la Foi Chrétienne, fe faifoit un fcrupule de complaire aux défirs de fon mari : mais que pour lui cacher fes fcrupules & fa converfion, elle s'avifa de mettre dans fon lit *Euclia* fa fervante (3), de la parer, de la farder même, & d'employer tous les artifices imaginables, pour exciter la paffion du mari, & furprendre en même tems fa bonne foi. A l'égard des fcrupules de *Maximilla*, je ne doute pas qu'ils ne fuffent dans les anciens *Actes de S. André*, puifqu'on les a laiffez dans les (4) Actes retouchez. Mais pour la fubftitution de la Servante elle m'eft trés-fufpecte. Je ne croi pas qu'aucune efpèce d'*Encratites* ait jamais approuvé, ni toléré, un adultére pour difpenfer une femme Chrétienne de fon Devoir envers un Mari Payen. Les Manichéens fur-tout ne l'auroient pas fait, eux qui condamnoient avec tant de rigueur l'action de *Sara*, donnant *Agar* fa Servante à *Abraham*, & la diffimulation d'*Abraham*, qui, pour mettre fa vie en fureté, expofoit la pudicité de fa femme, en difant qu'elle étoit *fa fœur*.

Paffage des *Actes de S. André* cité par *Euzale*.
Il paroit trés-fufpect de falfification.
(*f*) De Fid. Cap. 38.

Troifiéme Obfervation. Les Catholiques accufent les Manichéens d'avoir corrompu les *Actes de S. André* (*g*) *Philaftre* & *Turi-*

Les Catholiques ont falfifié *les Actes de S. André*.
(*g*) *Philaftr.* Hær. LXXXVII. [illegible]

tionibus, & eam nocte pro fe vicariam fupponens, ut ille nefciens, cum ea, tanquam cum uxore, concumberet. Ibid.

(4) Voyez le Panégyrique de St. *André* par *Nicétas*. Ap. *Combef.* Auctuar. Noviff. Biblioth PP Part. I p. 343. Il ne paroit pas, que *Nicétas* ait condamné les fcrupules de cette femme. Je ne fai ce que le P. *Combefis* en a penfé. Il dit dans une Note p. 378. *Eo quod jam, fide imbuta, nollet cum homine Chriftum nefciente confuefcere.* Il ajoûte, que *Theodora*, Dame Romaine convertie par St. *Paul*, avoit les mêmes fcrupules par rapport à *Sifinnius* fon mari. Voyez *Clement.* Epit. *de Geftis Petri.* No. 151. & 161. On diroit que le P. *Combefis* veut excufer, ou juftifier un Menfonge par un autre.

(a) [illegible] *Luc.* & *Ceter.*

(a)*Turibius* le disent, cent autres le répétent : cependant cela n'est pas vrai : du moins cela n'est point prouvé. Ces Actes ne valloient rien dans leur origine, & les Manichéens n'ont fait que les recevoir, parce qu'ils favorisoient leurs Erreurs sur le Mariage. Il n'en est pas de même des Catholiques. Ils ont pris de ces faux Actes ce qui les accommodoit. Ils en ont composé de nouveaux, & ont inséré dans l'Histoire de l'Apôtre des mensonges manifestes, pour autoriser leurs nouvelles Pratiques. Tel est, par exemple (1) ce TEMPLE, que S. *André bâtit* A LA MERE DE DIEU dans la Forteresse *de Byzance*. Cela n'étoit pas certainement dans les anciens Actes approuvez par les Manichéens. Ils ne connoissoient point de *Mére de Dieu*, & détestoient la coûtume d'élever des Temples à l'honneur des Saints. Ce sont les Catholiques, qui ont inventé cette Fable; *Nicétas* la prêche dans le Panégyrique de l'Apôtre, & le P. *Combéfis* (b) a la foiblesse de l'approuver. Mais le P. *Alexandre* plus sensé, ou plus sincére, rejette avec mépris une fausse Histoire de S. *Jean*, qui porte le nom du Diacre *Procose*, parce que l'Imposteur y a osé dire, que les Fidèles bâtirent un Temple à S. *Jean* & le consacrérent sous son nom. (2) *Jamais*, dit-il, *l'Humilité de l'Apôtre ne l'auroit permis*. Le savant Dominicain auroit mieux fait de dire, que la Religion de St. *Jean* se seroit élevée contre un tel attentat.

(b) Voyez ses Notes, [illegible] p. 4[illegible].

V. ACTES, ou *Voyages de St. Thomas* reçus par les Manicheens.

V. Les Manichéens avoient des ACTES, ou VOYAGES *de S. Thomas*. Je ne sai si St. *Augustin* les avoit lus, mais il en (c) cite un Passage, qui se trouve encore (3) dans les Manuscrits Grecs, & dans l'*Histoire Apostolique d'Abdias*. Nos Hérétiques, qui rejettoient les Actes des Apôtres, alléguoient entre autres l'Histoire (d) d'*Ananias* & de *Sapphira*, prétendant, que S. *Pierre* auroit furieusement abusé de la Puissance Apostolique, s'il avoit fait mourir deux Personnes pour une faute, en apparence assez légére. St. *Augustin*, qui les réfute, use de recrimination, & leur objecte une Histoire, qui se trouvoit dans leurs Apocryphes, & qui a beaucoup de rapport avec celle d'*Ananias*. C'est une petite Tragicomédie, qui délassera le Lecteur.

(c) Cont. *Adimant.* Cap. XVII. Cont. *Faust.* L. XXII. 79.

(d) Act. V.

Fable Tragicomique [illegible] *Actes de St. Thomas* [illegible]

St. *Thomas* (e) étant arrivé aux Indes, lorsque le Roi faisoit les Nôces de sa fille unique, il fut invité au Festin avec un grand nombre d'autres Personnes, parmi lesquelles il se trouva une jeune Juive, qui chantoit les Pseaumes en Hébreu, pendant que *Thomas*

(e) Voyez [illegible] L. [illegible] p. 6[illegible]2.

(1) [illegible] Nicet. *ub. sup.* p. 3[illegible]1. D'autres lisent [illegible], ce qui ne change point le fait.

(2) *Scilicet, id non prohibuisset Joannis humilitas, cum, nec Apostolicis temporibus, nec multo post, ulla templa fuerint a Christianis constructa.* Nat. Al. Sec. 1. p. m. 96. 98.

(3) *Grabe* témoigne, que le Passage, dont il s'agit, se trouve dans un MS. Grec de la Bibliothéque de *Bodley*. Spi-

mais prioit Dieu dans la même Langue. A ce signe ils se reconnoissent pour Juifs l'un & l'autre. (4) " La jeune fille ne peut dé-„ tourner les yeux de dessus l'Apôtre, dont *elle admiroit le visage.* „ Et l'Apôtre de son côté, voyant qu'elle étoit de la race des „ Hébreux, la regardoit d'un œil plein d'affection ". L'Echanson du Roi s'en apperçut, & saisi de colére, ou de jalousie, il donna un soufflet à l'Apôtre, en lui disant, (5) *D'ou vient que tu jettes de tels regards à cette femme?* Alors *Thomas*, levant les mains au Ciel, pria Dieu de lui pardonner cette injure au jour du Jugement, mais de l'en punir sans délai par une mort tragique. Sa Priére fut exaucée. L'Echanson étant allé à une fontaine voisine, un grand Lion vint fondre sur lui, & le dévora tout entier, à l'exception d'une seule main, qu'un chien apporta dans la sale où étoit le Roi.

Tel est le joli conte, qu'on lisoit dans *les Voyages de St. Thomas*; mais, bien que les Manichéens reçussent cèt Apocryphe, il n'y a nulle apparence, qu'ils en soient les Auteurs. Ils n'auroient jamais supposé à S. *Thomas* une action pareille à celle, qu'ils condamnoient dans S. *Pierre*, & directement opposée au (f) Précepte de J. Christ, qu'ils se piquoient d'observer. Je doute aussi beaucoup, qu'ils eussent introduit l'Heroine de leur Roman chantant des Pseaumes Hébreux. Ils condamnoient (g) le Livre des Pseaumes, à cause des fréquentes imprécations, que *David* y fait contre ses Ennemis, & contre les Idolatres, ce qui leur paroissoit trop opposé à la Patience, & à la Clémence du Seigneur.

(f) Matt. V. 39.

(g) Les I. Serm. V. De Colere. & ...

VI. Je ne puis me dispenser d'examiner ici deux Questions, qui appartiennent à l'Histoire Ecclésiastique, & qui concernent les Actes de St. *Thomas*. Il s'agit de savoir, 1. qui est l'Auteur de la Tradition du Voyage de St. *Thomas* dans les Indes: & 2. quelles sont les Indes, où S. *Thomas* alla prêcher.

VI. Examen de deux Questions.

Un savant Moderne (6) veut que les Manichéens ayent inventé le Voyage de St. *Thomas* aux Indes, ou, du moins, que de tous les Auteurs, qui nous restent, ils soient les prémiers qui l'ont publié. Mais, quelque déférence que j'aye pour les sentimens de cet habile homme, je ne puis approuver une opinion, qui est appuyée sur deux suppositions fausses. La premiere, que *Leuce*, qui a écrit les *Voyages de S. Thomas*, a été Manichéen, ce qui certainement n'est pas vrai, comme je crois l'avoir démontré. La seconde, que les *Indes*, dont il est parlé dans ces Voyages, sont les *Indes* Orientales.

1. Qui est l'Auteur de la Tradition du Voyage de ... Indes. Ce n'est point les Manichéens.

cil. T. I. p. 324.

(4) *Intendebat Puella in eum jugiter, nec desistebat, ab admiratione vultus ejus: sed & ille, intelligens esse Hebræam, lubentissime aspiciebat eam* Ibid.

(5) *Ut quid tu sic intendis in mulierem?* Ibid.

(6) *Hos* (Manichæos) *antiquissimos ejus, sive traditionis, sive fabulæ, auctores, inter hos quos habemus negari nequit.* Fabric. in Not. ad Hist. ... pag. 689.

tales. Or je vai prouver d'une maniére évidente, que c'est la *Perse*, & que ni *Leuce*, ni aucun ancien Auteur, avant la fin du IV. Siécle, n'a pas seulement pensé à l'envoyer sur la côte de *Coromandel*, ou sur celle de *Malabar*; ce sont des Ecrivains plus modernes, qui, trompez par l'équivoque du nom, se sont imaginez que l'Apôtre avoit prêché aux Indes Orientales.

1. Quelles sont les Indes où St. *Thomas* a prêché. Trois Indes. La premiere semble être l'*Arabie Heureuse*.

On lit, dans le fabuleux *Abdias*, „ que les Anciens font mention de *trois Indes*. (1) La prémiére située vers l'Ethiopie: la „ seconde, proche des *Médes*, & la troisiéme à l'extrémité du „ Continent ". C'est peut-être ce que l'Auteur a dit de plus raisonnable. Il y a deux Indes, dont on peut dire, qu'elles sont *vers l'Ethiopie*. L'une est en (2) Afrique, & confine à l'Egypte: l'autre est l'*Hyémen*, qui n'en est separé que par le Golphe, que les Anciens nomment indifféremment (3) le *Golphe des Indes*, & *le Golphe Ethiopique*. Les *Indiens*, à qui S. *Barthelemi* prêcha, sont les Arabes de l'*Hyémen*, qui sont nommez par *Philostorge* (4) les INDIENS INTERIEURS, ou les PLUS PROCHES, & par *Sophronius* (5) les INDIENS FORTUNEZ, ou *Heureux*.

La seconde est la *Perse*.

C'est celle où *Thomas* alla prêcher.

L'*Inde*, qui est *proche du Pays des Medes*, est évidemment *la Perse*, & les Provinces voisines, qui furent soumises aux Parthes, & depuis aux Perses. Or c'est dans ce pays-là, dans l'Empire des Parthes, ou des Perses, que les (6) Historiens Ecclésiastiques témoignent, que S. *Thomas* alla prêcher l'Evangile. Aussi le Métropolitain de Perse se vante-t-il, depuis plusieurs Siécles, d'être le Successeur de S. *Thomas*. L'Auteur des *Voyages* de cet Apôtre, & celui de l'Histoire d'*Abdias*, s'accordent parfaitement bien avec nos autres Ecrivains. Ce n'est point aux *Indes Orientales*, qu'ils envoyent S. *Thomas*: c'est dans *la Perse*, comme je l'ai reconnu par un mot, auquel je ne sai, si quelqu'autre a pris garde.

Preuves de ce fait.

(1) *Prima est, quæ ad Æthiopiam versus: secunda, quæ ad Medos: Tertia, quæ finem facit.* Abd. Hist. Apost. L. VIII, §. 1 p. 669

(2) Voyez la Note de *Valois* sur *Philostorge* p. 130.

(3) *Qui Sinus in meridiem tendens, & Æthiopicus, & Indicus appellatur, quia in Indiam procurrit.* Cellar. *Not. Orb. Antiq. Afric.* p. 246. La raison que *Cellarius* allegue, pourquoi ce *Golphe* s'appelle *Indique*, n'est pas, à mon gré, la meilleure. Ce n'est point *parce que son embouchure tend vers les Indes Orientales*, mais parce qu'il y avoit deux Indes sur son rivage. *L'Arabie Heureuse* d'un côté, & le Pays des *Blemmyens* & des *Ethiopiens* de l'autre. *India nomine apud veteres veniunt amplissimæ Regiones V. g. Libya, Ægyptus, Parthia, Æthiopia, Arabia, & Palestina, ut observant Turnebus, XXI. 9.* Adversar. *& illustris Gisbertus Cuperus &c. Fabric.* in Not. ad Hist. Abd. p. 669.

(4) Τὺς ἐνδοτάτω Ἰνδὺς. Philost. H. E. L. II. 6. Cet Historien ajoûte, que ces *Indiens* sont les mêmes que les *Sabéens* ou les *Homerites*, Peuples de l'Arabie Heureuse.

(5) *Indis istis, qui dicuntur Fortunati.* Sophron. [illegible], Hieron. in Catal. C'est dans l'Article de St.

Bar-

de. Ils racontent (a), „ que l'Apôtre, ne pouvant se résoudre à „ suivre la Vocation Divine, qui l'appelloit dans des Régions si „ éloignées, le Seigneur fit trouver à Jérusalem un Marchand, „ qui avoit été envoyé de l'Inde (7) par LE ROI GUNDA- „ PHORE ". C'est ce petit mot, qui a commencé à me mettre au fait. Le ROI GUNDAPHORE est un Roi imaginaire, mais le ROI *de* GUNDAPHORE est un Roi très-réel. C'est le Roi de Perse. On a donné au Roi le nom de la Ville Royale. Cette *Gundaphore* est évidemment GUNDSCHAVUR, qu'on appelle ordinairement GANDISAPOR, de laquelle j'ai parlé au long dans la Prémiere Partie de cet Ouvrage, parce qu'elle fut le Théatre du supplice de *Manichée*. Cette Ville devint la Résidence des Rois Persans, depuis qu'*Artaxare* se fut saisi de l'Empire, ou du moins sous le regne de SCHAVUR, ou SAPOR I. qui lui donna son nom. Les Grecs, qui ont converti *Schavur* en *Sapor*, & par corruption en *Sephorus*, & en *Siphorus*, comme nous l'allons voir, ont converti de même *Gundschavur* en *Gundaphore*.

(a) Hist. Ap. Abd. L. IX § 2.

Réponse à une Objection.

Si l'on opposoit à une Preuve, qui a un si grand air d'évidence, que la Ville Royale ne s'appelloit pas *Gundschavur*, lorsque S. *Thomas* alla en Perse, ni même lorsque *Leuce* écrivit ses *Actes*, je répondrois, que rien n'est plus ordinaire dans les Rélations, que de substituer les nouveaux noms des Villes à leurs anciens noms, & que les Pièces de *Leuce*, & d'autres semblables, ont été touchées & retouchées plusieurs fois. J'ai même beaucoup de raison de conjecturer, que ce que nous avons aujourdhui en Grec & en Latin a été traduit du Syriaque. On y trouve des expressions, qui ne sont ni Grecques, ni Latines, & c'est assurément de l'ignorance d'un Traducteur, ou de la négligence d'un Copiste, que nous est venu ce *Roi Gundaphore*, pour dire le Roi de *Gundschavur*, ou de *Gandisapor*.

Autres Preuves que l'Inde

Confirmons cette découverte par de nouvelles Preuves. 1. Le Gé-

Barthelemi. Mais on a remarqué, qu'il y a ici neuf Articles, depuis St. *Matthieu* jusqu'à St. *Jude*, qui ne sont point de St *Jerôme*; & qui ont été ajoûtez par les Grecs. Voyez *Hieron.* Op. T. I. p. 268.

(6) *Eusébe* dit, que ce fut les *Parthes*, Hist. Ec. L. III. 1. L'Auteur des *Récognitions* de même L. IX. 1. Voyez sur ce dernier endroit la Note de *Cotelier*, qui cite un MS. d'*Hippolyte*.

(7) *A Gundaphoro Rege missus.* Abd. *ubi sup.* p. 691. Et dans le Fragment du MS. Grec, que M. *Simon* a inséré dans ses *Nouvelles Observations*, ἀπὸ τοῦ βασιλέως Γουδαφόρου ἀπεσταλμένος. Notez que ces mots peuvent signifier également, *de la part du Roi de Gundaphore*: Et *de la part du Roi Gundaphore* Il est vrai qu'il falloit regulièrement mettre l'article τῆς, & dire, τῆς Γουδαφόρου, en sousentendant πόλεως, mais il peut bien avoir été omis par un Copiste. Au reste GUND signifie, dans l'ancienne Langue des *Medes*, *Cohors*, *Agmen*, [illegible], Ὄχλος, *Cœtus Populi*, [illegible], *Castrametantium Globus*. C'est là l'Etymologie de *Gund-Schavur*, ou *Gund Sapor*. Ce nom convient à une Ville, & non à un Roi. M. de la *Croze* m'a fourni cette Remarque.

Général du Roi, qui avoit fait venir S. *Thomas* est appellé (1) SAPOR, & dans la suite *a* SEPHORUS, & *b* SIPHORUS. Or on sait, que *Sapor* est un nom Persan, & nullement un nom des Indes. 2. La Divinité des Peuples, à qui S. *Thomas* prêcha, (2) *est le Soleil*, auquel on voulut *l'obliger de sacrifier*: & personne n'ignore que les Persans rendoient au Soleil des honneurs, que l'on a pris pour des honneurs Divins. 3. *Abdias* raconte, que, S. *Thomas* ayant souffert le Martyre, le Roi fit ouvrir son sepulchre pour en tirer (3) des Reliques, afin de guérir son fils, qui étoit possédé du *Démon*: mais que le sépulchre se trouva vuide, (4) *parce que les Chrétiens avoient enlevé secretement le Corps de l'Apôtre, & l'avoient enseveli à Edesse*. Il falloit donc qu'*Edesse* ne fût pas éloignée de cette Inde-là. 4. Et fin l'ancienne Tradition porte, que S. *Simon* & S. *Jude* prêcherent long tems dans la Perse. Or St. *Jude* & St. *Thomas* sont la même Personne, comme nous le verrons dans le Chapitre suivant.

Je crois pouvoir dire à present, que le Voyage de St. *Thomas* aux Indes est tout-à-fait developpé. Ce n'est point aux Indes Orientales, qu'il fut envoyé. *Leuce* ne l'a point dit: *Abdias*, qui paroit l'avoir copié, ou qui a copié son Imitateur, ne l'a point dit non plus. St. *Ambroise*, St. *Grégoire* de Nazianze, & d'autres Auteurs du IV. Siècle, ou des Siècles suivans, ne l'ont avancé, que parce qu'ils ne connoissoient point des Indes plus proches: St *Thomas* va en Perse, qui est l'*Inde* mitoyenne, entre l'*Ethiopie*, ou l'*Arabie Heureuse*, & les Indes que le *Gange* partage. C'est celle que le faux *Abdias* appelle (5) L'INDE CITERIEURE, par opposition à L'INDE ULTERIEURE, qui est au delà de la Perse, à l'extrémité du Continent. Celle-ci, si nous en croyons l'Auteur, (6) *touche d'un côté la Mer Oceane, & de l'autre la Region des Ténébres*, c'est-à-dire, l'Hemisphére inférieur, que les Anciens croyoient ne

Où Thomas a prêché est la Perse.
(a) Ibid. p. 7[illegible].
(b) Ibid. p. 7[illegible].

Le Pays où Abdias appelle la Perse l'Inde citerieure.

(1) *Et statim Rex jussit* SAPOREM *vocari*. Abd. *ub. sup.* p. 707. Et dans la suite, *Ingressus est* SAPOR *ad Regem*.

(2) *Fac illum sacrificare Deo Soli*. Ibid. p. 715.

(3) On peut être assuré que *Leuce* n'avoit point mis cela dans sa Relation. Cela est plus moderne. Les anciens Chrétiens avoient bien le soin d'ensevelir les Corps des Martyrs: mais ils ne s'avisoient pas d'attribuer à leurs Reliques la vertu d'operer des Miracles.

(4) *Quia jam tridem Reliquias Sanctas, quidam de Fratribus rapuerant, & in Urbe Edessa sepelierant*. Ibid p. 73[illegible].

(5) *Cum sæpe a Domino commoneretur* Thomas, *ut Partes citerioris Indiæ ingrederetur*. Ibid p. 690. Et p. 69[illegible]. *In Indiam citeriorem*. Le Lecteur peut consulter le savant P. *Pagi*, Crit. Baron. An. 327. N°. 7. & suiv. Il croit que l'*Inde citérieure est l'Ethiopie*. Cela peut être dans certains Auteurs, qu'il cite. Mais dans le nôtre c'est certainement la Perse.

(6) *Ex uno latere Regionem tenebrarum gerit: ex alio latere Mare Oceanum*. Abd. *ub. sup.* L. VIII, p. 669. M. *Fabricius* a dit sur cet endroit, *Obscurum est, quam h. l. dicat Abdias* regionem tenebrarum. *Itaque*, ex latere tenebrarum, *nescio ita ne intelligendum, ac si dixisset*, a parte occidentali. Ce n'est pas assurément la pensée

ne voir jamais le Soleil. On ne peut m'oppoſer qu'une Objection, que je ne trouve pas digne de mettre dans le Texte, & que je renvoye au bas de la page (7).

Ce fait étant éclairci de la ſorte, on peut aſſurer, que le *Thomas*, dont les cendres repoſoient autrefois à *Méliapur*, ſont, ou celles de *Thomas*, Diſciple de *Manichée*, ou celles d'un *Thomas* Neſtorien, qui fut envoyé aux Indes dans le VIII. Siècle. Ce dernier ſentiment me paroît le plus vraiſemblable.

CHAPITRE VI.

Réflexions ſur l'Histoire Apostolique d'Abdias. *Que les Manichéens n'ont point baptizé dans l'huile. Diverſes Onctions uſitées dans le Baptême. Des* Actes *de* Paul *&* *de* Thecle *reçus par les Manichéens.*

I. De l'Histoire Apoſtolique d'Abdias.

J'Ai parcouru les divers Apocryphes, qu'on dit avoir été compoſez, ou falſifiez par les Manichéens. Je vai traiter à préſent de l'Histoire *Apoſtolique d'Abdias*, parce que l'Auteur s'eſt ſervi des Mémoires de *Leuce*, & qu'on croit y trouver des preuves, que les Manichéens baptizoient dans l'huile, ce qui eſt très-faux.

I. Wolfgang Lazius, Médecin & Hiſtoriographe de l'Empereur *Ferdinand I.* homme ſavant & laborieux, publia en 1551. l'*Hiſtoire d'Abdias* ſur deux Manuſcrits, dont l'un paroiſſoit avoir ſept cens ans d'ancienneté. Cet habile homme ſe laiſſa ſurprendre par une (1) Piece, qui a été rejettée de tous les bons Critiques, & proſcrite par *Paul IV*. *Mélanchthon*, qui l'avoit vuë en Manuſcrit, n'en fut pas la dupe. Il l'envoya à *George*, Prin-

penſée de l'Auteur. Les anciens Chrétiens ne croyoient pas que le Soleil éclairât l'Hemiſphere inférieur: C'eſt ce qu'ils ont appellé *la Region des ténèbres*. L'Inde, ſelon eux, terminoit la ſurface de la Terre qui eſt éclairée.

(7) Cette Objection eſt, que, ſelon le faux *Abdias*, & les Actes Grecs, les Indes, où S. *Thomas* alla prêcher, étoient ſi éloignées de la Paleſtine, qu'il falloit ordinairement trois ans pour faire le voyage par mer. Cela ne prouve que l'ignorance de l'Auteur, ou ſon affectation à orner ſa fable de circonſtances miraculeuſes, car S. *Thomas* y arriva dans trois mois. D'ailleurs, quand il s'agiroit des Indes Orientales, il ne falloit pas trois ans pour y aller, dans quelque port qu'on s'embarquât, ou d'Egypte ou d'Arabie.

(1) [illegible] M. *Fabricius* l'a inſerée dans ſon *Codex Apocryph.* [illegible] & illuſtrée par [illegible] Notes auxquelles je renvoyerai quelquefois le Lecteur.

(a) Ap. Fabric. ub. sup. p. 591.

Prince d'Anhalt, & lui manda, (a) " que l'Empereur *Julien* ayant „ interdit aux Chrétiens l'entrée des Ecoles, où l'on expliquoit „ les Tragédies de *Sophocle* & d'*Euripide*, *Apollinaire* en composa, „ à l'imitation de ces Poëtes, sur les souffrances des Apôtres, & „ des Martyrs. *J'aimerois mieux*, ajouta-t-il, *lire ces Pièces* „ *que l'Histoire du Faux Abdias*. Je vai faire quelques Observations Critiques sur cette fabuleuse Legende, sur l'Auteur qui l'a composée, sur les sources où il a puisé, & sur les motifs, qui ont fait inventer tant de mensonges.

Reflexions sur cette Histoire. Elle n'est point d'*Abdias*.

1. On dit, dans la Preface," qu'*Abdias* qui avoit vû J. Christ en „ chair, & qui fut établi Evêque de *Babylone*, par les Apôtres „ *Simon* & *Jude*, écrivit en Hebreu, cette Histoire Apostolique: „ Qu'*Eutrope* son Disciple la traduisit en Grec, & que *Jules Afri-* „ *quain* (Auteur celèbre du III. Siecle) la mit en Latin". Voilà bien des mensonges. L'Auteur lui-même témoigne, dans (b) le VI. Livre, qu'il a tiré l'Histoire de *Simon* & de *Jude*, non d'une Relation d'*Abdias*, mais d'une Relation écrite *en dix Volumes par* (1) *Craton* leur Disciple. Il témoigne encore au commencement du (c) Livre IX. qu'il a pris l'Histoire de St. *Thomas* dans je ne sai quel Ouvrage, qui *est rejetté par quelques-uns à cause de sa prolixité*. Une contradiction si manifeste me feroit soupçonner, que cette Préface est un morceau cousu à l'Histoire par quelque Latin fort ignorant.

(b) No. XX. p. 638. 639.

(c) No. I. p. 689. 690.

Abdias est *Thadée* nommé ordinairement *Adée* par les Syriens.

2. On regarde *Abdias* comme un Personnage imaginaire. Je croi qu'on se trompe, & que c'est un homme très-réel, dont le nom a été seulement un peu déguisé par les Grecs, ou par les Latins. *Abdias* est à mon gré THADEE, que les Syriens nomment ordinairement ADEE. La Tradition générale des Orientaux porte, que (d) S. *Thomas* envoya *Thadée* à *Edesse*: que celui ci étoit du nombre des (e) LXX. *Disciples*, & avoit vû J. Christ en chair: qu'il prêcha dans l'Empire des Parthes, ou des Perses: qu'il fut le prémier Evêque, non de *Babylone* à la vérité, mais d'*Edesse*, & qu'il fonda la plûpart des Eglises Orientales. Ce qu'on dit (f) d'*Ab-*

(d) Euseb. H. E. L. I. 13. Tillem. T. I. p. 989. & Not. V. p. 1102. Assem. Biblioth. Orient. passim.

(e) Ibid. X. 1.

(f) L. VI. No. XX. p. 1.

(1) *Craton*. M. *Fabricius* dit dans une Note, p. 628. qu'il est fait mention, dans des Fragmens publiez par *Etienne Pretorius*, d'un certain *Craton*, Disciple des Apôtres *Simon* & *Jude*. On trouve aussi dans l'Histoire fabuleuse de St. *Jean*, écrite par *Mellitus*, un Philosophe nommé *Craton*, qui fut converti par S. *Jean*. Ap. *Fabric*. Cod. Apocryph. N. T. Tom. II. p. 607.

(2) On trouve dans *Eusébe*, Hist. E. L. I p. 34. un *Abdias* 'Aβδα que *Ruffin* a nommé *Abdias*, qui étoit Citoyen d'*Edesse*, & qui fut guéri de la goute par *Thadée*. Mais celui ci n'a eu aucune des qualitez qu'on attribue ici à *Abdias*.

(3) Ἀπέστειλεν αὐτῷ (Abgaro) Ἰούδας ὁ καὶ Θωμᾶς. Euseb. ub. sup. p. 33.

(4) On lit dans ce Fragment, [illegible] Sim. Nouv. Obser. p. 9. Cela veut dire, selon M. *Simon*, *L'Inde tomba par sort à Jude & à Thomas, appellé aussi Didyme*. Et n'est point dans le Grec, & il est de trop

d'*Abdias*, dans l'*Histoire Apostolique*, convient à *Addée*, & il a été facile de mettre *Abdias*, qui est un nom connu dans le Vieux Testament, en la place d'*Adas*, *Addeas*, ou *Adeus*, (2) qui n'est connu que des Syriens.

3. *Adée*, ou *Thadée*, est, dans nos Historiens, Disciple de St. *Thomas*, & non de St. *Jude*; ce qui semble faire une difficulté, mais ce qui n'en fait point. Car c'est une Tradition tres-ancienne, que St. *Jude* & St. *Thomas* sont la même Personne. *Eusébe* dit positivement, que (3) *Jude s'appeloit aussi Thomas*, ce qui est confirmé par le (4) fragment des *Voyages de S. Thomas*, que M. *Simon* a inséré dans ses *Nouvelles Observations* sur le Nouveau Testament, & par d'autres Ecrivains, que je cite au bas de la Page.

4. Quant à l'Auteur de l'*Histoire Apostolique*, ce n'est certainement, ni *Abdias*, ou *Adée*, ni *Craton* Disciple des Apôtres : Il n'est point vrai non plus, que l'Original en fût *Hébreu*, comme on le dit dans la Préface. Il n'est point vrai encore, qu'un certain *Eutrope* l'ait traduit d'*Hébreu* en Grec, ni que *Jules Africain*, Auteur Grec, l'ait mis en Latin. Il y a des preuves manifestes dans l'Ouvrage même, qu'il a été composé par un Latin, comme (g) M. *Fabricius* l'a montré. Mais l'Auteur a copié & interpolé des Memoires anciens, dont la plupart étoient originairement en Grec, & quelques-uns en Syriaque, comme l'Histoire de *Simon* & de *Jude*. On trouve dans sa Narration quantité (5) de façons de parler Grecques, & en quelques endroits plusieurs Hébraïsmes. Il a beaucoup emprunté des *Actes de S. André*, de S. *Jean*, & de S. *Thomas*, (6) écrits en Grec par *Leuce*. On reconnoit, qu'il a puisé dans des sources anciennes par des Coûtumes, qui sont de la premiere Antiquité. Et l'on reconnoit de même par des Coûtumes nouvelles, qu'il a interpolé ces anciens Mémoires, ou qu'il en a copié de modernes.

5. A l'égard du tems de l'Auteur, on ne sauroit le mettre plûtôt que vers la fin du V. Siecle, mais il y a beaucoup d'apparence qu'il a vécu dans le VI. & peut-être plus tard encore. Je dis qu'on ne

L'Histoire Apostolique est l'Ouvrage d'un Latin.

(g) Voyez ses Notes p. 399.

trop dans la Traduction. M. *Fabricius* a eu raison de l'ôter & de mettre simplement, *sortitus igitur Indiam est Judas, qui etiam Thomas & Didymus*. Grabe a trouvé dans un MS. [illegible] *Spicil.* T. I. p. 224. Voyez *Cotel.* in Not. ad Recog. L. I. p. 501. col. 2.

(5) *Quod res ipsa, & tot Græcismi passim obvii, dubitare haud patiuntur.* Fabric. ub. sup p. 728.

(6) Je m'éloigne ici du sentiment de *Vossius*, De Hist. Græc. de *R. Caucus*, de *Georg. Calixte*, de *J. Gerard* & d'autres Savans, qui croyent, que *Leuce* a été *Abdias*. L'Erreur de ces [illegible] de la fausse supposition, que *Leuce* a été Manichéen. Voyez, *Fabric.* ub. sup. p. 744. Mais bien que M. *Fabricius* ait adopte la même hypothese, il reconnoit pourtant aussi-bien que moi, que le faux *Abdias* a beaucoup pris de *Leuce*. *Nonnulla ex illis Leucii Actibus in hos [illegible] derivata esse videntur*. Ub. sup. p. 5[illegible].

ne sauroit le mettre plutôt que vers la fin du V. Siecle, & en voici les raisons. 1. Il a copié la Traduction Latine des *Récognitions de Clément par Ruffin*. Ce qu'il y a même de fort plaisant, c'est qu'ayant trouvé dans cette Traduction, que S. *Pierre* CONGEDIA LA MULTITUDE (MULTITUDINEM MISSAM FECIT) il a mis dans son Histoire, que (1) S. *Pierre* FIT LE SACRIFICE (SACRIFICIUM FECIT) ayant pris le mot MISSA pour l'Office & la célébration de l'Eucharistie. On peut juger par-là de la capacité de l'Auteur. 2. Il dit ailleurs (2), que le *Roi* des Indes *demanda la Tonsure* à S. *Thomas*, qui l'ordonna Diacre. Pour ce mensonge, il n'étoit pas certainement dans les *Voyages de S. Thomas* par *Leuce*, la *Tonsure* Ecclésiastique n'ayant commencé d'être en usage qu'au IV. Siecle. Encore ne fut-ce qu'en quelques endroits seulement, & parmi les Moines, ou parmi ces Filles, qu'on appelle aujourd'hui *Religieuses*. Le Faux (*a*) *Denys* l'Areopagite en attribue l'invention à la *Modestie*; & S. (*b*) *Jérôme*, à la nécessité, parce que des Personnes, qui n'avoient pas soin de leur tête, etoient sujettes à y avoir des insectes. 3. Enfin l'Auteur fait mention de l'*adoration de la Croix*, dans la Vie de S. *Philippe*, où il introduit l'Apôtre disant aux *Scythes* (3), *Abbattez moi ce* MARS, *& le brisez.* (C'étoit une Lance, qui chez ces Peuples représentoit le Dieu *Mars*) *Dressez en sa place la Croix de notre Seigneur*, *&* L'ADOREZ. Cet endroit est certainement d'un Auteur assez moderne, & tout au plus du V. ou du VI. Siécle. Disons un mot en passant sur cette adoration de la Croix.

6. Cet honneur ne fut d'abord qu'un respect extérieur, tel qu'on le rend en général aux choses saintes. On ne le rendit même au commencement qu'à la Croix, à laquelle le Corps du Seigneur avoit été attaché, & que l'on supposa s'être trouvée à Jérusalem sous des ruïnes, où elle étoit ensevelie. Il y a des preuves certaines de ce que

(1) Voyez *Hist. Apost. Abd.* L. I. no. 10. & conferez *Recog.* L. III. no. 5. Voyez aussi la Note de *Cotelier*. Je croi pourtant, que le mot *multitudinem* manquoit dans l'Exemplaire, dont l'Auteur s'est servi, & qu'il a lû simplement, MISSAM FECIT. Autrement la faute ne paroit presque pas possible, ou c'est une faute volontaire, l'Auteur ayant voulu mettre la *Messe* dans cet endroit-là. Remarquons ici en passant, que ce n'est qu'au tems de S. *Ambroise*, que le mot de *Messe* a commencé à signifier la célébration de l'Eucharistie. Le savant B. *Rhenanus* a même jugé, que c'est une *Expression du Peuple*, qui a été consacrée dans la suite *Ab hac itaque Catechumenorum dimissione* VULGUS *appellationem* MISSÆ *sacro attribuit* . . . *Hinc*, *juxta* VULGI *consuetudinem*, *Ambrosius* MISSAS FACERE *dicit.* B. Rhen. *Animad.* ad L. IV. *Tertul.* adv. *Marcion.* p. m. 250. Je me sers de l'Edition de 1539.

(2) *Ita quoque Rex rogavit sibi caput tondi* L. IX n. 606.

(3) *Deiicite hunc Martem*, *& confringite*, *& in loco*, *in quo fixus videtur hasta*, *Crucem Domini nostri Jesu Christi affigite*, *& hanc adorate.* L. X. p. 739.

Margin notes: 1. Auteur copie les Recognitions de Clément traduites par Ruffin. 2. Il parle de la Tonsure Ecclésiastique. 3. De l'Invention d... 4. De l'adoration de la Croix. Remarque sur l'origine & sur la nature de cette adoration.

(a) De Hierarch. Eccl. ... (b) ... ad Sa... T. I. p.

que j'avance. *Cyrille* de Scythopoli, Moine du VI. Siécle, a écrit la Vie de l'Abbé *Euthymius*, qui mourut en 472. Il y est parlé de l'*adoration de la* vraye *Croix*, mais il y est parlé en même tems de celle (4) *des Saints Lieux*. Ces *Saints Lieux* sont l'Eglise de la Resurrection. *Thalélée* dit dans le *Pré Spirituel de Moschus*, (5) *Menez-moi à Jérusalem, afin que j'y adore* LA SAINTE CROIX, *&* *la* SAINTE RESURRECTION *de J. Christ notre Dieu*. Le *Vieillard*, à qui il parloit, le prit avec lui, ils allérent ensemble dans la Sainte Cité, où (6) *après avoir* ADORÉ les SAINTS ET VENERABLES LIEUX, ils *se baignérent dans le saint Jourdain*. ADORER LA *sainte* RESURRECTION, c'est adorer le Temple de la Résurrection, comme on le voit par ces mots de la Vie d'*Euthymius*: (7) *Le Patriarche retourna dans la sainte Cité: Il y ordonna Prêtres* Elie *&* Martyrius, *& les mit* AU NOMBRE DES CLERCS DE LA RESURRECTION.

L'adoration du Temple montre de quelle nature étoit celle, que l'on rendoit à la vraye Croix, & qui passa ensuite à toutes les images de cette Croix-là. Comme l'Auteur de l'*Histoire Apostolique* parle de l'adoration d'une Croix de cette derniére espece, c'est une preuve certaine, qu'il ne sauroit être plus ancien que le VI. Siécle ou la fin du V. Mais, comme *Béde* (8), qui florissoit au commencement du VIII. semble avoir vû cette Histoire, on ne peut gueres la placer plus tard.

7. Le faux *Abdias* n'a pas inventé les faits, qu'il raconte. Il a suivi des Auteurs plus anciens, dont il a compilé les Mémoires, en y ajoutant, comme c'est la coûtume, des faits nouveaux, & de nouvelles circonstances. Il s'est servi en particulier des Actes de *Leuce*, soit qu'il les ait lûs, ou, qu'il ait copié ceux qui les avoient lûs, ce qui me paroît plus vraisemblable. Quoiqu'il en soit, il est certain que *Leuce* a beaucoup de part à son Ouvrage, comme on le voit en conférant sa Rélation de la mort de S. *Jean*, avec celle de (9) *Mellitus*, ou *Méliton*, qui reconnoit, que *Leuce*, tout infidele qu'il

Le prétendu *Abdias* a beaucoup pris de *Leuce*.

[illegible]

(4) Προσκυνῆσαι τοὺς ἱεροὺς τόπους. In Vit. *Euth.* ap. *Cotel.* Monum. Ec. Gr. T. II. p. 311.

(5) Ἄγε με εἰς τὰ Ἱεροσόλυμα, ἵνα προσκυνήσω τὸν ἅγιον σταυρὸν, καὶ τὴν ἁγίαν Χριστοῦ τοῦ Θεοῦ ἡμῶν ἀνάστασιν. *Mosch. Prat. Spir.* Ap. *Cotel.* ubi sup. p. 388. 389.

(6) Καὶ προσκυνησάντων αὐτῶν τοὺς ἁγίους καὶ σεβασμίους τόπους. Ibid.

(7) Καὶ πρεσβυτέρους αὐτοὺς χειροτονεῖ, καὶ τῷ τῆς ἁγίας ἀναστάσεως καταλέγει κλήρῳ. *Ubi sup* p. 297.

(8) Voici les paroles de *Béde*: *Simonem Zelotem & Judam Jacobi referunt Historiæ, in quibus Apostolorum passiones continentur, & à plurimis deputantur Apocryphæ, prædicasse in Persidâ, ibique à Templorum Pontificibus in Civitate Suanir occisos.* Conferez ces paroles de *Béde* avec celles d'*Abdias*, L. VI. no. XX. p. 629 & suiv. Voyez aussi les Notes de M. *Fabricius*.

(9) On peut voir l'*Histoire de la Passion de S. Jean* par *Mellitus*, ou *Méliton*, dans le *Cod. Apocryph. N. Test.* de M. *Fabricius*. T. II. p. 604. & suiv. Conferez en particulier les pp. 621. & suiv. avec l'*Histoire d'Abdias*, L. V. no. XXII. p. 571. & suiv.

qu'il a été par rapport aux Dogmes, ne l'a pas été par rapport aux faits. Ces deux Legendes ont une fi grande conformité, qu'on ne fauroit douter, qu'elles ne viennent de la même fource. Elles s'accordent jusques dans les termes. Rapportons ce morceau de l'Hiftoire Apoftolique. Nous y verrons l'Efprit de *Leuce*, & le but general de cet Heretique, qui a été de décrier le Mariage, & d'exalter infiniment la Continence. Nous y verrons de plus que la Poftérité, feduite par de faux Principes, a été la Dupe du plus infigne menteur qui fut jamais.

[illegible]

II. *Abdias* (a) raconte, que S. *Jean*, averti par le Seigneur de la fin de fa Courfe, fe prepara à fa mort, & recommanda fon Eglife à Dieu: (1) *Puis ayant pris du* PAIN, *qu'il fe fit apporter, il leva les yeux au Ciel, le* BENIT, *le* ROMPIT, *&* LE DISTRIBUA *à tous ceux* qui étoient prefens, *en leur difant ces paroles*, QUE MON PARTAGE SOIT LE VOTRE, ET QUE LE VOTRE SOIT LE MIEN. Cette maniere de célébrer l'Euchariftie, & les paroles, qui en accompagnent la diftribution, ont un grand air d'antiquité. On voit bien que, dans cet endroit, l'Auteur a fuivi les Memoires, & non la coutume de fon tems. Affurément c'eft ainfi que *Leuce* avoit raconté la derniere communion de S. *Jean*.

[illegible]

Aprés avoir célébré l'Euchariftie, l'Apôtre s'adreffa à un Chrétien nommé *Byrrhus*. Voici encore une preuve, que l'Auteur fuit d'anciens Mémoires. Ce nom de *Byrrhus* n'eft point de fon invention. Il paroit par les (2) Lettres de S. *Ignace*, qu'il y avoit à *Ephefe*, où S. *Jean* mourut, un Diacre, nommé *Byrrhus*, qui avec *Onefime* fon Evêque vint à *Smyrne* vifiter le Martyr. Tout cela vient de *Leuce*, que S. *Epiphane* dit avoir été Difciple de S. *Jean*.

Récit fabuleux de la mort de S. Jean.

Jufqu'ici on ne voit rien qui foit fufpect de menfonge, mais voici où commence la fable. S. *Jean* ordonna à *Byrrhus*, de prendre deux des Freres, avec des Inftrumens propres à remuer la terre, & de le fuivre jufqu'à un (3) cimetiere, où il leur dit de faire une foffe. Lors qu'elle fut affez profonde, il quitta fon manteau, l'étendit dans le fond, n'ayant gardé que fa tunique de lin; & aprés avoir fait fa priere, & donné fa benediction aux Fidèles qui l'accom-

(1) *Petiit fibi dari Panem*, &c. *refpiciens ad Cœlum*, *benedixit eum*, & *fractum erogavit omnibus*, *dicens*, PARS MEA SIT VOBISCUM, ET VESTRA [illegible] [illegible]

(2) Voyez l'Epître de S. *Ignace* aux [illegible] [illegible] Et l'Ep. aux [illegible] No. X. p. 24. *Byrrhus*, [illegible] *Diaconus*, *una cum* [illegible] *Smyrnæ* [illegible] *Ephefios intelligitur*. Ufler. in Not. ad Ep. interp. ad Philad. p. 86. Voyez auffi, *Ignat.* Ep. ad Eph.

(3) Le faux *Melitus* dit que la foffe fut faite au pied de l'*autel*. Cela eft moderne. On fait, que les Chrétiens n'avoient point d'*autels*, & l'on peut affurer que *Leuce* ne s'eft point fervi de ce terme.

(4) *Protinus manna exiens de fepulchro apparuit cunctis*, *quam* [illegible] *locus ifte*. Abd. p. 589. Le Miracle de la Manne eft auffi dans *Melitus*, [illegible] *Ephrem*, Patriarche d'Antioche, mais il y [illegible]

compagnoient, il se coucha tout vivant dans son sepulchre, commanda qu'on le couvrit de terre, & expira à l'instant. A peine eut-on comblé la fosse (4), qu'on en vit sortir de la Manne: Prodige, dit l'Auteur, *qui n'a point discontinué jusqu'à présent.*

Je ne doute point que cette Rélation n'ait été prise de *Leuce.* J'en excepte seulement le miracle de la *Manne*, qui n'a été inventé que depuis S. *Augustin*, car ce Pére n'en fait aucune mention, dans l'endroit, où il rapporte les Prodiges, qui se debitoient de son tems sur le sujet de S. *Jean:* On disoit (*b*) „ que l'Apotre „ n'étoit point mort : qu'il dormoit dans son sépulchre : qu'il y „ respiroit encore, & que son souffle, ou le mouvement de sa „ Poitrine, soûlevoit doucement la poussiére de la terre. Il ajou„ te, (5) que cette merveille lui avoit été attestée par des per„ sonnes, qui n'étoient point suspectes de mensonge, ni de légé„ reté ". On peut voir dans M. de *Tillemont* (*c*) combien ces fables ont aquis de crédit, & se sont augmentées, avec le tems : La conséquence que j'en tire, c'est que *Leuce* tout menteur qu'il est, a été modeste & sincére en comparaison de ceux qui sont venus après lui.

Faux Miracles, qui y ont été ajoutez depuis *Leuce.*

(*b*) Tract. 124. in *Joan.*

(*c*) Voyez *Tillem.* Notes XVII. & XVIII. sur St. *Jean.*

La seconde réflexion, que j'ai à faire sur l'Histoire de S. *Jean*, concerne l'origine d'une fameuse Tradition, qui a aquis dans l'Eglise presqu'autant de certitude & d'autorité qu'un Article de foi. C'est que S. *Jean* demeura vierge toute sa vie. *Tertullien* est le premier des Péres (6) Orthodoxes, qui l'ait avancé. Il appelle S. *Jean* (7) *l'Eunuque de J. Christ.* M. de *Tillemont* (*d*) veut qu'il parle de *Jean Baptiste*, mais il n'y a rien dans le texte, qui appuye sa pensée. La question est de savoir d'où *Tertullien* a pris ce fait. On le trouve dans (8) l'Epitre interpolée de S. *Ignace* aux *Philadelphiens*, mais il n'en est pas dit un mot dans celle qui passe pour authentique. Je ne doute point, que le prémier & le véritable Auteur de cette Tradition ne soit l'Imposteur *Leuce*, qu'*Abdias* & *Mellitus* ont suivi. On lit dans *Mellitus*, que l'Apôtre, avant que de mourir, rendit graces à J. Christ (9) *d'avoir garanti son Corps de toute pollution.* Cela est expliqué plus clairement dans l'Histoire d'*Ab*-

La Tradition de la Virginité de S. *Jean* vient vraisemblablement de lui.

(*d*) Not. I. sur St. *Jean.*

y est rapporté diversement, ces Auteurs disant, que la fosse ayant été ouverte, on n'y trouva que de la Manne, qu'*Ephrem* appelle [illegible]. Voyez les Passages dans *Fabricius* p. 59[illegible].

(5) *Quia & revera non a levibus hominibus id audivimus.* Aug. Ibid.

(6) Si je mets *Tertullien* au rang des PP. Orthodoxes, ce n'est pas que je ne sache bien ce que l'on dit de son Montanisme. Mais il me suffit pour le qualifier de la sorte, qu'il ait eu un grand zèle [illegible] Catholique [illegible] autre [illegible] Heretiques [illegible] tems.

(7) [illegible] *spadonem.* Tertul. De Monog. [illegible]

(8) [illegible] Pat. Apost. [illegible] Ep. Interp. ad Phil. [illegible] IV. pag. 80.

(9) [illegible]

d'*Ab ias*. On y raconte, que, St. *Jean* ayant formé trois fois le dessein de se marier, parce qu'il se defioit de sa foiblesse, J. Christ lui dit enfin, (1) *Si vous n'étiez pas à moi, je vous permettrois de vous marier*. Je croi donc que *Leuce* est le veritable Auteur de cette Tradition; & ce qui me confirme dans cette pensée, c'est, d'un côte, que l'on ne trouve aucun ancien Auteur Chrétien, qui en aît parlé avant lui; Et, de l'autre, qu'elle a été adoptée par les (2) Manichéens, qui recevoient les Actes de *Leuce*.

Motif des fables inventées sur sa mort.

Ma troisiéme Réflexion roule sur la maniére, dont S. *Jean* finit sa course. Il meurt, & ne meurt point proprement. Il quitte volontairement une vie mortelle, pour passer à l'Immortalité. C'est tout ce qu'en a dit *Leuce*, qui est modeste sur cet Article, au prix de ceux qui l'ont suivi. Les Fables n'ont point été inventées par caprice: elles ont quelque but; le Lecteur ne sent pas d'abord toute la liaison qu'à celle ci avec le Systême des *Encratites*, dont *Leuce* fut un des Chefs. Ces Gens-là croyoient, que le Péché d'Adam a été l'Incontinence: que l'amour charnel, quelque réglé qu'il soit, n'est point innocent: qu'il a été la cause de la Mort, & des douleurs de la Mort: Que si l'Homme étoit demeuré Vierge: si la Partie de lumiére, qui est en lui, n'avoit point été souillée de la Concupiscence, elle se seroit séparée de la Matiére sans difficulté. C'est ainsi que l'Âme de S. *Jean* a quitté le Corps qu'elle animoit, parce qu'elle étoit pure des taches de la convoitise & du Mariage. Quelque fausse, quelque absurde que soit cette pensée, quoi qu'elle vienne des Hérétiques, & qu'elle renferme un Fanatisme fort dangereux, elle n'a pas laissé de trouver créance, au moins en partie. Divers Peres ont donné aveuglément dans le piege, que les Hérétiques leur avoient tendu. Ils ont dit (3) „ que c'est à „ cause du mérite de sa Virginité, que J. Christ eut une tendresse „ particuliére pour S. *Jean*: (4) Que la Virginité n'étant point „ sujette à la mort, S. *Jean* ne mourut point proprement: Qu'il „ ne souffrit point le Martyre, parce qu'il n'avoit pas besoin d'ef„ facer par son sang les souillures du Mariage, & de se purifier „ des taches, qui y sont attachées: Qu'il fut élevé au Ciel com„ me la Sainte Vierge, parce qu'il étoit vierge comme elle. D'où nous vient tout cela? C'est des Fables des Hérétiques. M. de

On a voulu établir l'Encratisme, recommander la Continence, avilir & decrier le Mariage.

Les Péres adoptent les fables des Hérétiques, & du moins en partie de leurs Erreurs.

(1) *Joannes, nisi meus esses, permitterem tibi ut uxorem duceres*. Abd. p. 596.

(2) *Et illum inexpertem Veneris Beatum Joannem* Faust. ap Aug L. XXX. 3.

(3) *Virgo permansit, & ideò plus amatur à Domino & recumbit super pectus Jesu*. Hieron. *adverf. Jovin*. Cap. XIV. p. 334 col. 2.

(4) *Ex quo ostenditur Virginitatem non mori, nec sordes nuptiarum ablui cruore martyrii, sed manere cum Christo, & dormitionem ejus transitum esse, non mortem*. Ibid.

(5) On a là-dessus le témoignage d'un très-ancien Auteur, Hérétique à la verité, mais qui, sur un fait de cette nature,

de *Tillemont* l'a fort bien dit (*a*). *On a grand sujet de croire, que toutes ces Pièces* contenuës dans l'Histoire d'*Abdias*, *viennent originairement de celles des Manichéens & des Encratites.* Il faut seulement effacer les *Manichéens*, parce qu'ils n'ont fait que recevoir des Actes qui favorisoient leurs Erreurs, mais qui sont plus anciens que leur Secte. Je finis ces Réflexions par ces deux Remarques générales. La premiere, que l'Histoire d'*Abdias*, & les Mémoires, d'où elle a été prise, ont été forgez pour recommander la Continence & le Célibat, & pour engager les Femmes & les Maris à vivre ensemble, comme s'ils étoient Freres & Sœurs. La seconde, que ces fabuleux Ecrivains ont voulu persuader au monde, que tous les Apôtres avoient souffert le Martyre (5), ce qui n'est apparemment point vrai, & ce qui n'est nullement néceſſaire à la Religion.

(*a*) Not. II. sur S. *André* p. m. 1065.

III. *Turibius* (*b*), Evêque Espagnol, accuse les Manichéens de la bizarre pratique de *baptizer dans l'huile*, & l'on croit trouver dans les *Actes de S. Thomas* par *Leuce*, & dans l'Histoire d'*Abdias*, qui en est tirée quelques preuves de cette accusation. Le faux *Abdias* raconte, que le Roi des Indes dit à *Treptia* sa femme, en parlant de S. *Thomas* (6) *Ce Magicien ne vous a pas encore tout-à-fait reduit sous sa Puissance, car j'ai ouï dire, qu'il initie à ses Mystéres par* L'HUILE, *par* LE PAIN, *& par une* EAU MAGIQUE: Sur quoi un Savant Moderne a fait cette Remarque. (7) *L'Auteur a en vuë le Baptême administré par l'huile, & l'Eucharistie célébrée avec du Pain & de l'Eau.* Cet habile homme s'appuye du témoignage de *Turibius*, qui dit, (*c*) dans la Lettre que j'ai cité, „ Qu'entre les exécrables Cérémonies, qui étoient rapportées dans les „ Actes de St. *Thomas*, il y a celle de baptizer, non dans l'eau, „ mais dans l'huile, ce que faisoient les *Manichéens*, & non les „ *Priscillianistes*, quoique les uns & les autres se servissent de ce „ Livre “. M. de *Tillemont* a copié les paroles de *Turibius* dans son (*d*) Article de S. *Thomas*. Mais quelque déférence que j'aye pour les sentimens de ces deux Savans, je suis convaincu, 1°. que les Manichéens n'ont jamais baptizé dans l'huile: Et 2°. que cette Pratique n'est point dans les Actes de S. *Thomas*.

III. Les Manichéens accusez de baptizer dans l'huile.

(*b*) *Epist. ad Idac. & Cepon.* ubi sup.

(*c*) *Turib.* ubi sup. Ep. ad *Idacium & Ceponi.*

(*d*) Tom. I. p. m. 939.

1. Quant au premier fait, le témoignage de *Turibius* ne suffit pas

1. Fausseté de cette accusation.

re, est aussi croyable qu'aucun autre. Je veux parler d'*Heracleon*. Voyez *Clément d'Alex.* Strom. l. IV. p. 502. *Clément* ne l'a point contredit. Il assure que S. *Matthieu*, S. *Thomas*, S. *Philippe* & S. *Levi* n'ont point été martyrisez. Il distingue *Lévi* de S. *Matthieu*, ce qui est contraire à l'opinion commune.

(6) *Nondum plenam circa te Magus iste adeptus est potestatem; nam quod in oleo, pane & aqua magica consummet audivi.* Abd. L. IX. p. 720.

(7) *Respicit Baptismum oleo administratum, Eucharistiam pane & aqua.* Fabric. in Not. ad Abd. p. 720.

pas pour le prouver. Si les Manichéens avoient baptizé dans l'huile, il n'est pas possible qu'une si grande corruption du Baptéme eût échappé à St. *Epiphane*, à S. *Augustin*, au Pape *Leon*, & à tous les autres Péres, qui ont écrit contre eux. On en verroit quelque trace dans les Formules d'abjuration, que les Grecs & les Latins leur prescrivoient. Il faut même, qu'on ne les en accusât pas, car les moindres soupçons, les bruits les plus legers, passoient sans examen pour des véritez, dès qu'ils étoient au desavantage des Hérétiques.

2. Le Baptême [illegible] dans les Actes [illegible]

2. A l'égard du second fait, il me sera permis d'en douter jusqu'à ce qu'on ait mis au jour les *Voyages de S. Thomas*, qui se trouvent manuscrits dans plusieurs Bibliothéques, & en particulier dans celle du Roi de France. En attendant je m'en tiens à cette preuve de raisonnement. L'Auteur de l'*Histoire Apostolique* a tiré des Actes de *Leuce* son Histoire de S. *Thomas*. Or cet Auteur témoigne, que S. *Thomas* baptizoit dans l'eau. Il n'est donc point vrai, qu'il fût dit dans les *Actes*, qu'il baptizât dans l'huile.

Il n'est point dans l'Histoire Apostolique qu'il en a été prise.

Je prouve la prémiere Proposition. M. *Simon* nous a donné dans ses *Nouvelles Observations*, un assez long Fragment des Actes ou *Voyages* Grecs de S. *Thomas*, par lequel il paroit évidemment, que l'Auteur de l'*Histoire Apostolique* les a copiez. Je prie le Lecteur de conférer ce (1) Fragment avec l'*Histoire*, & il sera convaincu, comme moi, que ces Actes sont le Livre, dont le faux *Abdias* parle en ces termes (a). *Je me souviens d'avoir lû un certain Livre, où le Voyage & les Actes de S. Thomas dans les Indes sont décrits.* (2) *Ce Livre est rejetté de quelques-uns, parce qu'il est trop diffus. C'est pourquoi j'en retrancherai les choses superfluës, & n'en rapporterai que celles, qui sont constantes, & qui peuvent être agreables aux Lecteurs, & édifier l'Eglise.*

(a) Hist. Apost. p. 689. & 690.

S. Thomas y baptize dans l'huile, & non dans l'eau. Les anciens Chretiens ne baptizoient que dans des eaux vives.

La seconde Proposition est certaine. *Abdias* témoigne, que S. *Thomas* baptizoit dans l'eau: Et ce qui montre que les Actes, d'où il a tiré sa Narration sont fort anciens, c'est que l'Apôtre ne baptizoit que dans des eaux vives, dans des Riviéres, dans des Fontaines (3), pratique religieusement observée dans les premiers tems. *Thomas* ayant délivré une femme d'un Esprit impur, dont elle étoit possédée, (4) elle *lui demanda le* SIGNE DE SALUT. Il alla *aussitôt à une* FONTAINE, *qui étoit proche, sanctifia la Fontaine*,

(1) Voyez les *Nouv. Observations* p. 6. & 7. Et conferez l'*Histoire Apostolique d'Abdias*, depuis la p. 690. Edit. de *Fabric.* jusqu'à la p. 700. Vous y reconnoitrez, que c'est absolument la même chose. Si les Passages n'étoient pas trop longs, je les mettrois ici sur deux colomnes afin que le Lecteur pût les comparer.

(2) *Qui quod ab aliquibus ob verbositatem non recipitur, supervacaneis omissis* &c. Abd. ubi sup.

(3) La Remarque est importante pour prouver l'ancienneté des Actes de S. *Thomas*. On ne baptizoit au commencement que dans des eaux vives. Et, *soit* je[n-]

taine, & baptiza la femme avec plusieurs autres personnes.

I. Cette *Sanctification de l'Eau* est une ancienne Cérémonie, mais, à mon avis, très-superstitieuse, étant fondée sur deux Erreurs grossiéres. La premiere est, que les mauvais Esprits infestent les Elémens, & qu'il faut les en chasser par l'Exorcisme. La seconde, que le S. Esprit, appellé par la Priére, descend dans l'eau exorcizée & la pénétre d'une vertu divine & sanctifiante. On ne trouve rien de pareil dans les premiers Auteurs Chrétiens & Orthodoxes, mais on trouve ces deux Erreurs, & la Sanctification de l'Eau, dont elles sont la cause, dans les Valentiniens. Ces Hérétiques enseignoient (5), *que l'Eau étant exorcizée, & renduë par là propre au Baptême, elle n'admet plus ce qui est mauvais* (c'est-à-dire, les Puissances malignes, qui en ont été chassées par l'Exorcisme. *Au contraire, elle reçoit la Sanctification*, c'est-à-dire, le St. Esprit, & la vertu de sanctifier. Je voudrois, pour l'honneur des Orthodoxes, qu'on trouvât cette Pratique dans des Actes certains & incontestables, mais plus anciens que *la Doctrine Orientale de Theodote*, & qu'on n'eût pas lieu de juger, qu'elle tire son origine des Hérétiques.

Origine de ce qu'on nomme la Sanctification de l'Eau. Elle vient des Hérétiques.

On peut m'objecter, que l'Auteur de l'*Histoire Apostolique*, condamnant le Baptême dans l'huile, aura retranché cette Pratique, comme une superstition propre aux Manichéens, & y aura substitué le Baptême dans l'eau. Je réponds, que si elle avoit été dans les Actes Grecs, qu'il copie, il n'auroit jamais dit que *c'est un Livre rejetté par* QUELQUES-UNS, A CAUSE DE SA PROLIXITÉ. Il auroit dit, que ce Livre est rejetté de toute l'Eglise, à cause de ses Hérésies.

Réponse aux Objections.

On peut m'objecter en second lieu ces paroles du Roi des Indes, *J'ai ouï dire, que ce Magicien initie par l'huile, par le pain, & par une eau magique*, ce qui veut dire, selon le savant M. *Fabricius*, *par le Baptême dans l'huile, & par l'Eucharistie distribuée avec du pain & de l'eau.* Il me paroît bien plus naturel de dire, que l'*Huile* désigne l'*onction des Prosélytes*, de laquelle je vai parler: que le *Pain* désigne l'Eucharistie, & l'*Eau* le Baptême. Elle est appéllée *une Eau magique*, à cause de l'exorcisme, & des paroles, par lesquelles on la consacroit.

Initiation par l'Onction, par le Baptême & par l'Eucharistie.

Enfin on peut m'objecter un mot de M. *Simon*, qui dit, dans l'Extrait qu'il nous a donné des *Actes* de S. Thomas, (b) *que le Roi* de

Simon a mal rendu le mot [illegible] par Confirmation.

(b) Nouv. Observ. p. 8.

jejunium, in FONTIBUS, *qui contigui habentur mari*, PERENNIS AQUÆ *mihi baptismum dedit.* Recog. L. VI. 15. p. 552. Et dans les *Clémentines*, Hom. IX. No. 19. p. 684. ἀενάῳ ποταμῷ, ἢ πηγῇ, ἔνθα γε κἂν θαλάσσῃ ἀπολουσάμενοι &c. Voyez aussi *Epitom. de Gestis Petri.* p. 769. & ail.

(4) *Ille autem abiit ad fontem, qui erat proximus, & sanctificavit illum, & baptizavit mulierem cum multis aliis.* Abd. p. 701.

(5) Οὕτω καὶ τὸ ὕδωρ, καὶ τὸ ἐξορκιζόμενον, οὐ μόνον χωρεῖ τὸ χεῖρον, ἀλλὰ καὶ ἁγίασμα προσλαμβάνει. In Eclog. *Theodoti.* p. 83. ap. *Fabric.* Biblioth. Græc. T. V.

de l'Inde & son Frére reçurent la CONFIRMATION *& l'Eucharistie.* Il y a dans l'Original τὴν σφραγῖδα, le SCEAU, terme, qu'il falloit rendre par le *Baptême*, & non par la CONFIRMATION, qui certainement n'étoit pas connuë dans ce tems-là. Car outre qu'il signifie ordinairement *le Baptême* (1) dans les anciens Ecrivains, c'est que le Faux *Abdias* raconte dans la suite (*a*), „ qu'après un jeûne de sept jours le Bienheureux Apôtre baptiza „ le Roi & son Frére, & qu'*en* (2) SORTANT DE L'EAU le „ Roi vit un jeune homme vêtu de blanc, & tenant à la main „ une grande lampe, qui leur dit à l'un & à l'autre, *Que la paix soit avec vous*, après quoi il disparut. Ce (3) jeûne avant le Baptême est une fort ancienne coûtume.

(*a*) Abd. p. 700. 701. Jeûne avant le Baptême.

IV. Quels prétextes on a eu de dire que l'Auteur des *Voyages de S. Thomas* attribuoit à cet Apôtre de baptizer dans l'huile.

IV. Recherchons à présent ce qui a fourni à *Turibius*, & à ses Imitateurs, un prétexte de dire, que l'Auteur des *Voyages de St. Thomas* attribuoit à cet Apôtre la Coûtume profane de baptizer dans l'huile. Cela n'est pas difficile à découvrir. On lit dans ces *Voyages*, (4) „ que l'Apôtre prenoit de *l'huile*, qu'il la répandoit „ sur la tête de ses Prosélytes, qu'il les en oignoit, & qu'il ac„ compagnoit cette onction mystérieuse de diverses priéres ". M. *Simon* en rapporte quelques-unes, qui sont conçuës en ces termes: *Venez*, SAINT NOM *du Christ*, *qui êtes au dessus de tout autre* NOM. *Venez*, PUISSANCE *suprême*, MISERICORDE *Parfaite. Venez*, MÉRE *de misericorde*, *Vous* MÉRE, *qui révélez les Mystéres cachez. Venez*, MÉRE DES SEPT MAISONS, *afin que nous puissions parvenir au repos*, qui *est dans la* HUITIÉME. *Venez*, ESPRIT SAINT, *purifiez les cœurs & les reins de ces Personnes*, *& marquez-les du* (5) SCEAU: *Au nom du Pére*, *du Fils & du Saint Esprit.*

Onction des Prosélytes. Prieres dont elle etoit accompagnée selon les *Actes de S. Thomas*.

V. Je

(1) Je n'en rapporterai que quelques preuves, δεῖ ἐν τοῦτο λέγει, nempe Dominus, τηρήσατε τὴν σάρκα ἁγνὴν, καὶ τὴν ΣΦΡΑΓΙΔΑ ἄσπιλον. Clem. Rom. Ep. II. N°. 8. μέχρις οὗ ΤΗΝ ΣΦΡΑΓΙΔΑ λάβοντες τελειωθῶσιν. Constit. Ap. L. II. N°. 39. p. 249. Et dans le *Pasteur d'Hermas*, SIGILLUM *autem aqua est* L. III. N°. 16. Voyez la Note de *Cotelier* sur les Constitut. Ap. p. 249. Et joignez-y ce passage, qui prouve, que, dans le Stile des Herétiques, ΣΦΡΑΓΙΣ n'est autre chose que le Baptême. διὰ γὰρ πατρὸς, καὶ υἱοῦ, καὶ ἁγίου πνεύματος, ΣΦΡΑΓΙΣΘΕΙΣ, ἀνεπίληπτός ἐστι πάσῃ τῇ ἄλλῃ δυνάμει. In Eclog. *Theodot.* Ap. *Clem.* Alex p. m. 800. col. 2. Au reste l'Auteur de l'*Histoire Apostolique* a mis en la place du Grec ΣΦΡΑΓΙΣ *le signe de la bienheureuse Croix. Signaculum beatæ crucis.* Abd. p. 700. Ce qui fait juger du tems où il a écrit. Les Grecs du moyen âge appellent *le Signe de la Croix* du nom de *Sceau*, comme on en peut voir des exemples dans les *Apophthegmes* des Péres. Ὁ δὲ Ἀμμωνᾶς σφραγίσας αὐτῆς τὴν κοιλίαν. *Ammonas signo crucis super puellæ uterum facto.* Ap. *Coteler.* Mon. Ec. Gr. T. II. p. 385. Voyez aussi p. 409. Mais les Anciens ne parloient pas de la sorte. M. *Simon* ne devoit pas faire la même faute que *Christopherson*, Ecrivain Catholique qui a mis dans *Eusébe* la *Confirmation*, d'où M. de *Valois* l'a sagement ôtée. Voyez *Euseb.* H. E L. III. Cap. 23. p. 92. & la Remarque de *Valois* p. 51. On disoit bien en Afrique, du tems de *Tertullien*, *Caro signatur*, (De Resur. Carn. Cap.

V. Observations sur cette Onction & sur les prieres.
(b) Ubi sup. p. 9.

V. Je ne sai pourquoi M. *Simon* trouve toutes ces (*b*) *prieres ridicules*, ajoûtant, *que les Livres des Gnostiques & des Manichéens étoient remplis de ces Formules d'invocation.* Pour moi, j'en juge avec plus d'indulgence, ou plûtôt avec plus d'équité. Faisons quelques Observations sur cet endroit, qui ne contient rien d'hétérodoxe, rien que de conforme à des pratiques fort anciennes.

1. Cette Onction n'est point un Baptême.

1. Je remarque donc premiérement, que l'Onction des Proselytes, dont il est parlé dans *les Actes de S. Thomas*, ne pouvoit être le Baptême. La raison en est, que l'Apôtre ne les plongeoit pas dans l'huile : il *la versoit* seulement *sur leur tête.* Or on ne baptizoit point *par aspersion*, lors que les *Actes de St. Thomas* ont été écrits. Cete Coûtume n'a commencé en Occident que vers la fin du (6) VI. Siecle, & n'a jamais été reçuë en Orient, où ces Actes ont été faits.

2. L'Onction dans le Baptême commence chez les Herétiques & vient vraisemblablement d'eux.

2. L'Onction fut introduite dans le Baptême d'assez bonne heure. Mais elle n'étoit pas encore en usage, dans l'Eglise Catholique, au tems (7) de *Justin* Martyr, car il n'en fait aucune mention dans la Description du Baptême. On voit seulement qu'elle se pratiquoit du tems de *Tertullien.*

Il est dangereux de choquer les Préjugez, mais il m'arrive si souvent de le faire, que je ne m'en mets presque plus en peine. J'ai remarqué, que l'Exorcisme de l'Eau du Baptême tiroit son origine des Herétiques: J'ai un grand soupçon, que l'Onction usitée dans le Baptême vient de la même source. En voici la preuve. Les Valentiniens la pratiquoient, comme on le voit par les *Extraits* de la Doctrine de *Theodote.* (8) *Le pain & l'huile*, dit-il, *sont sanctifiez par la vertu du Nom*, c'est-à-dire, *par l'invocation de la Trinité*, *Et bien que ces choses paroissent être les mêmes que lors qu'on les a prises*

Cap. VIII.) pour dire, *la marquer du Signe de la Croix.* Mais on ne disoit point alors chez les Grecs, σφραγίζειν dans le même sens.

(2) *Tum quoque Rex ascendens de lavacro.* Abd. ibid.

(3) C'est une Coûtume fort ancienne, que les Proselytes se préparassent à recevoir le Baptême par le jeûne. *Justin* Martyr, decrivant la maniére de recevoir les Proselytes, s'exprime en ces termes: Εὔχεσθαί τε, καὶ αἰτεῖν νηστεύοντες, παρὰ τοῦ Θεοῦ, τῶν προημαρτημένων ἄφεσιν διδάσκονται. Just. Mart. Ap. II. p. m. 73. Voyez ce qui est ordonné dans les *Constit. Apostol.* L. VII. 22. Mais le tems de ce jeûne n'étoit pas fixé.

(4) Λαβὼν δὲ ὁ Ἀπόστολος τὸ ἔλαιον, καὶ κατέχεεν κατὰ τῆς κεφαλῆς αὐτῶν, καὶ ἀλείψας καὶ χρίσας αὐτοὺς ἤρξατο λέγειν, ἐλθὲ τὸ ἅγιον πνεῦμα τοῦ Χριστοῦ &c. Ap. *Simon* ub. sup. p. 8. & 9.

(5) Ce *Sceau* n'est pas l'*Onction*: c'est le Baptême, qui s'administroit après l'Onction, & dont elle étoit une cerémonie préalable.

(6) *Mersioni, in Baptismo antiquitus usurpari solitæ, aspersionem, seu profusionem aquæ, in Occidentali presertim Ecclesia, plus quàm mille abhinc annis, Gregorii videlicet Primi ætate, substitutam esse.* &c. Bevereg. Annot. in Can. L. Apostol.

(7) Voyez *Daillé*, *de cultibus Latinorum religiosis.* L. I. Cap. XI.

(8) Καὶ ὁ ἄρτος, καὶ τὸ ἔλαιον ἁγιάζεται τῇ δυνάμει τοῦ ὀνόματος: οὐ τὰ αὐτὰ ὄντα, κατὰ τὸ φαινόμενον, οἷα ἐλήφθη, ἀλλὰ δυνάμει εἰς δύναμιν πνευματικὴν μεταβέβληνται. Οὕτως καὶ τὸ ὕδωρ. Ap. Clem. Al. p. 800. col. 2.

ses, elles ne le sont pourtant pas, mais par la vertu du Nom *elles sont changées en une vertu spirituelle. Il en est de même de l'eau.* Ce Passage prouve évidemment, que du tems de *Théodote*, qui a fleuri vers l'an (1) 130. de Notre Seigneur, l'Onction étoit déja en usage dans le Baptême des Hérétiques, quoiqu'elle ne le fût pas encore dans celui des Orthodoxes vers l'an 140. auquel *Justin* Martyr a écrit sa seconde Apologie.

3. Deux Onctions des Prosélytes, l'une avant & l'autre après le Baptême.

3. Il n'y eut au commencement, parmi les Orthodoxes, qu'une seule Onction, laquelle se faisoit après le Baptême; mais on en introduisit bientôt une seconde (2). Dans celle, qui précedoit le Baptême, on usoit (3) *d'une huile exorcizée*, & dans l'autre d'une huile composée, que les Grecs appellent (4) MYRON, mot que je rendrai par celui de CHRÊME.

4. Elles differoient quant à la matiere & à la maniere.

4. Dans la premiére Onction on versoit *l'huile* sur la tête du Prosélyte, & on lui en frotoit (5) tout *le Corps depuis le sommet de la tete jusqu'aux pieds.* C'est pour cela que lorsqu'il s'agissoit de baptizer des femmes *le* (6) *Diacre leur oignoit seulement le front avec la sainte huile*, & le reste se faisoit par *les Diaconisses.* Mais à l'égard de la seconde Onction le Prêtre se contentoit d'appliquer le Chrême (*a*) *au front, aux oreilles, aux narines, & à la poitrine.*

(*a*) Cyril. Orat. Myst. III. p. 289.

5. Mysteres de ces deux Onctions.

(*b*) Const. Ap. L. VII. No. 22. p. 368.

5. La premiére Onction étoit le Sacrement ou le Symbole de la communication des Dons du St. Esprit. Voici ce que portent les *Constitutions* que l'on nomme *Apostoliques.* (*b*) " Vous oindrez „ premiérement le Prosélyte avec la sainte huile; vous le baptizerez ensuite dans l'eau, & vous le marquerez enfin du sceau du „ Chrême ". (7) *En sorte que l'Huile soit la participation du Saint Esprit: l'Eau, le Symbole de la Mort: & le Chrême, le sceau des promesses & des obligations.*

6. Les *Actes* de *S. Thomas* parlent de la Premiere.

6. C'est évidemment de la premiére Onction, qu'il s'agit dans les *Actes de S. Thomas.* Car on y voit, que l'Apôtre *versoit l'huile sur la tête* de ses Proselytes, & *qu'il leur oignoit ensuite tout le corps.* C'est aussi ce qu'indiquent les Priéres qui accompagnoient l'Onction, & qui sont des Invocations réitérées du Saint Esprit. *Venez*, disoit-il, ESPRIT SAINT, *purifiez les cœurs & les reins de ces personnes, & marquez-les*

(1) *Valentin* a fleuri vers l'an 120. Voyez *Cave.* Et l'on lit, au titre des *Ecloga Theodoti*, [illegible]

(2) On peut voir sur ces Onctions la Note &c. de *Cotelier* sur *Constit. Ap.* L. III. No. 15 p 187. Il indique un grand nombre de Passages, où il en est parlé. Voyez en particulier *Const. Ap.* L. VII. No. 42. 43. 44.

(3) Ἔλαιον ἐξορκιστόν. *Cyril.* Orat. Mystag. II. p. m. 285.

(4) MYRON se dit des huiles parfumées. Dans la Vie de *Syncletique* on blâme les Filles, *qui se frottent avec des huiles parfumées, avec des Pommades*, [illegible]. *Cotel* Monum. Ec. Gr. T I. p. 263. Ajoûtons ici cette Observation d'un savant Moderne. Le *Chrême*, ou *Myron, dont on trouve la composition dans l'Histo-*

ies du sceau, *Au nom du Pére*, *du Fils & du Saint Esprit*. Cette *Purification* étoit un préalable nécessaire, pour recevoir le Baptême, & être aggrégé au nombre des Saints; mais comme cette Priere finit par ces mots, *Au nom du Pére*, *du Fils & du Saint Esprit*, qui sont une partie de la Formule du Baptême, on s'imagina mal à propos, que l'Auteur introduisoit St. *Thomas* baptizant dans l'huile, & non dans l'eau.

7. M. *Simon* traite de *ridicules* les Priéres, qu'il a trouvées dans les *Actes de S. Thomas*. A l'égard de celle, que je viens de rapporter, elle n'a certainement rien que de fort raisonnable, & même de fort Evangelique. Et pour les autres, le *ridicule* qui choque M. *Simon* est apparemment dans ces Expressions, MERE *de Misericorde*, ou plutôt, ME'RE *des Graces:* RE'VELATRICE *des Mystères:* ME'RE *des sept Maisons*. Il lui a paru étrange, que l'on ait qualifié de la sorte le S. Esprit. Mais si cet habile homme y avoit fait une médiocre attention, le *ridicule* auroit disparu, & ces titres n'auroient servi qu'à lui faire connoitre, que ces Priéres étoient originairement en Syriaque. Dès qu'on saura que le mot (8) d'*Esprit* est féminin dans cette Langue, on ne sera plus surpris d'entendre appeller le S. Esprit la ME'RE *des Graces*, & *la* REVE'LATRICE *des Mystères*. Je ne croi pas que *Leuce* ait écrit en Syriaque: Il étoit Grec: mais il faut que les Actes ayent été traduits du Grec en Syriaque, & ensuite du Syriaque en Grec, ce qui ne s'est pas fait sans additions ni sans changemens. Pour moi j'ai jugé que ces Priéres pourroient bien venir des *Marcosiens*, qui étoient une Secte Judaïzante, & qui, dans leurs Cérémonies sacrées, usoient de beaucoup d'invocations. St. *Epiphane* témoigne, que les Sectes Judaïzantes (9) *faisoient du S. Esprit une Femme*. C'est un mauvais mot de ce Pére, qu'il faut lui pardonner, & qu'il n'auroit pas dit peut-être, s'il avoit pensé qu'*Esprit* étoit féminin dans la Langue de ces Sectaires.

[illegible] *Elles étoient originairement en Syriaque.* *Pourquoi le S. Esprit est appellé la* ME'RE *des Graces.*

8. Je m'imagine aussi qu'entre les choses, qui ont blessé la délicatesse de Mr. *Simon* il faut mettre le titre de ME'RE DES SEPT MAISONS, qui est donné au *St. Esprit*. Je ne suis pas assez instruit

8 Pourquoi il est nommé ME'RE *des sept Maisons*, c'est-à-dire des sept [illegible] des Planetes.

l'Histoire de l'Eglise d'Alexandrie par Vansleben, *ressemble par sa composition & son usage au* Kiphi, *decrit par* Plutarque, *comme étant en usage parmi les Egyptiens Idolatres.* La Croze, *Christ. des Indes*. L. VI. p. 437.

(5) Ἀπὸ ἄκρων τριχῶν κορυφῆς ἕως τῶν κάτω. *Cyril.* Ibid.

(6) Ὁ διάκονος χρίσει μὲν τὸ μέτωπον αὐτῶν τῷ ἁγίῳ ἐλαίῳ· Καὶ μετ' αὐτὸν ἡ διακόνισσα ἀλείψει αὐτάς. *Const. Ap.* L. III. No. 15. p. 287.

(7) Ἵνα τὸ μὲν χρῖσμα μετοχὴ ᾖ τοῦ ἁγίου πνεύματος· τὸ δὲ ὕδωρ, σύμβολον τοῦ θανάτου· τὸ δὲ μύρον, σφραγὶς τῶν συνθηκῶν. *Const. Ap.* Ibid. Confer. *Cyril.* Orat. II. Mystag. p. 285.

(8) [illegible] Epiph. Hær. XXIX. No. 4. Hær. XXX. No. 17. p. 141.

(9) Le Lecteur verra dans le III. Livre ce que je dis de l'Heresie imaginaire des Mamamites.

truit de la Théologie de ces anciens Sectaires, pour dire positivement ce qu'ils entendoient par MÉRE *des sept Maisons*. Peut-être cela veut il dire *Créatrice*, ou *Créateur*. Et en ce cas-là le sens est, *Venez*, CRÉATEUR *des* SEPT MAISONS, *afin que nous puissions parvenir au repos, qui est dans la* HUITIÉME. *Les sept Maisons* sont les (a) *sept Cieux* des Planétes, & la *huitiéme*, qui est au dessus de toutes, est le Ciel suprême, séjour du *repos* & des Ames bienheureuses. Il ne faut pas croire que je prête aux Hérétiques des idées, qu'ils n'avoient pas. S. *Irénée* nous apprend, & après lui S. *Epiphane*, que le nombre de (b) HUIT étoit fort sacré & fort mystérieux parmi les *Marcosiens*; ils le trouvoient en divers endroits de l'ancien Testament, & disoient de (1) L'OGDOADE *céleste*, qu'*elle est infinie*, *éternelle*, *sans aucunes bornes*, *ni de tems*, *ni de lieux*. C'est la description du Ciel suprême, qui est le séjour de la Divinité. On lit aussi dans la *Doctrine Orientale* ces paroles remarquables, & qui confirment ce que je viens de dire. (2) *Celui, que sa Mére met au monde, passe à la fois & dans le monde & dans la mort. Mais celui, que J. Christ régénére, passe dans la Vie & dans* L'OGDOADE. Exprimons la Priére de nos Hérétiques en des termes, qui nous soient moins étrangers. Demandons au St. Esprit, " qu'il „ veuille conduire nos Ames à travers les Cieux inférieurs jusque „ dans le Ciel suprême, où il regne *un repos éternel*", nous ne dirons rien que ce que disoient les Hérétiques, & ils seront aussi sages que nous, ou nous serons aussi insensez, & aussi *ridicules* qu'eux.

(a) Voyez Ep[illegible] Her. XXXIV. No. [illegible] p. [illegible]

(b) Ibid. pag. [illegible]

La huitiéme Maison est le Ciel suprême.

9. M. *Simon* (c) croit, que les *Voyages de S. Thomas* sont un Apocryphe des *Marcosiens*. Ils n'ont donc pas été faits par les *Manichéens*, qui sont postérieurs de cent ans: D'ailleurs il faudra que *Leuce*, à qui on les attribuë ait été *Marcosien*, ce qui n'est pas impossible, bien que d'autres le fassent *Marcionite*. On ne peut rien dire de certain là-dessus, ces anciens *Gnostiques* ayant eu, sur plusieurs Articles, des sentimens assez conformes. Remarquons seulement, que S. *Epiphane* accuse les *Marcosiens* de négliger

Pourquoi les Marcosiens baptizoient quelquefois avec de l'huile & de l'eau mêlées.

(c) Nouv. Observ. p. 9.

(1) Τῆς ἄνω ὀγδοάδος τὸ ἀπέραντον, καὶ αἰώνιον, καὶ ἀόριστον, καὶ ἄχρονον. Epiph. Ibid. p. 249.

(2) Ὃν γεννᾷ ἡ μήτηρ αὐτοῦ εἰς θάνατον ἄγεται καὶ εἰς κόσμον: Ὃν δὲ ἀναγεννᾷ Χριστὸς, εἰς ζωὴν μετατίθεται, εἰς ὀγδοάδα. Ap. Clémens. Alex. ub. sup. p. 800. col. 2.

(3) Εἰσὶ δὲ αὐτῶν τὸ μὲν ἄγειν ἐπὶ τὸ ὕδωρ περισσὸν εἶναι φάσκουσι: μίξαντες δὲ ἔλαιον καὶ ὕδωρ ἐπὶ τὸ αὐτὸ, μετ' ἐπιῤῥήσεων.... ἐπιβάλλουσι τῇ κεφαλῇ τῶν τελειουμένων. Epiph. ub. sup. p. 256.

(4) Ou avec du *Baume*. *Opobalsame* veut dire la liqueur qui distille du *Baume*. Voyez *Saumaise sur Solin*. p. 582.

(5) Voyez l'Ep. LXXVI. de S. Cyprien à *Magnus*, *De iis, qui in lecto gratiam consequuntur*; Et Tertul. *De Pænitentia*. Cap. VI.

(6 *Fauste* les cite dans S. *Augustin*. L. XXX. 4. Si les Manichéens les recevoient, il faut qu'ils ne fussent pas tels que nous les avons, ou qu'ils prétendissent qu'on les avoit interpolez, ou enfin

gliger quelquefois le Baptême dans l'eau pure, & de ne le donner qu'avec de l'eau mêlée d'huile. (3) " Il y en a parmi eux, *dit ce* „ *Pére*, qui croyent qu'il est superflu de mener les Prosélytes à „ l'eau : C'est pourquoi ils se contentent de mêler ensemble de „ l'eau & de l'huile, & de les verser sur la tête de ceux qu'ils ini- „ tient, en prononçant les *Invocations*, que j'ai rapportées. Ce- „ pendant ils les oignent aussi avec de (4) l'*Opobalsame*. St. *Epiphane* ne sauroit se démentir, ni rendre la moindre justice aux Sectaires. Ils usoient de cette espéce de Baptême dans les cas de maladie, & lorsqu'ils ne pouvoient plonger le Prosélyte dans l'eau, en quoi ils ne faisoient rien que ce que les (5) Orthodoxes ont pratiqué en cas pareil.

Usage du *Myron* ou de l'*Opobalsame* chez les *Marcosiens*.

VI. Je n'ai plus à parler que d'un Apocryphe, qui étoit allégué par les Manichéens. Ce sont les (6) *Actes de S. Paul & de Thécle*, jeune Fille d'*Icone*, mais Payenne, qui, entendant S. *Paul* vanter la profession des Vierges, rompit des promesses de Mariage, qu'elle avoit faites, & résolut de demeurer toute sa vie dans le Célibat. Le Lecteur ne sera pas fâché, que je lui rapporte une partie du Sermon, que l'Auteur de cet (7) ancien Roman fait faire à S. *Paul*.

VI. ACTES de S. *Paul* & de *Thécle* reçus par les Manichéens.

(a) „ Heureux, disoit l'Apôtre, ceux qui ont le cœur pur, car „ ils verront Dieu. Heureux ceux qui conservent leurs Corps „ dans la pureté, car ils seront les Temples de Dieu : Heureux „ ceux qui garderont la Continence, car Dieu leur parlera. Heu- „ reux ceux qui, ayant des femmes, sont comme s'ils n'en a- „ voient point, car ils seront semblables aux Anges de Dieu. Heu- „ reux les Corps & les Esprits des Vierges, car elles plairont à Dieu, „ & ne perdront point la recompense de leur Chasteté, parce que „ que (8) la Parole du Pére leur produira l'œuvre du salut, & „ qu'elles auront un repos éternel ". C'est-là plus de la moitié du Sermon, que l'Auteur de ces *Actes* fait prononcer à S. *Paul*. Le Lecteur jugera, si c'est ainsi que l'Apôtre avoit accoûtumé de

Sermon qu'on y fait faire à St. *Paul*.
(a) Ap. *Grab.* ub. sup. p. 97.

fin qu'ils ne s'en servissent que comme d'un argument *ad hominem* contre les Orthodoxes. Car on y trouve la *Résurrection*, qu'ils nioient. Voyez ces Actes, ap. *Grab*. Spicil. T. I. pag. 96. On y fait dire aussi à S. *Paul*, *O Dieu! qui ès un* DIEU JALOUX, *qui ès le* DIEU DES VENGEANCES, paroles, que les Manichéens auroient regardées comme un Blasphême. Au reste *Grabe*, qui a donné cette mauvaise Piéce en Grec, tache d'en maintenir l'Authenticité. Il étoit savant, mais un peu trop superstitieux pour être bon Critique.

(7) Il seroit bien ancien, s'il étoit vrai, comme on le dit, que S. *Jean* déposa le Prêtre qui l'avoit fait. Voyez *Hieronym.* in Catal. in *Paulo*. Tertull. *De Bapt*. Cap. XVII. *Grabe* prouve assez bien par les MSS. qu'une partie de cette Piéce y a été ajoutée : mais quand on en retrancheroit l'Addition, elle n'en auroit pas moins un caractére évident de fausseté.

(8) Ὅτι ὁ λόγος τοῦ πατρὸς ἔργον αὐταῖς ἐργάσεται τῆς σωτηρίας. Ibid. ap. *Grab*. p. 97. Ce tour est bien obscur.

de prêcher l'Evangile. Il y a au reste un Fanatisme manifeste dans ces mots, *Heureux ceux qui garderont la Continence, car* DIEU LEUR PARLERA. L'Imposteur annonce & promet des Révélations aux Personnes, qui ne se marieront point, ou qui garderont la Continence dans le Mariage. Cela sent bien le Montanisme, & les Prophétesses de *Montan* : Ou plutôt cela sent les superstitions Payennes. Les Sibylles étoient Vierges : les Prêtresses d'Apollon devoient l'être, pour recevoir ses Inspirations.

VII. Les Manichéens adoptent tous ces Apocryphes, parce qu'ils favorisoient leur Erreur sur le Mariage.

VII. Tels furent les Apocryphes, qu'on dit avoir été supposez, ou corrompus par les Manichéens. Je croi l'accusation fausse; du moins faut-il convenir qu'elle n'est pas prouvée : mais ces faux Actes favorisant leur sentiment sur le mérite de la Virginité, & sur l'imperfection & la corruption même de l'état du Mariage, il n'est pas surprenant qu'ils en profitassent. N'a-t-on pas encore aujourd'hui la hardiesse de maintenir l'authenticité d'un grand nombre de fausses Pièces, qui n'ont d'autre mérite que celui d'appuyer des superstitions modernes ? Quand on s'est mis dans l'esprit qu'une opinion est véritable, on se laisse aisément tromper à des Imposteurs, qui lui prêtent une autorité divine. Or il y eut beaucoup de ces Imposteurs, qui, conformément à ce que (a) St. *Paul* en avoit dit, s'éleverent contre le Mariage, & exaltérent jusqu'au Ciel le mérite de la Virginité. Un Esprit d'Erreur, & peut-être le plus pernicieux de tous les Fanatismes, au moins si l'on en pése bien les conséquences, saisit, dès le commencement, un grand nombre de Chrétiens, qui s'imaginérent, que la Perfection Evangelique les appelloit à renoncer au Mariage : Que de toutes les vertus il n'y en a point de plus sublime, de plus angélique, de plus divine, que celle de surmonter des Desirs naturels, que la plûpart prirent pour des Desirs vicieux, & qui, selon les uns, tiroient leur origine d'une Nature mauvaise en soi, &, selon les autres, d'une Nature corrompuë dans Adam. *Marcion* & ses pareils, qui étoient du prémier sentiment, s'appuyoient de l'autorité (b) de *Pythagore* & de *Platon* Philosophes fort vantez par les Chrétiens : Et comme une fausse hypothése entraîne une multitude de fausses conséquences, ceux qui condamnoient le Mariage, étoient les mêmes, qui soutenoient que J. Christ n'a été homme qu'en apparence. Tel fut entre autres *Jules Cassien*, que *Clément* d'Alexandrie appelle (1) *le Chef du Docétisme*, apparemment parce qu'il le défendoit mieux que les autres, car cette Hérésie étoit plus

(a) I. Tim. IV. 3.

Combien cette Erreur fut contagieuse. Sa source. Ses conséquences.

(b) Clem. Al. Strom. L. III. p. m. 431. & suiv.

(1) Τῆς Δοκήσεως ἐξάρχων. *Clem.* Alex. *Strom.* L. III. p. 465.

CHAP. VII. (1) On prétend qu'il y a encore quelques Manichéens secrets dans les Provinces Unies. On accuse aussi quelques Sectes modernes de Manichéisme. Mais ces Gens-là ne descendent point des anciens Manichéens. Ils peuvent

plus ancienne que lui. Que le Lecteur y fasse réflexion. Il y a dans les Erreurs une connexion, que la plûpart ne voyent pas, ou ne veulent pas voir.

CHAPITRE VII.

Des Livres de MANICHÉE *& des principaux Auteurs de sa Secte.*

IL ne me reste plus qu'à parler des Livres, qui étoient propres aux Manichéens, & sur lesquels j'ai peu de chose à dire, parce que les Anciens ont fait brûler tous ceux, qu'ils ont pu découvrir, & que, la Secte étant (1) éteinte en Occident depuis plusieurs Siécles, ses Livres sont péris avec elle. Peut-être s'en est-il conservé quelques-uns en Orient, mais ils nous sont inconnus.

I. Livres des Manichéens écrits en diverses Langues. En Persan.

I. Nos Hérétiques avoient un grand nombre de Livres écrits en Langue Persane. (2) *Vous m'ordonnez*, dit S. Augustin, *de croire à vos Livres* PERSANS, *vous qui me défendez de croire aux Livres Hébreux.* L'Hérésie étant née en Perse, *Manichée* & ses premiers Disciples composérent divers Livres en cette Langue: Et quoiqu'elle ne fût pas entenduë en Occident, les Manichéens ne laissoient pas d'en conserver les Originaux avec un grand soin, comme des Monumens précieux des travaux, & de la Foi de leurs Péres. Par la même raison, des Chrétiens qui ne savoient pas l'Hébreu, gardoient néanmoins avec respect les Originaux du Vieux Testament.

En Syriaque.

La Secte avoit aussi un grand nombre de Livres en *Syriaque*. Car, outre que *Manichée* avoit écrit lui-même dans cette Langue, son Hérésie s'établit, dès le commencement, dans les Provinces de Mésopotamie & de Syrie, qui étoient les plus proches de l'Empire des Perses. Je ne doute pas non plus que les Manichéens n'eussent beaucoup de Livres en Grec, quand je considére combien ils se multipliérent dans les Provinces de l'Empire, où la Langue Grecque étoit la Langue vulgaire, & en Egypte, où elle étoit devenuë très-commune, & où le Manichéïsme fit de grands progrès. Cependant les Péres Grecs ont connu fort peu de ces Livres, au moins si on en juge par leurs citations: ce qui vient peut-

En Grec.

vent seulement avoir contracté quelque chose de leurs Erreurs sur la cause du mal.

(2) *Itane Persicis Libris jubes me credere, qui Hebrais me dicis non credere?* Aug. cont. *Faust.* L. XIII. 17.

peut-être des Loix rigoureuses des Empereurs, qui les avoient defendus sous de griéves peines.

En Latin.

Je ne sai s'il y en avoit beaucoup en Latin, mais S. *Augustin* semble n'avoir vû qu'un Ouvrage d'*Adimante* contre la Loi, & l'*Epitre du Fondement*, que nos Hérétiques lisoient dans leurs Assemblées. Il allégue bien deux ou trois endroits du *Thrésor* de *Manichée*, mais il ne les avoit pas pris dans l'Original. Quoiqu'il en soit, St. *Augustin* ne connoissoit guére les Livres de la Secte, soit parce que n'étant qu'*Auditeur*, les *Elûs* ne les lui communiquoient pas : ou parce qu'étant jeune, & ayant bien d'autres vuës que de devenir Archévêque des Manichéens d'Afrique, il négligeoit cette lecture. Plein d'esprit, & (1) d'ambition, appliqué a l'étude de la Litérature Romaine, qui pouvoit seule lui acquérir une réputation & une fortune brillante, il n'étoit pas d'humeur à lire des Ecrits obscurs, des Versions barbares, faites sur du Persan, ou sur du Syriaque pour connoître à fond les Mystères de la Théologie Manichéenne. Une Science si ingrate ne le conduisoit pas à son but. Je ne puis donc dire, que très-peu de chose de la plûpart des Livres des Manichéens, dont il ne nous reste presque que les titres.

II. Des Livres de Manichée.

1. Son EVANGILE.

II. Il semble que la premiére Production de notre Hérésiarque, fut celle qu'il nomma son EVANGILE, &, selon nos Auteurs, (2) L'ÉVANGILE DE VIE. Il le composa pendant son exil dans le *Turquestan*, & l'embellit de figures dont les unes n'étoient que des ornemens, & les autres représentoient son Systéme. Il est vraisemblable que ce Livre fut écrit en Persan, puisque *Manichée* le présenta au Roi *Hormizdaz*, qui en parut charmé, & qui se déclara hautement pour lui. Je ne sai, s'il y en a jamais eu quelque Traduction Grecque, mais je n'en ai apperçû aucun fragment, dans les Auteurs qui ont réfuté *Manichée*.

2. *Grand* & *Petit* THRÉSOR par le même.

(a) *Epiphan.* ubi sup. *Form. Recept. Manich.* Ap. Coteler. Not. ad Lib. IV. Recogn. p. 538.

(b) *De Nat. Boni.* Cap. 44. De Act. cum Fel. L. I. 14. & alib.

Le second Livre de notre Hérésiarque avoit pour titre, (a) LE THRÉSOR DE VIE. On nous parle d'un *Grand*, & d'un (3) *Petit Thrésor*, comme si ce dernier n'avoit été que l'Abrégé de l'autre. St. *Augustin* allégue (b) dans plus d'un endroit, un long passage qu'il dit être pris du VII. Livre du *Thrésor*, mais qui a été

(1) Ce que je dis là est avoué par St. *Augustin* même.

(2) Τὸ ζῶν Εὐαγγέλιον. Epiph. *Hær.* LXVI. N. 14. & ail. Voyez ce qu'on en a dit dans la I. Partie.

(3) Τὸν μικρὸν Θησαυρὸν καλούμενον. *Epiph.* Ibid.

(4) *Epiphane* dit, ἐν τῷ περὶ πίστεως αὐτοῦ λόγῳ. *Cave* croit, qu'il faut traduire ; *Dans son Livre, de la Foi*. Pour moi, je croi qu'il faut traduire : *Dans un Livre touchant sa Foi* ou *sa Doctrine*. Cependant le P. *Pétau* a traduit *in Libro, quem de Fide scripsit*, quoique le Grec signifie fort bien, *In Libro de Fide ipsius*. *Manichée* parloit peu de *Foi*. Il se vantoit de *Science* comme les autres Gnostiques. Au reste le Docte *Fabricius*, (Bibliot. Gr. T. V. p. 282.) croit aussi, que *Manichée* avoit écrit un Livre, *De la Foi*, & que le Frag-

été horriblement falsifié, comme je le montrerai dans son lieu.

Un troisiéme Livre de *Manichée* est celui qui avoit pour titre, DES CHAPITRES, (Κεφαλαίων) ou plutot, *Des Articles*. CAPITAUX, FONDAMENTAUX de son Hérésie. J'ai dit dans la I. Partie ce que je pensois de cet Ouvrage dont je n'ai vû aucun fragment. 3. Son Livre DES CHAPITRES.

4. Il semble que *Manichée* avoit écrit un Livre, intitulé DE LA FOI. Le Docteur (c) *Cave* l'a crû, fondé sur des (4) paroles de S. *Epiphane*, qui sont équivoques. Mais, aucun Auteur n'ayant parlé de cet Ouvrage, j'estime que ce Pére n'en a pas voulu désigner le titre, mais la matiére. Je suis même persuadé, qu'il s'agit du Livre DES MYSTÉRES, & comme cette Piéce est plus connue que les autres, je vai donner une idée de ce qu'elle contenoit. 4. Un Livre DE LA FOI attribué à Manichée, mais sans fondement. (c) Hist. Liter. p. 200.

5. L'Hérésiarque (5) y établissoit ses *deux Principes*, expliquoit la création du Monde, la formation de l'Homme, comment les Ames se trouvoient mêlées, ou unies avec la Matiére, & comment elles peuvent être délivrées de cette fatale Union. Il y exagéroit les prétendus desordres, qui regnent dans le Monde (6) sublunaire & matériel. Mais, au lieu d'en conclurre, comme d'autres, que Dieu n'en est point le Créateur, il en concluoit seulement, qu'un Ouvrage, qui, selon lui, étoit si irrégulier, ne pouvoit être l'effet d'un Dessein tout à fait libre, formé par la Sagesse de Dieu, & exécuté par sa Toute-Puissance, indépendamment du concours de toute autre Cause seconde. Il prétendoit donc, que la Création a été occasionnée par quelque Entreprise de la Matiére. Par là il rendoit raison de la nouveauté de notre Monde, & tâchoit d'en expliquer les divers Phénomenes, mais sur-tout ceux qui semblent s'accorder le moins avec la Sagesse, la Sainteté, & la Bonté de Dieu. Il donnoit à la Puissance des Ténebres la formation des Corps charnels, celle des Insectes, des Animaux mal faisans, des Plantes venimeuses &c. Il attaquoit dans ce même Ouvrage *Moïse* & les Prophètes, dont il rejettoit l'Inspiration, & l'Autorité. Il y attaquoit même l'Authenticité des Livres du Nouveau Testament, soûtenant qu'ils n'avoient pas été à l'abri des attentats des Princes des 5. Son Livre DES MYSTÉRES. Ce qu'il contenoit.

Fragment, qu'on lit dans St. *Epiphane*, Hær. LXVI. N. 14. étoit pris de ce Livre; mais c'est du Livre *Des Mystéres*, comme on le voit par *Tite de Bostres*, qui rapporte ces mêmes paroles & qui a réfuté ce dernier Livre. Cette Observation confirme entiérement ma pensée.

(5) Comme une partie du III. Livre de *Tite de Bostres*, & le quatriéme tout entier sont perdus, on ne peut savoir ce que contenoit tout l'Ouvrage de *Manichée* que par les Argumens, ou Sommaires des IV. Livres de cet Evêque, lesquels on peut voir en Grec dans *Fabricius* Biblioth. Gr. T. V. p. 293. 294.

(6) Je dis le *Monde sublunaire & materiel*, parce que *Manichée* concevoit un *Monde des Esprits*, qui subsistoit sans qu'on puisse en marquer l'origine, Dieu n'étant jamais sans agir, & sans se communiquer.

des Tènèbres, qui par leurs Emissaires avoient corrompu la pureté de la Doctrine de J. Christ. C'est en général ce que contenoit le Livre *des Mystères*, comme on le voit par la réfutation, que *Tite de Bostres* en a faite. *Tollius* (*a*) a fort bien jugé, que ce Livre étoit écrit en *Syriaque Palmyrénien*. Il est vrai, que Mr. (*b*) *Cave* n'en convient pas, prétendant, que St. *Epiphane* ne l'a pas dit positivement. Mais, soit que St. *Epiphane* l'ait dit, ou non, *Tite de Bostres* (1) le témoigne positivement, & il faut l'en croire. Cet Evêque, qui résidoit en Phénicie, entendoit apparemment le Syriaque.

(*a*) *In Itin. Ital.* p. 142.

Il étoit écrit en Syriaque.

(*b*) *In Addend.* T. II. p. 471.

La Création de notre Monde occasionnée. Sentiment d'Origène là-dessus.

Le sentiment de *Manichée* sur la Création du *Monde Matériel*, qu'il croyoit avoir été occasionnée par une Entreprise de la Matiére, est bien absurde dans le fond, mais il ne l'est peut-être pas autant que l'on pourroit se l'imaginer. D'excellens Philosophes de notre tems ont introduit, dans leurs Systêmes, les causes occasionnelles des operations Divines : Et *Origène*, qui étoit un si grand Génie, les fait intervenir par-tout, mais en particulier dans la Création du Monde, & dans l'arrangement des Mondes successifs, que ce Philosophe Chrétien avoit imaginez, pour concilier la Rélation de *Moïse* avec les idées générales des Philosophes Payens. Les déterminations libres des Etres Intelligens étoient, selon lui, les causes occasionnelles des varietez des Mondes, que Dieu avoit créez & détruits, pendant l'immense durée des Siècles. Il faut avouer, que ces idées ne pouvoient naître que dans un grand & beau Génie, qui florissoit dans un tems, où l'Esprit n'étoit pas gêné par des Décisions, qui le tiennent à la chaîne. *Origène* croyoit, que tout Systême, qui ne rend aucune autre raison des Evénemens, que le Bon-plaisir de Dieu, est le Systême des Ignorans, & non celui des Esprits philosophiques.

6. On

(1) *Scribit Manichaus Sermone Syriaco.* Tit Bost. adv. *Manich.* Biblioth. PP. T. IV. P. II. col. 883.

(2) Τὴν γιγάντων πραγματείαν. Timot. Presbyt. ap. *Meurs.* Var. Divin. pag. 117. Le mot πραγματεία signifie un Traité. Περὶ πνεύματος ἁγίου πολλὴν πραγματείαν. *Un long Traité du S. Esprit.* Epiph. T. I. p. 711. Mais comme le Prêtre *Timothée*, ou ceux qui l'ont augmenté, ont dit, τῶν γιγάντων, & non περὶ γιγάντων πραγματείαν, il semble qu'ils ont voulu dire, L'ENTREPRISE *des Geans*. Il y a dans *Photius*, τὴν γιγάντειον βίβλον. Cod. 85.

(3) Ce Livre a été cité par les plus anciens Péres. Voyez-en la liste dans *Fabricius* Cod. Pseudep. V. Testam. T. I. p. 161. & suiv. *Tertullien* a même tâché de le défendre comme un Livre digne de foi : *De Cult. fæm.* L. I. 2. *George* Syncelle en a donné un Fragment considérable, qui contient la fabuleuse *origine des Geans.* Chronog. p. 11. Ἐκ τοῦ πρώτου βιβλίου Ἐνώχ, περὶ τῶν ἐγρηγόρων. Le mot *Egregori*, qui signifie *Veillans*, designe un certain ordre d'Anges, à qui l'on suppose que Dieu

6. On met encore parmi les Livres de *Manichée* un Ouvrage intitulé, (2) TRAITÉ *de l'Entreprise des Géans*. Je ne sai s'il y avoit mêlé quelques-unes des fables, qui se trouvoient dans un Livre, qui porte le nom (3) d'*Enoch*, & que l'on croit avoir été composé par quelque Juif Hellénitle, avant le temps des Apôtres. C'est vraisemblablement celui qui est cité par (c) St. *Jude* sous le titre de *Prophétie d'Enoch*. On y rapporte l'origine des *Géans*, que l'on fait descendre du (4) commerce impur des Anges du plus bas ordre avec *les Filles des Hommes*. Cela pouvoit bien être aussi dans le Livre de *Manichée*, quoi que ce ne fût pas son principal Objet. Quoiqu'il en soit, ayant trouvé dans les Fables Payennes, que des *Géans* (5) *aux pieds de Dragon*, entreprirent de déthrôner Jupiter, il prétendit que cette fiction des Poëtes étoit fondée sur une ancienne vérité, savoir sur la guerre, que les Puissances des Ténèbres avoient faite à Dieu. C'est ce que témoignent *Simplicius* & *Alexandre de Lycople*. Au reste je ne sai si l'Histoire Apocryphe des *Géans*, qui portoit le nom d'*Enoch*, n'est pas le Livre dont parle *George* Syncelle, sur l'an du Monde 2585. Il raconte, que (6) *Cainan*, arriére-petit-Fils de *Noé*, *se promenant dans la Campagne*, *trouva l'Ecriture des Géans*, *& la cacha chez lui*. Manichée pouvoit avoir puisé dans ces mauvaises sources. 6. Traité des Géans, autre Livre de *Manichée*. (c) Jud. v. 14.

7. Il avoit aussi écrit sur l'*Astronomie*, & sur l'*Astrologie*. St. *Epiphane* dit (7) l'*Astrologie*, mais ce Pére confondoit ces deux Sciences, comme on le voit, lors qu'en parlant d'*Hierax*, il est en doute, si ce savant Egyptien avoit aussi étudié (8) la *Magie & l'Astronomie*. L'*Astrologie* a du rapport à la *Magie*, mais l'*Astronomie* n'en a point. Quoi qu'il en soit, *Manès* étoit *Astronome*, aussi bien qu'*Astrologue*: S. *Epiphane* témoigne, que ses Disciples (d) *se piquoient d'entendre fort bien l'Astronomie*. On est habile *Astronome* sans être *Astrolo-* 7. D'*Astronomie* & d'*Astrologie* par le même. (d) Epiph. p. 629.

Dieu avoit donné la charge des choses terrestres, & qui habitoient la plus basse Region du Ciel. C'est l'idée, qu'on en donne dans le faux Livre d'*Enoch*. Mais ce n'est pas l'idée qu'on en doit avoir.

(4) Cette folle imagination, qui a été adoptée par les Péres, est appuyée sur la Version des LXX. *Gen.* VI 2. Il y en eut pourtant qui tâchérent de donner une explication mystique à cet endroit de la *Genese*. Ils imaginérent, que l'*amour des Anges pour les Femmes* n'étoit autre chose que l'inclination, que les Ames conçurent pour les Corps. Voyez *Orig.* in Joan. p 132. *Philon* a crû, que les Anges, qui résident dans l'air, ne sont que les Ames Humaines. Ce sont les Anges du plus bas ordre.

(5) Δρακοντόποδες. *Anguipedes*. Voyez les *Recognitions*. L. I. p. 493. & la Note de *Cotelier*.

(6) Καϊνᾶν, διοδεύων ἐν τῷ πεδίῳ, εὗρεν τὴν γραφὴν τῶν γιγάντων, καὶ ἔκρυψεν παρ' ἑαυτῷ. *Georg.* Sync. *ub. sup.* p. 8.

(7) Ἔλαβε δὲ τὴν (βίβλον) περὶ ἀστρολογίας. *Epiph.* p. 629.

(8) Τάχα δὲ καὶ ἀστρονομίας καὶ μαγείας ὁ ἀνὴρ πεπείραται. Id. Hær. LXVII. No. 1.

trologue ; mais on ne peut être *Astrologue*, sans connoitre la situation & le cours des Astres.

1. Recueil de ses Lettres.

8. De tous les Ouvrages de *Manichée*, il y en a deux surtout, dont je ne puis m'empêcher de regretter la perte. Le prémier est un RECUEIL *de ses Lettres*. On lit dans la *Formule d'Abjuration*, que les Grecs prescrivoient aux Manichéens (1), *J'anathematize le* RECUEIL *des Lettres de Manes* : Et comme le mot Grec, que je traduis *Recueil*, est celui d'OMAS, il est échappé à un (2) Savant Moderne de le prendre pour le nom de l'Auteur de ces Lettres. La faute est grossiére : mais l'Infaillibilité n'est le Privilége d'aucun Mortel.

Son *Epître* DU FONDEMENT.

Entre les Lettres de *Manichée* on estimoit sur-tout en Afrique celle, qui est intitulée du FONDEMENT, & qui contenoit les Principes & la Substance du Manicheïsme. On la lisoit dans les Assemblées de la Secte, comme une Epitre Apostolique : On en écoutoit la lecture avec un grand respect, &, lors qu'elle étoit finie, tout le Peuple (3) faisoit une inclination de tête, & disoit AMEN.

2. Ses DITS ET FAITS MEMORABLES.

9. Le second Livre, que je regrette le plus, ce sont (4) LES DITS ET FAITS MEMORABLES de notre Héréfiarque. On y auroit vû à decouvert le Génie, la Doctrine, le caractére d'un homme si extraordinaire, & au moins une partie de son Histoire.

II. Commentateurs de ses Livres.

II. Ce sont-là les Ouvrages, dont les Anciens nous ont conservé les Titres. Je ne doute pas qu'il n'y en eût d'autres, qui sont demeurez dans l'obscurité : comme la matiére étoit difficile, & que les figures des Orientaux, leur stile énigmatique, leurs Paraboles, en augmentoient encore la difficulté, quelques-uns des principaux Disciples de *Manès* travaillérent à l'éclaircir par des Commentaires. C'est ce que firent entr'autres, (5) HIÉRAX, ou (6) HIERACAS, HERACLIDE, & APHTHONE. *Hiérax* est le plus

HIERAX, son caractere.

(1) Βιβλίον ἀναθεματίζω τὸν ἐπιστολῶν ὀμάδα. *Ap. Coteler.* PP. Ap. *ub. sup.* Et dans Pierre de Sicile. p. 30. ἐπιστολῶν ὁμάς.

(2) C'est *Jaques Goar*, célèbre Dominicain. Il a traduit, *Anathematizo Librum Epistolarum Omada.* Le Docteur *Cave* a relevé cette faute. *in Add.* T. II. p. 471.

(3) C'est ce que dit *Cave*, in Add. ubi sup. Il cite S. *Aug.* cont. Faust. L XIII. 5.

(4) Βιβλίον τῶν ἀπομνημονευμάτων. Ap. Coteler. p. 538. J'ai exprimé le sens du terme Grec comme *Tollius*, approuvé par *Cave*. Cependant M. de *Valois* croit, qu'ἀπομνημονεύματα signifie seulement des *Sentences*, des *Dits memorables*, qui n'ont pas été écrits, & qui ne se sont conservez que par tradition. *Xenophon librum scripsit* τῶν Σωκράτους ἀπομνημονευμάτων, id est, *Dictorum Socratis, quæ memoria recolebat.* Animad. ad Euseb. p. 94. Il s'agiroit donc des *Apophthegmes* de *Manichée.*

(5) Ἐξηγηταὶ δὲ αὐτῷ, καὶ ὑπομνηματισταὶ γεγόνασιν Ἱέραξ καὶ Ἡρακλείδης καὶ Ἀφθόνιος. *Pet.* Sicul. H. Manich. p. 30. *Coteler.* ubi sup. p. 539. col. 1.

(6) St. *Epiphane* l'appelle *Hieracas*, ce qui a donné lieu à des Savans de le distinguer d'*Hierax*. Voyez l'*Index* de la Bibliotheque Grecque de *Fabricius* p. 548. Pour moi je ne doute pas qu'*Hiérax* & *Hiéracas* ne soient la même

plus connu (*a*); „ Il étoit d'Egypte, natif de (7) *Leontopole*, très-„ favant dans les Sciences des Grecs & des Egyptiens : d'ailleurs „ d'une (8) sainteté & d'une austérité de mœurs, qui le rendoit „ l'admiration de sa Patrie. Il joignoit à ces talens l'Eloquence, „ l'Art de persuader & la Moderation. Ce n'étoit pas un de ces Ma-„ nichéens outrez, qui médisoient hautement de la Loi & des Pro-„ phètes. Il savoit par cœur le Vieux Testament aussi-bien que „ le Nouveau : Il faisoit profession d'honorer les Patriarches des „ Hébreux, & de reconnoitre (9) *Esaïe* & *Jérémie* pour de vé-„ ritables Prophètes. Il croyoit que le St. *Esprit* apparut à *Abra-„ bam* sous la forme d'un Sacrificateur & d'un Roi, & sous le „ nom de (*b*) *Melchisedech*. Que c'est cet *Esprit*, qui est (10) *Sa-„ crificateur éternellement* (*c*), parce *qu'il prie* toujours *pour les* „ *Saints*, par des *soupirs inexprimables :* qu'il est *semblable* au Fils de „ Dieu, parce qu'il émane du Pére comme lui : qu'il est *sans Pére* „ sur la Terre, & *sans Mére* dans le Ciel.

(*a*) Epiph. Hær. LXVIII.

Ses Vertus, son savoir, ses sentimens sur le V. Testament. Sur Melchisedech.

(*b*) Heb. VII. 2.

(*c*) Rom. VIII. 26.

Hierax enseignoit la Trinité & la Consubstantialité. Il expliquoit (*d*) la génération du Fils, & la Procession de S. Esprit par l'image d'un flambeau, qui en allume d'autres sans aucune diminution de son Essence. Il avoit composé (11) *des Commentaires* sur tout le Vieux & le Nouveau Testament, & en particulier sur l'Histoire de la Création en six jours. St. *Epiphane* dit, que ce dernier Ouvrage contenoit beaucoup de fables, & de vaines Allégories. *Hiérax* étoit sans doute dans le sentiment, où ont été plusieurs Péres, que l'Histoire de la Création, & celle de la Tentation, ne devoient pas s'expliquer à la lettre. Il est bien fâcheux qu'il ne nous reste aucun monument de tous ces Ouvrages. Quoique le savoir d'*Hierax*, & la réputation de sa Sainteté, lui eussent acquis un grand nom, & un grand crédit en Egypte, sur-tout parmi (*e*) les Solitaires, qu'il rendit presque tous Manichéens. Ce que nous savons de ses sentimens c'est (12) 1°. „ qu'il nioit la résurrection „ de

Sur la Trinité & sur la Consubstantialité.

(*d*) Ibid. p. ... ad ... Ap. ... T. I. p. ... &c.

Ses Ouvrages.

(*e*) On peut voir ... Fabr. ... Ad. T. I. p. ... Solit. Manichéens.

même personne. Aussi *Damascéns* (De Hæres. Cap. LXVII.) l'appelle-t-il *Hierax*. Ἱεραξίται, ἀπὸ Ἱέρακος. Il est mis par *Photius*, par *Pierre de Sicile*, & par la *Formule d'Abjuration*, entre les premiers Disciples de *Manichée*. La Chronologie n'y est point contraire. *Manichée* mourut en 277. ou 278. St. *Epiphane*, qui écrivoit ses Livres *Des Hérésies* cent ans après, en 375. temoigne qu'*Hieracas* étoit mort plusieurs années auparavant, après avoir vécu plus de quatre-vint-dix ans. *Epiph.* p. 712.

(7) Ἐν τῇ Λεόντων. Ibid. Cette Ville s'appelloit de la sorte, parce qu'on y gardoit, & qu'on y véneroit des *Lions*. Cellar. *Afric.* p. 29.

(8) Ἦν δὲ οὗτος ... *Epiph.* Ibid. p. 710.

(9) Ἡσαΐαν ... Ibid.

(10) M. *Fabricius* a fait une fort bonne Note là-dessus dans l'Article CI. de son *Cod. Pseudepig. V. Test.* T. I. p. 320. Voyez la Lettre de S. *Jérôme* à *Evagre* T. III. p. 26. *Edit. Francof.*

(11) Ἐξηγεῖται. *Epiph.* ibid.

(12) Il s'agit des *Hieracites*. ... Cang. in Apparat. ad Gloss. Gr. Ap. Fabric. Bibl. Gr. T. VIII. p. 333.

„ de la Chair : 2°. qu'il ne croyoit pas que J. Christ ait eu un véritable Corps humain : 3°. Et qu'il admettoit trois Principes de toutes choses, DIEU, la MATIERE & LE MAL ". Remarquons en passant, qu'un des premiers Disciples de *Manichée*, s'étant signalé dans toute l'Egypte par sa sainteté, & par ses austéritez, cela suffit seul pour justifier l'Hérésiarque & sa Secte des profanations, & des Mystéres abominables, qu'on leur attribue.

III. D'Aphthone. Il étoit Évêque des Manichéens d'Alexandrie. Vaincu par Aëtius.

III. Je ne trouve rien touchant *Aphthone*, que ce que *Philostorge* en a raconté. Cet homme florissoit sous l'Empire de *Constance*, & faisoit son séjour à Alexandrie (1), où il étoit le Patriarche des Manichéens, & s'étoit acquis une grande réputation de Savoir & d'Eloquence. *Aëtius*, qui se trouvoit alors à *Antioche*, attiré par le bruit qu'*Aphthone* faisoit en Egypte, & par le zéle d'arrêter les funestes progrès de l'Hérésie dans cette Province, y accourut, & entra en dispute avec ce redoutable Adversaire. L'action fut longue & publique. *Aëtius* y défendit la Vérité contre l'Erreur avec tant de force & d'avantage, qu'*Aphthone* réduit au silence, & couvert de confusion, ne pouvant, ni se consoler de sa défaite, ni se résoudre à renoncer à ses Erreurs, tomba malade de dépit, & mourut sept jours après. Je suis surpris de ne trouver un fait si mémorable que dans le seul *Philostorge*. Seroit-ce parce qu'*Aëtius* ayant été le maître d'*Eunome*, & par conséquent comme le Chef de la plus dangereuse des Factions Ariennes, les Historiens Orthodoxes n'ont pas jugé à propos de faire mention de sa Victoire ? Il a été Arien : cela est constant ; mais falloit-il à cause de cela le surnommer (2) l'*Athée ?* Je ne puis rien dire d'*Héraclide*, troisiême *Commentateur* de *Manichée*, cet homme m'étant tout-à-fait inconnu.

IV. Recueil de Prieres à l'usage des Manichéens.

IV. Les *Manichéens* avoient un (3) *Livre de Priéres*. On pourroit croire, que c'étoit la *Liturgie* de la Secte, si l'on étoit bien assuré, que les Liturgies fussent en usage du tems de *Manès*. Peut-être n'étoit-ce qu'un Formulaire de Priéres, accommodées aux diverses circonstances de la vie, & à l'usage des particuliers. Les Grecs les traitent (4) de *Prestiges & d'enchantemens*, mais c'est pure calomnie. St. *Augustin*, qui avoit assisté au service des Manichéens

(1) Ἀφθόνιος τῆς τῶν Μανιχαίων [illegible] [illegible], καὶ μεγάλην περὶ [illegible] [illegible], καὶ [illegible] [illegible]. *Philostorg*. H. E. L. III. 15. p. 487. 488.

(2) Ὁ ἐπικληθεὶς ἄθεος. Athanas. de Synod. p. m. 673.

(3) Βίβλος εὐχῶν. Tim. Presbyt. ap. *Cotel*. ub. sup.

(4) [illegible] εὐχὴν, μᾶλλον δὲ γοητείαν. Formul. Recept. *ub. sup*. Petr. Sicul. *ub sup*.

(5) Ce titre est pris de *Marc* IV. 21. Seroit-ce que cet Hérétique auroit accusé les Orthodoxes de tenir *la lampe cachée sous le boisseau ?*

(6) *Adimantus, qui proprio nomine* ADDAS *dictus est* Cont. Advers. Leg. L. II, 12. Je dis que c'est une *Erreur* de St. *Augustin* parce que les Grecs distinguent entre *Adas*, ou *Adanus* & *Adimantus* ; & que cela est nécessaire pour faire

chéens, témoigne, que leur Culte étoit pur, & que tout ce qu'il avoit trouvé à redire à leurs Prieres, c'est qu'ils les prononçoient le visage tourné du côté du Soleil.

V. Les Disciples de *Manichée* écrivirent divers Ouvrages, pour établir & défendre leurs Erreurs. *Adas* en composa un, auquel il donna le titre de (5) MODIUM. Ce Livre fut réfuté par (*a*) *Diodore*, Evêque de *Tarse*, l'un des plus savans hommes de l'Antiquité, mais dont les Grecs ont laissé perir les Ecrits, parce qu'il passe pour avoir jetté les fondemens du Nestorianisme. (*b*) *Ebedjesu* témoigne, que les Nestoriens ont en Syriaque les vint-cinq Livres, qu'il composa contre les Manichéens. Je croi qu'*Adas* étoit Mésopotamien, ou Syrien, & que son nom est le même que celui d'*Adée* ou *Thadée*, commun entre les Syriens: Les Grecs en ont fait (*c*) *Adantus*, ce qui a peut-être causé l'erreur de St. *Augustin*, qui a confondu *Adas* avec (6) *Adimante*.

V. Livre d'Adas intitulé Modium.

(*a*) *Phot. Cod.* 85.

(*b*) *Catal.* L. T. I p. [illegible].

(*c*) *Pet. Sicul.* ub. sup. p. 30.

VI. Parlons de ce dernier. Ce fut lui, si je ne me trompe, qui porta l'Hérésie dans l'Afrique Proconsulaire, où elle avoit fait de grands progrès dès l'an 290. de Notre Seigneur, douze ou treize ans aprés le supplice de l'Hérésiarque. Je ne trouve point à la vérité d'Auteur, qui témoigne qu'*Adimante* ait prêché le Manicheïsme en Afrique. Mais il me semble qu'on peut l'inferer de l'amour & de la vénération, que les Manichéens de cette Province avoient pour sa mémoire. (7) *Aprés* MANICHE'E, *notre bienheureux Pére*, dit Fauste, *c'est le seul* ADIMANTE, *qui mérite toute notre admiration.* Cette préference, que les Manichéens d'Afrique donnoient à *Adimante*, sur tous les Disciples de leur Maître, insinuë, ce me semble, qu'il avoit été leur Apôtre. C'étoit le Saint, le Patron de la Secte dans ce Pays-là. Il est certain d'ailleurs que Manichée (8) *l'avoit envoyé en divers climats, pour y prêcher ses Erreurs.*

VI. d'*Adimante*: il fut l'Apôtre du Manicheïsme en Afrique.

J'ai été confirmé dans cette conjecture, lorsque j'ai lû dans les (9) Anathèmes, qu'on faisoit prononcer en Occident à ceux qui abjuroient le Manicheïsme, ces paroles si honorables à *Adimante*. (10) " *J'anathematize* quiconque croit, que la promesse du „ Paraclet, n'a pas été accomplie le jour de la Pentecôte, qui „ suivit

faire le nombre des douze Disciples, que l'on donne à Manichée. *Qui* (Adimantus) *Manichai Sectator, cum ille viveret, fuisse jactatur.* Aug. Ibid. Cap. ult.

(7) *Doctissimo scilicet, & solo nobis post Beatum Patrem nostrum Manichaum, stupendo Adimanto.* Faust. ap. Aug. L. I. 2.

(8) Ἀδείμαντος, ὃν ἀπέστειλεν εἰς διάφορα κλίματα κηρύσσειν τὴν πλάνην. Pet. Sic. ub. sup. p. 30.

(9) J'ai parlé de ces *Anathêmes* dans le Discours Préliminaire, p. 232.

(10) *Quicunque Adventum Spiritus Paracleti... in* MANE *vel in* ADIMANTO... *venisse credit.* Vid. Prosp. Anathematis X. De même Anath. XX. *Anathema* ADIMANTO, *& qui in eum Spiritum Paracletum venisse credit.* Voyez cette Pièce ap. *Fabric.* Tom. II. Oper. Hippol. Martyr.

„ suivit de près l'Ascension du Seigneur, mais plusieurs années „ depuis, dans la Personne de MANES, *ou dans celle* d'ADIMANTE *son Disciple*. Et encore, *Anathème* à quiconque croit que „ l'Esprit Paraclet est venu dans ADIMANTE". Ces Anathêmes supposent, que les Manichéens d'Afrique, qui s'étoient repandus en Italie mettoient en parallele le Disciple avec le Maitre, & doutoient, si le S. Esprit étoit venu dans *Manès*, ou dans *Adimante*. La supposition est certainement fausse, mais elle fait voir la vénération que les Africains avoient pour ce dernier. Or je ne croi pas, qu'on en puisse trouver d'autre cause, que celle qu'il avoit été leur Apôtre. Les Egyptiens, les Syriens, les Orientaux, les Grecs ne parloient point ainsi d'*Adimante*. Il avoit écrit en Latin un Traité, dans lequel il prétendoit montrer, que l'Evangile & la Loi sont trop opposez, & trop incompatibles, pour venir du même Esprit, & de la même Autorité. St. *Augustin* le réfuta & c'est dans une Réfutation qu'on trouve ce mot, qui a donné depuis la torture aux Scholastiques, (1) *le Seigneur n'a* PAS FAIT DIFFICULTÉ *de dire*, ceci est mon Corps, *lorsqu'il donnoit* LE SIGNE DE SON CORPS.

VII. Ouvrages d'Agapius, autre Disciple de *Manichée*. Sa Methode, son stile.

(a) *Phot.* cont. *Manich.* *renal.* L. I. *Pet. Sic.* Hist. Manichaeor. p. 30. Formul. Recep. Manich. Ap. *Cotel.* ub. sup. *Toll.* Insig. Itin. Ital. p. 126.
(b) *Phot.* Cod. 179.
(c) [illegible]
(d) Id. ibid.
(e) *Phot.* ibid.

VII. *Agapius* est mis par (*a*) *Photius*, & par *Pierre de Sicile* au rang des prémiers Disciples de *Manichée*. Cependant, s'il est vrai qu'il ait écrit contre (2) *Eunome*, qui florissoit vers l'an 360. comme *Photius* (*b*) semble le dire, il n'y a pas d'apparence qu'il ait jamais connu l'Héréfiarque, qui mourut vers l'an 277. ou 278. Quoiqu'il en soit, on nous parle de trois Ouvrages d'*Agapius*. Le prémier étoit intitulé (3) EPTALOGUE, apparemment parce qu'il étoit divisé en *sept Livres*. Le second en contenoit *vint-trois*, & c'est celui dont *Photius* (*c*) nous a donné un assez long Extrait. Le troisiéme étoit partagé (*d*) *en cent deux Chapitres*. Il avoit dédié ces derniers à quelque Sainte de la Secte, nommée URANIE. Quoique la Doctrine de cet homme fût le pur Manichéïsme, il affectoit de se servir des termes de l'Eglise. (*e*) " Il parloit, com- „ me les Orthodoxes, du Corps & du Sang de J. Christ; de sa „ Croix, de sa mort, de son Baptême, de sa sépulture, de sa Résur-

(1) *Non enim Dominus dubitavit dicere, hoc est Corpus meum, cum signum daret Corporis sui.* Aug. cont. Adim. Cap. XII. Quand on lit ce Passage, & quelques autres de la même évidence, on se rappelle aisément ce qu'a dit Notre Seigneur. Ceux qui ne sont pas éclairez par *Moïse* & par les Prophétes, ne le seroient pas quand ils verroient des morts ressusciter. Il est plus facile de résister à des Miracles qu'à des témoignages si évidens.

(2) Il faut voir ce qu'à dit là-dessus le Docteur *Cave*. T. II. Differt. II. p. 3. J'ai parlé dans la I. Partie du sentiment de ce savant homme, qui ne paroît pas soutenable, à moins qu'il n'ait eu des preuves, qui sont inconnuës.

(3) Ἑπτάλογον συντάξας. Pet. Sic. *Phot.* Form. Recept. loc. cit.

" Résurrection, & de la Résurrection des morts. Il défendoit la Consubstantialité des Personnes Divines. Il condamnoit le Mariage, l'usage des viandes, & du vin : & s'appuyoit sur quelques Passages des Evangiles, & des Epitres de S. *Paul*, sur *les faux Actes des XII. Apôtres*, & en particulier sur ceux de S. *André*. *Photius* remarque, que son stile étoit inégal, quelquefois assez noble, d'autres fois bas & rampant : qu'il manquoit de Génie & d'invention, mais qu'il avoit d'ailleurs le malheureux talent d'être fort habile à corrompre & à falsifier la Vérité.

VIII. THEOSOPHIE d'un certain *Aristocrite*.

VIII. La Formule Grecque d'abjuration du Manichéïsme fait mention d'un certain ARISTOCRITE, & d'un Ouvrage, qu'il avoit composé sous le nom de THEOSOPHIE, ou de *Sagesse de Dieu*. Son but étoit de montrer, qu'au fond toutes les Religions, Payenne, Judaïque, Chrétienne, convenoient dans le Principe & dans les Dogmes, & ne differoient que dans quelques Cérémonies. (4) Par-tout un Dieu suprême, & des Dieux subalternes, ici sous le nom de *Dieux*, là sous celui d'*Anges*. Par-tout des Temples, des Sacrifices, des Priéres, des Offrandes, des Recompenses, ou des peines dans l'avenir : Et si l'on y joint ce qu'un bel Esprit moderne a tâché d'établir, par-tout une Divinité Mediatrice entre le Dieu suprême & les Hommes ; une premiére Intelligence, qui est le premier Ministre de Dieu. Par-tout enfin des Démons, & un Chef des Démons, principal Auteur des crimes, & chargé du soin de les punir.

But de cet Ouvrage. Confondre la Religion Chrétienne avec le Paganisme & le Judaïsme.

Fauste est [illegible] même [illegible] contre les Ortho[illegible].

Il ne nous reste rien, que je sache, de *la Théosophie d'Aristocrite*. Je ne trouve pas même son nom dans la liste des Auteurs Grecs du savant (5) M. *Fabricius*. J'ai seulement remarqué, que *Fauste* a voulu soutenir contre les Orthodoxes, qu'au fond leur Religion n'étoit qu'un Paganisme altéré, & qu'ils n'étoient eux-mêmes qu'une branche détachée de ce mauvais Arbre. (6) " Il est constant, *dit-il à St. Augustin*, que vous n'êtes vous & les Juifs, que des Schismatiques, qui vous êtes séparez des Gentils, dont vous avez gardé la Foi, & les Cérémonies, en y faisant quelques legers changemens, & que tout ce qui vous divise

(4) Il n'est pas nécessaire, que j'avertisse ici le Lecteur, que ces conformitez viennent d'un Homme, qui voit les choses de loin, & qui ne les voit que confusément, sans appercevoir des différences très-réelles.

(5) Il ne parle que d'un Poëte tragique de ce nom, dont les Livres sont perdus.

(6) *Quare constat vos* (Catholicos) *atque Judaeos, Schisma esse Gentilitatis, cujus fidem tenentes & ritus, modice quamvis immutatos, de sola conventuum divisione putatis vos esse Sectas.* Faust. ap. Aug. L. XX. 4. Ajoutons ce que dit *Turbon*, dans les Actes d'Archélaus. *Idem unum atque idem sunt Christiani, & Judaei, & Gentes, eundem Deum colentes.* Act. Disp. No. XI. Le Grec d'*Epiphane* est conforme.

„ viſe n'eſt proprement que vos Aſſemblées ". *Fauſte* appuye cette accuſation ſur le Culte des morts, qui commençoit à s'introduire dans l'Egliſe : ſur les Fêtes des Martyrs : ſur les veilles auprès de leurs tombeaux ; juſque là l'Hérétique n'a pas tout-à-fait tort : mais il en a beaucoup quand il ajoûte, que les Chrétiens, les Payens, & les Juifs s'accordoient ſur l'Article de (1) *la Monarchie*, c'eſt-à-dire, ſur l'*unité de Principe*. *Fauſte* ſe trompe certainement à cet égard, & juſtifie ce qu'a dit S. *Auguſtin* qu'il avoit plus de *babil que de ſavoir*. Les Payens ont reconnu généralement deux Principes, l'un *actif*, qui eſt *Dieu*, & l'autre *paſſif*, qui eſt la Matiére. Il y en a même eu pluſieurs, qui n'ont pas douté que la Matiére n'eût eſſentiellement le mouvement, l'action, & une eſpéce d'Ame brute, qui eſt l'origine des Paſſions vicieuſes, & des maux qui regnent dans le Monde. Or c'eſt-la le pur Manicheïſme. Au reſte je ne dis rien des Livres de *Fauſte* parce que j'en ai parlé dans le Diſcours Préliminaire.

IX. Livres des Manichéens en grand nombre.

IX. Je ne croi pas qu'il nous reſte en Occident aucun de tous ces Livres, ni en général aucun Ouvrage des anciens Manichéens, quoiqu'il y en eût beaucoup du tems de St. *Auguſtin* : Il nous apprend, que ces Hérétiques (2) " avoient UN GRAND NOMBRE DE VOLUMES, ET DE GROS VOLUMES, qu'ils „ les conſervoient avec un grand ſoin, & les ornoient de reliûres fort belles & fort riches ". Mais, comme je l'ai déjà dit, S. *Auguſtin* n'en connoiſſoit que les dehors. Ce qui me le fait croire, c'eſt qu'il ne les cite jamais dans ſes Diſputes. S'il avoit bien lû les Livres de cette Secte, il les auroit alléguez, pour juſtifier les Héréſies, dont il les accuſe : Il y auroit cherché des argumens contre eux : Il auroit mis leurs Auteurs en oppoſition les uns avec les autres : Il auroit relevé les abſurditez qu'il y auroit découvertes. En un mot, il n'eſt pas poſſible qu'il n'eût tiré de grands avantages des Livres des Manichéens contre les Manichéens mêmes : Or ne l'ayant pas fait, c'eſt, à mon gré, une preuve certaine, qu'il ne les avoit jamais lûs. Il n'eſt pas poſſible auſſi qu'il n'y eût trouvé des réponſes à ſes Objections ; ce qui l'auroit engagé à les refuter.

St. *Auguſtin* ne les avoit point lûs.

J'ai tiré la même conſéquence de quelques endroits des Diſputes de St. *Auguſtin* contre *Fauſte*. " Vous m'alléguerez PEUT-ETRE, *lui dit-il*, quelque Livre de *Manichée*, où il eſt dit „ que J. Chriſt n'eſt pas né d'une Vierge". Et encore " vous m'alleguerez PEUT-ETRE, quelqu'autre Livre, qui porte le nom „ d'un

(1) *In opinione Monarchiæ in nullo ipſi diſſentiunt à Paganis.* Ibid.

(2) *Tam multi, tam grandes, tam pretioſi codices veſtri.* Aug. cont. *Fauſt.* L. XIII. 14. Et dans la ſuite, *Incendite omnes illas membranas, elegantesque tecturas, decoris pellibus exquiſitas.*

„ d'un Apôtre, où l'on dit, que J. Christ n'est point né de „ Marie". Ces *peut-être* insinuent, que St. *Augustin* n'avoit lû, ni les Livres de *Manichée*, ni les Apocryphes des Manichéens. La principale raison en est apparemment, qu'ils étoient écrits en Persan, en Syriaque, en Grec, Langues, que ce Pére n'entendoit pas. Je ne sai si les Manichéens d'Afrique avoient quelque Prêtre, ou quelque Evêque, qui possedât bien ces Langues Etrangéres; mais ils ne laissoient pas de conserver les Livres mêmes, parce qu'ils regardoient les uns comme les Ecritures de leur Secte, & les autres comme les Ouvrages de leurs Péres.

DISCOURS

Où l'on fait voir, que les Livres Apocryphes, & Fabuleux, bien loin de donner atteinte à la certitude des Faits miraculeux, contenus dans les Evangiles, & par consequent à la certitude de la Religion Chrétienne, concourent à les confirmer.

I. Raison pourquoi on interrompt ce Discours.

I. SI j'écrivois pour les Savans, je n'interromprois pas le cours de ce Traité, pour examiner & refuter une Objection, que les Incrédules ne cessent point de faire contre l'authenticité & la certitude des Livres du Nouveau Testament. Mais écrivant dans une Langue, qui est connuë dans toute l'Europe; & cet Ouvrage étant lû par des Personnes, qui n'ont pas le loisir d'etudier les Matiéres de la Religion, j'ai crû devoir prévenir le scandale, que pourroit leur causer cette multitude d'Apocryphes, dont nous avons parlé. Il est d'ailleurs nécessaire de réprimer le triomphe des Ennemis de la Foi, & de montrer, qu'au fond tous ces Apocryphes confirment les Véritez, contre lesquelles ils s'élevent. C'est-ce que (a) j'ai promis de faire; & ce que je vai tâcher d'executer à présent. Ne produisons sur la Scène qu'un Juif, qui ne manquoit ni d'esprit, ni de savoir. Il lui est permis de faire des difficultez contre une Religion, qu'il croit s'être élévée sur les ruïnes de la sienne: Et d'ailleurs son Incrédulité est plus excusable, & moins scandaleuse, que celle de ces Transfuges, qui ne demeurent cachez dans l'Eglise Chrétienne que pour profiter de sa protection, pendant qu'ils font tous leurs efforts pour en ébranler les fondemens.

(a) Ci-dessus p. 370. Rem. 4.

II. Objection du Juif *I. Orobio de Castro* contre les Evangiles.

II. Le Juif *Isaac Orobio de Castro* objecta à feu M. *de Limborch*, dans les disputes qu'ils eurent ensemble, les faux Evangiles, qui furent écrits, ou supposez dans les premiers Siècles. „ Il y eut „ autrefois, *dit-il*, (b) quantité d'Evangiles, qui eurent chacun „ leurs Partisans: mais, comme ils ne s'accordoient pas, la plûpart furent rejettez avec le tems, & par l'autorité des Conciles, „ de sorte que l'on n'en a conservé que quatre en Europe, parce que

(b) . 3. *Amic. Collat. cum Erud. Judæo.* Script. III. Judæi. no. VIII. p. 145.

(1) *Ut unica sua fidei regula.* Ibid.

(2) *Post hæc exarata didici ab illustrissimo Archiepiscopo Armeno, qui in hac regia urbe versabatur, haberi apud suos dictas Epistolas, & apocryphas haberi.* Cotel. in Not. ad *Const. Ap.* p. 354. Voyez ces Epitres avec des Remarques, dans le *Cod. Apocryp. N. Test.* de *Fabricius* Tom. II. p. 667. & suiv. C'est du même Evêque, dont M. *Simon* parle *Hist. Crit. du N. T.*

„ que leurs Rélations se trouvoient les plus conformes. Cependant les autres n'ont pas été rejettez de tous les Chrétiens ; car plusieurs Eglises d'Afrique & d'Asie gardent encore celui de *Thomas* (1), *comme l'unique Règle* de leur Foi. J'ai vû cet Evangile, qu'un Archevêque Armenien, qui avoit appris le Latin à Rome, m'expliqua dans cette Langue, lorsqu'il étoit à Amsterdam. Je puis protester avec vérité, que j'y ai lû tant d'erreurs, de superstitions, & de Dogmes hérétiques, que je ne saurois assez m'étonner, qu'on lui ait donné le nom d'Evangile. Cependant l'Archévêque m'assuroit, que c'étoit la Parole de Dieu, laquelle n'avoit point été falsifiée par les Chrétiens d'Occident.

III. Commençons par quelques Remarques sur ce discours du Juif. 1°. L'Archévêque Arménien, dont il parle, est le même avec lequel M. *Cotelier* s'étoit entretenu à Paris, & qui lui avoit dit (2), que les Arméniens avoient une Epître des *Corinthiens* à S. *Paul*, & une III. Epître de S. *Paul* aux *Corinthiens*, mais que l'une & l'autre passoient chez eux pour apocryphes. 2. Le faux Evangile de S. *Thomas* est sans doute l'*Evangile de l'Enfance*. Car, outre que l'Imposteur a pris le nom (*c*) de *Thomas*, cette Pièce est reçuë des deux Communions Orientales, & en particulier des Arméniens. 3. Le Juif avance un insigne mensonge, lors qu'il dit, que *plusieurs Eglises d'Afrique & d'Asie regardent ce* faux *Evangile comme l'unique Règle de leur Foi.* Tous les Chrétiens reçoivent & vénérent nos quatre Evangiles, comme des Règles sûres de la Foi, & les Eglises qui admettent celui de *Thomas*, non seulement n'excluent pas les quatre autres, mais leur donnent certainement la préférence. 4. Le Juif parle en homme aveuglé par son Incrédulité, lors qu'il accuse les Chrétiens de n'avoir conservé que quatre Evangiles, parce que c'étoient les seuls qui s'accordassent passablement. S'il avoit été mieux instruit, ou plus équitable, il auroit reconnu la fausseté de son accusation. En effet, il reste entre les Rélations de nos Evangelistes, non seulement des variétez dans les circonstances ; mais quelquefois des contrariétez, qui, bien qu'elles ne soient pas réelles, ne laissent pas d'embarrasser beaucoup les Interprétes de l'Ecriture. Le Lecteur peut se souvenir de ce que (*d*) j'ai remarqué sur les douze derniers versets de l'Evangile selon S. *Marc*, qui ne se trouvoient point dans un grand nombre d'Exem-

III. Remarques sur cette Objection.

(*c*) V. ci-dessus p. [illegible].

Fausseté manifeste du Juif.

Erreur du même.

Des contrariétez [illegible] [illegible] point [illegible] entre [illegible] Evangel[illegible].

(*d*) [illegible]

N. T. P. II. p. 196. Il s'appelloit [illegible], & avoit été député en Occident pour y faire imprimer la Bible en Armenien. *J'ai sû de lui*, dit M. Simon, *qu'une Bible Armenienne entiere*, avant qu'elle *fut imprimée*, *se vendoit au moins* [illegible] *écus*. Quel obstacle à la co[illegible]ance des Livres sacrez !

(a) Voyez [illegible]

emplaires, & que (a) des Savans ont jugé n'en avoir été retranchez, que par la difficulté de les concilier avec le recit des autres Evangélistes. Cependant, comme ils se trouvoient dans des Exemplaires, qui paroissoient authentiques, on les a rétablis. Personne n'ignore combien les deux Génealogies de J. Christ, l'une écrite par S. *Matthieu*, l'autre par S. *Luc*, paroissent difficiles à accorder. Elles ont fourni de tout tems un prétexte aux Payens & aux Hérétiques d'attaquer la fidélité, ou l'exactitude des Ecrivains sacrez. Cela n'a pas empêché l'ancienne Eglise de recevoir avec la même vénération, & l Evangile selon S. *Matthieu*, & l'Evangile selon saint *Luc*, parce qu'elle tenoit l'un d'un Apôtre de J. Christ, & l'autre d'un de leurs premiers, & de leurs plus célèbres Disciples. Si donc nous n'avons que quatre Evangiles, c'est uniquement, parce que ce sont les seuls dont l'Authenticité a été reconnuë de tout tems par l'Eglise Universelle. *Voici*, (1) dit Origène, *ce que la Tradition m'a appris touchant ces quatre Evangiles, qui sont les seuls qui ayent été reconnus sans aucune contestation dans toute l'Eglise de Dieu, qui est sous le Ciel.*

IV. Réponse directe à l'Objection. Cinq Propositions qui la refutent entierement.

IV. Pour satisfaire à présent à l'Objection du Juif, & des autres Incrédules, il faut montrer, I. Que les Péres ont eu des caractéres certains, pour distinguer les Livres authentiques des Livres douteux, ou supposez. II. Qu'ils ont procédé, dans l'examen de ces Livres, non seulement avec beaucoup de sagesse, & de circonspection, mais avec une religion scrupuleuse. III. Quelle a été l'origine des Livres Apocryphes, & comment il étoit naturellement impossible qu'il n'y en eût point. IV. Que ces Apocryphes étoient de différentes espéces, & que le nombre en est beaucoup moins grand qu'on ne s'imagine. V. Et qu'enfin les plus mauvais & les plus corrompus, bien loin de ruïner l'Autorité Divine de la Religion Chrétienne, concourent, comme les autres, à la confirmer, en rendant témoignage à ces Véritez capitales, *que J. Christ est le Fils de Dieu*, (quelque sens que l'on donne à ces termes) *& qu'il a prouvé sa Mission par des Miracles éclatans*. Or c'est là précisement ce que les Incrédules nient.

V. Premiére Proposition:

V. Premiére Proposition. *Les Péres ont eu des Règles certaines, des caractéres certains, pour juger de l'authenticité, ou de la supposition*

(1) Ὡς ἐν παραδόσει μαθὼν περὶ τῶν τεσσάρων εὐαγγελίων, ἃ καὶ μόνα ἀναντίῤῥητά ἐστιν ἐν τῇ ὑπὸ τὸν οὐρανὸν ἐκκλησίᾳ τοῦ Θεοῦ. Ap. *Euseb.* L. VI 25. p. 226.

(2) Cette Règle a été introduite par S. *Paul*. Il veut qu'on juge des Ministres de l'Evangile par la conformité, ou la disparité, de leur Doctrine, avec celle, qu'il a prêchée, & qu'il avoit reçuë de J. Christ. 1 *Cor.* XII. 3. *Galat.* I. 8. 1 *Tim.* VI. 3. 4. 5. & ail. On doit juger de même des Livres. Le *Modele de la saine Doctrine.* II. *Tim.* I. 13. a servi de Règle pour juger des faux Ecrits, comme des faux Prédicateurs. Ἥ τε γνώμη, καὶ ἡ τῶν ἐν αὐτοῖς. (nempe in Libris adulterinis, apocryphis) φερομένων προαίρεσις, πλεῖστον ὅσον τῆς ἀληθοῦς ὀρθοδοξίας ἀπᾴδουσα. *Euseb.*

sition des Livres, qui portoient les noms des Apôtres, ou des hommes Apostoliques.

Régles, caractéres, par lesquels les Péres ont jugé de l'authenticité, ou de la supposition des Livres.

1. Premiére Règle. (2) Les Péres ont comparé la Doctrine, contenuë dans les Actes qu'on leur présentoit, avec celle qui avoit été annoncée par les Apôtres dans toutes les Eglises, & qui s'y étoit conservée sans alteration, puisqu'elle étoit par-tout uniforme. Les Apôtres avoient prêché par-tout, que J. Christ est le Fils de Dieu, le Christ, le Messie, qu'il a été crucifié, qu'il est mort, qu'il est ressuscité d'entre les morts, & monté au Ciel: Qu'il a enseigné la Foi & le Culte d'un seul Dieu; promis à ceux qui croiroient en lui, & qui garderoient ses Commandemens, la remission de leurs pechez & la Vie éternelle; confirmé sa Doctrine par un grand nombre de Miracles publics, & en particulier par sa resurrection. Ce sont là les Articles capitaux de la Religion Chrétienne, ceux qui ont été reçus dès le commencement & par-tout. Ainsi tous les Livres, qui contenoient une Doctrine contraire, ou differente de celle-là, portoient un caractére évident de supposition, par cette raison si naturelle & si certaine, que le Prédicateur & l'Ecrivain ne sauroient être la même Personne, si les Livres qu'on produit sous le nom de l'Ecrivain contiennent une Doctrine opposée à celle qui a été annoncée par les Prédicateurs, dans tous les lieux, où il a prêché, & annoncée, non seulement par lui, mais par les autres Prédicateurs de l'Evangile, envoyez comme lui, par J. Christ.

Premiere Régle.

La Doctrine écrite a dû etre conforme à la Doctrine prêchée.

Il ne s'ensuit pas de là que la Tradition soit la Régle de la Foi.

On ne doit pas conclurre de-là, que (3) la Tradition est la Règle de la Foi, & qu'il faut juger à présent de l'Ecriture par la Tradition, & non de la Tradition par l'Ecriture. Car il y a bien de la différence entre une Tradition toute fraiche, toute récente, qui se trouve établie à la naissance du Christianisme, qui est uniforme dans toutes les Eglises, où les Apôtres ont prêché, & attestée par ceux qui l'ont ouïe: & entre des Traditions éloignées de la source, qui ne sont pas certifiées par l'Eglise universelle, par des Témoins, qui les ont ouïes de la bouche des Apôtres, ou de leurs premiers Disciples, lesquelles par conséquent n'ont pas la confirmation nécessaire, pour les rendre authentiqnes. Les prémieres ne peuvent être raisonnablement contestées: les autres peuvent l'être

Euseb. H. E. L. III. 25. p. 98. C'est ainsi que *Polycarpe* écrivoit aux Philippiens. Διὸ ἀπολιπόντες τὴν ματαιότητα καὶ τὰς ψευδοδιδασκαλίας τῶν πολλῶν, ἐπὶ τὸν ἐξ ἀρχῆς ἡμῖν παραδοθέντα λόγον ἐπιστρέψωμεν. *Laissant donc les Erreurs de plusieurs, & leur fausse Doctrine, retournons à celle qui nous a été enseignée dès le commencement.*

(3) *Hic ego Ecclesiæ, & Traditioni nihil trado supra Scripturam, Ducem solum facio Ecclesiam ad veram Scripturam: Est potius conditio quædam, sine qua Libri Canonici discerni non possunt à non Canonicis.* M. Anton. de Dominis De Rep. Eccl. L. VII. Cap. I. 19.

l'être, & le sont très-souvent avec justice. Il ne faut pas se jetter, dans une extrémité pour éviter l'autre. L'abus, que l'on fait d'un Principe, ne rend pas le Principe faux ou mauvais. La Tradition, c'est-à-dire, le témoignage de l'Eglise, lorsqu'il est bien verifié que c'est son témoignage, est une preuve solide de la certitude des faits, & même de la certitude de la Doctrine. St. *Luc* n'avoit pas été témoin oculaire de l'Histoire de J. Christ : il n'avoit pas oui de la propre bouche du Seigneur ses Divines instructions. Il n'en avoit rien su que par le témoignage de ceux qui avoient vû, & oui J. Christ. L'Auteur sacré de l'Epitre aux Hébreux, soit qu'il parle de lui-même, ou que, par une figure assez ordinaire, il se mette au nombre de ceux à qui il écrit, ne connoissoit la Doctrine du salut, que par le témoignage de ceux qui l'avoient apprise de la bouche du Seigneur. *Heb.* II. 3. Le sacré dépôt de l'Evangile confié par les Apôtres à des personnes fidèles, fut gardé d'abord inviolablement dans les Eglises. Et cela n'étoit pas difficile dans les commencemens, parce que le nombre des Articles de la Foi n'avoit pas été multiplié au point où il le fut depuis, à cause des Questions curieuses, que des Esprits inquiets faisoient naître.

Tout l'inconvenient, qui pourroit résulter de cette première Règle, c'est que si quelque Imposteur prend le nom d'un Apôtre, ou d'un homme Apostolique, & écrit sous ce nom emprunté, un Livre, dans lequel il imite parfaitement leur Doctrine, on pourra croire, que le Livre est effectivement authentique. Mais la supposition d'un tel Acte ne peut être dangereuse : elle ne porte aucun préjudice à la Foi. Cependant les Péres l'ont évitée par les précautions, qu'ils ont prises, comme on le voit par la Règle suivante.

2. Seconde Regle. Nul Livre n'a été reconnu au commencement pour authentique s'il n'a eu le témoignage constant & perpetuel de toutes les Eglises.

2. Seconde Règle. Les Péres (1) ont examiné fort soigneusement, si les Livres publiez sous le nom des Apôtres, & des hommes Apostoliques, avoient été reçus dès le commencement par toutes les Eglises, & reconnus pour être veritablement des Auteurs dont ils portoient les noms. Ils pouvoient s'en assurer d'une manière certaine, parce qu'il y a eu dans l'Eglise une Succession non interrompuë d'Evêques, de Prêtres, d'Ecrivains Ecclésiastiques, qui depuis les Apôtres ont instruit les Eglises, & ont travaillé à défendre la Religion, soit contre les Juifs & les Payens, ou contre les Hérétiques. Ils ont vû, (2) dans les Ecrits de leurs Pré-

(1) Les Péres ont reçu les Livres, auxquels la Tradition Ecclésiastique a rendu un témoignage constant. Τὰς κατὰ τὴν ἐκκλησιαστικὴν παράδοσιν ἀληθεῖς, καὶ ἀπλάστους, καὶ ἀνωμολογημένας γραφάς. *Euseb.* ub. sup. L. III. 25.

(2) *Eusebe*, parlant de la I. Epître de S. *Pierre*, ταύτῃ δὲ καὶ οἱ πάλαι πρεσβύτεροι, ὡς ἀναμφιλέκτῳ, ἐν τοῖς σφῶν αὐτῶν καταχέχρηνται συγγράμμασι. H. E. L. III. 3.

(3) Ὧν οὐδὲν οὐδαμῶς ἐν συγγράμματι τῶν κατὰ διαδοχὰς ἐκκλησιαστικῶν τις ἀνὴρ εἰς μνήμην

Prédéceſſeurs, quels étoient les Livres, que ceux-ci avoient reçu des Apôtres, ou des hommes Apoſtoliques, parce qu'ils y étoient alléguez ſous leur nom, & dans les termes, qui ſe trouvoient dans leurs Ouvrages. De là ils ont conclu, 1. que ces Livres étoient authentiques. Car enfin un témoignage rendu par toutes les Egliſes, qui ſe trouve, pour ainſi dire, à leur fondation, & qui ſe perpétuë avec elles dans les diverſes Succeſſions de ſes Evêques & de ſes Docteurs, forme une Démonſtration certaine de la vérité d'un fait. Dès qu'il ne s'agira pas de la Religion, ou qu'on n'aura pas un interêt ſecret, ou manifeſte, à refuſer d'y ajoûter foi, les Eſprits les plus difficiles, & les plus prévenus du Pyrrhoniſme, céderont à un tel témoignage, & s'en ſerviront lorſqu'ils voudront décider une Queſtion de fait. Du même principe les Péres ont conclu en ſecond lieu, (3) que tous les Livres produits ſous le nom des Apôtres, ou des hommes Apoſtoliques, mais qui n'avoient pas le témoignage conſtant & perpétuel de toutes les Egliſes étoient ou ſuppoſez, ou incertains. C'eſt pour cela (4) qu'encore qu'un Livre ne contînt rien d'héterodoxe, & que la Lecture en pût être édifiante, il n'a point été admis par les anciens Péres au nombre des Livres Canoniques, parce que ſon authenticité n'étoit pas ſcéelée du témoignage de l'Egliſe univerſelle, & qu'il ne paroiſſoit pas qu'il eût été reconnu, dès le commencement, pour être l'Ouvrage légitime de l'Apôtre, ou de l'homme Apoſtolique, dont il portoit le nom.

Troiſiéme Régle. Les Péres ayant des Livres, qui venoient certainement des Apôtres, ou des hommes Apoſtoliques, ils s'en ſont ſervis comme d'une Règle ſûre pour juger des autres. C'eſt la Maxime conſtante de tous les Critiques. Lorſqu'il s'agit de juger d'Actes ſuſpects on les compare avec des Actes authentiques. Nous avons des Livres, qui ſont inconteſtablement de S. *Auguſtin*. Ils nous ſervent de Régle, pour juger de ceux, qu'on a ſuppoſez ſous le nom de cet ancien Docteur. Quand donc on a produit des Livres ſous le nom des Apôtres, ou des hommes Apoſtoliques, les Anciens ont conſideré, premiérement, (5) ſi l'on y reconnoiſſoit le caractére & la Doctrine Apoſtolique. Et ſecondement, ſi les premiers Succeſſeurs des Apôtres les avoient reconnus, & citez ſous les noms vénérables des Auteurs, qu'on leur donnoit. Quand ces deux attributs ſe ſont réunis, ils ont mis de tels Actes au rang des

Troiſiéme Régle. On a jugé des Livres douteux ou ſuppoſez, en les comparant avec les Livres authentiques.

μην ἀγαγεῖν ἠξίωσεν. *Euſeb.* Ibid. L. III. 25.

(4) Par exemple, la II. Epître de S. *Pierre* ne fut point miſe dans les Canons, quoique la Lecture en parut utile à pluſieurs. Πολλοῖς χρήσιμος φανεῖσα. Ibid. L. III. 3.

(5) Πόῤῥω δέ που καὶ ὁ τῆς φράσεως παρὰ τὸ ἦθος τὸ ἀποστολικὸν ἐναλλάττει χαρακτήρ· ἥ τε γνώμη, καὶ ἡ τῶν ἐν αὐτοῖς φερομένων προαίρεσις, πλεῖστον ὅσον τῆς ἀληθοῦς ὀρθοδοξίας ἀπᾴδουσα &c. *Euſeb.* Hiſt. Ec. L. III. 25.

des Ecrits Apostoliques : mais, quand l'un ou l'autre leur a manqué, ils les ont exclus du Canon. L'Epître de S. *Jaques :* celle de S. *Jude :* la II. de S. *Pierre :* la II. & la III. de S. *Jean*, n'ont rien qui démente la Doctrine Apostolique. A cet égard elles méritent d'être admises dans le Canon. Mais leur authenticité paroissant douteuse, parce qu'elles n'avoient pas le témoignage universel & perpetuel de toutes les Eglises, les Anciens les ont mises dans la classe des Livres incertains. On pouvoit les recevoir sans péril, parce qu'elles n'avoient rien de contraire à la Foi, mais on n'a pas osé, dans les premiers Siécles, les mettre au rang des Livres Canoniques, parce que leur authenticité ne paroissoit pas assez bien justifiée.

VI. Réponse à une accusation de S[imon] contre les Réformez de France.

VI. Telles furent les Règles, que les Péres suivirent, pour distinguer les Livres Canoniques, des Livres Apocryphes, Règles dictées par la Raison, & qu'elle suivra d'elle-même lorsque libre de la prévention & de tout intérêt, elle cherchera sincerement la Vérité. Cependant on accuse les Protestans de renoncer à une méthode si juste & si ancienne, pour suivre temerairement les suggestions intérieures de je ne sai *quel Esprit particulier*. C'est ce que M. *Simon* n'a pas dédaigné de faire après une foule d'Auteurs Controversistes. Il rapporte avec assez de confusion, comme c'est sa coûtume, la méthode dont les Péres se sont servis, pour faire le discernement des Livres sacrez, après quoi il se jette sur les Réformez de France : *Ces preuves*, (a) dit-il, *établissent fortement la vérité des Livres du Nouveau Testament, sans avoir recours à je ne sai quel Esprit particulier, qui est de l'invention de ces derniers tems. On ne peut rien imaginer, qui soit plus opposé au Bon-sens, que ces paroles de la Confession de Foi de ceux qui prenoient ci-devant le nom de Réformez des Eglises de France.* Nous reconnoissons ces Livres, (*parlant de toute l'Ecriture*) pour être Canoniques, non tant par le commun accord & consentement de l'Eglise, que par le témoignage, & intérieure persuasion du Saint Esprit. *Les Péres cependant*, poursuit M. Simon, *ont tous combattu les anciens Hérétiques, qui refusoient de reconnoître ces Livres pour Canoniques, par le commun accord & consentement de l'Eglise.* Répondons en peu de mots à cette accusation.

(a) Simon Hist. Cr. du Nouv. Test. T. I. p. 11.

(1) Le sentiment exprimé par les Réformez de France dans leur Confession de Foi, revient à celui de S. *Augustin. Eos sequamur*, dit il, *qui nos invitant prius credere, quod nondum valemus intueri, ut, ipsa fide valentiores facti, quod credimus intelligere mereamur, non jam hominibus, sed ipso Deo intrinsecus mentem nostram firmante atque illuminante.* C'est-à dire, „ Suivons ceux, qui nous invitent à croire ce que nous n'avons pas encore la „ force de comprendre, afin que fortifiez par cette Foi nous obtenions la „ grace de c[om]prendre ce que nous cro„ yons, non plus sur le témoignage des „ hommes, mais par la vertu de Dieu, qui

Il y a deux Questions concernant les Livres du Nouveau Testament. La premiere est une Question de fait. On demande, s'ils sont véritablement des Apôtres, ou des hommes Apostoliques, dont ils portent les noms. La seconde est une Question de foi : On demande, si ces Livres sont Divins, ou autrement *Canoniques*; c'est-à-dire, s'ils sont la Règle sûre & infaillible de notre créance & de nos actions. Il s'agissoit de la premiére Question entre les Péres & les Hérétiques : il s'agissoit de la seconde entre les Péres & les Incrédules. Quand donc les Réformez ont dit, qu'ils reconnoissoient les Livres du Nouveau Testament pour *Canoniques*, *non tant par le commun accord & consentement de l'Eglise, que par le témoignage & intérieure persuasion du S. Esprit*, ils ont eu en vuë la seconde Question, & non pas la premiére. Ils disent, dans leur Confession de Foi, qu'ils sont persuadez de la *Canonicité* des Livres du Nouveau Testament, c'est-à-dire, de leur Divine autorité, *non tant par le témoignage de l'Eglise*, qu'ils ne rejettent pas, que par la grace du S. *Esprit*, qui donne à la Foi cette évidence, & cette certitude, que l'on ne sauroit acquérir par les seules forces de la Raison Humaine (1). Si M. *Simon* n'approuve pas cette Proposition, il tombe dans le Pélagianisme, dont les Réformez ont eu tant de soin de s'éloigner. Mais pour ce qui regarde la premiére Question, savoir celle de l'Authenticité des Livres du Nouveau Testament, les Réformez n'ont jamais dit, qu'ils en étoient instruits par une Révélation particuliére du S. Esprit, & s'ils l'avoient dit, ils se seroient trompez. Ainsi quand M. *Simon* soûtient, qu'un Chrétien ne peut savoir, que par le témoignage de l'Eglise, que les Livres du Nouveau Testament sont l'Ouvrage des Apôtres, ou des hommes Apostoliques, il ne dit rien à quoi les Réformez ne souscrivent : Mais s'il prétend que la persuasion du Chrétien, touchant la *Canonicité*, ou la Divinité de ces Livres, est uniquement fondée sur le témoignage de l'Eglise, il avance une Proposition que les Réformez ne croyent pas, & qui paroîtra très-absurde à tout homme qui raisonne. Je vai le prouver par un exemple. (2)

Deux Questions. L'une de fait, & l'autre de foi.

C'est sur la Question de foi, & non de fait, que les Réformez alléguent le témoignage du S. Esprit.

Mettons l'*Alcoran* en la place de l'Evangile, & les *Mahométans* en la place de l'Eglise. Posons après cela deux Questions : La premiére

Il est absurde de vouloir décider la Question de foi par le témoignage de l'Eglise.

„ qui fortifie & qui éclaire intérieurement „ notre Esprit. *Aug.* cont. Ep. Fund. „ Cap. XIV.

(2) Je vai confirmer ce que je dis par le témoignage d'un très-savant Theologien du Siécle passé. Je veux parler de *M. Antoine de Dominis*, Archevêque de *Spalatro*. De Rep. Ec. L. VII. Cap. I. §. 17. Il parle de la maniére dont on peut convaincre un Infidele. ALIUD *erit hunc Infidelem assentiri, Librum esse Joannis:* ALIUD *fidem adhibere iis, quæ in eo libro scripta sunt. Et ita* ALIA *est ei danda probatio, quâ constet ei esse Librum Joannis:* ALIA *vero, quâ credatur vera esse, quæcunque scripsit Joannes.*

Exemple de l'Alcoran.

miére, si l'Alcoran est de *Mahomed :* la seconde si l'Alcoran est un Livre Divin. La premiére, qui est la Question de fait, est decidée par le témoignage unanime des Mahometans. *Mahomed* est l'Auteur de l'Alcoran, soit qu'il l'ait composé seul, ou qu'il y ait été aidé par quelque Apostat du Judaïsme, ou du Christianisme. Mais la seconde Question peut-elle être decidée par le témoignage des Mahometans ? Ils seroient Juges & Parties. Cet exemple s'applique de lui-même à notre sujet. Si on nous demande, pourquoi nous croyons, que les Livres du Nouveau Testament sont des Auteurs, dont ils portent les noms, nous repondons, que c'est par le témoignage constant & universel de l'Eglise. Mais si on nous demande, pourquoi nous croyons que ces Livres sont Divins, & comme s'exprime la Confession de Foi, qu'ils sont *Canoniques*, nous ne répondons plus que c'est par le témoignage de l'Eglise, parce qu'au fond cette reponse seroit aussi absurde, que celle d'un Musulman, qui interrogé, pourquoi il croit l'Alcoran un Livre Divin, repondroit, que c'est parce que le *Muphti*, & les autres Docteurs de sa Secte le disent.

Explication du mot de S. Augustin. *Je ne croirois point à l'Evangile* &c.

S. *Augustin* a dit, (1) *Je ne croirois point à l'Evangile si je n'y étois porté par l'autorité de l'Eglise.* C'est un mot hazardé par St. *Augustin* dans la Dispute, & auquel on trouveroit bien des défauts, si on l'examinoit à la rigueur. Mais le respect, que l'on a pour ce Pére, a fait inventer diverses explications, qui tendent toutes à rendre ce mot raisonnable. Il ne peut l'être néanmoins qu'en ôtant 1. premiérement l'*Autorité*; pour mettre en la place le *Témoignage*. C'est le *Témoignage*, & non l'*Autorité*, qui justifie les faits; Et la certitude du témoignage ne dépend pas de l'*Autorité* des Personnes, mais des preuves que l'on a de leur sincerité, & de leur connoissance. Cependant comme on dit quelquefois *autorité* pour *thémoignage*, l'expression de S. *Augustin* sera juste, si on la prend dans ce sens-là. 2. Il faut, en second lieu, distinguer entre l'*authenticité* des Evangiles, & *la vérité* des faits & de la Doctrine, qu'ils contiennent. Personne ne peut avoir d'autre preuve de l'*authenticité* des Evangiles, que le témoignage de l'Eglise, mais ce témoignage ne sauroit en prouver la Divinité, parce qu'alors l'Eglise seroit témoin dans sa propre cause, ce qui seroit absurde. 3. Je ne doute pas, que le mot de St. *Augustin* ne doive s'entendre de l'*authenticité* des Evangiles, & non de la vérité des faits & de la Doctrine qu'ils contiennent. Car il ne s'agissoit pas entre

ices. Prior probatio ex SOLA TRADITIONE HUMANA PETITUR .... *Hoc ei probato, ac proinde, præstito per eum assensu, Librum esse Joannis, tum postea* SPIRITU SANCTO OPERANTE CREDIT IIS, QUÆ IN EVANGELIO JOANNIS *scripta sunt* &c.

(1) *Ego vero Evangelio non crederem, nisi me commoveret Ecclesiæ auctoritas.* Cont. Ep. Fund. Cap. V.

tre lui & les Manichéens, de la Question si la Doctrine de J. Christ est Divine, & si l'Evangile est Divin; les Manichéens n'en doutoient pas: mais si les Ecrits des Evangélistes sont *authentiques*, & véritablement des Apôtres, ou de leurs prémiers Disciples. (*a*) Les Manichéens le nioient, & St. *Augustin* l'affirmoit. Cette explication du mot de St. *Augustin* est juste; & c'est la seule, si je ne me trompe, qui soit raisonnable, & qui puisse lui faire honneur.

(*a*) Voyez *Aug. contr. Faust.* L. XIII. 6. L. XXXII. 21.

Le Fanatisme reproché aux Réformez par M. Simon est un Dogme Catholique.

Au reste le Fanatisme, ou l'Esprit particulier, que M. *Simon* reproche aux Réformez, est véritablement un Dogme Catholique. Le P. *Combefis* enseigne, que, lorsque l'Eglise a déclaré un Livre Canonique, il n'est plus permis à personne d'en révoquer en doute la Canonicité. La raison en est, que l'Eglise discerne les Livres Canoniques des Livres Apocryphes, (2) par la lumiére du S. Esprit, qui a résidé dans les Apôtres, & qui réside dans leurs Successeurs. Cette opinion ne différe de celle que l'on attribuë aux Réformez qu'en ce que le savant Dominicain n'accorde l'Esprit de Discernement qu'aux Evêques, qu'on dit être les Successeurs des Apôtres. Au lieu que, selon les Réformez, cette grace appartiendroit en géneral à tous les vrais Fidèles. Ce seroit un Privilége de la Foi, & non de la Charge. Or je voudrois bien savoir laquelle des deux opinions est la mieux fondée dans l'Ecriture. Pour moi je ne sai point d'endroit, où il soit dit, que l'Esprit de discernement est un Privilége Episcopal. D'ailleurs si l'on en appelle à l'expérience, on trouvera, que des Conciles entiers ont été de très-mauvais Critiques, & qu'ils ont appuyé leurs décisions sur des témoignages tirez de Livres faux & supposez.

VII. Seconde Proposition. Circonspection & religion des Péres dans le discernement des Livres.

VII. Seconde Proposition. *Les Péres ont procédé à l'examen des Livres authentiques, non seulement avec beaucoup de sagesse & de circonspection, mais avec une religion timide & scrupuleuse.*

Pour justifier cette Proposition il suffit à présent de remarquer la distinction, qu'ils ont faite, des Livres qui portoient le nom des Apôtres. *Origène* les a partagez en trois Classes: La prémiere (3) des Ecritures véritables & authentiques: la seconde, des Ecritures *fausses*; la troisiéme, des Ecritures *mixtes*, ou *moyennes*, c'est-à-dire, de celles dont les Auteurs étoient douteux, mais dont la Doctrine n'étoit pas mauvaise. *Eusébe* se sert de la même distinction, quoiqu'il s'explique un peu autrement. Il y a, selon lui, 1°. pré-

Trois Classes de Livres. Les vrais, les douteux, les faux & supposez.

(2) *Divino in Apostolis & successoribus Spiritu.* Combef. Not ad *Hippol.* De *Susan* & *Daniel.* Auct. Noviss. Bibliot. PP. P. I. p. 63.

(3) Γνήσιον, ἢ νόθον, ἢ μικτόν. T. XIV. in *Joan.* p. 211. Voyez *Valois*, Annot. in *Euseb.* H. E. L. VI. 14. p. 116. & *Eusébe* lui-même. L. III. 3. 25. & ail.

1°. prémierement des Ecritures *authentiques*, *incontestables*, (ὁμολογούμεναι). Ce sont celles, que l'Eglise universelle a reconnues, sans qu'aucune Eglise particuliére ait jamais révoqué en doute leur authenticité. 2. Il y a en second lieu les Ecritures *douteuses* (ἀντιλεγόμεναι). Ce sont celles, dont les Auteurs n'étoient pas certains, & qui n'avoient pas le témoignage constant & perpetuel de toutes les Eglises. Dans cette Classe étoient les cinq Epitres dont j'ai parlé; l'Epitre aux Hébreux, & l'Apocalypse de S. *Jean*, l'Epitre de S. *Barnabé* &c. 3. Il y a enfin les Livres *entiérement faux*, (*a*) (παντελῶς νόθοι) c'est-à-dire, (1) que la matiére n'en vaut rien, & que l'Auteur en est supposé. Ce sont ceux, qui sont ordinairement appellez *Apocryphes*, terme dont la signification varie quelquefois. Car il signifie (2) tantot des Livres d'une autorité douteuse, & qu'on a exclus du Canon, quoi qu'ils ne contiennent rien de mauvais; & tantôt des Livres faux & corrompus. C'est dans ce dernier sens, que l'Auteur de la *Synopse*, qui est parmi les Oeuvres de S. *Athanase*, dit de certains Ecrits (3), qu'ils étoient plûtôt dignes d'être mis au rang des Apocryphes que d'être lus. Cela fait voir évidemment avec quelle circonspection, avec quelle religion les Péres ont procédé à l'admission de certains Livres dans le Canon, & à l'exclusion des autres.

(*a*) H. E. L. III. [illegible]

VIII. Exemple de cette circonspection dans l'examen & le jugement de l'Apocalypse.

VIII. On en a un bel exemple dans la conduite, que tint *Denys* d'Alexandrie, dans le III. Siécle, lorsqu'il s'agit d'examiner, Si l'Apocalypse, qui porte le nom de S. *Jean*, devoit être reçue comme un Livre Canonique. *Népos*, Evêque savant, & homme de bien, s'étoit entêté de l'opinion d'un avenement de J. Christ, sur la Terre, où il regneroit avec les Saints, qui jouïroient de toutes les délices possibles, mais innocentes. Il se fondoit sur l'Apocalypse, dont lui & ses Sectateurs exaltoient infiniment l'excellence; Et comme d'autres Theologiens vouloient expliquer les descriptions de S. *Jean* dans un sens mystique, il écrivit contre les *Allegoristes*. *Denys* assemble tout ce qu'il y avoit de plus habiles Ecclésiastiques en Egypte, & délibére avec eux pendant trois jours, tant sur l'opinion de *Nepos*, que sur l'authenticité de l'Apocalypse: ils consultent tous les Anciens; ils examinent & pesent tous leurs témoignages. Qu'il y a de prudence d'un côté, & de modestie de l'autre, dans le Procédé de *Denys!* Il convient (*b*) que *quelques-uns* de ses prédecesseurs l'avoient *non* (4) *seulement rejettée, mais refutée*, pretendant, qu'il n'y avoit ni bon sens, ni raisonnement. Que

(*b*) Euseb. H. E. L. VII. 25.

(1) *Eusébe* appelle νόθα, *adulterinos*, des Livres qui n'étoient pas des Auteurs dont ils portoient les noms. Ainsi παντελῶς νόθα, *omnino adulterinos* signifie ceux qui sont faux, & à l'égard du nom, & à l'égard de la matiere.

(2) *Opus aliquod, nec falsi nominis, nec Doctrina noxia, appellari posse Apocryphum, quod extra Canonem ab omnibus Ecclesiis collocetur.* Coteler. Judic. *de* Herma

Que le titre en étoit faux, puisque bien loin d'être une Révélation, qui manifeste les choses cachées, ce n'étoient que tenebres, & qu'ignorance, & qu'enfin ce Livre étoit l'Ouvrage de l'Héresiarque *Cerinthe*, qui avoit publié ses réveries sous le nom de S. *Jean*. *Denys* s'exprime encore en des termes plus forts dans *Eusébe*. L'Evêque d'Alexandrie n'acquiesce pas à ce Jugement de ses Prédecesseurs; religieux & modeste, il aime mieux dire, que l'Apocalypse contient des Mystères qu'il n'entend pas, que de la condamner. Il veut croire, que sous des images terrestres & charnelles, l'Auteur a caché des Véritez spirituelles. Il laisse au Livre son prix, mais après cela l'Evêque tâche de montrer, qu'il ne sauroit être de S. *Jean*, tant le stile, l'expression, le tour, les pensées différent de l'Apôtre. C'est ce qui lui fait prendre le parti de dire, que l'Apocalypse peut être de quelque Chrétien, qui a porté le nom de *Jean*, parce que les Fidèles, voulant honorer la mémoire des Apôtres, s'étoient plû à donner à leurs enfans les noms de ces saints hommes.

IX. Troisieme Proposition. *Quelle a été l'Origine des Livres Apocryphes, & comment il étoit naturellement impossible qu'il n'y en eût point.*

IX. Troisieme Proposition. Origine & cause des Apocryphes.

La Vie de notre Seigneur étoit si belle, son caractere si sublime & si Divin, sa Doctrine si excellente, les Miracles, par lesquels il l'avoit confirmée si éclatans & en si grand nombre, qu'il n'étoit pas possible que plusieurs Ecrivains n'entreprissent d'en composer des Mémoires. Cela produisit plusieurs Histoires de Notre Seigneur, plus ou moins exactes les unes que les autres. Il est fâcheux que nous les ayons perduës à présent, parce que nous pourrions les consulter, & juger par nous-mêmes du caractére des Auteurs & de leur composition. S. *Luc*, qui parle des Rélations, ou des Evangiles, qui avoient précédé le sien, insinuë bien qu'ils étoient défectueux, mais il ne les condamne pas comme des Livres fabuleux, ou mauvais: Il se composa aussi dans la suite plusieurs Histoires des Apôtres, de leurs Voyages, de leurs Prédications; ce que des personnes zélées apprenoient d'autres, qui leur paroissoient dignes de foi, elles en dressoient des Rélations; mais n'ayant (5) ni les instructions, ni la grace du Saint Esprit, qui étoient nécessaires, ces Relations étoient plûtôt des Essais, que des Histoires exactes & véritables. D'autres, au contraire, voulant mêler

Herma Pastore. PP. Apost. T. I. p. m. 70.

(3) Ἀποκρύφων μᾶλλον, ἢ ἀναγνώσεως, ὡς ἀληθῶς ἄξια. Op. *Athan.* T. II. p. 134.

(4) Ἠθέτησαν καὶ ἀνεσκεύασαν, Ibid. *Eu-seb.*

(5) *Cum tantum impræsentiarum hoc necesse sit dicere, exstitisse quosdam, qui sine spiritu & gratia conati sunt magis ordinare narrationem, quam Historiæ tenere veritatem.* Orig. Proëm. in Matth.

mêler leur Philosophie avec la Doctrine Chrétienne, écrivoient aussi des Histoires de J. Christ & de ses Apôtres, afin d'y introduire leur Systême.

La Constitution de l'Eglise Chrétienne les rendoit inévitables.

La Constitution de l'Eglise Chrétienne rendoit cet inconvenient inévitable. Si cette République Ecclésiastique s'étoit formée comme celle des Juifs : si elle avoit eu, dès son origine, son Gouvernement, ses Magistrats, une autorité souveraine; & qu'elle eût été réunie sous un même Chef, & renfermée dans quelque Province, peut-être n'auroit-on pas vû cette multitude de faux Actes. On auroit pu en découvrir les Auteurs; on les auroit châtiez, obligez à se retracter, ou à prouver ce qu'ils avançoient dans leurs Ecrits par de bons témoignages. Mais l'Eglise étant dispersée par toute la Terre, parmi des Peuples qui parloient des Langues différentes : sous des Princes, qui, bien loin de reprimer la licence des Imposteurs, avoient plutôt intérêt à la favoriser, qui ne demandoient qu'à voir l'Eglise déchirée par des Schismes & par des Sectes ennemies, il n'étoit pas possible, qu'il n'y eût des Factions, des Héréfies, & par conséquent de faux Actes. Toutes les Sectes prétendant s'appuyer de l'autorité du Fils de Dieu, & les Ecrits authentiques de l'Eglise les convainquant d'erreur & d'innovation, il ne leur resta d'autre ressource que celle d'accuser ces Ecrits de falsification; c'est ce que firent les Manichéens: ou d'en supposer de faux; ce que firent quantité d'autres Hérétiques.

Reflexion de M. *Simon*. Passage de St. *Ignace* mal entendu.

M. *Simon* a fait une reflexion, qui a du rapport à celle-ci. On sait quelle a été son hypothése sur le sujet de certains Ecrivains publics, chargez par la République des Hébreux d'écrire les Evénemens, & de recueillir les Actes qui concernoient leur Etat. C'est une supposition, qui lui a été contestée, parce qu'on n'en a pas trouvé les preuves suffisantes. L'Eglise Chrétienne ne composant pas un Etat particulier, & ses Membres étant dispersez de toutes parts, elle ne pouvoit avoir des Ecrivains de cet ordre: *Cela donna lieu*, (a) dit M. Simon, *dès les prémiers tems du Christianisme, à quelques Hérétiques, de douter de la vérité des Livres Apostoliques, qui leur paroissoient n'avoir aucun témoignage public. St. Ignace se plaint*

(a) Hist. Crit. du N. Test. I. Part. p. 2.

(1) Παρακαλῶ δὲ ὑμᾶς μηδὲν κατ' ἐριθείαν πράττειν, ἀλλὰ κατὰ χριστομαθίαν. Ἐπεὶ ἤκουσα τινῶν λεγόντων, ὅτι ἐὰν μὴ ἐν τοῖς ἀρχείοις (Al. ἀρχαίοις) εὕρω, ἐν τῷ Εὐαγγελίῳ οὐ πιστεύω. Καὶ λέγοντός μου αὐτοῖς ὅτι γέγραπται, ἀπεκρίθησάν μοι, ὅτι πρόκειται. Ἐμοὶ δὲ ἀρχεῖά ἐστιν Ἰησοῦς Χριστός: Τὰ ἄθικτα ἀρχεῖα, ὁ σταυρὸς αὐτοῦ καὶ ὁ θάνατος καὶ ἀνάστασις αὐτοῦ, καὶ ἡ πίστις, δι' ἣ αὐτοῦ &c. *Ignat.* Epist. ad Philadel. §. VIII. p. m, 33.

(2) Ἐξαίρετως δὲ τῷ εὐαγγελίῳ, ἐν ᾧ τὸ πάθος αὐτοῦ δεδήλωται, καὶ ἡ ἀνάστασις αὐτοῦ τετελείωται Ibid. p. 37. Je traduis avec liberté le mot τετελείωται. Je soupçonne neanmoins que l'Auteur a plutôt voulu dire, que J. Christ a été *consommé*, par sa *Resurrection*. C'est par là qu'il est parvenu à la *Perfection*, à la souveraine felicité. C'est la signification du mot Grec dans l'Epître aux Hébreux.

plaint dans une de ses Lettres, qu'il entendoit dire à quelques-uns, qu'ils ne pouvoient croire à l'Evangile, à moins qu'ils ne le trouvassent écrit dans les Archives. Ce saint Martyr leur répond, qu'il y est écrit : que la mort & la résurrection de J. Christ, avec sa foi, lui servoient de véritables Archives. Expliquons cet endroit de S. *Ignace*, & rendons à ce Pére la justesse du raisonnement, que M. *Simon* semble lui ôter par une traduction imparfaite & confuse.

Version paraphrasée de ce Passage.

„ Je vous exhorte (1), dit S. *Ignace*, dans son Epître aux *Philadelphiens*, de ne rien faire par contention, mais de vous soumettre à la Doctrine de J. Christ ; car j'ai ouï dire à quelques-uns, *Si je ne le trouve dans les Archives*, (ou, *dans les anciens* Exemplaires,) *je ne croirai point*, que cela soit *dans l'Evangile*. Et *comme je leur répondois*, Il *y est écrit* ; Oui, me repliquerent-ils, mais c'est *parce qu'on l'y a mis auparavant. Pour moi, mes Archives* (*mes anciens* Exemplaires) sont J. Christ. Mes *Archives* (*mes* Exemplaires) *authentiques sont sa Croix, sa Mort, sa Resurrection, & la Foi qu'il a prêchée*. C'est ainsi que je traduis le passage de S. *Ignace*. La version en est un peu paraphrasée, mais je ne crois pas que le Lecteur trouve la paraphrase trop hardie ; outre qu'elle est nécessaire pour faire entendre la pensée de l'Auteur, qui n'est pas entiérement exprimée.

De quels Hérétiques S. Ignace veut parler, & quel est le mot de l'Evangile, qu'ils contestoient.

La Question est à présent de savoir à quels Hérétiques S. *Ignace* en veut, & quel est le mot de l'Evangile qu'ils prétendoient n'être pas dans les anciens Exemplaires. On peut apprendre l'un & l'autre dans l'Epitre suivante adressée aux *Smyrnéens*. On y voit, que ces Hérétiques étoient les *Docétes*, qui faisoient alors le plus de figure en Asie. Après les avoir réfutez assez au long, le Saint exhorte les Fideles, (*b*) " à écouter avec docilité les Oracles des Prophètes, (2) particuliérement l'Evangile, où la Passion du Seigneur est clairement expliquée, & sa Resurrection parfaitement démontrée. Pour moi, dit-il, je sai, que même apres sa Resurrection il a eu une véritable chair, & je le croi. Car, lorsqu'il se présenta à *Pierre* (3) & à ceux qui étoient avec lui, il leur dit, (4) *Prenez-moi, touchez-moi, & reconnoissez que je ne suis*

(*b*) [illegible]

(3) *Et à ceux qui étoient avec Pierre.* C'est-à-dire, & à *Pierre & aux autres Disciples*.

(4) [illegible] Ibid. pag. 35. *Un Démon*, c'est-à-dire, un *Esprit*. St *Jerôme* temoigne dans son Catalogue, (in *Ignat.*) que ce Passage étoit tiré de l'Evangile des *Nazaréens*. Il se trouvoit aussi dans le Livre intitulé la *Doctrine de Pierre*, comme l'assure *Origène*. (In Proem. L. I. *De Princip.*) C'est à cause de cette expression *Demonium*, que S. *Ignace* appelle les *Docetes* [illegible], ce qui ne veut pas dire *des Demoniaques* dans cet endroit-là ; mais des Gens, qui croyoient J. Christ un DEMON, c'est-à-dire, *un Esprit incorporel*. Je placerai ici une Remarque sur un endroit des *Varia Sacra* de feu M. *le Moine*. Ce Savant s'est imaginé, que le Passage allégue par St. *Ignace* avoit effectivement été ajouté à l'Evangile des *Nazaréens*, pour refuter l'Erreur naissante des *Docetes*

„ *suis point un Esprit incorporel* ". Ces paroles, qui se trouvoient dans l'Evangile Hébreu des Nazaréens, sont tout-à-fait paralléles à celles que Notre Seigneur dit dans S. *Luc*, (a) *Un Esprit n'a ni chair, ni os, comme vous voyez que j'ai.* C'est là, si je ne me trompe, le mot que S. *Ignace* alléguoit aux *Docétes.* " Ils repon- „ doient, qu'ils ne croiroient point que ce mot fût dans l'Evan- „ gile, à moins qu'ils ne le trouvassent dans les anciens Exem- „ plaires, ou dans les Originaux. S. *Ignace* repliquoit; Il est écrit „ dans tous nos Exemplaires ". Cela est vrai, répondoient les Hérétiques, mais c'est (1) *parcequ'on l'y a mis* (ὅτι πρόκειται, *quia præjacet*). Cette réponse n'ayant d'autre fondement qu'un *Esprit de contention & d'opiniâtreté*, le Saint ne s'arrête pas à la réfuter. Il se contente de dire, " Pour moi je ne veux consulter d'autres Ar- „ chives, d'autres Originaux, que la Croix de J. Christ, sa mort, „ sa Résurrection, & la Foi qu'il nous a annoncée, (2) (καὶ ἡ „ πίστις, ἡ δι' αὐτοῦ.) " Cette réponse est digne d'un Martyr plein de foi & de pieté. Mais elle n'en est pas moins digne d'un Esprit juste. Ce qui montre évidemment, que l'Evangile n'a point été falsifié dans l'endroit en question, c'est la Croix, la Mort, & la Résurrection de J. Christ. La raison en est, qu'un *Esprit incorporel* ne peut être crucifié, ne peut mourir, ne peut ressusciter: & que tout l'Evangile témoigne, que cette crucifixion, cette mort, & cette Résurrection, ont été réelles, & non pas apparentes.

(a) Luc XXIV. 39.

Témoignage rendu à l'Evangile des Nazaréens.

Je n'ai plus qu'une Remarque à faire. C'est que cette citation de S. *Ignace* rend témoignage à l'authenticité de l'Evangile Hébreu des Nazaréens. Car autrement il ne l'auroit pas allégué dans une Dispute contre des Hérétiques. La même Remarque confirme ce que dit *Papias* dans (b) *Eusébe*, que S. *Matthieu* avoit écrit son Evangile en Hébreu, & qu'on en avoit fait plusieurs Versions. Les mots alléguez par S. *Ignace* se trouvoient dans la Traduction, que l'on en avoit en Asie, & dans l'Original qu'avoient les Nazaréens: mais ils ne se trouvent pas dans notre Evangile selon S. *Matthieu*. N'est-ce point là ce qui faisoit dire aux *Docétes*, qu'ils ne croiroient pas que ces paroles fussent dans l'Evangile, à moins qu'ils ne les vissent dans les Originaux? Peut-être les *Docétes*

(b) Hist. Ec. L. III. 39.

[illegible] *Et fallor, nisi, ad nascens illud jam tum dogma evertendum, assutum fuit id quod [illegible] in Evangelio Nazaraeorum, se non esse Daemonium incorporale.* In Not. ad *Pearson.* T. II. p. 416. Cette conjecture de M. *le Moine* donneroit gain de cause aux Hérétiques, que St. *Ignace* vouloit refuter. Ils avoient raison de dire, que le Passage, qu'il leur opposoit, [illegible] été ajouté à l'Evangile. J'ai tâché de deviner ce qui en a imposé à ce Savant, & je ne doute presque pas, que ce ne soit l'Epitre interpolée de St. *Ignace*, aux *Smyrneens*, la seule apparemment qu'il a consultée. Ma raison est, que dans cette Epitre on a inséré ces mots de St. *Luc* XXIV. 39. *Un Esprit n'a ni chair ni os* &c. lesquels ne sont point dans l'Epitre non interpolée. Or ce dernier passage rend le premier inutile. Voyez l'*Epitre aux Smyrnéens* non interpolée,

cétes se fondoient-ils sur notre Evangile selon S. *Matthieu* ; & S. *Ignace*, sur une Traduction de celui des Nazaréens.

X. Quatriéme Proposition. *Les anciens Apotryphes étoient de différentes espéces, & le nombre en est beaucoup moins grand qu'on ne s'imagine.* Cette Proposition a deux parties ; commençons par la preuve de la seconde.

X. Quatriéme Proposition.

Le nombre des Evangiles Apocryphes beaucoup moins grand qu'on ne croit.

Je ne sai quel zele mal entendu a fait multiplier le nombre des faux Evangiles, aussi bien que celui des Hérésies, mais il est certain qu'il y en a eu beaucoup moins qu'on ne dit, & le Docte M. *Fabricius*, qui en a fait un ample Catalogue, & qui en compte jusqu'à (3) *cinquante*, convient neanmoins, qu'il y en a plusieurs qui ne différent que par le titre. En effet on parle d'un *Evangile de Cérinthe*, & d'un autre de *Carpocrate* : C'étoit (4) l'Evangile Hébreu de S. *Matthieu*, qu'on dit qu'ils avoient altéré. On parle d'un *Evangile des XII. des Evangiles selon les Hébreux, selon les Nazaréens, selon les Syriens, selon les Ebionites.* Tout cela n'étoit au fond que l'Evangile des Hébreux, attribué à S. *Matthieu* ; quoiqu'il y eût quelques (5) différences dans les Exemplaires. On parle d'un *Evangile selon S. Barnabé.* C'est encore (6) *l'Evangile de St. Matthieu*, qu'on dit avoir été trouvé dans l'Ile de Chypre, sous l'Empire de *Zénon*, avec le Corps de S. *Barnabé*, & sur sa poitrine. On parle d'un *Evangile selon S. Barthelemi*, (*a*) qui n'est encore que l'Evangile selon S. *Matthieu.* On parle de deux *Evangiles de S. Pierre*, dont l'un n'est autre chose que celui (*b*) de S. *Marc*, qui, au rapport de quelques Anciens, fut dicté par S. *Pierre*, & écrit par S. *Marc* son Disciple & son Interpréte. L'autre ne fut écrit que vers le milieu du II. Siecle, comme nous le verrons tout à l'heure. On parle d'un *Evangile de S. Paul.* Ou c'est une imagination de quelques Anciens, fondée sur ce que S. *Paul* parle (*c*) *de son Evangile*, c'est-à-dire, de la Doctrine qu'il prêchoit, ou il faut entendre par là ses Epitres, que quelques Péres (*d*) ont appellées l'*Evangile de S. Paul.* On a aussi nommé de la sorte (*e*) l'Evangile selon S. *Luc*, parce qu'on a crû que S. *Luc* le tenoit de S. *Paul.* On

Un même Evangile sous plusieurs noms.

(*a*) Voyez Grabe Spicil. T. I. p. 128.

(*b*) Hieron. in Catal. in Petro. Tertull. adv. Marcion. L. IV. 5.

(*c*) I. Tim. II. 9.

(*d*) Voyez là-dessus Fabric. ub. sup. T. I. p. 373.

(*e*) Voyez Euseb. H. E. L. III. 4. p. [illegible]

lée, §. 3. p m. 35. Et l'Epitre interpolée, §. 3. p. 88.

(1) *Parce qu'on l'y a mis.* Je croi que c'est le sens de ces mots, [illegible]

(2) *La Foi* dans cet endroit c'est, à mon avis, la Doctrine que J. Christ a prêchée. C'est une bonne raison contre les *Docétes.* Mais si par la *Foi* on entendoit la *persuasion*, St. *Ignace* feroit un très-mauvais raisonnement.

(3) Voyez *Notitia & Fragmenta Evangeliorum Apocryphorum.* Cod. Apocryph. N. Test. T. I. p. 335. & suivantes. *Titulis collegi quinquaginta*, dit ce Savant, *sed ex his plures tituli interdum unum tantum, ut ostendi, indicant scriptum.* Ib.

(4) Ὁ μὲν γὰρ Κήρινθος, καὶ Καρποκρᾶς τῷ [illegible] Ἐπιφ. Her. XXX. 14.

(5) Il y en [illegible] effectivement, comme le Docteur *Mill* le montre *Proleg.* No. [illegible] ces différences ne touchent [illegible] au fond de l'Histoire. Voyez les [illegible] alléguez [illegible]

(6) C'est [illegible] de M. *Fabricius*, & d'autres. Voyez *ib.* [illegible] p. [illegible]

(1) Le

On parle d'un *Evangile de S. André*, qui n'exista jamais, & que l'on a confondu avec les *Actes* ou les *Voyages* de cet Apôtre. On parle d'un *Evangile des Encratites*. C'est l'Harmonie que *Tatien* avoit composée des quatre Evangiles, qu'il avoit réduits dans un seul Corps. On parle des (*a*) *faux Evangiles d'Hésychius* & de *Lucien*, quoique ces deux savans hommes n'eussent fait que conférer les Exemplaires Grecs des Evangiles, & les corriger sur les meilleurs manuscrits. Ils avoient travaillé de même à corriger les Exemplaires de la Version des LXX. On parle des *Evangiles de Marcion & d'Apelles*, qui n'étoient que l'Evangile selon S. *Luc*, qu'on les accuse d'avoir falsifié en quelques endroits. On parle d'un *Evangile de* (1) *Basilide*; c'étoit un (*b*) Commentaire *sur les Evangiles*, tout au plus un Exemplaire de ces Livres sacrez, qui n'étoit pas tout-à-fait conforme avec celui des Catholiques. On parle *d'un Evangile de Valentin*, (2) ou des *Valentiniens*. Ce n'étoit pas une Histoire de J. Christ, mais le Systême de leur Doctrine, auquel ils avoient donné le titre d'*Evangile de Vérité*. Il en étoit de même, de (*c*) l'*Evangile de Perfection*, composé par les *Gnostiques*, & qui contenoit la fausse science de ces gens-là. Il en est de même encore de l'*Evangile de Simon & des Simoniens*, dont parle l'Auteur de la Préface, qui est à la tête de la Collection Arabe des Canons du Concile de Nicée. Cet Auteur temoigne, que (3) „ les *Simoniens* s'étoient forgez un Evangile qu'ils avoient partagé „ en quatre Tomes, & qu'ils nommoient *le Livre des quatre Coins* „ *du Monde*, ou *des quatre Gonds*, *des quatre Pivots*, *sur lesquels* „ *roule la Machine de l'Univers*". Je ne sai dans quelle Classe mettre un (4) *Evangile de Judas*, que S. *Epiphane* attribue à une Secte, qu'il appelle les *Caïnites*; mais on voit bien par ce qu'il en rapporte que ce n'étoit rien moins qu'une fausse Histoire de J. Christ, & qu'il s'agissoit de certains Mystères que ces gens-là disoient avoir été révelez à Judas. Il faut porter le même jugement d'un *Evangile de Philippe*, que (*d*) S. *Epiphane* attribue aux *Gnostiques*. Le Fragment, qu'il en a tiré montre que c'étoit un Recueil de la Doctrine, qu'ils prétendoient avoir été annoncée par St. *Philippe*.

On

(*a*) [illegible] in [illegible] Dist. XV Cap. 3.

Les Péres donnent le nom d'Evangile à des Livres des Herétiques qui n'étoient point proprement Evangiles.

(*b*) Voyez *Euseb.* H. E. L. IV. 7. *Clem. Al.* Strom. L. IV p. 505. [illegible] *Dial.* [illegible] in fine.

(*c*) *Epiph.* Hær. XXVI. 2.

(*d*) Hær. XXVI. § 13. p. 95.

(1) Le Docteur *Mill* n'est pas de ce sentiment, Proleg. No. 264. 265. Il croit que *Basilide* supposa un Evangile vers l'an 123 & *Valentin* un autre vers l'an 127. Je préfére le sentiment de Mr. *Fabricius*.

(2) *Similem* [illegible] *tantum processerunt audacia, ut quod ab his non olim conscriptum est Veritatis Evangelium titulent, in nihil conveniens cum Apostolorum Evangeliis.* Iren. L. III. 11. Voyez aussi *Tertul.* adv Hæref. Cap. XLIX.

(3) *Si i autem perfidi* Simoniani *Evangelium confinxerunt, quod in quatuor Tomos secantes librum quatuor Angulorum & Cardinum mundi appellarunt.* Voyez Concil.

On a de même multiplié mal à propos d'autres Apocryphes, qui portoient le nom des Apôtres. Il y a *une Doctrine de Pierre*, Διδαχή : une *Prédication de Pierre*, κήρυγμα : un *Jugement de Pierre*, κρίμα. Tout cela n'est apparemment qu'un (*a*) seul & même Livre. On fait mention d'une *Apocalypse de Cérinthe*, supposée sous le nom de S. *Jean*, & l'on se figure deux *Apocalypses*, l'une & l'autre attribuées à cet Apôtre. On se fonde sur un passage de *Caïus*, Prêtre de Rome, allégué par (*b*) *Eusébe*. Mais on peut s'assurer, que *Caïus* parle de l'Apocalypse de S. *Jean*, qu'il a crû être de *Cérinthe*, comme feu M. *Grabe* (*c*) l'a remarqué. Retranchons donc une grande partie des Apocryphes, mais particuliérement des Evangiles, qui étoient les principaux. Et pour ceux qui restent il faut les partager en deux Classes. Les uns anciens, & n'ayant d'autre défaut que de n'être pas assez exacts : les autres plus modernes, & supposez exprès pour appuyer des Hérésies.

Autres Apocryphes qu'on a distinguez mal à propos.

(*a*) *Grabe*, Spicil. T. I. p. 55.

(*b*) Hist. Ec. L. III. 28.

(*c*) [illegible] p. 312.

XI. Il faut mettre à la tête de la premiére Classe deux *Evangiles*, ou Histoires de la Doctrine & des Actions de Notre Seigneur, qui sont l'une & l'autre de la premiére Antiquité. Le plus ancien de tous est, à mon avis, l'*Evangile selon les Hébreux*, que les Nazaréens prétendoient être (5) l'Original de S. *Matthieu*. Il commençoit par ces mots, (6) *il arriva, qu'au tems d'Hérode, Roi de Judée, Jean vint baptizer du Baptême de répentance dans le Fleuve du Jourdain.* Ainsi l'on n'y trouvoit point la Généalogie de Notre Seigneur, l'Histoire de sa conception miraculeuse, celle des Mages, ni celle du Massacre des enfans de Bethlehem, & de sa retraite en Egypte. Cet Evangile commençoit, comme celui de S. *Marc*, par le Baptême de *Jean*, par celui de Notre Seigneur, par la Prédication du Précurseur, & ensuite par celle de J. Christ. Mais du reste, il paroît, par les Fragmens, qui nous en ont été conservez, qu'il ne contenoit aucune Hérésie, & qu'à quelques circonstances près l'Histoire de Notre Seigneur y étoit rapportée fidélement.

XI. Deux Classes d'Apocryphes, différens 1. pour le tems, & 2. pour la matiere.

1. Classe. L'Evangile selon les Hebreux. Il est du tems des Apôtres, & ne contenoit point d'Hérésie.

C'est dans cet Evangile qu'on lisoit l'Histoire de la femme surprise en adultere, laquelle est racontée au Chap. VIII. de S. *Jean*. Et comme elle n'étoit pas dans plusieurs Exemplaires de ce dernier

On y lisoit l'Histoire de la femme adultere.

cil. Labb. T. II. col. 386.

(4) [Greek text, illegible] *Epiph.* Hær. XXXVIII. No. 1. p. 276.

(5) Je ne touche point à la Question, si S. *Matthieu* a écrit en Grec, ou en Hebreu. Je renvoye le Lecteur à la Remarque de M. *Fabricius*, Cod. Apocryp. N. Test. T. I. p. 355-356. Il y trouvera en abregé ce que l'on dit sur cette Question. Pour moi, je ne doute pas, qu'il n'y ait eu un Evangile Hébreu, écrit du tems des Apôtres, & qui passoit pour être de S. *Matthieu*, soit qu'il en fût l'Auteur, soit qu'il eût été recueilli de sa Prédication. La derniere opinion me paroit la plus vraisemblable. Quoique *Papias* ne soit pas un Auteur d'un grand poids, son témoignage ne peut être rejetté qu'avec limitation. Voyez-le dans *Euseb.* L. III. 39.

(6) Ἐγένετο ἐν ταῖς ἡμέραις Ἡρώδου &c. Ap. *Epiphan.* Hær. XXX. No. 13. p. 138.

nier Evangile, quelques-uns ont conjecturé, (1) qu'elle avoit été prise de l'Evangile des Nazaréens, & inséré dans S. *Jean*. Si cela est vrai, c'est un témoignage que les Anciens rendent à l'Evangile des Nazaréens: & si cette Histoire a été originairement dans S. *Jean*, c'est une autre preuve de la vérité de leur Evangile.

I. Evangile selon les Egyptiens est de la même antiquité, & ne contenoit point d'hérésie.

(a) Proem. in Lucam.

(b) Strom. L. III. p. 445. 452. 453.

(c) Il est cité dans cette Epitre. §. XII. p. m. 188.

(d) Chap. I. 1.

(e) Voyez la Note de Cotelier. PP. Ap. ub. sup. p. 188.

Celui, que l'on a nommé *selon les Egyptiens*, est de la même antiquité. *Origène* (a) en a fait mention. *Clément* d'Alexandrie (b) l'avoit déja allégué en quelques endroits. Et si la seconde Epître de *Clément* Romain est de lui, cet Evangile auroit un (c) témoignage plus ancien que celui de ces deux Docteurs. On a aussi, dans la Bibliothéque des Péres, un Commentaire sur S. *Luc* qu'on attribue à *Tite de Bostres*, (2) dans lequel cet Evêque semble mettre l'Evangile selon les Egyptiens au rang de ceux que St. *Luc* (d) a indiquez & par conséquent antérieurs au sien. Comme les Encratites le citoient pour défendre leur Erreur sur le Mariage, les Péres n'en ont point rejetté absolument les témoignages. Ils ont tàché (e) de les expliquer dans un sens orthodoxe; ce qui montre, que ce Livre avoit une sorte d'autorité, & qu'on ne le soupçonnoit pas même d'avoir été supposé par des Hérétiques. Quand j'ai consideré, qu'il étoit reçu par les Chrétiens (3) d'Egypte, je n'ai pû me défendre de la pensée, qu'il avoit été écrit par des *Esséniens*, qui avoient crû en J. Christ. La Religion de ces Gens-là tenoit beaucoup de la Religion Chrétienne. L'*Evangile des Egyptiens* étoit plein (f) de Mystique, de Paraboles, d'énigmes, d'allegories. On attribue cela à l'Esprit de la Nation; pour moi, je l'attribuerois plutôt à l'Esprit des *Esséniens*. On y trouvoit des sentences, qui paroissoient favoriser l'Encratisme. Or les Esséniens vivoient dans la continence, & dans l'abstinence. Il est donc bien vraisemblable, que des Personnes de cette Secte Judaïque, la seule que J. Christ n'ait jamais censurée, s'attachérent au Fils de Dieu, le suivirent; & que s'étant retirez en Egypte après sa mort, ils y composérent une Histoire de sa Vie & de sa Doctrine, qui parut en Egypte, & qui fut appellée à cause de cela, l'*Evangile selon les Egyptiens*.

(f) Epiph. Hær. LXII. 2.

On conjecture qu'il a été écrit par des Esséniens.

Autres Apocryphes, qui n'étoient pas mauvais, ni supposez par des Hérétiques.

Bien que ces anciens Actes ne fussent pas assez exacts, ils n'étoient pourtant pas mauvais, non plus que quelques autres Livres, qui ne se sont pas conservez, & qui furent écrits, non par des Imposteurs, par des Ecrivains fabuleux, mais par des Personnes, qui n'étoient pas assez bien instruites, & qui n'étoient ni Apôtres, ni Disciples autorisez par les Apôtres. Il en est de même de tous les Ecrits,

(1) On peut voir ce que le docte M. *Fabricius* a remarqué sur ce sujet. *ubi sup.* T. I. p. 356. & suiv.

(2) Τὸ μὲν κατ' Αἰγυπτίους εὐαγγέλιον, καὶ τὸ γεγραμμένον τῶν δώδεκα εὐαγγέλιον, οἱ ἐπιγράψαντες ἐπεχείρησαν. Biblioth. PP. Morel. T. 13. p. 702. Voyez ce que dit *Grabe* là-dessus. *Spic.* T. I. p. 32. Le passage de *Tite de Bostres* paroît copié d'*Origène*, comme on le voit en le comparant avec ce que Mr. *Simon* rapporte d'*Origène*. Hist. Crit. du N. T. P. III. p. 81. 82.

Ecrits, qui parurent avant la naissance des grandes Héréfies. Ils ne furent point mis au rang des Livres Canoniques, non parce qu'ils étoient dangereux, mais parce que leur authenticité n'étoit pas bien établie. Telle étoit la *Doctrine*, ou la *Prédication de St. Pierre* (a), citée très-souvent par les premiers Péres, & composée apparemment dans le premier Siècle, par quelques Disciples de S. *Pierre*, qui nous sont inconnus, & après la mort de cet Apôtre. Il n'en est pas tout-à-fait de même de l'*Apocalypse de St. Pierre*, alléguée par *Clément* d'Alexandrie. Ce Livre fut composé par un Imposteur, qui étoit à peu près du même caractére, que ceux qui supposérent les *Oracles des Sibylles*, le *Poemandre de Trismegiste* &c. Celui-ci voulant apparemment convertir les Juifs, en leur faisant croire, que l'Apôtre avoit prédit la ruïne totale de Jérusalem, en fit une description si détaillée, si particularisée, qu'on sent bien en lisant aujourd'hui ce que (b) *Lactance* en rapporte, que c'est un Historien, qui se cache sous le nom de S. *Pierre*, & qui contrefait le Prophète. Cependant, comme ce Livre n'étoit pas mauvais, on le lisoit (c) tous les ans au tems de la Pâque, dans les Eglises de Palestine, quoique l'on sût bien qu'il n'étoit pas de S. *Pierre*.

Prédication, ou Doctrine de Pierre.

(a) Voyez en les Fragmens recueillis par *Grabe*.

Apocalypse de Pierre.

(b) *Lactant.* Inst. L. IV. 21. Voyez aussi *Grabe*. Spic. T. I. p. 69. & p. 72. & suiv. où l'on trouvera quelques Fragmens de cette Apocalypse.

(c) *Sozom.* H. E. L. VII. 19.

La II. Classe d'Apocryphes comprend tous ceux, qui parurent dans le second Siècle, depuis la mort des Apotres, & de leurs (4) prémiers Disciples. Alors l'Esprit de mensonge ne gardant plus de mesures on vit s'élever cette multitude d'Hérétiques, qui, au rapport de *Clément* d'Alexandrie, commencerent à lever la tête sous l'Empire d'*Adrien*, & durerent jusque sous celui d'*Antonin le Pieux*. Ce fut alors que l'Imposture enfanta quantité de faux Ecrits, les uns, sous le nom des Apôtres : les autres, sous le nom de leurs premiers Disciples. Ces Historiens écrivoient, chacun à leur maniére, les Voyages, les Avantures, les Prédications de leurs prétendus Maitres. C'est là l'Epoque des Ecrits pernicieux, qui furent rejettez avec indignation par les Péres, & dans lesquels la Doctrine de J. Christ étoit visiblement altérée.

Seconde Classe d'Apocryphes. Tems où ils parurent.

On fait aujourd'hui grand bruit de cette multitude d'Apocryphes, parce que la plupart ne subsistent plus, & qu'éloignez, comme nous le sommes, des tems de leur supposition, nous ne sommes pas en état de montrer, par qui, comment, & à quelle fin chacun fut composé. On se croit en droit de confondre des Actes authen-

Leur [illegible] & leur [illegible] en montre la [illegible].

(3) Le titre, *selon les Egyptiens*, doit signifier, *reçu*, *approuvé*, *lû* par les Egyptiens; comme le titre, *selon les Hébreux*, veut dire, reçu, approuvé par les Chretiens sortis du Judaïsme. C'est mon sentiment, & celui de M. *Fabricius*, qui cite *Gotf. Olearius*, Observ. select. in *Matth.* *Fabric.* ub. sup. T. III. p. 526.

(4) Je dis de *leurs premiers Disciples*, quoique *Leuce*, dont nous avons parlé, passe pour Disciple de S. *Jean*. S'il l'a été en effet, c'est une exception à faire.

authentiques, scéelez du témoignage perpetuel de l'Eglise universelle, avec des fabuleux, écrits cent ans, plus ou moins, apres les autres, & qui portoient des marques évidentes de fausseté. Ces miserables Piéces nées dans l'obscurité, n'excitoient que le mépris & l'indignation des Critiques, & n'avoient cours que parmi quelques Sectaires, tout au plus parmi quelques ignorans superstitieux, à qui il étoit facile d'en imposer. Cela paroît par l'exemple du faux (1) *Evangile de St. Pierre*, que le nom de cet Apôtre devoit rendre plus célèbre, que la plûpart des autres Actes de la même nature, & qui pourtant étoit inconnu dans l'Asie même, où il étoit né, à presque toutes les Eglises, & à tous les Evêques vers la fin du second Siècle, ce qui montre évidemment, qu'il n'avoit vû le jour que vers le milieu de ce Siécle-là.

Exemple dans le faux Evangile de S. *Pierre* qui étoit inconnu aux Orthodoxes vers l'an 190. (a) *Euseb.* H.E. L. VI. 12.

Sérapion (a), Evêque d'Antioche, florissoit vers l'an 190. de notre Seigneur. Etant allé à *Rhosses*, Ville de Cilicie, il y trouva toute l'Eglise divisée à l'occasion de cet Evangile, quelques-uns s'opiniâtrant à le lire & à le défendre: & les autres, voulant le bannir comme un Livre Apocryphe; *Sérapion* n'en avoit jamais ouï parler. Un Evêque, qui occupe le premier Siége de l'Orient, ignore tout-à-fait qu'il y ait un *Evangile de S. Pierre*, & ne sait par conséquent ce qu'il contient. Comme il en croit la Lecture innocente, il la permet, afin de rétablir la paix. Mais averti ensuite, qu'il y avoit de l'Hérésie à *Rhosses*, & qu'elle étoit enseignée dans ce faux Evangile, il voulut le lire & l'examiner. Ne le trouvant nulle part dans les Eglises Catholiques, (2) il fallut le chercher parmi les *Docétes*, qui le lisoient avec assiduité, & l'emprunter d'eux. C'étoit donc un Livre obscur, un Livre évidemment nouveau, inconnu jusqu'alors à l'Eglise Chrétienne, & qui n'étoit entre les mains que d'une Secte manifestement Hérétique. Voilà quels étoient ces faux Actes, dont les Incrédules voudroient aujourdhui se prévaloir, pour donner atteinte à l'authenticité de ceux, qui ont été reçus & venerez dès le commencement par l'Eglise universelle, comme des Ecrits Apostoliques. Il étoit impossible de s'y tromper & de les meconnoitre dans le tems qu'ils paroissoient, à moins que l'Interêt & le Préjugé ne s'entendissent avec l'Imposture.

XII. Cinquiéme Proposition: Les Apocryphes confirment l'Autorité Divine de J. Christ, enseignent, comme les autres Livres, qu'il est Fils de Dieu, & certifient ses Miracles.

XII. Cinquiéme Proposition. *Tous ces Apocryphes, de quelque ordre qu'ils soient, les plus mauvais & les plus corrompus, bien loin de ruiner l'Autorité Divine de J. Christ & de la Religion Chrétienne, concourent avec les Livres authentiques à la confirmer.*

La

(1) M. *Grabe* assure, que ce faux *Evangile* étoit l'Ouvrage de *Leuce*. Spicil. T. I. p. 58.

(2) Ἐδυνήθημεν γὰρ παρ' ἄλλων, τῶν ἀσκησάντων αὐτὸ τὸ εὐαγγέλιον . . . οὓς Δοκητὰς καλοῦμεν, . . . χρησάμενοι παρ' αὐτῶν διελθεῖν. Ap. *Euseb.* H. E. L. VII 12. p. 213. 214.

(3) M. *Fabricius* cite un passage de *Dra-*

La preuve de cette Propoſition eſt, que tous ces Livres rendent témoignage à ces deux Véritez capitales; la prémiere, que J. Chriſt eſt Fils de Dieu, quelque ſens que l'on donne à ces termes: La ſeconde, qu'il a prouvé ſa Miſſion par des miracles publics, par des miracles éclatans. Or c'eſt-là précisément ce que les Incredules nient. Ils nous paſſeront ſans peine les Preceptes de J. Chriſt, qu'ils trouvent, au moins en partie, dans les Livres des Philoſophes: Ils nous paſſeront de même les Diſcours ſacrez du Seigneur, dans lesquels il regne une profonde Sageſſe. Je ne croi pas qu'ils nous conteſtent non plus la beauté, la grandeur de ſon caractere, le ſublime de ſes mœurs. Il n'y a donc que les Miracles, ſa Réſurrection, ſon Aſcenſion dans le Ciel, qui revoltent leurs Eſprits. Nous maintenons la vérité de ces faits, parce qu'ils ſont atteſtez par des Temoins irreprochables, qui ne peuvent être ſuſpects ni d'impoſture, ni d'illuſion, & dont nous avons les Rélations dans les Evangiles. Pour dépouiller ces Rélations de leur autorité, on nous allégue quantité de Livres Apocryphes, qui furent écrits dans les premiers Siecles. L'objection auroit quelque force, ſi ces faux Actes contrediſoient les véritables dans le point conteſté par les Incrédules. Ainſi, quand des Hiſtoriens atteſtent un fait, & que d'autres qui ſont du même tems, ou du tems prochain, le nient, ou n'en font aucune mention, le ſilence, ou la négation des derniers balance l'affirmation des autres. Mais ſi les Ecrivains s'accordent à atteſter le fait en queſtion, les varietez, qui ſe trouvent dans leurs Livres ſur d'autres Articles, ne ſervent qu'à confirmer ce fait, ſur lequel ils ſont unanimes. Or tous les Apocryphes conviennent avec les Livres authentiques ſur les Miracles & ſur la Réſurrection du Seigneur, & c'eſt-là, ce me ſemble, ce qui détruit l'Objection des Incrédules.

1. L'Egliſe Chrétienne Judaïzante fut partagée en deux Sectes: on nomme l'une des *Nazaréens*; l'autre, des *Ebionites*: toutes deux zélées pour la Loi, toutes deux croyant que J. Chriſt n'étoit Fils de Dieu, que par la préſence du S. Eſprit, qui deſcendit ſur lui dans ſon Baptême, par ſa Dignité de Meſſie, par ſon Empire, par ſon élevation dans le Ciel. Elles différoient ſur l'article de ſa Conception & de ſa Naiſſance miraculeuſe. Elles avoient leur Evangile Hébreu, qui pouvoit différer dans quelque choſe. S. *Jérôme* traduiſit en Latin celui des *Nazaréens*; & ſi nous en croyons quelques (3) Modernes, ſa Traduction ſubſiſte encore à *Cambridge*, dans

1. Temoignage de l'Egliſe Chretienne Judaïzante & de ſon Evangile.

(3) *Druſius*, *Præter. in* Nov. *Teſtam* p. 30. où il temoigne, que l'on diſoit, que la Traduction de S. *Jerôme* étoit à *Cambridge*: Et un autre de *Sandius* (Nucl. Hiſt. Ec. p. 5.) qui aſſure, ſur le témoignage du P. *Labbe* (Biblioth. Nov. MSS) qu'elle eſt à Paris. Il eſt vrai que le docte M. *Fabricius* ajoûte, *ſed ego non credulus illis*. Ubi ſup. T. I. p. 370.

dans le Collége de S. *Benoît*, & à *Paris* dans la Bibliotheque du Roi. Quoiqu'il en soit, *Eusébe* témoigne, (1) que quelques-uns mettoient cet ancien Evangile au rang des Ecritures véritables, tout au moins au même rang que l'Epitre de S. *Jaques*, & celle de S. *Jude*: Or on trouvoit dans ce Livre les faits miraculeux, que nous lisons dans S. *Matthieu*, & en particulier la Résurrection du Seigneur, comme cela paroît par le passage, que S. *Ignace* (a) en a allégué, & qui, au rapport de S. *Jérôme*, etoit pris de l'Evangile des Nazaréens. Ainsi l'Eglise Judaizante, séparée du reste de l'Eglise Chrétienne, presqu'aussi-tôt après la mort des Apôtres, rend témoignage, par sa Foi & par les Livres sacrez, à la Résurrection du Seigneur, & par conséquent à sa Mission Divine, & au plus grand de tous les Miracles, qui l'ont confirmée.

(a) Epist. ad Smyrn. p. m. 36. Voyez ci-dessus p.451.

2. Des Chrétiens d'Egypte & de leur Evangile.

2. L'Evangile *selon les Egyptiens* a la même ancienneté que l'Evangile des Nazaréens, & fut au commencement la Régle de la Foi des Chrétiens d'Egypte. Les *Encratites* s'en servoient, *Jules Cassien*, un de leurs Chefs, s'appuyoit sur l'autorité de cette Piéce. Les Sabelliens croyoient y trouver quelque fondement à leur Erreur. Les Valentiniens l'alleguoient, & nous avons vû qu'il a été cité par l'Auteur de la II. Epître de S. *Clément*. Les Péres n'ont point rejetté les témoignages de cet Evangile, comme ils l'auroient fait infailliblement, s'il ne s'étoit pas accordé avec les Ecritures authentiques sur la Mission Divine de J. Christ, attestée par ses Miracles, & en particulier par sa Résurrection. Que dis-je? ni les *Encratites*, ni les *Sabelliens* n'auroient osé l'alléguer, sans trahir leur propre cause, s'il n'avoit pas été conforme aux Evangiles sur les Articles les plus fondamentaux de la Religion.

3. Des faux Evangiles qui nous restent.

3. Nous avons l'*Evangile de la Nativité de Marie*; le *Protévangile de S. Jaques*; les deux *Evangiles de l'Enfance*, & celui de *Nicodeme*. Je ne sai s'il nous en reste quelqu'autre de la même nature. Mais ces Ecrits, tout fabuleux qu'ils sont, rendent témoignage aux vrais Evangiles; les Auteurs en ayant tiré tout ce qui convenoit à leur Dessein, & n'ayant fait que ce qu'ont accoûtumé de faire les Poetes, qui prennent un sujet de l'Histoire, & qui l'ornent d'Episodes & d'incidens merveilleux, que leur Imagination leur fournit, ou qu'ils tiennent de la Renommée, & de quelques Ecrivains sans autorité.

4 Des plus anciennes Sectes, comme des *Ebionites* & des *Docétes*.

4. Il se forma dès le commencement deux Sectes entiérement opposées: La premiére, des *Ebionites*, qui honoroient J. Christ comme

(1) Ἤδη δ᾽ ἐν τούτοις (ὁμολογουμένοις) τινὲς καὶ τὸ καθ᾽ Ἑβραίους εὐαγγέλιον κατέλεξαν, ᾧ μάλιστα Ἑβραίων οἱ τὸν Χριστὸν παραδεξάμενοι, χαίρουσι. *Euseb.* H. E. L. III. 25. pag. 97.

(2) Le Lecteur se souviendra bien de ce qu'on a dit des opinions de ces Sectes au commencement du Chap. IV. du Liv. II.

comme le Messie, ou le Roi promis à la Nation Judaïque, mais qui ne le croyoient qu'un simple homme : La seconde, des *Docétes*, dont j'ai parlé. Ceux-ci, ne pouvant concevoir, que le Verbe Divin pût s'unir personnellement à la Nature Humaine, s'imaginoient qu'il n'en avoit revêtu que la forme, ou la figure extérieure. Ces deux Sectes se trouvoient en Asie, dès le tems de S. *Ignace*, & ce sont celles qu'il a combattues dans ses Epitres. On les accuse l'une & l'autre d'avoir supposé, ou corrompu des Livres. On croit, que les Homelies, qu'on nomme les *Clémentines*, sont l'Ouvrage d'un *Ebionite* du II. Siécle. C'est un Roman bien écrit, composé par un Chrétien Philosophe, qui a voulu débiter sa Théologie sous le nom de S. *Pierre*, ou de S. *Clément*. J'ai rapporté des Fragmens de *Leuce*, qui étoit *Docéte*, & d'autres Hérétiques de la même Secte, qui nous ont été conservez par les Péres. Mais qu'on parcoure tout ce qui nous reste de ces Sectes opposées, on y trouvera par-tout que J. Christ est Fils de Dieu ; avec la seule différence que, selon les *Docétes*, il l'est par la communion d'une même Nature : il est *engendré* du Pére : au lieu que, selon les *Ebionites*, il ne l'est que par une adoption fondée sur ses incomparables vertus, & par la présence du S. Esprit en lui. On y trouvera par-tout J. Christ confirmant sa Doctrine par des Miracles publics. L'Ebionite (2) & ses pareils n'ont jamais douté, que le Seigneur ne fût mort, & ressuscité d'entre les morts ; au lieu que le Docéte n'a fait que convertir en apparences, ce que l'Ebionite a crû s'être passé réellement. Les uns & les autres convenoient du fait. L'Ebionite lisoit dans (*a*) son Evangile, que J. Christ avoit dit *à S. Pierre, & à ceux qui étoient avec lui*, c'est-à-dire, & à lui & aux autres Disciples, *prenez-moi, & reconnoissez que je ne suis point un Esprit incorporel.* Le Docéte au contraire lisoit dans je ne sai quels Livres, (3) "que „ S. *Jean* l'Evangéliste ayant voulu toucher le Seigneur, sa main „ s'enfonça dans le Corps apparent du Fils de Dieu, & le pénétra sans que la chair fit aucune resistance". Ces deux Rélations si contraires à un égard, s'accordent néanmoins dans le point essentiel, savoir, que J. Christ s'est présenté vivant à ses Disciples depuis sa mort, soit réelle, selon les uns, ou apparente, selon les autres, qu'ils l'ont reconnu, & qu'il s'est entretenu avec eux.

(*a*) Voyez ci-dessus p. 458.

5. *Marcion* a vécu tout proche du tems des Apôtres, & avec leurs premiers Successeurs. Il avoit l'Evangile selon S. *Luc*. *Tertullien* a marqué une partie des différences, qui se trouvoient entre son

5. De l'Evangile de *Marcion*.

(3) *Fertur in Traditionibus, quoniam Joannes Evangelista, ipsum Corpus Christi quod erat extrinsecus tangens, manum suam in profundum misit, & ei duritia carnis nullo modo reluctata est, sed locum manui præbuit.* Clem. Alex. *Comment. in I. Joan. l. 1.* Voyez *Cotelier*, Not. ad *Ignat.* Ep. ad Smyrn. p. m. 35. 36. Et *Fabric.* ub. sup. T. III. p. 603. 604.

(a) Hær. XLII.

son Exemplaire & le nôtre, & S. *Epiphane* (a) l'a fait encore plus exactement. Mais ces différences ne rouloient point sur les faits miraculeux de l'Evangile. On les lisoit dans l'Exemplaire de l'Hérétique comme dans celui des Orthodoxes. Il n'en faut excepter que les deux premiers Chapitres, que *Marcion* avoit retranchez.

XIII. En quoi les Evangiles Apocryphes differoient des véritables.

XIII. Si l'on recherche en quoi les Evangiles Apocryphes du I. Siècle différoient des véritables, on verra que tout consistoit dans quelques particularitez de la Vie de Notre Seigneur, qui étoient ou retranchées, ou ajoutées : dans quelques paroles, dans quelques Sentences attribuées à J. Christ, & omises par nos Evangelistes. Tel est, par exemple, ce mot du Sauveur, (b) *il est plus heureux de donner que de recevoir. Euthalius* rapporte, qu'il le trouvoit dans le Livre intitulé : (1) *La Doctrine des Apôtres*. Le Lecteur peut voir, dans la Collection, que le docte M. *Fabricius* (c) en a faite, diverses Sentences du Seigneur, citées par S. *Barnabé*, ou par l'Auteur de l'Epître, qui porte son nom : par *Clément* Romain, dans la II. Epître qu'on lui attribue : par *Justin* Martyr, par S. *Irenée* &c. Ces Sentences étoient prises de quelques Livres reçus parmi les Chrétiens, ou s'étoient conservées par la Tradition. De là aussi plusieurs passages, que des Copistes insérérent dans les Evangiles, & que S. *Jerôme* en retrancha, lorsqu'il réforma les Exemplaires de son tems sur les plus anciens Manuscrits.

(b) Act. XX. 35.

(c) Voyez De Dict. Christi, ub. sup. T. I. p. 321. & seq.

XIV. Conclusion de ce Discours. Les Livres supposez n'aneantissent point l'autorité des Livres sacrez du Nouveau Testament.

XIV. Si après ces Réflexions les Esprits Incrédules veulent encore insister sur leur argument ; s'ils prétendent que les Apocryphes anéantissent l'autorité des Livres du Nouveau Testament, il faut qu'ils disent, qu'il n'y a point d'Actes certains, parce qu'on en a supposé quantité de faux : qu'il n'y a point d'Histoires véritables, parce qu'il y en a de fabuleuse ; qu'il n'y a point de bonne monnoye, parce qu'il y en a de fausse & de contrefaite. Mais, comme on a des Règles sûres pour distinguer les faux Actes des vrais, & que la supposition des uns ne détruit point l'Authenticité des autres, il faut, ce me semble, qu'ils conviennent, que la plûpart des Livres, qui composent le Nouveau Testament, se distinguent des Livres supposez par des Caractéres certains. Ces Caractéres sont, 1. le Témoignage, que leur a rendu l'Eglise universelle depuis qu'ils ont été publiez. 2. Le Témoignage que toutes les Sectes, quelque bizarres qu'ayent été leurs Opinions, ont rendu aux faits miraculeux rapportez dans les Evangiles, & par confé-

Six Caractéres certains, qui distinguent les Livres Authentiques des Livres supposez.

(1) Διδαχὴ vel Διδαχαὶ τῶν Ἀποστόλων. *Euseb.* H. E. L. III. 25. Voyez la Preface de *Turrien* sur les *Constitutions Apostoliques*. Ap. *Fabric.* ub. sup. T. I. p. 323. *Cotelier* a remarqué dans ses Notes sur ce Livre ; (Ad Lib. IV. 3.) que quelques Auteurs ont crû, que S. *Paul* avoit pris ce mot des *Constitutions*, parce qu'ils les croyoient veritablement des Apôtres, puis il ajoute : *Ita Euthalius citatus*

conféquent aux Livres, qui les contienent. Il faut feulement en excepter l'Hiftoire de la Conception & de la Naiffance du Sauveur, que quelques Sectes ont crû être Fils de *Jofeph*, & que d'autres ont foutenu n'être jamais né de *Marie*. 3. J'ajoûte, qu'il n'y a ni raifon, ni prétexte de nier, que ces Evangiles ne foient veritablement des Auteurs, à qui toute l'Eglife les a conftamment attribuez. Les Manichéens, qui ont ofé le nier, n'en ont allégué aucune preuve; & du refte ils ne fe font infcrits en faux que contre quelques Points de Doctrine, & non contre les faits miraculeux, qui établiffent la Miffion du Sauveur. 4. Il faut dire encore, qu'en examinant les Evangiles felon les Régles de la Critique la plus rigoureufe, on n'y trouvera aucune marque de fuppofition. Qu'on retranche de S. *Matthieu* les deux prémiers Chapitres, fous prétexte qu'ils n'étoient point dans l'Evangile Hébreu, que les Chrétiens Judaïzans prétendoient être l'Original de S. *Matthieu*: Qu'on retranche les deux prémiers Chapitres de S. *Luc*, & la Généalogie du Seigneur, qui eft dans le troifiéme, fous prétexte que tout cela n'étoit point dans l'Exemplaire de *Marcion*: Qu'on retranche de même les cinq prémiers verfets de l'Evangile felon S. *Jean*, fous un prétexte pareil, &c. Tout cela n'empêche point que ces Livres ne foient de S. *Matthieu*, de S. *Luc*, de S. *Jean*, à qui l'Eglife les a donnez, ou plutôt de qui elle les a reçus. 5. Quand on examine ces mêmes Livres, & en général tous ceux du Nouveau Teftament, qui ont été reconnus par l'Eglife univerfelle, on n'y trouve aucun indice, qu'ils ayent été écrits depuis la ruïne de Jérufalem, ni par conféquent depuis la mort des Apôtres, ou des hommes Apoftoliques, dont ils portent les noms. La Tradition veut, que le feul Evangile felon S. *Jean* foit pofterieur à cet Evénement, mais on n'en voit aucune trace dans l'Evangile même. 6. La Mort, la Réfurrection du Sauveur, la Doctrine, qu'il a prêchée fe trouve dans les Epitres de S. *Paul*. Or peuton foupçonner feulement l'authenticité de ces Epitres, fi on en excepte l'Epître aux Hébreux, qui, de quelqu'Auteur que lle foit, a été évidemment écrite avant la ruine de Jérufalem, & montre quelle étoit la Doctrine Chrétienne dans ce tems-là? Je veux, que quelques Sectes Judaïzantes ayent rejetté la Doctrine de S. *Paul*, fur le fujet de l'obfervation de la Loi Mofaïque, mais l'ont-elles rejettée fur la Miffion Divine du Sauveur, fur fes Miracles, fur fa Réfurrection, fur fon Afcenfion dans le Ciel? C'eft ce qui eft univerfelle-

citatus a Turriano. Mais Mr. *Fabricius* a fort bien remarqué, qu'il faut lire διδαχῇ dans *Euthalius*, & non pas διατάξεσιν. *Neque* vero fenfit *Euthalius*, *Paulum*, *vel Lucam ex Clementi tributis Conftitutionibus Dictum illud petiiffe, quo nihil abfurdius dicere potuiffet, fed ex* διδαχῇ, *five Traditionibus Apoftolorum, in Conftitutionum opus deinde utcumque collectis.* Ubi fup. p. 523.

verſellement atteſté. Catholiques & Sectaires; Chrétiens ſortis du Judaïſme, ou du Paganiſme, Livres authentiques, Livres apocryphes, tous dépoſent unanimement en faveur des faits, contre lesquels les Incredules ont la hardieſſe de s'élever.

XIV. Réponſe à l'objection. L'Egliſe a mis au rang des Livres certains, ceux que l'Antiquité a laiſſé au rang des Livres douteux.

XV. Il ne ſe préſente à mon Eſprit qu'une Objection, que je vai réſoudre en finiſſant ce Diſcours. C'eſt que l'Egliſe d'Occident, par exemple, a mis au nombre des Livres Canoniques certains Livres douteux, quoiqu'elle ne pût avoir plus de preuves de leur authenticité qu'en avoient eu les anciens Péres, qui, étant plus proche des tems Apoſtoliques, pouvoient mieux juger que leurs Succeſſeurs de l'origine & des Auteurs de ces Livres. Il s'agit de l'Apocalypſe; de la II. Epitre de S. *Pierre*; de celle de S. *Jaques*; de celle de St. *Jude*; de la II. & de la III. de S. *Jean*. Je ne veux point répéter ici ce qu'on a dit pour défendre l'autorité de ces Ecrits. Je veux bien m'expliquer au bas de la page (1) ſur la maniére, dont je croi qu'ils ſont entrez dans le Canon. Je me contente donc de faire une Obſervation, qui tourne à la gloire & à la certitude de nos Evangiles. C'eſt que l'Egliſe Primitive a été plus ſcrupuleuſe ſur l'admiſſion des Livres dans le Canon, que l'Egliſe qui lui a ſuccédé: J'ajoute que ſi les Incrédules veulent en exclurre ceux que je viens d'indiquer, on n'approuvera pas leur procédé, mais on ne pourra au fond condâmner leurs ſcrupules, puiſqu'ils ont pour eux le témoignage de l'Antiquité.

Voilà ce que j'ai crû devoir inſérer ici, pour prevenir le ſcandale, que des Lecteurs qui n'ont pas médité ſur ces matiéres, pourroient prendre à la vûë de tant de faux Actes, dont j'ai été obligé de parler, parce qu'on accuſe les Manichéens de les avoir ſuppoſez, ou corrompus.

FIN DU LIVRE SECOND.

(1) Il s'agit de ſavoir comment des Livres qui étoient d'une autorité douteuſe du tems d'*Euſebe*, ſont devenus Canoniques dans la ſuite. Je ne croi pas que l'Egliſe ait eu quelque nouvelle Révélation, qui lui ait découvert l'authenticité de ces Livres. Pourquoi cette Révelation ſeroit-elle venuë ſi tard? Je ne croi pas non plus, que l'on y ait découvert certains caractéres de Divinité, qui avoient été imperceptibles aux Anciens. J'avoue que ces caractéres, à la faveur deſquels quelques Théologiens prétendent, qu'on peut diſcerner les Ecritures Canoniques des Ecritures douteuſes, ne me frappent point. Je croi encore moins, que les Fidéles ayent un certain goût, qu'ils ne ſauroient definir, & qui dégéneréroit facilement en Enthouſiaſme. Mon opinion eſt donc, que ces Livres, qui ont paru *douteux* aux Anciens, mais qui leur paroiſſoient être édifians & utiles, furent lûs au commencement dans pluſieurs Egliſes ſur ce pied-là. C'eſt ce qu'*Euſebe* témoigne. Καὶ τ ἀντιλεγομένων μὲν (γνωρίμων) ὅμως δὲ ἐν πλείσταις ἐκκλησίαις παρὰ πολλοῖς δεδημοσιευμένων. *Euſeb.* H. Ec. L. III. 31. p. 102. C'eſt par-là qu'ils ſont parvenus inſenſiblement à la Canonicité. C'eſt ainſi, par exemple, que l'*Eccleſiaſtique*, qui ne fut lû au commencement que comme une *Ecriture utile* eſt devenu dans la ſuite une Ecriture Canonique. La même choſe eſt arrivée à l'égard de quelques Livres du Nouveau Teſtament. Quoi qu'ils fuſſent

HISTOIRE CRITIQUE DES DOGMES DE MANICHEE.

LIVRE TROISIE'ME.

Systême de MANICHE'E sur la Nature & les Attributs de Dieu, & sur les Personnes Divines.

CHAPITRE I.

De la Nature de Dieu selon les Manichéens.

I. IL n'y a rien de plus évident, que l'existence d'un Dieu, ni rien de plus obscur que sa Nature. Tous les efforts de l'Esprit humain ne servent qu'à le convaincre de sa foiblesse & de son ignorance sur ce sujet : I. Impossibilité de connoître la Nature de Dieu.

fussent d'une autorité douteuse, on ne laissoit pas de les estimer comme des Livres *utiles*. Πολλοῖς χρήσιμος φανεῖσα, dit *Eusébe* en parlant de la II. Epitre de S. *Pierre*. H. E. L. III. 3. On les lisoit dans les Eglises ; on les copia à la suite des autres Livres, & ils passerent insensiblement dans le Canon par l'autorité de l'Eglise, qui les approuva. Je finirai cette Remarque par un Passage de *Marc Antoine de Dominis* De Rep. Ec. L. VII. Cap. I. §. 19. *Ideo non possum probare, si quis dicat præter testimonium Ecclesiæ, requiri etiam internum Spiritus Sancti testimonium, & alias conjecturas, Majestatis, Puritatis, consonantiæ* &c. *ad hoc, ut Canonici Libri perfecte cognoscantur, & Ecclesiam per hæc etiam procedere, antequam reddat testimonium: non possum, inquam, his assentiri, quia jam nullus unquam esset finis dissensionum circa Libros Canonicos, siquidem quisque Spiritum Sanctum se habere pratendet, hic ad includendum in Canone Librum aliquem, ille ad excludendum.* &c.

ſujet : (1) Elle fuit, pour ainſi dire, devant ceux qui la cherchent, & lors qu'ils penſent en approcher, elle s'enfonce dans une obſcurité, où il eſt impoſſible de la ſuivre. De là tant de diverſité de ſentimens entre les plus habiles Philoſophes ſur la Nature Divine : Les Chrétiens eux-mêmes ne furent point d'accord là-deſſus, la Révélation étant plus attentive à nous inſtruire des Perfections de Dieu, que de ſon Eſſence, parce que ce ſont ces Perfections, qui ſervent à régler notre obeïſſance, & notre culte.

II. *Manichée* a crû la Nature de Dieu une Lumiere très-pure.

II. *Manichée* étant Théologien & Philoſophe, entreprit, à l'exemple de quantité d'autres, de définir la Nature de Dieu. Il dit, „ que c'eſt (2) une LUMIE'RE éternelle, intelligente, très-pure, „ qui n'eſt mêlée d'aucunes ténébres, & qui par conſéquent n'eſt „ ſuſceptible d'aucune altération.

Les Valentiniens de même.

Ce fut auſſi l'opinion des *Valentiniens*, qui (3) définiſſoient „ la „ Nature du Pére éternel de toutes choſes incorruptible, une Lumiére qui exiſte par elle-même, qui n'admet rien d'étranger, nul „ mêlange, nulle compoſition.

Cette idée eſt très-generale. On la trouve chez les Mages.

Mot de *Zoroaſtre*.

Les Hommes ne pouvant rien concevoir de plus beau, de plus pur, ni de plus incorruptible, que la Lumiére, s'maginérent facilement, que la plus excellente Nature n'eſt qu'une *Lumiére* très-parfaite. On trouve cette idée chez toutes les Nations, qui ont paſſé pour les plus ſavantes. *Porphyre* (4) rapporte, que *Pythagore* avoit appris de *Zoroaſtre*, *que du côté du Corps Dieu reſſemble à la Lumiére*, *& du côté de l'Ame à la Vérité*. *Plutarque* rapporte un peu autrement le mot de *Zoroaſtre* (5). „ *Pythagore*, dit-il, avoit „ appris de *Zoroaſtre*, que de toutes les choſes ſenſibles celle qui „ reſſemble le plus à OROMAZE eſt la Lumiére, comme ARIMANIUS au contraire reſſemble aux Ténébres & à l'Ignorance". *Arimanius* eſt le Démon, & *Oromaze* eſt Dieu, ou le Fils de Dieu. A la vérité *Zoroaſtre* ne dit pas que Dieu ſoit une *Lumiére*, mais qu'il *reſſemble à la Lumiére*, ce qui veut dire, ſi je ne me trompe, que c'eſt

(1) C'eſt que dit *Clément* d'Alexandrie, en parlant de Dieu, δυσάλωτον τε χρῆμα καὶ δυσθήρατον ἐξαναχωροῦν ἀεὶ καὶ πόῤῥω ἀφιστάμενον τοῦ διώκοντος. *Res apprehenſu & venatu difficilis, quæ ſemper receiit, & procul abeſt ab eo qui perſequitur.* Strom. L. II. p. 360.

(2) Comme on n'a pas les Livres de *Manichée*, il faut recueillir cette définition de quelques Fragmens, qui nous en reſtent. Il appelle J. Chriſt *le Fils de la Lumiére éternelle*, τοῦ ἀϊδίου φωτὸς : Le *Fils de la Lumiére Suprême*, τοῦ ἀνωτάτω φωτός. Il dit encore en parlant de la Nature du Fils, que c'eſt *une Lumiére ſimple & véritable*, τὸ φῶς ἐστιν ἁπλοῦν καὶ ἀληθινὸν φύσει ; qu'elle eſt *pure & ſimple*, ἀκέραιον ; qu'elle *ne peut être ni vuë, ni touchée* : ὁρᾶται μὲν οὐκ ἄν, ἐψηλαφᾶτο δὲ οὐδαμῶς. Voyez les Fragmens de ſes Lettres, Ap. *Fabric*. Biblioth. Græc. T. V. p. 284. 285.

(3) Τὸ δὲ πατρὸς τῶν ὅλων τοῦ ἀγεννήτου ἡ οὐσία ἐστὶν ἀφθαρσία, καὶ φῶς αὐτοὸν, ἁπλοῦν τε καὶ μονοειδές. Ptolom. Epiſt. ad Floram. Ap. *Epiph*. Hær. XXXIII. p. 222. Voyez auſſi les Extraits de la Théologie de *Theodote* à la fin de *Clement* d'Alexandrie, & dans la *Bibliotheq. Grecque* de *Fabric*. T. V. p. 134. & 136.

c'eſt une Lumiére plus pure, plus parfaite, & plus reſplendiſſante que celle qui éclaire le Monde. Auſſi Dieu eſt-il perpetuellement appellé (6) *Lumiére*, *Clartez*, *Splendeur*, *Feu*, dans ces vers Grecs, qu'on appelle les *Oracles de Zoroaſtre*, & qui bien qu'ils ne ſoient pas de ce Philoſophe Perſan, contiennent néanmoins une Doctrine trés-ancienne & vraiſemblablement celle des Mages & des Caldéens.

Un Auteur Chrétien, que quelques Savans croyent être *Origène*, rapporte que ſelon les *Brachmanes*, „ (7) Dieu eſt une Lumiere, „ mais une Lumiére, qui n'eſt pas de la même nature que celle du „ Soleil & du Feu, que nous voyons. C'eſt une Parole; non une „ Parole articulée, mais une Parole de Science, par le moyen de „ laquelle les Sages apperçoivent les Myſteres cachez “. Cette idée de la Divinité paroit bien ſpirituelle, mais la ſuite ne l'eſt pas tant, & je conjecture, qu'il y a quelque faute, ou quelque omiſſion dans l'Original. „ Les *Brachmanes* diſent, pourſuit l'Au„ teur, (8) que cette PAROLE *qu'ils appellent Dieu eſt* CORPO„ RELLE, qu'elle s'enveloppe elle-même d'un Corps, à peu prés „ comme un Homme ſe couvre de la peau d'une brebis; mais que „ lorsqu'elle a dépouillé ce Corps, qui l'environne, elle paroit „ aux yeux “. Il y a là dedans une abſurdité palpable. Un Etre parfaitement ſpirituel, tel qu'eſt la *Raiſon*, devient-il *viſible aux yeux*, lors qu'il s'eſt dépouillé du Corps qu'il anime, & dont il s'*enveloppe?* C'eſt ce qui me fait croire que ces Philoſophes Indiens vouloient dire, que la Divinité eſt revêtuë d'un Corps lumineux, lequel ne s'apperçoit pas à préſent, parce qu'il eſt caché ſous un autre, qui eſt, ou le Ciel, ou le Monde; mais qu'elle ſe fera voir quelque jour, lors qu'elle aura dépouillé ce corps étranger, qui eſt par rapport à elle, comme la *Peau d'une brebis*, dont un homme ſe couvre.

Chez les Philoſophes des Indes.

Les

(4) Ἐοικέναι τὸ μὲν σῶμα, φωτί· τὴν δὲ ψυχὴν, ἀληθείᾳ. *Porphyr.* in Vit. Pythag. p. m. 168.

(5) Καὶ ἀπεφαίνετο Oromazem ἐοικέναι, φωτὶ μάλιστα τῶν αἰσθητῶν: τὸν δὲ Arimanium σκότῳ καὶ ἀγνοίᾳ. *Plutar.* de Iſ. & Oſ. p. 369.

(6) Φάος, αὐγαὶ, φέγγος, πῦρ. On joint à ces mots quelques Epithetes, comme πατρικὸν πῦρ, *Ignis Patris*; ὕπατον πῦρ, *Ignis ſummus*: Et pour diſtinguer cette *Lumiére* & ce *Feu*, du feu terreſtre, & de la lumiére qui éclaire le monde, on l'appelle *Feu intelligent*, *Lumiere intelligente*. νοερὸν πῦρ, νοερὸν φῶς. Voyez *Stanley* Philoſoph. Chaldæor. p. 1122. 1123.

(7) Αὐτοὶ τὸν Θεὸν φῶς εἶναι λέγουσιν οὐχ ὁποῖον τις ὁρᾷ, οὐδ' οἷον ἥλιος καὶ πῦρ: ἀλλὰ ἐστὶν αὐτοῖς ὁ Θεὸς λόγος: οὐχ ὁ λόγος ἔναρθρος, ἀλλὰ ὁ τῆς γνώσεως, δι' οὗ τὰ κρυπτὰ τῆς γνώσεως μυστήρια ὁρᾶται τοῖς σοφοῖς. *Origen.* Philoſophumen. p. 159.

(8) Τοῦτον δὲ τὸν λόγον ὃν Θεὸν ὀνομάζουσι, σωματικὸν εἶναι, περικείμενόν τε σῶμα ἔξωθεν ἑαυτοῦ, καθάπερ εἴ τις τὸ ἐκ τῶν προβάτων ἔνδυμα φορεῖ· ἀπεκδυσάμενον δὲ τὸ σῶμα περικείμενον, ὀφθαλμοφανῶς φαίνεσθαι. Ibid. Il faut qu'il y ait néceſſairement quelque omiſſion dans ce Paſſage. Je ne me ſuis pas apperçu que le ſavant Editeur de ce Livre qui eſt *M. Wolff*, l'ait remarqué.

Chez les Cabbalistes ou les Philosophes Juifs.

Les *Cabbalistes*, ou les Philosophes Juifs, avoient de la Divinité la même idée que les Manichéens & les Orientaux. Ils la concevoient (1) comme une *Lumiere très-pure*, *mais étenduë* : C'etoit aussi le sentiment de plusieurs Philosophes Grecs. *Porphyre* dit, (2) " que l'Essence Divine est d'une Nature lumineuse, & qu'elle habite au milieu d'un feu ethérien & très-pur : *Democrite*, (3) qu'elle est un Entendement de la Nature du Feu : (4) *Empedocle* & (5) *Heraclite*, que *Dieu est un Feu Intelligent*.

Chez les Grecs.

III. L'Ecriture & les Peres l'appuyent.

III. L'Ecriture Sainte ne combat point cette opinion; au contraire, elle semble la favoriser. Dans les apparitions de la Divinité on voit toûjours (6) *un Feu*, ou une grande Lumiére : Et ce que les Auteurs sacrez appellent *la Gloire de Dieu*, n'est très souvent que la *splendeur*, *l'eclat*, qui sembloit rejaillir de sa Personne. Il seroit inutile d'en rapporter les preuves. A l'egard des Péres, les plus habiles & les plus Orthodoxes disent constamment, (7) " que *Dieu est une Lumiére*, & *une Lumiére très-sublime* : Que tout ce que nous voyons de clartez, quelque brillantes qu'elles soient, ne sont qu'un petit écoulement, qu'un rayon de cette *Lumiére* : (8) Que le Fils est une *Lumiére*, qui n'a point de commencement : (8) Que Dieu est une *Lumiere inaccessible*, qui eclaire toûjours, & qui ne disparoit jamais. (9) Que toutes les *Vertus*, qui environnent la Divinité, sont des *Lumiéres* d'un second Ordre, des RAYONS DE LA PREMIERE LUMIERE : Que Dieu, qui créa le Soleil pour éclairer le Monde, ne créa point de Lumiére pour le Monde des Esprits (10), parce que ce Monde, étant toûjours eclairé de la plus GRANDE LUMIERE, n'a aucun besoin d'une *Lumiere seconde*.

Passages de Gregoire de Nazianze.

(7) Greg. Naz. Orat. XL. p. 642.

C'est ainsi qu'un des plus profonds & des plus eloquens Théologiens de l'Antiquité parle de la Nature de Dieu. C'est en general le

(1) *Quod ad Dei Essentiam attinet, ita* [illegible] *Cabbalistæ, quod sit Lux* [illegible]. Paul Berger. *Cabbalism. Judaico Christianus*. Cap III. §. 3. p. [illegible].

(2) [illegible] Porphyr. Ap. Eus. De Præp. Ev. L. III. p. 98.

(3) [illegible] Plutarc. de [illegible] Phil. p. 881. Je ne sai pourquoi l'Auteur François de l'*Histoire* [illegible] a rendu le Grec de Plutarque en ces termes, *L'Essence Divine est un Esprit renfermé dans une sphere de feu*. Je soupçonne, que cet Auteur s'est laissé tromper par la Traduction Latine, qui a rendu [illegible] par, *in igne globo*. Il valoit mieux suivre notre vieux *Amiot*.

(4) [illegible] Orig. Philosophumen. p. 42.

(5) [illegible] Orig. ib. p. 64.

(6) Voyez Exod. III. 2. XXXIII. 18. Ezechiel I. 10. &c. *Grotius* dit sur ces mots, *Ils virent la gloire de Dieu*. Exod. XXIV. 10. *Viderunt formam quandam valde lucidam*.

(8) [illegible] Gr. Naz. Orat. XXVI. p. 451.

(8) [illegible] Orat. XLIII. p. 698.

(9) [illegible] Il faut bien de l'indulgence pour excuser ces paroles. Elles établissent une sorte de consubstantialité entre Dieu & les Anges, & une égalité de Nature entre eux & le Fils

le stile des Péres, avant & depuis le Concile de Nicée. (11) *Le Verbe*, disent-ils, *est la Lumiére, qui est venue dans le Monde, & qui rejaillit de cette* LUMIERE, *laquelle existe par elle-même* (12). *Il est Dieu* né *de Dieu*, c'est *une Lumiére* qui émane *d'une Lumiére*. (13) " Dieu est le *Pére des Lumiéres*, parce que du fond de sa Na-
„ ture il a produit deux *Lumiéres supersubstantielles*, qui sont le
„ Fils & le S. Esprit. (14) Dieu, qui a créé le Soleil est *plus grand*
„ *& plus lumineux* que le Soleil. (15) L'Ame est d'elle-même lumi-
„ neuse, *parce qu'elle est le souffle de la Lumiére immortelle*. (16) La
„ Substance du Pére est une Substance simple, subtile, une *Lu-*
„ *miére créatrice* qui n'admet point de composition ". Finissons cet Article par ce mot d'un Ancien Auteur Juif. La Sagesse est (17) *le Rayon, la splendeur de la Lumiére éternelle*; paroles, que (a) l'Auteur Divin de l'Epitre aux Hébreux a imitées, & a appliquées au Fils de Dieu.

De l'Auteur [illegible]. [illegible] Symbole de Nicée. [illegible] Faux Denis l'Aréopagite. De Cyrille de Jerusalem. De Macaire. D'Eusébe.

Du Livre de la Sagesse.
(a) Heb. I. 3.

IV. Je sai bien, que les Péres n'ont pas crû, que la Nature Divine fût une *Lumiére corporelle*. *Leon* I. l'a fort bien dit, (18) *L'Essence de Dieu est celle d'une Lumiére éternelle & incorporelle*; (b) *Grégoire* de Nazianze s'est attaché à le prouver, & *Manichée* l'a soûtenu (c). " Le Fils de la *Lumiére* suprême, dit-il, fit voir claire-
„ ment quelle est son Essence, lorsque les Juifs ayant voulu le sai-
„ sir, il passa au milieu d'eux sans en être apperçû. (19) Car *la*
„ *Forme* immaterielle, qui avoit pris la figure de la Chair, *ne*
„ *pouvoit être* NI VUE NI TOUCHE'E ". Ainsi le Fils de Dieu, selon notre Héresiarque, est *une Lumiére* incorporelle, *invisible* à des yeux charnels, une *Substance immaterielle, & impalpable*. Cependant, si, par une *Lumiére incorporelle*, on entend une Substance purement intelligible, & comme parle S. *Augustin*, LA VERITE', j'avoue, que *Manichée* n'étoit pas de ce sentiment : Il croyoit que l'Essence Divine est une substance véritablement lumineuse

IV. Les Manichéens n'ont point crû que Dieu fût une *Lumiére corporelle*.
(b) Orat. XL. p. [illegible].
(c) Ep. ad Cudar. [illegible] Ap. *Fabric.* ub. sup. p. 28[illegible].

[illegible] Lumiére véritable, & visible à des yeux [illegible] d'une vertu [illegible] turelle.

Fils de Dieu, qui est appellé par St. *Paul*, [illegible] Heb. I. 3. Voyez *Greg.* Naz. ub. sup. Remarquons en passant, que *Grégoire le Nazianze* appelle les Anges des *Clartez secondes produites par la premiere Splendeur*, [illegible]. Les Manichéens les appellent de même, LUMINA, & donnent à J. Christ le titre de *Roi des Lumiéres*, c'est-à dire, *des Anges* Secund. Ep. ad *Aug.*

(12) [illegible] Nazian. Ibid.

(13) [illegible] In Expos. Fid. Ap. Just. Mart. p. m. 301.

(14) [illegible] Symb. Nic.

(15) [illegible] Dionys. Areop. De Div. Nom. ap. *Alat.* in Not. ad *Method.* Au lieu [illegible]

(16) [illegible] Cyrill. Hierosol. Cat. VI. §. 4.

(17) [illegible] Macar. Ægypt. Ap. Toll. [illegible]

(17) [illegible] *Substantia Patris* [illegible] *Lux* [illegible] *compositio*. Euseb. [illegible] T. II. p. 56.

(18) [illegible]

(18) [illegible] *narum*. Leo. Serm. IV. in Epiph.

(19) [illegible]

neuse, qui se fait appercevoir par la splendeur, qui en émane, ce n'est point une *Lumiére métaphorique*, pour ainsi parler, mais une Lumiére véritable, qui est contemplée dans le Ciel par les Esprits immortels, & qui fut vûë des Apotres, lorsque le Seigneur fut transfiguré en leur présence, parce qu'il lui plût de donner à leurs yeux une faculté surnaturelle : Tel est le vrai sentiment de *Manichée*; mais il faut bien se donner de garde de le taxer d'Hérésie, à moins qu'on ne veuille envelopper dans la même accusation un grand nombre de Peres Grecs, qui ont crû, comme lui, que les Disciples du Seigneur virent la Divinité sur la Montagne. C'est ce que *Leon Allatius*, très-bien instruit de leur créance, a prouvé au long dans le Passage que je vai rapporter.

V. Leur sentiment est le même que celui des Péres Grecs.
(a) *Leo Allat.* De perpetuo Consens. L. II. ... col. 824.

V. (*a*) Il s'éleva, entre les Grecs, dans le XIV. Siècle, une violente contestation, sur une Question beaucoup plus curieuse qu'utile : c'est de savoir, si la *Lumiére*, qui éclatta sur la Personne de J. Christ lorsqu'il fut transfiguré, étoit une *Lumiére créée, ou incréée.* (1) *Grégoire Palamas*, fameux Moine du Mont *Athos*, soûtenoit qu'elle est *incréée*; & *Barlaam* defendoit le contraire. Cela donna lieu à la Convocation d'un (2) Concile, tenu à Constantinople, sous *Andronic le jeune* : *Leon Allatius*, qui raconte ces différens, juge que *Barlaam* & *Palamas* avoient tort l'un & l'autre, & fait à cette occasion le Discours suivant.

La Lumiére que les Apôtres virent sur J. Christ dans sa Transfiguration n'est que l'éclat de sa Divinité ou sa Divinité même selon les Peres Grecs.
Passage de *Leon Allatius* sur ce sujet.

(3) „ C'est donc une Erreur d'affirmer, que la Lumiére, qui parut sur le Thabor *ne fut pas la Gloire de la Divinité de J. Christ, sa Lumiére propre, celle qui émane de l'Essence Divine*, ou plutôt, *celle qui est* UNE SEULE ET MEME CHOSE AVEC CETTE ESSENCE, ET NON UNE AUTRE. Car c'est ce qu'assurent très-clairement *Ephrem* le Syrien, *Jean* de Damas, *Denys* l'Areopagite, *André* de Créte, (4) *Cosmas* le Mélodieux, *Maxime* le Confesseur, *Cyrille* d'Alexandrie, *Jean Chrysostome*, *Grégoire* de Nazianze, *Basile* le Grand, & *Athanase* de Synnade. En effet cette splendeur, cette Lumiére fut la Divinité même du bienheureux Christ, laquelle ayant été cachée jusqu'alors par un Miracle, de peur que sa Majesté ne blessât des yeux humains, apparut & brilla aux yeux de ses Disciples dès que le Miracle eut cessé.

On objectoit à *Palamas*, qu'une *Lumiére increée* ne peut être apperçuë par des yeux charnels. *Leon Allatius* léve cette difficulté en

τὸ εἶδος τῆς σαρκὸς, ὁρατὰ μὲν οὐκ ἦν, ἐψηλαφᾶτο δὲ οὐδαμῶς. *Manich.* ap. *Fabric.* ub. sup.

(1) Il fut depuis Archévêque de Thessalonique.

(2) Voyez sur ce Concile le P. *Alexandre* Sec. XIII. & XIV. Part. I. p. m. 399.

(3) *Error itaque fuerit asserere, lumen illud in Monte Thaborio non fuisse Deitatis illius* (Christi) *gloriam & lumen proprium, lumenque ab Essentia Divina emanans, quod unum & idem cum Essentia Divina erat, nec aliud, ut asserunt apertissime*

en répondant, " que cela eſt vrai ſi ces yeux demeurent dans leur „ état naturel, mais que, s'ils ſont fortifiez par une Vertu Divine, „ rien n'empêche, qu'*ils ne voyent* & LA DIVINITE' MEME, „ & LA GLOIRE DE LA DIVINITE', QUI N'EST *au fond* „ AUTRE CHOSE QUE DIEU. C'eſt ce qui eſt confirmé par „ une preuve de fait très-certaine; car la Ste. *Vierge*, qui, ſelon „ les Hymnes de l'Egliſe, a été élevée au Ciel en Corps & en „ Ame, contemple de SES YEUX CORPORELS, & DIEU „ & L'ESSENCE DE DIEU, parce que ſes yeux ont été for- „ tifiez par une Vertu Divine. Il en ſera de même de tous les „ Bienheureux après le Jugement univerſel, lorsqu'ayant repris „ leurs Corps, ils verront, des yeux du Corps, & *la Gloire de* „ *la Divinité*, & LA DIVINITE' MEME. Il ſe paſſa donc, „ dans la Transfiguration du Seigneur un double Miracle; le pré- „ mier eſt, qu'il ceſſa de tenir ſa Divinité cachée: le ſecond, qu'il „ donna aux yeux de ſes Diſciples la force de la contempler. C'eſt „ ainſi que *Barlaam* fut condamné juſtement, parce qu'il aſſuroit, „ d'un côté, que *la* LUMIE'RE, *qui éclatta en J. Chriſt*, n'étoit, „ ni L'ESSENCE DIVINE. ni UNE EMANATION DE CET- „ TE ESSENCE: &, d'autre côté, que des YEUX CORPO- „ RELS *ne peuvent être élevez à la faculté de voir la* DIVINITE' „ *même*. D'ou il s'enſuivroit diverſes abſurditez dans la Doctrine „ de l'Egliſe; car que deviendroit alors la Viſion beatifique des „ Saints dans le Ciel &c. ?

Confirmé par deux Paſſages de *Damaſcéne* & de *Gregoire de Nazianze*.

J'eſpére, que le Lecteur ne me ſaura pas mauvais gré, de lui a- voir repréſenté la Doctrine des Grecs expliquée par un ſavant Grec moderne. La conſéquence que j'en tire, c'eſt que *Manichée* eſt juſtifié, ſi cette Doctrine eſt véritable; il eſt excuſé, ſi elle eſt fauſſe. Car *Leon Allatius* n'en impoſe point aux Péres. Je n'en alléguerai que deux Paſſages; le premier, qui eſt de *Damaſcéne*, eſt conçû en ces termes, (5) ô LUMIE'RE *immuable*, VERBE, *qui êtes la Lumiére du Pére éternel*, *en* VOYANT *aujourd'hui* VO- TRE LUMIE'RE *ſur le Thabor*, *nous* VOYONS, *& le Pére*, *qui eſt Lumiére*, *& le S. Eſprit*, *qui eſt Lumiére*, *& qui illumine tou- tes les Creatures*. Le ſecond eſt de *Grégoire de Nazianze*, (6) LA DIVINITE', *qui ſe* MONTRA *aux Diſciples ſur la Montagne*, *fut*

tiſſime Patres, *Ephraem Syrus*, *Joannes Damaſcenus* &c. Ibid. 837.

(4) *Coſmas Melodus*. Ibid. On l'appelle ainſi pour le diſtinguer de *Coſmas l'Indicopleuſtes*, & à cauſe de l'éloge, que *Suidas* lui donne, [illegible]. *Modulationem muſicam totus ſpirans*. Suid. in Coſm.

(5) *Lumen immutabile*, *Verbum*, *lumen Patris ingeniti*, *lumine tuo hodie viſo in Thabor*, *videmus Patrem Lumen*, *& Lumen Spiritum illuminantem omnem creaturam*. Damaſcen. in Carm. Ap. *Leon. Allat.* in Not. ad *Method.* No. 148.

(6) [illegible] Gr. Naz. Orat. XL. p. 640.

fût une LUMIÉRE *trop eclatante pour en pouvoir soûtenir la vuë.* Ce sont les paroles de ce Pere.

VI. Conséquences [illegible] incorporel.

VI. Voila des faits établis, tirons-en les conséquences : 1. Prémierement, lorsque les Péres ont dit, que Dieu est une *Lumiére incorporelle*, ils n'ont rien avancé que *Manichée* n'ait dit aussi-bien qu'eux. Mais l'*Incorporel* des Peres n'a point exclu *la visibilité*, ni par consequent toute sorte de *corporalité*. Il y auroit une contradiction manifeste à dire, que des yeux corporels puissent appercevoir un Etre purement intelligible, qui n'a absolument aucune étenduë, & dont par conséquent l'Oeil ne sauroit recevoir aucune image.

2. Que leur sentiment est le même que celui de *Manichée* & des *Valentiniens*.

2. Secondement, les Peres ont reconnu, que la Nature Divine est invisible à des yeux charnels, à moins que Dieu ne les fortifie d'une maniére surnaturelle, & ne les éléve à une perfection, qu'ils n'ont pas à présent. C'est précisément ce qu'a pensé *Manichée*, & ce que les *Valentiniens*, avoient pensé avant lui. Les uns & les autres croyoient, que le Fils de Dieu fit voir sa Divinité sur la Montagne : mais ils ajoutoient que le Seigneur *fortifia* les yeux de ses Disciples afin qu'ils pussent la contempler. (a) " Les Disciples, disoient les *Valentiniens*, ne virent point la Lumiére du " Sauveur avec des yeux charnels, parce qu'il n'y a nulle affinité, " nulle proportion de la Lumiére Divine avec la chair. (1) Mais " la volonté du Sauveur fortifia la chair, afin qu'elle pût la con- " templer.

(a) In Eclog. Theodot. §. V.

Tout ce qui est visible est Corps.

Si l'on oppose à ces Réflexions des Passages des Péres, dans lesquels ils disent, que la Nature Divine est invisible, sans figure & sans grandeur, tout ce qu'on en pourra conclurre, c'est qu'ils se sont contredits, ce qui n'arrive que trop souvent à ceux, qui raisonnent sur la Nature de Dieu. Il y a des Corps, que leur éloignement, ou leur petitesse, rendent invisibles, mais il n'y a rien de visible qui ne soit Corps, & les *Valentiniens* avoient raison de dire, (2) *que tout ce qui est visible est corporel & figuré.* Il faut aussi, que le Concile de Constantinople, qui décida, conformément à l'opinion de *Palamas*, & sur l'autorité d'un grand nombre de Péres, qu'il émane de l'Essence Divine une *Lumiére incréée*, *laquelle est comme son vêtement*, & qui parut en J. Christ dans sa Transfiguration, il faut, dis-je, ou que ce Concile ait crû que la Divinité est un Corps lumineux, ou qu'il ait établi deux opinions contradictoires ; car il est absolument impossible, qu'il émane d'un Esprit pur une Lumiére visible, & par conséquent corporelle.

Rien de visible ne sauroit emaner d'un Esprit pur.

VII.

(1) Ἡ βούλησις τοῦ Σωτῆρος ἐνεδυνάμωσεν τὴν σάρκα εἰς τὸ θεάσασθαι. Ibid. In Eclog. Theod.

(2) Τὸ τοίνυν ὁρῶν καὶ ὁρώμενον ἀσχημάτιστον εἶναι οὐ δύναται, οὐδὲ ἀσώματον. In Eclog. *Theod.* ub. sup. §. 10.

(3) *Quoniam quidquid privabam spatiis talibus nihil mihi esse videbatur.* Aug. Conf. L. VII. 1. L. VI. 10.

VII. Quant à *Manichée* il raisonnoit conséquemment. Bien qu'il définit la Divinité une Lumiére très-pure & très-simple, il ne laissoit pas de la croire *étenduë*, & par conséquent *corporelle*, si l'on prend ce terme dans le sens des Philosophes. C'est ce qui paroît par le raisonnement, qu'on lui fait faire dans la Dispute, qu'il eut avec *Archélaüs* : (*b*) „ Si nous supposons, dit-il, qu'il n'y a „ qu'une seule Nature, savoir Dieu : que cette Nature remplit „ toutes choses, & qu'il n'y a point de lieu, qui ne soit plein de „ la Divinité, quelle place restera-t-il pour y mettre la Créature? „ Où sera la Géhenne du Feu ? Où seront les Ténébres extérieu„ res ? Les mettrons-nous en Dieu ? Cela est absurde, car il y se„ roit tourmenté lui même “. *Manichée* ajoûte cette comparaison : „ Le Monde est un Vase. Si la Substance Divine remplit tout „ ce Vase, comment seroit-il possible d'y mettre quelque chose „ de plus, à moins que l'on n'ôtât une partie de ce qui le rem„ plit ? Mais où mettra-t-on ce que l'on aura ôté, s'il n'y a point „ de lieu hors du Vase “ ? J'avouë que ce raisonnement m'est suspect en partie, parce que j'y vois une hypothése contraire à la Théologie Manichéenne. L'Hérésiarque n'a jamais crû que la Divinité pût souffrir, quoiqu'elle se trouve dans des lieux de souffrance, la Matiére n'ayant aucune action sur elle. Il est vrai seulement qu'il a nié l'Immensité substantielle de la Divinité, & qu'il a crû la Nature Divine étenduë & corporelle. C'est aussi l'idée qu'en avoit S. *Augustin* pendant son Manichéïsme. Il la croyoit repanduë soit dans le Monde, soit hors du Monde, dans des Espaces infinis, (3) parce qu'il ne pouvoit concevoir une Substance, qui n'eût ni lieu, ni extention.

VII. L'incorporel de *Manichée* n'exclud point le Corps pris dans un sens Philosophique.

(*b*) Act. Disput. p. 66.

VIII. Pour bien juger de l'Erreur de *Manichée* sur la Nature de Dieu, il faut se transporter au tems où il a vécu. Si on ne se place dans ce point de vuë, quand on examine les opinions des Anciens, on ne sauroit en juger d'une maniére équitable. On revêt un esprit de rigueur pour les uns, qu'il faut aussitôt dépouiller pour les autres, variations, dont je tâche de me préserver autant qu'il m'est possible.

VIII. Les Docteurs Chrétiens ne furent point unanimes au commencement sur la Nature de Dieu.

Ceux qui ont quelque connoissance de l'Histoire des Dogmes, savent que les Chrétiens, qui furent toûjours unanimes sur l'Unité de Dieu, ne le furent point sur sa Nature. L'Ecriture (4) ne s'expliquant point clairement sur ce sujet, les Docteurs suivoient le sentiment, qui leur paroissoit le plus probable, celui des Maitres,

Ils suivirent les opinions de leurs Maitres.

(4) C'est ce que dit Origène. *Deus, quomodo intelligi debeat, inquirendum. An secundum habitum aliquem deformatus? An alterius Naturæ quam corpora sunt? Quod utique in Prædicatione nostra manifeste non designatur.* Origen. in *Procem.* ad Lib. *De Princip.* Voyez aussi, *Petau* Dogm. Theol. T. I. L. II. 1.

tres, qui les avoient instruits, des Ecoles Philosophiques, d'où ils sortoient. Un Epicurien, qui embrassoit la Foi, étoit disposé à revêtir la Divinité d'une forme Humaine, & à la définir, comme *Epicure*, un *Animal immortel* & *bienheureux*. Un Platonicien au contraire, soûtenoit, à l'exemple de son Maître, que Dieu est *incorporel*. Un Pythagoricien, un Sectateur d'*Empédocle*, ou d'*Heraclite*, croyoit la Divinité un *Feu intelligent*, ou, ce qui revient à la même chose, une *Lumiere intelligente*. Un autre s'imaginoit que l'Essence Divine est (1) une Substance corporelle à la vérité, mais *subtile*, *éthérée*, & pénétrant tous les Corps. Un autre enfin, croyoit, que c'est une Substance, qui n'a rien de commun avec les Elémens, dont notre Monde est composé, (2) une *cinquiéme Nature*, semblable à celle qu'*Aristote* avoit imaginée. En général l'idée d'une Substance absolument incorporelle ne fut point l'idée commune des Chretiens au commencement. Quand je considere avec quelle confiance *Tertullien*, qui croyoit Dieu corporel & figuré, parle de son sentiment, il me fait soupçonner, que c'étoit le sentiment général de l'Eglise Latine. (3) QUI PEUT NIER, dit-il, QUE DIEU NE SOIT CORPS, *bien que Dieu soit Esprit?* TOUT ESPRIT EST CORPS; *il a sa figure, qui lui est propre.* Auroit-il jamais parlé de la sorte, si son opinion eût été particuliere, ou rare de son tems? On sait que *Méliton*, si vanté pour ses vertus & pour son savoir, avoit composé un Ouvrage sous le titre, (4) QUE DIEU EST CORPOREL. M. de *Valois* a traduit, DE L'INCARNATION DE DIEU. Sauf le respect, qui est dû à cet habile homme, sa traduction est trop libre, & n'est pas juste. Je ne doute pas néanmoins que *Meliton* n'ait voulu désigner par son titre, que Dieu est revêtu d'un Corps semblable au Corps Humain. J'aurai lieu d'en parler dans la suite. Tout ce que je veux montrer à présent, c'est que, dans les premiers tems, on croyoit innocemment, que la Substance Divine est étenduë & corporelle. La preuve, que j'en vai alléguer, n'est pas si commune que les précédentes.

Plusieurs croyent Dieu corporel.

Eusébe (a) rapporte un long Passage d'un Philosophe Chrétien, nommé (5) *Maxime*, qui veut prouver, contre *Marcion*, que la Ma-

Maxime Philosophe Chrétien [illegible] contre l'Eternité de la Matiere.

(a) [illegible] *Præp.* [illegible] VII. [illegible]

(1) Σ[illegible] σῶμα, λεπτομερὲς καὶ αἰθε[illegible] *Origen* in Joan. T. IV. p. 214.

(2) [illegible] *Origen* loc. cit. De même [illegible] *Gregoire* de Nazianze. [illegible] τὸ τίμιον, [illegible] *Orat.* XXIV.

(3) *Quis enim negabit, Deum esse Corpus, etsi Deus Spiritus est? Spiritus etiam corpus sui generis, in sua effigie.* Tertull. *adv. Prax.* Cap. VII. Des Gens, qui veulent disculper *Tertullien* disent qu'il a mis *Corps* pour *Substance*. Je les renvoye à M. *Huet*. Origenian. L. II. Qu. II. §. 8.

(4) Περὶ ἐνσωμάτου Θεοῦ. *Euseb.* H. E. L. IV. 26. Voyez *Tillem.* T. II. p. 708. *Petav. Dogm. Theol.* T. I. L. II. 1. §. 4. *Cotel.* in Not. ad Homil. *Clem.* p. 734.

(5) Ce passage se trouve dans un Dialogue contre *Marcion*, que l'on attribue à

Matiére ne peut être éternelle. Voici la substance d'un de ses raisonnemens. J'ai tâché de lui donner autant de clarté, qu'il m'a été possible.

„ Si Dieu & la Matiére, dit *Maxime*, sont coéternels, ou ils „ ont été separez de toute eternité, ou ils ont été unis ; S'ils ont „ été unis, Dieu étoit le lieu de la Matiére, ou la Matiére étoit „ le lieu de la Divinité. Or l'un & l'autre est absurde. Car, si „ l'on dit, que la Matiere étoit le lieu de la Divinité, il faut, ou „ que la Divinité en remplît toute l'étenduë, ou qu'elle fut con- „ tenuë dans une partie. Si elle étoit contenuë dans une partie, „ la Matiére étoit donc plus grande que Dieu : Et si Dieu rem- „ plissoit toute l'etenduë de la Matiére, il n'auroit pû lui donner „ la forme & l'arrangement. La raison en est, qu'il auroit été „ obligé de resserrer son Essence, & de se retirer de cette Partie, „ à laquelle il vouloit donner la forme : parce qu'autrement il se „ seroit donné à lui-même la forme, qu'il donnoit à la Matiére. „ Que si l'on suppose, que Dieu étoit le lieu de la Matiére, il fau- „ dra dire, que son Essence étoit répanduë & dispersée par par- „ ties, ici & là, comme nous voyons, que les oiseaux sont dis- „ persez dans l'air ; ou qu'elle étoit coëtenduë à la Matiére, com- „ me l'eau, qui pénétre la Terre. Si l'on dit le premier, l'Es- „ sence Divine est divisée & séparée d'elle-même : Et si l'on dit le „ second, Dieu a tous les maux & toutes les imperfections dans son „ sein, parce qu'il y a la Matiére, qui est le Sujet & la Cause de „ tous les Maux.

Faisons à présent quelques Réflexions sur ce passage, 1°. Il est clair, que tous les raisonnemens de *Maxime* sont fondez sur l'hypothese, que la Substance Divine est corporelle. Aussi (6) l'Auteur des Remarques sur la *Préparation Evangélique d'Eusébe* s'en est-il bien apperçû. 2°. Il est clair, que *Maxime* n'a pas crû l'Immensité de la Substance Divine. Le dernier raisonnement, qu'il fait pour montrer, que Dieu n'est pas le lieu de la Matiére en est une preuve évidente. Aussi tous ceux qui ont crû Dieu corporel n'ont pû le croire immense, par la raison, que deux Corps ne sauroient être à la fois dans un même lieu. 3°. Le raisonnement de *Maxime* n'auroit eu aucune force contre *Marcion*, si celui-ci avoit connu la Scho-

Reflexions sur ses raisonnemens.

Ils excluent l'Immensité substantielle de Dieu.

à *Origène*. Deux raisons me persuadent, que cette opinion est fausse. La premiere, que l'Auteur y raisonne sur des Principes, qui ne sont point ceux d'*Origène*, qui croyoit Dieu incorporel. La seconde, c'est qu'*Eusébe* cite évidemment le Dialogue en question, & l'attribue non à *Origène*, mais à *Maxime*. Ce sont deux Interlocuteurs, qui parlent dans *Eusébe*, comme dans le Dialogue. Au reste le Lecteur, qui en voudra savoir davantage peut consulter la *Biblioth. Gr.* de M. *Fabricius* T. V. p. 223

(6) *Prima hac argumenta nonnisi adversus eos, qui corporeum Deum fingerent, momenti quicquam habere possunt.* Voyez les Remarques qui sont à la fin du Livre, p. 30. col. 2.

Et la présence corporelle de J. Christ dans l'Eucharistie.

Scholaſtique moderne, ſelon laquelle un ſeul & même Corps eſt tout à la fois, & tout entier, dans pluſieurs lieux ſéparez les uns des autres. Certainement ſi *Maxime*, qui a inventé le raiſonnement, & *Euſébe*, qui l'a inſéré dans ſon Livre, avoient crû que le Corps de notre Seigneur peut être, & eſt actuellement tout entier, & en même tems, dans une infinité de lieux ſéparez, ils ne ſe ſeroient jamais ſervis d'un argument incompatible avec cette opinion. N'auroient-ils pas vû, que l'Eſſence Divine peut bien avoir au moins le privilége du Corps de J. Chriſt, & être *diſperſée par-ci, par-là, ſans être diviſée en parties*, & ſans ceſſer d'être un Tout entier & complet?

La maniére, dont les Peres expliquent l'Incarnation, ſuppoſe que l'Eſſence Divine eſt corporelle.

Je ne veux point décider de la créance des Péres Grecs ſur la Nature Divine, mais quand je conſidére la maniere, dont ils expliquent l'union des deux Natures en J. Chriſt, je ne puis m'empêcher d'en conclurre, qu'ils ont crû la Nature Divine corporelle. (1) „ L'Incarnation, *diſent-ils*, eſt un parfait MELANGE „ des deux Natures: LA NATURE SPIRITUELLE ET SUBTILE pénétre la Nature materielle & corporelle jusqu'à ce „ qu'elle ſoit répanduë dans toute cette Nature, & mêlée toute „ entiere avec elle, en ſorte qu'il n'y ait aucun lieu de la Nature „ Matérielle, qui ſoit vuide de la Nature Spirituelle “. Pour moi qui conçois Dieu comme un Eſprit, je conçois auſſi l'Incarnation comme un Acte conſtant & irrévocable de la Volonté du Fils de Dieu, qui veut s'unir la Nature Humaine, & lui communiquer toutes les Perfections, qu'une Nature créée eſt capable de recevoir. Cette explication du Myſtére de l'Incarnation eſt raiſonnable: mais, ſi je l'oſe dire, ou celle des Péres Grecs n'eſt qu'un amas de fauſſes idées, & de termes qui ne ſignifient rien, ou ils ont conçu la Nature Divine comme une Matiére ſubtile.

CHA-

(1) *Eſt mixtura, quâ penetrat Natura ſpiritalis, ſubtilis, Naturam materialem, corpoream, donec per ipſam totam diffundatur, totaque commiſceatur, neque remaneat locus ullus Naturæ materialis vacuus Naturâ ſpiritali.* Eutych. *Annal. Alex.* T. II. p. 43. Cela eſt copié de *Damaſcéne* & d'autres Théologiens Grecs.

CH. II. (1) *Timens, ne Deus nihil eſſet, ſi corpus non eſſet.* Aug. de Gen. ad liter. L. X. ultimo.

(2) *Quippe & nos quoque, ut eſt antea dictum, cum illam Dei Majeſtatem, Divinamque ejus & infinitam Subſtantiam, imaginari, ſive quaſi intuitivè intelligere volumus, non alio modo concipimus, quam exhibente ſeſe nobis, ſeu obverſante noſtræ menti aëre quodam puriſſimo, lucidiſſimo, incircumſcriptoque diffuſo.* Gaſſendi. Ibid. p. 1272.

(3) *Ea maxima & propè ſola cauſa inevitabilis erroris.* Aug Conf. L. V. 10.

(4) Si l'on veut connoitre ce *Victorin*, on n'a qu'à conſulter la Diſſertation de M. de

CHAPITRE II.

L'Idée d'un Dieu corporel retient S. AUGUSTIN *dans le Manicheïsme. Comment il s'en défit. Particularitez sur les opinions de ce Père avant sa Conversion. Ce qu'on doit juger raisonnablement de l'Er- reur Manichéenne.*

I. UN habile (*a*) Philosophe moderne, voulant excuser *Epicure*, qui donnoit à la Divinité une forme humaine, *non un corps, mais comme un corps*, non du *sang*, *mais comme du sang*, a fait sur ce sujet des Réflexions très-raisonnables. Il a remarqué d'abord, que (1) *Tertullien* n'a cru Dieu corporel, que parce qu'il étoit persuadé, que tout ce qui n'est pas Corps est un pur neant. Il ajoûte (2), „ que nous-mêmes, lors que nous vou„ lons nous former quelque idée de la Divinité, nous ne pouvons „ la concevoir, que comme un Air très-pur, très-lumineux, répan„ du par-tout, & sans limites “. En effet il est si mal-aisé d'arracher cette idée de l'Esprit, que S. *Augustin*, qui fut certainement un des plus grands & des plus beaux génies de l'Antiquité Chrétienne, ne pouvoit s'en defaire. Il avouë, dans ses Confessions (3), *que c'étoit là la grande cause, & presque l'unique cause, qui le retenoit invinciblement dans le Manicheïsme.* Le Lecteur sera surpris d'apprendre de sa bouche ce qui l'en tira. C'est un petit morceau de son Histoire, qui n'est pas le moins curieux, & il est d'ailleurs lié avec le Manicheïsme.

I. Difficulté de se defaire de l'Idée d'un Dieu corporel.

(*a*) *Gassendi* in Lib. X. Diog. Laert. p. [illegible]

Elle retient St. *Augustin* dans le Manicheïsme.

II. *Victorin* (4), célèbre Rhéteur de Rome, avoit embrassé la Foi Chrétienne, & traduit quelques Ouvrages des Platoniciens, qui tombérent entre les mains de S. *Augustin*, & qui le tirérent de terribles Erreurs. Avant que d'avoir lû ces Livres il croyoit (5), „ que le Fils de Dieu n'a été qu'un simple Homme, „ éclairé de grandes lumiéres, & orné des plus parfaites Vertus: „ élevé

II. La Lecture des Platoniciens le tire de plusieurs Erreurs sur la Nature [illegible] de Dieu.

M. de *Launoi*, *De quinque Victorinis.* Me sera-t-il permis d'expliquer ici, en faveur de quelques Lecteurs, ce qu'étoit chez les Romains la Profession de *Rhéteur?* Elle consistoit moins à enseigner l'Art de parler & de persuader, qu'à enseigner l'Art de plaider. Les *Rhéteurs* étoient des Maîtres, qui formoient des Avocats pour le Barreau. St. *Augustin*, qui avoit exercé cette Profession, l'explique fort bien en ces termes, *Et eos, sine dolo, docebam dolos, non in quibus contra caput innocentis agerent, sed aliquando pro capite nocentis.* Conf. L. V. 2.

(5) *Tantum sentiebam de Domino Christo meo, quantum de excellentis sapientiæ viro, cui nullus posset æquari. Quid autem sacramenti haberet,* Verbum Caro factum est, *ne suspicari quidem poteram.* Conf. L. VII. 19.

„ élevé au dessus des autres Hommes par une haute Sagesse, & „ par un Mérite incomparable. Bien loin de croire, que le *Verbe* „ *a été fait Chair*, il n'avoit pas seulement soupçonné, que cela „ fût possible. Il ne commença d'appercevoir cette Vérité, que „ lorsqu'il eut appris des Platoniciens, (1) que le *Verbe* existe a„ vant toutes choses, qu'il étoit de toute éternité avec Dieu; qu'il „ a tout créé; qu'il est le Fils unique du Pére, & qu'enfin (2) il „ est égal au Pére, étant de même Substance que lui.

III. Observations sur l'endroit de S. Augustin.
1. St. Augustin n'a été Manichéen qu'en partie.
2. Les Manichéens ont crû J. Christ Dieu & consubstantiel au Pere.
3. Les Platoniciens n'ont point crû l'égalité du Pere & du Fils.
Temoignages d'*Eusébe*, de *Constantin*, de *Chalcidius*.
(*a*) L. XI. Cap. 15. & suiv.

III. Je ne puis laisser passer cet endroit sans y faire quelques Observations. 1°. On y voit une preuve, de ce que j'ai toûjours soupçonné, c'est que S. *Augustin* ne fut Manichéen qu'à demi. Ce n'étoit pas l'Hérésie des Manichéens de croire J. Christ un *simple Homme*. Au contraire, ils le croyoient Dieu tout pur, & n'ayant que l'apparence d'un Homme. 2°. Il ne falloit point sortir du Manicheïsme, pour apprendre que le Pére & le Fils sont de même Substance: que le *Verbe* est avant toutes choses; qu'il étoit *avec Dieu*, & qu'il est Dieu. 3°. On ne sait pas dans quels Ouvrages des Platoniciens St. *Augustin* alla puiser ses connoissances, mais on n'en connoît point, qui ait enseigné l'égalité du Pére & du Fils. *Eusébe* a ramassé, dans ses Livres (*a*) de la *Préparation Evangelique*, les témoignages de *Platon* & des Platoniciens, qui peuvent confirmer la Foi Chrétienne; cependant il n'en rapporte aucun, qui ne mette une grande différence entre Dieu le Pére & le Verbe. Je ne sai si *Constantin* le Grand est l'Auteur du Discours, qu'il prononça dans l'*Assemblée des Saints*, mais il juge bien autrement que S. *Augustin* de la Théologie Platonicienne sur cet Article. (3) *Platon*, dit ce Prince, *a très-bien fait*, *lorsqu'il a enseigné un* PRÉMIER DIEU, *qui est au dessus de toutes choses: Qu'à ce* premier Dieu IL EN A SOÛMIS UN SECOND, *& qu'il a distingué* DEUX ESSENCES DIFFERENTES EN NOMBRE. On est surpris avec raison de trouver des paroles si peu orthodoxes dans un Discours, qui fut prononcé par l'Empereur, avant la séparation des Péres du Concile de Nicée, & en leur présence. Cependant, on ne peut nier que *Constantin* n'ait bien représenté la Doctrine Platonicienne. *Chalcidius* (4) l'a expliquée comme ce Prince,

(1) *Et primo volens, ô Deus, ostendere mihi . . . quod Verbum Caro factum est, procurasti mihi quosdam Platonicorum libros; & ibi legi, non quidem his verbis, sed hoc idem omnino multis & multiplicibus suaderi rationibus, quod in Principio erat Verbum.* Ib. Cap. IX.

(2) *Indagavi in illis libris varie dictum, quod sit Filius in forma Patris, non rapinam arbitratus esse æqualis Deo, quia naturaliter id ipsum est.* Ibid.

(3) Καλῶς ποιῶν, (ὁ Πλάτων) πρῶτον μὲν Θεὸν ἐξηγήσατο, τὸν ὑπὲρ τὴν οὐσίαν: ὑπέταξε δὲ τούτῳ καὶ δεύτερον, καὶ δύο οὐσίας τῷ ἀριθμῷ διεῖλε. Const. Orat. ad Cœt. Sanct. Cap. IX p. 577.

(4) Le Lecteur peut voir le Chap. VII. & le §. 174 du Commentaire de *Chalcidius* sur le *Timée* de *Platon*, Edit. de M. *Fabricius*, & le §. 186. Il y verra que Dieu

Prince, dans son Commentaire sur le *Timée*, qu'il composa à la priére d'*Osius*, & qu'il dédia à cet Evêque, qui passe pour avoir été un des Présidens du Concile de Nicée.

IV. Autres Observations. 1 St. *Augustin* se guerit du Manicheïsme, par des Livres Platoniciens, quoique le Platonisme & le Manicheïsme ayent de grandes conformitez.

IV. St. *Augustin* loue la bonté du Seigneur, qui s'étoit servi des Livres des Platoniciens, pour le délivrer des piéges du Manicheïsme. Ce saint Homme a raison : Dieu l'éclaira par une Philosophie, qui n'étoit propre qu'à l'aveugler. En effet (5) *Platon* n'a-t-il pas crû deux Principes coëternels, Dieu & la Matiére ? N'a-t-il pas crû, que la Matiére est la cause des maux : Que les Intelligences pures sont des Emanations Divines aussi-bien que le Verbe : Que l'Ame Humaine n'est qu'un mêlange de l'*Esprit pur* (*Mens*) & de la Substance, qu'il appelle μέριστος, *composée*, divisible, c'est-à-dire, de la Matiére, dont Dieu prit ce qu'il y a de plus spiritueux pour en former l'Ame ? N'a-t-il pas crû que l'Esprit pur ne péche que malgré lui, forcé de céder à l'impetuosité des Passions : Que la corruption originelle n'est autre chose que l'effet de la nécessité, où se trouva le Créateur, d'unir à l'Esprit pur ce qu'on nomme l'*Appétit Irascible & Concupiscible*, c'est-à-dire, l'aversion pour la Douleur, & l'amour pour le Plaisir, parce que sans ces inclinations naturelles l'Animal auroit négligé sa conservation ? N'a-t-il pas crû, que l'Ame passe de Corps en Corps, jusqu'à ce qu'elle ait aquis la purification nécessaire, pour retourner dans le lieu de son origine? Tout cela est le Manichéïsme tout pur. *Platon* l'avoit pris de *Pythagore*, & des Pythagoriciens dont il achetta les Livres bien cher : & *Pythagore* l'avoit pris des Mages, qui furent les Maitres & les Prédecesseurs de *Manichée*. Aussi ses (a) Sectateurs vantoient-ils *Platon comme un homme Divin, inspiré*. Encore une fois S. *Augustin* a raison de bénir la Misericorde du Seigneur. Ce qui auroit été pour d'autres *une odeur de mort* fut pour lui *une odeur de vie*. Il fit comme ces Animaux prudens, qui laissent les Plantes venimeuses, & qui ne mangent que celles qui sont saines. Il trouva l'*Antidote*, où les *Valentiniens*, & les *Gnostiques*, avoient pris leur poison ; c'est ce qui a fait dire à l'ingénieux *Tertullien*, (6) „qu'il étoit très-sincerement affligé de ce qu'un aussi excellent Phi-

(a) Apud Phot. Cod. [illegible]

Dieu le Pére y est toûjours qualifié *Summus Deus*, *Summum Bonum*, & le Fils, ou le Verbe, *Secundus Deus*, *Secunda Mens*. J'aurai lieu d'en parler dans la suite. Au reste, *Chalcidius* étoit un Philosophe Chrétien.

(5) Le Lecteur peut voir tout ce que je dis de la Philosophie Platonicienne dans le *Timée* de Platon, & dans le Commentaire de *Chalcidius*. Je sai que des Platoniciens modernes (j'appelle ainsi ceux qui sont venus depuis le 3. & le 4. Siécle) ont osé avancer, que *Platon* avoit cru la création de la Matiére. M. *Fabricius* dit fort bien quelque part à cette occasion, que ces Gens-là ont entrepris de *blanchir un More*.

(6) *Doleo bona fide Platonem omnium Hæreticorum condimentarium factum*. De Anim. Cap. XXIII.

„ Philosophe que *Platon* avoit donné le goût & l'assaisonnement „ à toutes les Héréfies.

4. Mot de St. *Augustin, Je ne croirois point à l'Evangile,* &c. refuté par lui même.
(a) Cont. Ep. Fund. Cap. V.

J'ai encore une Remarque à faire sur l'endroit de S. *Augustin*, que j'ai rapporté. C'est qu'il nous fournit une exception bien formelle à ce mot, qui passe depuis long-tems pour un Oracle, (a) JE NE CROIROIS PAS A L'EVANGILE, SI JE N'Y ETOIS PORTE' PAR L'AUTORITE' DE L'EGLISE. Je dois ajouter foi aux protestations de S. *Augustin*, parlant à Dieu dans ses Confessions. Ce n'est point le témoignage & l'*Autorité* de l'Eglise, qui lui ont persuadé, que la Révelation de St. *Jean* est véritable. Il avoit lû S. *Jean*, sans croire à S. *Jean*, quoique dès son enfance l'Eglise lui eût ordonné d'y croire. Il n'a commencé à se rendre au témoignage de l'Eglise qu'après avoir ouï le témoignage de *Platon*, & des Platoniciens. Il ne faudroit pas faire sonner si haut des Pensées, qui ne sont que des saillies de l'Imagination, & que la Raison ne laisse passer que par beaucoup d'indulgence.

V. Ce Pére croit que l'Essence Divine est la VERITE'.
(b) Tillem. S. Augustin. Art. XXV. p. 55. T. XIII.

V. Revenons de cette Digression. Ce furent donc les Platoniciens, qui briserent les chaines, qui retenoient S. *Augustin* dans le Manicheïsme, en spiritualisant les idées grossiéres, qu'il avoit eues jusqu'alors de la Divinité, (b) St. *Augustin*, dit Mr. de *Tillemont*, *fut beaucoup aidé, pour ce qui regarde la connoissance de Dieu, par la lecture de quelques Livres de Platon & des Platoniciens, qui lui tombérent entre les mains. Car au lieu que les autres Philosophes, ne s'arrêtant qu'aux seules choses corporelles, sans porter plus loin leurs connoissances, sont pleins de mensonges & de tromperies, ceux des Platoniciens tendent, par tous leurs raisonnemens, à élever l'Esprit à la connoissance de Dieu & de son Verbe.* Il commença à la concevoir comme une *Lumiére*, mais qui n'a rien de commun avec la Lumiére visible. Rapportons les paroles de ce Pére, selon la version, ou la Paraphrase de Mr. de *Tillemont*.

(c) Tillem. Ibid. Aug. Conf. L. VII. 10.

(c) „ J'entrai, dit le Saint, j'entrai en moi-même, & avec l'œil „ de mon Ame, quoiqu'il n'eût encore que peu de clarté, je vis „ au dessus de ce même œil de mon Ame, & au-dessus de la Lumiére de mon Esprit, la Lumiére immuable du Seigneur. Et „ cette Lumiére n'étoit pas celle, que nous voyons, ni quelqu'autre de même Nature, mais qui auroit été seulement plus „ grande, plus parfaite, plus éclatante, plus étendue dans toutes „ les Parties de l'Univers. Elle étoit d'une autre espéce, & entiérement différente de la Lumiére ordinaire. Elle n'etoit point „ au dessus de mon Esprit, comme l'huile est au dessus de l'eau, „ & le Ciel au dessus de la Terre : mais elle étoit au dessus de „ moi

(1) *Invenimus scriptum esse, quod Deus Charitas dictus sit, nec ex hoc tamen Dei substantia Charitas expressa est.* Novat. De Trinit. Cap. VII.

„ moi comme m'ayant donné l'Etre, & j'étois au dessous d'elle, „ comme ayant été créé par elle. Celui qui connoît la VE'RITE' „ connoit aussi cette Lumiére ; & celui, qui connoît cette Lu„ miére, connoît aussi l'Eternité, & c'est la Charité qui la fait „ connoitre". S. *Augustin* explique ensuite cette *Lumiére spirituelle*, & dit qu'elle n'est autre chose que la VE'RITE'. Puis il ajoûte, LA VE'RITE' *n'est-elle rien, parce qu'elle n'est pas répanduë dans des Espaces finis, ou infinis ?*

J'ai lû ces Paroles, mais j'avouë, qu'elles ne m'ont point éclairé sur la Nature de Dieu. Je conçois deux sortes de *Véritez* : L'une est une modification de l'Esprit, l'autre est une Propriété des Substances. La premiére consiste dans une juste idée des choses, dans la conformité de nos connoissances avec leur Nature, leurs Proprietez, leurs effets, &c. Mais une telle *Vérité* n'est point une Substance : Elle n'est qu'une Perfection des Esprits. La seconde *Vérité* est une Propriété des Substances, & surtout de la Substance Divine, qui, existant par elle-même, n'a nulle imperfection, nulle mutabilité, nul néant. (1) La *Vérité* convient à Dieu, comme la *Charité*, mais ni l'une ni l'autre ne sont proprement l'Essence Divine. Il y a encore ces *Véritez*, qui sont les Principes de nos connoissances, & qu'on nomme *éternelles*, parce qu'elles paroissent fondées sur la Volonté immuable de Dieu, & qu'elles sont, pour ainsi dire, des Images réelles de son éternelle ignorance. Mais on ne sauroit dire d'aucune de ces Véritez qu'elle soit l'Essence de Dieu. Elles seront des Propriétez de l'Entendement Divin, & de la Substance Divine, & non la Substance même. Après tout, quand cette Substance seroit une *Lumiére éternelle, très-pure, très-simple, mais étenduë*, elle n'en seroit pas moins la *Vérité* même. *Manichée*, qui a crû la Divinité une Substance étenduë, lui a conservé l'Attribut de (2) la *Vérité*, comme une Propriété, qui en est inséparable. Un des plus habiles Metaphysiciens de notre Siécle ne prétend pas assurément ôter à Dieu sa Vérité. (*a*) Cependant *il conçoit l'étenduë comme une Propriété de la Substance, qui existe par elle-même.* Et quoiqu'il ajoûte, *que l'Extension ne convient pas à la Pensée, c'est par la raison que la Pensée n'est pas un Etre. Car au reste l'Extension ne laisse pas d'être nécessaire à l'existence de tout Etre, soit qu'il pense, ou ne pense pas.*

VI. S. *Augustin* apprit donc des Platoniciens, que Dieu est *incorporel* : mais il est assez difficile de déterminer au juste, quelle idée les Philosophes ont euë de l'*Incorporalité* de Dieu. Ce mot n'exclud dans leur Langage, ni l'Extension, ni le Corps, pris dans

Reflexion critique sur cette idée de S. *Augustin*.

La Verité n'est point une Substance.

Trois sortes de Veritez.

Manichée a reconnu, que la *Verité* est une Proprieté de Dieu.

(*a*) Clarke De l'Existence & des Attrib. de Dieu p. 21[illegible].

L'Extension ne lui ôte point la *Verité*.

VI. Difficulté de determiner l'idée [illegible] des Grecs.

(1) *Pater Virtute magnificus*, NATURA IPSA VERUS. Manich. ap. *Aug.* cont. Ep. Fund. Cap. XIII.

dans un ſens Philoſophique. (1) *Xenophane*, par exemple, croyoit, que *Dieu eſt unique* & *incorporel*, comme le témoigne *Clément* d'Alexandrie : mais cela ſignifie ſimplement, que Dieu n'a point un Corps matériel, organiſé, ſemblable à celui des hommes mortels. L'*aſomaton*, ou l'*Incorporel* des Grecs, ne veut dire tout au plus qu'un (2) Corps ſubtil, tel qu'eſt, par exemple, celui de l'air, comme *Origène* l'a fait voir dans la Préface de ſes Livres touchant les *Principes*. Parmi les Latins, St. *Auguſtin* (3) a diſtingué une *Matiére corporelle*, de laquelle ſont compoſez les Etres viſibles, qui ſont au deſſous du Firmament : Et une *Matiére incorporelle*, qui compoſe les Etres céleſtes & inviſibles. Preſſé par les difficultez, qu'on lui faiſoit ſur l'origine de l'Ame, ce Pére imagina (4) une Matiére *ſpirituelle*, de laquelle Dieu forme les Ames. Quant à *Platon*, je ne ſaurois dire préciſément, quelle idée il a euë, de la ſpiritualité de Dieu. Je ſai ſeulement, qu'il l'a conçu (5) *comme un Etre ſimple*, & *qui ne change jamais*. Je ſai encore, qu'il a reconnu deux Subſtances, l'une qu'il appelle (6) INDIVISIBLE, & TOÛJOURS LA MEME : l'autre, qu'il appelle DIVISIBLE, *compoſée de parties*, & qui ſe partage actuellement. Mais je ne ſai, s'il a cru que cette Subſtance *Indiviſible* fût abſolument ſans étenduë & n'eût par conſéquent aucune Proprieté du Corps. Tout ce que je puis dire là-deſſus, c'eſt que la maniere, dont *Platon* explique la formation de l'Ame, inſinue, que la Subſtance *Indiviſible* n'eſt point abſolument ſans étendue. Il ſuppoſe, que Dieu prit de l'une & de l'autre Subſtance, qu'il les mêla, & en compoſa une troiſiéme, qui eſt l'*Ame*, laquelle réünit par ce moyen les qualitez de l'une & de l'autre. Ce *mêlange* de deux Subſtances, fait avec certaines proportions, & duquel il réſulte un compoſé des deux, & une action reciproque de l'une ſur l'autre, (7) ne peut ſe concevoir, ſi l'une eſt étenduë, & l'autre abſolument ſans extenſion.

Matiere corporelle ſpirituelle ſelon S. *Auguſtin*.

Sentiment de *Platon*.

Sa maniere d'expliquer la formation de l'Ame inſinue que l'INDIVISIBLE n'eſt point ſans etenduë.

VII. Si l'idée des Subſtances ſans aucune etenduë eſt nouvelle.

VII. Ce ſeroit un objet digne de la Curioſité Philoſophique que de rechercher, quand on a commencé de connoître les Subſtances purement ſpirituelles, qui n'ont ni lieu, ni étenduë. Le ſavant M. *Bayle* croit ce Syſtême fort nouveau (*a*). „ Juſqu'à Mr. *Des* „ *Car-*

(*a*) Dict. Crit. T. IV. Art. *Simonide* Rem. p. 211. de la IV. Edit.

(1) *Ξενοφάνης .. διδάσκει, ὅτι εἷς καὶ ἀσώματος ὁ Θεός, ἐπιφέρει.*
Εἷς Θεός, ἔν τε θεοῖσι καὶ ἀνθρώποισι μέγιστος,
Οὔ τι δέμας θνητοῖσιν ὁμοίιος, οὐδὲ νόημα.
Clem. Al. Strom. L. V. p. 601. *Clément* d'Alexandrie allégue ce Philoſophe, comme ayant des idées aſſez pures de la Divinité. Cependant on prétend qu'il a été Spinoſiſte. Voyez les *Philoſophumena* d'*Origene*. p. 94. Mr. *Cudworth* tâche de l'en juſtifier.

(2) *Corpus, quod eſt naturaliter ſubtile, ac velut aura tenue.* Orig. Proem. ad Lib *de Princip.*

(3) *Credo ſub firmamento cœli Materiam corporalem viſibilium ab illa incorporali inviſibilium fuiſſe diſcretam.* De Gen. cont. Manich. L. I. 11.

Sentiment de *Bayle*.

„ *Cartes*, *dit-il*, tous nos Docteurs, soit Théologiens, soit Philosophes, avoient donné une étendue aux Esprits, infinie à Dieu, finie aux Anges, & aux Ames raisonnables. Il est vrai, qu'ils soutenoient, que cette étendue n'est point matérielle, ni composée de Parties, & que les Esprits sont tout entiers dans chaque Partie de l'Espace qu'ils occupent. *Toti in toto*; *Toti in singulis partibus*. Les *Cartésiens* ont renversé tous ces Dogmes. Ils disent, que les Esprits n'ont aucune sorte d'étendue, ni de présence locale : mais on rejette leur Systême comme très-absurde. Disons donc qu'encore aujourd'hui tous nos Philosophes, & tous nos Théologiens enseignent, conformément aux idées populaires, que la Substance de Dieu est repandue dans des Espaces infinis ". C'est-ce que dit M. *Bayle*, mais je ne croi pas que tous les Savans en conviennent. M. *Cudworth* (*b*) cite un Passage d'*Aristote*, où ce Philosophe avance, *que le prémier Moteur ne peut avoir ni parties*, *ni grandeur*, *& qu'il est absolument indivisible*. Pour l'*Indivisibilité*, on comprend bien qu'elle est nécessaire au *Prémier Moteur*, parce que s'il avoit des Parties séparables, la Matiére, qu'il voudroit mouvoir, pourroit les diviser, & demeureroit immobile. Mais si la Substance du *Prémier Moteur* est absolument immatérielle, sans étendue, & sans grandeur, on ne comprend pas, comment il a pû donner le mouvement à la Matiére, parce qu'une telle Substance pénétrant tous les Corps, il est inconcevable qu'elle puisse les mouvoir. Elle n'a point de prise sur eux, comme ils n'en ont point sur elle. Il faut en venir au Systême Chrétien, selon lequel Dieu n'agit sur la Matiére que par un acte de sa Volonté, Systême, qui n'a point été connu d'*Aristote*, & qui est fondé sur le principe, que Dieu a créé la Matiére même. Ou bien il faudroit supposer, qu'il y a une action réciproque entre le *Prémier Moteur*, & la Matiére, laquelle procéde de l'éternelle liaison, & de la mutuelle dépendance, qui est entre eux : Systême, qu'on attribue aux Stoïciens, qui croyoient la Divinité corporelle, & qui la concevoient comme l'Ame de l'Univers. Cependant il est certain, que d'anciens Philosophes ont connu des Substances, qui n'ont ni Matiére, ni grandeur, comme on le voit en particulier dans

De *Cudworth*. (*b*) Biblioth. Chois. ub. sup. *Gassendi*, ub. sup. p. 1268.

Difficulté sur l'Immatérialité du *Prémier Moteur*.

(4) *Fortasse & potuit Anima habere Materiam aliquam, pro suo genere spiritalem, quæ nondum esset Anima* &c. De Gen. ad Lit. L. VI. Voyez Huet. *Origeniana*. L. II. Qu. VI. p. 98.

(5) Ἁπλοῦν τε εἶναι, καὶ πάντων ἥκιστα τῆς ἑαυτοῦ ἰδέας ἐκβαίνειν. Plat. *De Rep*. L. II. p. m. 431.

(6) Τῆς ἀμερίστου, καὶ ἀεὶ κατὰ ταυτὰ ἐχούσης οὐσίας, καὶ τῆς περὶ σώματα γιγνομένης μεριστῆς. Plat. *in Tim*. §. 19. Edit. *Fabric*. pag. 242.

(7) Je dis qu'*elle ne peut se concevoir*. On la suppose, on la croit dans le Systême Cartésien. Mais il faut faire intervenir une Action Divine : les mouvemens du Corps ne sont que causes occasionelles des Pensées de l'Ame. Les anciens Philosophes n'ont rien avancé de pareil.

Porphyre reconnoit des Substances sans grandeur.

dans *les Sentences* de *Porphyre* (1) L'*Ame*, dit-il, *est une Essence, qui n'a ni grandeur, ni Matiére, qui est incorruptible, & qui a la vie par elle-même.*

VIII. Si c'est une Hérésie dangereuse de croire la Divinité une Substance etendue.

VIII. Laissons ces discussions à ceux qui se sont appliquez à l'étude des anciens Philosophes, & qui ont assez de lumiére pour pénétrer l'obscurité, dont ils ont souvent enveloppé leurs sentimens. Tout ce qui peut me convenir, c'est de peser, à la balance de l'Equité & de la Religion, la Question, si c'est une Hérésie dangereuse de concevoir la Nature Divine comme une Lumiére étendue. Voici ce qui peut en faire douter.

Raisons d'en douter.

Silence de l'Ecriture.

Notion du mot *Esprit*, renfermant l'idee de Corps.

1. L'Ecriture Sainte n'a point défini le contraire, comme (2) *Origène* l'a remarqué. 2. Le terme (3) d'*Incorporel*, ne se trouve pas même dans la Bible : C'est une autre Observation d'*Origène*. 3. Les Passages de l'Ecriture qui témoignent, que Dieu est Esprit, bien loin de prouver, que l'Essence Divine est absolument incorporelle, seroient une preuve du contraire. Cela est si vrai, que les Docteurs Chrétiens, qui croyoient Dieu corporel, alléguoient, en faveur de leur opinion, cette parole du Seigneur (4), *Dieu est Esprit*. L'idée que nous attachons à présent au mot d'*Esprit*, n'est pas celle que ce mot représente dans la Langue Grecque, ni celle qu'en avoient les Auteurs Ecclésiastiques, qui parloient cette Langue. (5) *Pouvez-vous*, disoit *Grégoire* de Nazianze, *concevoir un* ESPRIT, *sans concevoir du mouvement & de la diffusion?* Propriétez, qui ne conviennent qu'au Corps. *Origène* dit de même (6), *que tout Esprit, selon la Notion propre & simple de ce terme, est un Corps:* Cela est confirmé par (7) *Chalcidius*. Les Anciens n'ont jamais crû, que l'*Incorporalité* fût une Proprieté de l'*Esprit*, puisqu'ils ont été persuadez (8), que les *Esprits* étoient corporels. L'idée de l'*Esprit*, dans les Anciens, n'est autre chose

(1) Ἡ ψυχὴ οὐσία ἀμεγέθης, ἄυλος, ἄφθαρτος, ἐν ζωῇ παρ' ἑαυτῆς ἐχούσῃ τὸ ζῆν, κεκτημένη τὸ εἶναι. *Porphyr*. Sent. No. XIII. p. m. 225. Ces *Sentences* ou *Maximes* sont pour la plûpart extraites de *Plotin*.

(2) *Quod utique in Predicatione nostra manifeste non designatur*. In Proëm. ad Lib. De Princ. *Predicatio*, c'est l'Evangile, ou l'Ecriture en général.

(3) *Appellatio* ἀσωμάτου *apud nostros Scriptores est inusitata & incognita*. Ibid.

(4) *Jean* IV. 24. *Scio, quoniam conabuntur quidam, & secundum Scripturas nostras, Deum corpus asserere; cum invenerint scriptum esse . . . in Evangelio secundum Joannem, Deus Spiritus est*. Orig. *de Princip*. L. I. Cap. I. initio.

(5) Πνεῦμα νοήσεις δίχα φορᾶς καὶ χύσεως. *Greg. Naz*. Orat. XXXIV. p. 545.

(6) Πᾶν πνεῦμα, εἰ ἁπλούστερον ἐκλαμβάνοιμεν, τὸ πνεῦμα σῶμα τυγχάνει. *Origen*. in Joan. T XIV. p. 215.

(7) *Ergo Spiritum Animam esse dicentes, Corpus esse Animam planè fatentur:* Chalc. in Tim. §. 218. Ajoûtons ces paroles de *Novatien*, *Si acceperis Spiritum Substantiam Dei, creaturam feceris Deum*, Novat. De Trin. Cap. 7.

(8) Je renvoye le Lecteur, qui voudra s'instruire de l'opinion des Anciens là-dessus aux *Dogmes Théologiques* du P. *Pétau*. T. III. L. I. 3. Les Anciens donnoient aux Anges des Corps d'Air, d'Ether ou de Feu. *Gregoire* de Nazianze les définissoit, com-

chose que celle d'un Etre invisible, vivant, pensant, libre, immortel, qui a en lui-même le Principe de ses actions & de ses mouvemens.

Je suis très-persuadé, que Dieu est une Intelligence pure; mais plus je fais de réflexion sur ce sujet, & plus je me trouve disposé à traiter avec indulgence l'opinion contraire. Car premiérement, (a) les *plus habiles Cartesiens conviennent, que nous n'avons point d'idée de la Substance spirituelle. Nous savons seulement par expérience qu'elle pense, mais nous ne savons point quelle est la Nature de l'Etre, dont les modifications sont des Pensées: Nous ne connoissons point quel est le fond, le sujet, auquel les Pensées sont inhérentes.* Secondement, quelle que soit l'Erreur de croire Dieu corporel, la Religion n'en souffre point: L'adoration, l'amour de Dieu, l'obeïssance à ses ordres souverains, demeurent dans leur entier. Il n'en est pas moins le *Très-Saint*, le *Très-Grand*, le *Tout-Puissant*, *l'Immortel*. Celui qui croit que la Nature Divine est une Lumiére étenduë, la croit-il moins une (9) *Nature parfaitement sainte, tres-pure, invisible*? *Tertullien*, *Méliton*, &c. qui croyoient Dieu corporel, en furent ils moins bons Chrétiens? Enfin ce qui doit au moins rappeller à la modération ces Esprits fiers, toûjours prêts à lancer des Anathêmes, c'est que les plus savans & les plus éloquens des Péres, reconnoissent, non seulement que la Nature Divine est inexplicable, mais qu'on ne peut en parler sans se servir d'expressions, qui ne conviennent qu'aux Substances corporelles.

(a) *Bayle* ubi sup.

Nulle idée des Substances spirituelles.

La Religion ne souffre point de l'idée de la corporalité de Dieu.

On ne peut parler de Dieu qu'en se servant d'expressions prises des Corps.

Grégoire de Nazianze passe avec raison pour un des plus subtils Théologiens de l'Antiquité. Il traite de la Nature Divine dans un de ses (b) Discours, & prépare d'abord son Auditeur à l'entendre développer une Matiére si obscure & si profonde. Il lui fait remarquer, que les Attributs négatifs ne donnent proprement aucune

(b) Orat. XXXIV.

comme les Valentiniens [illegible]. Voyez les Extraits de *Theodote* §. 12. Et *Greg.* de Nazianze Orat. XLII. p. m. 679. Conferez aussi les *Origeniana* de M. *Huet*, L. II. Qu. VI. p. 29. Selon l'Auteur des *Homelies Clementines* les Anges sont des Esprits ignées, c'est-à dire, qu'ils ont des corps de feu, mais d'un feu tel qu'il peut se mêler avec la Chair, & s'epuiser tellement par ce mêlange, qu'il ne peut plus s'elever vers le Ciel. Voyez Hom. VII. §. 12. p. 667. Conferez *Grotius* sur le Ps CIV. vs. 4. *Methodius* a cru que les *Ames* sont *des Corps intelligens*, σώματα νοερά. Ap. *Phot.* Cod CCXXXIV. St. *Augustin* reconnoit, *aliquo sensu animam esse Corpus.* Ep. XXVIII. Consultez *Gassendi* in Diog. Laert L. X. p. 495. J'ajouterai aux Péres citez par ce Philosophe, *Caius*, Prêtre de Rome, qui fut fort celébre de son tems, & qui dit, *en propres termes*, αὐταῖς λέξεσι, *Que l'Esprit de l'Homme est formé avec le Corps, & répandu dans toutes ses Parties; qu'il a la même figure que le Corps que nous voyons.* τῷ αὐτῷ εἴδει τῷ ἐκτυπωθέντι σώματι τυποῦται. *Phot.* Cod. XLVIII. p. 47. Je fais cette longue Remarque, pour ramener à la moderation les Esprits qui s'en ecartent.

(9) Ἄχραντος καὶ καθαρὰ καὶ ἀόρατος καὶ θεία φύσις. C'est ce que dit le Valentinien *Heracleon* dans *Origène*. in Joan. p. 217.

aucune idée de l'Essence Divine, parce qu'ils expriment ce qu'elle n'est pas, & non ce qu'elle est. Dire, par exemple, que Dieu est *incorporel*, *immatériel*, c'est dire, qu'il n'est point composé de matiére, qu'il n'est point Corps: Mais ce n'est pas mieux expliquer ce qu'il est, que *si l'on répondoit à quelcun, qui nous demande, quel nombre fait celui de deux fois cinq?* que *ce nombre n'est ni deux, ni trois, ni quatre, ni vint.* C'est la comparaison, dont se sert S. *Grégoire.* Aprés un tel début ne devroit-on pas s'attendre à trouver dans son Discours des Notions claires, distinctes de la Nature Divine? Cependant, tout aboutit à nous dire d'un côté (1) *que cette Nature est incompréhensible à l'Esprit Humain.* Et de l'autre, (2) que tous les termes, que l'on employe pour l'expliquer, présentent toûjours à notre Esprit l'idée de quelque chose de sensible, TANT IL EST IMPOSSIBLE *à des Etres corporels d'approcher des Etres intelligibles que par le moyen des choses corporelles.*

IX. Croire la Substance Divine étenduë, n'est point la croire composée, ni divisible.

IX. Le Métaphysicien s'élevera peut-être contre ce que je dis, sous prétexte, qu'attribuer à Dieu l'étenduë, c'est lui attribuer la *Composition & la Divisibilité*, défauts, qui détruisent l'idée de l'Etre infiniment parfait. 1. Je lui reponds premiérement que les Péres, qui ont crû Dieu une Substance étendue & corporelle, ont nié cette conséquence. 2. Je lui réponds en second lieu que des Metaphysiciens trés-habiles l'ont niée aussi-bien que les Péres. Selon M. *Clarke* l'*Etenduë* & la *simplicité* ne sont point incompatibles en Dieu. (3) *Dans des Questions de cette nature, dit-il, quand on parle de Parties, on entend des Parties* SEPARABLES, COMPOSE'ES, DESUNIES, *telles que sont les Parties de la Matiére, qui par cette raison est toûjours un composé, & non une Substance simple. C'est pour cela, selon moi, que la Matiére est incapable de penser. Ce n'est point à cause qu'elle est étenduë, qu'elle n'est pas capable de pen-*

(1) Τὸ μὴ λέγειν εἶναι τῇ ἀνθρωπίνῃ διανοίᾳ τὸ Θεῖον. Ibid. p. 553.

(2) Οὕτως ἀμήχανον, δίχα τῶν σωματικῶν, πάντη γίνεσθαι μετὰ τῶν νοουμένων. Ib. p. 545.

(3) Voyez *Clarcke*, ub. sup. pag. 248. Voyez aussi p. 217. & conferez *Episcop.* Instit. Theol. L. IV. Sect. II. Cap. VIII. *Cudworth.* Bibliot. Choisf. T. VIII. p. 17.

(4) *Inque illa Unitate Mens rationalis, & natura Veritatis atque summi Boni mihi esse videbatur. In ista vero Divisione irrationablis vitæ nescio quam Substantiam, & naturam summi Mali, quæ non solum Substantia, sed omnino vita esset. Illam Monadem appellabam, tanquam sine ullo sexu Mentem, hanc vero Dyadem.* Aug. Conf. L. IV. 15.

(5) *Ut sit omni ex parte* ΜΟΝΑΣ, *& ut ita dicam* ΕΝΑΣ *& Mens* &c. In Apol. Pamph. pro *Orig.* ap. *Hieron.* T. IX. p. 115.

(6) Voici un Passage de *Chalcidius*, qui confirme ce que j'ai dit. *Comment.* in Timæum. §. 293. *Numenius, ex Pythagoræ magisterio, ait Pythagoram* DEUM *quidem* SINGULARITATIS *nomine nominasse*, SYLVAM *vero* DUITATIS. *Quam Duitatem indeterminatam quidem,* (c'est-à-dire, destituée de forme, de figure) *minime genitam; limitatam vero generatam esse dicere.* Ceci sert à expliquer une contrarieté apparente de *Platon*, qui dit quelquefois, que la *Matiére a été pro-*

penser, *mais c'est à cause que ses Parties sont des Substances distinctes*, *desunies*, *& indépendantes les unes des autres*. 3. Je reponds enfin, que *Manichée* lui-même, qui croyoit la Divinité une *Lumiére étendue*, ne laissoit pas de la croire tres-simple & très-indivisible. C'est pourquoi il appelloit *Dieu* UNITÉ, & la Matiére DUALITÉ, comme on l'apprend de S. *Augustin*, exposant ses Erreurs, lorsqu'il étoit engagé dans le Manicheïsme. (4) *Je concevois*, dit-il, *dans cette* UNITÉ, (c'est Dieu), *un Esprit raisonnable*, *& la Nature de la* VÉRITÉ, *& du* SOUVERAIN BIEN. Je concevois de même dans cette DIVISION (c'est la Matiére) *je ne sai quelle Substance*, *je ne sai quelle Nature du souverain Mal*, *qui a la vie par elle-même*, *mais la vie* DÉRAISONNABLE. *J'appellois la première* MONADE, *& la seconde* DYADE. Ces idées & ces expressions Manichéennes sont de *Pythagore*; mais elles ne laissent pas d'avoir été adoptées par les Docteurs Chrétiens. C'est ainsi qu'*Origène* a dit de la Nature Divine, (5) qu'*elle est à tous égards une* MONADE, *& pour ainsi dire une* ENADE, c'est-à-dire une très parfaite *Unité*. Au reste, j'ai dit dans la premiére Partie de cet Ouvrage, que l'*Unité*, dans le Sytême de *Pythagore*, étoit la *Nature Divine*, & que la *Dualité* étoit la Matiére. Je vai mettre à la Marge une (6) Remarque, qui confirmera cette Explication.

Manichée l'a conçue comme une parfaite Unite.

La Monade de Pythagore est Dieu, & la Dualite la Matiere.

X. Il y a certainement des Difficultez, il y a même, si l'on veut, des absurditez, dans l'Hypothése, que la Divinité est une Lumiére étendue. Mais n'y a-t-il point de Difficultez dans l'Hypothése opposée? S. *Augustin* raconte dans ses Confessions, qu'il disoit en lui-même (7), « que s'il pouvoit avoir une fois l'idée des Subs- » tances spirituelles, il auroit bien tôt brisé toutes les Machines » du Manicheïsme, & délivré son Esprit des scrupules qui l'in- » quié-

X. Difficultez dans les differentes hypotheses.

produite, & d'autres fois *qu'elle ne l'a pas été*. *Platon* avoit beaucoup pris de *Pythagore*. *Chalcidius* observe ensuite (Ibid. p. 387.) que quelques Pythagoriciens, ayant mal compris le Systême de leur Maître, ont cru que l'*Unité* avoit produit de sa Substance la *Dualité*, c'est-à-dire, que la Matiére immense du Monde étoit sortie de la Substance Divine. *Sed nonnullos Pythagoreos*, *vim sententiæ non recte assecutos*, *putasse dici etiam illam indeterminatam*, *& immensam Duitatem*, *ab una singularitate institutam*, *recedente a Natura sua*, *& in Dualitatis habitum migrante*. Le savant Editeur a mis en marge, *Materiam non æternam*, *sed conditam*, *seu productam a Deo*. Cela est vrai, mais il y a quelque chose de plus dans les paroles du Commentateur de *Platon*, comme on le voit, & par celles que j'ai citées, & par celles qui suivent. *Non recte*, *ut*, *quæ erat* SINGULARITAS, *esse desineret*, ... *atque ex Deo* SYLVA, *& ex singularitate immensa & indeterminata Duitas converteretur*. L'Editeur a mis *immensâ*, *indeterminatâ*, à l'ablatif. C'est apparemment une faute d'impression.

(7) *Quod si possem spiritalem Substantiam cogitare*, *statim Machinamenta ista omnia Manichæorum solverentur*, *& abjicerentur ex animo meo*. Aug. Conf. L. V. p. 14.

„ quiétoient “. St. *Augustin* étoit un grand Genie, mais il faut convenir, qu'il aspiroit à l'impossibilité. Les Natures spirituelles sont inaccessibles, non seulement à l'Imagination, parce qu'elles n'ont ni figure, ni grandeur, mais à la Raison même. On a des preuves de leur existence, mais leur Essence demeure inconnue. Cependant, supposons que ces Substances, qui échappent à la pénétration des plus subtils Philosophes de notre tems, se soient révélées à S. *Augustin*, se trouva-t-il après cela bien au large, & bien tranquille? Ne vit-il pas s'ouvrir à ses yeux de nouveaux abymes, dont son Esprit ne pouvoit pénétrer l'obscurité. Comment concilier des idées aussi contradictoires, (1) que celles d'être par tout, & de n'être nulle part: d'être tout entier dans chaque partie de l'Espace, & de n'être dans aucun espace: d'être tout entier en des parties, qui sont à une distance infinie les unes des autres, & d'être neanmoins parfaitement unique? Peut-on bien concevoir, qu'une Substance, qui est toute entiére dans chaque point de l'immensité de l'Espace, ne soit pas aussi infinie en nombre, que le sont les points de l'Espace, dans lesquels elle est toute entiére?

CHAPITRE III.

De l'Unité de Dieu. Les Manichéens n'ont cru qu'un seul Dieu.

I. Les Manichéens accusez de CROIRE & de SERVIR deux Dieux.
(a) *Abulph.* Dynast. p. 82.
(b) Ibid.

I. Les Orthodoxes accusent généralement les *Manichéens* de croire (1) *deux Dieux: l'un bon, l'autre méchant*: (a) *l'un source de Lumiére, l'autre de Ténèbres.* On leur a même reproché d'enseigner, (b) *qu'il faut les servir tous deux. Tyrbon*, exposant à *Archélaüs* la Religion de son Maitre, met à la tête de ses Hérésies, (2) qu'*il honore deux Dieux éternels. Socrate*, qui avoit vû les Actes d'*Archélaüs*, enchérit sur *Tyrbon*, & assure, que (3) *Manichée*

(1) *Tu enim, Deus, ubique totus es, & nusquam locorum es.* Conf. L. VI. 3. C'est l'opinion de S. *Augustin*, qui a été suivie des Theologiens. Je ne sai, s'il l'avoit imaginee, mais elle se trouve dans *Porphyre.* Θεὸς πανταχοῦ, ὅτι οὐδαμοῦ: Καὶ Νοῦς πανταχοῦ, ὅτι οὐδαμοῦ: Καὶ ἡ ψυχὴ πανταχοῦ, ὅτι οὐδαμοῦ. Sent. No. XXIV. p. 231. St. *Augustin*, aussi-bien que *Porphyre*, donne à l'Ame le privilege, d'*être par tout*, & de n'être nulle part: avec cette différence, que *Porphyre* le donne à l'*Ame universelle*, & que S. *Augustin* dit la même chose de l'Ame particuliere, par rapport au Corps, qu'elle anime. *Cont. Ep. Fund.* Cap. XVI. & ail. M. *Roi*, célébre Professeur en Theologie à Lausanne, dit fort bien dans ses Théses de l'*Immensité* de Dieu, *Exercit.* XXI. No. 9. qu'il y a une contradiction manifeste à assurer, que l'Essence Divine est unique, & qu'elle est toute entiére dans chaque partie de l'Espace. *Si Deus sit totus in hoc puncto, & totus in alio puncto, tot erunt Dii quot puncta*,

Manichée ordonnoit à ses Disciples d'*honorer plusieurs Dieux*. Un ancien Auteur Egyptien, qui a écrit contre les Héréfies, s'est contenté de dire, que les (4) *Manichéens tiennent, qu'il y a deux Substances :* Mais le Traducteur Latin a jugé à propos de mettre dans sa Version (5) *deux Dieux*. Enfin S. *Augustin*, dont le témoignage est d'un si grand poids, dans ce qui concerne le Manichéisme, n'avance pas seulement ce dernier fait, mais il tâche de le prouver. Comme l'accusation est capitale, & que je ne veux faire, ni tort, ni grace à nos Hérétiques, je vai représenter au Lecteur, tout ce que S. *Augustin* a dit pour la soutenir, & ce que *Fauste* lui a répondu. C'est une espéce de Dialogue entre St. *Augustin* & lui.

II. Reponse de *Fauste* à la premiere accusation.

II. (6) S. AUGUSTIN. « Croyez-vous, qu'il y ait deux Dieux, „ ou qu'il n'y en ait qu'un seul? FAUSTE. Il n'y en a absolument „ qu'un seul. S. AUGUSTIN. D'où vient donc, que vous assurez, qu'il y en a deux? FAUSTE. (7) Jamais, quand nous exposons notre Créance, on ne nous a ouï seulement prononcer „ *deux Dieux*. Mais, dites-moi, je vous prie, sur quoi vous fondez vos soupçons? AUG. C'est sur ce que vous enseignez, qu'il „ y a deux PRINCIPES, l'un des Biens, & l'autre des Maux. „ FAUST. Il est vrai que nous confessons deux PRINCIPES, „ mais il n'y en a qu'un que nous appellions DIEU. Nous nommons l'autre HYLE', ou la Matiére, &, comme on parle communément, le DE'MON. Or si vous prétendez, que c'est là „ établir deux Dieux, vous prétendrez aussi qu'un Médecin, qui „ traite de *la Santé* & de la *Maladie*, établit *deux santez:* ou qu'un „ Philosophe, qui discourt du *Bien* & du *Mal*, de l'*Abondance* & „ de la *Pauvreté*, soutient, qu'il y a *deux Biens*, & *deux Abondances* ». *Fauste* s'étend ensuite à montrer, que le *Blanc* & le *Noir*, l'*Antidote* & le *Poison* ne sont pas plus opposez que *Dieu* & la *Matiére*, & que comme il y auroit une extrême absurdité à les désigner par les mêmes noms, il n'y en auroit pas moins à donner le

puncta, aut Phrasis illa, DEUS EST TOTUS IN QUOLIBET PUNCTO, *nihil significat* Cependant, Mr. *Cudworth* tâche d'expliquer cette Proposition, sans blesser, ni la Raison, ni l'Unité de Dieu. *Biblioth. Ch.* T. VIII. p. 48. 49. C'est à *Plotin*, qu'il est redevable de son Explication. Je souhaite, que le Lecteur en soit content.

CH. III. (1) Δύο Θεοὺς λέγουσιν ἕνα ἀγαθὸν, καὶ ἕνα κακόν. *Leont.* De Sect. in Manich.

(2) Δύο σέβει Θεοὺς ἀγεννήτους. Act. Disp. p. 9. Epiph. Haer. LXVI. §. 25.

(3) Πολλοὺς Θεοὺς σέβειν ὁ Μανιχαῖος προτρέπεται. Socr. H. E. L. I. 22.

(4) Ὁ ἀσεβέστατος Μανιχαῖος λέγει δύο ὑποστάσεις. Ap. *Athanas.* T. I. p. 551.

(5) *Asseritis duos esse.* Ibid.

(6) *Unus Deus est an duo?* *Plane unus.* Aug. cont. *Faust.* L. XXI. 1.

(7) *Nunquam, in nostris quidem assertionibus, duorum Deorum auditum est nomen.* Ibid.

le nom de Dieu à la Matiére, qui n'a rien de commun avec lui qu'une Puiſſance. (1) „ Je ne diſconviens pas neanmoins, pourſuit-il, „ qu'il ne nous arrive quelquefois d'appeller Dieu la mauvaiſe Nature, mais nous ne parlons pas alors ſelon notre Créance; c'eſt ſelon la Créance de ceux qui l'honorent, & qui ſe perſuadent fauſſement qu'elle eſt Dieu: En quoi nous ſuivons l'exemple de S. *Paul*, qui n'a pas fait difficulté de dire, que (*a*) *le Dieu de ce Siécle a aveuglé les Eſprits des Incrédules.* En donnant au Démon le nom de *Dieu*, il ſe conforme à l'opinion & l'uſage des Idolatres: mais lorsqu'il ajoute que c'eſt *un Dieu qui aveugle les Eſprits*, il montre bien qu'il ne parle pas du vrai Dieu.'

(a) 2. Cor. IV. 4.

Instance de S. Augustin, pour la ſoutenir.

Nonobſtant cette Apologie, St. *Auguſtin* tâche de ſoûtenir ſon accuſation par les raiſons ſuivantes: (2) „ 1. Que les Manichéens „ *avoient accoûtumé* dans leurs Diſputes, de nommer *deux Dieux*, „ & que *Fauſte* n'en diſconvenoit pas. 2. Que ces Hérétiques „ s'autoriſoient mal à propos de l'exemple de S. *Paul*, parce que „ que (3) *ſelon la plupart des Interprétes Catholiques*, l'Apôtre ne „ dit pas, *que le* DIEU DE CE SIE'CLE *aveugle les Eſprits des Incrédules*, mais que DIEU *aveugle les Eſprits des Incrédules de ce* SIE'CLE. 3. Que ſi les Manichéens entendoient, par la „ *Matiére*, une Subſtance purement paſſive, qui n'a d'elle-même „ aucune forme, & qui eſt ſeulement ſuſceptible de toutes les „ formes, que le Créateur voudra lui donner, perſonne ne les accuſeroit d'introduire deux Dieux. Mais qu'attribuant, comme „ ils faiſoient, à quelqu'autre qu'à Dieu, le pouvoir de revêtir la „ Matiére de différentes formes, de la convertir en Elémens, & „ d'en compoſer des Corps & des Animaux, on avoit raiſon de „ leur reprocher de reconnoître deux Dieux, parce qu'ils attribuoient, à je ne ſai quelle Puiſſance, une operation, qui n'appartient qu'à Dieu". Nous ne ſavons pas ce que les Manichéens repliquoient, mais il ne ſera pas difficile de ſavoir ce qu'ils pouvoient repliquer.

Examen de deux Queſtions, 1. Si les Manichéens ont cru deux Dieux. 2. S'ils en introduiſoient deux, par une conſequence neceſſaire.

Ce ſont là les raiſons des deux Antagoniſtes. S. *Auguſtin* défend une très-bonne cauſe: *Fauſte*, une très-mauvaiſe. Là-deſſus il n'y a point de doute. La Queſtion eſt ſeulement de ſavoir, ſi S. *Auguſtin* l'a convaincu 1. *de croire deux Dieux*, car c'eſt proprement de quoi il s'agiſſoit, *Unus Deus eſt, an duo?* Et 2. d'*introduire deux Dieux* par une conſéquence néceſſaire. C'eſt ce que je vais examiner avec une entiére impartialité.

III. A

(1) *Nec diffiteor etiam interdum nos adverſam Naturam nuncupare Deum, ſed non hoc ſecundum noſtram fidem, verum juxta præſumptum jam in eam nomen, a cultoribus ejus,* &c.

(2) *Duos Deos in veſtris Diſputationibus ſolemus audire.* ub. ſup. Cap. II. St. *Auguſtin* dit SOLEMUS, ce qui marque un uſage frequent: mais *Fauſte* dit, INTERDUM, *quelquefois.*

III. A l'égard de la premiére Question, elle est facile à décider. *Fauste*, ni sa Secte, n'ont jamais cru qu'un SEUL DIEU. PLANE UNUS, dit *Fauste*, & il sied mal aux Ecrivains Catholiques d'avoir dit tant de fois le contraire. Car, outre que les Manichéens s'expliquent clairement sur cet Article, ils définissoient, comme nous, la Nature Divine, un *Etre infiniment parfait*, *infiniment heureux*, *l'unique cause de tous les Biens*. Ils définissoient au contraire la Matiére, *la souveraine Imperfection*, *le souverain Mal*, pour ainsi dire, & *la cause de tous les maux*. Ils ne pouvoient donc confondre ni réunir sous l'idée commune de la Divinité deux Substances, dont l'une a toutes les Perfections possibles : & l'autre toutes les Imperfections opposées.

III. La premiére Question facile à décider. Les Manichéens n'ont jamais cru deux Dieux.

La Matiére étoit selon eux, le souverain Mal, & la souveraine Imperfection.

Ce qui constituë l'Essence Divine c'est l'assemblage des Perfections naturelles, & des Perfections Morales. Elles sont également essentielles à Dieu. Or, si on en excepte l'Existence par soi-même, la Vie, mais la Vie déraisonnable, le Sentiment, & l'Action, *Manichée* ne donnoit à la Matiére aucune des Perfections naturelles de la Divinité & lui refusoit toutes les Perfections Morales, sans lesquelles il n'y a point de Dieu. On reprochoit à *Marcion* de croire deux Dieux, l'un qu'il appelloit BON, & l'autre JUSTE. St. *Irenée* repond avec raison, qu'il les dépouille tous deux de la Divinité, en leur ôtant à chacun une Perfection, sans laquelle ils ne sauroient être Dieux. (4) " Le Dieu *Juste*, dit St. *Irenée*, „ ne peut être Dieu s'il n'a la *Bonté*; ni le Dieu *Bon*, s'il n'a la „ *Justice* ". Oter à Dieu quelque Perfection morale, c'est, selon S. *Irenée*, le dépouiller de la Divinité même. D'où il s'ensuit, que les Manichéens ne pouvoient croire, que la Matiére fût Dieu, eux, qui non seulement la privoient de toutes Perfections Morales, mais qui la regardoient comme le sujet & la source de tous les Vices.

St. *Augustin* nous objecte, " qu'il avoit ouï assez souvent les „ Manichéens parler de deux Dieux dans leurs Disputes ". Cela est vrai, mais ce n'est pas ce qu'il falloit prouver. Il falloit prouver, *qu'ils parloient alors* SELON LEUR CREANCE, & non *selon* L'OPINION DES IDOLATRES, & en se conformant à l'usage de leur Siécle. Or S. *Augustin* ne touche pas seulement à une Distinction si décisive, sans laquelle on pourroit accuser les Prophètes & les Apôtres d'avoir cru, & d'avoir enseigné plusieurs

St. Augustin n'a point répondu à la solution de *Fauste*.

(3) *Quam quidem sententiam plerique nostrum ita distinguunt, ut Deum verum dicunt excæcasse infidelium mentes.* Ibid.

(4) *Hic enim, qui Judicialis, si non bonus sit, non est Deus, quia Deus non est, cui bonitas desit : Et ille rursus qui Bonus, si non & Judicialis, idem quod hic patietur, ut auferatur ei ne sit Deus.* Iren. L. III. 42.

(a) I. Cor. VIII. 5.

(b) Phil. III. 19.

ſieurs Dieux. Quand St. *Paul* a dit (a), *qu'il y a pluſieurs Dieux & pluſieurs Seigneurs*, a-t-il donc prétendu dire, qu'il y a un autre *Dieu* que le Pere, & un autre *Seigneur*, que le Fils de Dieu? Quand il a dit des Voluptueux, (b) *que leur Ventre eſt leur Dieu*, a-t-il voulu les accuſer de croire que leur *Ventre* eſt le *Dieu*, ou l'un des *Dieux* de l'Univers? Voudroit-on accuſer *Tertullien* d'avoir cru *deux Dieux*, parce qu'il a dit, (1) *que la corruption de la Nature eſt une autre Nature, qui a ſon* DIEU *& ſon* PERE, *ſavoir, l'Auteur de cette corruption. Fauſte* eſt bien fondé à alléguer l'exemple de St. *Paul*, qui donne effectivement au *Démon* le titre *de Dieu de ce Siécle*, & St. *Auguſtin* ne l'eſt pas à introduire, dans les Paroles de l'Apôtre, une tranſpoſition de termes, ſi peu naturelle, ou plutôt ſi forcée, que les plus moderez (2) Critiques n'en parlent qu'avec mépris. Quelle apparence y a-t-il, que les Manichéens donnaſſent à la Matiére le nom de *Dieu*, puiſque les Mages eux-mêmes ne le faiſoient pas, & qu'ils l'appelloient le *Démon*, comme *Plutarque* le témoigne.

IV. Examen de la 2. Queſtion. Si les Manichéens introduiſoient effectivement deux Dieux.

IV. Il n'eſt pas ſi facile de décider la ſeconde Queſtion, ſavoir, ſi en établiſſant deux Principes coëternels, on n'introduit pas effectivement deux Dieux. La raiſon en eſt, que l'Exiſtence par ſoi-même eſt une Perfection, qui paroît tellement liée avec toutes les autres, que tout Etre, qui exiſte par ſoi-même, doit avoir toutes les Perfections poſſibles, ſans aucune imperfection, c'eſt-à-dire, qu'il eſt Dieu. Au moins la Métaphyſique moderne met cette Propoſition au rang des Véritez certaines. Cependant, il faut convenir, qu'elle n'a pas eu aſſez d'évidence, pour perſuader tous les anciens Philoſophes, qui ont cru la Matiére éternelle, & qui n'ont cru qu'un ſeul Dieu. Je ne ſai même, ſi la plûpart des Docteurs Chrétiens ont ſenti la liaiſon, que les Modernes trouvent entre l'Exiſtence par ſoi-même, & les Perfections Divines. Mais de tous les anciens Péres, je ne me ſouviens que du ſeul *Denys* d'Alexandrie, qui ſemble s'en être apperçu. Voulant prouver, que la Matiére ne peut être éternelle, il a fait ce raiſonnement. (3) „Si „ Dieu n'eſt pas un Etre exiſtant par ſoi-même, & ſi l'Exiſtence par „ par ſoi-même eſt, pour ainſi dire, ſon Eſſence, certainement la „ Matiére n'exiſte pas par elle-même, car la Matiére & Dieu ne „ ſauroient être la même choſe". Ce raiſonnement paroît fondé ſur

Les Anciens n'ont point connu de liaiſon neceſſaire entre l'Exiſtence par ſoi-même & les Perfections Divines.

On ne connoit que *Denys* d'Alexandrie, qui s'en ſoit apperçû.

(1) *Nam Naturæ corruptio alia Natura eſt, habens ſuum Deum & Patrem, ipſum ſcilicet corruptionis Auctorem*: Tertul. de Anim. Cap. XLI.

(2) *Coactas defenſiunculas*, dit *Eraſme*, in II. Cor. IV. 4. Le Lecteur peut voir l'ample Note de ce Savant ſur l'exception de S. *Auguſtin*.

(3) Αὐτὸ ἀγένητον ἐςὶ ὁ Θεὸς, καὶ οὐσία ἐςὶν αὐτῶ, ὡς ἂν εἴποι τις, ἡ ἀγεννησία &c. Dion. Al. ap. *Euſeb.* De Præp. Ev. L. VII. 19.

(4) *Si enim Materies informis corporalium Formarum capax ab eis* (Manichæis

fur ce que l'Existence par soi-même est, non seulement un Attribut, mais une Proprieté incommunicable de la Divinité.

St. Augustin ne paroit pas l'avoir vue.

Supposé donc que *Denys* d'Alexandrie ait connu cette Vérité metaphysique, il est néanmoins constant, que les Philosophes l'ont ignorée, & qu'elle a échappé à la pénetration du plus subtil de tous les Péres. Je veux parler de St. *Augustin*. Il avoue (4), que si *Fauste* concevoit la Matiére comme une Substance éternelle, mais purement passive, personne ne pourroit l'accuser d'en faire une seconde Divinité. Il ne faut donc pas imputer à *Manichée* une conséquence, que, ni lui, ni d'excellens Esprits de l'Antiquité, n'ont point apperçûe, & (c) *tout ce qu'on peut dire*, ce me semble, *de ces Philosophes, qui établissoient deux Principes existans par eux-mêmes, c'est qu'ils ne reconnoissoient qu'imparfaitement une Divinité.*

(c) *Cudw.* Biblioth. Choi. T. III. p. 18.

V. Instance de S. *Augustin*.

C'est faire un Dieu du Demon de lui donner le pouvoir de former des Animaux.

V. Ce Jugement du Docte M. *Cudworth* étant équitable, le Lecteur ne feroit peut-être pas difficulté d'y acquiescer, si *Manichée* s'étoit contenté d'établir deux Principes éternels. Mais (5) attribuant à la Matiére l'Existence par elle-même, & à je ne sai quel autre que Dieu le pouvoir de la convertir en „ Elemens, de la re„ vêtir de formes & de qualitez qu'elle n'avoit pas, & d'en com„ poser des Corps & des Animaux, on a raison de dire, qu'il in„ troduit un second Dieu, en introduisant un Etre, qui fait ce qui „ n'a été fait que par le vrai Dieu.

Remarques sur cette instance.

1. Selon les Manichéens les Elemens sont eternels.

2. La formation des Corps n'est point l'ouvrage de la Divinite.

Quoique cette Instance de S. *Augustin* soit forte, les plus excellens Philosophes avoient admis des Principes qui l'affoiblissoient extrêmement, & qui fournissoient aux Manichéens des réponses propres à entretenir leur illusion. 1. St. *Augustin* s'est trompé, lors qu'il a dit, que les Manichéens attribuoient *à je ne sai quel autre que Dieu le pouvoir de convertir la Matiére en Elemens*. Ce n'étoit pas leur hypothése. Ils la croyoient non seulement éternelle, mais éternellement distinguée en *Feu*, en *Eau*, en *Terre*, en *Air*, la même néceffité, qui lui a donné l'Existence, lui ayant donné les diverses modifications de ses Parties. 2. Bien loin que la formation des Corps passât chez les anciens Philosophes pour une opération propre à la Divinité, ils la croyoient tout à fait indigne d'elle, parce que les Corps sont le Siége des Passions vicieuses, des maladies, & de la mort. C'est pour cela, que (6) *Platon* represente, dans son

chæis) *Hyle appellaretur, nemo eam nostrum coargueret dici Deum.* Aug. ubi sup. L. XXI. 4.

(5) *Quia ergo quod verus Deus facit, id est, Elementorum, corporum animalium qualitates & formas, ut corpora, ut Elementa, ut animalia sint, hoc vos dicitis nescio quem alterum facere, quolibet eum nomine vocetis, recte dicemini errore vestro Deum alterum inducere.* August. Ibid.

(6) *Vos vero* (c'est Dieu qui parle à ses Ministres,) *ad id quod est immortali partem attexite mortalem. Ita orientur Ani-*

Sentiment de *Platon*.

de *Philon*.

ſon *Timée*; le Dieu ſuprême formant les Ames, & ordonnant enſuite, aux *Dieux* inférieurs ſes Miniſtres, de leur préparer des Corps mortels, pour les y loger convenablement. *Philon* a fait une Réflexion toute pareille à l'occaſion de ces mots, *Faiſons l'Homme*. Je vai me ſervir de la Traduction de *Morel*, quoi qu'elle ait l'air un peu antique.

Le Corps humain étant le Siege des Paſſions & de la Mort, ne peut avoir été formé par le vrai Dieu.

(1) „ Il étoit, dit *Philon*, bienſéant & convenable à Dieu le „ Pére & Créateur de faire lui ſeul toutes les choſes bonnes & hon„ nêtes, pour lui être familiéres & proches. Il ne lui étoit point „ auſſi étrange de faire les choſes indifférentes, d'autant qu'elles „ n'étoient participantes du Vice ennemi de Dieu: mais les cho„ ſes mêlées étoient en partie proches à Dieu, & en partie étran„ ges. Proches, en ce qu'il y avoit de la Bonté mêlée: Etran„ ges, en ce qu'il y avoit du mal à lui contraire. Pour cette „ cauſe, en la ſeule création de l'Homme il eſt récité, que Dieu „ a dit, FAISONS L'HOMME, ce qui montre, que Dieu en a „ pris d'autres avec lui pour ſes Aides, afin que les Volontez irré„ prehenſibles, & actions de l'Homme bien vivant, fuſſent attri„ buées à Dieu, & les contraires à ſes ſujets. Car il ne falloit „ pas que le Pére fût cauſe de mal à ſes enfans; Or le Vice eſt mal „ & ſont les Oeuvres d'icelui mauvaiſes ". *Philon* a pris tout cela de *Platon*: *Platon* l'a pris de *Pythagore*, & *Pythagore* de la Philoſophie Orientale, d'où *Manichée* a tiré la ſienne. Mais ce dernier ne s'eſt pas accommodé du Syſtême de *Platon* & de *Philon*, parce qu'ils juſtifient fort mal le Dieu ſuprême. En eſt-il moins l'Auteur des Corps, & de la dépendance, où l'Ame ſe trouve de leurs néceſſitez & de leurs mouvemens, parce qu'il ne les a pas faits lui-même, & qu'il s'eſt contenté d'en ordonner la formation à ſes Anges? C'eſt pour cela que *Manichée* attribuoit au mauvais Principe l'Incorporation des Ames.

3. Les Péres reconnoiſſent que les Intelligences ont le pouvoir de former des Corps organiſez.

3. Continuons à examiner l'inſtance de S. *Auguſtin*. Il veut, que Dieu ſeul ait le pouvoir de former des *Corps & des Animaux*. Cependant ce grand homme a cru, que les Anges, qui apparoiſſoient aux Patriarches, ſe formoient des Corps humains, dont ils étoient l'Ame

Animantes, quos & vivos alatis, & conjunctos ſinu recipiatis. C'eſt la Traduction de *Ciceron*. Voyez le *Timée*, Edit. de *Fabric.* p. 250. Le Grec de *Platon* ſemble dire quelque choſe de plus, τὸ δὲ λοιπὸν ὑμεῖς... Ἀπεργάζεσθε ζῶα, καὶ γεννᾶτε. *Vos autem operamini animantes & producite.*

(1) *Phil.* de Opif. Mund. Morel T. I. p. 29. *Philon* traite le même ſujet, *de Conf. Ling.* p.m. 271. Dieu ne fait rien qui ne ſoit parfaitement bon & heureux. Tout ce qui eſt ſujet, ou occaſion de maux a été produit par les Puiſſances ſubalternes, que *Philon* appelle ὑπάρχοι. La raiſon en eſt, ἵνα αἱ μὲν τοῦ Νοῦ κατορθώσεις ἐπ' αὐτὸν (Θεὸν) ἀναφέρωνται μόνον: ὑπ' ἄλλους δὲ αἱ ἁμαρτίαι. Le Corps eſt donc l'Ouvrage des Puiſſances ſubalternes, parce que c'eſt par le Corps & par les Sens, que l'Homme eſt devenu coupable & malheureux. Le Lecteur peut voir ce que le P. *Pétau* a dit là-deſſus, *Dogm. Theol.* T. III. L. II. Cap. 7. §. 6.

l'Ame pour quelque tems. Il a cru, aussi-bien que la plûpart des Péres (2) que les Magiciens d'Egypte, assistez par les Démons firent *des Serpens & des Grenouïlles :* Les Manichéens ne disoient pas, que le Démon a créé le Monde : ils le croyoient seulement Auteur (3) des Animaux malfaisans, de ces espéces d'Animaux, que d'anciens Théologiens (4) s'imaginoient n'avoir été créez que depuis le Péché, & pour punir le Pécheur.

4. Il n'y a que la Création de rien qui soit propre à Dieu. Aveu de *Clarke* & de St. *Augustin*.

4. Enfin, de très-habiles Théologiens ne refusent aux Intelligences, que le pouvoir de faire quelque chose de rien. C'est ce que dit le célébre M. *Clarke* (5). „ A la réserve du Pouvoir de „ créer une chose de rien, lequel nous paroît entiérement incom„ municable, à peine y a-t-il d'effet particulier dans le Monde, „ *quelque grand & quelque miraculeux qu'il paroisse*, dont on puisse „ dire avec certitude, qu'il surpasse le pouvoir de tous les Etres „ créez ". M. *Clarke* a raison, & S. *Augustin* (6) lui-même de sang froid, & hors de la Dispute, paroît être du même sentiment. Dès qu'il ne s'agit que d'arranger une portion de Matiére & de lui donner la forme d'un Corps organisé, je ne croi pas qu'aucun Philosophe refuse ce pouvoir aux Intelligences.

Jugement de l'Erreur de *Manichée*. Sa fausse hypothése.

Jugeons à présent du sentiment de *Manichée*. Son Erreur capitale, & l'origine de toutes ses Erreurs, c'est d'avoir supposé, dans une Matiére éternelle, le Mouvement, la Vie & le Sentiment. Il a crû la Matiére animée, mais d'*une Ame déraisonnable*, comme S. *Augustin* l'a dit. Dès qu'il a admis cette fausse hypothése, Il ne faut point être Dieu pour former d'une telle Matiére des Corps organisez & animez : On ne fait que donner de l'ordre & de l'arrangement à ce qui n'en avoit point, & mettre en œuvre des Matériaux, que la Nature fournit. Si *Manichée* avoit supposé une Puissance, qui peut donner la Vie & le Sentiment à une Matiére morte & insensible, il lui auroit effectivement attribué une opération, qui est propre à Dieu. C'est véritablement alors faire quelque chose de rien : & même c'est faire de rien ce qu'il y a de plus grand & de plus excellent dans le Monde. Mais, comme je l'ai dit, il n'a donné à la Puissance des Ténébres que le Pouvoir de former des Corps

(2) *Quare non potuerint facere minutissimas muscas, qui ranas & serpentes fecerunt?* Aug de Trin. L III. 9.

(3) *Malum dicitis, qui fecit colubrum.* Aug. cont. *Faust.* L. XXI. 4.

(4) Voyez *Cornel. à Lap.* sur le vs 24. du Chap I. de la Genese.

(5) *Clarcke*, ubi sup. P. II. Chap. XIX. p. 360. L'Auteur décide une Question proposée par les Scholastiques, savoir, *si Dieu ne peut communiquer à une Créature le pouvoir de faire quelque chose de rien.* Voyez les Remarq. de *Vivès* sur S. *Aug. De Civ. Dei.* L. XVIII. 18.

(6) Voyez l'endroit que je viens de citer; „ Supposé, dit S. *Augustin*, que „ les Démons operent les prodiges que „ l'on dit, ils n'ont pas néanmoins le „ pouvoir de *créer des Natures* ". *Nec sane Dæmones Naturas creant, si aliquid tale faciunt.* Sur quoi, *Vivès* remarque, *Creare vocat, aliquid de nihilo facere.*

Corps d'Animaux, en arrangeant des Parties, qui étoient déja animées. Et du reste il est certain, qu'il n'a reconnu qu'un seul Dieu, qu'un seul Etre souverainement Parfait, quoiqu'il ait été assez aveugle, pour donner à la Matiére l'Existence par soi-même, qui n'appartient qu'à Dieu.

VI. Seconde accusation tres-fausse. *Manichée* n'a jamais servi qu'un seul Dieu.

VI. Je ne m'arrêterai pas à le justifier de l'impiété d'avoir servi plusieurs Dieux; & d'avoir ordonné à ses Disciples de le faire. Les Anciens, qui l'ont dit, sont inexcusables. Il est vrai, que les Peuples, qui ont reconnu deux Principes, les ont honorez l'un & l'autre. *Plutarque* témoigne même, que (1) *Zoroastre* avoit ordonné, qu'on offrît à *Oromaze* des (2) Victimes agreables, des sacrifices d'actions de graces; & à *Arimanius* au contraire des *Victimes tristes*, & d'une forme hideuse. Les Payens immoloient effectivement aux Divinitez célestes des Victimes blanches, des Animaux doux & humains: Et, aux Dieux infernaux & malfaisans, des Victimes noires, & des Animaux farouches. On ne voit certainement rien de pareil dans le Culte Mosaïque. Dieu dispensant en Souverain, mais en Souverain juste, clément & sage, les Biens & les Maux, c'est à lui seul que *Moïse* avoit commandé d'offrir, soit des Victimes expiatoires, ou des Sacrifices d'actions de graces. Le *Démon* n'est que l'Exécuteur des châtimens, ou des vengeances du Tout-puissant. Cependant, entre les Cérémonies de la Fête solemnelle des Propitiations, il y en avoit une, qui, bien qu'instituée dans des vuës toutes contraires, auroit pû fournir aux Calomniateurs de *Moïse* un prétexte de l'accuser d'avoir honoré deux Dieux, l'un Bon, & l'autre Méchant. La Loi (a) porte expressément, que l'on choisira *deux Boucs* tout-à-fait semblables; qu'on les présentera devant l'Eternel à la porte du Tabernacle: qu'*Aaron* jettera le sort, pour savoir, lequel des deux sera immolé au Vrai Dieu, & lequel sera envoyé à *Azazel* dans le desert. *Azazel* est certainement le Démon, comme *Spencer* l'a prouvé. Voilà donc une Victime envoyée au Démon; & une Victime toute pareille à celle que l'on immole à l'Eternel: Il n'est pas même permis au Sacrificateur de choisir celle, qu'il croiroit meriter la préférence; le sort en doit décider. *Spencer* fait de louables efforts, pour montrer, que l'Ordonnance de la Loi a été faite dans la vuë de desabuser les Peuples, de la fausse opinion, qui regnoit alors, qu'il y a deux Dieux, ou deux Principes. Mais j'oserois bien assurer

On lui a impute ce que faisoient les Peuples, qui croyoient deux Principes.

Reflexion sur le Bouc, envoye a *Azazel*.

(a) Levit. XVII. 7. 8. 9. 10.

(1) *Isi. & Osir.* p. 369. Ce que *Plutarque* dit ici ne s'accorde pas avec les Rélations des Modernes, & surtout avec M. *Hyde*.

(2) Εὐκταῖα, καὶ χαριστήρια . . . ἀποτρόπαια καὶ σκυθρωπά. Ibid. Voyez *Spencer.* *De Leg. Rit. Hebr.* Dissertat. VIII. De *Hirc. Emis.* pag. 1427. & seq. J'ai rendu ἀποτρόπαια par *une forme hideuse*, parce qu'il m'a semblé que c'est la signification de ce terme dans cet endroit-là. Il signifie aussi *ce qui detourne les maux*.

assurer, que, si les Manichéens en avoient fait autant, on en auroit conclu avec quelque apparence, qu'ils honoroient effectivement deux Dieux, puisqu'ils envoyoient au Démon, dans le Desert, une Victime toute pareille à celle, qu'ils offroient à Dieu. On auroit dit, que la préférence, qu'ils donnoient au Dieu Bon, c'est de lui présenter les deux Victimes, & de lui en sacrifier une, pendant qu'ils ne faisoient qu'envoyer l'autre au mauvais Dieu, pour en disposer comme il lui plairoit. La vérité est, que les Manichéens n'ont jamais honoré le mauvais Principe. Aussi S. *Augustin*, qui n'étoit pas d'humeur à leur faire grace, ne les en a jamais accusez. Je ne m'arrèterai pas à réfuter ce que disent quelques Auteurs Ecclésiastiques. C'est que pour honorer les Esprits impurs, nos Hérétiques leur offroient, dans des Assemblées secretes, des sacrifices qui sont l'Impudicité même. Rien de plus opposé aux Principes du Manicheïsme, &, pour dire la vérité, rien de plus fabuleux. J'aurai lieu d'en parler, lorsque nous traiterons de la Morale des Manichéens.

VII. De la Thése particuliére je passe à la Thése générale, & je soutiens à présent qu'aucun ancien Hérétique n'a jamais cru plusieurs Dieux. Les Péres, qui ont dit le contraire, se sont trompez. Pour démontrer ce fait, il ne faut que définir le vrai Dieu, & prendre la définition de *Tertullien*, qui est celle du Bonsens & de la Raison. Le vrai Dieu, le seul Dieu, est, selon nous, l'Etre infiniment parfait, & ce qui revient à la même chose, (3) L'ETRE SOUVERAINEMENT GRAND. S'il y a eu des Hérétiques, qui ayent cru deux Etres *souverainement Grands*, il y aura eu des Hérétiques qui ont cru deux Dieux. Mais nul Hérétique n'a cru deux Etres *souverainement Grands*. Donc nul Hérétique n'a cru deux Dieux.

VII. Aucun ancien Heretique n'a crû plusieurs Dieux.

Theodoret (*a*) témoigne, que *Marcion*, & avant lui *Cerdon*, croyoient deux Dieux, l'un BON, & l'autre (4) JUSTE; " que „ (5) *Marcion* donnoit au dernier l'attribut de *Méchant*, & disoit „ que ce Méchant ayant vaincu le mal, forma l'Univers ". Peuton réünir dans un même sujet des Attributs si contradictoires? Un Etre *méchant* est-il *juste*? Un Etre *juste* est-il *méchant*? Le *Méchant* subjuguera-t-il le *Mal*, pour former le Monde? Quelle crédulité, ou plutôt, quelle stupidité ne faudroit-il pas avoir, pour ajoûter foi à de telles Rélations? La vérité est, que *Marcion* croyoit

Marcion n'en a cru qu'un seul.

(*a*) *Hær. Fab.* L. I. in *Cerd.* & *Marc.*

(3) *Summe Magnus.* Tertul. adv. Marc. L. I. 3.

(4) C'est en effet le titre, que *Marcion* donnoit au *Créateur* δίκαιον δημιουργόν. *Clem.* Al. Strom. L. III. p. 425.

(5) Je ne mettrai ici que la Version, qui est juste. *Et Justum quidem, quem Malum nominabat, ... Opificem autem, Malo devicto accepisse Materiam, & ex ea universa fabricatum esse.* Theodor. in Marcione.

voit deux Principes, *Dieu* & la *Matiére* : Il croyoit que Dieu est infiniment Bon ; que la Matiére est mauvaise, & la Cause du Mal : Que Dieu n'est point le Createur du Monde sublunaire, parce qu'on n'y reconnoit pas ses Perfections. Que c'est un de ces Anges, qui ayant domté la Matiére, laquelle n'étoit qu'un cahos agité violemment & confusément, en forma le Monde. Je croi bien que *Marcion* donnoit à cet Ange le nom de *Dieu*, mais il ne le mettoit point en comparaison avec le *vrai Dieu*, (1) *qui est son Superieur, & infiniment plus excellent que lui.* D'où il s'ensuit evidemment, qu'il ne croyoit pas deux Dieux, puis qu'il ne reconnoissoit qu'un seul Etre *souverainement Grand*, & qui, selon lui, etoit le Pere de Notre Seigneur.

Marcion eut un Disciple celebre, nommé *Apellès*. Si nous en croyons Mr. *Cave*, (2) celui-ci *enseignoit, qu'il n'y a qu'un seul Principe de toutes choses, savoir, Dieu.* (a) *Theodoret* témoigne au contraire, qu'il ajoûta aux Natures éternelles, que *Marcion* supposoit, un nouveau Principe, qu'il nommoit *Ignée*, πυρινὸν : on peut concilier ces deux Auteurs. M. *Cave* parle d'un *Principe* suprême, & *Theodoret* d'un *Principe* subalterne, c'est-à-dire, d'un Ange subordonné à la Cause premiére ; & qui, selon l'opinion des Anciens, étoit d'une Nature *ignée*. M. *Cave* assure ensuite, (3) " qu'*Apellès* rejettoit la Loi & les Prophètes, & tâchoit de prouver dans ses „ Livres, *que tout ce que Moïse a dit de Dieu est faux* : Qu'il en„ seignoit de plus, que Dieu, ayant créé *les mauvais Anges, donna à l'un d'eux* la commission de créer le Monde ". Si l'Auteur Anglois avoit consulté l'*Apologie* de *Pamphile pour Origène*, il n'auroit pas eu si mauvaise opinion de la Theologie d'*Apellès*. Il y auroit vu, que cet Hérétique (4) " *ne rejettoit pas absolument la „ Loi & les Prophètes* : que bien loin de croire, que le Créateur „ fût un *mauvais Ange, il disoit*, que cet Ange *ne créa le Monde „* que POUR LA GLOIRE DU DIEU BON, *qui seul existe „ par lui-même* : & que c'est à LA PRIERE de cet Ange Créa„ teur, que *le Dieu éternel* A ENVOYE' J. Christ *son Fils*, dans „ la consommation des Siécles, AFIN DE CORRIGER LE „ MONDE ". Un *mauvais Ange* aura-t-il donc travaillé POUR LA GLOIRE *du Dieu* suprême ? Voyant le Monde se corrompre &

Cave corrigé.

(1) [illegible]

(2) *Unum autem omnium rerum Principium esse dicebat, nempe Deum.* Cav. Hist. Lit. T. I. p. 51.

(3) *Deus, cum malos Angelos creasset ex iis uni Mundum creandum commiserit. . . . Legem & Prophetas repudiavit . . . Omnia quæcunque Moses scripserit de Deo falsa.* Ibid. p. 51 52. Voyez les Auteurs à la Marge.

(4) *Non omnibus modis Legem denegat & Prophetas : Quendam Deum, qui hunc Mundum condidit, ad gloriam alterius ingeniti & boni Dei construxisse pronunciavit. Illum autem ingenitum Deum, in consum-*

& périr, aura-t-il imploré l'assistance du vrai Dieu pour le *corriger*, pour le sanctifier & le sauver ? Est-ce *à la priére du Démon*, que Dieu *a envoyé son Fils* au Monde, pour délivrer le Monde du Culte & de la Tyrannie des *Démons ?* Il est vrai que, selon *Pamphile*, *Apellès* donnoit au Créateur le nom de Dieu : mais la question seroit de savoir, s'il parle le Langage d'*Apellès*, ou celui de l'Eglise, qui n'attribuë qu'à Dieu la Création du Monde. Quoiqu'il en soit, l'Hérétique convenoit que ce Dieu n'est qu'un Ange, & ne le mettoit point en paralléle avec le *Vrai Dieu*, qu'il distinguoit par les caractéres propres de seul *Bon*, & de seul *existant par lui-même*. Un Dieu fait, un Dieu qui travaille *pour la gloire* d'un autre Dieu, & qui le *prie* de sauver le Monde, montre assez qu'il le reconnoit pour son Souverain.

VIII. Le Systéme de *Ptolomée* peut nous servir à éclaircir celui d'*Apellès*; quoiqu'ils n'ayent pas été de la même Secte, leur Théologie se ressemble. *Ptolomée* ne reconnoissoit, (5) " qu'un seul Principe, savoir le Pére, qui tient son existence de lui-même, qui „ n'a point de Cause, ni de Principe, qui est la Cause & le Principe de toutes choses, & de qui toutes choses dépendent. C'est „ ainsi qu'il parle de Dieu le Pére. Il ajoûte, (6) que cet unique „ Principe a produit deux Natures ; l'une, qui a pour Proprieté „ *la Justice* : l'autre, qui est (7) l'*Adversaire*, l'*Auteur de la Corruption & de la Mort*, & pour me servir de son expression, le „ DIEU CORRUPTEUR ". Dieu le Pére est la Bonté, la Perfection même : le Démon est la Méchanceté, & l'Imperfection. *Ptolomée* concevoit entre ces deux extrêmes, pour ainsi parler, une *Nature moyenne*, qui n'a, ni les Perfections Divines, ni les Imperfections du Démon : Et c'est là ce *Dieu*, si on veut l'appeller de la sorte, qui a créé le Monde, & donné la Loi.

Otons le terme de *Dieu*, qui nous choque, & qui obscurcit la Question. Mettons en sa place la définition de la Divinité ; & on sera forcé de convenir, que, nul Hérétique n'ayant reconnu deux Etres *souverainement Grands*, nul Hérétique n'a reconnu *deux Dieux*. Leur véritable Erreur a été, que *ce Monde inferieur & corporel*, dans lequel les Vices & les Vertus, les Biens & les Maux, sont toûjours mêlez, ne peut être l'ouvrage d'un Dieu Tout-puissant.

consummatione seculi, misisse Jesum Christum ad emendationem Mundi, rogatum ab eo Deo, qui eum fecerat, mitteret Filium suum ad Mundi sui correctionem. Apol. pro Orig. Ap. Hieron. Op. T. IX. pag. 117.

(5) [illegible]

... Ptolom. Ep. ad F[illegible] Hær. XXXIII. [illegible]

(6) [illegible]

(7) [illegible]

ſant, très-ſaint & très-bon. Je dis ce *Monde inférieur & corporel:* car pour le Monde céleſte, le Monde des Eſprits purs & immortels, ils convenoient, que le vrai Dieu en eſt le Créateur. Ils ſuppoſérent donc, une *Intelligence moyenne*, Créatrice de Notre Monde, mais qui n'avoit agi que par l'ordre, & avec le conſentement du Dieu ſuprême. Du reſte, (1) " après bien des détours, „ & de longs circuits, pour éviter de faire Dieu Auteur du mal, „ tous ces Hérétiques, *Valentin*, *Marcion*, *Cérinthe*, & leurs „ pareils, étoient obligez d'avouer, qu'il n'y a qu'un ſeul Dieu, „ qui eſt la Cauſe & l'origine de toutes choſes, auquel tout abou„ tit comme à ſon Principe, & qui a fait toutes choſes comme il „ a voulu". C'eſt ce que témoigne *Hippolyte*, dans ſon Homélie contre *Noët*.

CHAPITRE IV.

Syſtême de MANICHÉE *ſur les Attributs Divins.*

I. *Manichée* ne fut point Anthropomorphite. Fautes de *L. Daneau*, ſur l'origine de cette Erreur.

I. MANICHÉE, croyant Dieu une *Lumiére étenduë & corporelle*, ne pouvoit ſe diſpenſer de lui attribuer quelque forme extérieure. Les *Valentiniens*, qui étoient dans le même ſentiment, ne déterminoient point quelle eſt cette forme, ſe contentant de dire, qu'elle eſt digne de la plus excellente & de la plus parfaite de toutes les Natures. Je ne ſai ſi notre Héréſiarque fut plus hardi que les *Valentiniens*, mais je ne puis ſouſcrire à l'opinion d'un Auteur Moderne, qui s'eſt imaginé, qu'il revêtoit la Nature Divine d'une figure humaine. (1) *L'Anthropomorphiſme*, dit cet Auteur, *fut une Production de l'Héréſie Manichéenne, & de la ſtupidité Monachale.* Il y a deux fautes dans cette Obſervation. La premiére, d'attribuer aux Moines l'origine d'une Erreur plus ancienne, que l'inſtitution du Monachiſme: La ſeconde, de l'imputer aux Manichéens, qui la condamnoient, & qui s'en faiſoient un prétexte de rejetter le Vieux Teſtament, & d'inſulter à la ſimplicité des Catholiques.

L'Er-

(1) Καὶ γὰρ πάντες ἀνακλείσθησαν εἰς τοῦτο ἄκοντες εἰπεῖν ὅτι τὸ πᾶν εἰς ἕνα ἀνατρέχει... Καὶ κατὰ Οὐαλεντῖνον, καὶ κατὰ Μαρκίωνα Κήρινθόν τε... καὶ ἄκοντες εἰς τοῦτο περιέπεσαν ἵνα τὸν ἕνα ὁμολογήσωσιν αἴτιον τῶν πάντων... ἵνα Θεὸν ποιήσαντα ὡς ἠθέλησεν. *Omnes enim eo redacti ſunt inviti, ut dicant omnia ad unum recurrere, etiam ſecundum Valentinum & Marcionem, & Cerinthum, & omnem illorum nugacitatem; & huc nolentes reciderunt, ut unam omnium cauſam confiteantur. Igitur Veritati nolentes conſentiunt, eſſe ſcilicet unum Deum, qui fecit omnia ſicut voluit* Hippol. cont. *Noet.* §. XI. p. 14. Edit. *Fabric.*

CH. IV. (1) *Fuit ſane hæc Hereſis*, (Anthropomorphitarum) *non tantum Manicheiſmi propago, ut ex Tripartita Hiſtoria* L. I. Cap. II. *ſed etiam Monachicæ ſtupiditatis fœtus.* Lamb. Danæus. Com. ad *Aug.* de Hæreſ. Cap. 50. p. 246. La cita-

L'Erreur des *Anthropomorphites* est si ancienne, qu'il seroit bien difficile d'en marquer l'Epoque. Il est vrai, que (2) S. *Epiphane* semble en faire Auteur un fameux Moine de Mésopotamie, nommé *Audius*, qui florissoit vers le milieu du IV. Siécle, & qui se rendit célèbre, pour avoir censuré, avec une liberté Evangélique, le Luxe, l'Avarice, & l'Incontinence des Evêques & des Prêtres de son tems. Mais bien que ce Moine ait été *Anthropomorphite*, son Erreur est pourtant beaucoup plus ancienne que lui, comme on le voit dans (3) *Origène*, & dans l'Auteur des *Homélies*, qui portent le nom de St. *Clément*. Comme ce dernier étoit *Ebionite*, j'ai soupçonné, qu'elle venoit des Juifs, qui avoient embrassé la Foi, & qui prenoient à la lettre les Passages du Vieux Testament, où Dieu est représenté avec des Organes corporels. Cependant la simplicité de ces anciens Chrétiens n'alla pas jusqu'à revêtir la Divinité d'un (4) *Corps charnel*. Ils lui donnoient seulement un Corps subtil, délié, semblable à la Lumiére, organisé comme le Corps Humain, non par nécessité, mais pour l'ornement, & parce que c'est la plus excellente de toutes les formes. Il faut même que cette opinion fût fort commune en Orient, car l'Auteur, que je cite, parle de l'opinion opposée, comme d'un sentiment particulier, (5) *à quelques-uns, qui s'éloignoient de la Vérité*. Il semble même qu'il le regarde comme un sentiment Hérétique, parce que c'étoit celui du fameux Hérésiarque *Simon*, contre lequel il dispute, & qui soûtenoit que Dieu *est infini, & qu'il n'a aucune figure extérieure*. Quelle apparence après cela, que cet homme se soit vanté d'être Dieu le Pére, le Dieu suprême? J'ai donc conjecturé, que l'Anthropomorphisme fut d'abord très-commun dans l'Eglise Chrétienne, non seulement parmi les simples Fidèles, mais parmi les Evêques, & parmi ceux du prémier Ordre, tel que fut *Méliton*, Evêque de *Sardes*, qui écrivit en faveur de ce Dogme. Cependant il fut combattu peu de tems après, en Occident par (a) *Novatien*, en Orient par *Origène*: mais il ne laissa pas de se maintenir dans l'Eglise. Les *Moines*, qui devinrent bientôt tout-puissans en prirent la défense: & presque tous les Solitaires de *Nitrie*

I. Elle ne vient point des Moines: elle est plus ancienne que leur Institution.

On croit qu'elle tire son origine des Chrétiens sortis du Judaïsme.

Le Faux *Clément* la defend contre l'Heresiarque *Simon*.

(a) Voyez son Livre *De Trinit.* Cap. VI.

Origène la combat, mais les Moines la soûtiennent.

citation de *Daneau* n'est pas juste. C'est au Chap. X. du VII. Liv. de l'*Histoire Tripartite* qu'on trouve une partie de ce qu'il dit, mais non pas tout. Conferez *Theodoret*, Hist. Ec. L. IV. 10. Cet Auteur n'a point avancé, que les *Anthropomorphites* tenoient leur Erreur des Manichéens.

(2) Voyez *Epiph.* Hær. LXX. No. 1. 2. Remarquons qu'*Audius*, ou comme *Theodoret* le nomme, *Audaus*, est proprement le nom de *Thaddée*, que les Syriens ont converti en *Adée*. *Thaddée* ou *Adée* ayant été l'Apôtre de la Mésopotamie, ce nom passa aux Chrétiens de ce Pays-là.

(3) *Qui in Ecclesia positi imaginem corpoream hominis Dei esse imaginem dicunt.* Orig. *in Ep. ad Rom.* L. I in fine.

(4) Ἄσαρκον εἶδος. *Hom. Clem.* XVII. No. 16.

(5) Τινὲς τῆς ἀληθείας ἀλλότριοι ὄντες. ib. No. 11.

trer que la Divinité n'eſt point contenuë dans les Temples, ils alléguoient cette Parole du Seigneur (a), *Le Ciel eſt ſon Thrône, & la Terre ſon Marchepied.* „ Or, comment eſt-ce, diſoient-ils, „ qu'un Dieu, qui a le Ciel pour ſon Thrône, & la Terre pour „ ſon Marchepied, pourroit habiter dans un Tabernacle ". C'eſt une des difficultez, qu'ils faiſoient contre le Vieux Teſtament. Ils concevoient donc l'Eſſence Divine comme infinie de tous côtez, excepté par le ſeul endroit, où elle eſt bornée par la Subſtance mauvaiſe, comme S. *Auguſtin* l'a dit : le Pére, le Fils & le Saint Eſprit n'étant, ſelon eux, qu'une ſeule & même Divinité, comme nous le verrons dans la ſuite, le Pére habite dans la Lumiére inacceſſible; Le Fils dans le Soleil & dans la Lune, & le S. Eſprit dans l'Air, qu'il remplit de ſes influences Spirituelles. Si donc la Divinité n'eſt pas abſolument immenſe, elle l'eſt du moins en partie.

(a) Matt. V. 34. 35. Ap. Aug. cont. Adim. Cap. X.

III. Terre lumineuſe, lieu de Dieu le Pere.

St Auguſtin reléve cette Expreſſion.

III. Ils appelloient le ſéjour de Dieu le Pére, non ſeulement une *Lumiére inacceſſible*, mais une (1) *Terre bienheureuſe*, & *lumineuſe*, *ſainte*, *incorporelle*, *ſpirituelle*. S. *Auguſtin* reléve cette Expreſſion, une *Terre lumineuſe*. Elle n'a pourtant rien de choquant, & je ne doute preſque pas qu'il ne l'eût approuvée, s'il l'avoit lûe dans *Platon*, dont la Philoſophie l'avoit charmé. Elle eſt effectivement dans ce Philoſophe, qui parle (2) d'une *Terre toute pure ſituée dans un Ciel pur*, ſéjour de la Divinité, de l'Innocence & de la Vie. Il en fait la deſcription, & l'oppoſe à notre Terre, où regnent les Pechez, les Miſéres & la Mort. *Platon* avoit apparemment emprunté cette idée de *Pythagore*, qui concevoit au-deſſus de tous les Cieux une Terre, qu'il nommoit (3) ANTICHTON, parce qu'elle eſt à l'oppoſite de la nôtre, dans la ſuprême Région de l'Univers. Je ne ſai ſi *Pythagore* n'étoit point redevable de cette invention aux Chaldéens ſes Maîtres, mais je ſai bien qu'*Origène* a deffendu l'expreſſion de *Platon*, & des Manichéens, prétendant qu'elle étoit de l'Ecriture. *Celſe* (b) ayant reproché aux Chrétiens, qu'ils

Elle eſt dans *Platon*; venoit de *Pythagore*, & apparemment des Orientaux.

Origène la defend.

(b) Ap. *Orig.* Cont. *Celſ.* L. VII. p. 350.

(1) *Terram beatam & lucidam*, ... *Incorpoream, & ſpiritalem*... *Illuſtrem & ſanctam* Ap. *Aug.* Cont. Ep. Fund. Cap. XIII. XX.

(2) Τὴν γῆν καθαρὰν, ἐν καθαρῷ κεῖσθαι οὐρανῷ: Plut. in Phæd. p. m. 398. Remarquons ici, en faveur du Lecteur curieux, que *Chalcidius*, Philoſophe Chrétien, voulant juſtifier cette idée de *Platon*, allégue ces mots de *Moïſe*, *au commencement Dieu fit le Ciel & la Terre*, ſurquoi il fait cette réflexion. " Il eſt évident, " que Moïſe ne parle, ni de ce Ciel, qui " nous eſt connu, ni de cette Terre, " où nous ſommes. Ce ne ſont point " là *le Ciel & la Terre*, qui ont *été* " *faits au commencement.* C'eſt un Ciel " & une Terre beaucoup plus anciens, " qui ſe découvrent par l'Eſprit, & non " par les Sens". *Ut ſit evidens, neque hoc Cœlum cognitum nobis, neque hanc in qua ſumus Terram, ab exordio facta. Sed alia eſſe antiquiora, intellectu potius quam ſenſu haurienda.* Chalcid. in *Tim.* §. 275.

(3) *Antichton.* Voyez *Clem. Al. Strom.* L. V. p. 614. *Stanl.* Hiſt. Phil. in *Pythag.* p. 745. Quelques uns ont cru, que *Pythagore* appelloit ainſi la Lune : ſurquoi M. *Fa*-

qu'ils avoient pris de *Platon* leurs idées d'un *nouveau Ciel & d'une nouvelle Terre*, *Origène* lui répondit, que cela n'étoit pas vrai, & qu'ils avoient appris des Prophètes, & non de *Platon* (4) " qu'il „ y a dans un Ciel tout pur une Terre toute pure, très-excellente „ & d'une vaste étendue, dans laquelle Dieu habite avec ses Saints. „ Le Ciel, où elle est placée, est invisible, & le plus élevé de „ tous les Cieux.

Eternité de cette *Terre*.

Dieu étant éternel, & résidant dans un lieu, il faut que ce lieu soit éternel aussi-bien que lui. C'est aussi ce que disoient les Manichéens. St. *Augustin*, ayant demandé à *Félix*, dans la Dispute qu'ils eurent ensemble. (*a*) *Si Dieu a créé cette Terre Lumineuse, ou s'il l'a engendrée, ou enfin si elle est éternelle*, le Manichéen répondit, (5) *Elle est coéternelle à Dieu*. Il ajoûta, qu'il y a dans l'Empire de la Lumiére trois Etres, qui existent par eux-mêmes, savoir (6) *Dieu le Pére*, *la Terre* qu'il habite, & l'*Air* qui l'environne. St. *Augustin* conclut de cet aveu, (*b*) que Dieu *le Pére*, *la Terre* Lumineuse, & l'*Air* de cette Terre, sont consubstantiels, & *Félix*, qui étoit un Manichéen fort (7) ignorant, en convint.

(*a*) Act. Cont. Felic. C. 17. L. I.

Conséquence que S. *Augustin* en tire.

(*b*) Ibid.

Ce Pére & son Antagoniste raisonnent mal l'un & l'autre.

On voit ici un exemple de ce qui n'arrive que trop dans les Disputes, c'est que les deux Antagonistes raisonnent mal. La conclusion de St. *Augustin* est appuyée sur une Proposition, niée par tous les Philosophes, qui ont reconnu deux Substances éternelles, *Dieu* & la *Matiére*, mais qui n'ont jamais cru que la *Matiére* & *Dieu* fussent *consubstantiels*. L'idée de coexistence n'a aucune connexion nécessaire avec celle de *Consubstantialité*. D'autre côté *Félix* accorde une conclusion, qui ne valoit rien, & directement contraire à la Créance de sa Secte, qui n'étendoit point la Consubstantialité au delà des trois Personnes Divines.

IV. Les Manichéens conservent à Dieu l'immensité de Science & de Pouvoir.

IV. Quoi que les Manichéens bornassent l'Essence Divine du côté de l'Espace, ils ne la bornoient point du côté de la connoissance & du Pouvoir. La Région des Ténèbres n'étoit point une Forteresse, où les Démons fussent à couvert de ses redoutables Châ-

M. *Fabricius*, In Not. ad *Chalcid*. pag. 323. *Antichton Pythagoreorum non est Luna, ut quæ distincte apud Simplicium & alios distinguitur, sed est Hemisphærium alterum Terræ, aversum a nobis, Antipodum sedes.* Il cite *Vossius* sur *Pompon. Mela*. Pour moi je suivrai là-dessus l'idée des Péres, & de quelques autres, qui ont crû qu'*Antichton* est une Terre celeste. Je me fonde sur ce qu'en effet *Pythagore* a reconnu une telle Terre. Καὶ μετ' ἐν τῇ Μονάδι συνίστησιν (ὁ Πυθαγόρας) ἀόρατον ἀόρατον, καὶ γῆν ἁγίαν, καὶ φῶς νοητόν. *Euseb*. Præp. Ev. L. XIII. 13. p. 671.

(4) Τὴν καθαρὰν ἐν καθαρῷ κειμένην οὐρανῷ γῆν ἀγαθήν καὶ πολλὰς &c. *Orig*. Ibid. pag. 351. Le Lecteur remarquera bien qu'*Origène* se sert des propres termes de *Platon*.

(5) *Est illi* (Deo) *coæterna*. Ib. Cap. XVIII.

(6) *Tres sunt, Pater ingenitus, Terra ingenita, & Aer ingenitus*. Ibid.

(7) Voyez le Jugement qu'*Erasme* a prononcé de cet homme, qui bien souvent n'a pas le sens commun. Il étoit aisé à S. *Augustin* de triompher d'un tel Adversaire.

Châtimens. S'il les avoit laissez de toute éternité dans leur obscurité, & dans leur misére, c'est qu'ils n'étoient pas dignes qu'il les en tirât, & que d'ailleurs la substance mauvaise est naturellement incorrigible. Mais du reste, il ne tenoit qu'à Dieu de lui faire sentir son pouvoir. St. *Augustin* est un bon témoin là-dessus. „ (1) Les Manichéens enseignent, dit-il, que Dieu a préparé une „ Prison éternelle à la Nation des Ténébres": Prison, qui, selon les uns, étoit dans le lieu même, où cette malheureuse *Nation* avoit été de toute éternité. Et selon d'autres, hors de la sphére de l'Univers, & dans ce que l'Ecriture appelle les *Ténèbres extérieures*, que ces Hérétiques plaçoient hors de l'enceinte du Monde.

Leur Erreur sur l'Immensité substantielle de Dieu ne detruit point la Religion.

C'étoit sans doute une Erreur considérable, que de nier l'Immensité substantielle de la Divinité; mais il faut pourtant convenir, que tant qu'on lui conserve celles de connoissance & de pouvoir, la Religion demeure dans son entier. Dieu est craint, Dieu est aimé, Dieu est obeï. Cette Proposition, que je pourrois justifier par des Preuves de raisonnement, s'établira mieux par des Preuves de fait. Premiérement, tous les Anciens, qui ont cru Dieu corporel, n'ont pû le croire infini que par les opérations de son Entendement, & de sa Volonté; car autrement il n'y auroit eu que Dieu dans l'Univers, comme je l'ai remarqué. D'ailleurs, une Immensité substantielle a paru, à de très-savans hommes, entraîner de facheuses conséquences. C'est ce qu'on peut voir dans une (2) Lettre de *Philippe de Marnix*, qui est parmi celles de *Béze*. L'illustre *Marnix* remarque, qu'entre les Axiomes de *Servet* il y avoit celui-ci, *Dieu est présent essentiellement en tous les lieux, & dans tous les Etres de l'Univers*. Un (3) Fanatique de ce tems-là concluoit de ce Principe, que les Animaux brutes, & les Corps inanimez, étoient végétez & soûtenus par une Ame Divine & commune. *Marnix*, qui trouvoit cette conséquence dangereuse, ne pouvoit s'en débarasser qu'en niant le Principe. Il convient bien, que *Didyme* d'*Alexandrie*, St. *Basile* & d'autres, voulant prouver la

Axiome de Servet, qui reconnoit l'Immensité Substantielle.

Conséquence des Libertins.

(1) *Ipsi enim dicunt Deum Genti Tenebrarum æternum carcerem præparasse.* Aug. cont. *Adim.* Cap. VII.

(2) Voyez les Lettres de *Beze*, p. m. 206. La Lettre est du 10. Janvier, mais l'année n'est pas marquée.

(3) Il se nommoit *Sebastien*, & avoit pour surnom *Francus*, peut-être parce qu'il étoit de *Franconie*. Je croi que c'est contre lui & ses pareils que *Calvin* a écrit le petit Traite, qui est parmi ses *Opuscules*. p. 714. & suiv.

(4) *Sed si hac repletio debet essentialiter ac non potius secundum ejus* (Dei) *potentiam ac majestatem, non video profecto quomodo occurri possit infinitis dogmatum Portentis.* Marn. in Epist. Ibid.

(5) *Serveti delirium, quod cum Manichæis habet commune, ut qui sit existimaverit Deum esse essentialiter in omnibus, ut esset omnium Pars essentialis.* Beza in Ep. ub. sup.

(6) Οὐσία ἄπειρος, dit l'Auteur des *Homélies Clément.* Hom. XVII. p. 734.

(7) Εἷς οὖν ἐστιν ὁ ὄντως Θεὸς, ὃς ἐν κρείττονι μορφῇ προκαθέζεται τοῦ ἄνω τε καὶ κάτω. . . . ὁ ὑπάρχων καρδία, καὶ ἀπ' αὐτοῦ, ὥσπερ ἀπὸ κέντρου, θεῶνται τὴν ζωτικὴν καὶ ἀσώματον δύναμιν &c. Ibid. No. 9. p. 734. 735.

la Divinité du St. Esprit, avoient avancé qu'il est présent essentiellement dans toute l'étenduë de l'Espace: Que des Théologiens Protestans attribuoient la même Immensité au Fils de Dieu, dans leurs Disputes contre les Unitaires Modernes: mais leurs raisons ne le persuadoient pas. Il avouë, (4) " que, si l'on suppose une „ Toute-présence essentielle de la Nature Divine, il ne voit au„ cun moyen d'éviter les conséquences, que des Fanatiques de „ son tems en tiroient. C'est pourquoi il n'admet qu'une *Tou„ te-présence de Puissance & de Majesté*, laquelle suffit pour con„ server la Religion ". *Béze* soutient dans sa Réponse l'Immensité substantielle, & la justifie en disant, (5) " qu'elle n'a rien de „ commun avec les rêveries de *Servet*, qui croyoit, à l'exemple des „ Manichéens, que la Nature de Dieu est tellement dans les „ Créatures, qu'elle en est une Partie essentielle ". Je n'ai rien à dire sur le sentiment de *Servet*, qui ne m'est pas assez connu: mais, quelque respect que j'aye pour *Béze*, j'ose assurer, que les Manichéens n'ont jamais cru, que les *Parties de Lumiére*, ou de la Substance bonne, lesquelles sont mêlées avec la Matiére, soient des Parties essentielles de la Divinité.

Sentiment de *Philippe de Marnix*. Dieu n'est present partout que d'une presence de Puissance & de Majesté.

Les Théologiens, qui n'ont pas crû l'Immensité substantielle, ne laissent pas d'attribuer à Dieu (6) l'*Infinité*, parce qu'il connoît tout, & qu'il agit partout. (7) " Il n'y a qu'un seul vrai Dieu, „ dit l'Auteur des *Homélies Clementines*; il est orné de la plus ex„ cellente forme: il préside sur tous les Etres celestes ou terrestres, „ & conduit tous les Evénemens: il est dans le Monde, comme „ le Cœur est dans l'Homme, & de lui, comme du centre, il se „ repand sans cesse une Vertu vivifiante & incorporelle, qui anime „ & qui soutient toutes choses ". C'est ce que l'Auteur explique par la comparaison du Soleil, qui, tout environné qu'il est d'un air immense, ne laisse pas de porter de tous côtez sa lumiére & sa chaleur. (8)

Les Théologiens, qui sont de ce sentiment, ne laissent pas d'attribuer à Dieu l'Infinité.

V. A l'*Immensité* de Dieu, il faut joindre son *Empire*. J'appelle ainsi l'étenduë, où il régne, où il déploye ses Vertus bienfaisantes.

V. Les Manichéens donnent à Dieu un Empire très-vaste.

(8) Il faut joindre à *Philippe de Marnix* deux Théologiens Modernes; l'un *Catholique*, savoir *Augustin Steuchus*, d'*Eugubio*, Bibliothéquaire du Vatican, célébre surtout par son Livre, *De Perenni Philosophia*. Il a crû, que l'Essence Divine ne s'étend point hors du Ciel suprême, surquoi l'on peut voir son Commentaire sur le Ps. 138. selon la Vulgate. L'autre est *Conrad Vorstius*, qui pourtant a plutôt proposé ce sentiment comme un Problême, que comme une Assertion. Quoique cet habile homme se soit rendu suspect de Socinianisme, il ne faut pas s'imaginer que son Opinion à cet egard ait rien de Socinien, puis qu'elle a eté enseignée par *Thomas d'Aquin*; ce subtil Scholastique a dit, *Deum esse ubique per* ESSENTIAM, *in quantum adest omnibus ut causa essendi. Per* PRÆSENTIAM, *in quantum omnia nuda sunt & aperta oculis ejus.* PER POTENTIAM *in quantum ejus potestati subduntur. Hæc Scholastici.* Voyez *Zanchius*, *De Natura Dei*, L. II. Cap. VI. Qu. 2. col. 9[illegible].

tes. *Manichée* obligé de laisser dans l'Univers quelque espace à la Substance mauvaise, lui en donne le moins qu'il peut, pendant qu'il étend l'Empire de Dieu autant qu'il lui est possible. Il ne fait pas même difficulté de dire, que cet Empire (1) *s'étend en des Espaces infinis*, & qu'*il n'est limité par aucunes bornes*. Si on l'entend de la Puissance Divine en général, cela est vrai à la lettre: mais si on l'explique de l'Empire, où Dieu regne sur ses Sujets, il faut avouer, qu'il y a un peu d'exageration, puis qu'après tout l'Héréſiarque convenoit, que (2) *la Terre des Ténèbres le bornoit par un côté*. Mais ce petit coin de l'Espace ne devoit être compté pour rien. Ce n'est par rapport aux vastes Etats du Roi de l'Univers, que comme une petite Principauté, dont il dédaigne la conquête, parce qu'elle ne contient que des abymes & d'affreux Deserts, & qu'elle n'est peuplée, que de scélérats & de miserables, qu'il ne veut point s'assujettir.

VI. Terre des Ténèbres, ou lieu de la Matiére.

VI. La Question est de savoir en quel endroit de l'Espace étoit située cette *Terre des Ténèbres*. Un Manichéen de Rome, nommé *Secundinus*, n'ose le déterminer, dans une Lettre, qu'il écrit à S. *Augustin*. (3) „ C'est, dit-il, un Mystére, qui n'est connu que „ de Notre Seigneur, qui sait toutes choses, & qui s'est contenté d'appeller Terres des Démons LA GAUCHE; celle de Dieu „ LA DROITE; les premiéres LE DEHORS, & la seconde LE „ DEDANS.

Quelques-uns la mettent au Midi.

Simplicius (4) met au Midi ce petit coin de l'Espace, où regnoient les Ténèbres. L'Orient, l'Occident, & le „ Septentrion appartenoient tout entiers à Dieu ". *Théodoret* & St. *Augustin* confirment ce que dit le Philosophe Grec. Mais je croi que ces Savans ont confondu le lieu, où Dieu relegua les Puissances des Ténèbres, depuis la Victoire, qu'il remporta sur elles, avec le lieu, qu'elles habitoient avant ce tems-là, & qui, si je ne me trompe, est le même qu'occupe à présent notre Terre.

Sa vraye situation dans la Region la plus basse de l'Espace.

Les Anciens en général, & les Chrétiens mêmes aussi-bien que les Juifs & les Payens, distinguoient, comme nous le faisons encore aujourd'hui quand nous parlons populairement, entre les Régions supérieures, & les Régions inférieures de l'Univers, & plaçoient la Divinité au plus haut étage du Monde. Là tout est pur

(1) *Per infinita spatia distendi, & nulla fine cohiberi.* Manic. ap. *Aug.* Cont. Ep. Fund. Cap. XX.

(2) *Juxta unam partem & latus.* Ibid.

(3) *Quod autem loca Naturis assignari non possunt, hoc est, quod conditio Humana inenarrabile vocat atque ineffabile. Salvator autem, cui totum facile est, duo hac Dextrum vocat & Levum: intus & foras.* Secund. Ep. ad *Aug.*

(4) Τὰ μὲν τρία μέρη, τὸ ἀνατολικὸν, καὶ δυτικὸν, καὶ βόρειον τοῦ ἀγαθοῦ λέγοντες: τὸ μεσημβρινὸν τοῦ κακοῦ. Simpl. in Epict. Cap. XXXIV. p. 185. *Theod.* Hær. Fab. L. I. 26. *Aug.* cont. Ep. Fund. Cap. XXI.

(5) *Sanctus atque illustris Pater, in sua sancta stirpe perpetuus, in Virtute magnificus, magnitudine incomprehensibilis....*

Natu-

pur, tout est spirituel, tout est tranquille, tout est Lumiére; au lieu que la Matiére, & la lie, pour ainsi dire, de la Substance, est entraînée par son poids au fond de l'Espace. Les Manichéens, qui avoient les mêmes idées, mettoient donc le Siége de la Divinité au plus haut Ciel: d'où elle étendoit son Empire de tous côtez, ne laissant à la Matiére que le plus bas endroit de l'Espace. C'est-là qu'étoit située *la Terre profonde des Ténèbres*, qu'on pourroit appeller en termes de l'Ecriture l'*Abyme*, & en termes des Poëtes, les *Cahos*. J'en dirai davantage dans la suite.

VII. Description de Dieu par Manichée.

VII. Les Questions de l'Immensité & de l'Empire de Dieu, m'ont engagé à parler de l'Empire, ou *de la Terre des Ténèbres*. Passons aux autres Perfections Divines, sur lesquelles *Manichée* étoit assez Orthodoxe, & commençons par rapporter une Description de la Divinité, dont il est l'Auteur. Bien qu'elle soit obscure en quelques endroits, parce que c'est une Traduction d'un Original apparemment Syriaque, on ne laisse pas d'y voir assez distinctement ses idées sur la Nature Divine. (5) " Dieu donc, selon " *Manichée*, est le PÉRE SAINT, ILLUSTRE, IMMORTEL, " d'une Race immortelle & sainte comme lui. Il est magnifique " en vertus, D'UNE GRANDEUR IMMENSE & incompre- " hensible. Sa Nature est la Vérité même. Il jouït, sans aucune " interruption, d'une beatitude, qui est inséparable de son Eter- " nité. Il posséde en lui-même les sources permanentes de la Sa- " gesse & de la Vie. Seul digne d'une immortelle louange, il est " environné d'une multitude infinie d'Esprits glorieux, qui jouïs- " sent d'une Vie, & d'une Félicité qui ne finira jamais; il habite " avec eux un Royaume, qui ne peut être ni troublé, ni " ébranlé; inaccessible à toutes les nécessitez, & à toutes les mi- " séres ". Tout cela se trouve dans la Description, que *Manichée* a faite de Dieu le Pére, de son Royaume & de sa Cour. Cette Confession toute seule détruit un grand nombre d'accusations, repanduës de toutes parts dans les Livres, que l'on a composez contre lui.

Explication des douze Membres de Dieu, dont il est parlé dans cette Description.

Il y a un endroit obscur, que je vai traduire, & tâcher d'expliquer. L'Héréfiarque parle (6) *de douze* MEMBRES *de la Lumiére du Pére, qui sont les richesses de son Royaume, & dans chacun des-*

Naturâ ipsâ verus, æternitate propriâ exultans, semper continens apud se sapientiam & sensus vitales.. in sua laude præcipuus... Copulata habet sibi beata & gloriosa secula (ce sont les *Eons*) *neque numero, neque prolixitate æstimanda, cum quibus degit, nullo etiam in regnis ejus insignibus, aut indigente, aut infirmo Ita autem fundata sunt ejus splendidissima Regna, ut a nullo unquam aut moveri, aut concuti possint.* Manich. ap. *Aug.* cont. Ep. Fund. Cap. XII.

(6) *Per quos* (sensus vitales) *etiam duodecim Membra Luminis sui comprehendit, regni scilicet proprii divitias affluentes, in uno quoque autem Membrorum ejus recondita sunt millia innumerabilium & immensorum thesaurorum.* Manich. Ibid.

desquels sont renfermez des milliers de Thrésors immenses & innombrables. Cela est fort oriental, & fort énigmatique. Voyons, si nous pourrons l'entendre. Il est certain, que ces *Membres de Dieu*, ou de *la Lumiére de Dieu*, sont une expression figurée, *Manichée* n'ayant jamais donné à la Divinité une forme humaine, ni des Membres réels. Cela étant supposé, je ne doute pas que ces idées ne soient les mêmes que celles des *Cabbalistes*, ou qu'elles n'en approchent beaucoup. Or rien n'est plus connu dans la *Cabbale* que ce qu'on nomme les (1) SÉPHIROTH, qui sont au nombre de dix. Les Cabbalistes les rangent quelquefois sur une colonne, quelquefois en cercle: mais quelquefois aussi ils les disposent selon la figure du *Corps Humain*, & selon l'ordre de ses Parties, en sorte que chacune de ces *Séphiroth* soit comme un des *Membres* du Corps de la Divinité. Le Lecteur peut voir ce que M. *Vitringa* a dit sur ce sujet dans ses *Observations Sacrées* (a). Voilà donc, si je ne me trompe, le denouement de l'Enigme de *Manichée*. Concevant la Divinité, comme une Lumiére, il la représente figurément comme un Homme, dont les *Membres* sont autant de sources inépuisables de Biens, lesquels découlent sans cesse sur les sujets de son Royaume. Ces Biens, ou ces Graces, étant de différentes sortes, elles émanent aussi, pour ainsi dire, des différens Organes de la Divinité. Si on me demande, quels sont ces Organes, je répondrai, que ce sont les Perfections Divines, qui, sans sortir de l'Essence, non plus que les *Séphiroth*, ne laissent pas d'enrichir de leurs Dons les Etres inférieurs, qui ont le bonheur d'approcher d'elle. Ainsi la Cabbale Manichéenne, & la Cabbale Judaïque, s'accordent dans le fond du Mystére, & ne different que sur le nombre des *Séphiroth*, Manichée en établissant *douze*, & les Cabbalistes *dix*. Cette difference est peu de chose.

On croit que c'est la même chose que les *Séphiroth* des *Cabbalistes*.

(a) Lib. I. Dissert. II.

VIII. *Manichée* reconnoit la *Toute-Puissance* Divine.

VIII. Entre les Eloges, que notre Héréſiarque donne à Dieu, il y a celui de MAGNIFIQUE EN VERTU, expression Orientale, qui désigne la TOUTE-PUISSANCE. Aussi les Manichéens disoient ils, (2) *Nous croyons la Substance éternelle du Pére* TOUT-PUISSANT; & S. *Augustin* reconnoit, que c'étoit effectivement leur créance, lors qu'il dit à *Fortunat*; (3) *Souvenez-vous, que nous confessons l'un & l'autre, que Dieu est* TOUT-PUISSANT. Cela n'a pas empêché, qu'on ne les accusât de le de-

(1) Tous les Cabbalistes en parlent. On les definit diversement. C'est en général les Perfections Divines, entant qu'elles s'étendent, pour ainsi dire, au dehors, afin d'agir & de se communiquer, sans néanmoins se separer jamais de l'Essence Divine. Cette idée approche de celle des *Eones Valentiniennes*, dont nous parlerons dans la suite.

(2) *Substantiam æternam Patris omnipotentis esse credimus.* Fortun. ap. *Aug.* Disp. I.

(3) *Memento me confiteri tecum, esse Deum omnipotentem.* Ibid.

(4) C'est effectivement ce que signifie le mot Grec παντοκράτωρ, que l'on traduit

dépouiller d'un attribut si essentiel, parce qu'ils ne croyoient pas que Dieu eût créé le Monde de rien. Ils avoient tort, mais on en avoit aussi de leur imputer une conséquence, qu'ils desavouoient.

Est accusé de la nier. Pourquoi.

Conditions necessaires, pour fonder une telle accusation.

Avant que d'accuser quelcun de nier la *Toute-Puissance Divine*, il faut premiérement en fixer l'idée, & déterminer ensuite ce qui peut être Objet de cette Puissance. Je dis, qu'il faut prémiérement en fixer l'idée. Par exemple *Hermogéne* définissoit le *Tout-puissant*, (4) *celui qui a l'empire sur toutes choses:* Et, cette définition posée, il soutenoit, que les Catholiques nioient la *Toute-puissance de Dieu*, parce que si un éternel Néant a précédé la Création du Monde, Dieu a été toute une éternité sans Empire. Appelle-t-on *Tout-puissant* un Roi, qui n'a point de Sujets? Le raisonnement d'*Hermogéne* est fondé sur la notion propre du mot Grec *Pantocrator*, que l'on traduit *Tout-puissant*. *Origène*, qui n'étoit pas un petit Genie, a raisonné sur le même Principe. Il a supposé une Succession éternelle de Mondes, créez, détruits, parce que sans cela Dieu n'auroit été *Tout-puissant* que depuis cinq à six mille ans. Qu'*Origène* & *Hermogéne* ayent bien, ou mal raisonné, ce n'est pas ce que j'examine. Je dis seulement, que l'accusation intentée aux Catholiques de nier la *Toute-puissance* étoit fondée sur un mal-entendu, parce que, dans l'idée des Catholiques, la *Toute-puissance* est un *Attribut absolu*. C'est en Dieu le Pouvoir de faire tout ce qu'il veut, tout ce qui est conforme à ses Perfections. Au lieu que dans l'idée d'*Origène*, & selon la notion du terme Grec, *Pantocrator*, la *Toute-puissance* est un *Attribut relatif*, qui n'a commencé d'exister qu'avec le Monde. Il ne faut point en conclurre, qu'il y a des *Accidens* en Dieu, parce que la Création du Monde n'ajoute rien à son Essence, & n'est que l'exercice de ses Perfections, exercice, qui dépend de sa Volonté.

1. Definir l'idée de la *Toute-puissance*. Equivoque de ce mot.

Elle donne lieu d'accuser les Orthodoxes de nier la Toute-puissance.

J'ai dit en second lieu, que pour accuser quelcun de nier la *Toute-puissance* Divine, il faut déterminer ce qui peut être objet de cette Puissance, ce qui est possible. C'est faute de faire attention à cette Régle, qu'on accuse tous les jours des Gens de nier la *Toute-puissance*, parce qu'ils soûtiennent, que Dieu ne peut faire qu'une seule & même chose soit *une* & plusieurs, absente & présente, étendue & sans extension, en un mot, qu'elle soit & ne soit p[illegible], aux mêmes égards, & au même tems. Quand ces Gens-là auroient tort, on seroit mal fondé à les accuser de nier la *Toute-puis-*

2. Determ[illegible] ce qui [illegible] [illegible]ble. F[illegible] accu[illegible] [illegible] cette [illegible]

duit *Tout-puissant*. Or il est contradictoire d'attribuer a Dieu l'Empire de toutes choses, si aucune chose n'existe. Il n'y a point d'Empereur sans Empire, à moins que ce ne soit un Empereur titulaire. Voyez les *Origeniana* de M. *Huet*, L. II. p. 165. & le raisonnement d'*Origène* De Princip. L. I. 2. C'est dans le même sens qu'*Hippolyte* a dit, que J. Christ est *Dieu Tout-puissant, parce que le Pere lui a donné l'empire de toutes choses.* [illegible] Cont. Noet. §. VI. p. 10.

L'Erreur des Manichéens n'est pas d'avoir nié la Toute-puissance, mais d'avoir crû, que la Création de rien est hors des choses possibles.

puissance Divine, qu'ils confessent : Toute leur Erreur seroit de mettre au rang des choses impossibles une chose, qui ne le seroit pas ; de trouver de la contradiction, où il n'y en a point. C'étoit-là précisément l'Erreur des Manichéens. Nous croyons que la *Création de rien* est possible : c'est-à-dire, que nous croyons, que Dieu peut faire exister des Substances, qui n'existoient pas : qu'il n'a pas seulement le pouvoir de créer des Modes dans la Substance : mais qu'il peut créer la Substance même. Malheureusement les Manichéens étoient prévenus en faveur de l'Erreur générale, qui avoit de tout tems régné dans le Monde ; c'est que la *Création de rien* est hors des choses possibles. Et ayant une fois posé ce Principe, ils ne croyoient pas ôter à Dieu un pouvoir réel, en niant qu'il pût faire quelque chose de rien, parce que l'Impossible n'est point objet de Puissance. Voilà la Cause de leur Erreur. Mais au reste la *Toute-puissance* de Dieu étoit un Article de leur créance.

IX. *La Simplicité* Essentielle à Dieu.

IX. *La Simplicité* est une Perfection essentielle à la Nature Divine, parcequ'elle est liée avec son *Indépendance*, avec sa *Beatitude*, & avec son *Immortalité*. Avec son *Indépendance*, parce que tout Etre composé dépend de celui qui l'a composé, rien ne pouvant se composer, ni se faire soi-même : Avec sa *Beatitude*, parce que tout assemblage, tout mélange de Parties, qui sont de natures différentes ou contraires, étant un mélange forcé, le Composé ne sauroit être tranquille. Avec son *Immortalité* par la même raison. Des Etres unis ensemble par une Puissance étrangere tendent naturellement à se séparer, & peuvent toujours être séparez par la Puissance qui les a unis. J'ajoûte que tout Etre composé ne peut être éternel, parce que les Substances, qui le composent doivent exister nécessairement avant lui. C'est pour cela, que les Théologiens soûtiennent, que la Simplicité est une Proprieté de l'Essence Divine. *Grégoire* de Nazianze a bien connu cette vérité, & en a allégué quelques raisons dans ces paroles, (1) „ La Premiere „ Nature est simple, & exemte de tout mélange, parce que la „ Simplicité est tranquille & paisible, & n'est point susceptible de „ discorde : Au lieu que la Composition est l'origine de la Divi„ sion, & la Division de la Dissolution.

Les Manichéens l'ont reconnuë.

Bien que *Manichée* conçût la Divinité comme une *Lumiére étenduë*, il ne laissoit pas de lui conserver sa *Simplicité*. (2) La *Nature de la Lumiére est* UNE ET SIMPLE, dit cet Hérésiarque. Et ailleurs, Dieu est (3) une NATURE SIMPLE *& immortelle* : Et encore, (4) L'*Essence de la Lumiére est* PURE ET SIMPLE.

(1) Ἁπλότης γὰρ εἰρηναῖον, καὶ ἀστασίαστον.. σύνθεσις γὰρ ἀρχὴ διαστάσεως. Greg. Naz. Orat. XL. p. 640. Et ailleurs, σύνθεσις γὰρ ἀρχὴ μάχης μάχη δὲ διαστάσεως, καὶ λύσεως. Orat. XXXIV. p. 540.

(2) Μία τοῦ φωτὸς ἁπλῆ καὶ ἀληθὴς ἡ φύσις. *Manich*. Ep. ad Zeben. Ap. *Fabric.* Biblioτ. Gr. T. V. p. 284.

(3) Ἁπλῆ φύσις οὐκ ἀποθνήσκει. Ibid.

(4) Ἡ οὐσία τοῦ φωτὸς ἐστιν ἀκραιφνής. Ep. ad

PLE. Si l'on oppose à des Déclarations si formelles, que l'*Extension* & la *Simplicité* sont incompatibles, on répondra premiérement, que tous les Péres, qui ont cru que l'Essence Divine est corporelle, n'ont point vû cette conséquence, ou l'ont niée: Secondement, que de tres-habiles Métaphysiciens Modernes la nient aussi bien qu'eux. L'*Extension infinie*, dit M. (*a*) Clarke, *n'est point incompatible avec la Spiritualité & la Simplicité*. On répondra en troisiéme lieu, qu'en supposant que Dieu est un Composé de Parties de Lumiére, comme tout est Lumiére en lui, Lumiére, parfaitement pure, exemte de tout mélange, & existant par elle-même, cette Composition n'est sujette à aucun des inconveniens, qu'on vient de marquer. Ce ne sont point des Parties étrangeres de natures différentes, assemblées par une Puissance Supérieure. Aucune Puissance ne les a unies; aucune Puissnace ne peut les diviser. Leur union est aussi nèccessaire, & aussi éternelle que leur existence. C'est ainsi que *Manichée* pouvoit concevoir les choses, & c'est sans doute ainsi que les concevoient les Péres, qui ont cru Dieu corporel. Confirmons ce que je dis par un passage de *Platon*. Il a cru l'Ame immortelle (*b*), & l'a prouvé par de fort beaux raisonnemens. Il l'a crû *simple*, puisqu'il l'a cru immortelle: mais la *Simplicité*, qu'il lui attribuë, c'est de n'être composée que de parties de même nature, sans aucun mélange de parties étrangeres (5). „ Nous ne croyons pas, *dit-il*, que l'Ame soit un „ assemblage de parties de differentes natures; car ce qui est com- „ posé de la sorte seroit difficilement immortel. Il faut qu'il ait re- „ çû en partage la plus excellente composition.

(*a*) Ub. sup. p. 246.

(*b*) De Rep. L. X. p. m. 516.

X. L'Indivisibilité est une suite de *la Simplicité*, & *Manichée* soûtenant, que la Nature Divine est *simple & immortelle*, soutenoit en même tems qu'elle est *indivisible*. Aussi l'appelloit-il (*c*) UNITE', ou MONADE, par excellence, comme il appelloit la *Matiére* DUALITE', ou DYADE, parce qu'elle est non seulement divisible, mais que les Parties, qui la composent, sont de natures opposées, & y entretiennent une perpetuelle Division. Il pensoit sur la Nature de Dieu comme *Platon*, qui l'appelle ordinairement ἀμέριστος & ταὐτό, c'est-à-dire, *une Nature indivisible*, & qui *est toûjours la même. Individua & Idem.*

X. Ont crû de même Dieu *indivisible*.

(*c*) Voyez ci-dessus. p. 486. 487.

XI. S. *Augustin* (*d*) reproche sans cesse aux Manichéens d'attribuer à Dieu les Imperfections les plus honteuses, & les plus indignes de la Divinité, savoir, celles d'être susceptibles de pechez & de miséres, d'être PASSIBLE, VIOLABLE, CORRUPTIBLE.

XI. *Et impassible.*

(*d*) Voyez entre autres Confes. L. VII. 2. C'est le grand argument de S. *Augustin* contre les Manicheens. Il revient par tout.

ad Odan. sive Addam. ub. sup. p. 285.

(5) Ὥστε πολλῆς ποικιλίας καὶ ἀνομοιότητός τε καὶ διαφορᾶς γέμειν αὐτὸ πρὸς αὑτό... οὐ ῥᾴδιον ἀΐδιον εἶναι σύνθετόν τε ἐκ πολλῶν, καὶ μὴ τῇ καλλίστῃ κεχρημένον συνθέσει, ὡς νῦν ἡμῖν ἐφάνη ἡ ψυχή. Plat. De Rep. L. X. p. m. 517.

BLE. Mais ce n'est qu'une conséquence, qu'il tiroit de leurs Principes sur l'origine de l'Ame. Je l'examinerai dans son lieu. Il suffit à présent d'y opposer les Déclarations formelles de nos Hérétiques, qui soûtiennent partout,(1) que *Dieu est* INCORRUPTIBLE, qu'on NE PEUT SEULEMENT L'APPROCHER: qu'il NE PEUT ETRE SAISI, QU'IL NE PEUT SOUFFRIR. Ce qu'il y a de surprenant, c'est que S. *Augustin* lui-même n'en disconvient pas, & que *Fortunat* lui ayant dit en face ce que je viens de rapporter, ce Pére lui répond, (2) *Nous reconnoissons* L'UN & L'AUTRE, *que* DIEU NE PEUT SOUFFRIR *aucune necessité, qu'il est* INVIOLABLE & INCORRUPTIBLE *à tous égards*. St. *Augustin* dit ailleurs, (3) " que lors„ qu'on demande aux Manichéens, si la Substance Divine est sus„ ceptible de changement & d'altération, ils répondent constam„ ment, qu'elle est *immuable* & *inalterable* ". *Manichée* lui-même est exprès là-dessus. (4) *La forme immaterielle*, c'est-à-dire, la Nature Divine de J. Christ, *n'étoit point visible*, & *ne pouvoit absolument être touchée, parce qu'il n'y a aucune communion entre la Matiére, & ce qui est immatériel.* (5) *Comment est-ce*, dit-il encore, *que la* LUMIERE AUROIT SOUFFERT, *puisque la Nature mauvaise n'a pû s'en saisir, ni les Ténèbres obscurcir son opération?*

Témoignages formels de *Fortunat*, & de *Manichée*. Aveu de S. *Augustin*.

De S. *Ephrem*. L'Impassibilité de Dieu leur a fait nier l'Incarnation.

Il est si vrai, que les Manichéens croyoient la Divinité *inviolable* & *impassible*, que c'est pour cette raison, qu'ils nioient l'Incarnation du Verbe. S. *Ephrem* le témoigne, lui qui devoit bien connoître leurs sentimens, puisqu'il y en avoit beaucoup en Mésopotamie. (*a*) " Je vai, dit-il, prevenir votre objection. Je sai „ qu'il y en a beaucoup parmi vous qui disent, (6) que Dieu étant „ éternel, invisible, EXEMT DE TOUTE PASSION, il est „ impossible qu'il se soit uni, dans une même hypostase, avec une „ Chair qui est visible, & sujette à diverses Passions. Ces deux „ Natures sont trop contraires & trop incompatibles, pour ne „ composer qu'une seule Personne ". Voilà ce que disoient les Manichéens, & ce qu'ils confirmoient par ces mots de S. *Jean* (*b*). *La Lumiére a lui dans les Ténebres, mais les Ténèbres ne l'ont point saisie*: elles n'ont pû l'*atteindre*, *la prendre*, *la retenir*, οὐ κατέλαβεν. Dans le Systême Manichéen, la *Lumiére* désigne la Nature Divine,

(*a*) Eph. De Margar. pret. p. 619.

(*b*) Jean I. 5.

(1) *Et nostra professio est, quod incorruptibilis sit Deus, quod inadibilis, intenibilis, impassibilis.* Fortun. ap. *Aug.* Disp. I. *initio.*

(2) *Deum necessitatem nullam pati posse, neque ex aliqua parte violari, atque corrumpi; quod enim sit quoque, Fortunate, fatearis*, &c. Ibid. Et dans la suite; *sic confitemur ambo, sic nobis concedimus.*

(3) *Si eos* (Manichæos) *interroges, utrum commutabilis sit Divina Substantia, non possunt, nisi incommutabilem dicere.* Aug. De Div. Serm. XVI.

(4) Ἡ γὰρ ἄυλος μορφή.... ὁρατὴ οὐκ ἦν, ἐψηλάφητο δὲ οὐδαμῶς, διὰ τὸ μηδεμίαν ἔχειν κοινωνίαν τὴν ὕλην πρὸς τὸ ἄυλον. Manic. Ep. ad Cudar. Ap. *Fabric.* ub. sup. p. 285.

(5) Πῶς οὖν ἔπαθε (nempe τὸ φῶς), μήτε τῆς κακίας κρατησάσης, μήτε τῆς ἐνεργείας αὐτοῦ σκοτισθείσης. Id. Ep. ad Zeben. Ib. p. 284.

ne, le *Verbe* : & les *Ténèbres* sont la *Chair*, ou la Substance mauvaise. Explication, qui ne leur a point été particuliére, comme nous le verrons ailleurs. Tout cela prouve, d'une maniére évidente, prémiérement, que les Manichéens ont cru la Nature Divine *impassible* & *inviolable* : Et secondement, que si St. *Augustin* les accuse du contraire, ce n'est pas que ce fût un de leurs Dogmes, mais une conséquence niée & desavouée, quoiqu'il prétendit la tirer de leurs Principes.

XII. A l'égard des Perfections Morales, ce seroit calomnier trop évidemment nos Hérétiques, de les accuser d'en avoir dépouillé le vrai Dieu. S'ils péchoient à cet égard, c'est en étendant trop l'activité de ces Perfections, qui, tout infinies qu'elles sont en elles-mêmes, se bornent elles-mêmes dans leur exercice, & ne se déployent qu'autant que la Sagesse de Dieu le permet, ou l'ordonne. Sa Justice, par exemple, met des bornes à sa Misericorde, comme sa Prudence en met à son Pouvoir.

XII. Les Manichéens reconnoissent les Perfections Morales de la Divinité.

Les Manichéens reconnoissoient donc en Dieu une BONTE' infinie : Non seulement ils souscrivoient à cette parole du Seigneur, (a) *Il n'y a qu'un seul Bon, savoir, Dieu*, mais ils l'opposoient sans cesse aux Catholiques, pour défendre leur Erreur. Un Etre infiniment *Bon*, disoient-ils, ne peut ni faire le mal, ni le vouloir, ni le permettre volontairement : d'où ils concluoient, qu'il y a une mauvaise Nature, qui est la Cause nécessaire des Maux. Ainsi la *Bonté* de Dieu étoit un Piége pour eux, parce qu'ils en étendoient l'action au préjudice de l'Ordre que la Sagesse de Dieu a établi dans le Gouvernement des Etres Intelligens.

La Bonté.

(a) Matt. XIX. 17. Marc X. 18. Luc XVIII. 19.

Faisons en passant une Observation sur ce mot de l'Evangile, dont d'autres Sectes abusent encore. *Marcion* lisoit dans son Exemplaire de l'Evangile selon S. *Luc*, *Il n'y a qu'un seul Bon, savoir, Dieu le Pére*. S. *Epiphane*, (b) qui le raconte, reproche à cet Hérésiarque d'avoir altéré l'Evangile : & M. (c) *Simon* rapporte la Critique de S. *Epiphane*, sans la relever : mais un (d) savant Moderne a remarqué, que (e) *Tertullien*, (7) *Clément* d'Alexandrie, & (8) *Origéne* en quatre différens endroits, ont allégué ce Passage dans les mêmes termes que *Marcion* ; ce qui fait voir, ou que le

Observation sur Luc XVIII. 19.

(b) Hær. XLII. p. 329.

(c) Sim. Hist. Crit. du N. T. P. I. p. 111.

(d) Grab. Spicil. T. II. p. [illegible]

(e) Adv. Marc. L. IV. 36.

(6) *Deus ingenitus, Deus invisibilis, Deus passionis & perturbationis expers. Quomodo ergo inter tot contraria conductio atque consensio cum una hypostasi facta est.* Ephr. Ibid. Il y a dans le Grec, publié à Oxford, Θεὸς ἀγέννητος, ὁ αὐτὸς ἀόρατος. Θεὸς ἀπαθὴς, ἀ[illegible] : Πῶς τοίνυν [illegible]

(7) Οὐδεὶς ἀγαθὸς, εἰ μὴ ὁ πατήρ μου, ὁ ἐν τοῖς οὐρανοῖς. *Clem.* Al. Pædog. L. I. 8.

(8) Οὐδεὶς ἀγαθὸς, εἰ μὴ εἷς, ὁ Θεὸς, ὁ πατήρ. *Origen.* in *Joan.* T. VIII. p. 38. Voyez de plus Cont. *Cels.* L. V. p. 238. In *Protrept. ad Martyr.* p. 169. *De Princ.* L. I. 2. Ajoûtons à ces Passages citez par M. *Grabe* celui de l'Herétique *Ptolomée*, qui a lû comme ces anciens Docteurs. *Ep. ad Floram.* §. V.

le mot de *Pére* étoit alors dans quelcun des Evangelistes, (1) ou que *Tertullien*, *Origène*, & *Clement* d'Alexandrie, ne doutoient pas que J. Christ n'eût parlé de son Pére.

J'ai dit par occasion mon sentiment sur un Passage, qui a excité des Controverses entre les Critiques, à cause de l'influence, qu'il semble avoir sur le Dogme. Je reviens à *Manichée*: Reconnoissant la *Bonté* Divine, il reconnoissoit aussi la *Misericorde* ou la *Clémence*, qui n'est autre chose que la *Bonté*, entant qu'elle s'exerce sur des Pécheurs, & sur des miserables. Il reconnoissoit de même la *Sainteté* de Dieu, qu'il appelle (2) *le Pére Saint*, & qu'il (3) *dit avoir une aversion infinie pour l'Iniquité*. (4) *La Substance Divine*, dit Fortunat, *est Sainte & sans aucune tache*. Cela est très-juste, mais il ne falloit pas en conclurre, comme ces profanes Hérétiques l'ont osé faire, que le vrai Dieu n'est pas celui, qui s'est révélé aux Juifs. Le Livre de *Fauste* est rempli de blasphèmes contre la Loi sous pretexte, que plusieurs Ordonnances lui paroissent déroger à la Sainteté de Dieu.

Reconnoissoient la *Misericorde*.

La Sainteté.

Quoique les Manichéens exaltassent infiniment sa *Bonté*, ils n'en vinrent pas néanmoins jusqu'à le dépouiller de sa *Justice*, sans laquelle la Malice Humaine briseroit bientôt tous les liens de la Réligion. Ils confessoient donc non seulement, que Dieu est *Juste*, mais qu'il est (5) *la Justice* même & (6) le *Juge tout-puissant* du monde: (7) *Qu'il n'est l'Auteur que des Biens*, *mais qu'il est aussi le juste vengeur des maux*, (8) & *qu'il punit les crimes des méchans*. Ils conservoient un dernier Jugement après lequel la Matiére & les Démons seront précipitez *dans le feu* qui ne s'éteint point, & les Ames, qui n'auront pas profité de la Grace du Liberateur, seront rigoureusement châtiées.

Et la *Justice* vindicative.

Ce sont là les idées, que les Manichéens avoient des Attributs Divins. Elles ne sont pas exemptes d'erreurs, mais il s'en faut bien qu'elles ne fussent telles, que l'on a coutume de les représenter. Je ne leur ai point fait de grace. Le Lecteur peut en être convaincu par les Passages, que j'ai eu soin de mettre à la marge en Original.

CHA-

(1) Je ne doute point que ce dernier sentiment ne soit le plus vrai. Le mot de *Pére* n'étoit point originairement dans aucun des Evangelistes, & s'il étoit dans l'Exemplaire de l'Evangile selon S. *Luc*, dont *Marcion* se servoit, il avoit été ajouté. Je me fonde sur le témoignage d'*Origene* In Matt. T. XV. p. 376. On ne lisoit alors dans cet Evangeliste que ces mots, *Il n'y a qu'un seul Bon*: mais on lisoit dans S. *Marc*, & dans S. *Luc*, *Il n'y a qu'un seul Bon*, *savoir Dieu*. Ibid. p. 379. ὁ δὲ Μάρκος καὶ Λουκᾶς, .. οὐδεὶς ἀγαθὸς εἰ μὴ εἷς, ὁ Θεός. Ainsi le mot de *Pere* fut véritablement ajoûté comme une explication, les Anciens n'ayant pas douté que J. Christ n'eût voulu parler de son Pére. Voyez *Clem. Al.* Pædag. L. I. 8. *Origen.* in *Matt.* loc. cit. *Just.* Mart. p. m. 49. *Epiph.* ub. sup. p. 339. *Novat.* De Trinit. Cap. IV. &c. Au reste cela n'exclud point le Fils de Dieu. *Le Pére est le seul Bon* par lui même, comme il a l'essence Divine par lui-même; Le Fils tient de lui, & l'Essence, & les Perfections de l'Essence.

CHAPITRE. V.

Les Manichéens confessoient la TRINITÉ, *& la* CONSUBSTANTIALITÉ *des Personnes Divines.*

Les Manicheens reconnoissent LA TRINITÉ & la CONSUBSTANTIALITÉ.

Accusez par *Socrate* de nier la Personalité du Verbe, ce qui ne paroit pas juste.

I. ON vient de voir, que les Manichéens n'étoient pas aussi Héretiques qu'on le pense, sur l'Article des Attributs Divins. On ne sera pas fâché de les trouver Orthodoxes, ou à peu près, sur celui de la Trinité. Il est vrai, que (1) *Socrate* les accuse de nier la *Personalité du Verbe*. Mais, si cette accusation est juste, elle ne peut regarder que quelque Secte Manichéenne, qui nous est inconnue, ou elle est fondée sur ce qu'ils concevoient la Génération du Fils comme une extension de la Substance du Pére. L'Essence divine ne se partage point: Elle ne fait que s'étendre & se communiquer, cela est contraire à ce que disent les Ariens, mais nous verrons dans la suite, que leur témoignage là-dessus est fort suspect. Quoiqu'il en soit, il y a trop de preuves, que les Manichéens ont crû la Trinité des Personnes Divines pour pouvoir seulement les soupçonner du contraire((2) *Nous servons*, dit Fauste, UNE SEULE ET MEME DIVINITÉ, *sous les trois noms de* PERE *tout-puissant*, *de* J. CHRIST SON FILS, *& du* SAINT ESPRIT. Cette Confession comprend & la Trinité des Personnes, & l'Unité de la Nature. Car il ne faut pas s'imaginer, que *Fauste* ait affecté de s'exprimer en des termes, qui cachoient le Sabellianisme. S. *Augustin* ne l'a pas seulement soupçonné de cet artifice. Aussi, bien loin de confondre les Personnes, l'Hérétique les considere comme trois Majestez, & leur assigne à chacune leur place dans l'Univers. S. *Augustin* rend témoignage à *Fortunat* (3), *qu'ils avoient l'un & l'autre la même creance, touchant la Trinité du Pére, du Fils & du Saint Esprit.*

Confession de *Fauste*.

Aveu de S. *Augustin*.

L'Ar-

(2) *Sanctus Pater.* Ap. *Aug.* cont. Ep. Fund. Cap. XIII.

(3) *Dicis Manichaeus bonum Deum esse alienissimum ab Iniquitate.* Aug. *Op. Imp.* L. I. 26.

(4) *Substantia ejus* (Dei) *immaculata & sancta.* Ap. *Aug.* Disp. I.

(5) *Deus totus Justitia est.* Secund. Ep. ad *Aug.*

(6) *Omnipotens Judex.* Ibid.

(7) *Bonorum Deus tantummodo Creator, ultor vero malorum habeatur.* Fortun. Ap. *Aug.* Disp. II.

(8) *Merito ergo hoc censeo, & ulcisci Deum mala.* Ibid.

Ch. V. (1) Τοῦτο (nempe τὸν τοῦ λόγου [illegible]) καὶ Μανιχαῖοι, [illegible] δογματίζειν ἐτόλμησαν. Socrat. Hist. Ec. L. VII. 32.

(2) *Nos quidem* PATRIS *omnipotentis*, & CHRISTI FILII *ejus*, & SPIRITUS *sancti*, UNUM IDEMQUE, *sub triplici appellatione, colimus Numen.* Faust. ap. *Aug.* L. XX. 2.

(3) *Unam [illegible] sectantes unius Trinitatis, Patris, Filii & Spiritus Sancti.* Aug. cont. *Fortun.* Disp. I.

L'Article étant important, il est bon de le prouver par des autoritez incontestables. (1). VOUS CONFESSEZ, dit encore S. *Augustin* aux Manichéens, *que le Pére, le Fils & le Saint Esprit sont unis dans une Nature tout-à-fait semblable. Jamais*, dit-il (2) ailleurs, *les Manichéens n'ont osé nier, que le Pére, le Fils & le Saint Esprit ne soient* D'UNE MEME SUBSTANCE. *Photius* confirmé ces témoignages. (3) *Ils confessent*, dit-il, *trois Personnes* CONSUBSTANTIELLES, ET DE MEME NATURE, & confessent en même tems, UN SEUL DIEU, ET UNE SEULE DIVINITÉ. S. *Epiphane* assure, qu'*Hierax*, ou *Hieracas*, l'un des douze prémiers Disciples de *Manichée*, (4) „ n'a point été dans l'Erreur „ d'*Origène* sur la production du Fils, & qu'il a cru que *le Pére* „ *a véritablement engendré le Fils*. (5) *Agapius*, autre Disciple de Manichée, *déclare*, dit Photius, *qu'il confesse* LA TRINITÉ CONSUBSTANTIELLE. Je trouve dans *Facundus* d'*Hermiane* un témoignage tres-avantageux aux Manichéens sur cet Article. Cet Evêque Afriquain, voulant justifier *Theodore de Mopsveste* dit (6), *qu'il ne faut pas le qualifier de Manichéen, sous prétexte qu'il confesse que le Seigneur Jesus est* LE DIEU VERBE, *qu'il est* FILS DE DIEU PAR SA PROPRE SUBSTANCE, *& que dès avant tous les siecles il tire éternellement son existence de Dieu le Pére.* C'étoit donc là constamment la Foi des Manichéens, si l'on excepte peut-être l'éternité da la Génération du Fils, sur laquelle il peut y avoir quelque doute.

II. Il y a des Erreurs, qui ont au moins l'avantage d'être un Préservatif contre d'autres. Tous les Hérétiques, qui ont cru deux Substances éternelles ne pouvoient tomber dans le *Spinosisme*. Leur Erreur les en garantissoit. De même ceux, qui ont cru l'éternité de la Matiére, ne pouvoient être Ariens. Leur Principe les conduisoit naturellement à la Consubstantialité. Car, supposant d'un côté, qu'aucune chose ne peut être faite de rien, ce qui les obligeoit de soûtenir l'éternité de la Matiére, ils ne pouvoient convenir avec les Ariens, que le Fils de Dieu ait été tiré du Néant. Et supposant, d'autre côté, que la Matiére est mauvaise en soi, & la cause de tous les maux, ils ne pouvoient dire, que le Fils de Dieu, qui est la Sainteté & la Perfection même, en tirât son origine. Ils em-

(1) *Cum Pater, Filius, & Spiritus Sanctus, vobis etiam confitentibus, non dispari natura copulentur.* De Div. Serm. XVI.

(2) *Nunquam dicere ausi sunt Manichæi Patrem, Filium & Spiritum Sanctum, nisi unius esse substantiæ.* Op. Imp. L. V. 32.

(3) Τριάδα ὁμοούσιον καὶ ὁμοφυῆ, καὶ Θεὸν ἕνα, καὶ μίαν Θεότητα. Phot. Cod. XXIV. p. 16.

(4) Οὐ φάσκει Hierax κατὰ τὸν Ὠριγένην ... Epiph. Hær. LXVII. n. 2.

(5) Τριάδα ὁμοούσιον λέγει μεν ὁμολογεῖν. Phot. Cod. CLXXIX. p. 403. 405.

embrassérent donc le Systême des Emanations Divines, qui étoit apparemment celui des Orientaux, & crurent, que le Fils & le Saint Esprit sortoient de la substance du Pére. Ils conçurent bien d'autres Emanations, mais incomparablement moins parfaites, Dieu le Pére n'ayant communiqué qu'aux deux Personnes du Fils & du S. Esprit, & sa Substance même, & toutes ses Perfections. La Révélation du Nouveau Testament les confirma, ou les dirigea dans ces idées. C'est là, si je ne me trompe, la véritable cause pourquoi les *Basilidiens*, les *Valentiniens*, & les *Manichéens*, qui d'ailleurs eurent tant d'Hérésies, se trouvérent Orthodoxes sur l'Article de la Trinité & de la Consubstantialité.

III. Critique de *Victor de Vite*, qui accuse les Manichéens d'avoir été Ariens.

III. Les Manichéens ayant donc conservé la Foi de la Consubstantialité, je ne sai que penser du recit de *Victor de Vite*. Cet Ecrivain assure, dans son (7) *Histoire de la Persécution des Vandales*, qu'*Hunneric* trouva les Manichéens d'Afrique dans la même Hérésie que lui sur la Personne J. Christ. Comment concilier ce témoignage avec ceux de S. *Augustin*, qui étoit mort peu d'années auparavant? *Hunneric* étoit Arien, & les Ariens avoient des hypotheses tout opposées à celles des Manichéens. Ils affectoient même de publier dans leurs Ecrits, que le sentiment des Orthodoxes, sur la Génération du Fils de Dieu, étoit le *Valentinianisme*, ou le *Manicheïsme* tout pur, comme (*a*) S. *Athanase*, S. *Hilaire*, & S. *Epiphane* le témoignent. *Victor* ajoûte, (8) „ que cette „ conformité d'Erreurs fit honte à *Hunneric*, & que, pour s'acquerir la réputation de Prince Religieux, il persécuta les Manichéens avec plus de violence encore que les Catholiques: qu'il „ en fit brûler plusieurs; qu'il en chassa un grand nombre, & „ que ce procédé lui fit beaucoup d'honneur". Il faut que l'Esprit de persécution fût déjà bien enraciné dans les Ecclésiastiques, puis qu'ils en faisoient l'éloge dans le tems même qu'ils en souffroient. Au reste, je soupçonne que *Victor de Vite* a confondu l'Arianisme avec la subordination & la dépendance des Personnes du Fils & du S. Esprit, par rapport au Pére. Il faut peut-être y ajouter l'opinion, dont je vai parler, & qui au fond n'étoit point Arienne.

(*a*) Athan. de Synod. p. m. 652. Hilar. de Trin. L. VI. Co[illegible] m. [illegible] Epiph. Hær. LXIX. n. [illegible]

IV. [illegible]

IV. C'est un Problême assez difficile à décider, si les Manichéens ont cru, que le Verbe a une Hypostase éternelle, ou qu'il n'a commencé

(6) *Sicut autem non est dicendus Theodorus Manichæus, quia Dominum Jesum Deum Verbum, & in substantia propria Filium Dei, ante secula ex Deo Patre æternè extitisse confessus*. Facund. L. III. 2. p. 36.

(7) *Quos pene omnes Manichæos suæ Religionis invenit, & præcipuè Presbyteros & Diaconos, Arianæ Hæreseos*. Vict. Vit. de Perf. Vand. L. II. p. 21.

(8) *Unde magis erubescens ambitus in eos exarsit . . . Propter quod magis [illegible] memoratus Tyrannus [illegible]*.

mencé d'exister hors du Pére, que lors que Dieu voulut créer le Monde. *Fortunat* semble insinuer, que ce dernier sentiment étoit le leur. (1) *Dieu*, dit-il, *a envoyé le Sauveur*, *qui est semblable à lui*, *savoir le Verbe*, QUI EST NE' DES LA FONDATION DU MONDE. On ne parle pas ainsi, quand on croit *la subsistance* éternelle du Verbe. On dit, *qu'il est né avant les siécles*, *avant la création du Monde*. Ce qui feroit croire, que c'étoit là le sentiment de *Manichée*, c'est qu'il étoit commun parmi les Péres Orthodoxes au siécle de *Manichée*: (a) *Les Principes des Anciens sur la Trinité*, dit M. du Pin, *sont que le Verbe étoit de toute éternité dans le Pére*, *comme étant sa Sagesse*, *sa Puissance & son Conseil*: *Que*, *quand il a voulu faire le Monde*, *il l'a*, *pour ainsi dire*, *mis au dehors*, *& c'est ce qu'ils appellent Génération*: M. du Pin ajoute, que, selon le sentiment de ces Anciens, *le Verbe*, *avant qu'il eût pris chair*, *n'avoit pas parfaitement la qualité de Verbe*, *&* (2) *& qu'on peut dire*, *qu'il étoit engendré du Pére*. J'ai deux Observations à faire sur ce Passage : la prémiere, pour confirmer le sentiment de M. *Du Pin*; la seconde, pour corriger la maniere dont il l'exprime.

(a) Du Pin Bibl. Ec. T. I. p. 114.

Grand nombre des premiers Péres ont placé la Génération du Verbe immédiatement avant la Création du Monde.

Premiérement, ce Docteur a raison de dire que les Anciens ont cru généralement, que le Pére ne produisit, ou *n'engendra* le Verbe, qu'immédiatement avant de créer le Monde. C'est un fait prouvé par le P. (3) *Petau*, & par feu (4) M. l'Evêque d'*Avranches*. *Les Anciens ont dit*, ce sont les termes de *Pétau*, QUE LE VERBE FUT PRODUIT PAR LE DIEU SUPREME, ET PERE, *lors qu'il eut resolu de créer le Monde*, *afin de s'en servir*, *comme d'un Ministre dans la formation de l'Univers*. Auparavant le Verbe étoit dans le Pére: Il n'étoit point encore Hypostase, ou Personne, puis qu'il n'étoit point encore engendré. (5) *Dieu n'étoit Pére qu'en puissance*, *& non actuellement*. Voilà un terrible Paradoxe, & un terrible changement dans la

Témoignage de *Du Pin* confirmé par *Petau* & par l'Evêque d'*Avranches*.

(1) *Verbum natum à constitutione Mundi*. Ap. *Aug*. Disp. I.

(2) Il faut qu'il y ait là quelque omission dans l'Edition de Hollande. Le sens est, qu'*avant que le Verbe eût été incarné*, *on ne pouvoit pas dire*, *qu'il avoit été engendré du Pére*.

(3) *Tum autem a supremo Deo ac Patre*, *productum esse* Verbum *dixerunt*, *cum hanc rerum universitatem moliri statuit*, *ut illum velut administrum adhiberet*. Petav. Dogm. Theol. T. II. L. I. Cap. V. n. 7. Voyez en général les Chap. III. IV. & V du L. I. *De Trinitate*.

(4) Voyez *Origeniana* L. II. Qu. II. n. 45. Cet Evêque nomme *Justin Martyr*, *Theophile* d'Antioche, *Tatien*, *Tertullien*, *Lactance*. On pourroit en ajoûter plusieurs autres. Je me contenterai d'alléguer un Passage d'*Hippolyte* contre *Noet*. Cap. X. p. 13. Edit. *Fabric*. Comme le passage est long je ne donnerai que la Version de *Turrien*. *Satis igitur nobis scire solum*, *nihil esse Deo coævum*. *Nihil erat præter ipsum*, *ipse solus multus erat*. *Nec enim erat sine Ratione*, *sine Sapientiâ*, *sine Potentia*, *sine Consilio*. *Omnia erant in eo*: *ipse erat omnia*. *Quando voluit*, *& quomodo voluit*, *ostendit Verbum suum* (Ἔδειξε τὸν λόγον; voilà la Génération) *temporibus apud eum definitis*, *per quem omnia fecit*. . . *Eorum autem*, *quæ facta sunt*, *Ducem*, *Consiliarium & operarium generabat Verbum*: quod

la Nature Divine. Cependant, quoique l'Erreur soit grossiére, on ne laisse pas de la trouver, depuis le Concile de Nicée, dans (a) *Zénon*, Evêque de *Vérone* qui mourut vers l'an 360. & dans (6) *Rupert de Tuy*, célébre Auteur du XII. Siécle.

(a) Petav. ub. sup. p. 31.

Le P. *Pétau* conjecture, que les Anciens avoient pris cette opinion des Philosophes & des Poëtes Payens, ce qu'il confirme par ces vers d'*Orphée*, citez par *Justin* Martyr.

Critique de la conjecture du P. Pétau sur l'origine de ce sentiment.

(b) *Vocem juro Patris, primum quam prodidit ore*
Consilio ipse suo, Mundum cum conderet omnem.

(b) On peut voir ces vers en original. *Just.* Mart. *Cohort. ad Gent.* p. m. 12.

Je ne suis pas du sentiment de ce savant Jésuite. Prémierement, il seroit dangereux d'avouer, que les Péres ayent emprunté un Dogme de cette importance des Poëtes, ou des Philosophes Payens. On peut bien les alléguer, quand l'on veut montrer que les Veritez les plus abstraites de la Religion Chrétienne n'ont pas été tout-à-fait inconnues aux Payens, mais on les rendroit très-suspectes, en avouant qu'elles ont été prises d'eux. Secondement, il est certain, que les Anciens se sont fondez sur l'Histoire de la Création, comme on le voit par le Passage de *Tertullien*, (7) que je cite au bas de la page. Tant que Dieu ne fait que concevoir en soi-même le Plan de l'Univers, le Verbe demeure en Dieu le Pére: il n'en sort, & ne devient Hypostase, que lors que Dieu met la main à l'œuvre, & qu'il a besoin d'un Ministre, pour exécuter ses desseins. Le prémier verset de l'Evangile selon S. *Jean* sembloit aussi favoriser cette opinion. *Au commencement étoit le Verbe, le Verbe étoit avec Dieu, & le Verbe étoit Dieu. Il étoit au commencement avec Dieu*: on croyoit trouver dans ces Paroles, qu'au *commencement*, & avant que Dieu entreprit de créer le Monde, *le Ver-*

quod Verbum, cum in se haberet, essetque mundo create inaspectabile, fecit aspectabilem, emittens priorem vocem, & lumen ex lumine generans, deprompsit ipsi Creaturæ Dominum, sensum suum, qui prius ipsi tantum erat visibilis &c. Il faut voir la Remarque du savant Editeur, qui corrige celle de *Turrien*, parce qu'il a plutôt suivi son préjugé, que son Auteur. C'est sur ces mots, *Emittens priorem vocem*. M. Fabricius fait voir, que la Theologie d'*Hippolyte* est la même que celle de *Tertullien*. & cela est vrai.

(5) *Tanquam hactenus potestate, non actu ipso, Pater esset Deus.* Petav. ub. sup. Cap. V. n. 4.

(6) On peut voir les paroles de cet Auteur dans les *Origeniana* de M. *Huet*. ub sup.

(7) *Tunc igitur ipse Sermo speciem & ornatum* (*species* & *ornatus* sont les propriétez, & les caractéres particuliers, qui constituent l'Hypostase du Verbe, & la font subsister actuellement hors du Pére) *sumit, sonum & vocem, cum dicit Deus*, FIAT LUX. *Hac est nativitas perfecta Sermonis, dum ex eo procedit, ab eo conditus: primum, ad cogitatum in nomine Sophia... dehinc generatus ad effectum, cum pararet Cœlum* &c. Tertull adv. Prax. Cap. VII.

Verbe n'existoit qu'en Dieu. (1) *Il n'y avoit alors que Dieu seul. Lui seul il étoit tout.* Le Verbe fut produit ensuite, lors que le Pére voulut créer le Monde.

Critique de la Remarque de M. du Pin.

Seconde Observation sur les paroles de M. *du Pin*. Cet habile homme, (2) s'est trompé, en attribuant aux Anciens d'avoir cru, que *le Verbe, avant qu'il eût pris chair, n'avoit pas parfaitement la qualité de Verbe*, en sorte que *l'on pût dire alors, qu'il étoit engendré du Pére.* M. *du Pin* a confondu les qualitez de VERBE, & de FILS DE DIEU. Le *Verbe* étoit *Verbe*, & produit actuellement, avant la Fondation du Monde; mais le Verbe n'a été *parfaitement* le Fils de Dieu, que lors qu'il a été uni à la Chair. C'est ce qu'enseigne *Hippolyte*, à l'occasion de qui M. *du Pin* a fait la Remarque que j'examine. (3) Le *Verbe*, dit Hippolyte, *a produit un Fils à Dieu, par le moyen du S. Esprit & de la Vierge.* (4) *Le Verbe par lui-même, & sans la chair n'étoit pas le Fils parfait, quoiqu'il fût le Verbe parfait, & le Fils unique.*

V. La Génération du Verbe dans le tems fut la suite d'une autre opinion, savoir que la Génération du Verbe est un acte de la volonté du Pere.

V. Cette opinion si commuue parmi les anciens Théologiens, sur le tems de la Génération du Verbe, fut une conséquence d'une autre, défendue opiniâtrément par les Ariens. C'est que cette production est une opération libre de la Volonté du Pére. Ce sentiment n'étoit pas juste, mais il n'étoit pas nouveau. Je dis qu'il n'étoit pas juste. Car comme l'Essence Divine existe nécessairement elle existe par la même nécessité en trois Personnes. Autrement il n'y auroit nulle impossibilité, que le Fils & le S. Esprit n'eussent jamais eu d'existence, ou d'hypostase réelle. Mais j'ajoûte aussi, que ce sentiment n'étoit pas nouveau. *Justin* Martyr, rendant raison des divers noms que l'Ecriture donne à J. Christ, allégue entr'autres (5) *que c'est parce qu'il est le Ministre & l'Exécuteur des Desseins du Pére*, & *parce que le Pére l'a engendré volontairement. Origéne* (6) a enseigné la même Doctrine en plusieurs endroits, & le célèbre (7) *Pétau* convient que c'est le sentiment d'un grand nombre des anciens Docteurs. Cela me fait penser, que si les Esprits avoient été moins agitez, & que la Charité, & l'amour de l'union & de la Paix eût regné dans les délibera-

C'étoit le sentiment des Eusébiens. Leur raison.

(1) Confirmons que c'étoit là l'idée de plusieurs des Anciens par ce Passage d'*Hippolyte* Αὐτάρκης οὖν ἡμῖν ἐστι μόνον εἰδέναι, ὅτι σύγχρονον Θεῷ οὐδέν, πλὴν αὐτὸς ἦν· αὐτὸς δὲ μόνος ὢν πολὺς ἦν· οὔτε γὰρ ἄλογος, οὔτε ἄσοφος, οὔτε ἀδύνατος, οὔτε ἀβούλευτος ἦν· πάντα δὲ ἦν ἐν αὐτῷ, αὐτὸς δὲ ἦν τὸ πᾶν. Hipp. Hom. cont. Noet. § 10.

(2) Cette Critique suppose, qu'il n'y a point de faute dans l'Edition de Hollande 1690. Car, pour dire le vrai, j'y soupçonne quelque omission.

(3) Ἐκ πνεύματος ἁγίου [illegible] ὁ λόγος, καὶ παρθένου, ἵνα υἱὸν Θεῷ ἀπεργασάμενος. Hippol. ub. sup. §. 4. p. 9.

(4) Οὔτε γὰρ ἄσαρκος, καὶ καθ' ἑαυτὸν ὁ λόγος τέλειος ἦν υἱός, καίτοι τέλειος λόγος ὢν μονογενής. Ib. §. XV. p. 17. Il semble qu'*Hippolite* ait mis de la difference entre le mot υἱός, & celui de μονογενής. Le Verbe étoit μονογενής, mais il n'étoit pas proprement υἱός avant l'Incarnation. Au reste le Lecteur peut consulter *Bullus*, Defens. Fidei Nicen. p. 164. & suiv.

berations, on auroit eu plus d'indulgence pour les *Eusebiens*, qui au fond reconnoissoient avec les Orthodoxes, que le Verbe est *engendré* du Pére, & non *créé*, mais qui attribuoient cette Génération à la volonté du Pére. Leur dessein n'étoit pas d'affoiblir la Vérité Catholique, mais d'éloigner ce qu'elle pouvoit avoir d'affinité, selon eux, avec les Erreurs des Hérétiques. C'est ce que témoigne *Eusébe de Nicomédie*, quand, aprés avoir rapporté la Génération du Verbe (8) au *Conseil & à la Volonté de Dieu*, il ajoûte, (9) „ C'est là ce que les Péres ont eu la prudence d'établir, „ pour se garantir des impietez des Hérétiques, qui concevoient „ la Génération Divine comme les Générations corporelles, par „ voye de *Probole*". Je ne croi pas qu'*Eusebe* eût raison. Les Hérétiques n'avoient pas des idées si grossiéres qu'il le dit, & nous verrons que ce que les Scholastiques ont pensé de plus métaphysique sur la Génération du Fils, avoit été imaginé dès le second siécle par les Valentiniens.

Critique de cette raison.

VI. Les Manicheens ont cru J. Christ, le *Premier-né* du Pere.

Ont bien explique ce terme.

VI. On pourroit donc croire, que les Manichéens plaçoient la Génération du Fils de Dieu vers l'instant, où Dieu résolut de créer le Monde. Cependant cela n'est pas sûr. J'ai cité un passage de *Facundus*, qui établit le contraire. Je voi d'ailleurs dans (10) *Secundinus* qu'ils appelloient J. Christ, *le Premier-né de la très sacrée & ineffable Majesté*: d'où S. *Augustin* infére, que les *Eons*, ou les *Lumieres*, comme *Secundinus* les nomme, étoient donc *Fréres* de notre Seigneur, & qu'il n'avoit sur eux que l'avantage de la Primogéniture. Je ne sai si S. *Augustin* entendoit bien le Systéme des Émanations: cela ne paroit pas dans ses Disputes contre les Manichéens. Tout ce qu'il plait à Dieu de produire, quoiqu'il émane de lui, n'est pas Dieu ni si parfait que lui. Je n'examine pas si la pensée est juste, ou non: je ne considére que le fait. Ainsi quoique les Eons émanent de Dieu, il ne s'ensuit pas qu'ils ayent la Nature Divine comme le Fils, parce que Dieu n'a communiqué qu'à lui sa substance & ses perfections. Je remarque aussi que le Manichéen avoit une idée assez juste de la signification du terme de *Premier-né*, appliqué à J. Christ. Ce terme ne marque pas l'ordre de la naissance du Fils de Dieu, mais (11) l'excellence de la Divinité, qui

(5) Ἐκ τῇ τῇ δυνάμει τῷ πατρικῷ θελήματι, καὶ ἐκ τῇ ἀπὸ τῇ πατρὸς βουλήσει γεγενῆσθαι. Just. in Dial. p. m. 221.

(6) Ἐκ θελήματος τῷ πατρὸς γεγενῆσθαι πρωτότοκον πάσης κτίσεως. Voyez *Origenian.* L. II. Qu. II. p. 42. *Hieron.* ad Ruffin. L. II. p. 514. col. 1.

(7) *Porrò antiqui Patres haud pauci numero, quos Libro primo recensuimus, Filium Dei voluntate Patris esse productum, asseverarunt.* Petav. ub. sup. *De Trin.* L. VII. Cap. VIII. n. 2. Le passage d'*Hippolyte* que j'ai cité en est une preuve.

(8) Ἐπὶ τὴν βουλὴν τῷ πατρὸς ἀνήγαγον τὴν τῷ υἱῷ γένεσιν. Ap. Euseb. cont. Marcel. L. I. 4. p. m. 20.

(9) Σωματικήν τινα καὶ παθητικὴν κατὶ [illegible] τεκνογονίαν, τὰς προβολὰς δογματίζοντες. Ibid.

(10) *Ineffabilis & Sacratissimæ Majestatis Primogenito.* Secund. Ep. ad Aug.

(11) *Secundum ipsam Divinitatis excellentiam, vis,* (o Secundine) *eum Primogenitum intelligi.* C'est S. *Augustin* qui parle Cont. Secund. Cap. V.

qui résidoit en lui : la plenitude des Perfections, qui le tirent de toute comparaison avec les Intelligences immortelles.

VII. Eclaircissement d'une calomnie d'*Euthymius Zigabene* contre les *Bogomiles*.

VII. Cette Question de la Primogéniture du Verbe me fournit une occasion bien naturelle d'éclaircir & de dissiper en passant une calomnie atroce du Moine *Euthymius Zigabéne* contre cette Secte, qu'on nomme les *Bogomiles*, & que les Grecs confondent avec les Manichéens. *Euthymius* les accuse de croire (1) que *Satan a* non seulement *existé avant le Verbe*, *mais qu'étant l'aîné du Verbe il* EST PLUS GRAND ET PLUS EXCELLENT QUE LUI. Voilà certainement un horrible blasphême, mais j'ose assurer que c'est aussi une horrible calomnie. Une Secte Chrétienne, une Secte, où l'on se livroit aux flames plûtôt que de fléchir le genouil devant une Image, ou devant une Croix, une telle Secte feroit profession de croire que SATAN EST PLUS GRAND ET PLUS EXCELLENT QUE LE FILS DE DIEU. Cependant celui qui le dit, est un homme célèbre, (2) Auteur d'Ecrits estimez, un Saint des nouveaux Grecs, un Témoin, qui a connu les *Bogomiles*, qui a conféré avec un certain *Basile*, lequel étoit alors Chef de la Secte, & qui concourut peut-être à le faire brûler tout vif. Développons l'origine, ou le prétexte d'une si noire calomnie, & souvenons-nous une bonne fois que ceux qui ont fait brûler les Hérétiques, n'ont pas moins hérité du Démon l'Esprit de *Mensonge*, que l'Esprit de *meurtre* & de cruauté.

Origine & pretexte de cette calomnie.

On trouve, dans des Auteurs très-Catholiques, deux opinions fort anciennes. La premiere que le Verbe n'a commencé d'avoir une Hypostase propre qu'immédiatement avant la Création du Monde: La seconde que le Démon est la premiére des Intelligences, que Dieu créa, & sur lesquelles il avoit régné dans le Ciel pendant un nombre infini de siecles, avant que de former le Monde visible. Nous avons parmi (*a*) les Oeuvres de S. *Athanase*, la Rélation d'une Dispute qu'il eut avec *Arius*, pendant le Concile de Nicée. C'est une Piéce fausse. On y fait dire à S. *Athanase*, que le Verbe ne peut être une Créature, parce que, le Démon étant la premiére des Créatures de Dieu, il seroit plus ancien que le Verbe. La Proposition est prouvée par cette parole du livre de Job, (*b*) *Le Béhémot est le prémier des Ouvrages de Dieu*, *qui l'a créé pour être le jouet de ses Anges*. Or le *Béhémot* est le Diable, selon l'Auteur de ce Dialogue: explication qui paroît prise (3) d'*Origène*.

(*a*) Voyez le Tom. I. p. 38.

(*b*) Job, XL. 14. selon les LXX.

Voilà le frivole prétexte de l'accusation, qu'*Euthymius* intente aux

(1) *Dicunt Bogomili, Dæmonem Filio Verbo natu majorem esse, præstantioremque, utpote Primogenitum*. Euthym. Panopl. Part. II. Tit. XXIII. §. 6.

(2) Voyez l'Histoire d'*Alexis* par *Anne Comnéne*. L. XV.

(3) Voyez S. *Jérome* Ep. LVI. ad *Avit*. p. m. 445. On peut voir aussi une pareille explication allégorique dans *Origen*

aux *Bogomiles*. Cette Secte a peut-être cru, avec plusieurs Anciens, que le Démon a été créé avant tous les Anges. Elle a peut-être cru aussi avec *Athénagore*, *Tatien* &c. que le Fils de Dieu ne commença d'avoir une hypostase actuelle que lors que Dieu voulut créer le Monde; d'ou il s'ensuit, que le Démon est plus ancien que le Verbe. Mais comme ce seroit une calomnie atroce d'accuser, sous un si vain prétexte, de Saints Docteurs d'avoir cru *Satan plus grand & plus excellent que le Verbe*, c'est de même une effroyable calomnie d'en accuser les *Bogomiles*, Gens, qui pouvoient n'être pas exemts d'erreurs, mais qui honoroient le Fils de Dieu, & qui détestoient Satan.

VIII. Examen du Systême de *Valentin* & de *Manichée* sur la Generation du Fils. Reflexions prealables

VIII. Revenons au Systême des Manichéens sur la Génération du Fils de Dieu. Ils sont Orthodoxes sur le mystére, mais on prétend, qu'ils ne le sont pas sur la maniére de l'expliquer. *Arius* & ses Adhérens disent dans la Lettre, qu'ils écrivirent à *Alexandre*, leur Evêque (4) „ Nous ne croyons pas, avec *Valentin*, que le Fils est „ une PROBOLE, un Ecoulement de la Substance du Pére; ni „ avec *Manichée*, qu'il en est une PARTIE CONSUBSTAN- „ TIELLE “. J'expliquerai dans la suite les sentimens de ces deux Hérésiarques: mais il faut avant toutes choses, faire connoître au Lecteur combien les Chrétiens furent partagez, dans les prémiers siécles sur la Question, COMMENT J. CHRIST EST FILS DE DIEU.

Les Chretiens divisez sur la Question comment J. Christ est Fils de Dieu.

Pourquoi l'on entre dans une discussion Historique là-dessus.

1. Raison d'equité.

Deux raisons m'obligent d'entrer dans cette discussion. La premiére est une raison d'Equité. Il faut traiter les Hérétiques comme nous voudrions qu'ils nous traitassent, & comme nous traitons nous-mêmes quantité d'anciens Docteurs. Nous disons, pour les excuser, qu'ils ont vécu dans des tems, où les matiéres difficiles de la Religion n'étoient pas encore bien développées. Ils ne sont à l'égard de la justesse des idées & du raisonnement que les Enfans de ceux qui les honorent comme leurs Péres. Il leur est arrivé ce qui arrive aux Personnes, qui se trouvent à la naissance des Sciences & des Arts: leurs chefs-d'œuvre ne sont pour leur Postérité que des Ebauches. Dès qu'ils ont été Orthodoxes sur le fond du Mystére, on leur pardonne toutes les fautes, qu'ils ont faites dans la maniére de l'expliquer. C'est ainsi que la charité demande qu'on en use envers les Hommes. Mais, si la Règle est bonne, elle doit être générale. L'Homme équitable n'a point deux poids ni deux mesures: l'une pour ses amis, & l'autre pour ses Ennemis. Ainsi, quand j'examine les sentimens, ou les Erreurs des Hérétiques, toute mon attention est de tenir mon Jugement

gen. Cont. *Cels.* L. VI. p. 292. C'est sur le vs. 26. du Ps. 103. & selon les LXX. le 104.

(4) Οὐδὲ, ὡς Οὐαλεντῖνος, προβολὴν τὸ γέννημα τοῦ πατρὸς ἐδογμάτισεν· οὐδ', ὡς Μανιχαῖος μέρος ὁμοούσιον τοῦ πατρὸς τὸ γέννημα εἰσηγήσατο. Athanas. de Synod. p. m. 682. & alibi.

ment dans un parfait équilibre & d'empêcher, que la Passion, ou la prévention, ne le fasse pancher.

2. Raison. Cette Discussion renverse le sophisme des VARIATIONS de l'Evêque de Meaux.

La seconde raison est intéressée, je l'avoue; mais mon intérêt est uniquement celui de la Vérité & du bon Raisonnement. Tout le monde connoît le Livre des VARIATIONS de feu M. l'Evêque de *Meaux*, l'un des plus beaux Esprits de son siecle, mais aussi l'un des plus grands Déclamateurs, & des plus grands Sophistes de nos jours. Il a composé cet Ouvrage dans la vue de renverser la Réformation de la Foi & du Culte, sous prétexte que ceux qui l'entreprirent, n'ont pas été uniformes, ni toûjours constans dans leurs sentimens. Pour abbattre cette Machine, élevée avec tant d'artifice & de travail contre une Réformation dont la nécessité est évidente, il ne faut que se rappeller la variété des opinions des Anciens sur la Question COMMENT J. CHRIST EST FILS DE DIEU. Certainement, s'il y avoit eu des BOSSUETS parmi les Payens, & qu'ils eussent attaqué le Christianisme par la méthode des *Variations*, ou ils en auroient triomphé, ou cette méthode n'est qu'un sophisme, inventé pour surprendre les simples, & pour éluder la discussion des Dogmes.

Confirmation de cette preuve.

Les Défenseurs du sophisme de M. de *Meaux* s'aviseront peut-être de me repondre, que les *Variations*, des Anciens sur la Question dont il s'agit, ne doivent pas être imputées à l'Eglise, mais aux Hérétiques, d'où il s'ensuit, qu'elles ne font aucun tort à l'Autorité, ni à la Foi de l'Eglise. Je conviens, qu'elles ne font aucun tort à la Verité, qui est toûjours indépendante des Opinions Humaines, mais je soutiens, que le paralléle est juste, & que si l'argument de M. de *Meaux* vaut quelque chose contre la Réformation, il a la même force contre le Christianisme. Car 1. Il est faux, que les *Variations* n'ayent été qu'entre les Hérétiques, puisque des Péres, que l'on n'oseroit mettre dans ce rang, & qui ont été les lumiéres de l'Eglise primitive, n'ont point été d'accord sur l'Article en question, & sont encore moins d'accord soit avec les Décisions des Conciles Oecumeniques, ou avec celles des Scholastiques modernes. 2. Les Chrétiens sortoient, ou du Judaïsme, ou du Paganisme, comme les Protestans sont sortis de l'Eglise Romaine. Si la méthode de M. de *Meaux* contre les Protestans est bonne, elle auroit donc été bonne contre les premiers Chrétiens; & les Incrédules en général, tant les Juifs que les Payens, auroient été bien fondez à rejetter le Christianisme sans examen, par la raison, que ceux, qui en faisoient profession, étoient divisez sur l'Article fondamental de cette Religion, sur la Question, COMMENT J. CHRIST EST FILS DE DIEU. J'ai crû ces Réflexions nécessaires, pour rendre raison au Lecteur de la discussion, dans laquelle je vais entrer.

CHAPITRE VI.

Les Péres n'ont pû se dispenser d'expliquer COMMENT J. CHRIST EST FILS DE DIEU; *de là une prodigieuse varieté de sentimens. Réflexions sur le nombre des Evêques du Concile de Nicée, & sur les différentes Sectes, qui s'y trouvérent.*

I. QUand on considére l'épouvantable Schisme, qui déchira l'Eglise au commencement du IV. siécle, on voudroit, que les Péres se fussent contentez de confesser, que *J. Christ est le Fils de Dieu*, sans expliquer la maniére dont il l'est. Etant d'accord sur la proposition, ils ne seroient pas divisez sur le sens qu'il y falloit donner. Mais il n'étoit pas possible de s'en tenir là, & en voici les raisons. 1. Il faut avoir quelque idée d'un Dogme, que l'on croit & que l'on confesse, la Foi n'ayant pas pour objet les paroles, mais les choses signifiées par les paroles. 2. Cette Proposition, *Jesus est le Fils de Dieu*, étant susceptible de divers sens, & expliquée en effet fort diversement, on ne pouvoit se dispenser d'en déterminer la véritable signification, ou du moins d'exclurre les sens faux, & injurieux à Dieu, à la Raison, & à la Foi. 3. Il étoit impossible de prêcher aux Payens, que *J. Christ est le Fils de Dieu*, sans qu'ils demandassent aussi-tôt, de quel droit les Chrétiens reprenoient leur Théologie sur la Generation des Dieux pendant qu'ils enseignoient eux-mêmes, que Dieu a un Fils? Il falloit donc expliquer *Comment J. Christ est Fils de Dieu*, & montrer aux Gentils, que la Théologie Chrétienne n'avoit, sur cet Article, aucune conformité avec leurs Fables. 4. Les Péres furent forcez par les Objections des Infidéles d'en venir aux explications. Par exemple, des Auteurs Payens ayant dit que le *Monde est Fils de Dieu*, & l'ayant égalé à Dieu, *Celse a*) en prit occasion d'accuser les Chrétiens d'avoir appliqué à leur Jesus ce que ces Auteurs avoient dit du Monde. Rien de plus mal fondé que la conjecture du Philosophe Epicurien. *Origène* lui a repondu que s'il vouloit trouver dans les Payens l'origine de la Foi Chrétienne, il auroit mieux fait de la chercher dans les Lettres de *Platon*, où ce Philosophe parle d'un *Fils de Dieu*, qui n'est pas le Monde, mais le Créateur du Monde, & qui a pour Pere (1) *le premier Dieu, le Dieu Souverain, celui qui est au dessus de toutes choses.* Comment se dispenser, dans cette occasion, de montrer les différences, qu'il y

I. Qu'il étoit impossible aux Peres de ne pas examiner COMMENT *J. Christ est Fils de Dieu.*

Raisons. 1. Il falloit eclairer la Foi.

2. Exclurre l'Erreur.

3. Répondre aux Payens.

4. Leur montrer que cette idee ne venoit point d'eux.

(a) Voyez *Origen* Cont. *Cels.* L. VI. p. 308.

CH. VI. (1) Ὁ δὲ πρῶτος, καὶ ἐπὶ πᾶσι Θεὸς πατὴρ ἐστὶν αὐτοῦ. Ibid.

y a entre le Monde, qui n'est que l'Ouvrage de Dieu, & entre JESUS, qui est son véritable Fils.

5. Les Docteurs se sont cru obligez d'approfondir les Mystéres.

Outre ces raisons de nécessité, il y en avoit d'autres de Bienséance, dirai-je, de curiosité religieuse. Les Anciens Péres se croyoient obligez de connoître & d'approfondir les mystéres du Christianisme. Persuadez que la Science, mais sur tout celle des choses Divines, est la perfection de l'Esprit, ils n'avoient garde de se borner à la simple foi des Dogmes. Cette crédulité n'étoit excusable que dans le Vulgaire, à qui il convient de croire, comme à l'Artisan de travailler, sans savoir les raisons de son Art. (a) „ Les Ames, dit „ *Origène*, ne pouvant acquérir la perfection, qui leur est propre, „ que par la Science des choses Divines, leur premier & leur principal Objet, ce sont celles qui concernent la Personne de Dieu „ le Pére. Ensuite viennent celles, qui touchent son Fils unique, „ savoir, (1) QUELLE EST SA NATURE? COMMENT IL „ EST FILS DE DIEU? *Pourquoi il s'est abbaissé jusqu'à prendre „ une chair humaine, & à devenir Homme?* &c. C'étoit donc là l'étude, & si je l'ose dire, l'ambition du vrai *Gnostique*. C'est ce qui éleva au rang de THEOLOGIEN, les *Basiles*, les *Grégoires de Nazianze* & de *Nysse*. Ils consideroient la Religion, comme les Philosophes avoient considéré la Nature, & aspiroient à la félicité d'en approfondir les Mystères: mais malheureusement il n'en fut pas des Théologiens comme des Philosophes. Ceux-ci conservérent la paix malgré la diversité des opinions, au lieu que ceux-là s'anathématisérent réciproquement.

(a) *Philocal.* Chap. I. p. 11.

Precepte de Petau sur ce sujet retracté par lui-même.

Les Docteurs modernes se sont piquez d'imiter les Anciens. Le P. *Pétau*, marchant à cet égard sur leurs traces, ouvre une libre carriére à la curiosité de l'Esprit Humain. Il dit (2) „ que les „ Questions qui appartiennent à la Foi, & en particulier celles „ qui concernent LA DIVINITÉ, sa NATURE, ses PROPRIETEZ, ses PROCESSIONS, & comme s'exprime *Denys*, tou„ tes les Questions touchant l'Unité de Dieu, la Pluralité & les „ Distinctions des Personnes, doivent être recherchées & exami„ nées avec une scrupuleuse exactitude. " J'approuverois la maxime de cet habile homme, s'il ne falloit pas à tout moment y apporter

(1) Ποίας ἐςὶ φύσεως, καὶ τίνα τρόπον υἱὸς τυγχάνει Θεοῦ. Ibid.

(2) *Vides, ut illa quæ ad fidem spectant. cujusmodi sunt quæ de Deo, ejusque Natura, proprietatibus, processionibus, & ut universè cum Dionysio complectar,* τὰ περὶ τῆς ἑνώσεως καὶ διακρίσεως θεολογίας, *hoc est, quæ ad unitatem & distinctionem in Deitate attinent exactè ac scrupulosè perquirenda doceat eruditissimus,* &c. Cet *Eruditissimus* désigne *Ephrem* d'Antioche. *Petav.* Dogm. Theol. T. I. L. I. Cap. VI. p. 18.

(3) *Cum vero sententias has audierat Constantinus, mirabatur tot earum discrimina.* Eutych. ap. *Selden.* de Origin. Alex p. 76

(4) *Sententiis & Religionibus inter se differentes.* Eutych. Annal. Alex 71. p. 440. C'est ainsi que *Pocock* a rendu les paroles d'*Eutychius*; *Selden* a traduit, *Judicio*

porter des exceptions. Lui-même est bien-tôt obligé d'entasser un grand nombre d'autoritez des Péres, afin d'arrêter la Raison dans sa course, & de réprimer l'essor, qu'il lui a donné. Je voudrois plus d'uniformité dans les Docteurs, de peur qu'on ne les accuse d'être hardis, quand ils se croyent forts; timides, quand ils sentent leur foiblesse, & de n'affecter de paroitre modestes, que pour la cacher.

II. Varieté surprenante d'opinions sur la Question, *Comment J. Christ est Fils de Dieu.*

II. Il fut donc nécessaire d'expliquer *Comment J. Christ est Fils de Dieu*; mais il étoit bien difficile, que les explications fussent uniformes. Parmi cette grande multitude d'Evêques & de Prêtres dispersez tant au dehors qu'au dedans de l'Empire, il n'étoit presque pas possible, qu'il n'y eût une grande varieté d'Opinions. Aussi, quand le Concile de Nicée fut assemblé, pour décider les Controverses Ariennes, CONSTANTIN, (3) qui voulut entendre les Evêques raisonner & disputer sur cette matiére, fut fort étonné de trouver si peu d'unanimité parmi des Docteurs, qui se glorifioient tous du nom de Chrétiens. *Eutychius* parle *de deux mille quarante-huit Evêques*, (4) *qui étoient*, dit-il, de DIFFERENS SENTIMENS, ET DE DIFFERENTES RELIGIONS. Ce grand nombre d'Evêques surprend presqu'autant que leurs dissensions. Les Grecs & les Latins, qui en marquent le plus, n'en comptent que *trois cens-dix-huit*. Un mot de réflexion sur ce dernier nombre ne déplaira pas au Lecteur, ce sont petits endroits de l'Histoire Ecclésiastique, qui servent beaucoup à faire connoitre le caractére des Auteurs.

III. Reflexion sur le nombre des Evêques au Concile de Nicée.

Variation des plus anciens Ecrivains là-dessus.

III. *Eusébe*, qui fit une grande figure au Concile de Nicée, ne le compose que (5) *de deux-cens cinquante Evêques: Eustathe* d'*Antioche*, qui harangua *Constantin*, (6) *d'environ deux cens soixante & dix*. S. *Athanase*, en deux endroits (7) *de trois cens plus ou moins*, (8) ailleurs *de trois cens complets*; & enfin de (9) *trois cens dix huit* dans l'Epitre aux Afriquains. Je soupçonne, ou plutôt je ne doute pas, que ce dernier endroit n'ait été altéré. Il n'est pas vraisemblable, que S. *Athanase*, qui parle ailleurs d'une maniére vague, se soit exprimé une seule fois avec tant de précision. Et ce qui confirme ma pensée, c'est que dès avant *Theodoret* on avoit inséré ce nombre de *trois cens dix-huit* dans une Lettre (10) de

Judicio & persuasione, invicem diffidentes. Lib. sup. p. 71.

(5) Ἐπισκόπων μὲν πλῆθος ἦν πεντήκοντα καὶ διακοσίων ἀριθμόν. De Vit. Const. L. III. 8. p. 487.

(6) Διακοσίων αὐτῶν καὶ ἑβδομήκοντα τὸν ἀριθμόν. Ap. Theodor. H. Ec. L. I. 8. p. 26.

(7) Πλείω ἢ ἔλαττον τριακοσίων. De Decret. Syn. Nic. p. m. 402. De même dans l'Epître aux Solitaires p. m. 66c.

(8) Τριακοσίων ὅλων. Ib. p. 661.

(9) Τριακοσίων δέκα καὶ ὀκτώ. p. 718.

(10) Cette Lettre est parmi les Oeuvres de S. *Athanase* p. m. 399. Il n'y est fait aucune mention des 318. Evêques du Concile de Nicée. Cependant ce nombre se trouve dans la même Lettre rapportée par *Theodoret*, H. E. L. IX. p. 154. Il n'y a nulle apparence, qu'on

de S. *Athanase* à l'Empereur *Jovien*: Cette altération ne doit point surprendre le Lecteur. *Eusébe* dit positivement, *dans la Vie de Constantin*, que le Concile de Nicée fut composé de *deux cens cinquante Evêques*, ce qui n'a pas empêché (a) *Socrate* d'écrire, qu'il y en avoit *à Nicée plus de trois cens*, & de citer *Eusébe dans la Vie de Constantin*. On a de même alteré la Chronique d'*Eusébe*, pour y fourrer le nombre de *trois cens dix-huit*, qui se trouve aujourd'hui, & dans (b) le Grec, & dans la Traduction (c) de S. *Jerôme*. C'est ce qui a fait dire à M. *de Valois*, (1) *Comment est-ce qu'Eusébe auroit dit* dans sa Chronique, *que trois cens dix-huit Evêques assistérent au Concile de Nicée*, *lui qui*, *dans le troisieme Livre de la Vie de Constantin*, *témoigne*, *qu'il n'y en eut qu'un peu plus de deux cens cinquante?* S. *Jérôme* n'a pas été simple Traducteur de cette Chronique. Il y a mis beaucoup du sien. (2) Le seul Article du Concile de Nicée en est une preuve.

S. Athanase & Eusébe falsifiez.

(a) Hist. Ec. L. I. 8. p. 19.

(b) Chron. Euseb. p. 226.

(c) Chron. Hieron. p. 181.

Il importe fort peu de savoir précisément combien il y eut d'Evêques dans ce Concile. Mais quand j'ai consideré, d'une part, les variations & l'incertitude des Auteurs contemporains; & de l'autre, (a) l'assurance & l'uniformité des Auteurs postérieurs, je me suis bien-tôt apperçû, que ce qui a déterminé les derniers, c'est je ne sai quel Mystère, que l'on crut découvrir dans le nombre de *trois cens dix-huit*. S. *Hilaire*, défendant le mot de *Consubstantiel* approuvé dans le Concile de Nicée, mais condamné (3) *cinquante-cinq ans* auparavant dans le Concile d'*Antioche*, fait cette ingénieuse réflexion. (b) „QUATRE-VINTS *Evêques* ont rejetté le mot de *Consubstantiel*, mais TROIS CENS DIX-HUIT „ l'ont reçû. (4) Or ce dernier nombre est pour moi un NOMBRE SAINT, parce que c'est celui des hommes, qui accompagnérent Abraham, lors que, victorieux des Rois impies, il „ fut béni par celui qui est la figure du Sacerdoce éternel." Ce petit jeu d'esprit est excusable, tout frivole qu'il est: passons-le à S. *Hi-*

Pourquoi on a fixé à 318. le nombre des Evêques du Concile de Nicée.

Faux Mystères trouvez dans ce nombre.

(a) Voyez la I. note de Th... sur le Concile de Nicée. & Socr. ub. sup. p. 71.

(b) De Synod. col. m. 193.

Par S. Hilaire.

qu'on l'ait retranché de l'Original. Il faut donc, ou que *Theodoret* l'y ait mis, ce que je n'ai aucune raison de croire, ou qu'on l'eût déja inséré dans des copies de cette Lettre. M. de *Valois* dit, dans ses Remarques sur *Theodoret*, (p. 31.) qu'il ne se souvient pas d'avoir lû le nombre de 318. dans les Oeuvres de S. *Athanase*. Il s'est trompé, car on le trouve dans l'Edition de *Commelin*, An. 1601. à la p. 718. Cependant la Remarque de M. de *Valois* fait voir que ce nombre lui est suspect.

(1) *Quomodo Eusebius dixit*, *trecentos & octodecim Episcopos Nicæna Synodo interfuisse? Cum in III. Libro de Vita Constantini scribat*, *paulo plus quam ducentos & quinquaginta in ea consedisse.* Valef. *De Vit. & script. Euseb.*

(2) On n'a qu'à conferer le Latin de S. *Jerôme* avec le Grec d'*Eusebe*. loc. cit.

(3) Le Concile d'Antioche, qui deposa *Paul de Samosate*, en 269. ou 270.

(4) *Et mihi quidem ipse numerus sanctus est*, *in quo Abraham victor Regum impiorum*, *ab eo*, *qui æterni Sacerdotii est forma*, *benedicitur*. De Synod. Ibid.

S. *Hilaire*. Mais peut-on passer à S. *Ambroise* d'avoir écrit à l'Empereur *Gratien*, (5) „ que le nombre de TROIS CENS „ DIX-HUIT Evêques fut une preuve de la présence de J. Christ „ dans son Concile de Nicée, parce que *la Croix* désigne *trois cens*, „ & que les lettres numérales du nom de *Jesu* font le nombre de „ *dix-huit* ". Il faut mettre cela en paralléle avec ce que *Selden* rapporte d'un Métropolitain de *Monembase*, qui, se proposant cette Question (*a*) „ *Pourquoi il y eut précisément trois cens dix-* „ *huit Péres au Concile de Nicée*, répond, que ce fut parce qu'il „ s'étoit écoulé *trois cens dix-huit ans depuis l'Incarnation* ". Les Partisans zélez, pour ne pas dire, les Partisans serviles des Péres, m'accuseront peut-être de témérité. Mais si le fait étoit à présent susceptible de preuve, j'oserois bien assurer, qu'on ne fixa le nombre des Evêques de Nicée à *trois cens dix-huit*, que depuis qu'on y eut trouvé du mystere.

Par S. *Ambroise*.

Par l'Evêque de Monembase.

(*a*) V. Sel. ub. sup. p. 82.

IV. Pour revenir à *Eutychius*, de qui je me suis écarté, il compte *deux mille quarante-huit* Evêques dans ce fameux Concile. Il n'a certainement pas inventé ce nombre, que (*b*) *Selden* a trouvé dans un Auteur *Arabe* & *Chrétien*, nommé *Joseph*, qui a écrit vers l'an 1400. & dans un célèbre Historien Mahometan, appellé *Ismäel-Ibn-Ali*. Apparemment ces Ecrivains l'ont pris d'*Eutychius*, comme *Eutychius* l'avoit pris des anciens monumens de son Eglise, ce Patriarche ayant puisé dans des sources inconnues aux Grecs.

IV. *Eutychius* compte 2048. Eveques au Concile de Nicee.

(*b*) Ub. sup. p. 91. & suiv.

Les Occidentaux, accoûtumez à ne consulter & à ne croire que les Grecs & les Latins, se récrient contre cette prodigieuse multitude d'Evêques, & se soulévent contre le témoignage d'*Eutychius*. Mais le savant *Selden* le défend, & tout bien considéré, je n'y trouve rien d'incroyable. 1. Il y avoit une infinité (6) d'Evêques de Bourgs & de Villages. Dans les premiers tems (7) chaque Eglise avoit son Evêque. Il est vrai, que dès avant le Concile de Nicée, (*c*) les Evêques des Villes tâchérent de dégrader ceux des Villages, de leur ôter les Ordinations, & de les réduire à la condition des Prêtres: mais ils n'en étoient pas venus à bout; car dans la

Reflexions qui peuvent confirmer ce nombre.

Chorevêques au Concile.

(*c*) Voyez le Canon XIII. du Concile d'Ancyre.

(5) *Sed ut in numero, per signum suæ passionis, & nominis Domini Jesu, suo probaret se adesse Concilio* CRUX IN TRECENTIS, *&* JESU *nomen in* DECEM ET OCTO *Sacerdotibus*. Ambros. De Fide ad Grat. L. I. 9. Cette jolie invention n'a pas été négligée depuis. *Hoc apud Nicæam* MYSTICUS *ille Patrum numerus definivit*, dit à son tour le Pape *Leon I.* écrivant à l'Empereur *Leon*. Leo. Epist. 13?. Cap. I.

(6) Je dis *Evêques de Bourgs*, car c'étoient de véritables Evêques, comme le P. *Petau* en convient & le prouve dans ses Remarques sur S. *Epiphane*. Hær. LXIX. p. 278.

(7) Je dis, que *dans les premiers siecles chaque Eglise avoit son Evêque*. Cela est incontestable. Mais il semble que cela se pratiquoit encore dans le V. siecle. Car on raconte, dans l'Histoire de S. *Patrice*, qu'il fonda 365. Eglises, & qu'il ordonna un pareil nombre d'Evêques. C'est *Usser*, qui le rapporte. Ap. *Selden*. ub. sup. p. 86.

la liste Arabe, que *Selden* nous a donnée des *trois cens dix-huit* Péres du Concile, on compte jusqu'à (*a*) *dix-huit Chorévêques*. On en trouve aussi dans (*b*) les souscriptions du Concile d'Ephese. 2. *Eutychius* comprend dans le nombre de *deux mille quarante-huit* tous les Evêques des Sectes, qui assistérent au Concile & qui y disputérent contre les autres en présence de *Constantin*. L'Auteur de la Préface Arabe, sur le Concile de Nicée, témoigne, que les Actes de ces Disputes contenoient *quarante Volumes*. Quel dommage que tout cela soit perdu! 3. Il se peut faire qu'*Eutychius* ait compris des Prêtres dans le nombre de deux mille quarante-huit. Ils assistoient alors aux Conciles; ils y étoient assis au dessous des Evêques & déliberoient avec eux. 4. Enfin *Eutychius* n'est point au fond contraire aux Grecs. Il ne fait que nous apprendre des circonstances mémorables, que ces derniers ont omises. Il compte *deux mille quarante-huit Evêques*, parce qu'il comprend dans ce nombre les Catholiques & les Sectaires, au lieu que les Grecs ne comptent, entre les Péres du Concile, que ceux qui furent, ou qui parurent Orthodoxes, & qui souscrivirent aux Décisions.

(*a*) Voyez cette Liste dans Selden ub. sup. p. 91. & seq.

(*b*) Voyez Petav. Animad. ad Epiph. p. 278.

Evêques des Sectaires.

Les Prêtres avoient seance dans les Conciles.

Les Grecs n'ont compté que les Evêques Catholiques.

V. Examinons à présent quels étoient ces Sectaires. Les premiers furent des (1) MARIAMITES. *Ils affirmoient*, dit le Patriarche d'Alexandrie, *qu'il y a deux Dieux*, *outre* LE DIEU SOUVERAIN, savoir, LE CHRIST ET SA MÉRE. *C'étoient des Barbares*, *que l'on nomma* MARIAMITES. Je suis fort trompé, si cette Lettre n'est une pure fiction, dont voici l'origine. On sait que le mot ROÜAH, (2) qui veut dire ESPRIT, est féminin dans la Langue Hébraïque, ce qui donna lieu aux Nazaréens d'appeller le S. Esprit *la Mére du Sauveur*. On lisoit dans leur Evangile, LE S. ESPRIT, *qui est* MA MÉRE, *vient de me saisir*. C'est aussi ce qui a fait dire à S. *Epiphane*, que les Nazaréens (3) „ se représentoient le S. Esprit *sous la figure d'une femme*, mais *in*„ *visible* “. Ainsi, ce n'est point la Vierge *Marie*, que ces prétendus Hérétiques plaçoient, avec le Christ, entre les Personnes Divines, sauf la supériorité, qu'ils conservoient au Pére comme au DIEU SUPREME: C'est le S. ESPRIT. On les traite de *Bar-*

V. Evêques Sectaires qui se trouverent au Concile, outre les Ariens.

1. Des *Mariamites*, Secte imaginaire.

C'etoient des Nazareens, qui appelloient le S. Esprit la Mere du Seigneur.

(1) *Erant ex illis qui affirmarent*, *Christum & Matrem ejus duos esse Deos præter summum Deum*. *Erant hi Barbari*, *&* MARIAMITÆ *audierant*. Eutych. ub. sup. p. m. 371.

(2) *Spiritus Sanctus*, *qui apud Hebræos appellatur genere fœminino* ROÜHA *In Evangelio quoque Hebræorum*, *quod lectitant Nazaræi*, *Salvator inducitur dicens*, *modo me arripuit Mater mea Spiritus Sanctus*. Hieronym. in Ezech. XVI.

(3) Καὶ τὸ ἅγιον πνεῦμα ἐν εἴδει θηλείας ἀοράτως. Epiph. Haer. XXX. §. 17. p. 141.

(4) *Ut sicut unus Deus est*, *ita una Persona in Divinitate vel Deitate sit*. In Indiculo. De Sabellianis. Ap. Coteler. Monum. Ec. Gr. T. I. p. 777. De là vient qu'ils sont appellez par *Prudence* UNIONITÆ.

(5) *Praxeas quidam Hæresim introduxit*,

quam

Barbares parce que ce sont de pauvres Chrétiens, descendus des Juifs, qui en parlent la Langue, & qui sont par conséquent de francs *Barbares*, par rapport aux Grecs qui n'entendoient pas le Syriaque, & qui ne connoissoient d'autre Mére de notre Seigneur, que la Sainte Vierge. Jamais aucune Secte Chrétienne n'a fait de *Marie* une troisieme Personne Divine.

VI. Autre Espéce de Sectaires, qui se trouva au Concile de Nicée. Ceux-ci disoient, (*a*) „ que le Fils est comme la flamme, „ qui s'éléve d'un feu allumé, qui ne s'en sépare point, & qui en „ est produite sans aucune diminution du feu. Cette opinion, dit „ le Patriarche d'Alexandrie, étoit celle de *Sabellius* & de ses Sec- „ tateurs". Cette description n'est pas juste; mais comme ce défaut n'est point particulier à *Eutychius*, je prie le Lecteur de me permettre de faire ici une courte digression sur l'Hérésie Sabellienne, afin de rectifier les fausses idées, que nous en donnent généralement les Auteurs, qui en parlent.

VI. *Sabelliens au Concile.*

(*a*) *Eutych.* ub. sup. p. 440.

VII. LE SABELLIANISME n'est au fond que l'Hérésie des (4) *Unitaires*, c'est-à-dire, de ceux qui ne reconnoissent qu'une seule Personne Divine. Ils se sont partagez en diverses Sectes, selon les différentes maniéres d'expliquer leur Systême. D'accord dans le fond ils n'ont différé que de méthode.

VII. Digression sur le *Sabellianisme.*

On met à la tête de la Secte, qui fut nommée *Sabellienne*, un Prêtre d'Asie, appellé PRAXEAS, qui vint à Rome vers la fin du II. Siécle, lorsque *Victor* tenoit le Siége. Il sut si bien s'insinuer dans l'esprit de cet Evêque, & lui rendre son Erreur si probable, que non seulement *Victor* l'approuva, mais (5) *la fortifia*. Si nous en croyons *Tertullien*, cet homme enseignoit, (6) „ qu'il n'y „ a qu'une seule Personne Divine, savoir le Pére: que *le Pére est* „ DESCENDU DANS LA VIERGE, QU'IL EST NÉ DE LA „ VIERGE, QU'IL A SOUFFERT, ET QU'IL EST J. „ CHRIST MEME. A peu près dans (7) le même tems, un certain NOET de *Smyrne*, (8) selon *Hippolyte*, & d'autres Auteurs, ou d'*Ephese*, selon (*b*) S. *Epiphane*, enseignoit précisément (9) la même Erreur en Asie. Elle est si absurde, & si évidemment

Sentiment attribué à PRAXEAS & à NOET. Dieu le Pére est né, il a souffert, il est mort.

(*b*) Epiph. Hær. LVII. c. 1.

quam Victorinus corroborare curavit. Tertul. de Præscript in fine. On convient que ce *Victorinus* est *Victor*.

(6) *Ipsum dicit Patrem descendisse in Virginem, ipsum ex ea natum, ipsum passum, denique ipsum esse Jesum Christum.* Tertul. adv. Prax. initio.

(7) Selon S. *Epiphane*, *Noët* auroit dogmatizé environ l'an 24[illegible]. mais il faut que ce soit plutôt. Car *Hippolyte*, qui florissoit vers l'an 222. témoigne, que *Noët* étoit mort quelque tems avant qu'il écrivit contre lui, ὁ πρὸ ὀλίγου χρόνου γενόμενος. Homil. cont. Noet. §. I. A la verité on ne sait pas la date de l'Ouvrage d'*Hippolyte*. On sait seulement, qu'il a été contemporain d'*Origène*, mais un peu plus âgé que lui.

(8) Τὸ γένος Σμυρναῖος. Hippol. Ibid.

(9) Ἔφη τὸν Χριστὸν αὐτὸν εἶναι τὸν Πατέρα, καὶ αὐτὸν τὸν Πατέρα γεγεννῆσθαι, καὶ πεπονθέναι, καὶ ἀποτεθνηκέναι. Ibid.

ment opposée à une infinité de témoignages du Nouveau Testament, qu'il ne me paroît presque pas possible, qu'elle ait été soutenue par un homme raisonnable. C'est ce qui me fit soupçonner d'abord, que ce n'est pas un Dogme de ces Gens-là, mais une conséquence que les Orthodoxes tiroient de leurs Principes: Et voici les Réflexions que j'ai faites à cette occasion.

Raisons de douter que ce soit la leur vrai sentiment.

1. *Tertullien* n'étoit pas à Rome, & ne connoissoit la Doctrine de *Praxeas* que sur le rapport qu'on lui en avoit fait. Il étoit d'ailleurs fort en colére contre un Prêtre, qui venant tout fraichement d'Asie, avoit décrié à Rome la Secte des Montanistes, & obligé *Victor* de retracter les Lettres de Communion, qu'il leur avoit écrites. On sait aussi, que *Tertullien* étoit un Controversiste (1) *véhément*, très-sujet à l'exagération. 2. A l'égard d'*Hippolyte* son Homélie contre *Noët* est suspecte à des Savans, qui ne favorisent nullement l'Erreur des Unitaires, & en particulier au Pére (2) *Alexandre*. Pour moi quand j'ai comparé le Livre de *Tertullien* contre *Praxeas*, & l'Homélie d'*Hippolyte* contre *Noët*, j'ai été frappé de trouver une si grande conformité d'idées & de raisonnemens entre ces deux Ecrivains, que je n'ai pû m'empêcher de soupçonner, qu'*Hippolyte* a copié *Tertullien*, qui est un peu plus ancien que lui. 3. S. *Epiphane*, qui a suivi *Hippolyte*, témoigne, que les Noëtiens enseignoient que *Dieu le Pére a souffert*; mais il témoigne en même tems, qu'ils enseignoient aussi, que *Dieu ne peut souffrir*. Ils disoient, (3) *que Dieu est unique*, & QU'IL EST IMPASSIBLE; *qu'il est le Pére*, *qu'il est le Fils*, & QU'IL A SOUFFERT AFIN DE NOUS SAUVER. A moins que *Noët*, & ses Sectateurs ne fussent des foux à loger aux petites maisons, ils n'ont jamais dit, qu'un SEUL ET MEME *Dieu*, une SEULE & MEME PERSONNE, EST IMPASSIBLE *& qu'elle* A SOUFFERT, *pour sauver* les Hommes. La contradiction est trop évidente. 4. *Hippolyte* & S. *Epiphane* accusent *Noët* de s'être vanté, (4) *qu'il étoit* MOYSE, *& que son frére étoit* AARON. Voilà une extravagance, qui n'a rien de croyable, & qui rend le reste de l'Histoire plus

4. Extravagances attribuees à Noët.

(1) *Vir acris & vehementis ingenii.* Hieron. in Catal.

(2) *Aeque dubia est Homilia de Deo Uno & Trino contra Hæresim Noëti, quam edidit Gerardus Vossius, Præpositus Tungrensis.* Nat. Alex. Sec. III. p. m. 129.

(3) Ἕνα Θεὸν, τὸν αὐτὸν ΑΠΑΘΗ: αὐτὸν πατέρα, αὐτὸν υἱὸν καὶ πεπονθότα, ἵνα σώσῃ ἡμᾶς. Hær. LVII. p. 481.

(4) Οὗτος ἔλεγεν ἑαυτὸν εἶναι Μωυσῆν, καὶ τὸν ἀδελφὸν αὐτοῦ Ἀαρών. Epiph. ub. sup. p. 479. Hipp. ub. sup. §. 2. *Philastre* a mis *Elie* en la place d'*Aaron*. Hæres. LIII.

(5) On peut voir dans l'*Histoire Sabellienne* de *Christian Wormius* Chap. I. p. 36. & suiv. les noms des Anciens qui avancent ce fait.

(6) Σαβελλιανοὶ, οἱ τὰ ὅμοια Νοητιανῶν δοξάζοντες, παρὰ τὸν Νοητὸν πατέρα πεπονθέναι λέγοντες. Il faut lire μὴ πεπονθέναι, & c'est selon cette leçon que le P. *Pétau* a traduit cet endroit. Aussi est-elle confirmée par S. *Augustin*, de Hær. & par *Damascene* n. 72. *Wormius* critique *Alexandre*

plus que ſuſpect. *Noët* & ſon *Frére* ſe glorifioient ſans doute de défendre la Doctrine d'un ſeul Dieu, annoncée par *Moyſe* & par *Aaron*, & d'être envoyez pour purger l'Egliſe de l'Erreur Payenne touchant la pluralité des Dieux: 5. Les Anciens (5) aſſurent généralement, que les *Sabelliens* enſeignoient, que *Dieu le Pére a ſouffert*, ce qui leur a fait donner le nom de PATRIPASSIENS. Cependant S. *Epiphane* lui-même les en a juſtifiez, ſoit par ſon ſilence dans l'Héréſie LXII. ſoit par un témoignage formel dans le ſommaire, qui eſt à la tête du I. Tome de ſon ſecond Livre. (6) *Les Sabelliens*, dit-il, *ont les mêmes ſentimens que les Noëtiens, ſi ce n'eſt* QU'ILS NIENT *contre Noët*, QUE LE PÉRE AIT SOUFFERT. S. *Auguſtin* a voulu s'élever contre ce témoignage, ſous prétexte que ces Hérétiques (7) *ſont plus ſouvent appellez* PATRIPASSIENS *que* SABELLIENS. Raiſon fauſſe, & qui ne vaudroit rien, quand elle ſeroit véritable. C'eſt là ce qui m'a fait ſoupçonner, qu'on nous a mal rapporté le vrai ſentiment de *Noët* & de *Praxeas*. Ce que je vai dire à préſent, ſur l'origine & la nature de l'Héréſie *Sabellienne*, eſt plus certain. Ce n'eſt pas ſoupçon, conjecture. C'eſt affirmation, & affirmation prouvée.

5. La même accuſation intentée aux Sabelliens, quoiqu'elle ſoit évidemment fauſſe. Temoignage de S. *Epiphane*.

VIII. Quoique l'Héréſie *Sabellienne* ait été juſtement condamnée, parce qu'elle eſt évidemment contraire à l'Ecriture, il faut pourtant convenir, que l'origine en fut innocente. Lorſque j'en recherche la ſource, je n'en trouve point d'autre que la crainte de multiplier la Divinité, en multipliant les Perſonnes Divines, & de ramener dans l'Egliſe le Polytheïſme, qui renverſe le premier Principe de la Religion. C'eſt ce que témoignent aſſez unanimément les anciens Péres. (a) „ Lorſque les *Sabelliens*, dit S. *Epiphane*, „ rencontrent des Orthodoxes, ils leur diſent, (8) *Mes Amis*, „ CROYONS-NOUS UN SEUL DIEU OU TROIS? Cela fait voir, qu'ils ne s'éloignoient de la Foi Catholique, que parce qu'ils étoient perſuadez qu'elle établiſſoit *trois Dieux* : *Origène* aſſure, (9) „ que ces Sectaires, qui étoient en grand nombre, „ faiſoient profeſſion d'aimer Dieu, & ne ſe propoſoient que de „ le

VIII. L'origine du Sabelianiſme fut la crainte de multiplier la Divinité.

(a) Epiph. Hær. LXII. p. 514.

Temoignages de S. *Epiphane*, d'*Origene*, d'*Euſebe*, de *Tertullien*.

dre Morus, qui a conclu de ce Paſſage que les *Sabelliens* ne croyoient pas que le Pére ait ſouffert. Mais ſa Critique n'eſt pas fondée. Il veut que S. *Epiphane* ſe ſoit trompé, & qu'il ait décrit l'opinion de *Marcel*, & non celle de *Sabellius*. *Marcel* étoit veritablement *Sabellien*.

(7) *Cum ſic innotuerint dicere Patrem paſſum, ut Patripaſſiani crebrius quam Sabelliani nuncupentur*. De Hær. Cap. XLI. La raiſon n'eſt vraye que par rapport aux Occidentaux, & quand elle ſeroit vraye, elle ne prouve autre choſe ſinon, que les Orthodoxes avoient une telle opinion des *Sabelliens*.

(8) Τι [illegible] Θεὸν ἔχωμεν, ἢ τρεῖς Θεούς. Epiph. Hær. LXII. p. 514.

(9) *Multos . . . profitentes ſe Dei amantes eſſe*. Origen. in Joan. p. 46. φαντασία τοῦ δοξάζειν αὐτὸν (Θεόν). In Matt. p. 240.

„ le glorifier. (1) *Ils craignent*, dit *Eusébe*, d'INTRODUIRE UN SECOND DIEU. *Eusébe* ne parle que de J. Christ, ou du *Verbe*; car cet Evêque de Césarée croyoit, que le S. Esprit a été créé par le Fils, & l'a enseigné dans un Livre, qu'il composa depuis le Concile de Nicée, & qu'il appelle (2) *La Theologie Ecclésiastique.* Quoiqu'il ait écrit avec assez de chaleur contre *Marcel* d'Ancyre, il lui rend néanmoins le témoignage, (3) *de n'avoir nié la Personnalité du Fils, que* PAR LA CRAINTE D'ETABLIR DEUX DIEUX. Ecoutons ce que *Tertullien* a dit des Sabelliens de son tems. En les convaincant d'erreur il a justifié leurs intentions. „ (4) LES SIMPLES, dit-il, pour ne pas dire les Ignorans & „ les Imprudens, qui sont toûjours la plus grande partie de ceux „ qui croyent, frappez de ce que la Règle de la Foi nous rappel- „ le, de la pluralité des Dieux du Paganisme, à un seul & vrai „ Dieu, & ne comprenant pas, qu'il faut bien croire qu'il n'y a „ qu'un seul Dieu, mais qu'il faut le croire avec (5) SA DISPENSATION, tremblent, dès qu'on leur parle de *Dispensation*, & s'imaginent, QUE LE NOMBRE ET LA PLURALITE *des Personnes de la Trinité est la* DIVISION DE L'UNITE'. Ils nous reprochent de PRECHER DEUX OU TROIS DIEUX, & se vantent, que pour eux ils n'en servent qu'un seul ". J'ai cru que cette Observation étoit nécessaire: L'Equité la demande: Elle ne change pas la nature de l'Erreur, mais elle fait voir, que le motif en étoit innocent, & même religieux. Je suis fort trompé, si cette impartialité n'est plus propre à ramener les Hérétiques, que ces Jugemens téméraires, & destituez de preuves, que l'on avance contre eux, & dont l'injustice ne sert qu'à les irriter.

IX. C'est

(1) Οἱ δὲ φόβῳ τοῦ δοκεῖν δεύτερον εἰσηγεῖσθαι Θεόν. Euseb. De Eccl. Theolog. L. I. 2.

(2) Voyez ses Livres *De Theologia Ecclesiastica.* L. III. 6. p. 174. 175.

(3) Ὁ μὲν γὰρ, (Marcellus) δέει τοῦ μὴ δύο Θεοὺς εἰπεῖν, τὴν ἄρνησιν τοῦ υἱοῦ ὑποβάλλεται, τὴν ὑπόστασιν ἀθετῶν αὐτοῦ. Ibid. p. 69. Voyez aussi L. II. Cap. VI. p. 109.

(4) *Simplices enim quique, ne dixerim imprudentes & idiotæ (quæ major semper credentium pars est) quoniam & ipsa Regula fidei a pluribus Diis seculi ad unicum & verum Deum transfert; non intelligentes, unicum quidem, sed cum sua* οἰκονομίᾳ *esse credendum, expavescunt ad* οἰκονομίαν, *numerum & dispositionem Trinitatis divisionem præsumunt Unitatis. Itaque duos & tres jam jactitant a nobis prædicari, se vero unius Dei cultores præsumunt.* Tertul. adv. Prax. Cap. III.

(5) DISPENSATION. Je dois au Lecteur une Remarque sur ce mot de *Tertullien*, qui est employé par *Hippolyte* dans le même sens. *Qui est-ce*, dit Hippolyte, QUI NE CONFESSE *pas qu'il n'y a qu'un seul Dieu? Mais on ne detruit pas pour cela la* DISPENSATION. *Turrien* a traduit, *Quis enim non dicet unum Deum esse? non tamen continuo* OECONOMIAM, *id est*, INCARNATIONEM *negabit.* Hom. cont. Noët. §. 3. M. *Fabricius*, qui a publié le premier en Grec l'Ouvrage d'*Hippolyte* contre *Noët* approuve l'explication de ce Jesuite. Voyez sa Note. (*Hippol. Op.* Vol. II. p. 8.)

Il

IX. C'est là l'origine du Sabellianisme : en voici la nature. *Sabellius* ne concevoit en Dieu qu'une seule Personne, dont le VERBE est la *Raison*, la *Sagesse*, & dont le *S. Esprit* est la *Vertu*. Ni le *Verbe*, ni le *S. Esprit* n'étoient point, selon *Sabellius*, des Hypostases, tout de même que les Facultez de raisonner & de vouloir, ou d'agir, n'ont point une subsistance distincte de celle de l'Ame Humaine, & ne sont point des Persones différentes de l'Homme. C'est ce que l'on peut voir dans les Dogmes Theologiques de (*a*) *Pétau*, & dans l'Histoire Ecclésiastique du P. (*b*) *Alexandre*. Ils ont suivi l'un & l'autre (*c*) S. *Epiphane* qui témoigne, que les Sabelliens comparoient la Divinité au Soleil, dans lequel on distingue, 1. la Substance, ou le corps du Soleil; 2. la vertu d'éclairer, & 3. la vertu d'échauffer & d'animer. *Abulpharage* confirme à peu prés le témoignage de S. *Epiphane*. Il dit (6) „ que, selon les Sabelliens, ce que nous appellons les „ trois Personnes Divines sont l'*Existence*, *la Sagesse & la Vie* : que „ ce ne sont que des *Attributs respectifs* de l'Essence Divine. Il ajoute, „ que ce sentiment est tout-à-fait le méme que celui „ d'*Empédocle* sur les Attributs Divins, & qu'il est suivi d'une „ partie des Doctes parmi les Mahometans ". Ainsi l'Erreur Sabellienne consistoit à aneantir la Personalité du Verbe, & du S. Esprit, la Trinité n'étant autre chose, dans ce Systême, que la Nature Divine considérée sous les trois idées de *Substance*, de *Substance qui pense*, de *Substance qui veut & qui agit*. En un mot le Sabellianisme étoit sur le sujet de l'Unité de Dieu, le pur Judaïsme, comme le dit fort bien (*d*) S. *Basile*.

IX. Idée du Sabellianisme.

(*a*) *Pétau* De Trin. L. I. 6. n. 2.

(*b*) *Nat. Al.* Secul. III. p. m. 67.

(*c*) *Epiph.* Hær. LXII. initio.

Il n'y a qu'une Personne Divine, dont le *Verbe* & l'*Esprit* sont les Attributs & les Propprietez.

(*d*) *Basil.* Ep. LXIV.

L'union du Verbe avec Jesus n'est qu'une opération du Verbe dans JESUS.

Jesus, Fils de Marie, est le *Fils de Dieu*, parcequ'il a été conçu du Saint Esprit, & que le *Verbe*, ou la *Sagesse* de Dieu, qui est toûjours en Dieu, de qui elle est un Attribut inséparable, a dé-

Il est bien vrai, que *la Dispensation* signifie quelquefois l'*Incarnation* dans les Péres, mais ce n'est pas ce que veut dire ce mot, ni dans *Hippolyte*, ni dans *Tertullien*, qui l'explique par NUMERUS & DISPOSITIO, *le nombre & la disposition* des Personnes. Voici ce que c'est. Les Péres ont prétendu, que la pluralité des Personnes Divines ne détruisoit point l'Unité de Dieu, premierement, parce que le Fils & le S. Esprit tirent leur origine du Pére; & secondement, parce que le Fils & le S. Esprit sont subordonnez au Pére. Par exemple, il n'y aura qu'un *Empereur*, mais il y aura deux *Césars*, qui gouvernent sous l'Empereur, qui sont fils de l'Empereur, & qui tiennent leur origine & leur Puissance de lui. C'est-là la *Dispensation*. *La Dispensation de l'harmonie réünit les trois Personnes en un seul Dieu : car il n'y a qu'un seul Dieu. Le Pére commande, le Fils obeit, le S. Esprit enseigne la science.* Οἰκονομία συμφωνίας συνάγεται εἰς ἕνα Θεόν. εἷς γὰρ ἐστιν ὁ Θεός· ὁ γὰρ κελεύων πατήρ, ὁ δὲ ὑπακούων υἱός, τὸ δὲ συνετίζον, ἅγιον πνεῦμα. Hippol. ub. sup. §. XIV p 16.

(6) *Tres Personas esse Existentiam, Sapientiam & Vitam ; nec esse significatus superadditos Essentiæ Divinæ, verum Attributa respectiva . Quam Sententiam susceperunt nonnulli ex doctis Mohammedanorum.* Abulph. Dyn. p. 81.

déployé sa Vertu dans la Personne de Jesus, afin de lui révéler les veritez, qu'il devoit enseigner aux hommes, & le revêtir du pouvoir nécessaire pour confirmer ces Véritez par des Miracles. *Le Verbe* ne sort jamais du Pére, que comme (a) notre *Raison* sort, pour ainsi dire, hors de nous, lorsqu'elle fait connoitre, par des paroles & par des commandemens, quelles sont nos pensées & nos volontez. Ainsi le *Verbe*, qui a été en J. Christ, n'est (1) qu'un VERBE DECLARATIF, qui a manifesté à Jesus la Science du Salut, & un VERBE OPERATIF, qui lui a conferé une Puissance miraculeuse. L'union du Verbe Divin avec la Personne de Jesus n'est point une union (2) *substantielle*, *mais de vertu*, *& de vertu seulement*. Aussi les Sabelliens ne reconnoissoient-ils aucune union hypostatique de l'*Essence* Divine avec la Nature Humaine de J. Christ. Ce n'est qu'une Opération de la Divinité, une pleine effusion de la Sagesse & de la Vertu Divine dans l'Ame du Seigneur.

(a) Voyez Euseb. cont. Marcel. L. II. 1.

X. D'où il s'ensuit que les Sabelliens n'étoient point PATRIPASSIENS, & ne pouvoient l'être.

X. Tel étant le Systême de *Sabellius* & de sa Secte, il est clair qu'ils n'ont jamais mérité le titre de PATRIPASSIENS. On dit, dans le Systême Orthodoxe, qu'une *Personne Divine a souffert*, que *Dieu a rachetté l'Eglise par son sang*: mais ces Expressions sont fondées sur l'Union hypostatique de la Personne du Verbe avec la Nature Humaine. Si donc les Sabelliens n'ont jamais reconnu une telle union de la Personne du Pére avec la Nature Humaine de J. Christ, on ne peut les accuser, d'avoir cru, que le Pére a souffert. Une union de grace & de *vertu*, *mais de vertu seulement*, ne suffit pas pour appuyer une telle accusation. Dira-t-on, par exemple, que le S. Esprit souffre dans les Fidéles, parce qu'il habite en eux, & qu'ils sont les Temples du S. Esprit? Dira-t-on que Dieu souffre dans le monde, & qu'il participe aux maux qui s'y commettent, parcequ'il soûtient & qu'il meut toutes les Creatures par sa Vertu? Je conclurrai donc, qu'il n'est point vrai que les Sabelliens fussent PATRIPASSIENS, ni de leur aveu, car ils soutenoient, que la Divinité est IMPASSIBLE, comme S. *Epiphane* le dit en propres termes: ni par une conséquence légitime, car ils n'ont jamais reconnu aucune union substantielle de la Nature Divine avec la Nature Humaine de J. Christ. Il n'y a point eu entre

(1) S. *Epiphane* témoigne, que, selon les Sabelliens, le Verbe communiqué à Jesus est προφορικὸς λόγος *Verbum Prolatitium*; un *Verbe Révélatif*, pour ainsi dire. Epiph. p. 308. *Damascéne* en parle de même. *De Hæres*. n. 62. *Marcel* disoit dans le même sens, qu'il n'y a eu dans le Fils qu'un *Verbe significatif & operatif*. οἷον εἶναι σημαντικὸν καὶ ἐνεργητικὸν λόγον. Ap. *Euseb*. Cont. *Marcel*. L. II. p. 36.

(2) Περὶ τῆς σαρκὸς ἐν ἐνεργείᾳ μόνῃ φησὶν (nempe Marcellus) ἀπολαῦσαι τὸν ἐν Θεῷ λόγον. Ibid. p. 41. Et encore, ἐνεργείᾳ μόνῃ, οὐχὶ δὲ οὐσίας ὑποστάσει, καὶ ἐν τῷ σώματι γεγονέναι. Ibid.

entre la Nature Divine & J. Chriſt Homme *cette communication d'Idiomes*, en vertu de laquelle nous diſons, dans un bon ſens, que Dieu a ſouffert. Et pour dire franchement ce que j'en penſe, je croi les Sabelliens auſſi innocens du *Patripaſſianiſme* que les *Monophyſites* le ſont d'une Héréſie toute pareille. Les Grecs accuſent ſans ceſſe les *Monophyſites* d'enſeigner, que toute la Trinité a ſouffert: que les trois Perſonnes Divines ont eté *crucifiées*. Demandez-leur le fondement de cette accuſation. Ils vous diront, que les Monophyſites ont ajouté au *Triſagion*, ces paroles, QUI AVEZ ÉTÉ CRUCIFIÉ POUR NOUS. L'accuſation ſeroit juſte, s'ils rapportoient cet Hymne aux trois Perſonnes de la Trinité, comme le font les Grecs: mais, ne le rapportant qu'à J. Chriſt ſeul, l'accuſation devient pure calomnie. (3)

Les Mono- [illegible] été cruci- [illegible]es.

XI. Juſtifions encore les Sabelliens d'une abſurdité, que leur imputent tous les Auteurs qui traitent de leur Héréſie, quoiqu'elle ſoit évidemment fondée ſur un faux expoſé. On dit, *qu'ils confondoient les Perſonnes du Pére & du Fils*, *qu'ils ſe figuroient un Dieu*, QUI EST LE PERE DE LUI-MEME, ET LE FILS DE LUI-MEME &, comme s'expriment les Grecs, ΥΙΟΠΑΤΗΡ. *Origène* (4) eſt un des premiers, qui ait avancé ce paradoxe. „ Ces Sectaires, dit-il, (5) ſous pretexte de faire honneur à Dieu, confondent „ les Notions de Pére & de Fils, & diſent que le Pere & le Fils ſont „ une ſeule Hypoſtaſe. Ils ne les conçoivent que comme un ſeul ſujet, „ & ne les diſtinguent que par la penſée & par des noms différens ".

XI. Autre abſurdité fauſſement imputée aux Sabelliens, un Dieu qui eſt *Pere de lui-meme*, & *Fils de lui-meme*.

Il y a dans ces paroles le ſophiſme, que l'on appelle de *l'équivoque*. Car au lieu de dire, comme *Origène*, que, ſelon les Sabelliens, le PERE ET LE FILS *ſont une ſeule Hypoſtaſe*, il falloit dire, LE PERE ET SON VERBE *ſont une ſeule Hypoſtaſe*. La premiere Propoſition eſt fauſſe dans le Syſtême Sabellien: la ſeconde eſt véritable. Mais on n'en peut plus tirer les conſéquences abſurdes, dont on charge ce Syſtême. Voici donc ce que c'eſt.

Lorsque les Anciens nous décrivent le Sabellianiſme, ils confondent perpetuellement le VERBE & le FILS DE DIEU, parce que dans la Théologie de l'Egliſe le *Verbe & le Fils* ſont la même Perſonne. Mais dans la Théologie Sabellienne ce ſont deux choſes très-différentes. Le VERBE n'eſt point le FILS DE DIEU il n'eſt qu'un Attribut, une Faculté, une propriété de la Nature Divine.

Origine & pretexte de cette accuſation.

Dans le Syſtême Sabellien, le VERBE n'eſt pas *Fils de Dieu*: C'eſt J. Chriſt Homme.

(3) On peut voir ſur cette accuſation des Grecs la Note de *Valois* ſur *Evagre*, L. I. 5. & la Bibliotheque Orient. d'*Aſſem*. T. II. p. 180.

(4) *Origène* n'a point connu *Sabellius*, puisqu'il mourut vers l'an 253. & que nos Auteurs, excepté *Abulpharage*, placent l'Héréſie Sabellienne au plutôt à l'année 255. Mais cette Héréſie avoit été celle de *Noët*, plus ancien qu'*Origène*.

(5) Φαντασίᾳ τῦ δοξάζειν αὐτὸν (Θεὸν) τῇ ἐπινοίᾳ μόνῃ, καὶ τοῖς ὀνόμασιν διαιρῦντες τὸ ὑποκείμενον. Orig. in Matth. p. 240.

Divine. *C'est* (1) *J. Christ* Homme, *qui est devenu Fils de Dieu, par la communication du Verbe*, comme *Marcel* le dit dans *Eusébe*. De là vient, que les Noëtiens reprochoient aux Orthodoxes, (2) d'*introduire* UN LANGAGE ETRANGE ET NOUVEAU, EN APPELLANT LE VERBE FILS *de Dieu*. Cette appellation ne convenoit qu'à *Jésus Homme*, & *simple Homme*, quant à sa Nature, quelque grand qu'il fût par les Dons. *Le Sabellianisme* & le *Socinianisme* ne differoient point, ou différoient de très-peu de chose, comme des Savans (3) l'ont remarqué.

Les Sabelliens ayant donc distingué entre *Jésus* Homme, qui est *le Christ & le Fils de Dieu:* & entre le *Verbe*, qui est un Attribut du Pére, & non son Fils, je ne puis m'empêcher de dire, qu'on n'a pu leur imputer justement l'extravagante absurdité, QU'UNE SEULE ET MEME PERSONNE EST LE PERE D'ELLE-MEME, ET LE FILS D'ELLE-MEME: QUE CETTE PERSONNE A PARU TANTOT SOUS LE NOM DE PERE, ET TANTOT SOUS CELUI DE FILS. Ils n'ont jamais rien dit de pareil, & on n'a pas été en droit de le conclurre de leurs Principes. Ils ont mis entre le *Verbe* & le *Fils de Dieu* autant de différence, qu'il y en a entre un Attribut inséparable de la Divinité, & entre un Homme, qu'il plait à Dieu de combler de Dons extraordinaires. Bien loin de croire que le Verbe ait été uni hypostatiquement au Fils de Dieu, qui est J. Christ-Homme, ils ont cru, que la Présence du Verbe dans J. Christ n'a été qu'une présence d'*assistance* & d'*operation*, laquelle doit (4) cesser, quand la Rédemption des Fideles sera consommée par leur Résurrection & par leur Immortalité. J'espére que ces éclaircissemens ne déplairont point au Lecteur. Des idées justes des choses sont toûjours agreables aux Esprits, qui aiment le Vrai.

La communication du Verbe à J. Christ n'est qu'une présence d'assistance & d'opération qui doit cesser.

XII. Autres Hérétiques au Concile de Nicée. Ils croyent que le Verbe entra par l'oreille de la Vierge, & en sortit par la voye de l'enfantement.

a Entretien ab. sup.

XII. Voici une autre espèce d'Hérétiques, qui parurent au Concile de Nicée. Ce sont des Gens qui disoient, (*a*) *que le* VERBE *entra par l'oreille de la Vierge, & qu'il en sortit par la voye de l'enfante-*

(1) Διὰ τὴν πρὸς αὐτὸν κοινωνίαν (τοῦ λόγου) υἱὸν Θεοῦ γίνεσθαι. Ap. *Euseb.* De Ecc. Theol. L. II. 8. p. 113.

(2) Ἀλλ' ἐρεῖ μοί τις, ξένον μοι φέρεις, λόγον λέγων υἱόν. Hippol. cont. Noet. §. XV. *Turrien* a traduit, *novum verbum mihi adfers cum Filium vocas.* Cette version ne présente aucun sens raisonnable. Aussi le Docte M. *Fabricius* a-t-il remarqué (In Not. p. 16.) *Hunc locum a Turriano minus bene expressum, atque Hippolitum potius in hunc sensum scripsisse.* NOVUM MIHI AFFERS, CUM FILIUM VERBUM VOCAS; *sive, Verbi appellas nomine.* Je croi pourtant, qu'il falloit dire, *Cum Verbum Filium vocas, sive, Filii appellas nomine.* Tout revient néanmoins à un.

(3) *Sabellius Filium nudum hominem: Spiritum, puram gratuam, quæ super Apostolos advenit, affirmabat.* Pagi ex *Leont.* De Sect. *Crit. Baron.* An. 271. n. 5. C'est aussi le sentiment de *Pétau* Ibid.

(4) C'est ce que l'on peut voir dans *Theodoret*, Hær. Fab. L. II. 10. *Epiph.* Hær. LXII. 1. *Damasc.* Hær. n. 62.

(5) Je ne sai qui peut être cet Hérétique. J'ai trouvé seulement un Chorévêque

fantement. Ce sentiment étoit celui d'un certain (5) *Elianus* & de sa Secte L'Hérésie paroît bizarre. Elle a même quelque chose de profane. *Eutychius* ne nous en dit point l'origine. Apparemment il ne l'a pas sue. Pour moi, je conjecture, qu'elle venoit des Barbares, comme celle des *Mariamites.* M. *Asseman* nous apprend, que, le Bréviaire des Maronites ayant été donné à quelques Savans de Rome pour l'éxaminer, ils furent scandalisez d'y trouver ces paroles. (6) LE VERBE DU PERE EST ENTRÉ PAR L'OREILLE DE LA FEMME BENIE. Je m'étonne de la délicatesse, ou plutôt de la foiblesse de ces Docteurs de Rome. Ils devoient être accoûtumez à cette pensée, & même à quelque chose de plus. Ne savoient-ils donc pas qu'elle étoit dans les Hymnes de l'Eglise, que l'on chantoit du tems du célèbre *Agobard.* Cet Evêque de Lyon, qui auroit bien voulu corriger une partie des Superstitions de son tems, nous apprend, que lors qu'on célébroit en Occident la naissance du Sauveur, les Chantres faisoient retentir la voute des Eglises de ces édifiantes paroles, (7) LE VERBE EST ENTRÉ PAR L'OREILLE DE LA VIERGE, ET IL EN EST SORTI PAR LA PORTE DORÉE. Je laisse à deviner au Lecteur quelle est cette porte, pour lui dire qu'on trouve quelque chose de plus modeste dans un Hymne de S. *Ephrem.* (8) *Comme la Mort*, dit ce Pére, *est entrée par l'oreille d'Eve, de même la Vie est entrée par l'oreille de Marie. Vossius*, Chanoine de *Tongres*, qui a traduit sur le Grec les Oeuvres de S. *Ephrem*, a remarqué, que cette pensée vient originairement de *Grégoire* de *Neocésarée*, surnommé *Thaumaturge*, & M. *Asseman* tâche de l'autoriser par deux passages d'Auteurs Latins. Le premier est de St. *Augustin. Dieu*, dit ce Pére (9), *parloit par son Ange & la Vierge* DEVENOIT ENCEINTE PAR L'OREILLE. Le second, qui est du Pape *Félix* écrivant à *Pierre* d'Antioche, est conçu en ces termes (10) LE VERBE INTIME *du Pére*, LE VERBE SUBSTANTIEL, *le Verbe qui est Dieu se glissant par les* Oreilles

vêque, nommé *Flianus*, dans la liste Arabe des Péres de Nicée, publiée par *Selden*, n. 241. p. 105. Mais celui ci est au nombre des Orthodoxes. Il fut apparemment Consubstantialiste, & renonça à la ridicule pensée, que je rapporte.

(6) *Verbum Patris per aurem Benedicta intravit.* Assem. *Biblíot. Orient.* T. I. p. 91.

(7) *Verbum intravit per aurem Virginis & exivit per auream portam* Agob. De Psalmod. Cap. VIII. Oper. T. I.

(8) *Quemadmodum ex parvo sinu illius* (Evæ) *auris ingressa & infusa est mors: Ita, per novam Mariæ aurem intravit, atque infusa est Vita.* Ap. Assem. ub. sup.

(9) *Deus loquebatur per suum Angelum, & Virgo per aurem impregnabatur.* Aug. De Temp. Serm. XXII.

(10) *Patris enim intimum, Substantiale Verbum, Deus, per Sancta Virginis aures illapsum, conceptionem ineffabiliter operatum est.* Ap. Assem. ub. sup.

Oreilles de la Sainte Vierge, opéra sa conception d'une maniére ineffable. Il faut bien de l'indulgence pour tolérer dans les Anciens des pensées si peu raisonnables : mais il falloit plus qu'un mauvais goût, pour les insérer dans les Hymnes de l'Eglise, avec l'addition immodeste que j'ai rapportée après *Agobard*, qui en étoit fort scandalizé. C'est aussi là ce qui scandalizoit horriblement *Manichée*. Il trouvoit que c'étoit deshonorer la Divinité, de la faire descendre dans le sein d'une femme, & de l'en faire sortir par la voye de l'enfantement.

XIII. Paulianistes & Marcionites au Concile de Nicée.

(a) Eutych. ub sup.

XIII. Les autres Hérétiques, qui se trouvérent au Concile de Nicée, furent (a) des Sectateurs de *Paul de Samosate*, & de *Marcion*. J'ai été surpris de ne voir, dans la liste d'*Eutychius*, ni *Valentiniens* ni *Manichéens*, ces deux Sectes étant alors nombreuses dans l'Orient. Pour les Manichéens, la raison en est peut-être, qu'ils avoient été proscrits, plus de trente ans auparavant, par une Loi de *Dioclétien*, sous prétexte, que leur Hérésie étoit née parmi les Perses, Nation toûjours ennemie des Romains. Mais il n'en est pas de même des *Valentiniens*, qui, s'étant élevez dans l'Empire, jouïssoient de la même protection que les autres Chrétiens. Cela me feroit soupçonner, que quelques-uns de ces Hérétiques se cacherent parmi les Orthodoxes, à l'ombre du mot de *Consubstantiel*. S. *Hilaire* (1) nous apprend, que divers Sectaires profitoient de ce mot symbolique, & l'expliquoient conformément à leur Systéme. Ce fut là, si je ne me trompe, ce qui le rendoit suspect à *Eusébe*, & à d'autres Evêques, qui n'étoient point Ariens. Si donc il y eut de ces Hérétiques dans le Concile, ils durent se joindre aux Orthodoxes, & condamner l'Arianisme. Ce qu'il y a de certain, c'est que (2) *Marcel d'Ancyre* & *Eustathe* d'Antioche, son Disciple, qui n'étoient l'un & l'autre nullement Orthodoxes, se déclarérent hautement pour la *Consubstantialité* contre les Ariens.

Pourquoi l'on n'y voit ni Valentiniens, ni Manichéens.

XIV. Disputes entre les Sectaires & les Catholiques.

XIV. *Constantin* étonné de trouver l'Eglise Chrétienne, si partagée sur la Question, *Comment J. Christ est Fils de Dieu*, voulut, que les Evêques de tous les Partis conférassent & disputassent ensem-

(1) *Habet enim hoc verbum* (ὁμοούσιος) *in se, & bonam conscientiam, & fraudem paratam.* De Synod. col. m. 383. Et dans la suite, *His enim* (Hæreticis) *tia confessionis nostra sermo blanditur.* Ib. col. 384. Le P. *Alexandre* explique l'abus, que les Hérétiques faisoient de ce terme. *Quidam enim* τῷ ὁμοουσίῳ *nomine unicam Personam intelligebant.* Voilà les Sabelliens. *Alii Substantiam Personis priorem quæ ipsis deinde communicaretur.* Voilà des *Tritheites*. La Nature Divine n'est une que *specie*, & non *numero*. *Alii Substantiam, quæ in tres divisa esset portiones, tribus Personis adscriptas.* Voilà encore des *Tritheites* : C'est l'opinion, qu'on attribue aux Manichéens *Nat. Al.* Secul. IV. P. II. p. 140. Conferez

ensemble. Il étoit juste en effet, que chacun expliquât ses sentimens & alléguât ses raisons. C'étoit l'unique moyen d'instruire ceux, qui étoient dans l'Erreur, de les ramener à la Foi Catholique, & de rétablir l'union dans l'Eglise. Mais le succès ne répondit pas aux esperances de l'Empereur. L'union ne fut qu'apparente. L'Autorité fit plier pour quelque tems des Esprits, que la Raison n'avoit pû soumettre. *Constantin* s'étant déclaré pour ceux, qui défendoient la Foi Catholique, il leur fit préparer une sale & des siéges, s'assit au milieu d'eux, & leur ayant mis entre les mains son *anneau*, *son épée*, & son *sceptre*, il leur dit, (*a*) *Je vous donne aujourd'hui le pouvoir de faire, dans mon Empire, tout ce que votre Devoir & votre Ministere exigent de vous, pour l'affermissement de la Foi, & pour le salut des Fidèles. Alors les Evêques le remerciérent, lui ceignirent son Epée, & lui dirent,* (3) FAITES PUBLIER LA FOI CHRETIENNE, ET PRENEZ-EN LA DEFENSE.

Constantin se declare pour ces derniers. Pouvoir qu'il leur donne.

(*a*) Ap. Eutych. ub. sup.

C'est-là ce que rapporte *Eutychius*, dont il n'est pas impossible d'accorder le recit avec celui des Grecs. Quand il compte *deux mille quarante-huit Evêques*, il comprend dans ce nombre tous les Sectaires, qui s'étoient extrémement multipliez en Orient. Et quand les Grecs n'en comptent, les uns que *deux cens cinquante*, les autres *deux cens soixante & dix*, & les autres enfin *trois cens plus ou moins*, ils n'y comprennent, que les Orthodoxes, ou ceux qui souscrivirent à la *Consubstantialité*: Il n'y eut que ceux-là qui furent censez composer le Concile. *Wormius* l'a fort bien dit; (4) *Aucun des Sectes Hérétiques ne fut admis à dire son sentiment dans le Concile.*

Comment selon concilie Eutychius avec les Grecs.

CHA-

ferez *Philostorg.* L. I. 8.

(2) Pour *Marcel* le fait passe à present pour constant. Il fut Sabellien. A l'egard d'*Eustathe*, des Savans le défendent, d'autres l'accusent. Pour moi, je ne croi pas qu'on puisse l'excuser. Le Lecteur peut voir l'*Histoire Sabellienne* de *Wormius*, Chap. V. où il examine la Question, *si Eustathe a été Sabellien.*

(3) *Manifesta fiat & publica Fides Christiana, atque defensio ejus.* Ibid. Voyez aussi *Selden.* ub. sup. p. 77.

(4) *Notum sit neminem Hæretica pravitate infectum, in Sanctissimi Concilii consortionem, ad dicendas Sententias esse admissum.* Worm. Hist. Sabel. Cap. V. p. 177.

CHAPITRE. VII.

Sentiment des Ariens & leurs raisons. Raisons des Orthodoxes Opinions de VALENTIN *& de* MANICHEE *sur la Génération du Fils de Dieu.*

I. Les Ariens tâchent de confondre la Foi de l'Eglise avec les opinions de Valentin, ou de Manichée.

I. J'Ai représenté dans quelle confusion se trouvoit l'Eglise Chrétienne, par les sentimens contraires des Evêques sur la Question, COMMENT *J. Christ est Fils de Dieu.* J'ai dit les raisons, qui m'ont engagé dans cette Discussion. Je viens à présent à l'examen des Opinions de *Valentin* & de *Manichée* sur ce Mystère. *Arius* & ses Adhérens protestent, *qu'ils n'enseignent pas, avec* VALENTIN, *que le Fils est une* PROBOLE *du Pére; ni avec* MANICHÉE, *qu'il en est* UNE PARTIE CONSUBSTANTIELLE. Ces paroles sont proprement un trait lancé contre les Orthodoxes, dont les Ariens vouloient confondre le sentiment avec celui des Valentiniens, ou avec celui des Manichéens.

II. Systême des Ariens. Ils croyent le Fils de Dieu Créature. Eloges qu'ils lui donnent.

II. Les Ariens convenoient avec les Catholiques, que le Monde a été tiré du Néant: mais ils nioient, que le Fils de Dieu émane de la Substance du Pére, ce qui les obligeoit à dire, qu'il n'a point d'autre origine, que celle de tous les Etres qui composent l'Univers, & qu'il est Créature comme eux. A cela près ils n'oublioient rien, pour relever la condition du Fils de Dieu. (1) „ IL „ EST CREATURE, disoient-ils, ET CREATURE PARFAI- „ TE; cela est vrai: mais il est d'un ordre tout différent que celui „ des autres Créatures. IL A ÉTÉ FAIT; cela est vrai encore: „ mais il n'est semblable à aucune des choses, qui ont été faites. Il est „ l'Image très-parfaite des Perfections de Dieu: Il est revêtu de „ la

(1) Κτίσμα τοῦ Θεοῦ τέλειον, ἀλλ' οὐχ ὡς ἓν τῶν κτισμάτων· γέννημα, ἀλλ' οὐχ ὡς ἓν τῶν γεννημάτων. Athan. de Synod. p. m. 622. Voyez l'Apologie d'*Eunome* dans *Fabricius* Biblioth. Gr. T. VIII. §. XV. & suiv. Hilar. de Trinit. L. VI. initio.

(2) On peut les voir dans S. *Hilaire*, à l'endroit, où il rapporte les Objections des Ariens contre les Passages, que les Orthodoxes alléguoient, pour prouver la Génération du Fils. *Si enim, quod* EX IPSO; *& quod*, EX UTERO *& quod*, EX PATRE EXIVI ET VENI, *velut partem ejus unius Substantiæ; & quasi Prolationis, extendens intelligitur, compositus erit Pater, divisiblis, convertibilis.* &c. Hilar. *De Trinit.* L. VI. col. 100. Voyez aussi les argumens d'*Eunome* dans son *Apologie* ub. sup. & la réfutation de ce Livre par S. *Basile.* *Apollinaire* le réfuta aussi, mais son Ouvrage est perdu.

(3) C'est le grand argument d'*Eunome. Essentia Patris est ingenita; Filii est genita; At Ingenitum & Genitum idem esse non possunt.* C'est la substance de son raisonnement. Mais les Theologiens Orthodoxes ne disent pas aussi, que l'Essence Divine est engendrée.

(4) C'est le Concile tenu en 269. ou 270.

(5) Ὡς ἂν μέρος αὐτῷ, ἢ ἐξ ἀπορροίας τῆς οὐσίας.

„ la ſeconde autorité après lui. Il y a entre le Fils & les plus „ ſublimes Intelligences, une diſtance plus grande encore qu'entre „ le dernier Ordre des Anges & la Nature Humaine. Il n'a que „ le Pére ſeul au deſſus de lui.

C'eſt ainſi que les Ariens tâchoient de relever l'excellence & la Dignité du Fils de Dieu : mais ils rejettoient la *Génération*, & par conſéquent la *Conſubſtantialité*. Je ne ferai pas difficulté de rapporter leurs (2) raiſons. Les Péres ne les ont point diſſimulées, & les Savans les publient encore en publiant ce qui nous reſte de leurs Ecrits. Ils diſoient donc 1. Que toute Génération ne convient qu'aux Subſtances corporelles, & nullement à Dieu, qui eſt incorporel. 2. Que du fond d'un Eſprit très-ſimple il ne peut ſortir que des Penſées & des Volontez qui ne ſont que des Opérations de l'Entendement & de la Volonté, & non des Perſonnes. 3. Que ſi le Pére engendre, & produit une ſeconde Perſonne, qui lui ſoit Conſubſtantielle, il y aura deux Dieux, deux Perſonnes, deux Eſſences Divines, & non une ſeule : (3) Parce que l'Eſſence, qui exiſte par elle-même, & l'Eſſence qui exiſte par le Pére, ne peuvent être la même Eſſence en nombre. 4. Que la *Conſubſtantialité* eſt l'ancienne Héréſie des *Baſilidiens*, des *Valentiniens*, des *Marcionites*, des *Manichéens*, des *Hermogéniens*, & des autres Hérétiques, qui ont cru la Matiére éternelle. 5. Que cette *Conſubſtantialité* a été rejettée & combattue par des Auteurs Catholiques, & en particulier par (4) le Concile d'Antioche. 6. Et qu'enfin toutes les Générations ne ſe faiſant (5) que par l'écoulement de quelque Partie, qui ſe ſépare du Tout, ou par l'extenſion, la dilatation de la Subſtance qui engendre, il eſt abſurde d'admettre une Génération dans la Subſtance Divine, qui ne peut, ni (6) s'étendre, ni ſe reſſerrer, ni ſe diviſer.

Ils rejettent la Génération & la Conſubſtantialité. Leurs raiſons.

III. Les Catholiques (7) alléguoient au contraire 1. Que la ſeule

III. Les Catholiques maintiennent l'une & l'autre. Leurs raiſons.

[illegible]. *Euſeb.* Nicomed. ap. *Petav.* De Trinit. L. V. Cap. X. §. 5.

(6) Voyez les Anathêmes du Concile de Sirmiſch. Ap. *Hilar.* De Synod. col. 375. 376.

(7) On peut voir ces raiſons dans *la Theologie Eccléſiaſtique d'Euſébe.* L. I. Chap. VIII. IX. X. Je le cite plus volontiers que d'autres ſur cette matiére, parce qu'il eſt très-ſavant, & que ſon autorité a d'autant plus de poids, qu'on a voulu le faire paſſer pour Arien, quoiqu'il ne le ſoit nullement, au moins dans le Livre que je cite. Je ſai bien que le P. *Alexandre* entre autres a tâché de prouver dans une *Diſſertation touchant la Foi d'Euſebe de Céſarée*, que ce ſavant homme a été Arien. *Secul.* IV. Diſſert. XVII. p. m. 205. & ſuiv. Tout ſe réduit à ces deux argumens. Le prémier que le mot ὁμοούσιος ne lui plaiſoit pas : le ſecond, qu'il a mis de l'inégalité entre les Perſonnes. A l'égard du premier, bien que le mot ὁμοούσιος ne fût pas de ſon choix, ni peut-être de ſon goût, pour bien des raiſons, il a pourtant reconnu la choſe ſignifiée par ce mot, ſavoir, que le Pére & le Fils ſont de même Subſtance. A l'égard du ſecond le P. *Alexandre* a-t-il bien penſé, que ſi l'inégalité & la ſubordination des Perſonnes du Pére & du Fils eſt l'Arianiſme,

toute

seule dénomination de *Fils* est une démonstration évidente, que le Seigneur n'a point d'autre origine que la Substance du Pére, parce qu'un Pére & un Fils doivent avoir nécessairement la même Nature. 2. Que si le Verbe étoit créé, il ne seroit Fils de Dieu que de nom, & nullement en effet. 3. Que les attributs de FILS PROPRE, & de FILS UNIQUE, qui sont donnez au Seigneur, montrent qu'il est Fils de Dieu par nature, & non par création, par adoption & par grace. 4. Que priver la Nature Divine de la (1) *Fécondité*, sous prétexte, qu'elle est spirituelle, c'est ôter une Perfection essentielle à une Nature, qui réunit toutes les Perfections possibles. 5. Que la Génération Divine n'est sujette à aucun des défauts des Générations animales. 6. Que les Hérésies des Basilidiens, des Valentiniens, &c. ne consistoient pas en ce qu'ils croyoient la Génération du Fils, mais dans la maniére dont ils l'expliquoient par voye (2) d'*écoulement*, *de division*, *ou d'extension* de l'Essence du Pére. „ Dieu, dit *Eusébe* de Césarée, engendre de sa pro-„ pre Substance son Fils unique, mais sans partage, sans altération, „ sans changement, sans écoulement, sans éprouver rien de ce qui „ arrive dans les Générations animales.

IV. Les Philosophes ont conçu une Génération Divine qui n'a aucun des défauts des Générations animales.

IV. Cette idée d'une Génération Divine, sans partage, & sans division, n'a pas été inconnue aux Philosophes Platoniciens, comme on le voit par le témoignage de *Porphyre*. Il reconnoît un DIEU SUPREME, qu'il appelle comme S. *Paul* (3) LE DIEU QUI EST AU DESSUS DE TOUTES CHOSES. (4) *Ce premier Dieu est* INCORPOREL, IMMOBILE, INDIVISIBLE, SANS PARTIES; cependant il ne laisse pas de (5) *produire des Dieux intelligibles*, qui sont LES FILS *du Dieu Souverain*: D'où il s'ensuit, que cette Génération n'a rien de commun avec celles des

toute la premiére Antiquité auroit été Arienne? Voyez la Dissertation de M de *Valois*, de Vit. & Script. *Eusebii*.

(1) Voyez cette raison dans *Pétau*. De Trinit. L. V. Cap. VI. §. 8. & 9. S. *Epiphane* l'a employée pour réfuter *Paul de Samosate*. Hær. LXIII. §. 3. S. *Ephrem* a dit aussi, que, Dieu étant le Souverain Bien, il s'ensuit que la Substance Divine ne sauroit être contenue dans une seule Personne sans se communiquer à une autre. *Ex natura summi Boni colligit* Ephræm *Divinam Substantiam in unica Persona contineri non posse, quin in alteram defluat*. Assem. ub. sup. T. I. p. 110. Ce Principe meneroit bien loin.

(2) On peut voir comment S. *Hilaire* distingue le sentiment des Orthodoxes de celui des Hérétiques sur ce sujet. *De Trinit*. L. VI. col. 102. & suiv.

(3) Θεῷ ἐπὶ πᾶσι. Porphyr. de Abstin. L. II. §. 34.

(4) Ὁ μὲν πρῶτος Θεὸς, ἀσώματος τε ὢν, καὶ ἀκίνητος, καὶ ἀμέριστος. Ibid.

(5) Τοὺς δὲ αὐτοῦ ἐγγόνους, νοητοὺς Θεούς. Ibid.

(6) Ἐνίκησε πλάνη [illegible] τε καὶ παραδείγματος. L. I. cont. Marcel. p. 73. Voyez aussi *de Eccl. Theol*. p. 128.

(7) Je pense dans le moment aux raisonnemens, qu'a fait M. *Grew*, pour expliquer la production des Personnes du Fils & du S. Esprit. *Biblioth. Chois*. T. I. Artic. VI. p. 235. Cet habile Metaphysicien dit „ que Dieu, en pensant „ de

des Animaux, & ne cause dans la Divinité, ni division, ni diminution.

V. Reflexions d'Eusébe sur celle du Fils de Dieu.

1. Il ne faut point l'éclaircir par des comparaisons.

V. *Eusébe*, après avoir défendu contre *Marcel* la Génération du Fils, a fait sur cette matiére des Reflexions qui me paroissent très-sages, que je ne saurois me résoudre à supprimer. Premierement, au lieu de chercher dans la Nature, comme on ne l'a que trop fait, des comparaisons plus propres à faire naitre des difficultez qu'à les éclaircir, *Eusébe* (6) reconnoit, que la Génération Divine est hors de tout exemple, & de toute comparaison. Il remarque (*a*) en second lieu, „ que la Création du Fils de Dieu „ n'est pas un moindre mystère, que sa Génération, parce qu'on „ ne sauroit expliquer, comment quelque chose se fait de rien. „ Que de tous côtez on étoit contraint de reconnoître un Mystére „ incompréhensible, & de mettre des bornes à la Curiosité Humaine". Rien de plus juste, que cette Réflexion. Il s'est passé bien des siécles depuis *Eusébe*, mais je ne croi pas que (7) les Grands Génies, qui sont venus après lui, ayent inventé rien de satisfaisant sur cette matiére. Enfin *Eusébe* finit par cette considération, „ Dieu a dit, CELUI-CI EST MON FILS; ECOUTEZ-le. Puisqu'il nous commande de l'écouter, obéissons à l'ordre de notre Roi. Du reste il nous apprend ce qu'il veut que nous sachions sur le sujet de son Fils, dans ces paroles de l'Evangile (*a*) „ *Dieu a tant aimé le Monde, qu'il a donné son Fils unique, afin* „ *que quiconque croit en lui ne périsse point, mais qu'il ait la Vie éternelle.* Il faut donc croire en lui pour avoir la Vie éternelle. *Car* „ *il ne dit pas*, (8) QUE CELUI, QUI SAIT COMMENT LE „ FILS EST NÉ DU PERE, AURA LA VIE ETERNELLE; MAIS CELUI QUI CROIT EN LUI." *Cyrille* de Jerusalem a pensé, & parlé à peu près comme *Eusébe* sur le même sujet

(*a*) *De Eccl. Theol.* p. 72.

2. Elle n'a rien de plus incompréhensible que la Création.

3. Il est necessaire au salut de croire que J. Christ est Fils de Dieu, & non de savoir comment [illegible].

(*a*) Jean III. 16.

„ de toute éternité à lui-même, a pro„ duit des Images consubstantielles de „ lui-même: & que comme il y a une „ différence réelle entre l'Entendement „ de Dieu, & sa Volonté, ainsi leurs „ Images substantielles sont réellement „ distinctes entre elles, & réellement „ distinctes de Dieu lui-même, parce „ que rien n'est l'Image de soi-même". M. *le Clerc* critique dans la suite ces Hypothéses, & effectivement elles le méritent. Car outre les réflexions, qu'il fait, ne s'ensuit il pas évidemment que le Fils n'étant que l'*Image substantielle de l'Entendement Divin*, il n'a aussi que l'*Entendement* en partage: Et par la même raison, le S. Esprit ne peut avoir en partage que *la Volonté*, parce qu'il n'est l'*Image substantielle* que *de la Volonté*. Après tout, que veulent dire *des Images substantielles* si ce n'est des *Substances*, qui sont Images d'une autre Substance, par la raison, que rien n'est l'Image de soi-même. Il me semble, qu'après un si grand nombre de tentatives inutiles il seroit tems de dire, qu'on ne comprend point, comment trois Personnes distinctes réellement entre elles, subsistent dans une Nature unique *en nombre*, & de s'en tenir là.

(8) [illegible] ... γεγέννηται. Ib. p. 72.

ſujet dans ſa onziéme Catécheſe. Quoique la Règle fût excellence, elle ne fut malheureuſement obſervée par aucun des Partis, qui, non contens de déterminer le ſens de cette propoſition, J. CHRIST EST LE FILS DE DIEU, anathématiſoient ceux qui ne ſouſcrivoient pas à leur explication. Je conviens neanmoins, que l'explication etoit inévitable, comme je l'ai remarqué, mais les Anathêmes n'etoient-ils pas de trop? Pour moi j'eſtime qu'ils ne ſont bien placez, que contre les Chrétiens, (a) *qui n'aiment pas notre Seigneur Jeſus.*

(a) I. Cor. XVI. 22.

VI. Examen du ſentiment de Valentin ſur la Génération du Fils.

VI. Ayant expliqué de la ſorte le ſentiment des Ariens, & celui des Catholiques, voyons ſi les opinions de *Valentin* & de *Manichée*, etoient auſſi groſſieres, & auſſi injurieuſes à la Divinité, que les Ariens le pretendent. Mais je prie le Lecteur de me permettre de naturaliſer le mot de PROBOLE après en avoir donné la définition, parce qu'il ſeroit difficile de le rendre par un terme tout à fait équivalent, & qu'au fond il n'a rien de plus étranger que celui de *Parabole.*

Definition de la Probole.

PROBOLE ſignifie, dans les anciens Théologiens, tout ce qu'une Subſtance produit, & pouſſe en quelque ſorte hors d'elle-même. Les Latins le traduiſent par PROLATIO, EMISSIO, EDITIO. Il ſe dit des fruits, que l'Arbre porte, & qui ſortent de ſes branches. Il ſe dit auſſi de la tige, qui monte de la racine; du ruiſſeau, qui coule de ſa ſource; des rayons, qui émanent du Soleil; & ſelon (1) *Juſtin Martyr*, il ſe dit encore de cet air, qui ſort de notre bouche, & dont les différentes modifications forment la parole. Il ſe dit enfin des enfans, qu'une Mére met au monde. En général (2) tout ce qu'une Subſtance produit, ſoit qu'il s'en ſépare, ou qu'il y demeure attaché, eſt une *Probole*. Je croi pourtant, que les Orientaux, qui ſavoient fort bien la force des termes Grecs, entendoient, par *Probole*, une extenſion de la Subſtance, & non une ſéparation, puis qu'ils l'oppoſent à une *partie détachée.*

VII. Les Auteurs Chretiens s'en ſervoient pour expliquer la Generation du Fils de Dieu.

VII. Les Auteurs Chrétiens, qui croyoient Dieu corporel, n'ont fait aucune difficulté d'admettre *la Probole*. C'eſt par là qu'ils expliquoient la Génération du Fils, qui n'étoit plus un Myſtere pour eux un Corps qui ſe dilate, s'étend, ou laiſſe échapper quelque partie, de laquelle ſe forme un autre corps de même nature. *Tertullien* (3) con-

(1) [illegible] *Juſtin.* Mart. Dial. p. m. 221.

(2) [illegible] *id eſt Prolationem, rei unius ex altera.* Tertul. adv. *Prax.* Cap. VIII. Au reſte *Prolatio* eſt employé egalement pour exprimer les mots Grecs, [illegible] & [illegible] termes dont les Theologiens ſe ſont ſervis pour exprimer la Génération du Fils de Dieu. Mais le mot [illegible] convient aux Subſtances, & celui de [illegible] à la Parole. Ceux qui ont expliqué la production du Verbe par l'image de la *Parole*, qui ſort de la bouche de l'Homme, ſe ſont ſervis du mot [illegible]. Voyez *Origène* ſur S. Jean p. 23. & 34.

(3) Voyez *Tertullien* adv. *Prax.* Cap. VIII. On trouve préciſément la même Theo-

concevoit la Génération du Fils de Dieu comme une *Probole*. Le Fils fort de l'Essence du Pére tout de même que *la Tige* fort de *la Racine*, & *le Ruisseau de sa source : comme le Rayon émane du Soleil. La Tige* n'est point *la Racine* : elle est cependant de même Substance : & quoiqu'elle en sorte, elle y demeure toujours attachée. Il en est de même du Ruisseau & de sa Source, du Rayon & du Soleil. C'est par ces emblêmes que *Tertullien* représentoit l'unité de Substance, la distinction & l'union des Personnes. Je ne sai si *Méliton de Sardes*, si celébre dans le II. Siécle par son savoir & par sa piété, expliquoit de la sorte la Génération Divine, dans un Livre intitulé, (4) DE LA CREATION, OU FORMATION, ET DE LA GENERATION DU CHRIST. Mais croyant, aussi-bien que *Tertullien*, que Dieu est corporel, il est vraisemblable, qu'ils avoient tous deux les mêmes idées de ce Mystère.

Quoiqu'il en soit, le Fils est véritablement une *Probole* dans le Systême des Théologiens, qui croyent Dieu corporel. Aussi (*a*) *Tertullien* a-t-il défendu cette Expression par deux raisons ; l'une, qu'il ne faut pas bannir un terme propre, sous prétexte qu'un Hérétique s'en est servi ; l'autre, que l'Hérétique n'en est pas l'Inventeur, (5) il l'a emprunté de la Foi Catholique. Effectivement (6) *Justin Martyr* avoit employé *la Probole* en parlant du Fils de Dieu. Au fond *Tertullien* n'avoit pas tort. Tous les Passages de l'Ecriture alléguez par les Péres, pour prouver la Génération & la Consubstantialité du Fils, donnent véritablement l'idée d'une *Probole*. Tel celui du Ps. CX. ℣. 3. (7) *Je vous ai engendré*, ou plutôt *Je vous ai enfanté de mon sein avant l'étoile du jour*. Le Prophéte représente un enfant, qui sort du sein de sa Mere. Tel encore celui du Ps. XLV. ℣. 1. *Mon cœur a produit une excellente parole*. Tel enfin celui du Livre de la Sagesse, où l'Auteur dit, (*a*) *qu'elle est la vapeur*, (l'exhalaison) *de la Vertu de Dieu, & l'effusion toute pure de la clarté du Tout-puissant : Elle est l'éclat de la Lumiére éternelle* : Tous ces passages présentent l'idée d'une *Probole*.

Tertullien la defend. Ses raisons.

(*a*) Adv. Prax. Cap. VIII.

(*a*) Sagess. VII. 25. 26.

Origène, qui étoit grand Platonicien, & qui peut-être avoit appris dans l'Ecole de *Platon*, que la Nature Divine est incorporelle, ne

Origène rejette la Probole. Ses raisons.

Théologie dans *Hippolyte*, Hom. cont. Noet. §. X. [illegible]

(4) [illegible] Ap. Euseb. Hist E. L. IV. 26. Voyez la Remarque de *Valois* sur ces paroles. p. 82.

(5) *Imo Hæresis potius a Veritate accepit.* Tertull. Ibid.

(6) [illegible], dit *Justin* en parlant du Fils de Dieu. Dial. p. m. 222. Et ailleurs il dit du Pere, qu'il a produit le Fils, [illegible]. Ibid. p. 225.

(7) Je cite ces passages selon la Vulgate, qui a suivi les LXX. parce que les Péres les ont pris de la Version des LXX. hormis le dernier.

ne s'accommodoit point de la *Probole*. C'étoit, selon lui, (1) *diviser en parties la Substance du Pére*. (2) *Si le Fils*, disoit-il, *étoit une Probole du Pére*, il s'ensuivroit *nécessairement*, *que le Fils*, *& celui qui produit*, *& celui qui est produit seroient des Etres corporels. Car Probole exprime une Génération de même nature que celle des Animaux.* Voila les raisonnemens des Ariens, ils les avoient pris de là : *Origène* s'en étoit servi contre les Valentiniens. Je ne sai pas ce qu'ils repondoient ; mais, bien qu'ils crussent la Divinité corporelle, ils expliquoient la Génération du Fils d'une maniére qui n'emportoit aucune division de la Substance Divine.

VIII. Systéme des Valentiniens sur la Nature Divine & sur la production du Fils.

VIII. La Théologie Valentinienne est trop obscure, pour entreprendre de la développer. C'est un entassement d'énigmes mystérieuses, qui n'ont été bien connues que des maîtres de la Secte, supposé même qu'ils entendissent ce qu'ils disoient. Il est vrai, que les Extraits de la Doctrine de *Theodote*, dont nous sommes redevables à *Clement* d'Alexandrie, en éclaircissent une partie, mais il reste encore des ténèbres capables d'arrêter la Curiosité la plus opiniâtre. L'endroit, que je vai rapporter, & qui concerne mon sujet n'est pas tout-à-fait de cette nature.

Ils ne reconnoissent point de Substance incorporelle ; ils croyent Dieu une Lumiere etendue & figuree.

(a) In Eclog. Theodot.

Les Valentiniens ne reconnoissoient point de Substance tout-à-fait incorporelle. (a) Dieu même, selon ces Hérétiques, est une Lumiére corporelle, étendue, figurée ; & la preuve, qu'ils en alléguoient, c'est que l'Ecriture parle de la *Face de Dieu*, & de *la contemplation de cette Face*. Or ils soutenoient, (3) q[illegible] *Face ne peut convenir qu'à un Etre figuré*, (4) *& que rien ne peut ni voir, ni être vû, s'il n'est aussi figuré & corporel.* A cela près ils donnoient à l'Essence Divine toutes les Perfections possibles. Lumiére très-pure & très-simple, éternelle, immortelle, ornée d'une forme, qui répond à l'excellence de sa nature ; Lumiere, que personne *n'a vue*, *ni ne peut voir*, excepté le Fils unique. Les plus parfaites & les plus sublimes Intelligences ne la contemplent que dans ce Fils, qui est l'Image, qu'elle forma d'elle-même, lorsqu'elle eut dessein de se manifester.

Ils le marioient avec Sigé, ou le Silence. Explication de cette enigme.

Tel étoit le Dieu Suprême, selon les Valentiniens. Ils l'appelloient l'AGENNETOS, l'*Etre existant par lui-même*, le PROPATOR, le *premier Pére*, ou LE PERE simplement ; le (5) BYTHOS,

(1) *Origenes repugnat eum* (Filium) *vel trolatum esse vel natum*, *ne Deus Pater dividatur in partes*. Hieron. Apol. adv. Ruf. L. II. p. m. 514. *Origène* faisoit ce raisonnement dans une Dispute, qu'il avoit eue contre un Valentinien, nommé *Candide*.

(2) *Si enim prolatio est Filius Patris; Prolatio vero dicitur, quæ talem significat generationem, qualis, vel animalium, vel hominum solet esse progenies, necessario corpus est, & qui protulit, & qui prolatus est.* Origen. De Princip L. IV Ex Apol. Pamphil. ap. *Hieron.* Op. T. IX. p. m. 122.

(3) [illegible]

In Eclog. *Theodot.* §. XI. Il parloit de la Divinité.

THOS, ou *le Profond*, & lui donnoient pour Epouſe la SIGE', ou *le Silence*. Il ne faut pas croire, que ces Myſtiques ſe figuraſſent des Sexes dans ce qu'ils appelloient le *Plérôme*, c'eſt-à-dire dans le ſéjour des Etres immortels, & parfaitement heureux. Ils ont eu ſoin d'écarter (a) ces idées charnelles. Les Epouſes des *Eons* ne ſont que des Attributs de leur Eſſence. Ainſi Dieu le Pére, ou le *Profond* étoit uni éternellement avec *Sigé*, ou *le Silence*, parce qu'il ne s'étoit point révélé; Et il eſt toûjours uni avec elle, parce qu'après la Révélation même, il eſt toûjours l'Incomprehenſible & l'Ineffable. La Raiſon la plus pure & la plus éclairée ne fait qu'entrevoir une partie de ſa Grandeur, ſans pouvoir jamais l'exprimer.

(a) Voyez ub. ſup. §. X.

Le Pére produit le Fils unique lorsqu'il veut ſe faire connoitre.

Ce Dieu Souverain, ayant demeuré ſeul & inconnu, pendant des ſiécles innombrables, prit enfin la réſolution de ſe manifeſter à ſes *Eons*, c'eſt-à-dire, aux Intelligences, qu'il avoit formées. Il ne ſe cachoit à elles que parce qu'elles n'auroient pû ſoûtenir la ſplendeur de ſa Majeſté. Voulant donc ſe faire connoître à ces Eſprits, mais ne pouvant le faire que par l'intervention d'un Etre moyen, Dieu produiſit *le Fils unique*, que les Valentiniens appelloient L'ENTENDEMENT, ou l'*Eſprit pur* (Νοῦς) & le PRINCIPE. Ils exprimoient cette production par le terme de (6) *Probole*, qui ne convient effectivement, dans le ſens propre, qu'aux Subſtances corporelles. Mais, à cela près, ils la concevoient d'une maniére qui ne peut être plus ſpiritualiſée. Les plus ſubtils des Péres & des Scholaſtiques n'ont rien imaginé qui le ſoit davantage.

Noms qu'ils donnoient au Fils

Comment ils concevoient ſa Generation.

Les Valentiniens diſoient donc, (7) que Dieu le Pére, qui ſe connoît parfaitement lui-même s'appliqua à la conſidération de ſa Nature & de ſes Perfections, & que de cette contemplation nâquit une Image Subſtantielle de lui-même, qui eſt ſon *Fils unique*. Ce Fils étant le fruit de l'Entendement Divin, ils l'appelloient auſſi l'*Entendement*, & lui donnoient pour Epouſe LA VERITE'.

Pourquoi ils le marioient avec la Verité.

L'Eſprit Humain eſt une Subſtance qui penſe, & qui eſt capable de connoître la *Vérité*; mais le Fils de Dieu a une connoiſſance actuelle de la ſuprême Vérité: Elle eſt née avec lui, & incorporée avec lui. Ses Lumieres ne ſont point acquiſes. L'*Eſprit* & la

(4) Τὸ τοίνυν ὁρῶν, καὶ ὁρώμενον, ἀσχημάτιστον εἶναι οὐ δύνατον, οὐδὲ ἀσώματον. Ibid. §. X.

(5) On trouve cette idée dans les Oracles de *Zoroaſtre*. On y dit, en parlant de la *Prémiere Intelligence*, que nous appellerions le *Verbe*, ou *le Fils de Dieu*, ἐστὶ γὰρ πέρας τῆς πατρικῆς ΒΥΘΟΥ, καὶ πηγὴ τῶν νοερῶν. *Elle eſt la Fin de la Profondeur du Pére, & la ſource des Etres intelligens.* C'eſt-à-dire, ſi je ne me trompe, que c'eſt par elle que le Pére eſt ſorti de ſa Profondeur, & s'eſt fait connoître.

(6) Προέβαλε τὸν μονογενῆ. Ub. ſup. §. 7.

(7) Ἀγνοούμενος οὖν ὁ πατὴρ ὤν, ἠθέλησεν γνωσθῆναι τοῖς Αἰῶσι, καὶ διὰ τῆς ἐνθυμήσεως τῆς ἑαυτοῦ, ὡς ἑαυτὸν ἐγνωκώς, πνεῦμα γνώσεως, ὄντος ἐν γνώσει, προέβαλε τὸν μονογενῆ. Ub. ſup. §. VII.

la *Vérité* le composent, l'un comme sa Substance, & l'autre comme son Attribut essentiel. C'est ainsi que de la connoissance, que Dieu le Pére a de lui-même, nâquit *l'Esprit de Science* (*a*) avec lequel se mêla, & s'incorpora *l'Esprit d'amour, ou de Charité*; Et c'est là le Fils unique.

(*a*) Ibid. §. 7.

Ils l'appelloient Dieu, & le reconnoissent pour tel. Leçon particuliere du ℣. 18. de *Jean* I.

Telle étant l'origine du Fils de Dieu, les Valentiniens l'appelloient *Dieu*, & se fondoient sur le ℣. 18. du Chap. I. de S. Jean. Nous lisons aujourd'hui simplement, *Le Fils unique, qui est au sein du Pére, est celui qui l'a déclaré*; mais ils lisoient, *Le Fils unique* DIEU, leçon, qui doit être bien ancienne, puisqu'on place *Valentin* vers l'an (*b*) 120. de notre Seigneur, & que (1) *Theodote* a vécu de son tems (2).

(*b*) Voyez *Cave*. Hist. Lit. p. 30.

En quoi le Fils differe du *Verbe*.

Comme *le Fils unique* étoit dans le Pére, le *Verbe* est dans le Fils unique, ce que nos Hérétiques fondoient sur les premiéres paroles de l'Evangile selon S. Jean. Au lieu que nous traduisons d'une maniére simple & naturelle, *Au commencement étoit le Verbe*, ces Mystiques traduisoient, (*c*) *Le Verbe étoit dans le Principe*, c'est-à-dire, *dans le Fils de Dieu*. Il semble neanmoins, qu'ils n'en faisoient pas une Personne distincte du Fils, & que *le Verbe* n'est proprement, que sa *Raison*, sa *Sagesse*, mais considérée comme sortant au dehors, & communiquant aux Hommes la Science, dont il est dépositaire. C'est la Raison Divine se révélant par la voye de la Parole d'un côté, & de l'autre, par celle de l'Inspiration.

(*c*) Ibid. §. VI.

Pourquoi ils marioient le Verbe avec la Vie

Cela étant *le Verbe* est Dieu, parce qu'il n'est autre chose que la *Raison*, ou la Sagesse du Fils de Dieu. Il a pour Epouse *la Vie*; C'est en lui un Attribut actif, & fécond, pour ainsi dire. Il la crée & la porte dans toutes les Ames, où il est reçu par la Foi, & par l'Obéissance.

Le Fils instruit les Anges par la vue, les hommes par la Parole.

Dans le Ciel le Fils unique instruit les Anges de la connoissance du Pére par une vision intuitive, quoique médiate. En le contemplant, ils contemplent Dieu le Pére, dont il est l'Image & *la Face*. Esprits purs, il leur communique immédiatement ses lumieres. Mais à l'égard des Hommes, il les instruit par la Parole, & par la Révélation. C'est pour eux qu'il est descendu sur la Terre, (*a*) non, en partageant son Essence qui est tout-à-fait indivisible: non en changeant de lieu, & en quittant le Ciel parce qu'étant *la Vertu de Dieu il est par tout*. Il est présent à la fois, & dans le Ciel, & sur la Terre; mais dans le Ciel, il se montre avec toute sa Gloire:

(*d*) Ibid. §. IV.

Est descendu du Ciel sans quitter le Ciel, & sans le partager.

(1) Il est dit à la tête des Extraits de *Theodote*, qu'il a vécu au tems de *Valentin*. κατὰ τὸν Οὐαλεντίνου χρόνον.

(2) Je mettrai ici la note de M. *Fabricius* sur cet endroit, ὁ μονογενὴς Θεὸς *sed* Θεὸς *legit etiam Origenes*, *Cont. Cels.* p. 104. & *Syrus Interpres. Clemens vero noster*, *Libro*, Quis dives salvetur, p. 76, ὁ μονογενὴς υἱὸς Θεός. *Persic.* & *Aethiops transferunt*, *ac si legissent*, μονογενὴς Θεοῦ.

re: Les Anges l'y voyent tel qu'il est: au lieu qu'il n'a montré sur la Terre qu'une partie de sa Gloire. Ce qu'il en manifesta sur le *Thabor*, ne fut pas toute *la Gloire du Fils unique*, mais (*a*) COMME *la Gloire du Fils unique*. *Gloriam quasi Unigeniti.*

(*a*) Ch. I. VII. Jean I. 14.

J'ai rapporté, après *Leon Allatius*, le sentiment des Péres Grecs, sur la Transfiguration de notre Seigneur. Ils ont cru, comme *Manichée*, que les Apôtres virent l'Essence Divine, ou du moins une Lumiére increée, qui en réjaillissoit. C'étoit aussi l'opinion des *Valentiniens*. Rapportons cet endroit de leur Théologie; il est clair, & a du moins quelque chose de specieux. (*b*) „ Ce ne fut „ point, disoient-ils, par ostentation, que le Seigneur fit voir „ sa majesté à ses Disciples sur la montagne: Ce fut pour l'amour „ de l'Eglise qui est la *Race élue*, & afin qu'ils connussent la Gloi„ re, qui éclatteroit en lui, dès qu'il seroit sorti de la Chair. „ Comme sa Nature est Lumiere, il montra sur la Terre ce qu'il „ est dans le Ciel, & voulut accomplir ce qu'il avoit dit à ses Dis„ ciples. (*c*) *Il y en a quelques-uns parmi vous, qui ne mourront point* „ *avant que d'avoir vu le Fils de l'Homme dans sa majesté*. *Pierre*, „ *Jaques* & *Jean* la virent, & *s'endormirent*, ou, moururent. „ Cependant, ils ne la virent pas avec des yeux charnels, parce „ qu'il n'y a nulle affinité, nulle proportion, entre de tels yeux, „ & la Lumiére Divine. Mais la Vertu & la Volonté du Sau„ veur fortifia leur vue; outre que l'Ame, qui vit la Gloire du „ Seigneur, communiqua cette Sensation à la Chair, à cause de „ l'étroite union qu'elles ont ensemble. Du reste, il défendit à „ ses Disciples de révéler à qui que ce soit ce qu'ils avoient vu, de „ peur que, les Juifs venant a connoître ce qu'étoit véritablement „ le Seigneur, ils ne s'abstinssent d'attenter à sa vie, & que par ce „ moyen la Dispensation ne demeurât imparfaite; si la Mort avoit „ vû que tous ses efforts seroient inutiles, elle n'auroit rien entre„ pris contre sa Personne.

Fait voir sa nature dans sa Transfiguration. Conformité du sentiment des Valentiniens avec celui des Peres. (*b*) Ub. sup. §. IV. & V. Raisons de la Transfiguration.

(*c*) Matt. XVI. 27.

IX. Je reviens à la *Probole*. Elle fut rejettée par *Origène*, comme une Expression Hérétique. Mais quand les Ariens l'eurent condamnée à son exemple, elle fut défendue par les Orthodoxes, comme on le peut voir dans (3) S. *Hilaire*. Cela n'empêcha pas (4) S. *Jérôme* de la désapprouver, mais il eut peu d'imitateurs, comme le docte (5) *Pétau* l'a montré, par un grand nombre de témoignages des Péres postérieurs au Concile de Nicée. Ils se servirent

IX. La Probole admise par les Orthodoxes.

(3) *Quod nascitur id ipsum, secundum Humanæ sensum naturæ, videtur esse prolatum, ita ut prolatio ipsa Nativitas existimetur.* De Trinit. L. VI. Col. 103. ubi vide plura.

(4) *Errat Candidus in eo quod Probolen asserit.* Hieronym. ub. sup. p. 514.

(5) Voyez *Petav.* Animad. ad *Epiphan.* Hær. LXIX. p. 286. & de Trinit. L. VII. Cap. X. §. 5. 6. 7.

virent sur tout du mot de *Probole*, pour signifier la Procession du S. Esprit.

Les Manicheens l'admettoient aussi.

Ils n'ont point cru le Fils une partie detachee de la Substance du Pere.

Je ne comprends pas bien pourquoi les Ariens attribuoient l'usage de ce terme aux Sectateurs de *Valentin* à l'exclusion des Manichéens, car, si l'on s'en rapporte aux Actes d'*Archelaüs*, *Manichée* l'admettoit aussi-bien que *Valentin*. *Tyrbon* raconte, que notre Héréfiarque disoit, que le Pére produisit, premierement une *Vertu*, qu'il appelle *la Mére de la Vie*, & ensuite une seconde *Vertu*, qu'il nomme l'*Esprit vivant*, & qu'il dit être le Créateur. Par tout il se sert du terme de (1) *Probole*. Je ne voi nulle part, que *Manichée* appelle le Fils de Dieu *une partie consubstantielle du Pére*. Mais quand il se seroit exprimé de la sorte, je n'en serois point surpris, vivant dans un siécle, où la matiére de la Génération du Seigneur n'étoit pas bien développée. *Tertullien* n'a-t-il pas dit, (2) „ que *le Pére* posséde TOUTE LA SUBSTANCE „ Divine, & que le Fils n'en est qu'une PORTION. Cependant, il est certain que *Tertullien* ne croyoit pas que la Nature Divine pût souffrir aucun partage. Les Manichéens ne l'ont pas cru non plus; *Sécundinus* le nie formellement dans sa Lettre à S. *Augustin*. (3) „ *Qui peut concevoir*, dit-il, *que la Nature Divine souffre aucun* „ *retranchement*? S. *Augustin* lui-même expliquant les idées, qu'il avoit de la production du Fils, lorsqu'il étoit encore Manichéen, en parle plutôt comme (4) d'une EXTENSION de la Substance Divine, que comme d'une Partie détachée du Tout.

Expression de *Tertullien*.

X. Idée du Manicheen *Hierax* sur la Generation du Fils.

Elle est semblable en partie à celle des Peres.

X. Ne croyons pas les Manichéens assez grossiers, pour avoir divisé la Nature Divine en parties, afin d'en donner une au Fils, & une autre au S. Esprit. *Hierax*, qui fut Disciple de *Manichée*, expliquoit la Génération du Fils, (5) par la comparaison d'un Flambeau, qui allume un autre Flambeau, ou par celle d'une Lampe

(1) Προβάλλειν ἐξ αὐτοῦ δύναμιν. Et dans la suite. Ἑτέραν δύναμιν προβεβλῆσθαι ἀπ' αὐτοῦ. Epiph Hær. LXVI. §. 25.

(2) *Pater enim tota Substantia est: Filius vero derivatio totius &* PORTIO, *sicut ipse profitetur, Quia Pater maior est me.* Tertul. adv. *Prax.* Cap. IX. Faisons deux observations sur ces mots de *Tertullien*, la premiere sur le choix du mot PORTIO. *Chalcidius* a remarqué que *Platon* n'a pas dit, que Dieu voulant former l'Ame *prit une* PARTIE, μέρος de la Substance indivisible, mais une PORTION μοῖραν. *Non enim* PARTEM, *quippe simplicis & incorporea rei, sed* PORTIONEM, *id est Patris instar dixit esse sublatam.* Chalcid. in Timæum Cap. II. §. 33. p. m. 189. Si cette Observation est solide, elle justifie *Tertullien*. La seconde Remarque, c'est que *Tertullien* & *Hippolyte* qui ont été contemporains, ont une Théologie fort semblable. Δύναμις γὰρ μία, ἡ ἐκ τοῦ ΠΑΝΤΟΣ. Τὸ δὲ πᾶν πατήρ, ἐξ οὗ δύναμις λόγος. Hippol. cont. Noet. § X.

(3) *Quis autem admittat inter Divina pracidi* Secund. ap, Aug

(4) *Ipsum quoque Salvatorem nostrum unigenitum tuum. tanquam de massa lucidissima molis tua* PORRECTUM *ad salutem nostram ita putabam.* Aug. Conf. L. VI. 10.

(5) Ὡς λαμπάδα, λύχνον ἀπὸ λύχνου, ἢ λαμπάδα εἰς δύο. Athanas. De Synod. p. m. 682. Cela est pris de la Lettre des Ariens à *Alexandre*. S. *Hilaire* a expliqué en

Lampe dont l'huile contenue, dans un seul vase, éclaire par deux lumignons, qui sont unis dans le même vase. La prémiere de ces comparaisons est alléguée sans cesse par les Anciens, pour montrer que la Génération du Fils n'emporte, ni division, ni diminution de l'Essence du Pére. On la trouve dans (6) *Justin Martyr*, dans (7) *Tatien* &c. *Un Esprit nait d'un Esprit*, (8) dit Tertullien, *Dieu nait de Dieu, comme une Lumiére est allumée par une autre Lumiére, sans que celle-ci souffre aucune diminution. Elle demeure toujours dans son entier, & ne perd rien, quoiqu'elle communique sa lumiére à plusieurs flambeaux.*

XI. Finissons ce Chapitre, par la critique d'un mot de S. *Hilaire*. (9) „ *Manichée* prêchoit, dit il, qu'une partie consub„ stantielle de la Divinité, est entrée dans la Vierge, & que c'est„ là le Fils de Dieu, qui est apparu dans la Chair ". Sauf le respect, qui est dû à S. *Hilaire*, non seulement cela n'est pas juste, mais cela est directement contraire au Systéme de *Manichée*. L'Héréfiarque croyoit, que c'est faire une extrême injure à la Majesté & à la Sainteté du Fils de Dieu, de le faire descendre dans le sein d'une femme, & de l'en faire sortir ensuite avec toutes les ordures, qui accompagnent l'enfantement. S. *Augustin* (10) est un bon témoin de ce que je dis.

XI. Faute de S. Hilaire, qui n'a pas connu le Systême Manichéen.

CHA-

en ces termes la pensée d'*Hierax*. *Vel certe, ut lampas papyro eidem intexta utroque capite luceret, essetque media materies, lumen ex se utrumque protendens.* De Trinit L. VI. col. 105.

(6) Ὁποῖον ἐπὶ πυρὸς ἄλλο γενόμενον, οὐκ ἐλαττουμένου ἐκείνου, ἐξ οὗ ἀνάψις γέγονεν. Just Mart. Dial. p. m. 221.

(7) Voyez *Petav.* de Trinit. L. I. Cap III. §. 5.

(8) *Ita de Spiritu Spiritus, de Deo Deus, ut lumen de lumine accensum. Manet integra & indefecta Materia Matrix, & si plures inde traduces qualitatis mutueris.* Tertul. Apol. Cap XXXI. Il ne faut prendre ces comparaisons que dans le point de conformité qu'elles ont avec le mystère, que les Péres veulent éclaircir; car du reste elles en donneroient de très-fausses idées. Le meilleur est de ne s'en point servir.

(9) *Sed quod in Virgine fuit portionem unius Substantiæ prædicavit* Manichæus, *& id Filium voluit intelligi, quod ex Substantia Dei parte aliqua apparuerit in carne.* Hilar. De Trinit. L. VI. col. 103.

(10) *Talem itaque Naturam ejus nasci non posse de Maria Virgine arbitrabar, nisi carne concerneretur. Concerni autem, & non inquinari non videbam: Metuebam itaque credere in carne natum, ne credere cogerer ex carne inquinatum.* Aug. Confes. L. VI. 10. Il parle de ses sentimens lorsqu'il étoit Manichéen.

CHAPITRE VIII.

Les Manichéens ont cru un seul Dieu en trois Personnes, mais ils n'ont pas cru l'égalité des Personnes. Ils plaçoient le FILS *dans le Soleil & dans la Lune, & le* SAINT ESPRIT *dans l'Air.*

I. Les Manicheens ont cru trois Personnes & non trois Principes.

I. J'Ai prouvé, que les Manichéens ont reconnu la Trinité, & la Consubstantialité des Personnes Divines. J'ai parlé de la Génération du Fils, mais je n'ai rien à dire sur l'Article du Saint Esprit, parce que les Auteurs, que j'ai pu consulter, ne m'ont rien appris sur ce sujet. Il faut donc examiner à présent ce que nos Hérétiques ont pensé sur la Distinction des Personnes, sur leur égalité, ou inégalité, & sur le séjour de chacune.

L'artifice des Ariens étoit de confondre, autant qu'ils pouvoient, le Systême Orthodoxe avec celui des Valentiniens & des Manichéens. C'est un argument populaire, qu'on a toûjours employé, & qu'on employera toûjours, quoi qu'il soit fondé sur une proposition très-fausse; C'est que tout ce qu'un Hérétique pense est une Hérésie. Certainement, quand l'Eglise auroit pensé, comme *Valentin*, sur la Trinité, il ne s'ensuivroit point que la Creance de l'Eglise fût une Erreur. Au contraire, on pourroit tourner l'objection des Ariens à l'avantage de l'Eglise. Car si un Hérétique comme *Valentin*, qui fut savant, homme d'esprit, & qui a paru dès le second âge après la mort des Apôtres, a cru la Génération & la Consubstantialité du Fils, ne pourroit-on pas en conclurre avec assez de probabilité, que ce sentiment a été, dès le tems des Apôtres, le sentiment de l'Eglise? Cependant les Péres, persuadez, qu'il étoit de la prudence d'écarter de leur Systême toute conformité avec celui des Hérétiques, s'appliquérent à rechercher les différences, qui les distinguoient. S. *Athanase* l'a fait; mais, si je ne me trompe, il a mal choisi. „ (1) Nous „ n'introduisons pas, dit-il, TROIS PRINCIPES, ni TROIS „ PERES, comme font les *Manichéens*, & les *Marcionites*, qui, „ pour expliquer la Trinité, se servent de la comparaison de *trois* „ *Soleils* “. L'accusation est grave; l'Auteur vénérable, cependant je ne crains pas de le dire, elle n'est pas juste. Il se peut, que les Manichéens employassent la comparaison de *trois Soleils*:

S. Athanase corrigé.

(1) Οὐ γὰρ τρεῖς ἀρχὰς, ἢ τρεῖς πατέρας εἰσάγομεν, ὡς οἱ περὶ Μαρκίωνα καὶ Μανιχαῖον. Athan. Orat. IV. adv. Arianos. p. m. 262.

leils : ce n'est pas ce que je nie; mais ils n'ont jamais avancé, qu'il y eût *trois Principes*, ni trois *Péres*, c'est-à dire, trois Personnes Divines, qui ayent l'existence par elles-mémes. La Nature Divine existe bien par elle-même : mais les Personnes du Fils & du Saint Esprit existent par le Pére. Aucun ancien Ecrivain, que je sache, n'a dit le contraire.

Quel étoit donc le sentiment des Manichéens, & à quoi aboutissoit la comparaison des trois Soleils? C'est à montrer, d'un côté, la distinction réelle des trois Personnes : &, de l'autre, leur Consubstantialité : *Trois Soleils* sont *trois Hypostases* différentes, ils ont chacun leur Subsistance qui leur est propre : mais ils sont de la même Nature. Si les Manichéens avoient dit, que ces *trois Soleils* existent par eux mêmes, ils auroient effectivement admis *trois Principes* & *trois Péres* : mais s'ils ont dit, qu'un de ces trois Soleils a donné l'éxistence aux deux autres, ils n'ont admis qu'un Pére & qu'un Principe.

La Comparaison de trois Soleils ne le prouve pas.

Je n'aurai pas de peine à convenir avec S. *Athanase* que la comparaison de *trois Soleils* ne vaut rien : mais au fond elle est plus noble, & n'a rien de plus choquant que celle de *trois hommes*, dont plusieurs Péres très-Catholiques se sont servis, pour expliquer l'unité de Nature & les différences particuliéres des trois Personnes Divines. Ce n'est point un fait douteux ; il est avoué, & prouvé par des Auteurs très-versez dans l'Antiquité, & nullement suspects d'Héterodoxie. Il est vrai, que ces deux comparaisons semblent établir trois Dieux : Car *trois Soleils* sont *trois Soleils* & *trois hommes sont trois hommes*. Mais, outre que les Manichéens ont protesté, qu'ils ne croyoient QU'UN SEUL DIEU ; UNUM NUMEN, dit *Fauste*, qu'UNE SEULE DIVINITÉ, ΜΙΑΝ ΘΕΟΤΗΤΑ, dit *Photius*, ils se sont défendus de l'accusation d'introduire trois Dieux, par les mêmes raisons que les Orthodoxes.

Plusieurs Péres se sont servis de celle de trois Hommes.

II. Les Ariens reprochant aux Catholiques d'introduire plusieurs Dieux, & de renverser par conséquent le premier fondement de la Religion, ceux-ci se justifierent d'une accusation si capitale par deux raisons. La premiere est, qu'en multipliant les Personnes, ils ne multiplioient pas la Nature Divine, qui demeure toujours UNE, quoiqu'elle subsiste en trois Hypostases. Ils la considéroient comme ce qu'on appelle les *Natures Universelles*, les Genres & les Espéces, qu'on suppose garder toûjours une parfaite unité, quoi qu'elles soient communes à plusieurs individus, réellement distincts & séparez les uns des autres. Et comme il s'ensuivoit de là, que le Pere, le Fils, & le Saint Esprit sont trois Dieux, de la même maniere que *Pierre*, *Jaques* & *Jean* sont trois Hommes ; les Anciens nioient la conséquence, soûtenant, qu'au fond *Pier-*

II. Comment les Peres se sont defendus d'établir trois Dieux. 1. Raison.

Pierre, *Jaques* & *Jean* ne sont qu'un homme, parce que la Nature Humaine qui les constitue Hommes, est unique & indivisible. Cela paroit étonnant, mais cela est incontestable. On en peut voir les preuves évidentes dans le célébre Jésuite (1) *Pétau*.

2. Raison plus juste que la premiére. Il n'y a point plusieurs Dieux, où il n'y a qu'un Principe & un Monarque.

Il y avoit plus de vérité, & sans contredit moins d'inconvenient dans cette seconde reponse. C'est que la pluralité des Personnes Divines ne détruit point l'unité de Dieu, (2) parce qu'il n'y a qu'une seule de ces Personnes, savoir le Pére, qui ait l'éxistence par elle-même, & qui n'ait point de Principe. Les autres tirent son origine de lui. Il est la source, d'où elles émanent & conservent toujours sur elles une sorte de Prééminence en qualité de Pére, & de Principe. *Eusébe*, qui fait cette réponse à *Marcel* d'Ancyre, convient, que, si l'on supposoit deux Personnes entiérement égales, ayant l'une & l'autre l'existence par elles-mêmes, ce seroit effectivement introduire deux Dieux, parce que ce seroit introduire deux Principes. Mais le Pére ayant donné l'existence au Fils, & le Fils étant subordonné au Pére, il n'y a qu'un seul Dieu existant par lui-même, & qu'un seul Principe. C'est ainsi qu'avant *Eusébe*, (*a*) *Tertullien* parmi les Latins, (*b*) & *Hippolyte* parmi les Grecs avoient défendu l'Eglise de ramener le Polytheïsme; C'est-là ce qu'ils ont nommé (*c*) la DISPENSATION. Le Fils & le S. Esprit tirant leur origine du Pére, & étant subordonnez au Pére, la Pluralité se réduit à l'Unité. Il n'y a qu'un *Principe*, & qu'un *Monarque*.

Temoignages de *Tertullien* & d'*Hippolyte*.

(*a*) *Tertul.* adv. Prax. Cap. II. III.

(*b*) *Hippolyt.* Cont. Noet. §. XIV.

(*c*) Voyez la Remarque s. p. 536.

De S. *Athanase*.

„ (3) Les Chrétiens, dit S. *Athanase*, n'admettent qu'un seul „ Principe, parce qu'ils n'attribuent pas au Créateur une autre „ espéce de Divinité que celle du seul Dieu, le Créateur étant né „ de lui ". S. *Athanase* ne parle point de la subordination, mais *Tertullien* & *Hippolyte* en parlent, très-expressément, & un savant Theologien moderne employe l'une & l'autre de ces raisons, (*b*) dans ces paroles. (*d*) *L'unité de la Nature Divine empêche-t-elle de concevoir, que de la Cause premiére il a pu sortir des Emanations si excellentes, qu'elles sont elles-mêmes nécessairement éternelles, infinies & parfaites, en vertu d'une communication complette de tous les*

De *Clarke*.

(*d*) *Clarke* De l'Ex. de Dieu. Ch. VIII. p. 72.

(1) Voyez *Dogm. Theol.* L. IV. Cap. IX. X. XII. Voyez aussi la Dissertation de *Courcelles* sur les mots *ὁμοούσιον* &c. & e Chap. IV. du *Systéme Intell. de Cudworth*. Biblioth. Chois. T. III. Les Péres alléguez sont entre autres *Grégoire de Nysse*, *Cyrille d'Alexandrie*, *Maxime le Confesseur*, *Damascene*, *S. Ambroise* &c. Consultez le Traité, qui est parmi les Oeuvres de S. *Athanase*, sous le titre, *Testimonia Scripturarum*, & la Question, *Quomodo non sunt tres Dii.* T. I. p. 374.

(2) Ἕνος ὄντος ἀνάρχου καὶ ἀγεννήτου Θεοῦ... μία ἐστὶν ἀρχὴ. μοναρχία τε καὶ βασιλεία μία. Euseb. De Eccl. Theolog. L. II. 7.

(3) Οὕτω γὰρ μίαν ἀρχὴν οἴδαμεν: τόν τε δημιουργὸν φάσκομεν οὐχ ἕτερον τινα τρόπον ἔχειν Θεότητος ἢ τὴν τοῦ μόνου Θεοῦ, διὰ τὸ ἐξ αὐτοῦ πεφυκέναι. Athanas. Orat. IV. p. m. 262.

(4) On a dans la suite repondu autrement

les Attributs de la Nature Divine EXCEPTE' POURTANT L'ORIGINE PAR SOI-MEME, L'EXISTENCE PAR SOI-MEME, ET L'INDEPENDANCE ABSOLUE. (4) Si ces deux Réponses justifient le Systême Orthodoxe de Polytheïsme, elles en justifient aussi le Systême Manichéen. Exposons l'origine & la cause de ce qu'il pouvoit y avoir de défectueux dans ce dernier Systême. Cela est nécessaire pour juger équitablement des Erreurs Humaines.

III. *Manichée* trouva la Trinité dans le Nouveau Testament; où elle est clairement enseignée. Mais il y avoit déja des traces de ce Mystère dans la (5) Theologie Orientale: & c'est de là, si je ne me trompe, que *Platon* avoit pris les idées, qu'on en trouve dans sa Philosophie. III. Origine du Systême de *Manichée* sur la Trinite. Idee des Platoniciens là-dessus.

Platon distingua deux Substances, Dieu & la Matière: Il distingua ensuite deux sortes d'Etres; les uns Spirituels, Intelligens, & Immortels, les autres Materiels & Corporels. Comme rien ne se fait de rien, les Etres Materiels tirent leur origine de la Matière; Et les Etres spirituels tirent la leur de la Divinité, dont ils sont des Emanations. Dieu n'est que le *Formateur* des prémiers, mais il est le Pére des seconds, (6) parce qu'ils sortent de lui, & qu'ils sont comme une *Portion* de sa Substance. Les Intelligences immortelles sont des Emanations de la Divinité suprême.

Toutes ces Emanations ne sont pas égales, le Pére ne leur ayant communiqué de ses Perfections qu'autant qu'il l'a jugé à propos, & que cela leur convenoit. Il n'y en a que deux, qui participent de la Divinité, & que leur Excellence rend infiniment superieures à toutes les autres, le Pére s'étant proposé de se les associer dans le Gouvernement du Monde. Ce sont les deux premiers Ministres du Dieu suprême. Ecoutons sur ce sujet un savant Platonicien, qui florissoit au commencement du IV. Siécle. Je veux parler de *Chalcidius*, qui a commenté le *Timée*, ce Dialogue si difficile, dans lequel *Platon* expose son sentiment sur la Nature Divine, sur l'origine du Monde, sur celle de l'Ame &c. *Platon* concevoit donc prémierement (7) „un DIEU SUPREME ET Entre ces Emanations il y en a deux d'une excellence infiniment superieure.

trement à l'objection de la pluralité des Dieux. On n'a pas consideré les Personnes Divines comme trois Personnes Humaines. La difference, que l'on met entre le Pére & le Fils, n'est qu'un *Mode*, τρόπος ὑπάρξεως. Je ne sai si l'Auteur inconnu du Livre de l'*Exposition de la Foi*, qui est parmi les Oeuvres de *Justin* Martyr, en est l'Inventeur: Mais c'est, je croi, le premier dans lequel on trouve cette idée. Son Ouvrage montre, qu'il a vécu depuis le Nestorianisme.

(5) Παντὶ γὰρ ἐν κόσμῳ λάμπει Τριάς, ἧς Μονὰς ἄρχει. C'est un vers des *Oracles* de Zoroastre. *La Trinite brille dans tout le monde. L'Unité en est le Principe.*

(6) Ἀλλὰ καὶ μετέσχηκεν οὐδ' ὑπ' αὐτοῦ, ἀλλ' ἀπ' αὐτοῦ, καὶ ἐξ αὐτοῦ γέγονεν. Plutarch. Quæst. Platon. p. 1001.

(7) *Originem rerum esse* SUMMUM ET INEFFABILEM DEUM, *post quem Providentiam ejus*, SECUNDUM DEUM,

» ET INEFFABLE, qui est la Cause de tous les Etres: Ensuite UN SECOND DIEU, qui est la PROVIDENCE du Pére, & (1) *qui a donné les Loix de la Vie éternelle, & de la Vie temporelle.* Et enfin un TROISIEME DIEU, & une troisiéme Substance, qui est appellée la SECONDE INTELLIGENCE, & qui est comme la Conservation (2) des Loix éternelles.

La prémiére est appellée la PROVIDENCE. C'est le Fils unique.

» (3) LA PROVIDENCE est cet Esprit (Nῦς) qui tient le second rang & la seconde Autorité, après le *Dieu suprême.* Comme elle est incessamment tournée vers cet incomparable modele, & appliquée à le contempler, elle en est aussi la parfaite Image. Elle tire de la Bonté Souveraine, celle dont elle est ornée elle-même, & celle dont elle embellit les Créatures. (4) La troisiéme Substance est INTELLIGENCE (Νῦς) comme la seconde, mais elle est proprement l'Ame de l'Univers, répandue dans ses trois Parties, dans la Region suprême, dans celle des Planétes, & dans la Region sublunaire, où est notre Terre. (5) LE DIEU SOUVERAIN COMMANDE: LE SECOND DIEU, ou la seconde Intelligence ORDONNE, & fait connoître les Volontez du Pére. LE TROISIEME DIEU ou la Troisieme Intelligence les GRAVE, pour ainsi dire, dans les Ames Humaines, les imprime dans la Conscience, & empêche qu'elles ne périssent jamais.

La Seconde repond au S. Esprit. C'est, selon Platon, l'*Ame de l'Univers.*

Trois defauts dans ce Systême.

Telle étoit, selon *Chalcidius*, la Trinité Platonicienne. On y trouve avec raison des défauts. 1. Il y est parlé d'un *prémier*, d'un *second*, d'un *troisiéme Dieu* Expressions, que le Christianisme a bannies. Cependant *Platon* ne reconnoît au fond qu'un seul Dieu, par les raisons que j'ai dites, parce qu'il n'admet proprement qu'un seul Principe & qu'un seul Monarque. 2. On blâme encore dans cette Théologie, la division

Il n'y en a que deux qui conviennent à la Theologie Manicheenne.

DEUM, *laterem Legis utriusque vitæ, tam æternæ quam temporariæ.* TERTIUM (nempe Deum) *esse substantiam, quæ secunda mens, Intellectusque dicitur, quasi quædam custos Legis æternæ.* Chalcid. in Timæum. §. 186.

(1) Voilà le *Fils unique*, & le *Verbe*, dont j'ai parlé en donnant l'idée de la Theologie Valentinienne.

(2) Ces *Loix éternelles* sont ce qu'on appelle le DESTIN, qui n'est au fond autre chose que la *Volonté de Dieu.*

(3) PROVIDENTIA *est post illum summum secundæ eminentiæ quam Νῦν Græci vocant. Est autem intelligibilis Essentia æmula* (Forte legendum *æmula*) *Bonitatis, propter indefessam ad summum Deum conversionem: Estque ei ex illo Bonitatis haustus, quo tam ipsa ornatur, quam cætera quæ ipso auctore honestantur.* Lib. sup. §. 174.

(4) *Secunda mens dicitur, id est, Anima mundi tripertita.* Ibid. §. 175. Ce *tripertita* est expliqué au §. 162. en ces termes: *Anima mundi tripertita est, in [illegible] Spharam, inque eam quæ Erratica putatur, & in sublunarem tertiam.*

(5) *Ergo summus Deus* JUBET, *Secundus* ORDINAT, *Tertius* INTIMAT. Ib. §. 188.

(6) Il y a bien une autre observation à faire; c'est que plusieurs Savans modernes à l'exemple des Anciens, ont confondu cette Ame universelle avec le S Esprit. On nomme *Augustin Steuchus*, *Mutius Pansa*, *Livius Galantes*, *Philippe de Mornai*, & d'autres. *Jacques Thomasius* célèbre Professeur à *Leipsich*

sion des Personnes Divines, qui ne sont pas seulement distinguées, mais séparées. On a raison. Cependant ce défaut est bien excusable dans un Philosophe, puisqu'on l'excuse dans un grand nombre d'Auteurs Chrétiens qui ont eu les Lumiéres de l'Evangile. 3. Enfin (6) on blâme dans cette Théologie l'inégalité des Personnes; Il y a un *Dieu suprême*, à qui les deux autres sont soumis. La Théologie des Manichéens avoit le même défaut. Ils croyoient bien la Consubstantialité des Personnes, mais ils n'en croyoient pas l'égalité. Le Fils étoit au dessous du Pére, le S. Esprit au dessous du Pére & du Fils. Mais si l'on remonte au tems, auquel *Manichée* a vécu, on sera obligé de lui pardonner une Erreur, qui fut alors fort générale.

IV. Les Manichéens ne croyent pas l'égalité des Personnes Divines.

IV. *Celse* reprochoit aux Chrétiens d'élever le Fils de Dieu au dessus du Pére. La calomnie est évidente. *Origène* la réfute, & répond (7) „ que parmi le grand nombre de Personnes, qui ont „ embrassé la Foi, il n'est pas possible, qu'il y ait une parfaite uni„ formité de sentimens. Qu'il peut donc s'en trouver quelques„ uns, qui supposent *témérairement*, que le *Sauveur est Dieu*, *au* „ *dessus de toutes choses*; *mais pour nous*, ajoute-t-il, *nous n'avons* „ *pas la même pensée*, *parce que nous croyons à cette parole*, *qu'il* „ *nous a dite*: *Le Pére*, *qui m'a envoyé*, *est plus grand que moi*. M. *Huet*, (8) qui reconnoît qu'*Origène* a enseigné par tout, que le Fils est *inferieur* au Pére, l'excuse, par la raison que ce fut la Doctrine commune des Auteurs, qui précéderent le Concile de Nicée: Et le P. (9) *Pétau*, non seulement ne le nie pas, mais le prouve au long dans son I. Livre de la *Trinité*. Ecoutons *Hippolyte*, qui paroit contraire à *Origène*, mais qu'on peut concilier facilement avec lui: C'est un des Péres, que l'on allégue avec raison contre les

Sentiment des Anciens là-dessus.

Passage d'*Hippolyte*.

Leipsich au siécle passé, a fort bien montré l'Erreur de ces Savans là-dessus. Voyez *Dissertat. var. Argum.* Diss. XXXII. *An Gentiles in Anima Mundi agnoverint Spiritum Sanctum.* L'Auteur dit fort bien que la Philosophie Platonicienne entraina plusieurs Peres dans une espéce de Tritheïsme. *Quod adeo verum est*, *ut Justinus*, *Clemens*, *Eusebius*, *aliique*, *cætera minime Sc[…]tores improbi*, *quos supra memoravimus harmoniam Scripturæ sacræ & profanæ machinatos*, *multa*, *ex Gentilium librorum cœno*, *traxerint sapientia Tritheïsmum.* Ibid. p. 359.

(7) Ἔστω δὲ τινὰς, ὡς ἐν τῷ πλήθει πιστευόντων, καὶ δεχομένων διαφωνίαν, διὰ τὴν προπέτειαν ὑποτίθεσθαι, τὸν Σωτῆρα εἶναι τὸν ἐπὶ πᾶσι Θεόν· ἀλλ' οὔτιγε ἡμεῖς τοῦτον, πειθόμενοι αὐτῷ λέγοντι, ὁ πατὴρ, &c. Jean XIV. 28 Origen. cont. Cels. L. VIII. p. 387.

(8) Voyez les *Origeniana* L. II. Qu. II. p. 30. 36. On nomme *Clément* Romain, *Justin* Martyr, *Irenée*, *Clément* d'Alexandrie, *Origène*, *Pierius*, *Denys* d'Alexandrie, *Grégoire* Thaumaturge, *Methodius* de Tyr, *Theophile* d'Antioche. *Novatien*, *Tertullien*, *Arnobe*, *Minutius Félix*, *Lactance* &c.

(9) Voyez *de Trinit.* L. I. Cap III. IV. V. Après avoir nommé plusieurs des anciens Péres, *Pétau* ajoûte: *Tam vero ii quam alii*, *ut Origenes*, ÆVO, DIGNITATE & POTENTIA *superiorem esse Patrem* VERBO *arbitrati sunt.* Ibid. Cap. V. §. 7. Il ne s'agit pas du Fils de Dieu incarné, mais du *Verbe*, VERBO.

les Ariens, & le ſavant *Bullus* s'en eſt beaucoup ſervi dans ſa *Défenſe de la Foi de Nicée.* (a) „ Lors que l'Apôtre, dit cet ancien „ Auteur, témoigne, que (b) le *Chriſt eſt Dieu béni éternellement* „ *au deſſus de toutes choſes*, il explique très-bien & très-clairement le Myſtère de la Vérité. Le Seigneur eſt effectivement „ *Dieu au deſſus de toutes choſes*, car il n'a pas fait difficulté de „ dire, que (c) *toutes choſes lui ont été données par ſon Pére.* „ Ainſi, celui qui eſt *Dieu au deſſus de toutes choſes*, eſt né & „ a été fait chair. Il eſt auſſi *Dieu béni éternellement*, comme S. „ *Jean* le témoigne, lors qu'il dit, en parlant de lui, (d) *Celui* „ *qui eſt, qui étoit, & qui eſt à venir*, (1) LE DIEU TOUT-„ PUISSANT. Il a donc l'empire de toutes choſes, puiſque LE PERE L'A ETABLI TOUT-PUISSANT. *Hippolyte* cite les ℣. 23.28. du Chap. XV. de la I. Cor. après quoi il continue en ces termes, (2) *Si donc toutes choſes ſont aſſujetties à J. Chriſt, excepté celui, qui lui a aſſujetti toutes choſes, il s'enſuit, qu'il a l'empire de toutes choſes, & que* LE PERE A L'EMPIRE SUR LUI, AFIN QU'IL N'Y AIT EN TOUTES CHOSES QU'UN SEUL DIEU, A QUI ELLES SONT TOUTES ASSUJETTIES AVEC LE CHRIST, *auquel le Pére a tout ſoumis horsmis lui-même.*

(a) Hippol. cont. Noet. §. VI. p. 19. Edit. Fabric.
(b) Rom. IX. 5.
(c) Matt. XI. 27.
(d) Apocal. I. 8.

Ainſi, *Manichée*, vivant vers le milieu du III. Siécle, ſa Théologie ne pouvoit être que conforme à celle, qui étoit alors commune dans l'Egliſe. Il croyoit la Conſubſtantialité du *Verbe*, mais il le croyoit ſoumis au Pére, n'agiſſant que ſous les ordres de celui, de qui il tient & ſon eſſence & ſon pouvoir. C'eſt pourquoi l'Héréſiarque aſſignoit aux trois Perſonnes Divines des ſéjours proportionnez à leur dignité. Il mettoit le Pére dans le Ciel ſuprême à cauſe de ſa préeminence; le Fils dans *le Soleil*, au deſſous du Pére; & le S. Eſprit dans l'Air, au deſſous du Fils. Il y a là-dedans des imaginations qui paroiſſent fort bizarres. Tâchons d'en découvrir l'origine, car je ſuis perſuadé que *Manichée* n'en étoit point l'Auteur.

V. Sejour des trois Perſonnes Divines. Le Pere reſide dans le Ciel ſuprême.

V. A l'égard du Pére il n'y a rien à reprendre dans la Doctrine de *Manichée*, ſi ce n'eſt qu'il renfermoit ſon Eſſence dans le Ciel. Du reſte il ſuivoit la notion de tous les Peuples, qui croyant le Monde borné par une immenſe voute, logeoient la Divinité au plus

(1) C'eſt ainſi qu'*Hippolyte* rapporte les paroles de S. Jean, ὁ Θεὸς ὁ παντοκράτωρ. Mais on ne lit le mot Θεὸς en cet endroit-là, dans aucun Manuſcrit, que je ſache. Voyez les Diverſes Leçons de *Mill*. ſur Apocal. I. 8. Il eſt dans quelques MSS. après Κύριος.

(2) Εἰ οὖν τὰ πάντα ὑποτέτακται αὐτῷ, ἐκτὸς τοῦ ὑποτάξαντος, πάντων κρατεῖ, αὐτοῦ δὲ ὁ πατὴρ, ἵνα ἐν πᾶσιν εἷς Θεὸς φανῇ, ᾧ τὰ πάντα ὑποτάσσεται ἅμα τῷ Χριστῷ &c. Hippol. Ibid. Notez en paſſant ce mot des Oracles de *Zoroaſtre*, qui a tant de rapport avec la Théologie ancienne,

πάντα

plus haut étage de ce superbe Palais. Prévenu d'ailleurs en faveur d'une opinion, qui regnoit, parmi (3) les *Mages*, & parmi d'autres Philosophes ; c'est que le Dieu Suprême ne sort point du séjour de sa Gloire, qu'il se contente d'ordonner, & ne fait rien par lui-même, *Manichée* se figuroit le Pére retiré dans *une Lumiére inaccessible*, d'où il gouverne le Monde, & travaille au salut des Ames, par le ministère du Fils & du S. Esprit, & par celui de ses Anges.

Le Fils dans le Soleil. Origine de cette opinion.

(a) Hist. des Juifs T. I. p. 192.

Hyd. ub. sup. Cap. III. p. 108.

Quant au séjour du Fils de Dieu dans le Soleil, je ne doute point que notre Hérésiarque n'eût emprunté cette idée des Mages. *Zoroastre*, (*a*) dit M. Prideaux, *enseigna à ses Sectateurs, que le Feu est la véritable* SCHEKINAH *ou symbole de la présence Divine : Que, le Soleil étant le feu le plus parfait, Dieu y avoit établi son Thrône, & y résidoit d'une maniére plus glorieuse que par tout ailleurs.* C'est de là sans doute que les Pythagoriciens avoient appris, que le Soleil est le (4) CHATEAU, le PALAIS, le THRONE, la FORTERESSE, de *Jupiter*. On trouve néanmoins la même idée chez les Egyptiens, qui dans les Hymnes, qu'ils chantoient à l'honneur d'*Osiris*, invoquoient (5) *celui qui est retiré dans les bras du Soleil.* Nous ne nous éloignerons pas trop de leurs pensées, si nous disons, que l'*Osiris* des Egyptiens a bien du rapport avec le Fils de Dieu.

Elle vient des Mages : est commune aux Egyptiens & aux Pythagoriciens.

C'est effectivement lui, si je ne me trompe, & non le Dieu Suprême, que *Zoroastre*, & les Persans ses Sectateurs plaçoient dans le Soleil. Ils appelloient cet Astre MITHRA, nom, que M. *Hyde* dérive de MYHR, qui veut dire AMOUR, & *Scaliger* de MITHER, qui signifie LE PLUS GRAND, mais *Plutarque* témoigne, que la véritable signification de ce mot est celle de MEDIATEUR. Or *Médiateur* ne veut pas dire ici une Personne qui négocie une réconciliation entre deux Parties adverses, mais une Personne qui préside *sur les Etres du* MOYEN ORDRE c'est-à-dire, sur ceux qui tiennent un *milieu* entre la Divinité, laquelle est éternelle à tous égards, & entre les Créatures mortelles : Ces Etres sont les *Intelligences*, qui ont eu un commencement, mais qui n'auront point de fin. (6) *Zoroastre*, dit Stanley, *établissoit* MITHRA, *sur les Etres du moyen ordre.* Or *Mithra*, selon l'explication de *Psel-*

MITHRA nom commun au Soleil & à la premiere des Intelligences. Pourquoi.

πάντα ἐξετέλεσε πατὴρ, καὶ Νῷ παρέδωκε δευτέρῳ. *Omnia perfecit Pater & Menti tradidit secundæ.*

(3) *Quia Deus ipse exemtus est ab agendo vel bonum vel malum.* Hyd. De Relig. Vet. Pers. p. 163.

(4) Ζανὸς πύργον, Διὸς φυλακὴν, Διὸς θρόνον. Ap. Wind. De vit. Funct. stat. p. 54.

(5) Τὸν ἐν ταῖς ἀγκάλαις κρυπτόμενον τοῦ ἡλίου. Plut. In Isid. & Osirid.

(6) *Huic medio generi Zoroastres præficiebat* MITHRAM, *qui, in Oraculis, Interprete Psello, vocatur* MENS. *Hic circa secundum Genus versatur.* Stanl. Hist. Phil. P. III. Cap. III. p. 1123.

Psellus, est cette sublime Intelligence, qui est appellée dans les Oracles, Νοῦς, MENS, L'ESPRIT par excellence, & qui est à la tête des Esprits immortels comme leur Prince & leur Chef.

Ainsi le nom de MITHRA étoit un nom commun, & au *Soleil*, & à cette Prémiére Intelligence que *Platon* appelle le *Second Dieu*. Or comme le *Soleil*, & ce *Dieu*, sont deux Substances très-différentes, l'un étant Esprit pur, & l'autre Corps, la raison la plus naturelle d'une dénomination commune c'est, à mon gré, que le *Soleil* est le Séjour & le Palais de la Prémiere Intelligence. Car comme les Hébreux donnoient à l'Arche le nom de *Jehova*, parce que l'Eternel étoit censé y habiter au milieu de son Peuple; de même les Persans ont appellé *le Soleil* du nom de *Mithra*, parce qu'il est le siége de *Mithra*, c'est-à-dire de la Premiére Intelligence après Dieu.

VI. Erreur de M. Huet, qui veut que *Manichée* ait pris son opinion d'*Hermogène*.

(a) *Origeniana*. L. II. Qu. II. §. 18. p. 62.

(b) Theod. Hær. Fab. L. I. 19.

(c) Clem. Alex. Ibid.

Le Soleil, selon quelques Anciens séjour du Corps de J. Christ & des Bienheureux.

VI. Cette pensée est assurément plus naturelle & plus probable que celle de M. *Huet*, (a) qui s'est imaginé que notre Hérésiarque avoit emprunté d'*Hermogène* son opinion sur le séjour du Fils de Dieu. Il est vrai qu'*Hermogène* s'étoit mis dans l'esprit que le Seigneur laissa son corps dans le Soleil en montant au Ciel. Un passage du (1) Ps. XIX. donna la naissance à cette folie. On lit dans les LXX. *Vous avez mis votre Tabernacle dans le Soleil* (2), ce qui fit croire aux uns, (b) que J.Christ y avoit déposé son Corps glorifié: aux autres, qu'il y transportoit son Corps mystique, & que le Soleil étoit le séjour de l'Eglise triomphante. On met entre ceux, qui soûtenoient ce dernier sentiment, (c) *Panténe*, Docteur d'Alexandrie, si vanté par *Clément*, qui fut un de ses successeurs. Un Moderne s'est avisé de placer l'Enfer, où les autres avoient mis le Paradis. Il n'y a point d'extrémitez, où la Curiosité Humaine n'aille chercher des Ecueils pour y faire naufrage. Quoiqu'il en soit, M. *Huet* se trompe certainement, sur l'origine de l'Erreur de *Manichée*. Car, outre que ce dernier ne croyoit point, que J. Christ eût un Corps, quelle apparence qu'il eût emprunté d'un Africain, dont il n'avoit peut-être jamais ouï parler; ce qu'il trouvoit tout établi parmi les Sages de sa Nation, où l'on croyoit que la Premiére des Intelligences réside dans le Soleil, & que ce bel Astre (3) est *le séjour des Bien-heureux*. Le Préjugé commun des Peuples les conduisoit là. „ (a) Si l'on vous demande, dit *Fauste* à *S. Augustin*, „ soit à vous ou à quelqu'autre que ce soit, en quel endroit habite le „ Dieu, que vous servez, tous répondent sans balancer que c'est dans „ la

Les Persans y mettent le Paradis.

(a) Apud. Aug. L. XXI. 2.

(1) C'est le XVIII. selon les LXX. & le XIX. selon l'Hebreu. ℣. 5.

(2) Ἔνιοι μὲν οὖν φασι, τὸ σῶμα τοῦ Κυρίου ἐν τῷ ἡλίῳ αὐτὸν ἀποτίθεσθαι, ὡς Ἑρμογένης, οἱ μὲν τὸ σῶμα αὐτοῦ, οἱ δὲ τῶν πιστῶν ἐκκλησίαν. Clem. in Elect. ex script. Prophet. Voyez l'*Auctuar*. *Noviss*. du P. *Combefis*. Part. I. p. 208.

„ la Lumiére ". Ainsi, les Manichéens, suivant les idées de l'Ecriture, placérent Dieu le Pére dans une *Lumiére invisible & inaccessible*; & suivant après cela les idées des Philosophes Persans, ils crurent que le Fils, qui est l'Image du Pére, avoit choisi pour son séjour la Lumiére visible, ou le Corps du Soleil. Si c'est une imagination très-vaine, comme c'en est une effectivement, elle est innocente, & au fond elle choque moins la Raison, que celle qui renferme J. Christ tout entier, son Corps, son Ame, & sa Divinité sous les Espéces corruptibles du Pain & du Vin. D'ailleurs elle est du moins aussi bien fondée. Car s'il faut expliquer dans le sens propre & litéral ces Paroles, *Ceci est mon Corps*, il y a sans comparaison moins d'inconvénient à expliquer de même celles du Ps. XIX. *Vous avez mis votre Tabernacle dans le Soleil.*

Paralléle de l'imagination Manichéenne avec celle qui met J. Christ dans le Pain.

VII. Avant qu'on eût imaginé la *Concomitance*, les Théologiens mettoient le Corps du Seigneur dans le signe du Pain, & son Sang dans celui du Vin: Ils divisoient ainsi sa Chair & son Sang. Les Manichéens ne partageoient pas sa Nature Divine, mais ses Perfections, & en mettoient une dans le Soleil, & l'autre dans la Lune. *Le Fils*, dit Fauste (a), *habite la Lumiére visible, & comme il réunit* (4) *deux Perfections & qu'il est la Vertu de Dieu, & la Sagesse de Dieu, nous croyons que sa Vertu réside dans le Soleil, & sa Sagesse dans la Lune.* Je voudrois que *Fauste*, ou du moins S. *Augustin*, qui le réfute, nous eût expliqué ce bizarre mystère du Manichéisme: mais ils ne l'ont fait, ni l'un, ni l'autre: *Fauste*, parce qu'il n'en a pas eu l'occasion; & S. *Augustin*, peut-être parce qu'il ne le savoit pas. J'y ai rêvé, mais je n'ai pû découvrir que des conjectures fort incertaines.

VII. Les Manichéens mettoient la Sag. de J. Christ dans la Lune. Conjectures sur cette imagination.
(a) Ub. sup.

Nos Hérétiques s'étoient imaginez, que les Ames, qui retournent dans le Ciel, s'arrêtent d'abord dans la *Lune*, comme dans l'Astre le plus proche, & qu'après un séjour assez court elles passent dans le *Soleil*. La *Lune* étoit, selon eux, une place d'entrepos pour les Ames qui navigent de la Terre au Ciel. Ils disoient aussi, que J. Christ est le Sauveur & le Libérateur des Ames, qui gardent ses commandemens. Ces Principes supposez, j'ai pensé que les Ames, qui par le bon usage qu'elles font de la Grace du Sauveur, se rendent dignes de retourner dans le Ciel, vont recevoir le premier degré de leur purification dans *la Lune*, par *la Sagesse* de J. Christ. N'est-ce pas la *Sagesse*, ou la connoissance de la Vérité, qui purifie les Esprits? Après quoi elles passent dans le Soleil, où la *Vertu* de J. Christ consomme leur purification.

Purification des Ames, par la sagesse & par la vertu de J. Christ.

Autre

(3) *Credebant* (Persæ) *Beatorum sedem fore in corpore Solis.* Hyd. ub. sup. p. 400. L'Auteur dit néanmoins p. 9. que ce sentiment n'étoit pas général. *Cum aliqui eorum, non omnes, credunt Solem esse Dei sedem, ibique esse Beatorum Paradysum.*

(4) *Qui quoniam ipse sit geminus.* Ibid.

Autre conjecture sur le même sujet. Les Manichéens d'Afrique disoient, (1) que le Soleil est composé *d'un Feu pur, & bienfaisant : & la Lune d'une Eau bonne.* Ceux d'Egypte avoient d'autres idées. Or toutes les purifications se faisant par le *Feu* & par l'*Eau*, il semble que les Manichéens faisoient passer les Ames, premiérement par l'*Eau de la Lune* & ensuite par le *Feu du Soleil*, afin d'achever leur purification qui n'étoit que commencée sur la Terre. Ainsi le Soleil & la Lune étoient les *Purgatoires* des Ames. Je ne sai ce que le Lecteur pensera là-dessus, mais je veux bien lui dire ce que je pense. C'est qu'il me paroit sans comparaison plus raisonnable de placer le *Purgatoire* dans ces Planétes, que dans les entrailles de la Terre, ou dans je ne sai quels Espaces inconnus, & de mettre les Ames entre les mains de J. Christ, que dans celles des Démons, qui les plongent tantôt dans des Eaux glacées, & tantôt dans des flammes ardentes. La *Sagesse* & la *Vertu* du Fils de Dieu, quelque part qu'on les mette, sont au fond le vrai Purgatoire des Ames.

VIII. L'Air, séjour du S. Esprit.

VIII. Nous sortons d'une obscurité pour passer dans une autre. Le S. Esprit étant LA TROISIEME MAJESTÉ, les Manichéens le plaçoient dans l'Air, qui enveloppe la Terre. (2) *Nous croyons*, dit Fauste, *que le S. Esprit, qui est la* TROISIEME MAJESTÉ, *a pour séjour tout l'Air qui nous environne, & que c'est par sa vertu, & par ses écoulemens spirituels, que la Terre conçoit & engendre* LE JESUS PASSIBLE, *qui est la Vie & le Salut des Hommes, & qui pend à tous les Arbres.* Voilà certainement une énigme qu'il est bien difficile d'expliquer. Je ne croi pas que S. *Augustin* l'entendît, car tout ce qu'il dit en la réfutant ne l'éclaircit point. Je laisse à présent le *Jesus passible*, dont je parlerai dans la suite, pour faire quelques Observations sur la Sphére du S. Esprit.

Rapport de cette Theologie Manichéenne avec celle des Hébreux, qui donnoient au S. Esprit l'intendance & le s[illegible]n des Ames Humaines.

(a) *Euseb.* de Præp. Evang. L. VII. 15. p. 325.

Je remarque d'abord, que, si nous en croyons *Eusébe*, la Théologie des Hébreux sur le sujet du S. Esprit, avoit beaucoup d'affinité avec celle des Manichéens. (a) Outre le premier *Principe*, qui seul existe par lui-même, les Hébreux admettoient deux autres *Principes* subalternes dont le prémier, savoir le *Verbe*, reçoit immédiatement du Pére la plénitude des Dons, qui émanent de l'immense

(1) *Lunam factam ex bona aqua : Solem ex igne bono.* Aug. *de Hær.* Cap. XLVI.

(2) *Nec non & Spiritus Sancti, qui est Majestas tertia. Aeris hunc omnem ambitum sedem fatemur ac diversorium. Cujus ex viribus, ac spiritali profusione, Terram quoque concipientem gignere patibilem Jesum, qui est salus & vita hominum, omni suspensus e ligno.*

(3) Le Lecteur, qui se souviendra de ce que j'ai dit ci dessus de la Trinité Platonicienne, reconnoîtra bien que les idées des Hébreux, selon *Eusébe*, sont les idées de *Platon*. Aussi les Hébreux, qu'il cite, étoient des Platoniciens. Cependant ne décidons rien.

(4) Τοῖς ὑποβεβηκόσι. Euseb. Ibid.

mense source de la Divinité: Le second, qui est le *S. Esprit*, les reçoit du Verbe. (3) Le *Verbe* est *comme le Soleil*, & le *S. Esprit comme la Lune*, qui emprunte sa lumiére du Soleil. Le *Verbe* communique ses clartez spirituelles aux *Puissances Divines* & *intelligentes*, qui composent la prémiere classe des Etres de l'Univers. Le S. Esprit communique les siennes aux Etres (4) *inférieurs*, aux Etres de la seconde Classe, c'est-à-dire, aux Ames Humaines. Ainsi le *Verbe* préside sur les Intelligences célestes, & le S. *Esprit* sur celles, qui sont unies à la Matiére. C'est par son canal, & par sa libéralité qu'elles sont enrichies des Graces Divines & qu'elles reçoivent les lumiéres & les secours nécessaires pour se défendre des Vices. Telle étant donc, selon *Eusébe*, l'opinion des Hébreux, comme ils devoient placer le *Verbe* dans le Ciel des pures Intelligences, ils devoient aussi mettre le S. *Esprit* dans l'*Air*, & le rapprocher des Etres de son Département, afin qu'il répandit sur eux ses *influences* & *ses écoulemens spirituels*.

Ils devoient le placer dans l'Air.

Je remarque en second lieu, que le S. *Esprit* ayant la charge des Ames Humaines, il étoit naturel de le placer dans l'*Air*, qui, selon l'opinion de plusieurs anciens Philosophes, est le séjour des Ames. (5) *C'est-là*, dit Philon, *qu'elles voltigent* sans cesse. (6) L'*Air*, dit-il encore, *reçoit & contient les semences des Ames, que le Créateur y répand par une grace admirable*. Et dans un autre endroit, (7) *Il y a dans l'Air le Chœur sacré des Ames incorporelles, qui sont les Ministres & les imitatrices des Vertus Célestes. Les Oracles sacrez les appellent des* ANGES. *Porphyre* pense & parle à peu près comme *Philon*. (8) *Les Ames*, dit-il, *sont aériennes, & l'on croit qu'elles tirent leur substance de l'Air*. Si nous voulons nous en rapporter à *Tyrbon*, *Manichée* étoit de ce dernier sentiment. Il croyoit, (9) *que l'Air est l'Ame des Hommes & des Animaux*. Mais je suis persuadé que *Tyrbon* se trompe, & qu'il a confondu l'*Ame* avec la *Vie*, ou notre *Air*, que nous respirons, avec l'*Air* céleste & pur qui est dans le Ciel suprême. Quoiqu'il en soit, quantité de Philosophes mettoient les Ames dans l'Air, & *Pythagore* croyoit, (10) *qu'il en est tout rempli*. Ainsi l'*Air* étant le siége des Ames, selon ces Philosophes, & le S. Esprit ayant la charge des Ames, il ne faut pas s'étonner, qu'ils le plaçassent aussi dans

L'Air, séjour des Ames selon quantité de Philosophes.

(5) Ψυχαί εἰσὶ κατὰ τὸν ἀέρα πετόμεναι. Phil. De Gigant. initio.

(6) Ἀὴρ τὰ ψυχῆς, κατ' ἐξαίρετον χάριν παρὰ τοῦ Δημιουργοῦ, σπέρματα λαβών. Ibid.

(7) Εἰσὶ δὲ κατὰ τὸν ἀέρα ψυχῶν ἀσωμάτων ἱερώτατος χορὸς &c. De Conf. Linguar. p. m. 270. *Philon* croyoit, que les Ames Humaines font un même Ordre d'Esprits.

(8) Ἀφ' οὗ (nempe Aeris) καὶ αὗται ψυχαὶ ἀερώδεις καὶ ἐξ ἀέρος ἔχειν τὴν οὐσίαν ὑποπτεύθησαν. Porphyr. De Ant. Nymph. p. m. 228.

(9) Ἐπειδὴ ὁ ἀὴρ ψυχή ἐστι ἀνθρώπων καὶ ζώων. Ap. Epiph. p. 645.

(10) Εἶναι τὸν ἀέρα ψυχῶν ἔμπλεων. Diog. Laert. in Pyth. p. m. 319.

dans l'*Air*. Là il agissoit sur elles pendant qu'elles s'élevoient au Ciel. De-là il envoyoit ses secours aux Ames, qui sont unies avec la Matiére, afin de les en dégager. C'est ainsi que des opinions, qui nous paroissent si folles, étoient assorties avec des Systêmes Philosophiques, qui avoient la vogue en Orient.

IX. Le St. Esprit est l'*Entendement Actif* des *Peripateticiens*. Ils mettoient cet Entendement dans l'Air.

IX. Ces premiéres Observations commencent à répandre quelque lumiére sur le Systême Manichéen; mais celle que j'y vai ajouter achevera de l'éclaircir. Les Philosophes (1) *Peripateticiens* concevoient dans le Monde deux ENTENDEMENS, ou deux *Esprits*; l'un, qu'ils nommoient ACTIF, (*Intellectum agentem*) & qui est séparé de la Matiére: l'autre, qu'ils appelloient PASSIF, (*Intellectum passibilem*) qui est uni à la Matiére, & qui est l'Esprit de l'Homme. *Algazel* s'est imaginé que cette *Intelligence Active, qui illumine l'Entendement Humain* réside dans la *Lune*; mais *Avicenne* l'a placé au dessous de la Lune, & dans le Monde Elémentaire: *Avennazar* & *Averroès* ont cru qu'elle ne préside que sur l'Espèce Humaine. Voilà certainement la Théologie des Manichéens. L'*Entendement Actif*, qui réside dans l'*Air* n'est autre chose que le S. *Esprit*. qui communique ses Lumiéres aux Ames; & qui leur donne la force de résister aux mouvemens déréglez de la Matiére à laquelle elles sont unies.

X. Explication d'un endroit de *Photius*.

X. Je n'ai plus qu'une Remarque à faire à l'occasion d'un endroit de *Photius*. Il dit, dans l'Extrait d'*Agapius*, que ce célèbre Manichéen (2) „ *parloit de l'Air comme d'une Divinité, & le* „ *louoit dans ses Hymnes comme si c'étoit un* HOMME ET UNE „ COLONNE". Voilà des idées qui paroissent bien mal assorties. L'*Air* est-il une *Colonne*? Une *Colonne* peut-elle être un *homme*? Un *homme* peut-il être un *Dieu* dans une Secte, qui certainement n'a jamais déifié des hommes? Rien de plus absurde en apparence, mais il s'en faut bien qu'il ne le soit autant en effet. Separons le faux d'avec le vrai, & developons la pensée d'*Agapius*.

Ce que c'est que l'Air parfait des Manichéens.

Cet homme célébroit dans des Hymnes l'état des Ames bienheureuses, lorsqu'elles sont parvenues à la suprême felicité. Là elles respirent un AIR PARFAIT, qui n'est point mêlé des vapeurs de la Matiére; qui n'est point agité de tempêtes, ni obscurci des nuages & des voiles de la nuit. C'est le pur *Ether* que les anciens Philosophes croyoient être le séjour des Ames. Là elles brillent d'une Lumiére pure & solide, d'une Gloire qui ne se ternira jamais, & dont la stabilité égale la perfection. Elle est, pour ainsi dire, appuyée sur des *Colonnes* d'une éternelle durée. Ces Ames

(1) Le Lecteur, qui voudra en savoir davantage sur ce sujet, peut consulter les *Dissertations varii argumenti* du savant *Jaques Thomasius*. Il traite dans la Dissertation XXVII. *De Intellectu agente.*

(2) Θεολογεῖ τὸν ἀέρα, κίονα αὐτὸν καὶ ἄνθρωπον

Ames c'est l'*Homme*. Le corps est aussi étranger à l'Homme que le vêtement. C'est un habit corruptible dont il est couvert, & qu'il dépouille par la mort. Ou plutôt c'est une prison, où il est captif, & dont la Grace du Liberateur le délivre, en lui faisant connoître sa nature, son origine, ses devoirs, ses esperances, & en lui donnant les secours nécessaires pour briser les liens des Passions charnelles. C'est-là ce qu'*Agapius* célébroit dans ses Hymnes. La contradiction & le ridicule disparoissent dès qu'on découvre sa pensée, ce qui n'eût pas été difficile à *Photius*, s'il avoit voulu y trouver de la raison. Il n'avoit qu'à consulter la Rélation des Dogmes de *Manichée* par *Tyrbon*. (3) „ Lorsque la Lune, *dit-il*, a remis aux Eons du Pére les „ Ames, dont elle est chargée, ces Ames demeurent dans „ la COLONNE DE LA GLOIRE, que les Manichéens „ appellent l'AIR PARFAIT. Cet Air est une COLONNE „ DE GLOIRE parce qu'elle est remplie d'Ames purifiées ". Si l'explication, que je donne, ne répond pas tout-à-fait aux termes de nos deux Auteurs, le Lecteur n'en doit pas être surpris. Car il ne faut pas croire, ni que le Récit de *Tyrbon* soit fort juste, ni que l'Extrait de *Photius* soit fort exact. Ceux qui nous donnent la substance des opinions des Hérétiques, ne s'appliquent à rien moins qu'à y trouver de la raison. Ce n'est pas ce qu'ils y cherchent.

Voilà tout ce que j'ai pu découvrir jusqu'à présent du Systême de *Manichée* sur la Nature & les Attributs de Dieu, & sur les Personnes Divines.

CHAPITRE IX.

Des EONS *en général, & de ceux des* VALENTINIES *en particulier.*

I. APRE'S avoir parlé de la Nature & des Personnes Divines, il faut traiter à présent de ces Intelligences celestes, qui tiennent dans l'Univers le premier rang après Dieu, & qui ont été nommées ΑΙΩΝΕΣ, EONS. *Manichée* enseignoit (*a*) „ qu'avant la Création du Monde materiel, la Divinité vivoit dans son Em-

Manich. [illegible] admet des *Eons*.

(*a*) Ap. [illegible] Cont. Ep. Fund. Cap. XIII.

θεῶντι ἐξῆλθεν, Phot. Cod. CLXXIX. p. 405.

(3) Παραμένουσι Animæ ἐν τῷ στύλῳ τῆς δόξης ὃς καλεῖται ἀνὴρ (Lege ἀὴρ) ὁ τέλειος: ὁ δὲ ἀὴρ οὗτος στύλος ἐστὶ τῆς δόξης. &c. Ap. Epiphan. Hær. LXVI, §. 26.

„ Empire, avec ses glorieux & bienheureux (1) *Eons*, dont on „ ne sauroit compter le nombre, ni mesurer la durée “. C'est ainsi qu'il appelloit ces Esprits, qui sont, pour ainsi dire, les Fils ainez de la Divinité, & le premier ordre des Puissances Spirituelles.

II. Idée du mot *Aion*. Définitions de *Damascene*, de *Clement* d'Alexandrie, du faux *Mercure Trismegiste*.

Pourquoi ce nom fut donné aux Substances Spirituelles.

II. Eon (Αἰὼν) est un mot Grec, qui exprime quelquefois une longue durée, quelquefois une durée infinie, ou du moins indéfinie. (2) „ Comme le Tems, dit *Damascene*, est la durée des Etres „ fragiles & passagers, *Aion* est celle des Etres éternels “. C'est là, si je ne me trompe, ce qui a donné occasion d'appeller *Aiones* les Substances immortelles. Quoique cette expression soit devenue suspecte, par l'usage qu'en ont fait les Hérétiques, il faut pourtant avouer, qu'elle est au fond aussi propre & aussi noble qu'aucune autre. Comme on n'a point d'Idée des Substances en général, & qu'on ne les connoit que par quelcun de leurs Attributs, l'Esprit ne peut les saisir, ni les désigner que par-là. C'est ce qui fit que l'on nomma les Substances Spirituelles d'un nom, qui marque leur maniére d'exister. *Clement* d'Alexandrie a dit (3) „ qu'*Aion* représente à la fois, & réunit comme en un seul instant „ toutes les Parties du Tems, le Passé, le Présent & l'Avenir “. Cela veut dire, que ce terme présente à l'Esprit l'idée d'un Etre qui a existé, qui existe & qui existera toujours. Il semble désigner ce que S. *Jean* a exprimé par ces mots (a) *Celui qui est, qui étoit, & qui est à venir.* Aussi le faux *Mercure Trismegiste* donne-t-il à Dieu la durée, qu'il appelle *Aion*. Il remarque „ que les „ deux (4) *Facultez*, les deux *Vertus de Dieu*, sont l'*Esprit* „ (Νοῦς) & l'*Ame*, & que les deux *Vertus de l'Aion* sont *la Perpe-* „ *tuité & l'Immortalité*. L'Essence de Dieu, *dit-il encore*, c'est „ le Bon & le Beau, la Beatitude & la Sagesse. (5) L'Essence „ de l'*Aion*, c'est d'*être toujours le même*. L'Essence du Monde „ c'est l'Ordre, & l'Essence du Tems, ce sont les Mutations “. Cet Auteur croyoit, que le Monde a été fait, mais qu'il durera éternellement. Cependant il reconnoit, qu'*Aion* ne convient pas au Monde, parce que les Parties du Monde souffrent de perpétuels chan-

(a) Apoc. I. 4.

(1) Il y a dans la Traduction Latine de l'Epître de Manichée *Sæcula*, qui repond à l'Αἰῶνες des Grecs.

(2) Ὅπερ γὰρ τοῖς ὑπὸ χρόνον ὁ χρόνος, τοῦτο τοῖς ἀϊδίοις ὁ Αἰών. *Damasc.* Orthod. Fid. L. II. 1. p. m. 65. On peut voir dans cet endroit-là les diverses significations du mot Αἰών.

(3) Ὁ γὰρ αἰὼν τοῦ χρόνου τὸ μέλλον, καὶ τὸ ἐνεστὼς, αὐτὰρ δὴ καὶ τὸ παρῳχηκὸς, ἀκαριαίως συνίστησι. Clem. Al. Strom. L. I. p. m. 298.

(4) Ἐνέργειαι δὲ τοῦ Θεοῦ, Νοῦς καὶ Ψυχή, τοῦ δὲ Αἰῶνος διαμονὴ καὶ ἀθανασία. Herm. Trism. Cap. XI. Ment. ad Merc.

(5) Τοῦ δὲ αἰῶνος (οὐσία) ἡ ταυτότης . . . χρόνου δὲ μεταβολή. Ibid.

(6) Μονὰς ἀμβάτων ἀριθμῶν
Προανουσίων ἀνάκτων. Syncs. Hym. II. v. 71.

(7) Μονὰς εἶ Μονάδων
Ἀριθμῶν Ἀριθμὸς

Μονὰς

changemens. Il ne convient qu'aux Etres Spirituels, qui subsistent d'une maniére toujours égale sans accroissement, sans diminution & sans altération.

III. Les Philosophes cherchérent donc des termes, pour exprimer les Substances simples & immortelles. *Pythagore* les appella des NOMBRES. Rien de plus abstrait ni de plus immatériel. *Synesius* l'a imité dans ses Hymnes, où il appelle Dieu (6) l'UNITÉ DES NOMBRES IMMORTELS *& des Rois Immatériels.* Cela veut dire, que Dieu est le Principe très-simple des pures Intelligences. Le même Auteur dit ailleurs au Fils de Dieu, (7) *Vous êtes l'Unité des Unitez, le* NOMBRE DES NOMBRES. *Vous êtes Unité & Nombre tout ensemble. Synesius* semble copier les propres paroles de *Pythagore*, car *Hieroclès* fait mention d'un *Livre Sacré*, qui étoit attribué à ce Philosophe, (8) *dans lequel il louoit la Divinité*, & l'appelloit LE NOMBRE DES NOMBRES. Quant aux paroles de *Synesius* elles signifient, que le *Verbe*, qui est *Unité* dans sa Nature, est *Nombre* par rapport à ses effets, parce qu'il est l'Auteur de toutes les Intelligences. Tout ce qu'il y a d'Esprit pur dans notre Monde & hors de notre Monde, tout émane du *Verbe* ou de la Raison Divine. III. Autres Noms qu'on leur a donnez. Celui de *Nombres.*

Platon, qui marcha sur les traces de *Pythagore*, laissa les *Nombres*, & leur substitua les *Idées*. Rien encore de plus abstrait, ni de plus immatériel. *Synesius*, fidele Sectateur de *Platon*, n'a pas manqué aussi d'imiter l'expression de ce Philosophe, & d'appeller Dieu (9) l'IDÉE DES IDÉES, & la *Beauté immense.* Ceux d'Idées.

D'autres Philosophes crurent qu'il valoit mieux désigner les Intelligences par l'Attribut de la Sagesse & de la Raison, & les nommérent des VERBES. *Plutarque* dit quelque part, (10) que les VERBES, les *Idées*, ou les *Formes*, & les *Emanations Divines resident dans le Ciel & dans les Astres. Philon* (11) donne en plus d'un endroit le nom de *Verbe* aux Anges. Les Valentiniens (12) appelloient indifféremment de la sorte & le Fils de Dieu, & leurs autres *Eons*, quoiqu'ils ne les missent pas en paralléle avec lui. Ils definissoient un *Ange* par (13) un *Verbe* chargé *d'annoncer quelque chose de la part* du Souverain *Etre*, ou de l'*Etre* par excellence. Et de *Verbes.*

Cette

Μονὰς καὶ Ἀριθμός. Id. Hym. III. ℣. 174.

(8) Ἐν ᾧ ἀριθμὸς ἀριθμῶν ὁ Θεὸς ὑμνεῖται. Hieroc. in *Carm. Pyth.* p. m. 225.

(9) Ἰδεῶν ἰδέα βύθιον κάλλος. Syn. Hym. IV. ℣. 68.

(10) Οἱ μὲν γὰρ ἐν οὐρανῷ καὶ ἄστροις λόγοι, καὶ ἰδέαι, καὶ ἀπορροίαι τοῦ Θεοῦ μένουσι. Plutarc. ap. *Petav.* not. in *Synes.* p. 42.

(11) Ἀγγέλους καὶ λόγους. Phil. de Alleg. p. m. 71. Et dans la suite διὰ δὲ Ἀγγέλων καὶ λόγων.

(12) Λέγουσι δὲ τοὺς Αἰῶνας, ὁμωνύμως τῷ λόγῳ λόγους. Clem. Al. Eclog. Theod. §. 30.

(13) Λόγον ἐπαγγελίαν ἔχοντα τοῦ ὄντος. Ibid. τὸ ὂν c'est l'*Etre* Souverain, celui qui existe par lui-même. Dans le style des Philosophes ce mot désigne l'Essence éternelle.

Cette definition ne paroit pas mauvaise. *Verbe* marque la Nature Intelligente, & *Ange* le Ministére de cette Nature.

Explication du nom de Verbe donné au Fils de Dieu par S. *Jean.*

(a) Jean I. 1.

Ce seroit peut-être dans cet usage des Philosophes contemporains de S. *Jean*, qu'il faudroit chercher l'origine d'une Expression, qui lui est particuliére, & dont il se sert neanmoins comme d'une Expression commune & connue, puisqu'il ne l'a point expliquée. (a) *Au commencement*, dit-il, *étoit le Verbe*. On croit qu'il fait allusion à l'Histoire de la Création par *Moyse*, dans laquelle Dieu exécute tout par la seule force de son commandement, & que l'Evangeliste a voulu nous apprendre, que la *Parole*, qui créa l'Univers, est une *Parole Substantielle*, & le propre Fils de Dieu. Je ne rejette point cette pensée, elle ne combat pas la mienne sur l'usage du mot de *Parole* ou de *Verbe*. Des Philosophes Payens, Juifs & Chrétiens appelloient les Esprits purs des *Verbes*. S. *Jean* veut bien adopter cette Expression, & s'en servir pour désigner la Nature Divine du Sauveur. Mais en l'adoptant, parce qu'elle étoit aussi propre & aussi familiére qu'elle est noble, il prévient l'abus qu'on en pourroit faire, & distingue le Fils de Dieu par ces deux prérogatives, qui lui sont particulieres. La premiere, qu'il est le VERBE par excellence. *Au commencement étoit le Verbe*. La seconde, qu'il n'étoit pas seulement *avec Dieu* comme les autres Esprits, mais QU'IL ETOIT DIEU. *Le Verbe*, dit-il, *étoit avec Dieu*, & *le Verbe étoit Dieu*. C'est ma pensée, que je propose au Lecteur par occasion. Revenons à notre sujet.

Les Philosophes & les Théologiens cherchant donc des termes, pour exprimer les Substances incorporelles, les désignérent par quelcun de leurs attributs, ou par quelcune de leurs opérations. Ils les appellérent *Esprits*, à cause de la *subtilité* de leur Substance, qui échappe à tous les Sens: *Intelligences*, à cause de la *Pensée*: *Verbes*, à cause de la *Raison*: *Anges*, à cause de leur *Ministére*: *Eons* ou *Aiones* à cause de leur *Immortalité* & de leur maniére de subsister toujours égale, sans changement & sans altération. En un mot *Eons* & *Immortels* sont des termes synonymes.

IV. Fausse conjecture de *Croy* sur l'origine du nom d'*Eon*.

(a *Specim. Conject.* ad loca quæ Origen. &c. Je me sers de l'Edition qui est à la fin de celle de S. *Irenée* par *Grabe.*

IV. Le savant *J. de Croy* (a) s'est imaginé, que les Juifs Hellenistes furent les premiers qui donnérent le nom d'*Eons* aux In-

(1) Οὐ γάρ εἰμι Αἰὼν, ἀλλ' ἄνθρωπος, μέρος τῶν πάντων, ὡς ὥρα ἡμέρας· ἐνστῆναί με δεῖ ὡς τὴν ὥραν καὶ παρελθεῖν ὡς ὥραν. Arrian. in Epict. L. II. 5. p. m. 179. L'Interprete a rendu Αἰὼν par *Æternitas*. Ce n'est pas le sens.

(2) *Il a été l'Inventeur des Eons*, dit *Tillem.* en parlant de *Simon*. Mem. Ec. T. II. P. I. p. 64.

(3) Παμπόλλα γὰρ τῶν παρὰ ταῖς αἱρέσεσι δοξαζομένων εὕροιμεν ἂν, ὅσα μὴ τέλεον ἐκκεκόφαται. &c. *Clem. Al.* Strom. L. I. p. m. 298.

(4) Τὸν τέλειον Αἰῶνα. Ap. Iren. L. L. I.

Intelligences célestes. Il se fonde sur ce qu'ils ont rendu le mot Hebreu *Holam* par celui d'*Aion*, qui signifie dans leur usage, non seulement ce que nous appellons *Siécle*, ou une longue durée, mais le Monde même. Je ne crois pas cette Conjecture bien fondée. Ce n'est ni le Monde, ni les Créatures en général, que les Hérétiques appelloient *Aiones*. Ce ne sont que les Intelligences & même ordinairement les plus parfaites & les plus sublimes. D'ailleurs bien que les Juifs Hellenistes, comme *Philon*, par exemple, se soient servis de cette expression en parlant des Anges, les Auteurs Payens l'ont fait aussi, & il n'y a nulle apparence, qu'ils l'ayent prise des Juifs. *Arrien* fait dire à son *Epictéte*, (1) *Je ne suis pas un* EON, *mais un* HOMME: *Je suis une partie de l'Univers, comme une heure est une partie du Jour. Il faut que je vienne & que je passe comme cette heure.* AION veut dire dans cet endroit un *Dieu*, un *Immortel*. Notez qu'*Arrien* florissoit sous *Adrien*, dont il fut fort aimé, & sous lequel s'éleverent les Partisans, mais non les Inventeurs de la Doctrine des *Eons*. M. de *Tillemont* (2) en donne l'invention à *Simon* le Magicien, mais nous verrons bientôt qu'il s'est trompé.

Arrien s'en sert pour dire un Dieu.

V. Il est juste d'effacer des Prejugez, qui viennent moins d'ignorance que d'une aversion mal entendue pour les Hérétiques. *Clément* d'Alexandrie (3) a fort bien dit, que toutes les Opinions des Sectaires ne sont ni mauvaises, ni vaines & méprisables. Disons la même chose de leurs Idées & de leurs Termes. Cependant la prévention va si loin, qu'on diroit que jusqu'au mot d'*Eons*, tout est hérétique, & qu'on ne peut s'en servir sans donner dans les rêveries de *Simon*, de *Menandre*, de *Valentin* & de leurs pareils. C'est Prejugé, & si je l'ose dire, Foiblesse toute pure. Les Péres ne font aucune difficulté de nommer *Eons*, non seulement les Intelligences célestes, mais les Personnes Divines. Si *Valentin* appelle la Divinité (4) l'EON PARFAIT, *Synesius* la loue dans ses Hymnes sous le glorieux titre (5) d'EON DES EONS. Il semble imiter le faux *Denys* l'Aréopagite, qui appelle Dieu, (6) le *commencement & la mesure des siecles*, *l'Essence du Tems*, *l'*EON *de tout ce qui existe*, & enfin l'EON DES EONS. Nous avons une Hymne de S. *Clement* d'Alexandrie à l'honneur du Fils de Dieu, dans laquelle il le qualifie indifféremment (7) le *Verbe Eternel*, & l'EON INFINI. Le Martyr *Methodius* l'appelle (8) *le*

V. Innocence de cette Expression. Les Peres appellent Eons les Personnes Divines.

I. I. init.

(5) Σὺ δὲ Αἰὼν Αἰώνων. Synes. Hym. II. ℣. 93.

(6) Ἀρχὴ καὶ μέτρον αἰώνων, καὶ χρόνων οὐσία καὶ Αἰὼν τῶν ὄντων. . . . ὁ Αἰὼν αἰώνων, ὁ ὑπάρχων πρὸ τῶν αἰώνων. Dionys. Ar. de Divin. nom. Cap. V. §. 4.

(7) Λόγος ἀέναος, Αἰὼν ἄπλετος. Clem. Al. p. m. 167.

(8) Τὸν πρεσβύτατον τῶν Αἰώνων. Meth. in Symp. p. 79. Edit. Combef.

le plus ancien des Eons, & *Synesius* (1) *l'Eon qui ne vieillit jamais.*

Et les Intelligences celestes. Passages des Peres Grecs.

A l'égard des simples Intelligences, les Péres Grecs & Latins les appellent assez souvent des *Eons*. L'Auteur des Constitutions Apostoliques dit, (2) que Dieu créa avant toutes choses *les Cherubins & les Seraphins*, les EONS & *les Armées*. *Eusébe* dit de même, (3) „ que ces EONS ETERNELS, qui ont été créez „ avant notre Ciel, & notre Terre, & cette infinité d'autres „ *Eons des Eons*, qui subsistent avant toutes les choses visibles, „ reconnoissent Dieu pour leur Unique & Souverain Monarque". L'Auteur de l'Epître interpolée de S. *Ignace* aux *Tralliens* vante (4) les *Grandeurs des Eons*. Ce sont, pour ainsi dire, autant de *Majestez* célestes. Selon *Synesius*, Dieu est (5) le *Pére & la vie des* Eons, & *Tatien* les place avec lui dans le Ciel supréme, comme les (6) *plus excellentes* des Créatures.

Des Péres Latins & vraisemblablement de S. *Paul*.

Cela suffit pour les Péres Grecs. A l'égard des Péres Latins, je ne citerai que ces paroles de S. *Hilaire*, (7) Les *Anges l'ignorent*: LES SIECLES (ce sont les *Eons*) *ne le savent point*. Mais je confirmerai l'usage qu'il a fait du mot de *Siécles*, ou d'*Eons* par le témoignage de S. *Jerôme*, & vraisemblablement par l'autorité de S. *Paul*. S. *Jerôme* conjecture que l'Apôtre a dit les *Eons*, ou les *Siécles*, pour dire *les Anges*. Expliquant ces mots

(a) Eph. III. 9.

de la Version Latine, (a) *Mysterium à sæculis absconditum*, que nous traduisons, *le Mystére caché de tout tems*, ce Pére nous avertit qu'ils peuvent signifier aussi, (8) *que le Mystére a été inconnu aux* SIECLES, *c'est-à-dire, à toutes les Créatures* SPIRITUELLES ET RAISONNABLES, *qui ont existé dans tous les Siecles.* L'explication paroît un peu subtile, mais il faut qu'elle eût été avancée par des Péres Grecs, qui avoient précedé S. *Jerôme*. Car on sait, que ses Commentaires ne sont presque qu'une compilation de ceux des Grecs. Il n'en est pas de même de l'explication d'un autre endroit de S. *Paul*. A l'égard de celle-ci, elle est très-simple, très-naturelle, & si j'ose dire ce que j'en pen-

(1) Ἀλλ' αὐτὸς ἀγήραος,
Αἰὼν ὁ παλαιγενὴς
Νέος δὲ ἅμα καὶ γέρων &c.
Synes. Hym. IX. ℣. 56.

(2) *Constit. Ap.* L. VIII. 12. p. 394. Αἰῶνάς τε καὶ στρατιάς.

(3) De Laud. Const. Cap. I. p. m. 606. Αἰῶνες ἄχρονοι . . ἄλλοι δὲ τούτων ἄπειροι Αἰῶνες Αἰώνων.

(4) Τῶν αἰώνων μεγαλότητας. Ign. Ep. interp. ad. Trall. n. V.

(5) Πατὴρ Αἰώνων,
Αἰωνοτόκε,
Αἰωνόβιε.
Synes. Hym. III. ℣. 162. 266.

(6) Αἰῶνες οἱ κρείττονες. Tat. Orat. cont. Gent. p. 159.

(7) *Angeli non audierunt, sæcula non tenent.* Hilar. de Trinit. L. II. circa med.

(8) *Potest autem Mysterium & aliter intelligi, quod ipsa illud sæcula ignorarint, hoc est, omnes spirituales & rationabiles Creaturæ, quæ in sæculis fuerant.* Hieron. in Ep. III. 9. T. III. p. m. 171.

pense, elle me paroit plus naturelle, que toute autre. S. *Paul* dit à la lettre; *Vous avez marché selon* l'Eon de ce Monde (Κατὰ τὸν Αἰῶνα τȣ̃ κόσμȣ τȣ́τȣ) *selon le Prince de la Puissance de l'Air, de ces Esprits qui opérent avec efficace dans les Enfans de rebellion.* Les avantages de cette Traduction sont 1. qu'on ne fait aucune violence aux termes de S. *Paul.* L'*Eon de ce Monde* est la même chose, que le *Prince de ce Monde* & le *Dieu de ce Siecle.* 2. On ne seroit pas obligé de donner au mot *Aion* un sens, qui n'est pas à beaucoup près si simple & si naturel que celui-là. 3. Il faut que l'ancien Interprête Latin l'ait entendu de la sorte; car on lisoit dans la Version, dont on se servoit en Afrique du tems de S. *Augustin*, *selon* la Puissance *de ce Monde*; (*a*) *secundum* Magisterium *hujus Mundi.* *Magisterium* signifie un Ordre de *Magistrats* ou de Supérieurs. 4. S. *Jerôme* ne s'éloigne point de cette Explication. C'est (9) une de celles qu'il propose. 5. J'ajoute à ces Remarques, celle du docte M. *Fabricius*, qui dit sur ces mots de l'Epître aux Hébreux. (*b*) *Par lequel Dieu a fait les Siecles*, (10) *Que par les* Siecles, *ou les* Eons, *on peut fort bien entendre les Anges.*

Explication d'Eph. II. 2.

(*a*) Ap. Aug. cont. Fortun. Disp. I.

(*b*) Heb. I. 2.

VI. Voilà mes Réflexions sur le sens & l'origine de ce nom si fameux, qui a été donné aux Esprits, mais qui a été si diffamé, à cause de l'usage qu'en faisoient les Hérétiques. Voyons à présent ce que nous devons penser sur l'origine du Systême des Eons. C'est une ancienne opinion & fort commune parmi (11) les Péres, que *Valentin* ne fit qu'imiter *Hésiode*, & que la *Théogonie* de ce Poëte fut la source d'où l'Hérésiarque prit ses *Eons*, & leur Généalogie. Cette conjecture a quelque chose de spécieux. *Hésiode* commence par le *Chaos & la Nuit*. On diroit que ces deux premiers Dieux ne ressemblent pas mal aux deux premiers *Eons* de *Valentin*, qui sont Bythos & Sige: la Profondeur & le Silence. La *Théogonie* d'*Hésiode* contient la Généalogie de *trente* Dieux, & il y a de même *trente Eons* dans la Théologie de *Valentin*. Cependant je ne saurois

VI. Les Hérétiques n'ont point pris leurs Eons d'*Hésiode*.

(9) *Sive quod ipse Satanas mundi hujus, ut supra diximus, & seculi vocabulo nuncupetur.* Hieron. in Eph. Cap. II. p. m. 167.

(10) *Quo in loco per* Αἰῶνας *non absurdum sit intelligere Angelos.* Fabric. Cod. Apocryp. N. T. T. I. p. 710

(11) C'est le sentiment de S. *Irenée* suivi par S. *Epiphane* & par d'autres Anciens & adopté par M. *Le Clerc* Bibliot. Ch. T. X. p. 190) & en général par les Modernes. *Stillingfleet* fait venir les Eons de *Sanchoniathon*, qui met au rang des Dieux celui qu'il nomme Αἰὼν, & le πρωτογόνος ou le *premier né*. Orig. Sacr. L. I. 2. §. 7. M. *Buddeus* (Diss. de Hær. Valent.) veut que *Valentin* ait imité les Cabbalistes. Ce savant Homme peut bien avoir raison. Mais le Platonisme est la vraye origine du fond de tout ce Systême, comme on va le voir. L'arrangement seul est des Hérétiques.

rois me persuader, qu'un Philosophe qui faisoit profession du Christianisme, soit allé puiser ses Idées dans un Poëme Payen, qui étoit connu de tout le monde, & qui n'est qu'un tissu de Fables. Le Poëte emprunte les Dogmes du Philosophe, ou du Théologien, & les orne de fictions ingenieuses. *Orphée*, *Homere* & *Virgile* l'ont fait. Mais le Philosophe & le Théologien iront-ils prendre dans le Poëte, non seulement les Dogmes, mais les Fictions mêmes? D'ailleurs *Valentin* étoit grand Platonicien, & en cette qualité, il ne pouvoit que condamner la Théologie fabuleuse & licentieuse des Poëtes. Mais voici une Objection, à laquelle je ne sai ce que l'on peut répondre. La *Théogonie* d'*Hésiode* n'est autre chose que la Création du Monde matériel & visible, dont ce Poëte a divinisé les Parties principales, conformément à la Theologie Payenne. Dans le Style des Poëtes, *Théogonie* est la même chose que *Cosmogonie* dans celui des Philosophes. Ainsi *Hésiode* a décrit la formation du Monde visible, dont tous ses Dieux sont autant de Parties ou d'Attributs essentiels. Mais les Valentiniens ont voulu décrire l'origine du Monde spirituel, des Intelligences qui émanent de la Divinité, & qui résident hors de l'enceinte du Monde Materiel. Ainsi la Théogonie d'*Hésiode* & celle des Valentiniens, sont aussi différentes que les Intelligences le sont des Corps, & les Originaux de leurs Images.

La Théogonie d'*Hésiode* est la Création du Monde corporel.

VII. Les Philosophies de *Pythagore*, de *Platon* & de la Cabbale judaïque sont l'origine des Eons.

VII. Quelle est donc l'origine du Systême des Eons? Je réponds, qu'il faut la chercher dans la Philosophie de *Pythagore* & dans celle de *Platon* qui fut à plusieurs égards la même que celle de *Pythagore*. Ces Philosophes (1) „ plaçoient au dessus de tous les „ Cieux un Ciel fixe & immobile, dans lequel le *Premier Dieu* „ habite avec les *Dieux intelligibles*, comme *Aristote* les appelle, „ ou, selon, *Platon*, avec les *Idées*. Voila ce que dit un Anonyme dans la Vie de *Pythagore*. Rien de plus conforme à cette Théologie, que celle de *Tatien* (2) „ Le Ciel, disoit-il, n'est point „ dans un éloignément infini. Il y a des bornes, qui terminent „ cette distance. Au delà de ces bornes sont les EONS, ces *E-* „ *tres excellens*, qui ne sont point sujets aux maladies, que cause „ l'in-

(1) Τὴν ἀπλανῆ σφαῖραν, ἐν ᾗ ἐστιν ὅτε πρῶτος Θεὸς, καὶ οἱ νοητοὶ Θεοὶ, ὡς Ἀριστοτέλει δοκεῖ; κατὰ δὲ Πλάτωνα αἱ ἰδέαι. Anonym. de Vit. Pyth. p. m. 213. Ed. *Luc. Holst.*

(2) *Tat.* ub. sup. p. m. 159. *Edit. Francof.* Je ne rapporterai pas le Grec, mais j'avertirai le Lecteur, qu'il y a bien des fautes dans la Version Latine. 1. au lieu d'οὐρανὸς, *Cœlum*, l'Interprête a mis *Mundus*. 2. Au lieu d'Αἰῶνες οἱ κρείττονες, il a mis, *Illud avum præstantius*, & 3. en la place de ces mots, οὐ μεταβολὴν ἀέρων ἔχοντες, il a mis, *Cui nulla partium accidit mutatio*. Les Lecteurs doivent prendre garde à cette version, qui est élégante, mais qui n'est pas exacte Je sai bien que la mienne n'est pas litterale, mais je rens les Idées & les pensées, & c'est tout ce que je veux faire.

(3) Ὁ δὲ Πλάτων ἀσωμάτους μὲν καὶ νοητὰς ἀσίας τὰς λογικὰς φύσεις, ὁμοίως Ἐβραίοις, ὑφίστησι,

„ l'inconstance des saisons. *Dans un air toujours pur, toujours égal, „ & d'une admirable température, ils jouissent d'un jour continuel,* & d'une lumiére inaccessible aux Hommes mortels “. Les *Eons* de *Tatien* sont les Dieux Intelligibles d'*Aristote*, & les Idées de *Platon*. Confirmons cela par un passage d'*Eusébe*, qui est clair & précis sur cette matiére. (3) „ Bien que *Platon*, dit il, ait „ reconnu comme les Hébreux, que les Natures raisonnables sont „ des Substances Incorporelles & Spirituelles, il s'écarte néanmoins „ de la vérité; premiérement lorsqu'il dit, que ces Natures, & „ en général toutes les Ames sont increées: & secondement, en „ ce qu'il assure, qu'elles sont des Emanations de la premiére Cau- „ se. Car il ne veut pas convenir qu'elles ayent été faites de rien. „ Il établit donc un grand nombre de Dieux, qu'il dit être cer- „ tains *Ecoulemens* ou *Proboles*, lesquelles émanent du premier (4) „ & du second Principe. Il prétend que ces Substances sont bon- „ nes de leur Nature, & qu'elles ne peuvent jamais déchoir de la „ vertu, qui leur est propre. C'est pourquoi il estime que ce „ sont autant de Dieux “. Voilà précisement les *Eons*, leur Origine & leurs Proprietez. C'est de-là que les Hérétiques, qui furent en général Platoniciens, prirent leur Doctrine. C'est dans cette source, que les Valentiniens puisérent, comme (5) *Tertullien* l'a fort bien remarqué. Je soupçonne seulement que toute cette Philosophie Pneumatique venoit originairement des Chaldéens, d'où elle passa chez les Grecs.

VIII. Conformité des Sephiroth des Cabbalistes avec les *Eons* de *Basilide*.

VIII. Parmi les premiers Hérétiques, il y en eut qui conçurent les *Eons* comme des vertus immanentes dans la Nature de Dieu, quoiqu'elles déployassent leur efficace au dehors. C'étoit, si je ne me trompe, l'Idée qu'en avoit *Basilide*. A l'égard de ceux-ci, leur Théologie paroit être fort semblable à celle des Cabbalistes, & leurs Eons à peu près la même chose que les *Sephiroth*. Ecoutons un savant Juif, qui va nous expliquer ce Mystére de la Cabbale. (*a*) „ Les premiéres choses qui furent créées, dit il, sont les „ *dix Lumieres* supérieures, que les Cabbalistes appellent *Séphiroth*, „ & qu'ils placent dans le *Monde Azilutbique* “, c'est-à-dire, dans le Monde des Emanations. Expliquant (*b*) ailleurs la Nature de

(*a*) Menas. B. Isr. Problem. XVI. de Creat. p. 165.

(*b*) Ibid. Probl. XXVII.

[illegible] Euseb. de Præp. Ev. L. XIII. 15. p. m. 694.

(4) Il y a dans le Grec [illegible]. Les mots τῷ λόγῳ embarrassent & sont peut-être superflus, à moins qu'ils ne signifient *dans le Discours*, & qu'ils n'indiquent un *Discours* ou Livre de *Platon*.

(5) *Ipsæ denique Hæreses à Philosophia subornantur. Inde Æones & Formæ nescio quæ & Trinitas Hominis apud Valentinum. Platonicus fuerat.* Tert. De Præscr. Cap. VII.

de ces *Lumiéres*, il dit „ qu'elles ne sont pas l'Essence Divine, „ mais qu'elles ne sont pas non plus des Créatures séparées de cette „ Essence: Que ce sont certaines Emanations, qui lui sont unies, „ comme les Rayons du Soleil le sont avec le Soleil, comme la „ Flamme l'est avec les Charbons ardens, ou comme le dernier „ point d'une ligne est joint à la ligne même, selon la comparai- „ son de *Platon* “. Ces dix *Séphiroth* Cabbalistiques ont une grande conformité avec les dix Eons de *Basilide*, qui ne sont autre chose que des vertus Divines, lesquelles ne se séparent point de l'Essence de Dieu. Elles s'étendent seulement & se dilatent, pour ainsi dire, afin de se communiquer au dehors & d'opérer les Etres, que Dieu veut créer. J'expliquerai la Doctrine de *Basilide* dans le IV. Livre. Arrêtons-nous un moment à considerer celle des Valentiniens. Leurs Eons sont célèbres dans l'Histoire Ecclesiastique. Il ne sauroit être desagréable au Lecteur de voir l'origine d'un Systême, que personne, au moins que je sache, ne s'est avisé, de debrouiller. Le voici tel que S. *Irenée* le représente.

IX. Systême des Valentiniens sur les *Eons*.

(a) *Iren.* L. I. 1. *Epiph.* Hær. XXXI. 10. p. 175.

IX. Ces Hérétiques disoient, (a) que dans un Ciel suprême, qui ne peut être ni vu ni nommé, residoit éternellement l'*Eon parfait*, qu'ils appelloient PROARCHE', *le Premier Principe*, PROPATOR, le *premier Pére*, & BYTHOS le *Profond*, ou la *Profondeur*. Cet *Eon*, qui est invisible, incomprehensible, éternel, & seul existant par lui-même, demeura des siecles infinis dans un profond repos, n'ayant avec lui qu'ENNOEA, ou la *Pensée*, que les Valentiniens appelloient aussi CHARIS, la *Grace*, & SIGE', le *Silence*. Enfin Dieu le Pére (car c'est lui qui est désigné par les différens Noms de *Prémier* Pére, de *Premier Principe* & de *Profondeur*) résolut de produire un second Principe, qui est la Racine & la Source de toutes choses, & le déposa dans le sein de *Sigé*, comme dans celui d'une Epouse. Elle devint grosse, & enfanta Νᾶς, l'INTELLIGENCE, ou l'*Esprit pur*, qui seul est égal à son Pére, & capable d'en connoître les Perfections & la Grandeur. Ils appelloient cette *Intelligence*, le FILS UNIQUE, le PE'RE, le PRINCIPE DE TOUTES CHOSES & lui donnoient pour Sœur & pour Epouse la VERITE', qui nâquit avec lui. C'étoit là, disoient-ils, la fameuse *Tetrade* de *Pythagore*. L'*Esprit pur* & la *Verité* produisirent à leur tour le VERBE & la VIE, & ceux-ci l'HOMME & l'EGLISE. Ces huit premiers *Eons* formoient l'*Ogdoade*. Du *Verbe* & de la *Vie* nâquirent encore dix autres *Eons*, & douze de l'*Homme* & de l'*Eglise*. Huit, dix, & douze font

(1) Τῷ Θεῷ τῷ παρ' αὐτοῖς Βυθῷ καλουμένῳ. Epiph. Hær. XXXIII. p. 215.

(2) *Clem. Al.* Strom. L. V. p.m. 587. βαθὸν αὐτὸν κεκλήκασι ἐνθεῦτεν τινες, ὡς ἂν περιειληφότα καὶ ἐγκολπισάμενον τὰ πάντα, ἀνέφικτον τε καὶ ἀπέραντον. On peut voir ce

sont *trente*. Il y a là-dedans des traces manifestes de Pythagorisme, les nombres de *quatre*, de *huit*, de *dix* & de *douze* étant très-mystiques chez les Pythagoriciens.

Mon dessein n'est pas d'examiner en détail une Théologie si obscure & si mystérieuse. Il faudroit avoir les Livres des Valentiniens, &, ce qui seroit peut-être plus difficile, les bien entendre. Je crois qu'ils ressembloient tout-à-fait à ces anciens Livres des Cabbalistes, dont l'obscurité envelope plus de songes que de veritez. Contentons-nous donc de rechercher l'origine & la Nature des huit premiers *Eons*, qui composoient l'*Ogdoade*. C'étoit-là le fondement de tout le Systême.

Explication du *Bythos*. Fausse conjecture de *Croy*.

Le savant (*a*) *Croy* a eu sur le sujet de *Bythos* & de *Sigé* une pensée, qui a d'abord quelque chose d'éblouïssant, mais que je crois très-fausse. Il veut que ces deux *Eons* soient le *Chaos* & la *Nuit* d'*Hesiode*, (*b*) l'*Abyme* & les *Ténèbres* de *Moyse*. Cela est trop absurde. Les Valentiniens étoient subtils, mais ils n'étoient pas foux jusqu'au point de faire naître l'*Intelligence*, la *Vérité* & la *Raison* du fond du Chaos & des Ténèbres. *Bythos* ne désigne autre chose que la Nature Divine considerée dans son immensité incomprehensible. S. *Epiphane* (1) le dit lui-même: Et pour l'expression elle n'a certainement rien de mauvais en soi. Aussi *Clement* d'Alexandrie ne l'a-t-il point condamnée. Après avoir allégué ces Paroles de S. *Jean*, (*c*) *Personne ne vit jamais Dieu: le Fils unique qui est au sein du Pére est celui qui l'a fait connoître*, S. *Clement* fait cette reflexion, (2) „ S. *Jean* a nommé le *sein* de „ Dieu ce qui est invisible & ineffable. De là vient que quelques-„ uns ont appellé Dieu le PROFOND, parce qu'il contient tou-„ tes choses, & les renferme dans son sein, & parce qu'il est incom-„ prehensible & infini". Voilà la vraye définition du *Bythos* des Valentiniens. Les Idées sont pures, & l'expression innocente. Un Philosophe Chrétien n'a fait aucune difficulté de s'en servir. Il croyoit parler très-dignement de la grandeur de Dieu, quand il l'appelloit (*d*) BYTHOS PATROOS, BYTHOS ARRHETOS, c'est-à-dire, la *Profondeur paternelle*, & la *Profondeur ineffable*.

(*a*) Croi. ub. sup. p. 16.

(*b*) Gen. I. 2.

Bythos désigne la Nature Divine.

(*c*) Jean I. 18.

Expression approuvée par *Clement* d'Alexandrie, usitée par *Synesius*.

(*d*) Synes. Hym. II. ṽ. 27. Hym. III. ṽ. 129.

Explication de la *Sigé*.

Sigé ou le *Silence* n'est point non plus la *Nuit* d'*Hesiode*, ni les *Ténèbres* de *Moyse*. Peut-être les Valentiniens vouloient-ils désigner par ce terme le repos & l'inaction, où la Divinité étoit demeurée, avant qu'elle eût produit aucun Etre distinct d'elle-même. Peut-être vouloient-ils dire aussi, que la Nature Divine est inconnue

ce qu'a dit le P. *Massuet*, sur l'origine du nom de *Bythos*. Dissert. in Iren. p. 28. & la note de *Potter* sur Clem. d'Al. T. II. p. 695. de son Edition.

nue à tous les Esprits, & qu'elle se tient cachée sous le voile d'un *heureux silence*, pour me servir des expressions de *Synesius*. S. *Epiphane* confirme cette derniere pensée. Il dit que le Fils unique voulant faire connoitre Dieu, (1) *Sigé l'en empécha par l'ordre du Pére*. Cependant quand j'ai consideré que ce que les Valentiniens appelloient *Sigé*, ils l'appelloient aussi *Ennoea*, la *Pensée*, j'ai conjecturé que *Sigé* étoit le nom mystique & énigmatique d'*Ennoea*, & que ces deux mots signifioient la même chose. Ce qui m'a donné cette Idée, c'est un endroit de *Pausanias*, qui nous apprend que les Phéniciens appelloient *Minerve* (2) SIGA. Or l'on sait que dans la Mythologie Payenne, *Minerve* n'est autre chose que la *Sagesse* Divine. Si l'on admet cette conjecture, les Valentiniens vouloient dire, que l'Etre infini & incomprehensible, de concert avec la Sagesse produisit NOUS & ALETHEIA, l'*Entendement* ou l'*Esprit pur* & la *Verité*.

X. [illegible] Proprietez de l'Esprit pur.

X. On reconnoit évidemment dans ces deux *Eons*, & dans les suivans, le Platonisme des Valentiniens. On sait que *Platon* concevoit une Intelligence, qu'il appelloit NOUS, & qui fut la premiere Production du Pere, & le Principe de toutes choses. C'est d'elle qu'émane tout ce qu'il y a d'Esprit pur (*Mens*) dans les Etres intelligens. Les privileges de cet Esprit sont, premiérement d'être parfaitement simple, indivisible & inaltérable; c'est pourquoi *Platon* le nomme le MEME. Secondement, de connoitre les veritez par lui-même, d'une maniére *intuitive*, pour ainsi parler, sans le secours des Sens, de l'Imagination, & du Raisonnement. C'est ce que l'on voit dans le passage de *Porphyre*, (3) que je cite au bas de la page.

Idée de la Verité qui l'accompagne.

NOUS émana du Pére avec la *Vérité*; La *Vérité* la compagne inséparable & la propriété essentielle de la premiere Intelligence, qui a seule l'avantage de voir Dieu, & de voir en lui les Idées éternelles de toutes choses, ces modeles de tout ce qui existe & qui existera jamais. Cela est encore Platonicien. Il y a d'ailleurs une *Vérité* Metaphysique, qui convient aux Etres parfaitement simples & immuables. Tout ce qui est composé est sujet au changement

(1) Κατέσχε δὲ αὐτὸν ἡ Σιγὴ βουλόμενον τὰ τοῦ Πατρός. Epiph. Hær. XXXI. §. XI. p. 176

(2) Σιγὴ κατὰ γλῶτταν τὴν Φοινίκων καλεῖται (ἡ Ἀθηνᾶ) *Pausan.* in Bœotic. p. 560. Il est vrai que *Sylburge* dans ses Notes sur *Pausanias* col. 794. veut après quelques Savans modernes ôter Σιγὴ pour mettre Ὄγκα dans le Texte de *Pausanias*. Mais *Marsham* rejette cette Conjecture, qui n'est appuyée sur aucun Manuscrit. Voy. *Chron. Can.* sec. IX. p. 118.

(3) Οὐχ [illegible] ἐν πᾶσιν, ἀλλ' [illegible] ψυχῇ δὲ λογικῶς. Voila pour les Esprits créez; voici pour la Premiere Intelligence, ou pour la Nature Divine. ἐν δὲ τῷ [illegible] τε καὶ [illegible],

Por-

gement & renferme du *faux*. (4) *Rien n'est vrai que ce qui existe toujours le même, & sans aucune altération.* On peut voir ce que dit là-dessus le faux *Hermes Trismegiste*, qui, autant qu'on en peut juger, vivoit au même tems que *Valentin*, & qui fut Egyptien & Platonicien comme lui.

De NOUS & d'ALETHEIA naquirent LOGOS & ZOE, c'est-à-dire le *Verbe* ou la *Raison* & la *Vie*. C'est évidemment l'Ame de l'Univers, dont la *Vie* & la *Raison* sont les deux Proprietez, & qui dans le Systême de *Platon*, est la seconde des Intelligences, qui procederent de la Nature Divine. Ce qui suit est un mélange du Platonisme & du Christianisme. De l'*Ame de l'Univers* descend l'*Ame Humaine*, que les Valentiniens appelloient l'HOMME, conformément au langage de *Platon* & d'autres Philosophes, qui ont regardé le Corps, comme une Partie étrangere à l'Homme, & comme la Prison plutôt que le Domicile de l'Ame. L'EGLISE est une Idée Chrétienne. Les Valentiniens ne la composoient pas proprement d'Hommes mortels & terrestres, mais d'Ames immortelles, & la plaçoient dans le Ciel, d'où les Ames descendent pour animer & régir les Corps, dont il plait à la Providence de les revêtir. *Logos & Zoé, la Raison & la Vie, sont l'ame universelle.*

XI. Il est clair, ce me semble, à présent, que l'*Ogdoade* Valentinienne n'est autre chose que le Platonisme. *Bythos* est l'Etre infini & incomprehensible: c'est Dieu. *Nous* est la premiére Intelligence, qui en procède. *Logos* & *Zoé* sont l'Ame universelle, ou la seconde Intelligence, qui émane de Dieu par le canal de la premiére. L'*Homme* & l'*Eglise* sont les Ames Humaines, qui tirent leur origine de l'Ame universelle. Tout cela est Platonicien. Les Hérétiques n'ont fait qu'y ajouter quelques Idées étrangéres, qui servoient à déguiser le Systême, à lui donner un air de nouveauté, & un air de Christianisme. Je ne crois pas que les Valentiniens le niassent, car S. *Irenée* témoigne, (5) qu'ils prétendoient que leurs quatre premiers *Eons*, *Bythos*, *Sigé*, *Nous* & *Aletheia* étoient la *Tétrade* de *Pythagore*. Nous ne trouvons rien de pareil dans aucun ancien Auteur, qui ait parlé des Mystères du Pythagorisme. *Theodore Marcilli*, qui a rassemblé dans ses Notes sur les *Vers d'or* des Pythagoriciens tout ce qu'il a lu là-dessus, n'en fait aucune mention. C'est pourquoi je ne

XI. Cette Doctrine des Eons est le pur Platonisme.

Les quatre premiers Eons sont la Tétrade de Pythagore.

Porphyr. Sent. X. p. m. 221.

(4) [illegible] Herm. Trismeg. ap. *Stob.* Ce Fragment qui est dans *Stobée* fait le Chap. XV. de l'Edition d'*Hermes*. Colog. 1630. Au reste c'étoit le sentiment des Platoniciens que les Substances Spirituelles sont des *Veritez*, & que les Etres corporels ne sont que des *Images*. *Illas quidem esse veritates, has autem Imagines earum.* Tertul. de Anim. Cap. XVIII.

(5) [illegible] Iren. ap. Epiph. ub. sup. p. 175.

ne d ute pas, que ce que (1) *Thomas Artus d'Embri* en a dit, ne soit pris de S. *Irenée*, qui en effet ne contredit point le temoignage des Valentiniens. Au contraire il semble le confirmer. La *Tetrade* de *Pythagore* n'étoit que la Nature Divine, ou du moins une Personne Divine avec ses principaux attributs. C'est ce qui paroit par le serment des Pythagoriciens (*a*)

Explication de cette Tetrade.

Serment des Pythagoriciens.

(a) Vid. Carm. Aur. ℣. 47.

Ὀυ (Αὐτ Ναὶ) μὰ τὸν ἁμετέρα ψυχᾶ παράδοντα τετρακτὺν
Παγὰν ἀενάου φύσεως.

C'est à-dire, *Je jure par celui qui a enseigné à notre Ame la Tetrade, laquelle est la Racine de la Nature permanente.* (2) *Cette Tetrade est le* Créateur *de toutes choses*, *le* Dieu Intelligible, *qui est l'Auteur du Dieu céleste & sensible*, c'est-à-dire, du Soleil. Je tire cette explication d'*Hieroclès*, dont je rapporte les paroles. Le Lecteur me permettra de mettre (3) au bas de la page quelques observations Critiques sur le serment des Pythagoriciens. Mais ce que je le prie de bien remarquer, c'est que les Valentiniens n'avoient pas pris leur *Théogonie* dans *Hésiode*, quoique les Péres le disent; c'est dans la Philosophie de *Pythagore*; dans celle de *Platon*, & pour remonter plus haut, dans celle des Chaldéens.

XII. Mariages des Eons. Idee mystique & commune aux Platoniciens.

XII. On trouve du ridicule, mais je ne sai s il n'est pas plus apparent que réel, dans la méthode des Valentiniens qui faisoient leurs *Eons*, les uns Mâles, les autres Femelles, & qui les marioient ensemble. Ce langage étoit mystique & fort familier aux Philosophes. *Platon*, *Philon*, les Cabbalistes s'en servoient. Dans le style de *Philon*, le *Mari* n'est autre chose que la Cause active, & la *Femme* que la Cause passive ou le sujet. De là vient qu'un seul & même Etre est quelquefois *Mari* & *Femme*: *Mari*, par opposition

(1) Cet Auteur avance que *Pythagore avoit introduit la Quaternité*, savoir *Mens*, *Veritas*, *Profundum & Silentium.* Voyez son Commentaire sur la Vie d'Apollonius par *Philostrate*, traduite par *Vigenere* p. 51.

(2) Ἐστὶ γὰρ, ὡς ἔφαμεν, δημιουργὸς τῶν ὅλων καὶ αἰτία ἡ τετρὰς, Θεὸς νοητὸς, αἴτιος τοῦ οὐρανίου καὶ αἰσθητοῦ Θεοῦ. Hieroc. in Carm. Aur. p. 230.

(3) J'ai suivi l'explication, qu'*Hieroclès* nous a donnée du serment des Pythagoriciens. Voici ses paroles. Ἰδίᾳ δὲ τὸν ἐξυμνοῦσι κατὰ τὸ παράδοντα αὐτοῖς τὴν τετρακτὺν διδάσκαλον. Hierocl Ibid. Notre Traducteur *Amiot* a rendu ce serment par ces vers François un peu barbares:

Par le Saint Quatre, éternelle Nature,
Donnant à l'Ame Humaine, je te jure,

Plutarq. Traduct. Oeuv. Mor. T. II. Opin. des Phil. L. I. 3. Cette version n'est nullement juste. 1. L'Auteur des vers Grecs ne dit pas, que Dieu, ou la *Tetrade*, *a donné à l'Ame Humaine une Nature éternelle*, mais que la Tetrade est *la Racine de la Nature Eternelle.* C'est d'elle que procedent toutes les Substances immortelles. 2. Il est vrai que παράδοντα peut aussi bien signifier *celui*

sition à un Etre inferieur, sur lequel il agit: Et *Femme*, par rapport à un Etre Superieur qui agit sur lui. Par exemple, la Lune est le *Mari* de la Terre, parce qu'elle agit sur la Terre: Mais elle est la *Femme* du Soleil, parce que le Soleil agit sur elle. Il en est de même de l'*Esprit* (Mens) de l'*Ame* & du *Corps*. L'*Ame* est la *Femme* par rapport à l'*Esprit*, & le *Mari* par rapport au *Corps*. Voila pour les choses naturelles. L'Auteur du Livre intitulé, la *Cabbale devoilée*, nous avertit (4) „ que, lorsqu'il s'agit des choses Divines, les Cabbalistes entendent par la *Femme* un penchant de la Cause à se communiquer, & à produire „ des Etres semblables à elle, mais moins grands & moins parfaits „ que la Cause “. Ce n'est pas tout-à-fait la même chose dans les *Eons* des Valentiniens. Le *Mari* est la Substance: La *Femme* n'en est (5) qu'une *Faculté* ou un *attribut*, à la faveur duquel la Substance produit certain effet. Par exemple, on mariera Dieu avec sa *Bonté*, & l'on fera naitre de ce Mariage toutes les Graces Divines. On le mariera de même avec sa *Justice*, & l'on en fera naitre les Châtimens & les Peines.

Les Epouses des Eons ne sont que leurs attributs, ou leurs Facultez.

Sentiment de Ptolomée expliqué.

Ptolomée, qui changea plusieurs choses au Systême de ses Maitres, faisoit Dieu (6) *Polygame*, & lui donnoit deux Epouses. Mais si l'on demande à S. *Epiphane*, quelles étoient ces Epouses, il nous dira, que ce ne sont que deux (7) *Attributs* ou deux *Puissances* de la Nature Divine, savoir (8) la *Pensée* & la *Volonté*: Que la *Pensée* fut toujours en Dieu, parce qu'il eut toujours le dessein de produire des Etres, mais que la Volonté n'y fut pas toujours, parce qu'autrement il les auroit produits de toute Eternité. Tant que la *Pensée* fut seule, elle fut stérile: mais aussi-tôt que la *Volonté* s'unit avec elle, tout ce que la *Pensée* avoit conçu, exista réellement. S. *Epiphane* (9) qui fait dire tout cela à *Ptolomée*, se recrie à l'extravagance, mais à quelque inexactitude près, je ne vois

celui qui donne, que *celui qui enseigne*, & c'est en effet ainsi que l'ont entendu plusieurs Savans modernes, & parmi les anciens *Plutarque*. Car il dit à l'endroit cité, que la Tetrade est l'*Intelligence*, *la Science*, *l'Opinion & le Sentiment*, Νοῦς, ἐπιστήμη, δόξα καὶ αἴσθησις. Ce sont quatre Facultez ou Operations de l'Ame. Mais ces Facultez ou ces Operations ne sont pas la *Racine* ou la source *de la Nature permanente*. Cela ne convient qu'à Dieu. L'exposition d'*Hieroclès* est plus naturelle & plus convenable au Texte.

(4) *Per uxores . . . in Divinis nihil aliud indicatur, quam propensio se communicandi ulterioribus, & procreandi plures conceptus minutiores & speciatiores.* Cabb. Denud. Ap. *Budd.* Introd. ad Phil. Hebr. p. 316.

(5) C'est ce que nous dit S. *Irenée*. *Fœminam Aeonum pariter esse oportet cum masculo, secundum eos* (Valentinianos) *cum sit velut affectio ejus.* Iren. L. II. 14. Le mot Grec étoit διάθεσις.

(6) *Tertullien* attribue cette opinion aux Disciples de *Ptolomée*. Adv. *Valentinian.* Cap. 33.

(7) Διαθέσεις, δυνάμεις. *Epiph.* Hær. XXXIII. p. 215.

(8) Ἔννοιαν καὶ θέλημα. Ibid.

(9) Ἔννοιαν μὲν γὰρ ἡ ἔννοια τὸ προβάλλειν [illegible] Epiph. Ibid.

vois rien là-dedans de si insensé. Les deux premiers Attributs de la Nature Divine sont, l'*Entendement* & la *Volonté*. Les Idées de toutes choses étoient de toute éternité dans l'Entendement Divin, le Dessein de les produire y étoit, mais elles n'ont existé réellement qu'au moment que Dieu l'a voulu. Cela n'est pas mal pensé.

XIII. En quel sens les Valentiniens faisoient Dieu & leurs Eons des deux sexes.

XIII. Voici une autre Idée des Valentiniens, que les Péres ont tournée en ridicule, & qui au fond ne le méritoit peut-être pas tant. Car sous prétexte que les *Femmes* des Eons ne sont point des Personnes différentes de leurs *Maris*, on a imputé à cette Secte de faire de ses Eons autant (1) d'*Hermaphrodites*. Ne croyons pas les Valentiniens assez foux pour donner des sexes à la Nature Divine, qui est le premier des *Eons*, ni aux Substances spirituelles, qui en emanent. Croyons encore moins qu'ils en fissent des Monstres à deux Sexes. Autrement il faudra que nous attribuions la même folie à l'un des plus savans & des plus polis Evêques de l'Antiquité, qui a tenu le même langage que les Valentiniens, parce qu'il étoit Philosophe & Platonicien comme eux.

Synesius les attribue à Dieu.

(2) *Vous etes*, disoit-il à Dieu dans un de ses Hymnes, *vous étes la Racine des choses passées, presentes & futures. Vous étes la Racine de tout ce qui existe.* VOUS ETES LE PERE, VOUS ETES LA MERE, VOUS ETES LE MALE, VOUS ETES LA FEMELLE: Pensée qu'il repéte encore en d'autres endroits. Il n'ignoroit pas néanmoins que Dieu est un Etre Spirituel, qui n'a aucuns organes corporels, bien loin d'avoir ceux de la génération. Voici donc ce que c'est par rapport à Dieu & aux Esprits, qu'avoir les deux Sexes. C'est réunir deux Puissances, dont l'une comme la plus noble est représentée comme le *Mâle*, l'autre comme la moins noble est représentée comme la *Femelle*; c'est produire par le concours de ces deux Puissances des Etres, qui y participent. En un mot, c'est réunir en soi-même & dans une parfaite *Monade*, les Puissances qui sont separées dans les Animaux, & faire tout seul ce qui ne se peut faire dans la Nature, que par le concours des deux sexes.

Les deux sexes de Dieu sont la Vie & la Lumiere. C'est par ces deux Puissances qu'il a produit les Esprits.

Je tire cette explication du faux *Mercure Trismegiste*, dont voici les paroles (3) „ Dieu étant une Intelligence qui „ A LES DEUX SEXES, *parce* QU'IL EST VIE ET LU„ MIERE, engendra par le Verbe, une autre Intelligence, sa„ voir

(1) *Alii* . . . *& masculum & fœminam dicunt* (Bythum) *ne apud solos Lunentes Hermaphroditum existimet Annalium Commentator Fenestella.* Tertul. *adv. Valent.* Cap. XXXIV.

(2) Σὺ πατήρ, σὺ δ' ἐσσὶ μάτηρ, Σὺ δ' ἄρρην, σὺ δὲ θῆλυς. Synes. Hym. II. ℣. 90. Voyez aussi Hym. III. ℣. 186. Θῆλυ καὶ ἄῤῥεν.

(3) Ὁ δὲ Νοῦς ὁ Θεός, ἀῤῥενόθηλυς ὤν, ζωὴ καὶ φῶς ὑπάρχων, ἀπεκύησε λόγῳ ἕτερον Νοῦν δημιουργόν, ὃς Θεὸς τοῦ πυρὸς καὶ πνεύματος ὢν ἐδημιούργησε διοικητάς τινας. *Merc. Trism.* in Poëm.

„ voir le Créateur ; lequel étant le Dieu du Feu & de l'Esprit, „ forma certains Gouverneurs, qui environnent de leurs sept Cercles le Monde sensible, & dont l'administration est appellée le „ *Destin* “. Les *deux Sexes* du Pére ne sont donc que les deux Perfections de *la Lumiére & de la Vie*, lesquelles il réunit en lui, & qu'il a communiquées aux Intelligences qu'il a produites. Le même Auteur dit encore, que l'HOMME A LES DEUX SEXES, non parce qu'effectivement le Genre Humain est partagé de la sorte, mais parce que (4) le premier *Homme* a été produit par un *Pére*, *qui réunit les deux Sexes*. Les deux Sexes de la Divinité, sont la VIE & la LUMIERE. Les mêmes Sexes se rencontrent dans l'Homme. (5) „ LA VIE ET LA LUMIERE, „ *dit le faux Trismegiste*, ont concouru à la production de l'Hom„ me. L'Ame est née de la Vie, & l'Esprit pur (*Mens*) de la „ Lumiere “. Pour le Corps, il n'appartient pas proprement à l'Homme. Ce n'est pas Dieu, qui le lui a donné. Il le tient comme les autres Animaux du gouvernement des Planetes, & c'est à cause de cela qu'il est assujetti à leur Empire, qui est appellé le *Destin*.

XIV. On reproche aux Valentiniens d'avoir appellé (6) leurs *Eons*, des DIEUX, des *Peres*, des *Seigneurs*, des *Cieux*. Il faut le croire, puisque S. *Irenée* le dit, mais il ne faut pas s'imaginer qu'ils altérassent l'Article fondamental de l'Unité de Dieu. *Tertullien* témoigne, (7) que *Valentin* ne concevoit ses *Eons* que comme des Attributs Divins, qui, sans se séparer de l'Essence, s'étendent & se dilatent, afin d'agir au dehors & de se communiquer. Il ajoute que *Ptolomée* survint qui convertit ces Attributs en Personnes réelles & distinctes de la Divinité. Si cela est vrai, *Valentin* ne peut être accusé de l'avoir ni divisée, ni multipliée. Mais il n'en faut pas non plus accuser *Ptolomée*, comme nous l'allons voir en exposant l'ancienne Doctrine des Emanations. Du reste je ne suis point surpris, que les Valentiniens appellassent leurs Eons des *Dieux*, nous avons vû que *Platon*, de qui ils avoient pris leur Systême, parloit le même langage, mais ni lui, ni eux n'ont jamais pensé à multiplier la Divinité. L'Ecriture n'a-t-elle pas donné le titre de *Dieu* aux Anges, aux Rois & aux Magistrats? *Synesius*, que j'ai cité plusieurs fois, parce qu'il étoit Platonicien aussi

XIV. En quel sens les Valentiniens appellent leurs Eons des Dieux.

Synesius leur donne ce titre.

(4) Ἀῤῥενόθηλυς δὲ ὢν (ὁ ἄνθρωπος) ἐξ ἀῤῥενοθήλυος ὢν πατρός. Ibid.

(5) Ὁ δὲ ἄνθρωπος ἐκ ζωῆς καὶ φωτὸς ἐγένετο εἰς ψυχὴν καὶ νοῦν, ἐκ μὲν ζωῆς ψυχήν, ἐκ δὲ φωτὸς νοῦν. Ibid.

(6) *Aeones suos & Deos, & Patres & Dominos & adhuc etiam Cœlos appellari dicunt.* Iren. L. IV. 1.

(7) *Ptolomaus intravit, nominibus & numeris Aeonum distinctis in personales Substantias, sed extra Deum determinatas, quas Valentinus in ipsa summa Divinitatis, ut sensus & affectus motus incluserat.* Tertul. *adv. Valent.* Cap. IV.

aussi bien que nos Hérétiques, n'a cru qu'un seul Dieu, mais il ne s'est fait aucun scrupule de le qualifier (1) *Pére des Eons*, & CREATEUR DES DIEUX; Et encore PERE DES DIEUX, & *Créateur des Esprits*. Les *Esprits* & les *Eons* sont donc des *Dieux* dans le langage de ce Philosophe Chrétien. Il y a plus encore. Il n'exclut pas d'un si grand titre les Ames bienheureuses, temoin ces paroles, qu'il adresse à la sienne, (2) *Montez, ne tardez pas: Laissez à la Terre ce qui appartient à la Terre: & aussi-tôt unie avec* VOTRE PERE, VOUS SEREZ UN DIEU, *& vous vous réjouïrez en Dieu.* Quand les sentimens sont purs, il ne faut pas être trop rigoureux sur les Expressions. Elles peuvent être hardies, sans être impies ni profanes.

CHAPITRE X.

Des EONS *de* MANICHE'E *&* *des* EMANATIONS DIVINES.

Manichée conçoit les *Eons*, comme des Personnes reelles.

I. LES *Eons* de *Manichée* n'étoient pas les Perfections Divines, mais des Personnes réelles, des Esprits parfaitement purs, qui assistent devant le Throne de Dieu, qui le contemplent, l'adorent & le servent. La Question seroit de savoir, quelle origine il leur donnoit. Car nous ne sommes pas assez instruits de son Systême, pour déterminer avec une entiére certitude, s'il les croyoit éternels comme Dieu, ou formez de la pure lumiére du Ciel, ou enfin émanez de la Substance Divine. Examinons ces trois sentimens, sans décider quel a été le sien.

Trois sentimens sur leur origine. *Manichée* peut les avoir cru éternels sans les croire des Dieux.

II. Le premier nous paroîtra peut-être le plus absurde parce que, selon nos Principes, l'Existence par soi-même est inséparable de toutes les perfections possibles. Mais les anciens Philosophes n'en avoient pas cette Idée. Je rapporte quelque part la réflexion de *Chalcidius* Philosophe Chrétien du IV. Siécle. Il observe que *Platon* n'a enseigné la production de l'Ame que dans le *Timée*, & juge qu'il ne l'a fait que par prudence, & dans la crainte, que, si les hommes entendoient parler de plusieurs Esprits éternels, ils ne s'imaginassent qu'il y a plusieurs Dieux Souverains, &

(1) Πατὴρ Αἰώνων
Αὐτουργὲ Θεῶν
Synes. Hym. III. ℣. 266. & ℣. 166. 167.
Ὀχετηγὲ Θεῶν
Πνευματουργέ.
(2) Ἀνάβαινε, μηδὲ μέλλε
Χθονὶ τὰ χθονὸς λιποῖσα
Τάχα δ' αὖ μιγεῖσα πατρὶ
Θεὸς ἐν Θεῷ χορεύσεις.
Id. Hym. I. ℣. 161. Voyez la Note de *Nicephore Gregoras* ap. *Synes.* p. 412. Θείας δυνάμεις, οὓς καὶ Θεοὺς χαλδαικῶς ὀνομάζει, nempe *Synesius*.

& que des Etres, qui ont la même ancienneté, ont les mêmes Perfections, & la même Indépendance; *Platon* craignit de donner atteinte à la Monarchie de Dieu, dans l'Esprit des Peuples, s'il avoit dit, que l'Ame est éternelle. *Chalcidius* ne blâme pas la prudence de ce Philosophe, mais il ne s'embarasse point du tout de la conséquence. Il la croit très-fausse. (1) „ Ce qui distingue, „ *dit-il*, les Etres Divins, les Substances éternelles, ce qui en „ fait la noblesse & l'élévation, n'est pas l'ancienneté de leur E- „ xistence; c'est l'éminence de leur Dignité, & de leurs Perfec- „ tions". On ne pouvoit penser autrement, dès que l'on supposoit, que *Rien ne se fait de rien*, & que par conséquent toutes les Substances existent par elles-mêmes. Ainsi *Manichée* peut avoir cru ses *Eons* éternels, sans les avoir cru des Dieux, & sans deroger à l'Unité & à la Souveraineté de l'Etre suprême. Car il n'est pas juste de donner à notre Metaphysique, plus d'autorité, que n'en ont les Loix des Princes, qui n'ont pas une vertu rétroactive.

Principe de Chalcidius commun aux anciens Philosophes.

III. Le second sentiment nous paroît moins deraisonnable que le premier. Il sera même confirmé par celui des Philosophes Juifs. Si *Manichée* a cru, que Dieu forma ses *Eons* de la plus pure lumiere du Ciel, il aura pensé comme ces Philosophes sur l'origine des Esprits, qu'ils nomment les *Formes Spirituelles*. Ils disent donc que Dieu (2) *les fit d'un Corps subtil, & spirituel qui n'est autre chose, que ce que l'Ecriture appelle le S. Esprit*. Ils distinguent deux sortes de Matiére, (*a*) l'une *supérieure*, l'autre *inférieure*: l'une pure & subtile, l'autre grossiere & trouble. Il y a bien de l'apparence, qu'ils se fondent, sur ce que *Moyse* semble établir deux Substances, l'une qui est l'*Abyme* ou le *Chaos*: l'autre, qui est l'*Esprit de Dieu*, lequel étoit au dessus de l'*Abyme*, & porté sur les Eaux. Le Chaos a été la matiére des Corps; l'Esprit de Dieu, celle des *Formes Spirituelles*. Quoiqu'il en soit, l'Auteur que je viens de citer, expliquant un endroit du Livre Cabbalistique, intitulé JEZIRAH, ou DE LA CREATION, parle des *trois Méres*, dont il est fait mention dans ce Livre. Ces *Méres* sont l'*Air*, la *Terre* & l'*Eau*, qui sont nommées de la sorte, parce que les Corps sont formez de leur Substance. L'Auteur ajoute, qu'il faut joindre à ces trois Meres (3) l'ESPRIT, savoir LE SAINT ESPRIT

III. Il peut les avoir crus formez de la Substance celeste.

C'est le sentiment des Juifs sur les Anges.

(*a*) In Lib. Cozri P. IV. p. 301.

CH. X (1) *Divinorum Generum, aeternarumque Gentium origo & arx, non in anticipatione temporis, sed Dignitatis eminentia consideratur*. Chalcid in Tim. n. XXVI. p. 18.

(2) *Sic formantur ex corpore subtili & spirituali, quod à nobis vocatur Spiritus Sanctus, Formæ spirituales, quæ dicuntur Gloria Domini*. Voyez Lib. Cozri P. II. §. IV. p. 80. *Formis spiritualibus perpetuis*. Ib. P. IV. § 3. p. 2 7.

(3) *Et his Spiritum, qui est Spiritus Sanctus, ex quo creati sunt Angeli spirituales*. Ib. P. IV. p. 311.

PRIT, *duquel ont été formez les Anges spirituels.* Cela fait voir, 1. que dans la Théologie Judaïque, les Esprits ne sortent point du Néant: 2. que le S. Esprit n'est qu'une Matiére subtile & homogéne, de laquelle Dieu a fait les *Formes Spirituelles*, qui sont les Intelligences & les Ames.

IV. Il peut les avoir crus des Emanations Divines. IV. La maniere, dont on nous représente le Systême de *Manichée*, feroit juger, qu'il préfera le troisieme sentiment, & qu'il crut que les *Eons* étoient des Emanations de la Divinité. Mais comme, selon nos Principes, tout ce qui émane de Dieu, doit être Dieu, & que par conséquent *Manichée* auroit multiplié la Divinité à l'infini, ce qu'il n'a pas prétendu faire, il faut développer ici la Théologie des Anciens sur l'Article des Emanations Divines. Nos Principes sont justes: nos conséquences bien tirées: mais on n'en a pas toujours reconnu la justesse, ni la necessité: Et pour juger sainement & équitablement des opinions des anciens Hérétiques, il faut, comme je l'ai remarqué plus d'une fois, remonter au tems, où ils ont vécu, & comparer leurs sentimens avec ceux, qui étoient reçus alors, & qui ne sont pas encore tout-à-fait bannis de la Foi.

V. Doctrine des Emanations Divines, reçue des anciens Peres. V. *Platon* a dit quelque part, que Dieu est le *Formateur des Corps* (ποιητεὺς, δημιουργὸς) mais qu'il est le Pere des Intelligences. C'est de lui qu'émane immédiatement cet Esprit, que les Grecs ont nommé Νᾶς, & les Latins *Mens*: cette Lumiere spirituelle, qui éclaire tous les Etres raisonnables. *Philon*, expliquant ces mots de la Genese. (*a*) *L'Eternel planta un Jardin en Eden, du côté de l'Orient*, fait cette Reflexion. (1) „ Il ne s'agit pas, dit-„ il, des Plantes terrestres, mais des vertus célestes, que ce *Plan*-„ *teur* fit naître du fonds de la lumiére incorporelle, & qui ne „ s'éteindront jamais " *Origène* dit aussi, (2) „ que Dieu étant „ à tous égards une parfaite *Monade*, & pour ainsi dire tout *In*-„ *telligence*, il est la source, d'où toutes les Natures intelligentes „ prennent leur commencement & leur origine ". Je pourrois entasser d'autres témoignages, mais il vaut mieux abréger, & renvoyer le Lecteur au P. *Pétau* qui s'est fait une étude particuliére de l'ancienne Théologie, & qu'on ne peut soupçonner d'aucune par-

(*a*) Gen. II. 8.

(1) Ἀς (ἀρετὰς) ἐξ ἀσωμάτυ τῦ παρ' αὐτῷ φωτὸς . . . ὁ φυτευγὸς ἀνέτειλε. Phil. *de Confus. Ling.* p. m. 329. L'Interprete de *Philon* a rendu ἀνέτειλε par *accendit.* Je crois que c'est *oriri fecit.*

(2) *Sed ut sit Deus & omni parte Monas, & ut ita dicam totus mens, ac fons, ex quo initium totius intellectualis naturæ vel mentis est.* Orig. de Princip. L. I. 1.

(3) *Quare fuisse putet aliquis res nescio quas à Deo productas, & opera Dei ab ejus Natura, & iis, quæ in illo insunt, proprietatibus, splendoris instar à sole derivata.* Voyez Petav. Dogm. Theol. T. I. L. IV. Cap. X. §. 8. & seq.

(4) Πρόοδος. *Processio est profusio quædam, ut ita loquar, & extensio, summæ illius ac simplicis Substantiæ.* Petav. Ibid.

(5) *Extra se quodammodo progreditur, vel saltem ἐκ τῆς μονάδος, quia ab unita-te*

partialité sur cet Article. *Pétau* nous dit donc (3) *qu'il y a je ne sai quels Etres, qui sont des* OEUVRES DE DIEU, *& qui* PROCEDENT DE SA NATURE ET DE SES PROPRIETEZ, COMME LA LUMIERE EMANE DU SOLEIL. Ce ne sont pas des Personnes Divines. Ce sont des *Oeuvres* de Dieu: cependant *elles sortent de sa Nature & de ses Proprietez*. C'est le sentiment de *Denys* l'Areopagite, & celui de *Maxime* son Commentateur. Ces Ecrivains ne doutent pas, que la Nature Divine ne soit une Substance simple & indivisible: mais ils ne laissent pas de dire, qu'elle produit hors d'elle-même des Substances pensantes, qu'ils appellent EMANATIONS, ou PROCESSIONS. (4) *Procession*, dit le P. *Petau*, *est une certaine* EFFUSION (ou DIFFUSION) *& pour ainsi dire une* EXTENSION DE LA SUBSTANCE SOUVERAINE ET SIMPLE. (5) *Elle sort en quelque maniere d'elle-même, ou du moins de son Unité; parce qu'elle procede de l'Unité au nombre & à la multitude, comme s'expriment communément* Gregoire de *Nazianze*, Denys *lui-même & d'autres Péres*. Ces Productions de la Divinité sont appellées (6) *Etres participans*, parce qu'ils participent de la Nature Divine. Ils sont (7) AVANT LES TEMS, ET AU DESSUS DES TEMS. Ils sont (8) *Oeuvres de Dieu*, mais ce sont des Oeuvres, *qui n'ont point commencé avec le Tems*. (9) *Ils* EMANENT DE TOUTE ETERNITE DE LA NATURE DIVINE, *comme la splendeur émane du Soleil.*

Etres, qui émanent eternellement de Dieu, & qui ne sont pas Dieux.

VI. Il seroit difficile d'approuver ce sentiment, & de condamner celui que l'on attribue à *Manichée*, sans tomber dans une partialité & dans une contradiction manifeste. C'est la même Hypothése. Elle s'explique de même, & se défend par les mêmes raisons. Quand on a demandé aux Manichéens, comment des Intelligences peuvent émaner de Dieu, sans que son Essence soit ni partagée, ni diminuée, ils ont répondu premierement, (10) qu'il n'y a personne qui soit assez fou pour admettre quelque retranchement, ou quelque partage dans la Nature Divine: Et secondement, que les Esprits émanent de la Divinité, (11) comme la connoissance & les Idées passent de l'Entendement du maître dans celui de ses disciples, sans que la Science du premier souffre aucune diminution.

VI. Cette Doctrine des Peres ne differe point dans le fond de celle qu'on attribue à Manichée, & s'explique de même.

Comparaison de la procession des Idées employée par les Heretiques & par les Catholiques.

te ad numerum ac multitudinem procedit, ut Gregorius &c. Ibid. §. 10.

(6) [illegible] Ib.

(7) Ils sont appellez [illegible] & [illegible].

(8) *Opera autem minime cœpta in tempore sunt Entia participabilia.* Ibid.

(9) *Rem ab æterno, scilicet ex eo* (Deo) *diffusam, uti lux & splendor à Sole dimanat.* Ibid.

(10) *Quis autem admittat inter Divina præcidi*, dit le Manichéen *Secundinus*, dans sa Lettre à S. *Augustin*.

(11) C'est ce que le même *Secundinus* répond à S. *Augustin* dans ces paroles obscures: *Scilicet nisi figuram facias interpretandi forte Interpretis ad auditorem, quia ab hoc verba recidantur & in illo componuntur. Et namque Tractator multa dixerit, quæ teneat auditor, tamen à Tractatore non recesserunt.* Ibid.

minution. Les Esprits produisent des Esprits sans aucune diminution de leur Substance, comme les Idées engendient les Idées.

Tatien s'en fert pour expliquer la generation du Verbe.

Je n'examine pas cette comparaison. Je dirai seulement qu'elle est tres ancienne, & que des Théologiens (1) Catholiques s'en sont servis pour expliquer la Génération du Verbe, comme on le voit dans *Tatien*, exposant (2) aux Grecs tous les Mystères de la Religion Chrétienne. Car la *Discipline du secret* étoit encore inconnue de son tems.

Discipline du secret inconnue au II. Siecle.

Les Chretiens, accusez de Mysteres profanes, n'avoient garde de cacher leurs véritables Mystères, & ne rougissoient point de les confesser. Persuadez d'ailleurs de leur grandeur aussi bien que de leur vérité, ils ne croyoient pas qu'il fût necessaire de leur concilier du respect, en les enveloppant de ce que l'on a nommé de *Saintes Ténebres*. *Tatien* explique donc aux Grecs les Mystères du Christianisme, & en particulier celui de la Génération du Verbe. Et pour montrer, qu'elle se fait sans partage, & sans diminution de la Substance du Pére, il se sert premierement de la comparaison d'un Flambeau, qui en allume une infinité d'autres, sans rien perdre de sa lumiere: & secondement de celle de la Parole (3) *C'est ainsi*, dit-il, *que lorsque je vous parle, & que vous m'entendez, ma Raison passe en vous, sans que j'en sois aucunement privé.*

VII. Dans les Substances Spirituelles les Emanations se font sans aucune diminution de la Cause.

Passages de Porphyre, des Oracles de Zoroastre, de Philon, de Tatien.

VII. Expliquons les Principes de ces anciens Théologiens, qui admettoient des Emanations Divines sans prétendre ni diviser, ni multiplier la Divinité. *Porphyre* nous dit (4) „ que dans tous les „ Etres vivans & incorporels, les Processions se font sans que les „ sources, ou les causes, en souffrent aucune diminution. Elles „ demeurent entiéres, & constamment les mêmes, & ne se changent jamais dans la Nature des choses, qui sont au dessous d'elles “. Il y a, selon ces Philosophes, une grande difference entre *Procession*, & *Génération*. La *Génération* convient au Corps: la *Procession* aux Esprits. Le premier se fait par le detachement de quelque partie de la Substance corporelle: Mais la *Procession* n'emporte aucune diminution, ni aucune altération de la cause. Dans les Esprits, il y a *Communication* (μερισμὸς) & non *Retranchement* (ἀποκοπή); cette Distinction est dans *Tatien*, mais il ne l'a pas

(1) Je dis *Catholique* bien que je cite *Tatien* qui passe pour avoir été Hérétique, mais ce n'est pas sur la Question, que je traite, sans compter que le P. *Petau* a emprunté ses Idées & ses distinctions.

(2) Voici ses Paroles: φανερώτερον δὲ ἐκδέχομαι τὰ ἡμέτερα. Tatian. cont. Gent. p. 145.

(3) Καὶ γὰρ αὐτὸς ἐγὼ λαλῶ, καὶ ὑμεῖς ἀκούετε, καὶ ἐν, διὰ τῆς μεταβάσεως τοῦ λόγου, κενὸς ὁ προσομιλῶν λόγου γίνομαι. Ibid.

(4) Ἐπὶ τῶν ζώντων ἀσωμάτων αἱ πρόοδοι γίνονται αὐτῶν ἑδραίων καὶ βεβαίων, [illegible] καὶ οὐ φθειρομένων τι αὐτῶν εἰς τὴν τῶν ὑπ' αὐτὰ ὑπόστασιν, οὐδὲ μεταβαλλόντων. *Porphyr.* Sentent XXV. p m. 228.

(5) Voyez les Oracles ℣. 46. & la note de M. *Le Clerc* p. 336. *Hoc est, qui integer remansit, & tamen multiplices rerum species procreavit,*

pas inventée. On l'entrevoit dans les pretendus Oracles de *Zoroastre*, où l'on lit ces mots, qu'il faut que je mette en Original (5) Ὁλοφυὴς μερισμὸς, καὶ ἀμέριστος, c'est-à-dire „ que la source ou „ la cause demeure en son entier, quoi qu'elle produise diverses „ espéces d'Etres. *Elle se communique*, *mais elle ne se partage point*. C'est par le moyen de la même distinction que *Philon* expliquoit, comment Dieu prit de l'Esprit de *Moyse*, & le distribua aux soixante & dix Senateurs qui devoient l'assister. (6) „Dieu, dit-il, ne „ prend point de l'Esprit de *Moyse* par voye de *retranchement* (mais „ par voye de communication) comme un flambeau allume un au„ tre flambeau, ou comme un Docteur communique sa Science à „ ses Disciples “. Tels étoient les principes de l'ancienne Metaphysique sur les *Processions* des Natures spirituelles. Les Auteurs Chrétiens s'en sont servis & s'en servent encore pour expliquer leurs Mystères. (7) *Ce qui est retranché*, dit Tatien, *est separé du Tout: mais ce qui est communiqué*, *n'ôte rien à la cause qui le communique*. Le P. *Petau* dit de même en parlant des Emanations Divines, qu'elles se font (8) *par voye de communication*, *& non par voye de retranchement*.

VIII. Les Principes, qui sont reçus par les Catholiques, serviront à résoudre la grande objection, que l'on a faite aux Manichéens & qui remplit presque tous les Livres que S. *Augustin* a écrit contre eux. C'est que si les *Eons*, ou les Intelligences célestes, & si l'Ame Humaine en particulier, sont des Emanations de la Nature Divine, il faut que cette Nature soit divisée, en autant de parties qu'il y a d'*Eons*, & d'Ames Humaines. *Damascene* a repeté la même Objection, & l'a accompagnée du terrible mot, que j'ai rapporté dans le Discours Preliminaire. L'Epicurien *Velleius* l'avoit faite auparavant contre les Pythagoriciens. Je n'examinerai pas, si elle est solide, mais je dirai 1. que les Manichéens ont nié constamment, que la Nature Divine puisse être divisée, ni souffrir aucune diminution. 2. Qu'ils ont nié de même que les Etres, qui émanent de la Divinité soient des Parties, qui s'en detachent. 3. Que leur Théologie à cet égard, n'étoit ni nouvelle, ni particuliére à leur Secte. 4. Qu'ils se conformoient à l'ancienne Philosophie, selon laquelle les

VIII. Objection contre le Systême des Emanations. La Nature Divine est divisée. Reponse tirée des Principes précedens, & reçus des Catholiques.

(6) Μὴ νομίσῃς οὕτω τὴν ἀφαίρεσιν κατὰ ἀποκοπὴν καὶ διάζευξιν γίνεσθαι· ἀλλ' οἵα γένοιτ' ἂν ἀπὸ πυρὸς, ὃ κἂν μυρίας δᾷδας ἐξάψῃ, μένει μηδοτιοῦν ἐλαττωθὲν ἐν ὁμοίῳ. Τοιαύτη τις ἐστὶ καὶ τῆς ἐπιστήμης ἡ φύσις· τοὺς γὰρ φοιτητὰς καὶ γνωρίμους ἀποφήνασα ἐμπείρους πάντας, κατ' οὐδὲν μέρος ἐλαττοῦται. Phil. de Gigant. p. m. 287.

(7) Τὸ γὰρ ἀποτμηθὲν τοῦ πρώτου κεχώρισται· τὸ δὲ μερισθὲν, οἰκονομίας τὴν αἵρεσιν προσλαβὸν, οὐκ ἐνδεᾶ τὸν, ὅθεν εἴληπται, πεποίηκεν. Tatian. ub. sup. p. 146. les mots οἰκονομίας αἵρεσιν προσλαβὸν me paroissent fort obscurs. L'Interprete de *Tatien* les rend par ceux-ci, *Id functione donatum propria*, que j'entens aussi peu que le Grec.

(8) Κατὰ μερισμὸν *potius quam* κατὰ ἀποκοπήν. Petav, ub. sup.

les Processions se font dans les Substances spirituelles, sans division, ni diminution. 5. Et qu'enfin je ne saurois assez m'étonner, que S. *Augustin* qui devoit savoir la Théologie Manichéenne, ait repeté cent & cent fois l'objection dont il s'agit, sans avoir rapporté nulle part, au moins que je sache, la réponse des Hérétiques, & par conséquent sans l'avoir refutée.

IX. Autre Objection. Les Eons sont des Dieux & consubstantiels à Dieu. Les Manichéens le nient fondez sur l'ancienne Théologie. Cela n'est vrai que des Emanations immanentes.

IX. Il y a une autre difficulté, que l'on a fait aux Manichéens, & que S. *Augustin* n'a pas négligée; c'est que si les *Eons* & l'Ame Humaine sont des Emanations de la Nature Divine, ce sont autant d'Etres consubstantiels à Dieu, & par conséquent autant de Dieux. Nos Hérétiques ont non seulement desavoué, mais nié la conséquence, & il faut convenir qu'ils étoient bien fondez, selon l'ancienne Théologie. Tout ce qui émane de Dieu n'est point Dieu, ni consubstantiel à Dieu.. Ces *Etres Participans*, dont j'ai parlé après le P. *Petau*, n'étoient point des Dieux. La raison en est, que les Théologiens ont distingué deux sortes d'Emanations. Les unes, qui se terminent dans l'Essence Divine: les autres qui en sortent. La Génération du Fils & la Procession du S. Esprit se terminent dans l'Essence Divine, mais la Procession des *Etres Participans* se termine au dehors. Ils sortent, pour ainsi dire, de l'Essence de Dieu, dans laquelle les Personnes Divines demeurent. Un Savant Moderne s'est servi de la même distinction pour excuser les Cabbalistes. (1) „ On peut, dit-il, concevoir les Emanations „ en deux maniéres, ou comme constituant la même Essence, „ que le sujet dont elles émanent, ou comme en étant separées. „ Ceux qui les conçoivent, comme constituant la même Essence, „ courent grand risque de tomber dans le Spinosisme: mais ceux „ qui les conçoivent comme separées, ne disent rien, à mon avis, „ qui mérite d'être blâmé ". Après cette distinction l'habile Professeur avoue, qu'il souscrit au sentiment du célebre *Thomas Burnet* (a) „ c'est que tout l'appareil (2) de la Cabbale Judaïque, laquelle fait sortir de Dieu tous les Etres du monde, n'aboutit „ qu'à établir, conformément au Systême des Anciens, que tout „ émane de la Cause premiere, & que tout y retourne: sentiment „ qui n'a rien de dangereux, pourvû qu'on l'entende bien, & que „ l'on garde toujours la distinction entre le Créateur & la Créature.

(a) Budd. Ib.

X. En quel sens le Manichéen *Agapius* peut avoir dit, que l'Ame est consubstantielle à Dieu.

X. Je ne veux pas dissimuler une troisiéme Objection, que j'ai trouvée

(1) *Duplici modo concipi potest Emanatio, vel ita ut quod emanat, unam eandemque constituat Essentiam, vel ita ut ab ea separetur. Priori modo qui emanationem intelligunt, in magnum periculum Spinosismi sese conjiciunt, at qui posteriori modo eam concipiunt, nihil mea opinione docent quod reprehendi debeat* Budd. *Introd. ad Phil. Heb.* p. 400. & 401.

(2) J'expliquerai dans le Livre suivant le sentiment des Cabbalistes. qu'on prétend être le même pour le fond, que celui de *Spinosa*.

trouvée dans *Photius*. Il assure qu'*Agapius*, célèbre Manichéen, convient (3) que l'*Ame est consubstantielle à Dieu*. Mais comme il est constant, que la Secte n'a jamais reconnu que trois personnes Divines, il faut, ou que *Photius* ait mis au rang des dogmes d'*Agapius* la conséquence, qu'il tiroit de ses Principes, ou qu'*Agapius* ait pris le mot de *consubstantiel* dans le même sens qu'*Origène*. Ce dernier doit avoir dit (*a*) „ que non seulement le Pére, le Fils & „ le S. Esprit, mais toutes les Natures Intelligentes, les Anges, „ les Puissances, & l'Homme par rapport à l'Ame sont de même „ Substance que Dieu ". S. *Jerôme* a profité de cet endroit pour en faire un crime à *Origène* & par contre-coup à *Jean* de Jerusalem, à qui il en vouloit: Mais (*b*) M. *Huet* a fait voir, que ce Pére a manqué de candeur, & que tout ce qu'*Origene* a voulu dire, c'est que les Intelligences sont des Substances spirituelles aussi bien que Dieu. Elles sont comprises sous le même genre de *Substances Spirituelles*, mais elles ne sont pas de la même nature specifique, étant distinguées par des différences essentielles. En un mot, tout ce qui est Esprit, est consubstantiel en qualité d'Esprit. L'Ame Humaine est à cet égard consubstantielle aux Anges, quoiqu'elle ne soit pas de la même Nature. Nous pouvons conclurre à présent, que, selon l'ancienne Théologie, il y a des Emanations Divines, qui ne sont ni des Dieux, ni consubstantielles à Dieu. Cela est incontestable. Tous ces Philosophes, qui ont cru que l'ame Humaine émane de Dieu, ne lui ont jamais donné, ni la Nature, ni les Perfections Divines. Ils ont regardé les Emanations comme des productions libres, auxquelles Dieu ne communique de ses Perfections, que ce qu'il juge à propos. L'Auteur Ebionite des Discours faussement attribuez à S. *Pierre*, soutient par cette raison, que quand le Fils de Dieu seroit engendré du Pére, il ne s'ensuivroit pas qu'il fût Dieu, (4) *parce qu'encore que les Ames Humaines sortent de Dieu, & qu'elles soient de la même Substance, elles ne sont pourtant pas des Dieux.*

(*a*) Ap. *Hieron.* Ep. ad Avitum.

Origene accusé & justifié de la même Erreur.

(*b*) *Huet.* Origenian. L. II. Qu. I. p. 29.

Les Philosophes qui ont cru l'ame Humaine une Emanation Divine n'ont pas cru, qu'elle fût Dieu.

XI. Je n'ai plus qu'une Remarque à faire sur les *Eons*. Les Manichéens les appelloient des *Lumieres*. *Secundinus* qualifie Dieu (*c*) LE ROI DES LUMIERES, ce qui veut dire, selon S. *Augustin* (*d*) *le Roi des Eons* ou des *Siecles*. Il est remarquable que les (*e*) *Cabbalistes* nomment de la sorte les Esprits purs, & que c'est effecti-

XI. Les Eons appellez *Lumieres*. Les *Sephiroth* des Cabbalistes sont des *Splendeurs*.

(*c*) Ep. ad Aug.

(*d*) Aug. cont. Secund. Cap. V.

(*e*) Budd. ub. sup. p. 402. & 403.

(3) Τῆς θείας οὐσίας τὴν ψυχὴν καὶ ὁμοούσιον τῷ Θεῷ. Phot. Cod. CLXXIX. col. 404.

(4) Καὶ ἐκ Θεοῦ προελθοῦσαι, τῆς μὲν αὐτῆς οὐσίας εἰσίν, Θεοὶ δὲ οὐκ εἰσίν. Homil. Clem. XVI. n. 16. Il est remarquable, que *Simon* le Magicien, que l'Auteur introduit disputant contre S. *Pierre*, nie l'Article de la Foi Catholique, savoir que J. Christ soit Fils de Dieu, mais qu'il soutient, que, s'il étoit Fils de Dieu, il seroit consubstantiel à Dieu. *Vid. loc. cit.*

effectivement, ce que veut dire le mot de *Sephiroth*, qui est exprimé par celui de (1) *Splendeurs*. Si on compare avec ces *Splendeurs* la Lumiere incréée, que *Gregoire Palamas* soutenoit émaner de Dieu, on trouvera que ces Idées se ressemblent. Les Intelligences pures sont, pour ainsi dire, des Rayons, qui sortent de la Lumiére éternelle.

(1) Je sai bien qu'on traduit *Sephiroth* par *Numerationes*, mais les Ecrivains Cabbalistiques l'expriment par *Clartez*, *lumieres*. Voyez ci-dessus p. 577. le passage de *Menasseh Ben Israel*. *Synesius* dit, en parlant des Esprits immortels, Μακάρων ἀγητὰ φεγγῆ. *Beatorum admirandos Splendores* Hym. II. ℣. 38. Et dans l'Hymne III. ℣. 158. il dit à Dieu, *Vous êtes un Esprit caché a vos propres Splendeurs.*

Παγὰ σοφίας
Κεκαλυμμένε Νοῦ
Ἰδίαις αὐγαῖς.

Peut-être cela veut-il dire aussi *Caché par vos propres splendeurs.*

FIN.

www.ingramcontent.com/pod-product-compliance
Lightning Source LLC
Chambersburg PA
CBHW070836250426
43673CB00060B/1419

* 9 7 8 2 0 1 2 6 6 6 1 3 9 *